Bettina von Arnim
Handbuch

Bettina von Arnim Handbuch

Herausgegeben von
Barbara Becker-Cantarino

De Gruyter

Das Manuskript wurde mit Förderung der Fonte-Stiftung erstellt.

Stiftung zur Förderung des
geisteswissenschaftlichen Nachwuchses

ISBN 978-3-11-221607-1
e-ISBN (PDF) 978-3-11-026093-9
e-ISBN (EPUB) 978-3-11-039206-7

Library of Congress Control Number: 2019946490

Bibliografische Information der Deutschen Nationalbibliothek
Die Deutsche Nationalbibliothek verzeichnet diese Publikation in der Deutschen
Nationalbibliografie; detaillierte bibliografische Informationen sind im Internet
über http://dnb.dnb.de abrufbar.

© 2025 Walter de Gruyter GmbH, Berlin/Boston
Dieser Band ist text- und seitenidentisch mit der 2019 erschienenen gebundenen Ausgabe.
Einbandabbildung: Ludwig Emil Grimm, Bettine von Arnim mit Goethedenkmal, 1838
(Radierung nach dem Hanauer Entwurf).
Satz: Dörlemann Satz, Lemförde
Druck und Bindung: CPI books GmbH, Leck

www.degruyter.com

Inhaltsverzeichnis

Vorwort IX
Abgekürzt zitierte Werk- und Briefausgaben XIII
Abgekürzt zitierte Institutionen XVI

I. Bettina-Chronik: Daten und Zitate zu Leben und Werk
   (Heinz Härtl) 1

II. **Bettina von Arnim in ihrer Zeit** 81
1. Die Familie im kulturellen Kontext 81
   1.1. Die Brentanos: Aufstieg einer bürgerlichen Familie
        (Barbara Becker-Cantarino) 81
   1.2. Großmutter La Roche *(Barbara Becker-Cantarino)* 89
   1.3. Clemens und die Geschwister
        (Barbara Becker-Cantarino) 98
   1.4. Achim von Arnim *(Roswitha Burwick)* 113
   1.5. Sophie Mereau *(Katharina von Hammerstein)* 121
   1.6. Bettina von Arnim als Hausfrau in Wiepersdorf und
        Berlin *(Holger Schwinn)* 128
   1.7. Krankheit, Pflege und Homöopathie *(Sheila Dickson)* . . 135
   1.8. Erziehung, Kinder, Nachfahren
        (Barbara Becker-Cantarino) 144
2. Bettina von Arnim in der Kommunikationskultur der
   Romantik 156
   2.1. Bettina Brentanos Jugendfreundschaften
        (Barbara Becker-Cantarino) 156
   2.2. Karoline von Günderrode *(Barbara Becker-Cantarino)* . . 157
   2.3. Catharina Elisabeth Goethe *(Ulrike Prokop)* 164
   2.4. Ludwig Tieck *(Barbara Becker-Cantarino)* 170
   2.5. Johann Wolfgang von Goethe *(Miriam Seidler)* 178
   2.6. Friedrich Carl von Savigny
        (Barbara Becker-Cantarino) 187

III.	Literatur und Kulturpolitik	201
1.	Netzwerk, Freundschaften, Mentoring.	201
	1.1. Vernetzung in Berlin *(Barbara Becker-Cantarino)*	201
	1.2. Friedrich Schleiermacher *(Barbara Becker-Cantarino)*	207
	1.3. Hermann von Pückler-Muskau *(Barbara Becker-Cantarino)*	214
	1.4.a Rahel Varnhagen *(Barbara Becker-Cantarino)*	222
	1.4.b Karl August Varnhagen von Ense *(Nikolaus Gatter)*	232
	1.5. Die Jungdeutschen *(Barbara Becker-Cantarino mit Helga Brandes)*	241
	1.6. Die Junghegelianer *(Barbara Becker-Cantarino)*	244
	1.7. Bettina von Arnims junge Protegés *(Barbara Becker-Cantarino)*	252
2.	Kulturpolitik: Agitation und politische Taktik	259
	2.1. Die ‚politische Bettina' *(Barbara Becker-Cantarino)*	259
	2.2. Die Brüder Grimm *(Barbara Becker-Cantarino)*	264
	2.3. Alexander von Humboldt *(Ingo Schwarz)*	276
	2.4. Bettina von Arnim und ihre Verleger *(Yvonne Pietsch)*	287
	2.5. Kampf gegen die Zensur *(Barbara Becker-Cantarino mit Helga Brandes)*	295
	2.6. Rechtsstreitigkeiten *(Barbara Becker-Cantarino)*	305
	2.7. Friedrich Wilhelm IV. und die Revolution 1848/49 *(Barbara Becker-Cantarino)*	316
3.	Bettina von Arnims Werk im literarischen Feld	328
	3.1. Epoche, Gattung, Werk, Autorschaft *(Barbara Becker-Cantarino)*	328
	3.2. Briefkultur, Briefwechsel, Briefbücher *(Barbara Becker-Cantarino)*	333
	3.3. Gespräch, Geselligkeit, Salon *(Barbara Becker-Cantarino)*	341
	3.4. Sprache, Stil, Poetologie *(Barbara Becker-Cantarino)*	355
IV.	Das literarische Werk	367
1.	Briefbücher und Dichtung	367
	1.1. *Goethe's Briefwechsel mit einem Kinde. Seinem Denkmal* (1835) *(Miriam Seidler)*	367
	1.2. *Die Günderode* (1840) *(Carola Hilmes)*	384
	1.3.a *Dies Buch gehört dem König* (1843) *(Barbara Becker-Cantarino)*	396
	1.3.b *Erfahrungen eines jungen Schweizers im Vogtlande* (1843) *(Pia Schmid)*	411
	1.4. *Clemens Brentano's Frühlingskranz aus Jugendbriefen ihm geflochten, wie er selbst schriftlich verlangte* (1844) *(Barbara Becker-Cantarino)*	416

	1.5.	Das *Armenbuch*-Projekt (1844/45) *(Barbara Becker-Cantarino)*	430
	1.6.	*Ilius Pamphilius und die Ambrosia* (1847/48) *(Hedwig Pompe)*........................	439
	1.7.	*Gespräche mit Daemonen* (1852) *(Gudrun Loster-Schneider)*...................	451
	1.8.	Dichtung und kleine Prosa *(Barbara Becker-Cantarino)* .	463
2.		Die ‚Polenbroschüre' (1849) *(Mirosława Czarnecka)*........	470
3.		Märchen und Märchenentwürfe Bettina von Arnims und ihrer Töchter *(Claudia Bamberg)*...................	483
4.		Die Briefwechsel *(Wolfgang Bunzel)*.....................	494
	1.	Briefwechsel mit Achim von Arnim.................	497
	2.	Briefwechsel mit Max Prokop von Freyberg...........	502
	3.	Briefwechsel mit Hermann von Pückler-Muskau.......	507
	4.	Briefwechsel mit Philipp Nathusius und Julius Döring ..	512
	5.	Briefwechsel mit Jacob und Wilhelm Grimm	518
	6.	Briefwechsel mit Friedrich Wilhelm IV...............	523
	7.	Briefwechsel mit Karl Maria Benkert alias Kertbeny....	531
	8.	Briefwechsel mit den Söhnen Freimund, Siegmund und Friedmund von Arnim	538

V.	Das bildkünstlerische und musikalische Werk..........	549
1.	Bettina von Arnim als bildende Künstlerin *(Petra Maisak)*....	549
2.	Bettina von Arnim und die Musik *(Renate Moering)*	577

VI.	Rezeption und Forschung...........................	609
1.	Zur Rezeption ‚Bettinas' in England und in Neuengland *(Barbara Becker-Cantarino)*...........................	609
2.	Rezeption im Deutschland des 19. und frühen 20. Jahrhunderts *(Barbara Becker-Cantarino)*	621
3.	Bettina von Arnims Nachlass- und Editionsgeschichte *(Barbara Becker-Cantarino)*...........................	628
4.	Rezeption und Forschung in der DDR *(Hannelore Scholz-Lübbering)*........................	638
5.	Rezeption und Forschung in der BRD *(Barbara Becker-Cantarino)*...........................	649
6.	Aspekte der aktuellen Forschung *(Barbara Becker-Cantarino)*...........................	662

VII.	**Anhang**...	677	
1.	Literaturverzeichnis.................................	677	
	1.1. Bibliographien................................	677	
	1.2. Werkausgaben................................	677	
	1.3. Einzelausgaben...............................	678	
	1.4. Briefe..	679	
	1.5. Forschungsliteratur...........................	683	
2.	Personenregister.....................................	710	
3.	Autorinnen und Autoren.............................	723	

Vorwort

Barbara Becker-Cantarino

Bettina von Arnim (1785–1859) war eng verbunden mit den führenden, großbürgerlichen Kreisen, die das intellektuelle und literarische Leben im Deutschland ihrer Zeit bestimmten. Sie begleitete die literarischen Arbeiten der Romantiker, heiratete 1811 Achim von Arnim, den engen Freund ihres Bruders Clemens Brentano, und erlangte mit der Veröffentlichung von *Goethe's Briefwechsel mit einem Kinde* (1835) selbst Berühmtheit als Schriftstellerin. Mit ihren Briefbüchern *Die Günderode* (1840), *Clemens Brentano's Frühlingkranz* (1844) und *Ilius Pamphilius und die Ambrosia* (1847/48) hat sie der Romantik Nachhaltigkeit verliehen. In ihren politischen Schriften *Dies Buch gehört dem König* (1843) und dessen Fortsetzung *Gespräche mit Daemonen* (1852) sprach sie Fragen der sozialen und politischen Diskussion des Vormärz an. Ihr brisantes Projekt zur Dokumentation der Armut in Preußen, das *Armenbuch*, brach sie 1844 von der Zensur bedrängt im Druck ab, blieb aber mit ihren Briefen, ihrem offenen Haus und anonym veröffentlichten Broschüren eine kulturpolitisch wichtige Stimme für die Achtundvierziger.

Im kulturellen Gedächtnis war ‚Bettina' immer präsent, besonders im populären literarischen Bereich wurde sie eine phantasievoll rezipierte Persönlichkeit. Erst in der zweiten Hälfte des 20. Jahrhunderts wurde Bettina von Arnim in der Literaturwissenschaft als historische Person und als Sprach- und Inszenierungskünstlerin, als Briefdichterin und als politisch engagierte Autorin im Vormärz wiederentdeckt sowie neu gewürdigt. Die Erschließung des Arnim'schen Familienarchivs in Wiepersdorf seit den 1950er Jahren leitete die Neuentdeckung ein. Zusammen mit der Würdigung der sozialpolitischen Geschichte und der Verdienste des literarischen Journalismus des 19. Jahrhunderts konnten das literarische Gesamtwerk und das literaturpolitische Engagement der berühmten, aber auch unbekannten Bettina beleuchtet und vorgestellt werden: „[I]hr Engagement, sei es in Sachen der Göttinger Sieben oder der schlesischen Weber, sei es in Fragen der Verfassung zu deuten, ihre Freundschaft mit den polnischen Revolutionären, ihr Bemühen für die Opfer des ungarischen Freiheitskampfes, ihre Verbindung mit den Männern der Opposition in Preußen vor und nach 1848, ihren Einsatz für Gottfried Kinkel im Zusammenhang ihrer Biographie und der Werke zu sehen, war die lockende Aufgabe", so die Berliner Autorin Ingeborg Drewitz 1969 zu ihrer Motivation für die Biographie *Bettine von Arnim. Romantik, Revolution, Utopie*. Wiederentdeckt wurde ihr literarisches Gesamtwerk, besonders die Briefbücher, auch und vor allem von der feministischen Forschung und in gendersensiblen Interpretationen sowie das epistolarische Schaffen Bettina von Arnims in der Forschung zum Brief, zum Gespräch und zum Salon in den Kulturwissenschaften, in der Sozialgeschichte und der Kommunikationswissenschaft. Zu ihrem 200. Geburtstag gab es 1985 zudem sehenswerte Ausstellungen im

Freien Deutschen Hochstift in Frankfurt am Main und auf dem ehemaligen Armin'schen Familiensitz Wiepersdorf, der ostdeutschen Arbeits- und Erholungsstätte für Schriftsteller und Künstler „Bettina von Arnim", begleitet von informativen Katalogen. Es entstanden neue Forschungen, vielfach veröffentlicht im *Internationalen Jahrbuch der Bettina-von-Arnim-Gesellschaft* (seit 1987), hervorragende Studien und Briefeditionen. Zwei neue kommentierte Werkausgaben wurden begonnen, von denen die Weimarer Ausgabe nach der Wende zwar leider nach zwei Bänden abgebrochen wurde, die instruktiv kommentierte Ausgabe im Deutschen Klassiker Verlag liegt jedoch in vier stattlichen Bänden seit 2004 abgeschlossen vor. Die rege Bettina-von-Arnim-Forschung der letzten Jahrzehnte wie auch die Präsenz der Texte der Autorin in Taschenbuchausgaben und in digitaler Form (zumeist als Scans) zeigen die anhaltende Popularität der Autorin bei LeserInnen. Diese Entwickelungen kommen dem vorliegenden Handbuch zugute, das die wissenschaftliche Erschließung und Interpretation zusammenführt und darauf aufbaut.

Das Handbuch möchte zur weiteren Beschäftigung mit der Person und dem Werk Bettina von Arnims anregen und verfolgt das Ziel, das gegenwärtige Wissen über die literarische, kulturpolitische und künstlerische Tätigkeit der insgesamt erst spät anerkannten Autorin in gesammelter und systematisierter Form dem wissenschaftlichen Fachpublikum (sowohl Studierenden als auch WissenschaftlerInnen) und einer breiteren, interessierten Leserschaft verfügbar zu machen. Auf dem aktuellen Forschungsstand aufbauend werden Bettina von Arnims vielfältige Wirkungsbereiche und die historisch-biographischen, kulturpolitischen und ästhetischen Voraussetzungen ihres literarischen Schaffens und ihrer künstlerischen Arbeiten in fünf großen Abschnitten vorgestellt.

Im ersten Kapitel bietet die *Bettina-Chronik* einen chronologischen lebensweltlichen, mitunter taggenauen und mit vielen Zitaten lebendig gestalteten Überblick zu Leben und Werk der Autorin, das zweite Kapitel situiert Bettina von Arnim in ihrer Großfamilie und ihrer Zeit und stellt ihre Freundschaften in der Kommunikationskultur der Romantik heraus. Das dritte Kapitel widmet sich Bettina von Arnims Netzwerk- und Kulturpolitik in Berlin und ihrer Stellung im literarischen Feld.

Ein weiteres umfangreiches Kapitel widmet sich den literarischen Publikation Bettina von Arnims, den Briefbüchern, dem *Armenbuch*-Projekt, der ‚Polenbroschüre‘, dem kulturpolitischen Briefwerk und den kleineren literarischen Arbeiten, um im interdisziplinären Dialog das Gesamtwerk der ‚Briefdichterin‘ sichtbar zu machen und die Bettina-von-Arnim-Forschung auch in methodologischer Reflexion weiterzuführen. Bettinas gesamte literarische Produktion wird dabei in gattungs- und medientheoretischen Aspekten, in historisch-kulturgeschichtlicher und literarisch-kulturwissenschaftlicher Hinsicht präsentiert. Ihre Werke werden so in ihrem spezifischen Doppelcharakter vorgestellt: als historische Quellen und zeit- oder personengeschichtliche Dokumente einerseits und als fiktionale Texte, die spezifische rhetorisch-literarische Strategien und ästhetische und fiktionale Inszenierungsmittel benutzen, andererseits. Die ausführliche Übersichtsdarstellung von Bettinas Briefwechseln erfolgt unter angemessener rezeptions- und literaturgeschichtlicher Berücksichtigung der epistolaren Tradition.

Das fünfte Kapitel stellt erstmals die weniger beachtete und wenig bekannte Leistung Bettina von Arnims im bildkünstlerischen und musikalischen Bereich vor. Dabei wendet sich ein Beitrag ihren Zeichnungen und ihrem bildkünstlerischen Lebensprojekt eines Goethe-Denkmals zu, während der zweite Beitrag sich mit ihren Vertonungen, ihren musikalischen Interessen und ihren Freundschaften mit Komponisten beschäftigt. Bettina von Arnims Wirkung und literarische Rezeption sowie eine Übersicht über die Grundzüge der Bettina-von-Arnim-Forschung im sechsten Kapitel gehen dem (alphabetisch geordneten) Verzeichnis der wichtigsten und neueren Forschungsliteratur und einem Register voran.

‚Bettina' – *what's in a name?* Im Hinblick auf die ‚korrekte' Bezeichnung der Autorin herrscht – in der Forschung – einige Konfusion. Die Autorin setzte ihren Namen nicht auf die Titelblätter ihrer Publikationen, war aber allgemein in literarischen Kreisen als ‚die Arnim' oder vielmehr vertraulicher als ‚Bettina' bekannt und ging als ‚Bettina' in die breite populäre Rezeption, als ‚Bettina von Arnim' in die wissenschaftliche Forschung ein. In ihrem Taufbuch findet sich die italienische Form ‚Elisabetha', die weder ihre Zeitgenossen noch die Autorin selbst benutzten. Sie unterschrieb ihre Briefe jedoch mit ‚Bettine', und als ‚Bettine' tritt sie denn auch in den Briefbüchern auf. Die Bestrebungen der jüngeren ForscherInnen-Generation, eine Autorin nicht mehr mit ihrem Vornamen zu verniedlichen, sondern sie anerkennend – wie auch bei männlichen Schriftstellern üblich und verbindlich – mit ihrem Nachnamen zu nennen, also ‚Arnim' oder ‚Brentano', können jedoch im Falle Bettinas zu Verwirrungen führen, da die Namen Arnim und Brentano bekanntlich durch den Dichter-Ehemann Achim von Arnim und den Dichter-Bruder Clemens Brentano besetzt sind. Die heute eher übliche Namensgebung ‚Bettina Brentano-von Arnim' klingt wiederum zu anachronistisch für das 19. Jahrhundert. In der jüngeren Forschung wurde die Bezeichnung ‚Bettine' eingeführt, teils ‚Bettina' beibehalten (die beiden erwähnten neueren Werkausgaben differieren hier); teilweise wird die historische Person und Autorin als ‚Bettina' von der von ihr geschaffenen literarischen Kunstfigur ‚Bettine' getrennt, um die häufige und missverständliche Gleichsetzung von biographischen Fakten mit der fiktionalisierten Lebensdarstellung in den autobiographischen Werken der Autorin zu differenzieren. Eine konsequente Einigung ist auch hier nicht in Sicht; sollten die Rollen von Autorin (‚Bettina') und literarischer Kunstfigur (‚Bettine') durchgehend getrennt werden, wie Konstanze Bäumer und Hartwig Schultz in ihrem Realienbuch *Bettina von Arnim* vorgeschlagen haben, so müsste im jeweiligen Artikel hin- und hergesprungen und jeweils eine schematische Trennung der beiden Bereiche vorgenommen werden. Das ist aus inhaltlichen und editorischen Gründen für ein Handbuch nicht möglich und würde auch zu einer verfälschenden Systematik des spielerisch-offenen Werkes ausgerechnet dieser Autorin führen.

Nach Vorschlägen der MitarbeiterInnen und des Verlags sieht das Handbuch folgende Regelung vor: Der offizielle Titel bleibt bei ‚Bettina von Arnim' (im Anschluss an die Literaturgeschichte und die bibliographische Praxis der Bibliotheken); im Inhalt des Handbuches wird einheitlich ‚Bettina' verwendet, zur Verdeutlichung zuweilen der volle Name ‚Bettina Brentano' vor ihrer Ehe, ‚Bettina von Arnim' für die verheiratete Frau, wenn unmissverständlich die Autorin gemeint ist.

Zitiert werden die Werke Bettina von Arnims in aller Regel nach der Ausgabe des Deutschen Klassiker Verlags (1986–2004), sofern die entsprechenden Texte dort aufgenommen worden sind, sonst nach einer früheren Ausgabe, wie jeweils in dem Kapitel angegeben ist. Die Briefe werden in der originalen Orthographie und Interpunktion Bettinas zitiert, wenn die Vorlage das ausweist, sonst nach der Standardisierung der jeweiligen Brief-Edition. Leser- und Benutzerfreundlichkeit waren leitende Vorgaben des Verlags für das Handbuch.

Für eine Reihe von Beiträgen konnten ausgewiesene Romantik- und Bettina-ForscherInnen gewonnen werden, die das Handbuch ungemein bereichert haben und denen ich hiermit ausdrücklich für die kollegiale Mitarbeit danken möchte. Frau Dr. Miriam Seidler hat bei der Redaktion und Erstellung des Registers geholfen, unterstützt von der FONTE Stiftung, Berlin. Herr Dr. Rainer Rutz hat den umfangreichen Band sorgfältig und kritisch-umsichtig lektoriert, was den Gesamttext sehr befördert hat. Danken möchte ich auch besonders Frau Dr. Manuela Gerlof für die Anregung zum Band und die Begleitung während seiner langjährigen Entstehung sowie Herrn Dr. Marcus Böhm und den an der Fertigstellung des Bandes beteiligten MitarbeiterInnen des Verlags De Gruyter. Die langjährige Förderung der Alexander von Humboldt-Stiftung (zuletzt 2018 mit einem Forschungsaufenthalt in Deutschland) hat meine wissenschaftliche Arbeit begleitet und ist jetzt besonders dem Bettina von Arnim Handbuch zugutegekommen; dafür möchte ich mich herzlich bedanken.

Austin, Texas, im Juni 2019

Abgekürzt zitierte Werk- und Briefausgaben

Briefwechsel Bettina von Arnims

Hauptausgabe

GW 4	Bettine von Arnim: *Werke und Briefe in vier Bänden*. Bd. 4: *Briefe*. Hg. v. Heinz Härtl, Ulrike Landfester u. Sibylle von Steinsdorff. Frankfurt a. M.: Deutscher Klassiker Verlag, 2004 (= Bibliothek Deutscher Klassiker, Bd. 186).

Weitere Ausgaben

Bw Arnim 1	*Bettine und Arnim. Briefe der Freundschaft und Liebe*. 2 Bde. Bd. 1: *1806–1808*; Bd. 2: *1808–1811*. Hg., eingeführt u. kommentiert v. Otto Betz u. Veronika Straub. Frankfurt a. M.: Knecht, 1986, 1987.
Bw Arnim 2	*Achim und Bettina in ihren Briefen. Briefwechsel von Achim von Arnim und Bettina Brentano*. 2 Bde. Hg. v. Werner Vordtriede. Frankfurt a. M.: Suhrkamp, 1961. – Taschenbuchausgabe: Frankfurt a. M.: Insel, 1988.
Bw Arnim 3	*Achim von Arnim – Bettine Brentano verh. von Arnim. Briefwechsel*. 3 Bde. Vollständig nach den Autographen hg. v. Renate Moering. Wiesbaden: Reichert, 2019.
Bw Döring	Bettine von Arnim: *Letzte Liebe. Das unbekannte Briefbuch*. Hg. v. Wolfgang Bunzel. Berlin: Die Andere Bibliothek, 2019.
Bw Freimund	*Du bist mir Vater und Bruder und Sohn. Bettine von Arnims Briefwechsel mit ihrem Sohn Freimund*. Hg. v. Wolfgang Bunzel u. Ulrike Landfester. Göttingen: Wallstein, 1999 (= Bettine von Arnims Briefwechsel mit ihren Söhnen, Bd. 1).
Bw Freyberg	*Der Briefwechsel zwischen Bettine Brentano und Max Prokop von Freyberg*. Hg. u. komm. v. Sibylle von Steinsdorff. Berlin, New York: De Gruyter, 1972.
Bw Friedrich Wilhelm IV.	*„Die Welt umwälzen – denn darauf läufts hinaus". Der Briefwechsel zwischen Bettina von Arnim und Friedrich Wilhelm IV*. 2 Bde. Hg. u. kommentiert v. Ursula Püschel, unter Mitarbeit v. Leonore Krenzlin. Bielefeld: Aisthesis, 2001.
Bw Friedmund	*In allem einverstanden mit Dir. Bettine von Arnims Brief-*

	wechsel mit ihrem Sohn Friedmund. Hg. v. Wolfgang Bunzel u. Ulrike Landfester. Göttingen: Wallstein, 2001 (= Bettine von Arnims Briefwechsel mit ihren Söhnen, Bd. 3).
Bw Grimm	*Der Briefwechsel Bettine von Arnims mit den Brüdern Grimm 1838–1841.* Hg. v. Hartwig Schultz. Frankfurt a. M.: Insel, 1985.
Bw Hössli	Bettina von Arnim: *„Ist Dir bange vor meiner Liebe?" Briefe an Philipp Hössli, nebst dessen Gegenbriefen und Tagebuchnotizen.* Hg. v. Kurt Wanner. Frankfurt a. M., Leipzig: Insel, 1996.
Bw Pückler	Bettine von Arnim und Hermann von Pückler-Muskau: *„Die Leidenschaft ist der Schlüssel zur Welt". Briefwechsel 1832–1844.* Hg. u. erläutert v. Enid Gajek u. Bernhard Gajek. Stuttgart: Cotta, 2001.
Bw Siegmund	*Da wir uns nun einmal nicht vertragen. Bettine von Arnims Briefwechsel mit ihrem Sohn Siegmund.* Hg. v. Wolfgang Bunzel u. Ulrike Landfester. Göttingen: Wallstein, 2012 (= Bettine von Arnims Briefwechsel mit ihren Söhnen, Bd. 2).

Werkausgaben Bettina von Arnims

Hauptausgabe

GW 1	Bettine von Arnim: *Werke und Briefe in vier Bänden.* Bd. 1: *Clemens Brentano's Frühlingskranz / Die Günderode.* Hg. v. Walter Schmitz u. Sibylle von Steinsdorff. Frankfurt a. M.: Deutscher Klassiker Verlag, 1986 (= Bibliothek Deutscher Klassiker, Bd. 12).
GW 2	Bettine von Arnim: *Werke und Briefe in vier Bänden.* Bd. 2: *Goethe's Briefwechsel mit einem Kinde.* Hg. von Walter Schmitz u. Sibylle von Steinsdorff. Frankfurt a. M.: Deutscher Klassiker Verlag, 1992 (= Bibliothek Deutscher Klassiker, Bd. 76).
GW 3	Bettine von Arnim: *Werke und Briefe in vier Bänden.* Bd. 3: *Politische Schriften.* Hg. v. Wolfgang Bunzel, Ulrike Landfester, Walter Schmitz und Sibylle von Steinsdorff. Frankfurt a. M.: Deutscher Klassiker Verlag, 1995 (= Bibliothek Deutscher Klassiker, Bd. 119).

Weitere Ausgaben

GW [Härtl] 1–2	Bettina von Arnim: *Werke.* 2 Bde. Im Auftrag der Nationalen Forschungs- und Gedenkstätten der klassischen

	deutschen Literatur in Weimar hg. v. Heinz Härtl. Bd. 1: *Goethe's Briefwechsel mit einem Kinde*. Berlin,Weimar: Aufbau, 1986. Bd. 2: *Die Günderode / Clemens Brentano's Frühlingskranz*. Berlin,Weimar: Aufbau, 1989.
GW [Konrad] 1–5	Bettina von Arnim: *Werke und Briefe*. 5 Bde. Hg. v. Gustav Konrad (Bd. 5 v. Joachim Müller). Frechen: Bartmann, 1959–1963.
GW [Oehlke] 1–7	Bettina von Arnim: *Sämtliche Werke*. 7 Bde. Hg. mit Benutzung ungedruckten Materials v. Waldemar Oehlke. Berlin: Propyläen, 1920–1922.
FBA 30	Clemens Brentano: *Sämtliche Werke und Briefe. Historisch-kritische Ausgabe* (= Frankfurter Brentano-Ausgabe). Bd. 30: *Briefe II: „Clemens Brentano's Frühlingskranz" und handschriftlich überlieferte Briefe Brentanos an Bettine, 1800–1803*. Hg. v. Lieselotte Kinskofer. Stuttgart: Kohlhammer, 1990.

Weitere Ausgaben mit Bezug zu Bettina von Arnim

Varnhagen 1	*Aus dem Nachlaß Varnhagen's von Ense. Briefe von Stägemann, Metternich, Heine und Bettina von Arnim, nebst Briefen, Anmerkungen und Notizen von Varnhagen von Ense*. Leipzig: Brockhaus, 1865. – Photomechanischer Nachdruck: Bern 1972.
Varnhagen 2	*Aus dem Nachlaß Varnhagen's von Ense. Tagebücher von K.A. Varnhagen von Ense*. 14 Bde. Bd. 1–6: Leipzig, Brockhaus, 1861–1862; Bd. 7/8: Zürich: Meyer und Zeller, 1865; Bd. 9–14: Hamburg: Hoffmann und Campe, 1868–1870. – Photomechanischer Nachdruck: Bern 1972.

Weitere Siglen

Bettine-Katalog	Christoph Perels (Hg.): *„Herzhaft in die Dornen der Zeit greifen ..."*: *Bettine von Arnim 1785–1859*. Ausstellung Freies Deutsches Hochstift – Frankfurter Goethe-Museum. Frankfurt a.M.: Frankfurter Goethe-Museum, 1985.
Jb BvA	*Internationales Jahrbuch der Bettina-von-Arnim-Gesellschaft*. Berlin: Saint-Albin [aktuell], 1987 ff.
Jb FDH	*Jahrbuch des Freien Deutschen Hochstifts*. Göttingen: Wallstein [aktuell], 1902 ff.

Abgekürzt zitierte Institutionen

FDH	Freies Deutsches Hochstift, Frankfurt am Main
GSA	Goethe- und Schiller-Archiv, Weimar
GStA PK	Geheimes Staatsarchiv – Preußischer Kulturbesitz, Berlin
HAAB	Herzogin Anna Amalia Bibliothek der Klassik Stiftung Weimar
SBB PK	Staatsbibliothek zu Berlin – Preußischer Kulturbesitz, Handschriftenabteilung
Stabi	Staatsbibliothek

I. Bettina-Chronik: Daten und Zitate zu Leben und Werk

Heinz Härtl

1. Das erste Leben: Kindheit und Jugend (1785–1811)   1
2. Das zweite Leben: Ehejahre mit Arnim (1811–1831) 25
3. Das dritte Leben: Schriftstellerin und Demokratin (1831–1859) . . 44
4. Literatur 75
Nachbemerkung 79

> *Nun ja! Das nächste Leben geht aber heute an.*
> (Christa Wolf, 1980)

1. Das erste Leben: Kindheit und Jugend (1785–1811)

1785

4. April: Bettina wird als siebentes Kind des Großkaufmanns Peter Anton Brentano und seiner (seit 1774) zweiten Frau Maximiliane, geb. von La Roche, in dem 1771 gegründeten Handelshaus *Zum Goldenen Kopf* in der Großen Sandgasse der Freien Reichsstadt Frankfurt am Main geboren. Die Familie des Vaters führt ihre Abstammung auf den Ritter Johannes de Brenta zurück, der 1282 an der Vertreibung des Mailänder Bischofs aus Como mitwirkte. Das Stammland der Brentano, die sich in vier Familienzweige unterteilen, liegt am Comer See in Oberitalien. Der Vater gehört der Linie der Tremezzo an, die seit 1698 in Frankfurt als Kaufmannsfamilie ansässig ist. 1777 wird er kurtrierischer Geheimer Rat und bei der Reichsstadt Frankfurt akkreditierter Resident. 1785 übergibt er Franz, einem seiner Söhne aus erster Ehe, die Geschäftsführung. Bettinas Mutter andererseits ist das dritte Kind aus der 1753 geschlossenen Ehe von Georg Michael von La Roche, kurtrierischem Kanzler in Thal-Ehrenbreitstein gegenüber Koblenz, mit der späteren Schriftstellerin Sophie von La Roche, geb. von Gutermann, einer Jugendfreundin Christoph Martin Wielands.

5. April: Taufe im Frankfurter Dom St. Bartholomäus; Eintrag im katholischen Kirchenbuch von Frankfurt-Dom: *Catharina Elisabetha Ludovica Magdalena Legitima filia Prænobilis Domini Petri Antonii* Prentano *Serenissimi Electoris Trevirensis Consiliarii ac Residentis et Maximilianæ natæ La Roche Conjugum, Patrina fuit Domina Catharina Elisabetha Bethmann, Cui absenti Substituerunt Dominam Magdalenam Willemer natam Lang.* Die ersten beiden Namen sind von der Patin Catharina Elisabeth Bethmann-Metzler übernommen. Der zweite Name, Elisabetha, lautet in der italienischen Koseform

Elisabettina und wird zu Bettina oder Bettine verkürzt. Bettina wächst bis 1794 im *Goldenen Kopf* auf. Aus den drei Ehen des Vaters bekommt sie 19 Geschwister.

Zit.: Diözesanarchiv Limburg, Sign. FDom K 4, Bl. 138v, Jahr 1785, Taufe. – Übersetzung: „Catharina Elisabetha Ludovica Magdalena, eheliche Tochter des hochedlen Herrn Peter Anton Prentano, Rat und Resident der hochalten erwählten [Stadt] Trier, und der Ehefrau Maximiliane geborene La Roche, Patin war Frau Catharina Elisabetha Bethmann, in deren Abwesenheit vertreten durch Frau Magdalena Willemer geborene Lang." (Hermann Patsch, München)

Frankfurt ist Wahl- und Krönungsstadt der deutschen Kaiser, ein internationaler Handelsplatz und hat etwa 40.000 Einwohner.

5. Juni: Tod der 1782 geborenen Schwester *Maria* Franziska Catharina in Frankfurt.

1787

9. Januar: Geburt der Schwester Ludovica Maria Catharina, genannt *Lulu*, in Frankfurt.

1788

21. Juli: Geburt der Schwester Magdalena Maria Carolina Franziska, genannt *Meline*, in Frankfurt.

24. Dezember: Tod des 1768 geborenen Halbbruders *Peter* Anton Ludwig in Frankfurt.

1789

14. Juli: Mit dem Sturm auf die Bastille Beginn der Französischen Revolution.

1790

29. Januar: Geburt der Schwester *Caroline* Ludovica Ernestine in Frankfurt.

9. Oktober: Krönung Leopolds II. in Frankfurt zum Kaiser des Heiligen Römischen Reiches.

1791

20. September: Geburt der Schwester *Anna* Maria Francisca Ludovica in Frankfurt.

23. September: Tod der Schwester *Caroline* Ludovica Ernestine in Frankfurt.

1792

20. April: Beginn des Ersten Koalitionskrieges, den Österreich und Preußen gegen Frankreich führen.

26. April: Tod der Schwester *Anna* Maria Francisca Ludovica in Frankfurt.

14. Juli: Am Jahrestag des Sturms auf die Bastille Krönung von Franz II. in Frankfurt zum Kaiser des Heiligen Römischen Reiches.

22. Oktober: Frankfurt wird von französischen Truppen unter General Custine besetzt. Der Stadt wird eine Kontribution von zwei Millionen Gulden auferlegt.

23. Oktober: Nach der Einnahme von Mainz durch französische Revolutionstruppen Gründung des Mainzer Jakobinerklubs (Gesellschaft der Freunde der Freiheit und Gleichheit).

2. Dezember: Frankfurt wird von preußischen und hessischen Truppen erobert. – Im Haus *Zum Goldenen Kopf* werden hessische Offiziere einquartiert.

1793

20. Januar: Der österreichische Generalmajor Anton Joseph von Brentano-Cimaroli, Inhaber des K. u. K. 35. Linien-Infanterie-Regiments Brentano, stirbt im Haus *Zum Goldenen Kopf* an den Folgen einer Verwundung.

21. Januar: Hinrichtung des französischen Königs Ludwig XVI. in Paris.

11. Mai: Geburt der Schwester *Susanna* Philippina Francisca Ludovica in Frankfurt.

24. Juni: Annahme der jakobinischen Verfassung durch den Pariser Konvent.

23. Juli: Nach viermonatiger Belagerung durch Reichstruppen Einnahme von Mainz und Ende der Mainzer Republik.

2. September: Tod der Schwester *Susanna* Philippina Francisca Ludovica in Frankfurt.

17. September: Beginn der Terreur in Frankreich.

19. November: Tod der Mutter Maximiliane Brentano in Frankfurt. – Zur Erziehung der Kinder wird Claudine Piautaz, die Tochter eines Seidenhändlers aus Savoyen, in die Brentano-Familie aufgenommen.

1794

Vmtl. Mai: Bettina und ihre Schwester Lulu werden dem Pensionat der Ursulinen im kurmainzischen Fritzlar (bei Kassel) anvertraut. Meline, die jüngste Schwester, folgt nach. – „Das Pensionat, 1713 gegründet, nahm etwa 24 Mädchen aus guten Familien auf. Der vom Kloster in Terrassen niedersteigende Garten, eine Schöpfung des Kasseler Gartenkünstlers Wunsdorf und Bettinens Lieblingsaufenthalt, birgt heute [1942] noch eine mächtige Doppellaube, durchwachsen von einer mächtigen Linde [...], in deren Stamm ein Herz eingeschnitten mit den Initialen BB, darüber die Jahreszahl 1795. [...] Den Ursulinen von Fritzlar schenkte Bettine die Handschrift von ‚Goethes Briefwechsel mit einem Kinde'; sie haben freilich mit dem damals umstrittenen Buche ein Autodafé veranstaltet."
Zit.: Schellberg/Fuchs 1942, 9.

1795

5./6. April: Friede von Basel zwischen Frankreich und Preußen, das seine Neutralität erklärt.

29. Juni: In Frankfurt heiraten Peter Anton Brentano und Friederike (Fritze) von Rottenhof. Es ist die dritte Ehe des Vaters.

31. Oktober: Beginn der Herrschaft des Direktoriums in Frankreich.

1796

29. Juli: Geburt des Halbbruders *Friedrich* Karl Franz in Frankfurt.

5. August: Tod des Halbbruders *Friedrich* Karl Franz in Frankfurt.

1797

9. März: Tod des Vaters Peter Anton Brentano in Frankfurt; wenige Wochen vor ihrem zwölften Geburtstag ist Bettina damit Vollwaise. Der Vater hinterlässt der Familie ein Vermögen von etwa 1.200.000 Gulden und eine Spezerei- und Farbwarenhandlung, die in Hessen, Nassau, dem Rheingau und der Pfalz einen erheblichen Kundenkreis hat. Bettinas Stiefbruder Franz und der Frankfurter Kaufmann Johann Franz Denant werden ihre Vormünder.

14. Mai: Karoline von Günderrode wird in das von Cronstetten-Hynspergische Adelige Damenstift in Frankfurt aufgenommen.

19. Mai: Bruder Clemens wird an der Universität Halle als Student der Kameralistik immatrikuliert.

Juni/Juli: Bettina, Lulu und Meline Brentano kehren aus dem Fritzlarer Kloster in das Frankfurter Brentano-Haus zurück.

20. Juli: Geburt des Halbbruders *August* Franz Peter in Frankfurt.

Vmtl. Ende Juli: Die drei Schwestern Bettina, Lulu und Meline werden der Großmutter Sophie von La Roche im nahen Offenbach zur Erziehung anvertraut und ziehen in deren Haus in der Domstraße 23. Die bekannte Schriftstellerin bewohnt es seit 1786 mit ihrer geschiedenen Tochter Luise Möhn und Cordula Franck, einer Nichte ihres verstorbenen Mannes Georg Michael von La Roche. Zum Haushalt gehören die Magd Agnes und (bis etwa 1800) als Pensionär der junge Eduard Bethmann-Metzler mit seinem Hofmeister.

Vmtl. erste Hälfte Oktober: Bettina sieht ihren Bruder Clemens, der in den Semesterferien nach Frankfurt kommt, erstmals nach ihrer langen Fritzlarer Abwesenheit.

17. Oktober: Mit dem Frieden von Campo Formio endet der Erste Koalitionskrieg. Das linke Rheinufer wird an Frankreich abgetreten.

1798

Mai: Bettinas Halbbruder Franz führt mit ihrem Bruder Georg die väterliche Firma in Frankfurt weiter.

10. Mai: Ludwig Achim von Arnim wird in Halle als Student der Rechte immatrikuliert.

5. Juni: Bruder Clemens wird an der Universität Jena ohne Angabe der Fachrichtung immatrikuliert.

Juni: Clemens lernt in Jena die Schriftstellerin Sophie Mereau kennen.

1799

Beginn von Bettinas Freundschaft mit der fünf Jahre älteren Karoline von Günderrode.

12. März: Beginn des Zweiten Koalitionskrieges zwischen Frankreich und den Verbündeten England, Österreich und Russland.

9./10. November (18. Brumaire): Napoleon stürzt das Direktorium, setzt eine neue Regierung, das Konsulat, und sich selbst als Ersten Konsul ein.

1800

11. Juli: Im Zweiten Koalitionskrieg kommt es in der Offenbacher Kanalstraße (später Kaiserstraße) zu einem Gefecht zwischen französischen Truppen und einem österreichisch-kurmainzischen Korps. – Bettina erzählt im *Tagebuch* zu *Goethe's Briefwechsel mit einem Kinde*, sie habe einen verwundeten französischen Soldaten gerettet und von ihm ihren ersten Kuss bekommen.

12. Juli: Offenbach wird von den Franzosen besetzt.

15. Juli: Mit dem Waffenstillstand zu Parsdorf enden die kriegerischen Operationen um Offenbach; die Stadt wird jedoch durch Truppendurchzüge und Einquartierungen höherer französischer Offiziere belastet.

Zwischen 7. und 10. August: Bruch der Beziehung zwischen Clemens Brentano und Sophie Mereau in Jena.

Mitte August: Clemens und der Jurist Friedrich Carl von Savigny, der eine sächsische Studienreise beendet, treffen auf dessen Gut Trages (bei Hanau) ein, von wo aus Clemens nach Frankfurt weiterfährt.

19./20. September: Bettinas Schwester Sophie stirbt nachts, erst 24 Jahre alt, in Oßmannstedt (bei Weimar) auf dem Gut ihres väterlichen Verehrers Christoph Martin Wieland.

Oktober: Durch Clemens' Vermittlung wird Bettina in Frankfurt mit Savigny bekannt. Er beteiligt sich mit den Brüdern Clemens und Christian an ihrer Bildung und bleibt ihr als Mentor und Freund verbunden. – In einem Brief aus dem ersten Novemberdrittel 1804 dankt sie ihm: *[D]u hast mein neues frisches Leben hervorgerufen und hast das Alte unterdrückte von mir abgeschüttelt.*
Zit.: Härtl/Härtl (Hg.): Die junge Bettina [i.V.], Brief Nr. 86.

1801

Etwa Mitte Januar: Der erste Band von Brentanos Roman *Godwi oder Das steinerne Bild der Mutter. Ein verwilderter Roman von Maria* erscheint pseudonym im Verlag von Friedrich Wilmans in Bremen. Er enthält in einem Brief des Jugendfreundes Römer an Godwi eine indirekte Charakteristik Bettinas, ihre früheste Literarisierung: *Aber da sitzt noch so eine Rabenschwarze in*

dem Winkelchen, es dämmert schon in der Stube, und ich hätte sie übersehen, mit ihren Locken der Nacht, wenn ihre schönen Augen nicht leuchteten, und milde, schöne Blicke aus ihnen stiegen, wie Stralen zweier einsamen Sterne am Himmel. Kannst du dir ein Mädchen denken, mit allen Zeichen der Gluth, die sanft und stille ist, ein schöner Busen so sittlich verhüllt, daß sich jeder umsonst bemühen wird, irgend den Zwiespalt – in ihrer Brust zu erkennen?
Zit.: C. Brentano 1978 [= FBA, Bd. 16], 229.

9. Februar: Der Frieden von Lunéville bestätigt den Vertrag von Campo Formio und wird auch vom Kaiser im Namen des Deutschen Reiches unterzeichnet.

6. September: Bettina, die Goethes Roman *Wilhelm Meisters Lehrjahre* (1795/96) liest, findet in Mignon eine Identifikations- und Imitationsfigur, die für ihr weiteres Leben bestimmend bleibt. Ihre Goethe-Begeisterung steht im Gegensatz zu dem Goethe-Verhältnis ihrer Umwelt. – *Wilhelm Meister und Werther waren keine Bücher die ihn bei meiner Groszmutter empfahlen, die ihre eignen Romane für viel geeigneter hielt uns die Pforten des Lebens zu öffnen als jene [...] – und die Erkenntnisz dass er in Büchern seinen Weg zu meinem Herzen gemacht hatte war eine feierliche Epoche meines Lebens* (an Karl Hartwig Gregor von Meusebach, 25. Juli 1835).
Zit.: Meusebach/Grimm/Grimm 1880, 401–402.

Erste Hälfte November: Der zweite Band von Brentanos Roman *Godwi oder Das steinerne Bild der Mutter. Ein verwilderter Roman von Maria* erscheint wie der erste pseudonym im Verlag von Friedrich Wilmans in Bremen. Vorangestellt ist eine Widmung *An B.*, womit nur vordergründig Bettina gemeint ist, hintergründig jedoch eine *unabhängige Dedikazion* (so der Untertitel) an eine idealtypische Geliebte wie die Dante'sche Dichtermuse Beatrice.

1802

10. Februar: Franz Brentano an Clemens: *Bettine kann guth werden, wenn sie einfach und natürlich bleibt, u. nicht eigene Länder entdecken will, wo keine weibliche Glückseligkeit zu finden ist ... sobald's sein kann, nimmt sie Tony* [Franz' Frau Antonia] *... zu sich u. theilt ihre Zeit in Besorgung des Hausswesens ... u. weiblicher Arbeit, dieses ist jezigs alter Balsam für Bettine.*
Zit.: Der junge Brentano [i.V.], Brief Nr. 564.

Vmtl. erstes Drittel Mai: Arnims kleiner Roman *Hollin's Liebeleben*, sein poetischer Erstling, erscheint im Verlag von Heinrich Dieterich in Göttingen.

Zwischen 1. und 7. Juni: Erste Begegnung Bettinas mit Arnim, der sich nach seinen Universitätsstudien in Halle und Göttingen, wo er Freundschaft mit Clemens schloss, auf einer fast dreijährigen Bildungsreise befindet und eine Woche in Frankfurt und Offenbach bleibt, bevor er mit dem Freund eine

Rheinfahrt beginnt. Im zweiten Augustdrittel schreibt er diesem über Bettina: *Das höhere Gemüth unterscheidet sich vom niederen daß eben das Höchste von diesem ihm das Niederste wird; es hat jenes in sich aber noch mehr, was andern Mädchen schon hohe Liebe wäre ist für Bettinen Freundschaft, ihre Liebe aber muß etwas werden, wovon kein andres Mädchen etwas ahndet.*
Zit.: Der junge Brentano [i.V.], Brief Nr. 673.

28. September: Charlotte von Kalb an Friedrich Schiller, Homburg v.d.H.: *In Offenbach besuchte ich die Alt Mutter LaRoche. Sie ist gekleidet in den Nacht Nebel des 18 Jahrhunderts – und Betina Brentano die Erstgeburth des 19ten Stand und lag neben ihr in der gröbsten Naivität des 19ten.*
Zit.: [Schiller] 1988 [= SNA 39.1], 324.

Vmtl. erste Hälfte Dezember: Bettina verlässt das großmütterliche Haus in Offenbach und kehrt ins Frankfurter Brentano-Haus zurück, wo sie sich in den nächsten zweidreiviertel Jahren größtenteils aufhält. Sie wird von Hauslehrern unterrichtet und hat vor allem Umgang mit Karoline von Günderrode, die in der Nähe des *Goldenen Kopfes* wohnt.

1803

23. Februar: Der Regensburger Reichsdeputationshauptschluss vereinbart zur Entschädigung der deutschen Fürsten, die durch die Abtretung des linken Rheinufers an Frankreich Gebiete verloren haben, die Säkularisierung aller geistlichen Fürstentümer und Stifter, die Verringerung der Reichsstände und die Mediatisierung der Reichsstädte (ausgenommen sechs, darunter Frankfurt). Die territorialen Veränderungen kommen einer Auflösung des alten Reiches gleich.

Etwa 19. Mai: Wiedersehen Clemens' mit Sophie Mereau in Weimar und Aussöhnung mit ihr.

Ende Juli–Mitte September: Bettina hält sich mit ihrer Schwägerin Antonia in Schlangenbad (Taunus) auf, anschließend in Wiesbaden, wo sie Clemens wiedersieht; danach Rückkehr nach Frankfurt.

9. November: Clemens und Sophie Mereau heiraten in Marburg, wo sie mit deren erstehelicher Tochter Hulda eine Wohnung beziehen.

1804

17. April: Friedrich Carl von Savigny und Bettinas Schwester Kunigunde, genannt Gunda, heiraten in Meerholz (bei Hanau).

Etwa 20. April: Karoline von Günderrodes erste selbständige Veröffentlichung *Gedichte und Phantasien von Tian* erscheint mit diesem Pseudonym in der Hermannschen Buchhandlung Hamburg und Frankfurt.

5. August: Karoline von Günderrode lernt in Heidelberg den Altphilologen Friedrich Creuzer, mit dem sie ein Verhältnis beginnt, und dessen 13 Jahre ältere Frau Sophie kennen.

15. August: Clemens und Sophie Brentano-Mereau übersiedeln nach Heidelberg.

Herbst/Winter: Bettina erhält Klavier- und Harmonielehreunterricht durch den Bratschisten und Musiklehrer Philipp Carl Hoffmann. Sie nimmt auch Gesangsunterricht, lernt, angeleitet von der Günderrode, *Geschichte jezt mit grosem Eifer* (an Savigny, letztes Drittel Oktober 1804), liest, beeinflusst von Savigny und dem Bruder Christian, historische und kunsthistorische Werke (Herodot, Plutarch und Thukydides; Winckelmann). An Savigny, zwischen ca. 5. und Mitte September 1804: *[W]ie mag es einem grosen Krieger zu Muth seyn dem das Herz glühet zu großen Unternehmungen und Thaten, und der in der Gefangenschaft ist mit Ketten beladen an keine Rettung denken darf, mir überwältigt diese immerwärende rastlose Begier nach Wirken oft die Seele und bin doch nur ein einfältig Mädgen, deren Bestimmung ganz anders ist* [...].
Zit.: Die junge Bettina [i.V.], Brief Nr. 85 (erstes Zit.) u. Brief Nr. 73 (zweites Zit.).

2. Dezember: Napoleon lässt sich in Paris zum Kaiser krönen.

1805

Etwa 9. Juni: Arnim trifft zur Arbeit am ersten Band der Liedersammlung und -bearbeitung *Des Knaben Wunderhorn* bei Clemens und Sophie Brentano-Mereau in Heidelberg ein.

Juni/Juli: Bettina beteiligt sich mit Liedaufzeichnungen und Umfragen an *Des Knaben Wunderhorn*.

10. August: Nach über drei Jahren sehen sich Bettina und Arnim in Frankfurt wieder.

8. September: Beginn des Dritten Koalitionskrieges zwischen Österreich und Russland einerseits, Frankreich, Bayern, Württemberg und Baden andererseits.

Anfang Oktober: Savignys kehren von einem längeren Paris-Aufenthalt mit Schwägerin Meline und der in der französischen Hauptstadt geborenen Tochter zunächst nach Frankfurt zurück.

Etwa 12.–Ende Oktober: Auf Savignys Gut Trages treffen sich anlässlich der Taufe der nach Bettina benannten Tochter Freunde und Geschwister: Arnim, Clemens, Christian und Meline Brentano, Savigny und Kunigunde, Hans Christian von Bostel, Claudine Piautaz. In der zweiten Oktoberhälfte kommt noch die Günderrode hinzu.

Vmtl. Mitte Oktober: Der erste Band von *Des Knaben Wunderhorn* erscheint in der Buchhandlung von Mohr und Zimmer in Frankfurt und Heidelberg.

17. Oktober: Die Österreicher ergeben sich bei Ulm.

Etwa 8. November: Abschied Arnims von Bettina in Frankfurt. Er reist mit Clemens und Savigny zunächst nach Heidelberg und von dort über einen süddeutschen Umweg nach Berlin zurück.

Letztes Drittel November: Bettina und Meline ziehen auf Einladung Savignys zu ihm und seiner Familie nach Marburg, wo sie unterhalb der Schlossbefestigung im Forsthof, einem weiträumigen Anwesen in der Rittergasse, mit weitem Blick ins Marburger Land wohnen. Bettina lernt Generalbass und wird von Gottfried Heinrich Schäfer in Geschichte unterrichtet.

2. Dezember: Napoleon schlägt in der Dreikaiserschlacht bei Austerlitz die vereinigten russisch-österreichischen Truppen.

26. Dezember: Der Frieden von Preßburg beendet den Dritten Koalitionskrieg.

1806

18. Januar: Frankfurt wird von französischen Truppen unter Marschall Augereau besetzt und muss eine Kontribution von vier Millionen Franc leisten.

26. Januar: Beginn von Bettinas Korrespondenz mit Arnim durch einen Berliner Brief des Freundes.

Anfang–Mitte Februar: Bettina ist in Kassel zu Gast bei ihrem Schwager Johann Carl Jordis, kurhessischem Legationsrat und Bankier, und ihrer seit Juli 1805 mit ihm verheirateten Schwester Lulu. Sie besucht die noch von Landgraf Wilhelm VIII. von Hessen-Kassel erworbene wertvolle Gemäldesammlung und wird mit der Schriftstellerin Philippine Engelhard bekannt.

Mitte Februar: Bettina kehrt von Kassel nach Marburg zurück.

Vmtl. letztes Drittel April: Friedrich Creuzer, der Geliebte der Günderrode, besucht Marburg und nimmt an Bettina Anstoß; zurück in Heidelberg, schreibt er Savigny am 4. Mai: *Es war mir wohl bei Ihnen und gerne verweile ich in Gedanken bei den Stunden, da ich Sie sah. Am liebsten war mir der Abend, wo wir nachdem wir mit Ihnen gegessen, so recht ruhig uns über dies und jenes aussprechen konnten, ohne durch Bettine's Lautsein unterbrochen zu werden.*
Zit.: Creuzer 1972, 179.

27. April: Abreise Bettinas und ihrer Schwester Meline von Marburg nach Frankfurt.

Anfang Juni: Bei einem Besuch in Offenbach liest Bettina die Briefe, die der junge Goethe 1772/75 an ihre Großmutter schrieb, nachdem er ihre Mutter kennengelernt hatte: *Vor 8 Tagen habe ich 43 der schönsten Briefe Göthes abgeschrieben an F.: v. Laroche voll Liebe zu meiner Mutter* (an Arnim, 10. Juni 1806).
Zit.: Die junge Bettina [i.V.], Brief Nr. 180.

Etwa 5.–Ende Juni: Bettina hört in Frankfurt Vorträge des Anatomen und Phrenologen Franz Joseph Gall über dessen Gehirn- und Schädellehre.

Etwa Mitte Juni: Die Günderrode, die sich mit Freundinnen in dem Rheingauort Winkel aufgehalten hatte, kehrt von dort nach Frankfurt zurück und kündigt Bettina die Freundschaft.

8. Juli: Bettina besucht erstmals – mit Schwester Meline – Goethes Mutter Catharina Elisabeth am Frankfurter Roßmarkt. – Vmtl. im letzten Julidrittel schreibt sie an Savigny: *Ich bin täglich bei der Göthe sie hat mir das ganze junge Leben ihres Sohns erzählt, und soll es mir erzählen so lange sie lebt […].*
Zit.: Die junge Bettina [i.V.], Brief Nr. 192.

12. Juli: Unterzeichnung der Rheinbundakte. 16 deutsche Staaten, darunter Bayern, Württemberg und Baden, trennen sich vom deutschen Reich und bilden einen von Napoleon abhängigen Staatenbund. Frankfurt wird mit Aschaffenburg, Regensburg, Wetzlar und einigen anderen Gebieten zum weit verstreuten Primatialstaat vereinigt und dem letzten Mainzer Erzbischof Carl Theodor von Dalberg als Landesherrn zugesprochen. Dalberg wird zugleich Fürstprimas des Rheinbunds.

26. Juli: Karoline von Günderrode erdolcht sich in Winkel am Rhein.

6. August: Franz II. dankt als deutscher Kaiser ab. Auflösung des Heiligen Römischen Reiches.

10. August: Preußen mobilisiert gegen Frankreich.

Zwischen 20. und 24. August: Bettina an Arnim in Göttingen: *[S]ie* [die Günderrode] *wollte den Feind vernichten der ihre Freyheit einengte, und mit dem einzigen Versuch – mit dem einzigen Dolch zucken traf sie ihr eigen Herz, und warf das was ihr werth sein sollte, weit von sich, und traf mich auch mit dieser Unthat, ich werde den Schmerz in meinem Leben mit mir führen.*
Zit.: Die junge Bettina [i.V.], Brief Nr. 197.

27. August: Arnim an Bettina in Frankfurt: *Der sanfte blaue Blick der armen Günterode begegnet mir sicherer, nun Sie nicht mehr sprechen kann, sie sieht freyer und ohne Zurückhaltung in die Welt, wir fühlen uns enger befangen, schlagen die Augen nieder und an unsre Brust, wir konnten ihr nicht genug geben, um sie hier zu fesseln, nicht hell genug singen um die Furienfackel unseliger, ihr fremder Leidenschaft auszublasen.*
Zit.: Die junge Bettina [i.V.], Brief Nr. 198.

10.–16. September: Ludwig Tieck und der Kunsthistoriker Carl Friedrich von Rumohr halten sich, von einer Italienreise nach Deutschland zurückgekehrt und mit Clemens von Heidelberg kommend, in Frankfurt auf, wo sie im *Goldenen Kopf* verkehren: *Betine hat sich in ihn er in Sie verliebt [...] und beinah weit übers Aergerniß hinaus, Rumohr verliebte sich in Meline und war der Spielball des Haußes* (Clemens an Sophie Brentano-Mereau, 17. September 1806).
Zit.: Härtl/Härtl (Hg.): Der junge Brentano [i.V.], Brief Nr. 1331.

1. Oktober: Beginn des Vierten Koalitionskrieges.

14. Oktober: Schlacht bei Jena und Auerstedt. Die preußische Armee wird von den französischen Truppen vernichtend geschlagen.

Mitte Oktober: Arnim, der nach Frankfurt und Heidelberg reisen wollte, flieht von Göttingen, wo er die Entwicklung der angespannten militärischen Lage abgewartet hatte, über Berlin und Danzig nach Königsberg, wo er Ende November eintrifft.

31. Oktober: Sophie Brentano-Mereau stirbt in Heidelberg während der Geburt eines mit ihr sterbenden Kindes.

7. Dezember: Bekanntschaft Bettinas mit Dalberg, dem Fürstprimas des Rheinbunds: *Er sah ihr während der Cour in die „schöne schelmische Augen" (seine Worte) und gieng wieder weiter* (Meline an Savigny, 16. Dezember 1806).
Zit.: Die junge Bettina [i.V.], Stimmen der Umwelt Nr. 95.

Silvester: Erneute Begegnung Bettinas mit Dalberg, diesmal während eines Konzerts: *[W]ir saßen in der zweyten Reihe dicht hinter dem Fürsten. Auf einmal wand er sich zur Tony und erkundigt sich, nach der* Bettine. *Dann sieht er die* Bettine *immer an, will als gar zu gerne mit ihr reden, aber die* Bettine *coquettirt und weigt einigemal aus; am Ende hat er sie doch erwischt, und sich tapfer mit ihr abgegeben* (Meline an Savigny, 2. Januar 1807).
  Zit.: Die junge Bettina [i.V.], Stimmen der Umwelt Nr. 99.

1807

18. Februar: Sophie von La Roche stirbt in Offenbach.

Etwa 27. Februar–etwa 10. April: Aufenthalt Bettinas bei Schwager Jordis und Schwester Lulu in Kassel.

Etwa 10.–Ende April: Reise Jordis', Lulus und Bettinas – Letztere in Knabenkleidung – von Kassel nach Berlin. Der Rückweg führt auf Bettinas Wunsch über Weimar.

23. April: Erster Weimar-Aufenthalt Bettinas; zunächst Besuch bei Wieland, dann bei Goethe: *Lieber Clemens wer ihn einmal gesehen hat wie ich, und ihn nicht liebt wie ich, der ist seinen Anblick nicht werth und wenn die ganze Welt ihn nicht erkennt so will die* Bettine *Jubel rufen über seine Herrlichkeit. Und Arnim. der ihn auch liebt ohne viel zu spindisieren der soll die Fahne schwingen. als ich weg ging, steckte er mir einen Ring an den Finger, und erinnerte mich nochmals an seine Biografie. sein Leben will ich nicht schreiben, das kann ich nicht, aber den Duft seines Lebens will ich erschwingen und auffassen, und zum ewigen Andenken seiner, bewahren* (an Clemens, vmtl. 9. Mai 1807).
  Zit.: Die junge Bettina [i.V.], Brief Nr. 241.

Ende April–Mitte Juli: Bettina wieder in Kassel.

15. Juni: Beginn der Korrespondenz mit Goethe durch einen Brief Bettinas aus Kassel.

> **7./9. Juli:** Frieden von Tilsit zwischen Frankreich und Russland sowie Frankreich und Preußen. Preußen verliert mehr als die Hälfte seines Territoriums; das Heer wird von vormals über 200.000 auf 42.000 Mann reduziert.

Mitte Juli: Bettina kehrt von Kassel nach Frankfurt zurück.

24. Juli: Im Frankfurter Palais Thurn und Taxis, der Residenz des Fürstprimas, sieht Bettina den aus Tilsit kommenden Napoleon, der kurz Station macht und mit Dalberg über die Rheinbundpolitik verhandelt.

18. August: Gründung des von Napoleon abhängigen Königreichs Westphalen mit Kassel als Haupt- und Residenzstadt. Jordis wird Hofbankier des zukünftigen Königs Jérôme, eines Bruders Napoleons.

21. August: Clemens Brentano heiratet in Fritzlar die 16-jährige Auguste Bußmann, die mit ihm aus Frankfurt geflohen ist.

25. September–etwa 6. Oktober: Arnim reist mit seinem väterlichen Freund, dem Musiker und politischen Schriftsteller Johann Friedrich Reichardt, der ebenfalls vor Napoleon nach Ostpreußen geflüchtet war, von Königsberg nach dessen Landsitz in Giebichenstein (bei Halle).

Etwa Mitte Oktober: Arnim schreibt in Giebichenstein sein erstes Liebesgedicht an Bettina – *Amor der Tintenjunge* –, das sie jedoch ebensowenig wie den zugehörigen Brief erhält; vmtl. weil Gedicht und Brief von der Reichardt-Tochter Friederike entwendet wurden. Der Gedichtanfang – *Da die Dienste aufgehoben / Aller Liebe aufgesagt* – spielt sowohl auf die Aufhebung der Erbuntertänigkeit in Preußen durch ein am 9. Oktober 1807 erlassenes Edikt als auch auf die Zurückweisung der Arnim'schen Liebesdienste an, die in Königsberg der fünfzehnjährigen Kaufmannstochter Auguste Schwinck gegolten hatten. Vermittels des Tintenjungen Amor erhofft Arnim sich neues *Glück* mit Bettina zu erschreiben.

Erstveröffentlichung des Gedichts erst 2015 (Moering 2015), zweiter Druck mit Adressatenzuschreibung an Bettina 2018 (A. v. Arnim 2018 [= WAA 33], Bd. 1, 655–657, Bd. 2, 1645–1649).

22.–Ende Oktober: Aufenthalt Bettinas und Melines in Kassel bei Jordis und Lulu, Clemens und Auguste.

23. Oktober: Clemens reist von Kassel ab nach Giebichenstein, wo er Arnim wiedersieht.

1.–10. November: Bettina sieht in Weimar Freunde und Verwandte wieder und erwirbt sich die Duz-Freundschaft Goethes, mit dem sie täglich zusammen ist und der alle freundlich bewillkommnet: Bettina und die Schwester Meline, die aus Kassel angereist sind; Savigny und seine Frau Kunigunde, die am 2. November aus München eintreffen; Arnim, Clemens und Reichardt, die am 7. oder 8. November von Giebichenstein kommen. Am 11. November fahren alle – außer Reichardt – in drei Kutschen nach Kassel ab.

Mitte November–Ende Dezember: In Kassel arbeiten Arnim und Clemens an der Fortsetzung des *Wunderhorns*. Umgang Bettinas mit Arnim und den Brüdern Grimm.

I. Bettina-Chronik: Daten und Zitate zu Leben und Werk

Ende November–Mitte Dezember: Goethe schickt Bettina seine Sonette *Ein Strom entrauscht umwölktem Felsensaale* und *War unersättlich nach viel tausend Küssen*. Sie nehmen Motive eines Briefes Bettinas an ihn auf und gehören zu einem lyrischen Zyklus, an dem Goethe zur Zeit seiner „Sonettenwut" (Riemer) während seiner gleichzeitigen Zuneigung zu der jungen Jenaerin Minna Herzlieb arbeitet.

10. Dezember: Jérôme wird in Kassel zum König Westphalens gekrönt.

20. Dezember: Abreise Bettinas aus Kassel nach Frankfurt.

1808

Januar–Mitte Mai: Bettina lebt im *Goldenen Kopf*, erhält Unterricht von Privatlehrern, komponiert Lieder aus Goethes *Faust*-Fragment und dem im Frühjahr erscheinenden vollständigen ersten Teil des Dramas, ist oft bei seiner Mutter. Sie interessiert sich für das vom neuen Ober-Schul-Curatelamt geförderte Schulwesen, besucht öffentliche Prüfungen und vor allem das Philantropin, eine reformpädagogische Bildungsanstalt für alle Juden, über die sie dem interessierten Goethe berichtet. Zu einer Werbeschrift für eine neue Schule, Julius Bernhard Engelmanns *Einige Gedanken über Erziehung und Unterricht besonders der Töchter*, verfasst sie eine Stellungnahme, die sie Friedrich Wilhelm Riemer, Goethes philologischem Gehilfen, mit der Bitte um Korrektur nach Weimar schickt.

Etwa 6. Januar: Wiedersehen Bettinas in Frankfurt mit Arnim, der Kassel ebenfalls verlassen hat.

Etwa 23. Januar: Weiterreise Arnims nach Heidelberg, um an der Fortsetzung des *Wunderhorns* zu arbeiten und eine unkonventionelle Zeitung vorzubereiten.

Anfang März: Bekanntschaft Bettinas mit Franz Joseph Molitor, Vorstandsmitglied und Lehrer am Frankfurter Philantropin, Geschichtsphilosoph, Propagandist der Emanzipation der Juden.

21.–24. März: Reise Bettinas mit Schwägerin Antonia nach Miltenberg am Main, wo Georg Joseph Anton Schwaab, der ehemalige Buchhalter des Brentano'schen Handelshauses, das Geschäft seines verstorbenen Bruders übernommen hat.

Ende März: Bettina schickt Goethe auf dessen Wunsch „Druckschriften der Juden" (Goethe, Tagebucheintrag zum 1. April 1808).
   Zit.: Goethes Werke (Weimarer Ausgabe) III/3, 326. – Im Folgenden zit. als WA.

1. April: Die erste Nummer von Arnims Heidelberger *Zeitung für Einsiedler* erscheint.

8.–22. April: Goethes Sohn August hält sich auf der Reise zum Studium nach Heidelberg in Frankfurt auf, wo Bettina ihn betreut.

23. April: In der *Zeitung für Einsiedler* erscheint in Arnims Fortsetzungsserie *Scherzendes Gemisch von der Nachahmung des Heiligen* eine Passage, der ein von ihm überarbeiteter Märchenanfang Bettinas zugrunde liegt.

29. April: Clemens, der Kassel verlassen hat, trifft in Heidelberg bei Arnim ein.

11. Mai: In der *Zeitung für Einsiedler* erscheint Bettinas *Seelied* mit dem Namenskürzel ‚B.'

13. Mai: Savigny wird an die Universität Landshut berufen.

19. Mai–21. Juni: Mit Claudine Piautaz, Bruder Georgs Ehefrau Marie, deren Mutter und Kindern sowie Schwester Meline und anfangs auch Bruder Christian Aufenthalt Bettinas auf einem von Franz Brentano erworbenen Gut in Winkel im Rheingau. Ausflüge in die Umgebung.

Anfang–20. Juni: Besuch Arnims in Winkel.

22. Juni–8. Juli: Bettina in Frankfurt, Offenbach und bei Savignys in Trages.

24. und 26. Juni: In Frankfurt Begegnungen Bettinas mit Germaine de Staël und ihrem Reisebegleiter Simonde de Sismondi, die von einer Deutschlandtour in die Schweiz zurückkehren. Bettinas Verhalten zu der berühmten Schriftstellerin, die anschließend Heidelberg besucht, ist von Eifersucht geprägt.

Juli–Mitte August: Aufenthalte Bettinas mit Freunden und Verwandten in Winkel und Schlangenbad (Taunus), ab etwa 5. August mit Arnim, der von Heidelberg kommt.

Ab Mitte August: Rheinreise der Badegesellschaft, zu der sich Rumohr gesellt, bis Köln.

26. oder 27. August: Ankunft Bettinas und Arnims von Köln in Frankfurt, von wo Arnim nach Heidelberg weiterreist.

31. August: Das letzte reguläre Stück von Arnims *Zeitung für Einsiedler* erscheint.

Ende August–Mitte September: Kleinere Reisen und Aufenthalte Bettinas, teils mit Arnim.

13. September: Tod von Goethes Mutter in Frankfurt.

17. September: Trennung Bettinas und Arnims in Aschaffenburg. Während sie mit Savigny, seiner Frau Kunigunde und deren beiden Kindern, mit Bruder Clemens und dessen Frau Auguste nach Landshut abreist, wo Savigny seine Professur antritt, kehrt Arnim, begleitet von dem Philosophieprofessor Karl Joseph Hieronymus Windischmann, nach Heidelberg zurück.

17.–27. September: Die in zwei Kutschen nach Bayern Reisenden fahren von Aschaffenburg über Nürnberg, Neumarkt und Regensburg nach Landshut und von dort nach München, von wo aus sich Savignys in Landshut etablieren.

Letztes Drittel September: Der zweite und dritte Band der Arnim-Brentano'schen Sammlung *Des Knaben Wunderhorn* und Arnims *Tröst Einsamkeit*, die Buchausgabe seiner *Zeitung für Einsiedler*, erscheinen.

27. September–14. Oktober: Erfurter Fürstenkongress mit Napoleon, dem russischen Zaren Alexander I. und den Rheinbundfürsten. Goethe wird von Napoleon empfangen und erhält das Kreuz der französischen Ehrenlegion.

Ende September–Anfang Oktober: Bettina zieht, anfangs mit Savignys, Clemens und Auguste Brentano, in das Pilgramhaus in der Münchner Rosenstraße nahe dem Marienplatz zu einer alten Bekannten der Brentano-La Roche'schen Familie: Elisabeth de Moy de Sons, verheiratet mit dem während der Revolution nach Deutschland emigrierten Kaufmann Charles Louis Antoine de Moy de Sons.

Oktober: In München hat Bettina Umgang mit zahlreichen Gelehrten, Diplomaten und Künstlern: mit Friedrich Heinrich Jacobi, Präsident der Bayerischen Akademie der Wissenschaften, alter Bekannter ihrer Großmutter Sophie von La Roche und ihrer Mutter Maximiliane; mit dessen Sohn, dem Medizinalrat Maximilian Jacobi, und seiner Familie; mit Friedrich Lothar von Stadion, der als österreichischer Gesandter in München die diplomatische Mission hat, Bayern zur Teilnahme am Krieg gegen Napoleon zu gewinnen, und mit Bettina über ihren Großvater Georg Michael von La Roche entfernt verwandt ist; mit dem Münchner Oberstbergrat und philosophisch-theologischen Schriftsteller Franz Xaver von Baader; mit dem Landshuter Theologieprofessor und späteren Regensburger Bischof Johann Michael Sailer, Repräsentant einer duldsamen Frömmigkeit des süddeutschen Katholizismus; mit dem Grafen Alexander von Westerholt, Chefunterhändler und diplomatischer Beauftragter des Fürsten von Thurn und Taxis in München; mit dem Kunstkenner Sulpiz Boisserée (17. Oktober–3. November in München), mit Ludwig Tieck

und seiner Schwester Sophie Bernhardi (beide ab 19. Oktober aus Wien in München); mit dem Übersetzer Johann Diederich Gries (um den 20. Oktober einige Tage in München); mit dem Anatomen Samuel Thomas Soemmering und dem Kupferstecher Carl Heß (beide Langzeit-Münchner). Clemens an Arnim, 10. und 11. Oktober: *Recht rührend ist mir die Neigung, ja der innre Zwang, der in ihr ist, sich mit berühmten Männern vertraut zu machen, Sie ist täglich bei Jacobi, und ihre Hände ruhen oft unbewust freundlich beim Gespräch in einander.*
    Zit.: A. v. Arnim 2018 [= WAA 33], Bd. 1, 531.

Mitte Oktober: Savigny, Clemens und Auguste Brentano etablieren sich in Landshut, während Bettina und Gunda mit deren beiden Kindern in München bleiben.

24. Oktober: Auch Schwester Gunda übersiedelt nach Landshut; Bettina mit den Kindern allein in München.

4. November: Wilhelm von Humboldt an seine Frau Caroline, auf der Reise von Rom nach Berlin sich in München aufhaltend: *Eine junge Brentano, Bettina, 23 Jahre alt, Carl Laroches Niece, hat mich hier in das größte Erstaunen versetzt. Solche Lebhaftigkeit, solche Gedanken- und Körpersprünge (denn sie sitzt bald auf der Erde, bald auf dem Ofen), so viel Geist und so viel Narrheit ist unerhört. Das nach sechs Jahren in Italien zu sehen ist mehr als einzig. Sie hat mir den Tod der Günderode erzählt. Man ist wie in einer andern Welt.*
    Zit.: Humboldt/Humboldt 1906–1916, Bd. 3, 9.

5. November: Bekanntschaft Bettinas mit Caroline Schelling, die mit dem Philosophen Friedrich Wilhelm Joseph Schelling seit 1806 in München lebt. Beide sind Bettina wenig sympathisch: *[E]r hat etwas an sich, das will mir nicht behagen, und dies etwas, ist seine Frau, diese will mich immer eifersüchtig machen, auf* Dich (an Goethe, 7./8. März 1809). Anderseits hält auch Caroline wenig von Bettina, *die aussieht wie eine kleine Berlinerjüdin und sich auf den Kopf stellt um witzig zu seyn, nicht ohne Geist,* tout au contraire, *aber es ist ein Jammer, daß sie sich so verkehrt und verreckt und gespannt damit hat; alle die Brentanos sind höchst unnatürliche Naturen* (an Luise Wiedemann, vmtl. zweites Drittel November 1808).
    Zit.: Die junge Bettina [i.V.], Brief Nr. 525 (erstes Zit.); Schelling 1913, Bd. 2, 541–542 (zweites Zit.; datiert auf Februar [?] 1809).

16. November: Arnim verlässt das bereits von Brentano und Joseph Görres aufgegebene Heidelberg, um nach Berlin zu reisen, wo er sich nach dem von Napoleon angekündigten Rückzug der französischen Truppen aus Preußen neue Wirkungsmöglichkeiten erhofft.

I. Bettina-Chronik: Daten und Zitate zu Leben und Werk 19

Letztes Drittel November: Weitere Bekanntschaften Bettinas in München: mit dem Hofkapellmeister Peter von Winter, bei dem sie Gesangsunterricht nimmt; mit dem bayerischen Kronprinzen, dem späteren König Ludwig I., dessen napoleonfeindliche Gesinnung sie schätzt; mit Ludwig Emil Grimm, dem jüngeren Bruder von Jacob und Wilhelm Grimm, der von Heidelberg gekommen ist, um sich bei Heß zum Zeichner und Kupferstecher auszubilden; mit dem ebenfalls jungen Porträtmaler und Kopisten Friedrich Epp, der für sie Dürers Selbstporträt im Pelzrock kopiert, das die Münchner Gemäldegalerie 1805 erworben hatte und dessen Kopie Goethe erst im September 1809 von Bettina erhält.

10.–Ende Dezember: Aufenthalt Bettinas bei Savignys und Brentanos in Landshut. Bekanntschaft mit einem studentischen Freundeskreis um Johann Nepomuk Ringseis, von dem Arnim in seiner *Zeitung für Einsiedler* religiöspatriotische Gedichte veröffentlicht hatte.

Ende Dezember: Ankunft Arnims in Berlin, das er vor zweieinhalb Jahren verlassen hatte.

Ende Dezember: Rückkehr Bettinas von Landshut nach München.

1809

Ab Anfang Januar: Bettina verkürzt Tieck, der an Gicht erkrankt ist, die Zeit an seinem Krankenbett. Sie nimmt Klavierunterricht bei Sebastian Bopp, dem Musiklehrer des bayerischen Kronprinzen, und lernt Italienisch. Bis zum Sommer näherer Umgang mit Ludwig Emil Grimm und Rumohr, die sie auf Ausflügen in die Umgebung begleiten.

Ende Februar: Clemens kommt auf der Flucht vor seiner Frau Auguste, die einen Selbstmordversuch fingiert hat, von Landshut nach München und flieht wieder vor ihr nach Landshut zurück, während sie München aufsucht, wo sie in Gegenwart Bettinas einen weiteren Selbstmordversuch inszeniert. Bettina erlebt den *elendesten Zustand meines Lebens* (an Arnim, 25. oder 26. Februar 1809).
  Zit.: Die junge Bettina [i.V.], Brief Nr. 518.

April–August: Bettina übt sich im Singen, vor allem der von dem venezianischen Komponisten Benedetto Marcello vertonten ersten fünfzig Psalmen, seines berühmtesten Werks: *[D]ie legen goldne Fesseln an mich* (an Arnim, 3. Mai 1809).
  Zit.: Die junge Bettina [i.V.], Brief Nr. 562.

9./10. April: Mit der Kriegserklärung Österreichs an Frankreich und Bayern und dem Einmarsch österreichischer Truppen in Bayern beginnt der Fünfte Koalitionskrieg.

Mitte April: Arnims Erzählzyklus *Der Wintergarten* erscheint in der Berliner Realschulbuchhandlung von Georg Andreas Reimer mit einer Zueignung, die ohne Namensnennung an Bettina gerichtet ist.

16.–21. April: Die österreichischen Truppen nehmen Landshut ein, das kurz darauf von den Bayern zurückerobert wird.

Letztes Drittel April: Bettina sorgt sich um Tiroler Scharfschützen, die sich südlich von München erhoben hatten, woraufhin eine Münchner Bürgermiliz gegen sie vorging und sie in der Stadt arrestierte. An Savignys, 10. Mai 1809: *Die armen Gefangnen, die hier bald verschmachteten, hatten meinen Beutel in Beschlag genommen.*
Zit.: Die junge Bettina [i.V.], Brief Nr. 566.

5./6. Juli: Sieg der Franzosen und ihrer Verbündeten über die Österreicher in der Schlacht bei Wagram.

12. Juli: Waffenstillstand von Znaim. Österreich muss Tirol an Bayern und damit an den von Napoleon dirigierten Rheinbund abtreten.

29./30. Juli: Brentano, der von Landshut abgereist ist, um Arnim in Berlin zu besuchen, verabschiedet sich auf der Durchreise in München von Bettina.

25. September: Übersiedlung Bettinas zu Savignys nach Landshut, begleitet von Peter von Winter und seinem Schüler, dem jungen Komponisten Peter Lindpaintner.

Ab Ende September: Umgang Bettinas mit Savignys Professorenkollegen (darunter Sailer und der Anatom Tiedemann) und Studenten um den Mediziner Johann Nepomuk Ringseis sowie einem Musizierkreis um den Organisten Georg Joseph Eigendorfer.

Erste Hälfte Oktober: Winter und Lindpaintner kehren nach München zurück, Bettina bleibt in Landshut.

14. Oktober: Besiegelung der Niederlage Österreichs im Fünften Koalitionskrieg durch den Frieden von Wien. Tirol wird abermals Bayern und dem Rheinbund zugeschlagen.

I. Bettina-Chronik: Daten und Zitate zu Leben und Werk   21

Um den 20. November: Bettina liest in einer Nacht, in der, wie sie Goethe schreibt, *eine ganze Welt sich durch meine Seele Drängte* (etwa 22. November 1809), dessen neuen Roman *Die Wahlverwandtschaften*.
Zit.: Die junge Bettina [i.V.], Brief Nr. 691.

7. Dezember: Vmtl. erste Begegnung Bettinas mit Max Prokop von Freyberg, der ihr eifrigster Verehrer unter der von ihr faszinierten studentischen Jugend Landshuts wird und mit dem sie nach ihrer Abreise ein religiös-schwärmerischer Briefwechsel verbindet.

1810

Anfang Januar: Bettina siegelt das Kuvert eines Briefes an Arnim mit einem Petschaft, das ihr Savigny und Sailer geschenkt haben. Dessen Initialen waren „BB", außen im Kreis stand: „Beans Beor" (beglückend werde ich beglückt).
Zit.: Die junge Bettina [i.V.], Brief Nr. 714.

Februar–März: Bettina arbeitet an einer (nicht beendeten) Ouvertüre zu Goethes *Faust*.

9. oder 10. März: Offizielle Berufung Savignys an die Berliner Universität durch Wilhelm von Humboldt.

10. März: Tod von Arnims Großmutter Caroline von Labes in Berlin. Ihr Testament bestimmt die Bildung eines Familienfideikommisses, das auf eheliche Kinder der beiden Enkel – Arnims und seines Bruders Carl Otto – berechnet ist.

4. April: Bettina wird zu ihrem 25. Geburtstag majorenn.

2. Mai: Abreise Bettinas mit Savignys von Landshut, bis Salzburg begleitet von enthusiasmierten Studenten.

Vmtl. zwischen 5. und 10. Mai: Arnim an Bettina: *[S]o sei Dir denn in deinem Namen B. B., liebe Bettine Brentano, liebe Beans Beor tausendfach Glück gewünscht von Deinem Amans Amor* [Liebend werde ich geliebt; H.H.], *daß Du gewißlich zu uns kommst; vielleicht kann ich Dir viel Glück wünschen und wenig geben aber was ich habe ist Dein*[.]
Zit.: Die junge Bettina [i.V.], Brief Nr. 741.

8. Mai–3. Juni: Aufenthalt Bettinas und Savignys in Wien im Haus des verstorbenen österreichischen Staatsmannes und Kunstsammlers Johann Melchior von Birkenstock in der Wiener Vorstadt Landstraße, Erdberggasse 98, das seine Tochter, Bettinas Schwägerin Antonia, bewohnt.

Letztes Drittel Mai: Arnims zweibändiger Roman *Armuth Reichthum Schuld und Buße der Gräfin Dolores* erscheint in der Berliner Realschulbuchhandlung des Verlegers Georg Andreas Reimer mit einer Musikbeilage zum zweiten Band. Sie enthält Vertonungen Arnim'scher Gedichte im Roman, darunter Bettinas Komposition der Romanze *Der Kaiser flieht vertrieben* mit ihrem Pseudonym „Beans Beor".

Ende Mai–Anfang Juni: Bekanntschaft Bettinas mit Beethoven in Wien. Sie besucht ihn in seiner Wohnung im Pasqualati-Haus, Mölkerbastei, und er kommt in das Birkenstock'sche Haus.

Etwa 3. Juni: Abreise Savignys und Bettinas von Wien über Prag nach dem böhmischen Gut Bukowan (südwestlich von Prag), das von Christian Brentano im Auftrag einer Sozietät verwaltet wird, der Brentano-Geschwister und Verwandte von ihnen angehören, darunter Bettina, Clemens, Gunda und Savigny.

Etwa 5. Juni: Abreise Arnims und Clemens' von Berlin über Prag zum Wiedersehen nach Bukowan.

9./10. Juni: Zunächst Ankunft Bettinas und Savignys in Bukowan, wo einen Tag später auch Arnim und Clemens eintreffen.

29. Juni: Abreise Arnims und Clemens' von Bukowan mit Savigny, der mitreist, um in Berlin für seine Familie eine Wohnung zu besorgen.

10. Juli: Arnim aus Berlin an Bettina: *Meine Großmutter entriß der Tod, sie hat mir viel Guthes gethan, und ich ehre dankbar ihr Andenken, unsre Gesinnungen hatten in dieser Welt keine eigentliche Berührung. Ihr Vermögen hätte mich selbst in dieser Zeit, wo nur der täthige Gebrauch eines Vermögens eigentliche Sicherheit gewährt, reich gemacht, wenn sie nicht durch eine Fideicommißeinrichtung [...] mich und meinen Bruder und meinen Onkel beschränkt hätte. Da ich aber alle Beengungen meines Lebens stets zu Erweiterungen meiner Natur ausgebildet habe, so war mein Entschluß nach der Eröffnung des Testamentes bald gefasst, das Meinige zu thun, um rechtmässige Kinder zu haben, da braucht's nicht langer Zweifel, ich wuste niemand auf der Welt von der ich so gern ein Ebenbild besessen hätte, da kein Maler Dich mir ordentlich dargestellt hatte, und auch keine, mit der ich auch ohne diese Verdoppelung so gern mich erfreut, gestritten, gewacht und geschlafen hätte als Dich [...].*
Zit.: Die junge Bettina [i.V.], Brief Nr. 784.

Etwa 20. Juli: Bettina aus Bukowan an Arnim: *Ich aber achte die Liebe als das höchste und einzige im Menschen die wahre reine Himmelsgabe, wer sie hat der ist herrlicher denn alle, und er ist mächtiger denn alle, was er will das wird ihm gelingen!, wer kann nun sagen: Ich habe die Liebe! Lieber Arnim! mein Wille ist die Liebe, ich streb nach ihr und ich hab auch den Willen daß ich ihr*

alles aufopfern will, aber ich kann nicht von ihr sagen, daß ich so herrlich bin –
[...] Liebes Kind meines Herzens, warum soll ich nicht dein Seyn? – Warum wenn Du an mich verlangst, soll ich dir nicht geben?
  Zit.: Die junge Bettina [i.V.], Brief Nr. 788.

30. Juli: Da Arnim wegen Auseinandersetzungen um das Testament der Großmutter verhindert ist, reist Savigny allein von Berlin ab, um seine Familie und Bettina zu holen.

6. August: Abreise Bettinas und ihrer Schwester Kunigunde aus Bukowan, zunächst nach Prag.

6. August: Goethe trifft, von Karlsbad kommend, in Teplitz ein.

7. August: Ankunft Savignys in Prag.

8. August: Abreise Bettinas und der Savignys von Prag.

9.–12. August: Zwischenaufenthalt Bettinas und der Savignys in Teplitz. Dritte Begegnung Bettinas mit Goethe, der seiner Frau Christiane am 11. August berichtet: *Vor allen Dingen muß ich dir ein Abentheuer erzählen. Ich war eben in ein neues Quartier gezogen und saß ganz ruhig auf meinem Zimmer. Da geht die Thüre auf und ein Frauenzimmer kommt herein. Ich dencke es hat sich jemand von unsern Mitbewohnern verirrt; aber siehe es ist Bettine die auf mich zugesprungen kommt und noch völlig ist wie wir sie gekannt haben. Sie geht mit Savignis nach Berlin und kommt mit diesen auf dem Wege von Prag her hier durch. Morgen gehe+n sie wieder weg. Sie hat mir unendliches erzählt von alten und neuen Abendtheuern. Am Ende geht es denn doch wohl auf eine Heyrath mit Arnim aus.*
  Zit.: Goethe WA IV/21, 370–371.

Mitte August: Bettina und die Savignys treffen in Berlin ein. Sie wohnt mit ihnen am Monbijouplatz 1.

Ab Mitte August: Häufiges Beisammensein Bettinas mit Arnim und Clemens, die in der Mauerstraße 34 wohnen. Umgang mit den Familien ihres Onkels, des Oberbergrats Carl Georg von La Roche, des Postrats Carl Philipp Heinrich Pistor, des Direktors der Salzdirektion Carl Alberti; mit Carl Friedrich Zelter und dem Musikliebhaber Anton Heinrich Fürst Radziwill, den jüdischen Salonnières Rahel Levin und Sara Levy.

10. Oktober: Eröffnung der Berliner Universität.

18. Oktober–28. November: Bettina berichtet Goethe, der sie darum gebeten hat, Episoden aus seiner Kindheit aufgrund von Erzählungen seiner Mutter. Goethe benutzt einiges davon für seine Autobiographie *Dichtung und Wahrheit*.

Vmtl. Anfang November: Bettina schickt Friedrich Wilhelm Riemer in Weimar eine für Goethe bestimmte Teilabschrift der *XII Duetti* des neapolitanischen Komponisten Francesco Durante.

4. Dezember: Bettina an Goethe, zweite Hälfte Dezember 1810: *Am 4ten December war kalt und schauerlich Wetter, es wechselte ab im Schneien, regnen und Eisen; da hielt ich Verlobung mit Arnim unter Freiem Himmel um ½ 9 Uhr Abends in einem Hof wo hohe Bäume stunden von denen der Wind den Regen auf uns herabschüttelte, es kam von ungefehr.*
Zit.: Die junge Bettina [i.V.], Brief Nr. 835.

1811

18. Januar: Gründungsversammlung der von Arnim gestifteten ‚deutschen Tischgesellschaft' in Berlin. Versammlungsort ist zunächst das Casino in der Behrenstraße.

10. Februar: Beethoven schreibt in Wien seinen einzigen Brief an Bettina.

27. Februar: Brentano trägt während einer Zusammenkunft der ‚deutschen Tischgesellschaft' seine satirische Abhandlung *Der Philister vor, in und nach der Geschichte* vor, von der nur die erweiterte Druckfassung überliefert ist.

11. März: Heimliche Trauung Bettinas und Arnims in der Berliner Waisenhauskirche durch deren Pfarrer Gottlieb Ernst Schmidt. Arnim an Wilhelm Grimm, 12. April 1811: *Der alte Prediger sprach mit sicheren, prunklosen Worten sehr eindringlich, wie Gott alles vollende, was mit Gott angefangen und unternommen sei; wir tauschten die früher einander geschenkten Verlobungsringe aus. [...] Nach der Trauung führte ich eilig Bettinen nach Hause und aß in einer freudigen Einsamkeit beim Restaurateur. Erst Abends kam ich wie gewöhnlich zu Savigny [...]. Zum Glück für unsre Heimlichkeit war Clemens schon seit einiger Zeit gewöhnt, weil ich gern mit Bettinen noch etwas zusammenblieb, voran nach Hause zu gehen; ich mußte ihm meinen Schlüssel geben, er wollte ihn aufs Fenster für mich legen. Als er fort war, gingen Savignys auch zu Bette, ich that als wenn ich Abschied nähme, trabte die Treppen in Begleitung der kleinen Kammerjungfer hinunter, als ob ich schwer beschlagne Hufeisen trüge, unten aber schlug ich die Thüre scheinbar zu, zog dann die Stiefel schnell aus und war in drei Sprüngen in Bettinens Zimmer, das mit großen Rosenstöcken und Jasminen, zwischen welchen die Nachtlampe stand, sowohl durch den grünen Schein der Blätter wie durch die*

zierlichen Schatten an der Decke und Wand verziert war. Die Natur ist reich und milde, was aber von Gott kommt und zu Gott kehrt, ist das Vertrauen. Früh schlich ich mich unbemerkt fort.
Zitat: Steig 1904, 112.

2. Das zweite Leben: Ehejahre mit Arnim (1811–1831)

1811

18. März: Arnim und Bettina geben die Eheschließung ihren Freunden und Verwandten bekannt.

Etwa Ende März: Arnim und Bettina beziehen ihre erste gemeinsame Wohnung im Garten des Gräflich Vossischen Palais, im Berliner Stadtzentrum (Wilhelmstraße 78), doch: *[W]ir sind in Berlin und wissen nichts davon, der Weg zu uns ist etwas beschwerlich und das hält die überlästigen Seelen ab* (Arnim an Wilhelm Grimm, 12. April 1811).
Zit.: Steig 1904, 113.

Vmtl. Mai: Arnim hält während einer Zusammenkunft der ‚deutschen Tischgesellschaft' seine antisemitische Rede *Ueber die Kennzeichen des Judenthums*, die als scherzhaftes Pendant zu Brentanos *Philister*-Rede gedacht war. Sie wurde erst 1971 veröffentlicht, 1992 in eine Werk-Ausgabe aufgenommen.
Vgl. Härtl 1971, Bd. 2, 471–490; A. v. Arnim 1992, 362–387.

18. August: Abreise Arnims und Bettinas über Halle und Weimar zu den Verwandten nach Frankfurt.

25. August–21. September: Aufenthalt in Weimar, häufiges Zusammensein mit Goethe, Teilnahme an den Geburtstagsfeiern Goethes, des Herzogs Carl August und Wielands.

13. September: Beim Besuch einer Weimarer Kunstausstellung kommt es zu einem *heftigen und pöbelhaften Streit* zwischen Bettina und Goethes Frau Christiane, wobei es *von dieser zum Handgemenge gekommen, wenn man so sagen will, indem sie der unglücklichen Bettine die Brille von der Nase gerissen und auf dem Boden zertrümmert hat* (Pauline Gotter an Schelling, 23. Oktober 1811). Bettina lässt danach das Witzwort kursieren, *es wäre eine Blutwurst toll geworden und hätte sie gebissen* (Helene Marie von Kügelgen an ihre Geschwister Friederike und Wilhelm Volkmann, 12. Oktober 1812). Der Streit macht Sensation bei den Zeitgenossen, nicht nur im klatschsüchtigen Weimar, und veranlasst Goethe zum Abbruch der Beziehungen zu den Arnims. Er schreibt Bettina nicht mehr.
Zit.: Plitt 1870, 267–268 (erstes Zit.); Kügelgen 1908, 268 (zweites Zit.).

28. September–21. Januar 1812: Aufenthalt in Frankfurt, unterbrochen von einer Reise in den Rheingau.

1812

21. Januar–4. Februar: Rückreise über Kassel – mit einem Aufenthalt bei den Brüdern Grimm und Schwager Jordis – und Weimar nach Berlin. In Weimar werden Arnims von Goethe nicht mehr empfangen.

15. März: Eintrag Bettinas in Arnims Stammbuch:

Was kümmert mich mein irdisch loos
Ruh ich nur sanft in deinem Schoos

Zit.: Stammbuch Arnims im Deutschen Literaturarchiv Marbach.

Mitte April: Arnims vierteiliger Erzählzyklus mit *Isabella von Aegypten* als Spitzenerzählung erscheint in der Berliner Realschulbuchhandlung des Verlegers Georg Andreas Reimer. Die Rahmenhandlung erinnert das Vorlesen der Erzählungen im Herbst 1811 im Rheingau. Eine Zwischenbemerkung evoziert die *frohe Stimmung* beim Vortrag der beiden letzten Erzählungen und zitiert drei Verse aus der *Zueignung* des *Wintergartens*:

Wenn wir vereint zum Tempel wieder steigen,
Wer scheidet dann, was jedem lieb am Rhein,
..
Denn mir gilt nichts, was mir allein gewesen.

Den Zyklus und die Rahmenhandlung abschließend, singen *zwei beglückte Liebende, der Welt vergessen, ihrer selbst gewiß* ein *einfaches Lied*, in dessen Feier der glücklichen Gegenwart die Anwesenden *allesammt einstimmten*. Es endet mit der Bettina ohne Namensnennung huldigenden Strophe:

Und ein Jahr ist so vergangen,
Und ein Kind, von Dir empfangen,
Zeigt des Jahres liebreich Bild:
Großer Gott, wie bist Du mild!

Dem Band ist eine Musikbeilage mit der Vertonung von Arnims *Lied des Schülers* („Die freie Nacht ist aufgegangen") in *Isabella von Aegypten* durch „Beans Beor" (Bettina) beigegeben.
Zit.: A. v. Arnim 1812, 136 (Musikbeilage), 226, 389–390.

5. Mai: *Ein Bube mit Zangen geholt – und doch glücklich auf die Welt gekommen. Bettine ist wohl* (Arnim an Savigny, 5. Mai 1812). Mit der Geburt des ersten Sohnes, Freimund, ist der testamentarischen Bestimmung von Arnims

Großmutter Genüge getan, ein Familienfideikommiss zugunsten ehelicher Nachkommen ihrer Erben einzurichten. Schon am 14. September 1811 hatte Savigny erleichtert auf Arnims Mitteilung von Bettinas Schwangerschaft reagiert: *Ich gestehe Dir, daß ich schon manchmal bekümmert war, ob denn das tiefdurchdachte System der guten Großmutter in Ermangelung des Enkels, auf welchen alles künstlich berechnet war, zu Schanden werden sollte, doch nun wird nichts zu Schanden als meine Sorge.*

Zit.: A. v. Arnim 1982, 62 (erstes Zit.); Stoll 1929, 78 (zweites Zit.).

24. Juni: Beginn von Napoleons Feldzug gegen Russland.

24. Juli–etwa 10. September: Badeaufenthalt Arnims und Bettinas in Teplitz. Wiedersehen mit Beethoven. Auch Goethe ist in Teplitz, distanziert sich jedoch. Arnim an Savigny, etwa 26. Juli 1812: *Denk Dir Göthe und Beethoven hier und meine Frau doch nicht sonderlich amusirt, der erste will aber gar nichts von ihr wissen und der letzte kann gar nichts von ihr hören, der arme Teufel wird immer tauber und sein freundliches Lächeln dazu ist wirklich schmerzlich. Göthe wurde von meiner Frau im Garten angeredet, wandte sich aber mit einem Lebewohl fort, was man sich lange nicht eingestehen will, muß man amende wie Verwandlung annehmen, daß seine Freundschaft ein mit Schmeicheleien und Geschenken mühsam erkauftes Weiberlehen war, das bey ausbleibenden Zinsen unter ritterliche Administration gekommen ist und durch mancherley Vorwände angefochten vielleicht bald irgend einem Judenpirzel verliehen wird.*

Zit.: A. v. Arnim 1982, 62.

Goethes Epigramm *Den Zudringlichen* zielt auf Arnim und Bettina:

Was nicht zusammen geht, das soll sich meiden!
Ich hindr' euch nicht, wo's euch beliebt, zu weiden:
Denn ihr seid neu und ich bin alt geboren.
Macht was ihr wollt; – nur laßt mich ungeschoren!

Zit.: Goethe WA I/2, 276.

19. Oktober: Rückzug Napoleons aus dem brennenden Moskau.

20. Dezember: Die ersten Exemplare des ersten Bandes der *Kinder- und Haus-Märchen. Gesammelt durch die Brüder Grimm* erscheinen mit der Widmung *An die Frau Elisabeth von Arnim für den kleinen Johannes Freimund* in der Berliner Realschulbuchhandlung von Georg Andreas Reimer. Im März 1813 folgt der größere Teil der Erstauflage.

1813

16. März: Kriegserklärung Preußens an Frankreich.

17. und 21. März: Nach dem Aufruf des preußischen Königs Friedrich Wilhelm III. *An mein Volk* verpflichtet das Landsturm-Edikt die gesamte wehrbare männliche Bevölkerung Preußens vom vollendeten 17. bis zum vollendeten 60. Lebensjahr, soweit sie nicht in der stehenden Armee oder in der Landwehr Militärdienst leistet, dem ‚letzten Aufgebot' zum bewaffneten Kampf Folge zu leisten.

Arnim ist Hauptmann und Vizechef eines Landsturmbataillons. Bettina bleibt als einzige Frau aus seinem Bekanntenkreis in Berlin; aus einem Briefentwurf an eine/n Unbekannte/n, zwischen 1817 und 1830: *Nun kam die Zeit wo alle Frauen flüchteten, meine Schwester* [Gunda; H.H.] *drang in mich mit ihr zu gehen; es war mir unmöglich eine Stunde auf meine Sicherheit anzuwenden, die ich in Arnims Nähe noch verleben konnte, und wenn es auch nur noch höchstens 8 Tage währen konnte daß wir ungetrennt blieben so waren ja diese 8 Tage um so köstlicher überfült, und es war grade darum die heiligste bedeutendste Zeit meines Verhältnißes zu ihm die ich um keinen Preiß wegschleudern durfte.*
Zit.: GW 4, 171–172.

6./7. September: Bettinas jüngster Halbbruder August wird in der Schlacht bei Dennewitz als Großherzoglich Würzburgischer Fahnenjunker auf napoleonischer Seite verwundet und stirbt am nächsten Tag in Jüterbog, unweit des Arnim'schen Ländchens Bärwalde.

2. Oktober: Geburt des zweiten Sohnes, Siegmund, *während des Umziehens* (Arnim an Clemens, erste Hälfte November 1813) in Savignys Wohnung in der Oberwallstraße 3. Bettina *habe ihrem Jungen in der Taufe die Namen Dreizehntche* [nach der Jahreszahl, H.H.] *und Landstürmerche geben wollen, der Prediger Rietschel* [recte Ritschl; H.H.] *habe sich aber geweigert, ihn so zu taufen, unter dem Vorgeben, daß es keine christlichen Namen wären* (Elisabeth von Staegemann an ihren Mann, 16. November 1813).
Zit.: A. v. Arnim/Brentano 1998, Bd. 2, 689 (erstes Zit.); Abeken 1908–1914, Bd. 1, 190 (zweites Zit.).

1814

11. April: Vertrag von Fontainebleau; Napoleon dankt ab.

13. April: Abreise Arnims mit Bettina und den Kindern von Berlin nach Wiepersdorf in das im südlichen Fläming gelegene Ländchen Bärwalde, das von seiner Großmutter 1780 für den Vater erworben wurde. Bereits am 11. Februar 1814 hatte Arnim an Wilhelm Grimm geschrieben: *Sehr bald denke ich der Ersparniß wegen auf mein Gut Wiepersdorf zu ziehen, vielleicht besuchst Du mich dort, an Berlin verliere ich eigentlich nur Savignys Umgang, eine*

Gewohnheit mit Pistors und Albertis, man vereinsamt hier sehr schnell, denn bei dem Uebermaß an Kritik haben die Leute wenig Grund des Zusammenkommens, als das Essen, und das ist knapp zugeschnitten.
Zit.: Steig 1904, 295.

Frühjahr–Herbst: Kinder-, Dienstmädchen-, Einrichtungs- und andere Sorgen in Wiepersdorf. Arnim, der sparen muss, ist in zahlreiche Prozesse verwickelt, die mit Hilfe Savignys allmählich und teilweise gelöst werden.

4. Mai: Napoleon trifft auf der ihm von den Alliierten überlassenen Insel Elba ein.

Anfang September–etwa 8. November: Wiepersdorfer Aufenthalt des aus Böhmen kommenden Clemens, der nach Berlin weiterreist: *Seit einigen Tagen schreiben wir dreye hier alle Abend mit einander Biographieen, das heist Anekdoten, die wir erlebten und hörten* (Arnim an Savigny, 23. Oktober 1814). Damals werden Aufzeichnungen Arnims, Bettinas und Clemens' über Vorfahren und frühe Erlebnisse entstanden sein. Arnim erinnerte an seine Großeltern väter- und mütterlicherseits. Bettina schrieb über ihre *Großmutter Laroche*, berichtete eine *Kirchen-Geschichte* und teilte Anekdoten über den Frankfurter Kaufmann und Diplomaten Johann Isaak von Gerning sowie den Schweizer reformierten Theologen Berchtold Friedrich von Haller mit.
Zit.: A. v. Arnim 1982, 107. – Die *Anekdoten* wurden erst 2003 im Zusammenhang, teilweise erstmals veröffentlicht; vgl. A. v. Arnim/B. v. Arnim/Brentano 2003.

Mitte September: Beginn des Wiener Kongresses, nachdem Monarchen mehrerer Staaten und zahlreiche Diplomaten in Wien eingetroffen sind.

Etwa Anfang Dezember: Rückkehr Arnims und Bettinas nach Berlin. Sie ziehen in eine Nebenwohnung des Hauses Pariser Platz 5, das Savignys inzwischen bewohnen; es ist dem Haus Pariser Platz 4, das Arnims Großmutter gehörte, in dem er geboren wurde und aufwuchs, benachbart.

Winter: Umgang mit Berliner Verwandten und Bekannten, neben Savignys vor allem Anton Heinrich Fürst Radziwill, Carl Philipp Heinrich Pistor und Karl Friedrich Schinkel mit ihren Familien sowie Clemens, der bis 1817 in Berlin bleibt, und Gneisenau, der Bettina am 26. April 1820 rückblickend schreibt: *Auch ich, ehe ich Ihre nähere Bekanntschaft zu machen die Ehre hatte, theilte die Vorurtheile, die gegen Sie in der Gesellschaft umhergehen. Ihr tiefer philosophischer Blick, Ihr fertiger und leichtfertiger Witz fesselten endlich meine Aufmerksamkeit. Die edle Art wie Sie von Ihrem Mann mündlich und schriftlich redeten, gewann Ihnen endlich mein Vertrauen und ich legte jedes Vorurtheil gegen Sie ab und hatte meine Freude an Ihnen, wie ein Vater an seiner geistreichen Tochter, wenn ich auch nicht immer Ihre Vernachlässigung der konventionellen Formen zu vertheidigen vermochte, und Ihnen gern zuweilen*

eine väterliche Vermahnung gegeben hätte, wozu ich jedoch des Rechtes so wie der Hoffnung des Erfolgs entbehrte.
   Zit.: Varnhagen 1867, 276.

1815

9. Februar: Geburt des dritten Sohnes, Friedmund. Gneisenau, Schinkel und Ringseis, der sich in Berlin aufhält, sind Paten.

   1. März: Rückkehr Napoleons von seiner Verbannungsinsel Elba aufs französische Festland; anschließend Marsch auf Paris.

Um den 5. April: Beginn des zweiten Wiepersdorfer Aufenthalts mit Arnim, der, gegen die beginnende Restaurationspolitik opponierend, seine Hoffnungen aufgibt, in Berlin oder der Preußen zufallenden Rheinprovinz eine in die Öffentlichkeit wirkende Anstellung zu finden, und sich zum dauernden Aufenthalt auf dem Lande entschließt.

Etwa 5.–10. Mai: Besuch Savignys in Wiepersdorf.

   8. Juni: Gründung des Deutschen Bundes (34 Monarchien und 4 Freie Städte).

   9. Juni: Unterzeichnung der Schlussakte des Wiener Kongresses.

   18. Juni: Schlacht bei Waterloo. Niederlage Napoleons gegen England und Preußen; kurz darauf Rücktritt, wenige Wochen später Verbannung nach St. Helena.

Juli: Schwere Erkrankung Arnims: *[E]r konnte nicht schlafen und nicht wachen; das Aufsein und das Liegen war ihm zuwider, er sah aus wie ein Gespenst und ich hab mir manchmal sehr schreckliche Gedanken gemacht* (Bettina an Savigny, gegen Ende Juli 1815).
   Zit.: Schellberg/Fuchs 1942, 202.

20. September–etwa 5. November: Bettina bleibt erstmals allein mit den Kindern in Wiepersdorf und kümmert sich um die Gutswirtschaft, während Arnim sich zunächst einige Tage in Berlin, dann einen Monat in der Uckermark und schließlich wieder einige Tage in Berlin aufhält. In Berlin verhandelt er einen Vergleich mit jüdischen Kaufleuten, denen die Brüder Arnim etwa 22.000 Reichstaler mit erheblichen Zinsen schuldeten, nachdem Carl Otto von Arnim sich 1807, in der Zeit der preußischen Not, in *Geldunternehmungen* eingelassen und dadurch die Großmutter Caroline von Labes und nach ihrem Tod deren Enkel *in der Juden Hände gebracht* (Labes an Arnim, 18. Oktober 1808) hatte. Einige Summen konnten inzwischen beglichen werden, zur Abtragung der restlichen werden die südlich von Prenzlau gelegenen uckermärkischen Güter Friedenfelde, Kaakstädt, Kölpin und Neuendorf belastet, die den

Brüdern ihr Vater vererbt hatte. Arnim, der sich während der uckermärkischen Verhandlungen auf dessen ehemaligem Landsitz Friedenfelde aufhält, geht es um eine Bestandsaufnahme der vernachlässigten Güter, er ist mit *Berechnungen und Anordnungen* (an Bettina, 2. Oktober 1815) beschäftigt und erwägt sogar, Wiepersdorf zu verlassen: *[D]ie Macht der Jahrhunderte hat mich mit Kindern und Kindeskindern an die Uckermark gefesselt* (an Bettina, 13. Oktober 1815).

Zit.: A. v. Arnim 2018 [= WAA 33], 540 (erstes Zit.); Bw Arnim 3, Bd. 2, 17 (zweites Zit.); Bw Arnim 3, Bd. 2, 18 (drittes Zit.).

20. November: Zweiter Pariser Friede. Frankreich muss die Grenzen von 1790 anerkennen.

28. Dezember–etwa 20. Januar 1816: Aufenthalt Arnims und Bettinas in Berlin.

1816

Um den 20. Januar: Rückkehr Arnims und Bettinas nach Wiepersdorf.

April: Erneute Erkrankung Arnims: *Er hatte neun Tage zwischen Leben und Tod gerungen* (Bettina an Wilhelm Grimm, 23. April 1816). *Die Krisis war diese Nacht, die für mich fürchterlich war. Ich lag zu Arnims Füßen und hatte in der hülflosen Stille nichts als die grausamsten Fantasien anzuhören. [...] Ich kann Gott nicht genug danken, daß er mich in dieser schrecklichsten Periode meines bisherigen Lebens (denn es kann ja doch noch ärger kommen) so gestärkt hat* (Bettina an Savigny, 21. April 1816).

Zit.: Steig 1904, 340 (erstes Zit.); Schellberg/Fuchs 1942, 210–211 (zweites Zit.).

23. Mai–10. Juni: Nach Arnims Genesung Besuch Wilhelm Grimms. Auch Clemens und Savignys kommen. Am 13. Juni 1816 berichtet Wilhelm seinem Bruder Jacob: *Die Kinder werden fast wie Bauernkinder aufgezogen u. laufen in Kitteln, deren Zeug die Bettine selbst gewebt. [...] Arnims Haus ist geräumig und der Garten daran u. der Wald von Birken dahinter schön, doch ist jenes inwendig ziemlich verfallen, war aber mit Pracht und eigentlich fürstlich eingerichtet. Zimmer mit Purpurseidentapeten und reichen Goldleisten und getäfelter Boden. In seiner Stube liegt alles ziemlich untereinander, die Bettine führt die Haushaltung selbst, hat alles schwere, z. B. gutes Kochen leicht erlernt, hat aber keine Lust an diesem Wesen, daher wird ihr alles sauer und ist doch in Unordnung. Dabei wird sie betrogen und bestohlen von allen Seiten. Beiden wäre zu wünschen, daß sie aus dieser Lebensart herauskämen. [...] Das ganze Ländchen [...] trägt an Pacht 8.000 Thlr. ein, die aber für, glaube ich, 150.000 Thlr. Schulden die Zinsen ausmachen, so daß ihm sehr wenig übrig bleibt.*

Zit.: Grimm/Grimm 2001, 478–479.

September: Arnim reist mit Savigny in den Harz und nach Göttingen, während Bettina mit den Kindern in Wiepersdorf bleibt.

1817

Um Neujahr: Übersiedlung Arnims und Bettinas von Wiepersdorf nach Berlin, wo sie eine größere Wohnung in der Letzten Straße 51 (der späteren Dorotheenstraße) beziehen, die sie in der ersten Jahreshälfte gemeinsam bewohnen, zunächst unterbrochen von einem Aufenthalt Arnims in Wiepersdorf.

12. Januar: Liste von Gegenständen und Lebensmitteln, die Arnim im Hungerwinter 1816/17 von Wiepersdorf nach Berlin schickt, wobei er noch nicht realisiert hat, dass das Gut seit 1. Januar zu dem neugebildeten Jüterbog-Luckenwaldeschen Kreis des Regierungsbezirks Potsdam gehört:

Folgende mir zugehörige Meublen, Küchengeräthschaften, sämtlich alt und lange im Gebrauch, ferner Lebensmittel und Vorräthe gehen mit eignem Gespann unter Aufsicht des [Inspektors] Stolzenhein von meinem im Zauchschen Kreis der Mittelmark gelegenem Gute Wiepersdorf nach Berlin in meine daselbst Letzte Strasse N 51 gemiethete Wohnung:

1) Zwey Bettstellen zum Zusammenlegen.
2) Eine Kinderbettstelle.
3) Ein kupferner Waschkessel, ein kupferner Theekessel.
4) Ein Fußteppich
5) Ein Koffer mit Leinenzeug, Kleidern u dgl
6) Ein Kasten, worin 4 Töpfe mit 14 £ Schmalz, vier Gläser mit Gurken u Preisselbeeren, ein Topf mit Kuhkäsen
7) Ein Fäßchen mit rothen Rüben.
8) Ein Fäßchen mit Gänsegellert worin zwölf £ Fleisch.
9) 4 Stück Madrazen und 5 grosse Betten und 5 kleine Kissen und noch 5 kleine Betten.
10) 11 Schlackwürste 4 Blutwürste, 6 Bratwürste, 2 Leberwürste 2 Grützwürste 1 Schwartenmagen zusammen 16 £
11) In einem Sack 3 Metzen Erbsen 6 Metzen Habergrütze 2 Metzen Mohn 2 Metzen Buchweizengrütze 2 Metzen Graupen, 4 Metzen Weizenmehl, 4 Metzen Roggenmehl, 3 Metzen Hirse
12) Ein Faß mit Pökelfleisch 23 £
13) Ein Sack mit Kartoffeln 3 Scheffel
14) Ein Sack mit Kiehn
15) Ein Sack mit 17 Brodten, ungefähr 121 £
16) Ein Kober und ein Kästchen mit Eyern, worin 1½ Schock.
17) Drey geschlachtete Hüner

Wiepersdorf   *L.A. Freyherr*
den 12 Jan.   *von Arnim,*
1817   *Erb und Gerichtsherr*
                                 Des Ländchens Beerwalde

Zit.: Härtl 1985, 246.

24. März: Geburt des vierten Sohnes, Kühnemund.

Juni: Der erste Band von Arnims Roman *Die Kronenwächter* erscheint in der Maurerschen Buchhandlung in Berlin. Der zweite Band bleibt Fragment.

Etwa 20. Juni: Arnim reist allein von Berlin nach Wiepersdorf und von dort am 3. Juli zu einem Badeaufenthalt nach Karlsbad.

Erste Julihälfte: Bettina zieht in Berlin in die Georgenstraße 3 um. In der neuen Wohnung fühlt sie sich *wie in einem Königreich* (an Arnim, 13. Juli 1817) im Vergleich zur alten.
  Zit.: Bw Arnim 3, Bd. 2, 55.

28. Juli: Bettina beginnt, nach dem Tod von Goethes Frau Christiane († 6. Juni 1816), wieder an ihn zu schreiben, ohne dass sie Antworten erhält.

Anfang September: Rückkehr Arnims nach Berlin.

18. Oktober: Wartburgfest der deutschen Studenten und Manifest der Burschenschaften.

7. Dezember: Verbot aller studentischen Verbindungen in Preußen.

1818

Bettina bleibt in Berlin, während Arnim die uckermärkischen Güter bereist und im Ländchen Bärwalde die Separation durchzuführen beginnt. Sie beschäftigt ihn bis 1829 und geht auf das 1811 erlassene ‚Edikt, die Regulierung der gutsherrlichen und bäuerlichen Verhältnisse betreffend' zurück, das die Ablösung von Grunddiensten und die Neuverteilung der Ländereien vorsieht.

Umgang Bettinas in Berlin mit Clemens, den Savignys, Wilhelm von Humboldt und seiner Frau Caroline, Schinkel und seiner Frau Susanne, der Schriftstellerin Amalie von Helvig, den Militärreformern Gneisenau, seit 1818 Gouverneur von Berlin, und Clausewitz, den Bildhauern Christian Daniel Rauch und Christian Friedrich Tieck, dem Diplomaten Karl August Varnhagen von Ense (seit 1814 mit Rahel Levin verheiratet), dem Prediger und Theologen Friedrich Schleiermacher, dem Juristen und Philologen Karl Hartwig Gregor von Meusebach, der von einem preußischen General geschiedenen Henriette von Bardeleben und anderen.

Ende April: Bettina zieht bei Abwesenheit Arnims in Berlin wieder um: Unter den Linden 76.

Mai: In den *Heidelberger Jahrbüchern der Litteratur* erscheint Wilhelm Grimms Rezension der *Kronenwächter*, der Aufzeichnungen Bettinas zugrunde liegen.

September–Oktober: In Aachen berät der erste Kongress der Heiligen Allianz Maßnahmen gegen die liberale Bewegung.

23. Oktober: Geburt der ersten Tochter, Maximiliane.

1819

23. März: Ermordung des politischen Reaktionärs und Unterhaltungsschriftstellers August von Kotzebue in Mannheim durch den Burschenschafter Karl Ludwig Sand.

Mitte April: Abreise Bettinas mit den Kindern zu Arnim nach Wiepersdorf.

7. Juli: Beginn der sogenannten Demagogenverfolgungen in Preußen.

September: Im *Taschenbuch zum geselligen Vergnügen auf das Jahr 1820* erscheint Arnims Erzählung *Die Majorats-Herren*, deren Schluss die grundlegende gesellschaftliche Veränderung seiner Zeit sarkastisch resümiert. Das ausgestorbene Majoratshaus wird *durch Gunst der neuen Regierung zur Anlegung einer Salmiakfabrik für eine Kleinigkeit* erkauft, und: *So erhielt das Majoratshaus eine den Nachbarn zwar unangenehme, aber doch sehr nützliche Bestimmung, und es trat der Credit an die Stelle des Lehnrechts.*
Zit.: A. v. Arnim [1819], 83.

20. September: Annahme der Karlsbader Beschlüsse durch die Bundesversammlung: Verbot der Burschenschaften, Vorzensur für alle Zeitungen und Broschüren, Einsetzung einer Zentralen Untersuchungskommission zur Verfolgung Oppositioneller.

Ab November: Bettina wohnt mit den Kindern bis zu Arnims Tod von nun an hauptsächlich in Berlin, während er sich meistens im Ländchen Bärwalde aufhält.

1820

10. September: Bettina an Arnim: *Lieber Freund, hätte mich einer vor meiner Verheiratung gefragt, glaubst du, daß Arnims Geschick und Glück innerhalb deiner Kinderstube, deiner Küche um den bornierten Kreis deiner Gedanken begründet ist?, so hätte ich mit einem bestimmten Nein geantwortet; [...] ja Du kamst mir vor wie ein rechter Phönix von Lebensfreude, der bei jedem Sonnenstrahl es nicht lassen konnte, mit aus gespannten Flügeln ihm entgegen zu schweben, jetzt mache ich mir Vorwürfe, daß ich die schwersten Gewichte an diese Schwingen gehängt habe [...]. Wenn aber je ein Dichter ein geborener*

war, so bist Du es, ich will Dir hier keine Worte machen, Du wirst selber fühlen, wie doppelt wahr diese Wahrheit ist, ja selbst Deine Schwächen (deren Du wirklich hast und die im Zunehmen sind) verleugnen Dich als solchen nicht, sondern sind vielmehr das echte Beglaubigungssiegel.
Zit.: Bw Arnim 3, Bd. 2, 177–178

24. September: Arnim an Bettina: *Der Dachs verkündet uns einen frühzeitigen Winter, doch gibt es jetzt noch schöne mondhelle Abende, wenn ich auf meinem Braunen über die Heide trabe.*

Herz zum Herzen ist nicht weit
Unter lichten Sternen,
Und das Aug vom Thau geweiht
Blickt zu lieben Fernen;
Unterm Hufschlag klingt die Welt
Und die Himmel schweigen,
Zwischen beiden mir gesellt
Will der Mond sich zeigen.
Zeigt sich heut in roter Gluth
An dem Erdenrande,
Gleich als ob mit heißem Blut
Er auf Erden lande,
Doch nun flieht er scheu empor,
Glänzt in reinem Lichte,
Und ich scheue mich auch vor
Seinem Angesichte.

Wenn der Wagen mit den Sachen noch lange ausbleibt, schreibe ich noch ein Paar Lieder. Sei herzlich geküßt und die Kinder, die doch diesmal an den Vater denken werden.
Zit.: Bw Arnim 3, Bd. 2, 187.

25. September: Bettina an Arnim: *Deine Tröstliche Versicherung über Deine Vermögensangelegenheiten welches die erste dieser Art ist die ich von Dir vernehme seit wir verheyratet sind, hat mich feyerlich gerührt und macht einen gewissen Abschnitt in meinem Leben.*
Zit.: Bw Arnim 3, Bd. 2, 190.

1821

4. März: Geburt der zweiten Tochter, Armgart.

15. Juni: In Frankfurt, Goethes Geburtsstadt, veröffentlichen die Mitglieder eines Vereins, der sich für die Errichtung eines Goethe-Denkmals einsetzt, einen Aufruf zu Vorschlägen dafür.

Ende Juli: Wieder Umzug Bettinas in Berlin, weil ihr, wie sie Arnim am 26. Juli 1821 mitteilt, das Haus *über den Kopf weg gebrochen* wurde. Sie zieht in ein anderes Haus Unter den Linden.
Zit.: Bw Arnim 3, Bd. 2, 259.

Mitte August: Bettina reist mit ihrer Schwester Gunda und der Tochter Armgart über Wiepersdorf zu den Verwandten nach Frankfurt.

Anfang September–Anfang November: Aufenthalt in Frankfurt. Wiedersehen mit den Geschwistern. Besuch von Wilhelm Grimm. Ausflug nach Rödelheim, wo der Bruder Georg ein Landhaus besitzt.

8. November: Auf der Rückreise unangemeldeter Besuch bei Goethe in Weimar, den sie in einer Abendgesellschaft überrascht. Goethe verhält sich reserviert.

1822

Anfang Juli–Mitte Januar 1823: Aufenthalt in Wiepersdorf mit Unterbrechungen. Besuch Savignys und des Schweizer Jurastudenten Philipp Hössli, mit dem Bettina bis 1824 korrespondiert, um ihn zu ihren Idealen zu bilden. Hössli an seine Schwester Cäcilie, 29. Dezember 1822: *[I]ch schätze mich glücklich, von einer so tiefen, schönen Seele des Zutrauens würdig gehalten worden zu sein, denn manche Anregung der Begeisterung für die wahre Würde des Menschen bin ich ihr schuldig.* Auch mit dem Major im preußischen Generalstab Carl von Wildermeth wechselt Bettina zur gleichen Zeit *eine große Anzahl höchst leidenschaftlicher Briefe, die gleichsam die wiederholende Variation der Briefe an Goethe machen* (Notiz Varnhagens).
Zit.: Bw Hössli, 30 (erstes Zit.); Varnhagen 1, 264 (zweites Zit.).

1823

Um Neujahr: Bettina an Savigny: *Ich habe die 12 Jahre meines Ehestands leiblich und geistigerweise auf der Marterbank zugebracht, und meine Ansprüche auf Rücksicht werden nicht befriedigt. Die Kinder, um deren irdischen Vorteil alle Opfer geschehen, werden in allem, was sich nicht mit der Ökonomie verträgt, versäumt. [...] [D]as Höchste, was man den Kindern an Liebe geben kann, ist daß man sie so früh, als es ihren Fähigkeiten möglich ist, mündig sein lasse, damit sie die Majestät ihrer Unschuld, die Kräfte, ja die Gewalten ihrer Gefühle noch in ihrer Gesamtheit ins praktische Leben hinüberbringen und so allein den veralteten Schlendrian eigennütziger kleinlicher Wege unterdrücken. [...] Was ich stets mit Geduld ertrug, weil ich mich kräftig genug fühle, das trag ich jetzt mit Ungeduld, weil ich schwach genug bin. Mein Perspektiv ist das End aller Dinge.*
Zit.: Schellberg/Fuchs 1942, 233–234

I. Bettina-Chronik: Daten und Zitate zu Leben und Werk   37

September: Abermals Umzug in Berlin: an den Wilhelmplatz.

November: Bettina, die nach dem Frankfurter Aufruf zu einem Goethe-Denkmal zunächst an einer Zeichnung dafür gearbeitet hat, intensiviert ihren Entwurf, nachdem ein Modell Christian Daniel Rauchs, das im Herbst in Berlin ausgestellt wurde, ihr Missfallen erregt hat. Sie empört sich über dessen *alten Kerl im Schlafrock* (an Simon Moritz von Bethmann, 3. Februar 1824) und lässt ihren Goethe als olympischen Gott auf einem bilderreich verzierten Sessel thronen; an seine Knie schmiegt sich eine Psyche, die in die Leier des Dichters greift.
Zit.: GW [Härtl] 1, 650.

1824

Februar/März: Bettina fertigt eine Zeichnung zu Goethes *Faust* und mit Hilfe des Bildhauers Ludwig Wichmann ein Modell ihres Goethe-Denkmals an, das *Jedermann erfreut und selbst Rauchs Aufmerksamkeit wenn auch nicht ungeteilthen Beifall erregte* (Karl Ritter an Johann Jakob Bethmann-Hollweg, Berlin, 3. März 1824). Rauch arbeitet jedoch nicht mit Bettina zusammen und führt seinen Entwurf weiter aus.
Zit.: Pallmann 1899, 80.

Etwa 25. Juli: Abreise Bettinas über Wiepersdorf, Weimar, Frankfurt, Rödelheim, Kassel und Winkel nach Schlangenbad im Taunus, um ihre geschwächte Gesundheit zu kräftigen.

27. Juli: Goethe empfängt in Weimar Bettina, die einen Gipsabguss ihres Denkmalentwurfs mitbringt und am 5. August 1824 an Arnim berichtet: *Goethe war wunderbar in seiner Erscheinung wie im Betragen. Mit großer erhabner Feierlichkeit entließ er mich: er legte mir beide Hände auf den Kopf und segnete mich mit folgenden Worten indem er die ausgepackte Skizze betrachtete an der die Leyer und Psyche zerbrochen war: „Dieß Werck hast du nur aus Liebe zu mir vollbringen können, und dieß verdient wieder Liebe, und darum sey gesegnet, und wenn mir's Gott vergönnt, so sey alles Gute was ich besitze auf Dich und Deine Nachkommen vererbt."*
Zit.: Bw Arnim 3, Bd. 2, 403.

Etwa 10. August: In Winkel Wiedersehen mit Clemens, der sich nach den Befreiungskriegen dem Katholizismus zugewandt hat. Nach der Ablegung der Generalbeichte 1817 notierte und bearbeitete er seit 1819 im westfälischen Dülmen die Visionen der stigmatisierten Nonne Anna Katharina Emmerick. Bereits am 8. Juli 1814 hatte er an Susanne von Hügel geschrieben: *Wenn ich die Monarchen, ihre Regierungen und den ganzen tirannischen Unsinn von oben herab, wie den Schmutz, die Niedrigkeit, die Sklaverei und Dummheit von Unten herauf betrachte, so ergreift mich ein gräßlicher Eckel [...]. Fühlen*

Sie wohl, theure Freundinn, in dem großen eingefleischten Satanismus der Welt die Ursache, warum in dieser Zeit sich so viele edlere und tiefsinnigere Geister zur Religion zurückwenden. [...] [S]o ist kein Mittel zur Ruhe und Freiheit und zu einem Leben ohne Aergerniß zu gelangen, als durch ein gänzliches Eingehen in Gott und alle seine Äußerungen. Bettina an Arnim, 9. September 1824: *Der geistliche Hoffart hat ihn überwachsen wie eine Schlingepflanze daß heist ich glaube er ist nur davon umstrickt, nicht durchwachsen denn er fühlt sich zugleich so hülfsbedürftig daß er dem ersten besten Mahomedaner in die Arme sincken würde der ihm Haus und Hof, anböte, jedoch wenn dieser eine schöne Fatima hätte so würde er nicht umhin können diese zu bekehren und ihr auch zugleich Gelegenheit zur Buße zu geben.*

Zit.: Härtl 2004, 14 (erstes Zit.); Bw Arnim 3, Bd. 2, 417–418 (zweites Zit.).

Etwa Mitte August–22. September: Badeaufenthalt in Schlangenbad. Umgang mit Geschwistern.

23. September–Mitte Oktober: Aufenthalt in Frankfurt und Winkel. In Frankfurt ist ein Modell ihres Goethe-Denkmals ausgestellt und wird mit *großem Beifall aufgenommen* (Bettina an Arnim, 30. September 1824). Der Frankfurter Denkmalsausschuss entscheidet sich schließlich für Rauchs Modell, das jedoch vor allem deshalb nicht als Denkmal ausgeführt wird, weil Frankfurter Bürger daran Anstoß nehmen, dass Goethe 1817 aus ihrem Bürgerverband ausgetreten war. Bettina wird ihr Goethe-Denkmal, *das Räthsel meines Daseins* (an Varnhagen, Oktober 1838), zur fixen Idee, an der sie bis zum Ende ihres Lebens festhält.

Zit.: Bw Arnim 3, Bd. 2, 421 (erstes Zit.); GW 4, 337 (zweites Zit.).

19./20. Oktober: Auf der Rückreise Besuch bei Goethe in Weimar.

Anfang November: Rückkehr in Berlin, wo Arnim im Dezember ein neues Quartier besorgt: in der Dorotheenstraße 8.

1825

Sommer/Herbst: Krankheit, Unwohlsein Bettinas. Bekanntschaft mit der schwedischen Literatin und Deutschland-Reisenden Malla Silfverstolpe.

1826

Anfang April: Wieder Umzug in Berlin: in die Alte Friedrichsstraße Nr. 101.

Vmtl. Mai: Amalie von Helvig veröffentlicht in Berlin „im Mai 1826" (Aufdruck auf dem Titelblatt) ihre *Gedichte zum Besten der unglücklichen Greise, Wittwen und Waisen in Griechenland*, mit denen sie sich für den Befreiungskampf der Griechen vom Joch der osmanischen Herrschaft engagiert. Bettina vertont das Einleitungsgedicht *Weihe an Hellas*.

14. Mai: Heinrich Heine huldigt Rahel in einem Brief an Varnhagen als der *geistreichsten Frau des Universums*.
Zit.: Heine 1970, 243.

27. August–12. September: Erholungsaufenthalt Bettinas in Weimar. An zehn Tagen besucht sie Goethe. Bekanntschaft mit der Gräfin Caroline von Egloffstein, Komponistin und Hofdame der Erbgroßherzogin Maria Pawlowna.

13. September: Goethe im Konzept eines (nicht überlieferten) Briefes an den Großherzog Carl August nach Bettinas Abreise: *Diese leidige Bremse ist mir als Erbstück von Meiner guten Mutter schon viele Jahre sehr unbequem. Sie wiederholt das selbe Spiel das ihr in der Jugend allenfalls kleidete wieder, spricht von Nachtigallen und zwitschert wie ein Zeisig. Befehlen Ew. H.* [Euer Hoheit] *So verbiet ich ihr in allem Ernst Onkelhaft jede weitere Behelligung.*
Zit.: Goethe WA IV/50, 55.

Ende September/Anfang Oktober: Nachdem Arnim seit den Befreiungskriegen Erzählungen in Zeitschriften und Sammelwerken publiziert hat, erscheint im Leipziger Verlag von Christian Heinrich Ferdinand Hartmann wieder ein Erzählzyklus, *Landhausleben*, seine letzte selbständige Veröffentlichung. In der Spitzenerzählung *Metamorphosen der Gesellschaft* kombiniert Arnim die erzählerische Umsetzung seiner Auffassung von einer permanenten Metamorphose aller Verhältnisse mit einer mehrdeutigen Figurencharakteristik, die der blitzschnellen Veränderung von als Metamorphosen bezeichneten Klappmarionetten in damaligen Puppentheatern analog ist. Nach dem Grundmuster der Verwandlung wird das erstarrte System der Restaurationsepoche und eine Gesellschaftsordnung im Übergang vom Adel zur Bourgeoisie mit unheimlich schillernden Charakteren, in denen ästhetische wie ethische Gegensätze vereint sind, karnevalesk in Bewegung gebracht.

Anfang Oktober: Umzug Bettinas in Berlin, während Arnim in Wiepersdorf ist, abermals in die Dorotheenstraße, nun in das Haus Nr. 31d. Arnim hatte ihr am 11. August 1826 geschrieben: *Gott weiß, welcher Fluch auf uns ruht, daß wir nie ein Quartier finden, welches unsern Vermögensverhältnissen angemessen ist.*
Zit.: Bw Arnim 3, Bd. 3, 46.

24. Oktober: Bettina teilt Leopold von Ranke mit, daß ihr die Äußerung eines Ungenannten berichtet wurde, er halte sie *"für die geistreichste Person in Europa"*.
Zit.: Wiedemann 1895, S. 63–64.

Herbst: Bekanntschaft Bettinas mit dem Historiker Leopold von Ranke, der seit 1825 Professor in Berlin ist. Im Februar 1827 schreibt er seinem Bruder Friedrich Heinrich: *Diese Frau hat den Instinkt einer Pythia: eine so strömende wahre Beredsamkeit in bewegten oder geistigen Augenblicken ist mir noch nicht vorgekommen; wer wollte ihr aber alles glauben?*
Zit.: Ranke 1890, 165.

1827

26. März: Tod Beethovens in Wien.

22. Juli: Bettina an Arnim in Wiepersdorf: *Max und Armgard sollten weil sie sehr schmutzig waren gestern am Sonnabend statt meiner baden. Das Hausmädchen hatte des Bad ganz kalt eingetragen wahrscheinlich aus Ärger denn sie war nicht geneigt dazu gewesen. Die Kinder verlangen noch etwas wärmer sie gießt den kochenden Teekessel der Max über die ganze Hüfte und das dicke Fleisch das Blase an Blase ist wo die Haut nicht ganz ab war; kannst Du Dir meinen Jammer wohl dencken bei dem Geschrei des Kindes das am ganzen Leib vor Schmerzen zitternd die Hanne umklammerte es dauerte wohl eine 4tel Stunde eh ich ihr Geschrei zu unterdrücken vermoge; ich habe die ganze Nacht an ihrem Bette zugebracht.*
Zit.: Bw Arnim 3, Bd. 3, 103.

4. August: Bettina an Arnim in Wiepersdorf: *Du bist unschuldig und hast keinen Begriff von meinem Zustand nirgends hab ich Ruh kein Stuhl kein Soffa kein Bett ist mir bequem, gehen kann ich nicht, Nachts bring ich Teilweise sitzend auf meinem Bett zu, Theilweise gehend; am Tage leg ich mich auf Dein Bett, dann schlaf ich eine 4^{tel} stunde, ich muß den ganzen Tag im Hemde gehen und einen Überrock darüber weil ich durch aus kein Band vertragen kann und so geht mirs denn, ein bißchen übel....*
Zit.: Bw Arnim 3, Bd. 3, 108.

30. August: Geburt der dritten Tochter, Gisela.

1828

Frühjahr: Bettina beginnt eine *Komposition in der bildenden Kunst [...], die ziemlich umfangend; sie stellt das Octoberfest des Königs von Baiern dar zu samt dem Pferderennen im Basreliefstyl, es ist mir gelungen ohne Combination, unter vorwaltender Naivetät, eine Composition von Hunderten Figuren*

zu bilden deren Gruppen sich durch Eigenthümlichkeit auszeichnen, keine verräth andere Eingebung als den Zufall, und doch haben alle den gleichen Anspruch an ein nicht zu verläugnendes Interesse (an Goethe, 9. Mai 1828). – Bayerischer König ist seit Ende 1825 Ludwig I., den Bettina 1808 in München als Kronprinzen kennengelernt hatte; das Oktoberfest wird seit seiner Verheiratung am 12. Oktober 1810 alljährlich auf der Theresienwiese gefeiert.
Zit.: GW 2, 744.

Ende Juli–Ende November: Badereise des an der Gicht erkrankten Arnim nach Aachen, mit Aufenthalten unterwegs und Rückkehr über Frankfurt, wo er die Brentano'schen Verwandten besucht. In seinen Reisebriefen berichtet er Bettina anschaulich Eindrücke und Erlebnisse, während sie ihn zur Erholung ermuntert.

1829

17. Februar: Gesellschaft bei Rahel, unter anderem mit der Fürstin Adelheid von Carolath, dem Verleger Johann Friedrich von Cotta und seiner Frau. *Einen schönern Abend hat man wohl jetzt nicht leicht in Deutschland! [...] Frau von Cotta und Frau von Arnim in der schönsten Koketterie gegen einander. Bettine liebenswürdig, leise; voller Geist, Leben, Scherz, und tiefstem Ernst. [...] verteidigte Ignoranz: ihre; prächtig; putzig. Bewies, daß eine Mutter keinen Arzt an ihr Kind kommen lassen müßte; geistvoll, naturkundig, fortreißend, tief ernst, mit Beispielen; und mit dem Sonnenscheine des reichsten Scherzes darüber. Sie enchantirte die ganze Gesellschaft. Mann und Weib* (Rahel an Varnhagen, 19. Februar 1829).
Zit.: Varnhagen/Varnhagen 1874–1875, Bd. 6, 265–266.

3. März: Gesellschaft bei Rahel: *Arnim's, Cotta's, Ludwig's* [Ludwig Robert mit seiner Frau Friederike], *Moritzen's* [Moritz Robert mit seiner Frau Ernestine], *Willisen* [Karl Wilhelm von Willisen], *Heine. Sich Alle sehr, sehr amüsirt. Alle öfters dafür gedankt. Bettine dreimal mit Phrasen wie Reden. Diese sehr mit Willisen. Frau von Cotta vortrefflich zu allem und in allem; Achim viel mit Cotta und Ludwig und Heine. Bettine dann expreß zu Moritz und Ernestine, welche alle drei sehr eingenommen von einander sind, saßen bei Tisch zusammen. [...] Bettine (der Merkwürdigkeit wegen!) behandelt mich komplet mit der Zartheit und Zuthunlichkeit, als hätte sie Respekt vor mir; nicht weil ich dergleichen heische, noch gewohnt bin, sondern umgekehrt, bemerke ich es Dir; und mir, weil es sich mir aufdringt. – Sie schickt mir immer Butter; will meinen Rath und Hülfe für Kinder, und Gouvernante: „weil Sie's verstehen". Du weißt, wie ich sie liebe; und überheben thue ich mich in nichts* (Rahel an Varnhagen, 4. März 1829).
Zit.: Varnhagen/Varnhagen 1874–1875, Bd. 6, 320–321.

Ende Oktober–nach Mitte November: Bettina reist mit den Töchtern Maximiliane und Armgart über Weimar nach Frankfurt, wo ihr Bruder Georg deren Erziehung übernimmt, und kehrt wenige Tage nach Arnims Ankunft von einer Süddeutschlandreise nach Wiepersdorf zurück.

26.–etwa 29. Oktober: Aufenthalt in Weimar, wo Bettina von Goethe nicht empfangen wird. *Den alten Herrn hab ich nicht gesehen. Er hält seine Stunden regelmäßig, wer später kömmt, wird nicht angemeldet* (an Schwester Gunda, 29. Oktober 1829).
Zit.: Schellberg/Fuchs 1942, 244.

1830

Juli: Bettina beendet ihre Zeichnung *Das Octoberfest*.

27.–29. Juli: Julirevolution in Paris. Abdankung Karls X. und damit endgültiger Sturz der Bourbonen. Die gemäßigte liberale Finanzbourgeoisie setzt Louis Philippe als König ein.

Etwa 6. August–5. November: Reise mit Tochter Gisela über Weimar und Brückenau nach Frankfurt, Rödelheim und Neuhof (bei Fulda). Wiedersehen mit den Geschwistern, Bekanntschaft mit Joseph Görres, dem Freund Arnims und Clemens' aus der Zeit der Heidelberger Romantik. Gisela erkrankt an Typhus.

7. August: Bettinas Versuch, Goethe in Weimar zu sprechen, wird von ihm abgelehnt: *Frau von Arnims Zudringlichkeit abgewiesen* (Tagebucheintrag zum 7. August 1830).
Zit.: Goethe WA III/12, 285.

Etwa Mitte August: Acht Tage Aufenthalt in Brückenau, wo Bettina mit dem bayerischen König Ludwig zusammentrifft, dem sie ihr *Octoberfest* zeigt. *Er schrie einmal übers andere ich sey die einzige Künstlerin* (an Arnim, 22. August 1830).
Zit.: Bw Arnim 3, Bd. 3, 261.

16. September: Ausbruch von Unruhen unter Berliner Handwerksgesellen.

Zweite Hälfte September: Bettinas Sohn Freimund schreibt seinem in Wiepersdorf sich aufhaltenden Vater einen (nicht überlieferten) Brief aus Berlin mit Berichten über die Situation. Arnim schickt den Brief Bettina, die ihn in Rödelheim zirkulieren lässt: *Der Revolutionsbrief von Freimund hat hier guten Effekt gemacht er ist sogar abgeschrieben und nach Paris geschickt worden wo mann die fürchterlichsten Nachrichten über die Unruhen in Deutschland hat* (an Arnim, 30. September 1830).
Zit.: Bw Arnim 3, Bd. 3, 282.

Anfang November: Bettinas Rückreise nach Berlin führt über Weimar. Sie schickt Goethe Blätter zum *Octoberfest* zur Ansicht, ohne ihn zu besuchen.

Zweite Hälfte November–erste Hälfte Dezember: Letzter Besuch Arnims aus Wiepersdorf bei Bettina in Berlin.

29. November: In Warschau Ausbruch des polnischen Aufstands gegen die durch Zar Nikolaus I. vergewaltigte Verfassung Kongresspolens. Der Aufstand wird 1831 durch russische Truppen niedergeschlagen.

Etwa Herbst: Beginn einer intensiven freundschaftlichen Beziehung Bettinas zu Schleiermacher, dessen Stiefsohn Ehrenfried von Willich rückblickend berichtet: *Sie hatte eine glühende Verehrung für meinen Vater gefaßt, wie sie vielleicht in noch höherem Maße für Goethe empfunden. Aber bei meinem Vater war es doch nicht bloß seine Genialität und seine Liebenswürdigkeit, sondern noch mehr seine sittliche Hoheit, die ihr imponierte. Sie sagte mir einmal: „ob er der größte* Mann *seiner Zeit sei, wisse sie nicht, aber der größte* Mensch *sei er gewiß." […] Sie hatte zeitlebens eine souveräne Verachtung aller konventionellen Formen, ließ sich in ihrer Genialität völlig gehen und lebte ganz ihren geistigen Interessen und Neigungen. […] Das Christentum verstand sie gar nicht. Sie war eigentlich wie die ganze Brentanosche Familie katholisch, war es aber im Grunde ebensowenig, wie protestantisch. Sie machte sich gelegentlich selbst eine Religion zurecht in phantastischer Weise […]. Bei aller Ungebundenheit in ihren Formen und in ihrem Wesen hat selbst die Verleumdung übrigens ihr niemals etwas Unreines nachsagen können.*
Zit.: Willich 1909, 127–133.

1831

18. Januar: Letzter Brief Bettinas an Arnim.

21. Januar: Arnim stirbt fünf Tage vor seinem 50. Geburtstag *an einem Nervenschlag, plötzlich und schmerzlos […]. Er hatte seit einigen Monaten an Gichtschmerzen gelitten, war aber im Augenblick seines Todes heiter in Gesellschaft einiger Nachbarn. Niemand von den Seinigen war bei ihm auf dem Gute. Den Jammer der armen Frau und der verwaisten Kinder können Sie sich denken. […] Ist es aber nicht, als sollte eine ganze Generation von der Erde weggenommen werden?* (Savigny an die Brüder Grimm, 23. Januar 1831); Savigny wird Vormund der sieben Kinder.
Zit.: Stoll 1929, 426–427.

1. Februar: Bettina an die Brüder Grimm: *Ihr lieben Freunde von Arnim! Wenn zwei in meinem Nahmen versammelt sind, so bin ich mitten unter ihnen so sagt Christus, der für die seinen gestorben ist. Arnim ist auch für die seinen*

gestorben, denn sein Tod hat uns alle in ihm versammelt, und sein Wort ist lebendig in uns geworden; und jedes Ereigniß in seinem Leben giebt Zeugniß von seiner Liebe. – Sein Tod ist auch kein schreckliches Ereigniß sondern ein schönes und wohlthätiges für mich und seine Kinder [...]. [D]en Ring den er 20 Jahre als Zeuge unbefleckter Treue am Finger getragen steckt jetzt wieder als Verlobungs-Ring für die Ewigkeit an meine[m] Finger.
Zit.: GW 4, 282.

3. Das dritte Leben: Schriftstellerin und Demokratin (1831–1859)

1831

Sommer: Choleraepidemie in Berlin. Bettina hilft Kranken und Armen.

14. November: Tod Hegels in Berlin.

1832

Januar: Beginn von Bettinas Freundschaft und Briefwechsel mit dem Schriftsteller und Parkgestalter Hermann von Pückler-Muskau.

15. März: Bettinas Sohn Siegmund hält sich während einer Reise nach Paris in Weimar auf. Goethe trägt ihm *das Letzte, was er geschrieben* (Eckermann, zu März 1832), ins Stammbuch ein:

Ein jeder kehre vor seiner Thür,
Und rein ist jedes Stadtquartier.
Ein jeder übe sein' Lection,
So wird es gut im Rathe stohn.

Zit.: Eckermann 1968, 460 (erstes Zit.); Goethe WA I/5.1, 153 (zweites Zit.).

22. März: Tod Goethes in Weimar.

Anfang April: Bettina bittet Friedrich von Müller, den weimarischen Kanzler und Verwalter von Goethes Nachlass, um die Rückgabe ihrer Briefe an den Verstorbenen als *Nahrung für mein Zusammensein mit ihm*. Auf die Mitteilung seines Todes habe sie eigen-artig reagiert: *[S]o ruhig, wie die Erde das Saamenkorn, nahm ich diese Nachricht in mich auf, ich schlief gleich sanft darüber ein [...], erwachte wieder, fühlte mich ihm näher und so ging es bis gegen den Tag, wo ich die Empfindung hatte als wär er neu in mir erzeugt.*
Zit.: Schüddekopf/Walzel 1899, 281–282.

Etwa Mai: Beginn der Arbeit an *Goethe's Briefwechsel mit einem Kinde*. Durch den Erlös des Buches soll Bettinas Goethe-Denkmal finanziert werden.

27. Mai: Hambacher Fest: Bekenntnis zum Nationalstaat, zum bewaffneten Widerstand gegen die Reaktion und zur Solidarität mit den um ihre Befreiung kämpfenden europäischen Völkern.

Anfang September–Anfang November: Bettina reist nach Rödelheim bei Frankfurt, wo sich im Landhaus des Bruders Georg die Brentano'sche Familie trifft, und von da nach Bad Ems im Lahntal, Bad Schwalbach im Taunus und Winkel im Rheingau.

Dezember: Bettina erhält aus Weimar ihre Briefe an Goethe.

1833

7. März: Tod Rahels in Berlin.

Etwa 17.–24. September: Bettina besucht Pückler in Muskau, seinem Landsitz. Bei dem Aufenthalt kommt es zur *Bataille von Muskau* (an Pückler, zwischen 8. und 18. April 1834).
Zit.: Bw Pückler, 337.

23. oder 24. September: Pückler an Bettina: *Wenn ich früher sagte, ich wolle mir recht gern Leidenschaftlichkeit gefallen lassen, so habe ich darunter doch nur eine leidenschaftlich ergebne Freundschaft [...] verstanden, nicht die dithyrambische Raserei einer achtzehnjährigen Bacchantin mit bloßer Gehirnsinnlichkeit, die noch obendrein nur künstlich heraufgeschraubt ist, und jeden Augenblick beliebig bey Seite gelegt, oder auf einem andern Instrument abgespielt werden kann.*
Zit.: Bw Pückler, 238.

Oktober: Bettina holt die Töchter Armgart und Maximiliane in Frankfurt ab, wo sie die letzten vier Jahre von Bruder Georg erzogen wurden. Die Rückreise führt über Weimar.

21. November: Bettina an Pückler: *Sie nennen mich überspannt, das ist der Bannspruch durch den ich Landes verwiesen bin. Warum nennt man überspannt was nicht der Gemeinheit den gewohnten Vorurtheilen sich fügt.*
Zit.: Bw Pückler, 248.

1834

1. Januar: Inkrafttreten des Vertrags zum Deutschen Zoll- und Handelsverein.

12. Februar: Tod Schleiermachers in Berlin. *[E]r sagte oft zu mir wenn ich so recht übermüthig war: „Gott hat Dich in seiner besten Laune geschaffen"* (an Pückler, 22. Februar 1834). *Einmal sagte ich zu ihm: Schleiermacher Du wärst gewiß der herrlichste Mensch auf Erden geworden aber eines fehlt Dir; – alles war gespannt es zu wissen. ich sagte: „Du hättest müssen die Milch meiner Brüste trinken dann hätte sich Deine Weisheit vollkommen und ohne Anstoß entwickelt."* [...] *[U]nd* Mensch seyn *war ihm das höchste* (an Pückler, 3. März 1834).

Zit.: Bw Pückler, 299 (erstes Zit.) u. 308 (zweites Zit.).

Anfang März: Pückler veröffentlicht im ersten Band seiner Prosasammlung *Tutti Frutti* pseudonym eine witzige Bettina'sche Charakteristik seiner selbst.

Anfang April: Bettina zieht in Berlin wieder um: Unter den Linden 21, in das obere Stockwerk eines dem Grafen Athanasius von Raczynski gehörenden Palais, das ein Mittelpunkt der Berliner Geselligkeit, ein Magnet vor allem jugendlicher und oppositioneller Besucher wird.

Mai/Juni: In Pücklers *Andeutungen über Landschaftsgärtnerei* erscheint anonym und ohne Titel ein Beitrag Bettinas über Schinkels Entwürfe zu den Fresken in der Vorhalle des Berliner Alten Museums.

Mai: Beginn des Drucks von *Goethe's Briefwechsel mit einem Kinde*.

Juni: Einige Geschwister Bettinas befürchten nach der Lektüre der ersten Bogen, dass sie sich und die Familie durch die Darstellung ihres Verhältnisses zu Goethe öffentlich bloßstellen werde: *[V]ergebens bietet Frau von Savigny Alles auf, um den Druck zu verhindern* (Meusebach an Jacob Grimm, 2. Juni 1834). – *Ich glaube weder Arnim, noch Göthe würden eine solche Veröffentlichung gebilligt haben, und wie Savigny als Vormund der Kinder es konnte, weiß ich auch nicht* (Clemens an Bettina, 17. Juni 1834).

Zit.: Meusebach/Grimm/Grimm 1880, 205 (erstes Zit.); L. Brentano 1929, 328 (zweites Zit.).

4. Juli: Bettina an Clemens: *Das dieses Buch etwas auserordentliches ist was in diesem Jahrhundert und wohl auch in den vergangnen kein gleiches finden wird ist meine wahre Meinung* [...]. *Grüß mir den Ringseis und Görres recht herzlich und sag ihnen sie sollen ihre ganze Freundschaft zusammen nehmen um das Unerhörte zu bestehen was in meinem Buch vorkommen wird.*

Zit.: GW 4, 306–307.

Sommer: Die deutsche Ausgabe von *Goethe's Briefwechsel mit einem Kinde* soll nach Bettinas Absicht gleichzeitig mit einer englischen erscheinen. Ihr Mittelsmann in London ist der Arzt und Philantrop Nikolaus Heinrich Julius. Für die Übersetzung wird die Schriftstellerin Sarah Austin gewonnen, die jedoch nur Auszüge übersetzen will. Da Bettina darauf nicht eingeht, scheitert das Projekt der englischen Ausgabe zunächst.

Herbst: Besuch bei Jacob Grimm in Göttingen.

1835

Mitte Februar: Die ersten beiden Bände von Bettinas erstem Buch *Goethe's Briefwechsel mit einem Kinde. Seinem Denkmal* erscheinen ohne Nennung der Autorin auf dem Titelblatt – *Dem Fürsten Pückler* mit einem Einleitungstext gewidmet von *Bettina v. Arnim* – bei Ferdinand Dümmler in Berlin *zum Besten von Goethes Monument* (Bettina an Katharina Görres, vmtl. erste Hälfte Mai 1834). Das Buch wird ein großer Publikumserfolg und erregt eine intensive, kontrovers geführte öffentliche Diskussion. – *Als 1835 der Briefwechsel Goethe's mit einem Kinde erschien, war die Nation wie von einem glänzenden Meteor freudig überrascht. Nur durch ihre geniale Persönlichkeit war Bettina von Arnim einem kleinen Kreise bekannt geworden, für uns Andere stand plötzlich ein Werk da, in welchem Wirklichkeit geworden, was der Romantiker von einem Poesiewerden des Lebens oder Lebendigwerden der Poesie ahnungsvoll gehofft oder geträumt. Noch herrschte das literarische Interesse vor dem politischen, und Goethe war der Mittelpunkt wachsender Theilnahme; noch war die Goethephilologie nicht da, man suchte seine Meisterwerke nach ihrer idealen Bedeutung zu erfassen, Hegel und seine Schüler legten seine Gedanken aus, Heine und Wienbarg priesen ihn als Deutschlands geistigen Befreier; nun flocht hier die Liebe ihre duftigen Rosen in seinen unverwelklichen Lorbeerkranz, und erklang sein Preis von Mädchenlippen wie sehnsuchtsvoller Nachtigallgesang. Mochte man manchmal mit Goethe selber fragen, ob Bettina mehr wunderbar oder wunderlich sei, mochte der Eine seine Ruhe, der Andere ihr mädchenhaftes Gebahren tadeln, die Einen mehr auf tiefsinnige Gedanken, die Andern mehr auf anmuthige Gefühlsergüsse hinweisen, dem Zauber des einzigen Buches konnte vor allem die Jugend sich nicht entziehen, und auch das Alter sagte mit Meusebach: es werde Mühe haben, sich der Unsterblichkeit zu entziehen* (Moriz Carriere).

Zit.: Görres 1874, 439 (erstes Zit.; datiert auf 1834 oder Anfang 1835); Carriere 1887, 65 (zweites Zit.).

Etwa März: Der dritte Band, *Das Tagebuch*, folgt.

März–Dezember: Positive, zum Teil begeisterte Rezensionen von *Goethe's Briefwechsel mit einem Kinde* und Aufsätze über Bettina von Willibald Alexis, Ludwig Börne, Ernst von Feuchtersleben, Joseph Görres, Jacob Grimm, Karl Gutzkow, Ferdinand Gustav Kühne, Fanny Lewald, Karl Hartwig Gregor von Meusebach, Theodor Mundt und anderen. Bettina wird im Bewusstsein der Zeitgenossen zur *Sibylle der romantischen Literaturbewegung* (Theodor Mundt), zu einer Mitkämpferin des oppositionellen Jungen Deutschland, zu einer Avantgardistin der Frauenemanzipation: *Die eigentliche Achtung für weiblichen Genius gewannen die Deutschen erst durch Rahel und Bettine. Diese beiden Frauen haben eigentlich die geistige Emancipation der Frauen zu Stande gebracht* (Ottilie von Goethe an Anne Jameson, April 1839). In Jacob Grimms Besprechung heißt es: *Es gibt kein anderes Buch das diesen Briefen in Gewalt der Sprache wie der Gedanken an die Seite zu setzen wäre, und alle Gedanken und Worte wachsen in einem weiblichen Gemüth, das in der ungehemmtesten Freyheit sich aus sich selbst bildet und durch sich selbst zügelt. Solcher Unbefangenheit gelingt das Kühnste und Schwerste.*

Zit.: [Mundt] 1835, 328 (erstes Zit.); Jameson 1939, 235 (zweites Zit.); J. Grimm 1835, 916 (drittes Zit.).

8. April: Tod Wilhelm von Humboldts auf seinem Schloss Tegel.

23. Juni: Bettinas Sohn Kühnemund verunglückt tödlich beim Baden.

7. Dezember: Inbetriebnahme der ersten deutschen Eisenbahnlinie zwischen Nürnberg und Fürth.

10. Dezember: Verbot aller Schriften des Jungen Deutschland (Gutzkow, Heine, Laube, Mundt, Wienbarg) im gesamten Gebiet des Deutschen Bundes.

1836

In Bamberg erscheint unter dem Pseudonym „Z. Funck" Karl Friedrich Kunz' Bettina-Anthologie *Geistes- und Charakter-Gemälde dieser ausgezeichneten Frau, in sorgfältig gewählten Stellen des Vortrefflichsten aus ihren Briefen und ihrem Tagebuche* als *Toiletten-Geschenk für die Gebildetesten des weiblichen Geschlechts.* Die Auswahl aus *Goethe's Briefwechsel mit einem Kinde* ist ein *Seitenstück* zu einer im Vorjahr vom selben Verfasser zusammengestellten Rahel-Anthologie mit analoger Titelei. Der Nürnberger Schriftsteller Georg Friedrich Daumer veröffentlicht die dramatische Skizze *Semiramis*, in der er die von Bettina geschilderte Kindheit in die von ihm in Versen bedichtete Kindheit der sagenhaften assyrischen Königin projiziert.

Herbst: Nähere Bekanntschaft Bettinas mit dem Studenten Philipp Nathusius. Beginn eines bis 1841 unterhaltenen, zunächst enthusiastischen Briefwechsels. Er bildet die überarbeitete Grundlage ihres vorletzten Buches *Ilius Pamphilius und die Ambrosia,* das sie veröffentlicht, nachdem sie sich enttäuscht von dem späteren Industriellen und Gutsbesitzer abgewandt hat.

Dezember: Bekanntschaft Bettinas mit Johanna Mathieux, der späteren Frau des Schriftstellers und Demokraten Gottfried Kinkel, die Bettinas Töchtern Klavierunterricht erteilt.

1837

Etwa Anfang: Bei dem Berliner Verleger Carl Adolph Hermann Jonas erscheint die zweite Auflage von *Goethe's Briefwechsel mit einem Kinde*.

14. Februar: Die 17-jährige Pianistin und Komponistin Clara Wieck, die als Wunderkind gilt und drei Jahre später Robert Schumann heiratet, besucht während einer Konzertreise Bettina in Berlin und notiert in ihr Tagebuch: *Höchst geistreiche, feurige Frau – – was Musik betrifft lauter falsche Urtheile. Sie strömt über von Humor.*
   Zit.: Litzmann 1918, Bd. 1, 106–107.

Etwa Frühjahr: Bettina beginnt *Goethe's Briefwechsel mit einem Kinde* ins Englische zu übersetzen. Sie kann sich dabei auf englische Übersetzungen des erstes Bandes und der ersten Hälfte des zweiten stützen und übersetzt den dritten, das *Tagebuch*, allein: *Keiner wird's glauben? – und doch ist's wahr, ich konnte kein Wort Englisch, Diktionnair und Grammatik waren die dornigen Pfade, die mich keinen Schritt freimachen ließen; ja jedes Wort hab ich suchen müssen, jede Konstruktion mußte ich auf der müheseligsten Bahn begreifen lernen. [...] [S]ie müssen meine neue englische Sprache studieren, die ich nur instinktmäßig und im Gefühl der Harmonie gebaut habe* (an Caroline von Egloffstein, 28. März 1838).
   Zit.: Egloffstein 1923, 499–500.

Oktober: Bei dem Londoner Verleger Thomas Norton Longman erscheinen die in Berlin gedruckten ersten beiden Bände von *Goethe's Correspondence With a Child. For His Monument*. Die Ausgabe wird aufgrund des puritanischen englischen Publikumsgeschmacks, der Vorbehalte gegen eine auf dem Kontinent gedruckte eigenwillige Übersetzung und des hohen Preises ein finanzieller und verlegerischer Misserfolg. Bettina habe ihrer *liebenswürdigen Grille [...] 7000 Rth.* geopfert (Karl Sieveking an seine Frau, 13. März 1839).
   Zit.: Poel 1887, 183–184.

1. November: Der neue König von Hannover, Ernst August, hebt die Verfassung seines Landes auf, wogegen sieben Göttinger Professoren – unter ihnen die seit 1830 in Göttingen wirkenden Brüder Grimm – protestieren. Sie werden am 11. Dezember entlassen. Jacob Grimm muss das Land binnen drei Tagen verlassen und kehrt zurück nach Kassel, wohin ihm Wilhelm 1838 folgt.

Der Amtsenthebung der ‚Göttinger Sieben' folgt eine breite Protestbewegung, an der Bettina hervorragenden Anteil hat. Sie bemüht sich bis 1840 um eine Anstellung der Brüder Grimm.

1838

April: In der Petersburger Zeitschrift *Syn otečestva* (Sohn des Vaterlandes) erscheint mit dem Titel *Kniga Ljubi* (Buch der Liebe) eine russische Teilübersetzung des Bettina'schen *Tagebuchs* von Michail Bakunin.

Sommer: David Friedrich Strauß, dessen bibelkritisches Erfolgswerk *Das Leben Jesu* (1835/36) etwa gleichzeitig mit *Goethe's Briefwechsel mit einem Kinde* erschienen war, veröffentlicht in der jungdeutschen Zeitschrift *Der Freihafen* den Aufsatz *Vergängliches und Bleibendes im Christenthum*, in dem er Bettinas Idolisierung Goethes religionsgeschichtlich einordnet, die Frage stellt: *[W]ie lange wird es an solchen fehlen, die in Bettina's Briefen ein anderes Evangelium Johannis erblicken?*, und verallgemeinert: *[D]er einzige Cultus, welcher den Gebildeten dieser Zeit aus dem religiösen Zerfalle der letzten übriggeblieben, ist der Cultus des Genius.*
Zit.: Strauß 1838, 32.

Sommer–Herbst: Bettina setzt sich für den in Wahnsinn verfallenen Berliner Maler Carl Blechen ein. Sie veranstaltet eine Lotterie, in der sie ein von ihr gekauftes Bild des Künstlers, *Im Park von Terni*, verlost, und bittet um finanzielle Unterstützung, um ihm eine Erholungsreise zu ermöglichen. – Bei dem preußischen Kultusminister Karl vom Stein zum Altenstein versucht sie eine Berufung der Brüder Grimm nach Berlin zu erwirken. Mit ihnen verhandelt sie über eine Gesamtausgabe der Werke Arnims, die seit 1839 von ihr und Wilhelm Grimm, später auch von anderen, in 22 Bänden herausgegeben wird.

September–Oktober: Aufenthalt in Bärwalde, dem Sommersitz von Bettinas Familie im gleichnamigen Ländchen, nachdem Arnims Bruder Carl Otto Wiepersdorf an einen Amtmann verpachtet hat, der das Gut bewohnt. Beginn der Arbeit an dem Buch *Die Günderode*.

Mitte Oktober–Anfang November: Reise über Weimar zu den Brüdern Grimm nach Kassel.

Etwa Ende 1838/Anfang 1839: Das von Bettina übersetzte *Tagebuch* erscheint in London als *The Diary of a Child*, gegenüber der deutschen Ausgabe *vermehrt beinah um einen Bogen den ich noch aus meinen früheren Papieren ausgezogen habe* (an Friedrich von Müller, bereits 31. März 1838).
Zit.: Schüddekopf/Walzel 1899, 302.

1839

Etwa Anfang: Freundschaft Bettinas mit dem Studenten Julius Döring, Beginn eines von Bettina zur Veröffentlichung vorgesehenen Briefwechsels mit dem späteren Juristen.

Januar: In der Januar-Ausgabe der von Julius Merz herausgegebenen und von Georg Friedrich Daumer unterstützten Nürnberger Monatschrift *Athenæum für Wissenschaft, Kunst und Leben*, die den oppositionellen jungdeutschen und junghegelianischen Bestrebungen nahesteht, kommen *Drei Briefe von Beethoven* an Bettina heraus, deren Echtheit von den Zeitgenossen und von Beethoven-Freunden bis zur Gegenwart rege und kontrovers diskutiert wird. Nur der mittlere dieser Briefe – vom 10. Februar 1811 – ist authentisch. Der dritte Brief, der eine Begegnung Goethes und Beethovens 1812 in Teplitz mit der Familie des österreichischen Kaisers imaginiert, vor der Goethe sich servil verbeugt, während Beethoven künstlerstolz durch das *Weltgeschmeiß* hindurchschreitet, ist zu einem modernen Mythos geworden.
Zit.: Härtl 2016, 9.

Januar: Karl Gutzkow veröffentlicht in dem von ihm herausgegebenen *Telegraph für Deutschland* einen offenen Brief Bettinas an Wilhelm Grimm, in dem sie für ihn und seinen Bruder Partei nimmt. (Dem Abdruck folgt die posthume Erstveröffentlichung von Georg Büchners *Lenz*-Novelle.) Eine auf die Berliner Verhältnisse gemünzte Passage, die im *Telegraph* fehlt, trägt der zweite Druck des Briefes in der *Leipziger Allgemeinen Zeitung* nach: *Hier scheint zwar Alles Grün von weitem, aber es ist nur Sumpf, auf dem Wasserlinsen wachsen, und die Ultra-Staatspolitik schnappert sich wie eine Entenschar auf diesem Sumpfe dick und fett. Nein, hier blüht kein edler Weizen, aus dem Ihr Eure reine Nahrung bereiten könntet.*
Zit.: Härtl 1995, 197–198.

Frühjahr: Bekanntschaft Bettinas mit Moriz Carriere, einem Schüler der Brüder Grimm, später philosophischer Schriftsteller, der einer ihrer eifrigsten Propagandisten wird. Zu dem ersten, was er von ihr zu hören bekommt, gehört der Ausspruch: *Ich will Ihnen ein geburtshelferisches Motto für Ihre Philosophie geben [...]: Jeder wird als der größte Held geboren.* Carriere ist Mitglied des Doctorclubs, einer Gesellschaft älterer Studenten und junger Doktoren, die nach und nach zu Bettina in Beziehung kommen: unter anderem der spätere Buchhändler im schlesischen Grünberg Wilhelm Levysohn, der promovierte Jurist und spätere politische Schriftsteller Heinrich Bernhard Oppenheim, der spätere Jurist Isaak Wolffson und der spätere Arzt und Schriftsteller Max Ring, der sich erinnerte: *Ein Gedanke jagte bei ihr den andern; die wunderbarsten Ansichten und Ideen über Leben, Wissen und Kunst flossen wie ein mächtiger Strom von ihren feinen Lippen. Es lag etwas Dämonisches, Prophetisches in ihrem ganzen Wesen, und sie erinnerte mich bald an die geheimnisvollen Sibyllen des Altertums, bald an eine von feurigem Most trunkene Bacchantin. [...] Ein andermal wurden ihre beiden älteren Töchter zu einem fürstlichen Ball eingeladen, wollten aber die Einladung nicht annehmen, weil sie vor der fremden hohen Gesellschaft, in der sie zum erstenmal erscheinen sollten, sich ängstigten. „Wie könnt Ihr so dumm sein", sagte Bettina, „und Euch fürchten? Ihr seid immer in besserer Gesellschaft gewesen, als Ihr heut* *abend kommt." Durch solche Reden, ihre freisinnigen Anschauungen und ihren sonderbaren vorurteilslosen Verkehr ärgerte Frau von Arnim nicht ohne Absicht ihre Standesgenossen, welche allerlei Gerüchte über ihr exzentrisches Wesen aussprengten. Destomehr wurde sie von uns jungen Leuten bewundert und verehrt.*

Zit.: Carriere 1914, 185 (erstes Zit.); Ring 1898, Bd. 1, 118 u. 121 (zweites Zit.).

19. September–8. Oktober: Reise Bettinas nach Wolmirstedt (bei Magdeburg) zu Döring, mit dem sie Ende September in Kassel die Brüder Grimm besucht, bei denen sie Hoffmann von Fallersleben kennenlernt. Auf der Rückreise sucht sie in Althaldensleben (bei Magdeburg) Nathusius auf. Sie wird *kalt* aufgenommen, klagt über *aristokratischen Geldstolz* (an Döring, 14. Oktober 1839) und entfremdet sich von dem Konservativen wie auch von Döring. Den Grund ihrer Zuneigung zu den jungen Briefpartnern, die ihr geistig unebenbürtig sind, teilt sie Döring am 1. November 1839 mit: *Deutschland! ich hab allein Liebe zu dir emfunden in Deiner Jugend, und Deine Jugend steht mir allein nah in meinen zwei jungen Freunden.*

Zit.: Bw Döring, 177–178 (erstes Zit.) u. 193 (zweites Zit.).

Herbst/Winter: Bettina bleibt mit ihren Kindern in Bärwalde. Sie korrespondiert mit den Brüdern Grimm und will den preußischen Kronprinzen und späteren König Friedrich Wilhelm IV. für die Idee eines Volkskönigtums gewinnen.

4. November: Bettina beendet in Bärwalde einen in der zweiten Oktoberhälfte begonnenen etwa 30 Druckseiten langen Bekenntnisbrief an ihren Schwager Savigny, der seit 1817 Geheimer Justizrat sowie Mitglied des preußischen Staatsrates ist und 1842 preußischer Minister für Revision der Gesetzgebung wird. Sie wirft ihm mangelnden Einsatz für die Brüder Grimm, opportunistisches Verhalten und den Verrat an den Idealen ihrer und seiner Jugend vor. Abschriften des Briefes erhalten unter anderem die Brüder Grimm und der preußische Kronprinz. Die Korrespondenz mit Savigny über die Grimms führt zur Entfremdung Bettinas von ihrem einstigen Mentor: *Deine Wichtigkeit als Lehrer der Jugend wäre tausendmal durch das hohe Beispiel Deines uneigennützigen Bekenntnißes* [zu den Brüdern Grimm; H.H.] *überwogen worden […]. [I]ch bin in späteren Zeiten nicht mehr in unmittelbarer Berührung geblieben mit Dir, so wie früher; aber so wie ich mich fortgebildet habe, so entspringt doch mein Denken und Handlen, und ist unmittelbare Folge jener früheren Zeit. Was ich also auch jetzt denke und thue es ist in Übereinstimmung mit jener Epoche in mir der du deine Sanction gegeben hast. – Und wenn ich Dir jezt widersage, so bin ich nicht untreu dem Savigny den ich damals so liebte und noch liebe […]. Ihr haltet den Fürsten nur die Reden auf die sie eingerichtet sind zu antworten ohne aufzuwachen, denn die Wahrheit würde sie wecken, und sie wären dann keine Automaten mehr sondern selbstständige*

Herrscher, und die Staatsklugheit würde dann nicht mehr mit Niederträchtigkeit verbunden s[ei]n, sondern in Weltklugheit sich verwandlen.
Zit.: GW 4, 375, 385–386 u. 401.

1840

20. Februar: Bettina kehrt nach Berlin zurück, um auf Ersuchen des preußischen Kronprinzen ihre Töchter dem Hof vorzustellen, die *Günderode* drucken zu lassen und weitere Arbeiten zu beginnen.

12. April: Bettina setzt sich in einem Brief an den preußischen Kronprinzen für die Berufung der Brüder Grimm nach Berlin ein.

Mai: Der erste Band des Buches *Die Günderode* erscheint im Verlag von Wilhelm Levysohn, Grünberg und Leipzig. Es ist *Den Studenten* zugeeignet. Bettina an den Verleger: *Ich gebe Ihnen mein Buch aus drei Gründen, erstens weil Sie Jude sind, zweitens weil Sie eine Säbelschmarre tragen, und drittens weil Sie Ihre Frau aus Liebe geheiratet haben* (undatiert [1839/40]).
Zit.: Mallon 1925. – Mallon schreibt ebd.: „Dieser echte Bettina-Brief, leider nur mündlich in der Familientradition erhalten, begleitete den Abschluß des Vertrages".

7. Juni: Tod des preußischen Königs Friedrich Wilhelm III. Der bisherige Kronprinz tritt als Friedrich Wilhelm IV. die Regierung an. – „Die politische Bewegung der Mittelklasse oder Bourgeoisie in Deutschland kann vom Jahre 1840 an datiert werden" (Friedrich Engels, *Revolution und Konterrevolution in Deutschland*).
Zit.: Marx/Engels 1960 [=MEW], 14.

Ende Juni: Der zweite Band der *Günderode* erscheint.

Sommer/Herbst: Aufenthalt Bettinas in Bärwalde.

2. November: Die Brüder Grimm werden auf Veranlassung Friedrich Wilhelms IV. nach Berlin berufen.

7. Dezember: Varnhagen in seinem Tagebuch: *Sie [Bettina] ist außer sich über die Wirthschaft, die hier beginnt, sie mißbilligt alle Vertrauten und Lieblinge des Königs, sie will Konstitution, Preßfreiheit, Vernunft und Licht. […] Sie will dem Könige die Wahrheit sagen, sie habe den Muth und das Geschick dazu.*
Zit.: Varnhagen 2, Bd. 1, 242–243.

Winter: Der russische Schriftsteller Iwan Turgenjew und sein Freund Michail Bakunin besuchen beide des Öfteren in Berlin gemeinsam Bettina.

1841

In Band 25 der renommierten *Revue de Paris* erscheint Louis Prévosts Artikel „Madame Bettine d'Arnim", der vor allem über *Goethe's Briefwechsel mit einem Kinde* berichtet und *une sorte de parenté intellectuelle* zwischen Bettina und George Sand feststellt.
Zit.: Prévost 1841, 332.

9. Januar: Im neuen Berliner *Athenaeum. Zeitschrift für das gebildete Deutschland*, die mit gesamtnationaler Wirkungsabsicht das Nürnberger *Athenæum* fortsetzt, erscheinen der zweite Druck der *Drei Briefe von Beethoven* und der Überblicksartikel „Die neueste belletristische Literatur", in dem der Junghegelianer Eduard Meyen, der eigentliche Macher der Zeitschrift, Bettina als eine *Erscheinung* würdigt, *die einzig in ihrer Art ist, wie sie keine andere Literatur keiner Zeit aufzuweisen hat.* Sie avanciert zu einer Art Schutzheiligen der nachhegelschen Linken. Moriz Carriere preist sie als *größte Dichterin aller Zeiten.*
Zit.: Meyen 1841, 29 (erstes Zit.); Carriere 1841, 15 (zweites Zit.).

Vmtl. Februar: In der englischen Ausgabe von Anton Schindlers 1840 erschienener *Biographie von Ludwig van Beethoven*, die der Pianist, Dirigent und Komponist Ignaz Moscheles in London herausbringt, teilt Moscheles eine Übersetzung der *Drei Briefe von Beethoven* mit, wozu Bettina ihm am 4. Juli 1840 die Erlaubnis erteilt hatte: *Ich bekenne es herzlich daß Sie mir was Liebes anthun indem sie meine Briefe übersetzen Wollen.*
Zit.: Härtl 2016, 127.

Frühjahr: Bekanntschaft und Beginn eines Briefwechsels Bettinas mit dem Kronprinzen Karl von Württemberg, dem späteren König Karl, der als Student in ihrer Berliner Wohnung verkehrt und den sie zu ihrem Ideal eines sozialen Königtums erziehen will. Beginn der Arbeit an *Dies Buch gehört dem König*.

März: Umzug der Brüder Grimm nach Berlin: *Zumeist ist Bettine da* (Jacob Grimm an Friedrich Bluhme, 30. Juni 1841).
Zit.: Grimm/Grimm 1923, 31–32.

Mai/Juni: Bettina setzt sich mit einem offenen Brief für Gaspare Spontini ein, der seit 1819 Generalmusikdirektor in Berlin ist und aufgrund eines als unehrerbietig aufgefassten Ausdrucks über den König wegen Majestätsbeleidigung angeklagt und verurteilt wird. Bettinas Brief erscheint zunächst in der in Augsburg publizierten *Allgemeinen Zeitung* in ihrer Beilage zum 19. Mai, danach am 3. Juni in den Karlsruher *Jahrbüchern des deutschen National-Vereins für Musik und ihre Wissenschaft*, die der Musikschriftsteller Gustav Schilling herausgibt. Spontini wird 1842 von Friedrich Wilhelm IV. begnadigt. –

Karl Friedrich Köppen an Karl Marx, 3. Juni 1841: *Hast Du den Brief der Bettina an Spontini in der Augsburger gelesen? Meyen hat ihn da abdrucken lassen.*
Zit.: Pepperle/ Pepperle 1985, 814.

Zweite Jahreshälfte: Bettina sympathisiert mit der radikalsten oppositionellen Gruppe, den Berliner ‚Freien'. Ihr führender Kopf, Bruno Bauer, wird ihr *seinem Wesen nach ungemein lieb*, sie habe selten *einen jungen Mann kennen gelernt*, in dem *so freie Sittlichkeit mit Besch[eiden]heit* vermählt sei (an Sohn Friedmund, 27. Oktober 1841). Einen Teil seiner *Kritik der evangelischen Geschichte der Synoptiker* (2 Bde., 1841) habe sie mit ihren Töchtern *von Anfang an* gelesen (an Heinrich Bernhard Oppenheim, 28. Dezember 1841). Andererseits war vor allem Edgar Bauer von Bettina beeinflusst. Seinen Aufsatz „Die Bettine als Religionsstifterin" hatte er, wie er dem Bruder Bruno am 18. Januar 1842 mitteilt, von der Redaktion der Berliner *Jahrbücher für wissenschaftliche Kritik* zurückerhalten, weil darin *dieselben theologischen Ansichten wie in den „übrigen" Arbeiten* Bruno Bauers stünden. *Eine Menge der verfänglichsten Stellen* seien im retournierten Manuskript angestrichen gewesen. *Dabei sind sie aber so eifrig zu Werke gegangen, daß sie einige Stellen, die ich ohne Gänsehäkchen aus der Bettina abgeschrieben, auch angestrichen haben.*
Zit.: Bw Friedmund, 39 (erstes Zit.); B. v. Arnim/Oppenheim 1990, 123 (zweites Zit.); Bauer/Bauer 1844, 167–168 (drittes Zit.).

27. Oktober: Bettina an ihren Sohn Friedmund: *Ich fühl immer mehr daß ich mich nu[r an] die jüngere Welt anschließen kann, die alten Notabilitäten sind wie alte Schläuche faßt man sie an oder wollte man sie gar mit Wein auf füllen so würden sie wie Zunder reißen [...].*
Zit.: Bw Friedmund, 39.

1842

Januar: Bekanntschaft Bettinas mit dem ungarischen Komponisten Franz Liszt.

Juni: In Leipzig erscheint bei Breitkopf & Härtel ein Heft mit Liedvertonungen Bettinas aus ihrer Jugendzeit, das sie Spontini widmet: *Dedié à SPONTINI Directeur général de la Musique et premier maître de chapelle de S. M. le Roi de Prusse. etc. etc. PAR BETTINE ARNIM.* Es enthält Vertonungen von zwei Liedern Goethes und fünf Texten Arnims.

28. Juli: Bettinas Bruder Clemens stirbt im Haus des Bruders Christian in Aschaffenburg. Noch kurz vor seinem Tod äußerte er, Bettina sei *ein lieber guter Engel* (Christian an die Schwester Gunda, 25. Juli 1842).
Zit.: GW [Härtl] 2, 920.

17. August: Bruno Bauer erläutert Arnold Ruge, warum Bettina für eine Mitarbeit an junghegelianischen Journalen nicht geeignet sei: *Sie denken, daß die Arnim über die Musik schreiben solle? Sie meinen, sie sei eine gelehrte Frau? Sie hört die neuere Musik gar nicht. Aber sagen Sie, sie soll über eine Beethovensche Symphonie etwas machen, so wird sie, wenn sie Lust hat, d.h. wenn es der Genius ihr giebt, nach Jahr und Tag ein bacchantisches Gemälde machen, eine Büste verfertigen, einen Gedanken haben, einen Aufsatz machen, der die Idee Beethovens wiedergibt, aber nicht als Urtheil, Raisonnement, sondern als eine neue Metamorphose, also nicht als etwas, was für die Jahrbücher [für wissenschaftliche Kritik] paßt. Oder sie wird eine neue Melodie erfinden, die Sie noch weniger mittheilen können. Ich werde also nicht mit ihr darüber sprechen, so wenig ich ihr, wie man in Köln wollte, etwas wegen der Rheinischen [Zeitung] gesagt habe.*
Zit.: Hundt 2010, Bd. 2, 1121.

September–Januar 1843: Aufenthalte Bettinas in Frankfurt und Rödelheim; Reise nach Bad Ems, Schloss Rheineck und Bad Kreuznach; danach wieder in Frankfurt. In Bad Kreuznach im Oktober Begegnung mit Karl Marx und seiner Braut Jenny von Westphalen. Die Kreuznacher Zusammenkunft ist durch einen Bericht von Jennys Jugendfreundin Betty Lucas überliefert, die sich erinnerte, *wie mir die junge Braut klagte: Bettina von Arnim raube ihr zum großen Theil ihren Bräutigam, der Morgens in aller Frühe und Abends bis spät in die Nacht mit ihr die Umgebung durchschweifen müsse und doch nur kurze acht Tage zum Besuch gekommen sei. Im Zimmer Jennys habe sie eines Abends im Halbdunkel eine kleine Gestalt auf dem Sopha kauern [gesehen], die Füße heraufgezogen, die Knie von den Händen umschlossen, eher einem Bündel als einer menschlichen Gestalt ähnlich,* und sei enttäuscht gewesen, *als dieses Wesen vom Sopha glitt, um mir als Bettina von Arnim vorgestellt zu werden.* [...] *[A]lsbald trat Marx ein, und sie bat ihn in so bestimmten Ausdrücken, sie zum Rheingrafenstein zu begleiten, daß er, obschon es neun Uhr Abends und der Fels eine Stunde entfernt lag, mit einem wehmüthigen Blick auf seine Braut der „Gefeierten" folgte.*
Zit.: Lucas 1862, 290–291.

29. Oktober: Bettina aus Bad Kreuznach an den damaligen Verlobten ihrer Tochter Maxe, den Prinzen Lichnowsky: *Manches hab ich hier erlebt was mir wichtig ist, auch von hieraus läßt sich ein sicherer Blick auf die große Weltbühne werfen der einen sicher orientirt, wie das moralische Netz was eine untüchtige Politick in sehr verkehrter Ansicht webt sehr bald durch die Tatze des Loewen der sich drinn gefangen fühlt zerrissen wird.*
Zit.: GW 4, 466.

1843

10. Januar: Bettina besucht auf einer Kurzreise von Frankfurt nach Karlsruhe, wo sie ergebnislos mit dem Verleger Louis Hallberger verhandelt, in Sontheim (bei Heilbronn) David Friedrich Strauß, der berichtet: *Vorigen Dienstag zwischen Licht und Dunkel im gräulichsten Sturm und Regen [...] fuhr Bettina bei uns an auf einer Reise nach Stuttgart, – denkt Euch unsere Ueberraschung! Sie konnte sich nur kurz verweilen, weil der Wagen unten hielt, doch war es uns interessant genug, sie kennen zu lernen – ein kleines Figürchen wie Quecksilber, keineswegs hübsch, aber auch nicht widrig, höchst geistvolle Augen. Spricht unendlich viel und lebhaft, oft geistreich, oft confus. Nahm mich wegen der Unsterblichkeit auf's Korn, die sie eifrig glaubt, verliebte sich in meine Frau, und fuhr im gräßlichsten Wetter wieder davon* (an Wilhelm Strauß, 16. Januar 1843).
Zit.: Strauß 1895, 145.

Der Leipziger Naturwissenschaftler und Philosoph Gustav Theodor Fechner hält am 16. November in seinem Tagebuch fest, was Bettina im ersten Novemberdrittel dem mit ihm befreundeten Leipziger Philosophen Christian Hermann Weiße berichtet habe: *Von Strauß namentlich [...] will sie gar nichts wissen, und schon gegen seine Physiognomie hatte sie viel einzuwenden. Bei ihrer Zusammenkunft mit ihm sprach sie absichtlich, um ihn zu ärgern, in sehr starken Ausdrücken von einem gewissen Marx, der sich gerühmt, daß es ihm ziemlich gelungen, den Glauben an Unsterblichkeit bei seiner Frau zu entwurzeln. Und als Strauß hiezu ein bedenkliches Gesicht schnitt, fragte sie ihn: „Aber Herr Doktor, Sie glauben wohl selbst nicht an Unsterblichkeit, worauf er erwiederte, er müsse allerdings gestehen, daß er nicht daran glaube."*
Zit.: Fechner 2004, Bd. 1, 253–254.

Ende Februar: Bettina lernt in Berlin den für die Armen sich engagierenden jungen Schweizer Pädagogen Heinrich Grunholzer kennen.

Juli: In Berlin kommt bei E. H. Schroeder *Dies Buch gehört dem König* heraus. Der zweite Band schließt mit einem dokumentarischen Bericht Grunholzers über die Berliner Armenkolonie: *Erfahrungen eines jungen Schweizers im Vogtlande*. Der preußische König hatte Bettina gestattet, ihm das Buch, dessen Titel und Widmung identisch sind, zuzueignen. – In Paris erscheint eine zweibändige französische Übersetzung von Bettinas *Goethebuch* durch die Schriftstellerin Hortense Cornu unter deren Pseudonym Seb. Albin: *Gœthe et Bettina. Correspondance inédite de Gœthe et de Mme Bettina d'Arnim.* – Beginn eines Briefwechsels Bettinas mit dem Erbprinzen Carl Alexander von Sachsen-Weimar-Eisenach.

August: Ferdinand Bitter, Geheimrat im preußischen Ministerium des Innern, verfasst ein Aktenstück, in dem er darlegt, dass Bettinas Buch hätte verboten

werden müssen, da es entgegen den Zensurbestimmungen anonym erschien. Vom König läge keine Sondergenehmigung vor. Daraufhin fragt der preußische Innenminister, Graf Adolf Heinrich von Arnim-Boitzenburg, bei Alexander von Humboldt an und erhält zur Antwort, Friedrich Wilhelm IV. habe an dem Buch Anteil genommen und seine Verbreitung gewünscht. Trotzdem bringt der Innenminister dem König in einer Eingabe vom 17. August Einwände gegen Bettinas Buch vor, dem eine *fortgesetzte Verletzung aller Prinzipien des bestehenden Staats, des Christenthums und der socialen Einrichtungen jeder Art* zugrunde liege.
Zit.: Houben 1925, Bd. 1, 34–35.

25. August–Anfang November: Badereise mit den Töchtern über das oberschlesische Bad Landeck nach Bad Gastein. Rückreise über Salzburg und München, wo Bettina während eines dreiwöchentlichen Aufenthalts mit Liszt, Ringseis, Görres, König Ludwig I. von Bayern u. a. verkehrt.

Vmtl. Herbst: Umzug Bettinas in Berlin in das Haus Hinter dem Neuen Packhof Nr. 2, in der späteren Bodestraße.

November: Der Literaturhistoriker und Kritiker Adolf Stahr veröffentlicht in Hamburg die Broschüre *Bettina und ihr Königsbuch*, in der er dessen relativ unbestimmten Gehalt *zu einem scharf ausgeprägten und allgemein verständlichen Bilde* zusammengefasst habe, das *nicht allein gegen alle Grundlagen jeder bestehenden bürgerlichen Verfassung, sondern auch gegen den Grund aller Religion und der christlichen insbesondere gerichtet* sei (Urteil des preußischen Oberzensurgerichts vom 23. Februar 1844). Die Broschüre wird am 22. November auf Anordnung des Königs in allen Berliner Buchhandlungen konfisziert und danach in ganz Preußen verboten. Der preußische Innenminister hat seine *Befehle an die untere Behörde mit dem Ausdruck ergehen lassen, „daß er in seinem Leben nichts unwürdigeres und abscheulicheres gelesen habe, wie diese Ihre Recension"* (Bettina an Stahr, 23. November 1843). – *Dies Buch gehört dem König* wird in Österreich verboten.
Zit.: Handschrift (Kopie) im FDH, Sign. 1064 (erstes Zit.); Stahr 1903, 81 (zweites Zit.).

13. November: Varnhagen über *Dies Buch gehört dem König* in seinem Tagebuch: *Nachdem der König weitergelesen und über das Gelesene gesprochen hat, ist seine Stimmung wahrer Unwille geworden.*
Zit.: Varnhagen 2, Bd. 2, 225.

20. Dezember: Bettina teilt ihrer Schwester Lulu mit, sie wolle die schon gedruckten Werke Clemens Brentanos und dessen in ihrem Besitz befindlichen Handschriften herausgeben, *als Vorläufer […] seiner Korrespondenz mit mir, als ich noch in Offenbach war.*
Zit.: GW [Härtl] 2, 921.

1844

Januar: *Dies Buch gehört dem König* wird in Bayern verboten.

Anfang Januar: Bekanntschaft Bettinas mit dem Studenten und späteren Volkskundler Rudolf Baier, der an der Neuausgabe des *Wunderhorns* für die *Sämmtlichen Werke* Arnims mitarbeitet.

20. Januar: Abschließendes Datum in der von dem Frühanarchisten Wilhelm Marr pseudonym publizierten Broschüre *Ruchlosigkeit der Schrift:* „*Dies Buch gehört dem König*". *Ein unterthäniger Fingerzeig, gewagt von Leberecht Fromm*. Sie erscheint im Verlag Jenni, Sohn in Bern mit der Fiktion, der Verfasser wolle das *Königsbuch* als Teufelswerk demaskieren. Am Schluß resümiert er: „*So steht der Teufel denn entlarvt vor uns in seiner ganzen Scheußlichkeit, und der Name dieses finster drohenden Gespenstes ist: Communismus!*" – Das vier Jahre später erschienene Manifest der Kommunistischen Partei beginnt mit dem Satz: „*Ein Gespenst geht um in Europa – das Gespenst des Kommunismus.*"
Zit.: Fromm 1844/Bürgel 1926, S. 42.

7. Februar: Christian Brentano, der zum Universalerben Clemens Brentanos eingesetzt ist, behauptet Bettina gegenüber seine Befugnis zur Herausgabe der Schriften des zum Katholizismus reversierten Verstorbenen. Er bittet sie im Interesse *der ganzen Familie [...] das Andenken unsres Bruders, das er mit so großer Mühe zu einem christlich erbaulichen umzugestalten beflissen war*, nicht zu beeinträchtigen.
Zit.: GW [Härtl] 2, 922.

14. Februar: Franz Brentano, Familienoberhaupt und Frankfurter Senator, Bettinas Vormund nach dem Tod des Vaters bis zu ihrer Volljährigkeit, bittet sie *mit Tränen in den Augen und im Namen sämtlicher Geschwister hier, verschone die Asche und das Andenken Deines frommen Bruders*.
Zit.: GW [Härtl] 2, 922.

22. Februar: Varnhagen an Adolf Stahr: *Die tapfre Frau lebt in unaufhörlichen Kämpfen und Arbeiten, und hat immer neuen Ereignissen und Feinden die Stirne zu bieten, mehr als Friedrich der Große im siebenjährigen Kriege; und ist auch der Sieg oft auf ihrer Seite, und sie selbst voll Muth und Kraft, so giebt es doch Kämpfe, in welchen keine Freudigkeit sein kann, und Gebiete, die den Kampf nicht zulassen. Ich sehe sie oft, habe in vielem ihr Vertrauen, und muß sie in dem meisten bewundern. Sie ist in dieser Zeit der eigentliche Held, die einzige wahrhaft freie und starke Stimme, und unsre andern öffentlichen Streber sind meist mit Blindheit geschlagen, daß sie sie nicht erkennen und nicht einsehen, was sie an ihr haben.*
Zit.: Geiger 1902, 52–53.

24. Februar: Fackelzug Berliner Studenten für die Brüder Grimm und ihren Gast Hoffmann von Fallersleben, der wegen seiner *Unpolitischen Lieder* (1840/41) seine Professur in Breslau verloren hat und aus Berlin ausgewiesen wird. Während sich die Brüder Grimm von Hoffmann von Fallersleben distanzieren, tritt Bettina für ihn ein.

5. März: Bettina an den Bruder Georg: *Meine Korrespondenz mit Clemens werde ich ohne Berücksichtigung irgendeines Einwurfs, komme er, woher er wolle, herausgeben. [...] So wie Clemens in seinen späteren Jahren sich zeigte, so war er von Jugend auf gewesen.*
   Zit.: GW [Härtl] 2, 923–924.

Frühjahr: Arbeit am *Armenbuch*. Bettina will darin ihre Untersuchungen über das Armenwesen, Listen mit den Namen von Armen und Darstellungen ihrer Not publizieren. Sie ruft philanthropisch Gesinnte zur Mitarbeit auf und bittet sie um genaue Angaben. So schickt ihr der Fabrikant und Demokrat Friedrich Wilhelm Schlöffel am 10. März eine im schlesischen Eichberg angelegte Liste, die Angaben über 92 Arme enthält. Die Erlöse aus dem Verkauf des Buches sollen für die Armen bestimmt sein.

12. April: Der Brünner Literaturhistoriker Franz Thomas Bratranek berichtet dem Lemberger Philosophieprofessor Ignać Jan Hanuš aus der preußischen Hauptstadt über Bettina: *Wahrlich, das eine Weib wiegt mehr als die 300.000 Einwohner Berlins auf, die Universität nicht ausgenommen.*
   Zit.: Loužil 1966, 600.

15. Mai: Die *Magdeburger Zeitung* veröffentlicht einen Aufruf Bettinas, den andere Zeitungen nachdrucken. Sie bittet um Beiträge für das *Armenbuch*, um den *Zustand des Armenwesens in Gemeinden, Kreisen, Provinzen usw. des gesammten Deutschen Vaterlandes* zu erfassen. Sie erhält daraufhin weitere Einsendungen.
   Zit.: GW 3, 1073.

Letztes Drittel Mai–Mitte Juni: In Charlottenburg erscheint im Verlag des Junghegelianers Egbert Bauer *Clemens Brentano's Frühlingskranz aus Jugendbriefen ihm geflochten, wie er selbst schriftlich verlangte*. In Opposition zur Akzentuierung des religiösen Spätwerks durch die Geschwister und ihnen nahestehende lenkt Bettina das Interesse der Öffentlichkeit auf den jungen Brentano und die frühen Briefe und gibt mit dem Titel zu verstehen, dass er sie – und nicht die frommen Brüder – zur Herausgabe autorisiert habe. Das Buch wird am 24. Mai unter dem Vorwand beschlagnahmt, der Name der Verfasserin fehle auf dem Titelblatt und die Zueignung an den preußischen Prinzen Waldemar (mit der Anrede *Lieber Prinz Waldemar!*) sei respektwidrig. Am 25. Mai beschwert Bettina sich über die Konfiskation bei Friedrich Wilhelm IV., auf dessen Entscheid das Buch am 16. Juni freigegeben wird.

I. Bettina-Chronik: Daten und Zitate zu Leben und Werk 61

Die Beschlagnahme richtet sich vor allem gegen den Verleger, bei dem auch Schriften seiner oppositionellen Brüder Bruno und Edgar Bauer erscheinen.

4.–6. Juni: Aufstand der schlesischen Weber in Langenbielau und Peterswaldau. Niederschlagung durch preußische Truppen.

Juni: Bettina gibt ihre Absicht auf, das *Armenbuch*, von dem schon einige Bogen gedruckt sind, zu veröffentlichen: *Man hat dies Buch schon verläumdet, obschon sein Inhalt nicht bekannt ist* (an Alexander von Humboldt, 2. Juni 1844). *Mein Armenbuch hab ich einstweilen abgebrochen, denn der Druck würde hier nicht gestattet werden [...]. Allein, den Hungrigen helfen wollen heißt jetzt Aufruhr predigen, hat mir jemand geschrieben und mir damit den Rath verbunden, den Druck hier nicht fortzusetzen* (an Adolf Stahr, 27. Juni 1844). – Das *Armenbuch* bleibt Projekt; die Materialien werden 1962 erstmals teilveröffentlicht, 1995 umfassend.
Zit.: Varnhagen 1, 361 (erstes Zit.); Stahr 1903, 70 (zweites Zit.).

19. Juni: Varnhagen in seinem Tagebuch: *Der Minister Graf von Arnim beschuldigt Bettinen von Arnim, sie sei Ursache des Aufstandes, sie habe die Leute gehetzt, ihnen Hoffnungen erweckt, durch ihre Reden und Briefe, und schon durch ihr Königsbuch!*
Zit.: Varnhagen 2, Bd. 2, 314.

22. Juni: Bettina bittet Alexander von Humboldt, sich beim König für die schlesischen Weber einzusetzen und für die Mutter des Berliner Schneidergesellen Carl Otto, der von einem Soldaten misshandelt wurde und an seinen Verletzungen starb – *das kommt mir alles viel trauriger vor Wie der Sophokles.*
Zit.: GW 4, 503.

28. Juni: In Frankfurt stirbt Franz Brentano.

31. Juli: Der dänische Dichter Hans Christian Andersen, der in Berlin zu Besuch ist, notiert in sein Tagebuch: *Ging zu Bettina, die höchst geistreich, keck, politisch, interessant war; sie sagte mir, die Könige würden meine Märchen lesen, und das täte ihnen gut, da würden sie doch die Wahrheit erfahren [...].*
Zit.: Andersen 2000, 216.

Oktober: Heinrich Heines Gedicht *Die schlesischen Weber* wird in Preußen als Flugblatt verbreitet. Sein *Deutschland. Ein Wintermärchen* erscheint.

1845

Für den Charlottenburger Verlag von Egbert Bauer wird der Märchenroman *Das Leben der Hochgräfin Gritta von Rattenzuhausbeiuns von Marilla Fitchersvogel* gedruckt, jedoch unvollständig und ohne dass er erscheint. Es handelt sich um ein Gemeinschaftswerk von Bettina und ihrer Tochter Gisela, die vermutlich die Hauptarbeit geleistet hat und deren Dichterinnenname als Autorenpseudonym dient. Zur Zurückhaltung des Drucks wird es gekommen sein, weil Bettina sich gegen Jahresende von dem Verleger trennte: *Wer hätte das gedacht daß die Opfer die ich wircklich aus gutem Herzen gemacht habe um der Bauerschen Handlung meinen Verlag zu geben, die ich wircklich dadurch zu heben gedachte; alle ganz vergeblich waren, und daß ich noch mir den Vorwurf zugezogen habe schindermäßig ihnen die Haut über die Ohren ziehen zu wollen* (an Rudolf Baier, Dezember 1845). – 1926 wird *Das Leben der Hochgräfin Gritta von Rattenzuhausbeiuns* in einer unvollständigen Fassung veröffentlicht, 1986 komplett.

Zit.: B. v. Arnim/Baier 1937, 79–80. – Vgl. B. v. Arnim/G. v. Arnim 1926; G. v. Arnim/B. v. Arnim 1986.

Mitte Juli: Bettina setzt sich bei Friedrich Wilhelm IV. und dem Prinzen Wilhelm von Preußen für Friedrich Wilhelm Schlöffel ein, der am 17. März aufgrund einer Denunziation verhaftet, des Hochverrats und kommunistischer Umtriebe angeklagt und nach Berlin in die Hausvogtei gebracht wurde. Ende des Jahres wird Schlöffel mangels Beweisen freigesprochen.

Ende Juli–Anfang August: Reise nach Frankfurt.

Mitte September–Ende Dezember: Bettina arbeitet an einem zweiten Teil von *Dies Buch gehört dem König*. Aufenthalt in Wiepersdorf, das infolge eines Brandes von Bärwalde wieder der Wohnort der Arnims im Ländchen Bärwalde wird.

1846

Februar/März: Niederschlagung des Krakauer Aufstandes. Die aus der französischen Emigration zurückgekehrten Führer des Aufstandes wollten das zwischen Preußen, Österreich und Russland geteilte Polen in einer polnischen Republik wiedervereinigen; sie werden verhaftet.

April: Bettina setzt sich auf eine Bitte der französischen Schriftstellerin Hortense Cornu hin bei Friedrich Wilhelm IV. dafür ein, dass Ludwik Mierosławski, einer der verhafteten Führer des gescheiterten polnischen Aufstandes, nicht an Russland ausgeliefert wird.

August: Bettina, die sich nach und nach mit allen ihren Verlegern überworfen und die Expedition des von Arnim'schen Verlags gegründet hat, wird vom Magistrat von Berlin aufgefordert, das Berliner Bürgerrecht zu erwerben, da sie als Herausgeberin von Arnims Werken und Nachlass ein Gewerbe als Verlagsbuchhändlerin betreibe. Bettina stellt richtig, dass sie keine Buchhändlerin sei, sondern im Selbstverlag drucken lasse und die Bücher an den Buchhandel

zur Kommission übergebe. Sie will nicht ein Bürgerrecht erkaufen, das sie als ein *freiwilliges Ehrengeschenk* (an den Magistrat, 24. August 1846) annehmen würde.
Zit.: Meyer-Hepner 1960, 33.

Ende August–Ende Januar 1847: Aufenthalt in Wiepersdorf. Bettina gibt ihre bisherige Berliner Wohnung auf, weil der Hauswirt die Miete um 100 Taler erhöht.

10. Dezember: Bettina setzt sich mit einem Artikel in der *Kölnischen Zeitung* dafür ein, dass die wertvolle, mühsam erworbene Bibliothek Hoffmann von Fallerslebens, die dieser aus Not verkaufen wollte, ihm erhalten bleibt. Die 2.000 Taler, die er für den Verkauf seiner Bibliothek verlangt hatte, sollen ihm durch den Erlös ihres nächsten Werkes zugutekommen: *„Dieses Buch gehört Hoffmann von Fallersleben" im eigentlichsten Sinne. [...] Es werden Subscriptionen von der hiesigen v. Armim'schen Verlags-Expedition angenomen werden; sind wir recht unterrichtet, so würden nur so viel Abzüge von dem Werke gemacht werden, als Bestellungen eingelaufen sind.* – Das entstehende neue Buch ist *Ilius Pamphilius und die Ambrosia*. Am 30. Januar 1848 teilt der Berliner Germanist Friedrich Zarncke Hoffmann von Fallersleben mit: *Endlich ist Bettina's Buch, in Lpz. gedruckt, in Berlin verboten [...], im Buchhandel erschienen, und bereits jetzt (nach kaum 8 Tagen) sind über 1.200 Exemplare verkauft. Somit wird also Bettina Ostern 1849, wo die Buchhändlerzahlungen eingehen, Ihnen die 2.000 rth zustellen für die Bibliothek.*
Zit.: Hoffmann von Fallersleben 1868, Bd. 4, 310 (erstes Zit.) u. Bd. 5, 4 (zweites Zit.); auch in: Härtl 1997, 249.

1847

19. Februar: Bettina gibt gegenüber dem Magistrat von Berlin zu, dass keine Veranlassung bestehe, ihr *das Bürgerrecht als ein Ehrengeschenk zukommen zu lassen [...], da ich zumal das Bürgerthum höher stelle als den Adel. Damit werden Sie einverstanden sein.* – *Ebenso stelle ich noch höher die Klasse des Proletariats, ohne dessen ihm angeborne großartige Characterkräfte, des Ausharrens im Elend, im Entsagen und Beschränken aller Lebensbedürfnisse, wenig Erspießliches zum Wohl des Ganzen würde befördert werden. [...] Und wenn ich dem Bürgerthum vor dem Adel den Vorzug gebe aus dem Grunde, weil sein praktischer Character dem eingebildeten des Adels gegenübersteht; ich daher die Bürgerkrone dem Ordenssterne vorziehe, so würde ich dem allen noch vorziehen, vom Volke anerkannt zu sein, dessen Verzichtungen heroisch und dessen Opfer die uneigennützigsten sind.* Sie schlägt dem Magistrat vor, die beiden Schreiben, die sie an ihn gerichtet hat, zu dem Preis zu versteigern, zu dem sie das Bürgerrecht erwerben soll.
Zit.: Meyer-Hepner 1960, 38.

29. Mai: Bettinas Sohn Freimund heiratet Anna von Baumbach; die Tochter eines württembergischen Generalleutnants stirbt bereits 1848.

Juni: Gründung des Bundes der Kommunisten in London.

20. August: Bettina wird aufgrund ihres Briefes vom 19. Februar 1847 vom Kriminalsenat des königlichen Kammergerichts – in Abwesenheit – wegen Beleidigung des Berliner Magistrats zu zwei Monaten Gefängnis und Bezahlung der Untersuchungskosten verurteilt. Sie reist am Tag ihrer Verurteilung nach Wiepersdorf ab.

18. September: Die *Berliner Pfennig-Blätter* berichten über Bettinas soziale Hilfeleistungen: *Nicht nur hat sie 400 Familien in den Familienhäusern besucht und unterstützt, sondern in dem verflossenen Winter 1.100 Schuhmachern Arbeit gegeben, welche sie dann an die armen Bewohner des Voigtlandes verschenkte. Sie hat ferner zweimal an den Geldfürsten Rothschild geschrieben und Unterstützungen für die armen Juden Berlins von ihm erbeten, so daß diesen 700 Taler zuteil wurden. – Und dennoch hat sie das Ehrenbürgerrecht noch nicht verdient?*
Zit.: Meyer-Hepner 1960, 17.

November: Der erste Band von *Ilius Pamphilius und die Ambrosia* wird vor dem Erscheinen konfisziert, weil Bettina ihn entgegen der gesetzlichen Vorschrift in Leipzig drucken, aber in Berlin erscheinen ließ und weil die Zensurpolizei die Angabe ‚Expedition des v. Arnim'schen Verlags' nicht gestattet. Das Titelblatt muss dreimal umgedruckt werden, bevor das Buch Anfang 1848 freigegeben wird.

November/Dezember: Bettinas Prozess mit dem Berliner Magistrat endet in zweiter Instanz mit der Aufhebung des Urteils, nachdem sie angekündigt hat, die Prozessakten zu veröffentlichen, und Savigny, der wie Bettinas Söhne das öffentliche Ansehen fürchtet, sich für sie verwendete.

Ende Dezember: Bettina setzt sich bei Friedrich Wilhelm IV. ein weiteres Mal für Mierosławski ein, der am 2. Dezember 1847 zum Tode verurteilt wurde. Erstmals antwortet der König auf ein Gesuch Bettinas eindeutig ablehnend. Mierosławski wird im März 1848 befreit.

Ende Dezember: Bettina zieht in ihre letzte Berliner Wohnung um: In den Zelten 5.

1848

22. Februar: Ausbruch der Pariser Februarrevolution.

Ende Februar: Das *Manifest der Kommunistischen Partei* erscheint in London.

18. März: Ausbruch der Revolution in Berlin.

19. März: Bettina an ihren Sohn Siegmund über den Ausbruch der Märzrevolution: Das Volk habe *ungeheure Thaten gethan, und nichts wird Den Glanz seines Ruhmes und seiner Milde und Gutmüthigkeit verdunckeln den es in dieser einen Nacht ohne Waffen erworben.*
Zit.: Bw Siegmund, 248.

Frühjahr: Bettina erhält Besuche des französischen Gesandten in Berlin, Emmanuel Arago, von Bakunin, Julius Fröbel, Oppenheim, der polnischen Demokratin Julia Molińska-Woykowska und anderen. Ihre letzte Berliner Wohnung spaltet sich, als Folge der revolutionären Ereignisse, in zwei Salons, worüber die Tochter Maximiliane berichtet: *Jetzt gingen auch bei uns unsere Wege auseinander. Während wir* [Maximiliane und Armgart] *die Köpfe hängen ließen, blickte die Mutter (und mit ihr natürlich auch Gisel) rosig in die Zukunft und war Feuer und Flamme für die Revolution als einen gewaltigen Fortschritt in der Entwicklung. Dann kam auch noch Friedmund, um diese „große Zeit" mitzuerleben, von Blankensee herein und brütete über seinen merkwürdigen Weltverbesserungs- und Volksbeglückungsplänen. Fragwürdige Gestalten von Literaten und Republikanern gingen bei der Mutter ein und aus. Das alles war für uns, die wir ganz anders empfanden und dachten, nicht leicht […]. Auf die Dauer ging es aber doch nicht an, daß unsere Freunde* [vom Hof und aus dem Adel; H.H.] *in Bettinas Saal mit den Revolutionären zusammentrafen, ohne daß Reibungen oder doch Verstimmungen drohten. […] So wurde – schiedlich, friedlich – die weise Entscheidung getroffen, die dann noch lange […] bestanden hat: im Hause Arnim gab es zwei Salons, einen demokratischen und einen aristokratischen. Links vom Saal in unseren Räumen empfingen wir unsere Freunde, rechts in ihren Zimmern Bettina ihre „edlen" Weltverbesserer.*
Zit.: M. v. Arnim/Werner 1937, 173.

29. März: Bildung eines neuen Ministeriums in Preußen mit Camphausen und Hansemann, den Führern der rheinischen Bourgeoisie.

März–Mai: Posener Aufstand gegen den Versuch Preußens, das Großherzogtum Posen zu teilen und die westlichen Gebiete Preußen anzugliedern. Der Aufstand wird durch preußische Truppen niedergeschlagen.

Mai: Bettina empört sich über den *scheusslichen politischen Verrath, der an den Polen verübt wird!* (an Pauline Steinhäuser.)
Zit.: B. v. Arnim/Steinhäuser 1903, 105.

18. Mai: Eröffnung der deutschen Nationalversammlung in der Frankfurter Paulskirche.

Juni: Der zweite Band von *Ilius Pamphilius und die Ambrosia* erscheint.

5. Dezember: Die im November zwangsweise von Berlin nach Brandenburg an der Havel verlegte Preußische Nationalversammlung wird per Verordnung von Friedrich Wilhelm IV. aufgelöst. Am selben Tag oktroyiert der König eine Verfassung nach seinen Vorstellungen.

1849

Januar: Bettina veröffentlicht unter dem Titel *An die aufgelös'te preußische National-Versammlung. Stimmen aus Paris* anonym eine Broschüre über die Ereignisse in Polen. In der „Paris, 15. December 1848" datierten Zueignung *Der Frau Bettina von Arnim gewidmet*, die „St. Albin" – mit dem Pseudonym Hortense Cornus – unterschrieben ist, fingiert sie, die Broschüre sei von ihrer französischen Übersetzerin verfasst. Titel und Zueignung sollen das Erscheinen in Berlin ermöglichen. – Bettinas Autorschaft wird von der konservativen Forschung bis 1933 im Dunkeln gehalten; erst 1954 erscheint in der DDR eine Neuausgabe.
Zit.: St. Albin [d.i. Arnim] 1849, unpag. – Vgl. Püschel 1954.

28. März: Die Frankfurter Nationalversammlung vollendet die Reichsverfassung.

Mai/Juni: In Ungarn schlägt eine russische Armee gemeinsam mit österreichischen Truppen die Revolution nieder. – Der Pfälzische Aufstand leitet eine Reihe von bewaffneten Kämpfen für die Durchsetzung der Reichsverfassung ein.

Sommer: Beginn eines Briefwechsels Bettinas mit dem deutsch-ungarischen Schriftsteller Karl Maria Benkert, der unter dem Namen Kertbeny schreibt und von dem 1849 eine Übersetzung der Gedichte Sándor Petöfis erscheint. Bettina begeistert sich für die Lyrik des als Major der ungarischen Befreiungsarmee gefallenen avantgardistischen und demokratischen Dichters.

23. Juli: Die Besatzung der Festung Rastatt kapituliert vor der preußischen militärischen Übermacht. Sieg der Konterrevolution.

Juli/August: Bettina setzt sich in einer Reihe von Briefen an Friedrich Wilhelm IV. vergeblich für Gottfried Kinkel ein, der als Mitglied der provisorischen revolutionären Regierung in der Pfalz gefangen genommen wurde. Kinkel wird zu lebenslänglicher Festungshaft verurteilt, der König verschärft das Urteil in eine Zuchthausstrafe.

16. August: Bettina an Pauline Steinhäuser: *[I]ch habe nie etwas unternommen, was nicht ein Muss in mir gewesen wäre, und bin zum wenigsten nicht*

unfruchtbar für die Menschheit gewesen, denn viele haben ihre Köpfe noch auf dem Rumpf sitzen, denen sie gewiss verloren waren, wenn ich nicht mit beinah übernatürlicher Anstrengung dagegen gekämpft hätte!
Zit.: B. v. Arnim/Steinhäuser 1903, 119.

24. Dezember: Benkert erhält Bettinas Gedicht *Petöfi dem Sonnengott*, eine von der Lyrik Hölderlins beeinflusste freirhythmische Ode, die Mitte 1851 von Carriere in seinem Aufsatz „Ungarische Dichtungen" mitgeteilt wird, der im ersten Jahrgang der Zeitschrift *Deutsches Museum* erscheint. – Das Gedicht wurde bald vergessen und erst 1930 wiederentdeckt.
Vgl. Mallon 1930.

1850

Frühjahr: Arbeit Bettinas an ihrem letzten Buch, den *Gesprächen mit Daemonen*.

Sommer–etwa Anfang März 1851: Aufenthalt in Wiepersdorf.

6. November: Deutsche Herbstkrise – Mobilmachung Preußens gegen den Deutschen Bund, nachdem Österreich, Baden und Württemberg ein antipreußisches Bündnis geschlossen haben.

Etwa 6. November: Bettina teilt Savignys aus Wiepersdorf mit, dass *erstens die Drescher, zweitens die Knechte, drittens der Schäfer und sein Knecht, viertens die zwei Inspectoren und fünftens gestern der Freimund selbst zu den Soldaten ist aufgeboten worden. [...] Die Drescherfrauen samt ihren Kindern, die ohne Brot sind, die Schäfersfrau, die nebst dem Hund allein noch da ist, um die ganze Herde zusammenzuhalten, heulen und weinen zusammen. Dies ist der Schlußakt der tragischen Zeit unseres Sommeraufenthalts.*
Zit.: Schellberg/Fuchs 1942, 341–342.

1851

22. Februar: Bettinas Bruder Georg Brentano stirbt in Frankfurt.

8. Juni: Der englische Publizist Henry Crabb Robinson notiert eine Äußerung von Bettinas Schwester Gunda: *Bettina is misled by her humanity, – she thinks the oppressed always in the right.*
Zit.: Marquardt 1967, 456.

Mitte August–Mitte Oktober: Aufenthalt in Wiepersdorf.

27. Oktober: Bettinas Bruder Christian Brentano stirbt in Frankfurt.

1852

Mai: Bettinas *Gespräche mit Daemonen* erscheinen im Selbstverlag als *Des Königsbuchs zweiter Band*. Ihre sozialen und politischen Ideale sind eingelassen in Geistesgespräche mit den Dämonen eines nicht genannten Königs (Friedrich Wilhelm IV.) und des Islam, Goethes und des Primas (des ehemaligen Rheinbundes, also Dalberg). Das Buch ist *Dem Geist des Islam, vertreten durch den großmüthigen Abdul-Medschid-Khan, Kaiser der Osmanen*, gewidmet. Der Sultan hatte ungarischen Flüchtlingen Asyl angeboten, die von europäischen Ländern nicht aufgenommen wurden. Bettina will ihn 1854 zur Hilfe für eine verarmte türkische Familie Achmet in Berlin gewinnen. Da – nach 1848 – die Zensur nicht mehr in das Buch eingreift, übt Bettina eine ironische Selbstzensur. Sie füllt viele Zeilen mit Zensurstrichen und merkt jeweils an: *Lücke eigener Censur*. Varnhagen hatte ihr noch geraten, *hinzuzufügen, grade das Beste sei gestrichen, wie die Zensur es immer zu thun pflegt* (Tagebucheintrag zum 15. Januar 1852).
  Zit.: B. Arnim, unpag. (erstes Zit.), S. 82 u. ö. (zweites Zitat); Varnhagen 2, Bd. 9, 21 (drittes Zit.).

19. Mai: Bettinas ältester Sohn, Freimund, heiratet in zweiter Ehe Claudine Firnhaber, geb. Brentano, eine Tochter von Bettinas Bruder Georg.

Frühjahr: Friedrich Wilhelm IV. läßt Bettinas 1823 entworfenes Gipsmodell eines Goethe-Psyche-Denkmals nach Schloss Bellevue bringen, findet es *herrlich, prächtig, ohne jedes Aber* (Varnhagen, Tagebucheintrag zum 5. April 1852), sieht aber nach einem Kostenvoranschlag von einem Ankauf ab.
  Zit.: Varnhagen 2, Bd. 9, 148.

Sommer: Bettina plant eine figurenreiche Erweiterung ihres Denkmalentwurfs, die sie für 50.000 Taler als ein *allgemeines deutsches Denkmal* (an Friedrich Wilhelm IV., 3. August 1852) von dem Bildhauer Carl Steinhäuser in Rom ausführen lassen will. Die veranschlagte Summe soll, schreibt sie Franz Liszt am 9. August 1852 nach Weimar, durch eine *allgemeine Su[b]scription zusammengebracht werden*, also mittels Verpflichtungen im voraus zur Beteiligung an der Finanzierung, falls *nicht ein Deutscher Fürst, der schon früher Ansprüche darauf hatte oder die Reichsstadt Franckfurt, die sich seiner* [Goethes] *Geburtsstätte erfreut*, sich zur Unterstützung entschließen.
  Zit.: Bw Friedrich Wilhelm IV., 267–268 (erstes Zit.); GW 4, 695 (zweites Zit.).

12. August: Der weimarische Erbgroßherzog Carl Alexander besucht während einer Italienreise in Begleitung seiner Frau Sophie, Ottilie von Goethes und ihres Sohnes August in Rom das Atelier Steinhäusers, der dort eine kolossale Marmor-Ausführung ihres Goethe-Psyche-Gipsmodells geschaffen hat. Carl Alexander ist begeistert und beschließt den Ankauf für Weimar.

Etwa Mitte September–Anfang November: Bettina hält sich mit ihren Töchtern Armgart und Gisela in Weimar auf. Sie lernt den Geiger und Komponisten Joseph Joachim, den Pianisten und Dirigenten Hans von Bülow und den Leiter der Großherzoglichen Kunstsammlungen Adolf Schöll durch den jungen Komponisten und Lyriker Peter Cornelius kennen. Erbgroßherzog Carl Alexander bewilligt für das Goethe-Psyche-Denkmal ein Zehntel der von Bettina veranschlagten Summe, finanziert jedoch keine zusätzliche Konzeption. – Erinnerung Herman Grimms, der 1859 Bettinas Tochter Gisela heiraten wird, an die Weimarer Herbsttage: *Am andern Morgen um 6 Uhr klopfte Bettina an meine Thür. Wir gingen durch den Park, die Ilm entlang. Die bewegten, gelben Blätter der Pappeln waren in den Spitzen nur von der Sonne beschienen, unten lagen sie noch in feuchtem Schatten. Wir kamen auf den schmalen Wegen bis zu Goethe's Gartenhaus. Die kleinen dunklen Läden des Hauses geschlossen, auch die Gartenthüre fest zu. Neben ihr aber war die Hecke durchbrochen und wir drängten uns so in den Garten hinein. […] Bettina erzählte mir, wie Goethe ihr hier einmal erzählt habe, dass er manchmal die Nacht hier im Freien zugebracht und wenn er aufgewacht sei hätten die Sterne so schön durch die Zweige geschienen. Wir streiften dann durch das nasse welke Gras um das Haus herum, auf das die Sonne nun zu scheinen begann. Es wuchsen Wein und Rosen an Spalieren die weissen Kalkwände empor, hier und da hielt das Holzwerk nicht mehr und hing sammt dem Rankenwuchs daran frei herab als wolle es von der Wand abbrechen. Wir entdeckten neben abgeblühten Rosen da noch einige reife Trauben mit verfaulten Beeren zwischen den guten, die niemand abpflücken zu wollen schien. Bettina nahm einige davon in ihr Taschentuch. Ich sehe die Zweige noch im Morgenlichte zittern, nach denen Bettina hinaufgriff, um sie herabzuziehen und die Trauben zu erreichen.*
Zit.: H. Grimm 1880, 13–14.

Etwa November–Anfang Dezember: Bettina besucht in Frankfurt ihre Verwandten und betreibt die Bildung eines Komitees, das durch Benefizveranstaltungen Geld für das erweitert geplante Goethe-Psyche-Denkmal aufbringen soll. Da das nicht gelingt, bleibt es bei der vom Weimarer Erbgroßherzog finanzierten Steinhäuser'schen Gruppe.

2. Dezember: Charles Louis Napoléon Bonaparte, seit 1848 französischer Staatspräsident, lässt sich als Napoleon III. zum Kaiser von Frankreich krönen.

1853

28. April: Ludwig Tieck stirbt in Berlin: *Der König der Romantik hat das Scepter niedergelegt und ist in jene geheimnißvolle Welt zurückgekehrt, die er ein Menschenalter hindurch zu entschleiern suchte* (Friedrich Hebbel).
Zit.: Hebbel 1913, 22.

Ab Mitte Mai: Kur-Aufenthalt in Friedrichroda (bei Gotha) mit Tochter Maximiliane, die sich vom *kalte[n] Fieber* (an Sohn Friedmund, 13. Mai 1853) – einem Wechselfieber – erholt.
Zit.: Bw Friedmund, 237.

Etwa Juni: *Bettina's sämmtliche Schriften* beginnen in elf Bänden in der Expedition des von Arnim'schen Verlags zu erscheinen.

28. Juni: Bettinas älteste Tochter, Maximiliane, heiratet in Wiepersdorf den Grafen Eduard von Oriola.

Herbst: Bettina reist mit Tochter Gisela zunächst zur Kur nach Bad Ems und von dort zu Tochter Maximiliane und Schwiegersohn Oriola nach Bonn.

22. Oktober: Karl Hermann Schauenburg, Arzt in Bonn, an Hoffmann von Fallersleben in Neuwied: *Bettina ist hier, aber so sehr in Anspruch genommen, daß ich sie erst gestern sprechen konnte. Wir liefen stundenlang im Ermenkeilschen Garten und sprachen viel, besonders von Ihnen. [...] Sie hat mir einen Auftrag gegeben, dessen ich mich gern entledigen möchte, aber nur mit Ihrer Zustimmung und Unterstützung. Es handelt sich um einen gewissen H. v. F., der in Weimar Oberbibliothekar in sehr angenehmen und annehmbaren Verhältnissen werden soll. Vieles ist eingeleitet [...]. Bettina sähe sie gern, meint aber, es würde wohl besser sein, Sie nicht zu sehen, da man Sie und sie überwache und leicht alle Pläne zunichte machen könne, wenn man vorher eine Ahnung von denselben habe. – – Die Bettina muß Sie sehr liebhaben.*
Zit.: Fallersleben 1868, Bd. 5, 225–226.

28. Oktober: Bettina besucht mit Tochter Gisela den erkrankten Robert Schumann und seine Frau Clara in Düsseldorf.

29. Oktober: Oskar Schade, in Bonn privatisierender Germanist, an Hoffmann von Fallersleben in Neuwied: *Setzen Sie Alles in Bewegung, damit Sie dorthin kommen. Wenn Sie nach Weimar gehen, so komme ich mit [...]. Mit dem Hofe haben Sie gar keine Verbindung, vielleicht eine persönliche mit dem Großherzog [...]. Er will Weimar durchaus zu einem literarischen Mittelpuncte für Deutschland wieder machen.*
Zit.: Fallersleben 1868, Bd. 5, 227.

22. November: Oskar Schade aus Bonn an Hoffmann von Fallersleben in Neuwied: *Ich habe nicht schreiben können, weil ich auf eine Woche in Hannover war. Bettina hatte mich mitgeschleppt. Wir haben daselbst unsere Conferenzen fortgesetzt. Ich habe noch ein pro memoria an den Großherzog verfassen müssen. [...] Von Hannover aus hatte sie an den Großherzog geschrieben und wollte dann selber nach Weimar gehn.*
Zit.: Fallersleben 1868, Bd. 5, 228.

Letztes Drittel November: Aufenthalt Bettinas in Weimar. Eintrübung ihres Verhältnisses zu Liszt, weil dieser – im Gegensatz zu ihr – Schiller vor Goethe bevorzugt. Peter Cornelius an seine Schwester Susanne, Weimar, 5. Dezember 1853: *Beides ist gewiß einseitig, und gehört für mich zu den Unbegreiflichkeiten bei geistvollen Menschen. Bettina nennt die Vorliebe für Schiller jesuitisch, und Liszt geht in seinem Eifer, am Ende bloß um augenblicklich zu widersprechen, soweit, zu sagen, daß ihm der schlechteste Jesuit noch lieber wäre, wie ihr ganzer Goethe.*
Zit.: Cornelius 1904, 147.

Ende November: In Weimar trifft kurz vor Bettinas Abreise das von Steinhäuser in Rom ausgeführte, fast 2,40 Meter hohe und etwa 200 Zentner schwere marmorne Goethe-Psyche-Denkmal ein. Es war per Schiff nach Magdeburg transportiert worden und von dort mit der Eisenbahn nach Weimar, wo es seit Mitte Dezember im Tempelherrenhaus im Park zu besichtigen ist, bis es 1865 im Treppenhaus des Landesmuseums kurz vor dessen Eröffnung aufgestellt wird. Bettina bleibt die Statue allerdings zunächst verborgen: *Ich habe sie nicht gesehen sie war noch eingepackt* (an Sohn Siegmund, 30. November/1. Dezember 1853).
Zit.: Bw Siegmund, 389.

1. Dezember: Varnhagen in Berlin, Tagebucheintrag: *Eben wollt' ich ausgehen, da kam Bettina von Arnim, und hielt mich eine Stunde auf. Wieder zog sie gegen * los [...]. Dann kamen die Fragen um Rath; sie will dem König einen jungen Musiker empfehlen [...], sie will ihm [Eduard] Ratti's Kopie des Bildes von Tizian in Venedig, die er in ihrem Auftrag angefertigt, für 4.000 Thaler zum Kauf anbieten [...], wie so kommt das Bild nun zum Verkauf, mit solchem Doppelpreis? [...] Sie will beim König für Hoffmann von Fallersleben Schritte thun, – schlimm! sie wird diesem nur schaden. Der König hört nicht mehr auf sie, sondern läßt sie laufen, ohne sie einer Antwort zu würdigen.*
Zit.: Varnhagen 2, Bd. 10, 359.

3. Dezember: Oskar Schade aus Bonn an Hoffmann von Fallersleben in Neuwied: *Bettina hat von Weimar geschrieben. Der Brief ist zwei Bogen lang. 2 Schreiben vom Großherzoge an sie [sic!] liegen bei. Die Sache steht ausgezeichnet. Ich muß selber nach Weimar, wol noch vor Weihnachten. [...] So wie die Sache liegt, d.h. durch B. gelegt ist, scheint Alles von meinem Auf-*

treten in Weimar abzuhängen. Der Premier-Minister v. Watzdorf ist auf Sie gut zu sprechen. – Im Mai 1854 übersiedelt Fallersleben nach Weimar, wo er mit Schade, unterstützt von Carl Alexander, seit 1853 Großherzog, das *Weimarische Jahrbuch für deutsche Sprache, Literatur und Kunst* (1854–1857) herausgibt.
Zit.: Fallersleben 1868, Bd. 5, 228–229.

1854

Frühjahr/Sommer: Bettina setzt sich beim Prinzregenten von Baden für Otto Julius Bernhard von Corvin-Wiersbitzki ein, der 1849 als Chef des badischen Generalstabs die Festung Rastatt übergab, zunächst zum Tode verurteilt, dann zu Einzelhaft begnadigt wurde; 1855 wird Corvin-Wiersbitzki entlassen.

8. Juli: Bettina an Alexander von Humboldt: *Vom König bin ich nun völlig getrennt; selbst wenn ich von ihm träume ists als ob er mit Widerwillen an mich sich erinnern lasse und ich kann keine Bitte an ihn mehr wagen.*
Zit.: Bw Friedrich Wilhelm IV., 649.

26. August: Varnhagen, Tagebucheintrag: *Am Potsdamer Thor, als es schon dämmerte, begegneten wir Bettinen von Arnim, sie klagte wieder, sie sei kaput und sah leidend aus; sie ging zu einer armen Tischlerfrau, um ihr Kleidungsstücke und Geld zu bringen; sie ist außerordentlich brav in solchen Dingen, und nicht zu ermüden.*
Zit.: Varnhagen 2, Bd. 11, 262.

Herbst: Der zweite, fragmentarische Band von Arnims Roman *Die Kronenwächter* erscheint als vierter Band seiner *Sämmtlichen Werke* im „Arnim'schen Verlag, bei T.F.A. Kühn" in Weimar, herausgegeben von Bettina mit einer Vorbemerkung und einem ebenfalls von ihr stammenden Schlussabsatz. Er gibt ihr aktuelles politisches Interesse, nicht Arnims Intention wider: *Dies Wenige wurde aus der umfangreichen Sammlung der Notizen gewählt, zum bessern Verständniß der Kronenwächter nach deren ursprünglichem Plan, Geschichte, Sitten und Gebräuche von ganz Deutschland in vier Bänden umfaßt werden sollte.*
Zit.: A. v. Arnim 1854, 408.

Ende Oktober–etwa Mitte November: Aufenthalt Bettinas in Weimar. Als sie Steinhäusers Goethe-Psyche-Statue sieht, bekommt sie einen *Wutanfall*, erinnert sich Adelheid von Schorn: *[D]ie kleine Frau sprang wie besessen umher und rief „Das soll mein Goethe sein? – das meine Psyche? Schäme dich, Steinhäuser, und komme mir nicht unter die Augen – solch ein Monstrum und solch einen Knirps soll ich erdacht haben?!"*
Zit.: Schorn 2006, 26.

I. Bettina-Chronik: Daten und Zitate zu Leben und Werk

19. November: Bettinas Schwester Lulu stirbt in Würzburg.

Etwa zweite Hälfte November–Mitte Dezember: Aufenthalt bei den Verwandten in Frankfurt.

Etwa 20. Dezember–Sommer 1855: Aufenthalt und schwere Erkrankung Bettinas in Bonn bei Tochter Maximiliane und Schwiegersohn Oriola. Sie ist zeitweise auf einer Seite gelähmt, kann nicht hören und sprechen.

1855

Vmtl. 28. April: Bettina besucht mit Tochter Gisela den nach einem Selbstmordversuch in der Nervenheilanstalt Endenich (bei Bonn) untergebrachten Robert Schumann: *Nachdem eine Stunde verflossen war, kam er, ich eilte ihm entgegen, die freude erglänzte auf seinem Antlitz uns zu sehen [...]. Er unterhielt über Alles was ihm interessantes im Leben begegnete [...]. Gerecht und gütig, voll liebendem Feuer für seine Schüler, durch seine Anerkenntniß den Reitz der Begeistrung in ihnen erhaltend, ist er einzig angestrengt sich selbst zu beherrschen, allein wie schwer wird ihm dies wo er von allem was ihm heilsam und ermunternd sein könnte geschieden bleibt?* (an Clara Schumann, 15. Mai 1855)
    Zit.: GW 4, 712.

25. Mai: Clara Schumann schickt Bettina ein Exemplar von Robert Schumanns letztem, 1855 erschienenem Klavierkonzert, den *Gesängen der Frühe*, die, so Clara Schumann, *Ihnen mein Mann in höchster Verehrung gewidmet*, von Düsseldorf nach Bonn. Die Dedikation lautet: *Der hohen Dichterin Bettina zugeeignet.*
    Zit.: Schumann/Schumann 2015, 69 (erstes Zit.); Schumann 1885, 2 (zweites Zit.).

Sommer/Herbst: Genesungsaufenthalt in Badenweiler.

6. Dezember: Rückkehr nach Berlin.

1856

31. August: Varnhagen, Tagebucheintrag über einen Musikabend bei Bettina: *Herr Joachim, Graf von Flemming, Herr Wendt, schon mit Geige, Violoncell und Bratsche im Vorspielen. Herr Bargiel; Bettina empfängt uns, klagt aber gleich, und sieht auch leidend und verstört aus. [...] Freimund von Arnim kommt vom Lande, wird herzlich empfangen, ist munter und harmlos. Die Musik beginnt; zwei herrliche Trio's von Beethoven, herrlich ausgeführt, Joachim ist mit ganzer Seele bei seiner Aufgabe; die Musik that mir unendlich wohl, erfrischte mich im Innersten. Gisela blieb im dunklen Nebenzimmer.*

Bettina saß wie eine düstre kleine Dämonin unten am weißen Gipsmodell ihres Goethedenkmals. Zuletzt noch guter Scherz mit Bettinen; auch mit Fräulein Armgart, die sehr zum Wiederkommen einlud. Nach halb 11 Uhr fuhren wir nach Hause, erregt und befriedigt von dem Abend.
   Zit.: Varnhagen 2, Bd. 13, 139.

30. September: Varnhagen, Tagebucheintrag: *Ich las in diesen Tagen viele Zeugnisse von Bettinens vielfacher, eifriger und segenvoller Wirksamkeit für die Armen, was sie alles erstrebt und vollbracht ist zum Erstaunen, aus eignen Mitteln hat sie viel geleistet, und fremde Mittel zu solchen Zwecken geleitet, ohne in die lästige Unart des Anforderns und Zusammenbettelns zu verfallen.*
   Zit.: Varnhagen 2, Bd. 13, 172.

16. Dezember: Bettina hat *wieder eine Art Schlaganfall gehabt, mit Lähmung der einen Seite* (Varnhagen, Tagebucheintrag).
   Zit.: Varnhagen 2, Bd. 13, 258.

1857

10. August–8. November: Badeaufenthalt in Teplitz.

Mitte Dezember: Schwere Erkrankung Bettinas.

1858

September: Badeaufenthalt in Doberan.

   7. Oktober: Prinz Wilhelm wird als Prinzregent für den schon länger geisteskranken preußischen König Friedrich Wilhelm IV. eingesetzt.

9. Oktober: Varnhagen, Tagebucheintrag: *Abends bei Frau Bettina von Arnim, die wir sehr mißbehaglich und verstimmt fanden, sie sagte es gehe recht schlecht, indes versicherten später die Wärterin und die Töchter, sie habe in der Regel keine Schmerzen, esse gut, schlafe mehrere Stunden gut, fahre alle Tage aus, jedoch leide sie an Langerweile, für die es doch kein Mittel gebe, seit das Lesen aufgehört hat. Nur wenn von dem Goethedenkmal die Rede ist, zeigt sie lebhaftere Aufmerksamkeit, und wenn man ihr von dessen Ausführung spricht, einige Befriedigung.*
   Zit.: Varnhagen 2, Bd. 14, 414.

10. Oktober: Tod Varnhagen von Enses in Berlin.

1859

20. Januar: Bettina stirbt *früh 6 Uhr* in ihrer Berliner Wohnung an *Altersschwäche*.
Zit.: Eintragung im Sterberegister Wiepersdorf des Kirchenarchivs Meinsdorf.

24. Januar: Bettina wird in Wiepersdorf im *hiesigen herrschaftl. Erbbegräbnisse beigesetzt*. – Savigny an Ringseis, 15. Februar 1859: *Sie war durch wiederholte Schlaganfälle sehr geschwächt und auch im Ausdruck der Gedanken und der Teilnahme vielfach gehindert. Aber im ganzen war doch ihr Zustand ziemlich erträglich und von schweren Leiden meist frei. Ihr Ende war ruhig und sanft, und auch das Antlitz der Leiche machte einen beruhigenden Eindruck, indem darauf keine Spur eines schweren Todeskampfes zu erblicken war. Sie ist von der ganzen Familie auf das Gut Wiepersdorf begleitet und daselbst an der Seite ihres Gatten beerdigt worden.*
Zit.: Eintragung im Sterberegister Wiepersdorf des Kirchenarchivs Meinsdorf (erstes Zit.); Pfülf 1903, 443 (zweites Zit.).

4. Literatur

Abeken, Hedwig (Hg.): *Hedwig von Olfers, geb. von Staegemann. 1799–1891. Ein Lebenslauf.* 2 Bde. Berlin 1908–1914.
Andersen, Hans Christian: *„Ja, ich bin ein seltsames Wesen ...". Tagebücher 1825–1875.* 2 Bde. Ausgew., hg. u. übers. v. Gisela Perlet. Göttingen 2000.
Arnim, [Ludwig] Achim von: *Isabella von Aegypten* [u.a.]. Berlin 1812.
Arnim, [Ludwig] Achim von: „Die Majorats-Herren". In: *Taschenbuch zum geselligen Vergnügen auf das Jahr 1820.* Leipzig, Wien [1819], S. 20–83.
Arnim, [Ludwig] Achim von: *Die Kronenwächter. Zweiter Theil.* Weimar 1854 (= Arnim: Sämmtliche Werke, Bd. 4).
Arnim, Achim von: *Arnims Briefe an Savigny 1803–1831.* Mit weiteren Quellen als Anhang. Hg. u. kommentiert v. Heinz Härtl. Weimar 1982.
Arnim, Achim von: *Schriften.* Hg. v. Roswitha Burwick [u.a.]. Frankfurt a.M. 1992 (= Arnim: Werke in sechs Bänden, Bd. 6).
Arnim, [Ludwig] Achim von: *Briefwechsel 1807–1808.* 2 Halbbde. Hg. v. Heinz Härtl unter Mitarbeit von Ursula Härtl. Berlin, Boston 2018 (= Arnim: Werke und Briefwechsel. Historisch-kritische Ausgabe, Bd. 33.1 u. 33.2). [= WAA 33/1 u. 33/2]
Arnim, Achim von, Bettina von Arnim und Clemens Brentano: *Anekdoten, die wir erlebten und hörten.* Hg. v. Heinz Härtl. Göttingen 2003.
Arnim, Achim von, und Clemens Brentano: *Freundschaftsbriefe.* Vollständige kritische Edition. 2 Bde. Hg. v. Hartwig Schultz. Frankfurt a.M. 1998.
Arnim, Bettina: *Gespräche mit Daemonen. Des Königsbuchs zweiter Band.* Berlin 1852.
Arnim, Bettina von, und Gisela von Arnim: *Das Leben der Hochgräfin Gritta von Rattenzuhausbeiuns.* Hg. v. Otto Mallon. Berlin 1926.
Arnim, Bettina von, und Rudolf Baier: *Unveröffentlichte Briefe und Tagebuchaufzeichnungen.* Hg. v. Kurt Gassen. Greifswald 1937.

Arnim, Bettina von, und Heinrich Bernhard Oppenheim: ... *und mehr als einmal nachts im Thiergarten. Briefe 1841–1849*. Hg., eingeleitet u. kommentiert v. Ursula Püschel. Berlin 1990.
Arnim, Bettina von, und Pauline Steinhäuser: „Bettina von Arnim und ihr Briefwechsel mit Pauline Steinhäuser". Hg. v. Karl Obser. In: *Neue Heidelberger Jahrbücher* 12 (1903), S. 85–137.
Arnim, Gisela von, und Bettina von Arnim: *Das Leben der Hochgräfin Gritta von Rattenzuhausbeiuns. Mit Zeichnungen von Gisela von Arnim und Herman Grimm.* Hg. u. mit einem Nachwort v. Shawn C. Jarvis. Frankfurt a.M. 1986.
Arnim, Maximiliane von: *Maxe von Arnim. Tochter Bettinas, Gräfin von Oriola, 1818–1894. Ein Lebens- und Zeitbild aus alten Quellen geschöpft von Johannes Werner.* Leipzig 1937.
Bauer, Bruno, und Edgar Bauer: *Briefwechsel zwischen Bruno Bauer und Edgar Bauer während der Jahre 1839–1842 aus Bonn und Berlin.* Charlottenburg 1844.
Brentano, Clemens: *Sämtliche Werke und Briefe* (= Frankfurter Brentano-Ausgabe). Bd. 16: *Godwi oder Das steinerne Bild der Mutter.* Hg. v. Werner Bellmann. Stuttgart [u.a.] 1978.
Brentano, Lujo: „Der jugendliche und der gealterte Clemens Brentano über Bettine und Goethe". In: Jb FDH 1929, S. 325–352.
Carriere, Moriz: *Die Religion in ihrem Begriff, ihrer weltgeschichtlichen Entwicklung und Vollendung. Ein Beitrag zur Verkündigung des absoluten Evangeliums und zum Verständniß der Hegel'schen Philosophie.* Weilburg 1841.
Carriere, Moriz: „Bettina von Arnim". In: *Nord und Süd. Eine deutsche Monatsschrift*, Bd. 40 (1887), S. 65–103.
Carriere, Moriz: *Lebenserinnerungen (1817–1847).* Hg. v. Wilhelm Diehl. Darmstadt 1914 (= Archiv für hessische Geschichte und Landeskunde N.F., Bd. 10, H. 2).
Cornelius, Peter: *Ausgewählte Briefe nebst Tagebuchblättern und Gelegenheitsgedichten.* Hg. v. Carl Maria Cornelius. Leipzig 1904 (= Cornelius: Literarische Werke, Bd. 1).
Creuzer, Friedrich: *Briefe Friedrich Creuzers an Savigny (1799–1850).* Unter Mitarbeit v. Ingeborg Schnack hg. v. Hellfried Dahlmann. Berlin 1972.
Eckermann, Johann Peter: *Gespräche mit Goethe in den letzten Jahren seines Lebens.* Hg. v. Fritz Bergemann. Leipzig 1968.
Egloffstein, Hermann Freiherr von (Hg.): *Alt-Weimars Abend. Briefe und Aufzeichnungen aus dem Nachlasse der Gräfinnen Egloffstein.* München 1923.
Fechner, Gustav Theodor: *Tagebücher 1828 bis 1879.* Hg. von Anneros Meischner-Metge. Bearb. von Irene Altmann. 2 Bde. Stuttgart 2004 (= Quellen und Forschungen zur sächsischen Geschichte, Bd. 27.1/2).
Geiger, Ludwig (Hg.): *Bettine von Arnim und Friedrich Wilhelm IV. Ungedruckte Briefe und Aktenstücke.* Frankfurt a.M. 1902.
Goethe, Johann Wolfgang von: *Goethes Werke.* 4 Abt., 133 Bde. Hg. im Auftrage der Großherzogin Sophie von Sachsen (Weimarer Ausgabe). Weimar 1887–1919. [= WA]
Görres, Joseph von: *Gesammelte Briefe.* Bd. 3: *Freundesbriefe (von 1822–1845).* Hg. v. Franz Binder. München 1874 (= Görres: Gesammelte Schriften, Bd. 9).
Grimm, Herman: „Bettina von Arnim". In: *Goethe-Jahrbuch* 1 (1880), S. 1–16.
Grimm, Jacob: [Rezension zu *Goethe's Briefwechsel mit einem Kinde*]. In: *Göttingische gelehrte Anzeigen*, Jg. 1835, Bd. 2, 92. St. vom 13. Juni 1835, S. 915–916.
Grimm, Jacob, und Wilhelm Grimm: *Briefe der Brüder Grimm.* Gesammelt v. Hans Gürtler. Nach dessen Tode hg. und erl. v. Albert Leitzmann. Jena 1923.

Grimm, Jacob, und Wilhelm Grimm: *Briefwechsel der Brüder Jacob und Wilhelm Grimm.* Bd. 1.1: *Briefwechsel zwischen Jacob und Wilhelm Grimm. Text.* Hg. v. Heinz Rölleke. Stuttgart 2001.
Härtl, Heinz: *Arnim und Goethe. Zum Goethe-Verhältnis der Romantik im ersten Jahrzehnt des 19. Jahrhunderts.* 2 Bde. Diss. Univ. Halle 1971 (Masch.).
Härtl, Heinz: „,Findet, so werdet ihr suchen!' Briefe Achim von Arnims an verschiedene Empfänger 1803–1830. Mit weiteren Quellen als Anhang". In: *Impulse. Aufsätze, Quellen, Berichte zur deutschen Klassik und Romantik,* Bd. 8, 1985, S. 242–279.
Härtl, Heinz: „Publizistische Beiträge Bettina von Arnims 1839–1840". In: Jb FDH 1995, S. 192–206.
Härtl, Heinz: „Publizistische Beiträge Bettina von Arnims 1844–1848". In: Wolfgang Bunzel, Konrad Feilchenfeldt u. Walter Schmitz (Hg.): *Schnittpunkt Romantik. Text- und Quellenstudien zur Literatur des 19. Jahrhunderts.* Festschrift für Sibylle von Steinsdorff. Tübingen 1997, S. 237–256.
Härtl, Heinz: „Clemens Brentano in Böhmen". In: *Germanoslavica* 15.1 (2004), S. 3–16.
Härtl, Heinz: „*Drei Briefe von Beethoven*". *Genese und Frührezeption einer Briefkomposition Bettina von Arnims.* Bielefeld 2016.
Härtl, Heinz, und Ursula Härtl (Hg.): *Die junge Bettina. Briefwechsel 1796–1811. Kritische Gesamtausgabe.* Berlin, Boston [i.V.]. [= Die junge Bettina [i.V.]]
Härtl, Heinz, und Ursula Härtl (Hg.): *Der junge Brentano. Briefwechsel 1791–1806. Kritische Gesamtausgabe.* Berlin, Boston [i.V.]. [= Der junge Brentano [i.V.]]
Hebbel, Friedrich: *Sämtliche Werke. Historisch-kritische Ausgabe.* Besorgt von Richard Maria Werner. Abt. I, Bd. 4. Berlin 1913.
Heine, Heinrich: *Werke, Briefwechsel, Lebenszeugnisse* [= Säkularausgabe]. Bd. 20: *Briefe 1815–1831.* Bearb. v. Fritz H. Eisner. Berlin, Paris 1970.
Hoffmann von Fallersleben, August Heinrich: *Mein Leben. Aufzeichnungen und Erinnerungen.* 6 Bde. Hannover 1868.
Houben, Heinrich Hubert: *Verbotene Literatur von der klassischen Zeit bis zur Gegenwart. Ein kritisch-historisches Lexikon über verbotene Bücher, Zeitschriften und Theaterstücke, Schriftsteller und Verleger.* 2 Bde. 2., verb. Aufl. Berlin 1925.
Humboldt, Wilhelm von, und Caroline von Humboldt: *Wilhelm und Caroline von Humboldt in ihren Briefen.* 7 Bde. Hg. v. Anna von Sydow. Berlin 1906–1916.
Hundt, Martin (Hg.): *Der Redaktionsbriefwechsel der Hallischen, Deutschen und der Deutsch-Französischen Jahrbücher (1837–1844).* 2 Bde. Berlin 2010.
Jameson, Anna: *Letters of Anna Jameson to Ottilie von Goethe.* Hg. v. George Henry Needler. London [u.a.] 1939.
Kügelgen, Helene Marie von: *Helene Marie von Kügelgen geb. von Zöge von Manteuffel. Ein Lebensbild in Briefen.* 6. Aufl. Stuttgart 1908.
Litzmann, Berthold: *Clara Schumann. Ein Künstlerleben. Nach Tagebüchern und Briefen.* 2 Bde. 6. Aufl. Leipzig 1918.
Loužil, Jaromír: „Franz Thomas Bratranek – ein Vermittler der deutschen Philosophie im böhmischen Vormärz". In: Wolfgang Steinitz [u.a.] (Hg.): *Ost und West in der Geschichte des Denkens und der kulturellen Beziehungen.* Festschrift für Eduard Winter zum 70. Geburtstag. Berlin 1966, S. 597–611.
Lucas, Betty: „Ein Erinnerungsblatt aus London". In: *Leipziger Sonntagsblatt. Zur Unterhaltung für alle Stände,* 4. Jg., Nr. 37 vom 14. September 1862, S. 289–291.
Mallon, Otto: „Dr. Wilhelm Levysohn, 1815–1871". In: *Grünberger Wochenblatt zum hundertjährigen Bestehen 1825–1925,* zweite Beilage zur Jubiläums-Ausgabe vom 1. Juli 1925.

Mallon, Otto: „‚Petöfi dem Sonnengott'. Ein bisher unbekanntes Gedicht Bettina von Arnims". In: *Archiv für das Studium der neueren Sprachen und Literaturen* 157 (1930), S. 71–77 u. 182–187.

Marquardt, Hertha: *Henry Crabb Robinson und seine deutschen Freunde. Brücke zwischen England und Deutschland im Zeitalter der Romantik.* Bd. 2: *1811–1867.* Göttingen 1967.

Marx, Karl, und Friedrich Engels: *Werke.* Bd. 8: *August 1851 bis März 1853.* Hg. vom Institut für Marxismus-Leninismus beim ZK der SED. Berlin 1960. [= MEW]

Meusebach, Karl Hartwig Gregor von, Jacob Grimm und Wilhelm Grimm: *Briefwechsel des Freiherrn Karl Hartwig Gregor von Meusebach mit Jacob und Wilhelm Grimm. Nebst einleitenden Bemerkungen über den Verkehr des Sammlers mit gelehrten Freunden, Anmerkungen und einem Anhang von der Berufung der Brüder Grimm nach Berlin.* Hg. von Camillus Wendeler. Heilbronn 1880.

Meyen, Eduard: „Die neueste belletristische Literatur". In: *Athenaeum. Zeitschrift für das gebildete Deutschland,* 1. Jg., 1. Semester, H. 2 vom 9. Januar 1841, S. 24–29.

Meyer-Hepner, Gertrud: *Der Magistratsprozeß der Bettina von Arnim.* Weimar 1960.

Moering, Renate: „‚Amor der Tintenjunge': Ein Liebesgedicht Achim von Arnims für Friederike Reichardt". In: *Neue Zeitung für Einsiedler* 12/13 (2015), S. 11–18.

[Mundt, Theodor]: „Zodiacallichter". In: *Literarischer Zodiacus. Journal für Zeit und Leben, Wissenschaft und Kunst,* Jg. 1835, Bd. 1 (Januar –Juni 1835), S. 328–331.

Pallmann, Heinrich: „Die Familien Goethe und Pallmann". In: *Festschrift zu Goethes 150. Geburtstagsfeier dargebracht vom Freien Deutschen Hochstift.* Frankfurt a. M. 1899, S. 49–104.

Pepperle, Ingrid, und Heinz Pepperle (Hg.): *Die Hegelsche Linke. Dokumente zu Philosophie und Politik im deutschen Vormärz.* Leipzig 1985.

Pfülf, Otto, S.J. (Hg.): „Aus Bettinas Briefwechsel". In: *Stimmen aus Maria Laach* 64 (1903), S. 437–454 u. S. 564–573; 65 (1904), S. 74–88.

Plitt, Gustav Leopold (Hg.): *Aus Schellings Leben. In Briefen.* Bd. 2: *1803–1820.* Leipzig 1870.

Poel, Gustav: *Bilder aus vergangener Zeit nach Mittheilungen aus grossentheils ungedruckten Familienpapieren. Zweiter Theil. Bilder aus Karl Sievekings Leben.* Bd. 2: *Zeiten der Ernte 1816–1847.* Hamburg 1887.

Prévost, Louis: „Madame Bettine d'Arnim". In: *Revue de Paris,* Bd. 25 (1841), S. 331–352.

Püschel, Ursula (Hg.): *Bettina von Arnims Polenbroschüre.* Berlin 1954.

Ranke, Leopold von: *Zur eigenen Lebensgeschichte.* Hg. v. Alfred Dove. Leipzig 1890 (= Ranke's Sämmtliche Werke, Bd. 53–54).

Ring, Max: *Erinnerungen.* 2 Bde. Berlin 1898 (= Aus dem Neunzehnten Jahrhundert. Briefe und Aufzeichnungen, Bd. 2–3).

Schellberg, Wilhelm, und Friedrich Fuchs (Hg.): *Die Andacht zum Menschenbild. Unbekannte Briefe von Bettine Brentano.* Jena 1942.

Schelling, Caroline: *Caroline. Briefe aus der Frühromantik.* 2 Bde. Nach Georg Waitz vermehrt hg. v. Erich Schmidt. Leipzig 1913.

[Schiller, Friedrich]: *Briefwechsel. Briefe an Schiller 1.1.1801–31.12.1802.* Teil 1: *Text.* Hg. v. Stefan Ormanns. Weimar 1988 (= Schillers Werke. Nationalausgabe, Bd. 39/1). [= SNA 39.1]

Schorn, Adelheid von: *Das nachklassische Weimar.* Bd. 2: *Unter der Regierungszeit von Karl Alexander und Sophie.* Nachdr. der Ausg. Weimar 1911. Hildesheim [u. a.] 2006.

Schüddekopf, Carl, und Oskar Walzel (Hg.): *Goethe und die Romantik. Briefe mit Erläuterungen.* Bd. 2. Weimar 1899.

Schumann, Robert: *Werke.* Hg. v. Clara Schumann. Serie VII: *Für Pianoforte zu zwei Händen. No. 76. Gesänge der Frühe. Op. 133.* Leipzig 1885.
Schumann, Robert, und Clara Schumann: *Briefwechsel Robert und Clara Schumanns mit Korrespondenten in Berlin 1832 bis 1883.* Hg. v. Klaus Martin Kopitz, Eva Katharina Klein u. Thomas Synofzik. Köln 2015 (= Schumann-Briefedition, Serie II, Bd. 17).
St. Albin [d.i. Bettina von Arnim]: *An die aufgelös'te preußische National-Versammlung. Stimmen aus Paris.* Paris, Berlin 1848 [recte Berlin 1849].
Stahr, Adolf: *Aus Adolf Stahrs Nachlaß. Briefe von Stahr nebst Briefen an ihn.* Hg. v. Ludwig Geiger. Oldenburg, Leipzig 1903.
Steig, Reinhold (Hg.): *Achim von Arnim und die ihm nahe standen.* Bd. 3: *Achim von Arnim und Jacob und Wilhelm Grimm.* Stuttgart, Berlin 1904.
Stoll, Adolf: *Friedrich Karl von Savigny. Ein Bild seines Lebens mit einer Sammlung seiner Briefe.* Bd. 2: *Professorenjahre in Berlin 1810–1841.* Berlin 1929.
Strauß, David Friedrich: „Vergängliches und Bleibendes im Christenthum. Selbstgespräche". In: *Der Freihafen. Galerie von Unterhaltungsbildern aus den Kreisen der Literatur, Gesellschaft und Wissenschaft,* Bd. 1, H. 3 (1838), S. 1–48.
Strauß, David Friedrich: *Ausgewählte Briefe von David Friedrich Strauß.* Hg. und erl. v. Eduard Zeller. Bonn 1895.
Varnhagen von Ense, Karl August: *Briefe von Chamisso, Gneisenau, Haugwitz, W. von Humboldt, Prinz Louis Ferdinand, Rahel, Rückert, L. Tieck u.a. Nebst Briefen, Anmerkungen und Notizen von Varnhagen von Ense.* Hg. v Ludmilla Assing. Bd. 2. Leipzig 1867.
Varnhagen von Ense, Karl August: *Tagebücher.* [Hg. von Ludmilla Assing.] 14 Bde. Leipzig, Zürich, Hamburg 1861–1870.
Varnhagen von Ense, Karl August, und Rahel Varnhagen von Ense: *Briefwechsel zwischen Varnhagen und Rahel.* 6 Bde. Hg. v. Ludmilla Assing. Leipzig 1874–1875.
Vordtriede, Werner: „Bettina von Arnims Armenbuch". In: Jb FDH 1962, S. 379–518.
Willich, Ehrenfried von: *Aus Schleiermachers Hause. Jugenderinnerungen seines Stiefsohnes.* Berlin 1909.

Nachbemerkung

Diese Bettina-Chronik ist eine wesentlich erweiterte, auf den aktuellen Forschungs- und Editionsstand gebrachte Version einer Übersicht gleichen Titels, die 1985 vom Kulturfonds der DDR/Arbeits- und Erholungsstätte für Schriftsteller und Künstler „Bettina von Arnim" in Wiepersdorf herausgegeben und seitdem dort vertrieben wurde; eine zweite Auflage, ca. 1990, gab die Stiftung Kulturfonds/Künstlerheim Bettina von Arnim, Wiepersdorf, heraus.

Bettina- und andere zeitgenössische Zitate sind nicht vereinheitlicht und entsprechen den jeweils zugrunde gelegten Quellenpublikationen, von denen die nicht oder wenig normalisierten bevorzugt wurden.

II. Bettina von Arnim in ihrer Zeit

1. Die Familie im kulturellen Kontext

1.1. Die Brentanos: Aufstieg einer bürgerlichen Familie
Barbara Becker-Cantarino

1. Bettinas Vater: Peter Anton Brentano (1735–1797)   82
2. Bettinas Großeltern: Die La Roches   84
3. Bettinas Mutter: Maximiliane Euphrosyne Brentano,
   geb. von La Roche (1756–1793)   86
4. Aufstieg des Bürgertums: Geist und Geld   87
5. Literatur   88

Vor allem drei Dinge waren für die großbürgerliche Familie Brentano charakteristisch, nachdem sie eine Verbindung mit der Familie La Roche eingegangen war: Geld, Geist und Macht (Minder 1972; Heidenreich 2000). An der Familiengeschichte dieses Familienverbunds lassen sich dabei wichtige Aspekte des materiellen und sozialen Aufstiegs des Bürgertums im 18. Jahrhundert ablesen, der sich im Zusammenspiel von Ökonomie, Kultur und Literatur vollzog, wobei gerade die Frauen eine wichtige Rolle gespielt haben, wie die großen mikrohistorischen Untersuchungen zu Augsburg (vgl. Habermas 2000) und Hamburg (vgl. Trepp 1996) gezeigt haben. Auch in der Aufstiegsgeschichte der Brentano-La Roches nehmen Frauen eine bemerkenswerte Stellung ein. Denn es waren letztlich die ‚Frauen der Brentanos', die um 1800 zu Initiatoren, Trägern und Repräsentanten der geistigen Kultur wurden und so erst zu dieser Verbindung von materiellem und kulturellem Reichtum beitrugen (vgl. Strohmeyr 2006).

Die Brentanos gehörten wie die Familien Bolongaro, Bernus, Harnier, Guaita, Leonhardi, Rothschild, Schweitzer und Städel zum Frankfurter Großhandelsbürgertum. Wie die Bolongaros und Guaitas waren auch die Brentanos im Laufe des 17. Jahrhunderts als Händler aus Italien eingewandert und in Frankfurt am Main sesshaft geworden (vgl. Roth 1996, 56–59). Anders aber als andere Emigranten wie etwa die Hugenottenfamilie Bernus, deren Angehörige als bereits vermögende Glaubensflüchtlinge nach Frankfurt gekommen waren und zu Anfang des 18. Jahrhunderts über ein Vermögen von zwei Millionen Gulden verfügten (vgl. ebd., 59), hatten sich die Frankfurter Brentanos (und die Guaitas) mit ‚Pomeranzenhöckerei' – dem Handel mit Südfrüchten und Spezereiwaren – erst emporarbeiten müssen; zuletzt kontrollierten sie dann aber auch ein ganz Europa umfassendes Netz von Filialen und Handelsgesellschaften (vgl. Reves 2012).

Die Frankfurter Brentanos gehörten zu einer weit verzweigten Sippe, die im Weinbaugebiet um den Comer See beheimatet war. Genealogen der heutigen Nachfahren der Brentanos führen vier Brentano-Linien auf ein uradeliges lombardisches Adelsgeschlecht zurück (vgl. Engelmann 1992). Es waren dabei die Männer, die von Italien aus den Handel nördlich der Alpen organisierten, kapitalisierten und zu Geld und Geltung gelangten. Italien blieb gleichwohl die ‚Heimat': Hier lebte weiterhin der Rest der Familie, hier verbrachten die Männer jedes Jahr einige Monate, hier ließen sie sich ‚schöne Häuser' als Alterswohnsitze errichten und hierhin kehrten sie denn auch im Alter zurück (vgl. Liermann Traniello 2016, 22–28).

Fast alle Brentano-Familien zeichneten sich letztlich durch auffallend hohe Geburtsraten aus: Bettinas Vater Pietro Antonio Brentano war das zehnte Kind seiner Mutter, ein knappes Jahr nach seiner Geburt sollte noch ein elftes Kind folgen, danach verstarb Maria Elisabetha Brentano di Riatti mit 36 Jahren. Zugleich war die Kindersterblichkeit bei den Brentanos vergleichsweise gering, was auf eine gute Versorgung, ausreichende Ernährung und sorgfältige Kinderpflege – den Quellen nach durch die Mütter und die weiblichen Familienangehörigen selbst – schließen lässt. Dazu kamen gründliche Erziehung, Privatunterricht, Anleitung und Einarbeitung in das (eigene oder von Verwandten betriebene) Geschäft oder einen zumeist kaufmännischen Beruf für die männlichen Familienangehörigen, oft auch eine Lehrzeit bei einem Verwandten oder eine Ausbildung als Kleriker. Darüber hinaus wurde kein akademischer Bildungsabschluss angestrebt.

1. Bettinas Vater: Peter Anton Brentano (1735–1797)

Pietro Antonio Brentano wurde 1735 in Tremezzo am Comer See geboren und wuchs bei der Mutter und den Großeltern in Italien auf. Noch bevor er nach lombardischem Recht mit 18 Jahren die Handlungsfähigkeit erreicht hatte, holte ihn sein Vater 1751 nach Frankfurt und führte ihn in das Geschäft ein, das 1753 aus dem Gesamtunternehmen mit anderen Brentanos als selbständige Handelsgesellschaft herausgelöst wurde. Peter Anton, wie er sich in Frankfurt nannte, dehnte den im letzten Drittel des 18. Jahrhunderts besonders lukrativen Gewürzhandel aus und lehnte sich an den Brentano-Residenten in Amsterdam und an die Ostindische und Westindische Kompanie an, als der Welthandel sich endgültig vom traditionalen Mittelmeerraum auf den Atlantik verlagert hatte.

Bettinas Vater gehörte zur dritten Brentano-Generation in Frankfurt und fungierte ab 1771 als alleiniger Vertreter der Frankfurter Niederlassung. Wurde seinem Vater das Bürgerrecht zeitlebens verweigert und sogar noch in dessen Todesjahr 1755 der Beisassenstatus angefochten, so hatte Peter Anton als einer der ersten Katholiken in der von Lutheranern dominierten Stadt Frankfurt 1762 das Bürgerrecht erhalten können – wofür er neben den beträchtlichen Verfahrenskosten die stattliche Summe von 1.000 Gulden an den Rat der Stadt bezahlen musste (vgl. Niebergall 2016, 68). Als Brentano

1.1. Die Brentanos: Aufstieg einer bürgerlichen Familie

1797 mit 61 Jahren in Frankfurt starb, vermachte er seinen Kindern ein Vermögen von mehr als einer Million Gulden. Zum Vergleich: Goethes Vater erbte aus der Gastwirtschaft seines Vaters 90.000 Gulden, wovon er, ohne einem Beruf nachzugehen, gut leben konnte.

Peter Anton war Vater von zwanzig Kindern aus drei Ehen, wobei es vor allem die Eheschließungen waren, die dem Geschäftsmann soziales und kulturelles Prestige in der Reichsstadt verschafften. Schon seine erste Frau Paula Maria Josepha Walburga Brentano-Gnosso (1744–1770), Tochter eines Geschäftspartners und bei der Heirat 1763 gerade 18 Jahre alt, stammte nicht mehr aus der Heimat Italien, sondern war in Frankfurt geboren und aufgewachsen. Nach Walburga Brentanos frühem Tod sieben Jahre später (im Kindbett bei der Geburt des sechsten Kindes) heiratete Peter Anton Brentano 1774 die damals 17-jährige Maximiliane von La Roche, Bettinas Mutter.

Maximiliane war die älteste Tochter von Georg Michael Frank von La Roche, damals Staatskanzler des Kurfürsten Clemens Wenzeslaus von Trier. Brentanos Verbindung mit dem ebenfalls katholischen Hofbeamten des nahen Kurfürstentums war wichtig für seinen sozialen Aufstieg in der Hierarchie des (alteingesessenen) städtischen Bürgertums: Durch die Vermittlung seines Schwiegervaters wird der Geschäftsmann 1777 zum kurtrierischen Geheimen Rat und Resident des Kurfürstentums in der Freien Reichsstadt Frankfurt ernannt. Kritisch und wohl auch ein wenig neidisch kommentierte Frau Rat Goethe die neue Aufgabe Brentanos in einem Brief an den Frankfurter Juristen Johann Bernhard Krespel, einen Jugendfreund Goethes, der ebenfalls 1777 zum Hofrat, in dem Fall des Hauses Thurn und Taxis, aufstieg: „[A]ls Resident muß er [Peter] einen Bedienten hinter sich her gehen haben, Das viele zu Fuße gehen sagt er schicke sich auch vor die Max nicht mehr. Nun denckt Euch bey dieser angenommen größe den Peter, der jetzt fürcherliche Ausgaben, und sich zu einem vornehmen Mann wie der Esel zum Lautenschlagen schickt" (17. März 1777, in: C. E. Goethe 1904, 16). Diese etwas missgünstige Sicht auf die Brentanos als ungehobelte Neureiche – die im Privatklatsch bis ins 19. Jahrhundert und in die Literaturgeschichte weiterwirkte – erklärt, warum das soziale Ansehen für den ökonomisch äußerst erfolgreichen Peter Anton so wichtig war. Auch seine Schwiegermutter Sophie von La Roche, geb. Gutermann (1730–1807), hatte als Gastgeberin in einem eleganten Haus im kurtrierischen Ehrenbreitstein und als Schriftstellerin Berühmtheit erlangt; sie war es auch, die die Beziehung nach Frankfurt und die Ehe der Tochter Maximiliane mit Peter Anton arrangierte (vgl. Bach 1924, 124–127).

Dreizehn Kinder aus den drei Ehen Peter Anton Brentanos erreichten das Erwachsenenalter, darunter bedeutende Persönlichkeiten im politischen und kulturellen Leben Deutschlands wie die bekannten Romantiker Clemens Brentano (1778–1842) und Bettina von Arnim sowie der als Geschäftsmann glänzende zweitälteste Sohn Franz Dominikus (1765–1844), der schon 1785, dem Geburtsjahr Bettinas, die Brentano'sche Handlung mit Gewürzen, Spezereien und anderen Luxusgütern übernommen hatte und das Vermögen der Familie noch vergrößerte (vgl. Grus 2016). Bettina inszenierte sich später in ihrem Briefbuch *Die Günderode* (1840) als auserwähltes Lieblingskind des Vaters (vgl. Niebergall 2016, 79). So hält sie an dieser Stelle fest: „[D]er Vater hatte mich am liebsten von allen Kindern" (GW 1, 715) – eine historisch ebenso wenig nachweisbare Aussage wie die vom mürrischen, ungebildeten und eifersüchtigen Kaufmann in einer unglücklichen Ehe mit der geistreichen, anspruchsvollen Maximiliane. Vielmehr ist belegt, dass Peter Anton Brentano Geige spielte, Gelegenheitsverse (in italienischer Sprache) zu geselligen Anlässen verfasste, mit der Familie musizierte und in seinem Haus eine Bibliothek und eine Bildergalerie einrichten ließ (vgl. Niebergall 2016, 77).

Peter Anton Brentano erwarb für die wachsende Familie 1776 das repräsentative Bürgerhaus *Zum Goldenen Kopf* in der Großen Sandgasse – eine Immobilie, die den dreifachen Wert des stattlichen Goethe'schen Anwesens im nahe gelegenen Hirschgraben hatte. Er setzte damit ein Zeichen, dass die Brentanos nunmehr zur guten großbürgerlichen Gesellschaft in Frankfurt zählten. Maximilianes Geselligkeiten und Bekanntschaften trugen dazu bei, die Brentanos auch im öffentlichen Leben der Stadt zu etablieren, so dass sie schnell zu den führenden Familien aufstiegen. Es war ein wichtiger Schritt, um dem Konkurrenzneid und den Anfeindungen von alteingesessenen Frankfurter Patrizierfamilien zu begegnen, die in den italienischen Kaufleuten eine durch Kirche, Kaiser und katholische Fürsten begünstigte religiöse Minderheit sahen, die den sogenannten Nahrungsschutz gefährdeten und den eigenen Handel bedrohten (vgl. Reves 2012, 324). Doch zeigen gerade auch Kommentare wie die der Frau Rat Goethe, „dass Peter Anton als Italiener, als Katholik, als Fremder, als Emporkömmling und reicher Handelsmann überhaupt keine Chance hatte, die Achtung des Frankfurter Stadtpatriziats zu erwerben" (Niebergall 2016, 81). Ein weitaus verständnisvolleres Bild von Peter Anton Brentano hat 1802 Achim von Arnim gezeichnet: „Der Vater ein Südländer nach seiner ganzen Geistesrichtung, sehr klug für sich, sehr sinnlich für sich und […] oft auf andre wirksam, was war natürlicher als daß er ein ausgezeichneter Kaufmann und geizig werden mußte" (Arnim 1992, 119).

2. Bettinas Großeltern: Die La Roches

Verglichen mit dem Wohlstand der Handels- und Migrantenfamilie Brentano in der Freien Reichsstadt Frankfurt kam Maximiliane in finanzieller Hinsicht aus geradezu ‚bescheidenen' Verhältnissen. Auch zeigt die Situation der La Roches die zugleich hochgradige Abhängigkeit des aufstrebenden deutschen Bildungsbürgertums von der Aristokratie. Bettinas Großvater, der hochbegabte Georg Michael Frank von La Roche (1720–1788), galt Zeitgenossen als der illegitime Sohn des Reichsgrafen und kurmainzischen Großhofmeisters Friedrich Graf von Stadion (1691–1768). Stadion war der Mittelpunkt eines aufgeklärten Regierungszirkels um den politisch bedeutenden Erzbischof von Mainz und La Roche Stadions rechte Hand. La Roche war als Kind-Page bei Stadion aufgewachsen, diente ihm dann als Privatsekretär und Verwalter und lebte auch nach seiner Heirat mit Sophie Gutermann 1753 bei ihm. Angefeindet von den Erben Stadions, verlor La Roche nach dessen Tod 1768 seine begünstigte Stellung. 1771 erhielt La Roche einen Ruf als Staatsrat an den Hof von Kurtrier, stieg dort zum Konferenzminister und 1778 zum Kanzler des Erzbischofs auf, der Höhepunkt seiner beruflichen Karriere. Schon im Jahr zuvor hatte ihm der Kaiser für seine diplomatischen Dienste in Wien einen Briefadel verliehen. Widerstände gegen seine aufklärerischen Ideen und Reformen, die in Intrigen mündeten, führten indes dazu, dass er bereits 1780 in Ungnade fiel und entlassen wurde. Die La Roches zogen zunächst für einige Jahre zu einem Gönner nach Speyer, bevor sie – mit Unterstützung der Brentanos – 1786 ein Haus in Offenbach nahe Frankfurt erwarben. Zwei Jahre später starb Georg Michael von La Roche, verhältnismäßig arm und verbittert. Er hinterließ eine Familie ohne eigenes Vermögen und ohne weiteren Grundbesitz.

Für die gesellschaftliche Stellung und das kulturelle Ansehen der Familie insgesamt war nicht zuletzt seine Witwe Sophie von La Roche von Bedeutung. 1771 durch ihren erfolgreichen Erstlingsroman *Geschichte des Fräuleins von Sternheim* bekannt geworden und in der Folgezeit als professionelle Autorin der Spätaufklärung aktiv, wurde Bettinas Großmutter als Kulturpädagogin besonders für Frauen des gehobenen Bildungsbürgertums zu einer Leitfigur (vgl. Becker-Cantarino 2008). Für ihren Schwiegersohn, den Großhandelskaufmann Peter Anton Brentano, dürfte eine Schriftstellerin in den 1770er Jahren zwar wohl zunächst kaum von Bedeutung gewesen sein, aber die wachsende Bildungsbeflissenheit des Bürgertums im ausgehenden 18. Jahrhundert und die Etablierung der schönen Literatur verliehen der literarischen Tätigkeit von Sophie von La Roche zunehmend gesellschaftliches Prestige. Auch ihre pädagogischen Ansätze, die sie zunächst bei der Erziehung ihrer eigenen Kinder – die drei Söhne erhielten eine standesgemäße Ausbildung, zwei studierten – und dann in den 1790er Jahren bei ihren Brentano-Enkelinnen und -Enkeln anwandte, kam den Brentanos zugute. Als Großmutter stand La Roche der Brentano-Familie mit Rat zur Seite, gab den Enkeln nach dem Tod der Eltern eine Richtung und lebte ihre mütterlich-fürsorglichen Qualitäten aus. In den Notzeiten der 1790er Jahre bis zu ihrem Tod 1807 konnte sie indirekt von der ökonomisch guten Partie ihrer ältesten Tochter Maximiliane profitieren; ihren eher kümmerlichen Lebensabend als beinahe mittellose Witwe besserte sie mit ihrer Schriftstellerei zusätzlich etwas auf (vgl. Becker-Cantarino 2008, 201–212).

Sophie von La Roche war eine der ersten professionellen Schriftstellerinnen in Deutschland. Ihre jeweiligen Honorare waren ein willkommenes, mit der Zeit immer wichtiger werdendes Zubrot für ihren Haushalt. Anfang 1789, kurz nach dem Tod ihres Mannes, bilanzierte sie noch: „[I]ch kann für 600 Gulden des Jahrs artig mit meiner Nichte leben" (an Elise zu Solms-Laubach, 15. Januar 1789, in: La Roche 1985, 315). Diese Situation änderte sich schlagartig 1794 mit der Besetzung des Kurfürstentums Trier durch die Franzosen, als die Auszahlung ihrer Witwenpension eingestellt wurde – ein jährlicher Betrag von immerhin 1.680 Gulden aus dem Rheinzoll von Boppard, auf das sie seit dem Tod von Georg Michael von La Roche Anspruch hatte (vgl.

Becker-Cantarino 2008, 201). Sie war nun auf Zuwendungen von Gönnern und auf Einnahmen aus ihrer Schriftstellerei angewiesen. Darüber hinaus nahm sie zahlende Pensionsgäste in ihrem Haus auf, auch um die ebenfalls im Haushalt lebende ‚alte Cordel' – eine unverheiratete Nichte ihres verstorbenen Mannes – und ihre mittellose Tochter Luise zu unterstützen, die sich von ihrem alkoholsüchtigen Mann hatte trennen müssen. Beide halfen sicher im Haushalt mit; letztlich stand der Witwe aber nur eine Magd zur Seite, kein Diener, während alle zeitgenössischen Autoren und Männer von Stand – auch der Student und La Roche-Enkel Clemens Brentano – über einen Diener zur persönlichen Versorgung verfügten (siehe II.1.2. *Großmutter La Roche*). Eine bürgerliche Frau ohne ererbtes Vermögen hatte besonders als Witwe und als Alleinstehende einen schweren Stand, trotz Heiratsverträgen und ‚Wittib-Kassen' war sie meist auf Almosen und die Versorgung durch die Familie angewiesen.

3. Bettinas Mutter: Maximiliane Euphrosyne Brentano, geb. von La Roche (1756–1793)

Maximiliane wurde als älteste Tochter der fünf Kinder der La Roches in Mainz geboren, wo die Familie in Hofkreisen verkehrte und im gräflichen Schloss Stadions lebte, bevor sie mit Stadion auf dessen Güter nach Warthausen bei Biberach (Württemberg) zog. 1765 wurde Maximiliane mit ihrer Schwester auf das Pensionat des St. Barbara Klosters in Straßburg geschickt – wohl gegen den Willen ihrer protestantischen Mutter, die für die Heirat mit dem katholischen La Roche nicht, wie sonst allgemein üblich, hatte konvertieren müssen. 1771 kehrte Maximiliane zu ihrer Familie zurück, die inzwischen nach Ehrenbreitstein in Kurtrier übergesiedelt war, wo ihre Mutter Sophie in einem repräsentativen Haus eine Art Salon führte, in dem hohe Verwaltungsbeamte, Künstler und Literaten wie Christoph Martin Wieland, die Brüder Jacobi, Johann Caspar Lavater und Johann Wolfgang Goethe zu Gast waren. Mutter Sophie nahm Maxe mit zu Besuchen benachbarter Höfe und nach Frankfurt. Sie inszenierte die Tochter dabei als begehrtes Objekt sentimentaler Dichter (vgl. Bach 1924, 110–120) und arrangierte über einen befreundeten katholischen Kleriker, den Dechant Dumeiz, die Ehe mit Peter Anton Brentano. Maximiliane war bei der Heirat 1774 erst 17 Jahre alt, Peter Anton ein 40-jähriger Witwer mit fünf Kindern. Maximiliane gebar in den folgenden 19 Ehejahren zwölf Kinder, von denen vier bereits kurz oder nur wenige Jahre nach der Geburt verstarben.

Von Maximiliane selbst gibt es kaum eigene Zeugnisse über ihr Leben und ihre Gedanken (die französische Korrespondenz mit ihrem Vater in der Landesbibliothek Speyer und im Freien Deutschen Hochstift Frankfurt ist noch nicht ausgewertet worden). Sie wird vielfach als außergewöhnliche Schönheit beschrieben und soll das Vorbild für die schwarzen Augen der Lotte in Goethes *Werther* (1774) gewesen sein, wenn nicht gar das Urbild für Werthers Lotte (vgl. Koch 2000, 34–35). Goethe hatte auf seiner Rheinwanderung

1772 die La Roches besucht und später einige eher höfliche Briefchen an die ‚Mama Sophie' geschrieben. Bekannt und immer wieder zitiert, von Bettina vereinnahmt und in der Familie Brentano wie auch der Literaturgeschichte zur Legende wurde Goethes (viel spätere) Schilderung in *Dichtung und Wahrheit* (1812), in der der Dichter ein eher trübseliges, bedauernswertes Bild vom Leben der Maximiliane von La Roche nach deren Heirat überlieferte: Maximiliane, so heißt es hier, sei durch ihre Heirat mit Peter Anton Brentano aus „dem heiteren Thal-Ehrenbreitstein und einer fröhlichen Jugend in ein düster gelegenes Handelshaus" gelangt, habe „sich schon als Mutter von einigen Stiefkindern benehmen" müssen und sich „in ihre neue Umgebung nicht zu finden [ge]wußt[ ]" (Goethe 1998, 586–587). Was Goethe verschweigt: Er besuchte Maximiliane bis „ihr Ehemann ihn mehr oder weniger aus seinem Haus hinauskomplimentierte" (Schultz 2001, 36).

Maximiliane ging, wie damals üblich, zu ihrer Mutter nach Ehrenbreitstein zur Geburt ihrer ersten Kinder: Georg (1775), Sophie (1776), Clemens (1778) und Kunigunde (genannt Gunda, 1780). Bettina wurde dann 1785 (nach der Entlassung La Roches) in Frankfurt geboren; bei dem Tod ihrer Mutter 1793 war sie knapp acht Jahre alt. „Ich seh' die Mutter noch wie im Traum", schrieb sie in ihrer literarisierten Erinnerung, *Goethes Briefwechsel mit einem Kinde* (1835), und weiter: „Der Mutter erinnere ich mich auch noch, ihrer großen Schönheit; sie war so fein und doch so erhaben, und glich nicht den gewöhnlichen Gesichtern" (GW 2, 126). Die Bettine-Figur erzählt hier eine Anekdote über den Tod eines verwandten Generals im Hause Brentano und schildert, wie die Mutter „die Hand dieses erblaßten Helden fest hält und ihre Tränen leise aus den großen schwarzen Augen über ihr stilles Antlitz rollen" (ebd.). Hier verquickt die Autorin das, was sie über ihre eigene Mutter gehört hat, mit ihren Erinnerungen und verbindet dies assoziativ mit ihren imaginierten Figuren Goethe, Goethes Mutter und ihrer ‚Günderode' und mit den Themen Tod, Trauer, Heldentum, Erinnerung sowie ihrer eigenen Beziehung zu Goethe: „Wie ich [Bettina] Dich [Goethe] zum ersten Mal sah, da sagtest Du: Du gleichst Deinem Vater, aber der Mutter gleichst Du auch, und dabei hast Du [Goethe] mich an's Herz gedrückt und warst tief gerührt, und das war doch lange Jahre nachher" (ebd.). Mit dieser Darstellung poetisierte Bettina von Arnim 1835 den frühen Tod ihrer Eltern in der Verbindung von Leben und Dichtung.

4. Aufstieg des Bürgertums: Geist und Geld

An dem Familienverband der Brentano-La Roches, der um 1800 aus der Generation der Kinder des italienischen Migranten Peter Anton Brentano und der bildungsbürgerlichen deutschen Familie La Roche hervorging, lässt sich der Aufstieg des Bürgertums im 18. Jahrhundert ablesen: Räumliche Mobilität, Ortswechsel, Migration, Reisen, ergänzt durch Bildung und Ausbildung waren wesentliche Voraussetzungen für den sozialen Aufstieg, Heirat und Familiengründung zudem wichtige Faktoren, die sich genderspezifisch unterschiedlich auswirkten. Weniger sichtbar blieb dabei die bedeutende Rolle der Frauen. Neben ihrer Gesundheit und Gebärfähigkeit war es letztlich insbesondere die von ihnen gewährleistete Versorgung der Kinder wie der gesamten Familie, die für deren Erfolg unerlässlich waren. Diese Art der ‚Häuslichkeit' (vgl. Weckel 1998), bedingt durch Erfahrung, soziale Praxis und symbolische Repräsentation, zeigt die Bedeutung der Frauen für das Bürgertum, denn es waren die menschlich-körperlichen und kulturellen Werte, die die Basis für deren gesellschaftlichen Aufstieg bildeten.

Dabei konnte sich das Handelshaus in der Freien Reichstadt Frankfurt – anders als es in einem deutschen Fürstentum der Fall gewesen wäre – auch unter Franz Brentano, dem zweiten Sohn aus der ersten Ehe Peter Antons, weiter entfalten, da Franz das große Vermögen in den schwierigen Revolutions- und Kriegsjahren für die Geschwister bis zu deren Mündigkeit verwaltete (so etwa Clemens vom Verschleudern seines Geldes abhielt) und vermehrte. Für Franz Brentano erfüllte sich denn auch der Wunschtraum seines Vaters: Er erlangte politische Bedeutung in Frankfurt, wurde in den Senat der Freien Stadt gewählt und war von 1827 bis zu seinem Tod 1844 Schöffe. Zugleich veranstaltete er in der Biedermeierzeit in seinem Haus berühmte Kunstabende.

Für all das hatte die Verbindung der beiden Familien Brentano und La Roche den Grundstein gelegt. Mit der Heirat von Peter Anton und Maximiliane verbanden sich nicht nur zwei gebildete, aufstrebende Familien, sondern auch und vor allem hervorragende Kenntnisse im Bereich Handel und Management (die Brentanos) und in den kulturellen Fertigkeiten der Verwaltung und der Schriftstellerei (die La Roches) – die Basis für den Erfolg der sozial aufsteigenden Familien.

5. Literatur

Arnim, Achim von: *Schriften.* Hg. v. Roswitha Burwick [u.a.]. Frankfurt a.M. 1992 (= Arnim: Werke in sechs Bänden, Bd. 6).
Bach, Adolf: *Aus dem Kreise der Sophie La Roche.* Köln 1924.
Becker-Cantarino, Barbara: *Meine Liebe zu Büchern. Sophie von La Roche als professionelle Schriftstellerin.* Heidelberg 2008.
Becker-Cantarino, Barbara: „Die La Roche-Brentanos: Aufstieg einer bürgerlichen Familie im 18. Jahrhundert". In: Miriam Seidler u. Mara Stuhlfauth (Hg.): *Ich will keinem Mann nachtreten. Sophie von La Roche und Bettine von Arnim.* Frankfurt a.M. 2013, S. 27–36.
Engelmann, Alfred: „Die Brentano vom Comersee. Zu ihrer Soziallage und -entwicklung als Familie". In: Konrad Feilchenfeldt u. Luciano Zagari (Hg.): *Die Brentano. Eine europäische Familie.* Tübingen 1992, S. 17–28.
Goethe, Catharina Elisabeth: *Die Briefe der Frau Rath Goethe.* Hg. v. Albert Köster. Bd. 1. Leipzig 1904.
Goethe, Johann Wolfgang von: *Goethes Werke. Hamburger Ausgabe in 14 Bänden.* Bd. 9: *Autobiographische Schriften I: Aus meinem Leben. Dichtung und Wahrheit.* Textkritisch durchgesehen v. Lieselotte Blumenthal, kommentiert v. Erich Trunz. München 1998.

Grus, Michael: „Franz Dominicus Brentano (1765–1844)". In: Bernd Heidenreich [u.a.] (Hg.): *Die Brentanos. Eine romantische Familie?* Frankfurt a.M. 2016, S. 93–111.
Habermas, Rebekka. *Frauen und Männer des Bürgertums. Eine Familiengeschichte (1750–1850)*. Göttingen 2000.
Heidenreich, Bernd (Hg.): *Geist und Macht: Die Brentanos.* Wiesbaden 2000.
Heidenreich, Bernd [u.a.] (Hg.): *Die Brentanos. Eine romantische Familie?* Frankfurt a.M. 2016.
Koch, Rainer: „Peter Anton Brentano (1735–1797): Italienischer Kaufmann und Bürger der Freien Reichsstadt Frankfurt". In: Bernd Heidenreich (Hg.): *Geist und Macht: Die Brentanos.* Wiesbaden 2000, S. 19–43.
La Roche, Sophie von: „*Ich bin mehr Herz als Kopf*". *Ein Lebensbild in Briefen.* Hg. v. Michael Maurer. Leipzig, Weimar 1985.
Liermann Traniello, Christiane: „Die Ursprünge der Familien Brentano am Comer See. Von Wanderungen und Villen". In: Bernd Heidenreich [u.a.] (Hg.): *Die Brentanos. Eine romantische Familie?* Frankfurt a.M. 2016, S. 15–31.
Minder, Robert: *Geist und Macht oder Einiges über die Familie Brentano.* Mainz 1972.
Niebergall, Rainer: „Peter Anton Brentano (1735–1797): Vom Nürnberger Hof zum Goldenen Kopf". In: Bernd Heidenreich [u.a.] (Hg.): *Die Brentanos. Eine romantische Familie?* Frankfurt a.M. 2016, S. 61–92.
Reves, Christiane: *Vom Pomeranzengängler zum Großhändler? Netzwerke und Migrationsverhalten der Brentano-Familien im 17. und 18. Jahrhundert.* Paderborn 2012.
Roth, Ralf: *Stadt und Bürgertum in Frankfurt am Main. Ein besonderer Weg von der ständischen zur modernen Bürgergesellschaft 1760–1914.* München 1996.
Schultz, Hartwig: *Die Frankfurter Brentanos.* Stuttgart, München 2001.
Strohmeyr, Armin: *Die Frauen der Brentanos. Porträts aus drei Jahrhunderten.* Berlin 2006.
Trepp, Anne-Charlott: *Sanfte Männlichkeit und selbständige Weiblichkeit. Frauen und Männer im Hamburger Bürgertum zwischen 1770 und 1840.* Göttingen 1996.
Weckel, Ulrike: *Zwischen Häuslichkeit und Öffentlichkeit. Die ersten deutschen Frauenzeitschriften im späten 18. Jahrhundert und ihr Publikum.* Tübingen 1998.

1.2. Großmutter La Roche

Barbara Becker-Cantarino

1. Sophie von La Roche in Offenbach 1786–1807 89
2. Sophie von La Roches Fürsorge für die Brentano-Enkel 92
3. Bettina von Arnims Erinnerungen an die Großmutter 94
4. Literatur 97

1. Sophie von La Roche in Offenbach 1786–1807

Bettinas Großmutter Sophie von La Roche, geb. Gutermann (1730–1807), hatte nach zwei aufgelösten Verlobungen 1753 Georg Michael Frank von La Roche, einen hochrangigen Regierungsbeamten im Dienst eines katholischen Kurfürsten, geheiratet und dessen Karriere fortan begleitet. Neben ihren vielfältigen Verpflichtungen und der Geburt von acht Kindern, von denen fünf das Erwachsenenalter erreichten, war sie seit dem Erscheinen ihres Briefromans *Geschichte des Fräuleins von Sternheim* im Jahr 1771 eine prominente Autorin und Verfasserin von Bildungsschriften für Frauen. Nach dem Ausscheiden ihres Mannes aus dem kurfürstlichen Dienst zog die Familie 1786 auf seinen Wunsch hin nach Offenbach am Main in die Nähe der Tochter Maximiliane Brentano und ihrer Kinder.

Offenbach war mit rund 6.000 Einwohnern um 1800 zwar weitaus kleiner als Frankfurt am Main, aber als Residenzstadt des Fürsten von Isenburg und Büdingen aufgrund der vergleichsweise liberalen Regierung, merkantilistischen Wirtschaftsführung und einer religiösen Duldungspolitik ein durchaus bedeutender Anziehungspunkt für Kaufleute, Kunsthandwerker und Manufakturen, da der Frankfurter Rat beispielsweise keine Gewerbefreiheit zuließ. Der von 1754 bis zu seinem Tod 1803 regierende Fürst Wolfgang Ernst II. hob überdies bereits 1794 die Leibeigenschaft auf; vier Jahre später durften Katholiken zum ersten Mal seit 200 Jahren wieder öffentlich die Messe zelebrieren. Zugleich war das nur wenige Kilometer von Frankfurt entfernt gelegene Offenbach ein beliebtes Ausflugsziel, Sommerresidenz und Altersitz für vermögende Frankfurter Bürger.

Von ihrer ‚Grillenhütte' in der Offenbacher Domstraße aus – benannt nach den literarischen ‚Grillen', die sie dort ‚ausbrütete' – nahm Sophie von La Roche regen Anteil am Leben der Stadt und der Umgebung und an den politischen Ereignissen in Deutschland und Frankreich. Sie stattete „den Fürstinnen [zu Isenburg und Büdingen in Birstein], denen sie äußerst gefallen soll", Visiten ab, pflegte ihren bereits kranken Mann und unterhielt bald Kontakte zu den bekannten und vermögenden Familien Offenbachs (Kohls/Weber-Grandke 2007, 88, 90–92). Todesfälle in der Familie, die Kriege im Gefolge der Französischen Revolution und ihre beschränkten finanziellen Verhältnisse machten ihr das Leben zugleich schwer. Nachdem ihr Mann 1788 nach langer Krankheit gestorben war, verlor sie 1791 erst ihren 23-jährigen Lieblingssohn Franz Wilhelm, Forstbeamter am Hof zu Hessen-Darmstadt, 1793 dann ihre Tochter Maximiliane, Bettinas Mutter. „Sie ist bei Gott, über alle Leiden der Erde erhaben! Aber ach, ihre Kinder. Acht noch lebend, glücklich vier vorausgegangen", schrieb sie am 27. November 1793 ihrer langjährigen Brieffreundin Elise zu Solms-Laubach (La Roche 1965, 50). 1797 starb Peter Anton Brentano und La Roche berichtete, sie werde jetzt ihre „drei jüngsten Enkelinnen zu [sich] nehmen und die vater- und mutterlosen Waisen erziehen […]. Ihr Vermögen ist hinreichend, um billiges [d.h. angemessenes] Kostgeld zu geben"; auch sei ihr Herz „reich genug, um alle Gefühle der Sorgfalt und Liebe auf ihre Ausbildung zu verwenden", und so werde sie „dann den Abend [ihres] Lebens mit einer Tatsache und nicht mit Idealen endigen" (30. März 1797, in: La Roche 1965, 70).

Tatsächlich nahm Sophie von La Roche im Sommer 1797 die drei Brentano-Mädchen Bettina, Lulu und Meline bei sich auf und sorgte bis Dezember 1802 intensiv und vertrauensvoll für die Waisen. Im Hinblick auf das erwähnte

1.2. Großmutter La Roche

Kostgeld sind Quittungen überliefert wie diese: „Ich bescheinige hiermit den Empfang deß den 24. August fälligen Kostgeldes für meine drey Enkelinnen, Bettina – Louisa – Meline Brentano. Wittib La Roche f. [Gulden] 250 für drey Monate" (zit. nach Becker-Cantarino 2008, 202). 1798 war La Roches Haus noch mit 4.500 Gulden (bei jährlich 200 Gulden Zinsen) belastet, die mit dem Kostgeld von jährlich 1.000 Gulden für die Brentano-Mädchen verrechnet wurden. Nach dem frühen Tod ihrer Enkelin Sophie Therese Brentano 1800 stand der Großmutter La Roche zwar nach Frankfurter Rechtsordnung ein Erbanteil an deren Vermögen zu, allerdings wurde ihr Hausbesitz angefochten, bis sie aus den alten Papieren den Kaufkontrakt ihres verstorbenen Mannes heraussuchen konnte (vgl. ebd.).

Bedrohlicher als die finanzielle Einbuße war indes der emotionale Verlust: Mit dem tragischen Tod ihrer Enkelin Sophie Therese, mit der La Roche noch 1799 eine längere Reise zu ihrem Sohn Carl in die Nähe von Magdeburg und zu Verhandlungen mit ihrem Verleger Gräff in Leipzig und Weimar gemacht hatte, verlor sie, wie sie schrieb, ihre „Maximiliana noch einmal" (zit. nach Becker-Cantarino 2008, 205). La Roche versuchte, sich mit dem Glauben an die ‚Providenz' zu trösten, wie sie denn überhaupt immer bemüht war, das Beste aus jeder Situation zu machen.

Dabei wurden La Roches letzte Lebensjahrzehnte zusätzlich durch die Zeitumstände erschüttert: durchziehende Truppen, Belagerungen, zeitweilige Einquartierungen und ständige Kriegshandlungen. Schon 1793 verbreiteten Gerüchte vom nahenden französischen Heer Panik im benachbarten Frankfurt, das von 1799 bis 1801 dann von den Franzosen besetzt gehalten wurde, während in Offenbach ein polnisches Regiment stationiert war; auf beiden Seiten der Straße waren alle Gartenwände durchbrochen, das französische Hauptquartier wurde nach Offenbach verlegt und es mussten hohe Kontributionen gezahlt werden. La Roche entging mit etwas Glück der Plünderung ihres Hauses, aber sie verlor eine wichtige Einnahmequelle mit ihren Kostgängern (einem Sohn des Frankfurter Bankiers Bethmann-Metzler und La Roches Freundin Elise von Bethmann, dessen Hofmeister und ihren drei Enkelinnen), die von ihren Familien zurückgeholt wurden. Auch die Bezüge aus der kurtrierischen Witwenkasse waren seit 1794, seit der Besetzung der linksrheinischen Gebiete durch die Franzosen, nicht mehr ausgezahlt worden. So blickte La Roche „mit Angst [ihrem] siebzigsten Geburtstag, dem neu entstehenden Krieg und dem Verlust" ihrer Einkünfte entgegen (an Elise zu Solms-Laubach, 29. Juli 1800, zit. nach Becker-Cantarino 2008, 205).

La Roche nutzte ihr Netzwerk von Bekannten, um politische Neuigkeiten zu erfahren und zu vermitteln; sie hatte Angst vor Napoleons Spionen und dem bevorstehenden Krieg. Im September 1806 schrieb sie, sie habe seit Neujahr „keinen fuß" aus ihrem „Haus gesetzt, um depense für kleidung, u *Zeit* zum schreiben u erwerb zu sparen"; davon abgesehen habe sie nun auch noch ihr „elender bruder", der neuerdings Torwächter im „verschenkten Biberach" sei, um Unterstützung gebeten (an Christoph Martin Wieland, zit. nach Becker-Cantarino 2008, 206). Die Heimatstadt ihrer Familie, die Freie Reichsstadt

Biberach, war 1802 zunächst an das Kurfürstentum Baden gefallen, bevor sie im Zuge eines Gebietsaustauschs 1806 an das Königreich Württemberg ‚verschenkt' wurde; bekanntermaßen hatte Napoleon nach seiner Selbstkrönung zum Kaiser im Dezember 1804 Österreich ein Jahr später in der Schlacht bei Austerlitz geschlagen, Kaiser Franz II. zur Abdankung gezwungen und mit dem 1806 zu militärischen Zwecken unter Führung Frankreichs etabliertem Rheinbund einschneidende Gebietsveränderungen vorgenommen.

La Roche las und arbeitete seit dem Tod ihres Mannes mehr denn je, um ihren Lebensunterhalt zu sichern. Sie setzte ihre schriftstellerische Tätigkeit fort mit drei Reisebeschreibungen, pädagogischen Romanen wie *Rosalie und Cleberg auf dem Lande* (1791), für den sie 500 Gulden Honorar erhielt (vgl. Becker-Cantarino 2008, 202), dem Revolutionsroman *Schönes Bild der Resignation* (1795/96) und der Auswanderergeschichte *Erscheinungen am See Oneida* (1798). Sie schrieb und erzählte mit Vergnügen und Phantasie. Das machte ihr Spätwerk – *Mein Schreibetisch* (1799), *Reise von Offenbach nach Weimar und Schönebeck* (1800), *Fanny und Julia* (1801/02), *Liebe-Hütten* (1803/04), *Herbsttage* (1805) und *Meslusinens Sommer-Abende* (1806) – trotz ästhetischer Mängel aus der Perspektive der Klassik und Romantik – für ihre HauptadressatInnen, die LeserInnen der gehobenen Mittelschicht und des Landadels, interessant.

2. Sophie von La Roches Fürsorge für die Brentano-Enkel

Seit dem Tod ihrer Tochter Maximiliane 1793 umsorgte Großmutter La Roche ihre Brentano-Enkel. Mit der ältesten Enkelin Sophie Therese (1776–1800), die die Mutterrolle einnahm, pflegte sie zwischen 1793 bis 1800 einen wöchentlichen Briefwechsel, wie sie auch alle anderen Brentanos in zahlreichen Briefen (enthalten im Nachlass Savigny, Staatsbibliothek Berlin) beriet. La Roche beruhigte dabei Sophie Therese, die sich für die jüngeren Geschwister verantwortlich fühlte und eine zunächst besonders enge Beziehung zu Clemens (1778–1842) hatte.

Vor allem an Clemens, der aufgrund mehrfacher Schul-, Lehrstellen- und Fächerwechsel zum Sorgenkind der Großfamilie wurde, zeigt sich die menschliche Fürsorge, die La Roche den Brentano-Kindern entgegenbrachte. Sie erkannte und unterstützte schon früh seine künstlerischen Neigungen, akzeptierte seine jugendlichen Spötteleien und seine Widerborstigkeit und versuchte, ihn mit liebevoller, aber nützlicher Erziehung zu fördern. Auch der Frankfurter Familie gegenüber formulierte sie Vorschläge für seine Erziehung (vgl. Becker-Cantarino 2008, 218). La Roche glaubte an die Entwicklung des Guten und Kreativen im Kind, wenn dieses ohne Zwang oder einengendes System heranwachsen kann und es zur Arbeit an sich selbst bereit ist.

Als die Frankfurter Familie von Clemens' bevorstehender Heirat mit der Schriftstellerin Sophie Mereau erfuhr und sich gegen seine Wahl stellte, trat La Roche für „Madame Mereau, eine sehr liebenswürdige intereßante Frau", ein. Zugleich tadelte sie Clemens wegen des Tones seines Briefes an den Bruder und

1.2. Großmutter La Roche

Vermögensverwalter Franz und bat ihn, insbesondere Bettina zu beruhigen. Sie schloss ihren Brief mit den Worten: „Soviel bin ich sicher, wenn Clemens Brentano und Sophie Mereau – ihre Kenntniße und Geist – vereint zum besten verwenden, beyde so glücklich seyn werden als es wünscht – Großmutter" (zit. nach Hang 1934, 46–47). Auch wenn La Roche Clemens' ersten Roman mit dem bezeichnenden Titel *Godwi oder Das steinerne Bild der Mutter* (1801/02) nicht goutierte, zeigt ihre Einschätzung, wie sehr sie sich mit der Literatur der jungen Romantiker beschäftigt hat und sich dafür interessierte, sofern diese ihren Geschmack traf und ihren Prinzipien entgegenkam.

Eine kritische Intervention erfuhren jedoch Clemens' Heimlichkeiten und seine Aufdringlichkeit gegenüber der sechs Jahre jüngeren Bettina: Clemens „s'est enfermé avec Bettine qu'il imbibe de ses principes, je l'avoue à mon grand chacrin", schrieb La Roche an ihre Enkelin Sophie Therese im August 1800 noch kurz vor deren Tod auf Christoph Martin Wielands Gut Oßmannstedt bei Weimar (GW 2, 803). Etwas später fragte sie den Enkel direkt, ob er Bettina und Lulu „Gleichgültigkeit gegen Ordnung, Fleiss u. anständiges Betragen" mitgegeben und ihre Erziehungsmethoden und die Verwandtschaft herabgesetzt habe (Juni 1801, in: GW 2, 803–804). La Roche war gegenüber dem Vormund Franz Brentano für Bettina und ihre Schwestern verantwortlich. Wie allen Erziehern der Zeit oblag ihr auch die Kontrolle des Briefverkehrs der ihr anvertrauten minderjährigen Zöglinge. Von einer „faktische[n] Briefzensur" (Bunzel 2013, 149) zu sprechen, verkennt jedoch die historische Wirklichkeit und wirkt in diesem Zusammenhang anachronistisch. Eine ‚faktische Briefzensur' ist nicht weiter belegt, da sich alle Klagen über kassierte Briefe und eine schlechte Behandlung durch die Frankfurter Familie allein in den Briefen von Clemens an Friedrich Carl von Savigny und Achim von Arnim sowie in Bettinas 40 Jahre später modellierter Darstellung in *Clemens Brentano's Frühlingskranz* finden. Aus den Jahren in Offenbach gibt es keine Zeugnisse von Bettina, in denen sie sich selbst über die Familie und ihre Lage beklagen würde, wobei indes aus den Jahren 1801 und 1802 ohnehin nur drei Briefe von ihr an Savigny überliefert sind (vgl. Schellberg/Fuchs 1942, 13–16). Hier artikulierte sie ihre „ihre große Sehnsucht nach Marburg" (ebd., 16), wo Clemens und Savigny die Universität besuchten. Der Vormund Franz Brentano und dessen Ehefrau Toni waren besorgt, dass der für seine Liebschaften bekannte Clemens die sechs Jahre jüngere Bettina erotisch und sexuell ausnutzen und in Verruf bringen könnte, wenn er die Geschwisterbeziehung als Liebe im erotisch-ästhetischen Diskurs feierte (siehe II.1.3. *Clemens und die Geschwister*). La Roche ging es ähnlich. Auch sie wandte sich nicht gegen Clemens' Vermittlung der „ästhetischen Anschauungen der Frühromantik" (Bunzel 2013, 148), sondern gegen dessen aufdringliche Erotik.

La Roche befürwortete in ihrem Mahnbrief an Clemens vom 19. Juni 1801 ausdrücklich, dass sich Frauen literarisch betätigen: „Madame Mereau wurde durch ihren liebenswürdigen Anstand nicht gehindert, schöne Gedichte zu machen und Kenntnisse zu sammeln – hinderte es Deine liebenswürdige

Mutter?" (GW 2, 804) Wie La Roches ästhetische Erziehung nun im Fall Bettinas konkret aussah, lässt sich zugleich nicht mehr rekonstruieren, da kaum Quellen über das Zusammenleben in Offenbach vorhanden sind.

3. Bettina von Arnims Erinnerungen an die Großmutter

Ein Jahr nach dem Tod der Großmutter machte Bettina im Sommer 1808 auf dem Weg zum Wohnsitz der Savignys auf Hof Trages im Haus von Sophie von La Roche in Offenbach Station. Ihren Brief an den in Heidelberg weilenden Achim von Arnim, bei dem sie gern sein würde, beginnt sie mit: „Offenbach, den 28ten Juny. Da siehst Du nun, wie ich in der Welt verschiedene Nachtquartiere habe, so eben steige ich aus meiner Großmutter Bett" (GW 4, 63). Der Briefanfang mit dem bedeutungsvollen Hinweis auf das ‚Bett der Großmutter' verbindet ihren realen Besuch in Offenbach symbolisch mit dem Ort ihrer Kindheit, dem Haus ihrer Großmutter.

Als Clemens Brentano „seine Lieblingsschwester Bettina und den Herzensfreund Arnim" (Härtl 2003, 84) im Herbst 1814 in Wiepersdorf besucht und die drei Aufzeichnungen über ihre Vorfahren und Kindheitserlebnisse machen, stehen im Mittelpunkt der so entstehenden Anekdotensammlung nicht die Eltern, sondern die Großeltern. Alle drei hatten die eigenen Eltern schließlich kaum erlebt; auch Achim von Arnim wurde von seiner Großmutter Labes erzogen, nachdem seine Mutter an den Folgen seiner Geburt 1781 verstorben war. Die *Anekdoten, die wir erlebten und hörten* (veröffentlicht erst 2003) haben den Reiz mitunter subversiver, privater Spuren des vergangenen 18. Jahrhunderts und waren nicht zur Veröffentlichung bestimmt, sondern wurden später verschiedentlich für literarische Texte ver- und bearbeitet. Bettina hat dabei in *Großmutter Laroche* ein amüsiert-vertrauliches Bild der empfindsamen ‚Grande Dame' der Spätaufklärung gezeichnet: „Nachmittags um zwei Uhr musten wir [Bettina und ihre Schwester] ihr vorlesen meistens Bücher der Madame Genlin sie empfing freundlich jeden Fremden der sie besuchte doch war sie nicht gern in dieser Lecture gestört"; die Großmutter „saß am Fenster" und wenn ein Besucher eintrat, wurde er „aufs freundlichste" empfangen: „[K]ommen sie auch endlich wieder einmal in mein Grillenhaußgen? wollen sie die kleine elende Hütte der alten Laroche wieder mit ihrer Gegenwart beleben" (Arnim/Arnim/Brentano 2003, 33).

Hier situiert Bettina ihre Großmutter märchenhaft in eine „kleine elende Hütte" und schließt eine weitere skurrile Anekdote um ein „Petersiliengärtgen" (Arnim/Arnim/Brentano 2003, 33) in der Schweiz an. Dabei handelt es sich um einen Sehnsuchtsort in La Roches Imagination, ein Wunschland der Jugendträume mit Wieland und ihrer Freundschaft mit Julie Bondeli. Der Ort wurde zum Ziel von drei Reisen und wird auch in ihren Reisebüchern thematisiert. Bettina kannte mit Sicherheit die Jugendgeschichten der Großmutter, was sie von deren Romanen und Schriften gelesen hat, ist kaum erforscht worden. In ihre eigenen Texte hat Bettina in erster Linie Anekdoten übernommen, die eine dichterische Fiktion im Volkston der Romantik ermöglichten. Sie macht

1.2. Großmutter La Roche

die Großmutter dabei zu einer märchenhaft verschleierten, schwatzhaft erzählenden Alten, die Geschichten ersinnt und erzählt. Darin wird die ‚Grillenhütte' zu einem bergenden Raum und das ‚Petersiliengärtgen' zur lebendigen, nutzbar gemachten Natur: Bettinas Anekdote *Großmutter Laroche* ist eine Verarbeitungsgeschichte von Erinnerungsräumen aus ihrer Jugend, ein Text unter anderen, den sie in ihren sehr viel später geschriebenen autobiographisch angelegten Briefbüchern *Goethe's Briefwechsel mit einem Kinde* (1835), *Die Günderode* (1840) und *Clemens Brentano's Frühlingskranz* (1844) variierte und bearbeitend einfügte.

Mit Vorliebe zeichnete Bettina dabei in den Briefbüchern das Bild der Großmutter in der Natur, stets das Gefühl betonend: „[E]s war gar wunderlich wie sie unter einem großen Kastanienbaum mir gegenüberstand, am Kanal, in dem der Mond sich spiegelte" (GW 1, 461). In ihrer Nähe ist die kultivierte Natur, der Garten: „Heut Morgen kam ich dazu wie der Bernhards [eine Reminiszenz an einen Nachbarn La Roches; B. B.-C.] Gärtner mit einem Nelkenheber die dunkelroten Nelken in einen Kreis um einen Berg von weißen Lilien versetzte, in der Mitte stand ein Rosenbusch. [...] [U]nd [ich] hab mit Andacht dabei geholfen, der Dienst der Natur, der ist wie ein Tempeldienst" (ebd., 416). Die Farben- und Blumenmetaphorik gehört zu den traditionellen literarischen Topoi, die religiös konnotierte Naturverehrung schließt an das Naturverständnis der Frühromantik an. Bettina formuliert ein „Programm autonomer Selbstbildung, bei der die Natur ihr einziger Lehrmeister ist" (Isselstein 1992, 212). Im Garten der Großmutter entdeckt die Bettine-Figur ihren Sinn für Musik; die Großmutter fördert die Gefühle: „Gestern sprach ich mit der Großmutter, die sagte: was der Verstand nicht faßt, das begreift das Herz"; die Bettine-Figur kommentiert diesen Ausspruch mit: „Ich begreif das wieder nicht" (GW 1, 399), um dann weitere Gedanken über das Verhältnis von Verstand und Gefühl auszubreiten, ohne jedoch das Gefühl abzuwerten.

Immer wieder ist ‚Bettine' im Haus der Großmutter situiert, das zugleich Geborgenheit und auch Begrenzung und Einschränkung signalisiert, während der Garten eher auf die Fruchtbarkeit literarischer Produktion hindeutet. In *Die Günderode* ist das Haus der Großmutter der (heimliche) Lese- und Schreibort der Bettine-Figur, die der Freundin erzählt, wie die ‚hundertjährige Cousine' der La Roches sie beim heimlichen Lesen im Bett erwischt und ihr das Buch weggenommen habe (GW 1, 509). Die Großmutter-Figur selbst fungiert als Erzählerin in romantischer Einkleidung. So schreibt die Bettine-Figur: „Heut Abend mußt ich mit der Großmama spazieren gehen, am Kanal beim Mondschein. Sie erzählte mir aus ihrer Jugendzeit" (ebd., 459). Haus und Garten sind Ort literarischer Tätigkeit, die Bibliothek, die nicht Ort toter Buchgelehrsamkeit, sondern nützlichen Wissens ist, hat als Schatzort unerwarteter Funde einen festen Platz im Kosmos des großmütterlichen Lebens. Bibliothek und Nutzgarten werden bei alldem als zwar nützlich-produktive, aber eher fremde Orte gezeichnet, etwa wenn die Bettine-Figur in einer Reflexion der Autorin über sich selbst sagt: „[I]ch wandle zwischen Hecken, seh jede Erdscholle benutzt, der Sallatkopf in der Mitt, die Bohnenstangen oben drüber, und mir bangt daß ich nicht angepflanzt bin" (ebd., 426). Im später verfassten *Frühlingskranz* schaltete die Autorin dann eine mehrere Seiten umfassende Passage ein, die die (mutwillige) Zerstörung des Gartens während der französischen Besatzungszeit wie auch durch Ernte und Frost beschreibt (GW 1, 71–76), ohne jedoch die symbolische Dichte des *Günderodebuches* zu erreichen.

Im Kontext der Briefbücher erscheint die Großmutter als eine menschliche, moralische und emotionale Instanz und Leitfigur, denn „außer der Großmama und Dir hab ich nie Frauen gesehen, die mir edel vorkamen", wie die Bettine-Figur ihrer Freundin Karoline im *Günderodebuch* schreibt (GW 1, 368). Sie grenzt sich dabei mit feiner Ironie ab von der unmodernen, alten Frau in ihrem „langen schwarzen Grosdetourkleid mit langer Schleppe, noch nach dem früheren Schnitt, der in ihrer Jugendzeit Mode war", verteidigt sie dann im Gegenzug aber auch sogleich wieder: „Ei wie fein ist doch die Großmama, alle Menschen sehen gemein aus ihr gegenüber, die Leute werfen ihr vor sie sei empfindsam, das stört mich nicht, im Gegenteil findet es Anklang in mir" (GW 1, 461). Die verschiedenen Facetten der Großmutter-Figur zeigen, dass die Autorin als unzuverlässige Erzählerin agiert und ein schillerndes, zwischen überkommenen Ansichten und modernen Verhaltensweisen changierendes Bild von ihr entwirft.

Bettinas Erinnerungen an La Roche sind in ihr literarisches Werk eingearbeitet und mit „auktorialer Selbstmodellierungsarbeit" (Bunzel 2013, 141) entsprechend modifiziert. Die Modellierung der Sophie von La Roche als Textfigur dient einem „figuralen Selbstentwurf, der dann von Buch zu Buch weiter ausgefaltet und in Teilaspekten variiert wird" (ebd., 143). Daher gewinnt die Großmutter in den Briefbüchern kein individuelles Profil, sie ist auch keine Handlungsinstanz in dem ohnehin handlungsarmen Text, vielmehr repräsentiert sie Zeit und Ort der Kindheit, steht für den Ort der Heimat, der in der Vorstellung der Bettine-Figur mit dem Gefühl der Geborgenheit verknüpft ist. In Bettinas Selbstentwurf werden der „Bezug zur Natur", ihre „Affinität zur Musik", der „Individuationsprozess des heranwachsenden Mädchens", die „ersten erotischen Phasen" und die spätere Entwicklungsphase „mit den Eigenschaften Mut, Unerschrockenheit und Initiativfreudigkeit" verknüpft; Bettina entwickelt sich während der Zeit bei der Großmama zu einem „gerade in politischer Sicht urteilsfähige[n] und kompetente[n] Individuum" (ebd.).

In ihren Briefbüchern hat die Autorin Bettina somit nicht nur Bilder der Romantik ihrer Jugendzeit aufgerufen, sie hat auch La Roche ein Denkmal gesetzt. Bettina arbeitet mit subjektiven, fiktionalisierten und emotionalisierten topologischen Codes von Haus und Garten, mit autobiographisch inszenierten und beglaubigten ‚Denkmalen'. Das Ergebnis sind Erinnerungen mit Gefühl, Aura und Bedeutung, die eine Tradierung der Erinnerung über den Tod des Individuums hinaus ermöglichen. Eine Form der Unsterblichkeit in der Dichtung, die als Entsprechung zur Unsterblichkeit der Seele verstanden werden kann: „Die Verewigung des Namens ist die weltliche Variante des Seelenheils", dem Dichter wird eine „besondere Kunst (oder Magie) [...] zugeschrieben, kraft derer er auf die noch ungeborenen Adressaten einer späteren

Zeit einzuwirken vermag" (Assmann 1999, 38). Die Erinnerung an die Großmutter-Figur in den Briefbüchern beruht auf deren Poetisierung und Romantisierung, der Entgrenzung und der organischen Verbindung mit den imaginierten Bettine- und Günderode-Figuren. So erweist sich Bettinas Umschrift als ein genuin romantisches Projekt. Und so verwundert es nicht, dass sich „die historische Sophie von La Roche" im „Porträt ihrer Enkelin sicher kaum wiedererkannt" hätte (Bunzel 2013, 161).

4. Literatur

Arnim, Achim von, Bettina von Arnim und Clemens Brentano: *Anekdoten, die wir erlebten und hörten*. Hg. v. Heinz Härtl. Göttingen 2003.
Assmann, Aleida: *Erinnerungsräume. Formen und Wandlungen des kulturellen Gedächtnisses*. München 1999.
Becker-Cantarino, Barbara: *Meine Liebe zu Büchern. Sophie von La Roche als professionelle Schriftstellerin*. Heidelberg 2008.
Becker-Cantarino, Barbara: „,Großmutter Laroche'. Erinnerungs-Räume der Jugendzeit in Bettina von Arnims ,Die Günderode' und ,Clemens Brentanos Frühlingskranz'". In: Walter Pape (Hg.): *Raumkonfigurationen in der Romantik*. Tübingen 2009, S. 15–24.
Bunzel, Wolfgang: „Narrativer Selbstentwurf und konstruierte Familiengeschichte. Figurationen Sophie von La Roches bei Bettine von Arnim". In: Miriam Seidler u. Mara Stuhlfauth (Hg.): *„Ich will keinem Mann nachtreten." Sophie von La Roche und Bettine von Arnim*. Bern, Frankfurt a.M., New York 2013, S. 141–161.
Hang, Adelheid: *Sophie Mereau in ihren Beziehungen zur Romantik*. Frankfurt a.M. 1934.
Härtl, Heinz: „Nachwort". In: Achim von Arnim, Bettina von Arnim u. Clemens Brentano: *Anekdoten, die wir erlebten und hörten*. Hg. v.H. Härtl. Göttingen 2003, S. 83–108.
Isselstein, Ursula: „Briefwechsel als Bildungsprojekt. Dialogische Konstellationen im ,Frühlingskranz' Bettine von Arnims". In: Konrad Feilchenfeldt u. Luciano Zagari (Hg.): *Die Brentano. Eine europäische Familie*. Tübingen 1992, S. 208–218.
Kohls, Daniela, und Heidrun Weber-Grandke: „Sophie von La Roche in Offenbach am Main 1786 bis 1807". In: Jürgen Eichenauer (Hg.): *„Meine Freiheit, nach meinem Charakter zu leben". Sophie von La Roche (1730–1807). Schriftstellerin der Empfindsamkeit*. Offenbacher Ausstellung zum 200. Todesjahr der Sophie von La Roche, 21.10.2007–6.1.2008. Weimar 2007, S. 85–100.
La Roche, Sophie von: *Ihre Briefe an die Gräfin Elise zu Solms-Laubach, 1787–1807*. Hg. v. Kurt Kampf. Offenbach 1965.
La Roche, Sophie von: *„Ich bin mehr Herz als Kopf". Ein Lebensbild in Briefen*. Hg. v. Michael Maurer. München 1983.
Schellberg, Wilhelm, und Friedrich Fuchs (Hg.): *Die Andacht zum Menschenbild. Unbekannte Briefe von Bettine Brentano*. Jena 1942.
Schmitz, Walter: „Bettine von Arnims Lebensrollen. Zur Sozialgeschichte einer Schriftstellerin in der Biedermeierzeit". In: W. Schmitz u. Sibylle von Steinsdorff (Hg.): *„Der Geist muß Freiheit genießen …!" Studien zu Werk und Bildungsprogramm Bettine von Arnims*. Berlin 1992, S. 1–25.
Schultz, Hartwig: *Die Frankfurter Brentanos*. Stuttgart, München 2001.

1.3. Clemens und die Geschwister
Barbara Becker-Cantarino

1. Bettina im Familienverband der Frankfurter Brentanos 98
2. Bettinas Kindheit und Jugend im Familiennetzwerk 99
3. Bettina und ihre Brüder 102
4. Bettina und Clemens 103
5. Bettina und ihre Schwestern 107
6. Literatur 111

1. Bettina im Familienverband der Frankfurter Brentanos

Geschwister- und Familienbande sind ein wichtiges Thema in den privaten Briefen der Romantiker, der ersten kommunikationsfreudigen Generation von Briefschreibern, die ihre eigenen Gefühle ausführlich artikulieren und reflektieren. Bettinas Familienbriefe zeigen die komplexen Geschwisterbeziehungen innerhalb der Großfamilie Brentano, die Vernetzung zwischen den Geschwistern und auch zwischen den immer im Schatten der Brüder stehenden Schwestern. Bettina führte „den vertraulichen zwischenmenschlichen Austausch im Wesentlichen im Rahmen des Beziehungsmodells Freundschaft" (Bunzel 2004, 53).

Bettina wurde am 4. April 1785 als 13. Kind Peter Anton Brentanos (1735–1979) und siebentes Kind seiner bedeutend jüngeren zweiten Frau Maximiliane, geb. von La Roche (1756–1797), geboren, wobei auf Bettina allein in dieser Ehe noch fünf weitere Söhne und Töchter folgen sollten. Als ihre Mutter im November 1793 wenige Monate nach der Geburt ihres zwölften Kindes starb, war Bettina gerade einmal acht Jahre alt. Aus der 1795 geschlossenen dritten Ehe des mittlerweile fast 60-jährigen Vaters mit der 24-jährigen Friederike Anna von Rottenhoff (1771–1817) gingen 1796 und 1797 dann noch einmal zwei Söhne hervor, von denen aber nur der zweite, August Franz Peter (1797–1813), die ersten Wochen überlebte. Der Vater selbst war im März 1797 noch vor der Geburt von August Franz Peter gestorben.

Auch die entferntere Verwandtschaft war immer wichtig für das Individuum in der Herkunftsfamilie, die durch Emotionalisierung und Privatisierung um 1800 eine bemerkenswerte Modifikation erfahren hat. Seit etwa Mitte des 18. Jahrhunderts hatte eine langsame Umorientierung in den Großfamilien eingesetzt; die Mitglieder orientierten sich nicht mehr so eng an ihrer Abstammung, an Erbfolge und Mitgift, sondern legten mehr Wert auf sozialen Status und menschliche Eigenschaften (vgl. Sabean/Teuscher 2007, 16). Das förderte nicht nur die Bildung von Klein- oder Kernfamilien, sondern vernetzte auch die Mitglieder enger mit den natürlich weiterhin bestehenden großen Familienverbänden – ein Befund, der für die alteingesessenen Patrizierfamilien ebenso gilt wie für die aus Italien zugewanderten Brentanos, die ihren Einfluss in ökonomischer, gesellschaftlicher und später dann auch politischer Hinsicht kontinuierlich ausweiteten. Zu den neuen bürgerlichen Werten um 1800 gehörten der Aufbau und die Pflege familialer Beziehungen, man achtete auf kompatible Verbindungen zwischen den Ehepartnern, die nicht nur finanziell und standesgemäß, sondern auch moralisch und religiös harmonieren sollten (vgl. Maurer 2005, 230–234). Wichtig wurden mit Blick auf die Familie die Übernahme von Patenschaften, Kinderbetreuung, Pflege und Erziehung, Vormundschaften, rechtliche Abmachungen und gegenseitige Unterstützungs- und Hilfeleistungen. Damit gewannen auch zwischenmenschliche Aspekte an Bedeutung wie: Liebe, Freundschaft, Vertrauen, Respekt, Verständnis, kompatible Persönlichkeit, harmonisches Zusammenleben und der ‚gute Ruf' einer Familie. Diese Leitvorstellungen traten neben rein ökonomische Interessen, gingen Hand in Hand mit dem Anspruch auf Geltung und Vermögensbildung sowie den Machtinteressen der Familie und einzelner Vertreter (vgl. Gestrich 2013, 6–10).

Genderspezifisch gesehen wurden damit auch die vorher kaum beachteten, vermeintlich weniger bedeutenden Mitglieder einer Familie sichtbar, die Schwestern, die Unverheirateten, die früh Verwaisten oder Verarmten – und auch bei Letzteren handelte es sich zumeist um die weiblichen Mitglieder, die nun einen neuen Stellenwert in Familie und Gesellschaft bekamen. Im letzten Drittel des 18. Jahrhunderts entwickelten sich „Freundschaft und Geschwisterliebe zu Idealen von ungemeiner Anziehungskraft"; für schwesterliche Verbindungen oder Freundschaften wurden nun „subjektive Empfindungen wichtig, kulturell vermittelt als neue Leitideen der ‚Seelenverwandtschaft' und ‚Herzensfreundschaft'" (Labouvie 2009b, 12). Diese Konzepte eröffneten neue Chancen für die Begegnung und Annährung der Geschwister und auch der Geschlechter in familialen Beziehungen.

2. Bettinas Kindheit und Jugend im Familiennetzwerk

Bettinas Beziehung zu ihrer Familie bewegte sich im Spannungsverhältnis zwischen jugendlicher Rebellion, Auflehnung gegen die Zwänge des Familienverbandes und Suche nach Selbständigkeit einerseits und dem Gefühl von Freundschaft, menschlicher Nähe und Geborgenheit andererseits. Sie habe jedoch, so Wolfgang Bunzel, „alles in allem eine Außenseiterrolle im Kreis ihrer Geschwister" eingenommen, sich schon frühzeitig geweigert, „den Erwartungen ihrer älteren Brüder zu entsprechen", und „Freiräume für eigenbestimmtes Verhalten" ausgelotet (Bunzel 2004, 49). Die Brentano-Familie war, anders als viele zeitgenössische Patrizierfamilien wie die Goethes, nicht nur sehr kinderreich, sie war im Gegensatz zur klassischen geschlossenen Kleinfamilie auch eher das, was heute als Patchwork-Familie bezeichnet wird. Dabei verfügte sie über feste funktionale Strukturen und Beziehungen oder (teilweise kontroverse) Verknüpfungen unter den Geschwistern mit durchaus auch dysfunktionalen Aspekten für einzelne Familienmitglieder, wozu im Falle der Brentano-Kinder der relativ frühe Verlust eines oder beider Elternteile gehörte.

Bettina verlebte die ersten acht Jahre ihrer Kindheit zunächst unbeschwert und im Kreis der meisten Geschwister im *Goldenen Kopf*, dem stattlichen

Stammhaus der Brentanos mit Büro und Lagerräumen. Im *Goldenen Kopf* gab es noch die für das 18. Jahrhundert charakteristische enge räumliche Verbindung von Arbeits- und Wohnbereich, die zur Komplexität der Brentano'schen Familie beitrug; jedes Kind hatte nach dem Kleinkindalter sein eigenes Zimmer. Nach dem Tod ihrer Mutter 1793 schickte der Vater Bettina zusammen mit der zwei Jahre jüngeren Schwester Ludovica, genannt Lulu (1787–1854), und der drei Jahre jüngeren Magdalena, genannt Meline (1788–1861), auf das Pensionat der Ursulinen in Fritzlar. Nachdem vier Jahre später auch der Vater gestorben war, kehrten die drei Brentano-Mädchen zwar aus Fritzlar zurück ins Frankfurter Brentano-Haus, wurden aber bereits wenige Wochen darauf in die Obhut ihrer Großmutter Sophie von La Roche (1730–1807) gegeben, die im benachbarten Offenbach lebte (siehe II.1.2. *Großmutter La Roche*). Bettina machte öfters Besuche in Frankfurt, bevor sie Offenbach im Dezember 1802 endgültig verließ und bis 1805 wieder im *Goldenen Kopf* wohnte. Sie nahm in dieser Zeit und danach an vielen Ausflügen teil, so nach Winkel im Rheingau und ins nahe Rödelheim (den Landsitzen der Brüder Franz und Georg), nach Trages (dem Landgut Savignys) und selbstverständlich weiter nach Offenbach. Die Winter 1805 und 1806 verlebte sie mit Meline in Marburg bei ihrer fünf Jahre älteren Schwester Kunigunde, genannt Gunda (1780–1863), die seit 1804 mit Friedrich Carl von Savigny (1779–1861) verheiratet war; 1807 besuchte sie ihre Schwester Lulu, die mit ihrem Ehemann, dem Bankier Carl Jordis (1781–1839), in Kassel lebte. Das Ehepaar Jordis nahm Bettina auch auf eine Geschäftsreise mit nach Berlin, wobei man auf Bettinas ausdrücklichen Wunsch hin gemeinsam einen Abstecher zu Goethe nach Weimar machte. Im Anschluss kehrte Bettina nach Frankfurt zurück, um sich noch 1807 den Savignys in München und Landshut anzuschließen. Als zu diesem Zeitpunkt einzige noch ledige Brentano-Tochter reiste sie dann mit den Savignys 1810 über Wien, Prag, Gut Bukowan und Teplitz ein weiteres Mal nach Berlin (siehe II.2.6. *Friedrich Carl von Savigny*), wo sie schließlich 1811 Achim von Arnim (1781–1831) heiratete. Es waren (auch politisch) unruhige, aber prägende Kindheits- und Jugendjahre für Bettinas Beziehung zu den Geschwistern, für ihr Verhältnis zur Großfamilie Brentano insgesamt und besonders für ihre eigene Entwicklung.

Die Großfamilie Brentano war ständig in Bewegung, die (älteren) Kinder, nahe Verwandte und Besucher gingen im *Goldenen Kopf* ein und aus. In Bettinas Frankfurter Zeit zwischen 1785 und 1793 und dann wieder von Ende 1802 bis etwa November 1805 lebte sie hier unter einem Dach mit ihren weitaus älteren Halbgeschwistern Anton (1763–1833), der geistig behindert war (vgl. GW 4, 55), und Franz (1765–1844), der an dessen Stelle als zweitgeborener Sohn das Familiengeschäft bald mitführte; Halbbruder Dominikus (1769–1825) kam bis 1806 öfter zu Besuch aus dem nicht allzu weit entfernt gelegenen Wetzlar; auch die 15 Jahre ältere Halbschwester Paula (1770–1805) lebte bis zu ihrer (späten) Verheiratung im Jahr 1800 im *Goldenen Kopf*. Das Regiment führte zu Bettinas Zeiten schon der 20 Jahre ältere Franz, der nach dem Tod des Vaters Bettinas Vormund und Vorstand des Hauses wurde. 1798

1.3. Clemens und die Geschwister

heiratete Franz die junge Wienerin Antonia von Birkenstock, genannt Toni (1780–1869), Tochter eines hohen österreichischen Hofbeamten und Kunstsammlers, die nun die Rolle der ‚Hausmutter' einnahm und sich besonders um Sophie, Gunda und – nach deren Rückkehr aus Offenbach – die heranwachsenden Schwestern Bettina, Lulu und Meline kümmerte. Toni war dabei vor allem für deren häusliche Einweisung und Verheiratung zuständig. Viel Zeit dürfte Toni indes nicht für ihre Schwägerinnen gehabt haben, denn sie stand als ‚Hausmutter' einer großen Hauswirtschaft vor und gebar zwischen 1801 und 1813 selbst sechs Kinder (vgl. Grus 2016, 104–105). Zu den weitaus älteren Halbgeschwistern hatte Bettina eine respektvolle, aber meist distanzierte Beziehung. Besonders ihr Vormund Franz war eine anerkannte, aber wenig geliebte Autoritätsfigur. Ein Vaterersatz konnte er für Bettina nicht sein.

Weitaus enger waren Bettinas Beziehungen zu den Geschwistern ihrer Herkunftsfamilie, und hier vor allem zu den Mädchen. Aus der zweiten Ehe des Vaters lebten im *Goldenen Kopf* Bettinas ältester Bruder Georg (1775–1851) – ab 1803 verheiratet mit Marie Schröder (1781–1815) – und ab 1790 Bettinas älteste Schwester Sophie (1776–1800), die nach dem Tod der Mutter 1793 deren Stelle für ihre jüngeren Schwestern besetzte (vgl. Döhn 1996). Sophie verstarb im Jahr 1800 völlig unerwartet bei einem Besuch des befreundeten Dichters Christoph Martin Wieland auf Gut Oßmannstedt bei Weimar. Die Umstände ihrer ‚Nervenkrankheit' und Wielands Rolle liegen im Dunkeln (vgl. Becker-Cantarino 2008, 71–72). Ihr Tod erschütterte die Familie Brentano, besonders Gunda (die mit ihrer Freundin Charlotte Servière noch zur Pflege nach Weimar geeilt war), Clemens und Georg (vgl. Schultz 2001, 161).

Auch ihre Schwester Gunda und ihr Bruder Christian (1784–1851) verbrachten ihre Kindheit zeitweise im *Goldenen Kopf*, ebenso die zwei jüngeren Schwestern Lulu und Meline, alle mit längeren Unterbrechungen bei Verwandten. Mit den Schwestern aus ihrer Herkunftsfamilie war Bettina in ihrer Kindheit und Jugendzeit dabei am häufigsten zusammen. Nicht zuletzt Bruder Clemens, der sich besonders um Bettina bemühte und ihr bis zu seiner Heirat 1803 sehr nahestand, ging im *Goldenen Kopf* ein und aus und hatte dort sein eigenes Zimmer.

Die Leben in der Familie Brentano war keinesfalls das einer eng verbundenen, harmonischen Gemeinschaft, sondern ein changierendes familiales Netzwerk, das von dem Bewusstsein der Zugehörigkeit, der Familie als Statussymbol und Anker – oder wechselweise auch als ‚Mühlstein' oder ‚Gefängnis' – getragen wurde. Bei allen Brentanos war die Familienloyalität und der Stolz, ein(e) Brentano zu sein, stark ausgeprägt – trotz religiöser und weltanschaulicher Divergenzen in späteren Jahren. 1803 formulierte Christian sein nostalgisches Familienwunschbild in einem Brief an Clemens so: „Es ist eine meiner liebsten Hoffnungen in unserem Hause einst wieder eine fröhliche und einige Geselligkeit zu sehen, denn alle fanden wir uns noch nie zusammen" (zit. nach GW 1, 818). Bettina schrieb als knapp 19-Jährige, sie fühle sich wie ein großer Krieger, „dem das Herz glüht zu großen Unternehmungen und Thaten, und der in der Gefangenschaft ist mit Ketten beladen an keine

Rettung denken darf, mir überwältigt diese immerwärende rastlose Begier nach Wirken oft die Seele und ich bin doch nur ein einfältig Mädgen, deren Bestimmung ganz anders ist" (an Savigny, Mitte September 1804, in: GW 4, 14). Das Bild erinnert an Gedanken, die ähnlich Bettinas damalige Freundin Karoline von Günderrode äußerte, es erinnert an die Unsicherheit und Aufbruchsstimmung während der napoleonischen Kriege; es thematisiert jedoch auch Bettinas Abhängigkeit von der Familie und von ihrer Geschlechterrolle, ihr passives und enttäuschtes Warten auf die Ehe zum Zweck materieller Absicherung, während alle Schwestern ihrer Herkunftsfamilie inzwischen verheiratet waren und also versorgt ihren Lebensinhalt gefunden zu haben schienen. Aus weitaus späterer, verklärender familialer Rückschau meinte jedoch 1896 Herman Grimm, der Schwiegersohn Bettinas, dass es „seltsam" sei, „daß die Brentano'sche Familie sich in Repräsentanten der größten Ruhe und in solche der außerordentlichen Unruhe theilte [...]. Alle hielten innig zusammen" (zit. nach Steinsdorff 1992, 183).

Die Familie Brentano war ein lebendiges, geselliges, sich ständig veränderndes, stärkendes und manchmal auch hinderliches Netzwerk, das durch die persönliche Autorität des Vaters und nach dessen Tod 1797 von dessen männlichen Erben Franz und Georg und deren kluger Ökonomie zusammengehalten wurde. Die für eine Familie zentrale Mutterfigur war durch die vielen Geburten, die hohe Zahl aufwachsender Kinder und die Todesfälle nicht immer vorhanden oder geschwächt und überlastet, die Betreuung übernahmen daher meist die Mädchen, weibliche Verwandte und Mägde, Verantwortung und Autorität die älteren Brüder. Spätestens seit dem Tod des Vaters bot das Elternhaus Bettina somit weder Nähe noch Geborgenheit.

3. Bettina und ihre Brüder

Bettina hatte eine durchaus vertrauensvolle, teilweise freundschaftliche Beziehung zu ihren älteren Brüdern, die ihrerseits versuchten, sie zu bilden und zu lenken, und sich für sie wie auch für die anderen Schwestern verantwortlich fühlten. Die Bezeichnung ‚Stiefbruder' oder ‚Stiefschwester' findet sich selten in den Briefquellen, wohl ein Zeichen dafür, dass die Geschwister (und deren Ehepartner) sich ohne Unterschied als Brentanos fühlten, ihre jeweilige Stellung im Familienverband je nach Alter und Geschlecht einnahmen und ausübten. Die individuellen Beziehungen waren darüber hinaus, wie kaum anders zu erwarten, durch persönliche Gefühle und Sympathien bzw. Antipathien und Verhaltensweisen geprägt. Franz (und seine Frau Toni) agierten autoritär im Umgang mit den Geschwistern. Während Bruder Clemens eine „permanente[ ] Verweigerungshaltung" (Landfester 2016, 139) gegenüber den großbürgerlichen Anforderungen an den Tag legte und genau so auch artikulierte, akzeptierte Bettina *nolens volens* die Autorität der männlichen und älteren Familienglieder. So wies sie Clemens 1809 in einem Brief zurecht: „Du magst es nun Schwachheit nennen oder was Du willst so bin ich durchaus unfähig etwas, was dem Savigny, Anstössig ist zu unternehmen, er hat mich auf meine Ehrlichkeit trauend mit [nach München] genommen"; Savigny sei verantwortlich dafür, „dem Franz und Consorten dem dieß allerdings nicht als etwas honetes einleuchten würde, Rechenschaft über mich abzulegen, ich versichere Dich, daß ich gerade deswegen viel eher in Franckfurth selbst fähig wäre meinen Willen durchzusezen, als hier wieder Savignys willen" (an Clemens Brentano, 24. Juni 1809, in: GW 4, 79). Mit ‚Consorten' war hier neben dem Vormund Franz generell die Frankfurter Brentano-Familie gemeint; auch auf ihre Gastgeber, Schwager Savigny und Schwester Gunda, die sie nach München und Landshut begleiten durfte, war Rücksicht zu nehmen.

Später, als Bettina schließlich verheiratet war, sah sie mit Dankbarkeit auf die Frankfurter Jahre und die älteren Brüder zurück. Ein besonders gutes Verhältnis pflegte sie zu ihrem Bruder Georg, der kunst- und musikinteressiert war, sich eine Kunstsammlung zulegte und sich – anders als etwa Halbbruder Franz – aus stadtpolitischen Dingen heraushielt (vgl. Schwinn 2016). Bettina besuchte ihn mehrmals von Berlin aus auf seinem Gut Rödelheim, für dessen Verzierung des Gartensaals und die kunstvolle Gartenarchitektur sie ihm 1828 sogar Zeichnungen und Ideen lieferte. Im Jahr darauf schickte sie dem seit 1815 verwitweten Bruder ihre zwei ältesten Töchter Maximiliane und Armgart nach Frankfurt zur Ausbildung. Ein herzliches Beileidsschreiben Georgs (vgl. Schwinn 2011, Nr. 80) zum Tod ihres Sohnes Kühnemund im Jahr 1835 zeigt die enge familiale Bindung ebenso wie eine Fülle von warmen Briefen an Bettinas Tochter Maxe, in die Onkel Georg sich verliebt hatte, als diese und Armgart bei ihm wohnten (vgl. Schultz 2001, 130–149). Da Georg bis zur Auflösung der Firma 1840 Bettinas Vermögen (und das von Christian und Clemens) verwaltete, konnte sie jederzeit bei den Handelspartnern der Brentanos Geld abheben (vgl. Schwinn 2016, 118).

4. Bettina und Clemens

Kompliziert, erst eng und später wechselvoll, gestaltete sich Bettinas Beziehung zu dem sechseinhalb Jahre älteren Lieblingsbruder aus Kindheitstagen, Clemens (1778–1842), der sich gegen den Vater und jegliche Autoritäten auflehnte und sich häufig in Briefen an seine Freunde und an Bettina über den prosaischen Kaufmannsgeist der Brentanos, ihre Verständnislosigkeit ihm gegenüber und die daraus resultierende schlechte Behandlung beklagte. Als der Familienvorstand Franz seinem Halbbruder Clemens (nach zwei fehlgeschlagenen Kaufmannslehren und drei Studiengängen ohne Abschluss) vorhielt: „Zum Kaufmann taugst du nicht", erwiderte Clemens: „Ich verzinse mit anderen Interessen als ihr" (an Sophie Brentano, 1799, zit. nach Schultz 1983, 246). Der kreative, begabte, kapriziöse, sprunghafte, rebellische Clemens war der ‚schwarze Schmetterling' (Schultz 2000) der Brentanos. Als Sechsjähriger war er 1784 zusammen mit seiner achtjährigen Schwester Sophie zu seiner Tante Luise Möhn (1759–1832) nach Koblenz geschickt worden, in deren Haushalt er die nächsten, für ihn sehr unglücklichen Jahre verbrachte. Mit knapp einem Jahr Unterbrechung lebte er bis 1790 in der Familie der strengen kinderlosen Schwester seiner Mutter, die mit einem alkoholabhängigen, gewalttätigen Spieler, einem hohen kurtrierischen Hofbeamten, verheiratet war. (Über etwaige Schäden für das Mädchen Sophie geht die auf Clemens fokussierte biographische Forschung hinweg.) Als Clemens' enge Bindung an Sophie – die, wie entsprechende Briefe zeigen, mit „ruhiger Zurückweisung" und „kühler Zurückhaltung" auf die pubertären Reden des Bruders reagierte (Schultz 2001, 155, 158) – durch ihren unerwarteten Tod jäh beendet wurde, übertrug Clemens den „brüderlichen Liebesbund" mit Sophie auf die „Geschwisterfreundschaft mit Bettine" (GW 1, 801). Clemens versuchte, die „geliebte Bettine in einer Art geschwisterlichen Verschwörung dem Einfluss der Frankfurter Brüder weitgehend zu entziehen" (Schultz 2004, 35), und bestürmte die knapp 15-Jährige mit seinem in Poesie und Literatur gekleideten Liebeswerben (vgl. ebd., 30–37). Großmutter La Roche und Schwägerin Toni waren um Bettinas guten Ruf besorgt und von Clemens' Verhalten alarmiert, der zu dieser Zeit ohnehin schon in viele Liebeshändel verstrickt war – und sich nun auch noch anschickte, einen geheimen Briefwechsel mit Bettina zu beginnen (siehe II.1.2. *Großmutter La Roche*). Bettinas jugendliche Rebellion gegen die Frankfurter Familie wurde dabei auch noch von Clemens unterstützt und letztlich durch die in seinen zahlreichen eigenen Briefen endlos ausgebreiteten Vorwürfe gegen die Frankfurter Geschwister angefeuert. Er versuchte, Bettina an seine Studienfreunde zu verheiraten und inszenierte die Schwester als die von der Familie Misshandelte, Leidende. An Achim von Arnim schrieb er am 8. September 1802 über Bettina: „[S]ie ist durch und durch mißhandelt von ihrer Familie und erträgt es mit stiller Verzehrung ihrer selbst. Mich liebt sie, weil ich ihr alles bin, da ich allein nahe bin" (zit. nach Beutler 1934/35, 394).

Nicht zuletzt in der Zeit, in der er an seinem Roman *Godwi oder Das steinerne Bild der Mutter* (1801/02) arbeitete, idealisierte er seine Schwester als seine Muse, als die imaginierte Einheit von Leben und Poesie. Clemens' briefliche Äußerungen belegen die emotionale Nähe, das einfühlsame Aufeinanderzugehen und die erotische Attraktion füreinander, seine schwärmerischen Liebesbeteuerungen in den vielen wortreichen Briefen an Bettina zeigen aber auch die inzestuösen Neigungen in dieser Geschwisterbeziehung. Seiner zukünftigen Frau Sophie Mereau (1770–1806) teilte er am 7. Oktober 1803 denn auch mit, dass sich über seine „gerechte, billige Liebe" zu seiner Schwester „gewiße Blutschänderische Aneckdoten gebildet" hätten (zit. nach Schultz 2004, 35).

Spätestens mit Clemens' Heirat Ende 1803 löste Bettina die enge, erotisch codierte Bruder-Schwester-Beziehung; sie merkte nun, dass er sie mit seinem Narzissmus und mit Hilfe seiner männlichen Privilegien eigentlich nur instrumentalisiert hatte. Sie selbst war als Mädchen anders als der Bruder durch zeitgenössische Genderkonzepte und mithin eine Doppelmoral gebunden, wobei erotisch-sexuelle Experimente und Freizügigkeit für den jungen Mann selbstverständlich waren, ja erwartet wurden, für das Mädchen aus ‚gutem' Hause aber tabu waren, da sie rufschädigend und existentiell vernichtend gewirkt

1.3. Clemens und die Geschwister

hätten. Clemens war zu einer auf Gleichheit, Gegenseitigkeit und Akzeptanz autonomer Persönlichkeit beruhenden Geschwisterfreundschaft mit der jüngeren, erotisch anziehend wirkenden Schwester nicht bereit oder fähig. Sein „Liebesbegriff" unterschied „epistemologisch nicht zwischen freundschaftlicher und erotischer Beziehung" (Landfester 2016, 147). Bettina distanzierte sich emotional von Clemens, machte sich unabhängig und fand im Erwachsenenwerden zu weitgehender Selbstbestimmung und Selbständigkeit, auch in ihrer Ehe.

Nach dem frühen Tod von Sophie Mereau heiratete Clemens alsbald neu. Diese zweite Ehe mit Auguste Bußmann (1791–1832) verlief gleichwohl chaotisch. Bettina wies Clemens während seiner Eskapaden (er versuchte, seine zweite Frau loszuwerden) zurecht, stand ihm und Auguste aber auch, soweit sie konnte, mit pragmatischen Lösungen zur Seite und unterstützte die beiden bei der späteren Scheidung. Clemens bezog nahezu sein gesamtes Umfeld in seine Beziehungs- und Ehekrisen mit ein und klatschte schamlos und herablassend über seine Frauen in Briefen an Dritte (siehe II.1.5. *Sophie Mereau*). Als Bettina eine emotionale Brief-Beziehung zu dem politisch engagierten Landshuter Studenten und Freiheitskämpfer Max Prokop von Freyberg unterhielt, gab Clemens diesen kurzerhand als Bettinas Bräutigam aus. Bettinas heimliche Trauung mit Achim von Arnim am 11. März 1811 kränkte Clemens dafür umso mehr. Er fühlte sich hintergangen, ausgeschlossen und alleingelassen, wobei der Umstand, dass Achim, ohne ein Wort zu sagen, aus der gemeinsamen Wohnung in Berlin ausgezogen war, wohl keine unwichtige Rolle spielte. Clemens versuchte in der Folge immer wieder, in die eheliche Vertrauensgemeinschaft Bettinas aufgenommen zu werden, machte etliche Besuche in Wiepersdorf und mehrere poetische Unternehmungen mit Achim. Ab 1816 kam es schließlich zur totalen Entfremdung der Geschwister, auch weil die politischen und religiösen Differenzen immer größer, ja unüberwindbar wurden, nachdem sich Clemens in Berlin der neupietistischen Gruppe um die Gebrüder Gerlach, der protestantischen Pfarrerstochter Luise Hensel und später orthodox-katholischen Kreisen angeschlossen hatte.

Clemens setzte bei allen Konflikten mit der Familie, die Skandale unbedingt vermeiden und ihren guten Ruf bewahren wollte, seinen Willen durch, zum totalen Bruch kam es jedoch nie. Von den Brüdern und mit Unterstützung der Schwestern wurde er zwar vielfach zur Vernunft ermahnt, dabei aber insbesondere von Bettina auch beraten, während Franz und Georg sein Leben lang sein Erbe verwalteten und vermehrten, so dass er allein von den Zinsen seines Vermögens leben konnte (vgl. Schultz 1983, 253–255). Und auf der anderen Seite hatte eben auch der unstete Clemens einen starken Familiensinn, fand immer wieder Halt in einem der Geschwister, die ihrerseits immer versuchten, ihn zu unterstützen.

In seiner „poesiegeleiteten Existenz" (GW 1, 801) hatte Clemens in seinem ersten Roman *Godwi oder Das steinerne Bild der Mutter* Bettina ebenso mythisiert wie seine jüngste Schwester Meline, die eine außergewöhnliche Schönheit war. So stilisierte er Bettina in der Romanfigur Annonciata hier zur

‚Macht des Lebens'; die mit zentralen Elementen der Marien-Ikonographie ausgestattete Marie trug wiederum Züge von Meline (vgl. Steinsdorff 1992, 183–185). In diesen Jahren bemühte sich Clemens auch, seine begabte Schwester Bettina zum Dichten zu ermutigen – freilich nicht um ihr zu selbständiger Autorschaft zu verhelfen, sondern im Rahmen des zeitgenössisch akzeptierten Schreibens von Frauen für Frauen, das über das Verfassen von Briefen oder bestenfalls die Ausführung männlicher Schreibaufträge nicht hinauszugehen hatte. „Erst in der Verinnerlichung dieser Ordnungsraster kann die Frau zu der von Clemens beschworenen ‚Freiheit' gelangen – einer Freiheit, die idealiter in der willentlichen Übernahme weiblich codierter Formen von Autorschaft und dem ebenso willentlichen Verzicht auf Übergriffe in die männliche Domäne von zur Publikation bestimmter Literaturproduktion zur Vollendung gelangt" (Landfester 2000).

Als Bettina 1835 mit ihrem *Goethebuch* als Schriftstellerin ins Licht der Öffentlichkeit trat, war die Frankfurter Familie empört. Was Bettina tat, war „überaus untypisch im Rahmen familialer Kommunikation" und stellte „im Kontext des 19. Jahrhunderts einen wohl singulären Sonderfall" dar (Bunzel 2004, 58–59), denn sie funktionalisierte private Zeugnisse und verwendete diese öffentlich. Clemens, der die ersten Druckbögen von Bettinas Sohn Friedmund erhalten hatte, kritisierte an dem Buch vor allem die Erotik: „[D]aß Du nicht wohl erzogen auf dem Sopha sitzen kannst, und Dich übel erzogen auf eine Mannes Schooß setzest [...]. [W]eder Achim, noch Goethe würden eine solche Veröffentlichung gebilligt haben, und wie Savigny als Vormund der Kinder es konnte, weiß ich auch nicht. [...] [G]ar nicht davon zu reden, daß Goethe ein verehlichter Mann gewesen" (an Bettina, 17. Juni 1834, zit. nach Brentano 1929, 328–329).

Trotz Clemens' Kritik an ihrem Werk und der unterschiedlichen Lebensauffassung der beiden Geschwister nahm Bettina den Briefwechsel mit ihm wieder auf, als sie bald darauf mit der Herausgabe der Werke von Achim begann und den Bruder um Mithilfe und die Genehmigung zur Publikation der Gemeinschaftsarbeiten aus den Heidelberger Jahren wie *Des Knaben Wunderhorn* und die *Zeitung für Einsiedler* bat. Bettina versuchte hierbei, an die gemeinsame Jugend anzuknüpfen. So schrieb sie an Clemens im April 1839: „[S]ollen Wir uns wiedersehen, so wollen wir im Sinn unserer jugendlichen Geschwisterliebe mit einander sein" (GW 4, 362). Tatsächlich ließ Clemens seiner Schwester bei der Herausgabe der Werke ihres verstorbenen Mannes freie Hand. Zu einem Wiedersehen der Geschwister sollte es bis zum Tod von Clemens 1842 im Aschaffenburger Haus seines Bruders Christian trotzdem nicht mehr kommen.

Deutliche Verstimmungen gab es in der Folgezeit dann im Verhältnis zu eben jenem Bruder Christian, den der kinderlose Clemens zum Universalerben seines literarischen Werkes gemacht hatte; Bettina verabscheute Christians religiös-publizistische Arbeiten. Im Nachlassstreit mit ihm forderte Bettina die Rückgabe ihrer Briefe an Clemens und bestand auf der Veröffentlichung des Briefwechsels, wie sie Georg, dem ältesten Bruder aus ihrer Herkunfts-

1.3. Clemens und die Geschwister

familie, erklärte: „Ihr wißt es ja alle miteinander daß er den größten Einfluß auf mich hatte. Das Mannigfaltige Widersprechende Dunkle und Helle in mir hat er geordnet durch sein Antreiben und Fördern. Sag es Deiner Sophie [Georgs Tochter; B.B.-C.] daß sie unrecht hat so voreilig zu verzweifeln und das Schlimmste zu erwarten von Erscheinungen im Geist zweier geistreicher ganz edler und Seelenvoll verbündeter Naturen" (5. März 1844, in: GW 4, 484).

Mit fast 40 Jahren Abstand blickte Bettina dankbar und verständnisvoll auf ihren Lieblingsbruder und ihre jugendliche Beziehung zu Clemens zurück und gab sich – trotz der angesichts ihrer Publikationspläne eingetretenen Verstimmung – versöhnlich mit Georg. Frankfurt und die Familie Brentano betrachtete sie nun einmal als ihre Heimat. Aber sie handelte nach eigenem Ermessen und Urteil, unbeeindruckt von allen familiären Einwänden und Widerständen: Im Mai 1844 und damit nur wenige Wochen später erschien ihr Briefwechsel mit Clemens in der von ihr gestalteten Form als *Clemens Brentano's Frühlingskranz aus Jugendbriefen ihm geflochten, wie er selbst schriftlich verlangte*. Sie verewigte damit das Andenken an ihren Bruder in dem Bild aus ihrer Jugendzeit vor seiner religiösen Wende. Sie wollte ihre Ansicht vom Leben und Werk des Dichters Clemens Brentano darlegen, auch um dem Editions- und Deutungsmonopol des Universalerben Christian entgegenzutreten.

5. Bettina und ihre Schwestern

Verglichen mit der erotisch komplizierten Beziehung zu ihrem Bruder Clemens und den teilweise konfliktreich-aufbegehrenden Beziehungen zu ihren anderen älteren Brüdern gestaltete sich Bettinas Verhältnis zu den ihr altersmäßig nahestehenden Schwestern, mit denen sie einige Jahre zusammen aufwuchs, deutlich anders. So grenzte sie sich schon bald nach 1803 von den jüngeren Schwestern Lulu und Meline ab – ein typisches Verhalten jüngerer Geschwistern gegenüber, auch Clemens grenzte die beiden aus und behandelte sie herablassend bis spöttisch-verächtlich. Ganz anders verhielt sich Bettina gegenüber der fünf Jahre älteren Gunda. Sie drängte sich geradezu in deren Freundeskreis und näherte sich hier vor allem zwei Personen, Friedrich Carl von Savigny, den Clemens als Heiratskandidaten an Bettina zu vermitteln versuchte, und Karoline von Günderrode, die ihr dann 1806 die Freundschaft aufkündigte (siehe II.2.2. *Karoline von Günderrode*). Savigny wiederum entschied sich schon 1803 für Gunda und nahm Schwester Meline zur Betreuung des ersten Kindes mit nach Paris; Bettina wurde schließlich Patentante der 1805 ebendort geborenen Savigny-Tochter Bettina (vgl. Dölemeyer 2000). Eifersuchtsausbrüche von Seiten Gundas sind dem überlieferten (und spärlich ausgewerteten) Briefmaterial zufolge nicht bekannt. Gunda wie auch Savigny erwiesen sich auch in den folgenden gemeinsamen Jahrzehnten in Berlin als stets zuverlässige Unterstützung für Bettina, Arnim und deren Kinder. Obgleich sie zeitweise von der auf Status und Reichtum der Savignys eifersüchtigen und in späteren Jahren verletzend-arroganten Bettina genervt war, half Gunda immer wieder aus (siehe II.2.6. *Friedrich Carl von Savigny*). Clemens hatte Gunda schon 1801 einem Freund gegenüber mit den Worten abgewertet: „Kunigunde ist ein armseliges Geschöpf, voll Lüge Affecktation und Eitelkeit und Gutmütigkeit" (an Stephan August Winkelmann, Frühjahr 1801, in: Brentano 1988 [= FBA, Bd. 29], 384; Landfester 2016, 147). Bettina – rede- und schreibgewandter und weitaus anspruchsvoller und geltungsbedürftiger als Gunda – war es gleichwohl schon als Jugendliche gelungen, ihre Schwester strategisch für ihre Zwecke einzuspannen.

Bettinas Beziehung zu den jüngsten Schwestern Lulu und Meline war ebenfalls angespannt. Schon in der Jugendzeit scheint Bettina auf die kaum zwei Jahre jüngere Lulu eifersüchtig gewesen zu sein, die 1805 mit 18 Jahren an den reichen Bankier Carl Jordis verheiratet wurde. Selbstzeugnisse Lulus aus Kindheit und Jugend fehlen, sie wird von Achim von Arnim und ihrem Bruder Clemens als äußerst eitel, putzsüchtig und oberflächlich beschrieben; gegen ihren Ehemann, der zunächst in Kassel am Hofe des 1807 zum König von Westphalen gekrönten Napoleon-Bruders Jérôme und ab 1812 in Paris glänzende Geldgeschäfte machte, lässt sich eine „von Clemens initiierte clanhafte Ablehnung vermuten" (Scharwies 2016, 191). Lulu verkehrte in der feinen Gesellschaft von Paris und galt dort allgemein als schön, reich, geistreich und gesellig. Bettina besuchte Lulu noch während deren Glanzzeit in Kassel und arrangierte, wie bereits erwähnt, über und mit Jordis ihre erste Reise nach Weimar. Danach wurde die Schwester für Bettina unwichtig. Dass die kinderlose Lulu eine Waise aus einem Pariser Findelhaus adoptierte und 1821 zu einem Familientreffen nach Frankfurt mitbrachte, kommentierte Bettina zum Beispiel etwas boshaft mit den Worten: „[S]ie bringt auch ein angenommenes Launenkindchen mit das an Toilette höchst ausgezeichnet seyn soll da wird denn mein legitimes ziemlich abstechen" (an Achim, 7. September 1821, in: Bw Arnim 3, Bd. 2, 273). Lulus Adoptivtochter Meline Rozier des Bordes soll laut Klatsch ihr eigenes illegitimes Kind gewesen sein. Bettina ignorierte denn auch Lulus Scheidung und Wiederheirat ebenso wie die spätere ausgesprochen erfolgreiche Geschäftstätigkeit der Schwester, deren erzieherisch-karitative Aktivitäten im Rahmen einer Schulgründung und in gemeinnützigen Stiftungen ebenso wie Lulus Publikation von *Geistlichen Liedern* (1853), wohl aus schwesterlichem Konkurrenzdenken und Eifersucht. Auch brieflich hielt Bettina kaum Kontakt zu Lulu, die Bettinas Sohn Siegmund 1832 bei dessen Studienaufenthalt in Paris finanziell und gesellschaftlich unterstützt hatte. Eine Anfrage Lulus zu einer (nicht ermittelten) Gefälligkeit lehnte Bettina 1846 mit unterschwelliger Ironie ab, indem sie riet, doch besser „der Savigny den Auftrag zu geben", wobei Bettina nicht vergaß, ihre eigenen Kinder lobend zu erwähnen und einen Besuch ihres Sohnes Freimund bei Lulu anzukündigen (4. November 1846, in: GW 4, 564).

Bettinas jüngste Schwester Meline galt aufgrund ihrer ruhigen Art (vgl. Steinsdorff 1992, 183) als das ganze Gegenteil der lebendigen, exzentrischen Bettina. Diese kommandierte die drei Jahre jüngere Meline herum und kritisierte sie bei jeder sich bietenden Gelegenheit. Meline äußerte von sich selbst,

1.3. Clemens und die Geschwister

dass sie unzufrieden war, sich isoliert und alleingelassen fühlte und dass sie „zurückgeschreckt" sei vor den „Neckereyen" der älteren Geschwister (an Gunda, 5. September 1806, zit. nach Steinsdorff 1992, 193). Dieses Unbehagen äußerte sich auch psychosomatisch. So war sie oft kränkelnd und klagte über heftige Kopfschmerzen (vgl. ebd.). Aus Winkel berichtete Meline 1806 den Savignys, denen sie sich seit ihrem gemeinsamen Paris-Aufenthalt 1804/05 als Stütze für Schwester Gunda bei der Geburt des ersten Kindes angeschlossen hatte, über ihre Entfremdung von Bettina: „Die Bettine und ich passen gar nicht zusammen, ich bin ihr in allem, bis auf die geringste Kleinigkeit ganz entgegengesetzt; [...] [i]ch kenne die Bettine nur wenig, sie kennt mich nur wenig [...]. Ich habe die gröste Achtung für ihren Verstand, den ich verehren aber nicht begreifen kann. [...] [I]ns Bürgerliche worin ich stehe kann sie nicht einsehen" (22. Juni 1806, zit. nach Steinsdorff 1992, 193–194).

Melines Briefe – über 100 aus Frankfurt aus den Jahren 1806/07, gerichtet an die Savignys, und etwa 50 aus den Jahren 1808/09 – haben sich erhalten. Sie zeigen sie als realitätsbezogene Chronistin der Ereignisse in der Frankfurter Familie, die eher sachlich schildert, was Bettina vielfach poetisch modelliert hat. Meline widersetzte sich bewusst der Vermengung von poetischer Fiktion und Wirklichkeit, den „fixen Luftideen" (Meline an Savigny, September 1806, zit. nach Strohmeyr 2006, 156), und strebte eine bürgerliche Konvenienzehe an. Sie empfand es lange als Vorwurf, noch nicht versorgt (verheiratet) zu sein, heiratete dann 1810 den 16 Jahre älteren Kaufmann Georg Friedrich von Guaita (1772–1851) aus einer reichen, ebenfalls aus Italien stammenden Handelsfamilie, der später Senator und sieben Mal zum Bürgermeister Frankfurts gewählt wurde (vgl. Schultz 2001, 287) – eine perfekte Partie nicht nur für Meline, sondern auch für die Frankfurter Brentanos. Trotzdem spottete Clemens über Guaita, den „Wonneschisser" (zit. nach Strohmeyr 2006, 160), und Bettina meinte 1821 verächtlich, Meline habe „sich das Dencken schon längst verbothen um auch in ihren Ansichten nicht einmal gegen ihren Mann zu handlen, hat es auch längst verlernt" (7. September 1821, in: Bw Arnim 3, Bd. 2, 273).

Trotz solcher Sticheleien pflegte Bettina lange eine vertraute familiäre Beziehung zu Meline, die sie zugleich an ihre ferne Heimatstadt und ihre Kindheit zu erinnern schien. So berichtete sie der Schwester in den frühen Jahren aus Berlin und Wiepersdorf lebendig, warm und ironisch im Ton über die dortigen Ereignisse, so etwa Anfang Juli 1814 über den Landsturm und die Verteidigung Berlins: Bettina sehnte sich nach der Familie und fragte nach Neuigkeiten aus Frankfurt, sie beschrieb, wie sie ihre ältesten Söhne Freimund und Siegmund selbst stillte, und teilte Meline mit, dass sie abermals schwanger war – weibliche und alltägliche Themen und Begebenheiten, die heute zugänglich sind (vgl. GW 4, 159–165), in früheren Briefeditionen aber zumeist ausgelassen wurden. Bettina blieb auch späterhin mit Meline verbunden, die für alle Geschwister zum Anlaufziel wurde, wenn sie Frankfurt besuchten.

Meline war „zeitlebens im Urteil ihrer Verwandten und Freunde" die zuverlässige Stütze bei allen Krankheits- und Unglücksfällen, „lieb und kindlich gut" (Steinsdorff 1992, 206). Auch Bettina wandte sich natürlich an Meline, als sie nach dem plötzlichen Tod des erst 50-jährigen Achim von Arnim im Januar 1831 in Wiepersdorf in Briefen an Geschwister und ihr nahestehende Freunde Trost suchte, indem sie an gemeinsame Verbindungen und Beziehungen erinnerte. An Meline schrieb sie im März: „[E]s ist mir wieder ein Zeugniß daß es nicht umsonst ist wenn einer Mutter Schoos uns gebohren und daß wir uns mit ergriffen fühlen wenn sich gewaltiges mit einem Blutsverwandten ereignet; ja so etwas ist nicht umsonst, Geschwister haben ein tieferes Band und die physische Natur ist eng verbunden mit der geistigen"; sie habe „plötzlich eine Erinnerung gehabt von unserer Mutter gleich in den ersten Stunden wo ich wußte daß Arnim geschieden, und daß es mir war als habe sie Mitleid mit mir" (11. März 1831, zit. nach Püschel 1996, 163).

In romantisch-religiösen Bildern erinnerte die damals 46-jährige Bettina, deren jüngste Tochter Gisela erst drei Jahre und fünf Monate alt war, an die familiäre Verbundenheit und die eigene Mutter. In ihrer Erinnerung verklärte sie emotional die Familienbande unter Frauen, zwischen Mutter und Tochter und zwischen Schwestern. Dennoch zeigt der Brief, dass Geschwister Trost und Unterstützung in Lebenskrisen bedeuten, dass dabei die Beziehungen zwischen Schwestern besonders eng sind und dass diese als wichtige Bezugspunkte oft lebenslang auch in der geographischen Entfernung bestehen bleiben.

Bettinas historische Vernetzung in der Großfamilie Brentano war vielseitig und wechselhaft, von der Kinder- und Jugendzeit über das Erwachsenenalter bis zum Tod. Insbesondere mit Blick auf die Mitglieder ihrer Herkunftsfamilie fallen die lange anhaltenden, dauerhaften Bande auf, die dann auf die Generation ihrer Kinder übertragen wurden, wozu sicher auch der gesellschaftliche Status und der Reichtum der Brentanos mit beitrugen. Trotz aller Rivalitäten und Eifersüchteleien, trotz aller „Knüffe und Hiebe" (Steinsdorff, 1992, 192), trotz aller Entfremdungen und Missverständnisse, trotz Klatsch und Sorge um den guten Ruf: Alle Brentanos solidarisierten sich immer wieder mit der Herkunftsfamilie oder arrangierten sich in engerer Anlehnung an einen Bruder oder Schwester.

Bei ihren Schwestern fand Bettina den Ort für ihre weibliche Selbst- und Gruppenerfahrung, für Empathie, Freundschaft, menschliche Nähe, gegenseitige Unterstützung und zeitweise Geborgenheit wie in den Jugendjahren mit Gunda in München und Landshut. Die solidarische, teilweise belehrende Haltung der Schwestern half über die Peinlichkeiten und Ärgernisse angesichts Bettinas exzentrischem, gegen die Konventionen verstoßendem Verhalten hinweg. Im Umgang mit ihren Geschwistern war sie vor allem Clemens gegenüber hilfsbereit und fürsorglich, den Schwestern begegnete sie hingegen eher eifersüchtig und rivalisierend. Ebenfalls war es hier vor allem das Verhältnis zu Gunda, das während der späteren Berliner Jahre zeitweise sehr angespannt war. Sie konnte die Schwestern strategisch für ihre Interessen gewinnen wie bei ihren Reiseplanungen mit Meline oder Lulu in jungen Jahren, zeigte sich dann aber auch wieder distanziert bis abweisend, wenn sie eine andere Meinung hatte oder eigene Pläne verfolgte.

1.3. Clemens und die Geschwister

Letztlich erhellen Bettinas Geschwisterbeziehungen nicht nur wichtige Aspekte des weiblichen Alltags der Zeit, sie geben auch Einblicke in die von der Forschung bislang wenig thematisierten sozialen Netzwerke von Frauen.

6. Literatur

Becker-Cantarino, Barbara: *Meine Liebe zu Büchern. Sophie von La Roche als professionelle Schriftstellerin*. Heidelberg 2008.

Becker-Cantarino, Barbara: „Selbstständigkeit, Empathie und Loyalität: Bettine Brentano-von Arnim und ihre Geschwister". In: *Colloquia Germanica* 49 (2018), S. 9–26.

Beutler, Ernst: „Briefe aus dem Brentanokreis". In: Jb FDH 1934/35, S. 367–455.

Brentano, Clemens: *Sämtliche Werke und Briefe* (= Frankfurter Brentano-Ausgabe). Bd. 29: *Briefe I: 1792–1802*. Hg. v. Lieselotte Kinshofer. Stuttgart 1988.

Brentano, Lujo: „Der jugendliche und der gealterte Clemens Brentano über Bettine und Goethe". In: Jb FDH 1929, S. 325–352.

Bunzel, Wolfgang: „‚Von Herz zu Herz'? Zum textologischen Status und sozialhistorischen Kontext der Familienbriefe Bettine von Arnims". In: Ulrike Landfester u. Hartwig Schultz (Hg.): *Dies Buch gehört den Kindern. Achim und Bettine von Arnim und ihre Nachfahren*. Berlin 2004, S. 37–81.

Caspary, Eugen: „Christian Joseph Möhn und seine Ehe mit Luise von La Roche". In: *Genealogisches Jahrbuch* 19.2 (1979), S. 527–590.

Döhn, Helga: „Sophie Brentano 1776–1800. Ein Lebensbild nach Briefen im Nachlaß Savigny und anderen Quellen". In: *Studien zum Buch- und Bibliothekswesen* 4 (1996), S. 46–70.

Dölemeyer, Barbara: „Gunda Brentano (1780–1863) und Friedrich Carl von Savigny (1779–1861). Romantik und Recht". In: Bernd Heidenreich (Hg.): *Geist und Macht. Die Brentanos*. Wiesbaden 2000, S. 159–179.

Gelderblom, Gertrud: „Antonia Brentano, Edle von Birkenstock". In: Josef Mayerhöfer u. Walter Ritzer (Hg.): *Festschrift Josef Stummvoll*. Teil 2. Wien 1970, S. 774–780.

Gestrich, Andreas: *Geschichte der Familie im 19. und 20 Jahrhundert*. 3. Aufl. München 2013.

Gruber Sabine: „Christian Brentano (1784–1851)". In: Bernd Heidenreich [u.a.] (Hg.): *Die Brentanos. Eine romantische Familie?* Frankfurt a.M. 2016, S. 295–310.

Grus, Michael: „Franz Dominicus Brentano (1765–1844)". In: Bernd Heidenreich [u.a.] (Hg.): *Die Brentanos. Eine romantische Familie?* Frankfurt a.M. 2016, S. 93–111.

Hillebrand, Karin: „‚Der edelste Geist seiner Zeit'. Ein bisher unveröffentlichter Brief Bettina von Arnims". In: *Neue Literarische Welt* 4.2 (25. Januar 1953), S. 16.

Labouvie, Eva (Hg.): *Schwestern und Freundinnen. Zur Kulturgeschichte weiblicher Kommunikation*. Köln, Weimar, Wien 2009a.

Labouvie, Eva: „Zur Einstimmung und zum Band". In: E. Labouvie (Hg.): *Schwestern und Freundinnen. Zur Kulturgeschichte weiblicher Kommunikation*. Köln, Weimar, Wien 2009b, S. 11–31.

Landfester, Ulrike: „Faselei online. Vorüberlegungen zu einer Internet-Publikation von Bettine von Arnims Werk". In: *Jahrbuch für Computerphilologie* 2 (2000), S. 121–145. http://computerphilologie.uni-muenchen.de/jg00/landfest/landfest.html [30. Mai 2019].

Landfester, Ulrike: „Clemens Brentano (1778–1842). Familientexte und Textfamilien". In: Bernd Heidenreich [u.a.] (Hg.): *Die Brentanos. Eine romantische Familie?* Frankfurt a.M. 2016, S. 139–169.

Maurer, Wolfgang: „Bildung". In: Hans-Werner Hahn u. Dieter Hein (Hg.): *Bürgerliche Werte um 1800. Entwurf – Vermittlung – Rezeption*. Köln, Weimar, Wien 2005, S. 227–237.
Püschel, Ursula: „Gewaltiges hat sich ereignet. Zu einem Brief Bettina von Arnims an ihre Schwester Meline vom 11. Februar 1831". In: U. Püschel: *„... wider die Philister und die bleierne Zeit". Untersuchungen, Essays, Aufsätze über Bettina von Arnim*. Berlin 1996, S. 163–186.
Sabean, David W., und Simon Teuscher: „Kinship in Europe: A New Approach to Long-Term Development". In: D. W. Sabean, S. Teuscher u. Jon Mathieu (Hg.): *Kinship in Europe: Approaches to Long-Term Developments (1300–1900)*. Oxford 2007, S. 1–32.
Schad, Brigitte: „Christian Brentano (1784–1851). Vater der Aschaffenburger Brentanos". In: Bernd Heidenreich (Hg.): *Geist und Macht. Die Brentanos*. Wiesbaden 2000, S. 93–116.
Scharwies, Walter: „Maria Ludovica Brentano-Jordis-des Bordes (1787–1854)". In: Bernd Heidenreich [u.a.] (Hg.): *Die Brentanos. Eine romantische Familie?* Frankfurt a.M. 2016, S. 191–211.
Schmidt, Erich (Hg.): „Zwei Briefe Bettinas" [an Meline, Kassel, Frühjahr 1807]. In: *Freundesgaben für Carl August Burkhardt zum siebzigsten Geburtstag*. Weimar 1900, S. 75–84.
Schultz, Hartwig: „‚Zum Kaufmann taugst Du nichts ...': Die Frankfurter Brentano-Familie und ihre Auseinandersetzungen mit Clemens". In: Christoph Jamme u. Otto Pöggeler (Hg.): *„Frankfurt aber ist der Nabel dieser Erde". Das Schicksal einer Generation der Goethezeit*. Stuttgart 1983, S. 243–257.
Schultz, Hartwig: *Schwarzer Schmetterling. Zwanzig Kapitel aus dem Leben des romantischen Dichters Clemens Brentano*. Berlin 2000.
Schultz, Hartwig: *Die Frankfurter Brentanos*. Stuttgart, München 2001.
Schultz, Hartwig: „*Unsre Lieb aber ist außerkohren". Die Geschichte der Geschwister Clemens und Bettine Brentano*. Frankfurt a.M., Leipzig 2004.
Schwinn, Holger (Hg.): *Die Briefe und Briefnachschriften von Georg Brentano im FDH*. Typoskript. Mit Unterstützung des FörderVereins PetriHaus e.V. Frankfurt a.M. Januar 2011.
Schwinn, Holger: „Georg Brentano (1775–1851)". In: Bernd Heidenreich [u.a.] (Hg.): *Die Brentanos. Eine romantische Familie?* Frankfurt a.M. 2016, S. 113–138.
Steinsdorff, Sibylle von: „‚... durch Convenienz sehr eingeschraubt ...': Versuch über Meline Brentano-von Guaita". In: Konrad Feilchenfeldt u. Luciano Zagari (Hg.): *Die Brentano. Eine europäische Familie*. Tübingen 1992, S. 183–207.
Strohmeyr, Armin: *Die Frauen der Brentanos. Porträts aus drei Jahrhunderten*. Berlin 2006.

1.4. Achim von Arnim
Roswitha Burwick

1. Studium, Reisen, erste Veröffentlichungen 113
2. Achim und Bettina 116
3. Ehejahre in Berlin und Wiepersdorf 118
4. Literatur 120

Achim von Arnim, eigentlich Carl Joachim Friedrich Ludwig (Louis) von Arnim, wird am 26. Januar 1781 in Berlin im Quarée 3 als zweiter Sohn des Königlich Preußischen Kammerherrn und späteren preußischen Gesandten Joachim Erdmann von Arnim (1741–1804) und seiner Ehefrau Amalia Caroline Friederike Johanna Dorothea, geb. Labes (1761–1781), geboren. Noch nach Jahren fühlt Arnim sich für den Tod der Mutter, die am 14. Februar an den Folgen seiner Geburt starb, verantwortlich: „Um zu erblicken die Sonne zerschlug ich die Form in die ich gegossen wie das Riesenkind berstet den Leib der menschligen Mutter, also auch schloß sich ihr Aug, als ich das meine erhub" (Arnim an Clemens Brentano, 2. März 1804, in: Arnim 2004a, 348). Die Erziehung Achims und seines älteren Bruders Carl Otto Ludwig, genannt Pitt (1779–1861), übernimmt Caroline Marie Elisabeth Daum, geb. Labes (1730–1810), die Großmutter mütterlicherseits in Berlin, während sich der Vater auf sein uckermärkisches Gut Friedenfelde zurückzieht. Für den Verzicht der Erziehungsansprüche des Vaters zahlt die Großmutter 1.000 Reichstaler.

1. Studium, Reisen, erste Veröffentlichungen

Nach dem Abitur am Berliner Joachimsthalschen Gymnasium, wo er sich als hervorragender Schüler ausgezeichnet hatte, beginnt Arnim 1798 zusammen mit seinem Bruder ein Jurastudium an der Universität Halle. Neben juristischen und philosophischen Vorlesungen bei Christoph Christian Dabelow, Johann August Eberhard, Johann Christoph Hoffbauer, Christian Gottlieb Konopak und Jacob Sigismund Beck besucht er auch naturwissenschaftliche Vorlesungen über Physik und Chemie bei Ludwig Wilhelm Gilbert, Alexander Nicolaus Scherer und Johann Horkel (vgl. Arnim 2000, 391). Trotz der Erwähnung von Friedrich Albert Carl Gren im späteren Zeugnis Arnims und den vereinzelten Marginalien in seinem Exemplar von Grens Lehrbuch ist es zweifelhaft, ob er bei dem Chemiker, Physiker und Pharmakologen noch regelmäßig Vorlesungen hören konnte, da dieser, schwer krank, nur noch sporadisch anwesend war und bereits im November 1798 verstarb (vgl. Seils 1995, 97). Zum einen wurde Grens Lehrbuch weiterhin verwendet, zum anderen zeigen Arnims zahlreiche handschriftliche Notizen, dass er sich sein umfangreiches Wissen nicht in Vorlesungen, sondern in den Bibliotheken im Selbststudium aneignete. Bereits 1799 publiziert der Student sein Erstlingswerk *Versuch einer Theorie der elektrischen Erscheinungen*. Gilbert, der nach Grens Tod die von diesem begründeten *Annalen der Physik* übernommen hatte, beauftragt Arnim sofort mit dem Übersetzen und Exzerpieren einschlägiger Beiträge aus den in- und ausländischen Journalen. In den Jahren 1799–1807 erscheinen 64 Artikel bzw. Briefexzerpte Arnims, darunter eigenständige Essays zu Elektrizität, Licht, Magnetismus und Galvanismus. Darüber hinaus liefert Arnim im Jahr 1800 sechs Beiträge zu dem von Alexander Nicolaus Scherer herausgegebenen *Allgemeinen Journal der Chemie* und 1803 die Rezension zu Henrik Steffens *Beyträgen zur innern Naturgeschichte der Erde* in den von Friedrich Benjamin Wolff herausgegebenen *Annalen der chemischen Literatur*. Die geplanten Beiträge für Johann Horkels *Archiv für die thierische Chemie* und Karl Friedrich Hindenburgs *Archiv der reinen und angewandten Mathematik* sind zum Teil handschriftlich überliefert, wurden aber zu Lebzeiten nicht gedruckt (Arnim 2007, 577–597).

Am 20. Mai 1800 immatrikuliert sich Arnim als Student der Mathematik an der Universität Göttingen, wo er vermutlich die Vorlesungen des Physikers und Anatomen Johann Friedrich Blumenbach besucht, mit dem er auch physikalische Versuche mit Voltaischen Batterien durchführt. Auch hier geben seine umfangreichen handschriftlichen Aufzeichnungen Zeugnis von höchst diszipliniertem Selbststudium in der hervorragend bestückten Göttinger Bibliothek. In den knapp drei Jahren seines Studiums in Halle und Göttingen eignet sich Arnim ein für die Zeit exemplarisches enzyklopädisches Wissen zu naturwissenschaftlichen Fragen an. Er macht sich einen Namen als Naturforscher und steht u. a. mit Johann Wilhelm Ritter und Friedrich Wilhelm Joseph Schelling in Jena in Verbindung. Anfang August 1801 verlässt er Göttingen und begibt sich auf seine Kavalierstour durch Österreich, die Schweiz, Norditalien, Frankreich, Holland, England und Schottland. Zahlreiche Erlebnisse und Erfahrungen dieser Reise wird Arnim in seinen Romanen, Novellen und Gedichten mit den verschiedenen narrativen Strängen, zu denen auch die aus den Naturwissenschaften gehören, kunstvoll vernetzen. Erst 1804 kehrt er wieder nach Berlin zurück.

Obwohl die Arnim-Forschung lange von einem Bruch, d. h. einem ‚Abwenden von den Wissenschaften' und einer ‚Hinwendung zur Poesie', überzeugt war (vgl. den langen Brief Arnims an Brentano vom 24., 26. und 27. Dezember 1803, in: Arnim 2004a, 312–339), zeigt der heutige Forschungsstand, dass die poetischen Arbeiten parallel zu den wissenschaftlichen Aufsätzen entstanden. Einige der handschriftlichen Aufzeichnungen zu naturwissenschaftlichen Themen sind philosophisch und poetisch zugleich und deuten auf Arnims Bemühen, zu zeigen, dass sich Kunst und Wissenschaft keineswegs antagonistisch gegenüberstehen, sondern vielmehr eng miteinander verbunden sind (vgl. Burwick 2012). So verfasste er bereits in seiner Schüler- und Studentenzeit poetische Entwürfe, die zwar fragmentarisch blieben, aber seine schriftstellerischen Neigungen belegen (Arnim 2004b, 355–368). Zeugnis dieses Verbindens scheinbar heterogener Elemente sind seine Abiturrede *Das Wandern der Künste und Wissenschaften* (gehalten am 28. März 1798, in: Arnim 2004b, 271–284) und sein poetisches Erstlingswerk *Hollin's Liebeleben*, das, im Sommer und Herbst 1801 auf dem Gut der Großmutter in

1.4. Achim von Arnim

Zernikow geschrieben, 1802 bei Dieterich in Göttingen im Druck erscheint und mit einer dem Charakter des Hollin entgegengesetzten Biographie des Schweizer Naturforschers Horace Bénédict de Saussure schließt.

Trotz seiner Bemühungen und den Beziehungen seines Onkels Hans von Schlitz gelingt es Arnim nie, eine Stelle im Staatsdienst oder an einer der deutschen Universitäten anzutreten. Im Umgang mit Clemens Brentano (1778–1842) und später mit den Brüdern Jacob Grimm (1785–1863) und Wilhelm Grimm (1786–1859) widmet er sich nun der Schriftstellerei. Den kürzeren Erzählungen *Aloys und Rose* und *Erzählungen von Schauspielen* (beide 1803) und dem Roman *Ariel's Offenbarungen* (1804) folgt das erste größere Projekt, die in Heidelberg mit Brentano herausgegebene Liedersammlung *Des Knaben Wunderhorn* (1806 [recte 1805] u. 1808) und die *Zeitung für Einsiedler* (1808). Die Fortsetzung des *Wunderhorns* verzögert sich, da Arnim nach der Niederlage Preußens gegen Frankreich bei Jena und Auerstedt 1806 der geflohenen königlichen Familie nach Königsberg folgt. Dort verkehrt er am Hofe und hat Kontakt zu den Reformpolitikern, dem Freiherrn vom Stein, Gneisenau und Scharnhorst. Seine Reformvorschläge, die mit der Erneuerung des deutschen Ordens, „der nicht blos den Kriegsbrauch sondern auch den Geist des Wissens und der Kunst, des Gewerbes und des Landbaus umfassen müßte", wieder ein kulturpolitisches Programm konzipieren, finden wenig Resonanz, so dass er noch Ende 1824 klagen wird: „Mein Entwurf war darum nicht so praktisch, weil er die Adelsidee voraus setzte, die vielen ein Aergerniß" (zit. nach Burwick 1978, 386; vgl. Arnim 1992, 189–205 u. Erläuterungen). Nach einer unglücklichen Liebe zu der 15-jährigen Auguste Schwinck (1792–1835) verlässt Arnim Königsberg und reist 1807 mit dem Kapellmeister Johann Friedrich Reichardt (1752–1814), den er seit seiner Studienzeit kennt, zu Goethe nach Weimar, von dort nach Kassel zu den Grimms und 1808 wieder nach Heidelberg. Auf dem Heimweg nach Berlin besucht Arnim erneut Goethe in Weimar, der das *Wunderhorn* rezensiert und sich wohlwollend über die *Zeitung für Einsiedler* äußert. Während seines Aufenthaltes in Berlin entsteht 1809 die Novellensammlung *Der Wintergarten*; Arnim schreibt für Kleists *Berliner Abendblätter* und gründet 1811 die ‚deutsche Tischgesellschaft'. Ohne eine Anstellung mit regelmäßigem Einkommen hatte Arnim seinen Unterhalt bislang von den jährlichen Zuschüssen aus dem Vermögen seiner Großmutter und dem Erlös seiner Schriftstellerei bestreiten können. Das ändert sich durch den Verlust des großmütterlichen Vermögens nach deren Tod am 10. März 1810, denn ihr Testament spricht die noch verbliebenen Güter in der Uckermark durch einen Fideikommiss ausschließlich den legitimen Nachkommen ihrer Enkel zu. Obwohl die Güter durch die mit der preußischen Niederlage verbundenen Reparationszahlungen hoch verschuldet sind, entschließt sich Arnim, das Erbe anzutreten und nun an Sesshaftigkeit, Beruf und Ehe zu denken.

2. Achim und Bettina

Arnim hatte Bettina Brentano bereits im Sommer 1802 in Frankfurt am Main kennengelernt. In einem launigen, an poetischen Bildern reichen Brief an seine Tante Louise von Schlitz – Arnim arbeitete gerade von Wien kommend an *Ariel's Offenbarungen* – konstruierte er die Familie Brentano als komplexes magnetisches Feld, in dem Bettina „die höhere Vereinigung" von Feuer und Magnetismus verkörperte (Anfang/Mitte Juli 1802, in: Arnim 2004a, 55–57, hier 56). Trotz der Bemühungen Clemens', die beiden näher aneinander zu binden, bleibt das Verhältnis eher freundschaftlich, hauptsächlich bedingt durch Arnims Bildungsreise durch Europa und seinen Königsberger Aufenthalt. Während dieser Jahre pflegen Achim und Bettina jedoch einen regen Gedankenaustausch, in dem die beiden eine intellektuelle und emotionale Partnerschaft eingehen. Geprägt von einem unsteten Leben, immer unterwegs und bei Freunden oder Bekannten untergebracht, teilen sie sich ihre Lebenserfahrungen, ihre Zukunftsängste, aber auch ihre Begeisterung für Literatur und Kunst mit – Bettina schickt Beiträge für das *Wunderhorn*, die *Zeitung für Einsiedler* und vertont Arnims Gedichte. Sie spenden sich gegenseitig Trost, kritisieren aber auch das, was ihnen am anderen missfällt.

Während der Drucklegung des *Wunderhorns* treffen sich Arnim und Bettina im Sommer und Herbst 1805 häufig in Frankfurt und unternehmen gemeinsame Ausflüge nach Wiesbaden, an den Rhein und nach Trages, dem Gut von Bettinas Schwager Savigny. Am 13. Oktober sind beide Taufpaten von Savignys wenige Monate zuvor in Paris zur Welt gebrachter und nach Bettina benannter Tochter. Im Januar 1806 beginnt für Arnim und Bettina schließlich eine Zeit reger Korrespondenz, die geprägt ist von den politischen Ereignissen und dem damit verbundenen Einfluss auf ihre Lebensumstände. Anfang November 1807 sehen sich die beiden wieder, diesmal bei einem Besuch Goethes in Weimar – ohne Zweifel eine emotionale Begegnung, da beide tief bewegt sind: Bettina wohl von ihrer Goethe-Verehrung und Arnim von seinem Liebeskummer um Auguste Schwinck, von dem Bettina durchaus weiß, da er in seinen Briefen bei ihr Trost gesucht hatte. Trotzdem wird diese Begegnung entscheidend für ihr Verhältnis, da sie sich in der Folge offener über ihre gegenseitige Zuneigung äußern. Trotz der oft leidenschaftlichen Liebesbeteuerungen der beiden, herrscht immer noch eine gewisse Unsicherheit und Distanz, vor allem, da Bettina ihre Goethe-Verehrung mit ihrer Liebe zu Arnim in Einklang zu bringen versucht. So heißt es in einem Schreiben Bettinas an Goethe Anfang 1808: „Arnim ist in Heidelberg, wo er den Druck des zweiten Theils vom Wunderhorn besorgt, wir schreiben uns oft, Liebesbrieflein; er hat mich sehr lieb um mein und Deinetwillen, ich hab ihn auch lieb, aber um sein selbst willen, denn er hat ein frisch lieb Angesicht und ein tapfer Gemüth und ein edel Herz" (GW 2, 598; auch in: Steig/Grimm 1913, 80).

Als Savigny einen Ruf an die Universität Landshut annimmt, begleitet Arnim, der gerade den zweiten und dritten Band des *Wunderhorns* in Druck gegeben hatte, die Familie, der sich Bettina angeschlossen hatte, am 12. September 1808 bis nach Aschaffenburg. Bettina lebt vorerst in München, wo sie nicht nur Bekanntschaften zu Philosophen und Schriftstellern knüpft, sondern mit ihrer Sympathie für die Tiroler Volkserhebung von 1809 auch Interesse am politischen Zeitgeschehen zeigt, was sie mit Friedrich Lothar Graf von Stadion, dem Haupt der patriotisch-antifranzösischen Partei, und dem bayerischen Kronprinzen, dem späteren König Ludwig I., verbindet. Zu den jüngeren Bekannten und Freunden, die die inzwischen 23-Jährige nun zu ihren ‚Zöglingen' zählt, gehören Ludwig Emil Grimm (1790–1863), der jüngere Bruder von Jacob und Wilhelm, der Maler Friedrich Epp († 1813) und der Kunsthistoriker Carl Friedrich von Rumohr (1785–1843) (vgl. Steinsdorff 1972, 7–10). Mit ihrer Übersiedlung nach Landshut im September 1809 tritt Bettina schließlich in den Kreis der literarisch und politisch engagierten Studenten, in dem sie bald eine zentrale Stelle einnehmen sollte. Unter den Bewunderern ist auch Max Prokop von Freyberg (1789–1851), mit dem sie einen „heiligen" Freundschaftsbund schließt (ebd., 29), der in einem überschwänglichen und mit „pädagogischem Eros" aufgeladenen Briefwechsel Ausdruck findet (ebd., 34). Die gleichzeitige intensive Korrespondenz mit Arnim in dieser Phase dokumentiert nicht nur die Zweifel und Ängste vor der Unsicherheit über eine gemeinsame Zukunft – Arnims finanzielle Lage ist prekär, da er über keine gesicherte Existenz verfügt –, sondern auch eine Offenheit, ein ehrliches Bemühen um gegenseitiges Verständnis ihrer Eigenheiten. Arnim versteht Bettinas Bestreben nach Eigenständigkeit und Selbstbestimmung, unterstützt sie in gewisser Hinsicht, ist aber auf der anderen Seite auch bemüht, ihr das Unangemessene ihres oft exzentrischen Benehmens vor Augen zu stellen. Trotz Streitereien, Tadel und Vorwürfen bezeugen die Briefe ein inniges Verhältnis, das bereits eine wichtige Grundlage für ihre Ehe werden sollte.

Nach dem Tod der Großmutter im März 1810 und den damit verbundenen materiellen Verlusten entschließt sich Arnim, nach Bukowan zu reisen, wo sich Bettina mit ihrem Schwager und dessen Familie aufhält, und um ihre Hand anzuhalten. Da Bettina noch völlig dem Konstrukt ihrer „idealischen Überhöhung des eigenen Ich" (Steinsdorff 1972, 41) im schwärmerischen Dialog mit dem poetisierten Max Prokop von Freyberg nachhängt und mit ihrer Volljährigkeit am 4. April 1810 auch in den Besitz ihres Vermögens kommt – sie will in Berlin unabhängig sein und ihre Gesangsausbildung fortsetzen –, verläuft das Wiedersehen im Juni 1810 für beide enttäuschend. Trotzdem hält Arnim, zurück in Berlin, am 10. Juli 1810 schriftlich um ihre Hand an. In ihrer – ebenfalls schriftlichen – Zusage rund zehn Tage später vermischen sich die Erinnerung an die Jahre ihrer Bekanntschaft und Zuneigung, aber auch Gedanken an die durch die Verschiedenheit ihrer Charaktere ausgelösten Probleme und Ängste. Doch schließt das Schreiben mit der festen Zusage: „Liebes Kind meines Herzens, warum soll ich nicht Dein seyn? – Warum, wenn Du an mich verlangst, soll ich Dir nicht geben? […] sey von mir geliebt, sey mein, sey getröst Bettine" (Bw Arnim 3, Bd. 1, 482; auch in: Steig/Grimm 1913, 401). Nach Abschluss eines Ehevertrags, in dem festgelegt wird, dass Arnim seine Schulden nicht mit dem Vermögen seiner zukünftigen Frau begleichen kann, verlobt sich das Paar am 4. Dezember 1810 bei „kalt und schauerlich Wetter [...] unter Freiem Himmel um ½9 Uhr Abends in einem Hof, wo hohe Bäume stunden, von denen der Wind den Regen auf uns herabschüttelte" (Bettina an Goethe, zweite Dezemberhälfte 1810, in: GW 2, 712; auch in: Steig/Grimm 1913, 403–404). An Heiligabend 1810 erfolgt bei Savignys die offizielle Verlobung, am 11. März 1811 werden sie von Pfarrer Schmidt aus der Waisenhauskirche in dessen Bibliothek heimlich getraut (vgl. GW 2, 716–717; Steig/Grimm 1913, 406). Ihre Maxime – „der Mensch soll sich dem andern nicht hingeben, er soll aber mit ihm zusammen wirken. begreif das" (Bettina an Max Prokop, Mitte Februar 1811, in: Bw Freyberg, 206) – muss nun umgesetzt werden in die realen Lebensverhältnisse und -beziehungen mit Arnim.

3. Ehejahre in Berlin und Wiepersdorf

Um die hohen Schulden abzuzahlen und die finanzielle Lage zu verbessern, wohnt die junge Familie zunächst in Berlin in der Wilhelmstraße 78, im Gartenhaus des Vossischen Palais, später, um die Miete zu sparen, bei den Savignys. Arnim verwaltet die hoch verschuldeten und de jure nur seinen Kindern zustehenden Güter in der Uckermark von Berlin aus und sucht sich durch seine Schriftstellerei und die Herausgabe des *Preußischen Correspondenten* ein Einkommen zu sichern (vgl. Arnim 1982). Nach der Einstellung der Zeitung erst einmal ohne Einnahmen, sieht sich die rasch anwachsende Familie gezwungen, 1814 nach Wiepersdorf überzusiedeln, da man dort mietfrei wohnen und auch die Güter bewirtschaften kann. Da Bettina die gesellschaftliche Isolation des Landlebens nicht ertragen kann, zieht sie bald mit den Kindern zurück nach Berlin.

Um nun das Geld für den zweifachen Haushalt aufbringen zu können, müssen die Erträge der Güter nach Berlin gebracht und dort verkauft werden. Die Ehebriefe dokumentieren nicht nur die erheblichen Geldprobleme, die gemeinsamen Sorgen um die endlosen Umzüge Bettinas, die Probleme mit den Lebensmittellieferungen, die Not mit den Bediensteten in der Stadt und auf dem Lande, sondern auch Arnims Leistungen als Gutsherr. Obwohl er weiterhin Romane und Beiträge für Zeitschriften und Almanache verfasst, ist er nun auch mit den Renovierungen am Gutshaus, den Wirtschaftsgebäuden und der Kirche beschäftigt (vgl. Moering 2016, 100). Finanzielle Erleichterung bringt Bettinas Erbabrechung 1816, die es nach der Rückgabe der den Bourbonen geliehenen Gelder ermöglicht, die auf den Gütern mit 25 Prozent Zinsen lastenden Schulden abzuzahlen. Bettina wird sich später erinnern, dass sie Arnim „zwang", sie mit ihrem Gelde ‚abzuzahlen' (zit. nach Bäumer/Schultz 1995, 49). Trotz der Mahnungen Bettinas, nicht auf dem Land zu ‚verbauern', scheint Arnim das Landleben dem Leben in der Stadt mehr und mehr vorgezogen zu haben.

Bettina und Arnim leiden unter dem oft monatelangen Getrenntsein, beharren aber auf ihrem unterschiedlichen Lebensstil. Trotz ihrer Meinungsver-

1.4. Achim von Arnim

schiedenheiten und häufigen Diskussionen um die richtige Kindererziehung, bemühen sich beide um die Familie und unterstützen sich in ihren intellektuellen Projekten. So könnte man behaupten, dass die Sorgen um den täglichen Unterhalt von beiden literarisch verarbeitet wurden. Arnims Erzählung *Martin Martir* und Bettinas späteres Projekt eines *Armenbuchs* über die schlesischen Weber geben Zeugnis von diesen Lebenserfahrungen. Zum anderen finden sich in Arnims Werken, vor allem in den handschriftlich erhaltenen Fragmenten, „Charaktere aus dem ländlichen Preußen" (Moering 2016, 105), etwa in *Lore, die alte Ausgeberin*, in *Der Lord im Sande* oder in *Polypendoktor Purpur*. Neben den ökonomischen, kulturpolitischen und literarischen Aufsätzen in den verschiedenen Zeitschriften (vgl. Arnim 1992) entstehen seit der Eheschließung mit Bettina eine Sammlung von Novellen mit *Isabella von Ägypten, Melück Maria Blainville, Die drei liebreichen Schwestern und der glückliche Färber* und *Angelika, die Genueserin und Cosmus, der Seilspringer* (1812), die Dramensammlung *Die Schaubühne* (1813), der Roman *Die Kronenwächter* (1817), die Novellensammlung *Landhausleben* (1826) und 1818–1824 unter anderem die bekannten Novellen *Der tolle Invalide auf dem Fort Ratonneau, Die Majoratsherren, Owen Tutor, Die Kirchenordnung* und *Raphael und seine Nachbarinnen*.

In den 20 Jahren ihrer Ehe bringt Bettina insgesamt sieben Kinder zur Welt – die vier Söhne Freimund (1812–1863), Siegmund (1813–1890), Friedmund (1815–1883) und Kühnemund (1817–1835) und die drei Töchter Maximiliane (1818–1894), Armgart (1821–1880) und Gisela (1827–1889) (siehe II.1.8. *Erziehung, Kinder, Nachfahren*). Die jüngste Tochter ist noch keine vier Jahre alt, da stirbt Arnim am 21. Januar 1831 plötzlich und unerwartet in Wiepersdorf.

Beginnend mit der Novellensammlung von 1812, besorgt Bettina ab 1839 – zunächst mit Wilhelm Grimm zusammen – die Herausgabe der *Sämmtlichen Werke* Arnims, die jedoch keine Gesamtausgabe darstellen, sondern schon beim Druck ungeordnet vorliegen (vgl. Moering 1981). Den von Arnim als Fragment hinterlassenen zweiten Band der *Kronenwächter* bearbeitet Bettina selbst und veröffentlicht ihn als fünften Band des Nachlasses im Jahre 1854. Bettinas eigenes literarisches Talent hat sich zeit ihres Lebens in ihrer Korrespondenz artikuliert, in der sie eine Vielfalt von Stimmlagen – ernst, heiter, kindlich, erwachsen, altklug, humorvoll, exzentrisch – durchspielt und eine schillernde *persona* schafft, mit der sie dann in ihren Briefromanen und literarischen Arbeiten nach dem Tod Arnims an die Öffentlichkeit tritt. Die literarischen, kulturpolitischen und sozialpolitischen Schriften der Ehegatten werden damit auch zum Zeugnis einer engagierten intellektuellen Partnerschaft.

4. Literatur

Arnim, Achim von: „Unveröffentlichte Briefe Achim von Arnims nebst anderen Lebenszeugnissen. I: 1793–1810". Mitgeteilt v. Hermann F. Weiss. In: *Literaturwissenschaftliches Jahrbuch* 21 (1980), S. 89–169.
Arnim, Achim von: *Arnims Briefe an Savigny 1803–1831*. Mit weiteren Quellen als Anhang. Hg. u. kommentiert v. Heinz Härtl. Weimar 1982.
Arnim, Achim von: *Schriften*. Hg. v. Roswitha Burwick [u.a.] Frankfurt a.M. 1992 (= Arnim: Werke in sechs Bänden, Bd. 6).
Arnim, Achim von: *Briefwechsel 1788–1801*. Hg. v. Heinz Härtl. Tübingen 2000 (= Arnim: Werke und Briefwechsel. Historisch-kritische Ausgabe, Bd. 30).
Arnim, Achim von: *Briefwechsel 1802–1804*. Hg. v. Heinz Härtl. Tübingen 2004a (= Arnim: Werke und Briefwechsel. Historisch-kritische Ausgabe, Bd. 31).
Arnim, Achim von: *Schriften der Schüler- und Studentenzeit*. Hg. v. Sheila Dickson. Tübingen 2004b (= Arnim: Werke und Briefwechsel. Historisch-kritische Ausgabe, Bd. 1).
Arnim, Achim von: *Naturwissenschaftliche Schriften*. Hg. v. Roswitha Burwick. Tübingen 2007 (= Arnim: Werke und Briefwechsel. Historisch-kritische Ausgabe, Bd. 2).
Arnim, Achim von: *Zeitung für Einsiedler. Fiktive Briefe für die Zeitung für Einsiedler*. Hg. v. Renate Moering. Berlin, Boston 2014 (= Arnim: Werke und Briefwechsel. Historisch-kritische Ausgabe, Bd. 6).
Bäumer, Konstanze, und Hartwig Schultz: *Bettina von Arnim*. Stuttgart, Weimar 1995.
Burwick, Roswitha: „Exzerpte Achim von Arnims zu unveröffentlichten Briefen". In: Jb FDH 1978, S. 298–395.
Burwick, Roswitha: „‚Kunst ist der Ausdruck des ewigen Daseins': Arnims poetische Ansicht der Natur". In: Olaf Breidbach u. R. Burwick (Hg.): *Physik um 1800. Kunst, Naturwissenschaft oder Philosophie?* München 2012, S. 39–65.
Härtl, Heinz: „Kleine Arnim-Chronik bis zum Ende des Studiums". In: Holger Dainat u. Burkhard Stenzel (Hg.): *Goethe, Grabbe und die Pflege der Literatur*. Festschrift zum 65. Geburtstag von Lothar Ehrlich. Bielefeld 2008, S. 225–240.
Moering, Renate: „Ludwig Achim's von Arnim *Sämmtliche Werke*". In: Detlev Lüders (Hg.): *Achim von Arnim. 1781–1831. Ausstellung im Freien Deutschen Hochstift*. Frankfurt a.M. 1981, S. 93–94.
Moering, Renate: „‚… Nur ein liebend geliebtes Weib zu umarmen …': Ein unbekannter Brief Achim von Arnims an seine Frau Bettine". In: Jb FDH 2007, S. 199–214.
Moering, Renate: „Stadt versus Land: Lebensräume in Wunsch und Realität. Mit unpublizierten Texten aus dem Ehebriefwechsel zwischen Achim und Bettine von Arnim". In: Walter Pape (Hg.) unter Mitarbeit v. Roswitha Burwick: *Die alltägliche Romantik. Gewöhnliches und Phantastisches, Lebenswelt und Kunst*. Berlin, Boston 2016, S. 93–105.
Seils, Marcus: *Friedrich Albrecht Carl Gren in seiner Zeit. 1760–1798. Spekulant oder Selbstdenker?* Stuttgart 1995.
Steig, Reinhold, und Herman Grimm (Hg.): *Achim von Arnim und die ihm nahe standen*. Bd. 2: *Achim von Arnim und Bettina Brentano*. Bearb. v. Reinhold Steig. Stuttgart, Berlin 1913.
Steinsdorff, Sibylle von: „Einleitung". In: *Der Briefwechsel zwischen Bettine Brentano und Max Prokop von Freyberg*. Hg. u. kommentiert v. Sibylle von Steinsdorff. Berlin, New York 1972, S. 3–50.

1.5. Sophie Mereau
Katharina von Hammerstein

1. Berührungspunkte   121
2. Ein dramatisches Dreieck: Bettina – Clemens – Sophie   123
3. Literatur   127

„[S]ie [Bettina Brentano] ist schön, Sie [Sophie Mereau] sind schön, so wären Sie schöne Schwestern *belles soeurs*" (Brentano/Mereau 1983, 124) – in dieses Wortspiel mit der französischen Wendung für Schwägerinnen und in die Möglichkeitsform kleidet Clemens Brentano im März 1803 seine Hoffnung auf ein einvernehmliches Verhältnis zwischen seiner geliebten Schwester Bettina und seiner Geliebten Sophie, geborene Schubart, geschiedene Mereau (1770–1806), die erst später seine Ehefrau und Bettinas *belle soeur* werden soll (im Folgenden Sophie Mereau, da sie unter diesem Namen als Schriftstellerin bekannt wird). Die Familienbande der Schwägerinnen dauern nur drei Jahre an, da Mereau am 31. Oktober 1806 im fünften Kindbett, dem dritten in der kurzen Ehe mit Brentano, stirbt. Bettina ist zu Beginn dieser Verwandtschaft ein geistreiches, quirliges 18-jähriges Mädchen aus gutem – und reichem – Hause, Sophie Mereau eine erfolgreiche, unabhängige, für sich und ihre Tochter selbständig sorgende Berufsschriftstellerin von 33 Jahren, die aus der Perspektive der Familie Brentano mit dem für die damalige Zeit skandalösen Makel der geschiedenen Frau behaftet ist.

Die Schwägerinnen kommen sich bei aller Liebe zu Clemens nicht wirklich nahe, wie zumindest die wenigen erhaltenen Belege ihrer Kommunikation vermuten lassen. Und doch weisen ihre Biographien und ihre in ganz unterschiedlichen Perioden entstandenen Schriften zahlreiche Gemeinsamkeiten auf, insbesondere hinsichtlich der unkonventionellen Handhabung der Frauenrolle, der Nähe zu romantischen Denkkonzepten und der verwandten Themenwahl in einigen ihrer Werke.

1. Berührungspunkte

Bettina und Sophie Mereau erfreuen sich bereits zu Lebzeiten literarischer Erfolge und der Vertrautheit mit Geistesgrößen ihrer Zeit. So wie Arnim ab den 1830er Jahren durch ihre Erinnerungsbücher und ihren Berliner Salon unter Jungdeutschen, Junghegelianern, Vormärz-AutorInnen und Freiheitskämpfern zu öffentlichem Ruhm gelangt und mit einer Bandbreite von Persönlichkeiten von den Brüdern Grimm und Schleiermacher über Rahel und Karl August Varnhagen von Ense bis zu König Friedrich Wilhelm IV. von Preußen verkehrt, so gilt zuvor auch Mereau als anerkanntes Mitglied der klassischen und frühromantischen Zirkel in Weimar und Jena und wird 1796 neben prominenten Namen wie Bürger, Claudius, Goethe, Herder, Schiller und Schlegel als einer „unserer beliebtesten Dichter [sic!]" gefeiert ([Anon.] 1796, 387).

Schiller stellt sich ihr als Mentor zur Verfügung, sie besucht Privatvorlesungen bei Fichte, unterhält ein Techtelmechtel mit Friedrich Schlegel, bewirtet Hölderlin an ihrem professoralen Mittagstisch in Jena, und Beethoven vertont ihr Gedicht *Feuerfarb* von 1792 (Mereau-Brentano 1997a, 10–14). Die Kreise der beiden berühmten Frauen überschneiden sich in der Heidelberger Romantik. Dort allerdings fällt dem Altphilologen Karl Philipp Kayser laut Tagebucheintrag vom 9. Dezember 1804 die familiäre Spannung auf: „Die unwürdige Behandlung, welche diese [Sophie Mereau] von Brentanos Schwestern erfuhr, bestand hauptsächlich darin, daß sie dieselbe garnicht als eine Befreundete ansahen […], sie auch gegen andere nicht anders nannten, als die Mereau" (zit. nach Migge 1959, 387, Fußnote 7).

Dabei hätten Bettina und Sophie durchaus gemeinsame Interessen entdecken können, etwa ihre tiefe Verehrung für Goethe. Tauscht Bettina bekanntlich später mit ihm Briefe, so schicken Mereau und Goethe einander bereits 1798 Epigramme (Mereau-Brentano 1997b, 48). Zwei Jahre zuvor verzeichnet ihr Tagebuch ihre Lektüre seines Bildungsromans *Wilhelm Meisters Lehrjahre* (Mereau-Brentano 1997b, 21–24; vgl. ebd., 261–263 [Nachwort], 297–298 [Anm.]). Schon 1794 hatte Mereau das Konzept der Selbstausbildung in ihrem eigenen Roman *Das Blüthenalter der Empfindung* verarbeitet (vgl. Mereau-Brentano 1997c, 20) und nimmt es auch 1798 in ihre ‚weibliche Bildungserzählung' *Marie* (vgl. Mereau-Brentano 1997a, 49–83) und 1803 ihren Briefroman *Amanda und Eduard* (vgl. Mereau-Brentano 1997c, 75 u. 233 [Anm.]) auf. Sie verfasst 1802 ein Gedicht *An Goethe* (Mereau-Brentano 1997a, 35; vgl. ebd., 271–273) und schreibt 1801 die Rezension *Fragment eines Briefs über Wilhelm Meisters Lehrjahre. 1799* (Mereau-Brentano 1997b, 181–186). Auch die Zuneigung zu Achim von Arnim könnte Bettina und Sophie verbinden. Sophie schätzt den ausgleichenden Intimus ihres Ehemannes und Paten ihrer jeweils kurz nach der Geburt sterbenden Kinder Achim Ariel Tyll (*/† 1804) und Joachime Elisabetha Claudia Caroline Johanne (*/† 1805), von denen das zweite auch nach Bettina benannt ist. Arnim und Mereau tauschen freundschaftliche Briefe (vgl. Migge 1959), und sie widmet ihm 1804 das Sonett *An A. von A.* (Mereau-Brentano 1997a, 46; vgl. ebd., 275–276 [Anm.]). Arnim seinerseits verbringt während der Arbeit an *Des Knaben Wunderhorn* (1806 [recte 1805] u. 1808), an der auch Bettina beteiligt ist, die Sommermonate 1805 bei Clemens und Sophie in Heidelberg und inspiriert den Titel ihres Bandes *Bunte Reihe kleiner Schriften* (1805), den Mereau wiederum Bettinas Großmutter Sophie von La Roche widmet. Insgesamt teilen Bettina und Mereau mit vielen AutorInnen vor allem der Jenaer und Heidelberger Romantik die Vorstellung vom freien, schöpferischen Menschen, die Vergötterung der Natur (Schelling) und Spiritualisierung der Liebe (Schleiermacher), den idealistischen Glauben an künstlerische Phantasie als realitäts- und damit gesellschaftsverändernde Wirkungsmacht und eine grundsätzliche Sehnsucht nach (Handlungs-)Freiheit im privat-individuellen wie im öffentlich-gesellschaftlichen Bereich.

Anders aber als schreibende Zeitgenossinnen wie Caroline Schlegel-Schelling oder Therese Forster-Huber, die es vorziehen, ihr politisches Interesse zu verbergen, tritt Mereau mit den in ihre Werke eingestreuten politischen Aussagen selbstbewusst an die Öffentlichkeit (vgl. Hammerstein 2009). Noch unverhüllter verwendet Bettina von Arnim Jahrzehnte später ihre literarischen Texte und insbesondere *Dies Buch gehört dem König* (1843) und *Gespräche mit Daemonen* (1852) als Foren für ihre politische Stimme, ohne sich jedoch an eine spezifische politische Partei oder die frauenemanzipatorisch orientierten Gruppierungen der 1840er Jahre anzuschließen (vgl. Becker-Cantarino 1999). Mit Bezug auf die Geschlechterrollen hebt Herder in einer Rezension des ersten Bandes ihrer Sammlung *Gedichte* (1800) zwar lobend hervor, dass die Dichterin Mereau „nie über die Grenzen ihres Geschlechts hinaus[trete]" (Herder 1800), und Bettina klagt im Spätsommer 1804 ihrem Schwager Savigny ihr Leid über den Kontrast zwischen ihrer „immerwährende[n] rastlose[n] Begier nach Wirken" und den Restriktionen für „ein einfältig Mädgen, deren Bestimmung ganz anders ist" (vor Mitte September 1804, in: GW 4, 14). Tatsächlich aber zeigt sich sowohl bei Sophie Mereau als auch bei Bettina von Arnim ihre ausgesprochene Nonkonformität mit der zeitgenössischen Frauenrolle in der Unabhängigkeit ihrer privaten vor-, inner-, außer- und nachehelichen Lebensführung sowie in ihrem – bei allen strategisch eingeflochtenen Bescheidenheitsgesten bezüglich ihrer literarischen Tätigkeit als Frauen – Insistieren auf ebenjenes Schreibhandeln, das öffentlichem ‚Wirken' gleichkommt. Gerade ihre Dichtung nutzen beide, um durch fiktive bzw. fiktionalisierte Frauenfiguren weibliche Selbständigkeit positiv zu beleuchten: Mereau stellt ihrem Publikum u. a. mit der freiheitsliebenden und revolutionsbegeisterten Nanette in *Blüthenalter* und den Heldinnen von *Marie* und *Die Flucht nach der Hauptstadt* (1806), die die hergebrachte Ehe- und Liebesmoral neu definieren und sogar beruflich selbstbestimmt handeln, Rollengrenzen überschreitende Modelle weiblicher Lebensformen vor (vgl. Hammerstein 1994); und auch Bettina von Arnim setzt in *Die Günderode* (1840) und mit der Frau Rat (Goethe) in *Dies Buch gehört dem König* zwei ungewöhnlich freigeistigen, historischen Frauen ein literarisches Denkmal und literarisiert sich selbst als inspirierende Dialogpartnerin herausragender Persönlichkeiten. Die Radikalität der literarischen Entwürfe deckt sich jedoch nicht mit dem privaten Alltag der Autorinnen. So kann Bettina von Arnim erst als Witwe beginnen zu publizieren und Sophie ermahnt Clemens zartfühlend, dass er zuweilen das ihr angeborene „Gefühl der Freiheit" verletze (17. September 1804, in: Brentano/Mereau 1983, 324). Dass Sophie Mereaus Briefwechsel mit Clemens Brentano und der Rest ihres Nachlasses erhalten geblieben sind, ist Bettina von Arnim zu verdanken, die ihn nach Clemens' Tod Karl August Varnhagen von Ense zur Archivierung übergibt (siehe VI.3. *Bettina von Arnims Nachlass- und Editionsgeschichte*).

2. Ein dramatisches Dreieck: Bettina – Clemens – Sophie

Um dem Verhältnis zwischen Bettina Brentano und Sophie Mereau nachzuspüren, sind wir angesichts der Spärlichkeit der erhaltenen Korrespondenz (GW 4, 10–11, 19–21; Gersdorff 1984, 324–325) auf die Briefwechsel zwischen Clemens und Sophie sowie zwischen Clemens und Bettina bzw. – angesichts der kriegsbedingten Verluste der Originale – auf die abschließenden Einträge in Bettinas fiktionalisierter Briefausgabe *Clemens Brentano's Frühlingskranz aus Jugendbriefen ihm geflochten, wie er selbst schriftlich verlangte* (1844) angewiesen (siehe IV.1.4. *Clemens Brentano's Frühlingskranz*). Diese Briefe konstruiert sie freilich als eine ‚Emanzipationsgeschichte', in dessen Verlauf die Schwester dem Einfluss des Bruders entwächst (vgl. Schultz 2000, 121). Ferner mögen in Clemens' Briefen an die beiden Frauen – seien es nun Originale oder Bettinas Überarbeitungen – die Darstellungen von Gefühlen und Haltungen der je einen gegenüber der je anderen weniger tatsächlichen Beobachtungen entspringen als seinem eigenen Interesse daran, sich die Liebe beider zu erhalten und die Adressatinnen untereinander freundschaftlich zu verbinden.

Nachdem die 1798 in Jena begonnene Liebesaffäre zwischen dem Studenten Clemens Brentano und der verheirateten, um acht Jahre älteren „vortrefflichen Dichterinn Profeßor Mereau", die Clemens seinem Bruder Franz als „ganz körperlich und geistig das Bild unsrer verstorbenen Mutter" vor Augen stellt (20. Dezember 1798, in: Brentano 1988 [= FBA, Bd. 29], 149), im Jahr 1800 von ihr beendet wird, dient Bettina dem Bruder als Trösterin: „[N]ur dieses Engels Liebe konnte mir das Gift aus der Wunde saugen, die mir die schöne Hexe in Jena biß", schreibt Clemens im Mai 1802 an Achim von Arnim (Arnim/Brentano 1998, 14–15). Vor diesem Hintergrund erklärt Clemens Sophie die Vorbehalte seitens Bettinas, als sich im Frühjahr 1803 seine neuerliche Verbindung mit der inzwischen geschiedenen Sophie Mereau anbahnt: „Daß Betine Sie nicht liebt, mag wohl daher kommen, daß sie eine so wunderbare Liebe zu mir hat, die nicht begreifen konnte, wie Sie sich je von mir abwenden konnten" (April 1803, in: Brentano/Mereau 1983, 126). Bevor Mereau, die anfänglich eine zweite Verehelichung rigoros ablehnt, im Oktober 1803 angesichts ihrer Schwangerschaft schließlich einwilligt, Clemens zu heiraten, entspinnt sich im Sommer und Herbst dieses Jahres ein reger Briefwechsel innerhalb der Familien Brentano, Savigny und La Roche wie auch zwischen Clemens und Achim von Arnim und zwischen Clemens und Sophie über die Beschaffenheit und (Un-)Angemessenheit dieser Liebesbeziehung und ihre Auswirkungen nicht zuletzt auf das „Kleinod" Bettina (Christian Brentano an Clemens, Juli 1803, zit. nach Schultz 1983, 252).

In dem „eigenartige[n] Dreiecksverhältnis" (Schultz 2004, 89) zwischen Bettina, Clemens und Sophie inszeniert Clemens in diesen Monaten eine Art Psychodrama für drei Personen, in dessen Mittelpunkt er zwischen den beiden ihn liebenden Frauen steht, um deren Liebe er seinerseits inständig wirbt (vgl. Schultz 2000, 101–146; Schultz 2004, 69–122). Jeder vermittelt er die Einzigartigkeit ihres Platzes in seinem Herzen und untertreibt die Relevanz der je anderen (vgl. z. B. Brentano/Mereau 1983, 180; FBA 30, 280–281). In seinen Briefen an Sophie erscheint diese als „mein weiblicher Arnim", „mein Weib, mein Geselle, mein einziger Freund"; in seiner kindhaft besitzergreifenden, emotionale Geborgenheit und poetische Beflügelung einfordernden Liebe

1.5. Sophie Mereau

bestürmt er sie geradezu, ihn zu heiraten: „[O] Sophie, führe mich ins Leben, führe mich in die Ordnung, gib mir ein Haus, ein Weib, ein Kind, einen Gott" (Brentano/Mereau 1983, 180, 178 u. 179). Dagegen verleumdet er diese intensive Liebe gegenüber Bettina zuweilen in einer für Sophie beleidigenden Form (vgl. den Brief von Mereau an Brentano, 20./21. September 1803, in: Brentano/Mereau 1983, 205–206) und stellt auch gegenüber Arnim und Savigny durch zotige Bemerkungen eine scheinbare Nonchalance zur Schau.

Und doch bemüht er sich an anderer Stelle durchaus, beiden Frauen die existentielle Qualität seines Verhältnisses zur je anderen zu erklären: Mereau gibt er Einblick in „jene[n] tiefere[n] uns selbst oft undeutliche[n], drückende[n] Bund zwischen Ihr [Bettina] und Mir", in dem Clemens und Bettina einander durch Liebe „Trost und Stärke" geben wollen (Ende September 1803, in: Brentano/Mereau 1983, 222), und verwahrt sich dagegen, dass sich aus „der gerechten billigen Liebe zur Schwester gewisse Blutschänderische Anekdoten gebildet" haben (7. Oktober 1803, in: Brentano/Mereau 1983, 238). Gegenüber Bettina rehabilitiert er Mereau als „nicht jene *Sophie* mehr, die mich nicht verstand"; bei dieser Verbindung handele es sich um „keine Liebesständelei […], sondern mannigfache Übereinstimmungen und Ergänzungen der Gemüther, der Ansichten, der Begriffe und der Ausführungen unserer Lebenspläne" (FBA 30, 312 u. 317). Diverse Briefe zeigen seinen Versuch, zwischen den rivalisierenden Frauen zu vermitteln, indem er jede bittet, mit der anderen Briefkontakt aufzunehmen, da jene Freundschaft mit ihr schließen wolle. An Mereau heißt es: „Betine hat jetzt eine solche Liebe zu Dir, wie zu keinem Menschen, ja ich möchte sagen, sie liebt Dich mehr als mich, aber ich liebe Dich auch unendlich mehr als [s]ie, Du hast nun keine Nebenbuhlerin mehr auf Erden" (27. Oktober 1803, in: Brentano/Mereau 1983, 283); und an Bettina: „[W]enn ich ihr [Sophie] dann erzähle, wie ich Dich über Alles liebe, […] so wächst ihre Sehnsucht nach Dir unendlich" und der Wunsch, „Deine geliebte Freundin zu werden" (FBA 30, 294).

Die beiden Frauen selbst verwahren sich anfangs gegen Clemens' unverhohlenes Drängen. Als er gegenüber Mereau die moralischen Bedenken seiner Familie ins Feld führt, um seinem Heiratswunsch Nachdruck zu verleihen, reagiert die sonst verständnisvolle Partnerin ungehalten, wie ihre Hervorhebung wörtlicher Passagen aus einem Brief von ihm vom 4. September 1803 (vgl. Brentano/Mereau 1983, 176–177) deutlich macht: „*Die Zucht Deiner Geschwister, der Ruf Deiner Schwester* [Bettina]! – erst erfordert ihre *Ruhe* daß ich dich nicht heurate – jetzt will ihr [Bettinas] *Ruf* das Gegentheil! – Clemens, erinnere Dich daß ich *für Dich lebe*, für niemanden anders als für Dich! – Deine Familie würde *nichts dagegen* [gegen die Heirat] haben! – mein Blut kocht, wenn ich mir das sage. Diese Menschen, […] die mir ewig fremd sind […] – ich schweige, dies ist die Klippe, wo meine Sanftmut scheitert" (13. September 1803, in: Brentano/Mereau 1983, 201).

Bettina ihrerseits sperrt sich zunächst gegen den Kontakt mit Sophie, von der sie nicht weiß, ob es sich lediglich um eine weitere Episode im Liebesleben ihres Bruders handelt: „An die *Mereau* soll ich schreiben? – was denn? – ich kenne sie nicht" (FBA 30, 280). Sie will nicht abermals als „kleine Rettungsinsel" für die Überschwemmungskatastrophen in seinem Leben herhalten (FBA 30, 286).

Die Entscheidung für oder gegen seine Heirat mit Sophie legt Clemens schließlich ganz in Bettinas Hände – nicht ohne Anklänge moralischer Erpressung mitschwingen zu lassen: „Und ich sage Dir nun daß ich *Sophien* nie heirathen werde, wenn Du sie nicht lieb haben kannst, das ist auch ihre feste Entschließung, und sie opfert mehr dabei auf als ich, denn sie liebt mich mehr als ich sie liebe, sie hat keine *Bettine*, ich habe eine, die ich ewig mehr lieben werde als alle Menschen! [...] Mache mich nicht unglücklich, liebes Kind [...]. Liebe *Bettine*, wenn Du es verlangst, so will ich das einzige Weib, was mich als Gattin glücklich machen kann, verlassen" (FBA 30, 287–290).

Bettina reagiert humorvoll und leitet die Wende der angespannten Situation ein, indem sie Sophie für „wunderbar" und sich selbst bereit erklärt, dem Paar den „Brautkranz" zu flechten (FBA 30, 299). Mitteilungen von Dritten scheinen den Prozess der Annäherung behindert, aber auch gefördert zu haben; so schreibt Bettina an Clemens, sie habe vom Herzog von Gotha „unendlich Schönes" über Sophie gehört: „Sie hat mir eingeleuchtet wie ein Stern, ich mußte darüber entzückt sein" (FBA 30, 317). Zugleich stellt sie dem Bruder „mein Zurückhalten gegen Deine Verbindung mit *Sophie*" als „Irrthum" seinerseits dar, insofern diese sie keinesfalls „unglücklich mache[ ]. [...] ,*Du sollst sie heirathen!*' [...] [S]o was muß man thun aus sich, für sich und wegen sich, aber keinen andern zu Gefallen weder lassen noch thun" (FBA 30, 310–311). Schenkt man Clemens' Briefen Glauben, tauschen Bettina und Sophie fortan Grüße und Geschenke.

Die erhaltene, direkte Korrespondenz zwischen Bettina und Sophie, die einander erst 1804 *in persona* kennenlernen, beginnt Ende 1803 und gestaltet sich, wie Bettina mit entwaffnender Offenheit ausspricht, zunächst „fremdartig" und „[u]nrecht"; sie wisse kaum, „mit was ich eigentlich dieses plat [Blatt, K.v.H.] ausfüllen soll, keine Herzensangelegenheiten kann ich Dir nicht sagen dazu müste ich Dich erst gesehen haben" (etwa Dezember 1803, in: GW 4, 10). Distanziert unterschreibt sie mit vollem Namen. Auch Sophie Mereau verbalisiert das Künstliche des Austauschs, der, wie sie 1804 festhält, ein Bruch sei mit ihrem „Vorsatz, nie an jemand zu schreiben, den ich nicht von Angesicht zu Angesicht gesehen habe" (zit. nach Gersdorff 1984, 324). Den gemeinsamen Nenner finden sie im Thema Liebe: Bettina äußert sich eher rational über die „Macht der Liebe" für eine Jungfrau wie einen Krieger; Sophie geht emotionaler und psychologisch sensibel auf sie zu, indem sie der besorgten Schwester versichert, dass sie ihren Bruder „recht herzlich lieb habe", vor allem aber, indem sie *liebe*voll und zugleich selbstbewusst eine Brücke zur jüngeren Schwägerin baut, insofern „nun noch ein Herz mehr, und zwar ein sehr gutes, vortreffliches Herz auf der Erde schlägt, das dich lieb hat" (1804, zit. nach Gersdorff 1984, 325). Ein Brief von Bettina an Sophie aus dem Juni 1805 liest sich entspannter. In ihrem quasimündlichen Stil mischen sich philosophischer, offenbar von Sophie angeregter Disput über Leben, Tod, Zeit, das Ziel der

Wissenschaften und „die Weibliche Natur" mit einer selbstironischen Bemerkung über ihr „[S]chwätze[n]" von „Dummheiten [...] blos um zu rechten" sowie Tagesneuigkeiten und der Bitte an Sophie: „[E]rhalte mir Dein freundlich Herz" (GW 4, 19–21). Die Schwägerinnen haben ihren Ton zwischen intellektuellem Austausch und persönlichen Freundlichkeiten untereinander gefunden.

Nach der Heirat von Clemens und Sophie vermerken allerdings sowohl Clemens als auch Bettina eine Lockerung ihrer Anhänglichkeit an ihn: „[D]en ganzen Unterschied meiner jetzigen und ehmaligen Liebe zu Dir" erklärt Bettina ihm im Februar/März 1804 damit, dass sich ihre Liebe von der exklusiven Fixierung auf ihn nun „mehr verbreitet" habe; in dieser Betrachtung ihrer „Verhältniße" imaginiert sie sich als „König" in Anschauung seines „Reich[es]" (GW 4, 13). Das poetische Bild verbindet Privat-Individuelles mit Gesellschaftlich- bzw. Politisch-Öffentlichem, wie wir es bei Bettina von Arnim und Sophie Mereau immer wieder beobachten können.

Unter Einsatz ihres Schreibtalents – zur eigenen, individuellen Freude am kreativen Schaffen ebenso wie für das Wohl der generellen Gemeinschaft – nutzen Sophie Mereau und Bettina von Arnim Teile ihrer dichterischen Produktion als selbstbestimmten Handlungsraum, um den gesellschaftlichen Raum ihrer jeweiligen Zeit mitzugestalten und zur Verbesserung der Polis – nicht zuletzt für die Frauen und das Volk – beizutragen. Neben der familiären Verwandtschaft über Clemens Brentano zeigt sich im Rückblick der heutigen Forschung eine geistige Verwandtschaft zwischen den zu Lebzeiten emotional durchaus entfernten und hinsichtlich ihrer Schaffensperioden weit voneinander getrennten *belles soeurs* Sophie Mereau-Brentano und Bettina Brentano-von Arnim.

3. Literatur

[Anon.]: „Neue deutsche Werke, die nächstens erscheinen werden". In: *Deutschland*. Hg. v. Johann Friedrich Reichardt. Bd. 2 (1796), 6. St., Nr. 8, S. 386–392.

Arnim, Achim von, und Clemens Brentano: *Freundschaftsbriefe. Vollständige kritische Edition*. Hg. v. Hartwig Schultz. Bd. 1: *1801–1806*. Frankfurt a. M. 1998.

Becker-Cantarino, Barbara: „Zur politischen Romantik: Bettina von Arnim, die ‚Frauenfrage' und der ‚Feminismus'". In: Hartwig Schultz (Hg.): *„Die echte Politik muß Erfinderin sein." Beiträge eines Wiepersdorfer Kolloquiums zu Bettina von Arnim*. Berlin 1999, S. 217–248.

Brentano, Clemens: *Sämtliche Werke und Briefe* (= Frankfurter Brentano-Ausgabe). Bd. 29: *Briefe I: 1792–1802*. Hg. v. Lieselotte Kinshofer. Stuttgart 1988.

Brentano, Clemens, und Sophie Mereau: *Lebe der Liebe und liebe das Leben. Der Briefwechsel von Clemens Brentano und Sophie Mereau*. Hg. v. Dagmar von Gersdorff. Frankfurt a. M. 1983.

Brentano, Sophie: *Bunte Reihe kleiner Schriften*. Frankfurt a. M. 1805.

Gersdorff, Dagmar von: *Dich zu lieben kann ich nicht verlernen. Das Leben der Sophie Brentano-Mereau*. Frankfurt a. M. 1984.

Hammerstein, Katharina von: „‚Au bonheur des tous': Sophie Mereau on Human Rights and (Gender) Politics in the French Revolution and American Republic". In: *Colloquia Germanica* 42.2 (2009), S. 97–117.

Hammerstein, Katharina von: *Sophie Mereau-Brentano: Freiheit – Liebe – Weiblichkeit. Trikolore sozialer und individueller Selbstbestimmung um 1800.* Heidelberg 1994.
Herder, Johann Gottfried: [Rez. von Sophie Mereau: *Gedichte*, 1800]. In: *Nachrichten von gelehrten Sachen* (Erfurt), 29. September 1800, S. 362.
Kayser, Karl Philipp: *„Aus gärender Zeit." Tagebuchblätter des Heidelberger Professors Karl Philipp Kayser.* Karlsruhe 1923.
Mereau, Sophie. *Gedichte.* 2 Bde. Berlin 1800, 1802.
Mereau-Brentano, Sophie: *„Ein Glück, das keine Wirklichkeit umspannt". Gedichte und Erzählungen.* Hg. v. Katharina von Hammerstein. München 1997a.
Mereau-Brentano, Sophie: *„Wie sehn' ich mich hinaus in die freie Welt". Tagebuch, Betrachtungen und vermischte Prosa.* Hg. v. Katharina von Hammerstein. München 1997b.
Mereau-Brentano, Sophie: *Das Blütenalter der Empfindung. Amanda und Eduard. Romane.* Hg. v. Katharina von Hammerstein. München 1997c.
Migge, Walther: „Briefwechsel zwischen Achim von Arnim und Sophie Mereau. Ein Beitrag zur Charakteristik Clemens Brentanos". In: *Festgabe für Eduard Berend zum 75. Geburtstag am 5. Dezember 1958.* Weimar 1959, S. 384–407.
Schultz, Hartwig: „‚Zum Kaufmann taugst Du nichts ...': Die Frankfurter Brentano-Familie und ihre Auseinandersetzungen mit Clemens". In: Christoph Jamme u. Otto Pöggeler (Hg.): *„Frankfurt aber ist der Nabel dieser Erde". Das Schicksal einer Generation der Goethezeit.* Stuttgart 1983, S. 243–257.
Schultz, Hartwig: *Schwarzer Schmetterling. Zwanzig Kapitel aus dem Leben des romantischen Dichters Clemens Brentano.* Berlin 2000.
Schultz, Hartwig: *„Unsre Lieb aber ist außerkohren". Die Geschichte der Geschwister Clemens und Bettine Brentano.* Frankfurt a.M., Leipzig 2004.

1.6. Bettina von Arnim als Hausfrau in Wiepersdorf und Berlin
Holger Schwinn

1. In Wiepersdorf	129
2. In Berlin	133
3. Literatur	134

Ja, sie sei „eines festen Willens [...] gut zu seyn, und gutes zu thun" (GW 4, 128). Mit diesem Entschluss aus dem „merkwürdigste[n] Jawortbrief der deutschen Literatur" (Baumgart 1999, 391) willigte die 25-jährige Bettina Brentano im Juli 1810 in die (dann am 11. März 1811 geschlossene) Ehe mit dem vier Jahre älteren Achim von Arnim ein. Sie gebar sieben Kinder, wirtschaftete sparsam, und sie „hat alles schwere z.B. gutes Kochen leicht erlernt" – wie Wilhelm Grimm seinem Bruder Jacob nach einem Besuch auf dem Arnim'schen Gut Wiepersdorf in einem Brief vom 13. Juni 1816 verrät – „hat aber keine Lust an diesem Wesen" (Grimm/Grimm 2001, 479). Die Ehe Bettinas mit Arnim war eine Liebesehe mit scheinbar ähnlichen Interessen zweier Hochbegabter, die mit einer Schar begabter, liebenswerter Kinder gesegnet war: den patriotische Namen tragenden Söhnen Freimund (1812–1863, dem späteren Gutsherrn von Wiepersdorf), Siegmund (1813–1890), Friedmund (1815–1883) und Kühnemund (1817–1835) und den Töchtern Maximiliane (1818–1894), Armgart (1821–1880) und Gisela (1827–1889) (siehe II.1.8. *Erziehung, Kinder, Nachfahren*) Und doch zog sich der Mann mehr und mehr für Monate auf das Gut Wiepersdorf im Ländchen Bärwalde zurück, während die Frau bei den Kindern blieb und den gesellschaftlichen Umgang Berlins suchte. Und zuweilen erschien ihr die Ehe gar als „Marterbanck" (an Savigny, Ende Dezember 1822, in: GW 4, 221): „Schwangerschaften, Geburten, Kinderkrankheiten, Umzüge, Geldsorgen – keine Mühsal des Frauenlebens blieb ihr erspart" (Drewitz 1969, 88). In diesem Spannungsfeld von Belastungen und Familienglück wirkte Bettina als Hausfrau und Mutter in Wiepersdorf und Berlin, bis Arnims Tod im Jahr 1831 und Goethes Tod im darauffolgenden Jahr ihr neue Aufgaben zuwiesen.

1. In Wiepersdorf

„Deine Einsamkeit tut mir sehr leid", schrieb der in Geschäften reisende Arnim im Oktober 1815 an Bettina in Wiepersdorf, „ich habe Dir für tausend Liebe ein armes, sorgenvolles Dasein gegeben, und das kränkt und quält mich bitterer als alles andere, was über mich ergehen mag. [...] Fordre die Gänse und die Gerste ein, es wird nun Zeit zum mästen" (Bw Arnim 2, 25–26). Resignierend über seine Lebenssituation in Berlin, „da er mit seinen reformerischen Gedanken in der Berliner Gesellschaft keine tragende Rolle mehr übernehmen konnte" (Moering 1985, 64), ohne Aussicht auf eine Anstellung im Staatsdienst und überhaupt aus wirtschaftlichen Gründen hatte Arnim den Umzug der jungen Familie auf sein Landgut betrieben, der im April 1814 stattfand. Damit änderte sich die Lebenssituation des Paares entschieden, das zuvor in Berlin im Gartenhaus des Vossischen Palais Quartier bezogen und von dort aus Reisen nach Weimar, Teplitz und an den Rhein unternommen hatte. An einen dauerhaften Aufenthalt auf dem Lande war zunächst nicht gedacht („vorläufig beende ich nur, theils um Pachter zu locken, theils zu meiner Bequemlichkeit, wenn ich wirklich selbst wirtschaften sollte, den Wirtschaftshof [d. h. die Bauarbeiten/Umbauten; H.S.]"; Arnim an Savigny, 7. September 1814, in: A. v. Arnim 1982, 102). Doch Arnim blieb und widmete sich der Aufgabe, die verpachteten Güter für deren per Fideikommiss-Regelung vorbestimmte Erben, seine ehelichen Kinder, zu erneuern und zu verwalten. Sein Vater hatte 1780 für das südlich von Berlin gelegene Ländchen Bärwalde die Summe von 98.000 Reichstalern in Gold bezahlt; nun war der Besitz hoch verschuldet.

Das zu Preußen gehörende Ländchen Bärwalde war noch bis 1815 eine brandenburgische Exklave, umschlossen von sächsischem Gebiet, innerhalb seiner Grenzen befanden sich sieben Ortschaften, zum Teil mit Rittergütern: Wiepersdorf, Herbersdorf, Meinsdorf, Rinow, Bärwalde, Weißen und Kossin. Arnim legte auf Wiepersdorf einen großen Nutzgarten und Fischteiche an, errichtete einen neuen Wirtschaftshof und pflanzte hunderte Bäume. Bei Bau- und Grabungsarbeiten halfen zahlreiche Tagelöhner und Freiwillige, bei der Weizenernte Dutzende Ährenleser. War anfangs noch „die Hauptsache Kornbau und Schafe" (Arnim an Savigny, 7. September 1814, in: A. v. Arnim 1982, 102), so setzte der Gutsherr zunehmend auch auf Viehhaltung. Bewirtschaftet wurde Wiepersdorf bis ins Jahr 1821 von Pächtern, erst danach übernahm Arnim – der daneben auch als Gerichtsherr im Ländchen tätig war – selbst die Landwirtschaft, eine Wirtschaft, deren Erträge der hohen Schulden wegen, die auf den Gütern lasteten, nur zur Selbstversorgung der Familie, zur Schuldentilgung und für einige Baumaßnahmen reichten. „Aufgrund des ungünstigen Testaments, der Kriegsabgaben und der allgemeinen schlechten Finanzlage stand er zeitweise kurz vor dem Bankrott, konnte aber durch seine Arbeit und auch dank Savignys juristischen Ratschlägen sein *Ländchen* allmählich sanieren" (Moering 1985, 64). Im Juli 1814 schreibt Bettina an ihre Schwester Meline von Guaita, aus der Not eine Tugend machend: „[I]ch kann jezt mit einer Schüssel Mittags auskommen, ich kann grobe Strümpfe und geflickte Hemder Tragen, und brauch keine battistne Sacktücher mehr" (GW 4, 160). Zum Jahresende 1826 besaß Bettina noch ein Guthaben in Frankfurt von rund 25.000 Gulden (vgl. Schwinn 2016b, 116) – das entsprach einem Betrag zwischen 10.000 und 15.000 Reichstalern. Die Zinsen daraus ermöglichten es ihr, bei besonders dramatischen finanziellen Engpässen jährlich wenige hundert Taler für den Haushalt abzuzweigen, wozu Arnim sie auch wiederholt auffordert. Und so erklärte sie ihm Ende Mai 1827 entschieden aus Berlin: „[I]ch habe in diesem Jahr schon an 3 bis 400 Taler in die Haushaltung vertan und Rechnungen vom vorigen Jahr bezahlt [...]; es ist auch mein weniges Vermögen den Mädchen zugedacht" (Bw Arnim 2, 669). An anderer Stelle heißt es: „Ich würde sehr in Verlegenheit sein, wenn ich nicht manchmal da holen könnte" (28. August 1829, in: Bw Arnim 2, 834). Bettina sparte mit den Ausgaben in der Stadt, wo sie nur konnte, und Arnim schickte häufig Geld aus Wiepersdorf, doch es war eine schwierige Zeit für die Landwirtschaft in Preußen vor dem Hintergrund der Wirtschaftslage der 1820er Jahre und hier vor allem der Konkurrenz aus England, die – nach Jahren der Isolierung durch die Kontinentalsperre – den schwerfälligen, dank Zollschranken unbeweglichen deutschen Markt mit seinen Produkten versorgte. Etwas hilflos wirkt da Bettinas Versuch der „Spekulation" in Berlin: „Ich habe Dir Getreide verhandelt, Weizen zu 1 Tlr. 18 gr. courant [...]; es ist hier der Glaube, das Getreide werde steigen, weil es überschwemmt worden sei in Schlesien; es kömmt nun auf Dich an, ob Du abwarten willst oder von diesen Preisen profitieren" (an Arnim, 3. November 1824, in: Bw Arnim 2, 488–489). Der dramatische Verfall des Getreidepreises in den 1820er Jahren, auch bedingt durch verbesserte Anbaumethoden und gute Ernten, blieb eine große Belastung für den Gutsherrn, der noch gegen Ende seines Lebens, im April 1830, meinte, seine Ehefrau ermahnen zu müssen: „Sei möglichst sparsam, es steht alles sehr zweifelhaft auf dem Lande" (Bw Arnim 2, 861).

Für die Töchter und Söhne des Ehepaares aber war das Ländchen ein wildes Paradies. Im November 1822 berichtet Bettina in einem Brief an ihren Schwager Savigny nach Berlin: „Um 8 Uhr schon in Wiepersdorf, die Kinder

1.6. Bettina von Arnim als Hausfrau in Wiepersdorf und Berlin

strömten mir wie ein Gesundheitsborn von der Treppe entgegen, Siegmund ohne Schuhe, Friedmund gar im Hemd" (Schellberg/Fuchs 1942, 231–232). Und in Wilhelm Grimms Brief über Wiepersdorf an Jacob heißt es 1816: „Die Kinder werden fast wie Bauernkinder aufgezogen u. laufen in Kitteln, deren Zeug die Bettine selbst gewebt. Der älteste Freimund ist ein guter ehrlicher Jung mit blauen Augen und schlichtem Flachshaar, der zweite Siegmund ist Arnims Liebling, klein, zierlich, mit dunkeln Augen, die etwas brentanoisches haben [...]. Der jüngste Friedmund ist ein sanftes, liebes gar schönes Kind mit blauen Augen" (Grimm/Grimm 2001, 478–479).

Die in Berlin geborene Tochter Maximiliane soll „Wiepersdorf und Bärwalde", diese „weltfernen, trauten Nester im märkischen Sand", als ihre eigentliche „Heimat" bezeichnet haben (M. v. Arnim/Werner 1937, 12). Sie und Armgart seien „als Kinder wohl recht wilde Hummeln gewesen, die die Freiheit, die [...] die Mutter gewährte, weidlich ausnutzten" (ebd., 14), meint Bettinas älteste Tochter in ihren – vom Herausgeber stark bearbeiteten – Lebenserinnerungen, damit auf Arnims Erzählfragment *Martin Martir* anspielend („seine Tochter sei zu weilen eine wilde Hummel"; A. v. Arnim 1992, 877). Und sie betont in den Erinnerungen immer wieder, „welch umsichtige und eifrige Hausfrau" ihre Mutter „sein konnte" (M. v. Arnim/Werner 1936, 152): „Sie war [...] die praktischste Frau, die sich denken läßt. Sie konnte kochen wie keine andere, aber sie tat es nur selten, weil alles Essen ihr etwas Gleichgültiges war" (ebd., 42).

Die Kinder genossen das ungezwungene Landhausleben im Sommer in der Obhut ihrer Mutter und verlebten glückliche Tage der Kindheit bei ihrem Vater. Vor allem Armgart und Maximiliane von Arnim erinnerten in späteren Jahren in Landschaftszeichnungen und kunstvoll-arabesken Albumblättern an die glücklichen Tage der Kinderzeit auf dem Lande. Später gab Bettina die beiden zur Erziehung (und Entlastung ihres Haushaltes) in die Obhut ihres Bruders Georg, bei dem in Frankfurt und Rödelheim diese die Jahre 1829 bis 1834 verlebten. Bettina selbst hat ihre Verwandtschaft am Main und am Rhein in den 1820er und 1830er Jahren mehrmals besucht.

Arnim, der Bettina in späteren Ehejahren nicht mehr nach Frankfurt begleitete, produzierte inmitten der wachsenden Kinderschar, des lebendigen Landlebens und vor dem Hintergrund der zunehmend restaurativen Entwicklungen in Preußen einen literarischen Text nach dem anderen, darunter den ersten Band des großen halbhistorischen Romans *Die Kronenwächter* (1817), das Drama *Die Gleichen* (1819) und den ersten Band der Novellensammlung *Landhausleben* (1826) mit der Rahmenerzählung *Metamorphosen der Gesellschaft*, die sich, wie zum Teil auch das Erzählfragment *Martin Martir*, mit Ironie auf die Situation des Autors in Wiepersdorf bezieht. Bettina und den Freunden gegenüber aber verschloss er sich zunehmend als Schriftsteller, berichtete kaum noch von seiner literarischen Arbeit und sah sich auch deshalb – hatte sie doch einen Dichter geheiratet – wiederholt Vorwürfen seiner Frau ausgesetzt. So kritisierte sie am 3. Juli 1819: „Du magst mir es zugeben oder nicht, so bleibe ich dabey, daß Du für die Menschliche Gesellschaft gemacht bist und nicht für diese Einsamkeit wo Dein Dummes Weib geplagt durch Langeweile Dich martert" (GW 4, 192).

Später veranlasste das Landleben und die Konfrontation mit alltäglichen Problemen Arnim dazu, vermehrt auch kleine, journalistische Schriften zu verfassen, die von einer stärker realitätsbezogenen und damit besonderen Wiepersdorfer Ausprägung der Romantik zeugen (die ihre ganz eigene Nachwirkung auf die Schriftstellerin Bettina von Arnim gehabt haben dürfte). Für Bettina jedenfalls gab es, trotz der zunehmend kritischen Auseinandersetzung mit ihrem Mann, in der ‚Wiepersdorfer Epoche' ihres Lebens, also den Jahren 1814 bis 1816, viele Momente des (Familien-)Glücks und Verliebtseins. So schrieb sie am 7. Mai 1814: „Siegmund hat sich hier wunderbar entwickelt die Kinder sind meine Freude und Arnims Seeligkeit also werdens doch noch Kinder geben es mag noch so streng hergehn" (GW 4, 154). Es waren für Bettina offenbar Jahre sexueller Erfüllung, wovon die Ehebriefe indirekt Zeugnis geben, und hin und wieder auch der Liebessehnsucht („was es ist, das mich quält, und was mir mangelt") bei Arnims Abwesenheit: „daß ich gern meinen Arm um Deinen Hals schlingen und mich auf Deinen Schoß setzen möchte" (Juli 1816, in: Bw Arnim 2, 40). Offensichtlich ist Arnims Bemühen, Bettina darauf „festzulegen", „auf die Rolle, die er ihr zugedacht hatte: als Geliebte, Hausfrau und Mutter" (Moering 1985, 65), und das bereits kurz nach der Eheschließung: „Ich öffne leise die Türe, / Und weil es so dunkel ist, / Dir Leib und Schenkel berühre / Ob Du dieselbe bist" (4. November 1811, in: Bw Arnim 2, 7).

In den Jahren nach 1816 verbrachte Bettina vor allem die Sommermonate mit den Kindern auf dem Land, die meiste Zeit des Jahres aber in Berlin, wo Arnim, wie die großen Lücken im Ehebriefwechsel zeigen, sie oft und lange besucht haben dürfte. Der getrennten Haushaltsführung des Paares verdanken wir diesen umfangreichen Briefwechsel, der immer wieder die intime Vertrautheit der beiden offenlegt, aber auch den geteilten Himmel der Partnerschaft zwischen Stadt und Land: Arnims „Briefe enthalten anschauliche Schilderungen seines Landlebens [...]; doch übergeht er völlig Bettines Bedürfnis nach geistigem Austausch (mit Ausnahme seiner Reisebriefe), wovon Bettine um so mehr enttäuscht gewesen sein muß, da sie als Mädchen seine literarische Vertraute gewesen war" (Moering 1985, 65). Differenzen zeigen sich auch in Fragen der Kindererziehung, worin Bettina weit weniger streng ist. Weitgehend einig ist man sich in den Briefen dagegen, was die Beurteilung der Dienstboten betrifft, die – permanent anwesend – ständig Probleme bereiteten und von denen man sich oft geplagt fühlte. Doch war hier Arnim der Nachsichtigere. So ermahnte er sie, sie solle öfter „an die eigene menschliche Existenz des Gesindes" denken, „und daß sie durchaus nicht wie Maschinen zu dressieren" seien (29. Oktober 1823, in: Bw Arnim 2, 415).

Eine willkommene Abwechslung in den Wiepersdorfer Alltag brachten Besucher, etwa Bettinas Bruder Clemens Brentano, der sich 1814 auf Arnims Landgut aufhielt. Während des Aufenthalts entstand seine auf diesen Besuch anspielende Erzählung *Die Schachtel mit der Friedenspuppe*. Auch half er beim

1.6. Bettina von Arnim als Hausfrau in Wiepersdorf und Berlin   133

Bau eines Stalles. „[N]ach dem Frühstück", schreibt Bettina im September 1814 an Savigny, „geht ein jeder in seine Stube [...]. Nachmittags helfen wir bei dem Bauen; die beiden fällen große Bäume mit Hülfe einiger Arbeiter oder sie graben und karren Steine zum Fundament" (Schellberg/Fuchs 1942, 198). Besonders gut dokumentiert ist der Besuch des Studenten Philipp Hössli aus Graubünden mit den Savignys im September 1822 auf Wiepersdorf, vertraute doch der junge Besucher das innige Verhältnis zu der 15 Jahre älteren Gutsherrin, die die Rolle der gelangweilten Hausfrau perfekt spielt, seinem Tagebuch an („Hand in Hand, in denen die ersten Küsse glühen", Bw Hössli, 160). – Der Bericht eines alltäglichen Tagesablaufs der Mutter von vier Söhnen auf dem Landgut in einem im April 1819 verfassten Brief Bettinas an die Freundin Amalie von Helvig endet mit: „[K]önnen Sie sich entschließen mich in meiner Einsamkeit mit ihrem Töchterlein zu besuchen? [...] [D]er schöne Wiesenplan der dicht vor dem Hause liegt und eigentlich mehr mit einem durchsonnten Moos-Teppig überzogen ist, wie mit Gras, ist so recht zur Seeligkeit der Kinder eingerichtet" (GW 4, 184). Mit „Einsamkeit" ist in dieser Einladung der Dichterin zu einem Besuch erneut der Leitbegriff der Wiepersdorf-Episode genannt, ist ein Wort gefallen, das nicht etwa das Alleinsein meint – Bettina ist ja von Kindern, Dienstboten und Dorfleuten umgeben –, sondern den fehlenden geistigen und anregenden Austausch über Interessensgebiete, die weit mehr umfassten als das im Brief angesprochene Weben, Schnitzen, Schneidern, Basteln und Briefeschreiben.

2. In Berlin

Kennzeichnend für Bettina von Arnims Lebensgeschichte sind die vielfältigen Interessensbereiche und Betätigungsfelder, von der Musik über die Medizin bis hin zu Philosophie und Politik (vgl. Bunzel 2009, 55–103). Für das spätere (Haupt-)Betätigungsfeld der Literatur war zunächst kaum Raum in der Ehe. Und dass eine Mutter von zuletzt sieben Kindern überhaupt ihre Neigungen über viele Jahre hinweg zurückstellen musste, versteht sich von selbst. Selbst dann, wenn man bedenkt, dass ihr in Berlin eine Köchin, Dienstboten und Pädagogen für den Nachwuchs zur Verfügung standen, wohingegen im Ländchen Bärwalde nur schwer Lehrkräfte zu finden waren, die Kinder fast wie ‚Bauernkinder' aufgezogen wurden.

Die Vorbereitungen für den Schulbesuch der Söhne, der auf dem Lande nicht angemessen gewährleistet war, war dann auch ein Argument der mit dem vierten Sohn Schwangeren, um im Hungerwinter 1816/17 den endgültigen Umzug nach Berlin mit Freimund, Siegmund und Friedmund zu begründen: „Es ist indessen doch sehr gut gewesen, daß ein Muß uns in die Stadt gebracht hat; besonders für die Kinder, die hierdurch an eine ordentliche Lebensart gezwungen, viel gesunder und auch nicht mehr so verwildert sind" (Bettina an Arnim, 26. Juni 1817, in: Bw Arnim 2, 49). In der Stadt hatte sie, die in der Freien Reichsstadt Frankfurt Geborene, aber auch mehr Freiräume, fand den lange vermissten geistigen Austausch und die gesuchten kreativen

Anregungen: „[S]ie traf ihre Freunde und literarischen Bekannten oft bei Savignys oder bei Amalie von Helvig: Schleiermacher, Gneisenau, Varnhagen und Rahel, Steffens, A. W. Schlegel, Schinkel, Hensel, Ranke" (Moering 1985, 65). Im Briefwechsel mit Arnim zeichnet sich vor dem Hintergrund des Stadt-Land-Gegensatzes ein Emanzipationsprozess ab, der „erst vom Januar 1825 an durch das mühsam errungene Arrangement eines getrennten Nebeneinanderherlebens gelöst" werden konnte (Bäumer/Schultz 1995, 50). Dabei „verdichtete sich ihre Persönlichkeit zum Leitbild einer emanzipierten Frau, die Partnerbewährung mit Selbstbehauptung vorleben will" (Böttger 1986, 7). Gleichwohl blieb Bettina auch in Berlin – abgesehen von wenigen ‚Leuchtturmprojekten' wie ihrer „Wendung zur bildenden Kunst" (Mander 1982, 92), dem Zeichnen, der Ölmalerei und ihrem Entwurf für das in Frankfurt geplante Goethe-Denkmal 1823 – scheinbar weitgehend in der für die Ehefrau vorgegebenen Rolle: Ihre literarischen Ambitionen artikulierten sich vor allem im Briefeschreiben, Musik war ein Bestandteil der Berliner Geselligkeit und Salonkultur, und Bettinas medizinische Interessen fanden eine praktische Ausprägung bei den häufigen Erkrankungen in der Familie, die – wie vor allem der Briefwechsel mit Arnim dokumentiert – zum Alltag gehörten. Im privaten Bereich aber wuchs und keimte vieles, fanden die unterschiedlichen Fähigkeiten durchaus Anwendung im kleinen Rahmen: bei der Erziehung der Kinder, in der Ausgestaltung des häuslichen Umfelds, der Organisation des Alltags, im persönlichen Gespräch. Die politischen Ereignisse und beginnenden sozialen Verwerfungen bildeten hier lediglich den Hintergrund, wurden aber gleichwohl von ihr mit der „herbe[n] Güte ihres Charakters" (Drewitz 1969, 88) wahrgenommen, so dass um 1831/32, nach Arnims Tod und nachdem die Kinder älter, zum Teil schon erwachsen waren, nahezu alles da war, was Bettina dann als Schriftstellerin und politische Akteurin ausmachen sollte. Zuvor aber bestimmten die Kinder, Geldsorgen und Krankheiten, die mehr oder weniger regelmäßigen Lebensmittellieferungen von Arnim, die ungewöhnlich häufigen Wohnungswechsel in Berlin (vgl. Lemm 1993; Moering 2016) sowie Besuche aus und in Wiepersdorf den Alltag der Mutter und Hausfrau.

3. Literatur

Arnim, Achim von: *Arnims Briefe an Savigny, 1803–1831. Mit weiteren Quellen als Anhang*. Hg. u. kommentiert v. Heinz Härtl. Weimar 1982.
Arnim, Achim von: *Sämtliche Erzählungen 1818–1830*. Hg. v. Renate Moering. Frankfurt a. M. 1992 (= Arnim: Werke in sechs Bänden, Bd. 4).
Arnim, Maximiliane von, und Johannes Werner: *Maxe von Arnim. Tochter Bettinas, Gräfin von Oriola, 1818–1894. Ein Lebens- und Zeitbild aus alten Quellen geschöpft*. Leipzig 1937.
Bäumer, Konstanze, und Hartwig Schultz: *Bettina von Arnim*. Stuttgart, Weimar 1995.
Baumgart, Hildegard: *Bettine Brentano und Achim von Arnim. Lehrjahre einer Liebe*. Berlin 1999.
Baumgart, Hildegard: *Bettine und Achim von Arnim. Die Geschichte einer ungewöhnlichen Ehe*. Berlin 2016.

Böttger, Fritz: *Bettina von Arnim. Ein Leben zwischen Tag und Traum*. Berlin 1986.
Bunzel, Wolfgang: *„Die Welt umwälzen". Bettine von Arnim geb. Brentano (1785– 1859)*. Katalog. Frankfurt a.M. 2009.
Drewitz, Ingeborg: *Bettine von Arnim. Romantik, Revolution, Utopie*. Düsseldorf, Köln 1969.
Grimm, Jacob, und Wilhelm Grimm: *Briefwechsel der Brüder Jacob und Wilhelm Grimm*. Bd. 1.1: *Briefwechsel zwischen Jacob und Wilhelm Grimm. Text*. Hg. v. Heinz Rölleke. Stuttgart 2001.
Lemm, Uwe: „Die Wohnorte Bettina und Achim von Arnims in Berlin". In: Jb BvA 5 (1993), S. 104–118.
Mander, Gertrud: *Bettina von Arnim*. Berlin 1982.
Moering, Renate: „Bettine, Arnim und die Kinder, 1811–1831". In: Bettine-Katalog, 1985, S. 61–69.
Moering, Renate: „Stadt versus Land: Lebensräume in Wunsch und Realität. Mit unpublizierten Texten aus dem Ehebriefwechsel zwischen Achim und Bettine von Arnim". In: Walter Pape (Hg.) unter Mitarbeit v. Roswith Burwick: *Die alltägliche Romantik. Gewöhnliches und Phantastisches, Lebenswelt und Kunst*. Berlin, Boston 2016, S. 93–105.
Schellberg, Wilhelm, und Friedrich Fuchs (Hg.): *Die Andacht zum Menschenbild. Unbekannte Briefe von Bettine Brentano*. Jena 1942.
Schwinn, Holger: *Achim von Arnim auf Wiepersdorf*. Frankfurt (Oder) 2016a.
Schwinn, Holger: „Dichtung und Alltag: Ludwig Achim von Arnims Wiepersdorfer Jahre (1814–1831)". In: Walter Pape (Hg.) unter Mitarbeit v. Roswith Burwick: *Die alltägliche Romantik. Gewöhnliches und Phantastisches, Lebenswelt und Kunst*. Berlin, Boston 2016b, S. 107–122.

1.7. Krankheit, Pflege und Homöopathie
Sheila Dickson

1. Bettina als Krankenpflegerin 138
2. Magnetismus und Homöopathie 138
3. Literatur 143

Schon als außergewöhnlich begabtes, lebhaftes und gesundes junges Mädchen spürte Bettina Brentano schmerzlich die damaligen Beschränkungen des bürgerlichen Frauenlebens. Sicher genoss sie auch viele Vorteile durch die Kreise, in denen ihre Familie – vor allem ihre Großmutter La Roche und ihre Brüder Christian und Clemens – verkehrten, und bekanntlich hat sie sich immer wieder bemüht, die Grenzen des bescheidenen weiblichen Auftretens auszudehnen. Indes findet man auch Anzeichen dafür, dass und wie sehr sie gesundheitlich unter den Standes- und Geschlechterschranken litt. In Briefen an ihren Schwager Friedrich Carl von Savigny aus dem Herbst 1804 und dem darauffolgenden Winter beschrieb sie sich als „traurig" und „unglücklich", weil sie, „mit Ketten beladen", die „immerwärende rastlose Begier nach Wirken" nicht befriedigen konnte (Mitte September 1804, in: GW 4, 14). Im Januar 1805 berichtete sie Savigny, dass sie „ungefehr 3 wochen lang sehr krank war und dabey sehr Melancolisch war, es war mir immer als müste ich bald Sterben" (etwa 25. Januar 1805, in: GW 4, 19).

Vielleicht sogar in noch stärkerem Ausmaß, als sie es vorausgesehen hatte, wurden ihrer Selbstentfaltung sowie ihren kreativen und künstlerischen Talenten später in der Ehe zusätzliche Hindernisse in den Weg gelegt: Sie musste finanzielle Probleme, auch mangelndes Verständnis sowie häufige und lange Abwesenheiten ihres Mannes ertragen und währenddessen sieben Kinder großziehen. In ihren Briefen an Arnim verband sie diese Umstände sehr deutlich mit körperlichen Leiden und Lebensüberdruss, natürlich ohne Kenntnis des Begriffes ‚Psychosomatik'. 1817 blieb ihr die Muttermilch für Kühnemund aus, als ihre vier kleinen Söhne wie am Spieß schrieen, und am liebsten, so berichtete sie Arnim, wäre sie eingeschlafen, um nicht wieder aufzuwachen (24. Juli 1817, in: Bw Arnim 2, 77–78). Zehn Jahre später – und mit Gisela schwanger – klagte sie nicht nur, sie werde „fast zu Tode gepeinigt durch fortwährende Sorgen", geplagt von einem (nicht genau benannten) großen „Schrecken und Jammer" habe sie überdies ganze „8 bis 10 Tage an einem Krampf gelitten" (ebd., 678–679). Sie fühlte sich allein mit den Kindern und überhaupt im Stich gelassen. Schon im November 1823 hatte sie Arnim angefleht, sie zu unterstützen, weil sie aus eigener Kraft nicht mehr zurechtkäme. Sie beteuerte: „[W]enn mir einmal was zustoßen wird, so weiß ich, daß ich nicht wieder aufstehe, und ich mag auch nicht, denn das Leben ist mir so eine Last" (ebd., 418), und: „[S]olltest Du nicht bald kommen, so leg ich mich wahrhaftig ins Bett und werde ernstlich krank" (ebd., 422). Im Sommer des nächsten Jahres stellten bezeichnenderweise Zerstreuung und künstlerische Tätigkeit ihre Gesundheit immerhin wieder her: „[M]eine Taubheit ist fort, ich habe sie ganz plötzlich verloren, indem ich sang, ich fühlte mich wie neugeboren und empfand jetzt erst, wie sehr peinlich die Taubheit gewesen war" (ebd., 450). Da sich ihre Grundsituation jedoch nicht änderte, tauchten dieselben Probleme immer wieder auf, und am 25. März 1827 behauptete sie gegenüber ihrem Mann: „[W]enn mich etwas krank macht, so ist es eher diese unausgesetzte Einsamkeit, dieses Brüten und Nachdenken über meinen Zustand. [...] Wär unter den Pflichten, die in Deine Seele geschrieben sind, doch die unterstrichen, alles zu tun um mich zu zerstreuen und zu erleichtern!" (ebd., 654) Die anstrengende Routine, die Hauptverantwortung für die wachsende Familie bei – aufgrund durchaus hoher Ausgaben für Gut Wiepersdorf – ständigen Geldsorgen, dazu Gefühle der Einsamkeit und des Nichtverstandenseins zermürbten Bettina und verleideten ihr die wenigen ihr zur Verfügung stehenden Selbstgestaltungsmöglichkeiten.

Arnim bemühte sich, seine Frau zu entlasten, indem er Berlin besuchte und die Kinder im Sommer nach Wiepersdorf bringen ließ. Seine bloße Teilnahme tat ihr gut und machte sie nach eigener Aussage „wirklich sehr disponiert, gesund zu sein" (Bw Arnim 2, 873). Praktische, tagtägliche Hilfe wurde Bettina über längere Zeiträume allerdings nicht gewährt. In der Ehezeit war Bettinas Gesundheit oft Thema im Briefwechsel. Sowohl sie als auch ihr Mann erkannten sehr wohl, dass ihre Gesundheit durch ihr extrem empfindliches und gefühlsbetontes Naturell immer wieder beeinträchtigt wurde, vor allem im Umgang mit den Kindern. „[W]ahrscheinlich ist mir die Angst, die Sorge und Arbeit, die ich bei den Kindern hatte, auf die Nerven gefallen", vermutete Bettina, die durch die Einreibung mit Wacholderöl und Kampfer Besserung spürte (ebd., 28; vgl. auch ebd., 193). Bei gleicher Einschätzung der Ursachen ihres gesundheitlichen Zustandes riet ihr Arnim dazu, ihre Einstellungen zu ihrem eigenen Wohle zu ändern: Sie solle sich mittags stärken, damit sie „ein wenig Geschrei der Kinder nicht gleich in Verzweiflung" bringe (ebd., 362); sie solle sich nicht „über tausend Dinge, die ihrer Natur nach gleichgültig sind", ärgern (ebd., 392); „das Erschrecken um Kleinigkeiten" müsse sie sich abgewöhnen, sonst werde sie nie gesund (ebd., 556). Es waren indes keine Belanglosigkeiten, sondern grundsätzliche Dinge, nämlich ihre Wesensart und ihre Lebens- und Erziehungskonzepte, die sie hätte ändern müssen. Bei den Kindern wollte sie vor allem deren Freiheit respektieren, so wie sie auch wollte, dass man ihre eigene Freiheit respektierte, und die Kinder zu maßregeln, widerstrebte ihr, nagte an ihr, physisch und psychisch (vgl. ebd., 427). Sie hielt während ihrer Ehe immer daran fest, und nach Arnims Tod, als die ersten Kinder erwachsen wurden, wandte sie dieselben Prinzipien im öffentlichen Raum an.

Obwohl der Ehebriefwechsel deutlich zeigt, dass Bettina ständig überfordert war und unter Depressionen litt, drang hiervon nichts nach außen. Herman Grimm, der sie von Kind an kannte und später ihre Tochter Gisela heiraten sollte, beteuerte noch Jahrzehnte nach ihrem Tod: „Bettina war nie krank, nie, bis auf die allerletzten Lebensjahre, auch nur leidend, nicht einmal besser oder schlechter aufgelegt" (Grimm 1880, 2). Anderen Zeitgenossen erschien sie energisch, ja lebensfroh; Zeugnisse Dritter, die das Bild einer kränkelnden, unzufriedenen Hypochonderin zeichnen, sind nicht überliefert. Im Briefwechsel mit den Söhnen etwa tauschte sie sich während ihrer Witwenzeit ab 1831 hauptsächlich nur über deren Krankheiten aus. Und tatsächlich wurde Bettinas Gesundheit erst im August 1852 durch einen Schlaganfall stärker beeinträchtigt (vgl. Bw Friedmund, 213). 1854 warnte ein Arzt in Frankfurt am Main vor einem weiteren Schlaganfall, wenn sie sich nicht „vor gewaltsamer Gemütsbewegung Ärger usw. in acht nähme" (Gisela an Freimund und Maxe, vermutlich am 28. Dezember 1854, zit. nach Bw Friedmund, 514). Tochter Gisela hatte den Eindruck, dass „die Mutter überhaupt in der einen Hälfte ihrer Natur doppelt gesund ist, und der gesunde Theil ihrer Natur strapaziert den kranken – so scheint es mir öfter oder mißbraucht ihn, – deswegen weil sie so energisch herumläuft und existiert, – merkt man fast nicht das sie unwohl ist" (ebd., 515). Dass das unmäßiges Arbeitspensum an den Kräften der 69-Jährigen zehrte, liegt in der Natur der Dinge, aber die Möglichkeiten und Freiheiten, die es ihr brachte, hielten sie geistig und auch körperlich viel gesünder als die aufoktroyierten Einschränkungen während ihrer Jugend- und Ehejahre.

1. Bettina als Krankenpflegerin

Schon in jungen Jahren hatte Bettina praktische Erfahrungen in der Pflege von Familienmitgliedern sammeln können. Auf diesem Gebiet schrieb sie sich denn auch selbst Talent zu, sie nannte es eine „wunderbare[ ] Liebhaberei" und betonte Arnim gegenüber, dass sie „ungemein gern mit Kranken" zusammen sei (Bw Arnim 1, Bd. 1, 159). Als Hausfrau und Mutter pflegte sie später ihren Mann und vor allem die Kinder; oft reichte einfach die mütterliche Zuwendung aus (vgl. Bw Arnim 2, 30–31). Dass sie sich auch noch nach neun bis zehn durchwachten Nächten an der Seite des kranken Friedmund wohlfühlte, führte sie auf ihre „glückliche Natur" und „ein Gefühl der Sicherheit" zurück (ebd., 527). Als einmal alle Kinder krank waren und sich nicht regen konnten, pflegte sie diese – mit den Worten des Ehepaars Savigny – „wahrhaft großartig" und „musterhaft": Sie fühlte sich als Pflegerin „stark zu allem wie jede Bauersfrau", gerade weil sie wieder einmal auf sich selbst angewiesen war (ebd., 540–541). Bettina schätzte Hausmittel wie Pflanzenöle, Kräuter zum Einreiben oder Einnehmen, Wasser, Essig und Alkohol, mit denen sie auch manche Erfolge erzielte. Sie holte sich dabei lieber praktischen Rat bei Bekannten, ihrem Personal oder den Bauern auf ihrem Landsitz, um zu erfahren, was bei denen gewirkt habe, als dass sie den Kindern „allerhand magenverderbende[n] Saft" verschreiben ließ, mit dem man sie in der Stadt „quält" (ebd., 23). Auf diese Weise aus der Not eine Tugend machen zu können, gehörte mitunter zu Bettinas positivsten Erfahrungen in Wiepersdorf: „[M]an bleibt auf dem Lande viel besonnener, wie gerade mit der Krankheit der Kinder, weil man nicht so viele Mittel hat, kommt man am schnellsten zu dem besten Ausweg" (ebd., 30).

2. Magnetismus und Homöopathie

Immer wieder mokierte sich Bettina über „dumme[ ] oder eigennützige[ ]" oder „übermütige" Ärzte (Bw Arnim 2, 928). „Meine Gesundheit geht besser ohne Medizin", beteuerte sie Arnim gegenüber (ebd., 385). Die gängigen medizinischen Behandlungsmethoden schienen ihr oft falsch oder schädlich, womit sie aus heutiger Sicht insgesamt natürlich nicht ganz unrichtig lag. Die Versprechen neuer Heilmittel in schwierigen, langwierigen Fällen hielt sie jedenfalls für fragwürdig, wenn nicht gleich unverantwortlich. Als zum Beispiel der berühmte Phrenologe Franz Joseph Gall, dessen theoretische Vorlesungen sie 1806 durch die Vermittlung ihres Bruders Christian in Frankfurt gehört hatte (vgl. Bäumer/Schultz 1995, 23), ihren Neffen praktisch behandelte, befürchtete sie, „daß Gall diese Geldquelle besser zu seinem Wohlsein anwende, als daß dem Kind Heil daraus erwachsen dürfte" (Bw Arnim 2, 325). Obwohl Bettina „[b]ewies, daß eine Mutter keinen Arzt an ihr Kind kommen lassen müßte", wie Rahel Varnhagen 1829 ihrem Mann mitteilte (Varnhagen 1979, 376), obwohl sie, wie sie selbst von sich sagte, immer „klüger gehandelt" habe „für die Gesundheit [ihrer] Kinder, als die philisterhaften Ärzte" (Bw Arnim 2,

1.7. Krankheit, Pflege und Homöopathie

887), hatte auch die Familie von Arnim wie alle bürgerlichen und adeligen Familien der Zeit immer einen oder mehrere Hausärzte. Über viele Jahre wurde die Familie von Karl Christian Wolfart betreut, einem Hauptverfechter des damals modernen Animalischen Magnetismus, nach dessen Begründer Franz Anton Mesmer auch Mesmerismus genannt. Mesmer, den Wolfart 1812 persönlich kennengelernt hatte und dem er seither in seiner Lehre folgte (vgl. Barkhoff 1995, 107–112), verstand Krankheit als Stockung im Fluss des „Lebensfeuers"; seine Behandlungsmethode bestand Mesmer zufolge darin, „dieses Feuer durch eine Art von Erguß oder Entladung dieser Bewegung [zu] erregen und mit[zu]theilen", und zwar durch „unmittelbare Berührung, oder durch die Richtung der Extremitäten oder der Pole eines Individuums, welches dieses Vermögen oder dieses Feuer besitzt, oder auch selbst durch die Absicht und den Gedanken" (zit. nach ebd., 25). Ausschlaggebend war also „der magnetische Bund zweier Individuen" (ebd., 26).

Mesmer-Anhänger Wolfart war nicht nur ein guter Bekannter der Arnims, sondern auch der Savignys und Grimms. Seit 1810 lehrte er als Privatdozent an der Berliner Universität; 1817 erhielt er einen Ruf zum ordentlichen Professor für Heilmagnetismus und wurde Hausarzt der Arnims (vgl. Bw Arnim 2, 46–47 u. 164). Unter seinen Berufskollegen war er, wie alle Anhänger Mesmers, sehr umstritten. Vom Arnim'schen Bekanntenkreis wurde er dabei gegen „niederträchtige" Anschuldigungen in Schutz genommen (ebd., 181; vgl. auch Steig 1904, 487). Professionell hat er Bettina gelegentlich, wie sie schreibt, „sehr viel Zutrauen gegeben durch seine Konsequenz" (Bw Arnim 2, 531); als alle Kinder krank waren, kam er dreimal am Tag zur Visite und hatte, so Bettina, dabei „wirklich einen ungemein glücklichen und trostreichen Einfluß" (ebd., 544). Aus dem Briefwechsel geht hervor, dass er, anstatt zu magnetisieren, öfter Arzneimittel verschrieb – meistens nur als „Pulver", „Preservationsmittel" oder „Medizin" identifiziert, aber auch Kräuterpräparate, Bade- und Trinkkuren, Eselsmilch, Alkohol und Opium (vgl. Schiffter 2006). Gleichwohl weigerte sich Bettina lange, seinen therapeutischen Anordnungen unumschränkt zu folgen: „Wolfart verordnet Melisse und Baldriantee welches ich für Quark halte", ließ sie Arnim wissen und betonte auch hier wieder mit Nachdruck, dass sie keine Medizin brauche, denn: „Heiterkeit hilft mir verdauen und macht daher Appetit, ich kann mich dann über Nervenreiz erheben, der meist meinen Husten hervorbringt" (Bw Arnim 2, 385).

Der Magnetismus wurde von zahlreichen Laien praktiziert, Voraussetzung für den ‚Erfolg' einer Behandlung war schließlich auch kein Medizinstudium, sondern ein starkes ‚Lebensfeuer'. Auch Bettina magnetisierte ihre Kinder selbst, um Arnim dann im Anschluss mitzuteilen: „Unsere Kinder sind gesund, die Max hat gottlob ganz helle Augen, ich hab sie mit Deinem Kopfkissen magnetisiert, auf dem sie schläft, seitdem Du weg bist" (ebd., 273). Als Friedmund einen schlimmen Hustenanfall bekam und sie ihren Sohn daraufhin nachts magnetisierte, zeigte sie sich „erstaunt [...] über die Wirkung. Denn solange ich magnetisierte, hörte der Krampfhusten auf, und er schlief; und wenn ich ermüdete, fing er wieder an." Wolfart hat sie dabei offensichtlich zwar unterstützt, nicht aber ersetzt, und wurde ihr „allemal lieber bei solchen Gelegenheiten" (ebd., 527). Anstelle der schmerzhaften Behandlungsmethoden der traditionellen Mediziner, wie Aderlass, Abführ- und Brechmittel, absichtliche Hautreizungen und kalte Bäder, spielten bei diesem Verfahren Tröstung durch anhaltende Nähe und Aufmerksamkeit, wie auch positive und liebevolle Zuwendung die Hauptrolle.

Bettinas positivste Äußerungen über die akademische Medizin bezogen sich auf die Theorien von Samuel Hahnemann, der als Begründer der Homöopathie gilt. 1810 war die erste Auflage seines Grundlagenwerkes *Organon der rationellen Heilkunde* erschienen, das unter dem veränderten Titel *Organon der Heilkunst* allein bis 1829 vier Auflagen erlebte und auch im Haushalt der Arnims Aufmerksamkeit erfuhr. So berichtete Bettina ihrem Mann im Mai 1829, dass das von ihm bestellte Buch angekommen sei und sie „mit ungemein vielem Interesse" darin gelesen habe (Bw Arnim 2, 802). Viel wichtiger als der „materielle Krankheits-Stoff" sei, so Hahnemann hier, „die geistig dynamische Kraft Krankheit erregender Ursachen": „Wie oft hat nicht schon ein kränkendes Wort ein gefährliches Gallenfieber, [...] eine jählinge, traurige oder höchst freudige Nachricht den plötzlichen Tod zuwege gebracht?" (Hahnemann 1829, 17–18) Mit anderen Worten: Somatische Krankheiten werden durch psychologische, also innere Triebfedern ausgelöst. Diesem Verständnis nach ist es sinnig, dass sie auch so behandelt werden. Nur folgerichtig gestaltet sich die Behandlung sehr individuell und ebenso folgerichtig ist das Arzt-Patienten-Verhältnis eng und persönlich. Bei Arzneien setzte Hahnemann auf natürliche Substanzen aus der Pflanzen-, Tier- und Mineralwelt. Als „beihülfliche Seelen-Diät" verordnete er „ein passendes, psychisches Verhalten von Seiten der Angehörigen und des Arztes" sowie keinen Zwang bei der Arzneimitteleinnahme (ebd., 257–258).

Schon im Frühjahr 1828 hatte Bettina neben Wolfart den homöopathischen Arzt Friedrich Georg Necher konsultiert und mit Behagen berichtet, wie er Wolfart „wie ein Schulkind [heruntergeputzte]", als dieser versucht habe, eine Patientin mit einem falsch dosierten homöopathischen Mittel zu behandeln (Bw Arnim 2, 716). Trotzdem nahm sie „die Schwitzpulver" von Wolfart, als sie im März Fieber und einen Ausschlag bekam, versicherte aber zugleich: „Ich brauche deswegen keinen Arzt" (ebd., 724). Als Necher die Stadt zeitweilig verließ, konnte Bettina viele geheilte und dankbare Patienten auflisten, für deren Behandlung er „von niemand einen roten Heller genommen" hatte (ebd., 725; vgl. auch 720). Gleichwohl überließ sie die Behandlung ihre Tochter Max nicht Necher, sondern Wolfart, der sie mit „Fliedertee und Zitronensäure" erfolgreich kuriert haben soll (ebd.). Nachdem Wolfart im darauffolgenden Jahr die Impfung der noch nicht zweijährigen Gisela empfohlen hatte, schrieb Bettina die negativsten Sätze über ihn: „Dieser Wind ist doch grad wie in einem Blasebalg, der ein Loch hat und also keinen Effekt mehr macht. Ich glaube, daß, wenn er seine Clairvoyanten nicht hätte, er würde sich gleich in die Homöopathie werfen" (ebd., 806). Einen großen Unterschied zwischen den Methoden sah sie demnach nicht. Nur vier Tage später, Necher

1.7. Krankheit, Pflege und Homöopathie

hatte die Stadt wieder verlassen, schrieb sie ihrem Mann, dass sie nun einen neuen Hausarzt habe, den Homöopathen Gottfried Wilhelm Stüler, der die Hausmagd „auf der Stelle" von „einem langwierigen Übel geheilt" hat und der ihr sogar noch „besser wie Necher [gefällt], bescheiden, aufrichtig, wie er ist" (ebd., 808). Obwohl inzwischen begeisterte Anhängerin des homöopathischen Behandlungskonzepts blieb Bettina offen für die Meinung des alten Hausarztes und „Blasebalg[s]" Wolfart, der nachweislich noch im Dezember 1830 um Rat gebeten wurde (vgl. ebd., 923). – Wolfart starb 1832.

Für Bettina war sicher ausschlaggebend, dass die Homöopathie nicht schädlich war; die Behandlung war schmerzlos und, da natürliche Substanzen wie Kräuter benutzt wurden, auch billiger und den alten Hausmitteln ähnlicher, und sie war überhaupt mit einer gesunden Lebensweise verbunden. Von Wolfart ließ sich Bettina ebenfalls am ehesten die Medikamente verschreiben, die in diese Rubrik passten, zum Beispiel Eselsmilch, Emser Wasser, Kräutertees. Obwohl Hahnemann die Methoden seiner Kollegen kritisierte, äußerte er sich positiv über den Magnetismus als „Heilkraft, welche durch den kräftigen Willen eines gutmeinenden Menschen auf einen Kranken [...] einströmt", als „Einströmung von mehr oder weniger Lebenskraft in den Leidenden" (Hahnemann 1829, 303 u. 305). Beim Magnetismus und bei der Homöopathie werden die Ursachen von Krankheit in geistigen Kräften gesucht. Der persönliche Einsatz des Heilenden, der auch Laie sein kann, sein Glaube und seine Überzeugungskraft sowie die Denkungsart des Patienten sind jeweils zentral. Ist dies alles stimmig, „so wirkt sowas [die Homöopathie, S.D.] doch magnetisch auf die Kranken" (Bw Freimund, 61).

Freilich wandte Bettina schon vor der Lektüre Hahnemanns homöopathische Mittel an. Seit ihren ersten Erfahrungen damit bekräftigte sie in fast jeder Diskussion, in der es um das Thema Krankheit ging, ihr Vertrauen in das System, das dem „medizinischen Zwang ab[schwört]" und als „Anregung natürlicher Disposition" zu verstehen sei (an Adolf Stahr, 4. April 1841, in: GW 4, 443). Freiheit war für Bettina in der Gesundheitspflege wie in der Erziehung und in der Politik grundlegend: „[F]rei muß der Mensch sein, sonst ist er nicht gesund" (ebd.). Die Prinzipien der Homöopathie passten da gut zu ihren persönlichen Vorstellungen vom natürlichen, empathischen Umgang mit sich selbst und anderen.

Dass Bettinas Gedächtnis beim Werben für die Homöopathie mitunter selektiv funktionierte, zeigt der Fall Egloffstein. 1829 berichtete sie Arnim von der Behandlung des Sohnes der Egloffsteins durch den Homöopathen Stüler. Der Sohn, teilte sie mit, sei zwar gestorben, dennoch seien „die Eltern sehr zufrieden mit ihm [Stüler] bis zum letzten Augenblick" gewesen, was Bettina wiederum erleichterte (Bw Arnim 2, 811). Im Januar 1849 stellte sie diese Behandlung Freimund gegenüber sogar als erfolgreich dar: „[V]on dem Doctor Stieler [Stüler] habe ich die Kur des Kindes des Grafen Egloffstein gesehen was alle andre Ärzte aufgegeben hatten" (Bw Freimund, 65–66). Kurz zuvor, am 29. Dezember 1848, war Freimunds lungenkranke Ehefrau Anna gestorben. Schon im Sommer 1848 hatte Bettina an ihren anderen Sohn

Friedmund geschrieben: „Anna die sehr kranck war braucht Homoepathie, die sehr gut angeschlagen hat bis jezt doch haben wir Heute weniger gute Nachricht" (Bw Friedmund, 140). Und noch im Dezember, unmittelbar vor Annas Tod, empfahl sie Freimund den Homöopathen Franz Anton Bicking, der ebenfalls eine Patientin „gerettet" habe, die von ihrem eigenen Arzt „aufgegeben" worden sei (Bw Freimund, 61 u. 62). Nur einen Monat später riet Bettina ihrem Sohn zu einer homöopathischen Behandlung seines kranken Sohnes Achim: „Ich habe auch die Ueberzeugung daß dein Kind nur durch Homoeopathie seine völlige Gesundheit erlangen wird; hier in Berlin ist diese Heilart auf ihrer Höhe. ich selbst habe vor wenig Jahren ein Kind das viel kränker war als deines mit leichter Mühe heilen sehen" (ebd., 63). Angesichts des Verlusts seiner Ehefrau, für deren homöopathische Behandlung Bettina mit so viel Hoffnung geworben hatte, drückte sie sich hier sehr vorsichtig aus: Sie „schäme" sich „beinah", ihn mit ihren medizinischen „Erfahrungen" zu belästigen, sie wolle ihn damit auch nicht verärgern, sondern sei im Gegenteil zu allem bereit, was ihm „am genehmsten" sei (ebd., 65–66). Trotzdem fällt sofort ihr hartnäckiger Optimismus auf, das ausschließliche Aufzählen von Heilerfolgen in scheinbar hoffnungslosen Fällen; kein Wort dagegen verliert sie über den kompletten Misserfolg, der ihren Sohn Freimund in dieser Zeit eigentlich beschäftigt haben dürfte.

Zwei Jahre nach dem Tod des jungen Egloffsteins wurde Bettina tätig, als die Cholera 1831 das ganze Land bedrohte. Sie sammelte Geld, Kleider, Lebensmittel und homöopathische Medikamente, insbesondere das Hauptmittel Belladonna, für bedürftige Familien. Später urteilte sie, dass es vor allem die Sicherheit gewesen sei, mit der sie dieses unternahm, unterstützt von der notwendigen „Mäßigkeit in allen Beziehungen", die unter den Armen gezwungenermaßen herrschte, die „nicht wenig zur Gesundheit und zur Beschwichtigung der aufgeregten Gemüther beigetragen" hätten (zit. nach Meyer-Hepner 1960, 167).

Der Versuch, die Choleraepidemie mit homöopathischen Behandlungsmethoden einzudämmen, führte gleichwohl zu hitzigen Debatten in der Öffentlichkeit (vgl. Haehl 2014 [1922], Bd. 1, 190–193). In Berlin waren Stüler und seine Kollegen sehr rührig; Bettina lobte vor allem den Schweizer Naturheiler Jean David Pantillon, der die Armen – „die vom Staat vernachlässigte Klasse der Menschheit, [...] die *Proletarier*" (Bw Friedrich Wilhelm IV., 560) – unentgeltlich behandelte. Hahnemann wie auch die anderen Mediziner kannten den Krankheitserreger zwar nicht, in seinem *Aufruf an denkende Menschenfreunde über die Ansteckungsart der asiatischen Cholera* von 1831 behauptete er jedoch nicht ganz unrichtig, die Krankheit sei ansteckend und werde in „dumpfigen Räumen" durch eine „unsichtbare[ ] Wolke von vielleicht Millionen solcher miasmatischen, *lebenden Wesen*" verbreitet (zit. nach Haehl 2014 [1922], Bd. 1, 195–196). Er drang bei der Behandlung auf Reinlichkeit, Lüftung und Desinfektion und empfahl Kampfer als Heil-, Schutz- und Desinfektionsmittel (vgl. ebd., 193–194). Dass die Patienten dieses Mittel mit Wasser verdünnt einnahmen, wirkte der tödlichen Dehydratation entgegen, während andere Ärzte ihren Patienten das Trinken sogar verboten (vgl. Schreiber 2002, 63). Homöopathisch behandelte Patienten hatten allein deshalb größere Überlebenschancen, und diese Erfolge trugen wesentlich zum Ansehen der homöopathischen Schule in Deutschland bei.

Ob es nun homöopathischen Behandlungsmethoden zuzuschreiben war oder einfach einer robusten Konstitution: Fest steht, dass sich Bettina viele Jahre ihres Lebens einer stabilen Gesundheit erfreute, die allenfalls durch die Einschränkungen ihrer Freiheit beeinträchtigt wurde. Somatische Symptome wie Magenkrämpfe, Kopfschmerzen oder Fieber werden in ihren Briefen stets im Zusammenhang mit ihrem jeweiligen Seelenzustand – Traurigkeit, Einsamkeit, Ärger – thematisiert. Auf der anderen Seite blieb sie durch die Anregungen der Gesellschaft und der Kunst, durch Liebe und Zuwendung in der Familie und im Freundeskreis gesund. Dies waren denn auch ihre Grundsätze, in der Erziehung wie bei der Pflege von Kranken. Wie die Kinder sollten auch die Kranken frei von Zwängen sein, d. h. Bettina setzte im Verhältnis zu beiden auf natürliche, liebevolle Zuwendung mit viel Zeit und Trost, auf das Einreiben mit Öl, das Trinken von Kräutertee, die Schmerzlinderung durch natürliche, wohlschmeckende Präparate. Mäßigkeit im Essen, Trinken und in der Lebensweise erwiesen sich als gut für die Seele und – mit Blick auf die Angebote der zeitgenössischen Medizin – als das Beste für den Körper.

3. Literatur

Barkhoff, Jürgen: *Magnetische Fiktionen. Literarisierung des Mesmerismus in der Romantik.* Stuttgart, Weimar 1995.
Bäumer, Konstanze, und Hartwig Schultz: *Bettina von Arnim.* Stuttgart, Weimar 1995.
Grimm, Herman: „Bettina von Arnim". In: *Goethe-Jahrbuch* 1 (1880), S. 1–16.
Haehl, Richard: *Samuel Hahnemann. Sein Leben und Schaffen.* 2 Bde. Nachdr. der Originalausg. Leipzig 1922. Hamburg 2014.
Hahnemann, Samuel: *Organon der Heilkunst.* 4., verbesserte und vermehrte Aufl. Dresden, Leipzig 1829.
Meyer-Hepner, Gertrud: *Der Magistratsprozeß der Bettina von Arnim.* Weimar 1960.
Schiffter, Roland: *„... ich habe immer klüger gehandelt ... als die philisterhaften Ärzte ...": Romantische Medizin im Alltag der Bettina von Arnim – und anderswo.* Würzburg 2006.
Schreiber, Kathrin: *Samuel Hahnemann in Leipzig. Die Entwicklung der Homöopathie zwischen 1811 und 1821: Förderer, Gegner und Patienten.* Stuttgart 2002.
Steig, Reinhold (Hg.): *Achim von Arnim und die ihm nahe standen.* Bd. 3: *Achim von Arnim und Jacob und Wilhelm Grimm.* Stuttgart, Berlin 1904.
Varnhagen, Rahel: *Briefwechsel.* 4 Bde. Hg. v. Friedhelm Kemp. Bd. 2: *Rahel und Karl August Varnhagen.* 2. Aufl. München 1979.

1.8. Erziehung, Kinder, Nachfahren
Barbara Becker-Cantarino

1. Erziehung, Bildung 144
2. Die Söhne. 148
3. Die Töchter 150
4. Die Familie Arnim, Bettinas Nachfahren und die Tradition
   ‚Wiepersdorf'. 152
5. Literatur 154

1. Erziehung, Bildung

Im 18. Jahrhundert war Erziehung eine Sache von „Haus und Stand" (Nipperdey 1998, 451), d. h. sie war von der Tradition geleitet und betonte methodisches Lernen. Die Erziehung sollte dem Menschen die notwendige Orientierung, Kenntnisse und Konnexionen vermitteln, um mit dem Erwachsenwerden im Familienverband und Staat eine gottgefällige, nützliche und möglichst auch ökonomisch abgesicherte Stellung einnehmen zu können. Das ‚Haus', d. h. die Herkunftsfamilie, war für das leibliche und seelische Wohl der Kinder verantwortlich. Die Kleinkinderbetreuung oblag der Mutter, die durch weibliche Verwandte und Bedienstete unterstützt wurde. Die Einweisung des männlichen Jugendlichen in seine gesellschaftliche Rolle und seine Vorbereitung auf einen Beruf war Aufgabe von männlichen Erziehern. Im Adel und gehobenen Bürgertum übernahmen dies Privatlehrer. In Handwerks- und Kaufmannsfamilien war für die Ausbildung des Sohnes der Vater oder ein anderer männlicher Verwandter zuständig. Eine vom ‚Stand' vorgegebene Erziehung bedeutete dabei nicht nur die Wahrung je eigener Regeln für Adel, Bürgertum und Bauern, sondern auch die rigide Trennung der Geschlechter in allen Schichten als Vorbereitung auf die späteren Lebensrollen. Eine gemeinsame Erziehung von Jungen und Mädchen wurde in Deutschland letztlich erst im 20. Jahrhundert diskutabel, und tatsächlich erfolgte die Erziehung bis in die 1960er Jahre zumeist nach Geschlechtern getrennt. Für Mädchen lief das zumeist auf andere Erziehungsziele, andere Fächer und vor allem auch andere, nämlich weniger Möglichkeiten hinaus, denn bevorzugt investiert wurde stets in die Erziehung der Jungen.

Mädchen aus dem Landadel und Bürgertum wurden in der Regel von der Mutter in nützliche Haushaltskenntnisse eingewiesen – Bettinas Mutter Maximiliane führte ein detailliertes Haushaltsbuch über Ausgaben und Anschaffungen –, von Kindheit an aber auch und vor allen Dingen in Handarbeiten. Je nach Standeszugehörigkeit erwarben sie Fertigkeiten von feinster Goldstickerei bis zum Stricken von groben Strümpfen. Die heranwachsenden jungen Mädchen lernten Nähen, Kochen, Kinderpflege, Krankenpflege, Arzneikunde, über praktisches Mitanpacken und übers Zusehen. Diese aus moderner Perspektive oft belächelten und abgewerteten Fertigkeiten waren im vorindustriellen Alltag absolut wichtig, wenn nicht zum Gelderwerb für später mittel-

1.8. Erziehung, Kinder, Nachfahren

lose Frauen als Näherinnen, Gesellschafterinnen oder Köchinnen, dann für die Lebensqualität einer Familie. Diese ‚weiblichen Fähigkeiten' schulten aber auch Fingerfertigkeit, Augenmaß, Geschmack, Farbensinn, Ausdauer und Arbeitsplanung – wichtige Voraussetzungen für die kulturelle Produktion. Bettina von Arnim konnte in den 1840er Jahren mit den biedermeierlichen Veranstaltungen, die sie, ihre Töchter und deren Freundinnen privat organisierten und für die sie Texte und Dekorationen anfertigten, einiges Aufsehen erregen; sie produzierten „meisterhaftes Kunsthandwerk" (Schultz 2004, 407). Auch das bald obligate Erlernen eines Musikinstrumentes, des Singens wie auch des Zeichnens förderte das Interesse an musischer Beschäftigung, so dass die Hausmusik und Liederproduktion schon am Ende des 18. Jahrhundert in jede bürgerliche, nicht nur landadelige Familie gehörte.

Religiöse Unterweisung im Haus, Katechismusunterricht und Kirchgang waren selbstverständlich. Wie zuvor schon ihre Mutter wurde später auch Bettina für mehrere Jahre auf ein vornehmes Klosterpensionat geschickt. So erhielt Bettina vom neunten bis zum zwölften Lebensjahr eine Erziehung bei den Ursulinen in Fritzlar. Lebenslang äußerte sie denn auch religiöse Gefühle, und auch in ihre Texte baute sie an die biblische Sprache angelehnte Formulierungen ein, ohne jedoch spezifisch Katholisches zu betonen. Spätestens mit dem Religionsunterricht lernten allmählich aber auch alle Mädchen der Mittelschichten unterschiedlich gut Lesen und Schreiben, so dass am Ende des 18. Jahrhunderts durch die reiche Erbauungsliteratur und die Popularisierung der schönen Literatur, trotz Polemik gegen verderbliche Romane und unsittliche Schriften, eine Literarisierung der jungen Generation zu verzeichnen ist. In Bettinas Generation bildeten zumeist Frauen und *junge* Männer, wie die Auswertung der Leseerfahrungen um 1800 durch die moderne Leseforschung ergeben hat (vgl. Schön 1987), die Leserschaft von Klassik und Romantik. Das Vorlesen und die Übersetzungsarbeiten besonders der Frauen dienten dabei nicht zuletzt der Sprach- und Fortbildung.

Für die geistige Bildung und berufliche Ausbildung der Söhne des Adels und vermögender Bürger gab es im 18. Jahrhundert verschiedene private Schulmöglichkeiten, von Akademien und Militärschulen über Fürstenschulen und Priesterseminare bis zu Universitäten. Elementar-, Armen- und Industrieschulen dienten der Ausbildung der mittleren und unteren Schichten; schulreformerische Initiativen wie die sogenannten Philanthropine der Reformpädagogen Johann Bernhard Basedow, Christian Gotthilf Salzmann und Joachim Heinrich Campe boten Bildungsangebote für die Jungen des Mittelstandes. Pensionate und Stadtschulen für Mädchen wurden von den gehobenen Familien eher mit Skepsis betrachtet. Erste Mädchenschulen für höhere Bildung entstanden erst im 19. Jahrhundert. Begabte Mädchen lernten im Privatunterricht eines Bruders mit oder wurden zuweilen als Hilfskraft beim gelehrten Vater ausgebildet, wie das bei Sophie Gutermann-La Roche aus Ermangelung eines Sohnes oder bei Therese Heyne-Forster im akademischen Haushalt der Fall war. Doch war die ‚gelehrte Frau' eine Ausnahme und auch schon zu Bettinas Lebzeiten verpönt, widersprach sie doch dem Leitbild der ‚schönen Seele'.

Die jungen Männer aus der Generation der Romantiker profitierten von der Französischen Revolution, dem Emanzipationsverlangen der Bürger, die die alte Welt hinter sich lassen wollten und die Autonomie des Menschen betonten. Der Mensch – gemeint war zuvorderst der Mann – sollte nicht mehr eingebunden sein in Haus und Stand, sondern ‚innengeleitet' und allseitig gebildet sein. ‚Bildung macht frei' war das Schlagwort im Prozess der Individualisierung. Gefordert wurde damit eine Universalität für den Gebildeten statt der philisterhaften Enge des Gelehrten (vgl. Maurer 2005, 230–231). Literarisch dargestellt wurde dieses Modell des deutschen Idealismus in Goethes *Wilhelm Meisters Lehrjahre* (1795/96). Bettina las diesen Roman, wohl auf die Empfehlung von Bruder Clemens hin, schon etwa im September 1801 bei Großmutter La Roche in Offenbach. Sie modellierte sich aber nicht nach dem männlichen Helden Wilhelm, sondern nach der geheimnisumwobenen Kindfigur Mignon, und das bis in die 1840er Jahre hinein, als sie ihre Persona zur Mutterfigur, zur Mentorin der vornehmen, männlichen Jugend umformte.

Aus Bettinas jungen Jahren hat sich zufällig ihre Stellungnahme *Julius Bernhard Engelmann und die Mädchenerziehung* von 1808 erhalten (GW 1, 1172–1176), eine Replik auf *Einige Gedanken über Erziehung und Unterricht, besonders der Töchter*, einer Werbeschrift des Lehrers Julius Bernhard Engelmann für seine eigene, neu zu eröffnende Schule in Frankfurt. Bettina hatte diesen Aufsatz dem Bibliothekar und Hausgenossen Goethes, Friedrich Riemer, vermutlich nach ihrem ersten Besuch in Weimar zugeschickt, versehen mit der Bitte: „Hrn. Dockter Riemer unterthänigst zugeeichnet und zur Correktur der Geographie [gemeint ist Orthographie, B.B.-C.]"; Bettina argumentierte hier entschieden gegen das Schulgeld, da die beste Erziehung die sei, welche man „Gott anheim stellt, und daß ein sündiger Mensch dem andern nicht viel Gutes beibringt" (ebd., 1172). Sie misstraute offensichtlich aller Erziehung, wandte sich an dieser Stelle aber besonders gegen Religionserziehung: Der Erzieher solle sich nicht „in das Naturgesetz" hineinmischen, die „Jugend wird zu ihrer Zeit *Blüthen tragen* und endlich *Früchte bringen"* (ebd., 1175). In vager Anlehnung an Rousseau'sche Gedanken vertraute sie in romantischer Idealisierung auf die ungezwungene Entfaltung der natürlichen, von Gott gegebenen Anlagen des Individuums. Auf die intensive zeitgenössische Diskussion über Pädagogik, Schulen und Bildungsinhalte ging sie nicht weiter ein, sie wollte nicht, dass die von Gottes Gnade in ihrem Kinde liegende Religion von „einem sogenannten Erzieher, nochmals pädagogisch bearbeitet" wird (ebd., 1172). Den „Erziehungsplan" von Engelmann erwähnte sie, wenn auch nur flüchtig, ein weiteres Mal viele Jahre später in *Die Günderode* im Zusammenhang mit der Besichtigung einer ‚Musterschule' durch die Bettine-Figur. Bei dieser 1840 erwähnten Schule handelte es sich um das 1804 auf Initiative von Mayer Amschel Rothschild in Frankfurt eröffnete Philanthropin, eine Erziehungsanstalt für arme jüdische Kinder. Die Bettine-Figur bemerkt hierzu knapp: „Kinder gleichen Alters gleicher Fähigkeiten früh daran [...] gewöhnen daß sie auch gleiche menschliche Rechte haben" (GW 1, 618). Dieser spätere Gedankensplitter verlagerte die Erziehungsproblematik auf das Gleichheitsgebot, hier explizit bezogen auf Christen und Juden.

Bettina hatte wohl schon als Jugendliche klare Vorstellungen in Sachen Erziehung. Diese sollte ihrer Ansicht nach vor allem eines: die freie Entwicklung des Kindes in seinen Anlagen und Gefühlen unterstützen. Allein wichtig war das Individuum, der oder die Einzelne. Bettina grenzte sich damit vom utilitaristischen Erziehungsziel und den schul- und bildungsorientierten Methoden der Aufklärer ab. Die Reformpädagogik und Schulproblematik ihrer Epoche diskutierte sie nicht. Als sie schließlich eigene Kinder hatte, musste sie sich ganz konkret und praktisch mit Fragen der Erziehung auseinandersetzen – und machte dabei keine Abstriche gegenüber früheren Positionen. Bettinas Erziehungsmethode war und blieb freiheitlich und antiautoritär (siehe II.1.6. *Bettina von Arnim als Hausfrau in Wiepersdorf und Berlin*), wie Tochter Maxe sich erinnerte: „Solange ihre Kinder noch äußerlich hilfsbedürftig waren, war die Mutter mit größter, ja übertriebener ängstlicher Treue um sie besorgt, sobald sie aber flügge geworden, ließ sie sie frei fliegen. Das beruhte nicht etwa auf Gleichgültigkeit oder Bequemlichkeit, sondern auf ihrem felsenfesten Glauben, daß das Gute im Menschen sich frei entwickeln müsse" (M. v. Arnim/Werner 1937, 14).

Bettina war offensichtlich äußerst fürsorglich ihren Kindern gegenüber; in der Kinderpflege folgte sie damals modernsten homöopathischen Konzepten und setzte sich dabei erfolgreich gegen die Ärzte der Schulmedizin durch (siehe II.1.7. *Krankheit, Pflege und Homöopathie*). Auch Achim ließ die Kinder in Wiepersdorf frei gewähren; ab Anfang 1817 lebten die Kinder mit Bettina in Berlin, beim Vater waren sie nun nur noch in den Ferien zu Besuch. Als die Jungen Anfang der 1820er Jahre älter wurden und sich die typischen Erziehungsprobleme häuften, kam es zu Differenzen zwischen den Eltern. Achim forderte mehr Disziplin, während Bettina ihre antiautoritäre Erziehung verteidigte. So schrieb sie ihm: „[I]ch kann nicht zwingen, mit Gewalt keinen Gehorsam verlangen, ich kann den Kindern wohl vorstellen, was ich heilsam großartig wichtig finde, aber ich muß ihre Freiheit respektieren"; sie wolle nicht „mit durchgreifenden Maßregeln" auf die Kinder einwirken (16. November 1823, in: Bw Arnim 3, Bd. 2, 375). Doch betonte sie auch, dass es für sie „kein Amt ist 4 Knaben von dieser Heftigkeit in ordnung zu erhalten" – „die Kinder sind ganz auser allen Banden und haben die unsittlichsten Erfahrungen gemacht" (an Arnim, ca. 6. November 1823, in: Bw Arnim 3, Bd. 2, 367).

Bettina hatte spätestens in den 1820er Jahren die Hauptlast bei Versorgung und Erziehung zu tragen. Als sie sich im Sommer 1830 mit Tochter Gisela auf eine längere Reise begab, um Goethe in Weimar zu treffen, eine Kur zu machen und in Frankfurt unter anderem ihre im Vorjahr Bruder Georg zur Erziehung übergebenen Töchter Maxe und Armgart zu besuchen, ermahnte sie den in Wiepersdorf weilenden Achim, „ein paarmal nach Berlin zu gehen und sie [die vier Söhne im Alter zwischen 13 und 18 Jahren; B.B.-C.] nicht so ganz und gar sich selbst zu überlassen", er solle doch während ihrer Abwesenheit ein wenig Zeit mit den Kindern zusammen verbringen (21. August 1830, in: GW 4, 280).

Nach Achims Tod gab es besonders in den 1840er Jahren große Spannungen zwischen Bettina, ihrem Schwager Savigny, dem Vormund der sieben Kinder, und den einzelnen Söhnen und Töchtern selbst über Fragen der Ausbildung, Lebensweise und nötigen Finanzen.

2. Die Söhne

In rascher Folge gebar Bettina zwischen 1812 und 1817 vier Söhne, die alle Namen mit Bezügen zur Politik der Zeit erhielten: Freimund sollte 1812 patriotische Gesinnung im Kampf gegen die französische Fremdherrschaft in den Freiheitskriegen signalisieren; mit Siegmund, der aufgrund der Weigerung des Taufpastors nicht auf die Namen ‚Dreizehntche' (nach dem Geburtsjahr 1813) und ‚Landstürmerche' (nach dem letzten Truppenaufgebot Preußens) getauft werden durfte (vgl. Landfester 2004, 10), gaben die Arnims der Hoffnung auf einen Sieg über das Heer Napoleons Ausdruck; der Name Friedmund erinnerte 1815 an den noch laufenden Wiener Kongress; und Kühnemund stand 1817 wohl für die Zukunftshoffnung. Die poetisch-volkstümliche Endung ‚mund' soll dabei nicht Bettina, sondern der Vater ausgewählt haben (vgl. M. v. Arnim/Werner 1937, 14). Für den Unterricht der Jungen organisierte sie in Berlin zunächst Hauslehrer, die chaotisch wechselten, schlecht bezahlt und wie Dienstboten behandelt wurden; Bettina trug in der Folge die Hauptsorge für den Unterricht in öffentlichen Schulen, was auch angesichts des Geldmangels der Arnims schwierig war.

Freimund (1812–1863) wurde als 13-Jähriger auf das Berliner Gymnasium zum Grauen Kloster geschickt, musste aber bald mehrmals die Schule wechseln, da die Lehrer Faulheit, Undiszipliniertheit und fehlende Kenntnisse tadelten. Er liebte das Jagen, Fischen und Reiten in Wiepersdorf, und so wurde nach Achims Tod bestimmt, dass er Agrarökonomie erlernen und das Gut Bärwalde bewirtschaften sollte. Als Ältester war er schon zuvor eine „wahrhafte Stütztze" (Bettina an Arnim, 8. Mai 1828, in: Bw Arnim 3, Bd. 3, 137) für Bettina gewesen. Für die jüngeren Geschwister blieb er auch in späteren Jahren eine wichtige Bezugsperson (vgl. Bunzel/Landfester 1999, 158–159) und – nachdem er 1837 die Volljährigkeit erreicht hatte – der Versorger der Familie. Bettina schickte Freimund 1837 auf Kavalierstour, wobei er in England einen Kommissionsvertrag für den Verkauf der englischen Übersetzung ihres *Goethebuches* in London arrangieren sollte. Freimund jedoch fand wenig Gefallen an der Reise insgesamt und erreichte auch in London nichts (vgl. ebd., 159–161). Nach seiner Rückkehr widmete er sich der Gutsverwaltung und Familienangelegenheiten (ausführlich vgl. ebd.) und schloss sich mehr und mehr den Savignys an, deren politische Ansichten er teilte. Freimund, der ein großes Verantwortungsbewusstsein und eine unbedingte Loyalität seiner Familie gegenüber zeigte, heiratete 1847 Anna von Baumbach (1824–1848), die im Jahr darauf endlich den lange erwarteten Familienerben zur Welt brachte, aber bald nach dessen Geburt starb. Vier Jahre später ging Freimund seine zweite Ehe mit Claudine Firnhaber (1804–1876) ein, einer

1.8. Erziehung, Kinder, Nachfahren

verwitweten Brentano-Cousine von ihm, die sich aufopfernd um den Stammhalter Achim von Arnim bemühte (vgl. Heymach/Erhart 1996/97).

Freimunds Bruder Siegmund (1813–1890) war zunächst der Lieblingssohn des Vaters, rebellierte gegen seine Mutter und die wechselnden Privatlehrer. Auch auf dem Gymnasium – ebenfalls das Graue Kloster – wiederholten sich die Probleme. Seine selbstverfasste Verteidigungsschrift in Bezug auf einen Eklat, der zu einem Verweis von der Schule geführt hatte, wie seine weitere Karriere zeugen von seinem Willen zur Selbstbehauptung, aber auch von Renitenz, Ehrgeiz, Hochmut und Adelsstolz (vgl. Bunzel/Landfester 2012, 549–554). Siegmund studierte Jura, hielt sich u. a. mit Unterstützung von Bettinas in Paris lebender Schwester Lulu 1832/33 in Paris auf, reiste und fand schließlich eine Anstellung im preußischen diplomatischen Dienst. Seinen Anspruch auf offizielle Führung des Freiherrentitels konnte er – auch nach Bettinas Intervention bei König Friedrich Wilhelm IV. – nicht durchsetzen. Siegmund war verärgert über das „verdammte" *Goethebuch* der Mutter. Aus Münster berichtete er Bettina am 23. Februar 1837, dass „das verfluchte Volk hier" ihn „betinno getauft" habe (Bw Siegmund, 47); überhaupt seien Bettinas notorische Bekanntheit und der Mangel an Geld für die Schwierigkeiten seiner Karriere verantwortlich. Nach dem Tod Bettinas hütete er gleichwohl das literarische Erbe beider Elternteile. Bettinas Korrespondenz mit Siegmund ist sehr umfangreich und informativ für die Familiengeschichte, Bettinas Briefe an Siegmund enthalten mit die spannendsten Nachrichten über die Ereignisse im Vormärz und die Revolution in Berlin.

Friedmund (1815–1883) und Kühnemund (1817–1835), der als 18-Jähriger beim Baden tödlich verunglücken sollte, wurden von Bettina 1827 trotz Einwänden Achims auf die städtische Gewerbeschule in Berlin geschickt, einen neuen Schultyp in Preußen unter dem Geologen und Historiker Karl Friedrich von Klöden (1786–1856), der Fachkräfte für die zunehmende Industrialisierung ausbildete, ohne die obligaten Prestigefächer Latein und Griechisch des Gymnasiums zu unterrichten. Der praktisch interessierte und technisch begabte Friedmund bewirtschaftete nach dem Besuch der Land- und Forstwirtschaftlichen Schule in Hohenheim und der üblichen Kavalierstour ab 1845 das Arnim'sche Familiengut Blankensee in der Uckermark sehr erfolgreich. Zugleich verfasste er eine Märchensammlung und mehrere sozialpolitische Schriften, wobei die aufklärerischen Gedanken „zum verantwortlichen Handeln für das Gemeinwohl", die er hierin entwickelte, „reichlich undifferenziert" und „unsystematisch entwickelt" waren und keine Resonanz fanden (Bunzel/Landfester 2001, 505 u. 498). Friedmund stand Bettina im familialen Netzwerk und auch politisch seit Mitte der 1840er Jahren am nächsten, was auch der vertraulich-einvernehmliche Briefwechsel zwischen beiden informationsdicht und mit vergleichsweise geringer Selbststilisierung Bettinas vermittelt.

3. Die Töchter

Mit der Betreuung der drei auf die Söhne folgenden Kinder, den Mädchen Maximiliane (1818–1894), Armgart (1821–1880) und Gisela (1827–1889), war Bettina in den 1820er Jahren überlastet, zumal sie auch ihre geselligen Kontakte ausdehnte und häufig Veranstaltungen und Abendgesellschaften besuchte. Die Mädchen seien „recht wilde Hummeln gewesen, die die Freiheit, die [ihnen] die Mutter gewährte, weidlich ausnutzten", in Berlin sei ihr „liebster Verkehr die Straßenjugend" gewesen, erinnerte sich viel später die älteste Tochter Maxe (M. v. Arnim/Werner 1937, 14–15). Eine besondere Rolle für die Erziehung der Mädchen spielte die Unterstützung durch Bettinas Schwester Gunda von Savigny in Berlin, die dafür sorgte, dass Maxe und Armgart die Jahre 1829 bis 1833 bei Bruder Georg Brentano in Frankfurt verbrachten und dort Schul- und Gesangsunterricht erhielten. Bettina konnte sich somit intensiver um die jüngste Tochter Gisela kümmern und sich auf ihr Berliner Netzwerk und ihre musischen Interessen konzentrieren. Die erwachsenen Söhne waren zu dieser Zeit bereits mit Militärdienst, Reisen und dem Aufbau ihrer Karriere beschäftigt. Als Maxe und Armgart 1833 wieder nach Berlin zurückkehrten, übernahmen sie den Haushalt, wobei Maxe auch die rund zehn Jahre jüngere Gisela unterrichtete. Hauslehrer oder einen Schulbesuch vermittelte Bettina für die Mädchen nur sporadisch. So lud sie 1837 die Pianistin Johanna Mathieux (1810–1858), die spätere Frau der Revolutionärs Gottfried Kinkel, zu sich in die Wohnung ein, um den Töchtern Musikunterricht zu geben und als Hausdame zu fungieren. Mathieux studierte mit ihnen Lieder und Opernpartien ein, darunter die von Mathieux zu Onkel Savignys Geburtstagsfeier 1838 geschriebene Opera seria *Savigny und Themis*. Bettina entließ sie bald darauf nach Unstimmigkeiten.

Während sich Bettina ganz ihrer Schriftstellerei, Briefwechseln und – nach dem Erfolg des *Goethebuches* – den zumeist jungen Besuchern und deren kulturpolitischen Anliegen widmete, wandten sich Maxe und Armgart mehr und mehr den Savignys zu. Tante Gunda übernahm gern die Aufsicht über die Mädchen und lud die beiden zu ihren Geselligkeiten und Landpartien ein. 1840 führte sie die Nichten bei Hof ein und ermöglichte ihnen das Ausleben ihrer musikalischen und künstlerischen Kreativität auf Festen und privaten Aufführungen. Maximilianes Memoiren berichten begeistert und ausführlich darüber, insbesondere über die Feste der 1840er Jahre, ohne auch nur *ein* kritisches Wort über Onkel und Tante Savigny zu verlieren (vgl. M. v. Arnim/Werner 1937, 74–101). Beide Savignys berieten und unterstützten indes auch alle anderen Arnim-Kinder bei wichtigen Entscheidungen: die Mädchen in Liebes- und Heiratsangelegenheiten, die Söhne in Fragen der Ausbildung. So schlossen sich denn auch der Familienvorstand Freimund und besonders Siegmund enger an die aristokratische Lebenswelt der Savignys an.

Maxe musste zwei Verlobungen schmerzhaft auflösen; Bettinas schöne, musisch gebildete Töchter wurden vom Hochadel umschwärmt, aber nicht geheiratet (vgl. Landfester 2004, 31). Bettina hatte den *Frühlingskranz* (1844)

1.8. Erziehung, Kinder, Nachfahren

dem im Hause Arnim verkehrenden Prinz Waldemar, einem Cousin von König Friedrich Wilhelm IV., in einem persönlichen Vorwort zugeeignet. 1846 zirkulierte dann das Gerücht, eine Tochter Bettinas sei in morganatischer Ehe mit Waldemar verbunden und Waldemars gerade verstorbene Mutter habe auf ihrem Totenbett die Heirat ihres Sohnes mit Maxe sanktioniert (vgl. M. v. Arnim/Werner 1937, 150). Der Hof publizierte eine offizielle Gegendarstellung, die „einer öffentlichen Beleidigung der Arnims" gleichkam, wobei Bettinas „mangelnde Rücksicht" die „Liebeskrisen ihrer älteren Töchter" nur noch „verschlimmerte[ ]" (Landfester 2004, 30). Maxe und Armgart richteten sich ihr Leben nun selbständig ein, riefen 1843 gemeinsam mit Freundinnen aus ihrer Generation wie den Schwestern Bardua und der Malerin Marie von Olfers einen eigenen Literaten- und Künstlerzirkel ins Leben, die sogenannte Kaffeter-Gesellschaft, und widmeten sich literarischer Kleinkunst (Märchen, Arabesken), theatralischen Inszenierungen mit Gesang, Bildern und Versen in „biedermeierlicher Vergesellschaftung" (Landfester 2004, 27). Im Sommer 1848 schrieb die 30-jährige Maxe (in erst vor wenigen Jahren aufgetauchten, authentischen Aufzeichnungen): „[W]ährend die Mutter in fieberhaften Fantasien der Demokratie huldigte nur das edelste Volksinteresse in ihr sah, und ein Oppenheim sie gänzlich von uns entfremdete [...] [,] suchten wir auf alle mögliche Weise festzuhalten am angestammten Recht u an unsren Freunden", die Mutter gebe dem Einfluss der Savignys und Groebens (Maxe war derzeit mit Georg von der Groeben verlobt) die Schuld und „sie konnte und kann sich nicht denken, daß wir darin ganz selbständig sind" (M. v. Arnim 2004, 322–323).

Nur die jüngste Tochter Gisela, die ständig bei der Mutter lebte und mit ihr reiste, teilte die kulturpolitischen, literarischen und künstlerischen Interessen Bettinas. Sie sei, wie sie 1847 in einem Brief festhielt, „ganz einsam aufgewachsen; die Schwestern waren fast täglich in Gesellschaften, zuhause aber zankten sie mich, und später waren sie eifersüchtig" (zit. nach Mey 2004, 146). Kurz nach Bettinas Tod heiratete sie heimlich Herman Grimm (1828–1901), einen Sohn Wilhelm Grimms, den Bettina schon 1841 in ihre Familie einbezogen hatte (siehe III.2.2. *Die Brüder Grimm*). Die Ehe bewirkte eine längere Entfremdung von den anderen Arnim-Geschwistern; vor allem Maxe und Siegmund hegten persönliche Antipathien gegen den eher liberalen, bürgerlichen Literaten und Gelehrten. Gisela selbst hatte bereits um 1845 den Märchenroman *Das Leben der Gräfin Gritta von Rattenzuhausbeiuns* druckfertig vorbereitet (ein Gemeinschaftswerk mit ihrer Mutter, das allerdings erst 1926 publiziert wurde, und dies auch noch unvollständig; siehe IV.3. *Märchen und Märchenentwürfe Bettina von Arnims und ihrer Töchter*) und schrieb später fiktionalisierte Briefe und Dramen im klassisch-romantischen Stil (vgl. Ilbrig 2016, 255–259), deren Protagonistinnen Modelle sehr unterschiedlichen, weiblichen Rollenverhaltens im 19. Jahrhundert zeigen (vgl. Zipfel 2004, 410 u. 446). Auch die Novellen des später als Kunsthistoriker und Germanist bekannt gewordenen Herman Grimm können gelesen werden als „Sublimierung von sozialen und Beziehungskonflikten des Autors, die er im Leben nicht bewältigen konnte", sie geben dabei „unerwartete Einblicke in das Leben der Familie von Arnim", denn hinter den handelnden Personen verbergen sich nicht zuletzt auch Siegmund, Armgart und Gisela (Ehrhardt 2004, 480–481; vgl. auch Thamm 2004).

4. Die Familie Arnim, Bettinas Nachfahren und die Tradition ‚Wiepersdorf'

Alle Kinder Bettinas erreichten schließlich ein behagliches, finanziell sorgenfreies, an Aristokratie und Patriotismus orientiertes Leben im wilhelminischen Preußen, den Wunschvorstellungen Bettinas und manch späterer Literaturwissenschaftler zum Trotz (siehe VI. *Rezeption und Forschung*); selbst der in seinen Briefen immer mürrisch krittelnde Siegmund genoss seine letzten Jahrzehnte in Berliner Offiziersclubs und einer großen, repräsentativen Wohnung, die er sich mit der seit 1862 verwitweten Maxe bis 1872 teilte. Vier getrennte Zimmer, eine eigene Köchin und ein eigener Diener sorgten allerdings dafür, dass sich die Berührungspunkte der beiden im Alltag in Grenzen hielten (vgl. Bunzel/Landfester 2012, 660–662). Maxe hatte 1853 ihre Heirat mit Graf Eduard von Oriola (1809–1862), einem preußischen Militär, gegen Bettinas durch Krankheit geschwächten Widerstand durchsetzen können; ein Jahr nach dem Tod der Mutter heiratete Armgart im März 1860 Graf Albert von Flemming (1813–1884), einen preußischen Gesandten am Hof des Großherzogtums Baden in Karlsruhe. Auch wenn Giselas nur wenige Monate zuvor geschlossene Ehe mit Herman Grimm alte Konflikte um Adelsstolz, Familienehre und Erbfragen belebte, fand die jüngste Arnim-Tochter immer wieder zur Brentano-Arnim-Verwandtschaft zurück. So besuchte Gisela, die ihre Interessen in akademisch-großbürgerlichen Kreisen auslebte und deren Mann 1873 Professor für Kunstgeschichte an der Berliner Universität wurde, 1878 Frankfurt und hielt Kontakt zu ihren Geschwistern, Nichten und Neffen.

Generell standen indes auch alle anderen Kinder Bettinas loyal zur Familie des Vaters und zu Bettinas Herkunftsfamilie Brentano. Sie genossen gegenseitige familiale Unterstützung bei Reisen, Besuchen und Empfehlungen; die Krankenpflege übernahmen ausschließlich die Frauen, die weder eine Berufsausbildung noch einen Beruf hatten und über keine nennenswerte Mitgift verfügten. Offene Kontroversen wurden aus der Öffentlichkeit herausgehalten bzw. innerhalb der Familie ausgetragen, weshalb sie selten im Detail überliefert sind. Bei aller Kritik an einzelnen Verwandten und an Aspekten der zeitgenössischen Kultur und Politik: Was alle jedoch vollkommen vermissen ließen, war der Wunsch oder das Vermögen, über die eigene privilegierte Stellung der Arnims und der Brentanos in ihrer Epoche zu reflektieren.

Im Zentrum des Interesses der späteren Nachfahren und Familiengeschichte stand der Dichterruhm Achims und Bettinas, angefangen mit Herman Grimms Nachruf aus dem Jahr 1859 und seiner Würdigung der ‚großen Dichterin Bettina' zum 100. Geburtstag Bettinas 1885 sowie seinen germanistischen Arbeiten generell. Der Historien-, Porträt- und Landschaftsmaler Achim von Arnim (1849–1891), der älteste Sohn Freimunds und Stammhalter der Familie, erbte Wiepersdorf und gestaltete Schloss und Park im italienisch-antikisierendem Stil mit nationalen Elementen neu. Er galt als ‚stockpreußisch' und widmete sich statt einer Karriere im Staatsdienst seiner Künstlerlaufbahn (vgl. Heymach/Erhart 2004, 506 u. 510–515). Auch zwei Töchter Armgarts setzten die künstlerische Tradition fort und machten sich als Schriftstellerinnen einen Namen: Elisabeth von Heyking, geb. von Flemming (1861–1925) und ihre Schwester Irene Forbes-Mosse (1864–1946) (vgl. Sieberg 2004 u. 2016). Eine Urenkelin Bettinas, die Malerin Bettina Encke von Arnim (1895–1971), konnte Schloss Wiepersdorf 1945 zwar vor der totalen Plünderung und dem Abriss bewahren (vgl. Böhland/Schremmer 2015). Gleichwohl ging das gesamte Familienerbe des letzten Besitzers, Friedmund von Arnim (1897–1946), nach Oktober 1945 bei der „entschädigungslose[n] Enteignung sämtlicher Güter innerhalb der sowjetischen Besatzungszone" in staatliche Kontrolle über (ebd., 50).

Schloss Wiepersdorf wurde schließlich ein ‚Künstlerheim', in dem zahlreiche Schriftsteller und Künstler der DDR jeweils einige Arbeitswochen verbrachten. Über diese Zeit berichtet – unter den vielen Lokalgeschichten zu Wiepersdorf – Friederike Frachs *Schloss Wiepersdorf. Das „Künstlerheim" unter dem Einfluss der Kulturpolitik in der DDR* (2012). Nachdem 1990 die Zukunft des Hauses zunächst unklar war und verschiedene Nutzungsmodelle für Wiepersdorf durchprobiert wurden, hat es bis 2018 wieder als Künstlerheim gedient; eine kleine Ausstellung darin erinnert an die Dichter Bettina und Achim von Arnim. Seit 1991 gibt es den Freundeskreis Wiepersdorf (https://www.freundeskreis-schloss-wiepersdorf.de), gegründet von Clara von Arnim (1909–2009), der Witwe des letzten Eigentümers von Schloss Wiepersdorf, Friedmund von Arnim, und Schwägerin von Bettina Encke von Arnim. – Eigentümerin von Schloss Wiepersdorf ist noch die Deutsche Stiftung Denkmalschutz; ab 2020 wird das Land Brandenburg im Rahmen einer öffentlich-rechtlichen Landesstiftung nach Sanierungsarbeiten die Kulturstiftung Schloss Wiepersdorf mit einem neuen Konzept für Kunststipendiaten weiterführen (Stand: Mai 2019).

Schon 1989 hatte Clara von Arnim das Buch *Der grüne Baum des Lebens* veröffentlicht, in dem der Verlust des Arnim'schen Familienbesitzes durch die Kriege des 20. Jahrhunderts thematisiert wird. Die lesenswerte Geschichte erzählt vom Leben in Zernikow, Bärwalde und Wiepersdorf in den 1930er Jahren, von der Deportation ihres Mannes Friedmund in ein russisches Gefangenenlager, wo er an Entkräftung und Unterernährung starb, und von ihrer Flucht mit ihren sechs Kindern 1945 nach Westdeutschland. Auch Clara von Arnims Sohn, der Fotograf, Schriftsteller und Übersetzer Peter-Anton von Arnim (1937–2009), hat sich mit der Familiengeschichte befasst, hier insbesondere mit der Überlieferung des Nachlasses von Achim und Bettina (vgl. P.-A. v. Arnim 2003).

Das Schicksal von Bettina-Nachfahren als das einer europäischen Künstlerfamilie hat zuletzt die in Den Haag geborene Universitätslektorin Olga Majeau in ihrem Buch *Brosamen für den blauen Vogel. Bettina von Arnim und ihre Nachfahren. Eine europäische Familiengeschichte* (2016; zuerst niederländ. 2015) gründlich recherchiert und dargestellt. Majeau, eine Nachfahrin Bettinas über die Linie der Tochter Maxe, verfolgt dabei die Lebensläufe von Maxes Nachfahren anhand von Familienbriefen, Tagebüchern und Zeitzeugenberichten durch zwei Kriege hindurch von Berlin nach Budapest, Österreich, Norditalien (Bozen), England, New York und den Niederlanden, eine erschütternde und spannende Darstellung. Die Kriege zerstörten alles: „Verarmt, vereinsamt, verstummt bleiben Bettina von Arnims Verwandte zurück gezeichnet von Arbeitslager, von Flucht und Furcht. Vom Glanz vergangener Zeiten scheint nichts mehr übrig. Bis auf ein paar Geheimnisse, über die keiner sprechen will" (Klappentext von Majeau 2016).

5. Literatur

Arnim, Clara von: *Der grüne Baum des Lebens. Lebensstationen einer märkischen Gutsfrau in unserem Jahrhundert.* Bern, München, Wien 1989.

Arnim, Maximiliane von, und Johannes Werner: *Maxe von Arnim. Tochter Bettinas, Gräfin von Oriola, 1818–1894. Ein Lebens- und Zeitbild aus alten Quellen geschöpft.* Leipzig 1937.

Arnim, Maximiliane von: „Die Grashalme. Tageblätter 1839–1847". Hg. v. Eva Lindemann. In: Ulrike Landfester u. Hartwig Schultz (Hg.): *Dies Buch gehört den Kindern. Achim und Bettine von Arnim und ihre Nachfahren.* Berlin 2004, S. 285–387.

Arnim, Peter-Anton von: „Das Schicksal des Nachlasses von Achim und Bettina von Arnim in den Händen ihrer Nachkommen". In: Carl-Erich Vollgraf (Hg): *Nachlass-Edition. Probleme der Überlieferung persönlicher Nachlässe des 19. Jahrhunderts und ihrer wissenschaftlichen Editionen.* Berlin, Hamburg 2003, S. 83–95.

Böhland, Dorothea, und Michael Schremmer (Hg.): *„Die Malerei ist mein ganzes Glück". Bettina Encke von Arnim: Leben und Werk 1895–1971.* Berlin 2015.

Bunzel, Wolfgang: „,Von Herz zu Herz' Zum textologischen Status und sozialhistorischen Kontext der Familienbriefe Bettine von Arnims". In: Ulrike Landfester u. Hartwig Schultz (Hg.): *Dies Buch gehört den Kindern. Achim und Bettine von Arnim und ihre Nachfahren.* Berlin 2004, S. 37–81.

Bunzel, Wolfgang, und Ulrike Landfester: „Nachwort". In: *Bettine von Arnims Briefwechsel mit ihren Söhnen.* Hg. v. W. Bunzel u. U. Landfester. Bd. 1: *Du bist mir Vater und Bruder und Sohn. Bettine von Arnims Briefwechsel mit ihrem Sohn Freimund.* Göttingen 1999, S. 151–186.

Bunzel, Wolfgang, und Ulrike Landfester: „Nachwort". In: *Bettine von Arnims Briefwechsel mit ihren Söhnen.* Hg. v. W. Bunzel u. U. Landfester. Bd. 3: *In allem einverstanden mit Dir. Bettine von Arnims Briefwechsel mit ihrem Sohn Friedmund.* Göttingen 2001, S. 477–542.

Bunzel, Wolfgang, und Ulrike Landfester: „Nachwort". In: *Bettine von Arnims Briefwechsel mit ihren Söhnen.* Hg. v. W. Bunzel u. U. Landfester. Bd. 2: *Da wir uns nun einmal nicht vertragen. Bettine von Arnims Briefwechsel mit ihrem Sohn Siegmund.* Göttingen 2012, S. 543–680.

Ehrhardt, Holger: „Zur Fiktionalisierung Arnimscher Familienverhältnisse in den Novellen Herman Grimms". In: Ulrike Landfester u. Hartwig Schultz (Hg.): *Dies Buch gehört den Kindern. Achim und Bettine von Arnim und ihre Nachfahren.* Berlin 2004, S. 449–481.

1.8. Erziehung, Kinder, Nachfahren

Feilchenfeldt, Konrad: „Der Nachlaß Maximiliane von Arnims". In: Ulrike Landfester u. Hartwig Schultz (Hg.): *Dies Buch gehört den Kindern. Achim und Bettine von Arnim und ihre Nachfahren.* Berlin 2004, S. 233–250.

Frach, Friederike: *Schloss Wiepersdorf. Das „Künstlerheim" unter dem Einfluss der Kulturpolitik in der DDR.* Berlin 2012.

Grimm, Herman: „Bettina von Arnim". In: *Goethe-Jahrbuch* 1 (1880), S. 1–16.

Heymach, Petra, und Ingo Erhart: „‚... ich möchte so gerne helfen ...': Versuch einer Lebensbeschreibung Claudine von Arnims". In: Jb BvA 8/9 (1996/97), S. 177–199.

Heymach, Petra, und Ingo Erhart: „‚Ein Cravaller mit großen Feusten?' Die Entwicklung des Malers Achim von Arnim in seiner Kinder- und Jugendzeit". In: Ulrike Landfester u. Hartwig Schultz (Hg.): *Dies Buch gehört den Kindern. Achim und Bettine von Arnim und ihre Nachfahren.* Berlin 2004, S. 483–515.

Ilbrig, Cornelia: „Gisela von Arnim-Grimm (1827–1889)". In: Bernd Heidenreich [u.a.] (Hg.): *Die Brentanos. Eine romantische Familie?* Frankfurt a.M. 2016, S. 243–264.

Landfester, Ulrike: „Spiel-Raum Familie. Bettine von Arnim und ihre Kinder in der Theatralitätsgeschichte des Biedermeier". In: U. Landfester u. Hartwig Schultz (Hg.): *Dies Buch gehört den Kindern. Achim und Bettine von Arnim und ihre Nachfahren.* Berlin 2004, S. 1–36.

Lindemann, Eva: „Die Gräfin und die ‚Grashalme'". In: Ulrike Landfester u. Hartwig Schultz (Hg.): *Dies Buch gehört den Kindern. Achim und Bettine von Arnim und ihre Nachfahren.* Berlin 2004, S. 269–284.

Mader, Franziska: „Maximiliane von Arnims Tagebuch aus dem Jahr 1839". In: Jb BvA 26/27 (2014/15), S. 97–177.

Majeau, Olga: *Brosamen für den blauen Vogel. Bettina von Arnim und ihre Nachfahren. Eine europäische Familiengeschichte.* Aus dem Niederländ. v. Thomas Hauth. München 2016.

Maurer, Wolfgang: „Bildung". In: Hans-Werner Hahn u. Dieter Hein (Hg.): *Bürgerliche Werte um 1800. Entwurf – Vermittlung – Rezeption.* Köln, Weimar, Wien 2005, S. 227–237.

Mey, Eva: *Ich gleiche einem Stern um Mitternacht. Die Schriftstellerin Gisela von Arnim, Tochter Bettinas und Gattin Herman Grimms.* Stuttgart 2004.

Milch, Werner: „Julius Bernhard Engelmann und die Mädchenerziehung. Ein unbekannter Brief Bettina Brentanos". In: *Neue Zürcher Zeitung* vom 6./7. Februar 1940.

Nipperdey, Thomas: *Deutsche Geschichte 1800–1866. Bürgerwelt und starker Staat.* München 1998.

Schön, Erich: *Der Verlust der Sinnlichkeit oder Die Verwandlungen des Lesers. Mentalitätswandel um 1800.* Stuttgart 1987.

Schultz, Hartwig: „Märchenkönig für Preußen – Märchenprinz für Gisela. Der Text zur Arabeske von Armgart von Arnim". In: Ulrike Landfester u. H. Schultz (Hg.): *Dies Buch gehört den Kindern. Achim und Bettine von Arnim und ihre Nachfahren.* Berlin 2004, S. 389–407.

Sieberg, Herward: „Bettinas Enkelin. Die Dichterin Irene Forbes-Mosse (1864–1946)". In: Ulrike Landfester u. Hartwig Schultz (Hg.): *Dies Buch gehört den Kindern. Achim und Bettine von Arnim und ihre Nachfahren.* Berlin 2004, S. 517–546.

Sieberg, Herward: „Elisabeth von Heyking, geb. von Fleming (1861–1925)". In: Bernd Heidenreich [u.a.] (Hg.): *Die Brentanos. Eine romantische Familie?* Frankfurt a.M. 2016, S. 265–291.

Strohmeyr, Armin: *Die Frauen der Brentanos. Porträts aus drei Jahrhunderten.* Berlin 2006.

Thamm, Angela: „Bettine von Arnim und ihre Töchter – Weibliche Lebensentwürfe und -konflikte im Textversteck der Schreiberinnen". In: Ulrike Landfester u. Hartwig Schultz (Hg.): *Dies Buch gehört den Kindern. Achim und Bettine von Arnim und ihre Nachfahren.* Berlin 2004, S. 189–232.

Zipfel, Frank: „Giselas Dramatische Werke. Deutungen von Weiblichkeit in ‚spätromantischer' Dramenproduktion". In: Ulrike Landfester u. Hartwig Schultz (Hg.): *Dies Buch gehört den Kindern. Achim und Bettine von Arnim und ihre Nachfahren.* Berlin 2004, S. 409–448.

2. Bettina von Arnim in der Kommunikationskultur der Romantik

2.1. Bettina Brentanos Jugendfreundschaften
Barbara Becker-Cantarino

Schon als junges Mädchen suchte Bettina Brentano Freundschaften auch *außerhalb* und *neben* familiären Beziehungen zu schließen, dies schien umso nötiger, als sich die große Brentano-Familie durch Geburten, Heiraten und besonders Todesfälle ständig veränderte (siehe I. *Bettina-Chronik*). Nachdem für die Vollwaise Bettina 1802 die relativ geborgene Zeit der Kindheit bei der Großmutter in Offenbach vorbei war, vereinsamte sie in Frankfurt am Main zusehends. Sie gehörte keiner außerfamiliären Gruppe oder sozial weiterbildenden Institution an. Während Schwestern und Freundinnen heirateten, lehnte sie die ihr angetragenen Ehen ab. Sie hatte weder einen Beruf noch ging sie einer anderen sinnvollen Tätigkeit nach. Kurzum: Ihr fehlte eine Zukunftsperspektive. In dieser Zeit der Leere und Unbestimmtheit reiste sie viel und suchte bewusst und in Eigeninitiative Beziehungen und Freundschaften.

Zunächst schloss sich Bettina ihrem Bruder Clemens an, denn die Zuwendung des großen, bewunderten Bruders war nach dem Zusammenleben mit der Großmutter die wichtigste zwischenmenschliche Beziehung für die heranwachsende Frau. Clemens bestärkte Bettinas Unbehagen an der Frankfurter Familie, die eher an einer standesgemäßen Heirat und damit ihrer Versorgung interessiert war als daran, ihre Interessen im musischen und geistigen Bereich zu unterstützen. Sie nahm Privatunterricht in Zeichnen, Gesang und Komposition und mokierte sich über arrangierte Ehen, auch fühlte sie sich angesichts des Frankfurter ‚Philisterlebens' bedrückt. Bettina schaute sich in dieser Situation gezielt nach eigenen Freundinnen und bald auch Freunden um, mit denen sie Seelenfreundschaften eingehen konnte, und nahm dabei meist von sich aus Kontakt auf. Neben Karoline von Günderrode wählte sie später Frau Rat Goethe und Ludwig Tieck zu ihren Freunden, und schließlich Goethe selbst, den sie 1807 dann auch zum ersten Mal besuchte. Es waren Freundschaftsverhältnisse mit starker, gefühlvoller Hingabe Bettinas an die jeweiligen Partner, die die traditionellen Geschlechterverhältnisse umgingen und teilweise neu konstituierten oder zumindest doch beeinflussten. Diese intersubjektiven Beziehungen trugen wesentlich zur Identitätsbildung der Person Bettina bei (vgl. Becker-Cantarino 2003, 230–232).

Literatur

Becker-Cantarino, Barbara: „Erotisierte Freundschaft in der Konstruktion romantischer Identität am Beispiel Bettina von Arnims". In: Sheila Dickson (Hg.): *Romantische Identitätskonstruktionen. Nation, Geschichte und (Auto-)Biographie*. Tübingen 2003, S. 229–245.

2.2. Karoline von Günderrode

Barbara Becker-Cantarino

1. Karoline von Günderrode und die Ansprüche der aristokratischen Gesellschaft 157
2. Zur historischen Beziehung von Bettina Brentano und Karoline von Günderrode 158
3. Der Bruch 160
4. Das Paradigma einer Frauenfreundschaft 161
5. Literatur 163

1. Karoline von Günderrode und die Ansprüche der aristokratischen Gesellschaft

Karoline von Günderrode stammte aus einer alten hessischen Adelsfamilie und wurde 1786 mit sechs Jahren Halbwaise. 1802 führten Erbstreitigkeiten zu heftigen Zerwürfnissen zwischen der Mutter einerseits und Karoline sowie ihrer einzigen damals noch lebenden Schwester andererseits. Drei jüngere Schwestern waren an ‚Auszehrung‘ und ‚Nervenkrankheiten‘ gestorben. Familiärer Streit und Todesfälle trugen zu Karolines Vereinsamung bei (vgl. Becker-Cantarino 2000, 202–210). 1797 trat sie in ein evangelisches Damenstift in Frankfurt ein, das unverheirateten oder verwitweten Frauen aus altem hessischem Adel ein standesgemäßes, weniger aufwendiges Leben als in Hofkreisen ermöglichte. Die ehemals strengen Regeln des Stiftes waren dabei schon erheblich gelockert worden. Karoline von Günderrode trug die schwarze Stiftstracht nur bei offiziellen Anlässen, konnte in ihren beiden Zimmern Besuche empfangen, ins Theater gehen, an Festen teilnehmen und für längere Zeit verreisen. Dennoch litt sie unter dem Stiftsleben und hatte überdies mit gesundheitlichen Problemen zu kämpfen. So klagte sie über ständige Kopfschmerzen und fürchtete, am ‚schwarzen Star‘ zu erkranken.

Karoline freundete sich mit jungen Frauen aus wohlhabenden Frankfurter Familien an, darunter auch mit Bettinas älterer Schwester Gunda Brentano (1780–1863). 1799 verliebte sie sich in Friedrich Carl von Savigny (1779–1861), der jedoch 1804 Gunda heiratete. Karoline veröffentlichte, wie damals für Frauen üblich, ihre schriftstellerischen Arbeiten, Lyrik und Dramen unter einem Pseudonym, in ihrem Fall: Tian. Clemens Brentano, dessen literarisches Schaffen sie bewunderte, warb heftig um sie; auf einen erotisch-aggressiven, ihre Dichtung ironisch herabsetzenden Brief Brentanos hin brach sie den Briefwechsel mit ihm 1802 ab. Anfang August 1804 lernte sie in Heidelberg schließlich einen Professor der dortigen Universität kennen, den Philologen, Altertums- und Mythenforscher Friedrich Creuzer (1771–1858). Creuzer gehörte dem Kreis um Savigny an und war seit 1799 mit einer 13 Jahre älteren Professorenwitwe verheiratet – ein Entrée für seine Professur. Günderrode und Creuzer unterhielten bald einen Liebes-Briefwechsel, wobei die Briefe über Dritte zugestellt wurden, und trafen sich heimlich. Auch unterstützte Creuzer die Freundin bei der Publikation ihrer Gedichte. Dennoch konnte er sich nicht von seiner ungeliebten, zwischen Entsagung und Versorgungsfurcht schwankenden Frau trennen. Nachdem Karoline – wohl unvorbereitet – 1806 ein Trennungsbrief Creuzers in die Hände gefallen war, erdolchte sie sich in Winkel am Rhein mit drei Stichen ins Herz (vgl. Becker-Cantarino 2008).

Karoline von Günderrode suchte in der Begegnung mit Literatur und der Philosophie des Idealismus ihren Weg als Dichterin, konnte in den vorgegebenen Lebensformen einer Frau aber keinen Ort und keine Sicherheit finden. Dichterische Begabung, intellektuelle Entwicklung und emotionale Sensibilisierung scheiterten bei ihr auch daran, dass ihr ein selbstbestimmtes Leben versagt blieb, sie – verglichen etwa mit Bettina – über kein Vermögen verfügte und überdies körperlich labil war. Sie haderte mit ihrer Rolle als Frau, suchte die Ehe mit Creuzer, um standesgemäß und abgesichert leben und in der Liebe und geistigen Partnerschaft eines Mannes Befriedigung finden zu können. Sie konnte und wollte den Ansprüchen der aristokratischen Gesellschaft, in die sie hineingeboren war, nicht genügen. Eine Heirat, die sowohl standesgemäß war als auch auf Liebe gründete, war ihr nicht möglich. Bettina stellte dafür später ihre eigenen Wünsche und ihr Schreiben über zwei Jahrzehnte zurück, um dann bereichert durch diese Zeit ein eigenes Leben zu führen.

2. Zur historischen Beziehung von Bettina Brentano und Karoline von Günderrode

Nach eigener Aussage traf Bettina die knapp fünf Jahre ältere Freundin von Schwester Gunda und Bruder Clemens erstmals 1799 auf Schloss Grüneburg, einem beliebten Ausflugsziel in der Nähe Frankfurts: „[I]n meinem 14ten Jahr kam ich mit der Günderode zusammen. – – Es war auf der grünen Burg eines Abends" (an Philipp Nathusius, 23./24. April 1840, in: GW 4, 422); wohl eine von Bettinas zahlreichen phantasievoll ausgeschmückten Reminiszenzen. Erst nach Clemens' Verheiratung mit Sophie Mereau im November

2.2. Karoline von Günderrode

1803 und Savignys Hochzeit mit Schwester Gunda im April 1804 trat Bettina an Karoline von Günderrode heran, die eine Einladung der Savignys, sie auf deren Hochzeitsreise nach Italien zu begleiten, abgelehnt hatte. Eine nähere Beziehung Bettinas zu Karoline ist letztlich für den Herbst 1804 dokumentiert, als Bettina sie häufiger im Damenstift am Frankfurter Roßmarkt zu besuchen begann. Bettina wohnte zu diesem Zeitpunkt in ihrem Elternhaus, dem Haus *Zum Goldenen Kopf* in der Großen Sandgasse, und damit nur wenige Straßenzüge entfernt.

Noch im Jahr zuvor stand Karoline von Günderrode ihrer späteren Vertrauten Bettina Brentano ablehnend gegenüber. Bettina „wird mir immer unangenehmer", schrieb sie Gunda (12. Juli 1803, in: Günderrode 1964, 182). Die freundschaftliche Annäherung zwischen Bettina und Karoline entwickelte sich über gemeinsame Studien; Karoline wurde Bettinas Privatlehrerin und Mentorin, vielleicht von der Familie Brentano und als Gegenleistung für andere Gefälligkeiten dazu ermuntert. Zwischen Herbst 1804 und Sommer 1805 verbrachten die beiden jedenfalls häufig Zeit miteinander. Die Rolle Karolines ist dabei mit der von Bettinas Großmutter La Roche vergleichbar, die die Brentano-Schwestern noch wenige Jahre zuvor betreut hatte. Wie die erhaltenen Studienbücher von Karoline und Bettinas Briefbuch dokumentieren und später in Bettinas *Die Günderode* (1840) erzählt wird, lasen sie gemeinsam historische und kulturphilosophische Literatur (vgl. Günderrode 1975). An Savigny berichtete Bettina, dass sie „die Geschichte jetzt mit großem Eifer lerne, morgens für mich und nachmittags mit Günderödchen" (Ende Oktober 1804, in: Schellberg/Fuchs 1942, 25), und: „Mit dem Günderodchen bin ich alle Tage, es treibt mich sehr an zum Lernen" (15. April 1805, in: Schellberg/Fuchs 1942, 32). An Philosophie war Bettina weniger interessiert, sie will von der Schelling-Begeisterung Karolines sogar „ein nervöses Gallenfieber" bekommen haben und „und dem Tod ganz nahe" gewesen sein, wie sie – allerdings erst 1838 – in einem Brief an Hermann Karl von Leonhardi behaupten wird (zit. nach GW [Härtl] 2, 791).

Da Bettina häufig Verwandte außerhalb Frankfurts besuchte, schrieben sich die Freundinnen Briefe, in denen Bettina sich Karoline bewundernd, vertraulich, fast aufdringlich zuwandte und öffnete, wie der in Bettinas Briefbuch *Die Günderode* von 1840 *verarbeitete* Briefwechsel zeigt (auf den die Forschung im Wesentlichen angewiesen bleibt, da von Bettinas originalen Briefen sich nur einige später mitgeteilte Auszüge erhalten haben und von den originalen Briefen Karolines an Bettina lediglich vier noch auffindbar sind; Quellen in: GW [Härtl] 2, 827–853). Freundschaft, Wahrhaftigkeit, Freiheit erringen und die eigene Entwicklung vorantreiben: Das waren jedenfalls die Anliegen Bettinas. Sie verband mit der Freundschaft Treue, Wahrheit und Teilnahme am Schicksal der anderen. Die damals 20-Jährige Bettina warb um die Freundschaft der fünf Jahre älteren Dichterin und um eine auf gegenseitige Achtung, Zuneigung und Vertrauen gegründete Beziehung. Bettina artikulierte dann in *Die Günderode* eine egalitäre, subjektstärkende Freundschaftskonzeption, wie sie zumeist nur zwischen zwei oder wenigen Menschen existieren und auch unabhängig von verwandtschaftlichen Bindungen und Liebesverhältnissen gebildet werden kann. Für Bettina war diese Beziehung eine enge, emotionale Bindung, subjektstabilisierend und identitätsstiftend. Gegenüber diesen offenen, vorbehaltslosen und emotionalen Freundschaftsbezeugungen Bettinas sind die im Original erhaltenen brieflichen Äußerungen Karoline von Günderrodes zwar herzlich, aber auch etwas distanziert: „Ich werde sehr gerne mit Dir in Trages sein, denn ich sehne mich auch recht nach dem Frühling und freue mich, Dich zu sehen und um Savigny zu sein", lautet eine authentische Briefpassage Karolines an Bettina vom Februar/März 1806 (GW [Härtl] 2, 834). Karolines Briefe vermittelten im Grunde die Position einer Älteren, waren insgesamt eher belehrend und auf Abstand zur Jüngeren bedacht.

3. Der Bruch

Der Bruch der Beziehung – Karolines ausdrückliche Zurückweisung Bettinas im Juni 1806 – kam auf Drängen von Karolines Liebhaber Friedrich Creuzer zustande, der gegen Bettina und Clemens eine regelrechte Abneigung hegte. Er nannte Bettina in vertraulichen Briefen an Karoline „schwatzhaft", „eine Kokette", „herrschsüchtig und eitel" (11. Mai 1806, zit. nach GW 1, 865) und forderte: „[M]ache Dich frei von dieser Gesellschaft" (vermutlich Juni 1806, zit. nach GW 1, 865). Bei Creuzers Antipathie gegenüber den Brentanos mag auch die Eifersucht des Liebhabers auf die Freundin der Geliebten und deren reiche Familie eine Rolle gespielt haben. Creuzers Worte waren jedenfalls eindeutig. Nachdem sie Bettina die Freundschaft aufgekündigt hatte, schrieb er an Karoline: „Daß das Weinen der Bettine dir schmerzlich war, begreife ich und ich fühle, wie ich Veranlassung bin. – Aber *in sich* verstehe ich dies Weinen nicht. Zum Weinen hätte sie freilich Ursache genug. Sie könnte darüber weinen, *sollte* es sogar, daß sie eine Brentano geboren ist, daß Clemens ihren ersten Informator gemacht, ingleichem und folglich, daß sie egoistisch ist" (23. Juni 1806, zit. nach GW 1, 865–866).

Nach dem Bruch richtete Bettina noch einen zurückhaltenden, traurigselbstbewussten Abschiedsbrief an Karoline, in dem sie um eine Viertelstunde für eine klärende Aussprache bat: „Ich habe manches, was ich nicht für Dich verloren möchte gehen lassen, dies alles hat ja auch nichts mit unserem zerrütteten Verhältnis gemein, ich will auch dadurch nicht wieder anknüpfen, wahrhaftig nicht! im Gegenteil, diese Ruinen (*größer und herrlicher als Du vielleicht denkst*) in meinem Leben sind mir ungemein lieb. [...] Ich habe mir statt Deiner die Rätin *Goethe* zur Freundin gewählt" (Juni 1806, zit. nach GW 1, 867)

Noch in der Trauer über das Ende der Freundschaft artikulierte die junge Bettina, welche Bedeutung die Beziehung für sie hatte. Sie forderte ihre Briefe von Karoline zurück, in die sie ihr „Herz hineingeschrieben" habe (Juni 1806, zit. nach GW 1, 867), die danach zugleich für viele Jahre in Vergessenheit geraten werden. Erst als sie im Zuge der Herausgabe der Werke ihres verstorbenen Mannes seinen Nachlass und ihre eigenen Briefschaften sichtete, habe sie ihre Korrespondenz mit der Stiftsdame Günderrode wieder entdeckt, wie sie im Juli 1938 dem Nürnberger Verleger Julius Merz mitteilte (GW [Härtl] 1, 789). Die Briefe und ihre Erinnerung bildeten denn auch den Kern von Bettinas kurz darauf begonnenen Briefbuch *Die Günderode* (siehe IV.1.2. *Die Günderode*).

Aus der Verlusterfahrung schöpfte Bettina zugleich Stärke. So schrieb sie Savigny im Oktober 1806: „Die traurige Geschichte der Günderode zieht manchmal noch wie ein Herbstnebel vor mir auf und verzieht sich auch wieder wie ein solcher durch die warmen Sonnenstrahlen meiner Freunde" (Schellberg/Fuchs 1942, 55). Vordergründig meinte sie mit der „traurige[n] Geschichte" den (damals tabuisierten) Selbstmord Karolines, dahinter stand aber auch ihre Trauer über den Verlust der Freundschaft. Karoline von Günderrodes Selbstmord gestaltete Bettina dann 1835 als Autorin zum ersten Mal im ersten Teil von *Goethe's Briefwechsel mit einem Kinde* in einer lebendigen, einfühlsamen Schilderung aus ihrer Erlebnisperspektive, die sie in einen langen, an Goethes Mutter gerichteten Brief einfügte (GW 2, 62–84). Die poetisierte Erinnerung der Autorin Bettina von Arnim ist empathisch und zugleich distanzierend, sie vermischt die Zeitebenen des Schreibens und des Geschehens in einer sog. unzuverlässigen Erzählperspektive (vgl. Becker-Cantarino 2007). Die Autorin Bettina besteht auf der romantischen Verbundenheit von Mensch und Natur, von Geist und Seele, sie verteidigt die Schönheit der Erde und betont, dass sie sich von der Freundin hintergangen fühle und verletzt sei: „[J]a, sie hat's bös' mit mir gemacht, sie ist mir geflüchtet" (GW 2, 64). Dennoch gibt die Autorin eine warme, genaue Beschreibung von Günderrodes Person und davon, was sie ihr bedeutet hat, wie sie freundschaftlich miteinander verkehrten, wie sie selbst von der Freundschaft profitierte und zur Dichtung, Philosophie und Kunst hingeführt wurde: „Mit solch wunderbaren Lehren hat die Günderode die Unmündigkeit meines Geistes genährt" (ebd., 67). Das Wort „Selbstmord" kommt im *Goethebuch* nur einmal vor, dies dann aber mit bedeutungsvollem Verweis auf Goethes Werk: „Wir lasen zusammen den Werther, und sprachen viel über den Selbstmord" (ebd., 65). Das Ereignis der Selbsttötung wird nur indirekt, aber mehrmals aus multipler Perspektive erwähnt. Auch in der späteren Publikation *Die Günderode* hat Bettina von Arnim den Tod Günderrodes ausgelassen, das Todesthema in Metaphern und Anspielungen verdrängt und nicht – wie sonst im Kontext des romantischen Todeskultes anzutreffen – gefeiert. Der Selbstmord wie auch der Bruch der Freundschaft blieben als Leerstelle außen vor.

4. Das Paradigma einer Frauenfreundschaft

Dagegen zieht sich das Thema Freundschaft durch das Buch wie ein Leitfaden für den „Selbstbildungsprozeß" (Landfester 2000, 212), den die Autorin im *Günderodebuch* dokumentiert. Es ist die Geschichte einer idyllischen Freundschaft, in der sich die Bettine-Figur zunächst als Schülerin, die ältere Dichterin als Lehrerin verstehen (vgl. Becker-Cantarino 2003) Die Thematisierung einer

*Frauen*freundschaft war ein neues, ungewöhnliches poetisches Sujet in der deutschen Literatur. Wohl griff man im 18. Jahrhundert auf Freundschaftstraktate (wie Ciceros *Laelius de Amicitia*) und exemplarische Freundespaare aus der Antike (etwa Orest und Pylades) und die Freundschaftsdichtung der Renaissance zurück, literarisierte diese und gestaltete sie neu, doch handelte es sich hier ausschließlich um Freundschafts- und Treuebündnisse zwischen Männern, so etwa in den *Freundschaftlichen Liedern* (1745) von Immanuel Jacob Pyra und Samuel Gotthold Lange oder in Schillers Ballade *Die Bürgschaft* (1799). Besonders die Frühromantik kannte zeitweise symbiotische Freundschaftspaare (Tieck und Wackenroder, Friedrich Schlegel und Schleiermacher, Hölderlin und Issac von Sinclair, Achim von Arnim und Clemens Brentano). Für die *Frauen*freundschaft als eine zwischenmenschliche, geistig-seelische Beziehung zwischen gleichgesinnten, autonomen Individuen weiblichen Geschlechts gab es jedoch keine literarische Tradition, keine großen historischen oder mythologischen Vorbilder.

Bettina von Arnim wusste um diese Traditionslosigkeit der Frauenfreundschaft und schrieb sich spielerisch-ironisch in die *männliche* Freundschaftsgeschichte ein, wenn sie im *Günderodebuch* ihrer Kunstfigur Bettine die Worte in den Mund legte: „[W]ir beiden Philosophen halten [...] große tiefsinnige Spekulationen, wovon die alte Welt in ihren eingerosteten Angeln kracht, wenn sie sich nicht gar umdreht davon. – Weißt Du was, Du bist der Platon [...], und ich bin Dein liebster Freund und Schüler Dion, wir lieben uns zärtlich und lassen das Leben für einander" (GW 1, 331–332). Bettina stellte ihren Text und ihre Freundschaft mit der Dichterin unbefangen in die große abendländische kulturelle Tradition von Philosophie, Lehre und Männerfreundschaft und belächelt die ‚eingerostete' Welt, das Unvermögen der rationalen Philosophie, die Welt erklären zu können. Die Auratisierung der Beziehung von Bettina und Karoline in *Die Günderode* wurde zum Paradigma einer Frauenfreundschaft, ähnlich der ‚Dichterfreundschaft' zwischen Goethe und Schiller.

Nur wenige Wochen nach der Aufkündigung der Freundschaft durch Karoline suchte Bettina schließlich den Umgang mit Goethes Mutter. Bettina zeigte hier, dass sie durchaus überlegt und gezielt Beziehungen knüpfte, Freundschaften suchte und emotionalisierte. Schon nach ihrem ersten Besuch in Weimar im Jahr 1807 schrieb sie an Goethe: „Du guter großer herrlicher Freund, ich steh auf einem Felß in meiner Liebe, auf den ich mit Lebensgefahr gekommen bin, ans herunter klettern ist gar nicht zu Denken, da bräche ich auf allen Fall den Hals" (21. Dezember 1807, in: GW 2, 584). Bettinas historische Begegnungen mit Goethe mit all ihren kuriosen und auch komischen Aspekten sind mehrmals dargestellt worden (siehe II.2.5. *Johann Wolfgang von Goethe*). Auch die Freundschaft zu Goethe gehörte in den Bereich der sehr persönlichen, intersubjektiven Beziehungen, die Bettina nutzte, um ihre Identität zu stabilisieren, und die sie viel später mit Expressivität in ihren Briefbüchern literarisiert hat. Eine Signatur dieser Freundschaften war, zumindest für Bettina, die immediate, frei artikulierte Emotionalität, die für sie mit einer gegenseitigen, körperlichen Anziehung einherging. So kam es auch im Falle Goethes in der Phantasie Bettinas zu einer erotischen Aufladung der Beziehung.

Freundschaft als Stabilisierungsprozess des Ich: Dieser Aspekt kann für literarische Freundschaften als durchaus charakteristisch angesehen werden. Georg Simmel hat auf den Ausbau „differenzierter Freundschaften" als kürzerfristige, projektbezogene und am Individuum orientierte Gemeinschaften hingewiesen (vgl. Simmel 1908, 353–354). Erst über den Weg der Literatur- und Kunstproduktion wurde eine Ausdifferenzierung von Individualität und Identität möglich, wie am Freundschaftsparadigma um 1800 gezeigt worden ist (vgl. Jäger 1990). Besonders Freundinnen seien sich ein Spiegel gewesen, die sich in ihrer weiblichen Identität, d.h. in ihrer Rolle als Frau in der Gesellschaft, wechselseitig bestätigt hätten (vgl. Nötzold-Linden 1994; Becker-Cantarino 1992). Das individuelle Rollenverständnis wurde somit durch den intimen Austausch ähnlicher Erfahrungen und Verhaltensweisen gegenseitig gestärkt.

5. Literatur

Becker-Cantarino, Barbara: „Frauenfreundschaften im 18. Jahrhundert. Theoretische und sozio-kulturelle Überlegungen". In: Wolfram Mauser u. B. Becker-Cantarino (Hg.): *Frauenfreundschaft – Männerfreundschaft. Literarische Diskurse im 18. Jahrhundert*. Tübingen 1992, S. 47–74.

Becker-Cantarino, Barbara: *Schriftstellerinnen der Romantik. Epoche – Werke – Wirkung*. München 2000.

Becker-Cantarino, Barbara: „Erotisierte Freundschaft in der Konstruktion romantischer Identität am Beispiel Bettina von Arnims". In: Sheila Dickson (Hg.): *Romantische Identitätskonstruktionen. Nation, Geschichte und (Auto-)Biographie*. Tübingen 2003, S. 229–245.

Becker-Cantarino, Barbara: „‚Über die Günderode ist mir am Rhein unmöglich zu schreiben': Der Rhein in Bettina von Arnims ‚Goethes Briefwechsel mit einem Kinde'". In: Walter Pape (Hg.): *Romantische Metaphorik des Fließens: Körper, Seele, Poesie*. Tübingen 2007, S. 17–25.

Becker-Cantarino, Barbara: „Mythos und Symbolik bei Karoline von Günderrode und Friedrich Creuzer". In: Friedrich Strack (Hg.): *200 Jahre Heidelberger Romantik*. Berlin, Heidelberg, New York 2008 (= Heidelberger Jahrbücher 51), S. 281–298.

Günderrode, Karoline von: „Karoline von Günderode in ihrer Umwelt. II. Karoline von Günderrodes Briefwechsel mit Friedrich Karl und Gunda von Savigny". Ediert v. Max Preitz. In: Jb FDH 26 (1964), S. 158–235.

Günderrode, Karoline von: „Karoline von Günderode in ihrer Umwelt. III. Karoline von Günderrodes Studienbuch". Ediert v. Doris Hopp u. Max Preitz. In: Jb FDH 37 (1975), S. 223–323.

Günderrode, Karoline von: *Sämtliche Werke und ausgewählte Studien. Historisch-kritische Ausgabe*. Hg. v. Walter Morgenthaler. 3 Bde. Frankfurt a.M. 1990–1991.

Hoock-Demarle, Marie-Claire: „Zwischen Wirklichkeit und Fiktion. Karoline von Günderrode und Bettina von Arnim – eine weibliche Freundschaft um 1800 und ihre literarische Verarbeitung". In: *Querelles. Jahrbuch für Frauenforschung* 3 (1998), S. 169–183.

Jäger, Georg: „Freundschaft, Liebe und Literatur von der Empfindsamkeit bis zur Romantik: Produktion, Kommunikation und Vergesellschaftung von Individualität durch ‚kommunikative Muster ästhetisch vermittelter Identifikation'." In: *SPIEL* 9.1 (1990), S. 69–87.

Landfester, Ulrike: *Selbstsorge als Staatskunst. Bettine von Arnims politisches Werk.* Würzburg 2000.

Nötzold-Linden, Ursula: *Freundschaft. Zur Thematisierung einer vernachlässigten soziologischen Kategorie.* Opladen 1994.

Schellberg, Wilhelm, und Friedrich Fuchs (Hg.): *Die Andacht zum Menschenbild. Unbekannte Briefe von Bettine Brentano.* Jena 1942.

Simmel, Georg: *Soziologie. Untersuchungen über die Formen der Vergesellschaftung.* Leipzig 1908.

2.3. Catharina Elisabeth Goethe
Ulrike Prokop

1. Reale Begegnung 164
2. Zuneigung: Spiel und Selbstdarstellung 165
3. Konstruktion einer Biographie: Die Erzählsituation 166
4. Literatur 169

1. Reale Begegnung

Die Begegnungen der beiden Frankfurterinnen Bettina Brentano und Catharina Elisabeth Goethe (1731–1808) ereigneten sich zwischen 1806 und 1808. Sie sind dokumentiert in einigen Briefen der Frau Rat und im Briefwechsel Bettinas mit Goethe aus den Jahren 1806 bis 1811. Etwa 30 Jahre später folgte die Veröffentlichung einer selektiven Bearbeitung dieser Briefe und der Erinnerungen Bettinas in *Goethe's Briefwechsel mit einem Kinde* (1835).

1806 war Bettina 23 Jahre alt, Catharina Elisabeth Goethe war 75, so alt wie Bettinas Großmutter, die berühmte Schriftstellerin Sophie von La Roche (1730–1807), Verfasserin der *Geschichte des Fräuleins von Sternheim* (1771). Bettinas Mutter Maximiliane von La Roche hatte in den 1770er Jahren zum Freundeskreis des jungen Goethe gehört. Seine Briefe an die ‚schöne Maximiliane', die sie 1806 bei ihrer Großmutter einsehen konnte, hatten Bettina begeistert. Die Tochter aus dem Hause Brentano war also keineswegs eine Unbekannte für Frau Rat Goethe. Bettina gehörte wie Catharina Elisabeth Goethe zur bürgerlichen Frankfurter Gesellschaft und wie diese war sie in Familienstrukturen eingebunden, die sich über Generationen erstreckten. Es war letztlich eine ungewöhnliche Beziehung, die sich ab Mai 1806 zwischen den beiden Frauen entspann, eine Beziehung, die über die geselligen Beziehungen hinausging und die das Wort Freundschaft trotz der Generationendifferenz rechtfertigt. Hier begann etwas anderes als der nachbarschaftliche vertraute Umgang der Älteren mit der Generation der Enkel, wie einige originale Briefe von Goethes Mutter zeigen.

2.3. Catharina Elisabeth Goethe

Am 19. Mai 1807 schrieb Catharina Elisabeth Goethe nach Weimar: „Hirbey kommt ein Briefelein von der kleinen Brentano – hiraus ist zu sehen daß Sie noch in frembten Landen sich herum treibt – auch beweißen die Ausdrücke ihres Schreibens – mehr wie ein Alvabeth wie es ihr bey Euch gefallen hat – auf ihre Mündliche Relation verlangt mich erstaunlich" (Briefe aus dem Elternhaus 1960, 855). In den überlieferten Briefen wird deutlich, dass Catharina Elisabeth Goethe zwischen Bettina und sich selbst eine einzigartige Übereinstimmung wahrnahm. Sie sah in der jungen Frau die Andersgeartete: „[S]ie hat hir im eigentlichen Verstand niemanden wie mich" (ebd.). Wie sie selbst, wie Catharina Elisabeth, ist sie ‚anders'. Im Brief Catharina Elisabeths vom 19. Mai 1807 heißt es: „An Bettine: O! Erfreue mein Hertz – Sinn – und Gemüthe und komme bald wieder zu *mir*. Du bist beßer – Lieber – größer als die Menschen, die um mich herum grabelen, den eigentlich Leben kan man ihr thun und laßen nicht nennen" (ebd., 856).

2. Zuneigung: Spiel und Selbstdarstellung

In allen Büchern der Bettina von Arnim spielt Goethes Mutter Catharina Elisabeth eine herausragende Rolle. In den *Königsbüchern* beispielsweise ist sie unverkennbar eine literarische Figur – und das Sprachrohr der politischen Vorstellungen Bettinas im Vormärz (vgl. Schultz 1999, 109). Zwar gibt es sehr wohl Berührungspunkte mit der volkstümlichen Art und dem Fortschrittsoptimismus der Mutter Goethes, wie die junge Bettina Brentano sie erlebt hatte, etwa im Hinblick auf ihr Lob der napoleonischen Reformen – oder in den Worten der Mutter: „[S]ollen denn nur Leute von Stand aufgeklößet werden? soll den der geringere von allem guten ausgeschloßen seyn?" (12. März 1798, in: Briefe aus dem Elternhaus 1960, 741) Aber Bettina geht es vor allem darum, sich der Autorität der Dichtermutter zu versichern, um politischen Einfluss auszuüben. Die Frau Rat Goethe repräsentiert in den *Königsbüchern* bürgerlichen Menschenverstand, Königstreue und Antibürokratismus. Bettina macht aus ihr die beeindruckende Stimme aus der großen nationalen Vergangenheit, die den König an seine Pflicht mahnt, für die Armen im Volk einzutreten (vgl. Prokop 2010). Solche öffentlichen politischen Stellungnahmen wären Goethes Mutter real nicht in den Sinn gekommen.

Der Realität deutlich näher kommt dagegen Bettinas Charakterisierung der Persönlichkeit der Catharina Elisabeth Goethe in *Goethe's Briefwechsel mit einem Kinde* und den beiden anderen Darstellungen der frühromantischen Welt. Hier beschreibt Bettina die Hoffnungen der romantischen Generation auf Selbstverwirklichung und wehrt sich zugleich gegen die Verkennung der Mutter des Dichters. In Anlehnung an Goethes Darstellung der Frankfurter Jahre in *Dichtung und Wahrheit* idealisierte man Catharina Elisabeth Goethe als häuslich-schlichte, mütterliche Frau. Sie erschien als Person von heiterer Diesseitigkeit – das Gegenteil der unruhigen Romantikerinnen und zugleich ein Bild, das zu den Geschlechtermythen des 19. Jahrhunderts passte. Dabei war die ‚Mütterlichkeit' der Catharina Elisabeth durchaus kompliziert, wie

Bettina in ihrem bedeutendsten Werk *Goethe's Briefwechsel mit einem Kinde* öffentlich machen sollte.

3. Konstruktion einer Biographie: Die Erzählsituation

Charakteristischerweise stellt Bettina die (vermutlich) erste Begegnung im Jahr 1806 in einem Brief an Goethe vom 14. November 1810 in einer literarisierten Erlebnisszene dar: „[D]a ich sie einmal im Theater sah den Arm mit Brazeletten ziemlich hoch emporschwingen zum Aplaudieren, rief ich ihr zu, daß es wohl der Mühe werth sey solch einen Arm zu schmücken und zu zeigen, sie nante mich zwar eine kleine Schneppentesch, hatte es aber gar nicht übel genommen" (GW 2, 706).

Die Szene ist bezeichnend. Bettina macht hier ein Angebot: Die Mutter des Dichters ist es wert, sich zu schmücken, und diese versteht sofort, was damit gemeint ist, welche Anerkennung damit ausgedrückt ist. Sie ist bereit, die Rolle der idealisierten Dichter-Mutter einzunehmen. Aus dieser wechselseitigen Wahrnehmung der Rollen – Bettina als Verehrende und Catharina Elisabeth als Mutter des Dichters – ergaben sich zwischen den beiden jene phantastischen Spiele in der Gesellschaft, bei denen sich beide an ein geheimes Skript halten konnten. Die Heiterkeit im ersten Teil von *Goethe's Briefwechsel mit einem Kinde* erwächst aus Bettinas Darstellung jener Rollenspiele mit der Mutter Goethes, deren Hintergrund die mythische Phantasie von Dichtung ist: das Erscheinen des Göttlichen im Dichter, und *damit* ist auch die Bedeutung der Mutter gegeben. In den Worten Bettinas in *Goethe's Briefwechsel mit einem Kinde*: „O Mutter, ich dank' es Ihr ewig, daß Sie mir den Freund in die Welt geboren, – wo sollt' ich ihn sonst finden! Lach' Sie nicht da drüber, und denk' Sie doch, daß ich ihn geliebt hab', eh' ich das Geringste von ihm wußt'" (GW 2, 63). Hier klingt ein mystischer Ton an. Bettina spielt mit den pietistischen Motiven der göttlichen Vorsehung und mit den Zeichen einer höheren Bestimmung, die das Alltägliche zum Mysterium machen. Ihre Frömmigkeit ist aber nicht religiös im theologischen Sinn. Das Göttliche ist für Bettina im schöpferischen Menschen anwesend. Das Heilige ist ihr die Welt, die sinnliche Hülle des Außeralltäglichen ist. Die Kunst ist für Bettina Zugang zur Wahrheit, der Künstler tritt an die Stelle des göttlichen Weltschöpfers – eine Vollkommenheit, die Bettina in Goethe findet (vgl. Becker-Cantarino 2000, 235–239).

Das Bild, das sie sich so erschafft, eröffnet ihr einen inneren Raum für Sprach- und Bildentwürfe, die das Spektrum von Grandiosität, Mutwillen und Selbstbehauptung umfassen. Das von ihr kreierte göttliche Gegenüber verlangt von ihr, eine poetische Sprache zu finden für das, was sie erlebt, wie für das, was sie erleben will (vgl. Becker-Cantarino 2000, 226). Bettinas Sprachkunst ist ein Sich-Zeigen vor diesem inneren Gegenüber. Das Wahrheitskriterium ihrer Berichte ist nicht die äußere Wirklichkeit, sondern es ist das Erzeugen einer wirkungsvollen Szene, die in ihrem imaginären Dialog die Wahrheit für diesen Anderen erzeugt (vgl. Bohrer 1987).

2.3. Catharina Elisabeth Goethe

Wie vermochte sie sich aber mit Goethes Mutter zu verständigen? In dieser entdeckte Bettina eine ganz andere Person als die, die uns in der biographischen Überlieferung fast durchgehend entgegentritt. Auch Catharina Elisabeth Goethe war vertraut mit dem Mystischen. Die Quelle hierfür war bei ihr der Frankfurter Pietismus der Susanna von Klettenberg und der Einfluss der herrnhutischen Frömmigkeit. Der literarischen Tradition heiliger Geschichten entspricht die Versenkung in die einzelnen Umstände der Vergangenheit. Kleinigkeiten werden in der Perspektive auf göttliche Vorbestimmung zum vorbedeutenden Zeichen in einer Heiligengeschichte. Davon sind die Erinnerungen an Geburt, Kindheit und Jugend des Sohnes geprägt. Die mystische Mutterschaft, der wir in den Beschreibungen Bettinas begegnen, ist keine Erfindung, sondern sie bestimmt das Selbsterleben der Mutter des Dichters zu der Zeit, als Bettina sie aufsuchte. Bettina schreibt in einem Brief an Goethe am 4. November 1810 über die imaginative Seite seiner Mutter: „[S]ie sey nicht allein um ihres Sohns willen da, sondern auch ihr Sohn um ihrentwillen; und wenn sie daß so gegeneinander halte so wisse sie wohl was sie zu dencken habe, wenn sie die Ereignißen in den Zeitungen lese" (GW 2, 703). Über ihre anderen Kinder, selbst über Cornelia, fällt kaum ein Wort. Sie gehören wie die Ehe mit Johann Caspar Goethe zum Alltäglichen. Über die profane Wirklichkeit hinausgehen – zum Bedeutungsvollen – und aus diesem Erleben eine neue Wirklichkeit erzeugen: Das wollte auch die romantische Generation. So erklärt sich die beidseitige Faszination. Im bereits erwähnten Brief Bettinas an Goethe vom 14. November 1810 heißt es: „Manches was sie mir sagte hab ich mir gleich damals aufgeschrieben, aus keiner andern Absicht, als weil mich ihr Geist überraschte, und denn auch weil es so merckwürdig war, wie unter lauter Dürrem Holz der einzige grünende Stamm" (GW 2, 706).

Was hervorzuheben ist: Dieses Phantasma vom grandiosen Schöpfer, der mit den Frauen in einem unausgesprochenen mystischen Bunde steht, führte keineswegs zu einer *folie à deux* der beiden, noch beschädigte es das Selbstbewusstsein. Es führte bei Goethes Mutter nicht zu einer melancholischen Rückwärtsgewandtheit – im Gegenteil, es bestärkte ihren Ausdruckswillen. Sie war Erzählerin und das beschränkte sich nicht auf den Kreis der Familie. Die Treffen der Elite der Frankfurter bürgerlichen Gesellschaft fanden in privatem Rahmen statt – etwa bei den Abendgesellschaften des Bankiers Simon Moritz Bethmann oder bei dem Juristen und leitenden Beamten Savigny. Sie bildeten die frühe Form bürgerlicher Öffentlichkeit. Anwesend waren dabei selten weniger als 40 Personen. Hier fand Catharina Elisabeth Goethe ihr begeistertes Publikum für ihre Erzählungen. Bettina schrieb an Goethe am 14. November 1810: „[M]anchmal sagte sie mir Morgens schon im Vorauß was sie alles am Abend in der Gesellschaft erzählen würde, am andern Tage ward mir denn Bericht abgestadtet was es für einen Effect gemacht habe" (GW 2, 706–707). In dieser Bemerkung nimmt Bettina auf eine Fähigkeit der Älteren Bezug, die entscheidend zu der innigen Verbindung beitrug. Die literarische Begabung von Goethes Mutter äußerte sich nach deren eigener Auffassung in ihrem herausragenden Erzählvermögen, in einer Begabung mithin, die – wie das Briefeschreiben – einen halb-öffentlichen Charakter hatte.

In vielen Berichten von Zeitgenossen wird die Erzählkunst der Catharina Elisabeth gerühmt. Entgegen ihrer Beteuerung, „so tintenscheu ist so leicht niemand", hat sie 500 Druckseiten Briefe hinterlassen, Dokumente, die uns eine lebendige Anschauung ihrer Darstellungskunst geben. Ernst Beutler kommentiert hierzu treffend: „Alle Briefe von Goethes Mutter sind gesprochene Rede, in Wortwahl, in Satzbau, in Rhythmus und Sprachmelodie geprägt durch die Unmittelbarkeit ihres Temperaments. Daher auch die ihr eigentümliche Zeichensetzung. Mit Grammatik hat sie nichts zu tun. Ihre Striche sind Atempausen im Strom der Rede oder Konventionsgesten der Feder" (Beutler 1960, 291).

Dieses Talent passte zum Zeitgeist – sowohl zu dem des Sturm und Drang als auch zu dem der Frühromantik. Die Art des Erzählens und ‚ungelehrten' Schreibens repräsentierte für die junge Generation das Spontane und Schöpferische und wurde als eine Gegenbewegung zum ‚Bücherwissen' empfunden, nicht zuletzt, weil die Quelle dieser Fähigkeiten Catharina Elisabeths die mündliche Überlieferung der Volkskultur war (vgl. Prokop 1991, 246–248). Ihr Erzählen wurde von der Generation der Söhne und Enkel als befreiende Natürlichkeit und zugleich als archaisches Relikt gefeiert, als Gegensatz zur Schriftkultur, die sich nun durchsetzte. Goethes Mutter nutzte das als Chance. Sie war zwar von Jugend an Leserin und in allen Formen bürgerlicher Kultur engagiert, so auch von früh auf mit dem Theater vertraut. Sie vermied es aber, sich als Kennerin oder als Schriftstellerin zu zeigen. Ihre Begabung gestattete es ihr gleichwohl, eine beachtete Rolle einzunehmen – und zwar eine öffentliche: als Erzählerin. Das konnte sie nur, weil sie ein herausragendes literarisches Talent und die Fähigkeit zur Selbstinszenierung hatte. Sie gab ‚das Naturwesen', machte das zum Stilelement – und hatte damit Erfolg. Sie wurde dank ihrer Selbstdarstellung für das verehrende Publikum schon zu Lebzeiten Teil des auratischen Kreises um Goethe (vgl. Hering, 1982 [1932], 425).

Es begegnen sich die Mutter des Dichters als Erzählerin von Märchen und Lebensgeschichte und Bettina, die Ungestüme, Wilde, das Mädchen in Männerkleidern – was der alten Frau sehr wohl gefiel. Nach Weimar schreibt sie: „Da hat den doch die kleine Brentano ihren Willen gehabt, und Goethe gesehen – ich glaube im gegen gesetzten fall wäre sie Toll geworden – denn so was ist mir noch nicht vorgekommen – sie wolte als Knabe sich verkleiden, zu Fuß nach Weimar laufen" (Catharina Elisabeth an Christiane Goethe, 16. Mai 1807, in: Briefe aus dem Elternhaus 1960, 853). So erfindungsreich sind die spielerischen Szenen im ersten Teil von *Goethe's Briefwechsel mit einem Kinde*, dass es nicht verwundern würde, wenn vieles oder alles von Bettina erfunden worden wäre (vgl. Bürger 2001). Doch da zeigen die Briefe von Goethes Mutter: Diese Beziehung war wirklich, und sie war von besonderer Qualität – einem Sichverstehen im Wichtigsten.

Nur aus der Kontinuität weiblicher Lebensverhältnisse und weiblicher Erfahrung über mehrere Generationen wird die Gleichartigkeit der beiden

2.3. Catharina Elisabeth Goethe

Frauen verständlich. Es geht um eine überpersönliche, eine kulturell erzwungene Haltung (vgl. Becker-Cantarino 1987). Die Ähnlichkeit überbrückte die historische Differenz: Catharina Elisabeth, die in ihrer Kindheit noch mit den Traditionen des 17. Jahrhunderts aufgewachsen ist, und Bettina, schon jener Generation angehörend, deren Erfahrung schließlich die Periode der Moderne eröffnet. Aber sie teilten dennoch eine Überlebensstrategie: Selbstfindung durch die Vergöttlichung des schöpferischen Menschen. Sie kämpften beide mit dem Problem der Entwertung ihrer Fähigkeit, sich in literarischer Form zu artikulieren, und sie retteten ihr Selbstbewusstsein durch das phantasierte Bündnis mit dem Genie, also durch eine phantasierte Anerkennung, die ihnen in der Wirklichkeit versagt blieb.

Zugleich trennte sie die tiefe Verunsicherung Bettinas, der die eigene Biographie nicht mehr einfach vorgegeben war, sondern die es als Aufgabe erlebte, das Richtige herauszufinden. In der Lebensordnung der Älteren gab es das Recht auf Spaltung in Imagination und Wirklichkeit. Vor allem die Religion hatte diese Funktion, einen Raum für weibliche Größenphantasien zu schaffen: der liebende Gott und die sich ihm offenbarende Gläubige. Die Religion erlaubte die Entwicklung von Bildern. Es waren unsichtbare Phantasien, und doch wurde ihnen im Zwiegespräch mit Gott Realität zugesprochen und die Gläubige blieb im Kontext der Gemeinschaft aller. Eine solche (entlastende) Religiosität war Bettina, der Modernen, der Frühromantikerin, fremd. Hier findet sich die große Differenz zwischen den Lebensordnungen der beiden, der Catharina Elisabeth Goethe und der Bettina Brentano. Und dennoch, dem Generationenunterschied zum Trotz: Sie waren verwandte Naturen und so vermochten sie sich zu verständigen und Serien von Spielen zu erfinden. Sie waren voneinander begeistert – verliebt. So zeigt uns ihre Ausdruckskraft ebenso wie ihre Anteilnahme am Schicksal anderer Menschen, dass ihre Größenphantasie ihnen half, lebendig zu bleiben und sich der weiblichen Verzichtkultur mit ihren isolierenden und masochistischen Tendenzen zu widersetzen.

4. Literatur

Becker-Cantarino, Barbara: *Der lange Weg zur Mündigkeit: Frau und Literatur (1500–1800)*. Stuttgart 1987.

Becker-Cantarino, Barbara: *Schriftstellerinnen der Romantik. Epoche – Werke – Wirkung*. München 2000.

Bergemann, Fritz (Hg.): *Bettinas Leben und Briefwechsel mit Goethe*. Leipzig 1927.

Beutler, Ernst: „Catharina Elisabeth Goethe". In: Johann Caspar Goethe, Cornelia Goethe u. Catharina Elisabeth Goethe: *Briefe aus dem Elternhaus*. Hg. v. Wolfgang Pfeiffer-Belli. Zürich 1960, S. 247–300.

Bohrer, Karl Heinz: *Der romantische Brief. Die Entstehung ästhetischer Subjektivität*. München, Wien 1987.

Bürger, Christa: *Leben Schreiben. Die Klassik, die Romantik und der Ort der Frauen*. Königstein i.Ts. 2001.

Goethe, Johann Caspar, Cornelia Goethe und Catharina Elisabeth Goethe: *Briefe aus dem Elternhaus*. Hg. v. Wolfgang Pfeiffer-Belli. Zürich, Stuttgart 1960. [= Briefe aus dem Elternhaus]

Hering, Robert: "Das Elternhaus Goethes und das Leben in der Familie". In: Heinrich Voelcker (Hg.): *Die Stadt Goethes. Frankfurt am Main im 18. Jahrhundert.* Nachdruck der Ausg. Frankfurt a.M. 1932. Frankfurt a.M. 1982, S. 363–446.
Hopp, Doris, und Wolfgang Bunzel (Hg.): *Catharina Elisabeth Goethe.* Ausst.-Kat. Freies Deutschen Hochstift – Frankfurter Goethe-Museum. Frankfurt a.M. 2008.
Prokop, Ulrike: *Die Illusion vom Großen Paar.* Bd. 1: *Weibliche Lebensentwürfe im deutschen Bildungsbürgertum 1750–1770.* Frankfurt 1991.
Schultz, Hartwig: „‚Das freie Bürgertum, was sich immer mehr veredelt'. Bettines Frankfurter Mitgift". In: H. Schultz (Hg.): *„Die echte Politik muß Erfinderin sein". Beiträge eines Wiepersdorfer Kolloquiums zu Bettina von Arnim.* Berlin 1999, S. 109–130.

2.4. Ludwig Tieck
Barbara Becker-Cantarino

1. Ludwig Tieck bis 1806 170
2. Tieck und Bettina Brentano in Frankfurt und München 171
3. Anspielungen im literarischen Werk 173
4. Tieck als Vorleser und Dramaturg in Berlin. 175
5. Literatur 177

1. Ludwig Tieck bis 1806

Ludwig Tieck, 1773 in Berlin geboren, war zwölf Jahre älter als Bettina Brentano und bereits ein anerkannter Dichter, als Bettina ihn 1806 zum ersten Mal in ihrem Elternhaus in Frankfurt am Main traf und seine Aufmerksamkeit auf sich lenkte. Tieck hatte seine ersten literarischen Arbeiten bereits während seiner Schulzeit in Berlin verfasst. Hier, auf dem renommierten Friedrichwerderschen Gymnasium, das zu der Zeit unter der Leitung des Aufklärers Friedrich Gedike stand, wurde er ein enger Freund von Wilhelm Heinrich Wackenroder (1773–1798), dessen unter Beteiligung von Tieck verfassten *Herzensergießungen eines kunstliebenden Klosterbruders* (1796) die romantische Kunstbegeisterung mitbegründeten. 1792 begann Tieck ein Studium der Theologie in Halle, wechselte aber alsbald nach Göttingen (1792/93, 1793/94) und Erlangen (1793), um Geschichte, Philologie, alte und neue Literatur zu studieren, in Erlangen wiederum zusammen mit Wackenroder. Schon während der Studienzeit in Erlangen unternahm Tieck zusammen mit dem Freund romantische Bildungsreisen nach Nürnberg sowie durch die Fränkische Schweiz bis ins Fichtelgebirge, aber auch zum barocken Schloss Weißenstein bei Bamberg. 1794 brach Tieck das Studium ab und kehrte nach Berlin zurück, wo er die Salons von Henriette Herz, Rahel Levin (später verheiratete Varnhagen) und Brendel/Dorothea Veit (später verheiratete Schlegel) besuchte, sich mit Friedrich Schlegel anfreundete und seit 1795 unterhaltende und literarische Experimente aus dem Geist der Spätaufklärung in Friedrich

Nicolais Sammlung *Straußfedern* veröffentlichte. Zum Teil entstanden seine ersten Prosastücke als Gemeinschaftsarbeiten mit seiner ebenfalls literarisch interessierten Schwester Sophie (1775–1833).

Nach Erzählungen und dem Roman *William Lovell* (3 Bde., 1795–1796) publizierte Tieck dramatisch-satirische und romantische Bearbeitungen alter Volkssagen und Märchen unter dem Titel *Volksmärchen von Peter Lebrecht* (3 Bde., 1797) sowie den Künstlerroman *Franz Sternbalds Wanderungen* (1798), der wegweisend wurde für die Romantiker Novalis (1772–1801) und Joseph von Eichendorff (1788–1857). Es folgten 1799 und 1800 zwei Bände *Romantische Dichtungen*, die Tieck aber bereits in Jena veröffentlichte, wo er sich zu der Zeit aufhielt und freundschaftlich mit August Wilhelm und Friedrich Schlegel, Novalis, Johann Gottlieb Fichte (1762–1814), Friedrich Wilhelm Joseph Schelling (1775–1854) sowie dem Studenten Clemens Brentano verkehrte. Trotz Skandalen, „Zänkereien" (Tieck an Schwester Sophie, 6. Dezember 1799, zit. nach Stockinger 2011, 64) und Rivalitäten profitierten die Frühromantiker allesamt voneinander: „[I]nsbesondere hat die Koalition der Schlegels mit Tieck im ausgehenden 18. Jahrhundert zu Theoriebildung und literarischer Praxis der Romantik entscheidend beigetragen" (Stockinger 2011, 65). Tiecks Werk, insbesondere sein erstmals in den *Romantischen Dichtungen* abgedrucktes Drama *Leben und Tod der heiligen Genoveva*, auf das Friedrich Schlegel sogar ein Sonett verfasste (*An Ludwig Tieck*, 1801), avancierte zum Musterbeispiel romantischer Poesie, Tieck selbst zum „König der Romantik" (Günzel 1981).

2. Tieck und Bettina Brentano in Frankfurt und München

Auch Clemens Brentano schätzte Tiecks dramatische Dichtungen, er schlug ihn für die Leitung des Frankfurter Theaters vor und empfahl ihn Schwager Friedrich Carl von Savigny und Friedrich Creuzer in Heidelberg für eine Ästhetik-Professur (vgl. Paulin 2011, 84–85). Brentano und Achim von Arnim besprachen ihre Pläne für die Volksliedersammlung *Des Knaben Wunderhorn* anlässlich eines gemeinsamen Besuchs bei Tieck 1804, der schließlich selbst alte Sagen, Volksbücher und altdeutsche Texte literarisch neu gestaltet hatte und dessen *Minnelieder aus dem Schwäbischen Zeitalter* (1803) Vorbildcharakter für andere Sammlungen dieser Art besaßen (vgl. ebd., 85). Als Tieck zwei Jahre später zusammen mit dem Kunsthistoriker Carl Friedrich von Rumohr (1785–1843) auf seiner Rückreise aus Rom in Heidelberg Station machte, lud Clemens ihn in den *Goldenen Kopf* ein und begleitete ihn bis Frankfurt. Der Mittdreißiger Tieck wurde hier als gesellschaftlich sehr gewandt wahrgenommen; er habe – so berichtete Clemens Achim von Arnim – in Frankfurt ganz unaussprechlich schön den *Sommernachtstraum* gelesen und sei von morgens sieben bis nachts um zwölf in den „Labirinthen" des *Goldenen Kopf* „von Stube zu Stube herumgezogen" (A. v. Arnim/Brentano 1998, Bd. 1, 432). Tieck blieb sechs Tage in Frankfurt und besuchte unter anderem zusammen mit Bettina Goethes Mutter, mit der sich diese nach dem Bruch mit ihrer Freundin

Karoline von Günderrode angefreundet hatte. Bettina bezauberte Tieck mit ihrem Gesang, sie verliebte sich in Tieck und bald duzten sich die beiden. Ernst und ergriffen schilderte sie ihre Begegnung mit Tieck in einem Brief an Savigny: „[M]ein Herz war eine Zeit lang so süß genährt, ich gäbe diese Nahrung nicht um meine Leben" (Oktober 1806, in: Schellberg/Fuchs 1942, 54). Nach Tiecks Abreise schickte Bettina sofort zwei Liebesbriefe an Tieck (GW 4, 38–41), die dieser jedoch nicht beantwortete. Tieck war nicht an Bettinas poetischem Rollenspiel interessiert und zeigte ihre Briefe vermutlich, wie damals üblich, herum als „Kuriosität einer sich riskierenden jungen Dame" (Baumgart 2006, 57).

Ihre Wege kreuzten sich das nächste Mal 1808 in München. Bettina wohnte seit September in der bayerischen Hauptstadt, zunächst mit den Savignys, später allein; Tieck befand sich zwar nur auf der Durchreise, blieb dann aber mehrere Monate. Bettina besuchte den durch Gicht, missliebige Familienverhältnisse und Schulden geplagten Tieck von Januar bis April 1809 zunächst fast täglich in seiner Münchner Unterkunft, las ihm vor, bot ihm wohl auch ihre Hilfe an, provozierte jedoch mit ihrer kapriziösen Art Tieck und besonders dessen mit ihm reisende Schwester Sophie. Bettina war schließlich von den Tieck-Geschwistern enttäuscht, sie spürte, wie sie Arnim schrieb, dass Tiecks „ganze Natur" mit der ihrigen in „gar keiner Berührung" stand (29. Januar 1809, in: Bw Arnim 3, Bd. 1, 307). Am 3. Mai 1809 teilte sie Arnim mit: „[I]ch hab ihn [Tieck] ganz aus studirt, er ist nicht Tief in seinem innern aber doch Grund und bodenloß" (ebd., 343).

Zum endgültigen Bruch mit Tieck kam es Sommer 1809. Anlass war Tiecks Spott über ein Goethe-Bildnis des Malers Gerhard von Kügelgen (1772–1820). Bettina hatte einen Abdruck dieses Goethe-Reliefs als Geschenk von Arnim bekommen, der wiederum den Abdruck von Goethe selbst bei seinem letzten Besuch im Weimar erhalten hatte. In einem Brief vom 1. September 1809 beschreibt sie Arnim den Vorfall folgendermaßen: „Ich habe es gestern in der Überzeugung daß es jedermann gefallen müsse auch dem Tieck gezeigt, dieser der vom neid und mismuth stets genagt wird, sagte ganz ruhig es gleiche sehr einem Metzger in der ‚Verkehrten Welt' [einer Literatursatire Tiecks; B.B.-C.] den der Ochs schlachte"; Bettina habe daraufhin Tieck „noch einmal die Hölle heiß gemacht und ihm anbefohlen, mich und meine Freunde nicht mit seiner verläumderischen Zunge anzutasten, so hab ich mich für immer von ihm entfernt" (Bw Arnim 3, Bd. 1, 392–393). Arnim antwortete diplomatisch, aber mit leichtem Vorwurf: „Nur eins möchte ich Dir vorwerfen, daß Du eben dem Tieck [...] so oft Dein Haupt in den Schooß gelegt und den Jacoby, den Du nicht mehr sehen magst, gleich geduzt, liebes Kind, wer sich so auf gut Glück anhängt, nach Ueberzeugung zurückzieht, der läst immer einen Theil seines Glückes hängen und fühlt sich endlich sehr zerrissen" (16. September 1809, in: Bw Arnim 3, Bd. 1, 399).

Der Bruch der Brentanos mit Tieck hing letztlich auch mit dem Thema Geld zusammen: Tieck hatte sich 1.000 Gulden geborgt, für die Savigny gebürgt hatte, konnte oder wollte den Betrag aber nicht wie versprochen zurückbezahlen; dass er dabei seinen aufwendigen Lebensstandard unverändert aufrechterhielt, brachte ihm von Seiten Savignys den Vorwurf der Unredlichkeit ein und kostete Tieck „einen guten Teil seiner Reputation und viele der anfänglichen Freundschaften" (Meißner 2011, 102). Tiecks Geld- und Familienaffären führten zur gänzlichen Entzweiung zwischen Tieck und dem Arnim-Brentano-Savigny-Kreis. Dies gipfelte in hässlichen privaten Äußerungen Tiecks und seines Umkreises über Bettina, die er als albernes, grobes, boshaftes und widerliches Geschöpf bezeichnete, sowie umgekehrt in abfälligen Bemerkungen Bettinas über Tieck (vgl. Steinsdorff 1997, 224–228).

Tiecks Neffe, der spätere Historiker Theodor von Bernhardi (1802–1885), der die Jahre 1808/09 ebenfalls in München verbracht hatte, bemerkte über Bettina in seinen in den 1850er Jahren aufgezeichneten *Jugenderinnerungen*: „Fräulein Brentano – Bettina –, das Kind [...] war mit einiger Anstrengung naiv und kindlich. [S]ie [...] lief den Leuten in die Häuser und war nicht wieder wegzubringen. [...] [W]enigstens hat mein Onkel Ludwig Tieck vergebens das Äußerste aufgeboten, was sich von dieser Art anständiger Weise leisten läßt" (zit. nach Schellberg/Fuchs 1942, 79).

3. Anspielungen im literarischen Werk

Fast 30 Jahre später trat Bettina als Dichterin an die Öffentlichkeit und erwähnte Tieck in ihren (auto-)biographischen Briefbüchern. In *Goethe's Briefwechsel mit einem Kinde* (1835) stellte sie ihn dabei als kränklichen, leidenden Mann dar, ganz anders also als Goethe, den verehrten, großen Dichter, der eher wie eine Zeusfigur erscheint. Der zeitlebens dichterisch sehr produktive Tieck war in den 1830er Jahren als Dichter allgemein anerkannt. Zugleich galt er als hervorragender Vorleser und war damit in Dresden, wo er seit 1819 lebte, eine prominente Sehenswürdigkeit, den besonders auch Besucher aus dem Ausland als den großen Vertreter der deutschen Romantik bewunderten. Tieck fühlte sich nun in Bettinas *Goethebuch* „bloßgestellt und der Lächerlichkeit preisgegeben"(Steinsdorff 1997, 226). Er bezeichnete das „fatale Buch" als „eine einzige grobe Lüge" und war empört über „das Geschreibsel" (Tieck an seinen Verleger Heinrich Brockhaus, 17. Oktober 1835, zit. nach Steinsdorff 1997, 227). In der Tat hatte Bettina im Zuge der Bearbeitung ihrer originalen Berichte von 1809 Tiecks Bettlägerigkeit eifrig ausgemalt und als Inszenierung für seine zahlreichen Damenbekanntschaften hingestellt: „Tiek liegt noch immer als Kranker auf dem Ruhebettlein, ein Zirkel vornehmer und schöner Damen umgibt sein Lager, das paßt zu gut und gefällt ihm zu wohl" (GW 2, 289). Auch fügte Bettina eine kleine erfundene burleske Szene ein, nach der sie Tieck bei ihrem Besuch bei Goethes Mutter als den Hirnforscher Franz Joseph Gall (1758–1828) vorgestellt und damit eine allseits peinliche Verwirrung gestiftet habe. In ihrem dem Gedächtnis der Romantik gewidmetem *Clemens Brentano's Frühlingskranz* (1844) erwähnte Bettina den einflussreichen Dichter Tieck, der von Clemens sehr bewundert und für Achim von Arnims romantische Dichtungen wegweisend war (vgl.

Paulin 2001), eher beiläufig als *ihre* Eroberung: „Der Dichter Tieck war vor kurzem hier, er hat mich so lieb gewonnen daß wir Tag und Nacht beisammen waren, ach er ist ein recht vortrefflicher Mann, er hat mir seinen Dornenstoch den ihm Hardenberg (Novalis) geschnitten, geschenkt, und ich gab ihm dafür die kleine Vorstecknadel von Dir [Clemens]" (GW 1, 267). Die Bettine-Figur ist „entzückt" über Clemens' Freundschaft mit Tieck, Tiecks Schriften hätten in ihr eine „große Begierde" geweckt, „ihn kennen zu lernen", und sie verspricht, „ein Kleidchen für sein Töchterchen" zu nähen (ebd., 287–288). Eine literarische Resonanz auf Tiecks Werke, eine Würdigung gar, fehlt, wohl auch weil Bettina sich Tieck (und anderen wichtigen Romantikern) nur emotional näherte, sich aber intellektuell oder literarisch nicht mit deren Werken auseinandersetzte. Im *Frühlingskranz* positioniert sich die Bettine-Figur als einfühlsam weiblich, mit ihrem (selbst genähten) „Kleidchen" als Baby-Geschenk für den Dichter Tieck, eine feminine Verniedlichung und damit Herabsetzung des ‚Königs der Romantik'.

Die Reaktion Tiecks blieb nicht aus. Nur wenige Monate nach Erscheinen des *Goethebuches* verfasste er im Rahmen seiner Novelle *Eigensinn und Laune* (1836) eine literarische Replik auf die Bettine-Figur, wobei schon der Titel unmissverständlich auf Bettinas *Goethebuch* anspielte, konkret auf das hier an einer Stelle präsentierte Konzept der Liebenden: „Du [Goethe] verlangst ja auch ich soll Eigensinn und Laune Dir preisgeben" (GW 2, 128). Für die Autorin Bettina bedeutete ‚Eigensinn und Laune' eine positive, das Individuum konstituierende Eigenschaft: Selbständigkeit, Selbstwertgefühl und Eigenwilligkeit. Tieck freilich gab ‚Eigensinn und Laune' eine negative Konnotation als bizarren Egoismus und launische Unbeständigkeit und schuf zu diesem Zweck in seiner Novelle eine literarische Frauenfigur, die sich und andere zugrunde richtet. In einem Männergespräch über verwitwete Frauen führte er seine Heldin Emmeline – die Assonanz auf Bettine ist nicht zu überhören – indirekt ein als „eine herzlose Coquette", die „einen wackern Jüngling aus Langeweile und Nüchternheit so recht lüstern massakrirt, um ihrem verdorrten Herzen zum Labsal zu dienen, daß sie nachher sich und ihren gähnenden Gespielinnen erzählen kann: den und den habe ich dazumal mit auserlesener Kunst hingerichtet; ich bin im Stande, eine ungeheure Leidenschaft zu erregen" (Tieck 1836, 224–225). Die Briefe schreibende, sich mit Reisen vergnügende, eigensinnige Emmeline, Tochter eines reichen Geheimrates, manipuliert ihren Vater, statt ihm zu gehorchen, wird von ihrem Kutscher geschwängert, verkommt in schlechter Gesellschaft und stirbt schließlich nach viel Klamauk alt, krank und reumütig als arme Witwe Blanchard im Haus des Mannes, den sie als zu langweiligen Verlobten verschmäht hatte. Tieck engagierte sich mit dieser Tendenznovelle nicht zuletzt gegen den kulturellen Liberalismus der jungen Autorengeneration der 1830er Jahre, gegen die politischen und poetologischen Intentionen des Jungen Deutschland, die etwa in den 1835 veröffentlichten Romanen *Madonna* von Theodor Mundt und *Wally, die Zweiflerin* von Karl Gutzkow vertreten wurden. Dabei baute Tieck nicht nur satirische Anspielungen auf Bettina ein, sondern auch auf andere zeitgenössische Autoren, insbesondere auf schreibende und Selbständigkeit für sich reklamierende Frauen, sowie zu den Themen Liebe, Sexualität und freie Partnerwahl.

4. Tieck als Vorleser und Dramaturg in Berlin

Der ‚Romantiker auf dem Thron' Friedrich Wilhelm IV. hatte sich schon als Kronprinz für die Berufung hervorragender Wissenschaftler und Künstler nach Berlin eingesetzt und dann, nachdem er 1840 König Preußens geworden war, unter anderem die Brüder Grimm, Schelling, den Maler Peter von Cornelius, Felix Mendelssohn Bartholdy und Giacomo Meyerbeer nach Berlin holen lassen. Durch Vermittlung Alexander von Humboldts und des Historikers Friedrich von Raumer (1781–1873), mit dem Tieck befreundet war, berief der König 1841 auch Tieck nach Berlin, als Vorleser und Dramaturg. Nach einem Probejahr gab Tieck sein Gehalt in Dresden auf und übersiedelte endgültig wieder in seine Heimatstadt Berlin. Ausgestattet mit dem Titel eines Geheimen Hofrates, der Mitgliedschaft im Orden *Pour le Mérite* und einem jährlichen Gehalt von 4.000 Talern konnte er nun, wie er betonte, „sorgenfrei [s]eine lezten Jahre verleben" (zit. nach Strobel 2011, 116–117). Tieck wohnte im Sommer im Park von Sanssouci (zumindest bis 1850), im Winter in einer repräsentativen Wohnung in der Friedrichstraße, hielt Vorlesungsabende ab, war für Tee- und Abendeinladungen des Königs stets verfügbar und half in den 1840er Jahren am Theater in Potsdam und in Berlin. 1853 starb er.

Ein persönlicher Kontakt mit Bettina von Arnim (die ab 1848 unweit von Tieck in der Straße In den Zelten wohnte) ist nicht bekannt, Bettina ignorierte Tieck ostentativ. So hatte Tieck auf Wunsch des Königs im Oktober 1841 die *Antigone* des Sophokles inszeniert, zu der Mendelssohn die Bühnenmusik komponiert hatte und zu der die Honoratioren Berlins eingeladen waren, auch Bettina, die sich indes weigerte, die Einladung anzunehmen. An ihren Sohn Friedmund schrieb sie: „Eben erhielt ich vom König eine Einladung zur Antigone nebst zwei billets um mir noch einen Chevalier mit zu nehmen ich hab sie unbenüzt zurück geschickt weil ich nicht mit diesen Silhouetten der Langenweile den potsdamer Parnaß beschatten mag" (27. Oktober 1841, in: GW 4, 452; später besuchte sie freilich doch noch eine der öffentlichen Aufführungen im Berliner Schauspielhaus). Privat äußerte sie sich zu dieser Zeit jedoch nicht nur außerordentlich abfällig über Tieck („der alte Tieck der Wolf in Schaafskleidern"), sondern auch über andere vom preußischen Kultusminister Eichhorn neu berufene, prominente Gelehrte und Literaten der älteren Generation in Berlin, darunter Schelling („die Katze der Schelling mag nicht aus dem Sack weil so viele Hunde umher kleffen") und Friedrich Rückert (1788–1866; „als Dichter [...] eine wohleingerichtete[ ] Webe oder Spuhlmaschine") (alle Zit. ebd., 451). Spielte hier auch ein wenig Neid und Eifersucht auf deren Gehälter und gesellschaftlichen Rang eine Rolle? Bettina schloss sich in den 1840er Jahren lieber an Vertreter der aufstrebenden jungen Intellektuellen der Oberschicht an: „Ich fühl immer mehr daß ich mich nu[r an] die jüngere Welt anschließen kann, die alten Nobilitäten sind wie alte Schläuche faßt man sie an oder wollte man sie gar mit Wein auffüllen so würden sie wie Zunder reißen" (ebd., 452).

Die literarischen Werke und poetologischen Formen der beiden Autoren waren zu verschieden, als dass Tieck und Bettina von Arnim sich gegenseitig schätzen oder verständigen wollten, beide reklamierten die Romantik für sich, auch wenn sich Tieck längst eher realistischen Erzählformen gewidmet hatte und seine ‚Epochalität' spätestens mit dem Epochenbruch um 1830 problematisch wird (vgl. Frank 2011, 131–143). Tieck konnte Bettina von Arnims spätes Romantik-Gedächtnis mit dem damit verbundenen emotionalen, auratisch-religiösen Pathos nur „thöricht" und ihre Goethe-Verehrung nur „unsittlich" finden; Bettinas ‚Goethe' irritierte nicht nur Tieck, der sich durchaus als Goetheaner verstand, als respektlose, aufdringliche Vereinnahmung – für ihn gehörte all dies in den Bereich der „Dummheiten der Bettina" (zit. nach Steinsdorff 1997). Direkte Aussagen mit Blick auf eine Lektüre von Tieck-Texten sind von Bettina nicht überliefert. Sie hatte sicher *Franz Sternbalds Wanderungen* gelesen, die sogar Arnims letzte Lektüre vor seinem Tod gewesen sein soll (vgl. Paulin 2001, 171), und im Dezember 1808 berichtete sie Arnim, Tieck habe ihr „allerlei Poesien vorgelesen, worunter manches sehr gefiel" (Bw Arnim 3, Bd. 1, 292). Dass sie Tiecks Novellen und besonders seine spätere Prosa kannte, erscheint zweifelhaft. Bettinas Briefbücher enthalten unzählige literarische Referenzen, zeitgenössische Anspielungen und intertextuelle Verweise, die Eingeweihten wohl noch verständlich waren, heute aber kaum eindeutig zu entschlüsseln sind, von der Autorin sicherlich auch bewusst mehrdeutig und opak formuliert worden sind. Auch können Passagen aus ihrem *Frühlingskranz* als „raffinierte Parodie" auf Tiecks Märchen *Der Runenberg* (1804) gelesen werden (Liebertz-Grün 1989, 99).

Schlüsselbegriffe in Bettinas Metaphorik bilden jedenfalls einen Kontrapunkt zu Tiecks poetischen Konzepten. Die Runenberg-Metaphorik evoziert traditionell sinnenfeindliche, christliche Mythen von Venus versus Maria, Kirche versus Dorf. Im *Frühlingskranz* dagegen spiegeln Pflanzen und Steine die schöne Ordnung des Gartens wider, das Gebirge ist eine Seelenlandschaft des Wolkenschwimmers, der über Abgründe springt, hier findet sich ein geordnetes Chaos der Natur und der androgyne Knabe als unschuldige Eva (vgl. Liebertz-Grün 1989, 96–97). Das Wasser erscheint bei der Autorin Bettina nicht als Pfütze, sondern als Weltenmeer, der Tanz nicht wie bei Tieck als Gesellschaftstanz oder Ball, sondern als Ausdruck der Leidenschaft einer Tänzerin nach einer inneren Tanzmusik. Allein diese wenigen Gegenüberstellungen der Metaphorik, ob bewusst intendiert oder nicht, beleuchten eine poetische Gestaltungs- und Denkweise Bettinas, die sie – wie auch ihre Präferenz für liberale Politik gegenüber dem politisch konservativen Tieck – in den 1840er Jahren von dem Dichter eindeutig trennten.

5. Literatur

Arnim, Achim von, und Clemens Brentano: *Freundschaftsbriefe. Vollständige kritische Edition.* Hg. v. Hartwig Schultz. Bd. 1: *1801–1806.* Bd. 2: *1807–1829.* Frankfurt a.M. 1998.
Baumgart, Hildegard: „Bettine und ihre ‚Herren'. Die Geburt einer Autorin im Windschatten männlicher Macht". In: Jb BvA 18 (2006), S. 55–84.
Frank, Gustav: „Tiecks Epochalität (Spätaufklärung, Frühromantik, Klassik, Spätromantik, Biedermeier/Vormärz, Frührealismus)". In: Claudia Stockinger u. Stefan Scherer (Hg.): *Ludwig Tieck. Leben – Werk – Wirkung.* Berlin, Boston 2011, S. 131–147.
Günzel, Klaus: *König der Romantik. Das Leben des Dichters Ludwig Tieck in Briefen, Selbstzeugnissen und Berichten.* Berlin 1981.
Liebertz-Grün, Ursula: *Ordnung im Chaos. Studien zur Poetik der Bettine Brentano-von Arnim.* Heidelberg 1989.
Meißner, Thomas: „Wanderschaften und Freundeskreise (Wohnorte, Reisen, Ziebingen)". In: Claudia Stockinger u. Stefan Scherer (Hg.): *Ludwig Tieck. Leben – Werk – Wirkung.* Berlin, Boston 2011, S. 95–107.
Paulin, Roger: *Ludwig Tieck.* Stuttgart 1987.
Paulin, Roger: „Arnim und Tieck". In: Walter Pape (Hg.): *Arnim und die Berliner Romantik: Kunst, Literatur und Politik.* Tübingen 2001, S. 171–179.
Paulin, Roger: „Autoren der mittleren Romantik (Brentano, Arnim, Hoffmann, Schütz, Fouqué)". In: Claudia Stockinger u. Stefan Scherer (Hg.): *Ludwig Tieck. Leben – Werk – Wirkung.* Berlin, Boston 2011, S. 84–94.
Schellberg, Wilhelm, und Friedrich Fuchs (Hg.): *Die Andacht zum Menschenbild. Unbekannte Briefe von Bettine Brentano.* Jena 1942.
Steinsdorff, Sibylle von: „‚thöricht und unsittlich' oder ‚die Dummheiten der Bettina': Ludwig Tieck und Bettine von Arnim". In: Walter Schmitz (Hg.): *Ludwig Tieck. Literaturprogramm und Lebensinszenierung im Kontext seiner Zeit.* Tübingen 1997, S. 217–233.
Stockinger, Claudia: „Der Jenaer Kreis und die frühromantische Theorie". In: C. Stockinger u. Stefan Scherer (Hg.): *Ludwig Tieck. Leben – Werk – Wirkung.* Berlin, Boston 2011, S. 50–68.
Stockinger, Claudia, und Stefan Scherer (Hg.): *Ludwig Tieck. Leben – Werk – Wirkung.* Berlin, Boston 2011.
Strobel, Jochen: „Dresden, Berlin und Potsdam". In: Claudia Stockinger u. Stefan Scherer (Hg.): *Ludwig Tieck. Leben – Werk – Wirkung.* Berlin, Boston 2011, S. 108–119.
Tieck, Ludwig: „Eigensinn und Laune". In: *Urania. Taschenbuch auf das Jahr 1936.* Leipzig 1836, S. 221–356.

2.5. Johann Wolfgang von Goethe
Miriam Seidler

1. Begegnungen 179
2. Der Briefwechsel 181
3. *Dichtung und Wahrheit*. 183
4. Bewertung der Beziehung zu Goethe und Verständnis des Bruchs
   im Jahr 1811 184
5. Literatur 186

Das Verhältnis zwischen Bettina von Arnim und Johann Wolfgang von Goethe objektiv anhand der überlieferten Quellen zu beschreiben, fällt schwer. Von Goethe selbst liegen nur wenige und meist sehr knappe Dokumente in Form von Briefen und Tagebucheinträgen vor. Bettina von Arnims schriftliche Auseinandersetzung mit Goethe und die Reflexion ihrer Begegnungen hingegen sind sehr umfangreich. Da sich aber schon ihre Privatbriefe nicht nur durch eine hochgradige Ausrichtung an den Erwartungen des jeweiligen Adressaten auszeichnen und Tendenzen zur Fiktionalisierung bereits in diesen zu erkennen sind, ist eine eindeutige Trennung von Fakten und Fiktionen kaum möglich.

Bereits im Hause der Großmutter Sophie von La Roche in Offenbach, wo Bettina gemeinsam mit den Schwestern Ludovica und Meline nach dem Tod des Vaters im Jahr 1797 erzogen wurde, ist die jugendliche Bettina Brentano erstmals mit dem Autor Goethe in Kontakt gekommen. Im fiktiven *Tagebuch*, dem dritten Teilband von *Goethe's Briefwechsel mit einem Kinde*, beschreibt sie selbst den ersten Kontakt als spontane Parteinahme für den von der Großmutter und der ungeliebten Tante Möhn abschätzig bewerteten Dichter (vgl. GW 2, 517–518). Schon hierbei handelt es sich mit sehr hoher Wahrscheinlichkeit um eine spätere Selbststilisierung. Sicher ist hingegen, dass Bettina auf Anregung ihres älteren Bruders Clemens, der ein enthusiastischer Goethe-Verehrer war, die Werke Goethes begeistert rezipierte. Vor allem in der Mignon-Figur aus Goethes *Wilhelm Meisters Lehrjahren* (1795/96) fand die junge Frau eine Identifikationsfigur.

Kurz vor dem Tod der Großmutter entdeckte sie 1806 in Offenbach frühe Manuskripte Goethes und seine Briefe an Sophie von La Roche aus den Jahren 1772 und 1775, in denen er unter anderem seine Liebe zu Bettinas Mutter Maximiliane bekannte (vgl. Härtl 1998, 80). Das dadurch gesteigerte Interesse Bettinas an der Person Goethe ließ sie wenige Wochen später in Frankfurt den Kontakt zu seiner Mutter Catharina Elisabeth Goethe suchen, mit der sie bis zu deren Tod 1808 eine innige Freundschaft verband und die ihr Erinnerungen aus der Jugend ihres Sohnes erzählte. Im Folgenden keimte bei Bettina der Wunsch, den verehrten Autor selbst kennenzulernen. Im Rahmen einer Reise nach Berlin, die Bettina gemeinsam mit ihrer Schwester Ludovica und dem Schwager Jordis unternahm, ergab sich im Frühjahr 1807 auf dem Rückweg die Möglichkeit zu einem ersten Aufenthalt in Weimar.

2.5. Johann Wolfgang von Goethe

1. Begegnungen

„Bettina Brentano, Sophiens Schwester, Maximilianens Tochter, Sophien La Roches Enkelin wünscht dich zu sehen, l. Br. [lieber Bruder] und giebt vor Sie fürchte sich vor dir, und ein Zettelchen, das ich ihr mit gäbe, würde ein Talismann seyn, der ihr Muth gäbe. Wiewohl ich ziemlich gewiß bin, daß sie nur ihren Spaß mit mir treibt, so muß ich doch thun was sie haben will – und es soll mich wundern wenn dirs nicht eben so mit mir geht. W. Den 23sten April 1807" (Goethe und die Romantik 1899, 347). Dieses Empfehlungsschreiben erbat Bettina von Christoph Martin Wieland, „W.", dem zweiten Verlobten und langjährigen Freund ihrer Großmutter und väterlichen Freund ihrer früh verstorbenen Schwester Sophie. Wer den Text des Schreibens entwarf, ob Wieland selbst die weibliche Genealogie hervorhob oder ob ihm Bettina den Text in die Feder diktierte, ist nicht überliefert. Da Sophie von La Roche im Februar 1807 verstorben war, musste der Besuch der Enkelin in Weimar den beiden befreundeten Autoren indes als „postumer Gruß der Verstorbenen" (Bunzel 2013, 142) und eine Erinnerung an die eigene Jugend erscheinen.

Mit diesem Aufenthalt in Weimar ging für Bettina Brentano ein lange gehegter Wunsch in Erfüllung: Sie lernte den verehrten Dichter persönlich kennen, der seinerseits nicht nur Interesse an der ungewöhnlichen jungen Frau zeigt, sondern ihr zum Abschied auch einen Ring schenkt. Wenige Tage später berichtet Bettina, mittlerweile in Kassel, Clemens von diesem Besuch: „[E]r sprach mir viel von Arnim, [...] auch über Dich sagte er mir mancherlei gutes und schönes, was mir sehr lieb ist, er ist doch sehr gerecht und mild, und auch Nachsichtig, er hat eigentlich den wahren Respeckt vor der menschlichen Natur, wer vor ihm steht ohne Pretension, mit aufrichtiger Liebe, dem muß es wohl gehen bey ihm ich plauderte alles was mir auf die Zunge kam, und er war damit zufrieden, ich sagte ihm daß ich seine Lebensgeschichte schreiben wollte, dieß freut ihn, er eiferte mich ordentlich dazu an Er war so ehrend in allem was er sprach, ich konnte nicht begreifen, wie ihm alles so ernst war, was wir gegenseitig sprachen, ich fragte ihn darum, es ist einmal nichts anders und kann nicht anders sein, sagte er, nicht alle Menschen haben ein Recht auf mein Herz" (etwa Anfang Mai 1807, in: GW 4, 44).

Von Goethe selbst ist keine Notiz zu diesem Gespräch mit Bettina überliefert. Im Gegensatz zu den späteren Verklärungen des Weimarer Dichters und der Pose des Kindes, das den Kopf an Goethes Schulter legt, die sie zwei Monate später in einem Brief an Achim von Arnim wählen wird (13. Juli 1807, in: GW 4, 47–49), beschreibt Bettina hier einen Goethe, der ihr mit aufrichtigem Interesse gegenüber sitzt und sich angeregt mit ihr unterhält. Eine gewisse Zuneigung scheint auf beiden Seiten vorhanden gewesen zu sein. Im Anschluss an dieses erste Treffen beginnt Bettina ihren Briefwechsel mit Goethe.

In den folgenden Jahren macht sich Bettina immer wieder nach Weimar auf und ist dann auch regelmäßig im Hause Goethe zu Gast. Besondere Aufmerksamkeit findet der gemeinsame Aufenthalt im August 1810 im böhmischen Badeort Teplitz. Goethe notiert mehrfach Begegnungen mit Bettina in sein

Tagebuch, berichtet an Christiane aber eher distanziert: „Ich war eben in ein neues Quartier gezogen und saß ganz ruhig auf meinem Zimmer. Da geht die Thüre auf, und ein Frauenzimmer kommt herein. [...] [E]s ist Bettine, die auf mich zugesprungen kommt und noch völlig ist, wie wir sie gekannt haben [...]. Sie hat mir Unendliches erzählt von alten und neuen Abenteuern. Am Ende geht es denn doch wohl auf eine Heirat mit Arnim aus" (11. August 1810, in: Goethe 1916, 189–190).

Bettina hingegen hat ihre Begegnung mit Goethe in den *Töplitz-Fragmenten* geschildert, die vermutlich im Kontext von *Goethe's Briefwechsel mit einem Kinde* entstanden sind. In ihrer fiktionalisierten Darstellung kommt es gar zu einer erotischen Szene zwischen ihr und Goethe, die sie nach dem pietistisch inspirierten „Modell der Begegnung der Seele mit Gott" (Schmitz 1994/95, 113) gestaltet hat (vgl. auch Steinsdorff/Schultz 1985). Dabei dürfte es sich allerdings um eine bewusste Provokation in der nachträglichen Schilderung handeln.

Am 11. März 1811 heirateten Bettina und Achim von Arnim heimlich in Berlin. Auf der Hochzeitsreise zur Familie in Frankfurt hielt sich das frisch vermählte Paar vom 25. August bis 21. September 1811 in Weimar auf. Aufgrund von Schwangerschaftsbeschwerden Bettinas dauerte dieser Aufenthalt länger als ursprünglich geplant. Nachdem die Arnims mehrfach bei Goethe zu Besuch waren, kommt es am 13. September während des Besuchs einer Kunstausstellung zu einem aufsehenerregenden Streit zwischen Bettina und Goethes Frau Christiane, bei dem die Frauen zuletzt handgreiflich werden. Auch wenn sich das Ehepaar Arnim des Mitgefühls der Weimarer Bevölkerung sicher sein konnte: Im Anschluss an diesen Vorfall brach Goethe den Kontakt rigoros ab. Bettina versuchte vergeblich, die freundschaftliche Beziehung wieder aufzunehmen. Nicht nur während der letzten Tage ihres Aufenthalts in Weimar und bei der Rückreise des Paares aus Frankfurt im Jahr 1812, die sie wieder über Weimar führte, verweigerte Goethe jede Form der Kontaktaufnahme und des Gesprächs. Auch in den folgenden Monaten und Jahren ging er nicht auf die wiederholten Gesprächsangebote der Arnims ein. Die einstmalige Zuneigung wandelte sich in eine konsequente Ablehnung der „Tollhäusler" (Goethe an Christiane, 5. August 1812, in: Goethe 1916, 237) und der „leidige[n] Bremse" Bettina (Goethe im Entwurf eines Briefes an Großherzog Carl August, 13. September 1826, vermutlich am folgenden Tag abgeschickt, in: Goethe 1993, Bd. 1, 405).

Erst als Bettina von Arnim selbst künstlerisch produktiv wurde und sich ihre Verehrung für den Dichter in einem Entwurf für ein in Frankfurt geplantes Goethe-Denkmal manifestierte, ließ Goethe eine Begegnung wieder zu. Im Jahr 1824 stellte sie dem Dichter ihren Denkmalsentwurf anhand eines Gipsmodells vor. Laut Paul Kühn segnete Goethe sie daraufhin mit folgenden Worten: „Dies Werk hast Du nur aus Liebe zu mir vollbringen können, und dies verdient wieder Liebe, und darum sei gesegnet, und wenn mir's Gott vergönnt, so sei alles Gute, das ich besitze, auf Dich und Deine Nachkommen vererbt" (Kühn 1932, 536–537).

2.5. Johann Wolfgang von Goethe

Obwohl Bettina in den kommenden Jahren noch einige Male durch Weimar reiste, wurde sie von Goethe nicht mehr empfangen. Am 7. August 1830 vermerkte er in sein Tagebuch „Frau von Arnims Zudringlichkeit abgewiesen" (Goethe WA III/12, 285). Die Nähe der ersten Begegnungen konnte nach dem Streit mit Christiane trotz des engagierten Einsatzes Bettinas für den Denkmalbau in Frankfurt nicht mehr hergestellt werden. Allerdings ist sich die Forschung weitgehend mit Paul Beyer einig, dass die Ablehnung in späteren Jahren von Bettina „gewiß tiefschmerzlich" erfahren wurde, für ihr „Goethe-Erlebnis" aber bedeutungslos war (Beyer 1925, 69).

In Goethes letzten Lebenstagen wurde immerhin Siegmund von Arnim, der zweite Sohn von Bettina und Achim, als Gast im Hause Goethe in Weimar vorgelassen. Aber noch der Spruch, den er dem jungen Mann im März 1832 ins Stammbuch schreibt – „Ein jeder kehre vor seiner Thür, / Und rein ist jedes Stadtquartier. / Ein jeder übe sein' Lektion, / So wird es gut im Rathe stohn" (Goethe WA I/5.1, 153) – zeugt vom Misstrauen gegenüber seinen Eltern.

2. Der Briefwechsel

Nach ihrem ersten Besuch in Weimar im April 1807 wandte sich Bettina auch schriftlich an den von ihr verehrten Autor. Von Bettina sind insgesamt 40 Briefe aus den Jahren 1807 bis 1811 an Goethe erhalten, der ihr seinerseits 17 Mal zurückschrieb. Nach dem Bruch im Jahr 1811 versuchte Bettina in neun Briefen, an den früheren Briefwechsel anzuknüpfen, ohne eine Antwort von Goethe zu erhalten. Schon die Anzahl der gewechselten Briefe verweist auf ein Ungleichgewicht zwischen den Schreibenden. Hinzu kommt, dass Bettinas Briefe weitaus ausführlicher sind und Einblicke in ihr Leben und ihre Entwicklung geben, wohingegen Goethes Briefe meist recht knappe Danksagungen für empfangene Geschenke oder für Bettinas Bemühungen um Familienmitglieder sind. Trotz der sehr verhaltenen Reaktionen auf das Engagement Bettinas kommt Herman Grimm, der Ehemann ihrer Tochter Gisela und Herausgeber der Weimarer Goethe-Ausgabe, anhand des Briefwechsels zu einer grundsätzlich positiven Bewertung der Beziehung. Im Vergleich mit zeitgleichen Korrespondenzen des Autors nach dem Tod Schillers würden die Briefe an Bettina, so Grimm, keinesfalls „monoton", vielmehr sei sie „die einzige, von der er Briefe verlangt; die er aufmuntert, ihm zu schreiben" (Grimm 1882, 158–159). Grimm hat sich dieses Verhalten Goethes zum einen damit erklärt, dass dieser das Kind seiner Jugendfreundin Maximiliane von La Roche als sein eigenes Kind angesprochen habe, zum anderen hätten ihm Bettinas Briefe aber auch das geliebte Frankfurt und das Rheinland wieder nahe gebracht. Es ist also eine gewisse Sentimentalität, die Grimm dem alternden Autor unterstellt und von der Bettina profitiert habe. Wie im Kontext dieser emotionalen Nähe der radikale Bruch des Jahres 1811 verstanden werden kann, beantwortet Grimm allerdings nicht.

Nachdem die Publikation des Briefbuches *Goethe's Briefwechsel mit einem Kinde* im Jahr 1835 ein breites öffentliches Interesse an dem Verhältnis von

Bettina von Arnim und Johann Wolfgang von Goethe hervorgerufen hatte, wurde der Wahrheitsgehalt der im Briefbuch abgedruckten Briefe heftig diskutiert. Auf Betreiben des Romantikexperten Reinhold Steig wurde der Originalbriefwechsel im Jahr 1922 denn auch erstmals vollständig publiziert. Im Nachwort des Bandes heißt es hierzu zeittypisch pathetisch: „Nicht auf Gut oder Böse, sondern auf Erkenntnis kommt es uns bei der Lektüre dieses Briefwechsels an. [...] Und nicht allein um Bettina handelt es sich. Im Dienste des Genius erscheint sie uns, und vornehmlich um des Genius willen interessiert sie uns. Als Psyche, in deren begeistertem Blick sich der Dichter spiegelt, die aber auch selbst in die Leier greift und den Dichter begeistert" (Bergemann 1922, 404). Diese Worte zeigen bereits, wie Bettinas Briefbuch die Wahrnehmung ihres Verhältnisses zu Goethe in der Öffentlichkeit lange Zeit überlagert. Mit der Publikation des Originalbriefwechsels konnte sich die literarische Öffentlichkeit nicht nur selbst ein Bild von dem Verhältnis zwischen Bettina und Johann Wolfgang von Goethe machen, sondern es wurde auch eine Neubewertung des Briefbuches und der literarischen Leistung der Autorin durch die Literaturwissenschaft möglich.

Bereits im Originalbriefwechsel sieht Ulrike Landfester zwei zentrale Tendenzen gegeben. Einerseits sei in der Selbststilisierung Bettina Brentanos in den frühen Briefen an Goethe der Einfluss von Clemens Brentano und Achim von Arnim zu spüren. Dies zeige sich beispielsweise in der an die Sprache der Bibel angelehnten Metaphorik oder in der selbst gewählten Rolle des Kindes, die eine Inspiration durch die romantische Theorie erkennen lasse (Landfester 2000, 98–99). Andererseits sei mit der Rolle des Kindes die Wahl Goethes als Mentor und Erziehungsinstanz verbunden, wobei sie ihm aber keine Erziehungsgewalt zugestehe, sondern im Briefwechsel „den Freiraum einer weitgehend autonomen Bildung des eigenen Selbst" (ebd., 101) finde. Die „retrospektive Erotisierung" (ebd., 102) des Verhältnisses zu Goethe im Originalbriefwechsel vollziehe sich erst nach dem Bruch im Jahr 1811. Diese versteht Ulrike Landfester als Reaktion auf die erfahrene Ablehnung durch Goethe. Die ausbleibende Antwort des Mentors auf die „unterwürfige Zärtlichkeit des liebenden Kindes" hat demnach die Selbstermächtigung als Frau und Autorin zur Folge (ebd.). Damit habe Bettina aber kein reales sexuelles Begehren formuliert, sondern ihr Ringen um den Eros der Sprache selbst. Mit diesem ermächtige sie sich Goethes als Sprachfunktion, die für die Macht des Diskurses steht, den sie durch die „revidierende Umschrift von Erinnerung" (ebd.) unterlaufe. Und in der Tat ist diese Umwertung der Beziehung zu Goethe und seine Indienstnahme bereits in einem Brief von Silvester 1823/24 vollzogen. Diesem Brief, der während Bettinas Arbeit am Goethe-Denkmal entstand, weist die Autorin in der Konzeption des *Goethebuches* eine zentrale Bedeutung zu, bildet er doch den Fluchtpunkt des zweiten Teils. Somit findet diese Ermächtigung in der Publikation des Briefbuches *Goethe's Briefwechsel mit einem Kinde* im Jahr 1835 ihren Höhepunkt.

3. *Dichtung und Wahrheit*

In der Goethe-Forschung wird Bettina von Arnim nicht als jugendliche Freundin des 60-jährigen Autors eingeführt. Wenn sie Erwähnung findet, dann als Quelle für die Erzählung von Goethes Kindheit in *Dichtung und Wahrheit*, wobei ihr eigentlicher Beitrag für Goethes autobiographisches Projekt in der Regel kaum gewürdigt wird.

Bettina hatte schon kurz nach dem Beginn ihrer Bekanntschaft mit Goethes Mutter den Plan gefasst, eine Goethe-Biographie zu schreiben. Die Quelle hierfür sollten in erster Linie die Erzählungen von Catharina Elisabeth Goethe sein. Bereits bei ihrem ersten Besuch in Weimar im Juli 1807 hatte sie, so ihre eigene Schilderung in einem Brief an ihren Bruder Clemens, Goethe von ihrem Vorhaben berichtet, der dieses sehr positiv aufgenommen habe. Aber Bettina trieb das Projekt nicht voran. Konstanze Bäumer sieht die Gründe hierfür in der fehlenden Unterstützung durch ihren Bruder nach dessen überstürzter Heirat mit Auguste Bußmann im Sommer 1807 und dem Tod von Catharina Elisabeth Goethe im September 1808 (vgl. Bäumer 1986, 162). Von Bettina selbst gibt es keine weiteren Äußerungen zu dem Buchprojekt.

Goethe selbst begann Ende 1809, seine Autobiographie zu planen. Um seine Kindheit, an die er selbst nur spärliche Erinnerungen hatte, wahrheitsgetreu darstellen zu können, stellte er verschiedene Recherchen an. Ende Oktober 1810 bat er Bettina, ihm alles mitzuteilen, was ihr über seine Eltern und seine Kindheit aus den Erzählungen seiner Mutter in Erinnerung geblieben sei, damit er es in seine Bekenntnisse aufnehmen könne (vgl. GW 2, 689).

Wolfgang Bunzel hat in diesem Zusammenhang zu Recht darauf hingewiesen, dass Goethes Bitte um Mitteilung der Kindheitserinnerungen seiner Mutter, die von Bettina „phantasievoll ausgeschmückt und obendrein in eine sprachliche Gestalt gebracht" wurden, die Geburtsstunde der Autorin Bettina von Arnim ist (Bunzel 2008, 623). Dabei lässt ein Abgleich zwischen ihren Briefen und dem ersten Buch von *Dichtung und Wahrheit* nicht nur Rückschlüsse auf Goethes Arbeitsweise bei der Erstellung seiner Autobiographie zu (vgl. Bäumer 1986, 157–172; Seidler 2013, 212–216), er zeigt zugleich, dass sich Bettina in ihrer Schreibpraxis an Goethes Verständnis von ‚literarischer Wahrheit' anlehnte und die Strategien der Textgestaltung in *Dichtung und Wahrheit* übernahm. Ähnlich wie Goethe überarbeitete sie alltagsweltliche und literarische Texte im Folgenden für die Aufnahme in ihre Briefbücher. Das Mentor-Schülerin-Verhältnis wurde dabei von Bettina von Arnim in der Auseinandersetzung mit Goethes Werk zunehmend überwunden, spätestens mit dem Denkmalsentwurf von 1824 trat sie selbstbewusst als Künstlerin auf. Ihr Briefbuch *Goethe's Briefwechsel mit einem Kinde* unterstreicht diesen Anspruch auf eindrucksvolle Weise.

4. Bewertung der Beziehung zu Goethe und Verständnis des Bruchs im Jahr 1811

In der Goethe-Forschung wird Bettina von Arnim gern in die Kategorie ‚Goethes Frauen' eingereiht. Bettinas unkonventionelles Handeln und ihre blühende Phantasie haben Männer immer wieder fasziniert. Insofern wird das Interesse Goethes für die Tochter seiner Jugendfreundin nicht angezweifelt. Wird Bettina im Kontext von ‚Goethes Frauen' angeführt, so erhält sie meist einen Sonderstatus, weil sie auch jenseits von ihrer Beziehung zu Goethe (literatur-)geschichtliche Bedeutung erlangt hat. Trotz ihrer Huldigung des Weimarer Dichters und der häufigen Betonung ihrer Liebe zu Goethe, wird sie als *die* Frau angeführt, die Goethe beeindruckte, in die er aber nie verliebt war. Mit der Zeit allerdings – so der auch nicht ganz von der Hand zu weisende Tenor – verlor ihr Wesen seinen Reiz für ihn und er versuchte, ihre Zudringlichkeit und ihre obsessive Verehrung abzuweisen (vgl. Seele 1997, 108–109).

Die Gründe für Goethes Bruch mit den Arnims und seine vehemente Abwehr jeden weiteren Kontakts werden in der Forschung unterschiedlich bewertet. Dabei spielt die Zudringlichkeit der Arnims, die Goethe später wiederholt betonte, für das Jahr 1811 noch keine Rolle. Überzeugend scheint mir die Beobachtung von Birgit Weißenborn, dass Goethe nach der Heirat mit Christiane in Weimar grundsätzlich einen schweren Stand hatte, da die wilde Ehe mit ihr zwar geduldet, ihre Adelung zur ‚Geheimrätin' aber vor allem von der weiblichen Bevölkerung Weimars nicht gutgeheißen wurde. Daher hatte Goethe keine andere Wahl, als zu seiner Frau zu halten und Bettina des Hauses zu verweisen (vgl. Weißenborn 1987, 82).

Heinz Härtl vermutet, dass ein Bündel verschiedener Ursachen den Bruch bedingte, Ursachen, die Goethe schon vor dem Streit eine ablehnende Haltung gegenüber den Armins hatte einnehmen lassen. Seiner Interpretation zufolge spielten das „komplizierte Abhängigkeits- und Gegensatzverhältnis" von Achim von Arnims Roman *Armuth Reichthum Schuld und Buße der Gräfin Dolores* (1810) zu Goethes *Wahlverwandtschaften* (1809) und die zunehmende kritische Haltung Goethes zur Romantik ebenso eine Rolle wie die unterschiedlichen politischen Ansichten von Goethe und Arnim (vgl. Härtl 1998, 81). Der Streit mit Bettina habe Goethe demnach die Gelegenheit geboten, das unliebsame Verhältnis zu beenden.

Karl Otto Conrady benennt eine wesentlich simplere Ursache als Grund für Goethes Verhalten: die für den älter werdenden Goethe charakteristische Unentschiedenheit und mangelnde Entscheidungsfreudigkeit (vgl. Conrady 1994, 904). Insofern sei sein Schweigen keine Entscheidung für, aber auch keine gegen Bettina. Gegen diese Lesart spricht Sigrid Damms Beobachtung, dass Goethe unter dem Aufsehen, den der Streit in Weimar erregte, sehr gelitten und sich in der Folge noch mehr aus dem gesellschaftlichen Leben zurückgezogen habe (vgl. Damm 1998, 399).

In der Bettina-von-Arnim-Forschung nimmt ihr Verhältnis zu Goethe großen Raum ein. In diesem Verhältnis wie auch in dem 1835 erschienenen

Briefbuch lediglich den Wunsch Bettinas nach Erlangung von Unsterblichkeit zu sehen (vgl. Gajek 1989, 254; Kundera 1990), wird dem Wesen der Autorin indes nicht gerecht. Neben dem Mentor-Schülerin-Verhältnis, das immer wieder genannt wird und das Bettina in der Lesart vieler Autorinnen und Autoren überwindet, ist es vor allem die soziale Lage als Frau, in der ihre Huldigung Goethes zu verorten ist. Klaus F. Gille bewertet die Beziehung der jungen Bettina zu Goethe im Hinblick auf die zeitgenössische Frauenrolle als „Flucht- und Sezessionsraum vor den vormundschaftlichen Pedanterien ihrer kaufmännisch orientierten Brüder, später ihres Mannes" (Gille 1994, 275). Indem die junge Frau sich nicht nur in eine weibliche Genealogie stellt, sondern für diese einen berühmten männlichen Mentor wählt, gelingt es ihr, die durch die weiblichen Rollenmuster bedingten Erwartungen zu unterlaufen und ihre Entwicklung als Autorin voranzutreiben.

Eine etwas andere Lesart der Beziehung zwischen Bettina und Goethe und der diesem zugeschriebenen Funktion des Mentors entwickelt Enid Gajek. Sie sieht in Goethe Bettinas Psychopompos (= Seelenführer). Erst nachdem dieser sich jeglicher Kommunikation verweigert, sei das Abhängigkeitsverhältnis für Bettina zum Problem geworden (Gajek 1992, 129–130). Tatsächlich kompensiert Bettina diese Verweigerung mit dem Denkmal- und dem Buchprojekt. Beide bieten ihr die Möglichkeit, die Leerstelle durch die ausbleibende Kommunikation wieder zu füllen. Als Konsequenz ergibt sich ein Goethe-Bild, das stark fiktionale Merkmale trägt, da die Abweisung durch Goethe in der Realität im Raum der Kunst kompensiert werden muss.

Auch wenn Bettina in Bezug auf ihre Beziehung sehr oft von Liebe spricht, darf man nicht von einer Liebesbeziehung im Sinne des von Friedrich Schlegel in seinem Roman *Lucinde* (1799) entworfenen Modells der unbedingten und einmaligen, romantischen Liebe ausgehen. Walter Schmitz schreibt: „Goethe dient ihr, ohne daß ihre Liebe und Verehrung zu ihm dadurch geschmälert würde, als Wächter ihres Freiraums der Kunst" (Schmitz 1994/95, 117). Mit dieser Lesart geht Schmitz über die Interpretation der Beziehung durch Gille hinaus. Den Freiraum, den Bettina sich durch ihre Beziehung und das teilweise fiktive Verhältnis zu Goethe erwirkt, ist nicht in erster Linie ein sozialer und familiärer, sondern sie „reklamiert [...] für sich den Freiraum der Poesie" (ebd.). Damit wird die reale Begegnung mit Goethe für Bettina zu einem Teil ihres Bildungswegs, der in der Bewusstwerdung des „Recht[s] auf eigenes Schöpfertum" (ebd., 118) und damit im eigenen Werk seine Vollendung findet. Die Freundschaft zu Goethe wird damit zu einem wichtigen Bildungserlebnis. Ihre Mitarbeit an *Dichtung und Wahrheit* zeigt dabei, dass Goethe sie durchaus schon zu Lebzeiten als Erzählerin anerkannt hat.

5. Literatur

Arnim, Bettina von, und Johann Wolfgang von Goethe: *Bettinas Briefwechsel mit Goethe. Auf Grund ihres handschriftlichen Nachlasses nebst zeitgenössischen Dokumenten über ihr persönliches Verhältnis zu Goethe.* Hg. v. Reinhold Steig. Leipzig 1922.

Bäumer, Konstanze: *Bettine, Psyche, Mignon. Bettina von Arnim und Goethe.* Stuttgart 1986.

Baumgart, Hildegard: „Bettine und ihre ‚Herren'. Die Geburt einer Autorin im Windschatten männlicher Macht". In: Jb BvA 18 (2006), S. 55–84.

Bergemann, Fritz: „Nachwort". In: *Bettinas Briefwechsel mit Goethe. Auf Grund ihres handschriftlichen Nachlasses nebst zeitgenössischen Dokumenten über ihr persönliches Verhältnis zu Goethe.* Hg. v. Reinhold Steig. Leipzig 1922, S. 404–439.

Beyer, Paul: „Bettinas Arbeit an ‚Goethes Briefwechsel mit einem Kinde'". In: Max Preitz (Hg.): *Von deutscher Sprache und Art. Beiträge zur Geschichte der neueren deutschen Sprache, zur Sprachkunst, Sprachpflege und zur Volkskunde.* Frankfurt a. M. 1925, S. 65–82.

Bunzel, Wolfgang: „Lippen auf Marmor. Bettine von Arnims epistolare Erinnerungspolitik". In: Detlev Schöttker (Hg.): *Adressat: Nachwelt. Briefkultur und Ruhmbildung.* München 2008, S. 161–180.

Bunzel, Wolfgang: „Narrativer Selbstentwurf und konstruierte Familiengeschichte. Figurationen Sophie von La Roches bei Bettine von Arnim". In: Miriam Seidler u. Mara Stuhlfauth (Hg.): *Ich will keinem Mann nachtreten. Sophie von La Roche und Bettine von Arnim.* Frankfurt a. M. 2013, S. 141–161.

Conrady, Karl Otto: *Goethe. Leben und Werk.* München, Zürich 1994.

Damm, Sigrid: *Christiane und Goethe. Eine Recherche.* Frankfurt a. M. 1998.

Gajek, Enid: „‚Das gefährliche Spiel meiner Sinne'. Gedanken zu Bettine und Pückler". In: Jb BvA 3 (1989), S. 249–261.

Gajek, Enid: „Eros und Psyche in Bettines Apotheose". In: Walter Schmitz u. Sibylle von Steinsdorff (Hg.): *„Der Geist muß Freiheit genießen …!" Studien zu Werk und Bildungsprogramm Bettine von Arnims.* Berlin 1992, S. 127–140.

Gille, Klaus F.: „‚Der anmutige Scheinknabe'. Bettina von Arnim und Goethes Mignon". In: Heinz Härtl u. Hartwig Schultz (Hg.): *„Die Erfahrung anderer Länder". Beiträge eines Wiepersdorfer Kolloquiums zu Achim und Bettina von Arnim.* Berlin, New York 1994, S. 271–285.

Goethe und die Romantik. Briefe mit Erläuterungen. Teil 2. Hg. v. Carl Schüddekopf u. Oskar Walzel. Weimar 1899.

Goethe, Johann Wolfgang: *Goethes Werke.* Hg. im Auftrage der Großherzogin Sophie von Sachsen. Abteilung I, Bd. 5.1: *Aus dem Nachlaß: Vermischte Gedichte. An Personen. Zahme Xenien. Invectiven. Xenien.* Weimar 1893. [= WA I/5.1]

Goethe Johanna Wolfgang: *Goethes Tagebücher.* Hg. im Auftrage der Großherzogin Sophie von Sachsen. Abteilung III, Bd. 12: *1829–1830.* Weimar 1901. [= WA III/12]

Goethe, Johann Wolfgang: *Goethes Briefwechsel mit seiner Frau.* Bd. 2: *1807–1816.* Hg. v. Hans Gerhard Gräf. Frankfurt a. M. 1916.

Goethe, Johann Wolfgang: *Die letzten Jahre. Briefe, Tagebücher und Gespräche von 1823 bis zu Goethes Tod.* Bd. 1: *Von 1823 bis zum Tode Carl Augusts 1828.* Bd. 2: *Vom Dornburger Aufenthalt 1828 bis zum Tode.* Hg. v. Horst Fleig. Frankfurt a. M. 1993.

Grimm, Herman: „Bettina von Arnim". In: H. Grimm: *Fünfzehn Essays.* Gütersloh 1882, S. 272–286.

Härtl, Heinz: „Arnim, Bettina von (1785–1859)". In: Hans-Dietrich Dahnke u. Regine Otte (Hg.): *Goethe-Handbuch*. Bd. 4.1: *Personen, Sachen, Begriffe. A–K*. Stuttgart 1998, S. 80–82.
Kühn, Paul: *Die Frauen um Goethe*. Graz 1932.
Kundera, Milan: *Die Unsterblichkeit. Roman*. Aus dem Tschech. v. Susanna Roth. München, Wien 1990.
Landfester, Ulrike: *Selbstsorge als Staatskunst. Bettine von Arnims politisches Werk*. Würzburg 2000.
Prokop, Ulrike: *Die Illusion vom Großen Paar*. Bd. 1: *Weibliche Lebensentwürfe im deutschen Bildungsbürgertum 1750–1770*. Frankfurt a. M. 1991.
Prokop, Ulrike: „Bettine von Arnim geb. Brentano und Katharina Elisabeth Goethe – Begegnung, Aneignung und Weitergabe über zwei Generationen" In: Wolfgang Bunzel, Kerstin Frei u. Mechtild M. Jansen (Hg.): *„Mit List und ... Kühnheit ... Widerstand leisten": Bettine von Arnims sozialpolitisches Handeln zwischen Privatheit und Öffentlichkeit*. Berlin 2010, S. 45–64.
Safranski, Rüdiger: *Goethe. Kunstwerk des Lebens. Biographie*. München 2013.
Schmitz, Walter: „Bettine in Weimar". In: Jb BvA 6/7 (1994/95), S. 109–142.
Schultz, Hartwig: „‚Das freie Bürgertum, was sich immer mehr veredelt'. Bettines Frankfurter Mitgift". In: H. Schultz (Hg.): *„Die echte Politik muß Erfinderin sein". Beiträge eines Wiepersdorfer Kolloquiums zu Bettina von Arnim*. Berlin 1999, S. 109–130.
Seele, Astrid: *Frauen um Goethe*. Reinbek bei Hamburg 1997.
Seidler, Miriam: „Dichtung oder Wahrheit? Sophie von La Roches ‚Dritte Schweizerreise' in Bettine von Arnims Briefbüchern". In: M. Seidler u. Mara Stuhlfauth (Hg.): *Ich will keinem Mann nachtreten. Sophie von La Roche und Bettina von Arnim*. Frankfurt a. M. 2013, S. 211–228.
Steinsdorff, Sibylle von, und Hartwig Schultz: „Katalogbeitrag Nr. 54: Bettine. In Töpplitz anno 10". In: Bettine-Katalog, 1985, S. 52–53.
Steinsdorff, Sibylle von: „Bettine und Goethe". In: Bettine-Katalog, 1985, S. 244–252.
Vordtriede, Werner: „Bettina und Goethe in Teplitz". In: Jb FDH 26 (1964), S. 343–365.
Weißenborn, Birgit: *Bettina von Arnim und Goethe. Topographie einer Beziehung als Beispiel weiblicher Emanzipation zu Beginn des 19. Jahrhunderts*. Frankfurt a M. [u. a.] 1987.

2.6. Friedrich Carl von Savigny

Barbara Becker-Cantarino

1. Savigny, der Romantikerkreis und Bettina Brentano   188
2. Savignys Professorenkarriere in Berlin und die Arnim'sche Familie   191
3. Savigny als Vormund und Vermögensverwalter   192
4. Bettinas Auseinandersetzung mit Savigny über die Brüder Grimm: Die ‚große Epistel'   194
5. Endgültige Entzweiung mit Savigny   197
6. Literatur   199

Bettina Brentano war 15 Jahre alt, als sie durch Vermittlung ihres Bruders Clemens im Jahr 1800 Friedrich Carl von Savigny kennenlernte, jenen Mann, der in den folgenden Jahren neben Clemens ihr wichtigster Berater werden sollte. Die enge, vertrauliche Beziehung zu dem sechs Jahre älteren Savigny, der 1804 durch die Heirat mit Bettinas Schwester Kunigunde (Gunda, 1780–1863) ihr Schwager wurde, blieb über Jahrzehnte bestehen. Mehr noch: Bis zu ihrer Heirat mit Achim von Arnim quartierte sich die junge Bettina immer mal wieder und jeweils für längere Zeit bei den Savignys ein, ob in Marburg, Landshut oder in Berlin. Nach Achims Tod im Januar 1831 wurde Savigny Vormund der sieben Kinder und Vermögensverwalter des Erbes ihres Mannes. Zugleich wurde ihr Verhältnis in den Folgejahren aufgrund gravierender politischer und persönlicher Differenzen zunehmend distanzierter. Bettina war längst nicht mehr das junge Mädchen voller Verehrung für den Juristenfreund ihres Bruders und späteren Universitätsprofessor, sondern eine prominente Schriftstellerin mit einem kämpferischen Misstrauen gegenüber dem Staatsrat im preußischen Justizapparat und nachmaligen Minister für Revision der Gesetzgebung. Dennoch blieb Savigny für Bettina juristischer Beistand und vor allem für ihre Söhne und Töchter ein fürsorglicher, gesellschaftlich hochstehender Helfer, auch wenn er Bettinas politische Ansichten besonders in späteren Jahren keineswegs teilte.

1. Savigny, der Romantikerkreis und Bettina Brentano

Friedrich Carl von Savigny entstammte einer alten hessisch-lothringischen Adelsfamilie. Er war früh Vollwaise und mit 13 Jahren Alleinerbe eines bedeutenden Vermögens, zu dem das Gut Trages bei Gelnhausen und zwei Nebengüter gehörten. Nach dem Jurastudium in Jena, Leipzig, Göttingen und Halle promovierte er 1800 in Marburg, wo er nach Reisen als außerordentlicher Professor Strafrecht lehrte. Seine Untersuchung *Das Recht des Besitzes* (1803) und seine Lehrtätigkeit machten ihn berühmt, so dass er sich für die akademische Laufbahn entschied – in seiner Generation noch durchaus ungewöhnlich für einen vermögenden Adeligen, da die Universitätskarriere als bürgerlich und nicht standesgemäß galt, zumal Professorenstellen zumeist in akademischen Familien weitergereicht wurden.

Savigny entwickelte seine juristischen Ansichten in seinen „philosophischen Lehrjahren" in einem insgesamt „schöpferischen Jahrzehnt" (Nörr 1988, 2) und begann seine Karriere im Umkreis der nationalromantischen Bewegung der Heidelberger Romantik. Er war unter anderem mit Clemens Brentano, Achim von Arnim, dem Mythenforscher Friedrich Creuzer, den zu seinen Schülern in Marburg zählenden Brüdern Grimm, Karoline von Günderrode und Bettina Brentano befreundet und übte einen großen persönlichen und intellektuellen Einfluss auf seine Freunde aus. Gegenseitige Unterstützung in der literarischen Produktion, aber auch finanzielle Unterstützung, persönliche Aufrichtigkeit, eine humanistische Auffassung von der Achtung und Würde der anderen Persönlichkeit und der Wille zur Bildung zeichneten den großen Freundeskreis aus, in dem Savigny die dominante, imponierende Persönlichkeit war: „Immer ist Bildung des ganzen Menschen im höchsten Sinn dabei

2.6. Friedrich Carl von Savigny

sein Augenmerk. Und diese Einheit des Wirkens die sich in seinem intellektuellen Streben zeigt, zeigt sich auch in seinem Leben" (Friedrich Creuzer an seinen Vetter Leonhard Creuzer, 1800, zit. nach Härtl 1979, 106) Clemens Brentano nannte den gelehrten Savigny eine „Studiermaschine" (an Sophie Mereau, 7. September 1803, zit. nach A. v. Arnim 1982, 15)

Clemens und Savigny hatten sich schon 1800 durch Savignys Schulkameraden Hans von Bostel aus Wetzlar kennengelernt und mit ihm gemeinsam eine Rheinreise unternommen. Von Januar bis Mitte April 1801 wohnte Clemens zusammen mit Savigny in Marburg. Bettinas frühester Brief an Savigny, den Clemens zuvor in die Frankfurter Brentano-Familie eingeführt hatte, datiert auf Februar 1802; hierin knüpfte sie an die Begegnung im großen Kreis der Brentano-Geschwister an und brachte sich geschickt in Erinnerung: „[I]ch will wetten Sie wissen nicht mehr wie ich aussehe […], ich will es ihnen sagen meine Augen sind groß und braun […] und ich habe einen kleinen hübschen rothen Mund sonst hatte ich rothe Farbe aber jetzt bin ich sehr braun geworden über haubt bin ich sehr garstig" (GW 4, 9). Savigny gab Bettina Lektüreempfehlungen wie Winckelmanns *Geschichte der Kunst des Alterthums* (1764) und wies sie auf die klassische Antike hin, so etwa im Spätsommer 1809: „Den Herodot und Thukydides sollst Du mit Fleiß lesen und daraus lernen und mir darüber schreiben. Bemühe Dich, in Frankfurt aus der Stadtbibliothek oder sonst die deutsche Übersetzung des Plutarch […] zu bekommen" (17. September 1809, zit. nach Härtl 1979, 110). Bettina hatte Savigny schon zuvor über ihre Lektüre berichtet, sie lese die *Geschichte* „im algemeinen des Morgens bey dem Günderrödgen des Nachmittags mache ich mir einen Auszug von dem was ich gelesen habe, nachher lese ich im Plutarch die ausführliche Lebensbeschreibung der Männer die in meinem Auszug vorkommen", sie lasse ihren „Verstand dahin ziehen wohin er will und taumle nachher ganz allein in der sinnlichen Vorstellung der Geschichte herum" (November 1804, in: GW 4, 16–17). Bettina scheint der systematischen Lektüre antiker Historiographen wenig abgewonnen zu haben, bezeichnete ihr „Geschwäz" Savigny gegenüber jedoch ehrerbietig, vielleicht auch ironisch als „dumm und lacherlich", versicherte ihm ihre Zuneigung und bedankte sich bei ihm: „[I]ch habe Dich unendlich lieb, Du hast mein neues frisches leben hervorgerufen und hast das Alte unterdrückte von mir abgeschüttelt" (ebd., 17).

Im Mai 1803 verlobte sich Savigny mit Bettinas älterer Schwester Kunigunde, eine Wahl, die Karoline von Günderrode wohl ebenso enttäuschte wie Bettina. Diese adressierte einige Briefe an Savigny mit „Lieber Habihnnie" und Clemens ermahnte die auf Schwester Gunda wohl etwas eifersüchtige Bettina, sie solle „kein Allmein" sein (Februar/März 1803, in: FBA 30, 346). Es war das Jahrzehnt der Eheanbahnungen für den Kreis der Romantiker. Geplante Begegnungen mit eventuellen Heiratskandidaten arrangierte auch Clemens für seine Schwestern und Freunde. Savigny wählte die praktische, fürsorgliche Gunda Brentano. Die vielen handschriftlichen Aufzeichnungen Gundas in Savignys Nachlass (SBB PK und UB Marburg) zeigen, dass sie Savigny mit Abschriften, Exzerpten und Notizen von juristischer und anderer Literatur zeitlebens unterstützt hat (vgl. Dölemeyer 2000, 165). Sie sorgte für ein stabiles Familienleben und ein standesgemäßes, repräsentatives Haus, blieb stets auch Stütze für Bettina und ihre Familie (siehe II.1.3. *Clemens und die Geschwister*). Bettina wurde ihrerseits 1805 zwar Patentante des ersten Kindes der Savignys, zu dem vorangegangenen längeren Aufenthalt in Paris, wo Savignys kleine Bettina auch geboren wurde, hatte man aber die jüngere Schwester Meline mitgenommen. Auch zu den anschließenden Studienreisen nach Nürnberg und Süddeutschland, Wien und Salzburg (1805/06) ließ sich die junge Familie von Meline begleiten. Bettina, die auf Einladung Savignys zu diesem nach Marburg gezogen war, blieb zurück in der Universitätsstadt an der Lahn und kehrte im April 1806 in den ungeliebten *Goldenen Kopf* nach Frankfurt zurück. Erst Anfang 1807 verließ sie die Stadt wieder, besuchte ihre Schwester Lulu und deren Mann Carl Jordis in Kassel und begleitete diese auf einer Geschäftsreise nach Berlin, auf deren Rückreise sie im April 1807 erstmals den von ihr hochverehrten Goethe in Weimar traf. Während ihr Vormund, Bruder Franz, ihre Reisen missbilligte, äußerte sich Savigny anerkennend über ihren Besuch bei Goethe. Schon im November 1807 brach sie gemeinsam mit Meline zu einer zweiten Reise nach Weimar auf, wo sich schließlich auch die Savignys, Bruder Clemens und Achim von Arnim einfanden – und Bettina suchte weiterhin die Nähe zu Savigny. So begleitete sie die Familie Savigny auch im September 1808 nach München, wo sie zwar bald ebenfalls allein zurückblieb und ihre Freiheit nutzte, um professionellen Gesangsunterricht zu nehmen und die Bekanntschaften ‚berühmter Männer' (so Clemens) zu machen, darunter Friedrich Heinrich Jacobi, Franz Xaver von Baader, Johann Michael Sailer, Wilhelm von Humboldt, Ludwig Emil Grimm, Ludwig Tieck und Thomas Soemmering. Ein Jahr später wird Bettina wieder in den Schoß der Savigny-Familie zurückkehren und ihnen in das weitaus überschaubarere Landshut folgen; auch hier sollte sie sich bald Geselligkeit, Freunde und Bewunderer unter den bei dem beliebten Professor Savigny verkehrenden Kollegen und Studenten verschaffen (siehe IV.4.2. *Briefwechsel mit Max Prokop von Freyberg*).

Für beide, den jungen Savigny wie Bettina, waren die Nullerjahre ein wichtiges Jahrzehnt im Rahmen ihrer Sozialisation und der Bildung ihrer Persönlichkeit, dies alles immer auch in der wechselnden Gesellschaft befreundeter, ähnlich gesinnter und situierter Altersgenossen. Beide waren früh auf sich selbst gestellt und hatten keine Vater- oder Mutterbindung, sondern einen Vormund. Savigny gründete mit Gunda seine eigene Familie, die fortan ein sicherer Anker in seinem Privatleben sein sollte, und nutzte die Studienjahre und Reisen, um die Grundlagen und das politisch-intellektuelle Netzwerk für seine glänzende wissenschaftliche und berufliche Karriere zu schaffen. Bettina wiederum erhielt durch Savignys freundlich-gönnerhafte Unterstützung die Gelegenheit, sich selbst zu bilden, wie die 21 erhaltenen, in der Regel kurzen Briefe Savignys an Bettina zeigen (vgl. Härtl 1979). Sie lernte interessante Persönlichkeiten und ungefähr gleichaltrige Männer – zumeist Studenten – kennen, unternahm zahlreiche ausgedehnte Reisen, entzog sich der strengen Obhut der Frankfurter Brüder und ging ihren künstlerischen Neigungen nach. 1810 wurde sie mit ihrem 25. Geburtstag ‚majorenn' und konnte von den Savignys ausgehend in Berlin einen neuen Lebensabschnitt – die Ehe mit Achim von Arnim – beginnen und die von ihr erwartete weibliche Rolle übernehmen.

2. Savignys Professorenkarriere in Berlin und die Arnim'sche Familie

Savigny war 1808 auf eine ordentliche Professur für römisches Zivilrecht an die Universität Landshut berufen worden, kehrte der niederbayerischen 10.000-Einwohner-Stadt aber bereits zwei Jahre später wieder den Rücken, um – vermittelt durch Wilhelm von Humboldt – dem Ruf Friedrich Wilhelms III. zu folgen und auf die neu zu gründende Universität Berlin zu wechseln. Anfang Mai 1810 verließ die Familie Savigny Landshut, zusammen mit Bettina, die ja erst gut ein halbes Jahr zuvor zu Savigny und Gunda gezogen war. Die Reise dauerte bis Mitte August 1810 und führte über Salzburg und Wien, wo Bettina Beethoven kennenlernte (siehe V.2. *Bettina von Arnim und die Musik*), das böhmische Brentano-Gut Bukowan, Prag und Teplitz, wo die Reisegesellschaft Goethe begegnete, nach Berlin, wohin Savigny vorausgeeilt und eine Wohnung für seine Familie und Bettina besorgt hatte. Auch Clemens ließ sich in Berlin nieder, Achim war schon im Vorjahr in seine Heimatstadt zurückgekehrt.

Savigny war neben seiner Lehr- und Forschungstätigkeit an der am 10. Oktober 1810 feierlich eröffneten Berliner Universität – täglich zwei Stunden Institutionen und Rechtsgeschichte sowie wöchentlich Pfandrecht – mit dem Ausbau der juristischen Fakultät beschäftigt. In seiner Funktion als dritter Rektor (1812/13) war er maßgeblich an der Gründung des ‚Spruch-Collegiums' beteiligt, eines außerordentlichen Gerichts, das von den ordentlichen Gerichten um seine Meinung angefragt werden konnte: Darüber hinaus unterrichtete er ab 1814 als Privatlehrer den preußischen Kronprinzen, den späteren Friedrich Wilhelm IV., in römischem und preußischem Recht sowie in Strafrecht. Savignys politische Laufbahn begann 1817 mit der Ernennung zum Staatsrat und Geheimen Justizrat. 1819 wurde er Geheimer Oberrevisionsrat und Mitglied des Revisions- und Kassationshofes für die Rheinprovinz, 1826 schließlich Mitglied der Gesetzrevisionskommission. Seine akademische Tätigkeit in Berlin ließ er jedoch erst 1842 ruhen, als er von Friedrich Wilhelm IV. zum Großkanzler und preußischen Minister für Revision der Gesetzgebung ernannt wurde (vgl. Stoll 1927–1939, Bd. 3).

Savignys enge Beziehung zu Bettina blieb auch nach ihrer Heirat mit Achim von Arnim bestehen. Der Jurist hatte mit Achim bereits 1805 bei der ersten persönlichen Begegnung auf seinem Gut Trages Freundschaft geschlossen, die bis zu Achims Tod im Jahr 1831 andauern wird. Der langjährige Briefwechsel zwischen den beiden zeigt, dass Savigny für den Gutsbesitzer Arnim zeitlebens auch ein wichtiger Berater in ökonomischen und juristischen Fragen war, ob es nun um die prekären Vermögensumstände der Arnims ging, die zahlreichen Prozesse, Details der neuen Gesindeordnung oder der Patrimonialgerichtsbarkeit, die Achim auf seinen Gütern auszuüben hatte (vgl. A. v. Arnim 1982).

1814 waren die Arnims von Berlin nach Wiepersdorf gezogen. Im Briefwechsel zwischen Savigny und Achim von Arnim fügte Gunda gelegentlich Grußworte an, Bettina wiederum ließ aus Wiepersdorf viele Bestellungen und Dienstbotenanfragen, Klagen und Wünsche übermitteln und gab farbige, witzige Beschreibungen des alltäglichen Landlebens (siehe II.1.6. *Bettina von Arnim als Hausfrau in Wiepersdorf und Berlin*). Man besuchte und half sich gegenseitig und nahm Anteil an den Geburten der Kinder. So wurde Savigny beispielsweise Pate des Erstgeborenen Freimund. Auch nachdem die im Umgang nicht immer ganz einfache Bettina mit den Kindern erst zeitweise, dann ständig in die preußische Hauptstadt zurückgekehrt war, konnten sich die Arnims auf die familiale Hilfe der Savignys verlassen. Noch viele Jahre später wird sich Tochter Maximiliane dankbar erinnern: „Fast täglich stiefelten wir zu ihnen hinüber nach dem Pariser Platz 3. Wir waren dort wie zu Hause. Den Onkel und die Tante, die uns zeitlebens unendlich viel Gutes getan, hatten wir schon damals herzlich lieb" (M. v. Arnim/Werner 1937, 16–17).

Akademische Querelen und Krankheit zwangen Savigny 1826/27 zu einem längeren Kuraufenthalt; er nahm einen Jahresurlaub für eine Italienreise. „Tägliche Schmerzen, eine gänzliche Abspannung, und völlige Unfähigkeit zu Geschäften und wissenschaftlichen Arbeiten erzeugten in mir zugleich eine sehr trübe und muthlose Gemüthsstimmung", so erklärte Savigny seine zweimalige Ablehnung einer Berufung an die Universität nach München (an Eduard von Schenk vom bayerischen Kultusministerium, 16. Juli 1828, zit. nach Stoll 1927–1939, Bd. 2, 397). Eine homöopathische Behandlung brachte zwar Linderung, aber keine dauerhafte Heilung, was Savigny nicht davon abhalten sollte, in den 1830er und 1840er Jahren in Berlin erstaunlich gründlich und erfolgreich seinen vielen beruflichen (und familialen) Aufgaben nachzukommen.

3. Savigny als Vormund und Vermögensverwalter

Als Achim 1831 starb, wurde Savigny schließlich Vermögensverwalter und Vormund der Kinder, da die Mutter bzw. Frauen im Allgemeinen dieses Amt nicht ausüben durften. Für Savigny hieß das, dass fortan sieben bis zum 25. Lebensjahr rechtlich unmündige Kinder zu versorgen waren, das älteste, Sohn Freimund, war zu diesem Zeitpunkt 18 Jahre, das jüngste, Tochter Gisela, erst vier Jahre alt, wobei Savigny zusätzlich zeitgleich auch noch die Vormundschaft über die vier Kinder des im selben Monat wie Achim verstorbenen Freundes und Kollegen Barthold Georg Niebuhr (1776–1831) übernommen hatte. Als Vermögensverwalter der Familie Achim von Arnims musste das Erbe der Kinder, Achims Anteil an dem Bärwalder Fideikommiss, geregelt werden, denn ein zweiter Anteil gehörte Achims Bruder Carl Otto. Savigny schloss mit Carl Otto einen Vertrag, in dem bestimmt wurde, dass die zum Ländchen Bärwalde gehörigen Rittergüter gemeinsames Eigentum bleiben und die Nutzung auf 13 Jahre – bis zur Volljährigkeit aller Söhne Achim von Arnims – geteilt werden. Durch Los erhielt Carl Otto Wiepersdorf und Herbersdorf, Bettinas

2.6. Friedrich Carl von Savigny

Kinder bekamen Bärwalde zugesprochen; der älteste Sohn Freimund sollte Landwirtschaft studieren und dann das Gut Bärwalde übernehmen.

Der Tod Achims war nicht der einzige Unglücksfall, der die beiden Familien miteinander verband. Zwei von Savignys fünf Söhnen starben im Kindesalter, im Sommer 1835 verunglückte nicht nur Bettinas jüngster Sohn Kühnemund mit nur 18 Jahren tödlich, zwei Monate später starb in Athen auch Savignys einzige Tochter, Bettinas Patenkind Bettina von Savigny. Diese hatte 1834 den griechischen Staatsmann und Historiker Constantin von Schinas (1801–1857) geheiratet, der in den 1820er Jahren in Berlin studiert hatte und sowohl im Hause der Savignys als auch bei den Arnims verkehrte (vgl. Steffen 2002). Bettinas teilnahmsvoller Brief an Schinas vom Herbst 1835 ging auch auf den rezenten Freiheitskampf der Griechen ein und zeigte ihre Verbundenheit mit Schinas als Vertreter des neuen Griechenland: „Theurer Neffe Du bist mir ein heilig Vermächtniß Deiner geliebten Frau, die ich wie ein Kind achte [...]. Deine Geliebte hat Dir Dein Vaterland als heiliges Vermächtnis hinterlassen [...]. Ich habe viel über Griechenland nachgedacht und überhaupt in mir überlegt wie ich als König oder als Mann des Volkes dort verfahren würde" (GW 4, 308–311). Bettina breitete hier dann auch im Gleichnis von der Bienenkönigin ihre Gedanken zum vorbildlichen Herrscher und Volkskönig aus – in diesem Fall bezogen auf das neu gegründete Königreich Griechenland. Nebenbei bemerkt inszenierte sich Bettina schon hier, 1835, als Mentorin eines jungen aufstrebenden Akademikers und Regierungsbeamten. Bettina und ihre Töchter blieben mit Schinas, der 1837 eine Professur als Historiker an der gerade gegründeten Universität Athen erhalten und 1852 als griechischer Gesandter nach Berlin zurückkehrte und später nach München und Wien wechselte, weiterhin brieflich-familial, aber nicht politisch in Verbindung.

Wohl auf Bettinas spätere scharfe Verurteilung Savignys fußt die in der Bettina-Biographik stets wiederholte Meinung, Savigny habe ihren liberalen Erziehungsmethoden ablehnend gegenübergestanden und als Vormund nicht erlaubt, dass die musisch begabten älteren Töchter eine professionelle Ausbildung erhielten. Sicher gab es Spannungen mit den heranwachsenden Kindern, um deren Zukunftspläne und vor allem um die hierfür zur Verfügung zu stellenden finanziellen Mittel. Bettina entfernte sich dabei seit den 1830er Jahren immer stärker von den Wertvorstellungen der Savignys, lehnte zunehmend aristokratische Festlichkeiten und einen standesgemäßen Lebensstil ab, für den jedoch besonders die Töchter Maxe und Armgart schwärmten. Gesellschaftlich und auch finanziell konnte Bettina als alternde Witwe hier nicht mithalten, auch nicht mehr im Mittelpunkt stehen, lehnte Einladungen zu Hoffesten *fast* immer ab und inszenierte sich stattdessen – wie schon bei Schinas – als Fürsprecherin der Jugend, des Volkes und als intellektuell-politische Mentorin. Ihre heranwachsenden Kinder wurden in der schwierigen Phase der Verselbständigung in den Konflikt zwischen den Savignys und der eigenen Mutter mit hineingezogen; Mitte der 1840er Jahre kam es dann sogar zu einem „tiefen Zerwürfnis zwischen Bettine und ihren älteren Töchtern" (Landfester 2004, 28), das um 1848 über zwei getrennte salonartige Zirkel, die sich in der

Wohnung der Arnims beide nebeneinander trafen, auch nach außen sichtbar wurde. Die Kinder blieben letztlich Onkel und Tante Savigny eng verbunden; erst als selbständige Erwachsene schlugen sie unterschiedliche Entwicklungswege ein und arrangierten sich mit der Mutter (siehe II.1.8. *Erziehung, Kinder, Nachfahren*).

4. Bettinas Auseinandersetzung mit Savigny über die Brüder Grimm: Die ‚große Epistel'

Die Verstimmungen zwischen Savigny und Bettina gingen einher mit einer merklichen Abkühlung ihres Verhältnisses und entwickelten sich in den späten 1830er Jahren weiter zu einer Auseinandersetzung. Savigny hatte als Vormund der sieben Kinder und als Vermögensverwalter eine große Aufgabe übernommen und damit auch eine Verantwortung gegenüber Bettina, deren zunehmende Selbständigkeit er ebenso zurückhaltend registrierte wie ihr unkonventionelles Benehmen und ihre Bekanntschaften. Schon zuvor hatte er sich zwar zufrieden über Jacob Grimms positive Rezension von Bettinas *Goethebuch* geäußert, zugleich aber die Widmung des Buches an Graf Pückler bedauert. So schrieb er an Jacob Grimm: „Ihre Äußerung über das Buch der Arnim hat natürlich große Freude gemacht, was ihr bey so manchem Schwierigen in ihrem Leben doppelt zu gönnen ist. Die Zueignung an Pückler hat auch mir großen Kummer gemacht, da mir der Mensch so grundfatal ist, aber jede Bitte und Einrede hat den Entschluß nur immer mehr befestigt" (30. Dezember 1834, zit. nach Stoll 1927–1939, Bd. 2, 479–480).

1839 nun kam es zu einem gravierenden Zerwürfnis Bettinas mit Savigny aus Anlass ihres Einsatzes für die Brüder Grimm zum einen und seiner Rolle als Vormund zum anderen. Bettina setzte in diesem Rahmen auf die epistolare Form, um ihrer liberalen Meinung und preußenkritischen Haltung öffentliche Wirksamkeit zu verschaffen. Es waren dabei die „Agitationsversuche für die Brüder Grimm" (Landfester 2000, 290), mit denen Bettina begann, sich in kulturpolitischen Fragen an die Öffentlichkeit zu wenden (siehe III.2. *Kulturpolitik: Agitation und politische Taktik*). Savigny hatte den Grimms, die in Marburg seine Schüler und Mitarbeiter gewesen waren und mit denen er auch danach freundschaftlich verbunden blieb, aus seiner privaten Kasse finanzielle Hilfe angeboten (vgl. Schultz 1985, 263). Seit 1817 selbst Teil des Justizapparats des preußischen Staates wollte er sich aber von Anfang an nicht der (juristischen) Position der Grimms anschließen, weil er die Situation im Königreich Hannover nicht genau genug zu kennen meinte, um als Jurist ein klares Urteil abgeben zu können. Dennoch unterstützte er die Berufung der Grimms nach Berlin. Ein auf den 10. Dezember 1839 datierter Brief Savignys an den Kronprinzen Friedrich Wilhelm enthält in dieser Hinsicht seine ausdrückliche Empfehlung: „Mein Wunsch war nur, durch gegenwärtiges Zeugniß, so viel an mir liegt, dahin zu wirken, daß nicht Ew. Königl. Hoheit von den Männern, die in der That sehr ehrenwerth sind, eine nachtheilige Meinung fassen möchten, die sie gewiß nicht verdienen" (zit. nach Stoll 1927–1939, Bd. 2, 519).

2.6. Friedrich Carl von Savigny

Bettina hatte schon länger für eine Anstellung der Grimms agitiert. Sie hatte den Abdruck ihrer positiven Stellungnahme in der liberalen Presse lanciert und versucht, über den preußischen Kultusminister Karl Freiherr vom Stein zum Altenstein und Mitglieder der Berliner Akademie der Wissenschaften sowie bei anderen Professoren der Berliner Universität weitere Unterstützung für die Berufung der Grimms zu erwirken. Bettina war wütend auf Savigny (auch aus persönlichen Gründen) und gab ihm die Schuld daran, dass sich deren Anstellung in Berlin schwieriger gestaltete als erhofft. Im November 1839 schickte sie aus Bärwalde, wohin sie sich zur Arbeit an *Die Günderode*, aber auch aus Enttäuschung über die Berliner und ihre familiären Verhältnisse zurückgezogen hatte, einen ‚große Epistel' genannten Anklagebrief an Savigny, in dem sie ihrer Verärgerung über Savigny Luft machte. Mit 33 Druckseiten ist es einer ihrer wohl längsten Briefe, überliefert in abweichenden Abschriften im Brüder Grimm-Museum, Kassel, dem Freien Deutschen Hochstift, Frankfurt, und im Nachlass Savignys in der Staatsbibliothek Berlin (Druck mit Kommentar in: Bw Grimm, 224–259, und in: GW 4, 370–404).

Bettinas Brief enthält im ersten Teil eine emotionale Moralpredigt und Anklage gegen Savignys Opportunismus, sie wirft ihm Feigheit vor und erinnert ihn an seine moralische Pflicht als Lehrer für seine Schüler einzutreten; sie beschämt ihn und würdigt ihn herab gegenüber seinem prominenten Schüler Jacob Grimm. Ihr Ton ist aggressiv und provokativ und grenzt an Beleidigung. Stellenweise zeigt sie ihre aufgestaute Wut, in die wohl auch Neid auf Savignys privilegierte Position hineinspielt: „Gott hat Dich mit Glücksgütern gesegnet, Du bedurftest keines Broterwerbs, Deine Wichtigkeit als Lehrer der Jugend wäre tausendmal durch das hohe Beispiel Deines uneigennützigen Bekenntnisses [also einer öffentlichen Stellungnahme für die Aktion der ‚Göttinger Sieben'; B.B-C.] überwogen worden" (Bw Grimm, 229).

Auch Bettinas weitere Briefe an Savigny verraten mehr über sie selbst, als dass sie viel über die Causa Grimm enthalten. Sie klagt über ihre Lage und grollt, Savigny habe ihre Meinung nicht gelten lassen, ihren Willen nicht geachtet, ihre Kinder seien in Berlin „oft Zeuge, daß meine Meinung als falsch, mein Wille als unstatthaft und meine Handlungen als nichtig getadelt wurden" (an Savigny, Anfang Dezember 1839, in: Bw Grimm, 270). Ihre Briefe wurden zu einer Waffe im Kampf gegen Savigny, enthielten persönliche Vorwürfe und teilweise polemische Tatsachenentstellungen, wobei ihre Selbstinszenierung als überlegenes moralisches Gewissen in der ‚großen Epistel' vom November 1839 auch die theatralisch-burleske Beschreibung ihres idyllisch-spartanischen Familienlebens in Bärwalde einschloss: „[E]s gefällt mir doch sehr gut hier, wo mirs an aller Bequemlichkeit gebricht" (Bw Grimm, 259).

Die ‚große Epistel' an Savigny mit der hierin enthaltenen privat-persönlichen Abrechnung benutzte Bettina in politisch-journalistischer Absicht: Sie drohte mit der Veröffentlichung ihrer Korrespondenz, schickte sofort eine Abschrift nach Kassel zu den Grimms (was zu enormen Verstimmungen zwischen den Grimms und ihrem verehrten Lehrer Savigny führte) und sandte weitere (Teil-)Abschriften an Freunde wie ihren damaligen jugendlichen

Verehrer Julius Döring (1817–1893), die als Multiplikatoren einige Details selektiv weiterreichten und in die Presse lancierten. Eine weitere Abschrift der Epistel schickte Bettina zusammen mit einem Begleitbrief und den ersten zwei Bänden der von Wilhelm Grimm herausgegebenen *Gesammelten Werke* Achim von Arnims an den Kronprinzen Friedrich Wilhelm, woraus sich in der Folge ein Briefwechsel mit dem künftigen Preußenkönig ergeben sollte (siehe IV.4.6. *Briefwechsel mit Friedrich Wilhelm IV.*).

Savigny antwortete Bettina umgehend mit einer scharfen Replik. Der Brief selbst ist nicht überliefert, da Bettina ihn wütend verbrannt haben will. Wie Bettinas Rechtfertigung im Antwortschreiben von Anfang Dezember 1839 jedoch vermuten lässt (vgl. Bw Grimm, 264–272), muss Savigny ihr hier mit deutlichen Worten vorgeworfen haben, dass sie das Arnim'sche Erbe verschleudere, sich Extravaganzen leiste, über ihre Verhältnisse lebe, zu wenig für die Ausbildung ihrer Söhne getan habe und überhaupt ihre Lebensweise und ihr schlechter Ruf den Kindern schade. In weiteren Briefen an Bettina erklärte Savigny seine Haltung gegenüber den Grimms sachlich und distanziert: „In der hannöverschen Sache waren mir zwei Dinge nie zweifelhaft; erstlich die vollkommene Verwerflichkeit des ganzen Benehmens des Königs [...]; zweitens die reine tadellose Gesinnung, worin die Grimm gehandelt hatten [...]. Völlig verschieden von beiden Dingen ist die Frage [...] von einem richtigen Takt"; er selbst könne sich darüber kein Urteil anmaßen, weil es ihm an einer „Totalanschauung ihrer momentanen Lage ganz fehlt" (2. Dezember 1839, in: Bw Grimm, 273). Er bemühte sich um eine sachliche Klärung, verurteilte die „Tätigkeit nichtswürdiger Klatscherei" (ebd., 276), ging auf Bettinas Vorwurf der Feigheit und ihre sachlichen Fehler ein – und stellte sich entschieden gegen jede Form „einer öffentlichen Demonstration des Liberalismus, von Leuten mit denen ich nichts zu teilen haben wollte [am wenigsten politische Meinung und Tätigkeit. Ich lehnte es ab, wie ich es noch heute tun würde]" (ebd., 276–277; der Zusatz folgt einer anderen Abschrift des Briefes). Am Ende schlug Savigny in seinen Briefen an Bettina jedoch immer wieder versöhnliche Töne an. So schrieb er ihr im Dezember 1839: „Du findest eine unheilbare Zerstörung unseren bisherigen Vernehmens, und Deine Briefe lauten fast wie Abschiedsbriefe aller Freundschaft. Diese Empfindung habe ich gar nicht" (Bw Grimm, 293).

Bettinas Briefe und ihre mehrfache publizistische Verwendung der Schreiben dokumentieren letztlich das „Heranreifen einer politischen Publizistin", die „über das ihr von der Gesellschaft zugewiesene, begrenzte Umfeld der weiblichen Häuslichkeit hinaus sozialpolitisches Engagement" mit epistolaren Mitteln anstrebte (Thielenhaus 1993, 72). Es ging ihr darum, Savigny an „ihr Verständnis von den Aufgaben des Staates und seiner Regierung" zu erinnern, an die „Wahrheit und Reinheit", die sie zu „Prinzipien dieses Staates" erhob (ebd., 70). Bettina schrieb emotional und machte ihrem Frust Luft, indem sie die Grimms idealisierte und ausführlich ihre eigene Position als im Handeln beschränkte Witwe darlegte und beklagte. Wie Vera Thielenhaus kritisch feststellt, habe sich Bettina in ihrem Engagement jedoch unfähig

2.6. Friedrich Carl von Savigny

gezeigt, auf andere Positionen einzugehen, sie zu verstehen und auf andere Rücksicht zu nehmen; ausgestattet mit einem „weltanschaulichen Sendungsbewußtsein" habe sie sich berufen gefühlt, *ihre* Einsicht zu vermitteln (ebd., 71). Ulrike Landfester, die den überlieferten Briefwechsel zwischen Bettina und Savigny in dieser Sache detailliert interpretiert hat, merkt an, dass Bettina mit diesem Brief „nunmehr jene kommunikative Vernetzung aller unmittelbar Beteiligten" eingeleitet habe, die „Savigny in ihren Augen gezielt unterlassen" habe; durch diese Vernetzung sei es ihr schließlich gelungen, den Kronprinz zu erreichen (Landfester 2000, 296–297).

Bettinas Erziehungs- und Belehrungsversuch gegenüber Savigny scheiterte an dem invektiven, teilweise beleidigenden Stil und der herabsetzenden Rhetorik. Als Frau ohne Amt oder Beruf war es schwierig für sie, ihre politische Auffassung so zu äußern, dass auch die Aussicht bestand, gehört zu werden. Sie setzte hierfür ihre gesellschaftlich schwache Position als Frau und Witwe ebenso ein wie ihre Stärken, die Vernetzung mit einflussreichen Intellektuellen und Literaten und die Verschwägerung mit politisch einflussreichen Aristokraten wie Savigny und den Arnims.

5. Endgültige Entzweiung mit Savigny

Auch die Kinder der Arnims und Savignys nahmen Partei und waren nicht ganz unschuldig an der Entzweiung, brachte die nächste Generation doch zunächst nur wenig Verständnis auf für die literarischen und politischen Ambitionen Bettinas. Carl Friedrich von Savigny (1814–1875), der Sohn des ‚alten Savigny', wie Varnhagen ihn in seinen Tagebüchern bezeichnete, entwickelte sich zum streng-legitimistischen preußischen Diplomaten, der die liberalen Ansichten und mehr noch die unkonventionelle Lebensweise seiner Tante Bettina verabscheute (vgl. Rückert 2010). Diese gründliche Entfremdung war Bettina ebenso bewusst wie die Tatsache, dass auch ihr eigener Sohn Siegmund längst zu ihren konservativen Kritikern gehörte. Und während Bettina ab Ende der 1830er Jahre den Umgang mit Savigny auf das Notwendigste reduzierte, pflegte ihr ältester Sohn Freimund als inoffizielles Familienoberhaupt engen Kontakt zu seinem langjährigen Vormund und Vaterersatz, mit dem er sich gut verstand.

Zum endgültigen Bruch Bettinas mit Savigny kam es im Zuge ihres Magistratsprozesses, als Bettina sich dagegen wehrte, für ihren von Arnim'schen Verlag Gewerbesteuer an die oberste städtische Behörde Berlins zu entrichten, und wegen Beleidigung des Magistrats zu zwei Monaten Gefängnis verurteilt wurde (siehe III.2.6. *Rechtsstreitigkeiten*). Savigny schritt gegen ihren Willen ein, verhinderte schließlich die Gefängnisstrafe, aber wohl auch Bettinas Vorhaben, die Prozessakten zu publizieren, in denen sie sich als Opfer der preußischen Bürokratie darzustellen beabsichtigte. Diesen Konflikt mit Savigny schilderte sie in einem Brief an ihren zweiten Sohn Siegmund als geradezu burlesken Zweikampf: „[K]ommt Savigny und Tante [Bettinas Schwester Gunda] bei mir heran gerückt und haben eine Declaration in der Tasche welche ich refüsire anzusehn sie drängen in mich diese zu unterzeichnen, finden kein Gehör sie bedrohen mich mit den schrecklichsten Folgen, ich lache darüber" (30. November 1847, in: GW 4, 598). Ihrem kritischen Sohn gegenüber inszenierte sich Bettina hier als energische Gegnerin der Savignys – eine andere Darstellung von Savignys oder anderer Seite liegt nicht vor –, betonte ihre Widerständigkeit und Souveränität und erklärte sich selbst zur ‚Siegerin‘, die sich, moralisch und politisch im Recht, nicht zu einem Kompromiss oder gar einer Entschuldigung herabgelassen habe. Bettina misstraute Savigny in allem. In vielen Briefen an Bekannte wiederholte sie ihre Vorwürfe gegen ihn. So behauptete sie, dass Savigny Teil einer Intrige gegen sie und ihren Verlag gewesen sei, dass er (und zwei andere Minister) „versuchten dem König einleuchtend zu machen daß man mir das Handwerk legen müßte!" (an Pauline Steinhäuser, 19. u. 20. März 1848, in: GW 4, 639–640) Von Savigny sind keine abfälligen öffentlichen Äußerungen über Bettina bekannt.

Bettinas Briefe werfen ein bezeichnendes Licht auf die völlige Entzweiung zwischen ihr und Savigny, dem Lehrer aus ihrer Jugend, der sie „ein höheres Leben ahnen lernte", wie sie in der ‚großen Epistel' durchaus zugestanden hatte, und dessen Großmut und vorbildlichen Charakter in den Jugendjahren sie anerkannte: „Oft hab ich daran gedacht abends im Bett und bin mit der beglückenden Empfindung eingeschlafen, bei Dir leben zu dürfen, der der erste war unter allen, und stelltest Dich doch nicht höher als der geringste unter ihnen" (Bw Grimm, 239). Savignys Schriften kannte Bettina nicht. Seine politische und gesellschaftliche Leistung sowie seine Fürsorge für die Familie von Arnim hat sie nicht gewürdigt. Mit den 1840er Jahren trennten Krankheit, Alterserscheinungen, familiale Sorgen und gegensätzliche Ansichten zu politischen Ereignissen wie zur Revolution von 1848/49 oder zur ‚Polenfrage' und zu Gesetzesreformen die beiden endgültig.

Von 1842 bis 1848 war Savigny zwar Königlich-Preußischer Minister für Revision der Gesetzgebung, seinen Entwurf für eine umfassende Gesetzesreform konnte er gleichwohl nicht durchsetzen; beim Ausbruch der Revolution 1848 trat er zurück und widmete sich wieder seinen juristischen Publikationen. Mit seinem in den 1840er Jahren verfassten Grundlagenwerk *System des heutigen Römischen Rechts* (8 Bde., 1840–1849) wurde er der Begründer des modernen internationalen Privatrechts. Savigny gilt als Vertreter der Historischen Rechtsschule, die unter ihm im 19. Jahrhundert dominierte (vgl. Rosenberg 2000). Unter dem Einfluss der Romantik war die historische Bedingtheit des Rechts gegenüber der Epoche des Naturrechts oder Vernunftrechts betont worden (vgl. Rückert 1984). Die meisten Romantiker führten die Rechtsentwicklung auf den Volksgeist zurück und sahen darin eine im Volk lebendige Vorstellung, ähnlich wie Sprache, Sitten und Gebräuche im Volk lebendig seien und weitergereicht würden. Savigny, der sich für die Erneuerung der klassischen Altertumswissenschaft begeisterte, vertrat jedoch besonders in späteren Jahren die Auffassung, dass die moderne Rechtsprechung im rezipierten römischen Recht verankert sei (nicht im mittelalterlichen deutschen Recht, wie es Jacob Grimm u. a. konstatierten). Hier tat sich ein fundamentaler ideologischer Gegensatz auf zu den Grimms und auch zu Bettina und ihrer Idee vom ‚Volkskönig'. Savigny war und blieb Aristokrat, von der mythisch-romantischen Verklärung einer ‚Volksidee' hielt er nicht viel, auch nicht von Bettinas Vorliebe für die jungen liberalen Autoren des Vormärz. So endete eine hoffnungsvolle, jugendbewegte Freundschaft zweier hochbegabter ‚Romantiker' mit zunehmendem Alter in misstrauischer Entfremdung.

6. Literatur

Arnim, Achim von: *Arnims Briefe an Savigny 1803–1831. Mit weiteren Quellen als Anhang*. Hg. u. kommentiert v. Heinz Härtl. Weimar 1982.
Arnim, Maximiliane von, und Johannes Werner: *Maxe von Arnim. Tochter Bettinas, Gräfin von Oriola, 1818–1894. Ein Lebens- und Zeitbild aus alten Quellen geschöpft*. Leipzig 1937.
Dölemeyer, Barbara: „Gunda Brentano (1780–1863) und Friedrich Carl von Savigny (1779–1861). Romantik und Recht". In: Bernd Heidenreich (Hg.): *Geist und Macht. Die Brentanos*. Wiesbaden 2000, S. 159–179.
Härtl, Heinz: „Briefe Friedrich Carl von Savignys an Bettina Brentano". In: *Wissenschaftliche Zeitschrift der Universität Halle* 28 (1979), S. 105–128.
Landfester, Ulrike: *Selbstsorge als Staatskunst. Bettine von Arnims politisches Werk*. Würzburg 2000.
Landfester, Ulrike: „Spiel-Raum Familie. Bettine von Arnim und ihre Kinder in der Theatralitätsgeschichte des Biedermeier". In: U. Landfester u. Hartwig Schultz (Hg.): *Dies Buch gehört den Kindern. Achim und Bettine von Arnim und ihre Nachfahren*. Berlin 2004, S. 1–36.
Nörr, Dieter: „Savignys philosophische Lehrjahre". In: Friedrich Ebel [u.a.] (Hg.): *Rechtsentwicklungen in Berlin. Acht Vorträge*. Berlin, New York 1988, S. 1–22.
Rosenberg, Mathias von: *Friedrich Carl von Savigny (1779–1861) im Urteil seiner Zeit*. Frankfurt a.M., Berlin, Bern [u.a.] 2000.
Rückert, Joachim: *Idealismus, Jurisprudenz und Politik bei Friedrich Carl von Savigny*. Ebelsbach 1984.
Rückert, Joachim: „Friedrich Carl von Savigny (1779–1861) – ein Frankfurter in Berlin". In: Stefan Grundmann [u.a.] (Hg.): *Festschrift 200 Jahre Juristische Fakultät der Humboldt-Universität zu Berlin. Geschichte, Gegenwart und Zukunft*. Berlin, New York 2010, S. 133–177.
Schellberg, Wilhelm, und Friedrich Fuchs (Hg.): *Die Andacht zum Menschenbild. Unbekannte Briefe von Bettine Brentano*. Jena 1942.
Schoof, Wilhelm: „Friedrich Karl von Savigny in Berlin – ein Lebens- und Zeitbild". In: *Der Bär von Berlin – Jahrbuch des Vereins für die Geschichte Berlins* 21 (1972), S. 7–61.
Schultz, Hartwig: „Bettines Auseinandersetzung mit Friedrich Carl von Savigny um die Einstellung der Brüder Grimm in Berlin". In: Bettine-Katalog, 1985, S. 261–268.
Steffen, Ruth (Hg.): *Bettina Schinas, geb. von Savigny. Leben in Griechenland 1834–1835. Briefe und Berichte an ihre Eltern in Berlin*. Münster 2002.
Stoll, Adolf: *Friedrich Karl von Savigny. Ein Bild seines Lebens mit einer Sammlung seiner Briefe*. Bd. 1: *Der junge Savigny*. Bd. 2: *Professorenjahre in Berlin*. Bd. 3: *Ministerzeit und letzte Lebensjahre*. Berlin 1927–1939.
Thielenhaus, Vera: „Die ‚Göttinger Sieben' und Bettine von Arnims Eintreten für die Brüder Grimm". In: Jb BvA 5 (1993), S. 54–72.

III. Literatur und Kulturpolitik

1. Netzwerk, Freundschaften, Mentoring

1.1. Vernetzung in Berlin
Barbara Becker-Cantarino

1. Einleitung	201
2. Vernetzung und Netzwerk	204
3. Literatur	206

1. Einleitung

Von 1810 bis 1815 und dann wieder von 1818 an lebte Bettina von Arnim in Berlin, unterbrochen von Reisen und Sommeraufenthalten auf den Gütern in Wiepersdorf und Bärwalde. In Berlin knüpfte sie dabei ganz gezielt Verbindungen zu interessanten und vor allem prominenten Persönlichkeiten der ‚guten' Berliner Gesellschaft an, mit denen sie über das Haus der Savignys ihren Mann Achim von Arnim und zeitweilig auch über ihren Bruder Clemens Brentano in Kontakt kam. Über diese Personen und Bekanntschaften berichtete Bettina nicht zuletzt in dem relativ gut überlieferten Briefwechsel zwischen ihr und Achim, der mit der Zeit von der Arbeit auf den Gütern immer stärker in Anspruch genommen wurde und Bettina und die Kinder zusehends seltener in Berlin besuchte. Zunächst dienten ihre Briefe auch der Informationsvermittlung für den abgeschieden lebenden Achim und der Ermunterung für seine dichterischen Vorhaben; es ging um neue Publikationen, Theateraufführungen, Konzerte und Künstler und spannenden städtischen Klatsch über prominente Personen. Bald aber drehten sich die Briefe inhaltlich auch um Bettinas Interesse an neuen Bekanntschaften, ihre mitunter aggressive Kontaktaufnahme zu stadtbekannten Würdenträgern, Verwaltungsbeamten, Künstlern und Intellektuellen und darum, wie sie mit diesen ins Gespräch kam oder sie in ihren Häusern besuchte. Zu beachten ist hier, dass Bettina in Berlin ja nicht mehr so vergleichsweise frei leben konnte wie seinerzeit als junge, unverheiratete Frau im Kreis der Romantiker. Sie war nun Ehefrau und Mutter von schließlich sieben Kindern, die – sieht man von den Sommermonaten ab – bei ihr in Berlin lebten, und musste überdies einen Haushalt mit ‚Mägden' (Kindermädchen, Köchin, Dienstboten) und später mit Hauslehrern organisieren.

Die Art der Bekanntschaften und die Qualität der Beziehungen unterschieden sich dabei durchaus. Bettinas eigenes Alter, ihre Stellung in der Familie und in der Gesellschaft waren hier letztlich ein wichtiger Faktor. So kann man zwei wichtige Phasen unterscheiden: die ersten beiden Berliner Jahrzehnte von 1810 bis in die 1830er Jahre mit Beziehungen im Schatten familiärer Bindungen und Verantwortung und die weitaus selbständigere Phase nach Achims Tod und seit Mitte der 1830er Jahre als prominente Autorin und kulturpolitisch engagierte Frau. In der ersten Phase wurde sie von anderen zunächst wahrgenommen als neues, junges Gesicht in der großbürgerlichen Gesellschaft Berlins, als Ehefrau des Dichters und Gutsherrn Achim von Arnim, als Schwester des Dichters Clemens Brentano, als Mutter einer wachsenden Kinderschar, die im Haus ihres Schwagers, des Staatsrats und prominenten Professors Savigny, und bald in Berliner Salons verkehrte. Hinzu kam, dass sie nicht Berlinerin, sondern Frankfurterin war, was sich auch an ihrer Sprache und ihrem Umgangston bemerkbar machte. In der zweiten Phase nach Achims Tod war Bettina in der Außenwirkung zunächst Witwe und Matrone, binnen weniger Jahre aber auch ebenso prominente wie umstrittene Autorin, Verlegerin und Kulturpolitikerin. Sie selbst inszenierte sich in diesem Zusammenhang zunehmend als ‚Mentorin' und Erzieherin der Jugend (vgl. Bunzel 2015), genauer gesagt: von jungen begabten Männern aus ‚gutem' bürgerlichen und aristokratischem Hause, die, am Beginn ihrer Karriere stehend, zumeist an der Berliner Universität studierten. Bettina von Arnims Bekanntschaften und ihr Netzwerk waren eher professionell als persönlich angelegt und wurden bestimmt von ihrer späteren Künstlerschaft und ihrem kulturpolitischen Engagement.

Spätestens in den 1820er Jahren kannte Bettina die meisten Geistesgrößen in Berlin persönlich, sofern sie eben zur ‚guten' Gesellschaft gehörten und in ihren Augen interessante Persönlichkeiten waren. Ihr fehlten jedoch in Berlin als die überwiegende Zeit allein lebende Frau die Voraussetzungen, um ein stabiles Netzwerk oder einen geselligen Zirkel um sich herum in ihren mehrfach wechselnden Berliner Wohnungen (vgl. Lemm 1993) zu etablieren. Auch war sie ohne akademische Bildung oder Amt, dafür aber mit nach und nach umso mehr Kindern belastet (1827 gebar sie das siebte Kind), und anders als in ihren Kreisen üblich stand Bettina nur relativ wenig Personal für sich, die Versorgung des Haushalts und der Kinder zur Verfügung. Dazu kamen finanzielle Sorgen, trotz reicher Erbschaft (bis zur Endregelung im Jahr 1840 hatte sie geschätzt ca. 2.000 Gulden pro Jahr zu ihrer Verfügung; vgl. Günzel 1996). So musste sie Achim, der ihr häufig Naturalien schickte und sie aber auch wiederholt zur Sparsamkeit mahnte, vielfach um Bargeldzahlungen bitten. Mit seinem Tod und ihrer neuen Situation als nicht mehr ganz junge, dann mehr und mehr alternde Witwe veränderten sich letztlich in den 1830er Jahren auch ihre gesellschaftlichen Kontakte, nicht zuletzt mit Blick auf den Umstand, dass die nun heranwachsenden Kinder beruflich und gesellschaftlich zu etablieren waren.

Bettinas Beziehungen zu Frauen in Berlin blieben insgesamt eher begrenzt. Eine nähere Bekanntschaft zu Rahel Varnhagen pflegte sie beispielsweise erst nach Achims Tod (siehe III.1.4.a *Rahel Varnhagen*). In den 1820er Jahren war sie überdies mit der bekannten Schriftstellerin und ehemaligen Weimarer Hofdame Amalie von Helvig (1776–1831) befreundet, wobei die gemeinsame Basis der beiden Frauen wohl auch die Spielkameradschaft der ungefähr gleichaltrigen Kinder war (vgl. Bissing 1889, 390–395), wie auch in Bettinas sich später sehr abkühlenden Beziehung zu Schwester Gunda von Savigny. Amalie von Helvigs Berliner Salon war überdies ein Treffpunkt von Goethe-Verehrern, so dass er auch von Bettina besucht wurde. Geradezu abweisend verhielt sich Bettina hingegen gegenüber anderen, auf Erwerb angewiesenen Schriftstellerinnen. Dies gilt etwa für Fanny Tarnow (1779–1862), die unverheiratet war, zeitweise als Erzieherin arbeitete und ihre Einkünfte aus literarischen Arbeiten benötigte, um ihren Lebensunterhalt zu bestreiten. Als Tarnow während eines längeren Berlin-Aufenthalts 1822 Bettinas Bekanntschaft machen wollte, lehnte diese ab (vgl. Nienhaus-Koch 1990, 111). Achim tadelte Bettina 1827, dass sie sich „gute Freundinnen" hätte „schaffen können und erhalten", aber leider „hast Du alle den vorübergehenden Eindrücken und Scherzen hingegeben, keiner ein dauerndes Gefühl zu gewendet" (21. Juli 1827, in: Bw Arnim 3, Bd. 3, 98). In ihrer halb ironischen, halb ärgerlichen Antwort an Achim verteidigte Bettina ihr Desinteresse und ihre abschätzige Haltung gegenüber den von Achim ihr anempfohlenen ‚guten Freundinnen' ihres gesellschaftlichen Zirkels, zu dem hoch gebildete und literarisch interessierte Frauen wie Henriette Schleiermacher gehörten, und bezeichnete diese als „beschwerlichsten Ballast", deren Gesellschaft sie langweile: „[M]ögen diese Nymphen andere Ufer durch ihre Grazie verschönern"; Achim selbst nannte Bettina denn auch „einen dummen Peter mit Deinen Freundschaftswünschen" (22. Juli 1827, in: Bw Arnim 3, Bd. 3, 100). Bettina grenzte sich deutlich vom weiblichen Lebensbereich ihrer Zeit ab und wandte sich stattdessen intellektuell attraktiven, gesellschaftlich hochstehenden Männern zu, letztlich sollte sie sich so als „Autorin im Windschatten männlicher Macht" etablieren (Baumgart 2006).

An zeitgenössischen Autorinnen hatte Bettina auch späterhin nur Interesse, wenn sie sie für ihre eigene literarische Tätigkeit gewinnen konnte. Wohl typisch war die Erfahrung der Schriftstellerin Fanny Lewald (1811–1889). Wie sich Lewald später in ihrer Autobiographie *Meine Lebensgeschichte* erinnern wird, hatte sie Bettina Mitte der 1840er Jahre gebeten, ihr einen Besuch abstatten zu dürfen: „Bettina antwortete mir gar nicht und kam erst vier Jahre später einmal ganz unerwartet zu mir" (zit. nach Becker-Cantarino 1999, 224–225). Bettina nutzte die Gunst der Stunde, um der damals schon prominenten Autorin Lewald unmittelbar nach Erscheinen ihres *Ilius Pamphilius* ein Exemplar mit der Bitte um eine Rezension zukommen zu lassen (die Lewald dann auch in der Tat 1849 publizierte; siehe IV.1.6. *Ilius Pamphilius und die Ambrosia*).

Im Grunde ebenso wenig wie für Lewald interessierte sie sich für die politisch engagierten, in Berlin lebenden oder Berlin besuchenden Schriftstellerinnen wie Mathilde Franziska Anneke (1817–1884), Louise Aston (1814–1871), Louise Dittmar (1807–1884), Ida Hahn-Hahn (1805–1880), Malwida von Meysenbug (1816–1903), Luise Mühlbach (1814–1873) oder Louise Otto-Peters (1819–1895) (zu den einzelnen Schriftstellerinnen vgl. Loster-Schneider/ Pailer 2006). Diese den neuen sozial-politischen Ideen nahestehenden, politisch interessierten Autorinnen waren mindestens eine Generation jünger als Bettina und blickten, einige nicht zuletzt als assimilierte Jüdinnen, auf eine andere Herkunft und Sozialisation zurück. An all diesen bürgerlichen Frauen und ihren sozialpolitischen Anliegen hatte Bettina, die berühmte und mit prominenten Adeligen vernetzte Schriftstellerin, kein explizites Interesse. Auch wenn sie selbst einige Frauen des ‚Vormärz' persönlich kennenlernte, griff sie nicht in die beginnende Debatte um die ‚Frauenfrage' ein und publizierte hierzu auch nicht. Bettina war keine Vorkämpferin der Frauenemanzipation (vgl. Becker-Cantarino 1999).

Nachweislich half sie jedoch politisch Verfolgten. So setzte sich Bettina 1849 beim König auf Bitten der mit ihr befreundeten Johanna Kinkel für deren zum Tode verurteilten Ehemann, den Revolutionär Gottfried Kinkel, ein. Sie hatte die Bonner Komponistin Johanna Mathieux (später Kinkel), als diese auf Empfehlung von Georg Brentano in Frankfurt im Herbst 1836 zu ihr kam, in ihre Wohnung eingeladen. Johanna führte schließlich den Haushalt, gab Tochter Gisela Klavierunterricht, half Bettina bei ihren Liedkompositionen (siehe V.2. *Bettina von Arnim und die Musik*) und lebte bis zum Sommer 1839 in der Familie, wo sie sich besonders mit den Töchtern anfreundete. Bettinas Gastlichkeit verhalf Johanna zum Zugang zu den ‚ersten Kreisen' Berlins und zu Schülern für privaten Musikunterricht. Allerdings litt Johanna zusehends unter der ‚Ausnutzung ihrer Fähigkeiten' und Bettinas Ansprüchen, so dass sie sich eine Mietwohnung suchen musste (vgl. Kinkel 1996/97).

Interessant ist letztlich in den jeweiligen Beziehungen, wie Bettina von Arnim die Außenwahrnehmung durch andere in ihren persönlichen Bekanntschaften modifizierte und durch ihre Inszenierungen kontrollierte. Mit ihrem eigenwilligen Auftreten, ihrem gezielten Verletzen der Konventionen konnte sie sich ins öffentliche Gespräch, aber auch in den Klatsch und die Gazetten bringen. So gestand ihr der preußische General Graf August Neidhardt von Gneisenau (1760–1831) in einem Brief vom 26. April 1820 rückblickend, auch er hätte „die Vorurtheile, die gegen Sie in der Gesellschaft umhergehen", zunächst geteilt, dann aber habe ihr „philosophischer Blick" und „leichtfertiger Witz" ihn gefesselt; allerdings schloss Gneisenau, der Pate des dritten Sohnes Friedmund war, auch eine „väterliche Vermahnung" über ihre „Vernachlässigung der konventionellen Formen" an (Varnhagen 1867, 276).

2. Vernetzung und Netzwerk

Bettina von Arnims historische Beziehungen zu Personen können zum einen aus der Perspektive ihrer psychologischen und intellektuellen Entwicklung gesehen werden, was die Bettina-von-Arnim-Forschung und besonders die Biographik zumeist getan hat, um das ‚Bettinische' dieser außergewöhnlichen Persönlichkeit zu charakterisieren, wie es in den linearen Briefwechseln mit Freunden und Bekannten erscheint. Aus der Vogelperspektive des gesamten historischen Netzwerks in der ersten Hälfte des 19. Jahrhunderts bis in die späten 1850er Jahre hinein ist Bettinas Vernetzung im erweiterten literarischen

1.1. Netzwerk in Berlin

Feld und anderen gesellschaftlichen Zirkeln nur wenig erforscht worden. Auch wenn sie als „Kommunikationsexpertin" (Frechen/Franke 2011) betrachtet werden kann, steht eine Untersuchung aus dem Blickwinkel der heutigen Kommunikations- und Medienforschung, die über die enge Fokussierung auf die Autorin und Person Bettina von Arnim hinausgeht, noch aus. Bettinas Publikationen bieten dabei viele interessante Aspekte für eine Verbindung von historischer und empirischer Publizistikwissenschaft. So sollte der Konnex zwischen Bettina und der Berliner Gesellschaft, ihren gesellschaftlichen Gruppierungen und ihre epistolare Interkonnektivität noch ausgelotet werden (vgl. hierzu Barkhoff/Böhme/Riou 2004), ebenso Bettinas „soziale[s] Netzwerk, dessen Schaffung, Stabilisierung und auch Unterbrüche" sich in ihren Briefwechseln zeigt (Landfester 2011, 37). Ulrike Landfester sieht überdies ein Netzwerk „im Sinne der von ihr bis zur Undurchdringlichkeit komplexierten entstehungsgeschichtlichen Vernetzung von Briefen und Büchern miteinander", indem sie das von Bettina gesteuerte „Werknetz" für eine „historische Heuristik" anvisiert (ebd.). Landfester vergleicht die Umgarnung des ‚bettnischen' Netzes mit einem Spinnennetz und interpretiert ihre „Jugend-Bewegung als pädagogisches net-working" (ebd., 40–45).

Bettina scheint fast immer die Kontrolle über ihre Beziehungen behalten zu haben. Alle Fäden ihres Netzwerkes gingen von ihr aus, auf Querverbindungen innerhalb ihrer Adressaten legte sie anscheinend wenig Wert, so dass eher lineare Beziehungen von Bettina zu ihrem jeweiligen Adressaten entstanden, es aber zu keiner eigentlichen Gruppenbildung kam, nicht zu einem Kreis in Berlin mit und um Achim, der ja ein angesehener Autor der Romantik war. Inwieweit Bettina dann später schon ein Netzwerk im Sinne der „Kulturtechnik der Moderne" (Barkhoff/Böhme/Riou 2004) etablierte, müsste noch näher untersucht werden.

Bezeichnend für ihr Netzwerk ist, dass Bettina insgesamt in all den Jahren mit etwa 200 Zeitgenossen Briefe wechselte (siehe IV.4. *Die Briefwechsel*). Bis zum Beginn ihrer Publikationstätigkeit 1835 führte sie intime Briefwechsel in Berlin dabei nur mit dem preußischen Offizier Carl von Wildermeth (1784–1829; der Briefwechsel ist verschollen) und dem Studenten Philipp Hössli (1800–1854), der später als Jurist und Politiker in seinem Heimatland Schweiz Bedeutung erlangte (vgl. Bunzel 2001, 63–68). Die für ihr Netzwerk wichtigeren Korrespondenzen fallen in die 1830er bis 1850er Jahre.

Im Folgenden werden daher zunächst nur die für Bettina von Arnim wichtigen und einflussreichen Beziehungen aus den 1830er Jahren vorgestellt, die bald zu Freundschaften wurden: zu dem Prediger und Theologen Friedrich Schleiermacher (1768–1834), dem Weltreisenden und Schriftsteller Fürst Pückler-Muskau (1785–1871) sowie dem Literatenehepaar Rahel (1771–1833) und Karl August Varnhagen von Ense (1785–1858). Daran anschließend werden Bettinas unterschiedlich professionelle und intimere Beziehungen zu den von ihr protegierten jüngeren Schriftstellern und Intellektuellen in den Blick genommen, die der Generation ihrer eigenen Kinder angehörten und mit denen sie ab etwa 1835 bis zur Revolution 1848 befreundet war. Hier war sie eher die politisch und publizistisch-literarisch Interessierte, für die jungen Männer teilweise sogar Verbündete und fast immer Mentorin, wobei sie von den betreffenden Briefwechseln nur jenen mit Philipp Engelhard Nathusius (1815–1872), der später Journalist, Verleger und Stiftungsgründer wurde und sich in der Inneren Mission engagierte, zu einer Publikation verarbeitete (vgl. Bäumer 1989; siehe auch IV.1.6. *Ilius Pamphilius und die Ambrosia*). Dagegen blieb ihr (schon zur Publikation vorbereiteter) Briefwechsel mit dem Studenten (und späteren Juristen im Staatsdienst) Julius Döring ungedruckt (er wurde erst 2019 als *Letzte Liebe. Das unbekannte Briefbuch* von Wolfgang Bunzel veröffentlicht; siehe IV.4.4. *Briefwechsel mit Philipp Nathusius und Julius Döring*).

3. Literatur

Barkhoff, Jürgen, Hartmut Böhme und Jeanne Riou (Hg.): *Netzwerke. Eine Kulturtechnik der Moderne*. Köln, Weimar, Wien 2004.

Bäumer, Konstanze: „‚Ilius Pamphilius und die Ambrosia'. Bettine von Arnim als Mentorin". In: JB BvA 3 (1989), S. 263–282.

Baumgart, Hildegard: „Bettine und ihre ‚Herren'. Die Geburt einer Autorin im Windschatten männlicher Macht". In: Jb BvA 18 (2006), S. 55–84.

Becker-Cantarino, Barbara: „Zur politischen Romantik: Bettina von Arnim, die ‚Frauenfrage' und der ‚Feminismus'". In: Hartwig Schultz (Hg.): *„Die echte Politik muß Erfinderin sein". Beiträge eines Wiepersdorfer Kolloquiums zu Bettina von Arnim*. Berlin 1999, S. 217–248.

Bissing, Henriette von: *Das Leben der Dichterin Amalie von Helvig, geb. Freiin von Imhoff*. Berlin 1889.

Bunzel, Wolfgang: „Im Gespräch: Dialogizität bei Bettine von Arnim". In: Anne Frechen u. Olivia Franke (Hg.): *Dialog und Bewegung. Bettina von Arnim als Kommunikationsexpertin. Dokumentation eines öffentlichen Symposions im Künstlerhaus Schloss Wiepersdorf*. Berlin 2011, S. 19–34.

Bunzel, Wolfgang: „Brief-Erziehung. Bettine von Arnim als epistolare Mentorin". In: Selma Jahnke u. Sylvie Le Moël (Hg.): *Briefe um 1800. Zur Medialität von Generation*. Berlin 2015, S. 137–158.

Frechen, Anne, und Olivia Franke (Hg.): *Dialog und Bewegung. Bettina von Arnim als Kommunikationsexpertin. Dokumentation eines öffentlichen Symposions im Künstlerhaus Schloss Wiepersdorf*. Berlin 2011.

Günzel, Klaus: „Ein Jude fordert Genugtuung. Turbulenzen um ein Duell, das 1811 nicht stattfand". In: Uwe Schultz (Hg.): *Das Duell. Der tödliche Kampf um die Ehre*. Frankfurt, Leipzig 1996, S. 170–183.

Kinkel, Johanna: „Aus Johanna Kinkel's Memoiren. Herausgegeben von ihrem Sohne Dr. Gottfried Kinkel – Zürich". In: Jb BvA 8/9 (1996/97), S. 239–271.

Landfester, Ulrike: „Jugend-Bewegung. Bettine von Arnims Netzwerk-Pädagogik". In: Anne Frechen u. Olivia Franke (Hg.): *Dialog und Bewegung. Bettina von Arnim als Kommunikationsexpertin. Dokumentation eines öffentlichen Symposions im Künstlerhaus Schloss Wiepersdorf*. Berlin 2011, S. 35–45.

Lemm, Uwe: „Die Wohnorte Bettina und Achim von Arnims in Berlin". In: Jb BvA 5 (1993), S. 104–118.

Loster-Schneider, Gudrun, und Gaby Pailer (Hg.): *Lexikon deutschsprachiger Epik und Dramatik von Autorinnen (1730–1900)*. Tübingen 2006.

Neuhaus-Koch, Ariane: „Bettine von Arnim im Dialog mit Rahel Varnhagen, Amalie von Helvig, Fanny Tarnow und Fanny Lewald". In: Gertrude Cepl-Kaufmann (Hg.): *„Stets wird die Wahrheit hadern mit dem Schönen"*. Festschrift für Manfred Windfuhr. Köln, Wien 1990, S. 103–118.

Varnhagen von Ense, Karl August: *Briefe von Chamisso, Gneisenau, Haugwitz, W. von Humboldt, Prinz Louis Ferdinand, Rahel, Rückert, L. Tieck u.a. Nebst Briefen, Anmerkungen und Notizen von Varnhagen von Ense*. Hg. v Ludmilla Assing. Bd. 2. Leipzig 1867.

1.2. Friedrich Schleiermacher

Barbara Becker-Cantarino

1. Schleiermacher und die Romantik 207
2. Bettina von Arnims Beziehung zu Schleiermacher. 210
3. Gemeinsamkeiten Bettina von Arnims mit Schleiermacher 211
4. Literatur 213

Der Theologe und Prediger Friedrich Schleiermacher (1768–1834) gehörte zu den bedeutenden geistigen Persönlichkeiten Berlins im ersten Drittel des 19. Jahrhunderts, sein Werk entfaltete (und entfaltet bis heute) Wirkung weit über die Grenzen Deutschlands hinaus, und dies nicht nur im Bereich der Theologie, sondern auch in der Pädagogik, der Kultur- und Literaturwissenschaft. Bettina von Arnims persönliche Beziehung zu Schleiermacher und die Gespräche mit ihm gaben für sie den Anstoß, ihr Leben und ihre religiösen Gefühle zu überdenken und später auch poetisch zu artikulieren. Als sie mit fast 50 Jahren zu schreiben begann und ihre Jugendbriefwechsel zu Briefbüchern umformte, entwickelte sie mit Hilfe von Schleiermachers Gedanken im Rahmen dieser Veröffentlichungen einen Sinnzusammenhang für ihr Leben, eine Selbst- und Weltorientierung, die insbesondere in den (auto-)biographischen und betrachtenden ‚philosophischen' Passagen von *Die Günderode* (1840) und *Clemens Brentano's Frühlingskranz* (1844) augenfällig wird (vgl. grundlegend Schormann 1993; der Briefwechsel mit Schleiermacher selbst ist seit der Auktion der Wiepersdorfer Arnim-Papiere 1928/29 verschollen).

1. Schleiermacher und die Romantik

Für einen protestantischen Theologen seiner Generation konnte der gebürtige Breslauer Friedrich Daniel Ernst Schleiermacher auf eine unorthodoxe Laufbahn verweisen. Schleiermacher stammte aus einer radikal-pietistischen Familie, besuchte das Pädagogium der Herrnhuter in Niesky und deren Seminar in Barby, studierte dann aber gegen den Willen seines Vaters evangelische Theologie in Halle, wo er sich auch für die philosophische Richtung Christian Wolffs (1679–1754) interessierte und sich mit den Schriften Kants beschäftigte. Nach einer Anstellung als Hauslehrer der Söhne des Grafen Friedrich Alexander von Dohna im ostpreußischen Schlobitten und als Hilfsprediger in einer Kleinstadt in der brandenburgischen Neumark wurde er 1796 Prediger an der Berliner Charité und bald mit den Romantikern der preußischen Hauptstadt bekannt. Durch Alexander Graf von Dohna (1771–1832), einen älteren Bruder seiner Schüler in Schlobitten, erhielt Schleiermacher Zutritt zum literarischen Salon von Henriette Herz (1764–1847), deren Freund und Vertrauter er wurde. Die Freundschaft zu Herz, deren Mann 1803 verstarb, war dabei nicht nur eng, sondern auch produktiv. So unterstützte sie Schleiermacher intensiv bei der Abfassung seiner Schrift *Über die Religion. Reden an die Gebildeten unter ihren Verächtern* (1799), die ihn schlagartig berühmt machen sollte (vgl. Hopfner 2000), und auch späterhin blieben beide in Kontakt (vgl. Goozé 2011).

In seiner Prediger-Wohnung an der Charité lebte Schleiermacher von 1797 bis 1799 in einer Wohngemeinschaft mit Friedrich Schlegel (1772–1829) und arbeitete an dessen *Athenaeum*, der Programmzeitung der Frühromantik, mit, in der er unter anderem 1798 anonym auch sein Fragment *Idee zu einem Katechismus der Vernunft für edle Frauen* veröffentlichte (vgl. Arndt 2010, 4–5). Herz und Schleiermacher unterstützten denn auch die kontroverse Beziehung Friedrich Schlegels zu der verheirateten Tochter des jüdischen Aufklärers Moses Mendelssohn, Dorothea Veit (1764–1839), und setzten sich für Dorotheas Heirat mit Friedrich ein, die schließlich 1804 in Paris, nach ihrer Konversion vom Judentum zum Protestantismus, auch tatsächlich erfolgte. Schleiermacher verteidigte überdies Schlegels Roman *Lucinde* (1799), ein Plädoyer für die romantische Liebe und die Liebesheirat, gegen die öffentliche Kritik mit seiner abermals anonym publizierten Schrift *Vertraute Briefe über Friedrich Schlegels Lucinde* (1800). Schleiermachers Beziehungen zu Herz, dem Schlegel-Kreis (und andere Verwicklungen) erregten indes Aufsehen, so dass er 1802 als Hofprediger in die hinterpommersche Provinz nach Stolp versetzt wurde (vgl. Fischer 2001, 29).

Während dieser Jahre arbeitete Schleiermacher an seiner Übersetzung von Platons Dialogen, die er bereits mit Schlegel geplant hatte, der jedoch die Mitarbeit aufgab (die Übersetzung mit Schleiermachers einflussreicher Einleitung erschien ab 1804). Nach einer weiteren Zwischenstation als außerordentlicher Professor und Universitätsprediger in Halle (1804–1807) kehrte Schleiermacher im Gefolge des Friedens von Tilsit, der das zuvor preußische Halle dem neuen Königreich Westphalen zuschlug, nach Berlin zurück. Der preußische König Friedrich Wilhelm III. wollte den ‚vorzüglichen Kanzelredner' und Theologen, der sich auch für eine kirchliche Union von Reformierten und Lutheranern engagierte, in Berlin sehen und ernannte ihn zum Prediger an der Dreifaltigkeitskirche. Im Mittelpunkt von Schleiermachers charismatischen, frei gehaltenen Predigten in Berlin stand „das erhöhte, freudige Leben der christlichen Gemeinschaft, die ideale Gestaltung aller sittlichen Verhältnisse in Gottes Reiche, das persönliche Verhältnis des Christen zum Erlöser als dem menschlichen Urbild und Ideal" (Dilthey 1890, 440). Der Gedankenreichtum und die glänzende Form, vor allem aber die Verbindung von Religiosität und kritischer Theologie begeisterten die Zuhörer. Schleiermachers Predigten „galten [...] als ‚gesellschaftliche Ereignisse', die man nicht missen mochte" (Schormann 1993, 43). Er wurde Mitglied in Carl Friedrich Zelters Sing-Akademie, einem geistig-kulturellen Zentrum Berlins, und setzte sich für die Gründung der Berliner Universität ein, an der er schließlich bis 1834 selbst als ordentlicher Professor der Theologie wirken sollte.

Schleiermacher gilt als der große Vertreter der modernen protestantischen Theologie von Klassikerrang. Seine Hinwendung zu Geschlechterfragen und deren Einbindung in seine kultur-philosophischen Schriften und Pädagogik werden in der neueren Schleiermacher-Forschung gewürdigt (z.B. Hartlieb 2006), ermöglicht auch dank der laufenden Erschließung seines umfangreichen Briefwechsels (vgl. Virmond 2009; Hopfner 2000). Zugleich wird inzwischen auch der Antijudaismus in Schleiermachers religionstheoretischen Konzepten einer kritischen Betrachtung unterzogen. Dass Schleimermacher, der die frühromantischen Berliner Salons besuchte und viele Freunde in der jüdischen Gemeinde hatte, zeitlebens in antijüdische Urteilsmuster verstrickt war, wird heute als Problemzone herausgestellt (vgl. Blum 2010).

Neben seiner pastoralen Tätigkeit veröffentlichte Schleiermacher theologisch-philosophische und pädagogische Schriften, darunter *Die Weihnachtsfeier. Ein Gespräch* (1806) und *Gelegentliche Gedanken über Universitäten in deutschem Sinn* (1808), die undogmatisch, erbaulich und verständlich Glaubensinhalte vermittelten, ethisches Handeln einforderten und religiöse Gefühle anregten. Seine Vorlesungen umfassten den gesamten Umfang der theologischen Wissenschaft (außer dem alttestamentlichen Fachgebiet); seine seit 1811 vorgetragene *Dialektik* versuchte, Logik und Metaphysik als Einheit zu fassen. Lange grundlegend blieb sein Werk *Der christliche Glaube nach den Grundsätzen der evangelischen Kirche im Zusammenhange dargestellt* (1821/22; überarbeitet 1830/31) und die erst posthum herausgebrachte Sammlung *Hermeneutik und Kritik* (1838).

Die in der Romantik vielfach variierte Vorstellung von der Verschmelzung von Kunst und Religion hatte auch Schleiermacher zur Jahrhundertwende in der bereits erwähnten Schrift *Über die Religion* vertreten: „Religion und Kunst stehen nebeneinander wie zwei befreundete Seelen. [...] Sie zu [...] vereinigen, das ist das Einzige was die Religion, auf dem Wege den wir gehen, zur Vollendung bringen kann, das wäre eine Begebenheit aus deren Schoß sie bald in einer neuen und herrlichen Gestalt bessern Zeiten entgegen gehen würde" (Schleiermacher 1984 [1799], 267). Schleiermacher wandte sich gegen das philosophische Systemdenken eines Kant, Fichte oder Hegel und betonte die Seelentätigkeit. Er vertrat in seinem Lebenswerk eine Theologie von der Religion der individuellen Anschauung und des unmittelbaren Gefühls des Unendlichen sowie eine Ethik universaler Humanität auf der Grundlage intersubjektiver Verständigung. Religion galt ihm als Grundvermögen des Menschen, sich durch das Gefühl und Anschauung, jenseits von Wissen oder Pflichthandlung, zum Unendlichen – dem Absoluten, Gott in allen möglichen Erscheinungsformen – zu verhalten. Im Gegensatz zu Hegel wollte Schleiermacher Wissen nicht als logisch-spekulativ begründet sehen, sondern bestand auf dem platonischen Verständnis von Dialektik als der Kunst, ein Gespräch zu führen. Und er warf schließlich die wichtige Frage der Hermeneutik auf: die nach den allgemeinen Bedingungen des Verstehens überhaupt.

2. Bettina von Arnims Beziehung zu Schleiermacher

Bettina von Arnim und den knapp 20 Jahre älteren Friedrich Schleiermacher verband eine sich intensivierende Freundschaft und Geistesverwandtschaft, wobei er für sie eine Art Vater-Figur, Seelsorger und Beichtvater, Vertrauter und Gesprächs-Partner wurde, besonders nach Achims Tod 1831. Schleiermacher gehörte in Berlin zum Professorenzirkel um Friedrich Carl von Savigny, Bettinas Schwager, und es ist gut möglich, dass sie ihn schon recht früh im Rahmen der Sing-Akademie persönlich kennengelernt hatte. Auch ließen die Arnims ihre Söhne von Schleiermacher konfirmieren. Allerdings wurde sie zu der Zeit von ihren Familienpflichten derart in Anspruch genommen, dass wohl zunächst lediglich eine lose Verbindung über Achim von Arnim und beider Zusammenarbeit am patriotischen *Preußischen Correspondenten* bestand (vgl. Schormann 1993, 46–47). Als Achim sich dann nach Wiepersdorf zurückgezogen hatte, berichtete Bettina laufend, was sie über oder von Schleiermacher selbst so hörte, so beispielsweise 1820 die Geschichte über die Somnambule Karoline Fischer, die auf Schleiermachers Frau Henriette ungeheuren Einfluss ausübte: „Die Fischer ist vor 3 Wochen bei Schleiermachers vorgefahren [...], wird gepflegt und Somnambuliert; ich kann mir die Idee nicht benehmen, daß diese Frau lügenhaft ist" (25. September 1820, in: Bw Arnim 3, Bd. 2, 190). 1822 wusste Bettina zu berichten: „Schleiermacher soll öffentlich beobachtet und heimlich beschlichen werden", denn der „Prediger am Dom" habe sich gegen die neue Liturgie gewehrt (26. Februar 1822, in: Bw Arnim 3, Bd. 2, 300). Aus ihren Briefen spricht im Ganzen jedoch keine genaue Kenntnis der komplizierten religionspolitischen Situation des Theologen Schleiermachers im sogenannten Agendenstreit (1822–1834), dem Versuch Friedrich Wilhelms III., eine liturgische Union zwischen den Lutheranern und Reformierten in Preußen zu schmieden, bei dem es auch um die Rechte des Landesherrn und die Rechte der Synoden und Pfarrer ging, die Kirchenordnung (Agende) zu bestimmen. Schleiermacher hatte sich an dem Streit mit einer kritischen, 1824 anonym verlegten Schrift beteiligt und fürchtete, seines Amtes enthoben zu werden, dies umso mehr, als er schon 1818/19 anlässlich der Beschlagnahme von königskritischen Äußerungen enthaltenden Briefen an seinen Schwager Ernst Moritz Arndt (1769–1860) geglaubt hatte, dass seine Entlassung unmittelbar bevorstehe. Schleiermacher behielt jedoch sein Amt, der König soll eingelenkt haben. Bettina wiederum dürfte schon in diesen Jahren eine Denkschrift für Schleiermacher konzipiert haben, wie ein (undatierter) Briefentwurf an den Kronprinzen Friedrich Wilhelm die Bettina-Forschung vermuten lässt (vgl. Schormann 1993, 53–54), was selbstredend

1.2. Friedrich Schleiermacher

auch bedeuten würde, dass der Beginn ihrer sozialpolitischen Tätigkeit bereits in den frühen 1820er Jahren zu verorten ist.

Nach Achims Tod 1831 wandte sich Bettina dann auch persönlich an Schleiermacher und suchte dabei mit der Geste eines Kindes um Trost bei dem geistlichen Hirten nach: „Du musst mir antworten, [...] mein Leben fördern" (Briefauszug an Schleiermacher, Spätsommer/Herbst 1832, zit. nach Schormann 1993, 252). Schleiermacher begleitete sie in ihrer Trauer um Achim, gab ihr als praktischer Theologe, Gesprächspartner und Zuhörer bei fast täglichen Besuchen christlich-theologische Beratung (vgl. Moltmann-Wendel 1971, 396) und unterstützte sie gleichzeitig dabei, ihre stark erotisch geprägte Beziehung zu Hermann Fürst von Pückler-Muskau emotional zu verarbeiten (siehe III.1.3. *Hermann von Pückler-Muskau*). Bettina lernte bei Schleiermacher wie bei einem Mentor, „aus seinen Gedankengängen und früher in ihr angelegten Erfahrungen eigenständige Ideen zu bilden"; obgleich die wohl auch wechselseitig inspirierenden Gespräche nicht dokumentiert sind, dürften sie für Bettina im Zuge ihrer Neuorientierungsphase „wie ein Katalysator" gewirkt haben (Schormann 1993, 69 u. 80–81).

Eine Verschriftlichung der Beziehung findet sich in Bettinas Berichten über Schleiermachers Tod am 12. Februar 1834, die sie stark literarisiert auch in anderen Kontexten benutzt hat und die ein bezeichnendes Licht wirft auf die unsichere Dokumentation der Beziehung. Schon einen Tag später am 13. Februar 1834 berichtete sie Pückler ausführlich von der Todesstunde ihres ‚Mentors' – und zwar als ‚Augenzeugin' (vgl. Bw Pückler, 289–290); in einem weiteren Brief vom 20. Februar 1834 schilderte sie Pückler schließlich ausführlich, wie sie allein bei der „Leiche" Totenwache gehalten habe und wie Begräbnis und Leichenzug von „Hunderttausenden in stiller Rührung begleitet wurde" (ebd., 293–294). Sie verschickte insgesamt gleich mehrere überarbeitete, idealisierende Versionen ihrer Beschreibung von Schleiermachers Tod, die später auch in *Ilius Pamphilius* (1847/48) einfließen werden (GW 3, 600–603). Nun verfasste jedoch ebenfalls 1834 auch Schleiermachers Witwe Henriette einen konkurrierenden, dazu noch von anderen Familienmitgliedern beglaubigten Bericht mit dem Titel „Die letzten Lebenstage Schleiermachers", der die Sachlage dann doch anders darstellt. Demnach sei Bettina überhaupt nicht anwesend gewesen, weder in Schleiermachers letzten Tagen noch in der Stunde seines Todes, ihre Darstellung sei daher lediglich eine phantasievolle Inszenierung (vgl. Richter 1998, bes. 83–86; Kirchhof 2006; Willich 1909). Und in der Tat: Spätestens mit Schleiermachers Tod begann Bettina, ihre ‚Schleiermacher-Erfahrung' in ihren Briefen und literarischen Schriften zu mythisieren.

3. Gemeinsamkeiten Bettina von Arnims mit Schleiermacher

Spezifische Einflüsse seiner Schriften auf ihre literarischen Texte oder eine Abhängigkeit von seiner Philosophie sind mit der rein philologischen Methode des Textvergleichs, der Analyse von Lesezeugnissen, Werkkenntnis oder Intertextualität aber kaum festzumachen. So erwähnte sie bereits 1807 in einem

Brief den Besitz von Schleiermachers Platon-Übersetzung (vgl. Schormann 1993, 27). Konkretisierungen, dass sie Schleiermachers Schriften auch gelesen haben könnte, tauchen hingegen erst nachträglich in ihren späteren Literarisierungen auf; im *Günderodebuch* beispielsweise findet sich der Hinweis darauf, dass sie mit der Freundin „von den Monologen des Schleiermacher" gesprochen habe (GW 1, 485). Auch wenn es sich hier um eine spätere Stilisierung handelt, kann dennoch von einer Konvergenz gemeinsamer Problemstellungen, Ansichten und Ideen zwischen Schleiermacher und Bettina gesprochen werden.

Schleiermacher, der sich als Prediger um die Verteilung von Almosen und Spenden für die Armen kümmerte, machte Bettina letztlich auch auf die Not in den Berliner Armenvierteln aufmerksam; in einem Brief kurz nach Achims Tod bat sie Schleiermacher, ihren „bescheidenen Griff in Arnims Casse" so zu verwenden, dass er ihrer „Armut zu statten komme durch den Segen den sie in Ihren [Schleiermachers] Händen" als „Armenverweser" bringen werde (April 1831, in: GW 4, 284). Zählte dies noch zur traditionellen Form des Almosengebens, so half Bettina, als im Frühjahr 1831 die Choleraepidemie in Berlin ausbrach, zusammen mit anderen Frauen, darunter ihre Schwester Gunda und Rahel Varnhagen, zugleich auch tatkräftig bei der Organisation der Fürsorge für die Kranken und Bedürftigen in den Armenvierteln. Dass Bettina selbst in die betroffenen Mietshäuser gegangen wäre und Kranke besucht haben könnte, ist historisch nicht dokumentiert (vgl. Geist/Kürvers 1980); alle Darstellungen ihrer Tätigkeit stammen von ihr selbst und finden sich in über zehn Jahre später geschriebenen Briefen im Zusammenhang mit dem Magistratsprozess von 1846. Gleichwohl dürfte Schleiermachers Erfahrung als Armenverweser und seine Kritik an der Unzulänglichkeit der Armenfürsorge sie inspiriert haben, vermutlich auch zu ihrem *Armenbuch*-Projekt 1844; zudem dürfte sie Einiges von der breiten Diskussion um den Pauperismus mitbekommen haben, der in den Journalen und Zeitschriften der Zeit ausgetragen wurde (siehe IV.1.3.b *Erfahrungen eines jungen Schweizers im Vogtlande*). Schleiermacher gelang es jedenfalls, Bettina für das Los der Armen zu sensibilisieren und zu den seither häufig von ihr erwähnten Almosen und persönlichen Hilfeleistungen zu animieren; ein aktives sozialpolitisches Interesse für die Situation der Armen entwickelte sie jedoch erst in den 1840er Jahren.

Was Schleiermacher und Bettina vereinte, war ihre romantische Kritik am rationalen Nützlichkeitsdenken der Aufklärung und am Kommerz und der Plattheit des Bürgertums. Der ‚Philister', seit der Romantik der Repräsentant des zweckrationalen Prinzips, des Utilitarismus in Kunst, Religion, Bildung und Lebenskonzepten, wurde ihnen zur Chiffre und zum Angriffspunkt für diese Kritik. Dazu kam der Erneuerungsanspruch im romantischen Modell einer „Überwindung der herrschenden Entzweiung zwischen Gott, Mensch und Welt", wie Sabine Schormann (1993, 140–143) es formuliert hat. Schleiermacher, der in der Philosophie als einer der Begründer der Hermeneutik gilt, lehrte, half und förderte Bettinas Sinnsuche, ihre Suche nach der Bedeutung der Dinge und des Lebens. Schormann interpretiert Schleiermachers Philosophie als „Versuch eines Durchbruchs zum ‚höheren Realismus'", während sich

Bettinas Derivat aus dieser Philosophie auf die Formel „Das ideale Ich als Mittler zum Unendlichen" bringen ließe (ebd., 143–167 u. 168–194). Damit beschreibt Schormann wesentliche Gedanken in Bettinas literarischen Texten: die Suche nach dem idealen Ich, den Entwurf einer Schwebe-Religion, die Kunst als ‚Sprache der höheren Welt', die Liebe als bildende Kraft. Schleiermacher war in diesem Sinne für Bettina eine Mittler-Figur, ein genialer Lehrer.

4. Literatur

Arndt, Andreas. „Eine literarische Ehe. Schleiermachers Wohngemeinschaft mit Friedrich Schlegel in Berlin". In: A. Arndt (Hg.): *Wissenschaft und Geselligkeit. Friedrich Schleiermacher in Berlin 1796–1802*. Berlin, New York 2010, S. 3–14.

Blum, Matthias: *„Ich wäre ein Judenfeind?" Zum Antijudaismus in Friedrich Schleiermachers Theologie und Pädagogik*. Köln, Weimar, Wien 2010

Dilthey, Wilhelm: „Schleiermacher, Friedrich Daniel Ernst". In: *Allgemeine Deutsche Biographie* (ADB). Bd. 31. Leipzig 1890, S. 422–457.

Fischer, Hermann: *Friedrich Daniel Ernst Schleiermacher*. München 2001.

Geist, Johann Friedrich, und Klaus Kürvers: *Das Berliner Mietshaus. Bd. 1: 1740–1862. Eine dokumentarische Geschichte der „von Wülcknitzschen Familienhäuser" vor dem Hamburger Tor, der Proletarisierung des Berliner Nordens und der Stadt im Übergang von der Residenz zur Metropole*. München 1980.

Goozé, Marjanne E.: „Geist und Schönheit der alternden Salonnière Henriette Herz". In: Hella Ehlers [u.a.] (Hg.): *Geschlecht – Generation – Alter(n). Geistes- und sozialwissenschaftliche Perspektiven*. Münster 2011, S. 36–58.

Hartlieb, Elisabeth: *Geschlechterdifferenz im Denken Friedrich Schleiermachers*. Berlin, New York 2006.

Hopfner, Johanna: „Zwischen Kanzel und Salon. Friedrich Schleiermacher und Henriette Herz. Ein Beispiel für den weiblichen Einfluß auf die Pädagogik". In: *Vierteljahrsschrift für wissenschaftliche Pädagogik* 76.4 (2000), S. 532–544.

Kirchhof, Tobias: „Karoline Fischer und Bettina von Arnim". In: T. Kirchhof: *Der Tod Schleiermachers. Prozess und Motive, Nachfolge und Gedächtnis*. Leipzig, Berlin 2006, S. 39–45.

Moltmann-Wendel, Elisabeth: „Bettina von Arnim und Schleiermacher". In: *Evangelische Theologie* 31 (1971), S. 395–414.

Richter, Thomas: „Zwei Gestaltungen von ‚Schleiermachers Tod': Prinzipien der Literarisierung bei Bettina von Arnim im Vergleich mit dem Bericht Henriette Schleiermachers". In: Jb BvA 10 (1998), S. 73–95.

Schleiermacher, Friedrich: *Über die Religion. Reden an die Gebildeten unter ihren Verächtern*. In: F. Schleiermacher: *Kritische Gesamtausgabe*. Abt. I, Bd. 2: *Schriften aus der Berliner Zeit 1796–1799*. Hg. v. Günter Meckenstock. Berlin 1984, S. 185–326.

Schormann, Sabine: „Bettine von Arnims Rezeption der frühromantischen Philosophie". In: Jb BvA 3 (1989), S. 31–46.

Schormann, Sabine: *Bettine von Arnim. Die Bedeutung Schleiermachers für ihr Leben und Werk*. Tübingen 1993.

Virmond, Wolfgang: „Liebe, Freundschaft, Faublastät – der frühe Schleiermacher und die Frauen". In: Andreas Arndt (Hg.): *Wissenschaft und Geselligkeit. Friedrich Schleiermacher in Berlin 1796–1802*. Berlin, New York 2009, S. 43–66.

Willich, Ehrenfried von: *Aus Schleiermachers Hause. Jugenderinnerungen seines Stiefsohnes*. Berlin 1909.

1.3. Hermann von Pückler-Muskau
Barbara Becker-Cantarino

1. Der Aristokrat, Abenteurer, Literat und Parkschöpfer Pückler . . 214
2. Bettina von Arnims literarische Beziehung zu Pückler 217
3. Stand, Geschlecht und Schriftstellerei. 219
4. Literatur 221

Bettina von Arnim und Hermann Pückler-Muskau (1785–1871) einte ihre Verehrung Goethes. Beide waren wiederholte Male zu Besuch in Weimar, und beinahe hätten sie sich dort schon im September 1826 getroffen, um sich dann doch knapp zu verpassen. Als Pückler anreiste, um vor seiner Englandreise Goethe noch einmal einen Besuch abzustatten, hatte Bettina ihren zehntägigen Aufenthalt in Weimar gerade beendet (vgl. Bw Pückler, 392) – und bekanntlich „durch ihre Bizarrerien Goethes Unwillen erregt" (Kommentar in: Bw Pückler, 392). Fünfeinhalb Jahre sollten vergehen, bis sich die beiden dann Anfang 1832 im Salon von Rahel und Karl August Varnhagen tatsächlich kennenlernten. Zu diesem Zeitpunkt war der reiselustige preußische Aristokrat Pückler bereits ein prominenter Schriftsteller, dazu skandalumwittert. Bettinas Briefwechsel mit Pückler und ihre bald sehr intensive, aber recht kurzlebige Freundschaft motivierte und inspirierte sie, ihr *Goethebuch* zu schreiben. Das Buch widmete sie Pückler, eine Hommage, ein Geschenk für die Freundschaft und eine Abschiedsgeste an den Fürsten.

1. Der Aristokrat, Abenteurer, Literat und Parkschöpfer Pückler

Hermann Ludwig Heinrich Fürst von Pückler-Muskau stammte aus einer Oberlausitzer Standesherrschaft und war einer der größten Landbesitzer im Königreich Preußen. Er hatte eine streng pietistische Erziehung im Pädagogium Halle und im Philanthropinum Dessau erhalten und wurde nach einer militärischen Laufbahn (Teilnahme an der Völkerschlacht bei Leipzig und den folgenden Feldzügen gegen Napoleon) 1822 in den Fürstenstand erhoben. Er galt als waghalsig. So hatte er 1815 an einem Ballonaufstieg teilgenommen und soll sechs Duelle ausgefochten haben. Auf seiner ersten Englandreise 1812 hatte er sich von den englischen Landschaftsparks so begeistern lassen, dass er sich der Landschaftsarchitektur widmete und die großartigen Parkanlagen auf seinem Besitz in Muskau und später Branitz anlegte.

Pückler hatte sich 1817 standesgemäß und finanziell vorteilhaft mit der Gräfin Lucie von Hardenberg (1776–1854) verheiratet, der einzigen Tochter des preußischen Staatskanzlers Carl August von Hardenberg. Lucie, die in Berlin auch in dem musikalisch-literarischen Salon der Elisabeth von Staegemann verkehrte, war zwar älter als Pückler und überdies eine geschiedene Frau mit zwei Töchtern, aber sie teilte dessen Interessen, arbeitete an der Parkgestaltung mit, überließ ihm seinen Affären und blieb lebenslang seine Brief-Partnerin und Vertraute. Als Lucies Mitgift aufgebraucht war und der Konkurs drohte, vereinbarte Pückler mit ihr 1826 eine Pro-forma-Scheidung. Während Lucie weiter in Muskau wohnen blieb und neben dem von ihr gegründeten Hermannsbad auch den Landschaftspark verwaltete, plante Pückler unterdessen, eine vermögende Erbin in dem durch Handel und Kolonien für seinen Reichtum bekannten England zu finden, und bereiste zu diesem Zweck 1827 bis 1829 die Insel wie auch andere Adelige aus Frankreich und Italien, die in diesen Jahren dort unterwegs waren: als *fortune hunter*, als Glücksritter (vgl. Bowman 2014). Für die Töchter der reich gewordenen, aber gesellschaftlich noch nicht in der *upper class* arrivierten Neureichen, Kolonialbeamten und Handelsherren war ein adeliger Titel, besonders ein Graf oder Fürst, verlockend. Der preußische Diplomat Heinrich von Bülow (1792–1846) führte Pückler in die englische Gesellschaft ein, der seinerseits zugleich die Dienste von *matrimonial agents* (Heiratsvermittlern) in Anspruch nahm. Über seine Erlebnisse als Dandy in London und beim Landadel berichtete Pückler fortlaufend launig und unterhaltsam an seine Frau ‚Schnucke', die weiterhin in Muskau residierende Lucie. Zwar konnte Pückler keine reiche Erbin für sich gewinnen (der Klatsch in den Gazetten warnte vor dem ‚Ritter Blaubart' oder kolportierte die Pro-forma-Scheidung), dafür bescherte ihm die Veröffentlichung seiner (literarisierten) Briefe einen doppelten Erfolg, in Deutschland und in England. Es waren denn auch diese Briefe, die ihn zwar nicht schuldenfrei, aber zu einem berühmten Literaten machten, als Bettina Anfang der 1830er Jahre seine Bekanntschaft suchte.

Pücklers Reiseschilderungen aus England erschienen 1830 und 1831 anonym in vier Bänden als *Briefe eines Verstorbenen* mit dem verlockenden Untertitel *Ein fragmentarisches Tagebuch aus England, Wales, Irland und Frankreich, geschrieben in den Jahren 1828 und 1829*. Das Vorwort versprach „ungeschminckte[ ] Freimüthigkeit" und „vollständige[ ] Partheilosigkeit" und suggerierte mithin Authentizität ([Pückler-Muskau] 1830–1831, Bd. 1, VI). Den Text, die ursprünglichen Briefe Pücklers an seine ‚geschiedene' Gattin, hatten Lucie sowie Rahel und Karl Varnhagen von Ense überarbeitet. Varnhagen vermittelte zudem den Verleger der ersten beiden Bände, Friedrich Gottlob Franckh in München; der dritte und vierte Band erschien dann bei Ludwig Hallberger in Stuttgart; Berlin als Verlagsort wurde nicht ins Auge gefasst, wohl um die strengere preußische Zensur zu umgehen. Varnhagen war es auch, der 1830 eine erste, sehr lobende Rezension in den *Jahrbüchern für wissenschaftliche Kritik* lancierte. Pückler bedankte sich in einem Brief vom Oktober 1830 dann auch bei Varnhagen „für die mühevolle Prüfung meiner Schreiberei und für ein Urtheil, dem ich Patheilichkeit ganz verzeihe. [...] Ihre geistreiche Entwickelung umgibt das Bestehende mit glänzendem Licht. [...] Ebenso dankbar bin für die Würdigung des Verhältnisses zu meiner guten Lucie, und mit Ihnen bedaure ich, daß keiner ihrer Briefe dem Publikum bekannt wird, denn sie sind hinsichtlich des Gefühls (der Weiber Stärke) weit liebenswürdiger wie die meinen" (Pückler/Varnhagen 1874, 25–26). Versteckspiele um die Identität eines Autors und die Autorschaft von Briefen waren eine literarische Mode und sollten ebenso wie die in den Berichten angedeuteten ‚Enthüllungen' über die ‚gute' Gesellschaft die Neugier der Leser wecken, Neuigkeiten über die adeligen Kreise in England und dazu die Liebesabenteuer eines bekannten preußischen Aristokraten von Rang zu erfahren. Die Leser erhielten so einen Einblick in die abgeschirmten, ihnen verschlossenen Milieus des Adels.

Das Spiel ging auf, denn Pückler war ein glänzender Stilist, guter kritischer Beobachter, schrieb ironisch und witzig, und die Überarbeitung durch seine literarisch bewanderten Freunde, die Varnhagens und Lucie, traf den richtigen Ton. Die *Briefe eines Verstorbenen* verkauften sich gut. Als der englische Verlagsbuchhändler John Murray (1778–1843, u.a. Verleger von Lord Byron) 1830 von dem Publikumserfolg hörte, wandte er sich an die versierte Übersetzerin Sarah Austin (1793–1867). Die kundige Kennerin deutscher Literatur übersetzte den Text schließlich sehr frei und passte die Geschichten dem Geschmack der Londoner Gesellschaft an. So betonte sie Pücklers Begegnungen mit prominenten englischen Literaten und Damen der ‚guten' Gesellschaft sowie sein Interesse am Lebensstil des englischen Landadels, den er als das beste Element in der englischen Gesellschaft betrachtete. Zugleich milderte sie seine ironischen Bemerkungen über die englische Frömmigkeit, Prüderie und den Snobismus ab. Austins vierbändige Übertragung *Tour of a German Prince* erschien, ebenfalls ohne Nennung des Namens Pückler, rechtzeitig zum Weihnachtsgeschäft 1831. Der Deutschland-Kenner und Schiller-Übersetzer Thomas Carlyle (1795–1881) lobte Austins Übersetzung und beförderte damit ihre Reputation als Übersetzerin und Pücklers literarischen Ruhm in England (vgl. Bowman 2014, 178–193).

Seine *Briefe eines Verstorbenen* wie auch die vielen späteren Reiseberichte und Schriften verkauften sich bestens, nicht nur in Deutschland und England, sondern auch in den USA. Pückler gelang es dabei, sich als Künstler und als Adeliger zu vermarkten, der auf seinen Reisen Zugang zu den höchsten Kreisen Europas, Afrikas und des Nahen Ostens hatte. Sein großer Bekanntenkreis aus Literaten, Künstlern, reichen Bürgern und Aristokraten war fasziniert von ihm und seinen Veröffentlichungen, während er selbst Reisen zu neuen abenteuerlichen Zielen unternahm und weiter an seinem Ruhm strickte. Dazu gehörte dann auch die – verbürgte – Geschichte, dass er sich 1837 in Kairo auf dem Sklavenmarkt ein etwa zwölfjähriges Mädchen kaufte, die ihn auf seiner Reise als Mätresse begleiten musste, bevor sie – nach Deutschland ‚mitgenommen' – 1840 auf seinem Gut in Muskau starb. Pückler reiste weiter, in den Nahen Osten, nach Griechenland, versuchte erfolglos in Konstantinopel preußischer Botschafter zu werden. Nachdem er 1845 das hoch verschuldete Muskau hatte verkaufen müssen, legte er einen Landschaftspark auf seinem Familienbesitz Branitz an. Zuletzt kehrte er sogar noch einmal zum Militär zurück und nahm als Generalleutnant im Lager des preußischen Königs am Deutsch-Österreichischen Krieg teil. 1871 starb er auf Schloss Branitz. Zur Sicherung seines literarischen Nachruhmes vermachte er seinen gesamten literarischen Nachlass Ludmilla Assing, Varnhagens Nichte und Nachlassverwalterin. Assing schrieb in der Folge nicht nur die erste Pückler-Biographie, sie gab in insgesamt neun

Bänden zudem die *Briefwechsel und Tagebücher des Fürsten Pückler-Muskau* (1873–1876) heraus, in denen auch Bettina von Arnim Erwähnung findet (siehe VI.3. *Bettina von Arnims Nachlass- und Editionsgeschichte*).

2. Bettina von Arnims literarische Beziehung zu Pückler

Pückler, der im Kommunikationsnetz des 19. Jahrhunderts als erfolgreicher „Medienjongleur" und „Repräsentationskünstler" betrachtet werden kann (Stobbe 2015, 199), musste für Bettina vor allem aus zwei Gründen attraktiv erscheinen: aufgrund seiner Beziehung zu Goethe und aufgrund seines literarischen Erfolgs. Auch gehörte der Fürst dem Hochadel an. Pückler hatte als Generaladjutant den Herzog Carl August von Sachsen-Weimar-Eisenach in den Befreiungskriegen begleitet und gehörte zu jenen Goethe-Verehrern, die persönlich mit ‚dem Meister' verkehrten. Vielleicht erinnerten Pücklers Englandreisen und seine Berichte Bettina auch an ihre Großmutter La Roche, die schon in den 1780er Jahren die Schweiz, Frankreich und England bereist und darüber berichtet hatte, unter anderem im *Tagebuch einer Reise durch Holland und England* (1788).

Im Januar 1832 – das Trauerjahr um Achim war vorüber – signalisierte Bettina ihr Interesse an Pückler, den sie bei Varnhagen flüchtig gesehen hatte. Sie ließ über Varnhagen ihre Zeichnung *Trunkene Bacchantin* an Pückler schicken, „eine vom Duft des Weines betäubte Bacchantin nach der Natur gezeichnet und erfunden Bettine v. Arnim" (siehe Abb. 1 in V.1. *Bettina von Arnim als bildende Künstlerin*; Bw Pückler, 563 [Abb. 5]). Pückler bedankte sich mit einem Tintenfass in Form eines Totenschädels (möglicherweise eine Anspielung auf seine *Briefe eines Verstorbenen*) und der Aufforderung, man möge sich doch über Goethe austauschen. Ein besonders von Bettina aus sehr intensiver Briefwechsel begann, der seit 2001 mit der kommentierten Edition von Enid und Bernhard Gajek in der chronologisch geordneten Abfolge von 150 Briefen erschlossen vorliegt (siehe IV.4.3. *Briefwechsel mit Hermann von Pückler-Muskau*).

Der Briefwechsel erlaubt einen Einblick in die Genese von zwei literarischen Texten Bettinas, ihren Aufsatz über Schinkel und, weitaus wichtiger, ihr *Goethebuch*. Anfang 1832 war Pückler mit der Abfassung seines „langweiligen Gartenwerkchens" (Pückler an Varnhagen, in: Bw Pückler, 550) beschäftigt, das dann als *Andeutungen über Landschaftsgärtnerei, verbunden mit der Beschreibung ihrer praktischen Anwendung in Muskau* (1834) unter seinem Namen erschien und bis heute seinen Ruf als Gartenkünstler begründet. Die Publikation selbst durfte er dabei dem Preußen-Prinz Carl, einem Sohn von Friedrich Wilhelm III., widmen, was den gesellschaftlichen Rang des Autors und des Werkes bestätigte. Bettina bemühte sich hartnäckig und geschickt, einen eigenen Beitrag, ihren Aufsatz *Über ein Kunstwerk unserer Zeit* über den mit ihr befreundeten, prominenten Architekten und Maler Karl Friedrich Schinkel (1781–1841), beisteuern zu können (siehe V.1. *Bettina von Arnim als bildende Künstlerin*). Zunächst überbrachte sie im Mai 1833 anlässlich eines Besuchs bei der „Fürstin" (Lucie Pückler) „einige Blätter" mit ihrer „Rezension von Schinkels Wandbildern", an die sie Pückler alsbald brieflich erinnerte (Bw Pückler, 158), der ihre „Blätter" daraufhin Schinkel vorlegte. Schinkel zeigte sich „entzückt" von dem Aufsatz, so dass Pückler Bettina anbot, den Aufsatz „als von einer Freundin an mich geschrieben" in seinem „kleinen Werke" zu veröffentlichen (ebd., 163). Bettina überließ den Aufsatz nun Pückler zu dessen „beliebiger Verwendung" (ebd., 174), machte aber zugleich präzise, kritische Vorschläge zu einer Formulierung in Pücklers Einleitung, woraufhin dieser seine damals gängige Zuordnung, der Aufsatz sei „von einer geistreichen Dame" verfasst worden, abänderte. Nun hieß es, er stamme „von einem geistreichem Verfasser", womit Pückler einen männlichen Autor suggerierte; das verlieh dem Text mehr Autorität (Bw Pückler, 177–178; Bettinas Schinkel-Aufsatz findet sich in: GW 2, 810–818; dazu der Kommentar in: ebd., 1163–1169). Mit dem Abdruck von Bettinas Aufsatz in den *Andeutungen über Landschaftsgärtnerei* plädierte Pückler dann, ganz im Sinne Bettinas, die Schinkel protegierte, beim König für die Ausführung der zunächst umstrittenen Fresken-Pläne Schinkels, die dieser für die weitere Dekoration der Säulenhalle des damals neu eröffneten Berliner Museum entworfen hatte. Bettinas strategische Vernetzung und – wenn auch indirekte – Wirkung in der Berliner Kunst- und Literaturszene wird hier deutlich.

Insgesamt schien Pückler Bettinas Kritik an seinem Einleitungstext seiner *Andeutungen über Landschaftsgärtnerei* jedoch wenig zu goutieren, er nannte sie einen „verteufelte[n], mörderische[n] Recensenten" und teilte ihr mit, er werde sich hüten, ihr sein Buch zu zeigen, denn sein Stil sei „scherzend, sauersüß und leichtsinnig", Bettinas dagegen „stets erhaben. Wir dürfen beide nicht aus der Rolle fallen" (August 1832, in: Bw Pückler, 181). Pückler verstand, was sein ernsthaftes, „langweiliges Buch" – ein Sachbuch über Gartenarchitektur – mit kleinen „Bocksfüßchen" für die Leser attraktiv machte, er verbot sich aber sehr deutlich Bettinas Einmischung und spottete über ihre Belehrung, ihren „bettinisierten Schleiermacher", die mit rot geschriebene Passagen in ihren Briefen (ebd.). Pückler machte seinen Geltungsanspruch in literarischen Fragen klar. Sein Interesse an Bettina galt dabei vornehmlich ihrer „Correspondence mit Göthe", sie sei so schwerfällig und pedantisch und solle sich von „Göthes dichterischer Universalität" etwas abschauen (ebd., 182).

Bettinas kompliziertes erotisches Rollenspiel mit Pückler wurde schließlich wichtig für die Genese ihres *Goethebuches* und für ihre Entwicklung als Schriftstellerin, es half ihr, sich „freizuschreiben" (Bäumer/Schultz 1995, 63). Psychologisch gesehen könnte Bettina die Leerstelle der Witwenschaft „durch Experimentieren mit Formen von Unterwerfung und Befreiung als Freiraum erfahren haben" (Penzold 2010, 81). Schon kurz nach Goethes Tod im März 1832 begann Bettina ihre Erinnerungen an und Gefühle für den bewunderten Dichter in Briefen an Pückler niederzuschreiben und zu erweitern, was Pückler förderte und wozu er sie anspornte, trotz allem Spott und allen Missverständnissen. Bereits im April 1833 hatte Bettina bei der „Fürstin" angefragt, ob Pückler ihren Goethe-Briefwechsel „zum Besten von Goethes Monument" herausgeben würde, vermutlich sollte der Erlös also ihrem Projekt eines Goethe-Denkmals zugutekommen (Bw Pückler, 197). Sie wiederholte ihre Anfrage im August 1833 und skizzierte bei der Gelegenheit den geplanten Inhalt in aller Ausführlichkeit (vgl. ebd., 220–223), womit sie eine Einladung Pücklers nach Muskau erwirkte. Bei ihrem anschließenden Besuch auf Schloss Muskau im September 1833 las Bettina aus ihrem Manuskript, dem späteren *Tagebuch* ihres *Goethebuches* vor. Ihre dithyrambischen Passagen, die Mischung aus Schleiermachers Gedanken, Reminiszenzen an Goethe und Schwärmereien für Pückler stießen bei diesem auf Ablehnung, es folgten herbe Kritik und ihre ‚Ausweisung' aus Muskau. Nach dieser „Bataille von Muskau" (ebd., 337) forderte Bettina alle ihre Briefe mit Goethe-Bezug von Pückler zurück, stellte ihr *Goethebuch* fertig und gab es schließlich selbständig heraus (siehe IV.1.1. *Goethe's Briefwechsel mit einem Kinde*). Während Pückler mit seinen Schuldnern verhandelte und neue Reisepläne schmiedete, lief im Mai 1834 der Druck ihres Buches an. Den Pückler gewidmeten ersten Band schickte Bettina diesem 1835 denn auch nach Paris. Pückler, der von dort aus nach Nordafrika aufbrach, bedankte sich am 22. Februar 1835 von Algier aus mit einem launigen Sonett: „Suleika-Oreas, phantastisch Räthselwesen, / Durch ihn in Dich vertieft, mit Geist und Glut erfüllt / Da liegt Dein Buch; mit Dir durchlebt hab' ichs im Lesen / Und klar steht vor der Seele mir Dein Bild" (Bw Pückler, 352). Bettinas Selbstbehauptung und ihr erotisches Spiel mit Pückler ermöglichte letztendlich ihre Autorschaft und begründete ihre literarische Prominenz in Deutschland.

3. Stand, Geschlecht und Schriftstellerei

Fürst Pückler führte ein standesgemäßes Leben, Kunst und Literatur dienten in seinen Kreisen der Unterhaltung und Verschönerung. Die Schriftstellerei, das Verfassen der aus seinen vielen interessanten Briefen hervorgegangenen Reiseberichte, war dabei nur *eine* von vielen Interessen, denen gebildete Adelige wie Pückler nachgingen. Pücklers spielerisches Werk *Tutti Frutti* (5 Bde., 1834), in dem er auch erotisch-ironische Verse auf „Betty" (Bettina) veröffentlichte, war mehr der Mode der literarischen Salons mit ihren Gesellschaftsspielen, ihrem Klatsch und den Kontaktaufnahmen verpflichtet als der seriösen bürgerlichen Literatur der Klassik (Goethe), Romantik (Bettina), des damals aktuellen Biedermeier oder des liberalen Jungen Deutschland (das 1835 verboten wurde). Konstanze Bäumer betont zu Recht, dass Pückler Bettina zu seinen gesellschaftlichen Kontakten zählte, von denen er sich Stoff und Anregung für literarische Projekte versprach; bei ihr erkundigte er sich in diesem Sinne etwa begierig nach ihren Goethe-Briefen (vgl. Bäumer 1986, 56–76). Miriam Seidler (2015) stellt zudem heraus, dass Pückler Bettinas Absichten und Rollenspiele von Anfang an durchschaut und als Mentor das Spiel gefördert habe. Als sie ihm dann mit Schleiermachers Moral und aggressiver Erotik zu nahe kam und die von Bettina propagierte literarische Rolle von ‚Sultan' und ‚Sclavin' aufgab und selbst als Mentorin und Belehrende sich positionierte, kehrte Pückler seine überlegene gesellschaftliche Position heraus. Spätestens nach der ‚Bataille von Muskau' verwies Pückler unmissverständlich auf seine Stellung als Adeliger. So versah er die späteren Briefe an „Frau von Arnim Hochwohlgeboren" mit dem (ungewöhnlichen) Zusatz „Geb. Fräulein Brentano" und verwies so schon in der Adressierung auf ihre bürgerliche Herkunft (1. Oktober 1833, in: Bw Pückler, 243). Und er nutzte seine Stellung als Mann, indem er ihr Alter ins Spiel brachte (an Bettina, 22. August 1832, in: ebd., 182: „und wärest Du noch 18 Jahr, so wäre ich *Dein* Sclave"; an Varnhagen, 11. Januar 1834, in: ebd., 552: „nun kuppelt man mich gar mit der alten Bettina"). Zwar waren beide gleichaltrig, aber der damals gängigen Einschätzung nach war er noch im ‚besten Mannesalter', Bettina dagegen galt als alt – eine Witwe ohne männliche Repräsentation, ohne ‚Schutz'. Pückler kannte auch den Wert ‚seiner Lucie', einer gebildeten, aus bester Gesellschaft stammenden Frau, die ihm den standesgemäßen Haushalt organisierte und – das zeigen seine Briefe – menschlich nahestand, aber eben auch alle Freiheiten ließ. Als Bettina sich mehrfach an Lucie wandte, um über diese Pückler näherzukommen, vielleicht um in seinen Kreisen zu verkehren, von seinen England-Beziehungen zu profitieren oder an seine Reisen anzuknüpfen, verwies Pückler auf seine von ihm längst geschiedene Ehefrau und Bettina damit energisch in ihre Schranken: Wie er an Bettina schrieb, verbinde ihn und seine kunstsinnige Frau eine „leidenschaftlich ergebne Freundschaft", Lucie sei „eine wahrhaft hohe Frau", „die dithyrambische Raserei einer achtzehnjährigen Bachantin, mit bloßer Gehirnsinnlichkeit, die noch obendrein nur künstlich aufgeschraubt ist", lehne er hingegen schlichtweg ab (23. oder 24. September 1833, in: Bw Pückler, 238).

Zutritt zu den hocharistokratischen Kreisen Pücklers erhielt Bettina nicht. In den Berliner Salons der Literaten wie dem von Varnhagen verkehrten zwar einige hohe Adelige, die dort denn auch begehrte Gäste waren, die Varnhagens oder Arnims (Achims Linie) wurden vom alten Adel aber nicht als gesellschaftlich gleichwertig in ihre Kreise aufgenommen, wie die Heiratspolitik zeigt. Nicht zuletzt Bettinas Kinder, besonders die Töchter, litten darunter. Literatur und Kunst bildeten eine Stätte der geselligen Begegnung, selten der gleichrangigen, gleichwertigen Zusammenarbeit. Pückler pflegte in seinen Briefen *nach* der ‚Bataille von Muskau' einen diplomatischen Ton, eine spielerische Toleranz und Geduld. Auch „neckte" er Bettina „durch einzelne Zitate und Anspielungen", wie eben in *Tutti Frutti* (Gajek 2010, 261). Es mag sein, dass es „ohne die Pückler-Briefe [...] alle anderen Bücher Bettines gar nicht gegeben" hätte (ebd.). Jedenfalls wandte sich Bettina der Literatur und verstärkt deren Vertretern wie Varnhagen, den Autoren des Jungen Deutschland und den literarisch interessierten Studenten zu. Und: Sie veränderte ihre eigene Positionierung im literarischen Rollenspiel. Aus dem ‚Kind' (Mignon) wurde die Mentorin der akademischen und literarischen Jugend.

4. Literatur

Bäumer, Konstanze: *Bettine, Psyche, Mignon. Bettina von Arnim und Goethe.* Stuttgart 1986.
Bäumer, Konstanze, und Hartwig Schultz: *Bettina von Arnim.* Stuttgart, Weimar 1995.
Bowman, Peter James: *The Fortune Hunter. A German Prince in Regency England.* Oxford 2014.
Bunzel, Wolfgang: „Der epistolare Pakt. Zum Briefwechsel zwischen Bettine von Arnim und Hermann Fürst von Pückler-Muskau". In: Jana Kittelmann (Hg.): *Briefnetzwerke um Hermann von Pückler-Muskau.* Dresden 2015, S. 15–26.
Gajek, Enid: „‚Das gefährliche Spiel meiner Sinne'. Gedanken zu Bettine und Pückler". In: Jb BvA 3 (1989), S. 249–261.
Gajek, Enid: „‚Frivoler Scherz' und ‚tiefrer Ernst'. Das Verhältnis Bettine von Arnims zu Pückler". In: Christian Friedrich u. Ulf Jacob (Hg.): „*... ein Kind meiner Zeit, ein ächtes, bin ich ...": Stand und Perspektiven der Forschung zu Fürst Pückler.* Berlin 2010, S. 253–262.
Hübener, Andrea: „‚Mit- und Nachwelt ... doppelt ... verpflichtet'. Genese, Generationalität und Generativität von Briefen um 1830 (Bettine von Arnim, Hermann und Lucie von Pückler-Muskau)". In: Selma Jahnke u. Sylvie Le Moël (Hg.): *Briefe um 1800. Zur Medialität von Generation.* Berlin 2015, S. 217–250.
Hübener, Andrea: „‚Ich bin das Blatt auf das die Erinnerung alle Seeligkeit geäzt'. Der Liebesbrief als pseudonymes Medium (Bettine von Arnim und Hermann von Pückler-Muskau)". In: Renate Stauf u. Jörg Paulus (Hg.): *Schreiblust. Der Liebesbrief im 18. und 19. Jahrhundert.* Berlin, Boston 2013, S. 239–269.
Kittelmann. Jana (Hg.): *Briefnetzwerke um Hermann von Pückler-Muskau.* Dresden 2015.
Penzold, Michael: *Begründungen weiblichen Schreibens im 19. Jahrhundert. Produktive Aneignungen des biblischen Buches Rut bei Bettine von Arnim und Thomasine Gyllembourg.* Würzburg 2010.
[Pückler-Muskau, Hermann von]: *Briefe eines Verstorbenen. Ein fragmentarisches Tagebuch aus England, Wales, Irland und Frankreich, geschrieben in den Jahren 1828 und 1829.* 4 Bde. München 1830 (Bd. 1 u. 2), Stuttgart 1831 (Bd. 3 u. 4).
Pückler-Muskau, Hermann von, und Karl August Varnhagen von Ense: *Briefwechsel zwischen Pückler und Varnhagen von Ense nebst einigen Briefen von Rahel und der Fürstin von Pückler-Muskau.* Hg. v. Ludmilla Assing. Berlin 1874 (= Briefwechsel und Tagebücher des Fürsten Hermann von Pückler-Muskau. Aus dem Nachlaß des Fürsten von Pückler-Muskau, Bd. 3).
Seidler, Miriam: „‚Spiel der Imaginationen die alles herleihen muss was uns das Glück nicht wirklich schenckt'. Der Briefwechsel zwischen Bettine von Arnim und Hermann von Pückler-Muskau". In: Jana Kittelmann (Hg.): *Briefnetzwerke um Hermann von Pückler-Muskau.* Dresden 2015, S. 43–58.
Stobbe, Urte: *Fürst Pückler als Schriftsteller. Mediale Inszenierungspraktiken eines schreibenden Adligen.* Hannover 2015.

1.4.a Rahel Varnhagen
Barbara Becker-Cantarino

1. Mythos, Quellen 222
2. Die Salonnière 223
3. Die Jüdin 225
4. Die Schriftstellerin 227
5. Begegnungen 228
6. Literatur 230

1. Mythos, Quellen

Die Berliner Salonnière und Schriftstellerin Rahel Levin-Varnhagen (1771–1833) zählt zu den großen Frauengestalten der deutschen Romantik (vgl. Scurla 1962). Als ‚Rahel' wurde sie – wie ‚Bettina' – zur mythischen Figur, zu eine der Wegbereiterinnen des Jungen Deutschland in den 1840er Jahren (vgl. Feilchenfeldt 1985, 233–237). Die Beziehung von Rahel und Bettina, der gebürtigen Berlinerin und der 1810 Zugereisten, gestaltete sich keineswegs immer konfliktfrei, anfänglich standen sich die beiden Frauen sogar ablehnend gegenüber, wobei Achims und Clemens' Judensatiren (vgl. Härtl 1987; Günzel 1996), Bettinas Rivalitätsdenken und üble Nachrede ihr Übriges taten. Erst in den späten 1820er Jahren traten Rahel und Bettina in freundschaftlich-geselligen Kontakt. Das Interesse am Schreiben und am Gespräch, an Literatur, Briefen und Geselligkeit verband die beiden ebenso wie ihre Wertschätzung Goethes. An Rahels Lebensende gehörte Bettina schließlich zu den persönlichen Anteil nehmenden Besuchern. Später, in den 1840er Jahren, pflegte Bettina dann mit Rahels Ehemann Karl August Varnhagen (1785–1858) eine literarische Freundschaft, die in ähnlichen publizistischen und politischen Interessen gründete und auch dem Informationsaustausch und der Netzwerktätigkeit beider diente (siehe III.1.4.b *Karl August Varnhagen von Ense*).

In der Kulturgeschichtsschreibung diente ‚Rahel' insbesondere deutschjüdischen Autorinnen als Identifikationsfigur – von Bertha Badt (*Rahel und ihre Zeit*, 1912) und Margarete Susman (*Frauen der Romantik*, 1929) bis hin zu der 1933 in die USA emigrierten Politologin Hannah Arendt (1906–1975). Arendt recherchierte zu Rahel schon Anfang der 1930er Jahre im Rahmen ihrer Habilitationsschrift, durfte als Jüdin in Deutschland aber nicht habilitieren. Ihre Studie *Rahel Varnhagen*, die eine bis heute einflussreiche, breite Rezeption erlebt hat, publizierte sie – auf Englisch – erst 1957 (dt. 1959). Arendt zeichnete Rahel hier als Ausgeschlossene und Fremde, als Paria und Parvenü, als gescheiterten Assimilationsversuch in einer zunehmend antisemitischen Gesellschaft. Die Journalistin und Menschenrechtlerin Carola Stern (1925–2006, eigtl. Erika Assmus) hat mit *Der Text meines Herzens. Das Leben der Rahel Varnhagen* (1994) eine Biographie mit detaillierter Kenntnis auch der Frauengeschichte vorgelegt; darüber hinaus sind vor allem die Forschungen von Barbara Hahn (1988; 2001) und Ursula Isselstein (1985;

1997) zu nennen, die neue Interpretationen zu Rahel vorgelegt und Aspekte zur historischen Beziehung von Rahel und Bettina erhellt haben.

Die im 19. Jahrhundert von ihrem Witwer Karl August und seiner Nichte und Nachlassverwalterin Ludmilla Assing (1821–1880) publizierten Texte von und zu Rahel Varnhagen, die die Rezeption ihrer Person maßgeblich geprägt haben, sind 1983 in zehn Bänden als ‚Rahel-Bibliothek' veröffentlicht worden, inklusive eines historisch verlässlichen, detaillierten Materialbands (im Folgenden zit. als Rahel-Bibliothek). Die Originalbriefe Rahels und ihrer Korrespondenten in der umfangreichen ‚Sammlung Varnhagen' in Krakau (vgl. dazu Gatter 2000) werden seit Mitte der 1990er Jahre in einer kommentierten, historisch-kritischen Ausgabe von Barbara Hahn, Ursula Isselstein und Cosolina Vigliero ediert, die genauere historische Informationen liefert; im Rahmen der Edition Rahel Levin Varnhagen sind bislang die Bände *Briefwechsel mit Pauline Wiesel* (1997), *Briefwechsel mit Ludwig Robert* (2001) und *Familienbriefe* (2009) sowie – als sechsbändige, kommentierte Werkausgabe – *Rahel. Ein Buch des Andenkens* (2011) und *Rahel Levin Varnhagen: Tagebücher und Aufzeichnungen* (2019) erschienen.

2. Die Salonnière

Rahel Varnhagen kam aus der wohlhabenden jüdischen Oberschicht Berlins. Sie war die älteste Tochter des Bankiers und Juwelenhändlers Markus Levin. Nach dem Tod des Vaters 1790 wohnte Rahel mit ihrer Mutter, ihrer Schwägerin, drei Brüdern und einer Schwester, um deren Erziehung sie sich kümmerte, in der Berliner Jägerstraße 54, wo sie – „die berühmte Mlle. Levi, die einen nicht unangenehmen Ton in ihrer Gesellschaft hat" – schon in den 1790er Jahren zum Mittelpunkt der Abendgesellschaften ihrer Familie wurde, „graziös" und „schlagend witzig" (Rahel-Bibliothek, Bd. 10, 161). Rahels sogenannter erster Salon, eigentlich ihre privaten Zimmer im Obergeschoss des Hauses – Empfangsräume, Schlafzimmer und Dienstmädchenraum –, wurde in der späteren Geschichtsschreibung über die Berliner Salons zur legendären ‚Dachstube' stilisiert. Indes haben die Rahel-Expertinnen Barbara Hahn und Ursula Isselstein darauf hingewiesen, dass es für diesen ersten Salon Rahels, also für die Zeit um 1800, keine authentischen Zeugnisse *von Rahel selbst* gibt und dass auch in ihren späteren Briefen keine Rückblicke, etwa auf „Szenen von Abenden im Hause Levin" zu finden sind (Hahn 1997, 233; Isselstein 1997, 176–178).

Generell enthielten die Berliner jüdischen Salons auch „emanzipatorische Elemente" für Rahel und andere Frauen in ihren kommunikativen und gesellschaftlichen Strukturen (Lund 2012, 531–544). Konrad Feilchenfeldt sieht die Erscheinung und gesellschaftliche Wirkung Rahels als Salonnière gespiegelt in der Theoretisierung der jüdischen Geselligkeit in Schleiermachers *Ethik* (1812/13), wie aus der Schilderung Rahels in Karl August Varnhagens *Denkwürdigkeiten* (1838) erschlossen werden könne. Schleiermachers *Ethik* erlaube demnach „eine neue Sichtweise" auf die Salons der Zeit als „säkulare

Sozialisationsform in der Auseinandersetzung insbesondere mit dem Gemeindeleben der christlichen Kirchen" (Feilchenfeldt 1997, 168).

Aus Rahel Levins Briefen wird deutlich, dass sie seit den 1790er Jahren in den Berliner jüdischen Salons viele junge Adelige, Militärs, Literaten und Intellektuelle kennenlernte, darunter die Brüder Humboldt, Caroline von Humboldt, den Theologen Schleiermacher, den schwedischen Gesandten in Berlin Karl Gustav von Brinckmann, den Grafen Karl von Finckenstein, den Fürsten Anton Radziwill und den Prinzen Louis Ferdinand (einen Neffen Friedrichs II.) sowie dessen Geliebte Pauline Wiesel, die eine enge Freundin Rahels wurde.

Rahel pflegte den Lebensstil der gehobenen Gesellschaft mit zahlreichen Reisen. So führte sie ihre erste Badereise (wegen einer Rheumaerkrankung) mit der Schauspielerin Friederike Unzelmann 1795 nach Teplitz in Böhmen, wo sie bei der Gräfin Pachta wohnte und dann in Karlsbad Goethe begegnete; 1796 besuchte sie mit Graf Wilhelm von Burgsdorff (1772–1822), dem Mäzen der Romantiker, ein weiteres Mal Teplitz; 1800/01 begleitete sie Gräfin Karoline von Schlabrendorff nach Paris; 1801 schließlich reiste sie mit ihrer Mutter nach Amsterdam, um ihre dort verheiratete Schwester Rosa zu besuchen.

Als nach dem Sieg über Preußen napoleonische Truppen im Oktober 1806 Berlin besetzten und die Diplomaten und Adeligen aus der Stadt flohen, musste Rahel aus finanziellen Gründen, aber auch infolge von Streitigkeiten mit ihrer resolut und erfolgreich am Familiengeschäft beteiligten Mutter ihren Salon aufgeben und ihren aufwendigen Lebensstil einschränken. Nach dem Tod der Mutter 1809 kürzten ihre Brüder ihr auch noch die Mittel. Während die Brüder selbst studieren und dann einen Beruf ergreifen konnten, was Frauen wie Rahel nicht erlaubt war, blieb Rahel ab 1811 somit nur eine relativ kleine Rente von 800 Talern im Jahr. Auch in den Kriegsjahren stand sie freilich mit Freunden aus ihrem Salon in Verbindung, unterhielt ein Netzwerk mit Brieffreundschaften und war überdies karitativ tätig. So organisierte sie 1813 die Versorgung der Verwundeten aller Kriegsparteien in Prag und sammelte Spenden für die Hinterbliebenen.

Doch verfügte Rahel über kein eigenes Vermögen und war auf eine Versorgung angewiesen. Diese fand sie schließlich 1814 – nach einer Verlobungszeit von immerhin sechs Jahren – in der Heirat mit dem Diplomaten, Historiker und Publizisten Karl August Varnhagen von Ense. 1819 ließ sich das Ehepaar Varnhagen endgültig in Berlin nieder und empfing bald regelmäßig Gäste in ihrer Wohnung; dies war dann der ‚zweite Salon' Rahels. Ihre Gäste waren zumeist Angehörige gutsituierter Berliner Familien und Berlin-Reisende, Literaten und Intellektuelle, darunter Mitglieder der Familie Mendelssohn, Heinrich Heine, Eduard Gans, Ludwig Börne, Fürst Hermann von Pückler-Muskau und – wenn auch erst ab etwa 1827 – Bettina und Achim von Arnim. Die jugendbewegte Generation der Romantiker war inzwischen gealtert, Rahel eine verheiratete Matrone, und die gesellschaftliche Atmosphäre im Berlin der Restauration hatte sich grundlegend geändert. Von der Aufbruchsstimmung der 1790er Jahre war wenig geblieben, stattdessen herrschte nach den Befreiungskriegen ein patriotisch-restauratives Klima. Mit den Karlsbader Beschlüssen war 1819 die Vorzensur wieder eingeführt worden, freiheitliche, nationale, demokratische Bestrebungen wurden unterdrückt, liberaler Neigungen verdächtige Personen aus dem Staatsdienst entlassen (auch Varnhagen verlor 1819 seine Diplomatenstellung), zeitgleich kam es in vielen deutschen Städten zu antijüdischen Ausschreitungen, den sogenannten Hep-Hep-Unruhen.

Dank der Persönlichkeit Rahels und ihres Netzwerkes wurde ihr ‚zweiter Salon' so zwar zu einem geselligen Treffpunkt für liberal gesinnte, eher an Literatur als Politik interessierte Literaten und Intellektuelle, konnte dabei aber nicht an den früheren Glanz von Jugend und aristokratisch-freizügiger Geselligkeit anknüpfen. Aber als Frau von Varnhagen stand Rahel, trotz ihrer schwachen Gesundheit, einer „gepflegten, ausgedehnten Geselligkeit" vor, sie nahm an dem „philosophischen, theologischen und historischen Diskurs ihrer Umgebung" teil, suchte „ihn nach Kräften zu beeinflussen" und wirkte für die Durchsetzung ihrer und Varnhagens „liberaler Ideen" bei der jungen Generation (Isselstein 1997, 181–182).

3. Die Jüdin

Rahel unterhielt von 1796 bis 1798 ein glückloses Verhältnis mit dem preußischen Diplomaten Karl Graf Finck von Finckenstein, war von 1802 bis 1804 mit dem spanischen Gesandten Don Raphael d'Urquijo verlobt, dann mit Alexander von der Marwitz und Friedrich von Gentz eng befreundet: All diese Verbindungen waren für Rahel jeweils mit großen Enttäuschungen verbunden, weil sie zwar als willkommene Freundin galt, als Jüdin jedoch von den adeligen Familien für eine Heirat nicht akzeptiert und von den Verehrern alsbald fallengelassen wurde. Da half es wenig, dass sie schon Mitte der 1790er Jahre den Namen Robert bzw. Robert-Tornow angenommen hatte. Die Ressentiments blieben – und sie hielten sich weiter, auch nachdem sie nach evangelischer Taufe Anfang Oktober 1814 mit 43 Jahren den 14 Jahre jüngeren Katholiken Varnhagen geheiratet hatte, der als preußischer Diplomat Staatskanzler Hardenberg zum Wiener Kongress begleiten sollte, wohin auch Rahel reiste und an den Geselligkeiten teilnahm.

Eine private Bemerkung Wilhelm von Humboldts wirft ein bezeichnendes Licht auf die prekäre Situation Rahels in der Berliner Gesellschaft um 1814 und auf die antisemitischen, sexistischen und ständischen Vorurteile der Gesellschaft: Humboldt schrieb, Varnhagen habe „die kleine Levy nunmehr geheiratet [...]. So kann sie noch einmal eine Gesandtenfrau und Exzellenz werden. Es ist nichts, was der Jude nicht erreicht. Für den armen Menschen tut es mir leid" (Humboldt/Humboldt 1910, 395). Der mit Rahel befreundete preußische Staatsmann, Gelehrte und Schriftsteller Humboldt sah als Adeliger in Rahel nur ‚die' Jüdin als soziale Aufsteigerin, die Anmaßung einer Rolle, die ihr nicht zukam, ‚der' Jude galt ihm „als Parvenue par excellence" (Nordmann 2010, 38). Humboldt bedauerte Varnhagen nicht nur wegen dieser Heirat, er artikulierte auch schonungslos den sozialen Stellenwert einer Frau für den Mann bei der Heirat: „Die Levy hat gewiß sehr schätzenswürdige und seltene Gaben von Geist und Charakter, aber ihr Alter, ihre Kränklichkeit, und der ganze Zuschnitt, den sie nun einmal ihrem Leben gegeben hat, sind der Ehe innerlich und selbst äußerlich, und die Sache ganz bürgerlich genommen, entgegen"; Varnhagen hätte, so meinte Humboldt, eine bessere Wahl treffen können (Humboldt/Humboldt 1910, 395).

Im Urteil des Aristokraten zeigt sich die doppelte Ausgrenzung Rahels, als Frau und als Jüdin. Zwar hatte während der Freiheitskriege Hardenbergs Judenedikt den preußischen Juden 1812 alle bürgerlichen Rechte und die grundsätzliche Rechtsgleichheit mit allen anderen Staatsbürgern zugesprochen, doch waren verdeckte antijüdische Ressentiments und offene judenfeindliche Äußerungen in der sogenannten guten Gesellschaft virulent. Hannah Arendt sprach in ihrer Rahel-Biographie von einer durch und durch antisemitischen Gesellschaft (vgl. Arendt 1959, 189). Arendt diagnostizierte historisch nüchtern „die Anfänge des rassischen Antisemitismus in der deutschen Romantik" (Feilchenfeldt in: Rahel-Bibliothek, Bd. 10, 158) auch in Bettina von Arnims Familie. In der patriotischen ‚deutschen Tischgesellschaft', in der unter anderem Bettinas Ehemann, ihr Bruder Clemens und ihr Schwager Savigny Mitglieder waren, verlas Clemens seine antisemitisch gefärbte *Philister*-Satire, und nicht nur hier wurden neben patriotisch-antifranzösischen Parolen auch antijüdische Ressentiments und Gefühle laut (vgl. Härtl 1987; Puschner 2008, 268–298).

Dennoch sollte es im Sommer 1813 inmitten des politischen und persönlichen Umbruchs einen „merkwürdig dramatischen Freundschaftsversuch", eine persönliche Annäherung und briefliche Auseinandersetzung zwischen Rahel und Clemens Brentano geben (Isselstein 1985, 151), als diese in Prag ärztliche Versorgung und Pflege für die Kriegsverwundeten organisierte. Vorausgegangen war 1812 eine tätliche Auseinandersetzung zwischen Karl August Varnhagen, damals schon Verlobter Rahels, und Clemens über Rahel, wobei Clemens die Aussage kolportiert hatte, seine Schwester Bettina habe sich über die garstige, zudringliche Jüdin beklagt (vgl. Feilchenfeldt 1985, 239; Rahel-Bibliothek, Bd. 9, 285). Es waren persönliche und ästhetisch-poetologische Differenzen, in denen ‚die jüdische Frage' zwar eine „untergeordnete Problematik" darstellte (Uwe Schweikert in: Rahel-Bibliothek, Bd. 10, 162), gleichwohl aber als Waffe zur Diskreditierung des Gegners benutzt wurde. Zwischenfälle dieser Art waren dabei „nur ein besonders schmerzliches Beispiel aus einer langen Reihe von Kränkungen, die ertragen zu müssen die Jüdin seit ihrer Jugend als ihr ‚immer noch unverständliches Schicksal' kannte" (Isselstein 1985, 154–155). Rahel selbst war „nicht persönlich nachtragend", sondern von „kunstvoll verfeinerter Empathie"; sie war „auf den Partner ausgerichtet" (ebd., 155 u. 156), Clemens und Bettina eher auf sich selbst. – Laut Varnhagens Erinnerung blickte Rahel kurz vor ihrem Tode mit den Worten zurück: „Was so lange Zeit meines Lebens mir die größte Schmach, das herbste Leid und Unglück war, eine Jüdin geboren zu sein, um keinen Preis möcht' ich das jetzt missen"; sie, vielleicht war es auch Varnhagen selbst, fügte aber auch hinzu, sie habe an Jesus gedacht und gefühlt, dass er ihr Bruder sei: „Und

Maria, was hat *die* gelitten! [...] [S]ie stand am Kreuze" (Rahel-Bibliothek, Bd. 1, 43–44).

4. Die Schriftstellerin

Rahel Varnhagen hat im traditionellen Werkverständnis kein ‚Werk' hinterlassen (vgl. Bunzel 2006), sondern vielmehr Briefe geschrieben, die posthum – zumeist von ihrem Ehemann – zu literarischen Publikationen gestaltet wurden (vgl. Gatter 2000). Wie Karl August unterhielt sie ein großes Netzwerk internationaler Brieffreundschaften mit etwa 300 Korrespondenten. Rund 6.000 Briefe von ihr, die Varnhagen schon vor ihrem Tod bei ihren Briefpartnern einzusammeln begonnen hatte, sind mit entsprechenden Antwortschreiben überliefert.

Zu Lebzeiten veröffentlichte Rahel wenig und nicht unter ihrem Namen. Auszüge und entsprechende Bearbeitungen ihres Briefwechsels erschienen stets in Zusammenarbeit mit Varnhagen, der auch den Druck besorgte. So publizierte das renommierte *Morgenblatt für gebildete Stände* bereits im Juli 1812 anonym Rahels *Über Goethe. Bruchstücke aus Briefen*; 1821 folgten ebenso anonym in Friedrich Wilhelm Gubitz' Zeitschrift *Der Gesellschafter* Brieffragmente von Rahel und aus ihrem Freundeskreis über Goethes kurz zuvor erschienenen Roman *Wilhelm Meisters Wanderjahre*. Beide Publikationen hatte Varnhagen arrangiert in brieflicher Abstimmung mit Goethe, den das Ehepaar 1825 dann auch gemeinsam in Weimar besuchen wird. Zuletzt erschienen 1829 in der von dem befreundeten Schriftsteller Friedrich de la Motte Fouqué (1777–1843) herausgegebenen Zeitschrift *Berlinische Blätter für deutsche Frauen* noch anonyme Auszüge von Rahel unter dem Titel *Aus Denkblättern einer Berlinerin*.

Erst die nach ihrem Tod von Varnhagen bearbeiteten und besorgten Werke *Rahel. Ein Buch des Andenkens für ihre Freunde* (1833/34) und *Galerie von Bildnissen aus Rahel's Umgang und Briefwechsel* (1836) prägen das Bild von Rahel als Mensch und Literatin. Hier kam zugleich „eine listige und ironische Publikationspraxis" (Hahn 1988, 119) zum Vorschein, schließlich war Rahel schon zu Lebzeiten in die Vorbereitungen für die Veröffentlichung ihrer Briefe involviert. Rahel und Varnhagen unterhielten zusammen eine „Art ‚Editionswerkstatt', in der Rahels Texte einer gemeinsamen Redaktion für eine spätere Publikation unterzogen wurden" (ebd., 120). Varnhagen begann bald, zusätzliche Erweiterungen, Ergänzungen und Textveränderungen vorzunehmen, so dass schließlich eine Textsammlung entstand, die, wie bereits erwähnt, seit 2011 in sechs Bänden als historisches Editionszeugnis nach heutigen wissenschaftlichen Prinzipien vorliegt. Auch Bettina bekam 1833 von Varnhagen ein Exemplar des ersten Privatdruckes von *Rahel* geschenkt, die ihrerseits mit Blick auf die editorische und literarische Bearbeitung von Briefen viel von den Prinzipien der ‚Editionswerkstatt' lernte und für ihre Briefbücher zu nutzen verstand.

5. Begegnungen

Neugieriges Interesse an der Anderen und Klatsch stehen am Anfang der Beziehung von Rahel und Bettina. Über ihr erstes Gespräch im Jahr 1810 berichtete Rahel, Bettina habe „tief und großartig" über die Liebe und „sehr scharf und geistreich" über die Ehe gesprochen, über das Christentum auch „sehr innig, und fiel dann plötzlich in ihren Frankfurter Judenhaß, der mich sehr verletzte" (Rahel-Bibliothek, Bd. 9, 60). Sie nannte Bettina aber schon damals ihrem Bruder Moritz Robert gegenüber „einzig, das ist eine einzige Pflanze" (Rahel-Bibliothek, Bd. 1, 477), auch bewunderte sie Bettinas feurige „Leidenschaft" für Goethe (Rahel-Bibliothek, Bd. 1, 579). Zugleich zeigte Rahel sich 1812 in einem Brief an Alexander von der Marwitz verletzt von Bettinas „niedrig, rohe[m] Betragen" ihr gegenüber; wie Rahel von Schleiermachers Frau hörte, habe Bettina „gräßlich auf Varnhagen geschimpft wegen der Ohrfeige und des behaltenen Manuskriptes, [...] Varnhagen habe sich bei Herrn Staatsrath Stägemann ihr [Bettina] aufgedrungen und sich neben sie gesetzt. [...] Ja, Bettina lüge" (Rahel-Bibliothek, Bd. 9, 285). Kurzum: Gespräche, Klatsch und abfällige Urteile über und von Dritten gegenüber Bekannten kennzeichnen die Begegnungen der beiden Frauen in den 1810er Jahren in Berlin.

Erst Ende der 1820er Jahre kam es, wie erwähnt, zu geselligen Kontakten der Ehepaare Varnhagen und Arnim. Die veränderte gesellschaftliche Situation mag mit dazu beigetragen haben, schließlich war Rahel mittlerweile nicht nur schon über ein Jahrzehnt mit Varnhagen verheiratet, auch hatten die Salonnière und ihr Mann ein interessantes Netzwerk von Literaten, Künstlern und Intellektuellen um sich versammelt. Dennoch lesen sich Bettinas (private) Äußerungen eher herablassend und befremdlich. So heißt es in einem Brief an Achim, „die Varnhagen" habe sie bei einem Gespräch im Tiergarten „aus Freundschaft" gegen ihren Willen gerädert, habe Achim „einen Barbar" geschimpft und gesagt, „es zerreißt ihr [Rahel] das Herz daß Arnim nicht besser dafür gesorgt hat ihre Verbindung mit der Natur zu befestigen" und dass sie, Rahel und Bettina „ganz aus einem Guß seyen [...] nun mein Schuzengel hat Gott sey Danck mit dem kalten Fieber der Hanne [Bettinas Köchin; B.B.-C.] mich von dieser Liaison befreit" (22. Juli 1827, in: Bw Arnim 3, Bd. 3, 104). In Bettinas Schilderung, in der sie sich gleichsam als von Achim verlassene Ehefrau in Berlin inszeniert, erscheint Rahel als sich anbiedernde Frau, auf deren persönliche Freundschaft sie keinen Wert legt.

Eher von Interesse war für Bettina da schon Karl August Varnhagen – und zwar nicht zuletzt als literarischer Vermittler; 1826 schenkte sie den Varnhagens ein Exemplar von Arnims dramatischer Erzählung *Marino Caboga*, worüber Varnhagen in einer Zeitschrift schließlich auch berichtete (Bettina an Arnim, 21. Oktober 1826, in: Bw Arnim 3, Bd. 3, 53). Rivalitäten mit Blick auf das Treffen prominenter Personen und den entsprechenden Klatsch darüber standen bei beiden Frauen im Mittelpunkt, wie die Besuche des jungen Historikers Ranke 1827, die Aufmerksamkeit des berühmten Predigers Schleiermacher und des Literaten und Aristokraten Fürst Pückler. Bettina hatte Pückler nicht nur im Salon der Varnhagens kennengelernt, Karl August Varnhagen vermittelte auch bei ihrer Annäherung an den Fürsten (siehe III.1.3. *Hermann von Pückler-Muskau*). Dennoch äußerte Bettina in einem Brief an Pückler vom April 1832 ihre Abneigung gegen beide Varnhagens: Karl August habe sich bei ihr „höchst unbequem gemacht" durch „holperiges Betragen und Auslassen über Dich [Pückler]", und überhaupt ginge es ihr „gegen den Strich" ihrer Empfindung mit den Varnhagens zusammen zu sein; so viel „Schmeichelei mir diese Frau gesagt", so werde Rahel, wie bei anderen auch, „auf acharnierte [gnadenlose; B.B-C.] Weise" auch über sie, Bettina, „den Stab brechen" (Bw Pückler, 97 u. 118).

Im August 1832, vor der Abreise zu einem Familienbesuch nach Frankfurt und Umgebung, machte Bettina „aus Pietät der Fr. v. Varnhagen" noch einen Abschiedsbesuch, da man nicht wisse, ob man sich wiedersehe. Wie sie Pückler schrieb, habe Varnhagen ihre Anwesenheit so wenig ertragen können, dass „er nicht im Zimmer blieb" (22. August 1832, in: Bw Pückler, 179). Rahel starb am 7. März 1833. Bettina berichtete später von ihrem letzten Besuch bei der Sterbenden, sie habe, so teilte sie Pückler mit, Rahel „wie ein kleines Kind um Versöhnung bitten sehen: sie sagte: Lieber Varnhagen wir wollen gut seyn miteinander wir wollen uns alles verzeihen"; Bettina kommentierte diese von ihr kolportierten Abschiedsworte Rahels lakonisch: „Da sieht man wie die Güte den Menschen schnell zur Ewigkeit reift" (13. Januar 1834, in: Bw Pückler, 281).

Die einzigen vollständig erhaltenen Briefe zwischen Bettina und Rahel stammen aus der Zeit nach einem Missverständnis und einem überraschenden Zusammentreffen im April 1832. Bettina erkannte in ihrem Brief an Rahel deren „selbstverläugnende Grossmuth", die „geistige Nähe" zur anderen an; sie „empfinde die Wärme" von Rahels Herz und „alles Schöne was Sie [Rahel] vor andern Gott zu danken" habe und wies zugleich auf ihr „heimathliches Daseyn in Schleiermachers Familie hin", dies sei der Grund, warum sie die Varnhagens seit Arnims Tod lange nicht besucht habe (GW 4, 240). Karl August Varnhagen hatte Bettina mit dem Nachruf auf Arnim und anderen Schriftstücken geholfen, sie selbst wiederum hatte sich jedoch nach dem Tod ihres Mannes eng an Schleiermacher angeschlossen, mit dem und besonders mit dessen Frau nun zugleich auch die Varnhagens befreundet waren. Spricht aus den Zeilen nur eine Rivalität um den eigenen Status bei Schleiermacher? Oder wollte Bettina mit dem Hinweis auf ihr „heymathliches Daseyn" bei dem prominenten Prediger ihre christliche Ausrichtung ausstellen? Rahel antwortete jedenfalls umgehend (ihr Brief an Bettina wurde chiffriert in *Rahel. Buch des Andenkens* von Varnhagen publiziert), tief enttäuscht: „Daß Sie mich aber nicht mehr sehen wollen, bleibt mir ein Räthsel", und mit der leisen Warnung, sich von ihrem Schwelgen im Glück nicht „überwältigen", nicht „vernichten" zu lassen: „[E]ntäußern Sie sich Ihres *Urtheils* nicht" (Rahel-Bibliothek, Bd. 3, 513 u. 515). Rahel fragte direkt: „Was konnte also wohl dies plötzliche Auseinanderreißen unsres Verkehrs veranlassen?", und befürchtete, Bettina könne „gewissermaßen somnambül", also schlafwandlerisch, mondsüchtig werden – ein Hinweis auf die Somnambule Karoline Fischer, eine Seherin und Betrügerin, die seit Jahren bei der Familie Schleiermacher wohnte und dort die Frauen beherrschte. Warnte also Rahel mit dieser Anspielung auf den stadtbekannten Skandal dieser Somnambule in Schleiermachers Haus vor der Esoterik und Verführungsmacht der christlichen Religion bei Schleiermacher?

Trotz beiderseitiger Achtung ihrer Persönlichkeiten entwickelte sich keine Freundschaft oder gar Zusammenarbeit zwischen Bettina und Rahel; sie brauchten sich gegenseitig in ihrem gesellschaftlichen Netzwerk, arbeiteten gleichzeitig an der eigenen Inszenierung und literarischen Stilisierung in ihren Briefen. Bettina erklärte 1834 Fürst Pückler gegenüber, es gäbe „Wahlverwandtschaften in der geistigen Welt, da erkennt und begreift man sich schnell"; es gäbe aber auch „Antipathien, da bleibt man sich fern und unbegriffen", das möge sich mit der Zeit ändern, aber an Varnhagen, möge auch „Würde Charakter ernste Liebe hinter seiner kalten tückischen Erscheinung seyn", so könne sie bis jetzt „keinen Theil dran nehmen" (13. Januar 1834, in: Bw Pückler, 280). Bettina blieb auf Distanz zu Rahel, sei es aus Konkurrenz zu der in literarischen Kreisen erfolgreichen Frau, sei es aus Geringschätzung der älteren, kinderlosen, vermeintlich gesellschaftlich weniger bedeutenden Frau, sei es aus antisemitischem Vorurteil (vgl. Arendt 1959). Oder resultierte die Fremdheit aus Bettinas Unverständnis für Rahels „doppelte Ausschließung als Frau und als Jüdin" (Nordmann 2010, 40)? Anders als mit Rahel entwickelte sich mit Karl August Varnhagen von Ense in den folgenden Jahrzehnten *nach* Rahels Tod jedenfalls eine literarisch-professionelle Zusammenarbeit mit Bettina von Arnim, dazu eine politisch-gesellschaftliche Verbundenheit – und dies ganz ohne die bei Bettinas Männer-Freundschaften immer präsenten erotischen Töne (vgl. Bunzel 1989, 224).

6. Literatur

Arendt, Hannah: *Rahel Varnhagen. Lebensgeschichte einer deutschen Jüdin aus der Romantik*. München 1959.
Bunzel, Wolfgang: „Bettine von Arnim und Karl August Varnhagen von Ense. Ein Abriß ihrer politisch-literarischen Zusammenarbeit". In: Jb BvA 3 (1989), S. 223–247.
Bunzel, Wolfgang: „Schrift und Leben. Formen der Subversion von Autorschaft in der weiblichen Briefkultur um 1800". In: Jochen Strobel (Hg.): *Vom Verkehr mit Dichtern und Gespenstern. Figuren der Autorschaft in der Briefkultur*. Heidelberg 2006, S. 157–176.
Feilchenfeldt, Konrad: „Die Anfänge des Kults um Rahel Varnhagen und seine Kritiker". In: Walter Grab, Julius H. Schoeps u. Michael Werner (Hg.): *Juden im Vormärz und in der Revolution von 1848*. Stuttgart, Bonn 1983, S. 214–232.
Feilchenfeldt, Konrad: „Bettine, Rahel und Varnhagen". In: Bettine-Katalog, 1985, S. 233–243.
Feilchenfeldt, Konrad: „Rahel Varnhagens ‚Geselligkeit' aus der Sicht Varnhagens. Mit einem Seitenblick auf Schleiermacher". In: Hartwig Schultz (Hg.): *Salons der Romantik. Beiträge eines Wiepersdorfer Kolloquiums zu Theorie und Geschichte des Salons*. Berlin, New York 1997, S. 147–169.

1.4.a Rahel Varnhagen

Gatter, Nikolaus: „„... sie ist vor allen die meine ...': Die Sammlung Varnhagen bis zu ihrer Katalogisierung". In: N. Gatter (Hg.): *Wenn die Geschichte um eine Ecke geht.* Berlin 2000, S. 239–271.

Günzel, Klaus: „Ein Jude fordert Genugtuung. Turbulenzen um ein Duell, das 1811 nicht stattfand". In: Uwe Schultz (Hg.): *Das Duell. Der tödliche Kampf um die Ehre.* Frankfurt a.M., Leipzig 1996, S. 170–183.

Hahn, Barbara: „Rahel Levin Varnhagen und Bettina von Arnim: Briefe, Bücher, Biographien". In: Annegret Pelz [u.a.] (Hg.): *Frauen – Literatur – Politik.* Berlin, Hamburg 1988, S. 115–131.

Hahn, Barbara: „Der Mythos vom Salon. ,Rahels Dachstube' als historische Fiktion". In: Hartwig Schultz (Hg.): *Salons der Romantik. Beiträge eines Wiepersdorfer Kolloquiums zu Theorie und Geschichte des Salons.* Berlin, New York 1997, S. 213–234.

Hahn, Barbara: „,Eine Impertinenz': Rahel Levin liest Achim von Arnim". In: Walter Pape (Hg): *Arnim und die Berliner Romantik: Kunst, Literatur und Politik.* Tübingen 2001, S. 223–231.

Härtl, Heinz: „Romantischer Antisemitismus. Arnim und die ,Tischgesellschaft'". In: *Weimarer Beiträge* 33 (1987), S. 1159–1173.

Humboldt, Wilhelm von, und Caroline von Humboldt: *Wilhelm und Caroline von Humboldt in ihren Briefen.* Bd. 4: *Federn und Schwerter in den Freiheitskriegen. Briefe 1812–1815.* Hg. v. Anna von Sydow. Berlin 1910.

Isselstein, Ursula: „Rahel und Brentano. Analyse einer mißglückten Freundschaft, unter Benutzung dreier unveröffentlichter Briefe Brentanos". In: Jb FDH 1985, S. 151–201.

Isselstein, Ursula: „Die Titel der Dinge sind das Fürchterlichste! Rahel Levins ,Erster Salon'". In: Hartwig Schultz (Hg.): *Salons der Romantik. Beiträge eines Wiepersdorfer Kolloquiums zu Theorie und Geschichte des Salons.* Berlin, New York 1997, S. 171–212.

Lund, Hannah Lotte: *Der Berliner „jüdische Salon" um 1800.* Berlin, Boston 2012.

Neuhaus-Koch, Ariane: „Bettine von Arnim im Dialog mit Rahel Varnhagen, Amalie von Helvig, Fanny Tarnow und Fanny Lewald". In: Gertrude Cepl-Kaufmann (Hg.): *„Stets wird die Wahrheit hadern mit dem Schönen".* Festschrift für Manfred Windfuhr. Köln, Wien 1990, S. 103–118.

Nordmann, Ingeborg: „Begegnungen – Verfehlungen: Bettine von Arnim und Rahel Levin Varnhagen". In: Wolfgang Bunzel, Kerstin Frei u. Mechtild M. Jansen (Hg.): *„Mit List und ... Kühnheit ... Widerstand leisten": Bettine von Arnims sozialpolitisches Handeln zwischen Privatheit und Öffentlichkeit.* Berlin 2010, S. 31–44.

Puschner, Marco: *Antisemitismus im Kontext der Politischen Romantik. Konstruktionen des „Deutschen" und des „Jüdischen" bei Arnim, Brentano und Saul Ascher.* Tübingen 2008.

Scurla, Herbert: *Begegnungen mit Rahel. Der Salon der Rahel Levin.* Berlin 1962.

Stern, Carola: *Der Text meines Herzens. Das Leben der Rahel Varnhagen.* Reinbek bei Hamburg 1994.

Varnhagen, Rahel: *Gesammelte Werke.* Hg. von Konrad Feilchenfeldt, Uwe Schweikert u. Rahel F. Steiner. 10 Bde. München 1983. [= Rahel Bibliothek]

Varnhagen, Rahel: *Rahel. Ein Buch des Andenkens an ihre Freunde.* 6 Bde. Hg. von Barbara Hahn. Mit einem Essay von Brigitte Kronauer. Göttingen 2011.

Wülfing, Wulf: „Zur Mythisierung der Frau im Jungen Deutschland". In: *Zeitschrift für deutsche Philologie* 99 (1980), S. 559–581.

1.4.b Karl August Varnhagen von Ense
Nikolaus Gatter

1. Quellen 232
2. Rahel Varnhagen und die Briefbücher 234
3. Varnhagen zu Bettina von Arnims Goethe-Rezeption 235
4. Geselliger Verkehr, literarische Pläne 236
5. Varnhagen zu Bettina von Arnims politischen Aktivitäten . . . 237
6. Geistesverwandtschaft und Andenkenpflege 238
7. Literatur 239

Die Bedeutung Karl August Varnhagens von Ense (1785–1858) für Bettina von Arnims literarisches und politisches Wirken und ihren Nachruhm ist kaum zu überschätzen. Uneigennützig diente der Schriftsteller, Historiker, Literaturkritiker, Diplomat und Sammler von Lebenszeugnissen Bettina als Berater, förderte ihre Anliegen publizistisch und persönlich und half, ohne sie immer vor Fehlgriffen bewahren zu können, bei Publikations- und Editionsvorhaben. Obwohl sie nie auf Duzfuß standen, handelte es sich um eine manche Krisen und Wechselfälle überdauernde „fünfundzwanzigjährige Freundschaft" (Bunzel 1989, 239).

1. Quellen

In der ‚Sammlung Varnhagen' (im Folgenden zit. als SV) finden sich Briefe und Manuskripte Bettina von Arnims, annotierte Bücher (u.a. Kleinschriften mit aufgelösten Pseudonymen), Bettina betreffende Zeitungsausschnitte und Äußerungen Dritter, an Bettina gerichtete Briefe und weitere aus ihrem familiären Umfeld. Anekdotische Notizen Varnhagens enthielt die von seiner Nichte und literarischen Erbin Ludmilla Assing (1821–1880) edierte Briefauswahl (vgl. Varnhagen 1, 261–273). Für die 1830er Jahre, als Bettina zu einer international wahrgenommenen Autorin heranreifte, sind Varnhagens Briefe außerhalb der Sammlung eine ergiebige biographische Quelle.

Genutzt wurde dies bis weit ins 20. Jahrhundert nur mit Argwohn. Von „widerlichen Umarmungen des greisen vampyrischen Varnhagen" (Sauer 1920, 729) war die Rede, von „hämischen Bemerkungen, mit denen Varnhagen in seinen Aufzeichnungen nicht sparte" (Drewitz 1981, 129). Auch wurde behauptet, dass er „ungeprüfte Tatsachen, Gerede und Klatsch als wichtige Geschehnisse" notierte, gar „alles hellhörig aufzufassen" suchte, „was Bettinas Stellung in der Gesellschaft Berlins abträglich sein konnte" (Milch 1968, 216–217). Dieser Skepsis ist entgegenzuhalten, dass „eine originelle und große Persönlichkeit […], an deren Integrität nicht zu zweifeln ist" (Schultz 1985, 20), auch strapaziöse Eigenarten an den Tag legen kann. Varnhagen „übte nur eine

---

© 2019 Nikolaus Gatter, Köln

Pflicht gegen die Geschichte, wenn er Bettinens Bild durch die unmittelbaren Züge ihres lebendigen Auftretens uns vergegenwärtigte" (Düntzer 1865, 218).

Anderen erschienen seine „Urteile [...] wetterwendisch, voller Widersprüche" (Kalischer 1895, 48) oder „in sich je nach Stimmung und Laune widersprüchlich" (Frühwald 1977, 75), da Bettinas komplexe Persönlichkeit mal kritisch-distanziert, dann wieder „mit herzlicher Theilnahme geschildert" wird ([Schmidt] 1859, 237). Ein fortlaufender Kommentar, der die prozesshafte Vorläufigkeit einer Bewusstseins- und Meinungsbildung abbildet, generiert kein abschließendes, jeder Revision enthobenes Bekenntnis. An Hermann von Pückler-Muskau schrieb Varnhagen über Bettina: „Sie ist ein Thema, das man so leicht nicht auf's Reine bringt, und über das man fast mit jedem Tage sein Urtheil neu stellen muß, wenn dasselbe auch oft nur ein früheres wiederholt und bestätigt" (11. Oktober 1833, in: Pückler/Varnhagen 1874, 172). Dem einstigen Gesandten Karl Gustav von Brinckmann beschied er: „Ein Blatt reicht hier nicht aus, und vielleicht ein Buch nicht" (19. September 1842, Brinckmann-Archiv Trølle Ljungby, Stockholm), und mahnte: „Es ist nicht leicht, mit Bettinen fertig zu werden, in der Schilderung wie im Leben. Lassen Sie indeß reichlich Platz für das Beste, er wird nicht leer bleiben; die Frau hat eminente Eigenschaften!" (20. Februar 1839, Brinckmann-Archiv Trølle Ljungby, Stockholm)

Wieder andere bezweifelten pauschal die Glaubwürdigkeit des Berichterstatters, dessen Nachlasspublikationen der denkbar schärfsten Kritik aus unterschiedlichster Perspektive ausgesetzt waren (vgl. Gatter 1996). „Alles, was Varnhagen [...] sagt, ist natürlich wahrheitswidrig", behauptete der Sekretär von Bettinas Schwiegersohn Herman Grimm, Reinhold Steig (1901, 639), der zudem unterstellte, Papiere aus Bettinas Besitz seien „absichtlich beseitigt" (ebd., 635) und einer tendenziösen Zensur unterworfen worden (vgl. Steig 1894, 295; ihm folgt Arendt 1959, 176). Doch übte die Brentano-Familie selbst politischen Druck aus, um Schenkungen Bettinas an Varnhagen in der Königlichen Bibliothek (die heutige Staatsbibliothek zu Berlin) zu sekretieren; 1911 gelang es ihr, Briefe aus Assings Vermächtnis gegen einen Brentano-Dramenentwurf einzutauschen (vgl. Gatter 2000, 253–258; Landfester 2000, 46–48). Eine von Steig angekündigte textkritische Begründung der Vorwürfe erfolgte nie (vgl. Mallon 1931, 464); der Manuskriptbefund in der Sammlung der Biblioteka Jagiellońska in Kraków (im Folgenden zit. als BJ) lässt vielmehr auf eine „vorbildliche Archivierungspraxis" (Bunzel 1989, 238) schließen.

Spätestens seit Rahel Varnhagens Tod 1833 zählte Bettina von Arnim (wie Pückler oder Alexander von Humboldt) zu denjenigen Zeitgenossen, über die Varnhagen, teils unter wörtlicher oder indirekt zusammenfassender Wiedergabe von Gesprächen, jede Begegnung protokollierte. Von ihren Informationen lebt das Aufzeichnungssystem, das Varnhagen mit seiner Diaristik installierte; es überliefert daher auch Nachrichten aus in der Regel unzugänglichen Soziotopen (Königshof, Ministerien, Akademien u. a.). So konterkariert es die offiziöse Geschichtsschreibung, dokumentiert in der zensurierten Presse verschwiegene Ereignisse und enthält eine Fülle von Details aus Bettinas Alltags- und Familienleben.

Zwei derartige Konvolute entstanden 1819 bis 1830 (*Tagesbemerkungen*) und 1834 bis 1858 (*Tagesblätter*; beide BJ, SV 252–256, im Folgenden zit. als Tbl); jene wurden vollständig als *Blätter aus der preußischen Geschichte* (1868–1869, im Folgenden zit. als BpG), diese nur zu einem Drittel als *Tagebücher* (1861–1870 [= Varnhagen 2]) gedruckt. Beim Abschluss der Publikation unter dem Reihentitel *Aus dem Nachlaß Varnhagen's von Ense* äußerte ein Rezensent, Bettina sei die eigentliche „Heldin dieser letzten Jahrgänge" ([Anon.] 1871, 299). Sie belegen auch die Provenienz Arnim'scher Familienpapiere in der SV: Ludmilla Assing hatte für Bettina Abschriften angefertigt, als Varnhagens Dienste an der Herausgabe der Werke Achims von Arnim mit einer großen Zustiftung zu seiner Autographensammlung belohnt wurden. Dabei „ließ sie das Wort fallen, es ahnde ihr, daß es doch bald mit ihr vorbei sein könne, da sei manches besser bei mir aufgehoben!" (Varnhagen 2, Bd. 12, 155) Bettina habe ihm „an tausend handschriftliche Blätter geschenkt", erfuhr Humboldt, dessen Briefe ebenfalls dazu gehörten, von Varnhagen (13. September 1856, in: Humboldt/Varnhagen 1860, 319; vgl. Tbl, 4.–19. September 1856; Varnhagen 2, Bd. 13, 144–157).

2. Rahel Varnhagen und die Briefbücher

Älter als Bettina von Arnims Bekanntschaft mit Varnhagen war die mit seiner Verlobten gewesen: Rahel Robert, vormals Levin, traf mit Bettina zum ersten Mal im Sommer 1810 zusammen. Allerdings kam es sogleich zu Verstimmungen über die konkurrierende, unterschiedlich akzentuierte Goethe-Verehrung sowie judenfeindliche Bemerkungen Bettinas (vgl. Feilchenfeldt 1985, 238). Ein ähnlicher Konflikt, den Karl August 1811 mit ihrem Bruder Clemens in Böhmen erleben sollte, gipfelte, nach Schmähungen Rahels und anderer gemeinsamer Bekannter, zwar nicht im zeittypischen Duell, aber wohl in der Verbreitung eines Gerüchts von Handgreiflichkeiten. Bettina selbst lernte Varnhagen im Herbst 1812 bei Elisabeth von Staegemann kennen (vgl. Varnhagen 1, 262).

1814 heiratete er Rahel Robert und trat als Diplomat in preußische Dienste. Nachdem Varnhagen im Herbst 1819 seines Postens als Minister-Resident in Baden enthoben worden war, kehrte das Ehepaar nach Berlin zurück und kam mit der inzwischen ebenfalls verheirateten Bettina bei geselligen Anlässen zusammen (vgl. BpG, Bd. 1, 81; Bd. 2, 218; Bd. 4, 235 u. 321). Besuche Bettinas im Varnhagen-Salon und sonstige Begegnungen sind erst seit 1827 überliefert (vgl. Varnhagen 1, 277–278, 281–283, 293, 295 u. 314–315; BpG, Bd. 5, 237, 277 u. 296), was mit Achim von Arnims auf Gegenseitigkeit gegründeten Ressentiments gegen Rahel zusammenhängt (vgl. Böttger 1990, 181–182; Hahn 2001, 223). Karl August kannte Arnim seit seiner Studienzeit (1806), respektierte ihn als literarische Größe (vgl. Feilchenfeldt 2001, 24–25) und widmete ihm auf Bettinas Wunsch einen Nekrolog (vgl. Varnhagen von Ense 1990, 286–289). Dafür registrierte er dankbar Bettinas Anteilnahme an Rahels Erkrankung im April 1829 (vgl. BpG, Bd. 5, 201–202) und die Pflege, die sie ihr später bis zum Vorabend ihres Todes angedeihen ließ (vgl. Feilchenfeldt 1985, 239). Als Mitgenannte erhielt Bettina den aus Briefen der Verstorbenen komponierten einbändigen Privatdruck *Rahel. Ein Buch des Andenkens für ihre Freunde* (5. August 1833, in: Varnhagen 1, 317).

Varnhagen ersetzte Bettina mehrmals von ihr verschenkte Exemplare (vgl. Tbl, 13. August 1850); wenn sie bei solcher Gelegenheit bekannte, „daß ich so lange über die Frau geschwiegen, daß ich wenigstens nicht nach Gebühr von ihr gesprochen" (Tbl, 25. Januar 1846), spielte sie auf epidemisch gewordene Vergleiche Rahels mit Bettina in der Literaturkritik an (vgl. Feilchenfeldt 1985; Hahn 1988; GW 2, 929–939). Mit diesen wurde der Witwer häufig konfrontiert (vgl. Tbl, 22. August 1835, 30. September 1835, 12. Oktober 1835 u. ö.), der Bettina eher neben George Sand (vgl. Tbl, 28. Mai 1837; Varnhagen 2, Bd. 1, 50) und Voltaire (vgl. Varnhagen 2, Bd. 3, 71) zu stellen geneigt war. Autoren des sogenannten Jungen Deutschland (Theodor Mundt, Karl Gutzkow, Gustav Kühne, Moriz Carriere), aber auch diesem ferner Stehende wie Ernst von Feuchtersleben (vgl. Tbl, 15. Oktober 1837), Fanny Tarnow oder Ottilie von Goethe bewunderten beide Frauen, die „in zwei divergirenden Richtungen den Begriff weiblicher Genialität vollendet zur Erscheinung bringen" ([Anon.] 1835).

Von Gegnern (z.B. Menzel 1835; Rosenberg 1835) wurde das Erscheinen des *Goethebuchs* (Frühjahr 1835) kurz nach der Buchhandelsausgabe von *Rahel* (Spätsommer 1834) als Vordringen indiskreter, weiblicher Briefkultur in die Hochliteratur skandalisiert. In der Endphase ihres Vorhabens war Bettina in Weimar und begegnete Varnhagen – „wenig Anziehung, sie verlegen, ich kühl" – bei Ottilie von Goethe (Tbl, 15.–16. September 1834). Eine Woche zuvor hatte er der Großherzogin Maria Pawlowna neben acht anderen Frauen Bettina als Mitglied einer projektierten Goethe-Gesellschaft vorgeschlagen (vgl. Varnhagen von Ense 1990, 763; Urschrift im Thüringischen Landesarchiv, Weimar, HAA XXV Korrespondenzen M 198, Bl. 12–14).

3. Varnhagen zu Bettina von Arnims Goethe-Rezeption

Vorbehalte angesichts zweifelhafter Texte und Datierungen im *Goethebuch* – Bettinas Liebe zu Goethe sei „großentheils die des Raubthiers zu seiner Beute" (Varnhagen an Karl Hermann Scheidler, 3. März 1835, in: Rölleke 1999, 369) – nahm Varnhagen als Mitbegründer der *Jahrbücher für wissenschaftliche Kritik*, der die „enthusiastische Rezension" von Christian Hermann Weiße betreute, zurück: „[W]as ich gegen Bettinen und ihr Buch zu sagen habe, kann ich nur sagen, wenn ihr Werth schon völlig anerkannt ist! Wo sie überschätzt wird, darf ich einreden; wo man sie herabsetzt, muß ich sie vertheidigen. Mit Rahel darf man sie nur vergleichen, insofern das litterarische Auftreten [...] zweier geistig ausgezeichneten Frauen dabei in Betracht kommt; dem Wesen, dem Gehalt und der Richtung nach ist gar keine Ähnlichkeit!" (Tbl, 21. September 1835)

Allerdings mutmaßte Varnhagen, Bettina wolle „eigentlich die Tochter Goethe's [...], sein wirkliches Kind" zu sein vorgeben (Tbl, 11. Oktober 1837).

Zwanzig Jahre später fürchtete er, sein Exemplar des *Goethebuchs* (vgl. Staatsbibliothek zu Berlin, Bibl. Varnhagen 2298, 2299 u. 2300) könne „in unvertraute Hände kommen [...], da die hinzugeschriebenen Bemerkungen leicht Anstoß erregen könnten, wenn Bettina von Arnim davon hörte" (Varnhagen an Elisabeth von Putlitz, 6. September 1855, Universitätsbibliothek Köln). Dennoch blieb der Dichter der wichtigste Kristallisationspunkt der beiderseitigen Beziehung, etwa wenn Bettina im Salon der Henriette Solmar Varnhagen Briefe von Goethes Mutter zu lesen gab (vgl. Tbl, 4. September 1838) oder für die Überlassung der eben erschienenen Sammlung *Goethe's Briefe an die Gräfin Auguste zu Stolberg* dankte (27. Oktober 1838, in: GW 4, 336; vgl. Varnhagen 2, Bd. 1, 107–108), und selbst im Traum, wo Varnhagen Goethe über Bettina räsonieren hörte (vgl. Varnhagen 2, Bd. 1, 72–73). Diese Rezeption war kein allem Irdischen entrückter ‚Kult', sondern blieb ihrer Zeitgenossenschaft verpflichtet. Eine Jubiläumsschrift, die Bettina im Goethejahr 1849 mit Varnhagen plante, sollte „zusammenstellen, was er politisch Bedeutendes und auf unsre Zeit Anwendbares gesagt" (Tbl, 3. Juni 1848; vgl. Landfester 2000, 360).

4. Geselliger Verkehr, literarische Pläne

Lektürevorschläge (vgl. Tbl, 15. Mai 1838), Besucherempfehlungen (vgl. Tbl, 22. Januar 1838), Treffen bei Kunstausstellungen (vgl. Tbl, 10. Oktober 1836) und Theaterabenden (vgl. Tbl, 15. Mai 1838; Varnhagen 2, Bd. 1, 102–103), Besuche und Aussprachen führten die Frankfurterin und den gleichaltrigen Rheinländer im preußischen Berlin regelmäßig zusammen. Bettina von Arnim fühlte sich, wenn Varnhagen ihr seine *Denkwürdigkeiten und vermischten Schriften* zusandte, „wie irgend ein junges Mädchen geschmeichelt und gekirrt durch Ihre Bewerbung um meinen Beifall" (2. Dezember 1846, in: GW 4, 467). Seinen „Mangel, in welchem ich doch fast immer lebe, und den ich früher, an Rahel's Seite, so gar nicht kannte", kompensierte sie durch „neue, große Gedanken, [...] Witz und wundervolle Laune" (Tbl, 27. Januar 1838). Später kommentierte Varnhagen Lebensverhältnisse und erste künstlerische Versuche von Bettinas Töchtern (vgl. Tbl, 13. März 1840, 16. April 1840 u.ö.).

Pläne für das *Günderodebuch* – nach Bettinas Meinung „zu runkunkelig" für seinen Geschmack (Tbl, 13. Oktober 1840) – wurden früh diskutiert (vgl. Tbl, 4. September 1838 u. 16. April 1840). Das Ergebnis bereitete Varnhagen als „ächte Dichtung, aber Dichtung einer früheren Zeit" Unbehagen: „Bettine greift als handelnde Person besser ein, denn als schreibende; was sie jetzt für Grimm's thut und spricht, was sie an den König richtet, das ist bedeutender, als was sie gedichtet hat" (Tbl, 20. Oktober 1840). In das Engagement für die ‚Göttinger Sieben' (vgl. Bw Grimm; Thielenhaus 1993) und die Berufung von Jacob und Wilhelm Grimm ließ sich Varnhagen trotz starker Zweifel an Bettinas Behauptung, „mit jenen einstimmig viel Gutes von mir gesprochen zu haben" (Tbl, 17. Dezember 1838), involvieren. Er übermittelte die Kommunikation Bettinas mit Alexander von Humboldt und dem damaligen

Kronprinzen, die dem Brüderpaar die Ansiedlung in Berlin anempfehlen und ermöglichen, aber auch anderen aus Hannover ausgewiesenen Professoren den Weg nach Preußen ebnen sollte. Briefe, die nach Art einer ‚Stillen Post' sukzessiv bis zur Mitteilbarkeit abgeändert wurden, steigerten den Druck auf Entscheider und enthüllten die Motive der Berliner Professoren und des Kultusministers Eichhorn, der Berufung entgegenzuwirken (vgl. Ziegengeist 1995; Gatter 1996, 158–164).

5. Varnhagen zu Bettina von Arnims politischen Aktivitäten

Bettinas Verteidigung des Komponisten Gaspare Spontini hielt Varnhagen für weniger zielführend (vgl. Ziegengeist 1997, 82 u. 105–106). In dieselbe Zeit – April/Mai 1841 – fällt seine und Humboldts Indienstnahme als Vermittler der Zueignung für das *Königsbuch*, die vom inzwischen inthronisierten Friedrich Wilhelm IV. genehmigt werden musste (vgl. ebd., 82, 89–90, 92, 97–98 u.ö.). Varnhagen billigte Bettinas Versuche, mit ihrer Korrespondenz den König zu beeinflussen, soziale Gerechtigkeit für die verarmten Bevölkerungsschichten einzufordern und für Verhaftete oder Verurteilte Amnestie zu erwirken. Schon um ihre Appelle für den inhaftierten Friedrich Wilhelm Schlöffel nicht zu gefährden, hätte er keine Indiskretion begangen, die ihm Bettina offenbar zutraute (vgl. Bunzel 1989, 233–234); vielmehr beklagte er selbst, dass die *Revue de Paris* einen Brief George Sands an Bettina veröffentlichte und „über die beiden Frauen, welche den Kommunismus einführen wollen", spottete (Tbl, 30. Mai 1845).

Wenig später suchte Bettina von Arnim, Prinz Wilhelm, den späteren deutschen Kaiser Wilhelm I., für ihre Anliegen zu gewinnen, und „sprach ein paar Stunden lebhaft in ihn hinein, über den Staat, über die schlechten Minister, über die Unschuld Schlöffel's, die kühnsten und schärfsten Dinge", was, so Varnhagens Befürchtung, „leicht das Verhältniß zum Könige zerstören" könne (Tbl, 6. Juni 1845); bisher habe sie gut daran getan, „sich aus diesen Kreisen fern zu halten" (Tbl, 7. Juni 1845). Schätzte Varnhagen das Vorhaben einer beratenden Lenkung des Königs nach 1848 als „sinnlos" ein (Landfester 2000, 310–311), so nahm er doch Anteil am Briefwechsel mit Friedrich Wilhelm IV. Die 1852 veröffentlichten *Gespräche mit Daemonen* hatte Varnhagen zuvor in immer neuen Fassungen gelesen (vgl. Greiling 1992, 152) und schließlich, als Beilage für Bettinas letztes Schreiben an den König vom 3. August 1852 (Bw Friedrich Wilhelm IV., 268–270), anonym rezensiert. Aufschlussreich ist seine Selbstrechtfertigung, weil er „nicht meine Meinung, nicht eine Kritik" geschrieben habe, „sondern das für Bettinens persönliche Lage Vortheilhafte, Nothwendige, um arglistigen Auslegungen im voraus zu begegnen; unaufrichtig ist das keineswegs, indem ich das Buch gegen die Ketzerrichter, Frömmler und Polizeiknechte doch aus Grund des Herzens vertheidige, wenn mir auch sonst vieles daran nicht recht ist" (Tbl, 23. Juni 1853).

Solche Differenzierung von eigenem und veröffentlichtem Urteil mag ambivalent erscheinen, reflektiert jedoch nur, dass Varnhagen angesichts des

Erstarkens der preußischen Reaktion ein rein literarischen Kriterien verpflichtetes, um politische Folgen unbekümmertes Urteil versagt war. Mitunter hielt er sich zurück, um den Dialog nicht zu gefährden: „Bettina spricht übrigens so hochtrabend und eitel über ihre eigne Geltung und Einwirkung, daß ich alle Fassung nöthig habe, um ihr nicht zu verrathen, was ich denke" (Tbl, 18. Juni 1847). Den Revolutionsereignissen vom Frühjahr 1848 ging ein Auseinanderleben voraus; *Ilius Pamphilius und die Ambrosia* (1847/48) erhielt Varnhagen „ganz unerwartet, ich dachte nicht mehr so in Gnaden zu stehen!" (Tbl, 10. Februar 1848; vgl. Varnhagen 2, Bd. 4, 244) Der dialektische Pakt von Werbung und Bewunderung, den jede zwischenmenschliche Beziehung voraussetzt und anstößt, ging erneut auf, als sich Bettina aktiv um Varnhagens Gunst bemühte: „Sie bittet mich, ich solle ihr alles verzeihen, soll wieder ihr alter Freund sein, ich sei der einzige, dessen Wort ihr wohlthue, sie erquicke und aufhelle!" (Varnhagen 2, Bd. 4, 400)

Seine Hinwendung zur radikalen Demokratie (anders sieht das Greiling 1992, 150) vollzog Bettina nicht mit, soweit sie am Ideal eines von weisen Beratern umgebenen Königs festhielt, obwohl sie den regierenden einen „Haderlumpen zum Wegwerfen" (Tbl, 28. April 1848) nannte. In der Beurteilung vieler Tagesfragen und Zeitgenossen stimmte sie mit Varnhagen überein (vgl. Tbl, 27. März 1849, 30. November 1853 u. ö.) und entwickelte mit den Polen- und Ungarn-Schriften Perspektiven, die Varnhagen im Begriff künftiger ‚Vereinigter Staaten von Europa' fasste (vgl. Varnhagen 2, Bd. 7, 2, 41, 190 u. 427; Bd. 8, 132 u. 260; Bd. 9, 74; Bd. 11, 297). Während er sich mit einst verfolgten ‚Jungdeutschen' überwarf, die nun den osteuropäischen Völkern Freiheit und Nationsbildung verweigern wollten, festigte sich ihr Bündnis: „Bettina von Arnim ist wieder hier", schrieb Varnhagen an Moriz Carriere, „hält es mehr als je mit dem Volke, mit den Polen, und mit den Franzosen, setzt auf unser Treiben geringe Hoffnung" (29. Mai 1848, BJ, SV 43).

6. Geistesverwandtschaft und Andenkenpflege

Konspiratives, zum Beispiel Bettinas Vorbereitungen zur Befreiung Gottfried Kinkels aus Spandau, lässt sich den *Tagesblättern* nicht entnehmen. Sehr selten wurde erkennbar Geschriebenes getilgt oder ausgeschnitten (wie in Tbl, 12. Februar 1840 nach den Worten „An Bettina von Arnim nach Baerwalde geschrieben, und an"). Unklar bleibt, wem Varnhagen eine von Assing gedruckte Charakteristik ihrer Beziehung sandte (Auslassung des Namens im Briefjournal, 12. März 1837, BJ, SV 250). In diesem Brief war von „Geistesverwandtschaft" mit Bettina die Rede, einer „Blutsverwandtschaft" vergleichbar, die Varnhagen „nie aufgeben" könne: „Sobald sie will, sobald sie sich wieder zu mir wendet, bin ich für sie da, findet sie mich wieder als den, welchen sie verlassen hat; ich bin ihr gern zu allen Diensten bereit, und helfe ihr zu allem Guten" (Varnhagen 1, 273). Mit Angehörigen stand Bettina hingegen „in traurigstem Mißbehagen", was sie laut Varnhagen „heldenmüthig und geistesstark" ertrage, weil sie „nicht das weiche Herz wie Rahel" habe

(Tbl, 12. November 1840). Die leidvolle Entfremdung von Kindern und Schwiegerkindern (vgl. Tbl, 31. Mai 1844, 10. August 1856, 21. August 1856) motivierte wohl auch ihre Zuneigung, wenn sie etwa mit dem Gruß eintrat: „Varnhagen, ich komme heute zu Ihnen, weil ich es zu Hause nicht aushalten kann!" (Tbl, 28. August 1856, vgl. Varnhagen 2, Bd. 13, 134)

Bettinas Familie hat ihrer Erinnerungspolitik entgegenwirken wollen, indem Armgart von Arnim Schenkungen von Varnhagen zurückverlangte und „nun sämmtlich unter ihren Beschluß" nahm (Varnhagen 2, Bd. 14, 322). Ein entsprechendes Billet soll ihre Mutter zum Einverständnis mit drei Kreuzen unterzeichnet haben (vgl. Landfester 2000, 44–45; Tbl, 24. Juli 1858), was schwerlich zu Schreibübungen nach Goethe-Gedichten aus Bettinas Rekonvaleszenz von ihrem Schlaganfall im Februar 1858 passt. Sei es, dass Bettina allzu „schenkselig" (Varnhagen 2, Bd. 13, 144) gewesen war, sei es, dass sich „Bedenken, mir [...] Briefe von Clemens Brentano an dessen Frau mitzutheilen" (Tbl, 18. September 1856), durchsetzten: Die gewünschten Papiere wurden restituiert. „Dieser Sachen bin ich nun glücklicherweise ledig", notierte Varnhagen (Tbl, 22. August 1858), und die Familie gab sich zufrieden, bis Lujo Brentano 1891 weitere Ansprüche an das zehn Jahre zuvor der Königlichen Bibliothek überstellte Vermächtnis Ludmilla Assings erhob.

Ein letzter Besuch am 9. Oktober 1858, bei dem sich Bettina „mißbehaglich und verstimmt" zeigte und „an Langerweile" litt – nur die Erwähnung des Goethe-Denkmals weckte „lebhaftere Aufmerksamkeit" (Varnhagen 2, Bd. 14, 414) –, verlief hinsichtlich der Gespräche Varnhagens mit ihren Angehörigen harmonisch. Am folgenden Abend verstarb der langjährige Freund und Vertraute. Eine „für die Zukunft, in weiter Ferne" projektierte Biographie Bettinas aus der Feder Ludmilla Assings, „wozu sie Hülfsmittel hat, wie niemand sonst" (Tbl, 16. Dezember 1856), wurde wohl mit Rücksicht auf die Familienproblematik nie geschrieben.

7. Literatur

[Anon.]: „Erinnerung an den 18. Oktober 1813. (Vorgelesen im Museum am 16. Okt.)". In: *Frankfurter Oberpostamts-Zeitung*, Jg. 1835, Nr. 289 v. 18. Oktober 1835, unpag.

[Anon.]: „Aus Varnhagen's Nachlaß". In: *Blätter für literarische Unterhaltung*, Jg. 1871, Nr. 18 v. 27. April 1871, S. 273–278, und Nr. 19 v. 4. Mai 1871, S. 293–300.

Arendt, Hannah: *Rahel Varnhagen. Lebensgeschichte einer deutschen Jüdin aus der Romantik*. München 1959.

Böttger, Fritz: *Bettina von Arnim. Ein Leben zwischen Tag und Traum*. 3. Aufl. Berlin 1990.

Bunzel, Wolfgang: „Bettine von Arnim und Karl August Varnhagen von Ense. Ein Abriß ihrer politisch-literarischen Zusammenarbeit". In: Jb BvA 3 (1989), S. 223–247.

Bunzel, Wolfgang: „‚Eine der bedeutendsten politischen Erscheinungen unsrer Zeit': Karl August Varnhagen von Ense als Rezensent der ‚Polenbroschüre' Bettine von Arnims". In: Claudia Christophersen u. Ursula Hudson-Wiedemann (Hg.): *Romantik und Exil*. Festschrift für Konrad Feilchenfeldt. Würzburg 2004, S. 194–208.

Drewitz, Ingeborg: *Bettine von Arnim. Romantik, Revolution, Utopie*. München 1981.

Düntzer, Heinrich: „Bettina und Varnhagen". In: *Bremer Sonntagsblatt* 13 (1865), Nr. 28 v. 9. Juni 1865, S. 217–221.
Feilchenfeldt, Konrad: „Bettine, Rahel und Varnhagen". In: Bettine-Katalog, 1985, S. 233–243.
Feilchenfeldt, Konrad: „Arnim und Varnhagen: Literarisch-publizistische Partnerschaft und Rivalität im Kampf um die ‚deutsche Nation' 1806–1814". In: Walter Pape (Hg.): *Arnim und die Berliner Romantik: Kunst, Literatur und Politik.* Tübingen 2001, S. 23–39.
Frühwald, Wolfgang: *Das Spätwerk Clemens Brentanos (1815–1842). Romantik im Zeitalter der Metternich'schen Restauration.* Tübingen 1977.
Gatter, Nikolaus: „*Gift, geradezu Gift für das unwissende Publicum". Der diaristische Nachlaß von Karl August Varnhagen von Ense und die Polemik gegen Ludmilla Assings Editionen.* Bielefeld 1996.
Gatter, Nikolaus: „‚... sie ist vor allen die meine ...': Die Sammlung Varnhagen bis zu ihrer Katalogisierung". In: N. Gatter (Hg.): *Wenn die Geschichte um eine Ecke geht.* Berlin 2000, S. 239–271.
Greiling, Werner: „Ein ‚alter Freund' Bettines. Zur Revolutionsrezeption und publizistischen Praxis bei Karl August Varnhagen von Ense". In: Walter Schmitz u. Sibylle von Steinsdorff (Hg.): *„Der Geist muß Freiheit genießen ...!" Studien zu Werk und Bildungsprogramm Bettine von Arnims.* Berlin 1992, S. 141–153.
Hahn, Barbara: „Rahel Levin Varnhagen und Bettina von Arnim: Briefe, Bücher, Biographien". In: Annegret Pelz [u. a.] (Hg.): *Frauen – Literatur – Politik.* Berlin, Hamburg 1988, S. 115–131.
Hahn, Barbara: „‚Eine Impertinenz': Rahel Levin liest Achim von Arnim". In: Walter Pape (Hg): *Arnim und die Berliner Romantik: Kunst, Literatur und Politik.* Tübingen 2001, S. 223–231.
Humboldt, Alexander von, und Karl August Varnhagen von Ense: *Briefe von Alexander von Humboldt an Varnhagen von Ense aus den Jahren 1827 bis 1858. Nebst Auszügen aus Varnhagen's Tagebüchern, und Briefen von Varnhagen und Andern an Humboldt.* Hg. v. Ludmilla Assing. Leipzig 1860.
Kalischer, Alfred Christlieb: „Clemens Brentanos Beziehungen zu Beethoven". In: *Euphorion* 2 (1895), Ergänzungsheft 1, S. 36–64.
Landfester, Ulrike: *Selbstsorge als Staatskunst. Bettine von Arnims politisches Werk.* Würzburg 2000.
Mallon, Otto: „Bibliographische Anmerkungen zu Bettina von Arnims Sämtlichen Werken". In: *Zeitschrift für deutsche Philologie* 56 (1931), S. 446–465.
Menzel, Wolfgang: „Damen-Literatur". In: *Literatur-Blatt,* Jg. 1835, Nr. 108 v. 21. Oktober 1835, S. 429–432, und Nr. 109 v. 23. Oktober, S. 433–435.
Milch, Werner: *Die junge Bettine. 1785–1811. Ein biographischer Versuch.* Hg. v. Peter Küpper. Heidelberg 1968.
Pückler-Muskau, Hermann von, und Karl August Varnhagen von Ense: *Briefwechsel zwischen Pückler und Varnhagen von Ense nebst einigen Briefen von Rahel und der Fürstin von Pückler-Muskau.* Hg. v. Ludmilla Assing-Grimelli. Berlin 1874 (= Briefwechsel und Tagebücher des Fürsten Hermann von Pückler-Muskau. Aus dem Nachlaß des Fürsten von Pückler-Muskau, Bd. 3).
Rölleke, Heinz: „Jahresbericht 1998/1999". In: Jb FDH 1999, S. 339–383.
Rosenberg, Karl: „Epistel über die neuere Epistolographie". In: *Gesellschafter oder Blätter für Geist und Herz,* Jg. 1835, Nr. 55–60, 4.–13. April 1835, S. 267–268, S. 272, S. 276, S. 283–284, S. 287–288 u. S. 292.
Sauer, August: „Klassikerausgaben, Neudrucke und Auswahlen". In: *Euphorion* 23 (1920), S. 517–536 u. S. 714–733.

[Schmidt, Julian]: „Bettina". In: *Die Grenzboten. Zeitschrift für Politik und Literatur* 18.1 (1859), Nr. 6 v. 4. Februar 1859, S. 236–238.
Schultz, Hartwig: „Einleitung". In: Bw Grimm, 1985, S. 5–20.
Steig, Reinhold (Hg.): *Achim von Arnim und die ihm nahe standen.* Bd. 1: *Achim von Arnim und Clemens Brentano.* Stuttgart 1894.
Steig, Reinhold: *Heinrich von Kleist's Berliner Kämpfe.* Berlin, Stuttgart 1901.
Thielenhaus, Vera: „Die ‚Göttinger Sieben' und Bettine von Arnims Eintreten für die Brüder Grimm". In: Jb BvA 5 (1993), S. 54–72.
Varnhagen von Ense, Karl August: *Biographien. Aufsätze, Skizzen. Fragmente.* Hg. v. Konrad Feilchenfeldt u. Ursula Wiedenmann. Frankfurt a.M. 1990 (= Varnhagen: Werke in 5 Bänden, Bd. 4).
Varnhagen von Ense, Karl August: *Aus dem Nachlasse Varnhagen's von Ense. Blätter aus der preußischen Geschichte von K.A. Varnhagen von Ense.* 5 Bde. Hg. v. Ludmilla Assing. Leipzig 1868–1869. ND hg. v. Nikolaus Gatter. Hildesheim [u.a.] 2009. [= BpG]
Ziegengeist, Gerhard: „Varnhagen über Bettina von Arnim und die Berufung der Brüder Grimm nach Berlin. Auszüge aus seinen Tageblättern und Briefen 1837–1840". In: *Brüder Grimm Gedenken* 11 (1995), S. 55–79.
Ziegengeist, Gerhard: „Varnhagen von Ense über die Brüder Grimm und ihren Umgangskreis in Berlin". In: *Brüder Grimm Gedenken* 12 (1997), S. 78–117.

1.5. Die Jungdeutschen
Barbara Becker-Cantarino mit Helga Brandes

Die literarisch interessierten Zeitgenossen Bettina von Arnims waren, so Moriz Carriere, wie „von einem glänzenden Meteor freudig überrascht", als 1835 ihr *Goethe's Briefwechsel mit einem Kinde* erschien (zit. nach GW [Härtl] 1, 692). Bettina kannte die Strategien des literarischen Marktes, sie fügte ihr Buch in eine „Serie von dokumentarischen Veröffentlichungen aus der Geschichte gewordenen ‚Kunstperiode' ein, die Goethe selbst mit der Publikation seines Briefwechsels mit Schiller 1829 eröffnet hatte" (Kommentar in: GW 2, 913–914). Persönlich sorgte sie dafür, dass für ihr Buch Werbung gemacht wurde: So hatte sie die Publikation in ihren Kreisen ankündigen lassen und Rezensionen bestellt, unter anderem bei Wilhelm Grimm, Karl Hartwig Gregor von Meusebach und Joseph Görres, den sie beispielsweise aufforderte, „ohne Complimente [zu] sagen: jedermann soll das Buch kaufen, denn es ist schön" (zit. nach ebd., 914). Das Buch machte Bettina zu einer „historischen Berühmtheit" (Kommentar in: ebd.) und die zahlreichen positiven wie negativen Rezensionen erregten Aufmerksamkeit in literarischen Kreisen. Besonders die Vertreter der jungen Intelligenz, die – von der französischen Julirevolution 1830 begeistert – auf grundlegende politisch-soziale Veränderungen auch in Deutschland hoffte, sahen in Bettina eine „Projektionsfigur für ihre emanzipatorischen Ideen" (Kommentar in: ebd., 929). So kam es im Vormärz zur wechselseitigen Kontaktaufnahme (ob auch zur wachsenden Solidarität, sei dahingestellt) zwischen den jungen Autoren der 1830er Jahre, den sogenannten Jungdeutschen (Heinrich Heine, Theodor Mundt, Karl Gutzkow, Heinrich Laube, Ludolf Wienbarg, Ludwig Börne) und Bettina von Arnim, da sie – zunächst unabhängig voneinander – ähnliche gesellschaftspolitische und literarische Interessen in der publizistischen Tätigkeit vertraten. Den Jungdeutschen war Bettina von Arnim vornehmlich eine „symbolische Identitätsfigur" (Simonis 1998, 74), sie galt ihnen als Weggefährtin und teilweise als Vorbild, auch dank ihrer verwandtschaftlichen Beziehungen, ihrer Standeszugehörigkeit zum ‚Adel', und ihres Autorenruhms beim Bildungsbürgertum.

Die Jungdeutschen boten Bettina ihre Journale als Kommunikationsmedien an. Karl Gutzkow etwa gab ihr im Januar 1839 die Möglichkeit, in seiner Zeitschrift *Telegraph für Deutschland* einen offenen Brief zu publizieren, in dem sie sich für die Brüder Grimm einsetzte (siehe III.2.2. *Die Brüder Grimm*). Schon zuvor hatten Gutzkow und Ludolf Wienbarg Bettina zu einem Beitrag für die erste Ausgabe der von ihnen geplanten Zeitschrift *Deutsche Revue* eingeladen: „Profezeien Sie uns die Zukunft, aber lassen Sie die Vögel der Dichtkunst rechts fliegen" (Gutzkow und Wienbarg an Bettina, 15. September 1835, zit. nach Simonis 1998, 75). Mit höflicher Ergebenheitsgeste forderte man Bettina auf, sich weniger poetisch, sondern vielmehr in der neuen, sachlichen Schreibhaltung zu äußern und die *Deutsche Revue* in Bettinas Kreisen und „auch bei den Frauen" (ebd.) bekannt zu machen. Es ging ihnen darum, neue Leser – und eben besonders Leserinnen – in der gesellschaftlich dominierenden Oberschicht publizistisch zu erreichen, wobei sich der aus ärmlichen Verhältnissen stammende Gutzkow (der Vater war Stallmeister bei einem preußischen Prinzen) wie die meisten Jungdeutschen als Berufsschriftsteller zu etablieren suchte. Dabei sollte die Kontaktaufnahme mit der prominenten Frau helfen. 1843 würdigte Gutzkow Bettinas *Königsbuch* als literarische Leistung, lobte ihren „ursprünglichsten Radikalismus", ihre „heißeste, glühendste Menschenliebe" und die „Sokratische Ironie" des Buches (zit. nach Härtl 1992, 213). Wohl mit Blick auf die Gefängnisstrafe, die ihm die Publikation seines Romans *Wally, die Zweiflerin* 1835 eingebracht hatte, bemerkte Gutzkow aber auch, dass „eine Frau, der man die ‚Wunderlichkeit' um ihres Genies und ihrer gesellschaftlichen Stellung willen nachsieht", das sagen durfte, was „jeden Mann hinter Schloß und Riegel würde gebracht haben" (zit. nach Simonis 1998, 66).

Bettina von Arnim blieb interessiert, aber distanziert, insbesondere Heinrich Heine gegenüber, dessen satirische Schreibweise ihrem poetischen Pathos so entgegengesetzt war (vgl. Becker-Cantarino 2008). Sie schloss sich wohl auch aus strategischen Gründen keiner der diffusen, fluktuierenden Gruppierungen des Jungen Deutschland an, zumal deren Schriften 1835 vom Frankfurter Bundestag, dem ständigen Gesandtenkongress aller Mitgliedstaaten des 1815 gegründeten Deutschen Bundes, verboten wurden (siehe III.2.5. *Kampf gegen die Zensur*). Bettina sympathisierte zwar mit den liberalen Literaten des Jungen Deutschland, die sich gegen die restaurative Politik Fürst Metternichs und der Fürsten des Deutschen Bundes sowie gegen die Zensurbeschränkungen auflehnten. Deren Ablehnung des Idealismus, der Klassik und Romantik als apolitisch teilte sie jedoch nicht. Auch waren die Jungdeutschen im Bildungsbürgertum, das, wie Bettina, Goethe und die Kunstperiode verehrte, mit ihren vielen Schriften und Journalen als Berufs- und Vielschreiber ästhetisch verpönt.

Das 1835 durchgesetzte Verbot der Schriften der Jungdeutschen, die freilich auch untereinander konkurrierten, war wahrscheinlich durch eine polemische Rezensionskampagne des einflussreichen Literaturkritikers Wolfgang Menzel, dem Redakteur des *Literatur-Blatts* von Cottas *Morgenblatt für gebildete Stände*, mit veranlasst worden und stand eventuell auch in einem Zusammenhang mit dem (nicht bewiesenen) Verdacht, die Gruppe unterhalte Verbindungen zu dem im selben Jahr gegründeten politisch-revolutionären Bund ‚Junges Deutschland'. Menzel distanzierte sich auch von Bettinas *Goethebuch* und tadelte darin „Affektation", behandelte aber ohnehin alle „Damen-Literatur" abschätzig (zit. nach GW 2, 928). Ähnliche Vorwürfe der etablierten Kritik gegen Bettinas Briefbücher dienten wesentlich mit dazu, „einen gemeinsamen Nenner zwischen B. v. Arnim und den Autoren des Jungen Deutschland zu schaffen" (Simonis 1998, 72).

Bettina zeigte generell Interesse an der nachwachsenden Generation gebildeter Männer, junge Intellektuelle aus dem Großbürgertum – Publizisten, Literaten, Studenten –, die sich gegen die standeskonformen Normen wandten und akademische Denktraditionen infrage stellten. Ihre grundlegende Sympathie für die Autoren des Jungen Deutschland erklärte sie 1839 gegenüber ihrem Schwager, dem Juristen und preußischen Staatsmann Savigny, mit dem Umstand, dass die Gruppe (die genau genommen erst durch das Verbot 1835 zu einer Gruppe hochstilisiert worden war) „von den Philistern angepauzt wird wie von einer Gesellschaft alter Kater": „Junges Deutschland, frische Lebensblüthe unseres edlen Volks! heilige Jugend des väterlichen Landes, aus dessen Kern ein gewaltig Reich voll Heldenthum erwache! [...] Euch soll das Christentum zu Staatsmännern bilden" (November 1839, in: GW 4, 397). Dieses Junge Deutschland waren die privilegierten Akademiker und Studenten, wie sie die (damals noch junge) Berliner Universität als die künftige Generation von Staatsdienern und gesellschaftlich bedeutenden, gebildeten Männern ausbildete. Den ‚Studenten' widmete Bettina denn auch ihr *Günderodebuch*. Sie verstand sich zunächst als Weggenossin, dann als Mentorin und Erzieherin. Und es war dieser Gestus, aus dem heraus die mehr oder weniger vertrauten Beziehungen zu jüngeren Intellektuellen und literarisch interessierten Autoren erwuchsen, ob sie nun dem Jungen Deutschland zugerechnet wurden oder den Junghegelianern.

Literatur

Becker-Cantarino, Barbara: „Bettina von Arnim (1785–1859) und Heinrich Heine (1797–1856) als Zeitgenossen". In: Dietmar Goltschnigg (Hg.): *Harry ... Heinrich ... Henri ... Heine: Deutscher, Jude, Europäer.* Berlin 2008, S. 271–279.

Brandes, Helga: *Die Zeitschriften des Jungen Deutschland. Eine Untersuchung zur literarisch-publizistischen Öffentlichkeit im 19. Jahrhundert.* Opladen 1991.

Härtl, Heinz: „Zur zeitgenössischen publizistischen Rezeption des ‚Königsbuchs'. Mit einem bibliographischen Anhang". In: Walter Schmitz u. Sibylle von Steinsdorff (Hg.): „*Der Geist muß Freiheit genießen ...!" Studien zu Werk und Bildungsprogramm Bettine von Arnims*. Berlin 1992, S. 208–235.
Hauschild, Jan-Christoph, und Heidemarie Vahl (Hg.): *Verboten! Das Junge Deutschland 1835. Literatur und Zensur im Vormärz*. Düsseldorf 1985.
Simonis, Annette: „‚Profezeien Sie uns die Zukunft ...': Allianz und (verborgene) Kontroverse zwischen Bettine von Arnim und den ‚Jungdeutschen'". In: Hartmut Kircher u. Maria Kłańska (Hg.): *Literatur und Politik in der Heine-Zeit. Die 48er Revolution in Texten zwischen Vormärz und Nachmärz*. Köln, Weimar, Wien 1998, S. 65–81.
Wülfing, Wulf: „Zum Mythos von der ‚deutschen Frau': Rahelbettinacharlotte vs. Luise von Preußen". In: Klaudia Knabel, Dietmar Rieger u. Stephanie Wodianka (Hg.): *Nationale Mythen – kollektive Symbole. Funktionen, Konstruktionen und Medien der Erinnerung*. Göttingen 2005, S. 145–174.
Ziegler, Edda: *Literarische Zensur in Deutschland 1819–1848. Materialien, Kommentar*. München, Wien 1983.

1.6. Die Junghegelianer

Barbara Becker-Cantarino

1. David Friedrich Strauß 245
2. Adolf Stahr und Fanny Lewald 246
3. Bruno und Edgar Bauer 247
4. Bettina von Arnim und die liberalen Junghegelianer 250
5. Literatur 251

Die zwischen etwa 1835 und etwa 1848 in Deutschland aktive, gleichwohl lockere Gruppierung der Jung- oder Linkshegelianer – Schüler oder Anhänger von Georg Wilhelm Friedrich Hegel (1770–1831) – war einer der vielen Diskussionszirkel, die als Reaktion auf die damals in Preußen herrschenden repressiven, kulturpolitischen Verhältnissen entstanden (vgl. die Dokumente bei Pepperle/Pepperle 1986). Die Bezeichnung ‚Junghegelianer' wurde erstmals von David Friedrich Strauß verwendet, und zwar konkret für jene Intellektuellen, die in der Kontroverse um sein aufsehenerregendes religionskritisches Buch *Das Leben Jesu, kritisch bearbeitet* (1835/36) Partei für ihn ergriffen hatten. Das Zentrum dieser Junghegelianer war der sogenannte Doctorclub, ein bis 1839 bestehender akademischer Debattierzirkel in Berlin, der sich im Café Stehely am Gendarmenmarkt traf und Kontakte zu ähnlichen Gruppen in Halle, Köln und Königsberg pflegte (vgl. Hertz-Eichenrode 1959). Die Mitglieder publizierten ihre emanzipatorischen Gesellschaftstheorien als Reflex auf sozialpolitische Fragen in der bürgerlichen Gesellschaft zumeist in den 1838 von dem Schriftsteller Arnold Ruge (1802–1880) gegründeten und 1843 schließlich verbotenen *Hallischen Jahrbüchern für deutsche Wissenschaft und Kunst* (ab 1841 *Deutsche Jahrbücher*). Der Hallenser Historiker Heinrich Leo hatte die philosophische Avantgarde in seiner gegen Ruge gerichteten Streitschrift *Die Hegelingen* (1838) als ‚Sekte' und ‚Rotte' bezeichnet und nach der Publikation des *Königsbuches* über Bettina als „vorkämpfende Alte" dieses „Völkchens" gespottet (zit. nach Härtl 1992, 215). Unter dem liberalen preußischen Kultusminister Karl Freiherr vom Stein zum Altenstein zunächst geduldet, wurden die Junghegelianer 1840, als sich ihre Positionen radikalisierten und politisierten und theoretische Differenzen zu internen Streitigkeiten führten, unter der neuen Regentschaft des konservativen Königs Friedrich Wilhelm IV. von einer akademischen Karriere ausgeschlossen. 1845 war die Gruppierung praktisch zerfallen.

1. David Friedrich Strauß

Der evangelische Theologe Strauß (1808–1874) hatte versucht, Vernunft und Religion in dem Konzept des „Cultus des Genius" zusammenzubringen, dem einzigen „Cultus, welcher den Gebildeten dieser Zeit aus dem religiösen Zerfalle" übrig geblieben sei (zit. nach Härtl 1992, 216). Nicht zuletzt diese in Strauß' *Das Leben Jesu* dargelegten Gedanken zum Genie und zur Würde des Religionsstifters sind in Bettinas *Die Günderode* in die Unterhaltung mit der Freundin über die Möglichkeit, ein Genie zu werden, eingegangen. Bettina schickte ein Exemplar ihres *Günderodebuches* an Strauß, der sich hierfür bei ihr mit einem Brief für „solche Weltanschauung und Empfindungsweise, wie sie lebt, und die Bilder welche darin aufgestellt sind", bedankte (zit. nach ebd., 220). Bettina besuchte Strauß 1843 in Stuttgart – unangemeldet und auf der Durchreise –, während „der Wagen unten hielt", wie Strauß brieflich berichtete: „[H]öchst geistvolle Augen. Spricht unendlich viel und lebhaft, oft geistreich, oft confus" (zit. nach GW 3, 733).

In anderen religiösen Aspekten distanzierte sich Bettina von dem kontroversen Religionskritiker Strauß. So wollte sie als „Poetin" (und Katholikin) die Wunder nicht „wegdemonstriert" sehen und stand „der abstrusen Hegelschen Philosophie" sowie der systematischen Schulphilosophie skeptisch gegenüber (Kommentar in: GW 3, 733). Bettina hatte auch nie Interesse an einer persönlichen Kontaktaufnahme mit Hegel gezeigt, der von 1818 bis zu seinem Tod 1831 immerhin wie sie in Berlin gelebt hatte. Hegel war von Heidelberg an die Berliner Universität berufen worden, erhielt dort aber nicht die erwartete Präsidentschaft der Berliner Akademie und wurde von einflussreichen Professoren wie dem Juristen Friedrich Carl von Savigny, Bettinas Schwager, aber auch dem Theologen Friedrich Schleiermacher mit der Begründung abgelehnt, er hätte die Tendenz zur Schulbildung und zöge unduldsame Schüler heran (vgl. Jaeschke 2010, 48).

Bettina von Arnim las zwar sehr viel, intervenierte aber nicht direkt mit eigenen Essays bei akademischen, philosophischen und theologischen Disputen. Eher griff sie brisante Gedanken etwa aus der Religions- oder Sozialkritik auf und poetisierte sie in ihren Briefbüchern. Sie war auch nicht an Streitigkeiten unter den Professoren interessiert, auch nicht an bürgerlichen

Akademikern, es sei denn, dass diese von sich aus ihre Bekanntschaft suchten, einen Kontakt zu der prominenten Literatin durch eine Rezension oder eine sonstige öffentlichkeitswirksame Erwähnung herstellten oder Bettinas Werk anderweitig publizistisch förderten, wie dies bei dem mit anderen Junghegelianern sympathisierenden Gymnasiallehrer Adolf Stahr oder dem führenden Kopf der radikalen Junghegelianer im Vormärz Bruno Bauer der Fall war.

2. Adolf Stahr und Fanny Lewald

Der aus Prenzlau stammende Schriftsteller und Historiker Stahr (1805–1876), der in Halle zunächst Theologie, dann Philologie studiert hatte, war seit 1836 als Konrektor und Lehrer am Gymnasium in Oldenburg tätig, wobei er sich neben seinen pädagogischen Aufgaben und publizistischen Arbeiten besonders dem 1833 eröffneten Theater in Oldenburg (ab 1842 Großherzogliches Hoftheater) widmete und zu einem der wichtigsten Literaturkritiker des Vormärz wurde. Stahr hatte Bettina im Herbst 1839 in Berlin besucht und eine briefliche Verbindung zu ihr geknüpft (insgesamt sind nur wenige Briefe Bettinas an Stahr bekannt; sie datieren aus den Jahren 1839 bis 1841; vgl. Stahr 1903; 1907). Noch im selben Jahr veröffentlichte er (anonym) im bevorzugten Organ der Junghegelianer, den *Hallischen Jahrbüchern*, die Rezension „Fünfzig Gedichte von Philipp Engelhard Nathusius", die Auszüge von Briefen Bettinas an den jungen Poeten Nathusius enthielt. Bettina hatte sich an der Rezension beteiligt, so wie sie Nathusius – seinerzeit ein Student Savignys in Berlin, ein junger Verehrer einerseits und Protegé Bettinas andererseits – generell förderte (vgl. Härtl 1992, 223; siehe III.1.7. *Bettina von Arnims junge Protegés*).

Stahr engagierte sich immer wieder für Bettina auf ihre Anregung hin. So publizierte er Ende 1843 unter Mithilfe von Varnhagen und Bettina die in der Folge von der preußischen Zensur verbotene Broschüre *Bettina und ihr Königsbuch* und lancierte 1844 zunächst eine anonyme Vorankündigung des *Frühlingskranzes* in der *Kölnischen Zeitung*, der er ebendort einen Aufsatz folgen ließ, in dem er auf die Zensurschikanen gegen das Buch hinwies, das er bei dieser Gelegenheit als das beste Werk Bettinas bezeichnete. Stahr würdigte Bettina von Arnim als Dichterin *und* als Vertreterin der Romantik; diese stellte als prominente Autorin und gut mit der Aristokratie und der Kultur in Berlin vernetzte Person für Stahr dabei einen wichtigen Konnex zu der aufstrebenden Metropole her, wo sich der vielseitig tätige und publizierende Stahr 1853 schließlich auch tatsächlich als freier Schriftsteller niederließ.

Stahr dürfte auch der Schriftstellerin Fanny Lewald (1811–1889), die 1855 seine Frau wurde, dabei geholfen haben, mit Bettina in Kontakt zu treten (zur Beziehung von Lewald und Stahr vgl. Schneider 2011). Lewald war 1845 nach Berlin gezogen, wo ihr Bruder Otto zwei Jahre darauf Bettina in der zweiten Instanz des Magistratsprozesses verteidigen sollte, wenn auch erfolglos (siehe III.2.6. *Rechtsstreitigkeiten*). Die hochgebildete und selbstbewusste Lewald war mit den Romanen *Clementine* (1843), *Jenny* (1843) und *Eine Lebensfrage* (1843–1845) bekannt und zu einer viel gefragten Autorin geworden. 1849 ver-

1.6. Die Junghegelianer

öffentlichte sie die einzige Rezension zu Bettinas Briefbuch *Ilius Pamphilius* (1847/48). Lewalds Aufsatz, der unter dem Titel „Der Cultus des Genius. Brief an Bettina von Arnim" in der renommierten und beliebten Zeitschrift *Blätter für literarische Unterhaltung* erschien, begann mit einem Dank an Bettina für die Zusendung des Buches und verglich Bettina mit einer „fremde[n], schöne[n], seltene[n] Wunderblume". Die „Aufgabe" Bettinas fasste sie so: „des eigenen Daseins nur bewußt werden in der Hingabe an ein Fremdes; dienstbar sein mit Ihrem ganzen Wesen einem andern Wesen das Ihrer bedarf" (Lewald 1849, 681). Lewald verwies in ihrer einfühlsamen Interpretation des *Ilius Pamphilius* auf die Leserschaft, die Bettinas *Goethebuch* gefeiert hatte, und schlug sodann einen Bogen zum *Königsbuch*: Die Beziehung zwischen dem „Ilius" (dem Studenten Nathusius also) und Bettina und deren Scheitern hebe die Autorin auf eine höhere Stufe, die dann als Stimme des Volkes „dem Genius [des Volkes; B.B.-C.] in diesem Könige [Friedrich Wilhelm IV.; B.B.-C.] dienen" wolle, indem sie sich „zum Dolmetscher [...] zwischen ihm und seinem Volke" mache (ebd., 690). Lewald erkannte in Bettinas Huldigung der königlichen Macht einen „Zug fester, demokratischer Gesinnung", vermerkte anerkennend, dass Bettina den „Frühling des Jahres Achtzehnhundertachtundvierzig" begrüßt habe, und betonte zugleich, dass „nur der Genius der gesammten Menschheit die Menschheit zu befreien vermöge" (ebd., 693). In *Ilius Pamphilius* sah sie bei alldem insgesamt „das Ideal weiblicher Selbstlosigkeit" gestaltet, vielleicht eine bewusste Einschreibung in die dominanten Gendervorstellungen des 19. Jahrhunderts (ebd., 694).

Lewalds Aufsatz im Allgemeinen und ihre Metapher von der seltenen Wunderblume im Besonderen zeigen einmal mehr, wie idealisierend und abgehoben von den politischen Ereignissen, aber auch wie fremd Bettinas Briefbuch in der literarischen Landschaft des Jahres 1849 erscheinen musste. Lewald verschob auch die romantische Genievorstellung Bettina von Arnims zum Konzept des ‚Genius', des guten, humanitären ‚Geistes': Sie sah Bettina als selbstlose, betont weibliche Wohltäterin mit utopischen Hoffnungen in Zeiten der politischen Unruhen und des Umbruchs. Eine Reaktion Bettinas ist übrigens ebenso wenig bekannt wie eine spätere Vernetzung mit oder eine Partnerschaft zu dem literarischen Werk von Stahr und Lewald. Bettina profitierte jedoch von der publizistischen Unterstützung der beiden Autoren und wusste diese für ihr eigenes Werk zu nutzen.

3. Bruno und Edgar Bauer

Zu Bettinas literarisch-professionellem Netzwerk gehörte auch der aus dem thüringischen Eisenberg stammende Bruno Bauer (1809–1882). Er war Philosoph, Religionskritiker und Theologe und wurde der führende Kopf der radikalen Junghegelianer im Vormärz; nach 1848 wandte er sich von den Hegel'schen Ideen ab und wurde zu einem im 19. Jahrhundert einflussreichen, bis heute geschätzten, kulturkritischen Philosophen (vgl. Moggach 2003). 1815 war die Familie Bauer nach Potsdam gezogen, wo der Vater in der Königlichen Porzellanmanufaktur als Maler Arbeit gefunden hatte. Bruno Bauer studierte von 1828 bis 1834 in Berlin, erhielt auf Hegels Empfehlung hin 1829 den Königlichen Preis in Philosophie für seinen Kant-Aufsatz „Dissertatio de pulchri principiis", war Mitglied im Doctorclub und nach dessen Verbot bei der lockeren, bohemeartigen Gruppe der Berliner ‚Freien'. Von 1834 bis 1839 hielt er Vorlesungen über Theologie in Berlin (vgl. Hertz-Eichenrode 1959). Mit seiner religionskritischen Schrift *Kritik der Geschichte der Offenbarung. Die Religion des Alten Testaments in der geschichtlichen Entwicklung ihrer Prinzipien dargestellt* (2 Bde., 1838) und besonders der Broschüre *Herr Dr. Hengstenberg* (1839) – beide Titel waren gegen seinen Kollegen und früheren Lehrer Ernst Wilhelm Hengstenberg gerichtet – erregte er indes derart Anstoß, dass er an die Universität Bonn (im preußischen Rheinland) versetzt wurde. Dort kam es nach dem Erscheinen seines Werkes *Kritik der evangelischen Geschichte der Synoptiker* (2 Bde., 1841) und weiterer kritischer Publikationen ebenfalls zum Konflikt mit Theologen-Kollegen, die die Bibel als theologisch-literarisches Werk betrachteten und jeden historischen Gehalt verneinten.

Bettina von Arnim traf Bauer vermutlich erstmals 1841, als er sie auf ihre Einladung hin besuchte (vgl. Kommentar in: Bw Friedmund, 305). Ihrem Korrespondenten Heinrich Bernhard Oppenheim hatte Bettina bereits mitgeteilt, dass der neue preußische Kultusminister Eichhorn Bruno Bauer 300 Taler Pension angeboten habe, wenn er „aufgäbe zu lesen". Und weiter: „[E]r will nicht. – Eichhorn erließ ein Rundschreiben an die Facultäten des ganzen Landes, ob es zu erlauben daß Einer der die Dogmen angreife, öffentlich lehre" (Oktober 1841, in: Arnim/Oppenheim 1990, 77). Die Antwort der „Facultäten des ganzen Landes" fiel eindeutig aus: Mit Ausnahme des Berliner Hegelianers Philipp Konrad Marheineke (1780–1846) lehnten alle theologischen Fakultäten Preußens den Rationalisten Bauer als Atheisten ab, woraufhin dieser 1842 von der preußischen Regierung entlassen wurde und als freier Schriftsteller nach Berlin zurückkehrte.

Bettina sympathisierte mit den Ideen Bruno Bauers, mit seiner Unkonventionalität und Originalität. Über die nähere Beziehung zu ihm wie auch zu seinem jüngeren Bruder Edgar ist allerdings nur wenig Konkretes bekannt, direkte Zitatübernahmen aus den Schriften der beiden oder sonstige Verwendungen der Inhalte sind ebenso wenig nachweisbar wie überhaupt eine Lektüre der Bauer-Veröffentlichungen. Heinz Härtl zufolge war Bruno Bauer 1841 der „bevorzugte Gesprächspartner" Bettinas (Härtl 1992, 239). Belegt ist auch, dass sie Bauers radikale Position privat durchaus zu verteidigen wusste. In einem Brief an Oppenheim betonte sie, dass sich in Bauer der Drang der Zeit ausspräche und sich zum Heldentum auspräge: „Eine wahre Revolution kann nur die sein wo die Wahrheit gegen die Lüge kämpft, sie ist die Metaphysik des Lebens, auch den Bruno Bauer bewegt dieser übersinnliche Drang" (28. Dezember 1841, in: Arnim/Oppenheim 1990, 125).

Bruno Bauers jüngerer Bruder Edgar (1820–1886), zu dem Bettina in der ersten Hälfte der 1840er Jahre ebenfalls Kontakt hielt, studierte in Berlin Theologie und Jura und verteidigte seinen Bruder 1842 mit der Schrift *Bruno*

1.6. Die Junghegelianer

Bauer und seine Feinde, die von der Zensur sofort konfisziert und verboten wurde. Im selben Jahr veröffentlichte Edgar Bauer mit Blick auf das *Günderodebuch* in den *Deutschen Jahrbüchern* den Aufsatz „Die Bettine als Religionsstifterin", in dem er sich gegen Enthusiasten wie Theodor Mundt verwahrte, die Bettina von Arnim zur Verkünderin einer neuen Religion erhoben hatten. Edgar Bauer sah in ihrem Buch dagegen „die Aufhebung aller Religion", Bettina lehre Selbstfindung im inneren Genius: „Ueberliefere Dich der Pflege, welche der Genius der Natur an Dir übt" (zit. nach Härtl 1992, 228–229), eine Reduktion auf Naturdichtung, verbunden mit einer Verharmlosung des Weiblichen, die nicht in die Praxis des Lebens passe. Bei beiden Bauers scheint indes „eine verdeckte Gegnerschaft" zu Bettina vorgelegen zu haben (Bunzel 1996, 125). So hat der ansonsten fleißige Rezensent Bruno Bauer keines der Briefbücher Bettinas besprochen und auch sonst nicht öffentlich zu ihrer Schriftstellerei Stellung bezogen, dafür jedoch 1847/48 ihrem Konzept eines ‚Volkskönigs' eine klare Absage erteilt.

Neben Bruno und Edgar Bauer stand Bettina auch in Kontakt mit Egbert Bauer (1802–?), der in Charlottenburg die Bücher seiner Brüder verlegte. Konkret beauftragte sie den ältesten Bauer-Bruder mit der Publikation ihres neuesten Buches *Clemens Brentano's Frühlingskranz*, nachdem sie sich im Oktober 1843 von ihrem (vierten) Verleger getrennt hatte, bei dem kurz zuvor noch das *Königsbuch* erschienen war. Damit nicht genug, übergab sie den drei Brüdern Bruno, Egbert und Edgar Bauer auch Märchentexte Friedmunds und ihrer Töchter sowie die *Sämmtlichen Werke* Arnims zur Publikation. Bettina wollte, so ihre ausführliche Begründung ihrem damaligen Sekretär Rudolf Baier gegenüber, mit ihrem Auftrag Egbert Bauer, der nebenher ein Zigarrengeschäft betrieb, helfen und zugleich ihre Unterstützung für die kontroversen Schriften von Bruno und Edgar signalisieren (7. Oktober 1845, in: Arnim/Baier 1937, 58–60); vermutlich war sie aber auch an editorischer und vertrieblicher Hilfe der Bauers sowie Werbung für ihre Schriften im Netzwerk der Junghegelianer interessiert (zu Bauer siehe III.2.4. *Bettina von Arnim und ihre Verleger*). Bettinas Beziehung zum Verlag von Egbert Bauer endete schon 1845/46 im Streit und mit Vorwürfen ihrerseits. Eine Klage, die sie gegen ihren Verleger Edgar Bauer vor dem Charlottenburger Stadtgericht anstrengte, wurde vom Gericht abgewiesen. In der Folge zog sich Bettina auch von Bruno Bauer zurück und gründete ihren eigenen Verlag (vgl. GW [Härtl] 2, 943–944).

Die Brüder Bauer waren der preußischen Regierung wegen ihrer religions- und regierungskritischen Publikationen suspekt. Dazu war Egbert Bauer der Polizei anscheinend wegen Trunksucht bekannt (vgl. Härtl 1992, 249; ferner das Schreiben von Innenminister Adolf Heinrich Graf von Arnim-Boitzenburg an Friedrich Wilhelm IV., 14. Juni 1844, in: Bw Friedrich Wilhelm IV., 500–501). In einem Brief vom 23. Juni 1844 wurde Bettina von König Friedrich Wilhelm IV. denn auch scherzhaft und durch die Blume gewarnt, besser nicht im Verlag der Bauers zu publizieren: „[G]ießen Sie halt die edle Fluth nicht in unedler ‚Bauern' Gefäße!" (Bw Friedrich Wilhelm IV., 100) Während Bruno Bauer als Dozent der Theologie ‚nur' aus dem preußischen Staatsdienst entlassen worden war, wurde Edgar nach der Publikation von *Der Streit der Kritik mit Kirche und Staat* (1843) sogar verhaftet und 1845 zu vier Jahren Festungshaft in Magdeburg (allerdings mit Stadtausgang) verurteilt. Ob und inwieweit sich Bettina für Edgar Bauer bei Friedrich Wilhelm IV. einsetzen wollte, bleibt ebenso unklar wie ihre Beziehung zu den drei Bauers insgesamt (vgl. Härtl 1992, 250–251). Nach der abgewiesenen Klage gegen den Verlag wandte sie sich jedenfalls nachweislich anderen Interessen und Personen zu.

4. Bettina von Arnim und die liberalen Junghegelianer

Bettina von Arnims Werke mit der größten Resonanz erschienen zwischen 1835 und 1844, der eigentlichen Wirkungszeit der Junghegelianer. Dies war wesentlich mehr „als eine äußere Kongruenz", wie Heinz Härtl mit Blick auf das diesbezügliche „geistige Verwandtschaftsverhältnis" bei der „Rekonstruktion wechselseitiger Beziehungen in ihrem zeitgenössischen Kontext" gezeigt hat (Härtl 1992, 214). Bettina interessierte sich für die Ideen der Junghegelianer, sie suchte das Gespräch über theologisch-philosophische Fragen mit ihnen schon 1840, verzichtete aber auf eine wissenschaftliche Auseinandersetzung mit ihren Werken. Ihr Interesse galt eher den (zwischen-)menschlichen Aspekten, den jungen Intellektuellen an sich, da diese gegen die sozialpolitischen Zustände in Deutschland opponierten und überdies gesellschaftliche Außenseiter waren, für die sie sich dann engagieren konnte (vgl. Härtl 1992). Ihre ersten Briefbücher wurden verschiedentlich in den publizierten Diskussionen der Junghegelianer erwähnt, mal lobend, aber auch mitunter abfallend kritisch. Sie war eben die ‚vorkämpfende Alte', insbesondere Aspekte ihres *Goethebuches* und der *Günderode* wurden dabei zu Kristallisationspunkten für deren Kritik. Sie sahen in ihr eine Gleichgesinnte im Kampf gegen die Orthodoxie und das Establishment, auch weil sie Aristokratin war, und sie wollten von ihrer gesellschaftlichen Prominenz profitieren, ähnlich wie Bettina es mit Goethe gemacht hatte.

Aber Bettina war keine Verbündete; sie hatte sich selbst zum Stoff ihrer Dichtung gemacht, derlei lieferte allerdings keine Substanz und kein Argument in den Diskussionen der Hegelianer. Bruno Bauer votierte 1842 dann auch entschieden gegen einen (musikkritischen) Beitrag Bettinas für eine ihrer Zeitschriften. Er gestand „der Arnim" zwar Kenntnisse über Beethoven zu, bekrittelte aber, dass sie die neuere Musik gar nicht höre; sie werde, „wenn es der Genius ihr giebt, nach Jahr und Tag ein bacchantisches Gemälde machen, eine Büste verfertigen, einen Gedanken haben, einen Aufsatz machen, der die Idee Beethovens wiedergibt, aber nicht als Urtheil, Raisonnement, sondern als eine neue Metamorphose" (an Ruge, 17. August 1842, zit. nach Härtl 2016, 99). Bauers Einschätzung Bettinas trifft ihre Ichbezogenheit, ihr Desinteresse an kritischem Abstand und ihre Geringschätzung der für den kritisch-philosophischen Dialog der Hegelianer so wichtigen Objektivität. Damit markierte Bauer auch den Abstand Bettinas zu den Junghegelianern, die nicht an Poetisierung, Literatur und Romantik, sondern an „Raisonnement", Gesellschaftskritik und

Philosophie interessiert waren. In den Positionskämpfen und im Kommunikationsgeflecht der Junghegelianer konnte Bettina nicht aktiv mitstreiten, wie Wolfgang Bunzel (1996) aus der Perspektive der Junghegelianer gezeigt hat. Womöglich wollte sie dies auch gar nicht.

5. Literatur

Arnim, Bettina von, und Rudolf Baier: *Unveröffentlichte Briefe und Tagebuchaufzeichnungen*. Hg. v. Kurt Gassen. Greifswald 1937.
Arnim, Bettina von, und Heinrich Bernhard Oppenheim: *... und mehr als einmal nachts im Thiergarten. Briefe 1841–1849*. Hg., eingeleitet u. kommentiert v. Ursula Püschel. Berlin 1990.
Bergh van Eysinga, Gustaaf Adolf van den: *Bettina von Arnim en Bruno Bauer*. Haarlem 1951.
Bunzel, Wolfgang: „„... nicht werth negirt zu werden ...'? Die Stellung der Junghegelianer zu Bettine von Arnim". In: Lars Lambrecht (Hg.): *Philosophie, Literatur und Politik vor den Revolutionen von 1848. Zur Herausbildung der demokratischen Bewegungen in Europa*. Frankfurt a.M. [u.a.] 1996, S. 105–134.
Eßbach, Wolfgang: *Die Junghegelianer. Soziologie einer Intellektuellengruppe*. München 1988.
Gamby, Erik: *Edgar Bauer. Junghegelianer, Publizist und Polizeiagent*. Trier 1985.
Härtl, Heinz: „„Dies Völkchen mit der vorkämpfenden Alten'. Bettina von Arnim und die Junghegelianer". In: Jb FDH 1992, S. 213–254.
Härtl, Heinz: *„Drei Briefe von Beethoven"*. *Genese und Frührezeption einer Briefkomposition Bettina von Arnims*. Bielefeld 2016.
Hertz-Eichenrode, Dieter: *Der Junghegelianer Bruno Bauer im Vormärz*. Diss. FU Berlin 1959.
Jaeschke, Walter: *Hegel-Handbuch. Leben – Werk – Schule*. 2., aktualisierte Aufl. Sonderausg. Stuttgart, Weimar 2010.
Lewald, Fanny: „Der Cultus des Genius. Brief an Bettina von Arnim". In: *Blätter für literarische Unterhaltung*, Jg. 1849, Nr. 171 (18. Juli 1849), S. 681–683, Nr. 172 (19. Juli 1849), S. 685–687, Nr. 173 (20. Juli 1849), S. 689–690, Nr. 174 (21. Juli 1849), S. 693–694.
Moggach, Douglas: *The Philosophy and Politics of Bruno Bauer*. Cambridge, New York 2003.
Neuhaus-Koch, Ariane: „Bettine von Arnim im Dialog mit Rahel Varnhagen, Amalie von Helvig, Fanny Tarnow und Fanny Lewald". In: Gertrude Cepl-Kaufmann (Hg.): *„Stets wird die Wahrheit hadern mit dem Schönen"*. Festschrift für Manfred Windfuhr. Köln, Wien 1990, S. 103–118.
Pepperle, Ingrid, und Heinz Pepperle (Hg.): *Die Hegelsche Linke. Dokumente zu Philosophie und Politik im deutschen Vormärz*. Leipzig 1986.
Schneider, Gabriele: „Unziemliche Verhältnisse. Fanny Lewald und Adolf Stahr – ‚das vierbeinige zweigeschlechtige Tintentier'". In: Christina Ujma (Hg.): *Fanny Lewald (1811–1889). Studien zu einer großen europäischen Schriftstellerin und Intellektuellen*. Bielefeld 2011, S. 43–66.
Stahr, Adolf: *Aus Adolf Stahrs Nachlaß. Briefe von Stahr nebst Briefen an ihn*. Hg. v. Ludwig Geiger. Oldenburg, Leipzig 1903.
Stahr, Adolf: „Briefe Adolf Stahrs an Varnhagen von Ense und Bettine von Arnim. Mitgeteilt von Adolph Kohut". In: *Nord und Süd. Eine deutsche Monatsschrift*, Bd. 120 (1907), S. 406–416.

1.7. Bettina von Arnims junge Protegés
Barbara Becker-Cantarino

1. Moriz Carriere 253
2. Marcus Niebuhr 254
3. Heinrich Bernhard Oppenheim 256
4. Literatur 258

Bettina von Arnims Prominenz, die 1835 mit der Publikation des *Goethebuches* einsetze, bescherte ihr viele Besucher, die neugierig auf die berühmte Autorin waren und sie daher in Berlin aufsuchten. Auffallend viele Gäste gehörten dabei der jungen Generation an: Studenten der Berliner Universität (zum Teil aus dem Hörerkreis von Savigny) ebenso wie junge Bildungsreisende oder Intellektuelle, die in der aufstrebenden Metropole Berlin ihre Karriere fördern wollten. Es waren zumeist vom *Goethebuch* begeisterte, „idealisierungsbereite[ ] männliche[ ] Akademiker", die bei Bettina mit oder ohne Empfehlungsschreiben vorstellig wurden, umgehend oder nach einigen Versuchen empfangen wurden und „ihre Beredsamkeit im vertrauten persönlichen Gespräch" erlebten (Bunzel 2015, 151–152). Bettina ihrerseits steuerte den Besucherstrom, sammelte einen Kreis junger Männer um sich und kultivierte ganz gezielt persönliche Beziehungen zu einzelnen Verehrern, für die sie sich als Mentorin inszenierte.

Ihr *Günderodebuch* widmete sie dann 1840 auch den ‚Studenten', gebildeten, jungen Männern also, die in der Regel aus großbürgerlichen Verhältnissen kamen: Sie sind für Bettina die Repräsentanten der Zukunft, sie werden die Zukunft sein und die Zukunft bestimmen. Die Studenten waren häufig viel liberaler gesinnt als Bettinas eigene Generation und die Honoratioren der Berliner Gesellschaft, mit denen sie bis zu Achims Tod verkehrte, und standen vielfach den seit dem Hambacher Fest 1832 (wieder) florierenden Burschenschaften mit ihren als oppositionell aufgefassten Forderungen nach nationaler Einheit, Freiheit und Volkssouveränität nahe. Am 27. Oktober 1841 schrieb Bettina an ihren Sohn Friedmund, sie fühle immer mehr, dass sie sich nur an „die jüngere Welt anschließen" könne, „die alten Nobilitäten sind wie alte Schläuche, faßt man sie an oder wollte man sie gar mit Wein auf füllen, so würden sie wie Zunder reißen" (Bw Friedmund, 39).

Im Folgenden sollen aus der großen Schar der mehr als eine Generation jüngeren Besucher und Verehrer, mit denen Bettina jeweils unterschiedlich enge persönliche und geschäftlich-literarische Beziehungen unterhielt, drei relativ gut dokumentierte herausgestellt werden: Moriz Carriere, Marcus Niebuhr und Heinrich Bernhard Oppenheim (zu weiteren Kontakten siehe u. a. IV.4.4. *Briefwechsel mit Philipp Nathusius und Julius Döring*; zu Nathusius siehe auch IV.1.6. *Ilius Pamphilius und die Ambrosia*).

1. Moriz Carriere

Der aus Hessen stammende und spätere Professor, Schriftsteller und Philosoph Moriz Carriere (1817–1895) war 1838 nach seinem Studium in Gießen und Göttingen nach Berlin gekommen, um zu promovieren. Bald suchte und fand Carriere hier Anschluss. Zum einen traf er sich regelmäßig in einer Gaststätte mit Kommilitonen und jungen Philosophie- und Jura-Promovenden, die dem Kreis der Berliner Junghegelianer zuzurechnen waren, zum anderen bemühte er sich um die Bekanntschaft zu älteren liberalen Literaten wie Karl August Varnhagen und eben Bettina. Er verkehrte ab 1840 einige Jahre häufig in ihrem Haus und hielt lange einen losen brieflichen Kontakt zu ihr aufrecht (eine Ausgabe des überlieferten Briefwechsels wird von Wolfgang Bunzel vorbereitet). Für eine kunsthistorische Bildungsreise nach Italien hatte Bettina ihm 1839 ein Empfehlungsschreiben an ihren Bruder Clemens in München mitgegeben, Carriere dankte bald mit einem kleinen, 1841 erschienenen Band, der zum einen die Schrift *Achim von Arnim und die Romantik* und zum anderen eine Rezension von *Die Günderode* enthielt. In seiner Besprechung des *Günderodebuches* feierte Carriere Bettina dabei sehr eindrucksvoll als Vertreterin einer „Romantik der Zukunft", wobei er die Romantik besonders gegen die Kritik Arnold Ruges verteidigte (Landfester 2000, 264). Auch Bettinas *Königsbuch* (1843) wurde von Carriere beworben. Schon vor seinem Erscheinen kündigte er das Buch mit dem das Leserinteresse stimulierenden Hinweis an, König Friedrich Wilhelm IV. habe die ihm zugedachte Widmung des Werkes bereits gestattet, wobei er freilich nicht zuletzt auch „die Zensurbehörde unter Berufung auf die Autorität des Königs unter Druck zu setzen" gedachte (ebd., 268). Im August 1843 publizierte Carriere schließlich seine Rezension des *Königsbuches* und berichtete darin von Bettinas Einsatz für die Brüder Grimm. Carriere war – kurzum – ein „eifriger Propagandist" (ebd., 277) von Bettinas Schriften. Noch 1851 sandte sie Carriere eine Abschrift ihrer Ode *Petöfi dem Sonnengott* zu, der sie dann auf ihre Bitte hin im *Deutschen Museum* veröffentlichte (ebd., 356).

Zu diesem Zeitpunkt hatte Carriere Berlin längst verlassen; nach gescheiterten Anläufen in Berlin und Heidelberg habilitierte der vielseitig interessierte Carriere in Philosophie in Gießen, wurde später Professor für Kunstgeschichte in München und publizierte groß angelegte, reichhaltige Werke zur Kulturgeschichte, Kunst und Ästhetik, darunter *Die philosophische Weltanschauung der Reformationszeit in ihren Beziehungen zur Gegenwart* (1847), *Das Wesen und die Formen der Poesie* (1854) und *Die Kunst im Zusammenhang der Kulturentwickelung und die Ideale der Menschheit* (5 Bde., 1863–1874). Bettina „bediente sich mehrfach seiner publizistischer Vermittlungsarbeit", Carriere seinerseits blieb der „wohl öffentlich wirksamste[ ] Fürsprecher Bettinas" (Kommentar in: GW 4, 1104).

So ist auch eines seiner im späten 19. Jahrhundert viel gelesenen *Lebensbilder* Bettina von Arnim gewidmet. Carriere beschäftigte sich in diesem Essay mit der Authentizitätsfrage ihres *Goethe's Briefwechsel mit einem Kinde* und stellte Bettina als Dichterin heraus, deren Werke „eine melodische Stimme der Zeit" gewesen seien und „Marksteine der Seelengeschichte unseres Volkes" bleiben würden (Carriere [1887], 5). In seiner einfühlsamen Darstellung hob Carriere auch „Bettinas Prophetenstimme" im *Königsbuch* hervor, ferner das „Gepräge des Ursprünglichen" in *Ilius Pamphilius* und sah im *Daemonenbuch* die „Macht der Empfindung und kühnen Schwung der Sprache, aber wenig Klarheit der Gedanken, zu viel Allgemeinheiten" (ebd., 36, 39 u. 41). Vorsichtig formulierte Carriere einen Hinweis auf Bettinas politische Tätigkeit – sie habe „den Völkerfrühling 1848" begrüßt, wobei ihre „Weissagung schöner Zukunft" nun, Ende der 1880er Jahre, ihre „Erfüllung gefunden" habe (ebd., 41) – und schloss mit einer persönlichen Note, indem er seinen letzten Besuch bei ihr im Jahr 1856 einfließen ließ, bei dem er ihr in Berlin seine Verlobte Agnes Liebig, die Tochter des berühmten Gießener Chemikers, vorgestellt hatte (ebd., 42). Es war insbesondere diese gefühlvolle Würdigung der genialen Romantikerin, die das Bettina-Bild in der Rezeption als Frau und Autorin lange Zeit bestimmt hat.

2. Marcus Niebuhr

Wie Carriere gehörte auch Marcus Niebuhr (1817–1860) der Generation von Bettinas Söhnen an. Niebuhr, der aus einer Gelehrtenfamilie im preußischen Staatsdienst stammte, wurde in Rom geboren, wo sein Vater, der Althistoriker und Begründer der philologisch-historischen Quellenkritik Barthold Georg Niebuhr (1776–1831), zwischen 1816 und 1823 als preußischer Gesandter beim Vatikan tätig war. Bettina lernte zunächst Vater Niebuhr kennen, als dieser sich im Winter 1824/25 in Berlin aufhielt, um seinen Übergang vom Staatsdienst zur (preußischen) Universität Bonn zu arrangieren. Vater Niebuhr war wiederum befreundet mit Friedrich Carl von Savigny, Bettinas Schwager, in dessen Haus Bettina auf den künftigen Professor für Geschichte traf und ihm einen Brief und eine Reihe ihrer Zeichnungen für seinen damals nicht einmal zehnjährigen Sohn Marcus mitgab. In dem Brief machte Bettina dem jungen Marcus zunächst ein Kompliment für dessen eigenes Zeichentalent, berichtete dann von sich selbst, dass sie leider keinen Zeichenunterricht als Kind erhalten habe, jetzt aber „sehr eifrig" damit beschäftigt sei, und gab dem Jungen schließlich ausführliche Ratschläge zum Gebrauch des Radierens, zum Zeichnen nach der Natur und zur Anlage eines Skizzenbuches, um dann ihre mitgeschickte Zeichnung „kleine Katzenfamilie" zu erläutern und ihn als ‚Dichter' zu ermuntern, denn: „[D]ie Kunst und die Poesie sind gewiß das himmlischste [...]. Ich wünsche Dir daher Glück, daß Du so früh ein so himmlisches Ziel im Auge hast, und darum hab' ich Dich auch recht lieb. [...] Deine Freundin Bettine von Arnim" (Mai/Juni 1825, in: Gaedertz 1905, 115–116). Schon hier stellte sich Bettina als mütterliche Freundin vor, als erfahrene Künstlerin dazu; mit ihrem Bild-Geschenk wollte sie sich vermutlich aber auch dem prominenten Vater in Erinnerung bringen und ihren Ruf als gute Zeichnerin in seinen Bonner Kreisen verbreiten helfen (ein Interesse von Niebuhrs Vater an Bettina ist nicht bezeugt).

1.7. Bettina von Arnims junge Protegés

Als 1835 Bettinas *Goethebuch* erschien, studierte Marcus Niebuhr gerade in Bonn und bedauerte in einem Brief, dass unter den Professoren und Studenten „die arme Bettina hier arg verrufen" sei: „Die Besten wollen von dem Buch nichts wissen; aus Trotz habe ich es mir mit Geibel zusammen angeschafft" (zit. nach Gaedertz 1905, 116). Den späteren Dichter Emanuel Geibel (1815–1884) kannte Niebuhr noch aus Lübecker Schulzeiten, nun studierten beide zusammen, zunächst in Bonn, ab 1837 in Berlin, wo sie in Bettinas Haus verkehrten, die bald Niebuhrs Gönnerin wurde. An eine ‚Landsmännin' schrieb Niebuhr: „Am liebsten verkehre ich bei Arnims [...]. Savigny [seit dem Tod von Vater Niebuhr 1831 sein Vormund; B.B.-C.] liebe ich zärtlich, aber ich habe eine gewisse Angst vor ihm; vor der Arnim braucht man sich nicht zu scheuen, und doch ist es ein Umgang, bei dem man sich zusammennehmen muß" (22. Juli 1837, zit. nach ebd., 117). Der junge begabte Student Niebuhr half Bettina denn auch bei der englischen Übersetzung ihres *Goethebuches*: „Eine harte Geduldsprobe; ich trage es indes gern, da sie mir sehr gut ist, und ich sie sehr liebe und achte. Über Wenige ist so schändlich gelogen, und Wenige sind so falsch beurteilt worden" (zit. nach ebd.). Bettina konnte Niebuhrs Sprachkenntnisse gut gebrauchen und setzte ihn als literarischen Helfer ein; Niebuhr wiederum verteidigte seine zumeist bei der älteren Generation missverstandene Mentorin.

Das Verhältnis zu Bettina änderte sich vollkommen, als Niebuhr eine Karriere als „geachteter Beamter" (Gaedertz 1905, 119) anzustreben begann. Niebuhr machte ein glänzendes Examen, ging 1839 als Gerichtsreferendar nach Halle und wurde im preußischen Ministerium der geistlichen und Unterrichtsangelegenheiten angestellt. Bettina schickte ihm im Sommer 1840 ein Exemplar der *Günderode*, wofür er sich im September mit einem Brief bedankte, der die beginnende Distanzierung von der Gönnerin durchblicken ließ: „Viele", so schrieb er, „haben Sie durch Ihre Güte glücklich gemacht; manche hat die Teilnahme einer berühmten Frau und früher eines genialen Mädchens geschmeichelt", er aber fühle, dass er nicht mehr in ihre Familie passe. Auch werde er sie nicht in Berlin besuchen. Zwar würde er gern mit ihr über den Staat reden, aber er sei „überzeugt, daß wir sehr verschieden darüber denken", er jedenfalls wolle sich ganz dem Staate widmen (zit. nach Kommentar in: GW 4, 963–964). In ihrem Antwortbrief versuchte Bettina mit allen Mitteln geschickter Rhetorik, ihn zurückzugewinnen. Sie streicht ihre Stellung heraus, indem sie betont, dass sie für ihren Einsatz für die Berufung der Brüder Grimm nach Berlin einen „himmlisch schönen begeisterten Brief" von König Friedrich Wilhelm IV. erhalten habe, und überhaupt könne sie ihn, Niebuhr, mit „sprudelnden Köpfen" bekannt machen. Dann wechselt sie in eine überlegene, belehrende Position, erinnert ihn mit Pathos an den großen Geist von Niebuhrs Vater und dessen Vorfahren (Niebuhrs Großvater Carsten Niebuhr war als Mathematiker, Kartograph und Mitglied der dänischen Arabien-Expedition in den 1760er Jahren berühmt geworden), um ihm dann zu raten, er solle seine „Selbstverleugnung" im Rahmen der angestrebten „Staatslaufbahn" (die Bettina als „Hinkbahn" herabsetzt) benutzen und in diesem

Rahmen mithelfen, „den Staat frei [zu] machen von Despotismus", denn nur „dann freilich sind und bleiben Sie ein freier Mann" (2. Oktober 1840, in: GW 4, 434–438, hier 435 u. 438).

Niebuhrs briefliche Antwort ist nicht bekannt; klar ist, dass er sich von seiner Mentorin endgültig verabschiedete und Salon, Romantik und Dichterruhm hinter sich ließ. Bettinas ehemaliger Protegé machte in den Folgejahren eine glänzende Karriere und entfernte sich dabei immer weiter von ihren politischen Ansichten. Neben seiner Beamtenlaufbahn etablierte er sich in den 1840er Jahren als Gelehrter und Experte und publizierte mehrere große historische Arbeiten, Schriften zum Bankwesen (schon sein Vater war unter anderem Finanzexperte gewesen) und später auch kleinere literarische Werke. Er schloss sich nach 1848 eng an die konservative Partei an, wurde Mitarbeiter der erzkonservativen *Kreuzzeitung*, stieg 1850 zum Regierungsrat auf und war als Kabinettssekretär ein ‚Günstling' von Friedrich Wilhelm IV., ein viel gefragter Experte in Finanzfragen zudem. Aus diesen Jahren sind keine weiteren Kontakte zu Bettina von Arnim überliefert. Die emotionale, mütterliche Zuwendung, die Bettina allen ihren Verehrern entgegenbrachte und die vermutlich zu Niebuhrs jugendlicher Begeisterung für Bettina beigetragen hat, geriet in Vergessenheit.

3. Heinrich Bernhard Oppenheim

Freilich schlugen nicht alle ehemaligen Protegés Bettinas reaktionäre und erzkonvervative Bahnen ein. Eines der Gegenbeispiele hierfür findet sich in dem liberalen Juristen Heinrich Bernhard Oppenheim (1819–1880). Der Sohn eines jüdischen Hof-Juweliers (vgl. Arnim/Oppenheim 1990, 12), der wie Bettina aus Frankfurt am Main stammte, hatte in Heidelberg und Göttingen studiert und bereits als 19-Jähriger promoviert, bevor er 1839 nach Berlin ging und sich von seinem Freund Moriz Carriere bei Bettina einführen ließ. In den folgenden zwei Jahren verkehrte er häufig im Haus Bettina von Arnims, nahm an geselligen Spaziergängen mit ihr und den Töchtern im Tiergarten teil und griff ihr mit publizistischen Dienstleistungen unter die Arme (vgl. ebd., 48).

1841 verließ er Berlin und wechselte als Privatdozent für Staatswissenschaft und Völkerrecht nach Heidelberg. Bald war er finanziell unabhängig, gab die wenig geliebte Lehrtätigkeit wieder auf und wandte sich der politischen Publizistik wie der praktischen Politik zu. Oppenheim war bei alldem ein gemäßigter Liberaler, der sich für die nationale Einheit und die Emanzipation der Juden einsetzte (vgl. Kapp 2006, 516–517). Der Kontakt zu Bettina riss derweil nicht ab, wie die diesbezüglichen Briefe Oppenheims an Bettina aus den 1840er Jahren zeigen, die sich in ihrem Nachlass fanden und 1990 durch eine Edition von Ursula Püschel zugänglich gemacht wurden (von Bettina selbst sind lediglich drei Entwürfe zu Briefen an Oppenheim sowie ihre Mitteilungen an Dritte über ihn überliefert). Oppenheim und Bettina tauschten hier Informationen aus über prominente Intellektuelle, Professoren und Literaten aus ihren liberal-bürgerlichen Kreisen, was man alles hörte und wen man alles traf.

1.7. Bettina von Arnims junge Protegés

Zudem rezensierte Oppenheim 1846 Bettinas *Königsbuch* im Supplement zum *Staats-Lexikon oder Encyclopädie der Staatswissenschaft* (vgl. Härtl 1992, Bibliographie Nr. 76). Schon zuvor hatte er Bettina „in innigster Verehrung" seine wohl erste zeitpolitische Publikation *Studien der inneren Politik* (1842) gewidmet. Überdies freundete sich Oppenheim mit dem gleichaltrigen Friedmund von Arnim an, der ihn im Oktober 1841 in Frankfurt besuchte. Er schickte Bettina das Manuskript seiner (anscheinend nicht publizierten) Rezension von Friedmunds Schrift *Was ist Eigenthum?* (1843), die Oppenheim zwar wohlwollend betrachtete, ihr aber auch „communistische[n] Royalismus" attestierte (2. März 1849, in: Bw Friedmund, 152). Bettinas Sohn war empört. Seiner Mutter schrieb er: „[M]ich würde jeder Tagelöhner besser verstehen" (2. Mai 1849, in: ebd., 397).

Auch Bettina kritisierte bisweilen die Ansichten ihres Protegés Oppenheim. Wenig einverstanden zeigte sie sich zum Beispiel mit Oppenheims Urteil über den Junghegelianer Bruno Bauer, in dessen Schriften er den „tyrannischen Despotismus der Liberalen" verkörpert sah: Bauer habe Christus einen Betrüger genannt und Christus die „sittliche Größe" abgesprochen (26. November 1841, in: Arnim/Oppenheim 1990, 111). In einem Briefkonzept von Ende Dezember 1841 verteidigte Bettina mit dem Pathos biblischer Rede Bauers Charakter: Bauer habe einen „übersinnlichen Drang", in ihm konzentriere sich „der Adel seiner Zeitepoche" und „die Kraft jener Generation, die in ihm zu Fleisch geworden, um die Lüge zu überwinden" (ebd., 125). Damit gab sie Oppenheim gegenüber ihrem Glauben an die junge Generation Ausdruck, zu einem weitergehenden (schriftlich dokumentierten) intellektuellen Austausch über staatspolitische Fragen kam es aber nicht.

1847/48 kehrte Oppenheim schließlich nach Berlin zurück, wurde aktiver Revolutionär, trat im März 1848 als einer der Redner in der Berliner Volksversammlung im Tiergarten unter den sogenannten Zelten auf und war (neben Arnold Ruge und Eduard Meyen) Mitherausgeber der Berliner Zeitung *Die Reform. Organ der demokratischen Partei*. Während dieser Zeit war er – wie selbstverständlich – auch wieder regelmäßiger Gast bei Bettina, die privat zugleich eher distanziert über Oppenheims Vermittlungsversuche während der Märzrevolution berichtete, über die Bettina und Varnhagen sich mit ihm im Hintergrund beraten hatten (siehe III.2.7 *Friedrich Wilhelm IV. und die Revolution von 1848/1849*; Kommentar in: Bw Friedrich Wilhelm IV., 401).

Ende April 1848 bewarb sich Oppenheim in Berlin – vergeblich – um ein Mandat für die deutsche Nationalversammlung, ein mitreißender Volksredner soll er jedenfalls nicht gewesen sein; schließlich publizierte er in seiner Schrift *Kaltblütige Glossen zu der Verfassungsurkunde vom 5. December 1848* eine explizite Kritik an der preußischen Regierung und der von Friedrich Wilhelm IV. oktroyierten Verfassung – und wurde aus Berlin ausgewiesen. Zurück in Baden engagierte er sich 1849 für die dortige Revolution. Auch hier war er jedoch nur wenig erfolgreich, bald zog er sich zurück und ging auf Reisen, blieb aber weiterhin publizistisch tätig (vgl. Kapp 2006, 354–355). Bei Bettina meldete er sich ein letztes Mal 1856 mit einem freundlich formulierten

Anliegen, der Empfehlung für einen Bekannten, der Bettina besuchen wollte. Zu diesem Zeitpunkt war Bettina jedoch schon viel zu sehr durch Krankheiten beeinträchtigt, eine Antwort ist nicht überliefert.

Ein Jahr nach ihrem Tod wurde Oppenheim in Preußen eingebürgert und kehrte in die praktische Politik zurück. Seit Anfang der 1860er Jahre Mitglied und Referent beim Kongreß deutscher Volkswirte, der sich für den Freihandel und die Liberalisierung des Wirtschaftslebens (Gewerbefreiheit, Freizügigkeit) einsetzte, schloss er sich 1866 den Nationalliberalen an und prägte 1872 – in polemischer Absicht – den Begriff ‚Kathedersozialisten'. Oppenheim wurde als hervorragender Nationalökonom bekannt, der sich auch für sozialpolitische Themen wie die Armenpflege und das Heimatrecht interessierte. Er unterstützte Otto von Bismarcks Kurs bei der Einigung der Nation und war zuletzt, von 1874 bis 1877, sogar Mitglied des Reichstages (vgl. Wippermann 1887).

Bettinas Beziehung zu dem fast 25 Jahre jüngeren Oppenheim war letztlich symptomatisch für ihre Wirkung auf die jungen Liberalen: Ihr Enthusiasmus, ihre rhetorische Brillanz und ihre Selbstinszenierung als vorkämpfende Mentorin stimulierten deren eigenes politisches Engagement und deren berufliche Entwicklung.

4. Literatur

Arnim, Bettina von, und Heinrich Bernhard Oppenheim: *... und mehr als einmal nachts im Thiergarten. Briefe 1841–1849*. Hg., eingeleitet u. kommentiert v. Ursula Püschel. Berlin 1990.

Bunzel, Wolfgang: „‚Muth und Opferkraft für die Idee'. Briefe Moriz Carrieres an Arnold Ruge und Theodor Echtermeyer (1839/41)". In: Jb BvA 8/9 (1996/97), S. 39–73.

Bunzel, Wolfgang: „Brief-Erziehung. Bettine von Arnim als epistolare Mentorin". In: Selma Jahnke u. Sylvie Le Moël (Hg.): *Briefe um 1800. Zur Medialität von Generation*. Berlin 2015, S. 137–158.

Carriere, Moriz: *Bettina von Arnim*. Breslau o.J. [1887].

Carriere, Moriz: *Lebenserinnerungen*. Hg. v. Wilhelm Diehl. Darmstadt 1914.

Gaedertz, Karl Theodor: „Bettina von Arnim und Markus Niebuhr". In: K. T. Gaedertz: *Was ich am Wege fand. Blätter und Bilder aus Literatur, Kunst und Leben*. Neue Folge. Leipzig 1905, S. 111–126.

Härtl, Heinz: „Zur zeitgenössischen publizistischen Rezeption des ‚Königsbuches'. Mit einem bibliographischen Anhang". In: Walter Schmitz u. Sibylle von Steinsdorff (Hg.): *„Der Geist muß Freiheit genießen ...!" Studien zu Werk und Bildungsprogramm Bettina von Arnims*. Berlin 1992, S. 208–235.

Härtl, Heinz: „Publizistische Beiträge Bettina von Arnims 1839–1840". In: Jb FDH 1995, S. 192–206.

Härtl, Heinz: „Publizistische Beiträge Bettina von Arnims 1844–1848". In: Wolfgang Bunzel [u.a.] (Hg.): *Schnittpunkt Romantik. Text- und Quellenstudien zur Literatur des 19. Jahrhunderts*. Festschrift für Sibylle von Steinsdorff. Tübingen 1997, S. 237–256.

Kapp, Heinz: *Revolutionäre jüdischer Herkunft in Europa (1848–1849)*. Diss. Uni Konstanz 2006.

Landfester, Ulrike: *Selbstsorge als Staatskunst. Bettine von Arnims politisches Werk*. Würzburg 2000.

Landfester, Ulrike: „Jugend-Bewegung. Bettine von Arnims Netzwerk-Pädagogik". In: Anne Frechen u. Olivia Franke (Hg.): *Dialog und Bewegung. Bettina von Arnim als Kommunikationsexpertin. Dokumentation eines öffentlichen Symposions im Künstlerhaus Schloss Wiepersdorf*. Berlin 2011, S. 35–45.
Meier, Uwe: „Niebuhr, Marcus von". In: *Neue Deutsche Biographie*. Bd. 19. Berlin 1999, S. 221–222.
Wippermann, Karl: „Oppenheim, Heinrich Bernhard". In: *Allgemeine Deutsche Biographie*, Bd. 24, Leipzig 1887, S. 396–399.

2. Kulturpolitik: Agitation und politische Taktik

2.1. Die ‚politische Bettina'

Barbara Becker-Cantarino

In den letzten Jahrzehnten stand vor allem die ‚politische Bettina' der 1840er Jahre im Fokus der Bettina-Forschung. In der deutschen Literaturwissenschaft besteht gleichwohl kein Konsens über einen allgemeingültigen Politikbegriff, jeder Gebrauch des Politischen weist auf eine bestimmte wissenschaftstheoretische Konzeption oder ein bestimmtes Forschungsinteresse. So hat in der unter anderem von Ursula Püschel vertretenen Forschungsrichtung das historisch-dialektische Verfahren dominiert, wobei insbesondere das Revolutionäre betont wurde. „Die Welt umwälzen – denn darauf läufts hinaus", ein Zitat aus einem Brief Bettina von Arnims an den König von Ende Februar 1843, lautete denn auch der Titel des 2001 von Püschel herausgegebenen Briefwechsels zwischen Bettina und Friedrich Wilhelm IV. (Bw Friedrich Wilhelm IV., 81). Das Interesse galt der „streitbare[n] Kämpferin", ihrer Rolle als „soziales Gewissen Preußens und politische[n] Beraterin König Friedrich Wilhelms IV." (Bunzel 2009, 8). Ulrike Landfester hat die ‚politische Bettina' unter einem eher analytisch-ontologischen Blickwinkel mit Foucault und seinem Konzept der ‚schöpferischen Selbstsorge' als eine „Utopie politischer Kommunikation" im Kontext des Vormärz und als Teil der Gesamtkonzeption ihres Werkes gelesen (Landfester 2000, 69–70).

‚Politik' als multidimensionales Phänomen erscheint in diesen Darstellungen oft diffus, es wird kaum unterschieden zwischen den Dimensionen der politischen Form, des politischen Inhalts und des politischen Prozesses. Die Struktur des Politischen, die verfassungsmäßigen, institutionellen Aspekte, die Gewaltenteilung – dies alles spielt bei der ‚politischen Bettina' kaum eine Rolle, das Regierungssystem gerät allenfalls in der Wunschvorstellung Bettinas als Royalistin in den Blick, aber ohne Selbstreflexion und ohne präzise Referenz auf existierende Strukturen. Die Inhalte der politischen Auseinandersetzung, etwaige Problemlösungen bleiben eindimensional in der Klage über Missstände und misshandelte Personen, denn die ‚politische Bettina' bietet keine Konfliktanalyse, wohl aber provozierende Opposition und strategische Agitation für Einzelne, etwa für Jacob und Wilhelm Grimm, für die sie aus persönlich-freundschaftlichen Gründen einen Bittbrief schreibt, oder für den wegen Hochverrats angeklagten Fabrikanten Friedrich Wilhelm Schlöffel, für den sie sich in ihrem Briefwechsel mit dem König 1845 auf Bitten seiner Tochter mutig und rhetorisch geschickt verwendet (vgl. Bettina an Friedrich Wilhelm IV., 18. Juli 1845, in: Bw Friedrich Wilhelm IV., 131–134). Verständlich wird die Schlöffel-Fürsprache vor dem Hintergrund der damaligen, halb-öffentlichen, halb-privaten Beziehungsnetzwerke und Kommunikationsmöglichkeiten, wie sie zwischen der Regierung und den Untertanen bestanden. In diesem Fall reichte die gesellschaftlich und literarisch prominente Frau, eng vernetzt mit dem Adel, den Arnims und Savignys, von deren Sympathie und Briefkontakt mit dem König die Schlöffels gehört hatten, inoffiziell ein Bittgesuch mit informativen Unterlagen ein.

Gesellschaftlicher Rang und entsprechende Kontakte waren letztlich ebenso wichtig wie die kommunikative Tradition der persönlichen Parteinahme und der Bittbriefe, was aus heutiger Warte ungerecht und befremdlich erscheint. Bettina sympathisierte und identifizierte sich mit Menschen in Not, Menschen im Konflikt, etwa der Jugend in der Auseinandersetzung mit den ‚Philistern'. So waren ihr die Autoren des Jungen Deutschland „schon deswegen heilig", weil die vermeintliche Gruppe, „von den Philistern angepauzt wird wie von einer Gesellschaft alter Kater, also eine affinität mit der Grimm Schicksal hat", wie sie ihrem Schwager Friedrich Carl von Savigny am 4. November 1839 erklärte (GW 4, 397). Gleichwohl vermied sie die öffentliche Auseinandersetzung mit liberalen Ideen, stattdessen nutzte sie spätestens in den 1840er Jahren – idealerweise unter Umgehung der Zensurregulierungen – die Chancen der halb-öffentlichen Nachrichtenverbreitung und lancierte ihre politische Meinung etwa in der Presse, womit sie die Regulierungen und Zensur möglichst umgehen konnte. Dabei ist offenkundig, dass Bettinas literarische und politische Interessen seit den späten 1830er Jahren in krassem Gegensatz zu den Ansichten der konservativen Mitglieder ihrer Familie standen, und hier im Besonderen zu denen Savignys und seiner Frau Gunda, ihrer Schwester, sowie zu ihren eigenen nunmehr erwachsenen Kindern Siegmund, Maximiliane und Armgart.

Bettinas Texte waren anders als die ‚politische Literatur' ihrer Zeitgenossen, anders als Heinrich Heines satirisches Versepos *Deutschland. Ein Wintermärchen* (1844), Hoffmann von Fallerslebens Dichtung der 1840er Jahre oder Georg Büchners Drama *Danton's Tod* (1835). So trugen ihre politischen Texte zunächst den Charakter kulturpolitischer Interventionen. Beispielhaft sei hier verwiesen auf einen im September 1840 verfassten Brief an den Berliner Oberbürgermeister Heinrich Wilhelm Krausnick, in dem sie Vorschläge für die Huldigungsfeier der Bürgerschaft anlässlich der Thronbesteigung Friedrich Wilhelms IV. unterbreitete. Das hierfür geplante turmartige Gerüst, das von einem „fabelhafte[n] Ahnenbaum" des Königshauses geschmückt werden sollte, „besäet transparent mit ungeschickten Bildern der Vergangenheit",

2.1. Die ‚politische Bettina'

nannte Bettina den „größeste[n] Mißgriff im Interesse der Bürger". Stattdessen schlug sie „für ein so köstliches Bürgerliches Fest" allegorische Darstellungen aller Nationen „mit Türken, Heiden, Juden und Christen" vor: „Warum malen Sie nicht alle Hoffnung alle Wünsche des Volkes in ihrer (vom König zu hoffenden) Gewährung symbolisch dahin?" (10. September 1840, in: GW 4, 432–433) Bettinas Einwände verfehlten in diesem Fall ihre Wirkung nicht: Das Gerüst wurde nicht aufgestellt.

Im Jahr darauf setzte sie sich dann für Gaspare Spontini (1774–1851) ein, den entlassenen Generalmusikdirektor und Ersten Kapellmeister am Königlichen Opernhaus (siehe V.2. *Bettina von Arnim und die Musik*). Am 15. Mai 1841 verfasste sie zugunsten Spontinis einen Brief an einen unbekannten Adressaten, welcher ihn wunschgemäß dem König zukommen ließ. Dieser Brief erschien kurz darauf gekürzt in der Beilage zur *Allgemeinen Zeitung* vom 19. Mai 1841 und dann noch einmal in den *Jahrbüchern des deutschen National-Vereins für Musik und ihre Wissenschaft* vom 3. Juni 1841, wurde später dann von ihr selbst aber auch in Privatbriefen verarbeitet (vgl. Mungen 1996/97). Der Berliner Theaterskandal, der darin gipfelte, dass Bühnenarbeiter und Sänger dem (auch vom Publikum und der Theaterkritik angefeindeten) Direktor und Opernkomponisten Spontini – ein Exzentriker und Protegé des verstorbenen Königs Friedrich Wilhelm III. – die Mitarbeit verweigerten, ging auf Kompetenzstreitigkeiten zwischen der Theaterverwaltung und der künstlerischen Leitung zurück und wurde in zahlreichen deutschen und ausländischen Zeitungen aufgegriffen. Bettina war also bestens informiert, zugleich aber keine „ausgesprochene Verehrerin von Spontinis Person noch von seiner Kunst" (ebd., 145). So war ihr Einsatz für Spontini denn auch eher emotionaler Natur, wie der stark moralisierende Ton der überlieferten Texte (und Varianten) zeigt, aus denen die Umstände allerdings auch nicht richtig deutlich werden. Als eigentlichen Skandal betrachtete sie das Verhalten und Eingreifen der Polizei; ihre Kritik richtete sich gegen den Staat, der die Polizei für seine Interessen einspannte. Bettina machte die Affäre zu ihrer eigenen, sich selbst zum Gegenstand der Auseinandersetzung, behauptete aber prinzipiell ihre königstreue Position (vgl. ebd., 161). Wie im Fall Spontinis adressierte sie ihre Texte mit politischen Botschaften stets indirekt oder direkt an Angehörige regierender Häuser und bevorzugt an Friedrich Wilhelm IV., wobei ihre sendungsbewussten Aktivitäten nicht mit einem Engagement für die moderne Demokratie verwechselt werden sollten. Vielmehr galten sie der Preußenkritik und monarchischem Interesse (vgl. Landfester 1999/2000, 145).

Wie Wolfgang Frühwald betont, habe die ‚politische Bettina' versucht, „die Politik Preußens über ihre (nur scheinbare) Verbindung mit dem König zu beeinflussen"; insbesondere 1848 sei es ihr darum gegangen, dem König auch politischen Rat zu geben (Frühwald 2010, 16–17; vgl. auch Püschel 2005). Sie rettete sich dabei nicht in Traum und Poeterei, Rausch und Eskapismus, sondern war eine „provozierende Querdenkerin" (Schultz 1994, 19). Zugleich fehlte ihr ein klares gesellschaftspolitisches Konzept – was auch nicht verwundert, denn sie „beschäftigte sich nicht mit den Staatstheorien ihrer Zeit"

(Schultz 1999, 124). Stattdessen brachte sie in die Diskussion die schöpferische Subjektivität und den Geniebegriff ein, der freilich in der Politik kaum tragfähig war (und ist) und an Begriffe und Ideen der Frühromantik erinnerte (vgl. ebd., 123–124). Gerhard Lauer bemerkt hierzu: „Das Projekt einer politischen Universalpoesie, wie es Bettina verfolgt, kann [...] nicht ohne Selbstwiderspruch Bestand haben. Man kann nicht Politik betreiben wollen, die auf eine Aufhebung der Differenz von Staat und Gesellschaft abzielt, wenn eine solche Ausdifferenzierung zugleich die Bedingung für das Betreiben dieser Politik ist. Der Widerspruch kann nur noch in mythischen Bildern übersprungen werden, die dann beliebig auswechselbar sind" (Lauer 1997, 314). So gesehen können Bettinas „mythisierende Rollenspiele als Naturkind, als guter Dämon, als Hermes oder Göttin Demeter, als der von Zeus verfolgte Prometheus, als Echo-Figur" (ebd., 315) als selbständige, subversiv gegen die gesellschaftlichen Zwänge gerichtete Autorposition gewertet werden.

Lauer analysiert beispielsweise sehr differenziert Bettina von Arnims eigene philosemitische Inszenierung, ihre durchaus „ambivalent[e]" Reaktion auf die Emanzipation der jüdischen Minderheit und die diesbezügliche romantisierende Brüchigkeit (Lauer 1997, 316). Bettina übernehme zwar eine zentrale Forderung des politischen Liberalismus der Jahre 1848/49, akzeptiere aber nicht die Voraussetzung dieser Forderung – „die Idee einer liberal-demokratischen Staatsbürgergesellschaft"; sie beschreibe (etwa in *Gespräche mit Daemonen*) eine Welt, die dem „Erziehungsmodell der bürgerlichen Geselligkeit" entsprochen habe, und setze eine „ständisch gegliederte Staatsfamilie" voraus, die jedoch spätestens 1848 obsolet geworden war (ebd.). Sie fordere „die Bildung des Judentums als Teil der Erziehung des Menschengeschlechts. Aber das Ergebnis, die gebildeten Juden, insbesondere die Frauen, belegt sie mit Häme, weil sie nicht romantische Figuren einer imaginierten Zukunft sind, sondern normale moderne Menschen" (ebd., 316)

Zweifelsohne zeigte Bettina eine ausgeprägte Hilfsbereitschaft, die sie vor allem in den 1840er Jahren in ihrer sozialpolitischen Kritik am Staat und ihrem Handeln insgesamt lenkte. Die eine Generation jüngere, mit Bettina persönlich bekannte Schriftstellerin Fanny Lewald, die Anfang der 1840er Jahre nach Berlin gezogen war und hier mit dem teilweise autobiographischen Romanen *Jenny* (1843) ihren literarischen Durchbruch schaffte, veröffentlichte 1849 eine ausführliche Würdigung von Bettinas politischem und sozialem Engagement. In „Der Cultus des Genius. Brief an Bettina von Arnim", der in mehreren Fortsetzungen in den *Blättern für literarische Unterhaltung* erschien, entwarf Lewald das nachhaltig wirkende Bild Bettinas als „eine vom sozialen Idealismus beseelte praktische Wohltäterin" (Landfester 2000, 280). Bettina habe, so Lewald hier, „mit Wort und That" für „die Neugestaltung der Welt" gewirkt und sei so zum „Anwalt der Proletarier, der Juden, der Polen, der Magyaren" geworden (Lewald 1849, 69; zu Lewald siehe auch III.1.6. *Die Junghegelianer*). Lewald erwähnte vor allem Bettinas an „die Machthabenden" gerichtete „Bittschriften, Vorstellungen und Verwendungen jeder Art" (ebd.), ohne jedoch Bettinas Begeisterung für die Revolutionäre zu berühren oder konkrete politische Aktivitäten zu benennen – womit ihre verständnisvolle Würdigung ziemlich genau die zeitgenössische Wirkung der kulturellen und sozialpolitischen Anliegen Bettina von Arnims wiedergegeben haben dürfte.

Literatur

Bunzel, Wolfgang: „Die Welt umwälzen". Bettine von Arnim geb. Brentano (1785–1859). Katalog. Frankfurt a.M. 2009.
Frühwald, Wolfgang: „Zum Geleit". In: Wolfgang Bunzel, Kerstin Frei u. Mechtild M. Jansen (Hg.): „Mit List und ... Kühnheit ... Widerstand leisten": Bettine von Arnims sozialpolitisches Handeln zwischen Privatheit und Öffentlichkeit. Berlin 2010, S. 11–18.
Landfester, Ulrike: „Das Schweigen der Sibylle. Bettine von Arnims Briefe über die Revolution von 1848". In: Jb BvA 11/12 (1999/2000), S. 121–143.
Landfester, Ulrike: Selbstsorge als Staatskunst. Bettine von Arnims politisches Werk. Würzburg 2000.
Lauer, Gerhard: „Der ‚rothe Sattel der Armuth': Talmudische Gelehrsamkeit oder die Grenzen der poetischen Technik bei Bettine von Arnim". In: Wolfgang Bunzel, Konrad Feilchenfeldt u. Walter Schmitz (Hg.): Schnittpunkt Romantik. Text- und Quellenstudien zur Literatur des 19. Jahrhunderts. Festschrift für Sibylle von Steinsdorff. Tübingen 1997, S. 289–319.
Lewald, Fanny: „Der Cultus des Genius. Brief an Bettina von Arnim". In: Blätter für literarische Unterhaltung, Jg. 1849, Nr. 171 (18. Juli 1849), S. 681–683, Nr. 172 (19. Juli 1849), S. 685–687, Nr. 173 (20. Juli 1849), S. 689–690, Nr. 174 (21. Juli 1849), S. 693–694.
Mungen, Arno: „‚Zum Teufel mit dem Fremden, dem Italiener!' Bettine von Arnims Eintreten für Gaspare Spontini". In: Jb BvA 8/9 (1996/97), S. 141–161.
Püschel, Ursula: „Eine Bittschrift der Bettina von Arnim für die Witwe Otto". In: Jb BvA 3 (1989), S. 327–332.
Püschel, Ursula: „Bettina von Arnims Briefe im September 1848 an den König von Preußen". In: U. Püschel: Bettina von Arnim – politisch. Erkundungen, Entdeckungen, Erkenntnisse. Bielefeld 2005, S. 193–244.
Schultz, Hartwig: „Berliner und Wiepersdorfer Romantik. Themen und Formen einer erneuerten, kritischen Romantik bei Arnim und Bettina". In: Heinz Härtl u. H. Schultz (Hg.): „Die Erfahrung anderer Länder". Beiträge eines Wiepersdorfer Kolloquiums zu Achim und Bettina von Arnim. Berlin, New York 1994, S. 1–23.
Schultz, Hartwig: „‚Das freie Bürgertum, was sich immer mehr veredelt'. Bettines Frankfurter Mitgift". In: H. Schultz (Hg.): „Die echte Politik muß Erfinderin sein". Beiträge eines Wiepersdorfer Kolloquiums zu Bettina von Arnim. Berlin 1999, S. 109–130.

2.2. Die Brüder Grimm
Barbara Becker-Cantarino

1. Biographische Bezüge 264
2. Die ‚Göttinger Sieben' und Bettina von Arnim 265
3. Die Grimms in Berlin 269
4. Die Hoffmann-von-Fallersleben-Affäre: Politische Entfremdung und Distanzierung 270
5. Bettinas Parodie der ‚Gattung Grimm' in ihrem Königsbuch . . . 273
6. Literatur 274

1. Biographische Bezüge

Bettina von Arnim und die fast gleichaltrigen Brüder Jacob Grimm (1785–1863) und Wilhelm Grimm (1786–1859) kannten sich seit Bettinas Mitarbeit an den Projekten der Heidelberger Romantik, der Liedersammlung *Des Knaben Wunderhorn* und der *Zeitung für Einsiedler*; sehr viel später erst entwickelte sich daraus eine langjährige Freundschaft. Die Brüder gehörten in Marburg zum Kreis der Studenten von Bettinas Schwager, Friedrich Carl von Savigny, der insbesondere die wissenschaftliche Begabung Jacobs erkannte und ihn schließlich auch einlud, ihn als sein Mitarbeiter 1804/05 nach Paris zu begleiten. Savigny wie auch Bettina und ihr Bruder Clemens unterstützten Jacob und Wilhelm in dieser Zeit finanziell, ebenso wie später auch deren jüngeren Bruder Ludwig Emil Grimm (1790–1863) während dessen Kunststudiums in München (Ludwig Emil fertigte die bekannten Zeichnungen und Porträts der Brentanos und der Brüder Grimm an). Denn anders als Savigny und die Brentanos kamen die Grimms aus weitaus bescheideneren Verhältnissen. Ihr Vater, ein hanauischer Amtmann, hinterließ bei seinem frühen Tod 1796 fünf Söhne und eine Tochter; Jacob, das älteste der Grimm-Geschwister, war zu diesem Zeitpunkt gerade einmal elf Jahre alt.

Angeregt durch Clemens Brentano hatten die Grimms, die sich beide recht bald von ihrem Jurastudium ab- und der altdeutschen Literatur zugewandt hatten, 1807 ihre Märchensammlung begonnen. Auch Bettina half beim Sammeln und Aufzeichnen von Märchen, wie sie es schon für Clemens und Achim von Arnim getan hatte, die diese Texte jedoch nur teilweise überarbeiten und verwenden sollten (vgl. Burwick 2010, 131–134; siehe IV.3. *Märchen und Märchenentwürfe Bettina von Arnims und ihrer Töchter*). Als die seit März 1811 verheirateten Arnims die Grimms nach einer mehrmonatigen Reise über Weimar, Frankfurt am Main und den Rheingau im Januar 1812 auf dem Rückweg nach Berlin in Kassel besuchten, war der erste Band *Kinder- und Hausmärchen* gerade fertiggestellt; Achim ließ sich das Konvolut zeigen und erbot sich, in Berlin die Verlagsverhandlungen mit der Realschulbuchhandlung, dem Verlag von Georg Andreas Reimer, zu führen, so dass der Band rechtzeitig zu Weihnachten 1812 erscheinen konnte (der zweite Band folgte 1815). In einer persönlich gehaltenen Widmung, die in allen bis 1843 ver-

2.2. Die Brüder Grimm

öffentlichten Auflagen enthalten ist, eigneten die Grimms die *Kinder- und Hausmärchen* „Frau Elisabeth von Arnim" anlässlich der Geburt ihres ersten Sohnes Freimund zu.

Bis zu Achim von Arnims Tod 1831 war es indes Achim, zu dem die eigentliche Freundschaft bestand und mit dem die Grimms einen Briefwechsel unterhielten. Auch die Besuche galten wohl vor allem Achim. Wilhelm Grimm etwa reiste im Juni 1816 zu den Arnims nach Wiepersdorf, um den von einer schweren Erkrankung genesenen Achim persönlich zu sehen. Seinem Bruder Jacob berichtete er bei dieser Gelegenheit übrigens bedauernd und kritisch von dem so gar nicht idyllischen, sondern vielmehr chaotischen Landleben der Arnims. Bettina, schrieb Wilhelm, führe zwar den Haushalt, habe aber „keine Lust an diesem Wesen" und werde obendrein von allen Seiten „betrogen und bestohlen"; hinzu käme die hohe Verschuldung des ‚Ländchens': „Beiden wär zu wünschen, daß sie aus dieser Lebensart herauskämen" (13. Juni 1816, in: Grimm/Grimm 2001, 477).

Gleichwohl war es nicht so, dass zwischen Bettina und den Grimms gar keine Beziehung bestanden hätte. So publizierte Wilhelm 1818 in den *Heidelberger Jahrbüchern* nach Aufzeichnungen von Bettina eine verständnisvolle Rezension zu Achims Roman *Die Kronenwächter*. Als Bettina 1821 zusammen mit der erst wenige Monate alten Tochter Armgart der Familie in Frankfurt einen Besuch abstattete, traf sie sich mit Wilhelm, der ebenfalls gerade in der Stadt zu Gast war. Im Herbst 1834, also nach Achims Tod, besuchte Bettina schließlich Jacob Grimm in Göttingen, der wiederum im Juni 1835 eine einfühlsame Besprechung von Bettinas *Goethebuch* in den *Göttingischen gelehrten Anzeigen* veröffentlichte. Den Höhepunkt der Beziehungen bildete jedoch zweifelsohne Bettinas Einsatz für die Grimms nach der Affäre um die ‚Göttinger Sieben' und der damit zusammenhängenden Entlassung der Brüder aus dem Universitätsdienst zwei Jahre später.

2. Die ‚Göttinger Sieben' und Bettina von Arnim

Zu diesem Zeitpunkt genossen Bettina von Arnim und insbesondere Jacob Grimm bereits erhebliche Prominenz, sie durch ihr *Goethebuch*, er – neben den zusammen mit Wilhelm veröffentlichten *Kinder- und Hausmärchen* – durch seine wissenschaftlichen Publikationen zur altdeutschen Literatur und deutschen Sprache, die *Deutsche Grammatik* (1819), die *Deutschen Rechtsaltertümer* (1828) und die *Deutsche Mythologie* (1835).

Bevor Jacob 1830 Professor in Göttingen wurde, hatte er seinen Lebensunterhalt über zwei Jahrzehnte und fast durchgängig als Bibliothekar bestritten – eine Tätigkeit, die ihm bisweilen genügend Freiheiten ließ für seine privaten wissenschaftlichen Studien. Nach dem Tod der Mutter 1808 Mitversorger der Brüder beginnt er seine Karriere in Kassel als Vorsteher der Privatbibliothek von Jérôme Bonaparte, dem König von Westphalen, und wird ein Jahr später zum Beisitzer im Staatsrat ernannt. Nach dem Sturz Jérômes 1813 und der anschließenden Restitution des Kurfürstentums Hessen folgte ein Zwischenspiel im diplomatischen Dienst des Kurfürsten von Hessen, 1816 dann die Rückkehr in den Bibliotheksdienst als zweiter Bibliothekar an der kurfürstlichen Bibliothek in Kassel, wo sein Bruder Wilhelm bereits seit 1814 als Sekretär arbeitete. Erst das Ausbleiben einer erwarteten Beförderung zum Oberbibliothekar Ende der 1820er Jahre führte dazu, dass sich Jacob und sein kränklicher Bruder Wilhelm nach neuen Aufgaben umsahen. Anfang 1830 wurden beide dann an die Göttinger Universität im benachbarten Königreich Hannover berufen: Jacob als ordentlicher Professor und Bibliothekar, Wilhelm zunächst als Unterbibliothekar, ab 1831 als außerordentlicher, 1835 schließlich als ordentlicher Professor.

Zwar hatten vor allem Jacobs wissenschaftliche Publikationen unter seinen Kollegen auch Neider und Kritiker wie August Wilhelm Schlegel auf den Plan gerufen. Gerade deshalb waren (oder wurden) Jacob und Wilhelm aber die prominentesten unter den sieben 1837 ihres Amtes enthobenen Professoren der Universität Göttingen. Die ,Göttinger Sieben' – das waren neben Jacob und Wilhelm Grimm der Historiker Friedrich Christoph Dahlmann, der Staatsrechtler Wilhelm Eduard Albrecht, der Orientalist Heinrich Ewald, der Literaturhistoriker Georg Gottfried Gervinus und der Physiker Wilhelm Eduard Weber – hatten am 18. November 1837 in einem an das Universitätskuratorium in Hannover gerichteten Protestschreiben erklärt, dass sie sich durch den von ihnen geleisteten Eid weiterhin an die neue, relativ progressive Verfassung aus dem Jahr 1833 gebunden fühlten, die der neue König Ernst August I. von Hannover, der auch Landesherr der Universität war, wenige Wochen zuvor ausgesetzt hatte. Verfasst hatten die Erklärung Dahlmann und Jacob Grimm, die beide auch an der Ausarbeitung des sogenannten Staatsgrundgesetzes von 1833 beteiligt gewesen waren. Grimm war es auch, der mit Gervinus dafür sorgte, dass der Text in durch protestierende Studenten versandte Abschriften rasch an die Öffentlichkeit, in die deutsche und englische Presse gelangte (vgl. Essig 2000, 156; Hunger 2002, 197–198).

Der König fühlte sich brüskiert und reagierte im Dezember 1837 mit der Entlassung aller sieben Gelehrten aus dem Staatsdienst. Jacob Grimm, Dahlmann und Gervinus hatten das Land zudem innerhalb von drei Tagen zu verlassen; Jacob ging daraufhin zurück nach Kassel, wo er von der Familie seines Bruders Ludwig Emil aufgenommen wurde (Wilhelm folgte ihm im Herbst 1838). Die Haltung und Aktion des aus England stammenden neuen Königs, der ohne nennenswerte Landeskenntnisse eine für ihn sekundäre Rolle als Regent im dynastischen System der englischen Königsfamilie im (von London) weit entfernen Hannover angetreten hatte, ist historisch durchaus umstritten (vgl. Beek 2011). Er versuchte zuvorderst, seine monarchischen Rechte abzusichern. In der Frage, wer in dem „nur kompromisshaft gelösten Staatsrecht des Vormärz" die Souveränität im Staat innehabe, vertrat der König eine patrimoniale Staatsauffassung und war zu Zugeständnissen nicht unbedingt bereit: „1837 trafen entgegengesetzte staatsrechtliche Grundpositionen aufeinander" (Saage-Maaß 2007, 23). Daher gab es auf die Protestaktion der ,Göttinger Sieben' durchaus unterschiedliche zeitgenössische Reaktionen.

Zwar zeigte sich die deutsche und europäische Presse vielfach empört über den Verfassungsbruch des Königs, auch regte sich Protest in deutschen Ländern mit konstitutioneller Verfassung, und viele Akademiker begrüßten die Aktion der Professoren als Schritt zum Konstitutionalismus und Liberalismus. Das Kuratorium der Universität Göttingen aber distanzierte sich wie auch alle anderen Professoren von dem Protestschreiben der ‚Göttinger Sieben'. Konservative Staatsdiener wie der ehemalige Schwager der Grimms, der kurhessische Innen- und Justizminister Ludwig Hassenpflug (1794–1862), sahen dabei im Handeln der ‚Göttinger Sieben' vor allem Ungehorsam gegen die Staatsgewalt.

In der historischen Forschung sieht man heute die wissenschaftliche Geschichtsschreibung und gesellschaftliche Erinnerungskultur in einem Zusammenhang. So gilt die Aktion *heute* als Anfang einer Kultur der Meinungsfreiheit in Deutschland, als Beginn einer Verantwortungsgesellschaft, die eine Verfassung forderte, und wird als Akt zivilen Ungehorsams gefeiert. Die ‚Göttingen Sieben' stellen einen Topos dar, einen „Platz der Verständigung, über den die jeweils verschiedene Gesellschaft mit ihren Erfahrungen und Interessen sich ihrer selbst vergewissert" (Saage-Maaß 2012, 201). Neuere Rückblicke auf die Grimms aus der Perspektive der Geschichte der Germanistik sehen die Rolle ihrer ‚Väter' aus dem 19. Jahrhundert denn auch weit kritischer: Die Grimms, meint etwa Klaus von See, hätten die Situation ausgenutzt, um sich als moralisch integre „politische Professoren" in Szene zu setzen (See 1997, 75). Auch sei Jacob Grimm keineswegs ein demokratischer Liberaler, sondern ein „narzißtischer Gelehrter" und Nationalist gewesen, habe eine Abneigung gegen parlamentarisches Parteienwesen gehegt und politische Gegner moralisch abqualifiziert (ebd., 79 u. 88). Was auch immer die unterschiedlichen Interessen und Motive der Akteure gewesen sein mögen, der Protest war ein wichtiges Ereignis in der Zeit des Vormärz, das die politische Autorität der Gelehrten und die Wirkung der Presse in der breiten, gebildeten Öffentlichkeit in Deutschland mitbegründete. Das Bildungsbürgertum löste sich langsam von seiner Bindung an den Monarchen und der Protest der ‚Göttinger Sieben' stärkte dabei das Bewusstsein für die Notwendigkeit einer Verfassung und von Gesetzen, die auch ein Monarch achten sollte. Nicht zuletzt aufgrund der Affäre um die ‚Göttinger Sieben' „bildete sich [...] eine verstärkte liberale Öffentlichkeit in Deutschland heraus, die eine wesentliche Voraussetzung der Revolution im Jahr 1848 war" (Beek 2011).

Auch Bettina von Arnim ergriff Partei. Sie korrespondierte laufend mit den Grimms (vgl. Bw Grimm), schickte ihnen Informationen und Briefabschriften und besuchte sie zwischen Oktober und Anfang November 1839 zweimal in Kassel. Derweil suchte sie nicht nur nach einer neuen Anstellung für die beiden (über ihre etwaigen Aktionen für die anderen fünf Professoren ist nichts bekannt), sondern agierte auch publizistisch für die Grimms und nutzte dabei nicht zuletzt die Presse – auf welchem Wege ist im Einzelnen nicht genau zu ermitteln –, um ihre Unterstützung für die Brüder in der Öffentlichkeit zu lancieren und die Entlassungsaffäre publik zu machen. So veröffentlichte etwa der von Karl Gutzkow in Hamburg herausgegebene liberale *Telegraph für Deutschland* im Januar 1839 ihren offenen Brief *Bettina an W. Grimm* (vgl. Härtl 1995, 194–198).

Bettinas Einsatz war unermüdlich. Beim preußischen Kultusminister Karl Freiherr vom Stein zum Altenstein in Berlin sondierte sie ebenso neue Anstellungsmöglichkeiten für die Grimms wie bei der Großherzogin Maria Pawlowna in Weimar, wofür sie wiederum den dortigen Staatskanzler Friedrich von Müller einspannte, ihren Kontakt im Zuge der Rückholaktion ihrer Briefe an Goethe wenige Jahre zuvor. Sie kontaktierte die Mitglieder der Berliner Akademie der Wissenschaften, in der die Grimms Mitglieder waren, sowie andere Professoren der Berliner Universität, um auf die Berufungsverhandlungen in der preußischen Hauptstadt Einfluss zu nehmen. Viele mit ihr mehr oder weniger bekannte Professoren – darunter berühmte Namen wie der Historiker Leopold von Ranke, die Philologen August Boeckh und Karl Lachmann, der Kunsthistoriker Carl Friedrich von Rumohr und der Jurist Friedrich Carl von Savigny – hielten sich jedoch bedeckt und gaben sich abwartend (siehe II.2.6. *Friedrich Carl von Savigny*). Die Professoren waren indes auch untereinander zerstritten, es gab Klatsch, Neid, Missverständnisse und Gerüchte über Geldsammlungen für die Grimms; Bettina ihrerseits befeuerte die Gerüchteküche und kolportierte beispielsweise eine angeblich bevorstehende Berufung der Grimms an die Pariser Académie française.

Eine weitere Hürde in Berlin soll der zu diesem Zeitpunkt noch amtierende preußische König Friedrich Wilhelm III., ein Vetter von Ernst August von Hannover, gewesen sein, der auf die Befindlichkeiten seines Verwandten Rücksicht genommen haben soll. Deutlich machte dies eine den Grimms zugespielte und von diesen an Bettina weitergeleitete Stellungnahme des Präsidenten des Preußischen Staatsrats Karl Freiherr von Müffling, in der es unmissverständlich hieß: „[D]aß sie [die Grimms] jetzt und in der nächsten Zukunft weder in Hannover noch in Preußen [...] angestellt werden können, ist selbstredend" (Müffling an einen Unbekannten, April 1838, in: Bw Grimm, 126–127).

Bettina von Arnim ließ sich von solchen Rückschlägen jedoch nicht entmutigen. Vielmehr nutzte sie ihre gesellschaftliche Stellung, um nun den preußischen Kronprinzen Friedrich Wilhelm, dessen Interesse für Literatur und die Romantik bekannt war, auf das Schicksal der Brüder Grimm und deren anvisierte Berufung nach Berlin aufmerksam zu machen. 1839 schickte sie ihm eine Büchersendung, zwei Bände der *Sämmtlichen Werke* Achim von Arnims, wofür sich Friedrich Wilhelm am 4. Dezember 1839 persönlich bedankte, was letztlich den Beginn ihres Briefwechsels mit dem künftigen Thronfolger markierte (siehe IV.4.6. *Briefwechsel mit Friedrich Wilhelm IV.*). Nun steckte hinter der Übersendung genau dieser Bände nicht eben wenig Kalkül. Denn als Herausgeber der *Sämmtlichen Werke* zeichnete kein Geringerer als Wilhelm Grimm. Er hatte denn auch das Vorwort zum ersten Band verfasst, an das sich eine „Zueignung" Achims „an meine Freunde Jakob Grimm und Wilhelm Grimm" aus dem Jahr 1811 anschloss (A. v. Arnim 1839, V–XVI). Und so ging es Bettina mit der Büchersendung wohl um das demonstrative Ausstellen von „Wilhelm Grimms philologische[n] Fähigkeiten [...] als zutiefst nationalpatriotischen ‚Strom des Wissens aus Deutscher Quelle'" (Landfester 2000, 299). Bettina ließ dabei nicht locker und übersandte Friedrich Wilhelm im Frühjahr 1840 den eben erschienenen weiteren Band der Werke Arnims, *Die Kronenwächter*, zusammen mit einem poetischen Brief. Auch hierauf antwortete der Kronprinz am 20. April 1840 persönlich. Offensichtlich war Bettinas Rechnung aufgegangen, bat er doch nun um mehr Material in Sachen ‚Brüder Grimm'. Bettina schickte ihm daraufhin neben Zeitungsausschnitten eine umfangreiche Sammlung von Briefkopien, darunter – verbunden mit der Bitte um unbedingtes Stillschweigen und Diskretion – eine Abschrift der ‚großen Epistel', ihrer persönlichen Abrechnung mit Savigny (siehe II.2.6. *Friedrich Carl von Savigny*).

Am 7. Juni 1840, also nicht einmal zwei Monate später, starb Friedrich Wilhelm III. und sein Sohn bestieg als Friedrich Wilhelm IV. den Thron und übernahm die preußischen Regierungsgeschäfte. Im Herbst 1840 wurden die Brüder Grimm schließlich in Berlin angestellt. Sie wurden zwar nicht als Professoren an die Berliner Universität berufen, erhielten aber aus der Privatschatulle des Königs ein einigermaßen angemessenes Gehalt, um an der Akademie der Wissenschaften ihre noch in Göttingen begonnene Arbeit an dem Jahrhundertprojekt des *Deutschen Wörterbuchs* fortsetzen zu können. Inwieweit Bettinas Aktionen dazu beitrugen, dass Friedrich Wilhelm IV. die Grimms wenn schon nicht als ‚Lehrer der Jugend', so doch als Wissenschaftler an die Akademie zu berufen erlaubte, ist ungewiss (vgl. dazu etwa Thielenhaus 1993, 63). Eigentlich ausschlaggebend war wahrscheinlich die vermittelnde Stimme von Alexander von Humboldt, den Bettina von Arnim ebenfalls um Fürsprache für die Grimms angeschrieben hatte (siehe III.2.3. *Alexander von Humboldt*). Nicht übersehen werden sollte jedoch Bettinas Verdienst, die andererseits vorsichtig abwartenden, teilweise auch misstrauisch gewordenen Grimms im Sommer 1840 überhaupt zur Annahme des Berliner Angebots zu ermuntern. Bettina war es auch, die bei den Gehaltsverhandlungen indirekt durch eine Eingabe eine Aufbesserung des Salärs der Grimms erreichte. Sie war es letztlich, die mit ihrem unermüdlichen Einsatz und ihrer Bereitschaft, konsequent, rigoros und mit gezielter Informationspolitik ihre Pläne für die Grimms zu verfolgen, der Aufnahme der Brüder in Berlin mindestens den Boden bereitete.

3. Die Grimms in Berlin

Auch bei ihrer Übersiedlung nach Berlin stand Bettina den Grimms zur Seite. Seinen Dank für die langjährige Freundschaft formulierte Wilhelm in einer warmen, persönlich und herzlich gehaltenen Widmung schon in der nunmehr bereits vierten Ausgabe der *Kinder- und Hausmärchen* von 1840, zu diesem Zeitpunkt noch von Kassel aus: „Liebe Bettine, dieses Buch kehrt abermals bei Ihnen ein, wie eine ausgeflogene Taube die Heimat wieder sucht und sich da friedlich sonnt. Vor fünf und zwanzig Jahren hat es Ihnen Arnim zuerst, grün eingebunden mit goldenem Schnitt, unter die Weihnachtsgeschenke gelegt" (Grimm/Grimm 1840, V). Wilhelm erinnerte Bettina (und damit die Leserinnen und Leser) nostalgisch an die Jugendzeit – und an Achim: „Dies edle Haupt ruht nun schon seit Jahren im Grab" (ebd., VI). Bedeutungsvoll sinnierte er zugleich über seinen Abschied aus Göttingen 1838: „Als ich abreiste wurde mein Wagen von einem Zug aufgehalten: es war die Universität, die einer Leiche folgte" (ebd., VII). Eine Leerstelle in dieser Widmung bildet die eigentlich zu erwartende Danksagung für die politische Unterstützung Bettinas. Dies gilt auch für die Widmung der folgenden, fünften Ausgabe der *Kinder- und Hausmärchen* von 1843, auch hier findet sich kein Wort der Anerkennung für die ‚politische Bettina'. Dafür erweiterte Wilhelm den Widmungstext unter anderem um einen indirekten Dank an Bettina für die Hilfe bei der Wohnungssuche in Berlin. Das „Haus außerhalb der Mauern [...], wo am Rande des Waldes eine neue Stadt heranwächst" (Grimm/Grimm 1843, IX; gemeint ist das heutige Tiergartenviertel, damals ein ruhiger Villenvorort), hatte Bettina für die mit der ‚Großstadt Berlin' fremdelnden Grimms ausgesucht. Bettina erscheint in beiden Widmungen als hilfreiche Fee, „Beistand und Hilfe meiner kranken Frau leistend" (Grimm/Grimm 1840, VII; 1843, VIII), umrahmt von Natur. Bettina war die (inzwischen gealterte) Mutter: „Ihre Kinder sind groß geworden, und bedürfen der Märchen nicht mehr: Sie selbst haben schwerlich Veranlassung sie wieder zu lesen, aber die unversiegbare Jugend Ihres Herzens nimmt doch das Geschenk treuer Freundschaft und Liebe gerne von uns an" (Grimm/Grimm 1840, VI; 1843, VI–VII). Mit der gefühlvoll-nostalgischen Widmung versetzte Wilhelm Grimm, so scheint es, Bettina von Arnim, deren „Agitationsversuche" (Landfester 2000, 290) ausgerechnet für die Brüder Grimm ja den Beginn ihrer öffentlichen sozialpolitischen Aktivitäten markierten, in eine ferne, idyllische, naturverbundene, apolitische Märchenwelt. Damit verbannte er sie aus der realen Politik wie auch aus dem literarischen Feld, in dem sie in den 1840er Jahren wohl ihre größte Wirkung entfaltete. Der Abstand zur Autorin der Briefbücher, die nur folgerichtig ebenfalls nicht in den Blick geraten, könnte kaum größer sein.

4. Die Hoffmann-von-Fallersleben-Affäre: Politische Entfremdung und Distanzierung

Bettinas Freundschaft zu den Brüdern wurde bald darauf empfindlich getrübt durch wachsende politische und wohl auch persönliche Divergenzen, die 1844 in einer öffentlichen Kontroverse um den zur „Symbolgestalt des Vormärz" avancierten Dichter Hoffmann von Fallersleben gipfelten (Ehrhardt 2001/02, 100). Der aus Fallersleben im damaligen Kurfürstentum Braunschweig-Lüneburg stammende August Heinrich Hoffmann (1798–1874, seit seiner Gedichtsammlung *Lieder und Romanzen* von 1821 nannte er sich Hoffmann von Fallersleben) hatte in Göttingen und bei Ernst Moritz Arndt in Bonn studiert. Nach seinem Studium ging er zunächst nach Berlin, dann nach Breslau, wo er 1823 – auch dank seiner Beziehungen zu dem bekannten preußischen Bibliophilen Karl Hartwig Gregor von Meusebach und zu Savigny – als Bibliothekar angestellt wurde, bevor er 1830 zum außerordentlichen und 1835 schließlich zum ordentlichen Professor für deutsche Sprache und Literatur ernannt wurde. Jäh beendet wurde seine Karriere mit der Veröffentlichung seiner *Unpolitischen Lieder* 1840 und 1841. Das preußische Kultusministerium witterte in den tatsächlich alles andere als ‚unpolitischen Liedern' staatsgefährdende Umtriebe und leitete eine gerichtliche Untersuchung gegen Hoffmann ein, die darin mündete, dass der Professor von der preußischen Regierung erst suspendiert, Ende 1842 dann pensionslos entlassen wurde. Für den Sammler von Volks- und Kirchenliedern, Entdecker von altdeutschen Texten und Verfasser von Liedern wie dem patriotischen *Lied der Deutschen*, aber auch von Kinderliedern wie *Ein Männlein steht im Walde* und *Summ, summ, summ, Bienchen summ herum* folgten mehr als fünf ruhelose Jahre an verschiedenen Orten, wobei dem von der Polizei bespitzelten Dichter der Aufenthalt in Hannover (wozu auch Fallersleben gehörte) wie auch verschiedenen Orten Preußens behördlich untersagt war, bis er im März 1848 durch ein Amnestiegesetz Friedrich Wilhelms IV. begnadigt wurde.

In genau diese heimatlosen Jahre fiel der Arnim-Grimm'sche Eklat um Hoffmann. Beide Seiten kannten Hoffmann seit vielen Jahren, von Jacob Grimm war er 1818 sogar zum Studium der altdeutschen Literatur animiert worden. Im Februar 1844 nun richtete Wilhelm Grimm in Berlin eine Feier anlässlich seines 58. Geburtstags aus, zu der auch Hoffmann geladen war. Höhepunkt der Feier sollte ein Fackelzug von Studenten zu Ehren Wilhelm Grimms sein. Dabei wurde „Hoffmann zufällig erkannt – oder zeigte sich absichtlich am Fenster – oder war im Voraus mit den Studenten verabredet – (all diese Varianten kursierten)" (Ehrhardt 2001/02, 100). Jedenfalls ließen die Studenten Hoffmann hochleben – und der Skandal war da, denn die Ovation für Hoffmann wurde behördlicherseits als Kritik an der Regierung und deren Maßregelung verstanden – und wahrscheinlich traf das auch zu; kurz darauf hatte Hoffmann Berlin zu verlassen. Das Problem für die Grimms: Die verschiedenen Varianten des Ereignisses wurden inklusive einer tatsächlichen oder vermeintlichen Involvierung der Brüder auch von der Presse kolportiert. So mutmaßte man hier, „Hoffmann dürfte wirklich eingeladen und aufgefordert worden sein", vor die Studenten zu treten, dies aber nicht von den Grimms selbst, sondern „von einer genialen Freundin beider Teile", deren „begeisterten Vorstellungen die Einstellung der Gebrüder in Berlin [zu] verdanken" sei (zit. nach Schoof 1960, 221). Der Name der ‚genialen Freundin' blieb ungenannt. Zugleich dürfte jede oder jeder halbwegs Informierte gewusst haben, dass hiermit nur Bettina von Arnim gemeint sein konnte.

Der ganze Vorgang hatte die Grimms offensichtlich nicht nur verärgert, sondern in gewisser Weise auch verängstigt. Letztlich sahen sie sich veranlasst, eine Erklärung über die *Vossische Zeitung* verbreiten zu lassen, in der sie sich von Hoffmann distanzierten, ihn als ungebetenen Gast der Feier darstellten, ein Eintreten für jegliches ‚Parteiwesen' strikt zurückwiesen und bei alldem betonten, nur in Ruhe und Frieden arbeiten zu wollen. Auch zu

Bettina gingen die Grimms auf Abstand, verdächtigten die Brüder sie doch – vermutlich zu Recht –, sie habe bei dem Eklat um Hoffmann ihre Hand mit im Spiel gehabt und dies alles arrangiert. Bettina selbst zeigte sich auf der anderen Seite geradezu erbost über die öffentliche Distanzierung der Grimms und stellte sich nachdrücklich auf die Seite Hoffmanns. Wie Holger Ehrhardt feststellte, wurden in der Folge „die ‚Göttinger Sieben' [...] Hoffmann von Fallersleben geopfert" (Ehrhardt 2001/02, 103), auch dies ein Zeichen des Generationenwechsels in der Vormärz-Bewegung. Und wie einst für die Grimms, so versuchte sie nun, für den geschassten Breslauer Professor Unterstützung zu organisieren, in diesem Fall vor allem finanzieller Art. Als Hoffmann sich beispielsweise gezwungen sah, sich von einem Teil seiner wertvollen Buchbestände zu trennen, die infrage kommende Königliche Bibliothek in Berlin aber die hierfür erforderlichen Gelder von König Friedrich Wilhelm IV. nicht bewilligt bekam, bot sich Bettina an, ihm beim Verkauf behilflich zu sein. In diesem Zusammenhang plante sie, ihren Briefwechsel mit dem Studenten Philipp Nathusius, *Ilius Pamphilius und die Ambrosia* (1847/48), zu Hoffmanns Gunsten herauszugeben, was letztlich aber nicht geschah. Bettina von Arnim war auch zur Stelle, als Hoffmann nach dem Amnestiegesetz von März 1848 zwar nicht seine Professur zurückerhielt, aber immerhin ein Wartegeld zugesprochen bekam. Allerdings wurde dieses Wartegeld nur auf preußischem Boden ausgezahlt, so dass Hoffmann mit seinem Umzug nach Weimar 1853 die Ansprüche hierauf verlor. Bettina von Arnim bat Friedrich Wilhelm IV. daher in einem ihrer letzten Briefe an den König, er möge Hoffmann, „der Ehrenvolles in seinem Fach für Preußen gewirkt hat", erlauben, sein Wartegeld auch außerhalb Preußens zu beziehen; Hoffmanns an Bettina gerichteten Bittbrief legte sie dem Schreiben bei (Briefabschrift, 6. Dezember 1853, in: Bw Friedrich Wilhelm VI., 271–273, hier 272).

Die Grimms vermieden zu diesem Zeitpunkt bereits alle offensichtlichen Kontakte zu Bettina von Arnim. Wilhelm Grimm hatte nach der Affäre um Hoffmanns Auftritt bei seinem Geburtstag 1844 sogar jeglichen Kontakt zu ihr abgebrochen (seine Tagebuchaufzeichnungen wurden ausgewertet bei Ehrhardt 2001/02, 102–104). Überdies waren die politischen Ansichten der Grimms und Bettinas im Vormärz immer mehr auseinander gedriftet. So befinden sich in der Grimm-Bibliothek auch keine Bücher der ehemaligen Freundin, sieht man von *Clemens Brentano's Frühlingskranz* ab, den Wilhelm und Jacob mit handschriftlichen Eintragungen versehen hatten.

Nach Bettinas schwerer Erkrankung 1854 kam man immerhin wieder zu Familienfesten zusammen, allerdings blieb Wilhelm Grimm auch hier weiterhin unversöhnlich. Auch sein ältester Sohn, Herman Grimm (1828–1901), der in Bettinas Haus verkehrte und sich in die jüngste Tochter Gisela verliebt hatte, hielt zu seinem Vater. Zwar ist in Maximiliane von Arnims ‚aus alten Papieren zusammengestellten' Erinnerungen die Rede davon, dass Herman Grimm wie ein Kind im Hause Bettinas aufgenommen worden sei (vgl. M. v. Arnim/ Werner 1937, 92). Tatsächlich waren die Beziehungen jedoch vielschichtiger und komplizierter (vgl. Ehrhardt 2001/02, 109–112). Erst als sich ab Ende

1855 Bettinas Gesundheit zusehends verschlechterte, kam familiäre Fürsorglichkeit auf. So brach Herman seine lang ersehnte Italienreise vorzeitig ab, um Bettina während ihrer Krankheit zu unterstützen. Ihre Tochter Gisela zu heiraten, wagte er dennoch erst am 24. Oktober 1859, neun Monate nach Bettinas Tod. Die Familie Arnim wurde nicht unterrichtet, was für länger anhaltende Verstimmungen zwischen den Arnims und Herman und Gisela sorgte (siehe II.1.8. *Erziehung, Kinder, Nachfahren*).

5. Bettinas Parodie der ‚Gattung Grimm' in ihrem *Königsbuch*

Mit ihren Töchtern im biedermeierlichen Kreis der Kaffeter-Gesellschaft, insbesondere aber mit ihrer jüngsten Lieblingstochter Gisela hatte Bettina in den 1840er Jahren in einer Reihe von Koproduktionen an märchenartigen Texten mitgewirkt, wie erst 1926 mit Otto Mallons (unvollständiger) Veröffentlichung des ‚Märchenromans' *Das Leben der Hochgräfin Gritta von Rattenzuhausbeiuns* aus Materialien des Grimm-Nachlasses bekannt wurde (vgl. Rölleke 1985, 230). Hierbei handelte es sich um Texte, die sich entschieden von der sogenannten Gattung Grimm absetzten, die Märchenmotive, Figuren und volkstümliche Stoffe in poetischer Umformung brachte. In ihrem König Friedrich Wilhelm IV. zugeeigneten Werk *Dies Buch gehört dem König* von 1843, in welchem sie ihre Staatsauffassung und ihre Ansichten über die Aufgabe eines idealen Herrschers darlegte, fügte Bettina beispielsweise „Das Gespräch der Frau Rat mit einer französischen Atzel" ein (GW 3, 305–328). Als literarische Form setzte sie dabei auf das Kunstmärchen, auch als parodistischer Gegenpol zu den apolitischen, moralisierenden, kleinbürgerlichen *Kinder- und Hausmärchen*, die in ihrer fünften Auflage – und wieder mit einer Widmung an Bettina versehen – ja ebenfalls 1843 wieder erschienen waren. Anders zum Beispiel als die Grimm'schen Märchen, die eine zeitliche und räumliche Fixierung meistens zugunsten des Nebulös-Mythischen vermieden, um den märchenhaften Ton vager Universalität zu fördern, ist „Das Gespräch der Frau Rat mit einer französischen Atzel" in Frankfurt am Main während der napoleonischen Besatzung als Camouflage des vormärzlichen Berlins der 1840er Jahre situiert, dabei auf die Julirevolution 1830 anspielend. In Bettinas *Königsbuch* ist die Figur der ‚Frau Rat' – auch ein Verweis auf ihr erfolgreiches *Goethebuch* und damit auch auf den großen Dichter – eine volkstümlich konzipierte Redefigur, die teils monologisch, teils in Gesprächen über moralische und politische Weisheiten plaudert. Frau Rat ist eine Stimme der Autorin Bettina, vorgetragen im naiven Volkston, mit Anklängen an den Frankfurter Dialekt, hat aber mit der kindlich-gehorsamen Naivität der Grimm'schen Märchen kaum etwas gemeinsam, ja ist vielleicht sogar bewusst als deren ‚erwachsene', naiv-widerspenstige Variante konzipiert. So parliert Frau Rat zunächst in dialogischer Sprechform mit einem Kind, der Autorin Bettina, deren Part dann von einem cleveren, redenden Tier, eben der witzigen, geschwätzigen Atzel (hessisch für Elster) übernommen wird. Diese Atzel – das Vermächtnis eines jungen französischen Besatzungssoldaten aus der Revolutionsarmee, der bei Frau Rat einquartiert war und den Vogel zum Abschied hinterlassen hat – ist kein Zaubervogel, sondern ein sprechendes, räsonierendes Tier, ein entdämonisierter „Satan", ein „Kerl unter aller Kritik!", ein „schwarzer Rabenfittig" (GW 3, 309 u. 311). Sie ist die Stimme der Revolution. Mit genau dieser Figur also, einer ‚schwarzen' Perspektive auf die politische und soziale Welt und der auf die Menschen zu beziehenden Tiermetaphorik gelingt es der Autorin Bettina, religions-, staats- und sozialkritische Fragen aufzuwerfen. Sie benutzt das Strukturmuster des Sprach- und Sachmissverständnisses und des naiven Wortspiels, um kritische Passagen zu kaschieren: „*Fr. Rat*: Hör auf mit Deinem Teufelszeug – in der schwülen Luft. – Da kommt ein Gewitter herauf! – da! – stürzt ja ein gewaltiger Donner hinter dem Blitz drein! – – […] Und eine neue Welt beginnt!" (GW 3, 324 u. 325) Die etwas dürftige Handlung (das Konstruieren von Plots und straffen Handlungsführungen gehörte nicht zu Bettinas Stärken) mündet darin, dass die französische Atzel durch das geöffnete Fenster entfliegt, allerdings nicht in einen Wald, sondern zur „Hauptwach", ein Blitz während des polternden Gewitters den ‚Kathrinenturm' in Brand setzt und die „Feuerspritz" kommt, aber „alles daneben" spritzt: *Fr. Rat*: Haha! Das ist ein gut Zeichen für uns die wir das Feuer der Freiheit zu konservieren uns der Unsterblichkeit geweiht haben!" (GW 3, 328) Die preußenkritischen Untertöne und politischen Anspielungen der Frankfurter Bettina in dieser burlesken Klein-Revolution sind nicht zu überhören.

Bettina von Arnims „Gespräch der Frau Rat mit einer französischen Atzel" konterkariert die biedere Moralisierung und kleinbürgerlich-zufriedene Welt, in die (fast) alle Grimm'schen Märchenhelden nach Verzauberung und Verstrickung durch glückliche Zufälle, eigenes Vermögen, Tugend oder auch clevere List entlassen werden. Das ‚Gespräch' kann als Umkehrung des literarischen Stereotyps der ‚Gattung Grimm' verstanden werden, auch als Gegenpart zur politischen Haltung der Grimms. Während die Brüder Grimm mit ihren *Kinder- und Hausmärchen* über die hiermit verknüpfte „Propagierung ‚deutscher' Tugenden und im Bewusstsein der Pflege alten Kulturgutes" (Uther 2008, 515) ein Erziehungsbuch und eine Sittenlehre für die gutbürgerliche Familie geschaffen hatten, wandte sich die märchenhafte Frau-Rat-Szenerie im *Königsbuch* als lebensweltlicher Referenztext Bettinas an die akademische Jugend und das politisch sich emanzipierende Bildungsbürgertum.

6. Literatur

Arnim, Achim von: *Sämmtliche Werke*. Bd. 1: *Novellen. Erster Band*. Hg. v. Wilhelm Grimm. Berlin 1839.

Arnim, Maximiliane von, und Johannes Werner: *Maxe von Arnim. Tochter Bettinas, Gräfin von Oriola, 1818–1894. Ein Lebens- und Zeitbild aus alten Quellen geschöpft*. Leipzig 1937.

Beek, Markus: „Göttinger Sieben". In: Andreas C. Hofmann (Hg.): *Lexikon zu Restauration und Vormärz. Deutsche Geschichte 1815 bis 1848* [14. Februar 2011]. Online unter: https://www.historicum.net/purl/b7z4d/ [30. Mai 2019].

Burwick, Roswitha: „,Und er ward ein König über Thiere und Menschen, im *Geist*; sonder *Sprache*': Bettine von Arnims Märchen ,Der Königssohn'". In: Steffen Dietzsch u. Ariane Ludwig (Hg.): *Achim von Arnim und sein Kreis*. Berlin, New York 2010, S. 129–143.

Ehrhardt, Holger: „,... unter den Linden hielt Bettine die vorbei kam, den Jacob fest'. Das Verhältnis zwischen Bettine von Arnim und den Brüdern Grimm nach der Hoffmann-von-Fallersleben-Affäre". In: Jb BvA 13/14 (2001/02), S. 99–113.

Essig, Rolf-Bernhard: *Der offene Brief. Geschichte und Funktion einer publizistischen Form von Isokrates bis Günter Grass*. Würzburg 2000.

Grimm, Jacob, und Grimm Wilhelm: *Kinder- und Hausmärchen. Gesammelt durch die Brüder Grimm. Große Ausgabe*. Bd. 1. 4, verm. u. verb. Aufl. Göttingen 1840; 5, verm. u. verb. Aufl. Göttingen 1843.

Grimm, Jacob, und Wilhelm Grimm: *Briefwechsel der Brüder Jacob und Wilhelm Grimm*. Bd. 1.1: *Briefwechsel zwischen Jacob und Wilhelm Grimm. Text*. Hg. v. Heinz Rölleke. Stuttgart 2001.

Härtl, Heinz: „Publizistische Beiträge Bettina von Arnims 1839–1840". In: Jb FDH 1995, S. 192–206.

Hunger, Ulrich: „Die Georgia Augusta als hannoversche Landesuniversität. Von der Gründung bis zum Ende des Königreichs". In: Ernst Böhme u. Rudolf Vierhaus (Hg.): *Göttingen. Geschichte einer Universitätsstadt*. Bd. 2: *Vom Dreißigjährigen Krieg bis zum Anschluss an Preußen. Der Wiederaufstieg als Universitätsstadt (1648–1866)*. Göttingen 2002, S. 139–213.

Landfester, Ulrike: *Selbstsorge als Staatskunst. Bettine von Arnims politisches Werk*. Würzburg 2000.

Rölleke, Heinz: „Bettines Märchen". In: Bettine-Katalog, 1985, S. 225–232.

Saage-Maaß, Miriam: *Die Göttinger Sieben – demokratische Vorkämpfer oder nationale Helden? Zum Verhältnis von Geschichtsschreibung und Erinnerungskultur in der Rezeption des Hannoverschen Verfassungskonfliktes*. Göttingen 2007.

Schoof, Wilhelm: *Wilhelm Grimm. Aus seinem Leben*. Bonn 1960.

Schultz, Hartwig: „Bettines Auseinandersetzung mit Friedrich Carl von Savigny um die Einstellung der Brüder Grimm in Berlin". In: Bettine-Katalog, 1985, S. 261–268.

Schultz, Hartwig: „Bettine von Arnims Weg zur politischen Schriftstellerin: ihr Kampf für die Brüder Grimm". In: H. Schultz, Heinz Härtl u. Marie-Claire Hoock-Demarle: *Bettine von Arnim. Romantik und Sozialismus (1831–1859)*. Trier 1987, S. 1–26.

See, Klaus von: *Die Göttinger Sieben. Kritik einer Legende*. Heidelberg 1997.

Thielenhaus, Vera: „Die ,Göttinger Sieben' und Bettine von Arnims Eintreten für die Brüder Grimm". In: Jb BvA 5 (1993), S. 54–72.

Uther, Hans-Jörg: *Handbuch zu den „Kinder- und Hausmärchen" der Brüder Grimm. Entstehung – Wirkung – Interpretation*. Berlin, New York 2008.

2.3. Alexander von Humboldt
Ingo Schwarz

1. Bettina von Arnim in Biographien Alexander von Humboldts . . 276
2. Der Ruf von Jacob und Wilhelm Grimm nach Berlin 277
3. Bettina von Arnims Projekt des Königsbuches 281
4. *Frühlingskranz*, Armenbuch, Humboldt und Polizeiterror 283
5. Beschluss 285
6. Literatur 286

1. Bettina von Arnim in Biographien Alexander von Humboldts

Die Beziehungen zwischen Alexander von Humboldt und Bettina von Arnim gehören bisher nicht zu den vorrangig behandelten Gegenständen der Humboldt-Forschung. Dabei würdigte schon Alfred Dove in der ersten umfassenden deutschsprachigen Humboldt-Biographie den preußischen Forscher als Mittler zwischen Bettina und König Friedrich Wilhelm IV. (vgl. Dove 1872, 304). Dove belegte seine Ausführungen mit Zitaten aus den Tagebüchern von Karl August Varnhagen von Ense, darunter mit diesem Vermerk vom 31. Mai 1842: „Sie [Bettina] lobt sehr Humboldt, als den einzigen Mann in der hohen Sphäre, dem es um mehr zu thun ist, als um eigenen kleinlichen Vortheil, der alles Menschliche treulich hegt, und sich immer edel und würdig benimmt" (Varnhagen 2, Bd. 2, 73).

In der neueren Literatur über Bettina erscheint Humboldt als „treueste[r] und prominenteste[r] Mittelsmann am preußischen Hof, der sich selbst jedoch weitgehend von B.s aktiven politischen Gesprächspartnern fernhielt" (Kommentar in: GW 4, 736.). Doves kurze, aber prägnante Erwähnung Bettinas blieb in der Literatur über Humboldt ohne Nachhall. In den späteren Biographien, etwa in der bis heute umfangreichsten und am besten dokumentierten Arbeit von Hanno Beck (1959–1961), sucht man ihren Namen vergeblich. Und tatsächlich zählt Bettina von Arnim auch nicht zu den wichtigsten Briefpartnern des Gelehrten (vgl. Biermann 1981), dennoch sind die überlieferten Briefe zeitgeschichtliche Dokumente von besonderem Wert. Humboldt war sich dessen gewiss bewusst, denn trotz der Gewohnheit, an ihn gerichtete Schreiben nach Erledigung zu vernichten, übergab er seinem vertrauten Freund Varnhagen von Ense eine Reihe von Briefen von Bettina, so etwa am 31. August 1844: „Ich lege in Ihre Hände, was Ihnen angenehm sein wird: a) Bettina in der Verfolgung [...]" (Humboldt/Varnhagen 1860, 163). Diese und andere Dokumente werden heute im Varnhagen-Nachlass der Biblioteka Jagiellońska in Kraków aufbewahrt und liegen bis auf wenige Ausnahmen mehrfach gedruckt vor.

Wann sich Bettina von Arnim und Alexander von Humboldt zum ersten Mal persönlich begegnet sind, wissen wir nicht. An Humboldts berühmten ‚Kosmos-Vorlesungen' in der Berliner Sing-Akademie im Winter 1827/28 nahm sie – wohl aus mangelndem Interesse – nicht teil: „Was Alexander von

2.3. Alexander von Humboldt

Humboldt, Hegel oder der Naturphilosoph Heinrich Steffens dem gebildeten Publikum Berlins vortrugen, galt ihr alles als versteinerte Welt, und dafür gab sie keinen Groschen" (Böttger 1990, 151).

In seinem persönlichem Adressbuch aus den 1840er und 1850er Jahren hat sich Humboldt ihre Anschrift notiert: „Arnim (Bettina) Linden 21" (SBB PK, Nachlass 480 [Sammlung Arthur Runge], Nr. 2, Bl. 11r; vgl. https://edoc.bbaw.de/frontdoor/index/index/docId/2740 [30. Mai 2019]). Mit der Adresse „Unter den Linden 21" wird „Bettina von Arnim, geb. Brentano de la Roche, Baronin, Gutsbesitzerwitwe" in den Berliner Adressbüchern für die Jahre 1836 bis 1844 genannt. Humboldts Notiz deutet also auf die Zeit ihrer wichtigsten brieflichen Kontakte hin.

Ein früher Beleg für Humboldts mehr oder weniger großes Interesse an Bettinas Werken finden wir in einem Brief an die Schriftstellerin Caroline von Wolzogen vom 25. Mai 1836: „Lesen Sie Varnhagens ‚Gallerie von Bildnissen aus Rahels Umgang'. [...] Von Burgsdorf steht auch mehr darin, als ich wünsche. Doch seien Sie nicht ängstlich deshalb. Diese Art, wie ein Ehemann aus intellectueller Ruhmbegier die zartesten Verhältnisse der Gattin (wie ‚das Kind', dont le livre est plutôt une geste qu'un discours), seine weibliche Unwürde, zur Schau giebt, sind Zeichen der Zeit" (zit. nach Löwenberg 1881, Sp. 5).

Von einer Wertschätzung Bettinas – Humboldt nennt sie in Briefen an Dritte gerne unter Anspielung auf *Goethe's Briefwechsel mit einem Kinde* „das Kind" –, wie wir sie in späteren Äußerungen finden, kann hier noch nicht die Rede sein. Es scheint, dass Achtung und Vertrauen in ihrer Beziehung erst wachsen mussten. Aber was verband die Schriftstellerin und den Naturforscher? In erster Linie war es wohl eine tief empfundene Menschenfreundlichkeit. Wie Bettina, so versuchte auch Humboldt, Bedrängten zu helfen. Dazu brauchte man gesellschaftliche Beziehungen, im günstigsten Fall bis an den Hof. Bettina hatte König Friedrich Wilhelm IV. schon kennengelernt, als dieser noch Kronprinz war, Humboldt war als Kammerherr fast täglich in der Nähe des Monarchen. So kann es nicht wundernehmen, dass das enge Verhältnis beider zum König auch ihr persönliches Verhältnis und ihren Briefwechsel wesentlich prägt. Die der Forschung bisher bekannt gewordene Korrespondenz zwischen Bettina von Arnim und Alexander von Humboldt dreht sich hauptsächlich um drei Bezugspunkte: die Anstellung der Brüder Grimm in Berlin 1840, Humboldts Vermittlung bei der Übergabe ihres *Dies Buch gehört dem König* 1843 und der Kampf mit den preußischen Behörden bei Erscheinen von *Clemens Brentano's Frühlingskranz* 1844.

2. Der Ruf von Jacob und Wilhelm Grimm nach Berlin

Nur wenige Monate nach der Entlassung der ‚Göttinger Sieben' berichtet Wilhelm Grimm am 20. Juli 1838 seinem Bruder Jacob: „Der Secretär der Deput. Kammer in Paris Hr. Dubois ist seit ein paar Tagen hier [...]. Er hat einen Antrag in der Kammer machen wollen die Siebene in Frankreich anzustellen" (Grimm/Grimm 2001, 658). Im Oktober 1838 äußert Wilhelm Grimm die Vermutung, dass Bettina den Plan des französischen Beamten Paul François Dubois kenne (vgl. Grimm/Grimm 2001, 696). Dieses Wissen will Bettina bei ihren Aktionen in der ‚Sache Grimm' augenscheinlich nutzen. In der ‚Sammlung Varnhagen' (Kraków, im Folgenden zit. als SV) findet sich ein Briefentwurf von ihrer Hand an Humboldt, der der Forschung bisher entgangen zu sein scheint. Sollten Bettinas Anspielungen auf Frankreich mit dem Dubois-Plan zusammenhängen, so müsste das Schreiben auf die zweite Hälfte des Jahres 1838 datiert werden. Wahrscheinlich hat Humboldt den ausformulierten Brief erhalten, denn der Entwurf trägt den Vermerk von Varnhagens Hand: „Bettina von Arnim an A. v. Humboldt":

Euer Excellenz
haben meine vertrauende Mittheilungen in Bezug auf die Anstellung der Gebrüder Grimm im Auslande gefällig aufgenommen das macht mich so kühn abermals um die so wichtige Beschleunigung ihres Schicksals zu bitten, so sehr es auch dem Gange solcher Angelegenheiten gemäß ist einen passenden Moment abzuwarten um sie einer gnädigen Entscheidung des Königs zu emfehlen, so scheint mir doch ein solches Verfahren hier überflüssig, indem die Gründe welche den König bewegen seine Einwilligung entweder zu geben oder zu versagen hierdurch nicht aufgehoben werden das Vertrauen in des Königs Gnade ist hier einzige Bedingung und was er daher auch beschließen wird, so können wir uns überzeugt halten er werde nach seinem höheren Ermessen das Beste und Weiseste verfügen. Es herrscht kein Zweifel, und ist in der Verhängnißvollen Epoche der Göttinger Angelegenheiten überall zur Sprache gekommen. Wie diese Männer die als Gelehrte einen Europäischen Ruf haben, und durch ihre Werke welche zugleich Beweise ihrer unverfälschten Pietät sind auf die dankbare Liebe ihrer Mit- und Nachwelt rechnen können sich auch durch ihr Privat Leben die allgemeine Achtung u[nd] den herzlichsten Antheil erworben haben. Mit welchem Jubel Deutschland die Anstellung der Grimms aufnehmen würde, mit welcher tiefgefühlten Anerkenntniß der Königlichen Huld, die nicht wollte daß die Häupter der Europäischen Litteratur, ihr Fortkommen im fremden Land suchen müssen kann seiner Majestät nicht verborgen sein und daß diese beiden Brüder lieber mit dem geringsten Gehalt vorlieb nehmen würden um nur nicht von dem Boden sich trennen zu müssen, der die Erndte ihrer Studien getragen und so mild vergolten hat, das ist Eurer Excellenz anheim gegeben bei dem König geltend zu machen; Es spricht zu schön für diese Treue und reine Absicht, daß sie lieber in einem verborgenen Winkel des deutschen Bodens und unter vielfachen Entbehrungen ihre Litterärische Zwecke betreiben wollen, daß sie verschmähen die dargebotenen Vortheile, im Auslande für ihre Studien und ihren Lebensunterhalt wie für ihre Ehre, auch nur in die Wagschale zu legen gegen das einzige was ihnen angelegen ist: ihr Vaterland nicht verlassen zu dürfen.
Ich habe seit meiner lezten Audienz bei Eurer Excellenz noch von verschiedenen Seiten Nachricht erhalten wie der Wunsch die Grimm in Paris zu besitzen immer mehr um sich greift, die unschäzbaren Verdienste durch welche sie die Göttinger Bibliothek zur ersten Bibliothek Deutschlands gemacht haben das dringende Bedürfniß welches man jezt in Frankreich wie je als Bedürfniß empfindet durch Verbindung und Vermittlung mit der Lehrart der deutschen Universitäten, [das] vernachlässigte durchaus incomplet besezte Fach [...] der deutschen und verwandten Sprachen, geben vielfache Gelegenheit die Fähigkeiten dieser Männer zu beschäftigen und Nutzen von ihnen zu ziehen.
(Kraków, SV, Kasten 9, Arnim Bettina v.)

Der förmliche Ton dieses Schreibens deutet darauf hin, dass sich Humboldt und Bettina noch nicht besonders gut kannten.

Bevor sich Humboldt bei König Friedrich Wilhelm IV. zugunsten der Brüder Grimm verwandte (vgl. sein Schreiben vom 22. September 1840, in: Humboldt/Friedrich Wilhelm IV. 2013, 172–173), erhielt er den folgenden, oft zitierten Brief von Bettina, den wir hier nach der Handschrift leicht gekürzt wiedergeben:

> Meine Schwester Savigny hatte vor einigen Tagen die Ehre Ew. Excellenz in Tegel zu sprechen und brachte von da die frohe Hoffnung mit daß die beiden Grimm bald hierher berufen werden. Sie allein vermögen am besten das Bedürfniß solcher Gelehrten wie Grimm zu erwägen, deren Zeit nun wieder seit mehreren Jahren ihrem inneren Beruf anheim fiel, wo gewiß so manches was früher der Verpflichtung weichen mußte, jezt in voller Entwicklung sein mag, was man ungern wieder aufgeben würde; obschon es daher keines Fingerzeigs bedarf, so würde es doch Mangel an Vertrauen in Ihre bewährte Güte und Nachsicht sein wenn ich darum Anstand nähme, Ihnen den beikommenden Brief des Jacob Grimm mitzutheilen in dem er so anspruchslos über seine Zukunft sich ausläßt. [...] Noch eine Bitte vertraue ich Ew. Excellenz: das beiliegende Heft was schon früher dem Kronprinzen bestimmt war, und dessen ersten Theil er auch so gnädig war anzunehmen, dem König, wenn es erlaubt ist, unvermerkt auf den Tisch legen zu wollen.
> Ew. Excellenz
> ergebene Dienerin / Bettina Arnim / am 17ten Juli 1840.
> (Kraków, SV, Kasten 9, Arnim Bettina v.)

Der von Bettina erwähnte Brief von Jacob Grimm, datiert auf den 12. Juni 1840, findet sich im edierten Briefwechsel Bettinas mit den Brüdern Grimm (Bw Grimm, 157–160). Das Heft, von dem die Autorin hoffte, dass es Humboldt dem soeben gekrönten König gleichsam beiläufig auf den Tisch legen würde, enthielt den zweiten Teil der *Günderode*.

Die Begegnung ihrer Schwester mit Humboldt im Schloss Tegel thematisierte Bettina auch in einem Brief an Friedrich Christoph Dahlmann und Jacob Grimm vom 13. Juli 1840:

> Gestern war die Savigny in Tegel, Humboldt's Landgut, der König war in der Stadt, und Humboldt also in Tegel. „Guten Tag Fr. v. Savigny, was macht die Fr. v. Arnim? Wenn ich nach Potsdam zurückkomme und er erfährt daß ich Sie gesehen habe ohne daß ich ihm etwas von Fr. v. Arnim sagen kann, das kränkt ihn sehr; [...] der König hofft ja in kurzem die Grimm hier zu haben, es war ja immer auch sein sehnlichster Wunsch, er will sie mit keiner Anstellung belästigen, er will nur daß sie ihren eigenen Unternehmungen ihre Zeit widmen. pp" [...]. (GW 4, 418)

Humboldt teilte Bettina also auf dem Umweg über die Schwester den Entschluss König Friedrich Wilhelms IV. mit, die Grimms nach Berlin zu verpflichten, ohne sein Versprechen gegenüber dem mit ihm verwandten König Ernst August I. von Hannover zu brechen, die Germanisten in Preußen nicht offiziell anzustellen (vgl. Martus 2013, 416).

Bettina bezeichnete Schloss Tegel als „Humboldt's Landgut"; dies kann man als ein Indiz dafür werten, dass sie mit Humboldts Lebensumständen nicht sehr vertraut war. Er wohnte damals zur Miete in dem Haus ‚Hinter dem neuen Packhofe Nr. 4, 1. Etage'. Schloss Tegel war vielmehr der Wohnsitz von Adelheid und August von Hedemann, die Alexander nur gelegentlich besuchte.

Die Berufung der Brüder Grimm erfolgt Anfang November 1840. Kurze Zeit darauf schreibt Bettina einen neuen Bittbrief an Humboldt. Der überlieferte Entwurf wurde 1929 durch das Berliner Antiquariat Henrici (Versteigerung 148, Los Nr. 84) zum Verkauf angeboten und sein Inhalt seitdem mehrfach veröffentlicht. Wir zitieren hier Auszüge aus einem frühen Abdruck:

> Ihnen, Herr von Humboldt, der immer eine großmütige Gesinnung für die Grimm hatte, habe ich Briefe mitgeteilt, die über ihr feines Gefühl, ihre wissenschaftliche Zwecke und ihre Lage Licht geben. Auch heute erlaube ich mir, einen Brief Ihnen vorzulegen, den Jacob Grimm im Augenblick seiner Berufung mir schrieb. Sie sehen daraus, daß er sich unendlich beglückt fühlte durch die Gnade des Königs, dem der Dank dieses edlen und festen Herzens eine unversiegbare Quelle der Treue sein wird [...]. Bei dem Gehalt von 2000 Tlr. für beide kann von dem ausdrücklichen Willen des Königs, daß sie „frei ihren literarischen Zwecken obliegen sollen", nicht die Rede sein, im Gegenteil ist es unpassend bei diesem Anerbieten, in der Berufung dessen zu erwähnen.
>
> Zwei der ersten und würdigsten Männer der deutschen Literatur, von denen der eine krankhaft, der Versorger einer Familie von mehreren erwachsenen Söhnen und Töchtern, einer Frau, so brav und heldenmütig, die aber doch aus Muttersorgen ganz kränklich geworden und es nicht lang ertragen wird, die Not einer schweren Haushaltung auf sich zu nehmen; wo kann da Zeit herkommen, die sie ihren so lang mit Liebe gehegten Zwecken weihen könnten? (Arnim 1952, 641–642)

In dem erwähnten Brief Jacob Grimms an Bettina „vom Augenblick seiner Berufung" ist von 2.000 Talern Gehalt für die Brüder „aus dem allgemeinen Staatsfonds" die Rede, ohne dass sich Jacob über die offenbar zu geringe Summe beklagt hätte (Jacob Grimm an Bettina, 9. November 1840, in: Bw Grimm, 186–187). Der Brief, in dem Humboldt auf Bettinas Sorgen eingeht, trägt das Datum des 21. November 1840:

> Wie konnten Sie nur daran zweifeln, verehrungswerthe Frau, daß ich nicht dankbar sein würde für die Mittheilungen über die wahre Lage der edeln Männer, denen man, nach so vielen ungerechten Leiden und nach so langer schimpflicher Vernachlässigung, endlich eine sorgenfreie Stellung bereiten will. Ich habe geglaubt, daß zu dieser Stellung in Berlin dreitausend Thaler für beide nothwendig wären. In diesem Sinne habe ich fortgefahren zu wirken. Der König hat den Grundsatz, in finanziellen Dingen nie eine Bestimmung von sich ausgehen zu lassen: er hat, wie alle Fürsten, auch gar kein Maß für das, was Gelehrte bedürfen. Die großen Geister, die man um sich zu versammeln strebt, haben dieselben prosaischen Bedürfnisse wie die kleinen. Will man den Zweck, so muß man auch die Mittel wollen, und dies besonders in einer Sache, die Aller Augen auf sich zieht und mit der Ehre des Landes zusammenhängt. (Humboldt/Varnhagen 1860, 85)

2.3. Alexander von Humboldt

Am 10. Dezember 1840 entsprach Humboldt einer Aufforderung des Kultusministers Eichhorn und sandte ihm eine Analyse der Kosten, die durch eine nötige Aufbesserung von Professorengehältern in Preußen zu veranschlagen wären. Darunter erschienen auch:

Die beiden Grimm?	*Jacob Grimm*	1800 Thaler
	Wilhelm Grimm	1200 Thaler
		3000 Thaler?

oder, wenn jeder als Professor nach dem niederen Satze (1300 Thaler), 2600 Thaler Diese ganze Ausgabe nicht aus den fonds der Universität, sondern aus dem Dispositionsfonds „als Unterstützung des großen deutschen Sprachwerkes". (Humboldt 1985, 92)

In einem Brief vom 20. Dezember 1840 erwähnt Jacob Grimm gegenüber seinem Bruder Wilhelm ein Gehalt von 3.000 Reichstalern, worüber er aber „noch keine gewisheit" hat (Grimm/Grimm 2001, 709). Inwieweit Bettina direkt dazu beigetragen hat, dass die Brüder Grimm mit einer einigermaßen angemessenen Entlohnung aus der Privatschatulle des Königs nach Preußen kamen, steht dahin. Auf jeden Fall hat Humboldt in gewohnt diskreter Weise seinen Beitrag zur Berufung der berühmten Germanisten nach Berlin geleistet.

3. Bettina von Arnims Projekt des Königsbuches

Während sich die Brüder Grimm allmählich in Berlin einrichten, entwickelt Bettina von Arnim das Projekt eines Buches, das sie dem König zueignen und mit dem sie ihm in literarischer Form die Wünsche und Hoffnungen des Volkes nahebringen möchte. Dabei sind Humboldts guter Wille und sein Nähe zum König Teil ihrer Strategie. Am 5. Mai 1841 wendet sie sich vertrauensvoll an den Kammerherrn von Humboldt:

> Ein kleines Buch, was ich diesen Sommer werde drucken lassen, möchte ich dem König zueignen; es enthält Bruchstücke aus einer früheren Zeit, abstruse Gedanken, die mich damals oft in der Nacht aus tiefem Schlaf weckten. – Ist es nicht übel gethan, daß ich in meiner Unbedeutendheit, die ich dem blinden Huhn vergleiche, das ein Korn findet, dem König darbiete, was gleichsam aus der Luft gegriffen ist, mich aber an jene durstigen Augenblicke meiner Jugend mahnt, in denen ich mit brünstigen Gelübden einem großen Karakter entgegenharrte, der die Menschen segnen und erheben werde, und dem ich dann als meinem höchsten Beruf mich anschmiegen wolle. Ist dies nicht anmaßend, mit einem Geschenk, dessen Werth dem König gegenüber nur Unwerth sein kann, ihm entgegen zu kommen, so bitte ich Sie, Herr von Humboldt, mir dazu die Erlaubniß zu erwirken; irgend ein bescheidener Grund der Dankbarkeit kann als Veranlassung dazu gelten, vielleicht daß die Brüder Grimm unter seinen Schutz berufen sind; obschon es das nicht ist, was mich dazu bewegt, sondern ein tieferer Zug. (Varnhagen 1, 347–348; auch in: Bw Friedrich Wilhelm IV., 458)

Zwei Tage später berichtet Bettina ihrem Sohn Freimund, sie habe „durch Humboldt ein Bitte an Den König ergehen lassen um Erlaubniß ihm ein Buch was ich diesen Sommer wolle drucken lassen (was aber noch nicht geschrieben ist) zueignen zu dürfen; worin er meine Verehrung erkennt und also mich als ganz unpartheilich finden muß" (Bw Freimund, 36–37).

Humboldt kam der Bitte Bettinas unverzüglich nach, wie wir diesem Vermerk Varnhagens vom 17. Mai 1841 entnehmen:

> Besuch bei Bettina von Arnim; der König will ihre Zueignung annehmen, hat es ihr durch Humboldt schreiben lassen, dieser berichtet noch, auf die Frage des Königs, welches der Inhalt sei? habe er geantwortet: „Die Nacht des Gemüths und der Natur von der hellsten Geistessonne beleuchtet", welches er zwar selber nicht verstehe, der König aber für gut angenommen habe; derselbe habe noch hinzugesetzt: „wenn Frau von Arnim aber ihm mehr aufbürde und zumuthe, als ihm gebühre, so würde er öffentlich in allen Zeitschriften gegen sie zu Felde ziehen!" (Varnhagen 2, Bd. 1, 301)

Im Juni des folgenden Jahres beruft sich Bettina in einem Brief an Friedrich Wilhelm IV. auf dessen mündliche Zustimmung, die allerdings der Zensor nicht anerkennen will (vgl. Bw Friedrich Wilhelm IV., 75).

Als das Werk *Dies Buch gehört dem König* schließlich erscheint, übernimmt Humboldt auch die Rolle des Überbringers. Hier ein Ausschnitt aus seinem Begleitschreiben vom 30. Juni 1843:

> Ew. Königlichen Majestät
> bin ich von dem „perpetuirlichen Kinde" als der „perpetuirliche Secretär" beauftragt, das Wunderbuch ohne anderen Titel als den: <u>Dies</u> <u>Buch</u> <u>gehört</u> <u>dem</u> <u>König</u> alleruntherthänigst zu Füssen zu legen. [...] [D]as Wunderbuch beginnt in der Zueignung mit einem Aepfel-Compott, an dem ich seit gestern vergeblich studire. Ich lerne sogar, dass „Gott der Vater einen Kaminsims hat [...] auf den er seine Aepfel legt", eine häusliche Einrichtung, die mir nie in den Sinn gekommen war, die mir aber, wegen meiner Wärme-Liebe, überaus gefällt. Ew. Kön[igliche] Majestät erfreuen das geistreiche Kind wohl für ihre gewiss gutgemeinte Gabe, mit ein paar heiteren Zeilen. (Humboldt/ Friedrich Wilhelm IV. 2013, 248)

Humboldt findet hier genau den Ton zwischen Wertschätzung und freundlicher Ironisierung, der sein Verhältnis zu Bettina von Arnim spiegelt. Mit der Allegorie des armen Kindes, das mit dem geliebten Apfel vor Gott tritt, weiß Humboldt wohl nicht viel anzufangen; aber der Schluss des Einleitungskapitels hat ihn gewiss gefreut: „Und der gütige Humboldt, der Große, der Weise, der auch Geringem sich neigt, möchte der ordnend, mit mildem Wohllaut und mit des Geistes Betonung den Apfel genießbar machen. Vielleicht! – Ja, vielleicht dann lief er euch Musen den Rang ab" (GW 3, 13). Die von Humboldt erbetenen „heiteren Zeilen" schreibt der König am 14. Juli 1843 (vgl. Bw Friedrich Wilhelm IV., Bd. 1, 97; dazu Bd. 2, 326). Hier nun Bettinas Version der Geschichte aus einem Brief an ihren Sohn Siegmund vom 27. Juli 1843:

2.3. Alexander von Humboldt

> Ich denck es wird dich nicht ohne Interesse lassen zu erfahren wie mein Buch was ich dir hier mitschicke ist vom König aufgenommen worden. Ich schickte es ihm 3 Wochen früher als es publizirt wurde, Durch Humboldt dem ich auch ein Exemplar zukommen ließ. Dieser las es in einem Rand durch, schrieb mir einen Brief in dem er das ganze Buch Charakterisirend mir den auffallendsten Beifall zollte, mir voraussagte man werde gegen mich predigen da wo die Amazonenpredigt gehalten wurde. (Bw Siegmund, 94)

Dass Humboldt das ganze Buch gelesen hat, darf bezweifelt werden; seinen – wohl verschollenen – Brief an Bettina nennt Varnhagen „durchaus vortrefflich, frisch, kräftig und eingehend, zum Erstaunen" (Varnhagen 2, Bd. 2, 210). Humboldts Exemplar des *Königsbuches* ist im Katalog seiner Bibliothek (vgl. Stevens 1967 [1863]) nicht mehr nachzuweisen.

4. *Frühlingskranz*, *Armenbuch*, Humboldt und Polizeiterror

Am Montag, dem 3. Juni 1844, notiert Varnhagen von Ense in seinem Tagebuch:

> Besuch von Bettina von Arnim, die mir ihren neuen Brief an Humboldt über die Beschlagnahme ihres Buches vorliest; er hatte ihr schon Nachricht gegeben, daß der König noch vor seiner Abreise nach der Lausitz dem Kabinetsrath Uhden den bestimmten Befehl ertheilt, sogleich die Freilassung des Buches auszusprechen. (Varnhagen 2, Bd. 2, 304)

In dem erwähnten Brief an Humboldt vom 2. und 3. Juni berichtet Bettina ausführlich über ihren Entschluss, den *Frühlingskranz* der Zensur zu unterwerfen und so das Werk frei von „ungeeigneter Berührung der Polizei" dem befreundeten Prinzen Waldemar von Preußen zuzueignen. Mit wechselnden fadenscheinigen Begründungen wurden die Exemplare dennoch von der Polizei beschlagnahmt. Humboldt war mit dem Vorgang wohl vertraut, hatte er doch schon am Sonnabend, dem 1. Juni, an den Kabinettsrat Alexander Uhden geschrieben. Das Schreiben wird im Folgenden zum ersten Mal nach der Handschrift wiedergegeben.

> Sie haben eine Heilkraft, theurer College, grösser noch als die homiopathische Pille von Boucher-Willisen. Sie haben mich unendlich durch die Befreiung des Eduard Jacobi erfreut. Haben Sie meinen innigsten Dank für die schnelle Nachricht, die Sie mir so freundlichst gegeben. Der Mensch interessirt mich seiner beiden Brüder wegen. Möchten Sie doch auch ein ähnliches Wunder für das harmlose und litterarisch schöne Buch Bettina's Herausgabe der Briefe des Clemens Brentano thun. Solche Verbote können dem Rufe des Königs nur schaden da sie ohnedies nicht durchzusezen sind. Ich habe den König noch beim Weggehen daran erinnert, er sagte „Sie würden die Sache während seiner Abwesenheit unter den Wandalen wohl abmachen –" Mama Wilhelm deren Sohn das Buch gewidmet ist, haust jezt hier mit Fräulein Kalb der einzigen Anhängerin der Fichtischen Philosophie am Hofe und mit der gemeinschaftlich ich den eingeschmolzenen Philosophen wieder herstelle. Fräulein Kalb – Bettina's Freundin, versichert die Gründe der Confiscation seien nicht die Biblische Parabel des Gastmahls, sondern

1) dass der Name der Verfasserin in der dedication und nicht auf dem Titel stehe
2) dass ein königl[icher] Prinz „lieber Prinz" genannt sei.
Wie soll ich meinen im Auslande gedrukten Kosmos dediciren, wenn man unter dem Geschüz des Pr[inzen] Adelbert Grand Maître de l'Artillerie keine Sicherheit vor Boitzenburg hat. Donnern Sie Selbst ein wenig, mein theurer Freund und College
       Mit der dankbarsten Anhänglichkeit
          Ew. Hochwohlgeboren / gehorsamster / A Humboldt
Potsdam Sonnabend Abend
Die Kaiserin kommt nun gewiss vor dem 13 Jun[ius] nicht.
(SBB PK, Autogr. I/532)

Es würde hier zu weit führen, jede Anspielung erläutern zu wollen. Eduard Jacobi, ein Bruder des mit Humboldt befreundeten berühmten Mathematikers Carl Gustav Jacob Jacobi, wurde durch Humboldts Vermittlung vorzeitig aus der Festungshaft, zu der er nach einem Bankrott verurteilt worden war, entlassen. Mit „Mama Wilhelm" ist die Prinzessin Marianne von Preußen, auch ‚Prinzessin Wilhelm' genannt, gemeint. Sie war die Mutter des Prinzen Waldemar, dem Bettina ihr Buch widmen wollte. Die biblische Parabel des Gastmahls (Mt 22,1–14) findet sich im *Frühlingskranz* (vgl. GW 1, 270).

Humboldts Brief ist ein Musterbeispiel für die Taktik, die er zur Erreichung eines wichtigen Ziels anwandte. Er fällt nicht gleich mit der Tür ins Haus, sondern sagt dem Adressaten zunächst etwas Schmeichelhaftes und betont Gemeinsames. Eingebettet in Details, die den Adressaten wahrscheinlich interessieren, wird dann das eigentliche Anliegen vorgetragen. Dabei unterlässt es Humboldt nicht, seine persönliche Nähe zum Monarchen zu betonen.

Nach einer direkten Bitte Humboldts an Friedrich Wilhelm IV., wohl am 12. Juni 1844 (vgl. Humboldt/Friedrich Wilhelm IV. 2013, 282–283), wird der *Frühlingskranz* schließlich freigegeben. Bettina hatte gekämpft – und gewonnen. Die vollständigen Texte ihrer Schreiben an Humboldt von Anfang Juni 1844, deren Handschriften zur ‚Sammlung Varnhagen' in der Krakauer Biblioteka Jagiellońska gehören, sind in der ausgezeichneten Edition von Ursula Püschel (Bw Friedrich Wilhelm IV., 486–493) nachzulesen.

Am 10. und 12. Juni 1844, also noch bevor die Beschlagnahme des *Frühlingskranzes* aufgehoben ist, berichtet Varnhagen von Begegnungen mit Bettina. Seit einigen Tagen weiß man in Berlin vom Aufstand der Weber in Schlesien. Schon längere Zeit hat Bettina Material zu einem Buch über die Armut in Preußen gesammelt. Jetzt bewegt sie vor allem das Schicksal des Schneidergesellen Carl Otto, von dem Humboldt unbedingt dem König berichten soll (vgl. Varnhagen 2, Bd. 2, 308 u. 311). Die Ereignisse überschlagen sich. In einem Brief vom 22. Juni 1844 bittet sie Humboldt, ihren Dank an den König für die „Freilassung" des *Frühlingskranzes* zu befördern (Bettina an Friedrich Wilhelm IV., 18. Juni 1844, in: Bw Friedrich Wilhelm IV., 99). Dann schildert sie, wie der unbescholtene Berliner Handwerker Carl Otto Opfer von Polizeiwillkür wurde. Sie hat seine Mutter besucht und gibt deren Bericht wieder:

Mein Sohn ging noch nach der Schneiderherberge wo er einen Gesellen hinbeschieden den er werben sollte für seinen Meister; der Geselle kam ihm auf der Straße entgegen und warnte ihn, dort sei Streit mit einem Gensdarmes (dieser Streit bestand darin daß zwei Gensdarmes einen Schneidergesellen an beiden Beinen über die Straße schleppten während der Kopf auf dem Straßenpflaster aufstieß. das wollten die andern nicht leiden.) die beiden faßten sich unterm Arm und gingen rasch vorwärts, sie hörten plözlich den Schwarm hinter sich drein, da riß sich der andre los und lief davon, mein Sohn trat an die Seite, und die ganze Haufen ohne ihn anzufechten eilte an ihm vorüber. hinterher der Gensdarmes, dem jene den Gefangenen entrissen hatten er fällt meinen Sohn an der sagt: lassen Sie mich gehen, Sie sehen daß ich nicht zu jenen Leuten gehöre, der aber in blinder Wuth haut ihm über den Rücken, mein Sohn ruft, um Gotteswillen vergehen Sie sich nicht an mir, der Gensdarmes haut ihm in den Oberarm zwischen Gelenk und Ellbogen durch und durch den Unterarm daß er ihm an zwei Stellen den Knochen zerschmettert. Es kommen andre herbei die wollen ihn schützen, der Gensdarmes haut dem einen gleich durch den Arm der heißt *Vensky* zwei führen den fort sie verbinden meinen Sohn mit ihren Tüchern und bringen ihn um 1 Uhr in der Nacht vor meine Hausthür. Ach liebe Mutter ruft er zu mir herauf ich muß in die Charité [...]. (GW 4, 501–502)

Wenige Tage darauf stirbt Carl Otto unter unsäglichen Schmerzen an seinen schweren Verletzungen. Die Polizei versucht zunächst, das Opfer zu beschuldigen, muss dann aber eigenes Verschulden eingestehen. Wahrscheinlich entsprach Humboldt der dringenden Bitte Bettinas und erzählte dem König von dem Vorfall. Dieser setzte der Mutter des Ermordeten in der Folge zwar eine Rente aus. Allerdings „überließ man", wie Bettina 1847 notierte, „diese Vorsorge der Königlichen Gnade [bald] der Armencommission, es ging ihr wieder knapp!" (zit. nach GW 3, 762)

Die Arbeit an ihrem *Armenbuch* stellt Bettina von Arnim unter dem Eindruck des Weberaufstandes ein. Humboldt hatte ihr schon vorher im Vertrauen geraten, das Buch außerhalb Preußens drucken zu lassen (vgl. Varnhagen 2, Bd. 2, 315). Das überlieferte Material zu diesem Projekt wird erst 1969 publiziert (siehe IV.1.5. *Das Armenbuch-Projekt*).

5. Beschluss

Am Sonntag, dem 23. Januar 1859, schließt Humboldt einen Brief an den Bankier Alexander Mendelssohn mit dem Seufzer: „Die Arme Bettina" (Humboldt/Familie Mendelssohn 2011, 351). Bettina von Arnim ist drei Tage zuvor gestorben. Er selbst hat noch etwas mehr als drei Monate zu leben. Die letzten 20 Jahre haben sie sich persönlich gekannt. Bettina hatte häufiger seine Hilfe erbeten und meist erhalten. Trotzdem blieb der Ton zwischen beiden bei aller Vertrautheit bis zum Schluss seltsam distanziert. Dies mag daran gelegen haben, dass ihre wirklichen Interessen grundverschieden waren: Bettina war die sozial engagierte Schriftstellerin, Alexander der Naturforscher. Sie hielten zusammen, wenn einem Hilfsbedürftigen beizustehen war. Aus dem Jahr 1851 ist ein Brief erhalten, der dieses Verhältnis zu beleuchten hilft. Humboldt schreibt an Bettina:

Sie konnten wohl nicht zweifeln, theure, gnädigste Baronin, daß ich mit größter Wärme Ihren Wünschen für einen so gediegenen Kompositeur als *** entgegen kommen würde. Bei den bösartigen Vorurtheilen des Musikhasses, die von meinem Bruder angeregt auf mich vom König vererbt worden sind, ist meine Stimme über einen Gegenstand, von dem man mir nie spricht, freilich auch etwas tonlos, besonders wenn von Kirchengesang die Rede ist. (7. Juni 1851, in: Humboldt/Varnhagen 1860, 254)

Ludmilla Assing, die Editorin des Briefwechsels Humboldt – Varnhagen, hat mit Rücksicht auf lebende Personen den Namen des Kompositeurs verschwiegen. Wir wissen heute, dass von dem Musiklehrer und Komponisten Ludwig Erk die Rede war, der sich um eine kleine finanzielle Unterstützung bewerben wollte. Ob der als unmusikalisch geltende Humboldt hier helfen konnte, wissen wir nicht. Die Anrede „gnädigste Baronin" fand Bettina übrigens „närrisch", wie sie schon 1843 gegenüber ihrem Sohn Siegmund geäußert hatte (4. Juni 1843, in: Bw Siegmund, 91).

Der heutige Forschungsstand erlaubt die Annahme, dass die nicht unbeträchtliche Korrespondenz zwischen Bettina von Arnim und Alexander von Humboldt noch längst nicht vollständig bekannt und erschlossen ist. Eine genauere Betrachtung gemeinsamer Hilfsaktionen, etwa für den Dichter und Germanisten Hoffmann von Fallersleben, den Ornithologen Anton Sigmund von Seyffertitz, den Komponisten Gaspare Spontini oder den polnischen Patrioten Ludwik Mierosławski (vgl. dazu Zielnica 2004, 144–147), wird gewiss höchst interessante zeitgeschichtliche Tatsachen ans Licht bringen. Um die Tiefe ihrer Beziehung – von Freundschaft zu reden, ginge sicherlich zu weit – auszuloten, bedarf es einer sorgfältigen Edition des Briefwechsels, wobei die enge Kooperation der Bettina-von-Arnim- und Alexander-von-Humboldt-Forschung wünschenswert und realisierbar erscheint.

6. Literatur

Arnim, Bettina von: *Bettine. Eine Auswahl aus den Schriften und Briefen der Bettina von Arnim-Brentano*. Berlin 1952.
Arnim, Bettina von: *Bettina von Arnims Armenbuch*. Hg. von Werner Vortriede. Frankfurt a.M. 1981.
Beck, Hanno: *Alexander von Humboldt*. 2 Bde. Wiesbaden 1959 u. 1961.
Biermann, Kurt-Reinhard: „Wer waren die wichtigsten Briefpartner Alexander von Humboldt?" In: *NTM. Schriftenreihe für Geschichte der Naturwissenschaften, Technik und Medizin* 18 (1981), S. 34–43.
Böttger, Fritz: *Bettina von Arnim. Ihr Leben, ihre Begegnungen, ihre Zeit*. Bern, München, Wien 1990.
Bruhns, Karl (Hg.): *Alexander von Humboldt. Eine wissenschaftliche Biographie*. 3 Bde. Leipzig 1872.
Dove, Alfred: „Alexander von Humboldt auf der Höhe seiner Jahre (Berlin 1827–59)". In: Karl Bruhns (Hg.): *Alexander von Humboldt. Eine wissenschaftliche Biographie*. Bd. 2. Leipzig 1872, S. 93–484.

Grimm, Jacob, und Wilhelm Grimm: *Briefwechsel der Brüder Jacob und Wilhelm Grimm*. Bd. 1.1: *Briefwechsel zwischen Jacob und Wilhelm Grimm. Text*. Hg. v. Heinz Rölleke. Stuttgart 2001.
Humboldt, Alexander von: *Vier Jahrzehnte Wissenschaftsförderung. Briefe an das preußische Kultusministerium 1818–1859*. Hg. v. Kurt-Reinhard Biermann. Berlin 1985 (= Beiträge zur Alexander-von-Humboldt-Forschung, Bd. 14).
Humboldt, Alexander von, und Familie Mendelssohn: *Briefwechsel*. Hg. v. Sebastian Panwitz u. Ingo Schwarz unter Mitarbeit v. Eberhard Knobloch. Berlin 2011 (= Beiträge zur Alexander-von-Humboldt-Forschung, Bd. 34).
Humboldt, Alexander von, und Friedrich Wilhelm IV.: *Briefwechsel*. Hg. v. Ulrike Leitner unter Mitarbeit v. Eberhard Knobloch. Berlin 2013 (= Beiträge zur Alexander-von-Humboldt-Forschung, Bd. 39).
Humboldt, Alexander von, und Karl August Varnhagen von Ense: *Briefe von Alexander von Humboldt an Varnhagen von Ense aus den Briefen 1827 bis 1858. Nebst Auszügen aus Varnhagen's Tagebüchern und Briefen von Varnhagen und Andern an Humboldt*. Hg. v. Ludmilla Assing. 4. Aufl. Leipzig 1860.
Löwenberg, Julius: „Briefe Alexander v. Humboldt's an Frau von Wolzogen (Fortsetzung)". In: *Vossische Zeitung* v. 30. Oktober 1881, Sonntagsbeilage, Sp. 4–7.
Martus, Steffen: *Die Brüder Grimm. Eine Biographie*. Reinbek bei Hamburg 2013.
Stevens, Henry: *The Humboldt Library. A Catalogue of the Library of Alexander von Humboldt* [1863]. Leipzig 1967.
Zielnica, Krzysztof: *Polonica bei Alexander von Humboldt. Ein Beitrag zu den deutsch-polnischen Wissenschaftsbeziehungen in der ersten Hälfte des 19. Jahrhunderts*. Berlin 2004 (= Beiträge zur Alexander-von-Humboldt-Forschung , Bd. 23).

2.4. Bettina von Arnim und ihre Verleger
Yvonne Pietsch

1. Das *Goethebuch* und seine ersten Verleger Dümmler und Jonas: Gewinnspannen und gekränkte Eitelkeiten 288
2. Schon wieder „Mißhelligkeiten" – und Verlagswechsel in Serie: Veit, Levysohn, Schroeder, Bauer 290
3. Dichtende Editorin, edierende Dichterin: Die Herausgeberschaft der *Sämmtlichen Werke* Achim von Arnims 292
4. Politisches Statement durch die Edition der *Sämmtlichen Werke* Achim von Arnims 293
5. Literatur 294

Mit Achim von Arnims Tod am 21. Januar 1831 beginnt für Bettina von Arnim ein neuer Lebensabschnitt. Sie wendet sich ihren schriftstellerischen und politischen Interessen zu und tritt nun erstmalig selbst als Autorin und Herausgeberin in Erscheinung. Im Umgang mit den immer wieder wechselnden Verlegern ihrer eigenen sowie der *Sämmtlichen Werke* Achim von Arnims missachtet sie wiederholt geschäftliche Gepflogenheiten, um impulsiv und selbstbewusst ihre eigenen, sich über die Jahre zunehmend ins Politische ausrichtenden Interessen zu verfolgen. Auch geschäftlich lässt sie sich wenig vorschreiben, agiert teilweise eigenmächtig und setzt sich über vertragliche Absprachen hinweg. Auf die „Buchhändlerhorde" ist sie nach mehreren schlechten Erfahrungen (die gleichwohl eine Reaktion auf ihr eigenes Verhalten darstellen) nicht gut zu sprechen und wirft den Verlegern im Allgemeinen Gewinnsucht vor, da sie nur den Papierwert, aber nicht den Inhalt des Buches prüfen: „Wahrlich keine alte Garde die für Ihren Autor den lezten Athemzug aushaucht" (Bettina an den Verleger Julius Merz, Briefentwurf, 1838, zit. nach Schoof 1959, 127).

1. Das *Goethebuch* und seine ersten Verleger Dümmler und Jonas: Gewinnspannen und gekränkte Eitelkeiten

1835 tritt Bettina erstmals als Autorin an die Öffentlichkeit und legt mit *Goethe's Briefwechsel mit einem Kinde* ein ebenso erfolgreiches wie provokantes Buch vor. Die Publikation ihres *Goethebuchs* macht Bettina auch über den deutschsprachigen Raum hinaus schlagartig berühmt. Die ersten beiden Bände werden im Februar 1835 bei Ferdinand Dümmler in Berlin veröffentlicht, im März desselben Jahres folgt der dritte Band, das *Tagebuch*. Schon hier, bei ihrem Erstlingswerk, gibt es Differenzen zwischen Autorin und Verleger. Dümmler schlägt Bettina einen Verkaufspreis von drei Talern vor, sie aber setzt durch, fünf Taler „des Monumentes wegen" zu verlangen (an Julius Merz, um 1838, zit. nach Schoof 1959, 127–128). Schließlich will sie aus dem Erlös des *Goethebuchs* ihr projektiertes Goethe-Denkmal finanzieren. Wie sie Julius Merz um 1838 mitteilt, sollte die Differenz von zwei Talern dabei nur diesem Vorhaben zugutekommen, der mit Dümmler vereinbarte Preis von drei Talern unter den Geschäftspartnern aufgeteilt werden: „Die Kosten der Auflage wurden zuförderst gemeinschaftlich bezahlt, sodann war der 3te Theil dem Buchhändler und 2/3 dem Monument, alle Ausgaben die den Vertrieb belangten fielen auf das 3tel des Buchhändlers" (ebd.).

Die erste Auflage, deren genaue Höhe nicht bekannt ist, setzt sich innerhalb eines Jahres wahrscheinlich fast vollständig ab. Bereits im August 1836 sind 1.405 Exemplare verkauft, laut Honorarquittungen der Verlagsbuchhandlung werden 3.692 Reichstaler eingenommen (vgl. das Faksimile der Quittung bei Brauer 1977, 76). Trotz (oder gerade wegen) dieser guten Absatzrate kommt es zu Differenzen mit dem Verleger. Als Bettina darauf beharrt, den gesamten Bruttoerlös ohne Abzug von Unkosten und ohne Abdeckung des üblichen Gewinnanteils des Kommissionsbuchhändlers zur Stiftung ihres Goethe-Denkmals einzubehalten, kündigt ihr Dümmler im September 1836 die Zusammenarbeit auf (vgl. dazu Brauer 1958; 1977). Der solchermaßen geprellte Verleger macht seinem Ärger über ihr rücksichtsloses Geschäftsgebaren Luft, indem er ihr in einem Brief vom 7. September 1836 ankündigt, eine Warnung vor der Autorin in einer Zeitschrift zu veröffentlichen: „Sind Sie aber nicht gewilligt eine öffentliche Rechnungsablegung bewerkstelligen zu lassen, so bin ich genöthigt es in einem dazu geeigneten Blatte selbst zu thun, u darinnen durch Zahlen beweisen, daß meine oben gemachte Angabe in Rücksicht meines Verlustes ganz richtig ist, u daß ich nur Ihr Tagelöhner u sogar ohne Lohn geblie-

2.4. Bettina von Arnim und ihre Verleger

ben bin. [...] Übrigens steht es mir jetzt noch frei Sie gerichtlich zu belangen, u auf Schaden-Ersatz für meine Arbeiten von 1 ½ Jahren anzutragen, indem Sie nicht begehren können, daß ich u meine Leute Ihr Buch umsonst verpacken u verschicken sollen" (Faksimile bei Brauer 1958, 77–79).

Tatsächlich erscheint am 30. September 1836 im *Börsenblatt für den Deutschen Buchhandel* eine Stellungnahme Dümmlers, in der er zwar nicht – wie im Brief an Bettina angekündigt – genauer auf die Abrechnungen eingeht, aber immerhin öffentlich verkündet, „mit unbilligen Leuten, vorzüglich aber mit Weibern, ferner nichts zu tun haben" zu wollen (zit. nach GW [Härtl] 1, 674). Bettina ist ihrerseits entrüstet über Dümmlers Verhalten und wirft ihm in ihrem erwähnten Brief an Julius Merz vor, nur dem Profit nachzueifern (vgl. Schoof 1959, 128). Dass Bettina auf Dümmlers Forderung, ihm wenigstens seine für den Buchvertrieb über eineinhalb Jahre entstandenen Unkosten zu erstatten, nicht eingeht, weist sie freilich selbst als eine am Gewinn orientierte Geschäftsfrau aus. Dümmler zieht übrigens tatsächlich weitreichende Konsequenzen für den Verlag: War seit 1815 bereits ein schrittweiser Rückgang beim Verlegen literarische Bücher zu beobachten gewesen, streicht er nun diese Büchersparte komplett aus seinem Programm. Der Schwerpunkt des Verlags liegt fortan ausschließlich auf wissenschaftlichen Büchern.

Das Verlegen des *Goethebuches* übernimmt im Gegenzug der Berliner Verlagsbuchhändler Carl Adolph Hermann Jonas. Der am 21. November 1836 geschlossene Kommissionsvertrag enthält dabei ähnliche Konditionen wie der mit Dümmler, wie Bettina später Merz anvertrauen wird: „Aus dem Contrakt mit Jonas werden Sie ersehen daß ungefähr dasselbe Verhältniß [wie mit Dümmler] statt fand, nur daß die Auflage vorher schon vom eingegangenen Gelde der ersten Auflage bezahlt war, wogegen Jonas sich verpflichtete daß wenn die Auflage innerhalb 4 Jahre verkauft sey er sich nur 30 Prozent anrechnen wolle; was also mit Dümmler ziemlich gleich war; nur daß bei Jonas gar nichts, bei Dümmler aber alles verkauft wurde" (um 1838, zit. nach Schoof 1959, 127–128.)

Jonas erhält 53 Restexemplare von Dümmler aus der ersten Auflage; 1837 erscheint eine zweite Auflage mit 3.000 Exemplaren. Laut Jonas' Abrechnung vom 3. August 1838 werden jedoch nur 269 Stück abgesetzt. Die Verkaufszahlen stagnieren, bis Oktober 1838 können zusätzlich nur noch einige wenige Exemplare verkauft werden. Als Gesamterlös kommt schließlich für Bettina ein Betrag von etwa 900 Talern heraus, dann noch einmal 35 Taler und 10 Silbergroschen, über die ihr Schwager Friedrich Carl von Savigny quittiert (vgl. Bettine-Katalog, 54). Die schlechten Verkaufszahlen führen letztlich auch hier zu Meinungsverschiedenheiten zwischen Autorin und Verleger. Nach Bettinas Darstellung habe Jonas „durchsetzen" wollen, die Exemplare der zweiten Auflage „im Ganzen von mir zu kaufen, um damit nach Belieben zu schalten und sie allenfalls Stückweise in Journalen herauszugeben" (Arnim 1848, 283). Da Bettina dies als inadäquat und beleidigend empfindet, kommt es zu einem Auflösungsvertrag. Die nicht verkauften Exemplare gehen zurück an die Druckerei Trowitzsch und Sohn, die Bettina mit dem Druck beauftragt hatte. Der Versuch, 1838 in dem Nürnberger Julius Merz durch die Vermittlung Georg Friedrich Daumers einen neuen Verleger für die Restbestände zu finden, schlägt fehl. Die Exemplare aus der zweiten Auflage enden schließlich 1853 als reine Titelauflage im Rahmen von *Bettina's sämmtlichen Schriften* (Bd. 3–6), die in der zu diesem Zeitpunkt von Bettina in Berlin gegründeten Expedition des von Arnim'schen Verlags erscheinen.

Noch schlechter läuft der Absatz der englischen Übersetzung, die 1837, wiederum bei Trowitzsch in Berlin gedruckt, in London von dem Verleger Thomas Norton Longman in Kommission vertrieben wird. In der Euphorie des ersten Erfolges auf dem deutschen Markt lässt Bettina 7.000 Exemplare drucken, die jedoch kaum ein Lesepublikum finden. Die Kosten für Papier, Druck, Übersetzung und Verlag verschlingen die gesamten Einnahmen aus dem Gewinn der zweiten deutschsprachigen Auflage (vgl. dazu Vordtriede 1957). Damit zerschlägt sich auch Bettinas Hoffnung, aus dem Erlös des Werkes das Goethe-Denkmal stiften zu können. Zu erwähnen wäre noch die 1843 erschienene zweibändige Übersetzung ins Französische durch Hortense Cornu, wozu sich Bettina, die sich an diesem Projekt nicht beteiligte, anscheinend aber nicht geäußert hat.

2. Schon wieder „Mißhelligkeiten" – und Verlagswechsel in Serie: Veit, Levysohn, Schroeder, Bauer

Die Unzufriedenheit über ihre Verleger setzt sich fort. Als nächstes trifft es den Verleger Moritz Veit, in dessen Berliner Verlag Veit & Company seit 1839 schon die *Sämmtlichen Werke* Achim von Arnims erscheinen (vgl. dazu weiter unten). Bereits im Mai 1840 zeichnet sich die Unvereinbarkeit der Interessen von Autorin und Verleger ab. Am 25. Mai 1840 notiert Karl August Varnhagen von Ense in sein Tagebuch: „Sie hat nun auch schon wieder mit dem Buchhändler Doktor Veit Mißhelligkeiten" (zit. nach GW [Härtl] 2, 809). Veit kündigt ihr im März 1841 den Vertrag, der zwei Jahre zuvor, am 6. März 1839, von beiden unterzeichnet worden war (zu den Vertragsbedingungen vgl. Geiger 1896, 234). Das Unternehmen verzeichnet im ersten Abrechnungsjahr Verluste, für die Veit offenbar Bettina verantwortlich macht. Bettina schreibt ihm in ihrem Antwortbrief vom 3. April 1841: „Daß es Ihnen unbehaglich sein müsse, in Geschäftsberührung zu stehen mit Jemand, dessen Persönlichkeit störend dazwischen getreten, sehe ich ein und lege es Ihnen nicht unwillig aus. Ich hatte schon früher davon gehört, daß Sie geneigt seien, das Unternehmen aufzugeben, und bin daher nicht überrascht. Ich glaube, es rührt daher, weil ich ohne Umschweife Ihnen meine Ueberzeugung aussprach, wo Sie im Irrthum waren oder Unrecht hatten; es liegt so in meinem Charakter, und ich finde es besser, so zu handeln, wie vielleicht andere Menschen thun, die aus scheinbarer Schonung Manches übersehen, worüber sie hinter dem Rücken ein hartes Urtheil fällen" (zit. nach Geiger 1896, 235–236).

Zwischenzeitlich hatte sich Bettina ohnehin bereits nach einem neuen Verleger umgesehen und zum 11. Juli 1840 mit Wilhelm Levysohn, einem seit

2.4. Bettina von Arnim und ihre Verleger

etwa 1838 im schlesischen Grünberg (dem heutigen Zielona Góra) tätigen Buchhändler, einen Vertrag geschlossen. Levysohn übernimmt damit den Vertrieb der bislang erschienenen acht Bände der *Sämmtlichen Werke* Achim von Arnims sowie den der bis 1842 folgenden nächsten vier Bände dieser groß angelegten Edition. Zudem will er sich um den Vertrieb der Restexemplare von *Goethe's Briefwechsel mit einem Kinde* sowie um das neue Buch *Die Günderode* kümmern. Laut Vertrag ist er Bettina halbjährlich zur Abrechnung verpflichtet, wobei sie zwei Drittel vom Erlös jedes Exemplars erhält. Die Abrechnungen vom 19. Mai 1841 und vom 26./27. Juli 1842 belegen eine gute Absatzquote von 777 Stück bei einer Auflagenhöhe von 1.997 Exemplaren. Und doch hält auch die Verbindung zu Levysohn nur kurz. Aufgrund verzögerter Abrechnungen und inkongruenter Angaben Levysohns und Veits kommt es schließlich erneut zum Bruch, dies vor allem auch, weil der Verleger Bettina etwa 1.000 Taler schuldig ist; „mein Kapital steckt eben in Büchern", lautet seine Verteidigung (Levysohn an Bettinas Anwalt Georg Jung, 28. März 1845, zit. nach GW [Härtl] 2, 811). Da Bettina nicht auf Levysohns Angebot eingeht, die geschuldete Summe in Raten zurückgezahlt zu erhalten, kommt der Streit vor Gericht. Insgesamt kommt es zu drei Klagen, 1847 schließlich zu einem Vergleich zwischen Bettina und Levysohn.

Zu diesem Zeitpunkt war auch die Beziehung zu ihrem nächsten Verleger Eduard Heinrich Schroeder längst Geschichte. Bei Schroeder war im Juli 1843 in zwei Teilen *Dies Buch gehört dem König* erschienen, mit einer Dokumentation des Armenelends in Berlin. Der preußische König Friedrich Wilhelm IV. hatte einer Widmung an ihn zugestimmt, ohne Bettinas politische Forderungen ernst zu nehmen. Bei den darauffolgenden Veröffentlichungen wird Bettina immer wieder mit Schwierigkeiten konfrontiert, die ihr die Ministerialbürokratie bereitet. Um die Jahreswende 1843/44 ist auch die Geschäftsbeziehung zwischen Schroeder und Bettina beendet, Bettina entzieht Schroeder die Rechte an ihren Werken (vgl. Arnim/Baier 1937, 21).

Auf der Suche nach einem Verleger für ihr nächstes Werk, den (stark erweiterten und stilisierten) Briefwechsel mit dem Bruder Clemens Brentano unter dem Titel *Clemens Brentano's Frühlingskranz aus Jugendbriefen ihm geflochten, wie er selbst schriftlich verlangte*, fällt ihre Wahl 1844 auf den Charlottenburger Egbert Bauer, dessen Verlag Schriften des radikalen Flügels der Junghegelianer publiziert, zu dem auch seine Brüder Edgar und Bruno Bauer gehören (siehe III.1.6. *Die Junghegelianer*). Auch ihre anderen Bücher sowie die *Sämmtlichen Werke* Arnims werden bei Bauer in Kommission gegeben. Bereits bei *Dies Buch gehört dem König* mit Zensurverfahren konfrontiert, muss Bettina mit dem *Frühlingskranz* erneut behördliche Schikanen über sich ergehen lassen. Das Buch wird beschlagnahmt und erst im Juni 1844, nachdem sich Bettina bei Friedrich Wilhelm IV. beschwert und dieser interveniert hatte, zur Veröffentlichung freigegeben. Im Februar 1846 kündigt Bettina auch den Kommissionsvertrag mit den Brüdern Bauer.

Inzwischen hat sie nach Streitigkeiten mit jedem ihrer Verleger begonnen, ihre und Arnims *Sämmtliche Werke* im Selbstverlag zu vertreiben – ein Kunstgriff, um weiteren Konflikten mit ihren Verlegern zu entgehen, der ihr allerdings zugleich als Verstoß gegen die Zunftprivilegien der Berliner Buchhändler ausgelegt wird. Aus diesem Grund erhält sie am 18. August 1846 vom Berliner Magistrat die Aufforderung, innerhalb von zehn Tagen das Berliner Bürgerrecht zu erwerben. Dies sei nötig, da sie als Verlagsbuchhändlerin ein Gewerbe betreibe. Zudem hatte Bettina den Verlag ein und desselben Buches fast wahllos bald diesem, bald dem nächsten Verlag übertragen, ohne dabei in irgendeiner Weise Rücksicht zu nehmen auf die Absatzraten der jeweiligen Verlage. Bettina beharrt darauf, dass es einen Unterschied mache, ob sie Bücher nur im Selbstverlag verlegt und anderen in Kommission gibt oder ob sie als Buchhändlerin agiert. Sie widersetzt sich der Aufforderung. Das Bürgerrecht wolle sie allenfalls als Geschenk annehmen. Savignys Intervention im Dezember 1847 verhindert im Magistratsprozess die Verurteilung zu einer Gefängnisstrafe von zwei Monaten wegen Beleidigung. Bettina muss die Prozesskosten zahlen und die – ebenfalls zuvor verweigerte – Steuer begleichen (siehe III.2.6. *Rechtsstreitigkeiten*).

3. Dichtende Editorin, edierende Dichterin: Die Herausgeberschaft der *Sämmtlichen Werke* Achim von Arnims

Im Kontext von Bettinas schriftstellerischem Werdegang ist auch ihre Arbeit an einer Gesamtausgabe der Werke ihres Mannes Achim von Arnim zu sehen. Bereits am 1. Februar 1831, zehn Tage nach Arnims Tod, bestimmt sie Wilhelm Grimm in einem Schreiben an die Brüder Grimm als Verwalter der literarischen Hinterlassenschaft ihres Mannes: Wilhelm Grimm, mit dem Arnim in einem freundschaftlicheren Austausch gestanden hatte als mit dessen Bruder Jacob, wird von ihr schließlich auch zum Herausgeber von Arnims *Sämmtlichen Werken* erkoren. Tatsächlich steuert er 1839 das Vorwort zum ersten Band bei, nimmt bei der Konzeption der Gesamtausgabe ansonsten aber lediglich eine beratende Funktion ein. Der Spiritus Rector der *Sämmtlichen Werke* ist und bleibt Bettina: Sie ediert neben den autorisierten Romanen, Erzählungen, Novellen, Gedichten und Dramen auch bis dahin unveröffentlichte Texte, so etwa *Die Päpstin Johanna* und den zweiten Band der *Kronenwächter*. Bis ins Jahr 1856 wächst die Ausgabe auf 22 Bände an und ermöglicht erstmals überhaupt einen Überblick über die Vielseitigkeit des dichterischen Schaffens Achim von Arnims. Als Mitarbeiter fungieren Rudolf Baier (Bd. 13 u. 14: *Des Knaben Wunderhorn*, Tl. I u. II), Ludwig Erk (Bd. 17 u. 21: *Des Knaben Wunderhorn*, Tl. III u. IV) sowie Karl August Varnhagen von Ense (Bd. 22: *Gedichte*, Tl. I). Die *Sämmtlichen Werke* umfassen zwar fünf Bände aus dem ungedruckten Nachlass, berücksichtigen aber einen großen Teil der zu Arnims Lebzeiten gedruckt vorliegenden Werken nicht, so etwa die Beiträge für die *Zeitung für Einsiedler* (*Tröst Einsamkeit*) von 1808 und den *Preußischen Correspondenten* von 1813/14, den *Versuch einer Theorie der elektrischen Erscheinungen* von 1799, die beiden ersten Romane *Hollin's Liebeleben* von 1802 und *Ariel's Offenbarungen* von 1804 sowie vor allem die zahlreichen

2.4. Bettina von Arnim und ihre Verleger

Aufsätze und kleineren Beiträge Arnims in Zeitschriften zu Naturwissenschaft, Literatur, Kunst und Politik. Geplant war lediglich noch ein 23. Band, der den Briefwechsel Arnims mit Clemens Brentano über *Des Knaben Wunderhorn* enthalten sollte. Das dazu gesammelte Material wird indes erst 1894 von Reinhold Steig teilweise in seiner Briefwechsel-Edition verwertet (vgl. Steig 1894).

Gerade bei den nachgelassenen Werken ist es Bettinas Aufgabe als Editorin, ein umfangreiches Handschriftenmaterial zu sichten, zu ordnen und in einen sinnvollen Handlungszusammenhang zu überführen. Fragen der Chronologie, der Vor- und Endfassungen sowie der Anordnung des überlieferten Materials stellen sie dabei oft vor Schwierigkeiten. Darüber hinaus muss sie sich bei den zu Lebzeiten gedruckten Texten Achims um die Rechte für den Nachdruck kümmern.

Während Bettina bei der Herausgabe ihrer eigenen Briefwechsel mit fremden Texten sehr eigenwillig umgeht, erweist sie sich bei der Edition von Achims *Sämmtlichen Werken* als weitaus behutsamer. Gleichwohl lässt sich bei einem Vergleich autorisierter, gedruckter Werke und den von Bettina in den *Sämmtlichen Werken* zum Druck beförderten Texten feststellen, dass Bettinas Edition zwischen philologischer Reproduktion mit behutsamen Modernisierungen einerseits und kreativer Produktion durch inhaltliche Änderungen wie etwa der Streichung von ihr unverständlichen Passagen, das Aneinandermontieren verschiedener Textfassungen oder die Tilgung widersprüchlicher Passagen andererseits changiert. Am häufigsten sind hier stilistische Eingriffe zu verzeichnen (vgl. Barth 2006, 712; Pietsch 2010). Positiv hervorzuheben sind die vorgenommenen Emendationen bei offensichtlichen Druckfehlern, grammatikalischen Fehlern oder die Vereinheitlichung unterschiedlicher Namensschreibweisen. Dennoch dürfen die Textdarbietungen in den *Sämmtlichen Werken* keineswegs als eine kritische Edition der autorisierten Vorlage verstanden werden, auch wenn ein gewisser „editorischer Respekt" (Landfester 2001, 62) vor dem gedruckten Text vorhanden ist.

Ab 1846 komplett in Bettina von Arnims Selbstverlag übergegangen, erleben die *Sämmtlichen Werke* in den folgenden Jahren zwei weitere Auflagen (1853 und 1856 im Selbstverlag Bettinas). Die Ausgabe von 1856 weist zwar eine andere Bandzählung auf als die beiden vorangegangenen, ist aber in der Textdarbietung mit ihnen identisch. Bei der Ausgabe von 1853 handelt es sich um eine bloße Titelauflage der Erstedition; eine erneute Titelauflage von 1857 weist wiederum eine andere Bandaufteilung auf: Band 1–5 enthält hier die Novellen, Band 6–9 die Dramen.

4. Politisches Statement durch die Edition der *Sämmtlichen Werke* Achim von Arnims

Bettinas großes Verdienst bei alldem ist es, dass zahlreiche nachgelassene Texte Achim von Arnims in die *Sämmtlichen Werke* aufgenommen und damit erstmals überhaupt der Leserschaft zugänglich gemacht wurden. Und tatsächlich setzt mit der Veröffentlichung der *Sämmtlichen Werke* eine zweite Rezeptionswelle ein, wie etwa Joseph von Eichendorffs ausführliche Besprechung der Dramen Arnims in seiner 1854 erschienenen Abhandlung *Zur Geschichte des Dramas* deutlich macht.

Weitreichender und von politischer Tragkraft ist jedoch der mit der Veröffentlichung der *Sämmtlichen Werke* verknüpfte Einsatz Bettinas für die Brüder Grimm. Entscheidender ist dabei zum Zeitpunkt der Herausgabe der ersten beiden Bände der *Sämmtlichen Werke* im Jahre 1839 weniger der Umstand, dass die Brüder dereinst gute Freunde Achim von Arnims waren, sondern vielmehr, dass sie durch ihre Entlassung an der Göttinger Universität in der gesamtdeutschen Öffentlichkeit einen gewissen Märtyrerstatus genießen und in liberalen Kreisen gefeiert werden (siehe III.2.2. *Die Brüder Grimm*). Bettinas Bitte an Wilhelm Grimm, die Widmung und Herausgeberschaft der *Sämmtlichen Werke* zu übernehmen, bei gleichzeitiger Streichung ihres eigenen Namens aus dem Vorwort, ist vor diesem Hintergrund nicht nur eine Freundschaftsgeste gegenüber den Grimms, sondern vor allem eine politische Stellungnahme. Als Ziel der Veröffentlichung der *Sämmtlichen Werke* wird also nicht mehr ausschließlich die Rezeption der Arnim'schen Texte durch eine möglichst breite Leserschaft bzw. ein editorisches Denkmal für den Verstorbenen fokussiert. Denn Bettina betreibt mit der Ausgabe auch und vor allem eine frühe Form der ‚Öffentlichkeitsarbeit' für die Brüder Grimm. Und letzten Endes trägt sie so mit dazu bei, dass die Brüder in Berlin eine neue, von König Friedrich Wilhelm IV. aus seiner Privatschatulle bezahlte Anstellung bekommen.

Bettina verfolgt mit der Ausgabe mehrere Ziele gleichzeitig – zum einen legitimiert sie mit der Veröffentlichung der ersten Bände ihr politisches Engagement und verschiebt damit ihre Rolle von der ‚dichtenden Editorin' hin zur ‚edierenden Politikerin', zum anderen tritt sie für die bislang wenig beachteten Texte ihres verstorbenen Mannes ein und holt damit das nach, was Achim in ihren Augen immer versäumt hat. Das Gesamtprojekt der *Sämmtlichen Werke* Achim von Arnims steht im Zeichen einer Rehabilitierung ihres Mannes als Dichter, so wie sie ihn sehen wollte, um ihm posthum den Ruhm zu bescheren, den sie ihm zu Lebzeiten bereits verheißen hatte. Wie in ihren anderen Werken sieht sich Bettina hier als „Kronenwächterin" (Landfester 2001), die sich mittels poetischer Texte politisch engagiert und sich dabei zugleich für eine ‚adäquate' Form der Erinnerung an das Vergangene einsetzt.

5. Literatur

Arnim, Bettina von: *Ilius Pamphilius und die Ambrosia*. Teil 1. 2. Aufl. Leipzig 1848.

Arnim, Bettina von, und Rudolf Baier: *Unveröffentlichte Briefe und Tagebuchaufzeichnungen*. Hg. v. Kurt Gassen. Greifswald 1937.

Barth, Johannes: „Bettina von Arnims Druckfassung von 1846". In: Achim von Arnim: *Die Päpstin Johanna*. Hg. v. J. Barth. Teil 2: *Kommentar*. Tübingen 2006, S. 711–716 (= Arnim: Werke und Briefwechsel. Historisch-kritische Ausgabe, Bd. 10).

Brauer, Adalbert: *Dümmler-Chronik. Aus anderthalb Jahrhundert Verlagsgeschichte*. Bonn [u.a.] 1958.

Brauer, Adalbert: *Ferdinand Dümmler. Porträt eines Verlages anlässlich des 200. Geburtstages seines Firmengründers*. Bonn 1977.
Geiger, Ludwig: „Bettina von Arnim und Moritz Veit". In: L. Geiger: *Dichter und Frauen. Vorträge und Abhandlungen*. Berlin 1896, S. 228–245.
Härtl, Heinz: „'Dies Völkchen mit der vorkämpfenden Alten'. Bettina von Arnim und die Junghegelianer". In: Jb FDH 1992, S. 213–254.
Landfester, Ulrike: „Die Kronenwächterin: Ludwig Achim von Arnim und Bettine von Arnims politisches Werk". In: Walter Pape (Hg.): *Arnim und die Berliner Romantik: Kunst, Literatur und Politik. Berliner Kolloquium der Internationalen Arnim-Gesellschaft*. Tübingen 2001, S. 53–70.
Pietsch, Yvonne: „Edierende Dichterin, dichtende Editorin: Bettina von Arnim als Herausgeberin der ‚Sämmtlichen Werke' Ludwig Achim von Arnims". In: Steffen Dietzsch u. Ariane Ludwig (Hg.): *Achim von Arnim und sein Kreis*. Berlin, New York 2010, S. 113–128.
Schoof, Wilhelm: „Bettina von Arnim und die Buchhändler. Zum 100. Todestag von Bettina am 20. Januar 1959. Unter Benutzung des Arnimschen Familienarchivs". In: *Börsenblatt für den deutschen Buchhandel* v. 3. Februar 1959 (Frankfurter Ausgabe), S. 125–129.
Steig, Reinhold (Hg.): *Achim von Arnim und die ihm nahe standen*. Bd. 1: *Achim von Arnim und Clemens Brentano*. Stuttgart 1894.
Vordtriede, Werner: „Bettinas englisches Wagnis". In: *Euphorion* 51 (1957), S. 271–294.

2.5. Kampf gegen die Zensur

Barbara Becker-Cantarino mit Helga Brandes

1. Zensur in Preußen im Vormärz 296
2. Zensurstreit um *Dies Buch gehört dem König* 297
3. Versteckspiel mit der Zensur um den *Frühlingskranz* 298
4. Verhinderung, ‚Fangespiel' und Camouflage 301
5. Die Publizistin im Kommunikationsprozess des Vormärz 303
6. Literatur 304

Mit den Karlsbader Beschlüssen, im September 1819 von der Frankfurter Bundesversammlung des Deutschen Bundes auf Betreiben Preußens und Österreichs bestätigt, wurde in fast allen deutschen Staaten eine allgemeine Pressezensur eingeführt, Burschenschaften wurden verboten, revolutionärer Gesinnung verdächtige Lehrkräfte entlassen, Universitäten staatlich überwacht. Für die bundesweite Koordinierung der ‚Untersuchung' – ergo Verfolgung – ‚hochverräterischer Umtriebe' an den Universitäten sorgte dabei die in Mainz eingerichtete Zentraluntersuchungskommission. All die im Rahmen der ‚Demagogenverfolgung' Fürst Metternichs erlassenen reaktionären gesetzlichen Maßnahmen dienten dem Kampf gegen liberale und nationale Kräfte. Die Reglementierung und Lenkung speziell der Literatur erfolgte in diesem Zusammenhang über die 1819 als Teil der Karlsbader Beschlüsse verabschiedeten ‚Provisorischen Bestimmungen hinsichtlich der Freiheit der Presse', das sogenannte Bundes-Preßgesetz.

‚Pressefreiheit' gehörte denn auch zu den zentralen politischen Forderungen des Journalismus und der Publizistik der Vormärzzeit, wobei die wachsende bürgerliche Freiheitsbewegung nach der gescheiterten Julirevolution von 1830 eine abermalige Verschärfung der kulturpolitischen Restriktionen zur Folge hatte. Die Zensur, die tiefgreifend und nachhaltig das literarische Leben der Restaurationsepoche prägte, hinterließ zwangsläufig sowohl bei den jungdeutschen Autoren und Liberalen wie auch bei Bettina von Arnim ihre Spuren. An keiner Stelle wird der Wirkungszusammenhang zwischen Politik und Literatur, zwischen Gesetz und Presse so deutlich wie gerade in diesem Bereich. Die Zensur als Indikator gesellschaftlicher Macht und Normen zeigt die Barriere an, an der gerade die Jungdeutschen scheiterten. Was ihnen letztlich blieb, war der Weg in die ‚innere Emigration' (vgl. Brandes 1991, 218).

Die Bestimmungen blieben fast 20 Jahre in Kraft. Erst am 7. September 1847 beschloss die Bundesversammlung, eine etwaige Wiedereinführung der Pressefreiheit den einzelnen Bundesstaaten selbst zu überlassen. Baden und Württemberg führten die Pressefreiheit dann am 1. März 1848 wieder ein, Hessen-Darmstadt, Frankfurt, Bayern, Nassau, Gotha, Weimar, Kurhessen folgten zwischen dem 4. und 12. März. Nach dem Wiener Aufstand und dem Sturz Metternichs wurde am 14. März auch in Österreich die Zensur aufgehoben, in Hannover und Preußen am 17. März und in Sachsen am 23. März 1848 (vgl. Breuer 1982, 180). Am 27. September 1848 wurden schließlich die „Grundrechte des deutschen Volkes" verkündet, die dann in die sogenannte Paulskirchenverfassung, die Verfassung des deutschen Reiches vom 28. März 1849, eingingen. Eines dieser nun garantierten Grundrechte war die Pressefreiheit, die freilich in der Folgezeit durch die einsetzende Reaktion in zahlreichen deutschen Staaten immer mehr eingeschränkt wurde. So blieb die Vorzensur zwar abgeschafft, die Nachzensur jedoch wurde wieder praktiziert. Zu einer einheitlichen Zensurgesetzgebung kam es erst 1874 mit dem Erlass des Reichspreßgesetzes. Die Abschaffung der Vorzensur wurde darin bestätigt, die Praxis der Nachzensur festgeschrieben.

1. Zensur in Preußen im Vormärz

Da die Zensur als Hüterin der Normen von Staat, Kirche und Moral zu fungieren hatte, waren die Konflikte mit den Vormärzautoren vorprogrammiert. Ludolf Wienbarg machte seine ersten Zensurerfahrungen 1834, als seine *Aesthetischen Feldzüge* verboten wurden. Theodor Mundts Konflikte mit der Zensur begannen, als sein 1834 erschienenes Buch *Moderne Lebenswirren* – eine kritische Auseinandersetzung mit den Problemen der Zeit – ihn der Obrigkeit verdächtig machte. Ein Jahr später wurden auf Beschluss der Bundesversammlung alle deutschen Regierungen angewiesen, den Druck und die Verbreitung der Schriften von Wienbarg und Mundt, Heinrich Heine, Karl Gutzkow und Heinrich Laube – eben all jenen, die amtlicherseits dem Jungen Deutschland zugeschlagen wurden – mit allen Mitteln zu verhindern.

Das Jahr 1835 – für die einen bedeutete es das (vorläufige) Ende, für Bettina markierte es mit der Publikation von *Goethe's Briefwechsel mit einem Kinde* den Beginn ihrer Karriere. Auch für Bettinas Buch galt das damals gültige preußische Zensurgesetz von 1819, mit dem die (1824 auf unbestimmte Zeit erneuerten) Karlsbader Beschlüsse des Deutschen Bundes auf Preußen übertragen und dann noch weiter verschärft worden waren. So unterlagen in den 1830er Jahren noch alle Bücher der Vorzensur, sogar die Unterscheidung von Volksschrift und gelehrter Literatur war aufgehoben, was dazu führte, dass in Preußen „praktisch jedes gedruckte Stück Papier vom Aktienformular bis zum Buch der Vorzensur unterworfen werden mußte" (Eßbach 1988, 259). Zugleich war das eingerichtete Oberzensurkollegium allerdings aufgrund der nur vage abgefassten Indizierungsgründe kaum in der Lage, präzise und einheitliche Ausführungsbestimmungen zu geben, so dass die Zensur regional gravierend differierte und de facto in den Händen der unteren Beamten lag, die zwar durchaus sachverständig waren, die Zensurtätigkeit aber zusätzlich zu ihren Beamtenpflichten auszuführen hatten (vgl. Holtz 2015, 43–52).

Seit 1838 kursierten Gerüchte, die Zensur werde gelockert. Friedrich Wilhelm IV., seit 1840 König von Preußen, hoffte schließlich, die Sympathien seiner Untertanen 1841 unter anderem dadurch zu gewinnen, dass er eine „mildernde Ausführung der Zensur" verfügte und die „freimütige Besprechung vaterländischer Angelegenheiten, insofern sie wohlmeinend und anständig sei", gestattete (zit. nach Eßbach 1988, 260), was im Folgejahr zu einer ungewöhnlich milden Zensurpraxis in Preußen führte. Per Order verfügte der König zudem eine Neubesetzung des Oberzensurkollegiums mit Juristen und wies an, hohe Beamte (Minister, Generäle), Akademien und Universitätsprofessoren insofern zu privilegieren, dass sie ihre Schriften zensurfrei herausgeben durften. Im Oktober 1842 wurden die Zensurbestimmungen dahingehend gelockert, dass Bücher von 20 Bögen (d.h. 320 Druckseiten) von der Vorzensur ausgenommen waren, sofern Verleger und Verfasser auf dem Titel genannt wurden, wobei ein Exemplar des Buches 24 Stunden vor der Auslieferung in den Handel bei der Polizei hinterlegt werden musste. Verantwortlich für die Einhaltung der Vorschriften waren die jeweils auf dem Titel genannten Verfasser, dann die Verleger und Drucker (vgl. Holtz 2015, 9–10).

2. Zensurstreit um *Dies Buch gehört dem König*

Wohl aufgrund ihrer privilegierten Stellung und aufgrund des rein literarischen Inhalts konnte Bettina von Arnim ihre ersten beiden Briefbücher 1835 und 1840 ungestört publizieren. Schwierigkeiten mit der Zensur bekam sie erst 1843 im Zuge der Publikation von *Dies Buch gehört dem König*, das den König schon im Titel direkt ansprach und im Anhang eine Dokumentation des Armenelends im Vogtland, einem Handwerkerquartier am Berliner Stadtrand, brachte. Friedrich Wilhelm IV. hatte der ihm geltenden Zueignung dieses zunächst nur angekündigten Buches zugestimmt. Eine vorherige Anfrage bei Widmungsempfängern war üblich, und so hatte in diesem Fall auch Bettina vorab mit einem über Alexander von Humboldt an den König weitergeleiteten Bittbrief eine entsprechende Erlaubnis eingeholt. Als ihr Buch 1842 schließlich in den Druck ging, verlangte der zuständige Zensor, ein Baron von Lauer-Münchhofen, den schriftlichen „Nachweis der Allerhöchsten Genehmigung" (Stellungnahme vom 3. August 1842, in: Bw Friedrich Wilhelm IV., 461), was Bettina hinauszögerte, wohl auch, weil sie lediglich einen Antwortbrief Humboldts, nicht aber ein offiziöses Erlaubnisschreiben des Königs besaß. Schließlich soll der König selbst sein Einverständnis zum Druck des Buches gegeben haben. Da Bettina ihrem *Königsbuch* überdies auch noch den Bericht über die Armen als Anhang anfügte, erreichte es ohnehin eine Länge von über 20 Bögen und musste somit der Vorzensur nicht mehr vorgelegt werden. Ein eventuell drohendes nachträgliches Verbot versuchte sie zugleich zu vermeiden, indem sie dem König über Humboldt ein Rohexemplar zukommen ließ, noch bevor die schon gedruckten Exemplare in den Handel gelangten. Friedrich Wilhelm IV. bedankte sich mit einem Brief vom 14. Juli 1843, in dem er ihr mitteilte, dass er das Buch zwar „noch nicht gelesen" habe, aber: „Ich fühle mich durch Ihr Buch geehrt" (Bw Friedrich Wilhelm IV., 97). Obgleich das *Königsbuch* in Bayern und Österreich verboten wurde, hatte Bettina ihr Ziel zumindest doch in Preußen erreicht und ließ die gedruckten Exemplare zum Verkauf ausliefern.

Wie wir heute wissen, löste die vorzensurfreie Publikation ihres *Königsbuches* auch in preußischen Regierungskreisen Bedenken aus. So findet sich in den Akten eine an den König gerichtete Eingabe des damaligen Innenministers Graf Adolf Heinrich von Arnim-Boitzenburg, einem entfernten Verwandten Achims, der das Buch aufgrund der „dargelegten und vertheidigten Irreligiosität" und des „darin gepredigten heillosen Radicalismus" als eine „der gemeingefährlichsten Schriften" betrachtete (17. August 1843, in: Bw Friedrich Wilhelm VI., 473). Auch der König selbst soll später alles andere als erfreut gewesen sein über Bettinas Buch, so zumindest kolportierte es Varnhagen nach einem Besuch Bettinas bei ihm: „Nachdem der König weitergelesen und über das Gelesene gesprochen hat, ist seine Stimmung wahrer Unwille geworden" (13. November 1843, in: Varnhagen 2, Bd. 2, 225). Gesichert ist, dass das *Königsbuch* in Preußen zwar weiterhin verkauft werden durfte, die von Adolf Stahr verfasste und in Hamburg, also im ‚Ausland', im November 1843 publizierte Broschüre *Bettina von Arnim und ihr Königsbuch* aber offiziell durch das preußische Oberzensurgericht verboten wurde (zur kontroversen Rezeption vgl. Härtl 1992; siehe auch IV.1.3.a *Dies Buch gehört dem König*).

3. Versteckspiel mit der Zensur um den *Frühlingskranz*

Ende 1843, Anfang 1844 trennte sich Bettina von Arnim von ihrem *Königsbuch*-Verleger E. H. Schroeder, um mit ihrem nächsten Briefbuch *Clemens Brentano's Frühlingskranz*, an dem sie bereits arbeitete, zum Verlag von

2.5. Kampf gegen die Zensur

Egbert Bauer zu wechseln. Dieser hatte den kleinen Verlag gegründet, um die Schriften seiner Brüder, der radikalen Junghegelianer Bruno und Edgar Bauer herauszugeben (siehe III.1.6. *Die Junghegelianer*). Wie Varnhagen bereits im August 1843 berichtete, hatte Egbert Bauer bei der Polizei keinen guten Ruf. Die Polizei sei nachts bei dem Verlag in Charlottenburg eingebrochen und habe alle Exemplare eines Buches seines Bruders Bruno samt Manuskript mitgenommen, „die Sache" müsse, so Varnhagen, „[n]un [...] vor Gericht kommen" (24. August 1843, in: Varnhagen 2, Bd. 2, 208–209).

Im April 1844 streute Bettina im Bekanntenkreis, sie sei vom Berliner Polizeipräsidenten mit Blick auf „die Sittlichkeit" der Bauers gewarnt worden, was sie freilich strikt von sich gewiesen habe (Adolf Stahr an seinen Bruder, zit. nach GW [Härtl] 2, 929). Mitte Mai 1844, nur einen Monat später, lag Bettinas *Frühlingskranz* in der Buchhandlung Bauer ausgedruckt vor – und wurde prompt von der Polizei beschlagnahmt. Offizieller Streitpunkt waren das Fehlen des Autornamens und der Verlagsangabe auf dem Titelblatt, beides Verstöße gegen das Zensurgesetz. Wie Bettina in einem *Bericht über Zensurverfolgung, Beschlagnahme und Polizeichicane des Buches „Clemens Brentanos Frühlingskranz"* (GW [Härtl] 2, 930–935) darlegte, habe sie das Titelblatt zum *Frühlingskranz* daraufhin umdrucken lassen müssen, was ihr Kosten verursachte. Dann habe es auch noch Einwände gegen den ‚respektwidrigen Inhalt der Zueignung' des Buches an Prinz Waldemar (einen Cousin von Friedrich Wilhelm IV. und Freund der Arnim-Töchter) gegeben. – Die Verhandlung mit dem Buchhändler, der Polizei und der Zensur überließ Bettina ihrem Gehilfen, was zu weiteren Komplikationen führte. Dennoch erreichte sie die endgültige Freigabe ihres Buches schließlich am 12. oder 16. Juni 1844 „durch Veranlassung des Königs" (GW [Härtl] 2, 939), wobei auch hier Alexander von Humboldts Intervention wesentlich beigetragen hatte, diesen ‚Amazonenkrieg' (Humboldt) endgültig zu beenden (siehe III.2.3. *Alexander von Humboldt*). Bettina bedankte sich daraufhin mit einem auf den 18. Juni 1844 datierten Brief beim König: „Daß die Polizei durch ihre Spiegelfechtereien die Befreiung meines Buchs gebieterisch dem Unterschleif ihrer ganz ungesetzlichen Willkür öffentlich zuspricht, das kann mich nicht kränken; denn weil ebendieser gnädige Wille von Euer Majestät das Köstlichste ist, den ihre Eifersucht mir nicht rauben kann" (Bw Friedrich Wilhelm IV., 1, 99).

Den Verlauf ihrer Zensurschwierigkeiten – „von der Zensurbedrängnis zur Beschlagnahmsverkehrtheit" – hatte Bettina rhetorisch geschickt bereits am 3. Juni gegenüber Humboldt in ihrem (oben erwähnten) *Bericht über Zensurverfolgung, Beschlagnahme und Polizeichicane des Buches „Clemens Brentanos Frühlingskranz"* dargestellt (GW [Härtl] 2, 931). Der *Bericht* ist ein satirisches Kleinkunstwerk, eine burleske, verwirrende Erzählung von ‚Zensurverfolgung' und ‚Polizeichicane'. Er erlaubt jedoch kaum eine historische Rekonstruktion der Ereignisse, war wohl auch von Bettina auf weitere Konfusion der sowieso undurchsichtigen, widersprüchlichen Zensurpraxis angelegt, um das Absurde der Zensur zu zeigen. Bettina machte hier nicht zuletzt ihrem Ärger über die Bevormundung durch ‚ein preußisches Ministerium'

Luft, über die ‚Chicane solcher Zensurhanswursten', und inszenierte sich als Opfer der Polizei: „Ich sitze hier wie in einer Festung, die Polizei wirft eine Kartätsche nach der andern herein" (ebd., 935). Ohne ministeriellen Befehl – „wahrscheinlich Arnims, Eichhorns und Mitveranlassung von Savigny!" – sei die Konfiskation gar nicht zu erklären, wobei Bettina diesbezüglich Rachegelüste hinter der Aktion witterte, „weil man dem König mein ‚Königsbuch' nachgeben mußte" (ebd., 931). In ihrem *Bericht* stellte Bettina ihre Zensuraffäre gleichwohl in größere politische Zusammenhänge, ging auch auf andere Ereignisse des Jahres 1844 wie die Affäre um den Auftritt Hoffmann von Fallerslebens anlässlich der Feier zum 58. Geburtstag von Wilhelm Grimm in Berlin ein, und sie warnte mit der Vision: „Sonderbares Welttheater. – Der Hintergrund Humboldt mit zeitweiliger Apparition des Königs, vor dem der Vordergrund, die Polizei und dahinter steckenden Ministern Savigny, Eichhorn, Arnim, sich eklipsiert: die Tatzen ausstreckt gegen den Mittelgrund, meine Tugend, welche ihm dafür die Zunge ausstreckt" (ebd.). Dieses Bild zeigt einmal mehr Bettinas Misstrauen und Abscheu vor den Ministern des Königs, vor denen sie Friedrich Wilhelm IV. zu warnen sich berufen glaubte und von denen sie („meine Tugend") sich verfolgt fühlte.

Bettinas Versteckspiel mit der Zensur lief noch einige Tage weiter, wobei vermutlich auch der ‚berüchtigte Buchhändler' Bauer involviert werden sollte (vgl. GW [Härtl] 2, 936–939). Unter Zuhilfenahme ihrer Kontakte, Adolf Stahr in Oldenburg und Heinrich Bernhard Oppenheim in Berlin, gelangten schließlich unterschiedlich pointierte Kurzfassungen dieses *Berichtes* in die Presse. So brachte die einflussreiche *Kölnische Zeitung* gleich eine ganze Reihe von Berichten und Stellungnahmen zu ihrer Zensuraffäre. Dass sie so zugleich die öffentliche Aufmerksamkeit auf ihr neuestes Werk, den *Frühlingskranz*, lenken konnte, war ein nicht zu unterschlagender Nebeneffekt der publizistischen Offensive. Eine andere Kurzversion ihres *Berichts*, in der sie die Polizei (nicht die Minister) anklagte, suchte sie zusammen mit einem Zeitungsbericht (über die hinter dem Rücken des Königs agierenden Minister) über Humboldt Friedrich Wilhelm IV. zukommen zu lassen.

Bettina hatte nicht nur die Freigabe ihres Buches erreicht, sondern auch eine – allerdings nur halbwegs – wohlwollende Reaktion des Königs. Auf ihr Dankschreiben antwortete der König wenige Tage später mit einem Kompliment, gab ihr aber auch den Rat, ihre „edle Fluth nicht in unedler ‚Bauern' Gefäße" zu gießen" (23. Juni 1844, in: Bw Friedrich Wilhelm IV., 100), ein blumiger Hinweis, nicht weiter in der Gesellschaft der radikalen Bauer-Brüder zu publizieren. Wie aus dem Gewirr aus Zeugnissen, Briefen, Zeitungsnachrichten und Varnhagens Tagebuchaufzeichnungen deutlich wird, ging es den an der Zensur beteiligten Regierungsbeamten nicht um den *Frühlingskranz* als Buch, sondern um Bettina von Arnims Verweigerung der Zensur und ihre ostentative Unterstützung der Bauers, die für jene liberale, preußenkritische Presse standen, die die Regierung zu unterdrücken suchte. Nahe liegt zudem, dass es die Administration auf eine Art Machtprobe mit der aufmüpfigen Frau ankommen lassen wollte, die rhetorisch brillant und vielfach beleidigend ihre

Beziehung zum König und ihre gesellschaftliche Stellung als Aristokratin und Autorin voll ausspielte. Bettina ihrerseits verwischte wohl absichtlich Details und bauschte ihre Zensurschwierigkeiten auf, um sich als Opfer der preußischen Minister, nicht zuletzt also auch als Opfer Savignys, zu inszenieren. Heinz Härtl hat Bettinas Taktik (hier mit Blick auf ihre poetischen Umformung von drei Beethoven-Briefen) so gekennzeichnet: „Indem sie täuschte und die konventionelle Kommunikation irritierte, kultivierte sie ihre Eigenart, dekuvrierte sie profane Wahrheits-Annahmen als Irrtümer" (Härtl 2016, 180).

4. Verhinderung, ‚Fangespiel' und Camouflage

Bettinas inszenierter Kampf mit der Zensur um den *Frühlingskranz* ereignete sich in denselben Wochen, in denen die Weber-Aufstände in Schlesien ausbrachen und die politischen und sozialen Probleme sich intensivierten, und war offensichtlich auch deshalb zu diesem Zeitpunkt an eine undurchlässige Grenze geraten. Noch im Juni 1844 gab sie daher ihre Absicht auf, eine Fortsetzung der Armenlisten aus dem *Königsbuch*, das sogenannte *Armenbuch*, von dem einige Bögen schon in den Druck gegeben worden waren, zu veröffentlichen (siehe IV.1.5. *Das Armenbuch-Projekt*). Wie Varnhagen am 19. Juni 1844 in sein Tagebuch notierte, habe der preußische Innenminister Arnim-Boitzenburg Bettina beschuldigt, „sie sei Ursache des Aufstandes, sie habe die Leute gehetzt, ihnen Hoffnungen erweckt, durch ihre Reden und Briefe, und schon durch ihr Königsbuch!" (Varnhagen 2, Bd. 2, 314) In der Tat hatte Bettina im Mai 1844, also nur einen Monat zuvor, in der *Magdeburger Zeitung* einen Aufruf an die Leserschaft veröffentlichen lassen, indem sie darum bat, ihr „getreue Berichte" über „den Zustand des Armenwesens" für „das vaterländische Unternehmen" ihres „großartig angelegte[n] Werk[es]" zuzusenden (GW 3, 1073–1074). Eben jenes „großartig angelegte Werk" fiel nun angesichts der politischen Umstände der Selbstzensur zum Opfer; auch für eine außerhalb Preußens geplante Publikation fand Bettina anscheinend keinen Verlag. Aber immerhin wusste sie das Material weiterzuverwenden. So hatte sie nicht nur bereits ihre Bekannten und die Presse von ihren Publikationsplänen über die Armut in Preußen informiert, sondern benutzte das Material, um es auch in diesem Fall über Humboldt dem König zukommen zu lassen.

Als Bettina von Arnim drei Jahre später in einen längeren Prozess mit dem Magistrat um die Konzession und Steuerpflicht ihres Selbstverlages verwickelt war (siehe hierzu III.2.6. *Rechtsstreitigkeiten*), verzögerte die Zensur auch die Publikation ihres Briefbuches *Ilius Pamphilius und die Ambrosia*. Es ging hier insbesondere um formale Einwände. So sollte auf dem Titelblatt „Im Selbstverlag der Verfasserin" gedruckt werden und nicht „Expedition des von Arnim'schen Verlags", worauf die Autorin insistierte (vgl. GW 3, 1177–1179). Bettina überließ es ihrem damaligen Verlagssekretär Jenatz, die Verhandlungen mit den Beamten und der Druckerei zu führen, während sie erbost und wortreich über die Petitessen der Bürokraten und die Verfolgung durch Polizei und die Minister in ihrem Bekanntenkreis spottete. Noch am

9. März 1848 schrieb sie an Siegmund: „Dir erzähle ich hier noch kurz das artige und Muntere Fangespiel zwischen Regierung und Polizei mit meinem Buch!" (Bw Siegmund, 239) Der erste Band war im Herbst 1847 kurz vor dem Erscheinen konfisziert und erst nach Ende ihres Magistratsprozesses Anfang 1848 freigegeben worden, der zweite Band erschien im Juni 1848 (siehe IV.1.6. *Ilius Pamphilius und die Ambrosia*).

Während der zu diesem Zeitpunkt bereits entbrannten Revolution von 1848/49 wirkte Bettina gleichwohl nur hinter den Kulissen der tagesaktuellen Politik (vgl. Bunzel 2004, 202–203). Die politische Broschüre *An die aufgelös'te preußische National-Versammlung. Stimmen aus Paris*, in der sie um Sympathie und Verständnis für die Aufstände in Polen warb, erschien im Januar 1849 beispielsweise anonym (siehe IV.2. *Die ‚Polenbroschüre'*). In der Zueignung fingierte sie eine französische Autorschaft und Paris als Publikationsort. Lediglich Varnhagen und Oppenheim waren in die Camouflage eingeweiht, um den Vertrieb der Broschüre mit einer Rezension zu unterstützen. Zu den Gründen für das (erst im 20. Jahrhundert aufgelöste) Versteckspiel um die Autorschaft an der letztlich kaum beachteten Broschüre lassen sich nur Vermutungen anstellen. Möglicherweise ging es Bettina darum, die seit Verhängung des Belagerungszustandes in Berlin wirksame Verschärfung der Pressegesetze zu umgehen; vielleicht wollte sie auch zur Mystifizierung ihrer eigenen Autorschaft beitragen. Gewiss diente ihr die Anonymität als Selbstschutz, um ihre politische Mentorentätigkeit nicht zu gefährden und ihre Meinung auch weiterhin äußern zu können (vgl. Bunzel 2004, 202–203).

Zwar war nach der Revolution die Forderung nach ‚Pressefreiheit' in Preußen mit dem Pressegesetz vom 12. Mai 1851 formal erfüllt worden, gleichwohl galt die Einschränkung, dass die Polizei nach wie vor sehr wohl das Recht habe, Druckerzeugnisse zu konfiszieren, falls deren Inhalt den Straftatbestand der Majestätsbeleidigung oder der Gefährdung des öffentlichen Friedens erfüllte oder staatliche Einrichtungen und Anordnungen mit Hass oder Verachtung überzogen wurden. Das bedeutete „eine faktische Nachzensur für Druckschriften unter zwanzig Bogen" (Gatter 1996, 216). Die Polizei durfte gegen solche Texte ohne richterliche Anordnung und also selbständig einschreiten, allerdings musste auf jede Beschlagnahme eine Gerichtsverhandlung folgen. Bettinas letztem Buch *Gespräche mit Daemonen. Des Königsbuches zweiter Band* passierte 1852 nichts dergleichen. Im Vorfeld hatte sie, wie Varnhagen in sein Tagebuch notierte, noch „Bedenken" geäußert, „wie man ihr Buch aufnehmen, ob die Polizei es wegnehmen, ob der König es beschützen werde? Letzteres wünscht sie sehnlichst, besonders auch um ihrer Familie willen, damit diese nicht tadeln und schelten können, sondern mitverehren müssen, was der König verehrt" (8. Januar 1852, in: Varnhagen 2, Bd. 9, 11). Auch erlaubte sie sich ihren Spaß mit der Zensur, indem sie „viele Zeilen, ja halbe Seiten mit den beliebten Zensurstrichen" füllte, die früher „anzudeuten pflegten, wo die Zensurschere gearbeitet hatte" (Houben 1924, 41). Varnhagen zufolge wollte sie ursprünglich sogar „weiße Blätter einlegen und dabei bemerken: ‚Eigne Zensur'" (15. Januar 1852, in: Varnhagen 2, Bd. 9, 21).

2.5. Kampf gegen die Zensur

Indes sollten nicht nur die Späße verpuffen, sondern sich auch die Bedenken als unbegründet herausstellen, als das *Daemonenbuch* wenige Monate später im Selbstverlag erschien: Es erregte keine polizeiliche Aufmerksamkeit. Und für Bettina noch viel misslicher: Es erwies sich als praktisch unverkäuflich (siehe IV.1.7. *Gespräche mit Daemonen, 1852*).

5. Die Publizistin im Kommunikationsprozess des Vormärz

Ihre Überlegungen im Vorfeld der Veröffentlichung zeigen, dass sich Bettina von Arnim, die sich ohnehin durch gesellschaftliche Konventionen eingeengt fühlte, bis zuletzt besonders auch von der Zensur gegängelt fühlte. Immer wieder beschwerte sie sich in ihren Briefen, sie werde „von der Censur unterdrückt", und stellte sich als Opfer der Bürokratie, der Intrigen der Minister und ihres Schwagers Savigny dar (an Pauline Steinhäuser, 1848, in: GW 4, 639–640). Zugleich gilt es aber auch festzuhalten, dass sie mit ihrer Meinung nur selten hinterm Berg hielt und dafür immer auch einen Freiraum suchte. Sie hatte ein ausgeprägtes Sendungsbewusstsein, wollte der Nachwelt die Dokumente ihres literarischen Schaffens und ihrer politischen Ansichten überliefern, ihr Andenken befördern, die Deutungshoheit über ihr Werk und ihre Zeit behalten, aber auch für ihre politisch-sozialen Anliegen werben – und eben provozieren. Dabei gelang es ihr, die Zensurbehörden zu umgehen und zu täuschen, und war in diesem Sinne eine ‚Publizistin undercover' (Bunzel 2009).

Bettinas Umgang mit der Zensur wirft letztlich ein Schlaglicht auf die Verflechtung unterschiedlicher Problembereiche im Vormärz: die sozialen Probleme und die politische Kontrolle in der Ständegesellschaft, die politische Agitation der Liberalen, Radikalen und Konservativen in der florierenden Presse, die Publikationsflut sowie die Rolle der höchst unterschiedlichen Autoren und ihrer Produkte. Die damals praktizierte Zensur war in diesem Zusammenhang nicht nur verhasst, sie verfehlte auch ihre Ziele. Zwar konnte eine Buchpublikation verhindert werden, aber wie Bettina fanden auch viele andere Autorinnen und Autoren mal mehr, mal weniger subversive Wege, um ihre Meinung und Kritik – wenn auch oft gefiltert – über Briefveröffentlichungen und den vielfältigen Pressemarkt in der Öffentlichkeit zu lancieren. Eine totale Nachrichten- und Meinungskontrolle war trotz strenger Zensur nicht möglich. Die Zensureingriffe in Preußen waren als autoritäre Praxis ein kulturelles Phänomen und werden letztlich sogar als konstitutiv für Kommunikationsprozesse im Vormärz gesehen (vgl. Holtz 2015). Anders als viele andere Autoren, für die die Zensur als Form der Diskurskontrolle und Repression einer Existenzvernichtung nahekam, war Bettina von Arnim aber auch relativ geschützt, solange sie die Aufmerksamkeit und das Wohlwollen des Königs durch ihre Briefe sich erhalten konnte.

6. Literatur

Brandes, Helga: *Die Zeitschriften des Jungen Deutschland. Eine Untersuchung zur literarisch-publizistischen Öffentlichkeit im 19. Jahrhundert.* Opladen 1991.

Breuer, Dieter: *Geschichte der literarischen Zensur in Deutschland.* Heidelberg 1982.

Bunzel, Wolfgang: „‚Eine der bedeutendsten politischen Erscheinungen unsrer Zeit': Karl August Varnhagen von Ense als Rezensent der ‚Polenbroschüre' Bettine von Arnims". In: Claudia Christophersen u. Ursula Hudson-Wiedemann (Hg.): *Romantik und Exil.* Festschrift für Konrad Feilchenfeldt. Würzburg 2004, S. 194–208.

Bunzel, Wolfgang: „Autorin ohne Werk, Publizistin undercover, Dokumentaristin avant la lettre. Zum 150. Todestag der Schriftstellerin Bettina von Arnim". In: *Forschung Frankfurt* 27.3 (2009), S. 18–22.

Eßbach, Wolfgang: *Die Junghegelianer. Soziologie einer Intellektuellengruppe.* München 1988.

Gatter, Nikolaus: *„Gift, geradezu Gift für das unwissende Publicum". Der diaristische Nachlaß von Karl August Varnhagen von Ense und die Polemik gegen Ludmilla Assings Editionen.* Bielefeld 1996.

Härtl, Heinz: „Zur zeitgenössischen publizistischen Rezeption des ‚Königsbuches'. Mit einem bibliographischen Anhang". In: Walter Schmitz u. Sibylle von Steinsdorff (Hg.): *„Der Geist muß Freiheit genießen ...!" Studien zu Werk und Bildungsprogramm Bettina von Arnims.* Berlin 1992, S. 208–235.

Härtl, Heinz: *„Drei Briefe von Beethoven". Genese und Frührezeption einer Briefkomposition Bettina von Arnims.* Bielefeld 2016.

Holtz, Bärbel: „Staatlichkeit und Obstruktion. Preußens Zensurpraxis als politisches Kulturphänomen". In: *Preußen als Kulturstaat.* Abt. 2, Bd. 6: *Preußens Zensurpraxis von 1819 bis 1848 in Quellen.* Berlin, Boston 2015, S. 1–105.

Houben, Heinrich Hubert: *Verbotene Literatur von der klassischen Zeit bis zur Gegenwart.* Bd. 1. Berlin 1924.

Meyer-Hepner, Gertrud: *Der Magistratsprozeß der Bettina von Arnim.* Weimar 1960.

Nitschke, Wolf: *Adolf Heinrich Graf v. Arnim-Boitzenburg (1803–1868). Eine politische Biographie.* Berlin 2004.

Schneider, Franz: *Pressefreiheit und politische Öffentlichkeit bis 1848. Studien zur politischen Geschichte Deutschlands.* Neuwied, Berlin 1966.

Siemann, Wolfram: „Ideenschmuggel. Probleme der Meinungskontrolle und das Los deutscher Zensoren im Jahrhundert". In: *Historische Zeitschrift* 24 (1987), S. 71–106.

Siemann, Wolfram: „Zensur im Übergang zur Moderne. Die Bedeutung des ‚langen 19. Jahrhunderts'". In: Wilhelm Haefs u. York-Gothart Mix (Hg.): *Zensur im Jahrhundert der Aufklärung. Geschichte – Theorie – Praxis.* Göttingen 2007, S. 357–388.

2.6. Rechtsstreitigkeiten
Barbara Becker-Cantarino

1. Der Magistratsprozess 306
2. Die Prozessakten 310
3. Literatur, Kunst, Kommerz 311
4. Bettina und ihre Buchhändlergehilfen 312
5. Literatur 315

Seit etwa 1840 war Bettina von Arnim – inzwischen eine bekannte Autorin – in eine Reihe von Rechtsstreitigkeiten, ernste und kuriose, verwickelt, die auch ihre Familie und ihr Privatleben berührten. 1842 zum Beispiel kam es in Berlin zum (aus heutiger Sicht skurrilen) ‚Hundesteuerprozess', in dem es um die von Bettina verweigerte Steuer auf einen von ihren Töchtern aus Wiepersdorf mitgebrachten Hund ging. Am 1. Juli 1842 hatte sie in dieser Angelegenheit eine Mahnung vom Berliner Magistrat erhalten: „Der Frau Baronin von Arnim wird hierdurch bekannt gemacht, daß wir die Exekution auf Hundesteuer [...] wider Sie dergestalt verfügt haben, daß, wenn binnen drei Tagen die Bezahlung dieser Gelder und der Exekutionsgebühren [...] nicht nachgewiesen werden kann, sodann mit der Vollstreckung der Exekution durch Abpfändung ihrer Sachen wider sie verfahren werden muß" (zit. nach Pausch 1978, 11; vgl. auch P.-A. v. Arnim 1994, 298). Ungeachtet ihrer Prominenz galten eben auch für Bettina von Arnim die Bestimmungen des Allgemeinen Landrechts für die preußischen Staaten. Steuerpflichtig war sie durch ihren Wohnsitz selbstredend in Berlin – und der Magistrat der Stadt, die seit der Besetzung durch die Truppen Napoleons unter einer erdrückenden Schuldenlast litt, kassierte von den Berlinern eine ganze Reihe von Steuern, darunter die Mahl-, die Schlacht-, die Wildpret-, die Miet-, die Gewerbe- und eben die Hundesteuer. Die Hundesteuer gehörte dabei wie die Steuern auf Diener und Pferde zu den Luxussteuern und konnte seit 1829 von der Kommune selbst eingetrieben werden. Da ‚Jungfern- oder Hagestolz-Hündchen' nach dem preußischen Hundesteuergesetz von 1810 als zu besteuernder Luxus galten, Hirtenhunde und sonstige gewerbsmäßig genutzte Hunde wie Wach- und Jagdhunde hingegen von der Steuer befreit waren, hatte Bettina ihren Pudel kurzerhand als ‚Jagdhund' deklariert, was der Magistrat nicht akzeptierte, was wiederum Bettina nicht einsehen wollte. Daher protestierte sie gegen die Steuer mit einem humoristischen Schreiben: „Die Mutter [...] sie sollte büßen, daß das Thierchen ohne Zeichen nicht dem Rat der Stadt gemeldet war. Solcher Unbill sich zu fügen, das vermag die Mutter nicht" (zit. nach Pausch 1978, 12). So unkonventionell diese Antwort war, so unkonventionell gestaltete sich schließlich auch die Problemlösung: Schwager Friedrich Carl von Savigny, seinerzeit preußischer Minister für Revision der Gesetzgebung, adoptierte den Hund und bezahlte stillschweigend die Hundesteuer, bevor der Disput eskalierte (vgl. Milch 1936).

1. Der Magistratsprozess

Mit der Herausgabe der Werke Achim von Arnims, der 1831 unerwartet früh verstorben war, und der Veröffentlichung des *Goethebuchs*, dem Start ihrer eigenen schriftstellerischen Kariere, begannen für Bettina auch ihre Auseinandersetzungen mit Buchhändlern und Verlegern um Druck- und Vertriebsfragen. Ihre Interessen als Autorin und später auch als Verlegerin standen quer zu denen der Buchhändler (siehe hierzu und zum Folgenden auch III.2.4. *Bettina von Arnim und ihre Verleger*). Nach Streitigkeiten mit dem ersten Berliner Verleger Ferdinand Dümmler (vgl. Kommentar in: GW [Härtl] 1, 673–674) um den Profit des *Goethebuches* und Meinungsverschiedenheiten über ihren Kommissionsvertrag mit dem zweiten Verleger Carl Adolph Jonas kündigte ihr 1841 auch der dritte Verleger Moritz Veit den Vertrag. Bei Veit waren 1839/40 die ersten acht Bände der *Sämmtlichen Werke* Achim von Arnims erschienen, den weiteren Vertrieb übernahm nun der Buchhändler Wilhelm Levysohn aus dem schlesischen Grünberg, den sie auch für ihre eigenen Publikationen engagiert hatte. Aber auch die Geschäftsbeziehung zu Levysohn sollte nicht lange halten und landete bald vor Gericht, wobei der Fall erst 1847 nach insgesamt drei Klagen mit einem Vergleich abgeschlossen werden konnte. Nachdem sie sich zwischenzeitlich auch mit den nächsten beiden Verlegern E. H. Schroeder und Egbert Bauer überworfen hatte, nahm Bettina 1846 mit der Gründung der Expedition des von Arnim'schen Verlags alle Verlags- und Vertriebsfragen schließlich selbst in die Hand. Diese Art Selbstverlag war Autoren nach dem Allgemeinen Landrecht für die preußischen Staaten auch ohne Konzession oder Gewerbeschein erlaubt, *sofern* sie das Bürgerrecht besäßen. 1810 war im Zuge der Stein-Hardenberg'schen Reformen die Gewerbefreiheit eingeführt worden, dafür musste aber ein Gewerbeschein erworben und Gewerbesteuer bezahlt werden. Einwohner Berlins, die ein Gewerbe betrieben oder Grundbesitz erwerben wollten, mussten zugleich das Bürgerrecht (für 25 Taler) erwerben. Erst 1850 wurde das Bürgerrechtsgesetz aufgehoben und alle Stadtbewohner gleichgestellt (vgl. Stulz-Herrnstadt 2001, 31).

Nun hatte die aus Frankfurt am Main stammende, zunächst in Wiepersdorf beheimatete und seit 1817 in Berlin zur Miete wohnende Bettina von Arnim eben dieses Bürgerrecht nicht erworben – und bekam daher im August 1846 Post vom Berliner Magistrat: „Da Sie nun, wie uns angezeigt worden, das Gewerbe als Verlagsbuchhändlerin betreiben, so werden Sie hiermit aufgefordert, das hierzu erforderliche hiesige Bürgerrecht zu erwerben" (zit. nach Meyer-Hepner 1960, 31). Bettina antwortete der Kommunalverwaltung am 24. August 1846, dass „die Arnimschen Werke Privateigenthum der Familie Arnim" seien, worüber diese ohne Gewerbeschein disponieren könne; der „Magistrat wolle sich ferner in den Buchhändlerischen Gesetzen orientiren, daß Manuscripte nach Belieben vom Eigenthümer herausgegeben und verkauft werden können, ohne daß hierüber eine gesetzliche Rechenschaft zu fordern sein dürfte" (zit. nach ebd., 32–33). In ihrer epistolarischen Eingabe bot sie alle Rhetorik und Ironie auf, um den Magistrat zu belehren und in seine

2.6. Rechtsstreitigkeiten

Schranken zu weisen: „Was endlich die Erlangung des Bürgerrechts betrifft, zu welchem ein Hochlöblicher Magistrat speciel die Frau Baronin von Arnim als einer nothwendigen Pflicht anweist [...], so steht dieselbe nicht an, insofern man ihr das Bürgerrecht als freiwilliges Ehrengeschenk anbieten wollte, womit man ihr seine Hochachtung zu bezeichnen gedächte, dasselbe anzunehmen. Insofern man sie aber veranlassen will, das Bürgerrecht anzukaufen, so muß schon der wichtige Grund sie abhalten, daß dies den Irrthum, in welchem ein hochlöblicher Magistrat befangen ist, als sei sie eine Gewerbetreibende Person, nur bestärken, und im Publicum verbreiten würde" (zit. nach ebd., 33; das Schreiben findet sich auch in: GW 4, 561).

Bettina beharrte auf ihrer Position, dass die Expedition des von Arnim'schen Verlags, in den schließlich auch Arnim'sche Gelder investiert worden waren, ein Familienbetrieb sei. Um der preußischen Gesetzbarkeit zu entgehen, scheint sie sogar eine Übersiedlung des von Arnim'schen Verlags nach Leipzig in Betracht gezogen zu haben. Jedenfalls schickte sie noch 1846 ihren damaligen Verlagscommis P. L. Jenatz in die sächsische Verlagsmetropole zu dem dort ansässigen Buchhändler Friedrich Volckmar.

Der Magistrat ließ Bettina derweil warten. Erst im Januar 1847, also fünf Monate später, erhielt sie eine Antwort auf ihr Schreiben. Darin wiederholte die Stadtverwaltung im Grunde nur, dass „nach geschehener amtlicher Ermittelung das von Arnim'sche Verlagsgeschäft in solcher Weise betrieben wird, daß es die Verpflichtung zur Erwerbung des Bürgerrechts gesetzlich nach sich zieht", und forderte Bettina auf, „die Bürgerrechtskosten mit 28 Rth 18 sg 9 pf, *event*. auch einen freiwilligen Beitrag für das Nicolaus-Bürger-Hospital binnen acht Tagen" zu bezahlen; die von ihr ins Spiel gebrachte Verleihung der Ehrenbürgerschaft wies man zugleich schroff zurück, indem man ihr mitteilte, dass der Magistrat „keine Veranlassung zu einer solchen Ehrenbezeigung" sehe (zit. nach Meyer-Hepner 1960, 34). Verletzt und erbost antwortete Bettina dem Magistrat schon am 19. Februar 1847 mit einer langen Epistel, die eine „Belehrung über obwaltende Irrthümer auch zugleich eine vollkommene Beruhigung geben [sollte] über alles, was dem Hochlöblichen Magistrate ein Dorn im Auge ist" (zit. nach ebd., 36). In dem Schreiben, das sie ihrem Sekretär Jenatz diktiert hatte und in ihrem Namen zeichnen ließ, begründete sie ihr Recht, ihre eigenen und die Werke ihres Mannes zu verlegen und zu verkaufen, unter Zuhilfenahme ausfernder, weit ausholender Vergleiche. „[F]eierlichst" protestierte sie im Namen des „v. Arnimsche[n] Verlag[s], als welcher auf der Höhe der deutschen Literatur stehend, die ehrenvollste Renommee genialster und ungefälschtester Originalität genießt", gegen die Annahme, bei den von der Expedition des von Arnim'schen Verlags herausgebrachten Werken handele sich um gewerbliche Produkte oder „Fabricat[e]" (zit. nach ebd. 37–38). Auf den folgenden Seiten schloss Bettina in bilderreichen Passagen nun noch Betrachtungen an über Buchhändler und Eigentum, den Nachlass und die „armen Proletarier" und stellte ihre Arbeitsbeschaffung für „arme Buchbinder mit zahlreichen Familien" heraus. Sie offerierte sogar, ihre an den Magistrat gesandten Episteln öffentlich versteigern zu lassen, um die geforderten Gebühren zu bezahlen, da ihre „Handschrift so viel Geltung als ein Wechsel hat [...] und man doch einen so großen Wert darauf legt, daß oft ein Billet von wenig Zeilen mit zwei Ducaten bezahlt wurde" (zit. nach ebd., 39–40).

Die Antwort des Magistrats bestand zum einen in der Wiederholung der Aufforderung, das Bürgerrecht zu erwerben und die Gewerbesteuer zu entrichten. Ihr Schreiben vom 19. Februar liefere überdies „den Beweis", dass sie ihre „Stellung" gegenüber der „Ortsobrigkeit" völlig „verkenne[ ]", weshalb man sie noch einmal daran erinnern wolle, „daß ein jeder hiesiger Einwohner, welchen Standes er auch sei, derselben diejenige Achtung schuldig ist, die ihr das obrigkeitliche Verhältniß und die ihr obliegende Pflicht, für ein geregelte Verwaltung der Gemeinde-Angelegenheiten zu sorgen, durch Gesetz und Verfassung beigelegt ist" (zit. nach Meyer-Hepner 1960, 42).

Zum anderen wurde die ganze Angelegenheit nun jedoch brisant, denn der Magistrat strengte zugleich eine Beleidigungsklage gegen Bettina vor dem ‚Kriminal-Senat des Kammergerichts für schwere Verbrechen' an – und dies zunächst mit Erfolg: Das Gericht verurteilte Bettina am 20. August 1847 zu zwei Monaten Haft und zur Übernahme der Prozesskosten. Bettina war nicht persönlich zur Verhandlung erschienen, eventuell im Vertrauen auf ihre Prominenz oder weil sie überzeugt war, im Recht zu sein, vielleicht auch, weil sie die preußische Bürokratie provozieren wollte. Jedenfalls ließ sie sich *in absentia* von dem Breslauer Justizkommissar Heinrich Ferdinand Fischer (1805–1880) verteidigen, der sich selbst für diese Aufgabe angeboten hatte. In seiner Verteidigungsrede stellte Fischer Bettina dem Gericht dann auch nicht als Privatperson vor, sondern als „gefeierte Schriftstellerin, den Liebling Deutschlands" (zit. nach Meyer-Hepner 1960, 90), als Sprecherin des Volkes, als Vertreterin der neuen Zeit, die frei und offen das Gute ausspreche, das Schlechte ohne Ansehen der Person anklage (vgl. ebd., 87–97). Fischer betonte Bettinas Armenfürsorge in der Stadt, erinnerte damit an das Armenproblem und stellte die soziale Frage als Aufgabe der Stadt in den Mittelpunkt. Der für seine liberalen Positionen bekannte Fischer forderte mit diesen politischen Provokationen, ganz im Sinne Bettinas, die preußische Bürokratie heraus, was die Demokraten begeisterte, Bettinas Familie aber – vor allem Schwager Friedrich Carl von Savigny – in eine schwierige Lage brachte, denn der Magistratsprozess erregte einiges Aufsehen. Ausführlich wurde etwa in den *Berlinischen Nachrichten* über den Verlauf und Bettinas Verurteilung berichtet. Kurz nach der Urteilverkündigung teilte Bettina ihrem Anwalt Fischer dann auch noch mit, sie wolle die Akten des Prozesses veröffentlichen, damit „das Publicum diese Sache zum Gegenstand seiner Urtheilskraft" machen könne (zit. nach ebd., 103).

Dazu sollte es nicht kommen. Dafür sorgte Savigny – gegen ihren Widerstand – mit persönlichem Einsatz bei König Friedrich Wilhelm IV. sowie unter Zuhilfenahme von Bettinas ältestem Sohn Freimund und des Berliner Anwalts Otto Lewald dafür, dass der Prozess am 23. Dezember 1847 in zweiter Instanz beigelegt wurde: Die Prozessgebühren und die Gewerbesteuer musste Bettina zwar zahlen, die Gefängnisstrafe wurde jedoch aufgehoben.

2.6. Rechtsstreitigkeiten

Die ganze Angelegenheit hatte für Savigny, mit dem Bettina seit Jahren persönlich und politisch entzweit war, offenbar höchste Priorität. So notierte Bettinas Mitstreiter und Vertrauter Karl August Varnhagen von Ense Ende November 1847 in sein Tagebuch, dass Savigny mit dem König gesprochen habe, der ihr wiederum über seinen Minister hatte nahelegen lassen, „sie möchte nur einen Brief an den Magistrat schreiben, worin sie erkläre, daß sie diesen nicht habe beleidigen wollen" (28. November 1847, in: Varnhagen 2, Bd. 4, 159–160). Bettina sei daraufhin sehr wütend und „nur um so trotziger" geworden und habe „flugs" an den König geschrieben, „um ihn in berauschten und berauschenden Redensarten zu belehren, wieso sie seinen Rath nicht befolgen könne!", was Varnhagen mit den Worten kommentierte: „Schade um die schönen Kräfte dieser reichbegabten, aber unseligen Frau!" (ebd., 160)

Die Auseinandersetzung mit Savigny hatte da wohl gerade ihren Höhepunkt erreicht. In einem *nicht* für die Öffentlichkeit bestimmten Brief gab Bettina ihrem Sohn Siegmund wenige Tage später den Versuch Savignys, sie zu einer Unterschrift unter eine solche Entschuldigung an den Magistrat zu bewegen, als geradezu burleske Szene wieder: „[A]m 27ten kommt Savigny und Tante [Bettinas Schwester Gunda; B.B.-C.] bei mir heran gerückt und haben eine Declaration in der Tasche welche ich refüsire anzusehn sie drängen in mich diese zu unterzeichnen, finden kein Gehör sie bedrohen mich mit den schrecklichsten Folgen, ich lache darüber. [...] Savigny wird so Wild und toll daß er mir einen Puff in den Rüken giebt während die Tante mir vorhält wie ich aus Rücksicht für meine Kinder doch dieses einzige thun soll –, Nein sag ich; [...] ich könne mich nicht in ihren Willen fügen [...]. Da sie nun nach wiederholtem Bombardement nichts erreichen konnten, so schlugen sie die Thüren hinter sich zu, und ich tanzte auf einem Bein herum vor Vergnügen" (30. November 1847, in: GW 4, 598–599). Aufsässig, aber standhaft und für Recht und Wahrheit kämpfend: Das war das Bild, das Bettina ihrem konservativ eingestellten Sohn hier von sich selbst zu vermitteln suchte. Auf eine vernünftige Diskussion über den Prozess und ihr eigenes Verhalten ließ sie sich gar nicht erst ein. Savigny dagegen sah den Schaden für die Kinder und für Bettina und wandte sich schließlich an Bettinas ältesten Sohn Freimund: „Heute morgen war ich nun bei Deiner Mutter und setzte Ihr mit großer Geduld alles auseinander. Sie gerieth aber in die größte Aufregung, verweigerte jede fernere Erklärung, sie wisse schon selbst was sie zu thun habe [...]. Meine Bitte, wenigstens das Gefühl ihrer Kinder zu berücksichtigen, das [...] durch die mögliche Bestätigung des Urtheils aufs Tiefste verletzt würde, und die für eine Beilegung äußerst dankbar seyn würden, fand kein Gehör" (27. November 1847, zit. nach Meyer-Hepner 1960, 127). Freimund kam schließlich ohne Wissen Bettinas nach Berlin, um den Vergleich auszuhandeln und half damit, den Prozess zu beenden. Knapp vier Monate später begann die Revolution.

2. Die Prozessakten

War Bettina „schließlich selbst Opfer der reaktionären preußischen Administration" (Kommentar in: GW 3, 773), als sie im Streit mit dem Magistrat „das philiströse Verhalten der Behörden" (Bäumer/Schultz 1995, 117) zur Schau stellte? Klar ist, dass es genau das war, was sie mit der geplanten Veröffentlichung der Prozessakten herauszustellen gedachte und Savigny mit Freimunds Hilfe letztlich effektiv zu verhindern wusste. Wenngleich ein Teil von Bettinas Akten schon 1902 von Ludwig Geiger publiziert wurde, sollte es letztlich doch mehr als 100 Jahre dauern, bis die *überlieferten* Dokumente 1960 von der in Ost-Berlin lebenden Schriftstellerin Gertrud Meyer-Hepner erstmals in größerem Umfang zugänglich gemacht wurden. Die von Bettina zusammengestellten, durchnummerierten und für den Druck eingerichteten und von Meyer-Hepner schließlich veröffentlichten Akten fanden sich in Wiepersdorf zusammen mit zahlreichen anderen unveröffentlichten Manuskripten unter den 1928/29 vom Berliner Auktionshaus Henrici nicht versteigerten Restbeständen des Familienarchivs, die dann 1954 als Bettina-von-Arnim-Archiv der damaligen Nationalen Forschungs- und Gedenkstätte der klassischen deutschen Literatur in Weimar (heute: Klassik Stiftung Weimar) übergeben wurden.

Mit der geplanten Publikation der Akten hatte Bettina einen „neuen Pfeil gegen die herrschenden Kräfte" (Meyer-Hepner 1960, 1) abschießen wollen; sie sei eine notwendige Fortsetzung der Gedanken aus ihrem *Königsbuchs* gewesen, in dem sie „vom König die Durchführung einer einschneidenden Sozialreform" gefordert habe, „die angesichts des bestehenden Elends unaufschiebbar schien" (ebd.). Eine Veröffentlichung der Prozessakten hätte wohl Bettinas „Tätigkeit als Autorin den Behörden und später der Öffentlichkeit gegenüber mit ihrer Rolle als Interessenvertreterin des Volkes in Verbindung" gebracht (Landfester 2000, 328). Die Vorbereitungen hierfür waren bereits wenige Wochen nach dem ersten Urteilsspruch weit gediehen. So hatte Bettina im September 1847 Freimund beauftragt, eine Einleitung zu der geplanten Publikation zu verfassen, und ihm versichert, die Akten lägen bereit und könnten „in 8 Tagen im Publicum" sein; die Wirkung der Dokumente, so schrieb sie Freimund, werde „um so frapan[ter]" sein, „als sie ganz schmucklos neben einander aufgereiht stehen" (Anfang September 1847, in: Bw Freimund, 58). Bettina glaubte – oder wollte so verstanden werden –, dass sie „der Welt Beweiße von ungetrübtem Selenadel gegeben" habe: „[D]urch mich ist das Rechte ausgesprochen vor ganz Deutschland" (Briefentwurf an ihren Anwalt Fischer, September 1847, zit. nach Meyer-Hepner 1960, 104).

Die Veröffentlichung von Akten und offiziellen Papieren, die die Willkür und Ungerechtigkeit der Obrigkeit und Bürokratie bloßstellen sollten, gehörte im Vormärz zum Inventar der journalistischen Kampfmittel. So wurden im September 1847 in Leipzig auch *Die Prozeß-Verhandlungen gegen Ernst Dronke vor dem Zuchtpolizeigericht zu Koblenz* veröffentlicht. Der Schriftsteller Ernst Dronke (1822–1891), Mitglied im Bund der Kommunisten, war im Frühjahr 1847 höchstrichterlich wegen Beleidigung des Berliner Polizeipräsidenten, tatsächlich aber wegen der kritischen Darstellung sozialer Probleme in seinen *Polizei-Geschichten* (1846) und seinem Buch *Berlin* (1846) zu zwei Jahren Festungshaft verurteilt worden (im März 1848 konnte er aus der Festung Wesel fliehen und emigrierte später nach England). Auch Bettina hatte vom Fall Dronke und der Veröffentlichung der Akten mindestens gehört, eventuell wurde sie in ihrem Vorhaben dadurch sogar bestärkt.

Ihr Vertrauter Varnhagen war da mit Blick auf eine etwaige Wirkung von Bettinas Prozessakten weitaus skeptischer. Schon bei Bettinas zweiter Replik an den Magistrat hatte er notiert: „[S]ie ist sehr aufgebracht, daß ich ihr nicht völlig beistimme, und geht empfindlich ab" (21. Februar 1847, in: Varnhagen 2, Bd. 4, 32). Varnhagen sah in der Magistratsprozess-Aktion insgesamt eher eine Gelegenheit für Bettina zur Selbstdarstellung. In den Konzepten, die sie für die (schließlich vereitelte) Publikation der Prozessakten erstellte, ist denn auch „ihr politisches Engagement für den Proletarier zugunsten ihrer Rechtfertigung gegenüber der bürgerlichen Öffentlichkeit bis zur Unkenntlichkeit verschleiert", wie Ulrike Landfester (2000, 332) urteilt. Varnhagen sah auch die Problematik der Gefängnisstrafe für Bettina: „Ueber Bettinens Verurtheilung ist man doch sehr betroffen. Es wird dieser Ausgang sie doch tief ärgern; schon weil die rohe Menge [...] nun Recht bekommt und Anlaß zu Schadenfreude" (21. August 1847, in: Varnhagen 2, Bd. 4, 133). Genau das traf auch ein. Sohn Friedmund schrieb der Mutter im Dezember 1847: „Närrisch bleiben solche fiskalischen Processe immer, weil es immer darauf hinauskömmt, wenn man die Beleidigung nicht zugesteht: einem von beiden Partheien die deutsche Sprache zu lehren" (10. Dezember 1847, zit. nach Meyer-Hepner 1960, 157).

In der angespannten politischen Situation des Vormärz richteten sich Bettinas journalistisch-politische Aktivitäten ohnehin bald auf andere, ihr wichtigere Projekte, etwa ihre Bemühungen um eine indirekte politische Einflussnahme über ihre Briefe an den König, den Kampf mit der Zensur um die Freigabe ihres *Ilius Pamphilius und die Ambrosia* (das 1847/1848 erscheinen konnte), ihr Engagement für (den zum Tode verurteilten) Ludwik Mierosławski und überhaupt die aufständischen Polen und die Sache der Revolution.

3. Literatur, Kunst, Kommerz

Bettina von Arnim wollte Literatur als Kunst verstanden wissen, die anders als eine Ware nicht kommerziell zu behandeln sei. Sie wollte frei und selbstbestimmt über ihr literarisches Schaffen und ihr geistiges Eigentum verfügen, dabei aber auch Geld verdienen – deren Verwendung sie stets als für einen ‚guten' oder ‚wohltätigen' Zweck gedacht deklarierte. Sie fühlte sich unrechtmäßig und nicht standesgemäß auf Kommerz festgelegt, in ihren literarischen Aktivitäten (besonders durch die Zensur) eingeschränkt, wegen ihrer politischen Stellungnahme verfolgt und glaubte mehr und mehr, dass ihr ‚höhere Mächte' (Minister des Königs, in der Regel Savigny) die Geschichte mit dem Magistrat eingebrockt hätten. Dass sie mit ihrem Pochen auf ihren Rang

(‚Frau Baronin von Arnim'), ihrer belehrenden, besserwisserischen Haltung und generell ihrer Positionierung als rein moralisch überlegene Schriftstellerin den Magistrat provozierte und herabsetzte, wollte sie nicht sehen. Ihre ausufernden, unsachlichen Briefeingaben, ihr poetisch-schöngeistiger Stil und ihre weitausholenden Vergleiche stellten keine adäquaten Antworten dar auf die rechtlichen Fragen, um die es eigentlich ging. Die ‚Bürokraten' argumentierten sachlich-korrekt, zeitgenössischer Diktion gemäß umständlich, humorlos und schmucklos; Bettinas Selbstdarstellung und Sprache musste aufmüpfig, frech, dünkelhaft und beleidigend auf sie wirken.

Bettinas teilweise sehr blumig eingeflochtene soziale Mahnungen halfen weder ihrer Sache noch der des ‚Proletariats' (ein von ihr eher angelesenes neues Modewort), etwa wenn sie sich mit ihrem Verlag als verantwortungsbewusste Brotgeberin für arme Buchbinderfamilien hinstellte. Wahrscheinlich ging die Abmahnung des Magistrats ursächlich auf Beschwerden der konkurrierenden Buchhändlerzunft zurück, unter denen Bettina sich mit ihren verbalen Attacken auf die ‚Buchhändlerhorde' und ihren gerichtlichen Auseinandersetzungen mit gleich mehreren Buchhändlern viele Feinde gemacht hatte und die sie mit ihrer herrischen Art vergrollt hatte.

4. Bettina und ihre Buchhändlergehilfen

Anders als von Bettina suggeriert, ging sie auch wenig zimperlich mit ihren eigenen, von anderen Buchhändlern übernommenen oder abgeworbenen Verlagsgehilfen um, die sie wie Dienstboten behandelte und ausnutzte. Im Januar 1843 hatte sie etwa über Ferdinand Schneider, den Gehilfen ihres damaligen Verlegers E. H. Schroeder, den aus Stralsund stammenden Studenten Rudolf Baier (1818–1907) kennengelernt und angestellt. Baier organisierte den (rechtlich und finanziell) komplizierten Wechsel von Bettinas Publikationen von Schroeder zum Verlag von Egbert Bauer in Charlottenburg, der die Schriften der radikalen Junghegelianer herausbrachte; der Verlagswechsel zog sich über ein Jahr bis zum Oktober 1845 hin (vgl. B. v. Arnim/Baier 1937, 42–67). Bettina betraute Baier auch mit der Neuedition von *Des Knaben Wunderhorn* für die Herausgabe im Rahmen von Achim von Arnims *Sämmtlichen Schriften*, wobei er die ersten zwei Bände philologisch gewissenhaft, aber nach Bettinas Dafürhalten zu pingelig edierte. Darüber hinaus verpflichtete sie ihn „hemmungslos auf die Funktion eines unbezahlten Domestiken" (Kommentar in: GW 4, 737). Baier wurde neben der Editionsarbeit von seiner ‚Chefin' mit Aufträgen überhäuft. Bettinas Anforderungen an Baier reichten von Dienstbotengängen in Buchhändlersachen bis zur Erledigung von Wohnungs- und anderen privaten Angelegenheiten, ob es nun um Giselas Katzen oder Armgarts Blumen ging (vgl. Bettina an Baier, Oktober 1845, in: GW 4, 534–537). Nach massiven Auseinandersetzungen kam es 1846 zum Bruch und Baier verließ Berlin, ohne sein Studium zu beenden (aus den Jahren 1844–1846 sind 20 Briefe Bettinas an Baier sowie Baiers Tagebuch seit 1843 erhalten; publiziert in: B. v. Arnim/ Baier 1937).

2.6. Rechtsstreitigkeiten

Auf ähnliche Weise über die Maßen eingespannt wurde der bereits erwähnte Rechnungsführer und Sekretär ihrer Expedition des von Arnim'schen Verlags, P. L. Jenatz (gebürtig aus Ehrenbreitstein), der zuvor für den Verlag von Egbert Bauer als Rechnungsführer tätig gewesen war, mit dem Bettina nun prozessierte. Jenatz wurde von Bettina im Juni 1846 angestellt, um alle Berechnungen über Einnahmen und Ausgaben ihres Verlags zu ordnen und die Verbreitung ihrer Werke durch die Buchhändler zu kontrollieren (vgl. Meyer-Hepner 1960, 6 u. 30). Aber nicht nur das, denn Jenatz war auch ihr Sekretär im Magistratsprozess. Er fertigte fast alle Schreiben für sie aus und wohnte in ihrer Wohnung. Per Vertrag hatte er ein monatliches Gehalt von 25 Talern zu erhalten (vgl. den Kontrakt bei Meyer-Hepner 1960, 59–60). Schon im Dezember 1846 beklagte sich Bettina über Jenatz, so dass Sohn Friedmund ihr sehr dringlich den Rat gab, ihn „mit gutem Willen" zu betrachten: Sie dürfe sich nicht so sehr als seine Vorgesetzte sehen, vielmehr sei er ihr „Gewählter Angenommener", weshalb sie ihm „hülfreich zur Hand gehen", aber letztlich „die Zügel selbst in die Hand nehmen" solle (9. Dezember 1846, in: Bw Friedmund, 96). Etwas mehr als ein halbes Jahr später berichtete Bettina dem Königlichen Steueramt, Jenatz habe sich im Februar 1847 in London um den Verkauf ihrer englischen Übersetzung des *Goethebuchs* bemüht, mittlerweile habe sie aber seinen „Posten gekündigt" (vermutlich 28. Juli 1847, zit. nach Meyer-Hepner 1960, 63 u. 173). Nachweislich schrieb Jenatz jedoch noch bis zum Juni 1848 in ihrem Namen Briefe über die Revolution in Berlin an Friedmund nach Wiepersdorf (vgl. Bw Friedmund, 139). Wie Bettinas Tochter Maxe später kolportierte, sei Jenatz im Mai 1849 „plötzlich nach Amerika entschwunden und hatte nicht nur die ganze Kasse mitgenommen, sondern noch eine Menge von unbezahlten Papier-, Drucker- und Buchbinderrechnungen zurückgelassen. Es handelte sich um viele tausend Thaler" (M. v. Arnim/Werner 1937, 179). Nun waren Maxes erst 1937 publizierte Memoiren wohl über weite Passagen ‚aufgehübscht', auch verzichtete der Herausgeber Johannes Werner auf Belege oder Quellenangaben. Wie über die vielen anderen kleinen Hilfsliteraten der 1840er Jahre gibt es denn auch über Jenatz keine anderweitigen Zeugnisse, die Maxes Erinnerung bestätigen oder widerlegen würden.

Weitere Zeugnisse legen dagegen die Vermutung nahe, dass Bettina schon 1846 zumindest keinen umfassenden Überblick über ihre Finanzen mehr hatte. So bemerkte Friedmund in einem Brief an seine Mutter nach Durchsicht ihrer Rechnungsbelege im Zuge ihrer Verlagsstreitigkeiten mit dem Buchhändler Wilhelm Levysohn, dass sich in den betreffenden Akten „*viel zu viel* Confusion zu *deinem* [Bettinas] Vortheil" finde (12. Dezember 1846, in: Bw Friedmund, 98).

Insgesamt agierte Bettina gegenüber ihren Gehilfen befehlsartig und von oben herab, wie auch ihre Korrespondenz mit Karl August Johann Georg Rudloff (1814–1893) und Maximilian Leopold Moltke (1819–1894) zeigt. Rudloff wurde von ihr schon in den 1840er Jahren als eine Art Faktotum für Botengänge und Verlagsgeschäfte beschäftigt; der Lyriker und Sprachforscher Moltke leistete ihr in den 1850er Jahren Hilfsdienste. Moltke, der aus der bekannten Adelsfamilie stammte, aus Geldmangel aber nicht Theologie studieren konnte, unterstützte Bettina wiederum bei der Herausgabe ihres eigenen Werks, den 1853 in elf Bänden erscheinenden *Sämmtlichen Schriften*. Bettina stellte dabei Anforderungen an Moltke, die rein zeitlich nicht zu realisieren waren. Zeitgenossen beschrieben ihn als gutmütig und naiv, zugleich aber auch als geschäftsuntüchtig (vgl. Lemm 2007, 12–13). Es nimmt daher nicht wunder, dass Bettina ihn für eine Fehlkalkulation des von Arnim'schen Verlags verantwortlich machte, so dass um 1854 eine endgültige Entfremdung einsetzte.

In ihren geschäftlichen und finanziellen Angelegenheiten ließ sich Bettina von Arnim nichts vorschreiben und nichts bieten. So beschwerte sie sich 1849 über Friedrich Klein, den Geschäftsführer und Werkmeister der Berliner Druckerei Trowitzsch und Sohn, dem sie seit dem *Goethebuch* häufig Korrektur- und Redaktionsarbeiten übertragen hatte: „[D]er alte Klein von dem ich dies nicht gewohnt bin weil er sich sonst immer in gehörigen Grenzen hielt hat nemlich plözlich in einem Schreiben mir ganz lächerliche Vorwürfe gemacht über meine Geldverschwendung, ich weiß nicht wie er sich auf den erhabnen Standpunkt meiner Vormundschaft emporgeschwungen […]. [M]ir brauchte von Klein nicht erst die unverständige und ungeziemende Bemerkung gemacht zu werden daß: da die armen Arbeiter nicht für ihren sauer verdienten Schweis ihren Arbeitslohn erhalten könnten weil ich Mißtrauen hege, so könne es wohl auch kommen, daß ich Mißtrauen in sie beide [Klein und einen anderen Mitarbeiter; B.B.-C.] hegen werde, ich weiß mich vor Verwunderung über diese seltsame Impertinentz gar nicht zu finden […] und daß Klein mich auf so närrische Weise anläßt ich solle bedenken daß andere Menschen Ansprüche haben an mich, und solle dies berücksichtigen" (zit. nach Meyer-Hepner 1953, 51–53).

Konkreter Anlass der Auseinandersetzungen mit Trowitzsch und Sohn waren hier Geldforderungen an Bettina, Schulden ihres eigenen Verlags und ihre Pläne, die noch in London lagernden ca. 7.000 Bände der englischen Übersetzung ihres *Goethebuches* und andere Restauflagen des von Arnim'schen Verlags gewinnbringend zu verkaufen. Bettina gab an, den Erlös für die ‚Magyaren', also den ungarischen Freiheitskampf, verwenden zu wollen. Von den Verkaufsplänen konnte nichts realisiert werden. Die ab 1850 nur noch sporadisch erhaltenen Briefe Bettinas offenbaren dabei die desolate Lage des Verlags, aber auch eine insgesamt verwirrende Geldwirtschaft, über die sie – wie ja zuvor bereits Friedmund befürchtet hatte – spätestens 1849 die Übersicht verlor.

Aus Bettinas Sicht stellten sich all die Streitigkeiten wie ein heroischer Kampf mit verkrusteten Behörden und wechselnden Buchhändlergehilfen dar, andererseits zeigten sie auch Bettinas Selbsteinschätzung, nicht zuletzt mit Blick auf ihre Bedeutung als Schriftstellerin – es ging stets um ihre eigenen Interessen, die Publikation ihrer Bücher und den literarisch-persönlichen wie auch finanziellen Gewinn. In ihren epistolaren Erklärungen inszenierte sie sich dabei als Vertreterin des ‚Volkes', der ‚Proletarier'. Diesem Zweck sollte auch die Publikation der Magistratsprozessakten dienen, mit der sie sich im Recht gegenüber der Regierung und als Märtyrerin hinzustellen gedachte. Kulturpolitisch weitaus wichtiger als der Magistratsprozess waren letztlich jedoch die Wirkung ihrer Briefbücher, ihre Bemühungen um indirekte politische Einflussnahme über Briefe, die karitative Hilfe für arme Menschen und 1848 ihre Unterstützung von politisch Verfolgten und Freiheitskämpfern.

5. Literatur

Arnim, Bettina von, und Rudolf Baier: *Unveröffentlichte Briefe und Tagebuchaufzeichnungen.* Hg. v. Kurt Gassen. Greifswald 1937.
Arnim, Bettina von, und Friedrich Wilhelm IV: *Ungedruckte Briefe und Aktenstücke.* Hg. v. Ludwig Geiger. Frankfurt a. M. 1902.
Arnim, Maximiliane von, und Johannes Werner: *Maxe von Arnim. Tochter Bettinas, Gräfin von Oriola, 1818–1894. Ein Lebens- und Zeitbild aus alten Quellen geschöpft.* Leipzig 1937.
Arnim, Peter-Anton von: „Bettina und der Berliner Magistrat". In: Heinz Härtl u. Hartwig Schultz (Hg.): *„Die Erfahrung anderer Länder". Beiträge eines Wiepersdorfer Kolloquiums zu Achim und Bettina von Arnim.* Berlin, New York 1994, S. 287–312.
Bäumer, Konstanze, und Hartwig Schultz: *Bettina von Arnim.* Stuttgart, Weimar 1995.
Hundt, Irina: „Ernst Dronke. Schriftsteller und Kommunist". In: Helmut Bleiber, Walter Schmidt u. Rolf Weber (Hg.): *Männer der Revolution von 1848.* 2 Bde. Berlin 1987, Bd. 2, S. 85–114.
Landfester, Ulrike: *Selbstsorge als Staatskunst. Bettine von Arnims politisches Werk.* Würzburg 2000.
Lemm, Uwe: „,... ich begreife nicht wie Sie dazu kommen ...': Bettina von Arnims Umgang mit einem ihrer Helfer". In: Jb BvA 19 (2007), S. 11–23.
Mallon, Otto: „Bibliographische Anmerkungen zu Bettina von Arnim sämtlichen Werken". In: *Zeitschrift für deutsche Philologie* 56 (1931), S. 446–464.
Meyer-Hepner, Gertrud: *Der Magistratsprozeß der Bettina von Arnim.* Weimar 1960.
Meyer-Hepner, Gertrud: „Bettina von Arnim. Briefe und Konzepte aus den Jahren 1809–1846". In: *Sinn und Form* 5.1 (1953), S. 38–64.
Milch, Werner: „Bettina und der Magistrat. Mit bisher unveröffentlichten Briefen". In: *Frankfurter Zeitung* vom 7. Dezember 1936.
Pausch, Alfons: *Steuerromantik. Rund um Bettina von Arnims Hundesteuerprozeß.* Köln 1978.
Pietsch, Yvonne: „Edierende Dichterin, dichtende Editorin: Bettina von Arnim als Herausgeberin der ‚Sämmtlichen Werke' Ludwig Achim von Arnims". In: Steffen Dietzsch u. Ariane Ludwig (Hg.): *Achim von Arnim und sein Kreis.* Berlin, New York 2010, S. 113–128.
Die Prozeß-Verhandlungen gegen Ernst Dronke vor dem Zuchtpolizeigericht zu Koblenz am 10. April und 6. Mai 1847. Leipzig 1847.
Schoof, Wilhelm: „Bettina von Arnim und die Buchhändler. Zum 100. Todestag von Bettina am 20. Januar 1959. Unter Benutzung des Arnimschen Familienarchivs". In: *Börsenblatt für den deutschen Buchhandel* v. 3. Februar 1959 (Frankfurter Ausgabe), S. 125–129.
Stulz-Herrnstadt, Nadja: *Berliner Bürgertum im 18. und 19. Jahrhundert. Unternehmerkarrieren und Migration. Familien und Verkehrskreise in der Hauptstadt Brandenburg-Preußens. Die Ältesten der Korporation der Kaufmannschaft zu Berlin.* Berlin, New York 2001.

2.7. Friedrich Wilhelm IV. und die Revolution 1848/49
Barbara Becker-Cantarino

1. Der ‚Romantiker auf dem Thron': Friedrich Wilhelm IV. 316
2. Bettina von Arnim und Friedrich Wilhelm IV. 318
3. Zur Revolution von 1848. 321
4. Bettina von Arnim als Zeugin der Revolution in Berlin 323
5. Literatur 327

Im Herbst 1839 gelang es Bettina von Arnim, mit einem Brief und einer Buchsendung die Aufmerksamkeit des preußischen Kronprinzen zu gewinnen, der im Juni 1840 und also nur ein dreiviertel Jahr später nach dem Tod seines Vaters als Friedrich Wilhelm IV. die Regierungsgeschäfte in Preußen übernehmen wird. Bis 1853 und damit insgesamt fast 14 Jahre sollte Bettina in der Folge immer wieder, wenn auch mit Unterbrechungen, mit Friedrich Wilhelm korrespondieren – ein nicht zuletzt für das 19. Jahrhundert ungewöhnlicher Kontakt zwischen einer Schriftsteller*in* und einem Staatsoberhaupt. Die von Ursula Püschel 2001 herausgegebene Edition der überlieferten Briefe erlaubt dabei zusammen mit den reichen historischen Spezialarbeiten der letzten Jahrzehnte zu Bettina und zur preußischen Geschichte einen weiteren Einblick in Bettinas politische Tätigkeit (siehe IV.4.6. *Briefwechsel mit Friedrich Wilhelm IV.*).

1. Der ‚Romantiker auf dem Thron': Friedrich Wilhelm IV.

Friedrich Wilhelm IV. (1795–1861), der älteste Sohn Friedrich Wilhelms III. und der von der Bevölkerung fast kultisch verehrten, bereits 1810 verstorbenen Königin Luise, galt zum Zeitpunkt seiner Thronbesteigung im Juni 1840 vielen Zeitgenossen als ‚Romantiker auf dem Thron' (David Friedrich Strauß). Schon als Kind soll er durchaus künstlerisch begabt, aber auch eigenwillig und eher schüchtern gewesen sein. Mit zehn Jahren zwar obligatorisch zum Leutnant der königlichen Garde ernannt, zeigte er als junger Kronprinz offenbar nur bedingt Neigung zum Militärischen. Ihn interessierten Literatur, Kunst und das Zeichnen. Dem entsprach der für einen europäischen Hof vergleichsweise volkstümliche, stille, naturverbundene und wenig pompöse Lebensstil der Königsfamilie, die, was auch Friedrich Wilhelm tief erschütterte, 1806 nach der Niederlage Preußens vor den napoleonischen Truppen nach Ostpreußen hatte fliehen müssen und erst Ende 1809 nach Berlin zurückkehrte.

Charakteristisch für die Ideenwelt Friedrich Wilhelms war seine Beschäftigung mit dem Schreiben eines romantischen Romans. Die Fragment gebliebene Liebesgeschichte, die erst 1997 unter dem Titel *Die Königin von Borneo* von dem Historiker Frank-Lothar Kroll der Öffentlichkeit zugänglich gemacht wurde, spielt zwar zeitlich in den Jahren des Ersten Pariser Friedens und Wiener Kongresses (als Protagonisten treten unter anderem Napoleon, der Kronprinz selbst und seine Schwester Charlotte, die spätere Ehefrau von Zar

Nikolaus I., auf), geographisch verortet ist die Handlung jedoch überwiegend weit weg von Europa, in dem exotisch gestalteten Utopia Borneo. Thematisch kreist *Die Königin von Borneo* vor allem um die Größe der christlichen Religion, es geht um die Taufe (des bekehrten Königs von Borneo), aber auch um das Gebot der Milde und Gnade gegenüber rebellierenden Fürsten – und um Regentschaft und Liebe.

Als Friedrich Wilhelm die Frau seiner Wahl heiraten wollte, die katholische Prinzessin Elisabeth Ludovika von Bayern, und diese sich weigerte, zum Protestantismus überzutreten, konnte sein Vater Friedrich Wilhelm III. als Oberhaupt der Evangelischen Kirche in Preußen einer solchen Verbindung zunächst nicht zustimmen. So dauerte es vier Jahre, bis der Kronprinz die Ehe 1823 gegen alle konfessionellen Widerstände durchsetzen konnte. Allen Quellen nach sollen die folgenden fast 40 Ehejahre glücklich gewesen sein, obwohl das Paar ohne Nachkommen blieb, so dass Friedrich Wilhelm III. seinen zweiten Sohn Wilhelm zum Nachfolger seines Nachfolgers Friedrich Wilhelm bestimmte.

Anders als sein in strammer Militärtradition erzogener Bruder Wilhelm, der tatsächlich als Wilhelm I. nicht nur preußischer König, sondern überdies 1871 auch erster Deutscher Kaiser werden sollte, hatte Friedrich Wilhelm früh ein Faible für die Kultur und Literatur der Romantik entwickelt. Er teilte die Wertvorstellungen vieler Romantiker. Schon in den 1820er und 1830er Jahren vertrat er dabei eine relativ festgefügte, konservative und restaurative Herrschaftskonzeption, die den Ideen der politischen Romantik (Adam Müller) und der historischen Rechtsschule (Friedrich Carl von Savigny, seinem Lehrer in Staatswissenschaft und Rechtsangelegenheiten zwischen 1814 und 1817) entsprach, und orientierte sich in diesem Zusammenhang nicht zuletzt an den mittelalterlichen Phantasiewelten aus den Romanen von Friedrich de la Motte Fouqué (1777–1843) mit ihren patriarchalisch strukturierten „Vertrauensverhältnissen zwischen Fürst und Volk" (Kroll 1990, 53). Fouqués als vorbildlich dargestellte mittelalterliche Feudalverhältnisse mitsamt ihren ritterlichen Sitten-, Ehr- und Rechtsbegriffen beeinflussten die Genese von Friedrich Wilhelms Herrscherkonzeption. Für ihn begründeten sich die monarchischen Herrschaftsansprüche aus dem Gottesgnadentum, getragen von dem Glauben an seine „,höhere', ihm intuitiv das jeweils ,Richtige' vermittelnde Einsicht" (Kroll 1999, 146). Er legitimierte sein Handeln denn auch, so Kroll, nicht „durch die Berufung auf verfassungsmäßig verbriefte Königsrechte, sondern durch den Glauben an eben jene nur ihm allein zukommende geheimnisvolle [...] ,höhere' Eingebung" (ebd., 147).

Die lange erwartete Thronbesteigung Friedrich Wilhelms IV. am 7. Juni 1840 war mit großen Hoffnungen verbunden. Und tatsächlich leitete der neue König umgehend eine Reihe von auch kulturpolitisch bedeutsamen Maßnahmen ein, die auf einen Kurswechsel hindeuteten. Als erster preußischer Monarch hielt er – erstmals im Zuge der Königsberger Huldigungsfestlichkeiten der Stände des Königreichs Preußen und des Großherzogtums Posen im September 1840 – öffentliche Reden. Er schien einen Schlussstrich zu ziehen unter die restaurative Politik seines Vaters, beendete den Streit mit den Katholiken über die Zulässigkeit von Mischehen und die Verfolgungsmaßnahmen gegen die Altlutheraner, amnestierte die 1835 verurteilten ‚Demagogen' und versuchte, die noch auf die Karlsbader Beschlüsse zurückgehenden Repressalien etwa mit Blick auf die Pressezensur zu lockern. Schon als Kronprinz hatte er darüber hinaus mit großem Kunstverständnis auf die Gestaltung großer Bauvorhaben, Parkanlagen und Denkmäler in Berlin und Potsdam Einfluss genommen; nun setzte er sich für ein reiches Kulturprogramm ein und holte berühmte Gelehrte und Künstler nach Berlin. Er schrieb tausende Briefe, deren noch laufende wissenschaftliche Erschließung (wie zuvor schon die Veröffentlichung seiner Korrespondenz mit Alexander von Humboldt) dem Bild von ihm in der politischen Geschichtsschreibung vermutlich weitere Facetten hinzufügen wird (vgl. Humboldt/Friedrich Wilhelm IV. 2014; siehe III.2.3. *Alexander von Humboldt*). Der neueren Biographik gilt er indes schon heute als ‚verkannter Monarch' und Künstlernatur (vgl. Krüger/Schoeps 1997).

2. Bettina von Arnim und Friedrich Wilhelm IV.

Bettinas erster epistolarer Annäherungsversuch an Friedrich Wilhelm im Herbst 1839 kam im richtigen Augenblick und in ansprechender Form: Ihr Buchgeschenk, zwei Bände mit Arnims Novellen, erforderte allein aus Höflichkeit eine schriftliche Danksagung. Diese kam mit einem unerwartet freundlichen Brief des Kronprinzen, der seine genuine Begeisterung für den Dichter Achim von Arnim bezeugte. Den Brief des Kronprinzen hatte Bettinas Schwager Savigny, seinerzeit Staatsrat im preußischen Justizapparat, empfangen und an sie laut Adressvermerk nach Bärwalde weitergeleitet, ein Zeichen von Bettinas gesellschaftlichem Status. Bettinas eigentliches Anliegen in diesem wie den folgenden Briefen, die Berufung von Jacob und Wilhelm Grimm nach Berlin, traf die gegenüber seinem Vater weitaus offenere Kulturprogrammatik des Kronprinzen: Im Herbst 1840, nur wenige Monate nach seinem Amtsantritt, erhielten die Grimms eine aus der königlichen Privatschatulle finanzierte Anstellung an der Berliner Akademie der Wissenschaften (siehe III.2.2. *Die Brüder Grimm*).

Bettinas Inszenierung als devot-aufrichtige Verehrerin und ihr elegantes, wortgewandtes Versteckspiel scheint den König angesprochen und zu spielerischen, wenn auch vergleichsweise kurzen Erwiderungen motiviert zu haben. Ob der König ihre zahlreichen und umfänglichen Beilagen und vielen langen Briefe alle gelesen hat, ob sie ihm persönlich vorgelegt wurden, ob er sie mit Weisungen an entsprechende Beamte weitergeleitet hat: Das alles bleibt vielfach unklar, da der von Ursula Püschel 2001 besorgten Dokumentation des Briefwechsels die historisch-kritische Einordnung der Antworten des Königs fehlt. Teilweise waren Bettinas Interventionen jedoch durchaus erfolgreich. So konnte sie sich durch die Vermittlung Alexander von Humboldts im Frühjahr 1841 die Erlaubnis sichern, dem König ein Buch widmen zu dürfen, was sie dann mit *Dies Buch gehört dem König* (1843) auch tat. Der Dankesbrief

2.7. Friedrich Wilhelm IV. und die Revolution 1848/49

des Königs war romantisch-blumig formuliert, auch ein wenig spöttisch, insgesamt in huldvoller Anerkennung ihres „Geistbrausenden Briefes": Er fühle sich „durch Ihr Buch geehrt" und habe es erhalten, aber noch nicht gelesen; „dasselbe aber angeschaut und zweyerley schon begriffen 1) daß es *dem Könige* gehört, 2) daß es die Offenbarungen Ihrer Muttergottes enthält" (14. Juli 1843, in: Bw Friedrich Wilhelm IV., 97). Vermutlich hatte auch Humboldts Empfehlungsbrief an Friedrich Wilhelm zu den schillernden Formulierungen in der Antwort des Königs beigetragen; Humboldt hatte geschrieben: „Ew. Kön[igliche] Majestät erfreuen das geistreiche Kind wohl für ihre gewiss gutgemeinte Gabe, mit ein paar heiteren Zeilen" (Humboldt/ Friedrich Wilhelm IV. 2013, 248). Der König hatte letztlich wohl auch Bettinas publizistische Manipulationsversuche durchschaut, ging es ihr doch auch darum, die Zensur auszuschalten und ihr mit preußenkritischen, sozialpolitischen Aussprüchen gefülltes Buch zu einem Huldigungsgeschenk an den König zu deklarieren.

Bald darauf schon sollte sich das Verhältnis des Königs zu Bettina aber merklich abkühlen. Wie Karl August Varnhagen von Ense mit Blick auf das *Königsbuch* in seinem Tagebuch notierte, habe Friedrich Wilhelm IV. später eben doch „hin und wieder darin gelesen", woraufhin „seine Stimmung wahrer Unwille geworden" sei (13. November 1843, in: Varnhagen 2, Bd. 2, 225). Bettina hielt das nicht davon ab, den König weiter mit Anliegen und geschickt verpackten Ratschlägen zu kontaktieren. 1844 sandte dieser schließlich eine höflich-deutliche Antwort an „die Obristhofmeisterinn" (18. Juni 1844, in: Bw Friedrich Wilhelm IV., 100) und band ihren Dialog fortan „strikt an die Sphäre privater Korrespondenz" (Landfester 2000, 304), sah ihn mehr als Huldigung, aber nicht als politischen Austausch.

Als Friedrich Wilhelm IV. im März 1845 die Savignys besuchte und Bettinas Töchter dort „eine Comoedie vor ihm aufführ[t]en", ließ Bettina, die nicht zugegen war, über ihre Tochter Armgart den König „um eine Audienz unter 4 Augen ersuchen" (12. März 1845, in: Bw Siegmund, 147). Tatsächlich gewährte ihr der König daraufhin im April 1845 die gewünschte Zusammenkunft, das wohl einzige persönliche Treffen der beiden in all den Jahren. Auf die Anliegen, die Bettina hiermit verknüpft hatte – die Erlaubnis für ihren Sohn Siegmund, als preußischer Diplomat offiziell mit dem Freiherrentitel unterzeichnen zu dürfen, die Vorladung in einem Prozess gegen eine mittellose Frau sowie die Aufenthaltsgenehmigung für ihren Schweizer homöopathischen Arzt –, antwortete der König zwar wohlwollend, mochte ihr aber nur bedingt entgegenkommen. So bedauerte er, in Siegmunds Angelegenheit nichts befehlen zu können.

Mehr als zweieinhalb Jahre darauf, im Dezember 1847, wies der König Bettina wohl erstmals „scharf in ihre Schranken" (Landfester 2000, 307). Der Auslöser war eines ihrer Schreiben in der Angelegenheit Mierosławski. Ludwik Mierosławski und sieben andere polnische Revolutionäre waren im August 1847 im sogenannten Polenprozess zum Tode verurteilt worden. Bettina von Arnim, hatte gerade ihren eigenen aufsehenerregenden Prozess gegen den Berliner Magistrat ausgekämpft und bat nun in der ‚Polensache'

Friedrich Wilhelm IV. um Gnade und Respekt vor deren Sache – und beklagte das Verhalten der preußischen Behörden. Mit der Anklage gegen die führenden Verwaltungsbeamten war sie aber offensichtlich zu weit gegangen. Er begreife zwar ihr Mitleid, teilte der König ihr mit, dass Bettina aber seine „Pflichttreuen Diener, hohe und niedrige, *beschimpfe*", sei „Ihrer nicht würdig. Es ist Ihrer unwürdig" (27. Dezember 1847, in: Bw Friedrich Wilhelm IV., 183–184). Die freundliche Beziehung zu Friedrich Wilhelm IV. war damit beendet. Auf ihren im September 1848 vorgebrachten Vorschlag, den als eher liberal geltenden Alterspräsidenten der Preußischen Nationalversammlung Theodor von Schön zum neuen Ministerpräsidenten zu ernennen, weil dieser die Nationalversammlung noch einigen könne, antwortete der König schon nicht mehr. Wie Ulrike Landfester mit Blick auf den Briefwechsel betont, konnte Bettina ihr „Kommunikationsprojekt als Ganzes nicht über das Jahr 1848 hinweg retten" (Landfester 1999/2000, 143). Aber immerhin erkannte Friedrich Wilhelm IV. weiterhin Bettinas persönliches Mitgefühl für andere an, etwa wenn sie sich wie Mitte 1849 nach einem Hiatus von fast zwei Jahren in einer Reihe von Briefen für den wegen seiner Teilnahme am badisch-pfälzischen Aufstand zunächst zu lebenslänglicher Festungs- und schließlich zu lebenslänglicher Zuchthausstrafe verurteilten Theologen, Demokraten und Schriftsteller Gottfried Kinkel (1815–1882) einsetzte.

Drei Jahre später folgte der endgültige Bruch: 1852 schickte Bettina dem König ihren Entwurf des Goethe-Denkmals zu, verbunden mit der Bitte um finanzielle Unterstützung – und nichts davon fand seine Beachtung. In Anspielung auf ihr Schreiben nach dem Ende des ‚Polenprozesses' fünf Jahre zuvor schrieb er am 18. Februar 1852 in seinem letzten Brief: „Als Sie eine Macht waren, *vor 1848*, war ich, durch das Interesse, welches Sie mir weihten geschmeichelt. In der Fülle des Bewußtseyns meiner Pflichten, ertrug ich Ihren Absage Brief und – 1848 ..." (Bw Friedrich Wilhelm IV., 266).

Friedrich Wilhelm IV. hatte bereits ein „festgefügtes politisches Weltbild", als Bettina von Arnim ihn in den 1840er Jahren „*bewußt* anzuregen und [...] und *unmittelbar* für ihre eigenen politischen Ziele zu gewinnen" suchte (Kroll 1990, 54). Ihr romantisch gefärbtes Idealbild eines patriarchalischen, mystischen Volkskönigs ‚schmeichelten' ihm, solange er darin eine aufrichtige, menschlich-persönliche Stimme sehen konnte. Aber ihre in der Regel vorsichtig, bisweilen aber eben auch mit Nachdruck formulierten kritischen Einmischungen in Regierungs- und Justizbelange wie ihr Einsatz für den schlesischen Fabrikanten Schlöffel, ihre Fürsprache für den Attentäter Heinrich Ludwig Tschech oder eben ihre Gnadengesuche für die revolutionären Polen und Kinkel wies Friedrich Wilhelm IV. energisch zurück, und zwar nicht nur, weil sie ‚nur eine Frau ohne Befugnis' war, sondern auch, weil er sich beider stark divergierenden politischen Auffassungen bewusst war und ihre Briefe als Manipulations- und Agitationsversuche wahrnahm.

Bettinas zentrales Anliegen lief Ulrike Landfester zufolge vor allem auf eines hinaus: „die Vermittlung zwischen Fürst und Volk auf eine enge, von der Ministerialbürokratie nicht beeinträchtigte Beziehung hin, ein Volkskönigtum, in dem die Interessen von Regierenden und Regierten nicht voneinander trennbar sind" (Landfester 2000, 148). In dieser Verbindung von Fürst und Volk wollte Bettina als Mentorin, als Beraterin, als Vermittlerin fungieren. Diesen Anspruch an sich hat sie – wohl auch als Reaktion auf die Ereignisse im Zuge der Revolution 1848/49 – dann spätestens im *Daemonenbuch* (1852) als gescheitert aufgegeben – auch aufgeben müssen, als ihre Kräfte zu versagen begannen (siehe IV.1.7. *Gespräche mit Daemonen*).

3. Zur Revolution von 1848

Das Jahr 1848 bedeutete einen tiefen politischen Einschnitt und brachte vielen Ländern Europas revolutionäre Veränderungen: die Absetzung des französischen Bürgerkönigs Louis Philippe, die Abdankung des bayerischen Königs Ludwig I. zugunsten seines Sohnes, den Rücktritt des österreichischen Staatskanzlers Metternich, der wie Louis Philippe nach England ins Exil ging; nationale Erhebungen in Ungarn und Norditalien gegen die österreichische, in Schleswig und Holstein gegen die dänische, in Posen gegen die preußische Herrschaft; bewaffnete Aufstände in den meisten west- und mitteleuropäischen Metropolen, in Paris, Berlin, Budapest, Wien, Prag, München, die einige Monate später zumeist blutig niedergeschlagen wurden und zu Kriegshandlungen führten. All diese Ereignisse waren Teil der liberalen, bürgerlich-demokratischen Einheits- und Unabhängigkeitsbewegungen gegen die regierenden Fürstenhäuser in Mitteleuropa, die die feudale Herrschaft in Europa nach dem Sieg über Napoleon aufrechterhalten hatten. Verbunden in der Heiligen Allianz, dem Bündnis der Monarchen Russlands, Österreichs und Preußens, dem nach und nach alle christlich geprägten Staaten des Kontinents außer England und der Kirchenstaat beitraten, wurden sie unter der Leitung Metternichs zum Werkzeug der reaktionären Kräfte gegen die nationalen und liberalen Strömungen in der Bevölkerung.

In der deutschen Revolution von 1848/49 forderten die Revolutionäre die Aufhebung der Zensur und also die Pressefreiheit, die Einsetzung liberaler Regierungen und die Durchführung von Wahlen für eine Nationalversammlung, die eine Verfassung für einen demokratischen, einheitlichen deutschen Nationalstaat ausarbeiten sollte. Die Revolutionäre strebten politische Freiheiten und demokratische Reformen an und vertraten dabei die Ideen des zumeist bürgerlichen Liberalismus, darunter Bürgerrechte, das Recht auf ökonomische Entfaltung und rechtliche Garantien in einer für die Regierung (Fürsten, Staat, Polizei) verbindlichen Verfassung.

Im Februar 1848 war die Revolution zunächst in Paris, dann Anfang März in Baden und bald darauf in Wien ausgebrochen, bevor die gewalttätige Welle am 18. März auf Berlin überschwappte. Nach der Ankündigung eines ‚Patents' von Friedrich Wilhelm IV., in dem dieser Reformen in Preußen versprach, strömten mehrere tausend Berliner zum Stadtschloss, wo die anfänglich friedliche Stimmung angesichts des dort postierten Militärs letztlich kippte. Dragoner zogen ihre Säbel, dann wurden zwei Schüsse abgefeuert – ob beabsichtigt oder aus Versehen, wurde nie geklärt – und lösten Panik unter den Demonstranten und den gezielten Einsatz des Militärs aus; die nun einsetzenden Straßen- und Barrikadenkämpfe forderten binnen eines Tages mehrere hundert Tote, darunter nach Behördenangaben elf Frauen und vier Kinder (vgl. Siemann 1985, 68–69). Als am Tag darauf die Gefallenen auf dem Schlosshof aufgebahrt wurden, sah sich der König gezwungen, auf dem Schlossbalkon zu erscheinen und seine Mütze zu ziehen. Um die Situation zu beruhigen, ging er dann sogar noch einen Schritt weiter und ritt am 21. März demonstrativ mit einer schwarz-rot-goldenen Schärpe, den symbolischen Nationalfarben der Aufständischen, durch Berlin. In einem Aufruf ließ er zudem verlautbaren, er wolle die Forderungen nach Deutschlands Freiheit und Einigkeit unterstützen. Noch am 29. März ernannte Friedrich Wilhelm IV. eine neue liberale Regierung, wobei sich alsbald zeigen sollte, dass sich das ‚Märzministerium' nicht gegen Adel und Militär durchsetzen konnte. Wenige Tage nachdem es am 14. Juni im Zuge des Berliner Zeughaussturms nicht nur erneut, sondern auch zu weitaus heftigeren revolutionären Ausschreitungen kam, trat die erste liberale Regierung zurück. Auch die nächste sollte sich kaum ein Vierteljahr halten. Im November 1848 ernannte Friedrich Wilhelm IV. schließlich seinen Onkel, General Friedrich Wilhelm Graf von Brandenburg, zum neuen preußischen Ministerpräsidenten – und die königlichen Truppen setzten die Konterrevolution durch.

Die seit Mai laufenden Verhandlungen der Preußischen Nationalversammlung über eine Verfassung, die seit 1815 immer wieder zugesagt worden war, waren unterdessen erfolglos geblieben. Der im Juli 1848 von der Verfassungskommission der Nationalversammlung vorgelegte Entwurf, der einige liberaldemokratische Reformen vorsah, wurde sowohl von den konservativen Abgeordneten als auch vom König abgelehnt. Nach der Ernennung von Graf von Brandenburg zum neuen Ministerpräsidenten ordnete Friedrich Wilhelm IV. im November 1848 zunächst die Verlegung der Preußischen Nationalversammlung von Berlin nach Brandenburg an der Havel an, bevor er das Parlament am 5. Dezember kurzerhand auflösen ließ und selbst eine Verfassung oktroyierte, die die Machtposition des Königs wieder festigte, mit einem absoluten Vetorecht gegen alle Beschlüsse des Preußischen Landtags und dem Recht zur Auflösung; die preußische Regierung blieb nur dem König gegenüber rechenschaftspflichtig. Die Nationalversammlung selbst wurde nun als Preußisches Abgeordnetenhaus neben dem Preußischen Herrenhaus zur zweiten Kammer des Preußischen Landtags. Das im Mai 1849 eingeführte Dreiklassenwahlrecht, mit dem die Vorherrschaft der Besitzenden und also konservativen Kräfte abgesichert werden sollte, blieb in Preußen bis zum Ende der Monarchie 1918 in Kraft.

Parallel zu den Ereignissen in Preußen war im Mai 1848 die Frankfurter Nationalversammlung in der Paulskirche eröffnet worden, das erste gesamtdeutsche demokratisch gewählte Parlament, das die deutsche Einheit vorbereiten und eine Verfassung für den neuen Einheitsstaat ausarbeiten sollte. Die Nationalversammlung verabschiedete im Dezember die Grundrechte des deutschen Volkes, im April 1849 eine kontroverse Verfassung, die ein deutsches Kaiserreich unter Führung Preußens und Ausschluss des Vielvölkerstaates Österreich vorsah. Nur lehnte Friedrich Wilhelm IV. die ihm von der Nationalversammlung angebotene Kaiserkrone ab. Die deutschen Einheits- und Reichsverfassungspläne waren damit gescheitert. Als Erfolg der Gegenrevolution in Preußen wird heute von Historikern gleichwohl gewertet, dass „größere militärische Kämpfe" vermieden worden seien und Friedrich Wilhelm IV., wenn auch wohl eher „ungewollt", zu einem „Modernisierungsschub 1848–1850 im Sinne der deutschen National- und Verfassungsbewegung" beigetragen habe (Wollstein 1999/2000, 95 u. 99).

4. Bettina von Arnim als Zeugin der Revolution in Berlin

Bettina selbst war Ende 1847 und damit wenige Monate vor Ausbruch der Revolution in ihre zehnte und letzte Berliner Wohnung In den Zelten Nr. 5 umgezogen. Sie bewohnte hier eine Beletage mit zehn Zimmern, einem großen, in pompejanischem Rot gestrichenen Salon sowie ein Obergeschoss für die Dienerschaft. In den Zelten war eine ausgesprochen gute Wohngegend, am nördlichen Rand des Berliner Tiergartens und in den 1840er Jahren noch außerhalb der Mauern der Stadt gelegen, mit Ausflugslokalen und Restaurants (die im 18. Jahrhundert zunächst in Zelten untergebracht waren, daher der Name), Konzertveranstaltungen und winterlichem Schlittschuhlaufen, eine Gegend, die gehobenes wie auch einfaches Publikum und nicht zuletzt Studenten anzog. In unmittelbarer Nähe von Bettinas neuer Wohnung formierten sich im März 1848 denn auch die ersten Volksversammlungen, zeitweilig mitmoderiert von ihrem Bekannten Heinrich Bernhard Oppenheim (siehe III.1.7. *Bettina von Arnims junge Protegés*), bis das Geschehen sich mehr und mehr in das Stadtgebiet verlagerte.

Bettina nahm nicht direkt am Revolutionsgeschehen teil. Ihre großzügige Wohnung bot indes Platz genug, dass sich zwei politisch gegensätzliche Kreise – ,zwei Salons' – quasi nebeneinander einfinden konnten. So zumindest berichtete Tochter Maxe in ihren Erinnerungen von „[f]ragwürdige[n] Gestalten von Literaten und Republikanern" bei der Mutter neben ihren eigenen aristokratischen Bekannten in der gemeinsamen Wohnung (M. v. Arnim/Werner 1937, 173). Bettina empfing in ihrem ‚demokratischen Salon' während des Revolutionsjahres unter anderem den als französischen Gesandten nach Berlin entsandten Pariser Februarrevolutionär Emmanuel Arago, den russischen Linkshegelianer und späteren führenden Kopf des kollektivistischen Anarchismus Michail Bakunin, den Linksrepublikaner Julius Fröbel und die polnische Demokratin Julia Molińska-Woykowska. Bettina zeigte so – sehr zum Leidwesen ihrer Töchter, der Familie und der königstreuen Bekannten – offen ihren Revolutionsoptimismus und ihre Begeisterung für die prominenten Revolutionäre.

Über die politische Stimmung und die Revolution selbst berichtete Bettina in privaten, auch von ihrem Verlagsgehilfen Jenatz aufgezeichneten Briefen an ihre Söhne Siegmund in Karlsruhe (vgl. Bw Siegmund) und Friedmund in Wiepersdorf und Blankensee (vgl. Bw Friedmund) sowie an die mit ihr befreundete Pauline Steinhäuser in Rom (vgl. GW 4, 632–647; B. v. Arnim/ Steinhäuser 1903). Bettinas Korrespondenz, die vermutlich auch weitergereicht wurde, aber nicht direkt zur Publikation bestimmt war, verdeutlicht ihre große Sympathie für das revolutionäre Geschehen (vgl. die sieben Briefe an Siegmund und Friedmund über die Märzrevolution bei Becker 1999, 314– 360). Sie informierte sich vor allem durch die Besucher ihrer Wohnung, deren Nachrichten (‚Zettel') gingen per Dienstboten hin und her, sie las Zeitungen, war begierig, Neuigkeiten und Gerüchte zu erfahren, ohne oft jedoch weder die Quellen oder Informanten zu kennen oder zu nennen, was die unsichere, chaotische Nachrichtenübermittlung der Zeit verdeutlicht. Am 18./19. März 1848 schrieb sie zum Beispiel an Siegmund:

> Indessen schrieb uns der Prinz Waldemar er fürchte das äusserste. Die Giesel war in der Stadt [...] ich selbst war zu unruhig [...] ging nach der Stadt [...] als ich nah an der Stadt war hörte ich von Laufenden es sei auf dem Schloßplatz alles im größten Tumult, man habe scharf unter die versammelten Bürger gehauen. Ich lief schnell zu Savignys hôtele [das Justizministerium mit Savignys Privatwohnung; B.B.-C.] [...] denen sagte ich die Nachricht, sie lachten mich aus [...] ich aber sagte Nein sondern das ganze Ministerium sei abgesetzt so rufe das Volk auf der Straße [...] ich bat sie möchten Nachts zu uns kommen da wir für sicher gehört hatten daß in der Nacht die Ministerien sollen gestürmt werden als ich nach Haus kam fand ich die Giesel, sie war gerade mitten in der ganzen Affaire gewesen, auf dem Schloßplatz Handschu kaufend Wo sich alles freute daß der König sich dreimal hatte sehen lassen; und das Vivatrufen des Volkes annahm [...] als plötzlich wie ich eben höre der Prinz von Preußen [Kronprinz Wilhelm; B.B.-C.] in die Schutzkommission einhauen ließ und zwar so fürchterlich daß gleich die Leichen übereinanderfielen. (Bw Siegmund, 245–246)

Bettina berichtete hier über jenen Wendepunkt am 18. März 1848, das Umschlagen der Entwicklung in Berlin in erbitterte Straßen- und Barrikadenkämpfe. Ihr persönliches Erlebnis und ihre Interpretation der Ereignisse sind in diesen Briefen lebendig und zugleich strategisch festgehalten: „Eben kommen Leute von der Stadt [...] sie sagen daß die Bürger gewinnen; der Kanonendonner nähert sich unserer Gegend! Savignys haben eben ihre Papiere hierher gerettet, wir erwarten sie hier [...]. [...] [E]s schwimmen über tausend Leichen in der Spree [...]. Wir haben unsern Bedienten nicht im Haus halten können, er schlich sich fort und holte seine Flinte um dem Volk zu helfen!" (an Siegmund, 18. März 1848, in: Bw Siegmund, 246; auch Becker 1999, 353) Hier wie auch andernorts berichtete Bettina anschaulich, kommentierte und gab ihrem Mitgefühl Ausdruck, beließ ihre diesbezüglichen Aufzeichnungen aber eben im Privaten. In den Briefen an Friedmund, der laut Tochter Maxe „diese ‚große Zeit'" miterleben wollte und über „seinen merkwürdigen Weltverbesserungs- und Volksbeglückungsplänen" brütete (M. v. Arnim/Werner 1937, 173), zeichnete Bettina beispielsweise eine „politisch kongeniale Zusammenstellung und Aufbereitung von Informationen zur Lage", dagegen referierte sie die historischen Fakten für ihren regierungstreuen, in preußischen diplomatischen Diensten stehenden Sohn Siegmund so, dass das aktuelle Versagen der Regierung sichtbar wurde (Landfester 1999/2000, 130–131). Bettina lobte hier denn auch die Milde und Gutmütigkeit des unbewaffneten Volkes, wohingegen die Polizei „Aufhetzer unter die Leute" zerstreue, um „den Übermuth des Volkes zu ersticken" (1. März 1848, in: Bw Siegmund, 240). Nicht nur an dieser Stelle zeigen ihre Briefe eine auf die Empfänger hin zugeschnittene Stilisierung der Ereignisse.

Besonders informativ ist Bettinas zwischen März und Mai 1848 aufgezeichneter langer Brief an Pauline Steinhäuser, deren Mann Bettinas Goethe-Denkmal ausführen sollte (und darauf drängte, die laut Bettina vom König versprochene Bezahlung zu erhalten). Bettina stellte dabei zunächst das „Blutbad" und die Machtlosigkeit des Königs heraus und feierte dann die dem König mehr oder weniger abgezwungene Amnestierung des zum Tode verurteilten Ludwik Mierosławski und seiner polnischen Mitkämpfer im März 1848 sowie deren anschließenden Geleitmarsch durch Berlin als „Triumphirenden Aufzug" der Polen, die dann weiter „nach Posen" gezogen seien, um „den Krieg mit Rußland und Österreich zu entwickeln" (GW 4, 633). Umso empörter war Bettina, als die – zunächst tatsächlich vornehmlich gegen Russland gerichtete – nationalpolnische Bewegung kurz darauf im April 1848 durch preußische Truppen niedergeschlagen wurde. Mit ihrer weitgefassten Kritik am Versagen der Regierung und ihrer Klage über das totale Scheitern der Revolution spekulierte Bettina wahrscheinlich auch darauf, dass ihre Briefe in Rom weitergereicht werden, vielleicht sogar in die Hände des Königs gelangen könnten, denn die weitere sehr ausführliche Darstellung (zwölf Druckseiten) widmete sie vor allem ihrer eigenen Situation. Sie beklagte ihre „pecuniären Verhältnisse", den „Proceß des Magistrats", die „Invektiven" gegen sie, die „eine wahre Hetzerei" seien, und hob ihre Bemühungen um das Goethe-Denkmal hervor, dessen Finanzierung der König nur aufgrund von, wie sie meinte, gegen sie gerichteten Intrigen ablehne. Bettina gab in diesem Brief an Steinhäuser eine pessimistische, angstbesetzte Einschätzung der Lage im Mai 1848: „Wir müssen durch diesen blutigen Nebel dessen erschütterndes Geschrei ‚Es lebe die Republik!' nächstens an die Ohren eines früher allgeliebten Königs anschlagen wird! [...] [W]as wird sein von Heut bis in 8 Tagen? [...] Während wir mitten in den Flammen stehen zwischen Racheglühenden Polen preußischem Verrath, Oestreichischer Mordgier und Russischer Tirrannenwuth und vielleicht als letzte Rettung der Revolution einer brodlosen Volksmasse die einrückenden Franzosen begrüßen werden" (GW 4, 643–644).

Insbesondere die ‚Polenfrage' beschäftigte Bettina in der Folgezeit. Bereits am 10. Juni 1848 teilte sie ihrem Sohn Friedmund mit, sie habe sich jetzt ganz „in Polengeschichten versenkt" (GW 4, 651). Als sie ihre politische Stellungnahme zur Polenfrage im Frühjahr 1949 dann unter dem Titel *An die aufgelös'te preußische National-Versammlung. Stimmen aus Paris* drucken ließ, hatte sich die Gegenrevolution jedoch bereits erfolgreich durchgesetzt (siehe IV.2. *Die ‚Polenbroschüre'*). Die politisch riskante ‚Polenbroschüre' veröffentlichte sie folglich auch anonym als angebliche Übersetzung aus dem Französischen mit einer Widmung an sie selbst. Sogar gegenüber dem befreundeten Moriz Carriere, den sie im Februar 1849 bat, er möge sie beim Verkauf der Broschüre unterstützen, vertuschte sie ihre Autorschaft: „Man möchte die Broschüre mir zuschreiben, doch ist das Deutsche darin [...] die Übersetzung" (GW 4, 655).

Dass sich Bettina von Arnim während der Revolutionszeit politisch *nicht öffentlich* zu Wort meldete, unterschied sie durchaus von anderen Frauen der jüngeren Generation. So gründete Mathilde Franziska Anneke (1817–1884) die *Neue Kölnische Zeitung*; Louise Aston (1814–1871) gab während der kurzen Zeit der Pressefreiheit 1848 die Berliner Wochenzeitung *Der Freischärler* mit heraus, bis sie im Dezember ausgewiesen wurde; die aus Magdeburg stammende Emma Herwegh (1817–1904) beteiligte sich an der Revolution in Baden und publizierte darüber 1849 die Broschüre *Zur Geschichte der deutschen demokratischen Legion aus Paris*; die befreundete Johanna Kinkel (1810–1858), die von 1836 bis 1839 als Hausdame und Klavierlehrerin bei Bettina wohnte, unterstützte die Revolutionäre und komponierte unter anderem ein *Demokratenlied*. Bettina war mit alldem vertraut, nicht zuletzt mit dem Engagement von Johanna Kinkel, die sich brieflich an Bettina gewendet hatte, um sie um ihre Mithilfe beim Begnadigungsgesuch für ihren Mann Gottfried Kinkel bei Friedrich Wilhelm IV. zu bitten. Gleichwohl äußerte sich Bettina zu keinem der politischen Programme der Demokraten, der Republikaner, auch nicht zu den anderen brisanten sozialpolitischen Tagesfragen wie dem Pauperismus, der Industrialisierung oder der Emanzipation der Frauen.

Bettinas *öffentliches Schweigen* im Revolutionsjahr war, wie Ulrike Landfester vermutet, teilweise familialen Rücksichten, mehr noch aber „dem Versuch geschuldet, sich angesichts der Unvereinbarkeit ihrer einstigen Beziehung zu Friedrich Wilhelm IV. mit dem Revolutionsgeschehen doch wenigstens eine Option auf eine Wiederaufnahme des Dialogs mit ihm zu bewahren" (Landfester 1999/2000, 143). Denn tatsächlich blieb Bettina von Arnim Royalistin. Ihr politischer Wunschtraum von einem moderaten ‚Volkskönig', der sich von der Schriftstellerin Bettina von Arnim als Genius des Volkes beraten ließ, war indes gescheitert. Mit der Märzrevolution hatte sie, so Uwe Lemm, „den Zenith ihres politischen Wirkens überschritten", wobei der Ausgang der Revolution gezeigt habe, dass es unmöglich war, gleichzeitig preußischer Monarch und guter Volkskönig zu sein; Bettina habe daher im Grunde Partei für die historisch falsche Position ergriffen – eine Position mithin, die schon damals für ein breites öffentliches Publikum inakzeptabel gewesen sei (Lemm 2003, 29).

Ulrike Landfester konstatiert, Bettina habe ihr politisches Werk ganz unter das *telos* der „gemeinsamen schöpferischen Selbstsorge der menschlichen Gesellschaft" gestellt, und bezeichnete ihr Werk als den Entwurf einer „politischen Ästhetik der Existenz" (Landfester 2000, 364). Es war denn auch diese Verwischung von Missionarischem, Politischem und Ästhetischem, die dazu führte, dass Bettinas politische Ideen von einem Volkskönigtum spätestens

1848 in der politischen Landschaft keinen Platz mehr hatten. Bei all der Faszination für einen ‚Übervater' und all ihren eigenen Inszenierungen als Mentorin und Stimme des Volkes fehlte Bettina von Arnim das Interesse und das Verständnis für Gesetz und Verfassung, die Grundlagen moderner Staatsbildung, die anderen Spielregeln gehorcht als die Literatur.

5. Literatur

Arnim, Bettina von, und Pauline Steinhäuser: „Bettina von Arnim und ihr Briefwechsel mit Pauline Steinhäuser". Hg. v. Karl Obser. In: *Neue Heidelberger Jahrbücher* 12 (1903), S. 85–137.
Arnim, Maximiliane von, und Johannes Werner: *Maxe von Arnim. Tochter Bettinas, Gräfin von Oriola, 1818–1894. Ein Lebens- und Zeitbild aus alten Quellen geschöpft.* Leipzig 1937.
Becker, Christine: „Bettine von Arnim und die Revolution von 1848: Sieben bisher unveröffentlichte Briefe an ihre Söhne". In: Hartwig Schultz (Hg.): *„Die echte Politik muß Erfinderin sein". Beiträge eines Wiepersdorfer Kolloquiums zu Bettina von Arnim.* Berlin 1999, S. 309–360.
Bleiber, Helmut, Walter Schmidt und Sabine Schötz (Hg.): *Akteure eines Umbruchs. Männer und Frauen der Revolution von 1848/49.* Bd. 1. Berlin 2003.
Frühwald, Wolfgang: „Die Not der schlesischen Weber". In: Bettine-Katalog, 1985, S. 269–280.
Hildebrandt, Bernd: *1848. Volksversammlungen in den Zelten – Kinderstube der Demokratie.* Berlin 1998.
Humboldt, Alexander von, und Friedrich Wilhelm IV.: *Briefwechsel.* Hg. v. Ulrike Leitner unter Mitarbeit v. Eberhard Knobloch. Berlin 2013 (= Beiträge zur Alexander-von-Humboldt-Forschung, Bd. 39).
Kroll, Frank-Lothar: *Friedrich Wilhelm IV. und das Staatsdenken der deutschen Romantik.* Berlin 1990.
Kroll, Frank-Lothar: „Monarchie und Gottesgnadentum in Preußen 1840–1860". In: Hartwig Schultz (Hg.): *„Die echte Politik muß Erfinderin sein". Beiträge eines Wiepersdorfer Kolloquiums zu Bettina von Arnim.* Berlin 1999, S. 131–162.
Krüger, Peter, und Julius H. Schoeps (Hg.): *Der verkannte Monarch. Friedrich Wilhelm IV. in seiner Zeit.* Berlin 1997.
Landfester, Ulrike: „‚Heute soll hier die Revolution losgehen …': Anna von Arnims Briefe aus Berlin an ihren Mann Freimund vom Sommer 1848". In: In: Wolfgang Bunzel, Konrad Feilchenfeldt u. Walter Schmitz (Hg.): *Schnittpunkt Romantik. Text- und Quellenstudien zur Literatur des 19. Jahrhunderts.* Festschrift für Sibylle von Steinsdorf. Tübingen 1997, S. 257–288.
Landfester, Ulrike: „Das Schweigen der Sibylle. Bettine von Arnims Briefe über die Revolution von 1848". In: Jb BvA 11/12 (1999/2000), S. 121–143.
Landfester, Ulrike: *Selbstsorge als Staatskunst. Bettine von Arnims politisches Werk.* Würzburg 2000.
Lemm, Uwe: „Bettina von Arnim (1785–1859): Kritische Stimme in Preußen und Augenzeugin der Revolution von 1848/49". In: Helmut Bleiber, Walter Schmidt u. Sabine Schötz (Hg.): *Akteure eines Umbruchs. Männer und Frauen der Revolution von 1848/49.* Bd. 1. Berlin 2003, S. 11–36.
Neemann, Andreas: „Politik – Gesellschaft – Kultur. Forschungsperspektiven in der Geschichtswissenschaft zur Revolution von 1848/49". In: Jb BvA 11/12 (1999/2000), S. 13–24.

Püschel, Ursula: „Bettina von Arnims Briefe im September 1848 an den König von Preußen". In: U. Püschel: *Bettina von Arnim – politisch. Erkundungen, Entdeckungen, Erkenntnisse*. Bielefeld 2005, S. 193–244.
Rothkirch, Malve: *Der „Romantiker" auf dem Preußenthron. Porträt König Friedrich Wilhelm IV*. Düsseldorf 1990.
Schultz, Hartwig: „,Was alt und faul, beherzt zu unterwühlen': Reaktionen auf die Revolution von 1848 bei Joseph von Eichendorff und Bettine von Arnim". In: Jb BvA 11/12 (1999/2000), S. 161–177.
Siemann, Wolfram: *Die deutsche Revolution von 1848/49*. Frankfurt a.M. 1985.
Wollstein, Günter: „Friedrich Wilhelm IV. und die Epoche von Revolution und Gegenrevolution 1848–1850". In: Jb BvA 11/12 (1999/2000), S. 79–100.

3. Bettina von Arnims Werk im literarischen Feld

3.1. Epoche, Gattung, Werk, Autorschaft
Barbara Becker-Cantarino

1. Bettina von Arnims Epochalität 328
2. Werk, Gattung, Autorschaft 330
3. Literatur 332

1. Bettina von Arnims Epochalität

Bettina von Arnims Einordnung in etablierte Kategorien der Literaturgeschichte wie Epoche, Gattung, Werk und Autorschaft war lange Zeit problematisch. Sie war in ihrer Zeit eine „provozierende Querdenkerin" (Schultz 1994, 19). Erst seitdem in den letzten Jahrzehnten Fixpunkte der Literaturgeschichte wie die Epochenbegriffe und die Klassifikationen von Gattungen differenzierter und offener gegenüber historischen, kulturellen und sozialen (einschließlich genderorientierten) Kriterien betrachtet werden, erscheint die Literarizität von Bettina von Arnims Werk in neuem Licht.

Der Begriff ‚Epoche' bezeichnete in der Literaturgeschichte ursprünglich einen Zeitabschnitt und erlaubte die Konstruktion geschichtsphilosophischer und poetologischer Modelle vor einem offenen Zukunftshorizont, etwa ‚Romantik' oder ‚Klassik', ‚Idealismus' oder ‚Kunstperiode'. In der Postmoderne führte die verstärkte Wahrnehmung der Ungleichzeitigkeit des Gleichzeitigen, des Anachronismus und der Hybridisierung der Texte zur Skepsis gegenüber festen Epoche-Begriffen und zu einer Verwischung der Kategorien. Das kommt dem Verständnis von Bettinas Epochalität zugute, deren Werk in die literarhistorisch etablierte Epoche der Romantik in *Europa* von etwa 1790 bis 1850 fällt, für die *deutsche* Romantik jedoch zu den „letzten Rittern" (Schultz 1995) gezählt wird. Biographisch und ihrer Sozialisation nach gehört die 1785 geborene Bettina zur Generation der Romantiker und Romantikerinnen, auch wenn ihre Veröffentlichungen erst ab 1835 beginnen und somit

3.1. Epoche, Gattung, Werk, Autorschaft

in die literarhistorische Epoche des Biedermeier und Jungen Deutschland, die politische Epoche des Vormärz fallen.

Die 1830er und 1840er Jahre, die Zeit nach Hegels und Goethes Tod, waren eine Zeit des Umbruchs, zunächst in der Literatur als Streit über die Romantik und über Goethe, dann in der Philosophie über das Erbe Hegels. Ab 1833 hatte Heinrich Heine die Romantik in seinen später zu dem Band *Die romantische Schule* erweiterten Veröffentlichungen aus der Sicht der jungen, aufstrebenden Autoren verabschiedet; die Romantiker waren kaum mehr lebendig, ihre älteren Vertreter wie Ludwig Tieck und Joseph von Eichendorff galten dem Jungen Deutschland als etwas Unzeitgemäßes. Dennoch bildete die Romantik eine geistige Kraft für den kulturpolitischen Vormärz und für die intellektuell dominierenden Kreise, indem sie der Kritik Ludwig Feuerbachs und der Junghegelianer als Ausgangspunkt diente; die Wertung der Romantik wurde so zum Streitpunkt, die Romantik selbst mit Katholizismus und Restauration gleichgesetzt und bekämpft, etwa in der Abhandlung „Der Protestantismus und die Romantik" (1839), der Positionsbestimmung von Theodor Echtermeyer (1805–1844) und Arnold Ruge (1802–1880). Noch die viel spätere, aber lange wirksame Romantikkritik Carl Schmitts (1888–1985) in *Politische Romantik* (1919) griff auf die negative Sichtweise zurück, welche die Romantik dem apolitischen Quietismus zuordnete.

Bettina von Arnims Genieästhetik wurzelte in der Romantik und in Goethe, sie wollte der Kunst wieder einen öffentlichen Platz verschaffen. Ihre Identifikation mit Goethes Phantasieprodukt ‚Mignon' war „radikal und distanzlos", in ihrem 1835 veröffentlichten *Goethebuch* wurde „der Dichter gar zum Souffleur von Autorschaft"; Bettina wählte „die Methode ihrer Großmutter Sophie von La Roche", durch geschickte Einkleidung als Tatsache hinzustellen, was „ihrer eigenen Wunschwelt" entsprach (Wetzel 1995, 73–74). Bettinas ‚Goethe' und ihr ‚Friedrich Wilhelm IV. als Volkskönig' waren Phantasiegebilde, mehr Fiktion als Faktizität: „Als poetische Imaginationen waren sie immer aber auch als Kritik an den realen Personen und ihrem Verhalten gemeint, wiesen sie die Diskrepanz von Möglichkeit und Wirklichkeit, von Versprechen und Versagen, von Utopie und Alltag auf" (Lützeler 1997, 59). Bettina kritisierte auf positiv-konstruktive Weise mit subtiler Ironie, nicht wie viele Jungdeutsche mit Hassargumenten. Bettinas unzeitgemäße Gleichzeitigkeit in der Epoche des Vormärz resultierte aus kreativer Reaktion. Sie blieb nicht politisch verantwortungslos, rettete sich nicht in Traum und Poesie, Rausch und Eskapismus, sondern reagierte auf neue Verhältnisse mit neuen Themen und Formen, provozierte und kämpfte mit den Waffen neuer Gattungen, mit fiktiven, scheinbar anachronistischen Gesprächen. Ihre Publikationen sind „Varianten einer pragmatisch und kritisch ausgerichteten erneuerten Romantik"; Bettina definiert nicht nur „den neuen Homo politicus als einen verwandelten und aktualisierten Homo poeta der Romantik, der sich in der Auseinandersetzung mit den politischen Philistern begreift, sie kämpft auch für die Erneuerung eines romantischen Volkskönigtums" (Schultz 1994, 20). Die ‚Philister' waren schon von den Romantikern satirisch gezeichnet worden, so auch von ihrem Bruder Clemens in seiner ‚scherzhaften Abhandlung' *Der Philister vor, in und nach der Geschichte* (1811). Bettinas ‚Volk' ist als ihre „Provokation[ ]" des preußischen „Beamten- und Ministerapparat[s]" zu sehen, sie wollte die „Aura des Souveräns, nicht seine absolute Macht" erhalten, unter Mobilisierung der Presse die öffentliche Meinung und insbesondere die Haltung der Intellektuellen beeinflussen sowie auf die Erziehung zukünftiger Regenten einwirken (ebd., 20).

2. Werk, Gattung, Autorschaft

Die im späten 18. Jahrhundert entwickelten Konzepte von Literatur, Poesie und Dichtung waren eng mit dem Begriff des ‚literarischen Werkes' verbunden, das als Produkt künstlerischer Tätigkeit verstanden wurde, als individuelle und originelle Leistung. Das ‚Werk' wurde als ein in sich geschlossenes, organisch gewachsenes Gebilde betrachtet, ein eigener Mikrokosmos, in dem sich die Persönlichkeit des – männlich codierten – Künstlers ausdrückte. Das ‚Kunstwerk' war dem Verständnis des Idealismus nach eine kleine Schöpfung von etwas Höherem, Geistigem, und wurde in der Hypostasierung der Kunst zum höchsten Gut der Menschheit (vgl. Rosenberg 2003, 20). Dieser geistesgeschichtliche Werkbegriff war bis in 1950er Jahre dominierend; so besaß das Werk für Wolfgang Kayser (*Das sprachliche Kunstwerk*, 1948) eine autonome Seinsweise, es war demnach ein in sich geschlossenes sprachliches Kunstwerk, das dem triadischen Gattungsschema von Epik, Lyrik und Dramatik folgte und dabei Fiktion und Realität voneinander trennte.

Diesem Werkbegriff entsprachen Bettina von Arnims Publikationen nicht. Als sie diese gesammelt in elf Bänden 1853 in ihrer Expedition des von Arnim'schen Verlags herausgab, wählte sie die Bezeichnung *Sämmtliche Schriften*; für die Werkausgabe von Achim von Arnim hatte sie dagegen den Titel *Ludwig Achim's von Arnim sämmtliche Werke* (22 Bde., 1839–1856) gewählt. Bettina sah in Achim, wie nicht zuletzt aus ihrem Briefwechsel deutlich wird, den großen Dichter; sie selbst inszenierte sich durchaus auch als Künstlerin, als ‚Genie', aber nicht als professionelle ‚Literatorin' (Bettinas Bezeichnung für professionelle Schriftsteller*innen*). Bettinas Zeichnungen, Kompositionen und literarischen Texte waren auch insofern nicht ‚professionell', als sie selbst diese, ohne ihren Namen auf dem Titelblatt zu nennen, veröffentlichte und immer betonte, *nicht* für Geld zu arbeiten, vielmehr sollten ihre Arbeiten einem guten Zweck dienen. Vermutlich wollte sie als Frau und Mitglied der gehobenen Gesellschaft nicht als professionelle Schriftstellerin wahrgenommen werden, um sich auch von den ‚Brotschreiberinnen' ihrer Zeit wie Clara Mundt (1814–1873) oder Ida Hahn-Hahn (1805–1880) distanzieren zu können; Bettina von Arnim hatte auch kein Interesse an den sozialkritischen Autorinnen des Vormärz (vgl. Becker-Cantarino 1999, 221–237). In ihrem als satirisches Kleinkunstwerk gestalteten *Bericht über Zensurverfolgung, Beschlagnahme und Polizeichicane des Buches „Clemens Brentanos Frühlingskranz"* (1844) behauptet Bettina von sich: „Aus Bescheidenheit hab ich bisher auf keins

3.1. Epoche, Gattung, Werk, Autorschaft

meiner Bücher meinen Namen gesetzt, wo aber die Frechheit ihre Truppen auf den Markt ziehen läßt, muß wohl die unbescholtene Kühnheit ihre Fahnen auf den Wall pflanzen" (GW [Härtl] 2, 936). Hier kämpfte sie mit der Zensur um das Titelblatt des *Frühlingskranzes*, das nach damaligen Zensurbestimmungen den Namen des Autors tragen sollte, um (bei einer Länge von 20 Bögen) von der Vorzensur ausgenommen zu werden (siehe III.2.5. *Kampf gegen die Zensur*). Ihr Rekurs auf ihre vermeintliche ‚Bescheidenheit' war jedoch kaum nötig, da ihre Autorschaft allgemein bekannt war, verbreitet von ihr selbst durch Briefe, Gespräche und von ihr lancierte Pressenotizen. Ihr ging es zuvorderst darum, zu demonstrieren, dass sie nicht gewillt war, Beschränkungen oder Vorschriften durch die Zensur hinzunehmen.

Bettinas Werke passten nicht in die zeitgenössische Gattungserwartung, mit der literarische Werke gelesen wurden. Ihr Umgang mit Quellen, ihr Verhältnis zum Autobiographischen, ihr Vermischen von Fiktion und historischen Fakten, ihre bewussten Eingriffe in die Chronologie in ihren Briefbüchern ließen ihre Werke in den Augen mancher zeitgenössischer Kritiker als Fälschungen, Unwahrheiten und Kunstlosigkeiten erscheinen. Die lange gebräuchliche Etikettierung als ‚Briefroman' war insofern irreführend, als damit ein Romanplot im Stile des 18. und 19. Jahrhunderts erwartet wurde (so schon Oehlke 1905), eher schon passen die von Heinz Härtl für die Briefbücher eingebrachten Bezeichnungen ‚Briefdichtung', ‚Brieferinnerungsbuch' und ‚Gesprächsbuch'; Bettina von Arnim selbst wäre demnach als ‚Briefdichterin' anzusprechen (vgl. Härtl 2016, 15). Dass statt enger und normativer Gattungsbegriffe heute eher Texttypen und Schreibweisen anvisiert werden, kommt der „ästhetischen Mischform" (Bovenschen 1979, 216) ihrer Bücher entgegen und macht Bettinas poetisches Verfahren als „Poetisierung des Faktischen" (Bunzel 1987, 23–24) beschreibbar. Der dialogische Charakter ihrer Texte, die Poetisierung des Lebens, die Offenheit oder das Unabgeschlossene ihrer Werke können im Sine der ‚progressiven Universalpoesie' der Romantik verstanden werden (vgl. Bäumer/Schultz 1995, 147). Miriam Seidler sieht in Bettinas Briefbüchern eine „charakteristische Publikationsform des Vormärz" und betont die Nähe zur Avantgarde (Seidler 2013, 136). Ulrike Landfester geht mit Blick auf Bettinas Werk auf die produktionsbezogenen Eigenschaften ein; sie möchte es textgenetisch erschließen, „über die Vielstimmigkeit des schöpferischen Prozesses hinaus, wie sie sich im oftmals nicht abschließend klärbaren Verhältnis zwischen Entwürfen, Varianten, Lesarten, verwandten Texten und endlich ‚dem' Text abzeichnet", um diese Vielstimmigkeit zu zeigen, die von der Autorin Bettina „intentional auf die Vernetzung sämtlicher Ebenen ihres Werks hin angelegt ist" (Landfester 2000, 122). Die Verquickung und das Ineinander-Weben von privater Korrespondenz und publizierten Schriften bildet Bettina von Arnims spezifische Werkstruktur. Als Konsequenz schlägt Landfester vor, eine Webseite aller Publikationen Bettinas mit progressiver Erweiterung durch alle Briefe, Entwürfe und sonstigem Material zu erstellen, denn „der Autorin selbst nämlich, und dies könnte mit einer Internet-Publikation ihrer Werke endlich verhandelbar werden, ging es in erster Linie um eine umfassende Kommunikationsästhetik" (ebd., 145).

3. Literatur

Bäumer, Konstanze, und Hartwig Schultz: *Bettina von Arnim*. Stuttgart, Weimar 1995.

Becker-Cantarino, Barbara: „Zur politischen Romantik: Bettina von Arnim, die ‚Frauenfrage' und der ‚Feminismus'". In: Hartwig Schultz (Hg.): *„Die echte Politik muß Erfinderin sein". Beiträge eines Wiepersdorfer Kolloquiums zu Bettina von Arnim*. Berlin 1999, S. 217–248.

Bovenschen, Silvia: *Die imaginierte Weiblichkeit. Exemplarische Untersuchungen zu kulturgeschichtlichen und literarischen Präsentationsformen des Weiblichen*. Frankfurt a. M. 1979.

Bunzel, Wolfgang: „‚Phantasie ist die freie Kunst der Wahrheit': Bettine von Arnims poetisches Verfahren in ‚Goethes Briefwechsel mit einem Kinde'". In: Jb BvA 1 (1987), S. 7–28.

Echtermeyer, Theodor, und Arnold Ruge: „Der Protestantismus und die Romantik". In: *Hallische Jahrbücher für deutsche Wissenschaft und Kunst* 2 (1839), Nr. 245–310, Sp. 1953–2480.

Härtl, Heinz: *„Drei Briefe von Beethoven". Genese und Frührezeption einer Briefkomposition Bettina von Arnims*. Bielefeld 2016.

Landfester, Ulrike: „Faselei online. Vorüberlegungen zu einer Internet-Publikation von Bettine von Arnims Werk". In: *Jahrbuch für Computerphilologie* 2 (2000), S. 121–145.

Lützeler, Paul Michael: „Genieästhetik und Reformideen: Bettina und Achim von Arnim". In: P. M. Lützeler: *Klio oder Kalliope? Literatur und Geschichte: Sondierung, Analyse, Interpretation*. Berlin 1997, S. 51–60.

Oehlke, Waldemar: *Bettina von Arnims Briefromane*. Berlin 1905.

Rosenberg, Rainer: *Verhandlungen des Literaturbegriffs: Studien zu Geschichte und Theorie der Literaturwissenschaft*. Berlin 2003.

Schultz, Hartwig: „Berliner und Wiepersdorfer Romantik. Themen und Formen einer erneuerten, kritischen Romantik bei Arnim und Bettina". In: Heinz Härtl u. H. Schultz (Hg.): *„Die Erfahrung anderer Länder". Beiträge eines Wiepersdorfer Kolloquiums zu Achim und Bettina von Arnim*. Berlin, New York 1994, S. 1–23.

Schultz, Hartwig: „Die letzten Ritter der Romantik im Vormärz: Ludwig Tieck, Joseph von Eichendorff und Bettine von Arnim". In: Walter Jaeschke (Hg.): *Philosophie und Literatur im Vormärz. Der Streit um die Romantik (1820–1854)*. Hamburg 1995, S. 153–172.

Seidler, Miriam: „‚Deine Briefe sind ja doch keine Kunstarbeit?' – Bettine von Arnims Schreiben im Zeichen der Avantgarde". In: *Kodikas/Code – Ars Semeiotica* 36.1–2 (2013), S. 133–146.

Wetzel, Michael: „Private Dancer. Korrespondenzen zwischen Bettine Brentano, Goethe und anderen". In: *Athenäum. Jahrbuch für Romantikforschung* 5 (1995), S. 71–99.

3.2. Briefkultur, Briefwechsel, Briefbücher
Barbara Becker-Cantarino

1. Briefe als Kommunikations- und Ausdrucksmittel im
   18. Jahrhundert 333
2. Zur Brieftheorie der Romantik 334
3. Frauenbriefe der Romantik als literarische Emanzipation 335
4. Briefwechsel und Literarisierungsstrategien im frühen
   19. Jahrhundert 336
5. Autobiographisches – Biographisches 338
6. Literatur 339

Der Brief gilt von alters her als Mittel der Kommunikation und der Selbstdarstellung, der Mitteilung von Fakten, des Dialogs mit anderen Menschen und als ein Bild der eigenen Seele (*epistola imago animi*). Die rege Briefkultur im 18. Jahrhundert förderte die Geselligkeit, die Verständigung und Verbindung zwischen Menschen: „Briefwechsel ist schriftlicher Umgang" (Knigge 1788, Bd. 1, 62). Neben dem offiziellen geschäftlichen oder gelehrten Brief wurde der private, persönliche, für einen befreundeten Adressaten bestimmte Brief zunehmend wichtig als Ausdruck des Lebens und Erlebens. Als Kommunikation eröffnete der private Brief, wie ihn jeder Schreibkundige mehr oder weniger als Mitteilung selbst abfassen kann, die Möglichkeit, freundschaftlich-gesellige, nicht nur berufliche Kontakte mit anderen zu pflegen und Freundschaften zu schließen, der Brief gab der Beziehung damit Bedeutung und wertete sie auf. Dazu bot der persönliche Brief auch eine erweiterte Plattform, um anderen die eigene Lebenssphäre nahezubringen, und dokumentierte so das Leben der Individuen, ihre Mentalität, ihre Probleme. Der Brief konnte ein authentisches Zeugnis, ein genuines Egodokument sein. Innerhalb seiner, abgesehen von der Anrede einerseits und der Grußformel am Schluss andererseits, vollkommen offenen Grundstruktur gab der Brief auch der Erfindungsgabe der Schreibenden viel Raum. Er ermöglichte eine mehr oder weniger phantasievolle Selbstdarstellung und ebenso kritische Selbstreflexion. Eine klare Abgrenzung zwischen Authentizität (Dokumentcharakter) und Fiktion (Literatur) im Brief gab und gibt es nicht, wohl aber sind damit zwei wichtige Pole des Briefes benannt. Der Brief bildete eine Art Bindeglied zwischen individueller Biographie und kollektiver Geschichtsschreibung, sein Mischcharakter entstand an der Schnittstelle zwischen Privatheit und Öffentlichkeit. Als „lebensweltlicher Mitteilungsträger erscheint er als ideales Verbindungselement zwischen Kunst und Leben" (Bunzel 2013, 111).

1. Briefe als Kommunikations- und Ausdrucksmittel im 18. Jahrhundert

Das Bedürfnis nach Mitteilung und Aussprache und die neuen Möglichkeiten dazu durch den rapiden Ausbau des Postwesens ließen eine wahre Briefleidenschaft entstehen, die in der zweiten Hälfte des 18. Jahrhunderts auch das

Bildungsbürgertum ergriff. Nicht zuletzt die Autoren der Zeit blieben durch Korrespondenzen miteinander in Verbindung. So umfassen allein die Briefe Christoph Martin Wielands zusammen mit den jeweiligen Antwortbriefen in der modernen, kommentierten Ausgabe über 30 Bände (vgl. Scheibe 2005). Auch die eher privaten Familien- und Liebesbriefwechsel – die es immer schon gab, sofern man schreiben oder jemandem diktieren konnte – wurden intensiviert, wie an den vielen Briefen der Familien La Roche und Brentano abzulesen ist. Waren bislang rein literarische Korrespondenzen eine Ausnahme für zumeist adelige Frauen gewesen, so schrieben nun auch viele bürgerliche Frauen Freundschaftsbriefe als Gespräch und Dialog mit Abwesenden oder räumlich weit Entfernten, blieben so über Briefe mit ihnen in Kontakt, was sich etwa in dem großen Korrespondentennetz von Bettinas Großmutter Sophie von La Roche spiegelt (vgl. La Roche 1983). Briefeschreiben gehörte zur geselligen Kultur des 18. und 19. Jahrhunderts und stellte das wohl wichtigste Kommunikationsmittel für zwischenmenschliche Beziehungen dar.

2. Zur Brieftheorie der Romantik

Die intensive briefliche Kommunikation untermauerte die Gruppenbildung der Romantik als Dichter- und Künstlergeneration, wobei der performative Aspekt der Briefkommunikation sichtbar wurde, schließlich wurden die ästhetischen und poetologischen Positionen insbesondere im Medium des Briefes getestet und verhandelt (vgl. Jahnke/Le Moël 2015, 461–462). Regeln und Briefsteller zur Abfassung von Briefen wie noch Gellerts lange populäres Musterbuch *Gedanken von einem guten deutschen Briefe* (1742) waren längst *passé* in der Generation der Romantiker, unter denen die individuelle, originelle, eigene, geniale Ausdrucksweise der Inbegriff literarischer Kreativität war. Die offene Form und der thematisch nicht festgelegte Inhalt des Privatbriefes eigneten sich für den individuellen Ausdruck. In seiner unsystematischen Form, die es erlaubte, Gedanken zu reihen, abrupt zu einem anderen Thema zu wechseln oder epigrammatisch kurz etwas anzudeuten, kam der Brief dem Fragment nahe, das Friedrich Schlegel im *Athenaeum* zur bevorzugten literarischen Form erhoben hatte. Der Brief wurde auch theoretisch in die Nähe des philosophischen Gesprächs, des Dialogs, gerückt. Damit war eine, gegenüber der systematischen Schulphilosophie andere, neue Form des philosophisch-literarischen Dialogs, eine romantisch-lockere Form der ‚druckenden' Briefe (Friedrich Schlegel) gemeint. „Der wahre Brief ist seiner Natur nach poetisch", hielt Novalis im *Athenaeum* fest (Novalis 1798, 86). Er bezog sich hierbei jedoch nicht auf den privaten Brief, sondern auf den zur späteren Publikation geeigneten literarischen Briefwechsel, auf die „epistolarische Symphilosophie", die Friedrich Schlegel ihm vorgeschlagen hatte (28. Mai 1798, in: Schlegel 1958ff. [KFSA], Bd. 24, 135). Die unter den Freunden gewechselten Briefe sollten zum Druck bearbeitet werden.

Dabei dachte Schlegel an die Briefe von Männern wie Novalis, Ludwig Tieck, Friedrich Schleiermacher, seinem Bruder August Wilhelm und natürlich ihm selbst, Friedrich Schlegel, nicht aber an die als private Mitteilungsbriefe angesehenen von Frauen. Allerdings kam es in der romantischen Praxis kaum zur Veröffentlichung solch philosophisch-literarischer *Briefe* (mit Ausnahme von Schlegels frühem *Brief über den Roman*), stattdessen wurden daraus ‚Gespräche' – Essays in Dialogform und Abhandlungen. Auch eine *neue* Theorie des Briefes kam nicht zustande; es blieb bei widersprüchlichen, heterogenen Stichwörtern, bis es dann in Friedrich Schlegels Notizen „Zur Poesie. Anno 1803" hieß: „Der Brief ist seiner Natur nach unendlich prosaisch, fast gemein" (Schlegel 1958 ff. [KFSA], Bd. 16, 493). Der Brief blieb damit in der Romantik eine ‚vorästhetische Gattung' und so auch im Urteil der Literaturgeschichte bestenfalls ein *genre mineur* (vgl. Nolden 1995, 15–18). Dennoch entsprach gerade die offene Form des Briefes den Zielen des romantischen Kulturprogramms insofern „in idealer Weise, weil er – anders als die etablierten Formen der Kunst – keine rollenspezifische Aufspaltung der Kommunikation in Produzenten und Rezipienten kennt" (Bunzel 2013, 111).

3. Frauenbriefe der Romantik als literarische Emanzipation

Briefe sind die ‚Schule der schreibenden Frauen' gewesen. Es war diese Sorte Text, mit der Frauen seit spätestens dem 17. Jahrhundert überall in Europa ihre ersten selbständigen Schreibversuche machten, ehe sie dann im 18. und 19. Jahrhundert in den von den männlichen Literaten etablierten und respektierten literarischen Gattungen als Autorinnen hervortreten konnten (vgl. Becker-Cantarino, 1999). Nach England und Frankreich wurde auch in Deutschland die Briefkultur ein wichtiger Schreibort für Frauen, besonders im späten 18. Jahrhundert und zur Zeit der Romantik. Die florierende Briefkultur ermöglichte Frauen den Einstieg in die originäre, literarische Produktion. Denn das Briefeschreiben konnte wie bei Sophie von La Roche, ihrer Enkelin Bettina von Arnim und den Schriftstellerinnen der Romantik auch zu seiner Literarisierung und Ästhetisierung führen. Generationskonzepte erlauben es dabei, die epistolare Kommunikation ganzer Jahrgänge zu vergleichen und zu gruppieren, was einer gendersensiblen Betrachtung entgegenkommt (vgl. Jahnke/Le Moël 2015, 12–13).

Die zahlreichen privaten Briefe und Briefwechsel von und mit Frauen um 1800, die sich erhalten haben und die in Form und Stil individuell entsprechend unterschiedlich sind, durchzieht der Gestus vom eigenen Leben, das zum Brief, zum Text wurde. Gemeinsam war diesen privaten Frauenbriefen der romantischen Generation die autobiographische Thematik: In den Briefen kamen der persönlich-familiäre Bereich, die geistigen Interessen und Wünsche der Frauen zur Sprache; ihre je individuelle Persönlichkeit fand Ausdruck im Schreiben, bildete sich dabei selbständig weiter. Im Zentrum ihres Privatlebens standen *zunächst* die Freundschaften (wie bei Rahel Levin), die Familienpolitik und die anstehende Verheiratung (wie bei Sophie Mereau) oder der Liebhaber, der Ehemann, die Kinder, die Familie (wie bei Dorothea Schlegel oder ebenfalls Sophie Mereau), dann aber auch die Lektüre, die musische und geistige Beschäftigung (wie bei Therese Huber oder Helmina von Chézy).

Betrachtet man das gesamte Spektrum von Frauenbriefen und jeweils den ganzen Brief und nicht nur einen Ausschnitt, so bleiben philosophische, professionelle und religiös-dogmatische Fragen im Vergleich zu Briefen ähnlich situierter Männer weit zurück. Da die Frauen nicht berufstätig waren und keine philosophische oder politische Ausbildung und erst recht kein Universitätsstudium genossen hatten, fehlen die gelehrten, wissenschaftlichen und philosophischen Diskussionen und die auf *öffentliche* Geltung und Ansehen zielende breite Selbstdarstellung der eigenen Person und Karriere. Der philosophisch-kulturelle Diskurs und die Darstellung des eigenen Schaffens füllen die publizierten Briefe der männlichen Autoren, die diese zumeist schon mit Blick auf die Öffentlichkeit und also auf eine spätere Publikation hin verfasst und damit lange die Vorstellung vom guten, gehaltvollen Brief geprägt haben. Gleichwohl ist dank der zahlreichen Brief-Ausgaben von Rahel Varnhagen, der historisch-kritischen Briefausgabe von Therese Huber (1999ff., hg. von Magdalene Heuser) oder schon der der jungen Bettina Brentano eindrücklich dokumentiert, dass diese Frauen souveräne, originelle Briefpartnerinnen waren. Bettinas von Sibylle von Steinsdorff 1972 herausgegebener Briefwechsel mit dem späteren Historiker und Präsidenten des Münchner Oberlandesgerichts Max Prokop von Freyberg (1789–1851), den sie als Landshuter Studenten Savignys kennengelernt hatte, spiegelt beispielsweise ihre Beziehungen zu Studenten und ihre sozialen wie politischen Interessen wider. Ihr 1985 von Hartwig Schultz herausgegebener Briefwechsel mit den Brüdern Grimm ist wiederum in anderer Hinsicht ein wichtiges persönliches wie politisches Dokument, zeugt es doch vom intellektuellen Klima in den späten 1830er Jahren und Bettinas kultureller Rolle, ihren Ansprüchen wie auch ihrer Leistung (siehe IV.4. *Die Briefwechsel*).

4. Briefwechsel und Literarisierungsstrategien im frühen 19. Jahrhundert

Im Gefolge der napoleonischen Besatzung und der Restauration entstand die moderne Bewahrungskultur, in deren Rahmen Briefe als Zeitzeugnisse immens wichtig wurden. In Briefsammlungen und Editionen sah man eine adäquate Form, um das geistige und literarische Erbe zu transportieren und die eigene Leistung von Individuen und ihrer Generation – der Klassik und Romantik – zu dokumentieren und zu bewahren. So wurde denn auch der intensive literarische Historismus im 19. Jahrhundert mit der Publikation von großen literarischen Briefwechseln eingeleitet, beginnend mit den posthum veröffentlichten und mehr oder weniger redigierten Briefausgaben zu Lessing (ab 1794) und Wieland (ab 1815). Besonders die von Goethe 1828–1829 selbst herausgegebene Korrespondenz mit Schiller, die die Jahre 1795–1804 umfasst, sollte zum Spiegel der großen geistigen Vergangenheit werden. Die junge Generation schien diese Vergangenheit zu vergessen und zu verkennen, und der alternde Goethe schuf ein Andenken an den Freund und eine Art Autobiographie, in

3.2. Briefkultur, Briefwechsel, Briefbücher

der die Briefdialoge für sich selbst – und für den Dichter Goethe – sprechen sollten.

In den 1830er Jahren führte die Überarbeitung von authentischen Briefen, die den jeweiligen Korrespondenten ein poetisches, humanes, kulturelles Denkmal setzen sollten, zu zwei großen Bucherfolgen von Autoren aus dem engen Bekanntenkreis Bettina von Arnims. Zu einer literarischen Sensation wurden dabei Hermann von Pückler-Muskaus *Briefe eines Verstorbenen* (1830–1832), in denen er eigene, an seine Frau während seiner Englandreise geschriebene Briefe in redigierter Form veröffentlichte. Ähnlich verfuhr Karl August Varnhagen. Der fürsorgliche Ehemann hatte schon lange Rahels Sammlung von Briefen fortgesetzt und ihre früheren Briefe nach und nach zurückerbeten oder sogar aufgekauft, sie geordnet und katalogisiert. Schon 1833, nur wenige Wochen nach Rahels Tod, konnte er eine Auswahl von Rahels Briefen in einer ersten Version in 100 Exemplaren als Privatdruck an gute Freunde versenden, darunter an Bettina von Arnim. Diese Auswahl war bereits zu Rahels Lebzeiten von beiden gemeinsam fertig zusammengestellt worden. 1834 ließ Varnhagen mit *Rahel. Ein Buch des Andenkens für ihre Freunde* eine erweiterte, nicht mehr nur für das private Umfeld bestimmte Version in Druck geben und bereitete darüber hinaus weitere Abschriften für eine noch umfangreichere Ausgabe vor, zu deren Publikation es jedoch nicht mehr kam. Varnhagens Herausgabe von Rahels Papieren hatte auch die kathartische Funktion, das Leben der verstorbenen Rahel zu vergegenwärtigen (siehe III.1.4.b *Karl August Varnhagen von Ense*). Dabei benutzte Varnhagen verschiedene Inszenierungsstrategien, um sein und Rahels Bild literarisch zu überformen.

Genau hier, an diese Historisierungs- und Literarisierungsmode der 1830er Jahre, schloss auch Bettina von Arnim mit ihren Briefdichtungen an. Sie sind als Zweierkorrespondenzen angelegt, zunächst als literarische Denkmäler für Goethe und die Romantik, dann für ihre Freundin Karoline von Günderrode und ihren Bruder Clemens Brentano, ein Jahrzehnt später schließlich als Austausch mit ihrem jugendlichen Verehrer Philipp Nathusius. *Romantische Inszenierungen in Briefen. Der Lebenstext der Bettine von Arnim geb. Brentano* lautet der mit Blick auf die Briefdichtungen treffende Titel einer im Jahr 2000 von Angela Thamm veröffentlichten Studie. Zu Bettinas brieflichen Inszenierungsstrategien gehörten ihre literarischen Rollenspiele als ‚Kind', als Geliebte und/oder Freundin und als sich an ihrem Gegenüber bildende Autorin, später auch als Mentorin, wobei sie insbesondere authentische Briefe aus den drei genannten Quellbriefwechseln mit Goethe, Günderrode und Clemens Brentano mit der „Kunst der Retusche" (Bunzel 2012) verarbeitete. Die mit Dichtungen der Briefpartner verwobenen Briefe dienten der Autorin letztlich zur Reflexion auf der Ebene der Kunst, zur „künstlerischen Verständigung und Selbstverständigung" (Zimmermann 1992, 199).

5. Autobiographisches – Biographisches

Die Autobiographie oder – so der Titel eines 1818/19 von Jean Paul verfassten Fragments – ‚Selberlebensbeschreibung' meint die retrospektive Darstellung des eigenen Lebenslaufes. Als literarische Gattung steht seit dem 18. Jahrhundert die Entwicklung der Persönlichkeit im Austausch mit der äußeren Welt im Mittelpunkt des chronologisch angelegten Narrativs. Während in der Autobiographie der Autor selbst innere und äußere Erlebnisse und Handlungen präsentiert, versucht die Biographie das Leben einer anderen Person darzustellen, ebenfalls in erzählender Form und mit den in fiktionalen Texten verwendeten Mitteln der Stilisierung und Symbolisierung. Autobiographie und Biographie können als sprachliche Kunstwerke betrachtet werden, die zugleich historisch wandelbare literarische Moden wie Individualitätsauffassungen reflektieren (vgl. Wagner-Egelhaaf 2005, 47–56). Subjektivierung und zunehmende Komplexität der Form kennzeichnen die literarische Autobiographie spätestens seit der Romantik: Repräsentative Selbstdeutung und Selbststilisierung werden, verbunden mit psychologischer Introspektion, in romanhafter Verpackung präsentiert, die Grenzen zur Fiktion in der Autofiktion verwischt. Goethes ‚autobiographisches Projekt' *Aus meinem Leben. Dichtung und Wahrheit* (1811, 1812, 1814) übte mit seiner Verschränkung von Selbst- und Epochendeutung und der Fokussierung auf Kindheit, Jugend und Berufseintritt als die prägenden Lebensphasen zweifelsohne eine enorme Wirkung aus.

Im historisch orientierten 19. Jahrhundert florierten dann besonders die Personennarrative, in der Regel um ‚Geschichte' zu schreiben, Traditionen fortzuführen und die Erinnerung an Vergangenes zu bewahren. In der ersten Hälfte des Jahrhunderts ging es zumeist um die Legitimität materialer geschichtsphilosophischer Konstruktionen, primär der Hegel'schen, später dominierten die Spielarten des Historismus und universalhistorische Fortschrittskonzeptionen (vgl. Kruckis 1994, 550–551). Biographien waren Personengeschichten mit Blick auf die Normativität des Faktischen und der etablierten Chronologie, ‚wie es eigentlich gewesen ist' (Leopold von Ranke). Obwohl man die Differenz von Kunst und Wissenschaft zu betonen versuchte, bleibt zu bedenken, dass von der Wissenschaft eruierte Sachverhalte in ansprechender künstlerischer Form präsentiert werden müssen, dass die Präsentation von Ergebnissen immer auch eine Konstruktion, nicht einfach eine Abbildung ist (vgl. ebd.).

Bettina von Arnims literarisches Werk lebt von einer Vermengung von Biographischem und Autobiographischem und lässt sich nur sehr bedingt mit diesen literarhistorischen Kategorien fassen und noch viel weniger in diesen fest verorten. Vielfach orientiert an Goethes *Dichtung und Wahrheit*, sind ihre Briefbücher im Kontext von Erinnerungen an ihre Jugend und die Romantik konzipiert. So schließt etwa *Goethe's Briefwechsel mit einem Kinde* an Autobiographisches an: ihre Begegnungen und Briefwechsel mit Goethe, ihre Begeisterung für und Phantasien über den Dichter und seine Texte, ihre Besuche bei Goethes Mutter in Frankfurt am Main, ihre Jugenderlebnisse im ersten Jahrzehnt des 19. Jahrhunderts. In Bettinas Konzeption der Figuren

Goethe, Goethes Mutter, Karoline von Günderrode und Clemens Brentano fließen Erinnerung, Selbstdarstellung, Historisch-Biographisches und Literarisches ineinander. *Die Günderode* beispielsweise ist wie eine „dialogische Autobiographie" (Hilmes 1996) angelegt, doch nennt sich die Autorin nicht, sie vermischt Geschriebenes und Gelesenes, spielt mit Opposition und Widerhall in den mythologischen Figuren Narziss und Echo und mit Polyphonie.

Das Schreiben Bettina von Arnims jenseits der (im 19. Jahrhundert) etablierten Form von Autobiographischem und Biographischem, ihr Vermischen von Faktizität und Fiktionalität, hat dazu geführt, dass Passagen aus ihren Briefdichtungen als biographische Fakten weitergereicht oder selektiv zu einer „weibliche[n] Sozialbiographie aus dem 19. Jahrhundert" (Dischner 1977) neu zusammengestellt wurden. Ihre Inszenierungen und künstlerischen Freiheiten wurden und werden bis heute als biographische Fakten zitiert und helfen so, den Mythos ‚Bettina' am Leben zu erhalten. Erst rezente Interpretationen, die Bettina von Arnims autobiographisches/biographisches Schreiben im Lichte der Avantgarde lesen (z.B. Seidler 2013), machen die Poetisierung jenseits des Gattungsschemas kenntlich. Dennoch ist nicht zu übersehen, dass Bettinas Texte durchaus auch Faktisch-Biographisches tradiert haben, dass sie Karoline von Günderrode als Dichterin bekannt machte oder die Lyrik Clemens Brentanos mit popularisierte, indem sie fast 20 Gedichte in den *Frühlingskranz* aufnahm.

6. Literatur

Anz, Thomas (Hg.): *Handbuch Literaturwissenschaft*. 3 Bde. Stuttgart, Weimar 2013.
Becker-Cantarino, Barbara: *Schriftstellerinnen der Romantik. Epoche – Werke – Wirkung*. München 2000.
Becker-Cantarino, Barbara: „Leben als Text – Briefe als Ausdrucks- und Verständigungsmittel in der Briefkultur und Literatur des 18. Jahrhunderts". In: Hiltrud Gnüg u. Renate Möhrmann (Hg.): *Frauen Literatur Geschichte. Schreibende Frauen vom Mittelalter bis zur Gegenwart*. 2., neu bearb. u. erw. Aufl. Stuttgart, Weimar 1999, S. 129–146.
Bovenschen, Silvia: *Die imaginierte Weiblichkeit. Exemplarische Untersuchungen zu kulturgeschichtlichen und literarischen Präsentationsformen des Weiblichen*. Frankfurt a.M. 1979.
Bunzel, Wolfgang: „Die Kunst der Retusche. Ein Originalbrief von Goethe an Bettine Brentano und seine Überarbeitung in Bettine von Arnims teilfingierter Quellenedition *Goethe's Briefwechsel mit einem Kinde* (1835)". In: Jörg Schuster u. Jochen Strobel (Hg.): *Briefkultur. Texte und Interpretationen – von Martin Luther bis Thomas Bernhard*. Berlin, Boston 2012, S. 169–182.
Bunzel, Wolfgang: „Briefnetzwerke der Romantik. Theorie – Praxis – Edition." In: Anne Bohnenkamp-Renken u. Elke Richter (Hg.): *Brief-Edition im digitalen Zeitalter*. Berlin, Boston 2013, S. 109–132.
Dischner, Gisela (Hg.): *Bettina von Arnim. Eine weibliche Sozialbiographie aus dem 19. Jahrhundert*. Komment. u. zusammengest. aus Briefromanen u. Dokumenten v. Gisela Dischner. Berlin 1977.
Goodman, Katherine: *Dis/Closures: Women's Autobiography in Germany Between 1790 and 1914*. New York [u.a.] 1986.

Hilmes, Carola: „‚Lieber Widerhall'. Bettine von Arnim: *Die Günderode* – Eine dialogische Autobiographie". In: *Germanisch-Romanische Monatsschrift* 46 (1996), S. 424–438.
Jahnke, Selma, und Sylvie Le Moël (Hg.): *Briefe um 1800. Zur Medialität von Generation.* Berlin 2015.
Klein, Christian (Hg.): *Handbuch Biographie. Methoden, Traditionen, Theorien.* Stuttgart, Weimar 2009.
Knigge, Adolph Freiherr von: *Ueber den Umgang mit Menschen.* 2 Bde. Hannover 1788.
Kruckis, Hans-Martin: „Biographie als literaturwissenschaftliche Darstellungsform im 19. Jahrhundert". In: Jürgen Fohrmann u. Wilhelm Voßkamp (Hg.): *Wissenschaftsgeschichte der Germanistik im 19. Jahrhundert.* Stuttgart, Weimar 1994, S. 550–575.
La Roche, Sophie von: *„Ich bin mehr Herz als Kopf". Ein Lebensbild in Briefen.* Hg. v. Michael Maurer. München 1983.
Landfester, Ulrike: „Faselei online. Vorüberlegungen zu einer Internet-Publikation von Bettine von Arnims Werk". In: *Jahrbuch für Computerphilologie* 2 (2000), S. 121–145. http://computerphilologie.uni-muenchen.de/jg00/landfest/landfest.html [30. Mai 2019].
Nolden, Thomas: *„An einen jungen Dichter". Studien zur epistolaren Poetik.* Würzburg 1995.
Novalis: „Blüthenstaub". In: *Athenaeum. Eine Zeitschrift,* Bd. 1., St. 1. Berlin 1798, S. 70–106.
Oehlke, Waldemar: *Bettina von Arnims Briefromane.* Berlin 1905.
Rosenberg, Rainer: *Verhandlungen des Literaturbegriffs: Studien zu Geschichte und Theorie der Literaturwissenschaft.* Berlin 2003.
Scheibe, Siegfried: „Zum Abschluss der Edition von Wielands Briefwechsel". In: *Wieland-Studien* 5 (2005), S. 210–217.
Schlegel, Friedrich: *Kritische Ausgabe seiner Werke* [= KFSA]. Hg. v. Ernst Behler [u.a.]. München [u.a.] 1958ff. Bd. 16: *Fragmente zur Poesie und Literatur. Teil 1.* Hg. v. Hans Eichner (1981); Bd. 24: *Briefe von und an Friedrich und Dorothea Schlegel. Die Periode des Athenäums.* Hg. v. Raymond Immerwahr (1985).
Seidler, Miriam: „‚Deine Briefe sind ja doch keine Kunstarbeit?' – Bettine von Arnims Schreiben im Zeichen der Avantgarde". In: *Kodikas/Code – Ars Semeiotica* 36.1–2 (2013), S. 133–146.
Thamm Angela: *Romantische Inszenierungen in Briefen. Der Lebenstext der Bettine von Arnim geb. Brentano.* Berlin 2000.
[Varnhagen von Ense, Karl August, Hg.]: *Rahel. Ein Buch des Andenkens für ihre Freunde.* 3 Bde. Berlin 1834. [Photomechanischer Nachdruck: München 1983.]
Wagner-Egelhaaf, Martina: *Autobiographie.* 2., aktual. u. erw. Aufl. Stuttgart, Weimar 2005.
Wiethöler, Waltraut, und Anne Bohnenkamp (Hg.): *Der Brief. Ereignis und Objekt. Frankfurter Tagung.* Frankfurt a.M., Basel 2008.
Zimmermann, Karin: *Die polyfunktionale Bedeutung dialogischer Sprechformen um 1800. Exemplarische Analysen: Rahel Varnhagen, Bettine von Arnim, Karoline von Günderrode.* Frankfurt a.M. [u.a.] 1992.

3.3. Gespräch, Geselligkeit, Salon
Barbara Becker-Cantarino

1. Gespräch 341
2. Dialogizität, Dialogisches 344
3. Geselligkeit, Gesellschaft 346
4. Salon 347
5. Berliner Salons der Romantik, Salonkritik und Forschung 349
6. Bettina von Arnims Geselligkeit und Salon 350
7. Literatur 353

1. Gespräch

In Bettina von Arnims *Dies Buch gehört dem König* (1843) und *Gespräche mit Daemonen* (1852), die zunächst an den König adressiert waren, steht anstatt der Briefe die Gesprächsform im Mittelpunkt, eine orale Komponente in der epistolaren Schriftlichkeit. ‚Gespräch' bezeichnet zunächst den unmittelbaren sprachlichen Gedankenaustausch zwischen zwei oder mehreren Partnern. Als eine der Grundformen des menschlichen Zusammenlebens kann das Gespräch aus unterschiedlicher Perspektive betrachtet werden: philosophisch, pädagogisch, psychologisch, linguistisch oder medientheoretisch.

In den kulturpolitischen Entwürfen für die Zeit um 1800 ist das Gespräch ein durchweg gesellschaftliches Phänomen, das der Schaffung einer frei-geselligen, eben gesprächigen Atmosphäre dient, in der das Individuum und die Gemeinschaft miteinander verbunden werden, wie Markus Fauser (1991) in seiner rhetorisch-pragmatisch ausgerichteten Untersuchung für das 18. Jahrhundert dargelegt hat. Typologisch werden in der Forschung Sonderformen des Gesprächs wie Klatsch und Causerie oder Geplauder, Witz, Scherz und Humor, Debatte, Diskussion und Verhandlung voneinander unterschieden. Das Gespräch kann auch der interpersonell gebundenen Selbstreflexion und allmählichen Entwicklung des Selbstbewusstseins des Individuums dienen. Es ist vornehmlich an akustisch-verbale Äußerungen gebunden, die dann auch als schriftliche Wortwechsel wie im Brief – heute eher als Mail, SMS oder Chat – fungieren. Gespräch und Brief sind literarisch eng verwandt, wofür Bettina von Arnims Publikationen denn auch ein gutes Beispiel sind.

Literaturgeschichtlich gesehen war das Gespräch im Gesellschaftsroman des 17. und 18. Jahrhunderts in den Dialogeinlagen schon vorgebildet, wie etwa in Georg Philipp Harsdörffers *Frauenzimmer Gesprächsspielen* (8 Bde., 1641–1649), einer deutschen Umgestaltung geselliger Unterhaltung der aristokratischen Salons Frankreichs. Hier diente die literarisierte Gesprächsform der Geselligkeit und der belehrenden Unterweisung junger Herren in höfischen Umgangsformen den Damen der ‚guten Gesellschaft' gegenüber. Im Roman des 18. Jahrhunderts, etwa bei Christoph Martin Wieland, nahmen die Gespräche eine behutsam belehrende Form an; sie vermittelten den LeserInnen kulturelles wie philosophisches Wissen, keine Schulphilosophie, sondern Lebensweisheiten, Ideen, Religiöses und Literarisches aus der westlichen Tradition. Diese ‚sokratische Methode' des ‚Lehrgesprächs' ist bis heute als Unterrichtsgespräch oder auch als – noch weitaus offeneres – ‚literarisches Gespräch' beliebt; Bettinas Großmutter Sophie von La Roche benutzte die Methode in ihren *Moralischen Erzählungen* (1783/84 u.ö.) wie auch in ihren späten Romanen *Geschichte von Miß Lony und der schöne Bund* (1789) und *Erscheinungen am See Oneida* (1798), in denen Gespräche zwischen den agierenden Personen zur Verständigung und zur Belehrung (auch des Publikums) in das Narrativ aus Berichten, Reisbeschreibungen, Briefen und tagebuchartigen Aufzeichnungen eingebunden sind (vgl. Becker-Cantarino 2008). Die Gespräche in ihren Romanen konzipierte La Roche eher im Stil der französischen, unverbindlich offenen Causerie, jedoch immer mit belehrenden Untertönen, die an die weiblichen Modellfiguren ihrer Texte und damit an ihre Leserinnen adressiert sind. Verglichen hiermit benutzte ihre Enkelin Bettina von Arnim in ihren ‚Gesprächsbüchern', in der „Socratie der Frau Rat" im *Königsbuch* und im *Daemonenbuch*, die Gesprächsform weitaus kritischer und ironischer.

In der Romantik wurde die verschriftlichte literarische Form des Gesprächs zu Essays ausgeweitet, so etwa in Friedrich Schlegels *Gespräch über die Poesie*, in dem es heißt: „Das Spiel der Mitteilung und der Annäherung ist das Geschäft des Lebens und die Kraft des Lebens", und weiter: „Für mich hatte es von jeher großen Reiz mit Dichtern und dichterisch Gesinnten über die Poesie zu reden. Viele Gespräche der Art habe ich nie vergessen" (Schlegel 1958 ff. [KFSA], Bd. 2, 287). Der im *Athenaeum* veröffentlichte Schlüsseltext spiegelt die gesellige Gesprächskultur der Berliner Romantik als Grundlage romantischer Dichtung. Auch der Theologe Friedrich Schleiermacher – Wohnungsgenosse Friedrich Schlegels in Berlin in den 1790er Jahren, zeitweiliger Mitarbeiter am *Athenaeum* und später Bettina von Arnims väterlicher Intimfreund in Berlin – gebrauchte die literarische Form des spielerisch-offenen, aber dennoch bedeutsam-richtungsgebenden Gesprächs für religiös fundierte Erörterungen zeitgenössischer Fragen, beispielsweise in *Die Weihnachtsfeier. Ein Gespräch* (1806). Das ‚Gespräch' und auch Schleiermachers ‚Reden' (*Über die Religion. Reden an die Gebildeten unter ihren Verächtern*, 1799) waren an Oralität orientierte literarische Formen, die die traditionelle akademische Disputation verabschiedeten. So konnte Schleiermacher die von einem Theologen erwartete Dogmatik bedeutungsvoll und allgemeinverständlich darlegen, getreu dem Motto, „daß der Buchstabe tödtet und nur der Geist lebendig macht" (Schleiermacher 1826, IV) – eine Kritik an der akademischen Pedanterie, die auch Bettina von Arnim später in ihrem Spott über die ‚Philister' immer wieder vorbringen wird. Im Gegensatz zu Hegel, für den auch Bettina wenig Sympathie hatte, wollte Schleiermacher ‚Wissen' nicht als logisch-spekulativ begründet sehen, sondern er bestand, wie er in seiner *Dialektik* (1811) deutlich machte, auf dem platonischen Verständnis von ‚Dialektik' als der Kunst, ein Gespräch zu führen.

Die spezifische Form des *Salongesprächs* entwickelte sich in der Frühromantik in Deutschland aus der mündlichen Tradition heraus und stellte eine hochartifizielle, kunstvolle Kreation dar. Eine (ungeschriebene) Regel des Salongesprächs war der Zwang zur Zwanglosigkeit in der freien Assoziation, im konversationellen Imaginieren, im Bonmot, im kleinen Porträt (vgl. Schmölders 1979, 29–34). Es waren reine Literatengespräche, während Bettina von Arnim in ihren Gesprächsbüchern etwa 40 Jahre später und somit in der zweiten Generation der Romantiker dem Salongespräch eine volkstümlich-drastische Wendung mit politischen Nuancen gab (vgl. Schultz 1997, 255). Die Gespräche in *Dies Buch gehört dem König* sind anders als die Idealgespräche Schlegels oder die in der Rahmenerzählung von Ludwig Tiecks *Phantasus* (3 Bde., 1812–1817), denn hier steht mit der Frau Rat zum „erstenmal [...] eine Frau im Zentrum und bestimmt allein und energisch Gegenstand und Fortgang des Gesprächs" (Schultz 1997, 263), eine volkstümlich-drastisch konzipierte, zugleich nicht mehr naiv-kindliche, sondern alte, weibliche Sprecherfigur, die durchaus mit der realen Rolle Bettina von Arnims als dominierende, zentrale Person bei ihren Geselligkeiten korrespondierte. Die Figur der Frau Rat ist dabei umgeben von Vertretern der etablierten Gesellschaft, die philisterhafte Gegenpositionen artikulieren. Frau Rat argumentiert – mit Anklängen an den Frankfurter Dialekt – assoziativ und schweift ab, kommt aber immer wieder auf ihre politischen Ansichten zurück. Die Abschweifungs- oder Digressionstechnik imitiert den naiv-natürlichen Fluss eines mündlichen Gesprächs und vermittelt dem Lesepublikum den Eindruck des Spontanen, Impulsiven, des Offenen und Ehrlichen (siehe IV.1.3.a *Dies Buch gehört dem König*).

Nun verfolgten die Themen der Salongespräche in *Dies Buch gehört dem König* letztlich eine zeitkritische Stoßrichtung. Die „politische Aufklärung" sei, so Hartwig Schultz, das „Hauptziel dieser Variante des Salongespräches" gewesen, allerdings habe die Zensur und die repressive Kulturpolitik verhindert, dass diese Variante weitergeführt wird: „Das *Königsbuch* stellt daher nur eine rasch welkende Schein-Blüte politischer Salonkultur der Spätzeit der Romantik dar" (Schultz 1997, 269). Schultz hält deshalb die Fortsetzung, Bettina von Arnims *Gespräche mit Daemonen* von 1852, die die Autorin ohne Eingriffe der Zensur publizieren konnte, für missraten. So sei der dort auftretende „Proletarier" keine populäre Identifikationsfigur und die Stellungnahmen der Völker würden wirken wie „Solidaritätsadressen auf internationalen Arbeiter-Kongressen"; diese politischen Appelle seien kaum „mit dem Modell des Salongesprächs vergleichbar", was gewiss auch dem Geist der Zeit als Reaktion auf die „nach 1848 erneut einsetzende Restauration" geschuldet war, denn, so Schultz: „Das unverbindliche, freie, von einem weitgefaßten Kunstbegriff getragene Gespräch des Salons wurde im Vormärz durch andere, meist kämpferische Formen von Kommunikation abgelöst" (Schultz 1997, 270).

Bettina von Arnim kultivierte das Salongespräch in der Geselligkeit des kleinen Kreises bei ihr zu Hause, sie war als Frau ausgeschlossen von den öffentlichen Bereichen der Elite, der Wissenschaft, erst recht der Universität wie auch der Politik. Sie konnte an die konversationellen Freiheiten des Salongesprächs zweifelsohne anknüpfen, aber „auch politische Themen unterlagen nach wie vor dem Formzwang einer halb spielerischen Ästhetisierung, die auch die brisantesten Meinungsbekundungen durch sprachverliebte Brillanz oder pathetisch überhöhende Ablösung des Sachverhaltes von seinem konkreten Anlaß ihres Stachels zu berauben hatte" (Landfester 1997, 284–285). Im politischen Klima der 1840er Jahre sei es, so Ulrike Landfester, um „die Unterscheidung von Redeweisen" gegangen, „die schmale Grenze zwischen privater Konversation und öffentlicher Agitatorik", die Bettina noch im *Königsbuch* habe ausnutzen können (ebd., 285). Landfester konstatiert für die Autorin schließlich generell eine „Grenzziehung zwischen dem Oberflächenreiz des Salontons und dem Ausdruck ihres ‚sittlichen Ernstes'" (ebd., 287), wobei das brisante tagespolitische Thema des Pauperismus im 1844 geplanten *Armenbuch* die ‚Schicklichkeit' (Landfester) der Salongespräche letztlich doch gesprengt und vielmehr eine Alternative erfordert habe, die in der öffentlichen Rede über den Pauperismus längst etabliert war: das Genre der Sozialreportage. Bettinas sogenanntes Nachwort zum *Armenbuch* blieb bei alldem eine Montage von Beispielerzählungen; in der als Teil des *Armenbuch*-Konvoluts überlieferten *Erzählung vom Heckebeutel* etwa sieht Landfester nicht nur eine „Synthese aus politischer Programmatik und Poesie", sondern auch und vor allem „eine[ ] pointierte Abrechnung mit den traditionellen Gepflogenheiten des Salongespräches" (ebd., 294 u. 296; siehe IV.1.5. *Das Armenbuch-Projekt*).

2. Dialogizität, Dialogisches

Dialogiziät, die Redevielfalt oder Mehrstimmigkeit, wie sie als theoretisches Konzept aus dem Formalismus des Literaturwissenschaftlers und Philosophen Michail Bachtin in den 1980er Jahren entwickelt worden ist, betont die intertextuellen und kontextorientierten Aspekte von Literatur. Jede Äußerung wird als kommunikativer dynamischer Prozess betrachtet, als ein Sprechakt, der auf einen oder mehrere andere gerichtet ist, zur Gegenrede auffordert und dabei immer die ‚Spuren' vorheriger Verwendungen mitkommuniziert. Im Sinne einer diachronen Sprachauffassung meint Dialogizität den Austausch und das Zusammenklingen verschiedenster Stimmen und Diskurse. Worte, Äußerungen und Texte sind Konfliktfelder von Stimmen, Sprachebenen, Werten oder auch Normen, die sich teils bündeln, teils konkurrieren, wofür beispielhaft der polyphone, mehrstimmige Roman steht. Im Gegensatz zu einem monologischen Werk hat das Dialogische nicht nur eine einzige dominante Stimme, es lässt andere Stimmen nicht verstummen, tendiert eher zur subversiven Kraft des ‚Karnevalesken' (einer subversiven Durchbrechung erstarrter Ordnungen), reflektiert im narrativen Rahmen demokratische und antihierarchische Werte. Eine dialogische Interpretation erlaubt Deutungsvielfalt, ist nie abgeschlossen und nicht auf eine feste Bedeutung fixiert. Aspekte dieses theoretischen Konzepts sind seit den 1990er Jahren mehrfach bei der Interpretation der eminent intertextuellen und intermedialen Texte Bettina von Arnims herangezogen worden.

Sprache als Mitteilung ist dabei an sich schon ‚dialogisch'; während der traditionelle Dialogbegriff als ein Kommunikationsvorgang betrachtet wird,

3.3. Gespräch, Geselligkeit, Salon

der von mindestens zwei alternierenden Personen geführt wird, kann im Salongespräch eine polyfunktionale Bedeutung dialogischer Sprechformen beobachtet werden. Bettina etwa hat Dialogizität zur mythischen Überhöhung ihrer jeweils im Anderen erfahrenen Eigentümlichkeit eingesetzt. So wird in der *Günderode* (1840) der dialogische Anspruch „nicht auf der Ebene eines ausformulierten Rollenspiels" vollzogen, „sondern in der Wortschöpfung", der „Suche nach einem adäquaten Ausdrucksmittel" (Zimmermann 1992, 187), etwa wenn die Bettine-Figur sagt: „Was einer mit mir spricht, darauf möchte ich ihm antworten mit einem Tannenzapfen, den ich ihm in die Hand drücke, oder eine Schnecke die am Wege kriecht, oder einen angebißnen Holzapfel, es wär immer noch gescheuter als die Antwort, die mir einfällt" (GW 1, 348). Das „Naturobjekt" ersetzt hier „das sprachliche Zeichen" und „veranschaulicht sinnbildlich die Rückkoppelung der Sprache an die Gegenstände, um die sich die Verfasserin bemüht" (Zimmermann 1992, 187).

Im *Frühlingskranz* (1844) sind die dialogischen Konstellationen in den zwei Stimmen angelegt, dem Briefwechsel der Figuren Clemens und Bettine, „einer von Anfang an schiefen Dialogsituation", denn es handelt sich „nicht um ein Gespräch zwischen gleichwertigen Partnern, sondern um ein Erziehungsprojekt, das strukturell die hierarchische Situation zwischen Lehrer und Schüler" voraussetzt; das entziehe, so eine moderne Lesart, „diesem Briefwechsel die Grundbedingung allen echten ‚Dialogierens'" im Sinne der romantischen Utopie: „eine Gesprächsübereinkunft zwischen zwei autonomen Subjekten, die ihre gegenseitige Andersartigkeit voraussetzen und anerkennen" (Isselstein 1992, 210–211).

Bettina von Arnims Texte sind insofern schon dialogisch, als sie von den zeitgenössischen Kommunikationsformen Gespräch und Brief beeinflusst sind. Sie stehen der frühromantischen Ästhetik nahe, Leben und Gesellschaft ‚poetisch zu machen' (vgl. Bunzel 2011, 24–25). Als Autorin arbeitet Bettina an einer künstlerischen Verdichtung, indem sie die Brief- oder andere Textvorlagen „zerpflückt und verstreut" und an geeigneten Stellen platziert, dazu Eigenes erfindet, ergänzt und einfügt (Oehlke 1905, 5–6). Ihre auktoriale Position tritt dabei hinter ihre stilistisch-sprachliche Ausformung, ihre rhetorischen Figuren und ihre bewusste Inszenierung zurück. Zu den kommunikativen Strategien der Autorin Bettina von Arnim gehörte es, das Gespräch zu suchen, den Dialog anzubieten und den Adressaten geradezu dazu zu verführen (vgl. Bunzel 2011, 19).

Bettinas Kommunikationsangebote waren durchaus ergebnisorientiert, sie verfolgte zumeist ein Anliegen, und sie initiierte den Kontakt fast immer mit einem Geschenk. An Goethe schickte sie aus Frankfurt am Main kostbare kleine Kunstgegenstände; später bekamen ihre ersten Geschenke eine eher persönliche Note, so übersandte sie Schriften Arnims (wie an den preußischen Kronprinz Friedrich Wilhelm), eigene Publikationen (etwa *Die Günderode* an den Philosophen und Theologen David Friedrich Strauß) oder eigene Zeichnungen (etwa die *Trunkene Bacchantin* an Hermann von Pückler-Muskau). Dies trug zur Intimisierung der Kontaktaufnahme bei, und es erforderte – wenn auch nur aus Höflichkeit – eine Antwort vom Adressaten. Die „Penetranz nicht scheuende Entschiedenheit" der „Kontaktanbahnungs- und Kontaktaufrechterhaltungsmanöver[ ]" hat manche Zeitgenossen hierbei fraglos irritiert und wohl generell polarisiert (Bunzel 2011, 22–23). Ihre schriftliche Kommunikation war zwar eher gefiltert, aber mit ihrem „eigenwilligen Auftreten" und ihrer „provokanten Art" brüskierte sie die Gesellschaft, sie „verletzte auch gezielt soziale Anstandsregeln und Umgangsformen", um, wie Wolfgang Bunzel meint, den „Zwangscharakter der gesellschaftlichen Ordnung offenzulegen" (ebd.). Eine Rolle spielte hier aber auch ihr starker Geltungsdrang, ihr Wille, bemerkt zu werden, hervorzustechen, eine Rolle in der Gesellschaft zu spielen, an andere Personen, besonders an prominente Männer, heranzukommen, sie zu beeinflussen.

Im Dialog selbst nahm sie, soweit dies aus Berichten der Zeitgenossen oder ihren zahlreichen schriftlichen Konzepten ersichtlich ist, einerseits mit Vorliebe eine hohe, moralisierende, idealisierende Position ein, andererseits pflegte sie eine beißende, oft personenbezogene, den Anderen beschämende oder anklagende Haltung. Sie reklamierte immer die ‚Wahrheit' für sich und ihre Sicht der Dinge. Zugute kam ihr in diesem Rahmen ihre rhetorische Brillanz, indes fehlte ein räsonierendes Abwägen von Pro und Kontra bei den Inhalten und ihren eigenen Urteilen. Ihrem Dialogisieren mangelte es häufig an eben jener Dialogizität im Bachtin'schen Sinne, an der spielerischen Offenheit, dem Gewähren einer Freiheit für andere Stimmen, dem hermeneutischen Ernst bei der Wahrheitsfindung. Letztlich habe sie sich, so Bunzel, in ihren dialogisch strukturierten Texten als eine „Art von Bauchrednerin" erwiesen, die als „sprachmächtiges Subjekt" hinter den inszenierten Figuren auftritt; ihr dialogistisches Schreibkonzept begreife Menschsein als etwas, das sich nur in der Interaktion, im kommunikativen Prozess entfalte (Bunzel 2011, 32–33).

3. Geselligkeit, Gesellschaft

Geselligkeit als theoretisches Konzept wie auch als kultivierte Lebenspraxis bildete einen wichtigen Aspekt in der Kultur des 18. und 19. Jahrhunderts. Der Begriff ‚Geselligkeit' war schon in der Naturrechtsphilosophie diskutiert und zunächst vor einem christlich-religiösen Hintergrund ausformuliert worden als, so Zedlers *Universal-Lexicon*, „eine Pflicht mit andern Menschen eine friedliche und dienstfertige Gesellschaft zu unterhalten, damit alle durch alle ihre Glückseligkeit erlangen mögen" (Zedler 1732–1754, Bd. 10 [1735], Sp. 1260). Die naturrechtlichen Konzeptionen von organisierter, strukturierter Geselligkeit unter dem Begriff ‚Gesellschaft' waren männlich codiert; in den Statuten der organisierten geselligen Zirkel der bürgerlichen Gesellschaft, der Akademien, Lesegesellschaften, Clubs, Freimaurerlogen, Dichterbünde, Freundschaftszirkel, Kaffeehäuser usw. waren Frauen (und Juden) ausdrücklich von einer Mitgliedschaft ausgeschlossen; die bürgerliche Öffentlichkeit konstituierte sich in Deutschland somit als „Männerbund" (Honegger 1991, 53).

3.3. Gespräch, Geselligkeit, Salon

Noch in der Frühromantik, etwa in Fichtes *Grundlage des Naturrechts* (1796), wurde aus dieser ‚Gesellschaft' die ‚Familie' als Sonderfall herausgelöst und der bürgerlichen Frau ihr Platz in der privaten, häuslichen Geselligkeit der Familie zugewiesen. Dazu gab es schon im 18. Jahrhundert theoretische Gegenstimmen. In der Praxis wurde denn auch zwar vielfach die rigide Ausgrenzung der Frauen aus dem außerfamilialen, geselligen Bereich unterlaufen, nicht jedoch die aus dem öffentlichen und staatspolitischen Sektor. Frauen partizipierten an der romantischen Freundschaftspraxis, den privaten Geselligkeiten und den sogenannten Salons – insgesamt aber blieben sie hier Ausnahmeerscheinungen. Gleichwohl war es eine in der Romantik weitverbreitete Vorstellung, dass der Mensch die Gesellschaft anderer Menschen als Gesellen oder Mitgenossen für sein Leben bedarf, ja, dass diese Geselligkeit für ein erfülltes, ethisches Leben unabdingbar sei. ‚Geselligkeit' stellte ein sozialethisches Programm mit einem gewissen utopischen Anspruch dar, wie in Friedrich Schleiermachers *Versuch einer Theorie des geselligen Betragens* (1799) deutlich wird, in dem dieser seine Ansichten zu einer freien Geselligkeit, einer ethischen Pflichtenlehre für das in die Gesellschaft eingebundene Individuum, in einem egalitären (nicht elitären), dialogischen (nicht statischen) Konzept der Person darlegte. Schleiermachers *Versuch* war dabei weder Beschreibung noch gar Anleitung für die zeitgenössische gesellige Praxis, für die von den Herren und Damen der ‚guten Gesellschaft' besuchten Salons, die historisch jeweils ihrer Zeit und Umwelt entsprechende Formen annahmen (vgl. Becker-Cantarino 2000, 183–198).

In ihrer Jugendzeit erlebte Bettina den Deutschland-Besuch Madame de Staëls im Jahr 1808 in Frankfurt und nahm auch etwas eifersüchtig deren Besuch in Heidelberg bei Achim von Arnim wahr (vgl. Landfester 2008). Madame de Staël berichtete schließlich in *De l'Allemagne* (3 Bde., 1813, dt. 1814), das insbesondere die Literatur der Romantik in Frankreich und Europa bekannt machte, von den „Herrenessen bei den Ministern" und der weitgehenden Absonderung der „Damengesellschaft" in Berlin; im Gegensatz zu „der Verschmelzung des Geistes der Männer und der Frauen" in Frankreich würden, so Madame de Staël, im romantischen Deutschland die Frauen „durch Empfindsamkeit zu gefallen und durch Phantasie zu fesseln" suchen (zit. nach Becker-Cantarino 2000, 186–187). In genau diese Berliner Gesellschaft also trat Bettina als jung verheiratete Frau und Mutter ein.

4. Salon

Der kulturgeschichtliche Terminus ‚Salon' meint heute, auf das späte 18. und das 19. Jahrhundert in Deutschland bezogen, eine offene, amorphe Geselligkeit, die von einer Frau in einem Privathaus oder einer Wohnung, einem Ort außerhalb der öffentlich-staatlichen Sphäre also, veranstaltet wird. Während die (literarischen) Gesellschaften und Institutionen im 18. Jahrhundert reine Männervereine waren, kamen im Salon um 1800 erstmals Männer *und* Frauen als Gäste zu außerfamiliären und außerhöfischen Geselligkeiten zusammen; die

Gastgeberin sollte und konnte hierbei auf ihre weibliche Rolle (als Hausfrau, Mutter oder Geliebte) und auf ihre persönlichen Talente (Verstand, Schönheit, Charme) zurückgreifen und im Zusammenspiel mit Gästen aus ihrem Netzwerk und im Rahmen der zeitgenössischen Schicklichkeit die Konversation und Geselligkeit gestalten. Es war eine Art Erweiterung der Hausfrauenrolle, möglich aber nur, sofern sie über ausreichend Freizeit und ein repräsentatives Gesellschaftszimmer (den ‚Salon') verfügte.

Die ungezwungene, private Geselligkeit wurde im regelmäßigen Turnus – zu einem *Jour fixe* – gegeben, Gäste waren Intellektuelle, Künstler und einige ‚Damen der guten Gesellschaft'; im Zentrum standen Konversationen über Kunst, Literatur, Philosophie oder auch Politik und musische Darbietungen. Der Salon gehörte der *mündlichen* Kulturtradition an. Er handelte sich nicht um einen Verein mit Statuten und direkten schriftlichen Zeugnissen wie Berichten oder Protokollen. Dabei war das Salonphänomen sehr vielgestaltig, die Übergänge zu und Überschneidungen mit anderen Formen mündlicher Geselligkeit waren durchaus fließend. In dieser Offenheit und der historisch kaum zu rekonstruierenden Mündlichkeit liegt zugleich eine wesentliche Schwierigkeit bei der literarischen und kulturgeschichtlichen Verortung des Salons, zumal die Quellenlage zu dieser Art Geselligkeit, über die nur in sporadischen Briefstellen und – erst später verfassten – Memoiren und ähnlichen Texten berichtet wurde, ausgesprochen dünn ist (vgl. Isselstein 1997, 172–173).

Anders als in Deutschland bezeichnete das französische Wort ‚Salon' seit der Mitte des 17. Jahrhunderts die Empfangs- und Repräsentationsräume in französischen Schlössern, im 18. Jahrhundert auch die in reichen Stadthäusern des Bürgertums, ins Deutsche als „Haupt-Saal" übersetzt (Zedler 1732–1754, Bd. 33 [1742], Sp. 1121). Um 1800 stand das französische *salon* überdies für die jährliche Kunstausstellung, die der Louvre seit 1737 regelmäßig im *salon carré*, eingerichtet hatte und die zur wichtigsten Kunstausstellung und zum bedeutendsten Kunstwettbewerb des Landes avanciert war. ‚Salon' meinte indes *noch nicht* den Ort *literarischer* Geselligkeit. Madame de Staël scheint mit ihrem Roman *Corinne* (1807) eine der ersten gewesen zu sein, die ‚Salon' im übertragenen Sinne zur Bezeichnung einer geselligen Formierung gebraucht hat, bevor sich der Begriff im Laufe der ersten Hälfte des 19. Jahrhunderts als Modewort für literarische, musikalische oder auch einfach nur rein gesellige regelmäßige Zusammenkünfte in Privathäusern der guten Gesellschaft etablierte, zu denen zumeist die ‚Dame des Hauses' einlud. Später wurde die Bezeichnung ‚Salon' rückblickend auf die großen literarischen Geselligkeiten des *Ancien Régime* bezogen, etwa die im 17. Jahrhundert berühmten musischen Abendgesellschaften der Marquise de Rambouillet, der Mademoiselle de Scudéry oder der Madame d'Aulnoy, sowie auf die politisch-philosophischen Geselligkeiten in der zweiten Hälfte des 18. Jahrhunderts, die teilweise auch von prominenten Männern geleitet wurden, darunter dem Baron d'Holbach, dem Philosophen Claude Adrien Helvétius oder dem Bankier und späteren französischen Finanzminister Jacques Necker, dem Vater der Madame de Staël (vgl. Baader 1986).

5. Berliner Salons der Romantik, Salonkritik und Forschung

Als ‚Berliner Salons' wurden in der Kulturgeschichte vor allem der Kreis von Henriette Herz und die Geselligkeiten bei Rahel Levin berühmt. Dabei können Rahels ‚Dachstube' und ihr ‚dünner Thee' als Mythisierungen betrachtet werden (vgl. Hahn 1997). Auch verwendeten Henriette Herz, Rahel Varnhagen und ihre Generation für ihre Geselligkeiten überhaupt nicht das Wort ‚Salon'. Sie sprachen von ‚Zirkel', ‚Kreis', ‚(Lese-)Gesellschaft' oder auch vom ‚offenen Haus' und ‚Jour fixe'. ‚Salon' benutzten sie allenfalls, wenn sie französisch sprachen und damit das repräsentative Gesellschaftszimmer bezeichneten, erst Jahrzehnte später wurde ‚Salon' auch auf die Gastlichkeiten der ‚guten Gesellschaft' in Deutschland und die legendären Geselligkeiten in den Aristokratenhäusern in Paris angewendet (vgl. Wilhelmy 1989, 20), wobei insbesondere die Memoirenliteratur ab Mitte des 19. Jahrhunderts das Wort auch auf die Berliner Geselligkeiten übertrug.

Mit Blick auf die ‚Berliner Salons' der Romantik sind Mythos und historisches Geschehen nur schwer voneinander zu trennen (vgl. Becker-Cantarino 2000, 192–193). Neben den euphorischen Darstellungen in der Kulturgeschichte (z.B. noch Heyden-Rynsch 1992), die schon im späten 19. Jahrhundert einsetzten, gab es auch eine lange Tradition der Salonkritik, besonders der Kritik an der Oberflächlichkeit und Koketterie der Frauen in den Gesellschaften, so beispielsweise in dem Roman *Vertraute Briefe von Adelheid B** an ihre Freundinn Julie S*** (1799) des Aufklärers Friedrich Nicolai. Heinrich Heine, der in Berlin in den 1820er Jahren häufig Gast bei Rahel Levin gewesen war, schrieb 1823 das berühmte Gedicht: „Sie saßen und tranken am Theetisch, / Und sprachen von Liebe viel. / Die Herren, die waren ästhetisch, / Die Damen von zartem Gefühl" (Heine 1827, 154).

Hinzu kam später die speziell gegen die Berliner jüdischen Salons gerichtete Diffamierung der Völkischen und schließlich der Nationalsozialisten als „Liebeslogen" und als „Zersetzungsversuche am deutschen Wesen" (zit. nach Hahn 1997, 217). Erst Arbeiten zum Salonthema jüngeren Datums (besonders Wilhelmy 1989; Hertz 1991; Seibert 1993; Gaus 1998) haben die Bedeutung für die Kulturgeschichte neu herausgestellt, wobei vor allem ‚Rahels Salons' auf der Grundlage des Briefwechsels der Varnhagens mit dem schwedischen Diplomaten, Dichter und begeisterten Briefschreiber Karl Gustav von Brinckmann (1764–1847) erforscht wurden (z.B. Isselstein 1997; Feilchenfeldt 1997). Dabei wurde auch die Vielfalt der Geselligkeiten und die Vielzahl der Salons deutlich. So haben Deborah Hertz (1988) und Petra Wilhelmy (1989) erstmals faktisches Material zu fast 100 bedeutenden Salons vom späten 18. bis zum Ende des 19. Jahrhunderts allein in Berlin zusammengetragen, von denen etwa 20 schon um 1800 existierten.

Pauschale Aussagen wie die von der Gleichheit aller Besucher, der Aufhebung der Standesgrenzen und der Emanzipation der Frauen und Juden in den Salons erwiesen sich als moderne Wunschvorstellungen, die der überlieferten Quellenlage widersprechen. Die Salons förderten indes persönliche

Beziehungen und waren als Netzwerk der besseren Gesellschaft auch für die berufliche oder literarische Karriere der *männlichen* Teilnehmer, der Intellektuellen, Akademiker und Regierungsbeamten, wichtig. Sie ermöglichten darüber hinaus *einigen* jüdischen Frauen den sozialen Aufstieg durch Heirat und das Eingehen von sogenannten Mischehen (vgl. Hertz 1988); im Hinblick auf die bürgerlich-politische Emanzipation der Juden leisteten sie einen ersten Beitrag höchstens für einige wenige jüdische *Männer*, wie überhaupt und ganz generell die bürgerliche Emanzipation der Frauen in Deutschland nicht ernsthaft debattiert wurde.

6. Bettina von Arnims Geselligkeit und Salon

Seitdem Bettina von Arnim ab 1817 die Winter regelmäßig in Berlin verbrachte, ging sie häufig zu Abendgesellschaften in den Privathäusern der ‚guten Gesellschaft' und knüpfte Kontakte zu Berliner Prominenten. So besuchte sie den Salon der Schriftstellerin Amalie von Helvig (1776–1831) ebenso wie den der Malerin und Schriftstellerin Elisabeth von Staegemann (1761–1835) und den von Rahel Varnhagen, den diese von etwa 1820 bis zu ihrem Tod 1833 führte. Karl August Varnhagens erst 1859 veröffentlichter Bericht *Der Salon der Frau von Varnhagen. Berlin, im März 1830* schilderte sehr stilisiert einen beispielhaften Abend in seinem Hause mit gepflegter Konversation und musischen Einlagen. Rahel mochte Bettinas ‚freie Art'; nicht zuletzt aufgrund ihrer brillanten rhetorischen Begabung, ihrer Späße, Schlagfertigkeit, Extravaganzen und bösartigen Bonmots galt sie als eine kleine Sensation in der Gesellschaft (vgl. Härtl 1996/97, 167). Bettina selbst konnte in den ersten Jahrzehnten in Berlin keinen Salon führen, da sie die Sommer fast immer auf den Landgütern verbrachte, Reisen unternahm, mehrmals ihre Mietwohnung wechselte und wohl auch rein organisatorisch und finanziell nicht in der Lage war, regelmäßige gesellige Treffen auszurichten.

Überregional bekannt geworden durch ihr *Goethebuch*, öffnete sie ihr Haus, nachdem das Trauerjahr um den 1835 verstorbenen Sohn Kühnemund und ihre Patentochter Bettina von Savigny vorüber war. Nun jedoch setzte ein steter Strom von neugierigen Besuchern und Verehrern ein, die die prominente Frau persönlich kennenlernen wollten. Der später als Kunsthistoriker berühmt gewordene Schweizer Jacob Burckhardt (1818–1897) berichtete als Berliner Student über seinen Besuch im Jahr 1842, wie er nach einiger Wartezeit schließlich in „ein sehr brillantes Zimmer" geführt worden sei, in dem links ein Porträt von Arnim, rechts eines von Sophie von La Roche mit Haube hing (zit. nach Härtl 1996/97, 163). Bettina bewohnte seit 1834 das obere Stockwerk eines vornehmen Palais an der Straße Unter den Linden, das dem Grafen Raczynski gehörte. Es handelte sich bei den Gästen, die sie seither zum privaten Gespräch empfing, zumeist um junge Theologen oder Juristen aus in der Regel großbürgerlichen Kreisen, die in Berlin studierten oder die aufstrebende Kulturmetropole besuchten. Dagegen hielten sich Angehörige der Ministerialbürokratie, pietistisch geprägte Aristokraten oder dem Hof nahe-

3.3. Gespräch, Geselligkeit, Salon   351

stehende Prominente wie Schelling oder später auch Tieck eher fern, wie eine
Liste von etwa 60 Besuchern bei Wilhelmy (1989, 589–591) dokumentiert.
   Eine in Bezug auf die Attraktivität von Bettinas Geselligkeiten nicht ganz
irrelevante Rolle dürften auch ihre drei Töchter gespielt haben, waren diese in
den 1840er Jahren doch selbst bereits eine Attraktion, die ihre eigene Geselligkeit im ‚Kaffeter' pflegten, einem privaten Zirkel junger Frauen, die in Berlin
von 1843 bis zur Revolution regelmäßig zu literarischen und musischen Spielen
und Vorführungen zusammenkamen (vgl. Grzywka 2004). Landfester nennt
es eine „biedermeierliche[ ] Privatveranstaltung", die die Tradition der auf
„unverbindliches Amüsement zielenden literarisch-musischen Salongesellig-
keit zu neuem Glanz brachte" (Landfester 1997, 288). So führte der Kaffeter
beispielsweise 1845 bei einem Fest für das preußische Königspar im Haus
von Bettinas Schwager Savigny – damals Minister für Revision der Gesetzgebung – ein Schäferspiel von Gellert auf (vgl. ebd.). Von solchen Festen hielt
sich Bettina ebenso fern wie von anderen höfischen Geselligkeiten. Gleichwohl
waren Bettina wie auch ihre Schwester Gunda von Savigny als ‚Patronessen'
(vormals ‚Kaffee-Tanten') genannte Ehrengäste bei einigen Veranstaltungen
des Kaffeter zu Gast und wirkten hier bisweilen auch mit.
   In den späten 1840er Jahren empfing Bettina in ihrer letzten, ebenfalls
repräsentativen Wohnung in der Straße In den Zelten am Tiergarten schließlich zunehmend demokratisch gesinnte, jüngere Besucher, darunter die Linkshegelianer Bruno Bauer (1809–1882) und Michail Bakunin (1814–1876), den
Publizisten und Politiker Julius Fröbel (1805–1893) oder den als französischen
Gesandten nach Berlin entsandten Pariser Februarrevolutionär Emmanuel
Arago (1812–1896). Spätestens jetzt war ihr Salon zum Mythos geworden:
als ‚Salon von Demagogen' (GW 3, 692–701). So zumindest soll ihn die
ihn observierende Geheimpolizei genannt haben, wie in (später verfassten)
Zeitdarstellungen kolportiert wird. Die Gerüchte um die Observierung und
Benennung des Salons sind wahrscheinlich auf die (erst 1937 veröffentlichten und stark überarbeiteten) Memoiren von Bettinas Tochter Maximiliane
zurückzuführen. Hier jedenfalls heißt es über die politische Auseinandersetzung im Revolutionsjahr 1848 im Hause Arnim: „Jetzt gingen auch bei uns
unsere Wege auseinander. Während wir [Maximiliane und Armgart; B.B.-C.]
die Köpfe hängen ließen, blickte die Mutter (und mit ihr natürlich Gisel) rosig
in die Zukunft und war Feuer und Flamme für die Revolution als einen gewaltigen Fortschritt in der Entwicklung. Dann kam auch noch Friedmund, um
diese ‚große Zeit' mitzuerleben, von Blankensee herein und brütete über seinen
Weltverbesserungs- und Volksbeglückungsplänen. Fragwürdige Gestalten von
Literaten und Republikanern gingen bei der Mutter ein und aus. Das war für
uns, die wir ganz anders empfanden und dachten, nicht leicht [...]. Auf die
Dauer ging es aber doch nicht an, daß unsere Freunde [vom Hof und aus dem
Hochadel; B.B.-C.] in Bettinas Salon mit den Revolutionären zusammentrafen, ohne daß Reibungen oder doch Verstimmungen drohten. [...] So wurde –
schiedlich, friedlich – die weise Entscheidung getroffen, die noch lange [...]
bestanden hat: im Hause Arnim gab es zwei Salons, einen demokratischen

und einen aristokratischen. Links vom Saal in unseren Räumen empfingen wir unsere Freunde, rechts in ihren Zimmern Bettina ihre ‚edlen' Weltverbesserer" (M. v. Arnim/Werner 1937, 173).

Die angespannte politische Situation führte in der Tat zu heftigen Meinungsverschiedenheiten. Bettinas Revolutionsenthusiasmus und der Umstand, dass die gemeinsamen Gesellschaftsräume in Bettinas repräsentativer Wohnung In den Zelten mehr und mehr zum Treffpunkt der politisch Oppositionellen wurden, verstörten die Familie. Dies umso mehr, als es offenbar auch in Bettinas Salon der „‚edlen' Weltverbesserer" zu unschönen Auseinandersetzungen gekommen sein soll. So berichtete Bettinas Schwiegertochter Anna am 15. August 1848 aus Berlin ihrem Ehemann Freimund, der (damals gerade neu ernannte) französische Botschafter in Berlin Arago habe „die Mutter u. namentlich [...] Oppenheim schrecklich angegriffen [...]. Oppenheim war dem Weinen nah, denn Arago sagte ihm arge Sachen"; Maxe befürchtete denn auch, dass „durch den politischen Meinungsstreit" ihr „Familienleben zersetzt" werde (zit. nach Landfester 1999/2000, 136–137; zur Situation 1848/49 siehe III.2.7. *Friedrich Wilhelm IV. und die Revolution 1848/49*).

Die ungezwungene, salonartige Geselligkeit in Bettina von Arnims Wohnung unter Einbezug der Familie endete mit dem Revolutionsjahr. Sie verlagerte sich alsbald ins Private und auf die Landgüter, solange Bettina gesundheitlich dazu in der Lage war. Einen regulären Versammlungsort für ‚Demagogen' hatte Bettina von Arnims Wohnung aber wohl ohnedies nicht geboten. Erst die spätere Geschichtsschreibung hat die Bezeichnung ‚Demagogen', mit der die politische Reaktion des Deutschen Bundes nach 1815 ihre Gegner bezeichnete, flächendeckend auf alle ‚Liberale', loyale Deutschnationale bis hin zu Republikanern und Revolutionären im Vormärz angewendet. Bettina von Arnims ‚Salon der Demagogen' erweist sich, ähnlich wie Rahels ‚Dachstube', als eine historische Fiktion, um das schillernde Phänomen von Geselligkeit und Gespräch zu fixieren und in die Tradition der Berliner Salons einzureihen. Ja, Bettina war gesellig, sie war an Kontaktaufnahme und Gespräch sehr interessiert, aber diese Geselligkeit in ihren so erfolgreichen Spätjahren, den 1830er und 1840er Jahren, inszenierte sie als prominente Frau strategisch in Eigenregie, auch was die Verschriftlichung anbetraf. Bettina versuchte auf gesellschaftlich hochstehende, besonders junge, Männer einzuwirken. Ihr ‚Salon' war das, was das Wort im Französischen und im zeitgenössischen Sprachgebrauch meinte: das repräsentative, große Gesellschaftszimmer als Empfangszimmer für Besucher, ein Raum in einem Privathaus, aber kein regulärer Versammlungsort für politische ‚Demagogen' (vgl. Becker-Cantarino 2019).

7. Literatur

Arnim, Maximiliane von, und Johannes Werner: *Maxe von Arnim. Tochter Bettinas, Gräfin von Oriola, 1818–1894. Ein Lebens- und Zeitbild aus alten Quellen geschöpft.* Leipzig 1937.
Baader, Renate: *Dames de lettres. Autorinnen des preziösen, hocharistokratischen und „modernen" Salons (1649–1698). Mlle de Scudéry – Mlle de Montpensier – Mme d'Aulnoy.* Stuttgart 1986.
Becker-Cantarino, Barbara: *Schriftstellerinnen der Romantik. Epoche – Werke – Wirkung.* München 2000.
Becker-Cantarino, Barbara: *Meine Liebe zu Büchern. Sophie von La Roche als professionelle Schriftstellerin.* Heidelberg 2008.
Becker-Cantarino, Barbara: „Zur Geselligkeit Bettina von Arnims und die ‚Salongespräche'". In: Walter Pape u. Norbert Wichard (Hg.): *Einsamkeit und Geselligkeit in der Romantik.* Berlin, Boston 2019 [im Druck].
Bunzel, Wolfgang: „Im Gespräch: Dialogizität bei Bettine von Arnim". In: Anne Frechen u. Olivia Franke (Hg.): *Dialog und Bewegung. Bettina von Arnim als Kommunikationsexpertin. Dokumentation eines öffentlichen Symposions im Künstlerhaus Schloss Wiepersdorf.* Berlin 2011, S. 19–34.
Fauser, Markus: *Das Gespräch im 18. Jahrhundert. Rhetorik und Geselligkeit in Deutschland.* Stuttgart 1991.
Feilchenfeldt, Konrad: „Rahel Varnhagens ‚Geselligkeit' aus der Sicht Varnhagens. Mit einem Seitenblick auf Schleiermacher". In: Hartwig Schultz (Hg.): *Salons der Romantik. Beiträge eines Wiepersdorfer Kolloquiums zu Theorie und Geschichte des Salons.* Berlin, New York 1997, S. 147–169.
Gaus, Detlev: *Geselligkeit und Gesellige. Bildung, Bürgertum und bildungsbürgerliche Kultur um 1800.* Stuttgart, Weimar 1998.
Grzywka, Katarzyna: „Die Warschauer Zunft der Dummköpfe und der Berliner Kaffeter. Versuch eines Vergleichs". In: Ulrike Landfester u. Hartwig Schultz (Hg.): *Dies Buch gehört den Kindern. Achim und Bettine von Arnim und ihre Nachfahren.* Berlin 2004, S. 145–164.
Hahn, Barbara: „Der Mythos vom Salon. ‚Rahels Dachstube' als historische Fiktion". In: Hartwig Schultz (Hg.): *Salons der Romantik. Beiträge eines Wiepersdorfer Kolloquiums zu Theorie und Geschichte des Salons.* Berlin, New York 1997, S. 213–234.
Härtl, Heinz: „Bettinas Salon der ‚edlen' Weltverbesserer". In: Jb BvA 8/9 (1996/97), S. 163–176.
Heine, Heinrich: *Buch der Lieder.* Hamburg 1827.
Hertz, Deborah: „Mischehen in den Berliner Salons". In: *Bulletin des Leo Baeck Instituts* 79 (1988), S. 37–74.
Hertz, Deborah: *Die jüdischen Salons im alten Berlin.* Aus dem Amerikan. von Gabriele Neumann-Kloth. Frankfurt a.M. 1991.
Heyden-Rynsch, Verena von der: *Europäische Salons. Höhepunkte einer versunkenen weiblichen Kultur.* München 1992.
Hilmes, Carola: „‚Lieber Widerhall'. Bettine von Arnim: *Die Günderode* – Eine dialogische Autobiographie". In: *Germanisch-Romanische Monatsschrift* 46 (1996), S. 424–438.
Honegger, Claudia: *Die Ordnung der Geschlechter. Die Wissenschaften vom Menschen und das Weib 1750–1850.* Frankfurt a.M., New York 1991.
Isselstein, Ursula: „Briefwechsel als Bildungsprojekt. Dialogische Konstellationen im *Frühlingskranz* Bettine von Arnims". In: Konrad Feilchenfeldt u. Luciano Zagari (Hg.): *Die Brentano. Eine europäische Familie.* Tübingen 1992, S. 208–218.

Isselstein, Ursula: „Die Titel der Dinge sind das Fürchterlichste! Rahel Levins ‚Erster Salon'". In: Hartwig Schultz (Hg.): *Salons der Romantik. Beiträge eines Wiepersdorfer Kolloquiums zu Theorie und Geschichte des Salons.* Berlin, New York 1997, S. 171–212.

Landfester, Ulrike: „Das Schweigen der Sibylle. Bettine von Arnims Briefe über die Revolution von 1848". In: Jb BvA 11/12 (1999/2000), S. 121–143.

Landfester, Ulrike: „‚Es ist doch wohl keine Eifersucht?' Bettine von Arnim und Germaine de Staël". In: Gerhard R. Kaiser u. Olaf Müller (Hg.): *Germaine de Staël und ihr erstes deutsches Publikum. Literaturpolitik und Kulturtransfer um 1800.* Heidelberg 2008, S. 305–315.

Landfester, Ulrike: „Jenseits der Schicklichkeit: Bettine von Arnims Armenbuch-Projekt im zeitgenössischen Salongespräch". In: Hartwig Schultz (Hg.): *Salons der Romantik. Beiträge eines Wiepersdorfer Kolloquiums zu Theorie und Geschichte des Salons.* Berlin, New York 1997, S. 271–296.

Oehlke, Waldemar: *Bettina von Arnims Briefromane.* Berlin 1905.

Püschel, Ursula: „Bettina von Arnims Briefe im September 1848 an den König von Preußen". In: U. Püschel: *Bettina von Arnim – politisch. Erkundungen, Entdeckungen, Erkenntnisse.* Bielefeld 2005, S. 193–244.

Schlegel, Friedrich: „Gespräch über die Poesie" [1800]. In: F. Schlegel: *Kritische Ausgabe seiner Werke* [= KFSA]. Hg. v. Ernst Behler [u.a.]. Abt. I., Bd. 2. Hg. v. Hans Eichner. München [u.a.] 1967, S. 284–290.

Schleiermacher, Friedrich: *Die Weihnachtsfeier. Ein Gespräch.* 2. Aufl. Berlin 1826.

Schmölders, Claudia (Hg.): *Die Kunst des Gesprächs. Texte zur Geschichte der europäischen Konversationstheorie.* München 1979.

Schultz, Hartwig: „‚Euer Unglaube an die Naturstimme erzeugt den Aberglauben an eine falsche Politik': Fiktive Salongespräche in Bettines *Königsbuch*". In: H. Schultz (Hg.): *Salons der Romantik. Beiträge eines Wiepersdorfer Kolloquiums zu Theorie und Geschichte des Salons.* Berlin, New York 1997, S. 251–270.

Seibert, Peter: *Der literarische Salon. Literatur und Geselligkeit zwischen Aufklärung und Vormärz.* Stuttgart, Weimar 1993.

Varnhagen von Ense, Karl August: „Der Salon der Frau von Varnhagen. Berlin, im März 1830". In: K. A. Varnhagen von Ense: *Ausgewählte Schriften.* Bd. 19: *Vermischte Schriften. Dritter Theil.* Leipzig 1876, S. 183–210.

Wilhelmy, Petra: *Der Berliner Salon im 19. Jahrhundert (1780–1914).* Berlin, New York 1989.

Zedler, Johann Heinrich (Hg.): *Grosses vollständiges Universal-Lexicon aller Wissenschaften und Künste.* 68 Bde. Halle, Leipzig 1732–1754.

Zimmermann, Karin: *Die polyfunktionale Bedeutung dialogischer Sprechformen um 1800. Exemplarische Analysen: Rahel Varnhagen, Bettine von Arnim, Karoline von Günderrode.* Frankfurt a.M. [u.a.] 1992.

3.4. Sprache, Stil, Poetologie
Barbara Becker-Cantarino

1. Abschreiben, Umschreiben 355
2. Rhetorik der Naivität. 356
3. Zum Bildprogramm: Metaphernkomplexe 358
4. Naturmetaphern, Schwebe-Religion und Naturfrömmigkeit . . . 363
5. Literatur 365

1. Abschreiben, Umschreiben

Bettina von Arnims eigentümliche Vermischung von Fakt und Fiktion, von Erlebtem, Erinnertem und willentlich und mutwillig Erfundenem ist für viele Zeitgenossen und spätere Literaturhistoriker ein Stein des Anstoßes und Ursache für autobiographische Missverständnisse gewesen. Gleichwohl hat insbesondere die moderne Leserschaft gerade aus dieser verwirrenden Mischung ihr Lesevergnügen gezogen und sie – als postmodernen Schreibtechniken verwandt – gewürdigt. Die Autorin stellte ein Macht- und Wahrheitsdispositiv von »*Frauenphantasien*« auf, die „das Gleiten der Bedeutungen in einer bestimmten Signifikantenkonstellation arretieren und durch sie sich ein Gedächtnis machen statt ‚literarische Erinnerungsarbeit' zu betreiben" (Wetzel 1995, 83–84). Beim Schreiben agierte Bettina „adressatenbezogen und bewies Empathiefähigkeit und strategisches Geschick", um ihre Ziele zu erreichen (Thamm 2010, 154). Durch geschickte Einkleidung als Tatsache hinzustellen, was der eigenen Wunschwelt entsprach: Das gehörte zu ihren stilistischen Mitteln beim Um- und Abschreiben.

In bewusst inszenierter Verschränkung von Lebenswelt und Phantastischem und Literatur bereitete sie ihre Briefwechsel mit namhaften, zur Zeit der Abfassung ihrer Briefbücher bereits verstorbenen Personen – Goethe, Karoline von Günderrode und Clemens Brentano – auf, um so ein literarisches Werk zusammenzustellen, das nicht zuletzt auch Zeugnis gibt über ihre eigene, bis zu drei Jahrzehnte zurückliegende Vergangenheit. Nun ist die Verbindung von Alltäglichem und Phantastischem, von Realität und Fiktion das Kennzeichen jeder Literatur, allerdings können die verwendeten poetologischen Mittel, die Ziele und die Bedeutung dieser Verbindung jeweils höchst unterschiedlich sein; bekanntlich galt für die Romantiker programmatisch der Vorrang des Phantastischen, der Dichtung, vor dem Alltäglichen, der Realität, als neue Weltschöpfung, als imaginäre Welt. Auch Bettina von Arnim ging bei der Strukturierung ihrer Briefbücher von einer kreativen Verbindung von ‚Dichtung und Wahrheit' nach dem von ihr bewunderten Goethe'schen Vorbild aus (vgl. Bunzel 1987, 7–8). Sie veränderte Daten und biographische Details bekannter Personen, wich ab vom linearen, logischen Erzählgerüst, wie es die zeitgenössischen Biographien oder Briefausgaben einforderten, und verlegte das Geschehen in eine romantische Szenerie, in der sie sich selbst „heroisch stilisierte" (ebd., 10). Auch standen ihr die authentischen Briefe aus den realen Korrespondenzen jeweils keineswegs umfassend zur Verfügung (vgl. z. B. die Originalbriefe zu *Die Günderode* in: GW [Härtl] 2, 827–840, und als Quellen in: GW, 1, 1102–1108). Diese (heute nur noch teilweise nachzuweisenden) Briefe hat Bettina von Arnim frei erweitert, umstrukturiert, umdatiert, eigene und auch Briefpassagen anderer Korrespondenten hineinverwoben, so dass nach Werner Vordtriede noch Hartwig Schultz von einer „wuchernden Arbeits- und Dichtungsweise", einem „formlosen Wortstrom" und einer „spontanen Dichtungsweise, die sich an der Produktivität der Natur" orientiere, gesprochen hat (Schultz 1990, 256–258). Jedenfalls sind die Briefbücher als konstruierte, narrative Kreation der Autorin und die bekannten Personen darin als Kunstfiguren – nicht als historisch-biographische Porträts – zu betrachten.

Bettina von Arnims Erzählweise lässt dabei keinen objektivierenden Kommentar zu; sie verfährt oft assoziativ und polyperspektivisch, da die Mitteilungen, die „Briefgedanken" (Oehlke 1905, 246), das Wichtigste im Zuge der Komposition der Bücher sind. Diese speisen sich oft zugleich aus sehr unterschiedlichen Quellen und repräsentieren so die Stimmen mehrerer Korrespondenten oder Autoren, die von der Erzählstimme der Autorin jeweils subjektiv gefiltert und manipuliert werden. Dabei geht Bettina von Arnim frei mit der Chronologie sowie mit dem Verhältnis von Vergangenheit und Zukunft um und setzt den realen Zeitverlauf außer Kraft. (Auch deshalb tun sich moderne Editoren bei ihr so schwer, Orte, Personen und Daten – etwa die Aufenthalte der Brentanos und der Kurgäste in Schlangenbad oder Besuche auf Savignys Gut Trages – exakt zu bestimmen.) Die Autorin verleiht mit dieser Verwischung von Raum und Zeit der Beziehung der korrespondierenden Figuren untereinander, ihrer Liebe und Freundschaft zu ihnen wie auch den Figuren selbst einen Hauch von Zeitlosigkeit und Kontinuität. Die Autorin schließt das Erzählte nicht ab, sondern öffnet es auf denk- oder realisierbare Möglichkeiten hin (vgl. Bunzel 1987).

2. Rhetorik der Naivität

Bettina von Arnims bilderreiche, originelle, lebendige Sprache und die offene, ebenso anspielungsreiche wie assoziative Textstruktur machen ihre Briefdichtungen zu einem komplexen, höchst artifiziellen Kunstwerk (vgl. zum Folgenden Becker-Cantarino 2016). So verlässt die Autorin in *Die Günderode* das hohe, an Hölderlin erinnernde Pathos der Widmung mit der zu Beginn des ersten Briefes hingeworfenen Bemerkung vom „Plaudergeist in meiner Brust" (GW 1, 11) und scheint zunächst einen freien, natürlichen Gesprächston anzuschlagen, wie er in Briefen ihrer Epoche gepflegt wurde. Der vorgebliche ‚Plauderton', der Natürlichkeit suggerieren soll, entpuppt sich dann jedoch als höchst konstruierte Komposition. Nicht nur hier sind die Briefe der Korrespondenten mit facettenreicher und naiver, nie gekünstelt klingender Rhetorik neu zusammengestellt und zeigen eine stilistische Vielfalt, die mit allen Mitteln der Rhetorik arbeitet: Ausruf, rhetorische Frage, Zweifel, Zitat, Beteuerung, Wunsch, Auslassung, Wiederholung, Steigerung, Höhepunkt, Übertreibung,

3.4. Sprache, Stil, Poetologie

Verkleinerung, Paradox, Antithese, Synekdoche, Personifikation, Metonymie und allen Arten von Bildern, von der Metapher bis zum Gleichnis, Traum, Fabel und Märchen. Die Autorin Bettina von Arnim setzte diese stilistische Vielfalt ganz bewusst ein, um das Lesepublikum in den Text hineinzuziehen, es zum Mitfühlen, Miterleben und Mitempfinden anzuregen. Es ist dabei genau jene beschriebene offene Struktur und bilderreiche Sprache, die die Leserschaft dazu verführt, Verbindungen herzustellen und Leerstellen zu füllen, und bei ihnen die Phantasie und die Sinne zu mobilisieren. Die dialogisch inszenierte Naivität eines Textes wie *Die Günderode* bewirkt eine Unterhaltung mit dem Lesepublikum, das jedoch auch in die Rolle der faszinierten Zuschauerschaft manipuliert wird; Hedwig Pompe (1999) spricht in dieser Hinsicht von einer ‚Poetik der Naivität'. Dafür zieht Bettina von Arnim alle Gefühlsregister, besticht mit präzisen, nachvollziehbaren Beobachtungen, schmeichelt sich ein mit naiv scheinenden Gedanken und unterhält mit subtiler Ironie, mit Spott oder Parodien auf die ‚Philister', die prosaischen, unpoetisch-gelehrten Vernunftmenschen.

Autoritär oder allwissend tritt das Autorsubjekt nicht hervor, wohl aber emotional-subjektiv: mal mitfühlend, beobachtend, naiv berichtend (wie als ‚liebes Kind' im *Goethebuch*), mal subtil ironisch-kritisch und reflexiv. So lässt die Autorin im *Frühlingskranz* die Bettine-Figur an Clemens schreiben: „[N]och eins wollte ich behaupten, daß sie [die Günderode] nämlich gewiß auch einen Apfel misse an den herabsenkenden Zweigen ihrer adeligen Seelengüte! – *Clemens* wenn Du den geraubt hättest auch zum Spiel nur, und hättest ihn nicht bewahrt als ein Geschenk der Fortuna, so prophezeih ich Dir Schlimmes" (GW 1, 171). Zum Kontext im *Frühlingskranz*: Im Brieftext der Bettine-Figur, „Lieber Clemens", geht es biographisch-lebensweltlich um Clemens' zahlreiche Liebschaften, darunter auch seine erotische Beziehung zu Bettinas Freundin Karoline von Günderrode um 1800. Im Textbeispiel spielt die Autorin auf die biblische Eva-Apfel-Geschichte an, verschränkt diese völlig irrational, aber suggestiv mit dem antiken Paris-Apfel-Mythos, ruft die Konnotationen von „Apfel" mit Erotik und „Fortuna" mit Glück auf, die der Clemens-Figur zugeordnet sind, und kontrastiert sie mit „Seelengüte", die mit der Günderode-Figur assoziiert ist. Der von der Autorin Bettina frei erfundene Brief über das (historisch belegte) Verhältnis ihres Bruders Clemens Brentano zu ihrer Freundin Karoline von Günderrode, das die junge Bettina Brentano ja hautnah erlebt hatte, thematisiert so die Enttäuschung der beiden Frauen und ebenso auch die Täuschung der Freundin durch Clemens und tadelt diesen subtil für seinen ‚Raub'.

Bisweilen arrangiert die Autorin einen kalkulierten Gegensatz von (angeblicher) Verstellung und (angeblicher) Unverfälschtheit; sie bedient sich der Mittel der Desillusionierung, um mit ihrer Dichtung „die starren Grenzen des Faktischen" aufbrechen und „die Realität hinter der Fassade der Fiktion sichtbar" werden lassen (Bunzel 1987, 17). Im *Königsbuch* etwa inszeniert die Autorin die Figur der Frau Rat explizit volkstümlich über deren mitunter gegen den logischen Sinn eines Bildes verstoßende Sprechweise. So lässt sie die Frau Rat ausrufen: „Ja! wo bleibt der [Landesvater], wenn er nicht *rasch der Zukunft in die Mähne* greift und kühn sich ihr in den Nacken schwingt" (GW 3, 235). Die Sprecherin Frau Rat will den Landesherrn zum Handeln auffordern mit dem Bild des kühnen Reiters, der sich aufs Pferd schwingt, aber sie verheddert sich in drei idiomatischen Redensarten: ‚die Zukunft (Gelegenheit) ergreifen', einem ‚Pferd die Mähne schneiden' (‚verziehen') und ‚sich aufs Pferd (Ross) schwingen'. Die fingiert unbeholfene sprachliche Konfusion der Frau Rat signalisiert hier ‚Volksnähe' und betont zugleich die Dringlichkeit der Situation.

Entgegen ihrer Inszenierung als naives Naturgenie war Bettina von Arnim eine belesene, sprachbegabte und -gewandte Autorin, die die literarischen Traditionen, romantischen Theorien, Arbeitsweisen und Topoi gut kannte und selektiv und spielerisch handzuhaben verstand. In ihren (auto-)biographischen Briefbüchern hat sie ihr Erlebnis und ihre Anschauungen der romantischen Dichtung über die Spiegelung der Kunstfiguren ‚Goethe', ‚Bettine', ‚Günderode' und ‚Clemens' dargestellt, nicht als Flucht in den Ästhetizismus oder in esoterische Freundschaften, sondern als poetisch-religiöse Selbstfindung. Im *Königsbuch* kam ein poetisch-politisches Programm für ihre Gegenwart, für die Bestrebungen im Vormärz hinzu, mit denen sie im Rückgriff auf die Romantik und die Befreiungskriege eine politische und intellektuelle Erneuerung herbeizuführen erhoffte (vgl. Liebertz-Grün 1989, 75).

3. Zum Bildprogramm: Metaphernkomplexe

Als eines der kreativen Strukturprinzipien der Briefbücher der Bettina von Arnim aus den 1830er und 1840er Jahren kann ihr metaphernreiches Bildprogramm angesehen werden. Auswahl und Ausführung der Bilder wirken dabei stets originell und frisch – auch bei traditionellen literarischen Topoi wie Sterne, Spiegel oder Schmetterling –, oft in naiver Sprache und aus kindlicher Perspektive artikuliert („Aber Kind wie sieht es aus in dir?", GW 1, 116). Die Autorin gestaltet die Verschränkung von Lebenswelt und Literatur mit Textzeugen aus der nahen, eigenen Vergangenheit mit poetologischen Metaphern, die ein Nebeneinander von alltäglichen Gegenständen und phantastischen Situationen evozieren.

Die ältere Forschung bezog sich auf den von Goethe und der Goethe-Forschung privilegierten Begriff des ‚Symbols – im Sinne einer essentiellen Verschmelzung von Sein und Sprache. Dieses Verständnis von wesenhafter Bildlichkeit hat eher zu nebulösen und unscharfen Interpretationen geführt. Leider fehlen noch immer größere Untersuchungen zu Bettina von Arnims Texten aus Sicht der pragmatisch orientierten Linguistik, in der die Verbindung von Kognition, Kommunikation und Sprache als poetologische Metapher anvisiert wird. Poetologische Metaphern sind angesiedelt zwischen Sprache und Kognition und Ausdruck kreativer, vom Autor strukturierter, oft ambivalenter und polyvalenter Bedeutungsebenen. Das kreative Potential der poetologischen Metapher liegt auch in ihrer kommunikativen Kraft. Die Sprachgewalt eines Dichters manifestiert sich in werkinternen Metaphern, in der Wahl der

3.4. Sprache, Stil, Poetologie

Tropen, der affektverstärkenden Darstellung, der Sequenzierung und dem semantischen Feld, die alle zusammen einen kontinuierlichen Diskursprozess bilden (vgl. Kohl 2007, 96–190). Aus der Perspektive der Kognitiven Linguistik betrachtet, zeichnet sich Bettina von Arnims Stil durch den Gebrauch konzeptueller Metaphern aus, die einen Quell- mit einem Zielbereich verbinden, aus einem Tenor (Sinnbereich) und einem Vehikel (das den Sinn des Tenors transportiert); man kann in den Texten ihrer Briefdichtungen von Bildfeldern und Bildfolgen der poetologischen Metaphern (als Sinnbilder, als Bilder mit von der Autorin unterlegter Bedeutung) sprechen (vgl. Weinrich 1988).

Den Quell- und Bildspenderbereich Bettina von Arnims poetischer Sprache bilden eher alltägliche Gegenstände. Ein gutes Beispiel für die Anwendung dieser Technik findet sich in *Die Günderode* in den Schilderungen von Bettinas Zimmer, einer elaborierten Metaphorisierung und (Selbst-)Stilisierung zwischen Alltäglichkeit und Poetisierung. In einer anfänglichen Passage des 1840 veröffentlichten Briefbuchs zeichnet die Kunstfigur Karoline in einem Brief „An die Bettine" ein Bild von deren Zimmer, das deren „Mutwillen" und ihre von anderen getadelten „Inkonsequenzen" illustrieren (GW 1, 310; auch alle Zitate im Folgenden ebd., 310–312; vgl. zum Folgenden generell Becker-Cantarino 2016, 125–128):

[I]n Deinem Zimmer sah es aus wie am Ufer, wo eine Flotte gestrandet war. Schlosser wollte zwei große Folianten, die er für Dich von der Stadtbibliothek geliehen hat, und die Du schon ein viertel Jahr hast, ohne drin zu lesen. Der Homer lag aufgeschlagen an der Erde, dein Kanarienvogel hatte ihn nicht geschont, deine schöne erfundne Reisekarte des Odisseus lag daneben und der Muschelkasten mit dem umgeworfnen Sepianäpfchen und allen Farbenmuscheln drum her, das hat einen braunen Fleck auf Deinen schönen Strohteppich gemacht, ich habe mich bemüht alles wieder in Ordnung zu bringen. Dein Flageolet was Du mitnehmen wolltest und vergeblich suchtest, rat, wo ich's gefunden habe? – im Orangenkübel auf dem Altan war es bis ans Mundstück in die Erde vergraben, du hofftest wahrscheinlich einen Flageoletbaum da bei Deiner Rückkunft aufkeimen zu sehen, die Liesbet hat den Baum übermäßig begossen, das Instrument ist angequollen, ich hab es an einen kühlen Ort gelegt, damit es gemächlich wieder eintrocknen kann und nicht berstet, was ich aber mit den Noten anfange die daneben lagen das weiß ich nicht, ich hab sie einstweilen in die Sonne gelegt, vor menschlichen Augen darfst Du sie nicht mehr sehen lassen, ein sauberes Ansehen erhalten sie nicht wieder.

Mit der anschaulichen Metapher eines „Ufer[s], wo eine Flotte gestrandet war", wird hier das Bild bunter Unordnung in einem Zimmer präsentiert; dieses unordentliche Zimmer ist selbst eine poetische Metapher für das alle Ordnung und Begriffe sprengende „geborne Genie" der Bettine-Figur, über dessen „sogenannte Inkonsequenzen" man allgemein klage. Der Text suggeriert zunächst ein heilloses Durcheinander im Raum, präsentiert dann aber in den einzelnen, realen Gegenständen ein autobiographisch bedeutungsvolles Bildprogramm: Die Bücher stehen für Lesen, Literatur, Bildung und Reisen, dabei sind die „Folianten" der Gelehrtenkultur mit dem Namen Schlosser – hierbei handelte es sich um Bettinas Italienischlehrer Fritz Schlosser, ein Neffe des Sturm-und-Drang-Dichters Johann Georg Schlosser – der männlichen Bildung zugeordnet. Mit „Homer" und der „Reisekarte des Odysseus" wird ein dilettantisch-subjektiver, respektloser Umgang mit der Klassik evoziert, was mit dem konkret-alltäglichen Bild „dein Kanarienvogel hatte ihn nicht geschont" noch subtil erweitert wird. Der Kanarienvogel, zum einen Kinder- oder auch Frauen-Spielzeug, zum anderen Vertreter der lebendigen Natur, steht als Signifikant für die Lebenswelt des ‚Genies' und repräsentiert parodistisch einen Gegenpol zu der eher leblosen, und damit entwerteten Klassik. Das „umgeworfne[ ] Sepianäpfchen und alle[ ] Farbenmuscheln" verweisen auf die (unfertigen) Malereiversuche der Bettine-Figur, das „Flageolet" im „Orangenkübel" auf abgebrochene Musikübungen – die Autorin Bettina von Arnim nahm Mal-, Gesangs- und Musikunterricht und produzierte eine Reihe von Zeichnungen und Liedkompositionen, die nicht als professionell, sondern als ‚dilettantisch' wahrgenommen wurden. Die konkret beschriebene, alltägliche Misshandlung des Musikinstrumentes spielt ironisch auf diesen ‚Dilettantismus' an: „bis ans Mundstück in die Erde vergraben", „die Liesbet [Bettinas Magd; B. B.-C.] hat den Baum übermäßig begossen, das Instrument ist angequollen" und die „Noten" sind zum Trocknen „einstweilen in die Sonne gelegt". Die Rettungsaktion der Günderode, die ja das Zimmer leidlich aufräumt, deutet auf den ordnenden, dichterischen Einfluss der Figur, eines der zentralen Themen in der Poetisierung der freundschaftlichen Beziehung der beiden Figuren.

In einem zweiten, durch einen Gedankenstrich abgesetzten Teil erweitert bzw. variiert der Text das Thema der von der Bettine-Figur mutwillig behandelten Künste – Musik und Literatur – mit der Natur als Kontrastfolie in einer weiteren Bildfolge alltäglicher Details:

> Dann flattert das blaue Band an Deiner Gitarre, nun schon seitdem Du weg bist, zum großen Gaudium der Schulkinder gegenüber, so lang es ist zum Fenster hinaus, hat Regen und Sonnenschein ausgehalten und ist sehr abgeblaßt, dabei ist die Guitarre auch nicht geschont worden, ich hab die Liesbet ein wenig vorgenommen, daß sie nicht so gescheut war das Fenster zuzumachen hinter den dunklen Plänen, sie entschuldigte sich, weils hinter den grünseidnen Vorhängen versteckt war, da doch so oft die Türe aufgeht, die Fenster vom Zugwind sich bewegen. Dein Riesenschilf am Spiegel ist noch grün, ich hab ihm frisch Wasser geben lassen, Dein Kasten mit Hafer und was sonst noch drein gesäet ist, ist alles durcheinander emporgewachsen, es deucht mir viel Unkraut drunter zu sein, da ich es aber nicht genau unterscheiden kann, so hab ich nicht gewagt, etwas auszureißen […].

Die „Guitarre" mit dem „blaue[n] Band" – wohl eine Anspielung auf die ‚blaue Blume' der Romantik –, das von Regen und Sonnenschein schon „abgeblaßt" ist, die „grünseidnen Vorhänge", der „Zugwind", das „Riesenschilf am Spiegel", der „Kasten mit Hafer" und ansonsten „viel Unkraut": Das alles bezeichnet unordentliche, aber lebendige Natur.

Die realistische, mit kultureller Bedeutung unterlegte Schilderung setzt das Bild des Zimmers als Stillleben – ein beliebtes Genre der Malerei – fort. So

3.4. Sprache, Stil, Poetologie

greift Bettina von Arnim in ihrer Literarisierung des Alltäglichen immer auch auf Formen und Topoi aus der kulturellen Tradition zurück. Im 18. Jahrhundert waren denn auch die Zimmerbeschreibungen als sogenannte Zimmer-Reisen ein beliebter literarischer Topos, den die Autorin sicher kannte, man denke nur an die 1783 in der Zeitschrift *Pomona* von ihrer Großmutter Sophie von La Roche veröffentlichte, detaillierten Zimmerdarstellung *Antwort auf Fragen nach meinem Zimmer*.

In der weiteren Ausfabelung von ‚Bettines Zimmer' als Stillleben beschreibt die Karoline-Figur:

> [V]on Büchern hab ich gefunden auf der Erde, den Ossian, die Sacontala, die Frankfurter Chronik, den zweiten Band Hemsterhuis, den ich zu mir genommen habe, weil ich den ersten Band von Dir habe, im Hemsterhuis lag beifolgender philosophischer Aufsatz, den ich mir zu schenken bitte, wenn Du keinen besondern Wert darauf legst, ich hab mehr dergleichen von Dir, und da Dein Widerwille gegen Philosophie Dich hindert ihrer zu achten, so möchte ich diese Bruchstücke Deiner *Studien wider Willen* beisammen bewahren, vielleicht werden sie Dir mit der Zeit interessanter. Siegwart, ein Roman der Vergangenheit, fand ich auf dem Klavier das Tintenfaß draufliegend, ein Glück daß es nur wenig Tinte mehr enthielt, doch wirst Du Deine Mondschein-Komposition über die es seine Flut ergoß, schwerlich mehr entziffern. Es rappelte was in einer kleinen Schachtel auf dem Fensterbrett, ich war neugierig sie aufzumachen, da flogen zwei Schmetterlinge heraus die Du als Puppen hineingesetzt hattest, ich hab sie mit der Liesbet auf den Altan gejagt, wo sie in den blühenden Bohnen ihren ersten Hunger stillten. Unter Deinem Bett fegte die Liesbet Karl den Zwölften und die Bibel hervor.

Auch die Bilder von den „auf der Erde" liegenden Büchern, „Ossian, die Sacontala, die Frankfurter Chronik, den zweiten Band Hemsterhuis", spielen auf Kultthemen der Romantik (Sagen, Indien, Mittelalter), ferner auf ihre Heimatstadt Frankfurt am Main sowie die neuplatonische Philosophie und auch auf den (eigenen) philosophischen Aufsatz der Bettine-Figur an. (Die Lektüre auch philosophischer Texte war bekanntlich die gemeinsame Beschäftigung von Karoline von Günderrode und Bettina Brentano in Frankfurt.) Das Nebeneinander von „Unkraut" und „auf der Erde" liegenden Büchern wirkt wie ein – möglicherweise beabsichtigtes – Signal der Fragwürdigkeit dieses Zimmer-Stilllebens, es wirkt dubitativ auf die LeserInnen (vgl. Bunzel 1987, 11). Die Günderode-Figur erwähnt dann auch den „Widerwille[n] gegen Philosophie" und nennt den Aufsatz der Bettine-Figur „Bruchstücke Deiner *Studien wider Willen*". Weiter kommen in den Blick: „Siegwart, ein Roman der Vergangenheit" (gemeint ist Johann Martin Millers *Siegwart, ein Klostergeschichte*, 1776), ein „Tintenfaß" auf dem Klavier, dessen vergossener Inhalt die „Mondschein-Komposition" der Bettine-Figur unleserlich gemacht hat, und „zwei Schmetterlinge", die aus einer Pappschachtel entweichen.

Das scheinbar zufällige Nebeneinander dieser konkreten Objekte, die Repräsentanten von Literatur/Kultur und Natur sind, wird mit einer alltäglichen, realistischen kleinen Szene abgeschlossen: „[D]a flogen zwei Schmetterlinge heraus die Du als Puppen hineingesetzt hattest, ich hab sie mit der Liesbet auf den Altan gejagt, wo sie in den blühenden Bohnen ihren ersten Hunger stillten." Die konkrete Schmetterlingsszene, die Verwandlung der Raupe in einen Schmetterling, war ein beliebtes Thema im 18. Jahrhundert, auch auf Kupferstichen, wie beispielsweise die Buchillustration zum zweiten Band des Romans *Liebe-Hütten* (1804) von Sophie von La Roche zeigt, bei der Bettina ihre Kindheit verbracht hatte (vgl. Becker-Cantarino 2008, 199–200). Der Schmetterling als Metapher scheint das Primat der lebendigen Natur über die (Buch-)Kultur zu bezeichnen, denn dann „fegt[ ]" Bettinas Magd Liesbet ein Geschichtswerk Voltaires und eine Bibel unter dem Bett hervor, ein Bild, das recht plakativ das Verstaubte, Versteckte, Veraltete von Geschichte, Aufklärung und Religion evoziert.

Dennoch bleiben die inhärenten Wertungen der konkreten Gegenstände in ihrem (von der Autorin konstruierten) Nebeneinander ambivalent. Auch das gehört zur narrativen Technik Bettina von Arnims: die Infragestellung des Erzählten, das Nebeneinander mehrerer Versionen und Wertungen und die Variation der Motive und Bilder. Sie umgeht eine bildlogische (und oft auch chronologische) Verbindung der realen Objekte und reiht deren Bilder assoziativ aneinander.

Die narrative Situierung der Zimmerbeschreibung ist so konstruiert, dass die Günderode-Figur alle Bilder in diesem Zimmer dialogisch in ihrer Anrede an die Briefempfängerin, die Bettine-Figur, präsentiert; diese Technik stimuliert und involviert das Interesse der Leserschaft. Abschließend fasst die Autorin noch einmal die Bedeutung des Zimmers in eine Metapher, wonach es „wie ein optischer Spiegel Deine apparte Art zu sein" ausdrücke, „weil es Deinen ganzen Charakter zusammenfaßt" – eine Abwandlung der (bis ins 18. Jahrhundert zumeist religiös verstandenen) Metapher vom Spiegel als Abbild der Seele, umgedeutet zum Gleichnis der Künstlerseele, eine Metaphorisierung, die anschließt an die Einleitung zu der ausufernden Bildfolge eines unordentlichen Zimmers: „Du [Bettine] bist gebornes Genie". Die Bildsequenz des unordentlichen Zimmers wird umrahmt von der Verbildlichung des Zimmers als Spiegel, als Abbild des Charakters bzw. der Autorin als „Genie" – eine Selbststilisierung und Identifizierung der Autorin Bettina von Arnim.

In der bipolaren Struktur der Metaphern verbindet Bettina von Arnim reale Gegenstände und Personen mit Gefühlen, Gedanken oder Träumen, um eine poetisierte Situation zu kreieren. Ihre Vergleiche als Wortfiguren werden durch die Annäherung oder kontrastive Gegenüberstellung zweier Gegenstände oder Bilder erzeugt und erhöhen so die Anschaulichkeit und Wirksamkeit eines Gedankens. Dabei spielt die Autorin mit der Ähnlichkeit zwischen dem wörtlich Gesagten und dem übertragen Gemeinten sowie mit anderen Tropen wie der Beziehung von Nachbarschaft oder auch (ironischer) Gegensätzlichkeit. Konträr (ironisch) werden besonders die Objekte der ‚Hochkultur' von Bettine metaphorisiert: *Siegwart*, ein Roman der Vergangenheit, die Mondschein-Komposition (eventuell von Beethoven), ein Handschuh mit einem französischen Gedicht. Die Naturbilder überwiegen in den Bildfolgen, jedoch sind es heterogene Vergleiche (seit Quintilian ist die Definition der Metapher als ‚verkürzter Vergleich' gängig), mal ist es eine Ähnlichkeit, die in einem gemeinsamen Dritten gegeben ist, mal ist es eher eine direkte Gleichsetzung der Relata. Dann wieder stellt sie ein Ereignis in prosaischer und poetischer Form gegenüber, ein methodisches Nebeneinander von Realität und Fiktion, oder bedient sich maßlos übertriebener Idealisierung, einer dichterischen Überhöhung, pathetisch und mit poetischem Glanz umgeben.

Die Autorin Bettina von Arnim gestaltet in der Metaphorisierung des Alltäglichen die Verschränkung *ihrer* eigenen, subjektiven Lebenswelt und Dichtung. Kritisch zu dieser Art von Metapherngebrauch ist anzumerken, dass sie in ihren späten, ihren politischen Briefbüchern die soziale Welt eher spielerisch metaphorisiert und den Texten so sozialpolitische Relevanz verleiht; ihre kalkulierte Metaphorik gehe jedoch, so Gerhard Lauer, in eine „enigmatische[ ] Bilderwelt" über, die mit „ihren ins Erhabene gesteigerten, betont fingierten Erinnerungen" im Widerspruch zu den zeitgeschichtlichen und religionsphilosophischen Reflexionen stehe (Lauer 1997, 304 u. 305). Lauer zeigt, dass Bettinas Texte der „gepflegten Semantik der Oberschichtenkommunikation" (ebd., 314) folgen, die Politik mit Kunst koppelte, „jedoch in einer für Bettine spezifischen Verwilderung, die damit zusammenhängt, dass die gesellschaftlichen Voraussetzungen für diese Semantik nicht mehr bestehen" (ebd., 311).

4. Naturmetaphern, Schwebe-Religion und Naturfrömmigkeit

Metaphern aus der Natur und hier vor allem des pflanzlichen Wachstums bilden letztlich den Grundstock des Bildinventars Bettina von Arnims. Im *Frühlingskranz* schreibt die Bettine-Figur an Clemens, in ihr sei „ein Tummelplatz von Gesichten, alle Natur weit ausgebreitet, die überschwenglich blüht in vollen Pulsschlägen und das Morgenrot scheint mir in die Seele und beleuchtet alles" (GW 1, 117). Eine religiös anmutende Naturbegeisterung und ein Naturgefühl, verbunden mit realistischen und zugleich sinnbildhaften Naturbeobachtungen, durchziehen besonders die Texte ihrer ‚romantischen' Briefdichtungen, den *Frühlingskranz* und *Die Günderode*. Die Bettine-Figur artikuliert immer wieder mit Pathos ihr Erleben der Natur, dass der Mensch in sie eingebettet und mit ihr symbolisch und symbiotisch in Wechselwirkung verbunden sei. „[A]lles was lebt, gibt Leben und muß Leben empfangen" (GW 1, 529). Leben und Denken der Bettine-Figur wird von Bildern aus der Natur begleitet, eben so wie auch ihr Zimmer als ein Spiegel ihrer selbst in seinem natürlich-ungeordneten Durcheinander von Pflanzen, Insekten, Büchern, Kleidern und anderen Gegenständen, die die Günderode-Figur nur ganz behutsam zu ordnen und vor Schaden zu bewahren sucht, als eine metaphorische Darstellung der Beziehung der beiden Figuren erscheint. Die Bettine-Figur klettert auf Bäume, um zu denken und Begebenheiten zu verarbeiten; sie ist entsetzt, als sie die Pappeln im Garten der Großmutter eines Tages zur Hälfte beschnitten vorfindet. Die gestutzten Pappeln – ein Sinnbild gekappter Kreativität wie auch verwehrter Sexualität, zugleich indes ein Zeichen der Zerstörung und des Todes, des Endes ihrer Kindheit und des Todes der Großmutter: „Ach Ihr Baumseelen wer konnte Euch das tun? [...] – es war als könnten sie nicht mehr sprechen als sei ihnen die Zunge genommen denn sie können ja nicht mehr rauschen [...]. [W]ie kann einem doch das Paradies wo die Seele all ihren Zauber einpflanzt doch so jämmerlich zerstört werden?" (GW 1, 580–581) Die Fülle der originellen wie traditionellen, aber immer mit individueller Nuance abgewandelten Naturbilder begleitet und poetisiert die Naturreligion und die Selbstentfaltung der Kunstfigur Bettine, die Muse – der Schmetterling – der Günderode-Figur ist und sich dabei zugleich selbst als kreative Autorin ‚entpuppt'.

Nicht anders verfährt Bettina von Arnim im *Frühlingskranz*. Schon die Wahl des Titels (in Abwandlung des traditionellen Lorbeerkranzes für den Dichter) sowie der Hinweis in der Zueignung an den Prinzen Waldemar von Preußen, das Buch sei als „Huldigung im Feldblumenkranz" zu verstehen, setzen hier den Akzent „auf das Naturverbundene, das frei und wild Gewachsene, dem ihre Schrift offenbar gleichen will" (Bamberg 2013, 375). Sowohl im *Frühlingskranz* als auch in *Die Günderode* stilisiert die Autorin sich, den Dichter-Bruder und die dichtende Freundin zu Naturdichtern in vegetabiler Blumen-, Pflanzen- und Vögelmetaphorik. In der *Günderode* heißt es etwa: „Das mühselige Menschengeschlecht plappert wie die Elstern, [...] die Nachtigallen so süß stöhnen über mir [...]. Wie hauchen sie doch ihre Seel in die Kunst der Wollust, in die Musik" (GW 1, 444). Hier wie an vielen anderen Stellen wird die Naturmetaphorik mit einem emotiven Sprachmuster und mit religiösem Pathos verbunden, um Subjektivität und Kreativität der Kunstschaffenden zu artikulieren.

Die in der Romantik vielfach variierte Vorstellung von der Verschmelzung von Kunst, Subjektivität und Religion ist auch für die Kunstfiguren in den Briefbüchern kennzeichnend, die eingebettet sind in die konzipierte Neuschöpfung durch die Poesie und mit der Kunst (vgl. Bäumer/Schultz 1995, 35). Im Anschluss an die Blumenmetaphorik im Garten der Großmutter breitet die Autorin Bettina von Arnim im *Günderodebuch* denn auch „unsre Religion" aus, die „*Schwebe-Religion* heißen" muss: „[Ü]ber die Verkältung hinweg im Nachtwind wie im Sonnenschein sein eigner Herr bleiben, das muß ein Gesetz unserer schwebenden Religion sein" (GW 1, 449 u. 456). Der von der Autorin hier etablierte Begriff der ‚Schwebe-Religion' deutet dabei auf etwas Fließendes, Werdendes, einen Prozess, eine Bewegung, auf alles Natürliche, was das Starre eines philosophischen oder religiösen Systems ausblendet (zur ‚Schwebe-Religion' siehe auch IV.1.2. *Die Günderode*). So erscheint die Schwebe-Religion ästhetisiert; sie ist eine Metapher für Kunst geworden: „Gott sei die Poesie, [...] die große elektrische Kraft [...], die durch die Natur fährt und ins Blut des Menschen, und von da sich als Genius in den Geist des Menschen hinüber bildet" (GW 1, 457). Was orthodoxe Zeitgenossen als blasphemische Menschenreligion verstanden und verurteilten, wird heute durchaus von feministischen Theologen anerkannt: Bettina von Arnim habe, so gelesen, in *Die Günderode* eine Berührungstheologie entwickelt, im Seelenaustausch werde die Frau zur Freundin, der Prozess des Zur-Freundin-Werden sei ein wichtiger, emanzipatorischer; in der Berührung mit der Freundin werde das eigenen Selbst zutage gefördert, weshalb das Buch – kurz gefasst – als Lebensentwurf Bettinas zu verstehen sei. Wie die feministische Theologin Hildegund Keul annimmt, sei eine verschüttete Frauengeschichte im Evangelium enthalten, die von den Kirchenvätern unterdrückt worden sei. Genau darauf ziele auch Bettina ab. Sie verweise auf den Akt des Zu-Hörens, um von der materialistischen zur metaphorischen Theologie zurückzufinden in einer Uminterpretation des traditionellen Gottesbegriffes. In der Schwebe-Religion werde der „befehlsgewaltige Gottvater" durch die „Freundin", die „leidenschaftlich Hörende" ersetzt (Keul 1993, 316–317). Ob überhaupt und wenn ja inwieweit diese Lesart die Religiosität der gläubigen Katholikin Bettina von Arnim auch als „Grenzgängerin christlicher Konfessionen" (Keul 2010, 79) erklärt, mag dahingestellt sein. Auf der poetologischen Ebene bedient sich die Autorin der religiösen Sprache, des biblischen Vokabulars wie auch der naturnahen Metaphorik und schafft so eine Aura der Naturfrömmigkeit: Die „Poesie" ist hier „die Religion der Seele" (GW 1, 378).

5. Literatur

Bamberg, Claudia: „Schweben – Flechten – Phantasieren. Das Strukturprinzip der Arabeske bei Sophie von La Roche, Bettine von Arnim und ihren Töchtern Maximiliane, Armgart und Gisela". In: Werner Busch u. Petra Maisak (Hg.): *Verwandlung der Welt. Die romantische Arabeske*. Petersberg 2013, S. 372–379.
Bäumer, Konstanze, und Hartwig Schultz: *Bettina von Arnim*. Stuttgart, Weimar 1995.
Becker-Cantarino, Barbara: *Meine Liebe zu Büchern. Sophie von La Roche als professionelle Schriftstellerin*. Heidelberg 2008.
Becker-Cantarino, Barbara: „Phantastisches und Alltägliches. Zum poetischen Verfahren Bettine von Arnims". In: Walter Pape (Hg.): *Die alltägliche Romantik. Gewöhnliches und Phantastisches, Lebenswelt und Kunst*. Berlin, Boston 2016, S. 123–130.
Bunzel, Wolfgang: „‚Phantasie ist die freie Kunst der Wahrheit'. Bettine von Arnims poetisches Verfahren in Goethes ‚Briefwechsel mit einem Kinde'". In: Jb BvA 1 (1987), S. 7–28.
Keul, Hildegund: *Menschwerden durch Berührung. Bettina Brentano-Arnim als Wegbereiterin für eine feministische Theologie*. Frankfurt a.M. [u.a.] 1993.
Keul, Hildegund: „Brot teilen nach Recht und Gerechtigkeit: Bettine von Arnims ‚Schwebe-Religion' und ihre sozial-politische Bedeutung". In: Wolfgang Bunzel, Kerstin Frei u. Mechtild M. Jansen (Hg.): *„Mit List und ... Kühnheit ... Widerstand leisten": Bettine von Arnims sozialpolitisches Handeln zwischen Privatheit und Öffentlichkeit*. Berlin 2010, S. 77–89.
Kohl, Katrin: *Poetologische Metaphern. Formen und Funktionen in der deutschen Literatur*. Berlin, New York 2007.
Lauer, Gerhard: „Der ‚rothe Sattel der Armuth': Talmudische Gelehrsamkeit oder die Grenzen der poetischen Technik bei Bettine von Arnim". In: Wolfgang Bunzel, Konrad Feilchenfeldt u. Walter Schmitz (Hg.): *Schnittpunkt Romantik. Text- und Quellenstudien zur Literatur des 19. Jahrhunderts*. Festschrift für Sibylle von Steinsdorff. Tübingen 1997, S. 289–319.
Liebertz-Grün, Ursula: *Ordnung im Chaos. Studien zur Poetik der Bettine Brentano-von Arnim*. Heidelberg 1989.

Oehlke, Waldemar: *Bettina von Arnims Briefromane*. Berlin 1905.
Pompe, Hedwig: *Der Wille zum Glück. Bettine von Arnims Poetik der Naivität im Briefroman „Die Günderode"*. Bielefeld 1999.
Schultz, Hartwig: „Der Umgang der Brentano-Geschwister (Clemens und Bettine) mit der frühromantischen Philosophie". In: Walter Jaeschke u. Helmut Holzhey (Hg.): *Früher Idealismus und Frühromantik. Der Streit um die Grundlagen der Ästhetik (1795–1805)*. Hamburg 1990, S. 241–260.
Thamm, Angela: „Heilsames Schreiben: Empathie, Strategie und politisches Handeln bei Bettine von Arnim geb. Brentano". In: Wolfgang Bunzel, Kerstin Frei u. Mechtild M. Jansen (Hg.): *„Mit List und ... Kühnheit ... Widerstand leisten": Bettine von Arnims sozialpolitisches Handeln zwischen Privatheit und Öffentlichkeit*. Berlin 2010, S. 139–154.
Weinrich, Harald: *Wege der Sprachkultur*. München 1988.
Wetzel, Michael: „Private Dancer. Korrespondenzen zwischen Bettine Brentano, Goethe und anderen". In: *Athenäum. Jahrbuch für Romantikforschung 5* (1995), S. 71–99.

IV. Das literarische Werk

1. Briefbücher und Dichtung

1.1. *Goethe's Briefwechsel mit einem Kinde. Seinem Denkmal* (1835)
Miriam Seidler

1. Der Aufbau von *Goethe's Briefwechsel mit einem Kinde*	367
2. Die Entstehung des *Goethebuches*	370
3. Die Bewertung des *Goethebuches* durch die Literaturkritik	371
4. Die Überarbeitung des Originalbriefwechsels	373
5. Goethe und sein Werk in Bettinas Briefbuch	375
6. Neuere Forschungspositionen	380
7. Literatur	382

Johann Wolfgang von Goethe war sich nicht nur selbst in den letzten Jahren seines Lebens historisch geworden, es hatte sich auch ein Starkult um seine Person entwickelt, der jede seiner Äußerungen zum Ereignis machte. Das große öffentliche Interesse an Goethe als Autor und Person machte Bettina von Arnims erstes Buch *Goethe's Briefwechsel mit einem Kinde. Seinem Denkmal* bei seinem Erscheinen im Februar und März 1835 drei Jahre nach Goethes Tod zu einer literarischen Sensation – und seine Autorin zu einer bekannten, aber auch umstrittenen Persönlichkeit. Das Briefbuch, das in drei Teilen im Verlag von Ferdinand Dümmler in Berlin veröffentlicht wurde, habe „die Nation", wie Moriz Carriere noch fünf Jahrzehnte später festhielt, „wie ein glänzender Meteor freudig überrascht" (zit. nach GW 2, 908). Die Rezeption blieb dabei nicht auf den deutschsprachigen Raum beschränkt, auch wenn Bettinas Werk im Ausland nicht mit der gleichen Begeisterung aufgenommen wurde wie von den deutschen Lesern. Die englische Übersetzung übernahm Bettina, die selbst kein Englisch sprach, nach einem Disput mit der Übersetzerin, die lediglich die Publikation einiger Auszüge für den englischen Markt vorgeschlagen hatte, teilweise selbst (siehe VI.1. *Zur Rezeption ‚Bettinas' in England und in Neuengland*). Darüber hinaus erschien das Briefbuch in einer französischen und einer russischen Teilübersetzung.

1. Der Aufbau von *Goethe's Briefwechsel mit einem Kinde*

Goethe's Briefwechsel mit einem Kinde besteht aus drei Büchern. Das erste Buch enthält den Briefwechsel Bettina Brentanos mit Catharina Elisabeth Goethe und mit Goethe selbst bis zum Tod der Dichtermutter im September 1808. Das zweite Buch ist ganz dem Briefwechsel mit Goethe gewidmet. Es deckt den Zeitraum von Herbst 1808 bis zum Jahreswechsel 1823/24 ab. Das dritte Buch enthält das *Tagebuch* des ‚Kindes', das den Titel „Buch der Liebe" trägt, verzichtet weitgehend auf Zeitangaben. Die letzten Einträge enthalten die Reaktionen des schreibenden Ichs auf den Tod Goethes im März 1832, die an Goethe und einen namenlosen Freund gerichtet sind. Der thematische Fluchtpunkt des Tagesbuchs ist aber ebenfalls das Jahr 1824 (vgl. Bunzel 2008, 651). So gestaltet Bettina als eine der letzten Szenen des Tagebuchs ihren Besuch als Künstlerin bei Goethe im Juli 1824. Sie bringt ihm ihr Denkmal und wird dafür von ihm gesegnet.

Den Umstand, dass der Briefwechsel mit Goethes Mutter das Buch eröffnet, hat die Forschung lange nur im Hinblick auf deren Funktion als Vermittlerin bei der Kontaktaufnahme mit dem berühmten Dichter betrachtet (vgl. Growe 2003, 129). Die Briefe dieses ersten Teils sind weitgehend fiktiv und lassen damit keinen Rückschluss auf die Beziehung zwischen den beiden Frauen zu. Ihnen kommt im Kontext des Briefbuchs aber eine wichtige Rolle im Rahmen von Bettinas Auseinandersetzung mit Frauenrollen zu. Bettina ‚befreit' die Dichtermutter aus dem Schatten des berühmten Sohnes. Sie erscheint im Briefbuch nicht in der typischen Frauenrolle der „edle[n] Verzichtfigur, sondern als freche Person mit Eigensinn und Witz" (Prokop 1991, 237), als begnadete Erzählerin und Briefeschreiberin. Die tiefe Freundschaft zwischen Bettina Brentano und Goethes Mutter, die die Briefe dokumentieren sollen, weist Bettina als Tochter im Geiste aus. Sie entwickelt in diesem Zusammenhang das Modell der Selbstdarstellung als Kind aus ihrer Beziehung zu Goethes Mutter heraus, stellt sich damit nicht nur auf eine Stufe mit ihrem ‚Wahlbruder' Goethe, sondern diesen zugleich in eine weibliche Genealogie. Der Briefwechsel mit Goethes Mutter endet mit der Schilderung der Lebensgeschichte von Karoline von Günderrode und deren Selbstmord im Juli 1806, womit eine weitere für Bettinas Entwicklung wichtige Frauenpersönlichkeit ins Spiel gebracht wird. Die Korrespondenz mit Catharina Elisabeth Goethe kann in diesem Sinne als Initiation Bettinas als Erzählerin gelesen werden. Überdies zieht sie die Deutungsmacht sowohl über Catharina Elisabeth Goethe als auch über die Günderrode an sich und bestimmt das Bild der beiden Frauen in der Literaturgeschichte mit (vgl. Bunzel 2010, 28). Die Beschreibung der Lebensgeschichte der Günderrode wird in der Forschung gern als Anti-Werther-Erzählung interpretiert (vgl. Growe 2003, 8). Dabei wird übersehen, dass Bettina bewusst ein gescheitertes Modell weiblicher Autorschaft aufruft, das sie selbst als Gegenentwurf zu ihrem eigenen Schreiben entwickelt.

Der Briefwechsel mit Goethe selbst lebt vom Kontrast zwischen der jungen, unbedarften, mit einer blühenden Phantasie ausgestatteten Frau und dem fast 40 Jahre älteren, arrivierten und äußerst zurückhaltenden Dichter. Neben Beschreibungen von Bettinas Alltag in Frankfurt am Main und München sowie ihren Reisen mit Familienangehörigen finden sich in den Briefen immer wieder persönliche Reflexionen zu Goethes Werk und Hinweise auf die Verehrung, die die junge Frau dem Dichter entgegenbringt. War der Briefwechsel zwischen den beiden Frauen durch den brieflichen Dialog gekennzeichnet, so fällt in diesem zweiten Teil auf, dass Goethe auf Bettinas ausführliche Briefe nur selten und dann meist sehr knapp antwortet. Statt eines Dialogs dokumentiert der Briefwechsel in weiten Teilen einen Monolog Bettinas. Das Ungleichgewicht in Länge und Anzahl der gewechselten Briefe zeigt sich auch in der Darstellung der beiden Persönlichkeiten. Bettina nimmt die im Titel bereits angekündigte Rolle des romantischen Kindes ein, das sich an keine gesellschaftlichen Regeln gebunden fühlt, während Goethes Briefe oftmals steif und distanziert wirken und den Mythos des kalten, unnahbaren Dichterfürsten stützen.

Der dritte Teil, das *Tagebuch*, besteht wiederum aus drei Teilen. Das „Buch der Liebe" dient dem Ich zur Selbstaussage, entwickelt einen eigenen Liebesbegriff und enthält zugleich kleinere Erzählungen mit biographischen Skizzen aus Bettinas Jugend (GW 2, 427–528). Das *Tagebuch* zeichnet sich durch ein Spiel mit Dichtung und Wahrheit aus, da eindeutig Erlebnisse Bettinas, etwa ihr Aufenthalt im Klosterpensionat in Fritzlar nach dem Tod der Mutter im November 1793, und Personen aus ihrem Umfeld, wie die Großmutter Sophie von La Roche, erkennbar sind. Der Realitätsgehalt dieser Erzählungen – zum Beispiel ein Kuss von Herder, dem hier die Bezeichnung des erzählenden Ichs als „Psyche" in den Mund gelegt wird (GW 2, 512) – ist schwer zu überprüfen. Sehr wahrscheinlich ist, dass Bettina dem Ideal der ‚inneren Wahrheit' des Erlebten folgt, die durch die Fiktionalisierung hervorgehoben wird. Der zweite Teil des *Tagebuchs*, „Bruchstücke aus Briefen in Goethes Gartenhaus geschrieben" übertitelt, ist in Weimar „Anno 18" situiert (GW 2, 528–543). Das Ich befindet sich im Garten von – die Überschrift verrät es – Goethes Gartenhaus und schreibt aus dem Empfinden der Nähe zum Geliebten heraus. Im dritten Teil (GW 2, 544–571), der von einem Brief an Goethe vom 22. März 1832 und damit an dessen Todestag eingeleitet wird, verarbeitet Bettina Goethes Tod. Die Grundlage für diesen letzten Teil bilden Briefe, die sie im März 1832 an Fürst Pückler geschrieben hat (vgl. Bw Pückler).

Das *Tagebuch* wird in der Forschung gern als „Anhang" (Growe 2003, 143) zu *Goethe's Briefwechsel mit einem Kinde* bezeichnet. Diese Abwertung entspricht nicht der Funktion, die dem *Tagebuch* als integralem Teil des Briefbuches zukommt. Vielmehr ist dieser letzte Teil, der mit der Gattung des Tagebuchs spielt und diese ebenso fiktionalisiert wie die Briefe aus den Briefwechseln, für die Bewertung von Bettina von Arnims schriftstellerischer Begabung von zentraler Bedeutung. Da das letzte Buch nicht auf der Basis einer Alltagskommunikation entwickelt wurde, ist es alleiniger Ausdruck von Bettinas künstlerischer Schreibpraxis, es zeigt das „gerundete[ ] Kunstwerk aus ihrer Schriftstellerzeit" (Oehlke 1905, 177). Dabei kann das selbstreferentielle Schreiben als Reaktion auf die Verweigerung des Schreibpartners im zweiten Teil gelesen werden, der „verstummt, stirbt und versteinert" (Holm 2006, 228). Ingrid Leitner und Sibylle von Steinsdorff haben in ihrer Untersuchung zu den Charakteristika des *Tagebuchs* herausgestellt, dass Bettina in diesem Teil des Briefbuchs ein „wohlkalkuliertes, komplexes Regelwerk" entwirft; das *Tagebuch* zeichnet sich nicht nur durch seine romantische, grenzüberschreitende Schreibweise aus, in ihm entwickelt Bettina von Arnim zudem ein Liebeskonzept, das von Leitner und Steinsdorff als „Theologie der Liebe" bezeichnet wird (Leitner/Steinsdorff 1994/95, 150). In einer Verbindung von romantischen Ideen, dem Pantheismus Goethes und der Theologie Schleiermachers entwickelt die Autorin einen Liebesbegriff, der jedem Menschen ein „göttliches Grundempfinden" zuspricht, dem er folgen muss, um der „eigenen Gottebenbildlichkeit" gerecht zu werden (ebd., 152). Aus dieser Theologie der Liebe leitet Bettina von Arnim dann eine Theorie des künstlerischen Schöpfungsaktes ab und entwickelt so eine eigene Poetik (vgl. ebd., 153).

2. Die Entstehung des *Goethebuches*

Bereits kurz nach der ersten Begegnung mit Goethes Mutter Catharina Elisabeth Goethe im Jahr 1806 spielte Bettina Brentano mit dem Gedanken, auf der Basis der Erzählungen der Dichtermutter eine Biographie von Johann Wolfgang von Goethe zu schreiben. Den etwas modifizierten Plan schildert sie im Mai 1807 nach ihrem ersten Besuch bei Goethe in einem Brief an den Bruder Clemens: „[S]ein Leben will ich nicht schreiben das kann ich nicht, aber den Duft seines Lebens will ich erschwingen und auffassen, und zum ewigen Andenken seiner, bewahren" (GW 4, 45). Der Plan einer Goethe-Biographie, von dem Ulrike Landfester vermutet, dass er vor allem für Bettinas männliches Publikum bestehend aus Clemens, dem Schwager Friedrich Carl von Savigny und dem Freund Achim von Arnim entwickelt wurde (Landfester 2000, 228–229), wurde erst einmal nicht verwirklicht. Bereits die aus dem Brief an Clemens zitierte Umschreibung des geplanten Werkes verdeutlicht, dass Bettina alles andere als eine faktengetreue Lebensbeschreibung plante. Auch wenn das Buchprojekt nicht weiter verfolgt wurde, blieb Bettina mit Goethes Mutter bis zu deren Tod im September 1808 eng befreundet und versuchte, den Kontakt zum von ihr verehrten Autor aufrechtzuerhalten.

Wann genau Bettina den Plan zum *Goethebuch* wieder aufgegriffen hat, ist nicht bekannt. Nachdem sie sich im Zuge des Denkmalprojektes für ihre Heimatstadt Frankfurt intensiv mit dem Weimarer Autor beschäftigt hatte, las sie ab 1825 Freunden und Bekannten wiederholt aus fiktiven Briefen von und an Goethe vor und entwickelte in dieser Zeit die für das Briefbuch charakteristischen „Gedanken über Liebe und Leidenschaft" (Kommentar in: GW [Härtl] 1, 659).

Als die Nachricht von Goethes Tod im März 1832 in Berlin eintraf, arbeitete Bettina gerade an einem Brief an Goethe, der eine erneute Kontaktanbahnung ermöglichen sollte. Statt Goethe erhielt Hermann Fürst von Pückler-Muskau diesen Brief. Den ebenfalls goethebegeisterten Modeschriftsteller hatte Bettina kurz zuvor im Salon der Varnhagens kennengelernt. Im Gegensatz zum männlichen Publikum in ihrer Jugend sah sich Pückler zumindest zu Beginn ihres Briefwechsels als Bettinas Mentor. So schrieb er ihr am 26. März 1832, kurz nach Goethes Tod: „Doch ich will nicht scherzen. Du *bists* – eine ächte Dichterin – und schöner kann sich des Weibes Gemüth nicht aufthun als in Deinen letzten Briefen. Fahre ja mit Göthe aus Deinem Leben fort, und verschweige nichts, thue Dir auch nicht den leisesten Zwang an, schreib als sprächest Du zu Dir selbst, je schleyerloser Du dastehst, je mehr kannst Du nur bey mir gewinnen" (Bw Pückler, 49).

Nachdem Bettina den Plan gefasst hatte, auf der Basis ihres Briefwechsels mit Goethe ein Buch zu verfassen, um aus den Einnahmen die Realisierung ihres Denkmalentwurfs zu finanzieren, verfolgte sie das Buchprojekt zielstrebig. Von Goethes Nachlassverwalter, dem Weimarer Staatskanzler Friedrich von Müller, forderte sie Anfang April 1832 ihre Briefe zurück (vgl. GW 4, 287–291). In den Briefen an Pückler erprobte sie Schreibweisen unter anderem für das das Briefbuch beschließende *Tagebuch*. Der Freund wurde dabei in immer größerem Maße zur Projektionsfläche für ihre Goethe-Begeisterung. Fürst Pückler, den Bettina ursprünglich als Herausgeber vorgesehen hatte, war indes von ihrem ‚Spiel mit Imaginationen', in denen sie etwa den fiktionalisierten Goethe mit ihrem realen Briefpartner Pückler überblendete, überfordert (vgl. Seidler 2015).

Neben Fürst Pückler war der protestantische Theologe und Altphilologe Friedrich Schleiermacher ein anregender Gesprächspartner im Zeitraum der Entstehung des *Goethebuches*. Wie Bettina selbst hielt auch Schleiermacher bis zu seinem Tod im Februar 1834 an der frühromantischen Philosophie fest; ihr Verständnis von Liebe und Sinnlichkeit bildete sie im Gespräch mit Schleiermacher aus (vgl. Bäumer 1986, 91–102). Die in das *Tagebuch* eingestreuten Aphorismen nehmen die Schleiermacher'sche Philosophie auf, daneben sind aber auch Briefe von und an Schleiermacher in das *Tagebuch* eingeflochten.

3. Die Bewertung des *Goethebuches* durch die Literaturkritik

Die Rezeption von *Goethe's Briefwechsel mit einem Kinde* ist nicht ohne den zeitgenössischen Kampf um das angemessene Verständnis von Goethes Leben und Werk nach dessen Tod im Jahr 1832 nachzuvollziehen. Bettinas Briefbuch ist daher nicht in erster Linie als ihr literarisches Erstlingswerk rezipiert worden, vielmehr spielte in der öffentlichen Diskussion zugleich immer auch die Positionierung zu Goethe als Politiker und Autor eine Rolle. Dass sie sich im Briefbuch neben der Verehrung Goethes als Dichter auch eine kritische Stellungnahme sowohl zu seinem Werk als auch zu politischen Fragen erlaubte, machte *Goethe's Briefwechsel mit einem Kinde* letztlich anschlussfähig für verschiedene gesellschaftliche und literarische Lager.

Die Werkausgaben von Heinz Härtl (GW [Härtl] 1 [1986]) und Walter Schmitz und Sibylle von Steinsdorff (GW 2 [1992]) enthalten im Anhang jeweils einen sehr ausführlichen Überblick über die Rezension zum Briefbuch. Schmitz und Steinsdorff geben zudem eine Übersicht über die insgesamt 38 in den Jahren 1835 bis 1840 erschienenen Rezensionen (GW 2, 910–913). Diese belegen sehr eindrücklich, dass das häufig besprochene Buch *die* literarische Sensation des Jahres 1835 war.

Bereits die erste, am 25. Februar 1835 anonym in der *Literarischen Zeitung* veröffentlichte Rezension gibt die wichtigsten Stichworte vor, die im Folgenden die Rezeption des Werkes bestimmen sollten. So äußerte der Rezensent Bewunderung für Bettina als Muse des Dichters und den Einfluss, den sie auf das Werk Goethes genommen hat, der hier „oft ganze Passagen" ihrer „fessellosen Rede der glühendsten Herzensergießung [...] in Rhythmus gesetzt" ([Anon.] 1835, Sp. 162) habe. Neben der besonderen Stellung von Goethes Mutter, deren Briefwechsel mit Bettina das *Goethebuch* ja eröffnet, ist es vor allem Bettinas religiöse „Verklärung des Natürlichen" (ebd., Sp. 163), in dem sie den Geist repräsentiert sieht, und die emotional aufgeladene, symbolische Beziehung des Mädchens zu dem gealterten Dichter, die Erwähnung finden. Darüber hinaus versteht der Rezensent Bettinas betont politische Haltung in Bezug auf den Aufstand der Tiroler als bewusst gewählte Gegenposition zu Goethes Weltflucht in den *Wahlverwandtschaften* (1809). Sein Hinweis auf die Verbindung von „Scharfsinn" und „Phantastik" in Bettinas Schreibweise (ebd.) kann bei alldem als Fingerzeig gewertet werden, dass er den Wahrheitsgehalt des Textes durchaus anzweifelte. Die Bewertung von Bettinas Selbstdarstellung, die sich dadurch auszeichne, dass „etwas Somnambüles in ihrer Extase" liege (ebd.), dürfte der zeitgenössischen Leser darüber hinaus als Anspielung auf die Figur der Ottilie in den *Wahlverwandtschaften* gelesen haben. Damit verändert sich das Verständnis der Person Bettina in der Stilisierung zur literarischen Figur. Das Spiel mit Fakten und Fiktionen war dem Rezensenten wohl bewusst.

Bettina von Arnim sorgte geschickt für die ersten Besprechungen ihres Buches. Jacob Grimm war einer ihrer Freunde, den sie – neben Joseph Görres und Karl Hartwig Gregor von Meusebach (vgl. GW 2, 914) – für eine Rezension in einer der führenden deutschsprachigen Literaturzeitschriften gewinnen konnte. Er ordnete das Briefbuch in seiner Rezension in den *Göttingischen gelehrten Anzeigen* vom 13. Juni 1835 als gleichberechtigtes Werk dem Œuvre Goethes zu, betonte aber zugleich voller Bewunderung die „Gewalt der Sprache wie der Gedanken", die einem „weiblichen Gemüth" entsprungene „unmittelbar[e] Poesie" (Grimm 1835, 916).

Diese ersten (verhalten) positiven Rezensionen gingen schon bald in einen Deutungskampf über, der vor allem die ‚Richtigkeit' von Bettinas Goethe-Bild in den Blick nahm. So wurde von konservativer Seite hervorgehoben, dass Goethe als „Naturgenius" seiner Zeit zumindest teilweise ein Rätsel bleiben müsse. Als „Naturkinde" sei es Bettina gelungen, Goethe zu erkennen. Allerdings wird diese Leistung nicht ihr selbst zugeschrieben, sie sei vielmehr bedingt durch den „von Goethes's Genius in sie überströmende[n] Hauch der Naturpoesie" (Stich 1840, 33–34). Damit wird Bettina zum ‚Medium' Goethes – und die Grenzüberschreitung der Autorin geradewegs in geordnete Bahnen gelenkt.

Eine konträre Position nahmen die Autoren des Jungen Deutschlands ein, die die Leistung Bettinas als Autorin durchaus anerkannten. War den frühromantischen Autoren ihre Goethe-Verehrung gemein, so war den Jungdeutschen ihre kritische Haltung Goethe gegenüber ein Erkennungszeichen. Diese ablehnende Haltung zu Goethes Leben und Werk fanden die Autoren im Briefbuch wieder. Sie kehrten Bettinas Goethe-Verehrung um und führten die Dialogverweigerung des Autors und sein politisches Desinteresse auf ein grundsätzliches soziales und politisches Versagen des Weimarer Großschriftstellers zurück. Mühte sich Joseph Görres in einer allegorischen Rezension, die Verfehlung Goethes in mythischen Bildern zu fassen, so äußerte sich der heftigste Goethe-Kritiker Ludwig Börne weitaus direkter. Börne instrumentalisierte das Briefbuch für eine radikale Abrechnung mit Goethe. Bettina kommt hier die Rolle einer „Rachefurie" zu, die als Reinkarnation von Goethes Mignon angetreten sei, den Dichter zu strafen. Bettinas subtile Kritik an dem Weimarer Dichterfürsten stellt er denn auch in den Fokus seiner Betrachtungen. Betont er Goethes Unfähigkeit, Liebe zu empfinden, so wirft er Bettina im Gegenzug Liebesblindheit vor (Börne 1964 [1835], 869). Damit werden Bettina und Goethe zu zwei Seiten einer Medaille: „Ihr Buch ist ein Gedicht und ihr Leben ein holdes Märchen. Goethes Nachwelt ist auch die ihre, sie richtet beide. Wird Goethe verurteilt, ist Bettine freigesprochen, wird Goethe freigesprochen, ist Bettine schuldig" (ebd., 867). Nicht zuletzt diese Rezension zeigt dabei die Möglichkeit der Indienstnahme des *Goethebuches* durch verschiedene Ideologien und Denkrichtungen, durch Goethe-Begeisterte und Goethe-Gegner. Solche Lesarten verstehen das *Goethebuch* nicht als Kunstwerk, sondern missbrauchen es als Zeitdokument.

Ein Aspekt, der in der öffentlichen Diskussion nur am Rande thematisiert wird, etwa wenn die ‚Kühnheit' der Autorin gelobt wird (z.B. Grimm 1835, 916), ist der wichtige Beitrag Bettina von Arnims zur Frauenemanzipation und zur Durchsetzung weiblicher Autorschaft. Zwar wird vor allem von konservativer Seite die Frage gestellt, ob sie mit dem Briefbuch nicht eigentlich die „Grenzlinie der Weiblichkeit überschritten" habe (Stich 1840, 33), dennoch wird in der öffentlichen Wahrnehmung – bei aller Kritik an der exzentrischen Autorin – durchaus eine positiver Einfluss auf die Entwicklung weiblicher Autorschaft registriert (vgl. GW 2, 937–939).

4. Die Überarbeitung des Originalbriefwechsels

Bereits in der zeitgenössischen Rezeption des Buches zeigte sich, wie *Goethe's Briefwechsel mit einem Kinde* von verschiedenen ästhetischen und politischen Positionen vereinnahmt wurde, ohne dabei explizit als Bettina von Arnim zugeschriebenes Kunstwerk gewürdigt zu werden. Diese Würdigung war erst mit der Veröffentlichung des Originalbriefwechsels im Jahr 1922 möglich. Als zentrale Tendenzen in der Überarbeitung des Briefwechsels und seiner Fiktionalisierung wurden von der Forschung folgende Aspekte hervorgehoben: Bettina von Arnim hat die Briefe stilistisch grundlegend überarbeitet (vgl. Beyer 1925, 78–82) und inhaltlich ergänzt. Dabei fällt vor allem eine Politisierung auf, beispielsweise in der ausführlichen Parteinahme Bettinas für die Tiroler im Rahmen ihres Aufstandes gegen Napoleon oder in der positiven Haltung gegenüber Juden (vgl. Bäumer 1986, 217–241), die Bettinas eigene Entwicklung in den Jahren nach Achim von Arnims Tod spiegelt.

Neben diesen neuen thematischen Schwerpunktsetzungen sind es aber vor allem die literarischen Strategien, die einen Einblick in Bettinas Verfahrensweise und ihre Poetik geben. Hervorgehoben wird in diesem Kontext besonders die Datierung der Briefe, da sich hier sehr offensichtlich Unstimmigkeiten zeigen, an denen sich die Frage nach dem Realitätsgehalt der Briefe diskutieren lässt. Bei der Lektüre des Briefwechsels fällt auf, dass Bettina Briefe umdatiert. Ein Dankesbrief von Goethe für Weihnachtsgeschenke aus dem Januar 1808 wird zum Beispiel auf den September 1807 vordatiert und damit als Antwort auf einen Geburtstagsbrief Bettinas gelesen. Den Inhalt des Briefes selbst überarbeitet sie allerdings nur geringfügig, so dass nicht nur die gesamte Familie zum Geburtstag beschenkt wird, sondern auch die Bezeichnung Bettinas als „wahrer kleiner Christgott" (GW 2, 116) den Leser irritiert. Hinzu kommen Umstellungen in der Chronologie der Briefe, die so weit gehen, dass Bettina Briefe rückwärts datiert, um dem Zeitpunkt des Zusammentreffens mit Goethe wieder näher zu kommen und sich durch die Ununterscheidbarkeit von Vergangenheit und Zukunft „dem vergangen-zukünftigen Glück wieder anzunähern" (Bunzel 1987, 9). Hatte Paul Beyer 1925 in der chronologischen Unordnung der Briefe ein Abbild von Bettinas Charakter gesehen (Beyer 1925, 78), so erklärt Wolfgang Bunzel diesen eigenwilligen Umgang mit der Chronologie des Originalbriefwechsels damit, dass es Bettinas Intention war, einen „stimmigeren und der Erlebnisqualität der Briefe angemesseneren Zusammenhang in den disparaten Konvolut von Originalbriefen zu bringen, als es eine an der temporalen Sukzession orientierte Edition vermag" (Bunzel 1987, 10). Eine ähnliche Absicht verfolgt sie, wenn sie in den Briefen Goethes das Personalpronomen ändert und statt des unpersönlichen ‚Sie' das vertraute ‚Du' verwendet. Dabei entwickelt sie ein öffentliches und ein privates Goethe-Bild, wenn sie Briefen, die der Dichter seinem Schreiber diktierte und die den ‚kalten' Goethe zeigen, „mit eigener Hand" verfasste Passagen hinzufügt, die eine emotionale Nähe im geheimen Briefwechsel mit Bettina und damit den ‚wahren' Goethe zeigen (ebd., 14–15).

Dabei versucht Bettina an keiner Stelle, den Leser in die Irre zu führen, sondern stellt die Unzuverlässigkeit des schreibenden Ichs bewusst aus (vgl. Bunzel 1987, 11). Catharina Elisabeth Goethe legt sie etwa die Formulierung in den Mund: „[W]enn's nur auch wahr ist, […] denn in solchen Stücken kann man Dir nicht wenig genug trauen" (GW 2, 61). Ziel der Thematisierung ihrer eigenen „Lügenhaftigkeit" ist die Konfrontation des Lesers mit der Frage nach dem Realitätsgehalt des Erzählten. Sie möchte damit die „Aufmerksamkeit für den Akt des Erzählens […] schärfen" (Bunzel 1987, 13). Diese poetische Schreibweise Bettinas, die den Produktionsprozess ihres Textes in den Fokus rückt, ist keine Eigenheit des Briefbuches. Vielmehr greift sie hier Verfahren auf, die auch für ihre Privatbriefe charakteristisch sind (vgl. ebd., 14).

Hinter all den genannten Überarbeitungsschritten sieht Wolfgang Bunzel die Absicht der „Desillusionierung". Bettina möchte die „Realität hinter der Fassade der Fiktion" erkennbar werden lassen (Bunzel 1987, 17). Diese wird gestützt durch Bettinas Phantasiekonzept. Angeregt durch den von Karoline

1.1. Goethe's Briefwechsel mit einem Kinde (1835)

von Günderrode vertretenen Geniebegriff sieht sie in der Phantasie eine „Mittlerfunktion zwischen Idee und Realität" (ebd.). Diese zeigt sich beispielsweise in der Verwendung des Konjunktivs als Möglichkeitsform oder bei der Thematisierung verschiedener Handlungsoptionen, von denen lediglich eine realisiert wird. Die Phantasie ist damit zugleich „Motor der Tagtraumtätigkeit", die in der Wirklichkeit nicht umsetzbare Wünsche in der Fiktion realisiert, und „Antrieb des dichterischen Schaffensprozesses" (ebd., 20–21). Auf diese Weise wird der Übergang der phantasiebegabten Tagträumerin Bettina – die immer wieder in Ahnungen und Prophetien die Zukunft, die für sie als Schreibende ja bereits Vergangenheit ist, vorwegnimmt – zur Autorin vorbereitet. Als solche tritt sie in Konkurrenz zu dem verehrten Dichter Goethe.

Nicht erst das *Tagebuch*, sondern bereits die Briefwechsel mit Catharina Elisabeth und Johann Wolfgang von Goethe sind für die Publikation im Briefbuch überarbeitet worden. Ziel der Fiktionalisierung ist eine „gezielte kulturelle Andenkenstiftung" (Bunzel 2010, 29). Die Bewertung von Bettinas Umgang mit den Originalbriefen durch die Forschung hat sich freilich im Lauf der Zeit gewandelt. Gingen ihre Zeitgenossen noch davon aus, eine (unzuverlässige) historische Quelle vor sich zu haben, so stellte sich Anfang des 20. Jahrhunderts aufgrund der Kenntnis des Originalbriefwechsels die Frage, ob Bettina eine bewusste „Fälschung" vorgenommen habe oder ob sie nicht vielmehr einer „Zwangsvorstellung" erlegen sei (Beyer 1925, 73). Gegenwärtig wird *Goethe's Briefwechsel mit einem Kinde* weniger als „Phantasiekorrespondenz" (Bunzel 2008, 635) verstanden, sondern vielmehr als „teilfingierte Quellenedition" (Bunzel 2010, 29) oder „schriftbasierte[ ] editorische[ ] Andenkenpublikation" (Bunzel 2008, 638) gewürdigt. Das Adjektiv ,teilfingiert' stellt in diesem Kontext zwar das Verhältnis von Fakten und Fiktionen heraus, markiert aber nicht den tieferen Wahrheitsgehalt in ihrer Beziehung zu Goethe, den Bettina in der Überarbeitung herausstellen wollte. Der neutrale Begriff ,Briefbuch' ermöglicht es in diesem Kontext, ohne Wertung über *Goethe's Briefwechsel mit einem Kinde* zu sprechen.

5. Goethe und sein Werk in Bettinas Briefbuch

Goethe zwischen historischer Person und Kunstfigur

„Autoren fiktionaler Texte erfinden Figuren, Autoren faktualer Texte berichten von Personen" (Martínez 2011, 145): Dieser einfache Merksatz der Erzähltheorie wird mit Bettina von Arnims Briefbüchern grundsätzlich infrage gestellt. Zwar berichtet sie von realen Personen, aber das, was sie berichtet, beruht nicht zwangsläufig auf der historischen Wirklichkeit. Vielmehr modelliert sie die Figuren entsprechend ihrer „Aussage- und Wirkungsabsicht" (Bunzel 2008, 649) und formuliert durch diese Gestaltung eine selbst empfundene Wahrheit. Damit changieren die Charaktere in ihren Texten zwischen Dichtung und Wahrheit. Diese Neudefinition betrifft jedoch nicht nur Goethe, sondern alle Personen.

Allerdings ist diese Schreibweise in der ersten Hälfte des 19. Jahrhundert keine Eigenheit von Bettinas *Goethebuch*. Die Zeitgenossen gingen davon aus, dass die Persönlichkeit eines Autors im Briefwechsel zum Ausdruck komme (vgl. Baasner 1999, 31). Diese durch Veränderungen des Originalwortlautes zu betonen, war durchaus üblich (vgl. Drewitz 1969, 179). Bettina von Arnim ging es dabei vor allem darum, eine Lesart ihrer Beziehung zu Goethe zu entwickeln, indem sie die Rolle der ‚Bettine' als Verbindung der Modelle Geliebte und Muse umgestaltete.

Den Übergang zwischen dem Briefwechsel mit Catharina Elisabeth Goethe und dem mit ihrem Sohn markiert in Bettinas Briefbuch Goethes Gedicht *Epoche* (GW 2, 85). Als Mottogedicht eingesetzt, muss es als Rezeptionsanleitung für den Briefwechsel gelesen werden. Zum einen suggeriert Bettina, das mit „Advent von Achtzehnhundert sieben" (ebd.) umschriebene, einschneidende biographische Ereignis beziehe sich auf ein Bettina-Erlebnis Goethes (vgl. Wallenborn 2006, 254–255). Zum anderen wird mit dem intertextuellen Bezug auf „Petrarca's Liebe" (GW 2, 85) zu Laura angedeutet, dass diese als Muster für die Liebe zwischen Bettina und Goethe zugrunde gelegt werden könne. Der Briefwechsel mit Goethe verweist dabei im Folgenden auf eine Umkehrung der von Francesco Petrarca im 14. Jahrhundert ausgestalteten idealtypischen Geschlechterrollen. Bettina nimmt nicht die Rolle der passiven Laura ein, sondern sie entwickelt im Gegenteil eine „Kunstfigur Goethe", der die Rolle der Minnedame zugewiesen wird und die folglich als „unerreichbares Liebesobjekt" besungen wird (Liebertz-Grün 1989, 7).

Goethes Werke im Briefbuch

Goethe's Briefwechsel mit einem Kinde gibt Einblicke in Bettinas Rezeption der Werke Goethes und macht nachvollziehbar, wie sie sich „Goethe im wahrsten Sinne des Wortes posthum angeeignet" hat (Bäumer 1986, 215). Allerdings geht ihre Auseinandersetzung mit dem Autor weit über eine einfache Aneignung des Idols hinaus, denn das Briefbuch zeichnet in der Auseinandersetzung mit Goethe und seinem Werk ihre Entwicklung als Autorin nach.

Ausgangspunkt für die intertextuellen Bezugnahmen sind die beiden unkommentierten Sonette, die Goethe ihr Ende 1807 zugeschickt hat (GW 2, 582–583). Diese wird er erst acht Jahre später unter dem Titel *Mächtiges Überraschen* und *Abschied* veröffentlichen. Beide Gedichte „nehmen ganz unverkennbar Motive und Formulierungen" (Wallenborn 2006, 251) aus den Briefen Bettinas auf. Diesen einmaligen Hinweis auf die Inspirationsquelle, die ihre Briefe für ihn darstellten, greift sie dann in der Überarbeitung auf.

So ist es nicht verwunderlich, dass Bettina ihre Funktion im Verhältnis zu Goethe im überarbeiteten Briefwechsel ausbaut und sich als Goethes Muse stilisiert, indem sie in der Paraphrasierung weiterer Sonette und Gedichte aus dem *West-östlichen Divan* (1819/1827) den Eindruck erweckt, ihre Briefe haben den verehrten Autor zur lyrischen Produktion angeregt. Auch wenn die eine oder andere Übereinstimmung im Originalbriefwechsel zu finden ist, so handelt es sich bei diesen Prosaauflösungen von Goethes Gedichten um eine nachträgliche Bearbeitung Bettinas (vgl. Wallenborn 2006, 251–273). Dies ist unter anderem daran zu erkennen, dass sie auch Gedichte aus dem *Divan*, die eindeutig Mariane von Willemer zuzuschreiben sind, in Prosa auflöst. Mit diesen Prosaumschreibungen geht eine Aufwertung Bettinas einher, die sich im Gegensatz zu Goethes Formbeherrschung durch die Fähigkeit auszeichnet, ihre Liebe spontan und lebendig zu formulieren, wohingegen die „künstlerische Dignität" des verehrten Autors leidet (ebd., 271).

Diese implizite Kritik an Goethe wandelt sich im Lauf der Auseinandersetzung mit seinem Werk in eine heftige Kritik an der Konzeption der Liebenden in den *Wahlverwandtschaften*. Diesen Roman und Bettinas Unverständnis für ihn sieht Markus Wallenborn (2006, 248) als Auslöser für die Formulierung des *Tagebuches* und der Entwicklung eines eigenen Liebeskonzeptes. So kritisiert sie in einem undatierten Brief die Gestaltung der Figur der Ottilie, für die sie sich als Leserin eine Rettung gewünscht hätte. Dabei setzt Bettinas Kritik vor allem an den Auszügen aus Ottilies Tagebuch an, in dem diese weder kindlich noch weiblich noch mütterlich gezeichnet sei. Damit enttäuscht Goethe die Erwartungen Bettinas zutiefst (vgl. GW 2, 316). Im Brief vom Folgetag spricht sie von ihrem Buch, das sie gern aufbewahrt hätte bis zu einem Wiedersehen, um Goethes Reaktion auf die Lektüre direkt wahrnehmen zu können (vgl. ebd., 317–318). Bettinas Tagebuch substituiert damit nicht nur das emotionslose Tagebuch Ottilies und das Versagen des Autors der *Wahlverwandtschaften*. Die jüngere Autorin entwickelt zugleich ein literarisches Kunstwerk, das „als schier endloser Monolog, der kein anderes Thema kennt als die *Liebe*" (Wallenborn 2006, 296), genau die Leerstelle ausfüllt, die Ottilie in den *Wahlverwandtschaften* nicht zu füllen vermag. Im Gegensatz zur Angleichung von Ottilies Schrift an die Eduards bedeutet das Tagebuchschreiben für Bettina keinen Ich-Verlust, sondern die „Selbst(er)findung" als Liebende und als Autorin (ebd., 298).

Mignon: Anverwandlung einer literarischen Rolle und Entwicklung einer eigenen Poetologie

Paarfigurationen wie Amor und Psyche, Christus/Gottvater und Maria, Mignon und Wilhelm Meister spielen eine wichtige Rolle im Ideengeflecht des Briefbuchs und werden von dem „geschlechtlich unbestimmten Paar von ‚Kind' und ‚Genius'" überlagert (Holm 2006, 228). In diesen literarischen, mythologischen und biblischen Bezugssystemen ist die – im Originalbriefwechsel überhaupt nicht thematisierte – Konstellation Mignon und Wilhelm Meister von besonderer Bedeutung, da die androgyne Kindfrau Mignon einerseits von den Romantikern als Verkörperung der romantischen Poesie interpretiert wurde und Bettina andererseits die Überwindung von Goethes Poetologie in Bezug auf diese Figurenkonstellation entwickelt. Sie identifiziert sich als Schreibende mit der Figur, in der sie die zentralen Themen von *Goethe's Briefwechsel mit einem Kinde* – Liebe, Poetik, Politik, Emanzipation und Selbstfindung als Autorin – zusammenführt.

Bereits die ‚Hosenrolle', die Bettina und ihre Schwester spielen müssen, um mit dem Schwager nach Berlin reisen zu können, erinnert an die androgyne Mignon (vgl. GW 2, 19–22). Mit dieser ersten Selbstdarstellung Bettinas im Briefbuch korrespondiert der Entwurf der Autorin als Leserin im *Tagebuch*. Neben der Beschreibung der Sozialisation des erzählenden Ichs, seiner ersten Erfahrungen mit der Religion und mit Sexualität und Begehren in der Geschichte ihrer ersten drei Küsse, schildert die Erzählerin auch ihre erste Lektüreerfahrung. Es war Goethes Roman *Wilhelm Meisters Lehrjahre* (1795/96), der ihr den Weg zur Literatur wies. Sie kennzeichnet ihre Lektüre als unverständige, lediglich in der Beziehung zwischen Mignon und Wilhelm entsteht eine Vertrautheit mit Goethe, die diesen mit dem Buch verschmelzen lässt (vgl. GW 2, 519). Die Tagebuchschreiberin imaginiert sich als Gesprächspartnerin Goethes und als Schwester der Mignon. Zu diesem Zeitpunkt ist diese Parallelisierung für den Leser des Briefbuches nicht mehr verwunderlich, denn es gibt im Briefwechsel zwei zentrale Passagen, in denen Bettina Bezug auf Mignon nimmt und die für die Interpretation der Briefeschreiberin zum fiktiven Goethe von zentraler Bedeutung sind.

Die erste findet sich in einem auf den 29. Juni 1807 datierten Brief und damit bereits knapp einen Monat nach Beginn des fingierten Briefwechsels. Die Verfasserin beschreibt einen Traum, den sie mehrfach geträumt hat: „[E]s ist als solle ich vor Dir tanzen, ich bin ätherisch gekleidet, ich hab' ein Gefühl, daß mir alles gelingen werde, die Menge umdrängt mich. – Ich suche Dich, dort sitzest Du frei mir gegenüber [...] – jetzt trete ich vor Dich, [...] und warte; da hebst Du das Haupt, dein Blick ruht auf mir unwillkürlich, ich ziehe mit leisen Schritten magische Kreise, dein Aug' verläßt mich nicht mehr, Du mußt mir nach, wie ich mich wende und ich fühle einen Triumph des Gelingens" (GW 2, 98). Mit dieser Traumbeschreibung nimmt Bettina von Arnim explizit Bezug auf den Eiertanz, den Mignon für Wilhelm tanzt. Im Unterschied zu Mignon befindet sich die von Bettina entworfene „Anti-Mignon" (Liebertz-Grün 1989, 8) aber im öffentlichen Raum, ihre Augen sind nicht verbunden und sie agiert auch nicht wie ein Uhrwerk. Der Tanz dient hier denn auch der Selbstaussprache. Im Blickkontakt mit dem angesprochenen Du wird Goethe eindeutig als Adressat dieser magisch wirkenden Selbstdarstellung genannt. Anders als im realen Briefwechsel gelingt es Goethe nicht, ‚den Blick abzuwenden'. Indem Bettina ihm ihre Worte in die Feder diktiert, ist er „ganz" von ihr „durchdrungen" (GW 2, 98). Damit entwickelt Bettina nicht nur eine „poetologische[ ] Chiffre für den gesamten Briefwechsel" (Wallenborn 2006, 284), sondern zugleich kündigt das schreibende Ich mit diesem Traum seine Emanzipation an (vgl. Landfester 1990, 88). Deutlich wird dies in der anschließenden Bezugnahme auf Mignons letztes Lied, „So laß mich scheinen bis ich werde, zieht mir das weiße Kleid nicht aus" (Goethe 1998, 515–516), das die Verweigerung der eindeutigen Geschlechtszugehörigkeit durch Mignon in der Übernahme der Rolle des geschlechtslosen Engels anzeigt: „[A]ber Herr: diese Ahndung läßt sich nicht bestreiten, daß auch mir das weiße Kleid ausgezogen werde, und daß ich den gewöhnlichen des alltäglichen gemeinen

Lebens einhergehen werde; und daß diese Welt, in der meine Sinne lebendig sind, versinken wird; das, was ich schützend decken sollte, das werde ich verraten; da wo ich duldend mich unterwerfen sollte, da werde ich mich rächen" (GW 2, 98–99).

Das weiße Kleid steht für die von Mignon nicht akzeptierte Überwindung der Natur durch Kultur, die ihr von der Turmgesellschaft aufgezwungen wird, und dient so zugleich als Sinnbild „für die Mignon durch Wilhelm verweigerte Liebe", in der sich Bettina aufgrund der von Goethe im Briefwechsel erfahrenen Ablehnung wiederfindet (Landfester 1990, 88). Sieht Walter Schmitz in der Umschrift von Goethes Sonett *Das Mädchen spricht* und also im Bild des Mädchens, das den weißen Marmor so lange küsst, bis der Götze sich erweichen lässt, eine Umschreibung der mit der Mignon-Rolle einhergehenden Umwandlung von Kunst in Leben und damit die Möglichkeit der Autorin, in der Schaffung des Kunstwerks ihr „eigenmächtiges, zur Tat berufenes Selbst bewahren und entfalten zu können" (Schmitz 1990, 35), so bewertet Ulrike Landfester die Übernahme der Mignon-Rolle wesentlich radikaler. Die oben zitierte Szene ist demnach Hinweis auf eine „posthume Kampfansage und literarische Unabhängigkeitserklärung", die zur Folge hat, dass Bettina Goethe im „poetischen Werk" unterwirft (Landfester 1990, 88). Dabei ist es gerade die „nicht normenkonforme schöpferische Tätigkeit", die Bettina als Mignon die „Schaffung einer eigenen Identität" ermöglicht (Landfester 1990, 88; vgl. auch Gille 1994, 281). Die Entwicklung Bettinas zur Autorin ist folglich eng mit der Figur der Mignon verknüpft, die gelingende weibliche Autorschaft aber gleichwohl an eine Überwindung der seelenlosen Tanztechnik der Mignon gebunden.

Die Parallelisierung der Beziehung von Goethe und Bettina mit der zwischen Wilhelm und Mignon greift aber im Folgenden nicht nur das für die Auseinandersetzung mit Goethe zentrale Argument der emotionalen Kälte des Dichters, auf die die junge Frau mit Emanzipationsbestrebungen reagiert, auf. Bettina hebt ihre Kritik auch auf eine politische Ebene. Sie befindet sich Mitte März 1809 in München und ist daher direkt mit dem Aufstand der Tiroler gegen Napoleons Universalmonarchie konfrontiert. Sie beginnt ihren Brief mit einem Bekenntnis zur Liebe und kommt dann auf die politische Lage zu sprechen, die sie auf die Figur Wilhelm Meister überträgt: „[I]ch möchte zum Wilhelm Meister sagen: komm, flüchte dich mit mir jenseits der Alpen zu den Tyrolern, dort wollen wir unser Schwert wetzen, und das Lumpenpack von Komödianten vergessen [...]. Ja, wenn etwas noch aus Dir werden soll, so mußt Du deinen Enthusiasmus an den Krieg setzen, glaub mir, die Mignon wär nicht aus dieser schönen Welt geflüchtet, in der sie ja doch ihr Liebstes zurücklassen mußte, sie hätte gewiß alle Mühseligkeiten des Kriegs mit ausgehalten" (GW 2, 251).

In der Überblendung von politischem, künstlerischem und Liebesdiskurs stellt Bettina die politische Freiheit über die künstlerische (Re-)Produktion. Wenn die Not des Volkes ruft, dann ist das Schauspiel nicht die geeignete Waffe, um diese zu beenden. Diese Lesart überträgt sie auch auf die Figur der Mignon. Die Liebe Mignons würde sich im Falle eines Krieges, so Landfester, zur „Sehnsucht nach politischer Aktivität" umkehren: „Dem ‚Goethebuch' zufolge stirbt Mignon, weil Goethes Text das Potential solcher Aktivität nicht enthält" (Landfester 2000, 200; vgl. Weißenborn 1987, 181). Insofern verwundert es nicht, dass Bettina im Folgenden den Liebestod des gemeinsam kämpfenden Paares entwirft und an diese Imagination von gelingender Liebe und politischer Tat eine Klage an den Briefpartner anschließt: „Ach, ich muß klagen, Goethe, über alle Schmerzen früherer Zeit, die Du mir angetan, ich fühl mich jetzt so hülflos, so unverstanden wie damals die Mignon" (GW 2, 252). Diese Umschrift des Goethe'schen Textes entwickelt zwei Deutungsmöglichkeiten: Da ist zum einen, bezogen auf die Romankonstruktion, die Kritik an Goethes Poetik im *Wilhelm Meister*, zum anderen verheimlicht die Umschrift aber auch nicht, dass Bettina „Goethes politische[ ] Lauheit angesichts der Napoleonischen Hegemonie in Deutschland" unverständlich ist (Gille 1994, 283). Damit akzentuiert Bettina von Arnim einen „Baustein der jungdeutschen Auseinandersetzung mit Goethe" (ebd.), wie er auch in der Rezension von Börne aufgegriffen wurde.

Forschungspositionen wie die von Werner Milch, der in der Auseinandersetzung mit der Figur Mignon lediglich erkennen konnte, dass Bettina den *Wilhelm Meister* nicht begriffen habe (Milch 1968, 126), konnten sich letztlich nicht durchsetzen. Vielmehr wird in der kritischen Auseinandersetzung mit der Kunstfigur Mignon eine ablehnende Haltung Bettinas zur bürgerlichen „Lebens- und Bildungsgeschichte" erkannt (Weißenborn 1987, 181). In der Rolle der Mignon ist darüber hinaus Bettinas Emanzipation vom verehrten Dichter nachgezeichnet. Ob diese in einer radikalen Rache am einstmals verehrten Autor oder lediglich in dessen posthumer Aneignung im Briefbuch gesehen wird, hängt von der Bewertung der Mignon-Figur ab. Unzweifelhaft dient diese Rolle Bettina im Alltag wie in der Literatur als Identifikationsfigur, die es ihr ermöglichte, einen Mythos zu erschaffen, hinter dem die reale Bettina kaum mehr erkennbar ist (vgl. Schmitz 1990, 35).

6. Neuere Forschungspositionen

Die aktuelle Forschung unterscheidet sich von der Literaturkritik der 1830er und 1840er Jahre insofern grundlegend, als *Goethe's Briefwechsel mit einem Kinde* als literarisches Werk Bettina von Arnims anerkannt wird und die zentrale Forschungsfrage nicht mehr in der ‚historischen Treue' des Buches besteht.

Verwandt mit den frühen Lesarten des *Goethebuches* sind die biographisch-psychoanalytischen Interpretationen der 1980er Jahre, die den Fokus der Auslegung auf die autobiographischen Bezüge legen. In diesem Kontext wird *Goethe's Briefwechsel mit einem Kinde* in der Regel gemeinsam mit den beiden folgenden Briefbüchern *Die Günderode* (1840) und *Clemens Brentano's Frühlingskranz* (1844) gelesen. In diesem Kontext werden die drei Bücher als Bettinas „Wunschbiographie" (Bürger 1990, 149) interpretiert. Daran schließen Interpretationen an, die das *Goethebuch* als „epistolare Konstruktion eines juvenilen und (prä-)adoleszenten Entwicklungsgangs" (Bunzel 2008, 650) lesen, in dem die Struktur eines „weiblichen Bildungsromans" (Bäumer 1986, V) gesehen wird. Diese Lesart greifen denn auch genderorientierte Ansätze auf, die die Selbstermächtigung Bettinas in der Übernahme der Mignon-Rolle hervorheben und ihre Entwicklung als Autorin in den Fokus rücken.

Eine andere Kategorisierung, die allen drei Briefbüchern gemein ist, bezieht sich auf die romantische Schreibweise. Aufgrund der Entwicklung der Grundidee einer Goethe-Biographie als Reaktion auf die Goethe-Begeisterung von Bruder Clemens und seinen Freunden versteht Heinz Härtl das Briefbuch als „ein postumes Hauptwerk der Heidelberger Romantik" und als „das größte literarische Denkmal ihrer gemeinsamen Goethe-Verehrung" (Kommentar in: GW [Härtl] 1, 637). Die Einbindung verschiedener lebensweltlicher Quellen und Briefe stützt diese Lesart des Briefbuches als spätes Kunstwerk im Sinne der romantischen Universalpoesie (vgl. Ockenfuß 1992, 138; Bunzel 2010, 26).

Auf überzeugende Weise führt Ulrike Landfester in ihrer Untersuchung *Selbstsorge als Staatskunst* aus, dass bereits die Briefbücher Bettina von Arnims aufgrund ihrer stetigen Rückbindung an lebensweltliche Quellen, Bettinas ehrenamtliches Engagement und ihre Alltagskommunikation Teil einer „konsequent radikalen politischen Kulturkritik" (Landfester 2000, 58) sind. Damit steht auch nicht mehr die Frage nach der Bewertung von Goethes politischem Handeln im Fokus der Betrachtung, sondern die Chancen und Möglichkeiten der politischen Teilhabe von Frauen, die Bettina vehement einfordert. An diese Positionen schließen Untersuchungen wie die von Wolfgang Bunzel an, der die „Darstellung des Entwicklungsganges der Bettine-Figur in den Texten als bewußten Akt auktorialer Gestaltung" (Bunzel 2010, 20) versteht und damit auch auf eine Intention der Autorin Bettina von Arnim verweist: die Selbsteinschreibung in die Literatur- und Kulturgeschichte des frühen 19. Jahrhunderts.

Bereits die Rezeption des Briefbuches im 19. Jahrhundert hatte die vielen verschiedenen Themen und Motive hervorgehoben, die Bettina von Arnim in *Goethe's Briefwechsel mit einem Kinde* verarbeitet. In Interpretationen zu Einzelaspekten wie der Lichtgestaltung, der Verwendung mythischer Figuren und den intertextuellen Bezügen hat die Forschung in den letzten Jahrzehnten den Fokus immer wieder auf die Literarizität des Briefbuchs gelegt. Der Versuch, diese Einzelaspekte in einer Interpretation sinnvoll zu verbinden, ist bislang noch nicht unternommen worden. Die zeitgenössische Rezeption und ihre Vereinnahmung für verschiedene literaturpolitische Positionen lassen allerdings vermuten, dass die vielfältigen, bewusst gesetzten Leerstellen im Briefbuch eine alle Aspekte integrierende Gesamtinterpretation des Briefbuches kaum zulassen dürften. Das ist freilich kein Manko, sondern die Stärke in der Gesamtkomposition des romantischen Gesamtkunstwerks. Seine programmatischen Überlegungen zum Roman am Beispiel von Goethes *Wilhelm Meister* beschließt Novalis mit der Aufgabe für die Literaten: „Göthe wird und muß übertroffen werden" (Novalis 1978, 414). Bettina von Arnims Briefbuch *Goethe's Briefwechsel mit einem Kinde* ist der Versuch, dieses Vorhaben im Geiste der Romantik umzusetzen. Ob es ihr gelungen ist, muss der Leser entscheiden.

7. Literatur

Zitierte Ausgabe: GW 2 [Text, Originalbriefwechsel, Texte aus dem Umfeld, Kommentar].

[Anon.]: „Goethe's Briefwechsel mit einem Kinde". In: *Literarische Zeitung*, Jg. 1835, Nr. 9 vom 25. Februar 1835, Sp. 161–162.
Baasner, Rainer: „Briefkultur im 19. Jahrhundert. Kommunikation, Konvention, Postpraxis". In: R. Baasner (Hg.): *Briefkultur im 19. Jahrhundert*. Tübingen 1999, S. 1–36.
Bäumer, Konstanze: *Bettine, Psyche, Mignon. Bettina von Arnim und Goethe*. Stuttgart 1986.
Beyer, Paul: „Bettinas Arbeit an ‚Goethes Briefwechsel mit einem Kinde'". In: Max Preitz (Hg.): *Von deutscher Sprache und Art. Beiträge zur Geschichte der neueren deutschen Sprache, zur Sprachkunst, Sprachpflege und zur Volkskunde*. Frankfurt a.M. 1925, S. 65–82.
Börne, Ludwig: „Goethes Briefwechsel mit einem Kinde (Auteuil 1835)". In: L. Börne: *Sämtliche Schriften*. 3 Bde. Neu bearb. und hg. v. Inge u. Peter Rippmann. Düsseldorf 1964, Bd. 2, S. 854–869.
Bunzel, Wolfgang: „‚Phantasie ist die freie Kunst der Wahrheit'. Bettine von Arnims poetisches Verfahren in ‚Goethes Briefwechsel mit einem Kinde'". In: Jb BvA 1 (1987), S. 7–28.
Bunzel, Wolfgang: „‚Mein Goethe'. Bettine von Arnims Erstlingswerk ‚Goethe's Briefwechsel mit einem Kinde'". In: Bettine von Arnim: *Goethe's Briefwechsel mit einem Kinde*. Hg. v. Wolfgang Bunzel. München 2008, S. 627–657.
Bunzel, Wolfgang: „Literarische Denkmalpflege. Bettine von Arnims Brief- und Gesprächsbücher als Arbeit am kulturellen Gedächtnis". In: W. Bunzel, Kerstin Frei u. Mechtild M. Jansen (Hg.): *„Mit List und ... Kühnheit ... Widerstand leisten": Bettine von Arnims sozialpolitisches Handeln zwischen Privatheit und Öffentlichkeit*. Berlin 2010, S. 19–30.
Bürger, Christa: *Leben Schreiben. Die Klassik, die Romantik und der Ort der Frauen*. Stuttgart 1990.
Drewitz, Ingeborg: *Bettine von Arnim. Romantik, Revolution, Utopie*. Düsseldorf, Köln 1969.
Gille, Klaus F.: „‚Der anmutige Scheinknabe': Bettina von Arnim und Goethes Mignon". In: Heinz Härtl u. Hartwig Schultz (Hg.): *„Die Erfahrung anderer Länder". Beiträge eines Wiepersdorfer Kolloquiums zu Achim und Bettina von Arnim*. Berlin, New York 1994, S. 271–285.
Goethe, Johann Wolfgang von: *Goethes Werke. Hamburger Ausgabe in 14 Bänden*. Bd. 7: *Romane und Novellen II: Wilhelm Meisters Lehrjahre*. Textkritisch durchgesehen u. kommentiert v. Erich Trunz. München 1998.
Grimm, Jacob: [Rezension zu *Goethe's Briefwechsel mit einem Kinde*]. In: *Göttingische gelehrte Anzeigen*, Jg. 1835, Bd. 2, 92. St. vom 13. Juni 1835, S. 915–916.
Growe, Ulrike: *Das Briefleben Bettine von Arnims. Vom Musenanruf zur Selbstreflexion. Studie zu „Goethe's Briefwechsel mit einem Kinde", „Die Günderode" und „Clemens Brentano's Frühlingskranz"*. Würzburg 2003.
Holm, Christiane: *Amor und Psyche. Die Erfindung eines Mythos in Kunst, Wissenschaft und Alltagskultur (1765–1840)*. München, Berlin 2006.
Landfester, Ulrike: „‚Da, wo ich duldend mich unterwerfen sollte, da werde ich mich rächen'. Mignon auf dem Weg zur Revolte. Stationen einer Rezeptionsgeschichte". In: Jb BvA 4 (1990), S. 71–97.

Landfester, Ulrike: „Echo schreibt Narziß. Bettine von Arnims Mythopoetik des schöpferischen Dialogs und ‚Goethe's Briefwechsel mit einem Kinde' (1835)". In: *Athenäum 9* (1999), S. 161–191.
Landfester, Ulrike: *Selbstsorge als Staatskunst. Bettine von Arnims politisches Werk.* Würzburg 2000.
Leitner, Ingrid, und Sibylle von Steinsdorff: „Die vollkommenste Grammatik der Liebe, die jemals komponiert wurde. Thesen zum poetischen Verfahren Bettine von Arnims in ‚Goethe's Briefwechsel mit einem Kinde'". In: Jb BvA 6/7 (1994/95), S. 143–157.
Liebertz-Grün, Ursula: *Ordnung im Chaos. Studien zur Poetik der Bettine Brentano-von Arnim.* Heidelberg 1989.
Martínez, Matías: „Figur". In: M. Martínez (Hg.): *Handbuch Erzählliteratur. Theorie, Analyse, Geschichte.* Stuttgart, Weimar 2011, S. 145–150.
Meusebach, Carl Hartwig Gregor von: [Rezension zu *Goethe's Briefwechsel mit einem Kinde*]. In: *Allgemeine Literatur-Zeitung*, Jg. 1835, Bd. 2, Nr. 115–120, Sp. 289–336.
Milch, Werner: *Die junge Bettine 1785–1811. Ein biographischer Versuch.* Im Ms. überarbeitet, eingel. u. hg. v. Peter Küpper. Heidelberg 1968.
Novalis: *Werke, Tagebücher und Briefe Friedrich von Hardenbergs.* Hg. v. Hans-Joachim Mähl u. Richard Samuel. Bd. 2: *Das philosophisch-theoretische Werk.* München, Wien 1978.
Ockenfuß, Solveig: *Bettine von Arnims Briefromane. Literarische Erinnerungsarbeit zwischen Anspruch und Wirklichkeit.* Opladen 1992.
Oehlke, Waldemar: *Bettina von Arnims Briefromane.* Berlin 1905.
Prokop, Ulrike: „Die Freundschaft zwischen Katharina Elisabeth Goethe und Bettina Brentano – Aspekte weiblicher Tradition". In: Wolfram Mauser u. Barbara Becker-Cantarino (Hg.): *Frauenfreundschaft – Männerfreundschaft. Literarische Diskurse im 18. Jahrhundert.* Tübingen 1991, S. 237–277.
Prokop, Ulrike: „Bettine von Arnim geb. Brentano und Katharina Elisabeth Goethe – Begegnung, Aneignung und Weitergabe über zwei Generationen". In: Wolfgang Bunzel, Kerstin Frei u. Mechtild M. Jansen (Hg.): *„Mit List und ... Kühnheit ... Widerstand leisten": Bettine von Arnims sozialpolitisches Handeln zwischen Privatheit und Öffentlichkeit.* Berlin 2010, S. 45–64.
Schmitz, Walter: „‚Experimentum Medietatis': Lebensmythen bei Clemens und Bettine Brentano". In: Jb BvA 4 (1990), S. 17–44.
Seidler, Miriam: „‚Spiel der Imagination die alles herleihen muß was uns das Glück nicht wircklich schenckt': Der Briefwechsel zwischen Bettine von Arnim und Hermann von Pückler-Muskau". In: Jana Kittelmann (Hg.): *Briefnetzwerke um Hermann von Pückler-Muskau.* Dresden 2015, S. 43–58.
Stich, Wolfgang: „Bettina. (Aus Briefen an eine Dame)". In: *Deutsche Blätter für Litteratur und Leben*, Februar 1840, S. 33–35.
Wallenborn, Markus: *Frauen. Dichten. Goethe. Die produktive Goethe-Rezeption bei Charlotte von Stein, Marianne von Willemer und Bettina von Arnim.* Tübingen 2006.
Weißenborn, Birgit: *Bettina von Arnim und Goethe. Topographie einer Beziehung als Beispiel weiblicher Emanzipation zu Beginn des 19. Jahrhunderts.* Frankfurt a M. [u.a.] 1987.
Weißenborn, Birgit: „Beispiele der literarischen Transformation in Bettina von Arnims ‚Goethe-Roman'". In: Jb BvA 3 (1989), S. 47–57.

1.2. *Die Günderode* (1840)
Carola Hilmes

1. Die Widmung: Bettina als politische Autorin	385
2. Die Themen der freundschaftlichen Gespräche	386
3. Die Bedeutung Schleiermachers und Bettinas sogenannte Schwebe-Religion	387
4. Genderkritik und Travestie	389
5. Klassisch – romantisch – modern	390
6. Interdependenzen	392
7. Inszenierung lebendiger Erinnerung	394
8. Literatur	395

Mit dem im Frühjahr 1840 in zwei Bänden bei Wilhelm Levysohn erschienenen Briefbuch *Die Günderode* setzt Bettina von Arnim ihre dialogische Autobiographie fort, die sie 1835 erfolgreich mit *Goethe's Briefwechsel mit einem Kinde* begonnen hatte und 1844 mit *Clemens Brentano's Frühlingskranz* beschließen wird; schreibend arbeitet sie sich also in ihre Kindheit zurück. Der publizierte Briefwechsel mit der Freundin Karoline von Günderrode weist starke Bearbeitungen des Originalbriefwechsels aus den Jahren 1804 bis 1806 auf. Bettina stilisiert und aktualisiert die Vergangenheit, wobei die Konstruktion ihrer eigenen Biographie den Hauptzweck darstellt (vgl. Kommentar in: GW 1, 978–979). Mit der Veröffentlichung der *Günderode* setzt Bettina von Arnim der Jugendfreundin aber auch ein literarisches Denkmal und hält sie so als Schriftstellerin im kulturellen Gedächtnis präsent; ähnlich verfuhr Karl August Varnhagen von Ense mit der Publikation von *Rahel. Ein Buch des Andenkens für ihre Freunde* (1833/34). Dass sich Bettina in der Rolle der Herausgeberin präsentiert und damit ihre eigene künstlerische Leistung verdeckt, ist eine von ihr öfter gewählte Publikationsstrategie, mit der sie die in der damaligen Zeit für Schriftstellerinnen geltenden Restriktionen unterläuft, zugleich aber auch eine mögliche Zensur umgeht. Stilistisch eigenwillig verweigern sich ihre Briefbücher einer eindeutigen Gattungszuweisung; für eine spezifisch moderne Form autobiographischen Schreibens jedoch wird der literarisierte Dialog mit der Freundin zum Modellfall (vgl. Hilmes 1996).

Bettinas Anteil am Briefwechsel mit Karoline ist deutlich größer. Ihre Briefe sind länger, gelegentlich werden mehrere zu einer Sendung zusammengefasst. Genaue Datierungen fehlen, viele der Angaben sind fehlerhaft. Von den Originalbriefen sind nur wenige erhalten (vgl. Kommentar in: GW 1, 1102–1108). So berichtet Wolfgang Müller, genannt Müller von Königswinter, der um 1840 zu den Berliner Studenten gehörte, die sich um Bettina scharten: „Wenn sie [Bettina] aber ihre Mappen aufschlug, um mir die eine oder andere Probe vorzulesen, so sah ich in derselben lauter funkelnagelneues Papier mit frischglänzender Tinte geschrieben. [...] [V]on irgend einem vergilbten Briefe aus verschollener Zeit [war] nicht die geringste Spur zu erschauen" (zit. nach ebd., 1094). Die Briefe der Günderrode werden ergänzt durch deren Gedichte und

1.2. Die Günderode (1840)

Dialoge, Erzählungen und Fragmente. Bettinas Briefen sind nur selten eigene Arbeiten beigegeben. Ihr Schreibstil ist der mündlichen Rede nachgebildet und dafür ist der Brief das geeignete literarische Genre (vgl. Zimmermann 1992).

1. Die Widmung: Bettina als politische Autorin

Bettina von Arnim richtet dieses Briefbuch an die Studenten – „Euch *Irrenden, Suchenden!*" (GW 1, 297) –, die sie als Vorkämpfer der Freiheit begrüßt; sie apostrophiert sie als „*Deutschlands Jüngerschaft!*" (ebd.), nennt sie „*Musensöhne!*" (ebd.). Ihre Erinnerungen sind also ein Appell an die Jugend, d. h. die von ihr ge- bzw. erlebte Romantik um 1800 wird den jungdeutschen Studenten als zukunftsweisendes Projekt anempfohlen. Diese doppelte zeitliche Codierung des Textes zusammen mit dem Anspruch auf Authentizität, der sich zwar auf historische Wahrheit beruft (dokumentarischer Gestus der Briefe), aber als nachträglicher ästhetischer Entwurf zu lesen ist (die Autorin in der Rolle der Herausgeberin), machen die Komplexität des Buches aus. Die ihm eingeschriebene Selbstreflexivität (vgl. GW 1, 598) kann in unterschiedliche Richtungen aufgefächert werden. Bettinas Mitteilungen haben einen erläuternden, oft auch einen legitimatorischen Gestus; das entspricht dem Genre der Autobiographie. Des Weiteren verfolgt *Die Günderode* aber auch politische Absichten; Bettina von Arnim will schreibend eingreifen.

Unter der ‚freisinnigen Jugend' (Moriz Carriere) fand ihr Buch viele Anhänger. Es gab aber auch Vorbehalte, die das Persönliche und Private, aufs Anekdotische ausgerichtete des Briefwechsels kritisierten, so etwa Johann Friedrich Weiße in seiner im November 1840 in den *Jahrbüchern für wissenschaftliche Kritik* veröffentlichten Rezension (vgl. Kommentar in: GW 1, 1124–1125). Nur selten wurde Bettina als politische Autorin ernst genommen. Erst Ulrike Landfester rückt in ihrer 2000 erschienenen Habilitationsschrift *Selbstsorge als Staatskunst* „die prozessuale Qualität des Widerspiels zwischen historischen politischen Zusammenhängen und literarischer Stellung- und Einflußnahme" ins Zentrum: „Aus der Bestimmung dieser Qualität ist [...] ein Beschreibungsinventar zu entwickeln, das Bettines Werk als Projekt der performativen Erfindung eines Selbst im Zeichen einer politischen Ästhetik der Existenz erschließen kann" (Landfester 2000, 59). Methodisch schließt Landfester hier an Adornos Vorstellung zum „Engagement" (1962) an, der „inhaltliches Engagement zugunsten einer strukturell wirksamen Tendenz von Dichtung verabschiedet" (Landfester 2000, 67). Nicht durch Anweisungen lässt sich das richtige Leben herstellen, sondern entscheidend sind Reflexion und Erfahrung, wie sie etwa in Bettinas performativer Schreibweise in *Die Günderode* vorgeführt werden. Die literarisch verbürgte Freundschaft zwischen den beiden jungen Frauen kann so zum Vorbild und Modellfall werden. Diese private Seite des Politischen wird zur Voraussetzung, eventuell sogar zur treibenden Kraft für dessen Veränderung – so die politisch engagierte Lesart des Briefwechsels.

Das Motto zum zweiten Teil des Briefbuches bekräftigt den politischen Anspruch, der nun auf eine idealisierte Anthropologie rückbezogen wird:

„denn alle sind geboren zum Ideal" (GW 1, 563). Das kann als ästhetische Rücknahme utopischer Politik oder aber als deren Fundierung gelesen werden. Bettina selbst bezieht eine klare Position: „[M]an muß sich wehren für die Seinigen und dem Schlechten in den Arm greifen der es antastet" (ebd., 583–584). Das von Günderrode stammende Eingangsgedicht *Mahomets Traum in der Wüste* (ebd., 565–567) bestätigt die ambitionierten Wirkabsichten einer aufklärerisch-romantischen Tradition, wobei hier die transkulturelle Dimension der Toleranzforderung unterstrichen wird, was durch das in den Anhang des zweiten Teils aufgenommene Gedicht *Der Franke in Egypten* (ebd., 743–746), ebenfalls von Günderrode, erneut akzentuiert wird.

2. Die Themen der freundschaftlichen Gespräche

Inhaltlich ist der Briefwechsel nicht gegliedert. Bettina teilt mit, was sie erlebt und was ihr gerade durch den Kopf geht. Diese Alltagsgeschichten – etwa wie sie sich im Wald verläuft und welche Abenteuerchen sie dabei erlebt (vgl. GW 1, 388–391) – vermitteln einen guten Eindruck ihrer Empfindungs- und Gedankenwelt, haben der Autorin aber den Vorwurf des Unstrukturierten eingetragen. Ihre in Briefform verfassten Mitteilungen aus dem Leben ersetzen ein Werk im eigentliche Sinne, anders formuliert: Bettina sucht nach einer offenen Form des Werks, das ihrem Credo gerecht wird, mit dem Herzen zu begreifen und zu schreiben, sich also nicht nach Regeln zu richten. Ihre dem Anspruch nach direkt aus dem Leben kommenden, mithin wahren Briefe zielen auf Wirkung, nicht im Sinne einer Verwirklichung beschriebener Inhalte, sondern als Realisierung einer künstlerisch begriffenen Selbstverwirklichung, die nicht narzisstisch verfährt, sondern im Gespräch mit der Freundin auf deren Stimme reagiert. Landfester spricht von einer „gemeinsamen ethischen Selbstsorge im Dialog" (Landfester 2000, 88), bei der die Stimme der Anderen im eigenen Text verankert wird. Der schwärmerische, fast hymnische Ton – das ‚begeisterte Sprechen' – rückt den Briefwechsel für heutige Leserinnen und Leser jedoch in eine historische Distanz.

Trotz der programmatischen Offenheit des Briefbuches lassen sich bestimmte inhaltliche Schwerpunkt ausmachen. Wiederkehrende Themen sind:

(1) *Die Kritik am bürgerlichen Bildungsdiskurs.* Vehement lehnt Bettina die Philister ab und plädiert in bester aufklärerischer Tradition für das Selbstdenken (vgl. GW 1, 662) und eine freie Selbstbildung, wobei sie gerade nicht auf eine in sich festgefügte Persönlichkeit zielt, sondern auf ein sich verwandelndes, für seine Umwelt offenes Ich. Das hat der Autorin den Vorwurf des Unvernünftigen, Unbändigen und Wilden eingetragen (ihr Image als Kobold). Beharrlich wehrt sie sich gegen das vom Bruder Clemens aufgezwungene Lernpensum; seine Disziplinierungsmaßnahmen sind nicht zuletzt in geschlechterspezifischer Hinsicht interessant.

(2) *Die Stiftung einer neuen Religion, die Kunst und Lebenspraxis sowie Vernunft und Sinnlichkeit vereint.* Dieser von Bettina so genannten Schwebe-Religion kommt eine utopische Funktion zu, denn sie ist als „Alternative

1.2. Die Günderode (1840)

zur zeitgenössischen Kultpraxis" (Landfester 2000, 138) gedacht. In diesem Zusammenhang spielen die Diskussionen um den verrückten Hölderlin, den am eigenen Anspruch gescheiterten genialen Dichter, und die Rezeption Schleiermachers eine besondere Rolle; ferner Bettinas Selbst- und Weltverständnis, das in ihrer Vorstellung einer beseelten Natur wurzelt.

(3) *Die durchgängige Reflexion der Geschlechterdifferenz.* Das betrifft den Dialog mit Karoline von Günderrode direkt, in dem unterschiedliche, zum Teil mythologisch vorgeprägte Rollen (Narziß und Echo) erprobt werden. Wiederholt wird auch ein Geschlechtertausch erwogen, etwa im Rahmen der Träume von Reiseabenteuern in Männerkleidern (vgl. GW 1, 350 u. 504). Eine Kritik an dem auf Autonomie zielenden, mithin männlichen Dichtungsverständnis, wie es Günderrode vertrat, kontrastiert Bettina mit ihrem alternativen, heteronomen Schreibprogramm, in dem fremde Stimmen Gehör finden, das zwar klare Positionierungen gestattet, aber nicht hierarchisierend verfährt, mithin notwendig unabgeschlossen bleibt und so auf die Moderne vorausweist.

(4) *Das Prinzip der Dialogizität.* Das betrifft die literarisierte Form der Mündlichkeit (den Brief als Genre), das Gespräch mit der Freundin als Modell freundschaftlicher Kommunikation und Belehrung sowie das literarische Selbstgespräch als autobiographische Selbstvergewisserung und schließlich den Dialog mit der Vergangenheit (exemplarisch an den mitgeteilten Gesprächen mit der Großmutter Sophie von La Roche) sowie grundlegend die Funktion der Erinnerung im Sinne zeitlicher Eingebundenheit; mit Rekurs auf die Vergangenheit wird so eine in die Zukunft gewandte Prognostik in utopischer Absicht möglich, wie sie Bettina von Arnim mit ihrer Widmung an die Studenten im *Günderodebuch* als entscheidende Leserlenkung voranstellt und die durch den ersten von Karoline eingeschalteten Text, den zwischen 1802 und 1804 entstandenen Lehrer-Schüler-Dialog mit dem Titel *Die Manen* (das sind Erinnerungsgötter), bestätigt wird.

In diesem Zusammenhang relevant ist auch der spektakuläre Selbstmord Karolines, der auf die Freundin traumatisierend gewirkt hat. Als Hintergrund der Publikation ist er stets präsent; aber nur an einigen Stellen findet Bettina deutliche Worte; so etwa in ihrem Hemsterhuis-Aufsatz, in dem es heißt: „Böse ist also der Selbstmord" (GW 1, 322). Das Briefbuch ist zu lesen als ein Gespräch mit einer Toten, also eine besondere Form des Gedenkens (eventuell auch der Therapie); das betrifft den zweiten Teil stärker als den ersten. Einige der genannten Themenbereiche verdienen eine Vertiefung, um so ihre Vernetzung und damit die spezifische Schreib- und Denkweise Bettinas zu verdeutlichen.

3. Die Bedeutung Schleiermachers und Bettinas so genannte Schwebe-Religion

„Bettine konnte bei ihm [Schleiermacher] [...] nicht nur die Gültigkeit der früheren Ideen bestätigt finden, sondern auch ein Vorbild für die eigene Form der aktualisierenden, Vergangenheit und Gegenwart synthetisierenden Erinnerungsarbeit entdecken" (Schormann 1993, 22). Folgt man Sabine Schormann, dann liegt die Bedeutung Schleiermachers für Bettina darin, dass sich mit Blick auf den Philosophen eine Kontinuität von Jugend und Altersideen herstellen lässt (vgl. Bettina an Savigny, 4. November 1839, in: GW 4, 370–404), ihr politisches Bewusstsein also aus dem romantischen Geist nachgewiesen bzw. beglaubigt werden kann (vgl. Schormann 1993, 55). Biographisch stimmig ist das nicht, da Bettina nicht vor 1817/18 in nähere Bekanntschaft zu Schleiermacher trat. Wichtig für das *Günderodebuch* sind seine religionsphilosophischen Studien, die bereits Karoline exzerpierte (vgl. Günderrode 1990/91, Bd. 2, 282–287), und sein hermeneutisches Modell – vor allem dessen dialogisch-praktische Seite im *Versuch einer Theorie des geselligen Betragens* (1799). Das von Bettina im Nachhinein im Briefwechsel hergestellte Netz von Übereinstimmungen betrifft ihre „Reflexionen über die Aufgaben des Menschen in der Welt, über Gott, Liebe, Musik, die Bedeutung der Kunst und der Natur mit ihren relevanten Schlüsselbegriffen wie ‚Geist' und ‚Gutsein'" (Schormann 1993, 69). Der Verweis auf den Philosophen dient offensichtlich der Autorisierung der Gedanken der Freundinnen.

Ausgehend von einer differenzierten Kritik am Philister, der die negativ bewerteten Gegenwartstendenzen verkörpert, entwickelt Schormann den radikalen Erneuerungsanspruch der Frühromantik, wie er von Bettina unter Bezugnahme auf Schleiermacher vorgetragen wird; der innovative Aspekt von Bettinas Rezeption wird dabei nicht besonders betont. Schormann akzentuiert vielmehr die Schwierigkeiten, die Bettinas philosophische Gedanken bieten aufgrund ihres assoziativen, oft vieldeutigen Verfahrens, das einer erkenntnistheoretischen Fundierung entbehrt (vgl. Schormann 1993, 71–85). Dabei kann sich Bettina von Arnim ihrerseits auf die produktive Selbsttätigkeit von Autor und Leser berufen, wie sie 1797 auch Friedrich Schlegel im *Lyceums*-Fragment Nr. 112 geltend macht: „Der synthetische Schriftsteller konstruiert und schafft sich einen Leser, wie er sein soll; er denkt sich denselben nicht ruhend und tot, sondern lebendig und entgegenwirkend. Er läßt das, was er erfunden hat, vor seinen Augen stufenweise werden, oder er lockt ihn es selbst zu erfinden. Er will keine bestimmte Wirkung auf ihn machen, sondern er tritt mit ihm in das heilige Verhältnis der innigsten Symphilosophie oder Sympoesie" (zit. nach ebd., 78).

Die bekannte Forderung nach einer Romantisierung der Welt ist also gebunden an deren künstlerische Wahrnehmung und eine entsprechende Umgestaltung, die bei einem neuen Verständnis von Autor und Leser ansetzt. An diese frühromantischen Vorstellungen knüpft Bettina an und dringt so in den 1840er Jahren auf deren Aktualisierung; mit den idealistischen Voraussetzungen ihrer Position hat sie keinerlei Probleme.

Dem von ihr abgelehnten, weil von außen aufgezwungenen Bildungsprogramm setzt sie die Stiftung einer neuen Religion (vgl. GW 1, 445–449) entgegen, die ein sich aus sich selbst entwickelndes Individuum propagiert, das in Einklang mit der Natur steht; vermittelnde Kraft ist die Liebe, die in der Poesie sich ausspricht. Sie bezeugt die Wirkung einer über das bloß Menschlich-Irdische hinausgehenden Macht. „Denken ist Gott aussprechen, ist sich gestalten in der Harmonie" (ebd., 577). Ihr alternatives Bildungsprogramm, das zwischen Privatem und Politischem nicht trennt, sondern Glaube, Liebe und Hoffnung in einem lebendigen Austausch mit anderen, den Freunden, bestätigt und bewährt, nennt Bettina „Schwebe-Religion" (ebd., 449) und spricht von einer „schwebenden Religion" (ebd., 464 u. 468). Sie bezeichnet eine enthierarchisierte, kommunikative Form des Umgangs, wie er von den Romantikerinnen und Romantikern etwa im Salon gepflegt wurde und wie ihn Bettina in ihrem *Günderodebuch* als Vorbild für die jungdeutschen Studenten reinszeniert. Damit wird auch die Trennung von Theorie und Praxis außer Kraft gesetzt, Vernunft und Sinnlichkeit sind im poetischen Ausdruck freundschaftlicher Gespräche glücklich vereint – so Bettinas utopische Konzeption. Die Vorstellung von Sprache als „sinnliche[r] Musik" (ebd., 575), also ein begeistertes Sprechen, ist dafür wichtig (vgl. hierzu auch ihre Ausführungen zu Beethoven in: ebd., 473–475).

4. Genderkritik und Travestie

Im Kontext der Überschreitung bestehender Oppositionen kommt dem Geschlechterrollentausch besondere Bedeutung zu. Für die erträumten Reiseabenteuer (vgl. GW 1, 504–507), von denen auch schon im *Goethebuch* die Rede war, ist eine Verkleidung als Mann durchaus plausibel. Bettinas Gendertransgressionen haben aber weiter reichende Implikationen, denn das ihnen eingeschriebene subversive Potential besitzt eine beunruhigende Wirkung, weil sie sich nicht auf ein eindeutiges Rollenmodell festlegen lässt, sondern mit einem permanenten Wechsel spielt.

In den Dialogen zwischen Violetta und Narziß in Günderrodes Gedicht *Wandel und Treue* wird die Position aufrichtiger Liebe zu einem anderen Menschen der auf sich selbst bezogenen Liebe zur Kunst gegenübergestellt. Die identifikatorische Zuordnung zu den Freundinnen scheint klar: Karoline spricht als Dichterin, Bettina mit der Stimme der Natur; dies eine weiblich konnotierte, jenes eine männlich codierte Rolle. Verblüffend nur, dass Günderrode dieses Gedicht als kommunikatives Modell anbietet – Narziß spricht von „Lebend'ge[m] Wandel" (GW 1, 329) gegenseitiger, einvernehmlicher Liebe – und Bettina es als solches auch in ihre Publikation aufnimmt. Das „*Violen- und Narzissensträußchen*" (ebd., 323) – beide Sprecher des Gedichts haben sich hier in Blumen verwandelt – wird von Bettina montiert als Antwort der verstorbenen Dichterin auf ihren Hemsterhuis-Aufsatz, in dem Bettina den Selbstmord verurteilte. Das Gedicht kann in diesem Kontext durchaus als Einverständnis zur Treue der Freundin im Wandel der Zeit gelesen werden; einen therapeutischen Wert dieses Briefwechsels muss man daraus nicht ableiten.

Das verwirrende Spiel mit unterschiedlichen Geschlechterrollen und ihren Wechsel hat die Forschung an den mythologisch vorgeprägten Figuren von Echo und Narziß aufgezeigt (Hilmes 1996). Im Briefwechsel fungiert Karoline als Widerhall Bettinas, die erst im Gespräch mit der Freundin ihre eigene Individualität entwickeln kann. In ihrer Mythenparaphrase schreibt sich Bettina nun keinesfalls die Rolle des Narziß zu – diese Figuration des Dichters bleibt Karoline vorbehalten –, sondern sie agiert als Herausgeberin des Briefwechsels jetzt ebenfalls in der Funktion Echos, die Erinnerungen an alte Zeiten wieder zu Gehör bringt. Ein ambiges Genderverständnis – die Identifikation über Geschlechtergrenzen hinweg – sowie deren Doppelbesetzung gehören zur Signatur des *Günderodebuches*. Die Rollen sind austauschbar, wenn auch nicht verwechselbar. Die beiden Frauen werden in Opposition zueinander konstruiert: unbekümmert, wagemutig und von heiliger Begeisterung die eine; furchtsam, zaghaft und vom Willen zur Dichtung getrieben die andere (vgl. GW 1, 450). Bettina und Karoline verhalten sich zueinander wie Morgen- und Abendstern (vgl. ebd., 418–419), sind also zwei Seiten einer Medaille. Es kommt jeweils auf die Blickrichtung an, denn als Dichterin, die nach dem Höchsten strebt, ist Karoline sehr wagemutig, während Bettina als Herausgeberin fast schüchtern zurücktritt.

Die erste von Bettina mitgeteilte Schrift Karolines lautet, wie erwähnt, *Die Manen*. Es handelt sich um ein Lehrer-Schüler-Gespräch, das von der Bedeutung der Erinnerung als Lebensmodus handelt, und zwar im Sinne einer Aneignung des Vergangenen als Verwandlung in Eigenes, was einen Gleichklang der Seelen bestätigend voraussetzt; außerdem wird auf eine überraschende Austauschbarkeit der Rollen hingewiesen (vgl. GW 1, 309). Die männliche Besetzung des Personals mag der Tradition geschuldet sein – an anderer Stelle werden die platonischen Dialoge als Vorbild zitiert (vgl. ebd., 332) –, sie kann aber auch gelesen werden als auf ein Allgemein-Menschliches zielend, in dem die Geschlechterdifferenz überwunden bzw. neutralisiert ist. Im Moment der Travestie bleibt ein subversives Potential erhalten, das die Vorstellungen Bettinas von vergleichbaren Konzeptionen bei Wilhelm von Humboldt oder Friedrich Schlegel unterscheidet, denn es ist durchaus wichtig, wer spricht. Die Ältere in der Rolle des Lehrers, die Jüngere in der des Schülers: Dieser Topos wird später in der Rede vom Tempelherrn und von seinem Diener (vgl. ebd., 417) wieder aufgenommen und durch Karolines Versuche, Bettina eine ordentliche Bildung zu vermitteln, bestätigt. Richtet man sein Augenmerk aber auf die Publikation des Briefwechsels so erscheint plötzlich Bettina von Arnim in der Rolle der Mentorin der jungdeutschen Studenten; auch in diesem Fall muss eine gemeinsame Herkunft aus der Tradition von Aufklärung und Romantik vorausgesetzt werden. Dass die Revolution in Deutschland gescheitert ist, verschlägt nichts.

5. Klassisch – romantisch – modern

Einen auf die ästhetischen Leitmodelle der klassisch-romantischen Epoche fokussierten Beitrag liefert Hedwig Pompe, die Bettina von Arnims „Poetik der Naivität" herausarbeitet. Der Eindruck von Kunstlosigkeit ist ein textuell geschickt hergestellter Effekt; es handelt sich um eine „[i]nszenierte Naivität als Rolle" (Pompe 1999, 17). Mit Bezug auf Schillers Abhandlung *Über*

1.2. Die Günderode (1840)

naive und sentimentalische Dichtung (1795/96) stellt Pompe die Diskursfelder „Bettine = Natur = Brief" und „Günderode = Kunst = Werk" (ebd., 90) einander gegenüber und vermittelt die beiden Positionen dialektisch, d.h. das Sentimentalische wird einerseits als Zerrissenheit in der Moderne, andererseits als wiedergewonnene Naivität unter den Bedingungen der Moderne erwiesen, während die in der Moderne eigentlich verlorene Naivität von Bettina unverdrossen reklamiert wird. Genauer gesagt: In der für sie charakteristischen Schreibweise inszeniert sie ursprüngliche Natürlichkeit und folgt dabei einem „Wille[n] zum Glück" (so der Titel von Pompes Untersuchung); dieser über die Kunst hinausweisende, auf Lebenspraxis zielende Aspekt ist entscheidend. In dem als „gekreuzte Dialoge" (ebd., 62) bezeichneten Schreibverfahren genießt die Naive Vorrang, obwohl die „sich kreuzenden Stimmen" (GW 1, 716) textimmanent von Karoline entwirrt werden; ohne die Vermittlungsleistung der Reflexion, wie sie der sentimentalischen Position zugeschrieben wird, ist gelebte Naivität in der Moderne also nicht denkbar. Das schafft neuerlich Ausgleich und hält das Gespräch in Gang, erfordert aber eine ganz eigene „Kunst des Lesens" (Pompe 1999, 83). Gegen eine sentimentale Reflexionskunst, die im Briefwechsel durch Günderrodes Werke integriert ist, akzentuiert Bettinas literarische Reinszenierung des freundschaftlichen Gesprächs dessen anhaltende Lebendigkeit, zielt mithin auf praktischen Vollzug, in dem sie ganz aufgeht. Da bleibt kein unabgegoltener Rest; Bettina blickt nicht mit schielendem Blick auf ihre Vergangenheit und wird auf diese durchaus vertrackte Weise dem ihr angehefteten Image des genialen Naturkindes gerecht, denn bewusst eignet sie sich diese Position an und spielt sie gegen gesellschaftspolitische Zwänge aus. Darin verbirgt sich eine „‚Paradoxie', die Bettine ihrerseits in der naiven Unbekümmertheit ihrer vorgeführten Performanz ausagierte" (ebd., 131).

Die mit dem klassisch-romantischen Dichtungsverständnis verbundenen Gefahren, die Bettina bei der Freundin hat beobachten können – der Umschlag von Idealität in Mortalität –, wird im Briefwechsel der beiden Frauen stellvertretend am Beispiel Hölderlins diskutiert. Damit wird die Dichtung der Günderrode entschieden aufgewertet gegenüber der vor allem genderspezifischen Aspekten geschuldeten Kritik der Zeitgenossen. Mit dem Schicksal Hölderlins, vermittelt durch dessen Freund St. Clair (Isaac von Sinclair), ruft Bettina von Arnim den Topos von Genie und Wahnsinn auf, allerdings in einer verblüffenden Wendung, die die übliche Perspektive umkehrt, dass es nämlich der Wahnsinn der Gesellschaft ist, dem der Dichter den Spiegel vorhält: „[G]ewiß ist alles Weltleben ihm gegenüber wahnsinnig, denn es begreift ihn nicht" (GW 1, 548). Für Bettina ist Hölderlin der Dichter, aus dem das Göttliche spricht, denn er hat „sich *Undenkbarem* geweiht", aber „keinen Widerhall […] im Geist der andern" gefunden (ebd.). Mit dem Motiv des Widerhalls stellt Bettina einerseits eine positive Beziehung zu sich selbst her – sie versteht den verrückten Dichter, denn „in mir hat dies alles Widerhall" (ebd.) – und andererseits eine zu Karoline, mit der sie sich im Einklang weiß – mehrfach hat sie die Freundin direkt als Widerhall bezeichnet (vgl. Hilmes 1996) – und die durch ihren Selbstmord einem langen Leidensweg wie dem Hölderlins, für den „keine heilende Liebe mehr da ist" (GW 1, 543), entkommen konnte. Der ansonsten von Bettina verurteilte Suizid Günderrodes, die sie wiederholt vor überspannten dichterischen Ansprüchen gewarnt hat (vgl. GW 1, 549), erscheint nun als heroische Tat; unmittelbar nach dem letzten, ganz dem „Jammergeschicke" (GW 1, 543) Hölderlins gewidmeten Brief folgt als Abschluss des ersten Teils die Ballade *Darthula nach Ossian* (ebd., 550–556), eine Nachdichtung Günderrodes, in der sie in identifikatorischer Absicht die vaterländische Liebes- und Kampfeskraft des nordischen Heldenmädchens preist (vgl. Hilmes 2017). Die Kommentarfunktion der Briefe und der in sie eingelegten Werke ermöglicht gelegentlich neue, überraschende Perspektiven.

Bettinas dialogisch offenes Schreibverfahren gestattet eine Vergegenwärtigung des Vergangenen, das auf Musealisierung verzichtet und stattdessen das aktuelle Gespräch mit den ‚Musensöhnen' des Vormärz sucht, um sie an die Ideale der Menschen zu erinnern und so in ihrem politischen Kampf zu bestärken. Für Bettina von Arnim sind Ethik und Ästhetik nicht zu trennen, weil Kunst und Leben unauflöslich miteinander verbunden sind. Die Surrealisten im 20. Jahrhundert werden an diese Überzeugungen programmatisch anknüpfen. Mit Bettina teilen sie ähnliche Ansichten über Schlaf und Traum, über Kreativität und eine künstlerische Wahrnehmung des Alltags (vgl. GW 1, 660); den Glauben an die Harmonie der Welt haben sie jedoch gründlich verloren. Für Bettina war er Motor ihres ‚Willens zum Glück', um diese paradoxe Formulierung noch einmal aufzugreifen. In ihren unterschiedlichen Rollen bestätigt sie ihre Durchsetzungskraft und behauptet sich selbst. Die mit Christa Wolfs Publikation von Briefen und Werken der Günderrode im Jahr 1979 verstärkt einsetzende Wiederentdeckung der Frankfurter Schriftstellerinnen und die Berufung auf die Romantik als ‚Gesprächsraum' – eine Position, die Christa und Gerhard Wolf mit entsprechenden Essays flankiert haben (vgl. Wolf/Wolf 1985) – markieren eine Zäsur in der Rezeption, die nun zusammen mit feministischen Ansprüchen (vgl. Grimm 2007) auch narratologische und dekonstruktive Aspekte (vgl. Schuller 2004) herausarbeitet, wobei das dezidiert Moderne von Bettinas Schreibweise im *Günderodebuch* unterstrichen wird.

6. Interdependenzen

Von der Forschung bisher wenig beachtet wurde die Wechselwirkung zwischen Bettinas Briefen und den Werken Günderrodes (vgl. Sellner 2007, 155); sie stammen zumeist aus ihrer ersten Publikation *Gedichte und Phantasie* (1804), einiges auch aus den *Poetischen Fragmenten* (1805). Im zweiten Teil sind die eingestreuten literarischen Dokumente sehr reduziert; Günderrodes Verserzählungen *Mahomets Traum in der Wüste* (GW 1, 565–567) und *Der Franke in Eypten* (ebd., 743–746) rahmen den Briefwechsel. Auf die interpretatorisch wichtige Rolle des Prosadialogs *Die Manen* und des Gedichts *Wandel und Treue* wurde bereits hingewiesen, ebenso auf die Kommentarfunktion von

1.2. Die Günderode (1840)

Darthula (ebd., 550–556), das den ersten Teil des Briefwechsel zusammen mit der Verserzählung *Don Juan* (ebd., 556–561) beschließt. Der Liebhaber der Frauen, der viele verführt und alle betrügt, wird in Günderrodes Gedicht als aufrichtig Liebender und um seine Liebe kämpfender jugendlicher Held gezeigt. Freudig geht er in den Tod in Erinnerung an die beseligenden Küsse der Königin, von der er nun weiß, dass auch sie ihn liebt. Es ist kein Heldentod, sondern ein Meuchelmord, schließlich ist die Königin verheiratet. Diese Ballade fungiert als literarischer Kommentar zu Bettinas Diagnose der heilenden Macht der Liebe, die Hölderlin (eventuell auch Karoline) hätte helfen können; in pragmatischer Hinsicht bleibt das Konzept prekär. Die Liebe wird von den Freundinnen als göttliche Kraft apostrophiert, die das Irdische transzendiert; sie ist der inspirierende Funke der Dichtung und eines poetischen Lebens, unter den gegebenen Bedingungen aber kein Garant für ein glückliches Leben.

Günderrodes Gedicht *Des Wanderers Niederfahrt* (GW 1, 498–502) ist von Goethes Erdgeister-Dialogen im *Faust*-Fragment (1790) angeregt (vgl. Kommentar in: GW 1, 1110); sie wetteifert also mit den Edelsten ihrer Zunft, was ihr klassisches, von Geschlechtszensur (vgl. Becker-Cantarino 2000, 63–65) bedrohtes Dichtungsverständnis und dessen zum Scheitern verurteilte Ambitionen verdeutlicht. Günderrodes Essay *Ein apokaliptisches Fragment* (GW 1, 312–314) verweist zudem auf ihre Adaption der Philosophie Schellings, die auch in dem Kurzdrama *Immoralita* (ebd., 354–360) zum Ausdruck kommt. In unkonventioneller, für die damaligen Zeitgenossen mangelhafter Form werden hier naturphilosophische Inhalte auf romantisch-märchenhafte Weise vermittelt; sie betreffen ein zyklisches Zeitmodell und die universelle Macht der Liebe. Dass eine Schriftstellerin mit dem Drama das damals anspruchsvollstes Genre wählt und in der Verkürzung auf wenige Szenen signifikant verfehlt, kann nach der von Peter Szondi 1959 diagnostizierten Krise des modernen Dramas um 1900 noch einmal anders gewertet werden. Nicht nur Bettinas Schreibweise, auch die Werke der Günderrode enthalten in ihren Ambivalenzen ein eminent modernes Potential. Die so ungleichen Freundinnen verhalten sich im Umgang mit Unvereinbarkeiten ähnlich: Sie reagieren unbotmäßig.

Auffällig neben der regelmäßig wiederkehrenden dialogischen Form – auch das Drama ist Sprech-Theater – ist die Vermischung von christlichen, mythologischen und auf eigene Empfindungen beruhenden Motiven, wie sie etwa in den Gedichten *Die Pilger*, *Lethe* und *Der Kuß im Traum* präsentiert werden. Sie sind an prominenter Stelle – in den Briefwechsel über Hölderlin gegen Ende des ersten Teils – gemeinsam einem Brief an die Bettina beigelegt und verweisen so aufeinander; Günderrodes Autorschaft des antikisierenden Gedichts *Lethe* (GW 1, 538–540) ist freilich ungesichert. Der christliche Aspekte einschließende Mythensynkretismus dieser Gedichte bezeugt eine individuelle, die konventionellen Formen übersteigende Aneignung der Tradition. Der Fokus auf das Thema einer unerwiderten bzw. in notwendig andauernder Sehnsucht sich verzehrenden und so intensiv gefühlten Liebe, deren Vergessen nicht gelingt, ist sehr viel mehr als Karolines literarische Verarbeitung ihrer unerfüllten Liebe zu Savigny. Die Trilogie der Gedichte (ebd., 536–541) kann gelesen werden als Explikation romantischer Liebe, die in Poesie sich verwandelt und in dieser transformierten Form Anspruch auf Bestand erhebt. Diesem Kanonisierungswunsch der Freundin arbeitet Bettina von Arnim mit *Die Günderode* zu und realisiert zugleich eine Protoform gemeinsamer Autorschaft, wie sie von der Romantik, später auch vom Surrealismus gefordert und praktiziert wurde.

Von ihren eigenen früheren schriftstellerischen Arbeiten nimmt Bettina nur wenige in den Briefwechsel auf. Als bloße Nachdichtung erscheint *Weh! Weh! Weh! Weh!* (ebd., 431–432), nicht ganz klar ist es im Fall von *Es waren nicht des Maien wilde Blüten* (ebd., 630), im Unterschied zu *Eilt die Sonne nieder zu dem Abend* (ebd., 652–653), deren Autorschaft sich die Herausgeberin eindeutig zuschreibt. Zusätzlich eingelegte Prosatexte sind der Hemsterhuis-Aufsatz (ebd., 321–323) mit der aufschlussreichen Kommentierung zum Selbstmord sowie Bettinas *Pappelbaum-Korrespondenz* (ebd., 585 u. 587–588), Prosatexte, mit denen sie an die abgeholzten bzw. verstümmelten Pappeln im Garten der Großmutter erinnert.

7. Inszenierung lebendiger Erinnerung

Im zweiten Teil des *Günderodebuches* nimmt Bettinas Schreibanteil noch einmal zu. Inhalt und Stil ihrer Briefe ändern sich leicht. Während ihres Aufenthalts in Marburg spielt der alte Ephraim, ein Jude, den sie als Lehrer engagiert, ebenso eine wichtige Rolle wie die Studenten, denen sie am Schluss auf einem kleinen Umweg doch noch die Rosen aus ihrem Fenster zukommen lässt; die Knospen des Rosenstrauchs, den Bettina von Ephraim bekommen hat, repräsentieren die Lebensjahre der Freundin. Sie bleibt als Adressatin weiterhin Ansprechpartnerin, hier in einem brieflichen Dialog, der sich gegen Ende des Buches zu einem Totengedenken verwandelt: „[D]rum will ich mich sammeln und an Dich denken daß ich Dich mir wach erhalte daß Du mir nicht stirbst" (GW 1, 707).

Eine wichtige Zäsur markiert Karolines Brief, in dem sie einen Traum mitteilt, in dem sie ihr zweites, gestorbenes Ich in einem Sarg liegen sieht (vgl. GW 1, 682). Diese Ichspaltung ist die Voraussetzung für die Entstehung ästhetischer Subjektivität aus einer radikalen Diskontinuitätserfahrung (vgl. Bohrer 1987). Bettina wählt einen anderen künstlerischen Weg in die Moderne, den der literarischen Reinszenierung ihrer Freundschaft, der sie auf diese Weise Lebendigkeit und Dauer zuschreibt. Ihre Altersreflexionen kreisen (implizit) um den Selbstmord Günderrodes (vgl. GW 1, 700). Auf deren Wunsch, früh zu sterben (vgl. ebd., 649 u. 699), antwortet sie, indem sie sie unter die Sterne versetzt (vgl. ebd., 718–721). Dieser versöhnenden Anerkennung war die Vision vom Ende der Freundschaft vorausgegangen (vgl. ebd., 703). Nur im Schreiben an sie kann Bettina das Gespräch mit der Verstorbenen wachhalten; deshalb werden die Erinnerungsgötter angerufen (vgl. ebd., 673 u. 695), deshalb verschickt sie ihre aphoristische Sternenprosa (vgl. ebd., 693 u. 696). Dass Karoline aus enttäuschter Liebe hat sterben wollen, dieser trivialen

1.2. Die Günderode (1840)

Erklärung ihres Schicksals (vgl. Hilmes 2013) hat sie nie Glauben schenken wollen. Bettina ehrt in der Freundin, deren Genius ihr Leben überstrahlt, ihre nicht versiegende Inspirationsquelle: „So sind jene Geister meiner Kinderjahre durch Deinen Geist sprachselig zu mir geworden" (GW 1, 733).

8. Literatur

Zitierte Ausgabe: GW 1, S. 295–746; Kommentar: S. 747–1198.

Becker-Cantarino, Barbara: *Schriftstellerinnen der Romantik. Epoche – Werke – Wirkung*. München 2000.
Bohrer, Karl Heinz: *Der romantische Brief. Die Entstehung ästhetischer Subjektivität*. München, Wien 1987.
Grimm, Catherine: „‚Wie ist Natur so hold und gut, die mich am Busen hält'. Nature Philosophy and Feminine Subjectivity in the Epistolary Memoirs of Bettine von Arnim". In: Caroline Bland u. Elisa Müller-Adams (Hg.): *Schwellenüberschreitungen. Politik in der Literatur von deutschsprachigen Frauen 1780–1918*. Bielefeld 2007, S. 151–168.
Günderode, Karoline von: *Sämtliche Werke und ausgewählte Studien*. Hg. v. Walter Morgenthaler. 3 Bde. Basel, Frankfurt a.M. 1990/91.
Günderode, Karoline von: *Der Schatten eines Traumes. Gedichte, Prosa, Briefe, Zeugnisse von Zeitgenossen*. Hg. u. mit einem Essay v. Christa Wolf. Berlin 1979.
Hilmes, Carola: „‚Lieber Widerhall'. Bettine von Arnim: *Die Günderode* – Eine dialogische Autobiographie". In: *Germanisch-Romanische Monatsschrift* 46 (1996), S. 424–438.
Hilmes, Carola: „‚Welch ein Trost, daß man nicht leben muß'. Karoline von Günderrodes Inszenierung eines unweiblichen Heldentodes". In: Günter Blamberger u. Sebastian Goth (Hg.): *Ökonomie des Opfers. Literatur im Zeichen des Suizids*. München 2013, S. 167–190.
Hilmes, Carola: „Unbotmäßig – Karoline von Günderrodes literarische Inszenierungen der ‚Jungfrau in Waffen'". In: Jb FDH 2017, S. 147–168.
Landfester, Ulrike: *Selbstsorge als Staatskunst. Bettine von Arnims politisches Werk*. Würzburg 2000.
Pompe, Hedwig: *Der Wille zum Glück. Bettine von Arnims Poetik der Naivität im Briefroman „Die Günderode"*. Bielefeld 1999.
Schormann, Sabine: *Bettine von Arnim. Die Bedeutung Schleiermachers für ihr Leben und Werk*. Tübingen 1993.
Schuller, Marianne: „‚… da wars immer als wär einer hinter mir der mirs einflüstre …': Schreibszenen in Bettine von Arnims Günderode-Buch. In: Martin Stingelin (Hg.): *„Mir ekelt vor diesem tintenklecksenden Säkulum": Schreibszenen im Zeitalter der Manuskripte*. München 2004, S. 238–244.
Sellner, Gabriele: *„Die Sterne haben mirs gesagt für Dich". Vereinigung von Poesie und Philosophie in Bettina von Arnims „Die Günderode"*. Berlin 2007.
Szondi, Peter: *Theorie des modernen Dramas*. Frankfurt a.M. 1959.
Wolf, Christa, und Gerhard Wolf: *Ins Ungebundene gehet eine Sehnsucht. Gesprächsraum Romantik. Prosa und Essays*. Berlin, Weimar 1985.
Zimmermann, Karin: *Die polyfunktionale Bedeutung dialogischer Sprechformen um 1800. Exemplarische Analysen: Rahel Varnhagen, Bettine von Arnim, Karoline von Günderrode*. Frankfurt a.M. [u.a.] 1992.

1.3.a *Dies Buch gehört dem König* (1843)

Barbara Becker-Cantarino mit Ursula Liebertz-Grün

1. Zu Entstehung, Druck und Zensur   397
2. Zu Plot und Inhalt   399
3. Zur Poetik   400
4. Zum Konzept von Volk und Volkskönig   406
5. Zeitgenössische Rezeption.   409
6. Literatur   410

Im Februar 1843 schrieb Bettina von Arnim an den preußischen König Friedrich Wilhelm IV.: „Ich vermags mit dem Volk zu reden, von seiner Entfremdung dem angestammten Herrscher, es zu erlösen, daß es sich frei in der Liebe zu ihm bewege und nicht blos als Chorus auf dem Welttheater. Ich habe den Begriff vom Rechten, und auch den Muth, den Schlüssel dazu, allen Geharnischten Riesen und Schwefelspeienden Drachen zu entreissen, so bald mein König mit diesem Schlüssel das Paradies Deutschlands zu erschließen geneigt sein wird" (Bw Friedrich Wilhelm IV., 81–82). Mit diesem Brief kündigte Bettina dem König das Erscheinen ihres neuesten Werkes an, das sie dann *Dies Buch gehört dem König* betitelte und dessen Hauptthema das Ideal des Volkskönigtums ist, eine romantisch-politische Idee, die sie in die politische Landschaft der unruhigen 1840er Jahre, des Jahrzehnts des Vormärz, stellte und vielleicht sogar zunächst mit dem seit 1840 regierenden preußischen König, dem ‚Romantiker auf dem Thron' (David Friedrich Strauß), der zunächst ein Hoffnungsträger für das Bildungsbürgertum war, zu verwirklichen glaubte (vgl. Kroll 1990, 54–61).

Die Szenerie auch dieses Buches hat Bettina von Arnim dabei wieder in die Romantik um 1807 zurückverlegt. Anders jedoch als in den vorangegangenen Briefbüchern zu Goethe und Karoline von Günderrode und dem 1844 folgenden zu Clemens Brentano, in denen jeweils die Gefühls- und Gedankenwelt im Mittelpunkt steht, werden im *Königsbuch* über fiktive Gespräche vor allem sozialpolitische und gesellschaftsreformerische Ideen für Preußen angesprochen. Hier ist es die ‚Stimme des Volkes', mit der Bettina in einer bilder- und anspielungsreich verschleierten Poetisierung ihre Kritik an Staat und Gesellschaft und ihre Vision eines Volkskönigs vorstellt. Ein brisanter Anhang, *Erfahrungen eines jungen Schweizers im Vogtlande* überschrieben, liefert zugleich einen dokumentarischen Bericht zum Armenproblem in einem Handwerkerquartier am nördlichen Stadtrand von Berlin, der damals im Volksmund ‚Vogtland' genannten Rosenthaler Vorstadt, mit dem Bettina, den König über die zum Teil katastrophalen sozialen Zustände in Preußen zu informieren gedachte – auch dies in der Hoffnung, ein volksnahes Handeln seiner Regierung bewirken zu können (siehe IV.4.6. *Briefwechsel mit Friedrich Wilhelm IV.*).

1. Zu Entstehung, Druck und Zensur

Schon im Winter 1840/41, also kurz nach der Inthronisierung Friedrich Wilhelm IV., plante Bettina von Arnim wohl ein eigenes Werk, um in einem öffentlichen Brief „dem König die Wahrheit zu sagen" (Bunzel 2008, 417–418). Sie hatte durch den 1839 im Zuge ihrer Bemühungen um eine Anstellung der Brüder Grimm in Berlin begonnenen Briefwechsel mit dem König mittlerweile dessen Vertrauen gewonnen – oder besser: dessen Aufmerksamkeit erlangt – und versuchte nun, über eine volksnahe, literarische Publikation im Stile der Romantiker auch öffentlich auf den bald als schwach geltenden König Einfluss zu nehmen. Im Frühjahr 1841 gelang es Bettina, mit der Hilfe Alexander von Humboldts die Erlaubnis zu erhalten, ein Buch dem König widmen zu dürfen (siehe III.2.3. *Alexander von Humboldt*). In öffentlichen Zeitungen erschienen (wohl von Bettina selbst oder durch ihre Bekannte lancierte) Meldungen wie „Von *Bettina* soll nächstens ein Buch unter dem Titel: ‚Dies Buch gehört dem König' erscheinen" (zit. nach Kommentar in: GW 3, 836). Das erhöhte die große Erwartung des literarisch interessierten Publikums. Bettina hatte im Laufe der Affäre um die Berufung der politisch unliebsamen, weil der Liberalität verdächtigen Brüder Grimm gelernt, durch Briefkopien für ihre Sache zu werben, Zitate und Briefaussagen in Zeitungen zu lancieren, ihren Freundes- und Bekanntenkreis zu mobilisieren und neue Kontakte zu Studenten, Intellektuellen und Akademikern in Berlin anzuknüpfen.

Nachdem sie im Sommer 1841 einen beträchtlichen Teil des *Königsbuchs* zu Papier gebracht hatte, begann sie schon im Herbst desselben Jahres, sich um die Drucklegung in Berlin zu bemühen, damit der Titel rasch Verbreitung finden und in Preußen ebenso rasch Wirkung entfalten könne. Als Verleger konnte sie schließlich E. H. Schroeder gewinnen, die Herstellung übernahm – wie schon beim *Goethebuch* und der *Günderode* – die Berliner Druckerei Trowitzsch und Sohn.

Ab dem Sommer 1842 wurde das Gedruckte bogenweise dem zuständigen Zensor vorgelegt. Bald entzündete sich ein längerer Streit mit den preußischen Behörden um die Widmung an den König, der vermutlich schließlich anordnete, das Imprimatur zu erteilen. Ohnehin hatte Friedrich Wilhelm IV. eine Kabinettsordre erlassen, die die strengen Zensurbestimmungen von 1819 und 1834 teilweise dahingehend lockerte, dass Bücher über 20 Bögen (das entsprach 320 Seiten) und damit auch das diesen Umfang überschreitende *Königsbuch* von der Vorzensur ausgenommen werden sollten (siehe III.2.5. *Kampf gegen die Zensur*).

Im Mai 1843 war der Weg frei für ein Erscheinen des Buches, wie im (mit abgedruckten) Schluss des Hauptteils mitgeteilt wird: „Hier kann der Herr Klein [der Geschäftsführer von Trowitzsch und Sohn; B.B.-C.] seinen Korrekturzepter nieder legen, denn jetzt schreib ich gleich die Dedikation an den König wo er mir nichts dran ausstreichen darf. – Geschrieben am 23. Mai 1843" (GW 3, 328). Das (heute verschollene) umfangreiche Manuskript für die Druckfassung des *Königsbuches* zeigte zahlreiche Korrekturen und Änderungen, die Bettinas ständiges Feilen am Text bis in die Endfassung hinein dokumentierten.

Um einem eventuellen nachträglichen Verbot zuvorzukommen, ließ sie im Juni 1843 ein Rohexemplar durch Humboldt dem König überbringen. In dem dazugehörigen Begleitbrief schilderte sie Friedrich Wilhelm IV., dass sie deutlich erkannt habe, „wie eine falsche Politik den Boden des Vertrauens zwischen Volk und Fürsten unterwühle. Damals bat ich um Erlaubniß dem König ein Buch zueignen zu dürfen. Mir schwebte eine Fabel vor wie sich der Volksgeist deutlich bezeichnen lasse gegenüber jener Scheinmacht der Staatskunst die zwar die Zügel lenkt aber einen hölzernen Gaul reitet der nicht vorwärts geht, während die Volksbegeistrung ein Flügelpferd ist das mit seinem Feuerhuf die Wolken zerstampft, um sich Licht zu verschaffen [...]. Dem Volk Genius sein, es umfassend stärken und erleuchten zur kühnen That, das ist des Königs Beruf" (Bw Friedrich Wilhelm IV., 95–96).

Mit diesem bilderreichen Pathos vom Volk und Fürsten, vom lebendigen „Volksgeist" gegenüber der verknöcherten, leblosen „Staatskunst", die einen „hölzernen Gaul reitet", wohingegen die poetisierte „Volksbegeistrung" als das „Flügelpferd" Pegasus Gestalt annimmt, versuchte Bettina von Arnim, das Vertrauen des Königs in das Volk zu stärken, seine Aufmerksamkeit auf das Volk zu richten und ihm zugleich die Rolle eines Volkskönigs poetisch-politisch nahezubringen. Friedrich Wilhelm IV. bedankte sich („Sans-Souci 14 July 1843") mit einem blumigen, *eigenhändig* verfassten Antwortschreiben: „Meine liebe, gnädige, RebenGeländerEntsprossene, SonnenstrahlenGetaufte Gebietherinn von Bärwalde, dem Sande-satten! Darf ich mich als Eule darstellen? Das schönwortige Gleichniß aus dem Anfange Ihres Geistbrausenden Briefes gelte mir oder einem anderen – gleichviel – ich gefalle mir in dem Bilde [...]. Ich hab' Ihr Buch nicht allein erhalten sondern es auch noch nicht gelesen; dasselbe aber angeschaut und zweyerley schon begriffen 1) daß es *dem Könige* gehört, 2) daß es die Offenbarungen Ihrer Muttergottes enthält" (Bw Friedrich Wilhelm IV., 97). Unterzeichnet ist das Schreiben mit: „von Ihrem ganz ergebenen Uhu FW" (ebd.)

Der König scheint sich spielerisch in der poetischen Sprache Bettinas zu bewegen und vermutlich hat diese romantisierende Harmonie des Königs mit der „Gebietherinn von Bärwalde" auch ein nach der endgültigen Auslieferung des Werkes im Juli 1843 kurz im Raum stehendes nachträgliches Verbot von *Dies Buch gehört dem König* in Preußen verhindert. Denn der preußische Innenminister Adolf Heinrich Graf von Arnim-Boitzenburg (ein entfernter Verwandter Achim von Arnims und einflussreicher Ratgeber des Königs) machte Friedrich Wilhelm IV., der das Buch *nicht* gelesen hatte, Mitte August 1843 in einer Eingabe auf den ‚staatsgefährdenden' Inhalt, die hier „dargelegte[ ] und verteidigte[ ] Irreligiosität" und den „darin gepredigten heillosen Radicalismus" aufmerksam (zit. nach Houben 1924, 34–35).

Arnim-Boitzenburgs Eingabe blieb indes ohne Folgen, der Vertrieb konnte weiterlaufen. Freilich waren zum Zeitpunkt der Eingabe von der ersten Auflage (in einer Höhe von 1.475 Stück) ohnehin 818 Exemplare bereits ver-

1.3.a *Dies Buch gehört dem König* (1843)

kauft worden, und dies wohlgemerkt bei einem relativ hohen Verkaufspreis von vier Talern pro Buch (vgl. Kommentar in: GW 3, 846). Das Buch wurde jedoch in Bayern und Österreich verboten, wie dann auch die von Adolf Stahr verfasste Broschüre *Bettina von Arnim und ihr Königsbuch* in Preußen offiziell durch das Oberzensurgericht verboten wurde, wohl um eine weitere Verbreitung der im *Königsbuch* enthaltenen, sozialpolitischen und religionskritischen Ansichten zu verhindern. Stahr hatte die Broschüre wohlweislich im ‚Ausland' Hamburg bereits im November 1843 publiziert.

2. Zu Plot und Inhalt

Zwar gibt es im *Königsbuch* keine linear verlaufende Handlung, doch hängen die einzelnen Abschnitte (eine Kette von Gesprächen mit narrativen Einschüben – in der Form von Märchen, Erzählung, Bericht) zusammen. Der erste, eher anekdotische Teil des Buches, von Bettina als „Der Erinnerung abgelauschte Gespräche und Erzählungen von 1807" (GW 3, 13) in die Romantik zurückverlegt, enthält zuvorderst fiktive Gespräche der Frau Rat, der Mutter Goethes, unter anderem mit der legendären Königin Luise, der Mutter Friedrich Wilhelms IV. Die gemeinsame Mutterschaft der beiden (und die der Autorin Bettina) spielt einerseits auf die menschlich-familiäre Verantwortung der Mutterfigur an, andererseits auf deren Erziehungsfunktion auch gegenüber dem König und dem Volk. Bettina schreibt sich hier auch als zu Füßen der Frau Rat Goethe sitzende junge Zuhörerin, als Lernende, als Mitglied des Volkes in ihr Buch ein. Eine weitere, ebenfalls im ersten Teil geführte Debatte der Frau Rat mit dem Pfarrer gibt Bettina ferner Gelegenheit zur Religionskritik und „Entmächtigung des logischen Räsonnements" (Landfester 2000, 240). So lässt sie Frau Rat hier feststellen: „Es gehn der Welt durchs Disputieren mehr Begriffe unter als erstritten werden" (GW 3, 136). Dagegen setzt Frau Rat „die echte Besonnenheit [...], die das Walten ist in der Natur", denn „die Heiligkeit der Geistesmonarchie" müsse doch alles regieren; die Leidenschaft sei „das eigenste Selbstempfinden vom Genius der Menschheit. Dann ist der Mensch Zauberer, Poet, dessen willkürliches Verfahren immer Wunder tut, Wunder der Empfindung der Phantasie und des Gedankens" (GW 3, 131 u. 149).

Im zweiten Teil des *Königsbuchs*, das mit der „Socratie der Frau Rat" (Goethe) einsetzt, einem nach Novalis geprägten Begriff, um ihre didaktische Methode kenntlich zu machen, durch Fragen und Zweifel den Gesprächspartner seine Einsichten selbst finden zu lassen, bringt Bettina dann über das Gespräch der Frau Rat (Goethe) mit dem Bürgermeister zunehmend aktuelle sozialkritische und politische Anliegen vor. Insbesondere plädiert sie für eine Humanisierung des Strafrechts und kritisiert dessen Grausamkeiten, die sie – ebenso wie die Armut – als Quelle weiterer Verbrechen ansieht. Sie verweist, wie später auch im *Armenbuch*-Projekt, auf die Verantwortung von christlichem Mitleid und Liebe und zeigt ihren Respekt vor der Würde des Menschen.

Verschärft werden Bettinas kritische Anspielungen im folgenden „Gespräch mit einer französischen Atzel", einer Elster also, einem Vogel mit im Volksglauben zufolge zwielichtiger Bedeutung. Demnach bringt die Elster Unheil und ist als Galgenvogel oder Begleittier der Hexe überdies mit teuflischen Wesen assoziiert. Bettina nun lässt die Atzel bei einem Gewitter aus dem offenen Fenster in die Welt hinausfliegen als „Fahne der Freiheit, die verbreitet hellen Glanz mitten in den Zeiten der Nacht", wobei vermeintlich die französische Elster (realiter aber das Gewitter) schließlich ein Feuer entzündet, das die Feuerwehr nicht löschen kann und das Frau Rat das „Feuer der Freiheit" nennt (GW 3, 327–328). Die Atzel steht hier für die (von der Restauration verteufelte) Französische Revolution bzw. deren Freiheitsgedanken, die sich aber wie eine Naturgewalt verbreiten, ebenso wie das Gewitter ein Feuer entzündet. Das Bild des nicht löschbaren Feuers war in seiner Ambivalenz dabei zugleich prophetisch und beunruhigend. Diese verschleierte Poetisierung der Ideen der Französischen Revolution als radikale Volksbewegung – die Freiheit als Zeichen der neuen Zeit – sollte die Zensur umgehen.

Ohnedies enthält erst der Anhang *Erfahrungen eines jungen Schweizers im Vogtlande* den eigentlichen revolutionären Zündstoff des Buches, einen Angriff auf das Versagen der öffentlichen Armenfürsorge und die Armenpolitik der Regierung, die den wachsenden Pauperismus in Preußen ignorierte und sogar leugnete. Diese Sozialreportage über die Armen in dem ‚Vogtland' genannten Berliner Quartier hatte Bettina von dem Schweizer Lehrer und Schriftsteller Heinrich Grunholzer (1819–1873) übernommen (siehe IV.1.3.b *Erfahrungen eines jungen Schweizers im Vogtlande*).

3. Zur Poetik

Das literarische Modell für das *Königsbuch* ist zweifelsohne Platons *Politeia*: Die philosophierende, weitschweifig erzählende, räsonierende Figur der Frau Rat Goethe und ihr mündlicher Sprachstil, Hochdeutsch mit Frankfurter Varietäten, sind Kunstprodukte, die natürlich wirken (vgl. hierzu und zum Folgenden Liebertz-Grün 1989a, 76–93). Die Autorin hat die mittelalterliche und frühneuzeitliche Tradition des *Fürstenspiegels* erneuert, Platons Gespräche als Muster benutzt und seine Staatsutopie für ihre Zeit neu geschrieben (vgl. GW 3, 82–83). Die 77-jährige mythische Frau Rat Goethe, eine unerschrockene Vordenkerin, deren aufrührerischen Erzählungen und Reden halb Frankfurt zuhört, die selbst den Bürgermeister und den Prediger der Stadt mit ihren weltumwälzenden Ideen infiltriert, tritt als Inkarnation der allegorischen Frau Rat in der Rolle des Sokrates auf. Das Mädchen, die mythische Bettina, nimmt die Rolle des Platon ein. Mit dem Zwischentitel „Socratie der Frau Rat" spielt die Autorin auf ihr Vorbild an. Als Frau Rat erfährt, dass das Mädchen ihre Reden und Gespräche für die Nachwelt aufzeichnet, meint sie: „Nun du wirst mir manchen Placken da hineingeflickt haben, der nicht von meinem Zeug ist. – Der Socrates hat sich das auch müssen vom Plato gefallen lassen"; Frau Rat bezeichnet ihre wildwuchernden Reflexionen gelegentlich als „philosophische Abhandlung" (GW 3, 184 u. 64). Aber das *Königsbuch* ist ein poetisch-philosophisches Capriccio, ein virtuoses Textstück in freien

Formen, reich an unerwarteten Gedankenblitzen, scharfsinnigen Deutungen und Beobachtungen, geistreichen Sottisen, schalkhaften Deduktionen und poetischen Humoresken.

Alienum eloquium – Andersreden

Bettina von Arnim gibt zu erkennen, dass Zensur und Selbstzensur Form und Inhalt des Buches mitbestimmt haben. Sie lässt Frau Rat ausplaudern, mit welchen Listen sie die Zensurbehörden täuscht. Frau Rat gibt sich notfalls den Anschein, durch Weingenuss nicht zurechnungsfähig zu sein: „Bedenken Sie im Rausch ist keine Verantwortung. Drum hab ich immer die Flasche bei der Hand wenn einem was verdrießt, was ich vorbring, Hochverräterisches oder sonst Despektierliches, worüber einer mir könnt eine Verantwortung zuschieben, dann hats die Flasche getan" (GW 3, 141). Sie lässt sich von ihren Gesprächspartnern widerlegen; sie sagt nicht alles, was sie denkt, deutet manches nur an. Die Frage des Pfarrers zum Beispiel, welchen Staat sie denn meine, wenn sie behaupte, der Staat sei die Ursache des Verbrechens, beantwortet sie, indem sie ihre Kunstfertigkeit in der Rhetorik des Ausweichens unter Beweis stellt: „Ich meine keinen Staat wo mir die Zensur meine Ansichten streichen kann, ich mein einen ganz andern Staat hinter dem Himalaja gelegen, der ein Widerschein ist von dem Staat den ich meinen könnte, sollte mir aber auch *das* die Zensur streichen wollen; nun so mein ich den auch nicht. Ich meine nichts was könnte gestrichen werden" (GW 3, 281). Sie belehrt durch Anekdoten und Gleichnisse, Allegorien, durch Märchenerzählungen, die sie mit Märchenauslegungen vermischt. Ihre Sprache zeichnet sich aus durch ihren Reichtum an Vergleichen und Metaphern. Sie zitiert den überlieferten Bilderschatz in unkonventioneller Weise und reichert ihn an durch bislang ungewohnte, oft skurrile Bilder und Bildmotive.

Digressio – Abschweifung

Die Technik der Gedankenführung und Gedankenverknüpfung in den Erzählungen und Gesprächen der Frau Rat wird durch die Benennungen Digressionsmethode oder Abschweifungstechnik zutreffend charakterisiert, die sie selbst in Bildern erläutert: „Denn sonst wär meine Geschicht gleich aus, wenn ich wie die große Herrn mit Relaispferd durchsause wollt, ohne die geringste Erfahrung zu machen unterwegs, ohne die geringste Entdeckung oder Bemerkung als bloß daß es wie der Wind über Stock und Steiner hinausgeht!" (GW 3, 43)

Die Digressionsmethode, die Technik vom Hundertsten ins Tausendste zu kommen, unendlich viele Variationen einzuflechten und die Leser durch die Mannigfaltigkeit der Themen und Motive und die Schnelligkeit der Gedankensprünge in Verwirrung zu setzen, sei an einem Beispiel erläutert. In zwei Kapiteln an zwei Tagen erzählt Frau Rat von ihrem Besuch bei der Königin. Die Erzählung wird mehrmals durch eingeschobene Reflexionen unterbrochen, die insgesamt dreimal so lang sind (GW 3, 29–64 u. 67–91) wie die Erzählung selbst (GW 3, 20–29, 64–67 u. 91–96). Die Abschweifungen werden ihrerseits durch Abschweifungen unterbrochen, die durch weitere Abschweifungen unterbrochen werden. Die Erzählkunst der Frau Rat gleicht der Kunst eines Jongleurs, der zur Verwunderung der Zuschauer immer neue Bälle ins Spiel bringt, ohne einen der für die Zuschauer unzähligen Bälle während des Spiels zu verlieren.

Symphilosophie – Miteinanderdenken

Die literarische Qualität des Textes ist dabei daran ablesbar, dass die literarischen Techniken nicht nur Mittel zu dem Zweck, die Zensur zu überlisten, sondern zugleich poetischer Selbstzweck sind. Sie aktivieren Phantasie und Intellektualität und machen die Leserin zur Mitspielerin, die scheinbar Disparates zusammen sehen, das weit auseinander Liegende miteinander verknüpfen, aus Anspielungen, Andeutungen, Wiederholungen, Widerlegungen, Irreführungen, Zweideutigem und Mehrdeutigem erhellende Einsichten gewinnen und aus dem dialektischen Zusammenspiel von Rede und Gegenrede, von Behauptung und relativierender perspektivischer Darstellung sinnvolle Schlüsse ziehen kann.

Während der Pfarrer beispielsweise die Systemphilosophen des deutschen Idealismus preist, „die jetzt auftreten und der geistigen Welt einen gewaltigen Umschwung zu geben verheißen", zieht Frau Rat in äsopischer Manier in Form einer Fabel polemisch gegen sie zu Felde: „So ein Forscher, so ein alter lahmer Raubvogel der aus seim langweiligen Verdauungsschlaf sich aufrappelt um alles gelehrte Federvieh in Einklang zu bringen mit seinem Allesverschluckenden System, mit dem er es aus der philosophischen Sackgasse heraus zuführen verspricht aufs Feld der Freiheit; der vermag sich ja selbst nicht über den alten Zaun vom Hühnerhof zu schwingen" (GW 3, 109–110). Die Systemphilosophen haben die selbst gewählte Aufgabe, eine Philosophie der Freiheit so zu formulieren, dass die freien Gedanken nicht aufgrund der formalen Struktur in einer Doktrin unfreien Denkens erstarren, nicht lösen können. Frau Rat kritisiert deren Unfähigkeit, sich einen denkenden Mann oder eine denkende Frau vorzustellen, das Bestreben, das denkende Ich zum Absoluten und Allgemeinen aufzurüsten, um der Theorie einen festen und zuverlässigen Anfangsgrund zu sichern. Statt anzuerkennen, dass die Wahrheit für die Menschen individuell, historisch und gesellschaftlich bedingt ist, sucht der Systemphilosoph nach allgemeingültigen, ewigen Wahrheiten. Frau Rat geht von der grundlegenden Intuition aus: „[A]uf eignen Füßen stehen soll der Geist. Das ist bei mir eine unumstößliche Wahrheit" (GW 3, 48). Grundlegende Intuitionen lassen sich indes nicht mit rationalen Argumentationstechniken schlüssig beweisen: „Nur Wahrheiten kann man glauben; aber die kann man auch nicht leugnen, man sitzt mitten drin als wär man hineingeboren" (GW 3, 39). Frau Rat will sich „von den Geistesbanden die in den jungen Jahren schon einem die Kraft brechen" (GW 3, 52) mit Hilfe der Ratio, aber

1.3.a *Dies Buch gehört dem König* (1843)

auch mit Hilfe von Phantasie, Emotionalität und träumerischen Ahnungen befreien: „Ich schleppe meine Fessel auch nach. Mein einsames Denken ist ein fortwährend Raspeln und Feilen daran. Ach was kann man in dieser Eingeschnürtheit des Geistes von sich wissen was nie hat können erprobt werden? Wer einmal nur sich Traumweise erlaubt die Schranken aufzuheben alle, die seiner Natur, seinen Neigungen sind aufgebürdet worden, dem erscheinen auch gleich ahnungsweise die Geister" (GW 3, 103).

Solch visionäre Schau soll aufklärerischen Intentionen nicht widersprechen. Gemäß dem romantischen Konzept des Miteinander-Philosophierens und der im Zeitalter der Aufklärung wiederholt formulierten Einsicht, dass ein Mensch allein sich nicht aufklären könne, wohl aber eine Gesellschaft, sucht Frau Rat in der Unterredung mit anderen nach der Wahrheit. Sie interpretiert das erkennende Individuum als Partikel in einem Gewebe, als Welle in einer Strömung oder als Teil eines Organismus und suggeriert ein harmonisches Verhältnis von Individuum und Gesellschaft. Andererseits wettert sie gegen die Systemphilosophen, gegen Rousseau und das „Pädagogenwesen" (GW 3, 44), gegen die Stimme des Volkes, „die blecherne Kindertrompet" (GW 3, 197), „die Stimme von wilden Hunden" (GW 3, 200), gegen den Staat und die ausbeuterischen Praktiken der Höflinge und Staatsbeamten, gegen die Zwangsherrschaft der Religion, gegen die Kirchenväter, die Theologen und die institutionalisierten Kirchen. Um solche gesellschaftskritischen Rundumschläge zu rechtfertigen, haben die Systemphilosophen das Konzept des absoluten, allgemeinen Ichs entwickelt. Eine derartig radikale Kritik sei nur dann berechtigt, wenn das kritisierende Ich kein nur individuelles Ich sei, sondern ein die Menschheit repräsentierendes allgemeines Ich. Frau Rat rechtfertigt sich gegenüber dem Bürgermeister, indem sie wie die frühen Romantiker und die Schriftsteller des Sturm und Drang die Idee des Naturgenies aufgreift, welches das Naturgesetz gegen die Philister verteidigt: „Was Sie exzentrisch nennen ist Naturgenie, [...] wo Gespenster reißaus nehmen weil sie Geister wittern, entwickelt es die wunderartige Fähigkeit mit Geistern zu verhandeln" (GW 3, 245).

Nun mag es ja geniale intuitive Einsichten geben, aber die Berufung auf geniale Intuitionen ist niemals unbedenklich; sie kann die Zuhörer leicht dazu verleiten, die eigene Denktätigkeit einzustellen und einer fremden Autorität zu folgen. Bettina von Arnim wirkt dieser Gefahr entgegen, indem sie Frau Rat einerseits als philosophierende Autorität aufbaut, die ihre Zuhörer durch ihre Künste und Strategien der Überredung für sich gewinnt, und indem sie andererseits die Autorität der Frau Rat sachte untergräbt und so die Leserinnen und Leser animiert, sich auch gegen deren Ansichten ihre eigenen Gedanken zu machen. Im abschließenden Gespräch, in dem das Mädchen eine metaphysische Elster sprechen lässt, die sich als ein menschenfreundlicher Teufel entpuppt, muss Frau Rat stellenweise die Rolle des Philisters übernehmen, die sie ansonsten dem Pfarrer und dem Bürgermeister zuzuspielen versucht. Die skeptischen Einwände der beiden haben schon deshalb Gewicht, weil sich am Ende herausstellt, dass sie politische Verbündete der Frau Rat sind.

Mehrfach betont Frau Rat, dass viele ihrer spontanen Äußerungen närrisch seien. Sie mischt ernsthafte Gedanken mit Nonsens, zum Beispiel dem Räsonnement über die Erlösung der Seifenblase, um die Zuhörer durch poetische Abweichungen von der Norm zu eigenem Nachdenken über sprachliche und außersprachliche soziale Normen und Konventionen zu provozieren, „um durch träumerischen Nebel des Unsinns die sich kraus machende Lüge die drin herumschwiemelt so viel möglich unschädlich zu machen!" (GW 3, 139)

Poiesis – Wahre Vorspiegelung falscher Tatsachen

Bettina von Arnim will kein faktizitätsgetreues Bild der Wirklichkeit konstruieren, sie will offenkundig machen, dass es nottut, nach einer Realität zu suchen, die es noch nicht gibt. Ihr Sprachgestus ist nicht deskriptiv: ‚So ist die Welt', sondern appellativ: ‚Seht Ihr denn nicht, dass es so nicht bleiben kann'. Sie benutzt die Menschheitsgeschichte als ein Reservoir, dem sie Exempel vorbildlichen und abschreckenden Verhaltens und Belege für ihre Gesellschaftskritik und ihre utopischen Hoffnungen entnehmen kann. Aus Fakten, realitätsnahen Fiktionen und phantastischen Fiktionen konstruiert sie utopische, idyllische und satirische Bilder und Bildfragmente, die sie mit Hilfe ihrer Digressionsmethode scheinbar willkürlich aneinanderreiht. Diese poetischen Bilder der Wirklichkeit konfrontiert sie mit einer Sozialreportage, die faktengetreu ist oder doch zumindest – gemessen an unserem heutigen, wissenschaftlich fundierten Wissen über die damalige Zeit – faktengetreu sein könnte.

Utopie

In ihrer Utopie betrachtet Frau Rat Natur und Gesellschaft vom Standpunkt der Erlösung. Sie mischt christliche und pantheistische Vorstellungen mit der aus der Aufklärung stammenden Utopie der Herrschaftsfreiheit. Alle dualistischen Gegensätze wie Schöpfer/Geschöpf, Geist/Natur, Leben/Tod, Individuum/Gesellschaft sind hier aufgehoben und miteinander versöhnt. Alle sollen gemeinsam frei sein, indem alle wechselseitig ihre Freiheit begrenzen und ermöglichen, *„die Freiheit Aller macht den Einzelnen frei"* (GW 3, 297). Die religiös verbrämten Ideologeme der Gegenaufklärung, denen zufolge jeder Änderungswille ein Angriff auf Gottes Schöpfung und der Apfel vom Baum der Erkenntnis des Teufels sei, wehrt sie mit dem Hinweis ab, die wahre Bibel sei in die Menschen selbst geschrieben.

Die „Denkfreiheit" ist „Gottes Werkstätte", in der er „nie aufhört zu arbeiten, mag auch noch so erschütternd Grausames von der tyrannischen Dummheit über ihn verhängt sein". (GW 3, 180). Das Paradies liegt zerstreut über der ganzen Erde, die Menschen haben die Aufgabe „die Lücken dieses Paradieses auszufüllen" (GW 3, 169). Dass der metaphorische Apfel vom Baum der Erkenntnis ein wohlschmeckender und wohlbekömmlicher Paradiesapfel sei, ist ein Leitmotiv des Textes, das vielfältig variiert wird, zum Beispiel in der metaphorischen Redewendung „der freie Geist rennt immer der Gottheit in die

Arme" (GW 3, 49). In der „Vorrede" entwickelt Bettina von Arnim aus den beiden Metaphern eine allegorische Erzählung vom ersten Apfel, den das Kind armer Eltern als Geschenk zu Gottvater in den Himmel trägt. Der ersten Allegorie des Prologs ist eine zweite Allegorie kontrapunktisch zugeordnet. Einen Apfel vom Baum der Erkenntnis nennt die Autorin auch ihr eigenes Werk. Den Vorschriften der Exordialtopik entsprechend schlüpft sie in die Rolle der demutsvollen Dichterin, die ihr Werk nur als ein geringes ansehen kann. Die personifizierte Langeweile möge den Apfel zum König tragen, der von Musen umlagert wird. Werke von Rang bedürfen der Interpreten, haben bereits die antiken Poetologen gelehrt. Die Autorin formuliert ihren Kunstanspruch mit der Geste der Bescheidenheit. Der „gütige" Humboldt, so schreibt sie, möge den Apfel durch seine Kommentare und Interpretationen genießbar machen (GW 3, 13). Im letzten Gespräch erläutert die französische Elster schließlich in der Rolle des Satans, dass der Apfel ein Beleg für die Menschenliebe des Teufels sei, der die Menschen zur Erkenntnis angereizt habe, als mütterlich fürsorgliche Glucke die Menschheit im Ei ausbrüte und so seine eigene Gottwerdung vorantreibe (vgl. GW 3, 318–319).

In der Nachfolge von Kant und Hegel interpretiert Frau Rat die Französische Revolution und das Auftreten Napoleons als Anzeichen dafür, dass die Utopie der Herrschaftsfreiheit keine bloße Schimäre sei. Die Französische Revolution sei gescheitert und Napoleon habe seine Aufgabe durch Herrschsucht verfehlt. Die Ereignisse hätten aber eine kollektive Bewusstseinserschütterung bewirkt, deren Folgen sich nicht mehr gänzlich rückgängig machen ließen. Wenn das Volk unnachgiebig Freiheit fordere, werde sich auch der geeignete Regent finden. Bettina von Arnim nimmt der Utopie hier die dogmatische Starre, indem sie Utopisches mit Burlesk-Komischem mischt. Wer ihre Ausführungen über die Verbrecher, die nach ihrer Bekehrung zu vorbildlichen Dienern des Gemeinwohls werden, wörtlich nehmen wollte, hätte sie gründlich missverstanden. Im zeitgenössischen Obrigkeitsstaat muss sich utopisches Denken „ins poetische Traumgebiet" (GW 3, 170) zurückziehen. Auch unter günstigsten Bedingungen kann die Utopie niemals verwirklicht werden, aber als regulative Idee kann sie den Handelnden die Orientierung erleichtern, denn „das Große" geschehe „nur in dem Menschen seiner Sehnsucht" (GW 3, 186).

Idylle

Das Leben der Frau Rat im Kreis der Frankfurter Bürger wird gleichwohl als Idylle dargestellt. Die freundschaftlichen Auseinandersetzungen zwischen Frau Rat, dem Pfarrer und dem Bürgermeister sind gelungene Modellversuche einer um Aufklärung bemühten öffentlichen Wahrheitssuche. Das Gemeinwesen der ehemals Freien Reichsstadt Frankfurt wird idealisiert und als Muster eines an der Utopie der Herrschaftsfreiheit orientierten Volkskaiserreichs Deutscher Nation interpretiert (vgl. GW 3, 83, 91, 92 u. 297). Die Idylle korrigiert manches Radikale der Utopie. Wer kühn ist, fühlt sich im Verbrecher, meint Frau Rat, aber gegen vermeintliche Spitzbuben ruft sie die Bürgerschaft zu

Hilfe, den Weindieben will sie das Handwerk legen, auch wenn ihr gestohlene Birnen am besten schmecken. Der Gute will keinen Lohn, doziert sie in ihrer vermeintlichen Unbestechlichkeit. Zugleich sorgt sie dafür, dass ihre ehrenvolle Einladung zur Königin stadtbekannt wird und die goldene Kette, die ihr die Königin von Preußen umgehängt hat, von den schaulustigen Bürgern tagelang bewundert wird.

Satire

In den satirischen Passagen attackiert Frau Rat nicht zuletzt die institutionalisierten Kirchen. „Kein wildes Tier hatte je so viel Wut, als die durch die Unfehlbarkeit der Kirche aufgeschwungne Tyrannei!", monologisiert sie vor dem Pfarrer (GW 3, 162). Sie spottet über den christlichen Kulturimperialismus (vgl. GW 3, 287 u. 289) und die vermeintlich aufgeklärten Theologen, die nicht aufhören können, andere zu bevormunden. Um zu verhindern, dass bildungsbeflissene Damen mit eigenen Augen sehen lernen, spielt der Theologe seine Rolle als Mittler zwischen Göttlichem und Menschlichen selbst im Museum vor antiken Göttergestalten (vgl. GW 3, 291–294). Der Staat ist dabei in ihren Augen die Ursache der Verbrechen. Er lässt die Armen verelenden und benutzt sie als Kanonenfutter. Not und Hunger machen Diebe. In den Zuchthäusern werden Verurteilte nicht geheilt, sondern nur gepeinigt. „Was ist der Staat dem Volke?", fragt Frau Rat rhetorisch und gibt selbst die Antwort: „Ein herrischer Sklavenhändler, der Tauschhandel mit ihm treibt, und darum den Knechtsinn ihm einquält; der Machtsprüche verhängt über es und sein darbendes angefochtnes, tausendfach geärgertes Herz in den Sumpf versenkt frömmlender Moral, der über seinem aufstrebenden Geist den Sargdeckel zuschlägt oder auch mit dem Halsband eines Hundes die Kehle ihm zuschnürt" (GW 3, 200).

Die Figur der Frau Rat hält grundlegende gesellschaftliche Veränderungen für unvermeidlich. Geschickt versucht sie, den König für ihre Ansichten zu gewinnen, indem sie ihm schmeichelt und seine Ratgeber kritisiert. Die Ratgeber streuen dem König Sand in die Augen, sie verhindern, dass die Presse über ihre Machenschaften berichtet und bezeichnen jede wahrheitsgemäße Darstellung als Majestätsverbrechen. Mit listigem Humor schlägt sie dem König vor, sich von der Tyrannei seiner Berater zu befreien und selbst die Demokratisierung durchzuführen, unterstützt von den hungernden Armen und den staatlich verfolgten Demokraten, den sogenannten Demagogen. Statt „Museen, Naturalien-Kabinetten, Wintergärten" solle er, so die Forderung, Wohnungen für die Armen bauen (GW 3, 217).

4. Zum Konzept von Volk und Volkskönig

In einer Fülle von Bildern und nicht logisch strukturierten, sondern assoziativ aneinander gereihten Gedanken gelingt es der Autorin, ein romantisches Konzept von Volkskönig und Volk zu präsentieren, das sie als „Vox Populi" (GW 3, 195) in den Raum stellt und dem König vorstellen möchte (vgl. hierzu und zum Folgenden Becker-Cantarino 2009, 67–80). Sie weist einerseits auf die Verachtung der Regierenden für das Volk hin und lässt den Bürgermeister vor der „Hefe des Volkes die unversehens über den Bottig gärt" warnen (ebd., 205). Bettina von Arnim spielt mit dieser doppelten Perspektive: einerseits das Volk zu repräsentieren und dem König nahezubringen, andererseits den König an das Volk anzunähern und zu binden.

Bettinas Vorstellung vom Volk ist amorph und von romantischen Sympathien für Ursprünglichkeit, Intuitives, Unverdorbenes bestimmt, die letztlich ebenso auf Rousseaus Ideen von der Gleichheit der Menschen zurückgehen wie auf die politischen Forderungen der Französischen Revolution und dabei mit ethischen Postulaten und einer religiösen Aura verknüpft werden. Bettina von Arnims Buch war in seinem volkstümlichen Stil, mit seinen märchenhaft anmutenden Vergleichen und seinem leutseligen Gesprächston zum einen für genau dieses Volk als Leserschaft bestimmt. Zum anderen hat die Autorin im *Königsbuch* das Volk selbst mit verschiedenen Stimmen sprechen lassen, mit denen der ‚Frau Rat' (als Vox Populi) und der ‚Kindfigur Bettina', die beide volkstümlich, d.h. hier mit leichtem Frankfurter Dialekteinschlag, spontan und in Bildern sprechen und damit naiv, ursprünglich und natürlich erscheinen sollen. Als politische Figuren hat die Autorin dagegen den ‚Herrn Pfarrer' typisiert, der für die Institution der Kirche steht, und den ‚Bürgermeister', der die öffentliche Verwaltung repräsentiert.

Bettina von Arnim streift überdies kritisch das viel beschworene Konzept der Nation. So heißt es im *Königsbuch*, „der große Name deutsche Nation" sei „eine Mönchskutte der Heuchelei unter der wir die niederträchtigste Schwäche und Liederlichkeit aller bösen Neigungen verbergen" (GW 3, 190). Ihre Sicht ist auch hier eine ethisch-menschliche, nicht eine verfassungspolitische, wenn sie fortfährt: „Wir sind ein talchiger [...] sitzengeblibner Teig dem der Backofen nie recht geheizt war um die Lebenskraft in ihm zu entwickeln. Wir wollen hoffen, daß [...] der Menschheit Ideal auch in uns noch regsame Kräfte finde. Daß ein neuer Schöpfungstag der deutschen Nation anbreche. Nicht purpurrot [...] soll uns die Sonne aufgehen. Nein in der Divinität des sittlichen Gefühls" (GW 3, 190). Mit der biblischen Formulierung ‚Schöpfungstag' appelliert Bettina indirekt an den König und das Volk, ebendiese „Divinität des sittlichen Gefühls" und „Selbstverleugnung zum Wohl der Gesamtheit" (GW 3, 190) zu entwickeln, nicht aber gegen Frankreich zu eifern oder gar Krieg zu führen. Auch fehlt jeder Hinweis auf und jede Reverenz vor Preußen, während in der Figur und Rede der Frau Rat ihre Heimatstadt, die Freie Reichsstadt Frankfurt, ihren Standpunkt hat (vgl. Schultz 2010/11).

Der König wird hierbei als Vater seines Volkes entworfen, was freilich dem Selbstverständnis des preußischen Königtums entsprach (vgl. Bäumer/Schultz 1995, 88), wobei Bettinas Idee des Volkskönigtums zugleich durchaus als Versuch zu verstehen ist, „die Daseinsberechtigung der Monarchie neu zu begründen" (Landfester 2000, 167). Das schillernde Beispiel Napoleons demonstriert hier die Bedeutung der Königsfigur, aber auch die Gefahr des Umschlags in Despotie und Krieg. Denn Napoleon, der, „mit einem Hoffnungsstrahl im Herzen", als eine Art Erlöser betrachtet worden war, erschütterte die Menschheit nicht „durch Lösung ihrer Sklavenfesseln", sondern mit „Kanonenabprotzen"; kein Erlöser war da, sondern ein Feldherr, der „unsere Wälle geschleift hat, auf denen die mächtigen Eichen, Ulmen und Linden standen, die von unserm früheren Kaiser gepflanzt waren!" (GW 3, 89) Die Warnung „Bonaparte! Wie sehr hast Du Dich versündigt!" (GW 3, 89) ist denn auch nichts Geringeres als eine Aufforderung an den König, gut und gerecht zu handeln, da anderenfalls auch ihm der Verlust des Reiches und seiner Herrschaft drohe. Die Passage ist aus der Perspektive der Frau Rat als Frankfurter Bürgerin um 1803 erzählt, eine Wiederaufnahme der Napoleon-Rezeption der Romantiker, die wie Johann Gottlieb Fichte in ihm eine Naturgewalt ohne moralische Zähmung sahen, dann wie Achim von Arnim eine Zeit lang zwischen Empörung über dessen Eroberungen und Bewunderung seiner genialen Fähigkeiten schwankten, bevor sie dessen kriegerische Eroberungen mit der Sintflut oder dem Turmbau zu Babel verglichen und zu einer immerwährenden Erzfeindschaft zwischen Frankreich und Deutschland stilisierten (vgl. Beßlich 2007).

Die Autorin artikuliert die Ansprüche und Erwartungen des Volkes an den König, in die Zukunft zu blicken, seine Hingebung an das Volk zu zeigen, dessen Vertrauen zu erfüllen und Geist und Mut zu haben – kurzum: alles ethische Vorgaben, wie sie auch einen literarischen Helden charakterisieren. Ihr Appell an die Menschlichkeit und Herrscherverantwortung für das Volk geht nur marginal auf die damaligen aktuellpolitischen Fragen um eine Konstitution ein. Vielmehr entwirft sie ihr Idealbild eines monarchischen Staates, das zwar auch das allgemeine Wohlergehen und die Freiheiten für die Bürger mit einschließt. Einen Rechtsstaat hat sie jedoch nicht vor Augen (vgl. GW 3, 192–193)

Bettinas Konzept des Volkskönigs ist durchaus aus den Gedanken der ‚politischen Romantik' erwachsen, den Vorstellungen von Königtum und Volk bei Novalis, Achim von Arnim und auch Savigny verwandt und eine eigenwillige (und unsystematische) Fortschreibung des Ideals vom organischen politischen Körper. Novalis hatte anlässlich der Thronbesteigung Friedrich Wilhelms III., die seinerzeit mit nicht minder großen Hoffnungen verbunden war wie mehr als vier Jahrzehnte später bei seinem Sohn und Nachfolger, in der Fragmentensammlung *Glauben und Liebe oder Der König und die Königin* (1798) das Ideal eines antimechanistischen Gemeinwesens entworfen, in dem eine Art Liebesgemeinschaft zwischen Fürst und Volk ein organisches, harmonisches Staatswesen bildet, wobei der König das Lebensprinzip der Monarchie schlechthin präsentiert. Bettina benutzte einen Achim von Arnim ähnlichen Sprach-, Wort- und Bilderschatz, auch teilte sie sein poetisiertes, organisches Konzept vom politischen Körper, wie sie schon 1818 im Rahmen einer über Wilhelm Grimm lancierten und von diesem bearbeiteten Rezension zu Achims Roman *Die Kronenwächter* deutlich gemacht hatte: „Die Kronenburg dagegen ist schon zu sichtbar im Reich der Dichtung aufgebaut, als daß jemand Anstoß daran nehmen könnte. Auch darin liegt keine Rechtfertigung der Einmischung, daß die Geschichte der Dichtung nicht entbehren könne und sie ja selbst schaffe, denn die Sagengeschichte geht aus der Gesinnung eines ganzen Volks hervor und liegt ein Irrthum darin, so kann es diesen keinem vorwerfen, so wie das Wahre derselben ihm unmittelbar zufließt und keiner sich dagegen sträuben darf" ([Arnim/Grimm] 1818, 460). Wie Achim versuchte auch Bettina bei aller romantischen Vorzeitverherrlichung und bei allem Glauben an die Ursprünglichkeit des Volksgeistes, die bei Savigny (*Vom Beruf unsrer Zeit für Gesetzgebung und Rechtswissenschaft*, 1814) und besonders bei den Grimms mythologisiert und ideologisiert wurde, die Idee vom ‚Volk' pragmatisch zu fassen und vor der Folie der sozialen und politischen Kontexte ihrer Gegenwart dem Konzept vom Volkskönig anzupassen (vgl. Ricklefs 1998, 93).

Bettina von Arnim ging es um eine gemeinsame Erziehung von Fürst und Volk, um eine Bindung des Monarchen an das Volk – als seine Pflicht –, um dessen besseres Verständnis für das Volk und um dessen Achtung des Volkes; beide, Fürst und Volk, hat sie in ihrem pädagogischen Diskurs idealisiert. Ihre Pläne für ein ‚Volkskönigtum' gingen dabei Hand in Hand mit ihren Bemühungen um eine ‚Fürstenerziehung', in deren Rahmen sie in den 1840er Jahren Briefwechsel mit Ludwig I. von Bayern, dem Kronprinzen Karl von Württemberg und dem Erbgroßherzog Carl Alexander von Sachsen-Weimar-Eisenach führte. Auch hier blieb sie noch eminent der literarischen Tradition und Bilderwelt verhaftet. Sie spielte die Muse oder die Sibylle, wobei eine gute Portion kreative Selbstdarstellung und starkes Geltungsbewusstsein mit Sicherheit eine Rolle spielte, jene Eigenschaften also, die sie auch an Goethe und anderen bedeutenden Männern in ihrem Leben so sehr bewunderte. Die große Verehrung, ja Fetischisierung einer Vaterfigur, die – so letztlich ja auch im *Königsbuch* – in Imagination und verehrendem Verhalten bis zum Übervater gesteigert wird und mit dem die sich als weiblich verstehende und verhaltende Frau sich verständigt, ist typisch für viele geistreiche, literarisch interessierte junge Frauen des 18. Jahrhunderts und mehr noch für die der Romantik.

5. Zeitgenössische Rezeption

Dies Buch gehört dem König wurde von Bettinas Bekanntenkreis überwiegend begeistert aufgenommen und erfuhr (nach ihrem *Goethebuch*) die größte Resonanz unter all ihren Werken. Die Wertungen der Kritiker reichten von konservativer Verdammung bis zu mehrheitlich positiver Aufnahme durch liberaldemokratische und frühsozialistische Stimmen, wie Heinz Härtl (1992) nach der Sichtung von etwa 100 zeitgenössischen Rezensionen und längeren Erwähnungen des Buches gezeigt hat. Alle Besprechungen griffen in diesem Zusammenhang passende, aber jeweils unterschiedliche Aspekte des Werks auf, das freilich zu solcher Vielstimmigkeit geradezu einlud, da es sich – höchst stilisiert und literarisiert – einer literarischen Gattungszuordnung oder stringent nachvollziehbaren politischen Philosophie entzog. Der mit Bettina befreundete Publizist Adolf Stahr (siehe III.1.6. *Die Junghegelianer*) nannte es treffend den „Antimacchiavell des neunzehnten Jahrhunderts" (Stahr 1844 [recte 1843], 10). Härtl hob gerade die „Koinzidenz von disparater Aneignung" und die „Unbestimmtheit" des *Königsbuches* als jene Qualitätsmerkmale hervor, die es denn auch zu einer „bedeutende[n] Hervorbringung in der deutschen Literaturgeschichte" gemacht haben (Härtl 1992, 224).

Festzustellen ist allerdings auch, dass das ästhetisch-romantische Rollenspiel Bettina von Arnims, die sich im *Königsbuch* als Vertreterin des Volkes gerierte, ihre Leserinnen und Leser aber zuvorderst als Frau aus der liberalen, intellektuellen Oberschicht ansprach, damals im Grunde keine genuinen Adressaten fand, weder unter der regierenden Aristokratie noch unter den Reformern des Vormärz, die von der noch um 1840 verbreiteten Forderung nach einer konstitutionellen Monarchie schon bald zur Diskussion einer parlamentarischen Demokratie übergegangen waren (vgl. Härtl 1992, 218). Die Idealisierung des Volkes und die Poetisierung eines Volkskönigtums durch die ‚Baronin von Arnim' war da nicht mehr zeitgemäß. Gegenüber den Forderungen nach einer konstitutionellen Verfassung (mit Wahlrecht und Volksvertretung) und einer vereinten Nation blieb Bettinas romantische Idee vom Volk in der angespannten Lage vor und während der Revolution von 1848 *politisch* wirkungslos. Dennoch sollte zumindest das Anregungspotential für die Zeitgenossen nicht unterschätzt werden. Für Bettina selbst war das *Königsbuch* ein wichtiger Schritt von der poetisierenden, ästhetischen Romantikerin zur politischen Schriftstellerin – und ihre politischen Schriften sollten vornehmlich eine Funktion erfüllen: die öffentliche Meinung zu beeinflussen.

6. Literatur

Zitierte Ausgabe: GW 3, S. 9–368, Kommentar: S. 830–1046.

[Arnim, Bettina von, und Wilhelm Grimm]: [Rez. zu Achim von Arnim: *Die Kronenwächter*]. In: *Heidelbergische Jahrbücher der Litteratur* 11 (1818), Bd. 1, Nr. 29, S. 452–464.

Bäumer, Konstanze, und Hartwig Schultz: *Bettina von Arnim*. Stuttgart, Weimar 1995.

Becker-Cantarino, Barbara: „Die Idee vom Volkskönig. Zu Bettina von Arnims Transformation romantischer Konzepte in *Dies Buch gehört dem König*". In: Bernd Auerochs u. Dirk von Petersdorff (Hg.): *Einheit der Romantik? Zur Transformation frühromantischer Konzepte im 19. Jahrhundert*. Paderborn [u.a.] 2009, S. 67–80.

Beßlich, Barbara: *Der deutsche Napoleon-Mythos. Literatur und Erinnerung 1800–1945*. Darmstadt 2007.

Bunzel, Wolfgang: „‚In Gedanken Land und Leute regiert': Bettine von Arnims *Königsbuch*". In: Bettina von Arnim: *Dies Buch gehört dem König. Nach dem Text der Erstausgabe*. Hg. v. W. Bunzel. München 2008, S. 403–437.

Frels, Wilhelm: *Bettina von Arnims Königsbuch. Ein Beitrag zur Geschichte ihres Lebens und ihrer Zeit*. Schwerin 1912.

Härtl, Heinz: „Zur zeitgenössischen publizistischen Rezeption des ‚Königsbuches'. Mit einem bibliographischen Anhang". In: Walter Schmitz u. Sibylle von Steinsdorff (Hg.): *„Der Geist muß Freiheit genießen …!" Studien zu Werk und Bildungsprogramm Bettina von Arnims*. Berlin 1992, S. 208–235.

Houben, Heinrich Hubert: *Verbotene Literatur von der klassischen Zeit bis zur Gegenwart*. Bd. 1. Berlin 1924.

Kroll, Frank-Lothar: *Friedrich Wilhelm IV. und das Staatsdenken der deutschen Romantik*. Berlin 1990.

Krummacher, Martin: „Bettina von Arnim und ihr Königsbuch: Festrede am 27. Januar 1892". In: Jb BvA 18 (2006), S. 169–177.

Landfester, Ulrike: *Selbstsorge als Staatskunst. Bettine von Arnims politisches Werk*. Würzburg 2000.

Liebertz-Grün, Ursula: *Ordnung im Chaos. Studien zur Poetik der Bettine Brentano-von Arnim*. Heidelberg 1989a.

Liebertz-Grün, Ursula: „Bettine Brentano-von Arnim: Dies Buch gehört dem König". In: Jb BvA 3 (1989b), S. 59–80.

Penzold, Michael: „Von der Europäisierung eines schlafenden Königs: Bettina von Arnims poetisch-politische Einmischungen in den *Gesprächen mit Dämonen* (1852)". In: Jb BvA 24/25 (2012/13), S. 135–156.

Ricklefs, Ulfert: „Geschichte, Volk, Verfassung und das Recht der Gegenwart: Achim von Arnim". in: Alexander von Bormann (Hg.): *Volk – Nation – Europa. Zur Romantisierung und Entromantisierung politischer Begriffe*. Würzburg 1998, S. 65–104.

Schultz, Hartwig: „‚Euer Unglaube an die Naturstimme erzeugt den Aberglauben an eine falsche Politik': Fiktive Salongespräche in Bettines Königsbuch". In: H. Schultz (Hg.): *Salons der Romantik. Beiträge eines Wiepersdorfer Kolloquiums zu Theorie und Geschichte des Salons*. Berlin, New York 1997, S. 251–270.

Schultz, Hartwig: „‚Frankfurt das Prädikat des ersten Staats in der Welt zugestehen': Frankfurt, Demagogen und die ‚souveräne Macht' bei Bettine von Arnim". In: Jb BvA 22/23 (2010/11), S. 85–96.

[Stahr, Adolf]: *Bettina und ihr Königsbuch*. Hamburg 1844 [recte 1843].

1.3.b *Erfahrungen eines jungen Schweizers im Vogtlande* (1843)
Pia Schmid

1. Entstehung 411
2. Zeitgenössische Pauperismusdiskussionen 412
3. Grunholzers Vorgehen 413
4. Grunholzers Resümee 414
5. Literatur 416

1. Entstehung

Die *Erfahrungen eines jungen Schweizers*, 1843 als „Beilage" und also Anhang zum *Königsbuch* publiziert (GW 3, 329–368), hat Bettina von Arnim zwar nicht selbst verfasst, ohne ihre Initiative wären die *Erfahrungen* aber auch nicht zustande gekommen. Der Text geht zurück auf eine Dokumentensammlung Heinrich Grunholzers (1819–1873), eines jungen Schweizer Lehrers, der für ein Jahr zum Studium der Pädagogik, Philosophie und Philologie an die Berliner Universität beurlaubt worden war und den Bettina von Arnim im Februar 1843 bei den Brüdern Grimm kennengelernt hatte, woraus sich in der

Folge ein engerer Kontakt ergab. Nachdem Grunholzer von dem Vorsteher eines Armenhilfevereins „von den Familienhäusern im Voigtlande, in denen sich die Armen eingewohnt haben", erfahren hatte, beschloss er, „Berlins Armut kennen zu lernen" (Tagebucheintrag Grunholzers, 25. März 1843, zit. nach Geist/Kürvers 1980, 221). Armut verstand Grunholzer als ein politisches und soziales Problem; hier traf er sich mit Bettina von Arnim. Sie beauftragte ihn deshalb, ihr für das *Königsbuch* „eigenes Material [zu] verschaffen" (zit. nach ebd.). Das Ergebnis stellen die *Erfahrungen eines jungen Schweizers im Vogtlande* dar, Grunholzers Besuchsprotokolle über 33 Familien aus den sogenannten von Wülcknitzschen Familienhäusern und über sechs weiteren Familien aus einem anderen Mietshaus in dem ‚Vogtland' genannten Armendistrikt im Bereich der Gartenstraße im Norden von Berlin. Ob die endgültige Druckfassung von ihm selbst stammte oder von Bettina von Arnim noch ‚bearbeitet' wurde, lässt sich nicht mehr ermitteln (vgl. Geist/Kürvers 1980, 221). Heinz Härtl etwa vermutet, Bettina habe die *Erfahrungen* abweichend von Grunholzers Tagebuchnotizen „in geringfügig überarbeiteter Form" abgedruckt (Kommentar in: GW 3, 1040). Auf jeden Fall war es ihr sehr wichtig, die von dem namentlich übrigens an keiner Stelle genannten Autor Grunholzer zusammengetragenen Besuchsprotokolle im Anhang des *Königsbuches* der Öffentlichkeit (und dem König) zugänglich zu machen, verschiedentlich hat sie die „Beilage" gar als dessen wichtigsten Teil bezeichnet (vgl. Geist/Kürvers 1980, 228, 238). Der Anhang stellt auch den Teil des *Königsbuches* dar, der zeitgenössisch die stärkste Sonderrezeption erfahren hat (vgl. Härtl 1992, 222). Bettina selbst – das ist gesichert – hatte einen kurzen Vorspann beigesteuert (mit dem Grunholzer allerdings nicht ganz zufrieden war) und dem Schweizer überdies ein Honorar von 50 Talern gezahlt (mit dem dieser andererseits gar nicht gerechnet hatte; vgl. ebd., 238).

2. Zeitgenössische Pauperismusdiskussionen

Die Verarmung immer größerer Bevölkerungsteile, in zeitgenössischer Diktion: der Pauperismus, stellte in der ersten Hälfte des 19. Jahrhunderts *die* soziale Frage bzw. das gravierendste ordnungspolitische Problem dar. Handwerker, Tagelöhner, ländliche und städtische Unterschichten waren zunehmend vom Abstieg in die Armut bedroht. In der seinerzeit heftig geführten Debatte sahen die einen den Pauperismus als Produkt des Industriekapital(ismus) an, das war die kommunistische Lehrmeinung, die anderen verstanden ihn als Durchgangsstadium zu besseren Zeiten, das war die liberale Lehrmeinung (vgl. Wehler 1987, 283–284). Gängig, etwa in Lexika, war die Unterscheidung in selbstverschuldete Armut aufgrund von Faulheit, Trunksucht, früher Heirat etc. und nicht selbstverschuldete Armut aufgrund von Schicksalsschlägen und Unglücksfällen. Bettina von Arnim und Heinrich Grunholzer dürften beide Lehrmeinungen wie auch das dominante Interpretament zu Armut bekannt gewesen sein. Beiden war sicher auch klar, dass ihre Zeitgenossen zumeist den Armen selbst und keineswegs den gesellschaftlichen Umständen die Schuld an dem immer weniger übersehbaren Phänomen der Verarmung gaben. Gegen diese Sichtweise wurde in den *Erfahrungen eines jungen Schweizers* wie auch im Projekt gebliebenen *Armenbuch* dezidiert Stellung bezogen.

Die Bedeutung der *Erfahrungen eines jungen Schweizers im Vogtlande* liegt darin, eine der ersten Sozialreportagen zur Lage der Armutsbevölkerung in einer großen Stadt gewesen zu sein, in heutigen Termini ließe sich auch von Anfängen qualitativer empirischer Sozialforschung sprechen. Heinrich Grunholzer war allerdings nicht der Erste, der eine Sozialstudie vorlegte. Schon Carl Jantke und Dietrich Hilger (1965) haben gezeigt, dass Pauperismus in der zeitgenössischen Zeitschriften- und Buchliteratur breit diskutiert wurde. Ähnlich wie Grunholzer hatte in den 1830er Jahren auch Johann Hinrich Wichern (1808–1881), der spätere Gründer von Innerer Mission und Diakonie, Protokolle über Besuche bei Familien seiner Sonntagsschülerinnen und -schüler im Gängeviertel von St. Georg für die Darstellung der Lage der Hamburger Armenbevölkerung herangezogen; für ihn stellte sich deren Situation als ‚Entartung' dar, deren Ursache er vor allem in mangelnder Religiosität sah, was ihn aber nicht daran hinderte, vorgefundene desaströse Wohnverhältnisse und mangelnde Erwerbsmöglichkeiten präzise zu Papier zu bringen (vgl. Wichern 1958a [1832/33]; 1958b [1832/33], 1958c [1833]). Die Frühsozialistin Flora Tristan (1803–1844) dokumentierte 1840 in ihren *Promenades dans Londres, ou l'aristocratie et les prolétaires anglais* ausführlich eigene Beobachtungen in Londoner Slums und Friedrich Engels (1820–1895) wird 1845 *Die Lage der arbeitende Klasse in England* nach, so der Untertitel, „eigener Anschauung und authentischen Quellen" analysieren. Grunholzer war auch nicht der Erste, der auf die Zustände in den Familienhäusern aufmerksam machte (vgl. Geist/Kürvers 1980, 194–213). Er war aber der Erste, der systematisch deren Bewohner nach ihren Erfahrungen mit ihrer Armut befragte, sie, modern gesprochen, als Experten in eigener Sache interviewte und sich auch für ihre Meinungen und ihre Deutungen ihrer Situation interessierte. Das war neu.

3. Grunholzers Vorgehen

Das Vogtland, um das es in Grunholzers *Erfahrungen* ging, lag im Norden Berlins vor dem Hamburger Tor. Seit den 1740er Jahren bebaut, hatte sich das Gebiet zu einer Armenvorstadt entwickelt. Die insgesamt sechs Familienhäuser waren von einem Baron von Wülcknitz Anfang der 1820er Jahre errichtet worden, weswegen sie auch die von Wülcknitzschen Familienhäuser genannt wurden (vgl. Geist/Kürvers 1980, 102). Hier wohnten etwa 2.500 Personen in rund 400 Wohnungen, also etwa sechs Personen in einer Wohnung (vgl. GW 3, 331), und das meinte in diesem Fall: Stuben von 16 bis 26 Quadratmetern mit je zwei schmalen Fenstern (vgl. Geist/Kürvers 1980, 107). Auf dem Gelände gab es ein Gebäude mit 50 Abtritten. Für die gesamte Wasserversorgung standen lediglich zwei Brunnen zur Verfügung (vgl. ebd., 99–100). Beim Gang zum Brunnen riskierte man, vom Inspektor auf Mietrückstände – und die hatten etwa drei Viertel der Bewohner (vgl. ebd., 276) – angesprochen zu werden; war man drei Monate im Rückstand, wurde man exmittiert und kam in ein sogenanntes Arbeitshaus unter Einbehaltung sämtlichen Besitzes. Für einen Weber hieß das, dass er seinen Webstuhl und damit sein Arbeitsmittel verlor. Leserinnen und Leser des *Königsbuches* kannten das Vogtland kaum aus eigener Anschauung, aber sie konnten Männern, Frauen oder Kindern aus dem berüchtigten Viertel durchaus begegnen, etwa wenn diese, was streng verboten war, in der Innenstadt bettelten. In den Protokollen Grunholzers erschien das als ‚in die Stadt für Brot gehen'. Auch dabei setzten sich die Armen der Gefahr aus, verhaftet und ins Arbeitshaus gebracht zu werden.

Grunholzer ging so vor, dass er die Armen in ihren Wohnungen aufsuchte. Vorstellen muss man sich das so, dass er durch die Korridore der Familienhäuser streifte, anklopfte und – sicher auch, weil er gelegentlich, eventuell sogar von Bettina von Arnim zur Verfügung gestelltes Geld verteilte – in aller Regel Menschen fand, die ihm bereitwillig erzählten, wie sie in die Familienhäuser geraten waren. Niemand wohnte gern dort. Dem Einzug war immer ein sozialer Abstieg vorausgegangen: Man konnte sich die Mieten in der Stadt nicht mehr leisten, der Höhe wegen, aber auch, weil sie halbjährlich im Voraus zu begleichen war, während man in den Familienhäusern monatlich zahlte, was den meist prekären Einkommensverhältnissen entgegenkam (vgl. Geist/Kürvers 1980, 278).

Grunholzer sah sich in den Wohnungen um, er hielt Ausstattung, Zustand, Arbeitsgeräte fest, erkundigte sich nach den beruflichen Umständen, den Erwerbsmöglichkeiten und der Höhe sowie der Zusammensetzung des Familieneinkommens, weiter nach Ausgaben für Miete, Nahrung, Feuerung und Kleidung. Er trug also in erster Linie Sozialdaten zusammen, hielt aber auch fest, wie er aufgenommen worden war und oft auch, was für einen Eindruck die Befragten auf ihn gemacht hatten.

Etwa vier Wochen recherchierte Grunholzer im Vogtland und hätte, wie er in den *Erfahrungen* betonte, seine Untersuchung „gerne noch weiter fortgesetzt". Allerdings hatte sich herumgesprochen, dass er von Zeit zu Zeit „einige Groschen" verschenkte, weshalb er bald wohl derart von Frauen und Kindern belagert wurde, dass er seine Besuche einstellte.

4. Grunholzers Resümee

„Es sind indessen die angeführten Beispiele weder ausgesucht noch ausgemalt, so daß sich leicht auf die übrigen Bewohner der Familienhäuser schließen läßt; und für einmal ist deutlich genug nachgewiesen, wie man die Leute durch alle Stufen des Elendes in den Zustand hinabsinken läßt, aus welchem sie sich, selbst mit erlaubten Mitteln, nicht wieder herausarbeiten können; und daß mit den als Almosen hingeworfenen Zinsen der Armengüter keinem aufgeholfen wird" (GW 3, 360–361). Mit diesem Resümee bezog Grunholzer deutlich Stellung gegen die gängige Unterscheidung zwischen selbstverschuldeter und nicht selbstverschuldeter Armut.

1.3.b *Erfahrungen eines jungen Schweizers im Vogtlande* (1843)

Die Armut, die er im Vogtland vorgefunden hatte, beschrieb er als Ergebnis schwieriger, jeweils unterschiedlicher, aber stets prekärer werdender Verhältnisse, genauer: Er berichtete von Verarmungsprozessen, auf die kommunale Armenpolitik wie auch private Wohltätigkeit völlig unzureichend reagierten. Dabei argumentierte er mit Familienbudgets: In gut soziographischer Manier erhob er die Einkünfte aus der Erwerbstätigkeit der einzelnen Familienmitglieder und gegebenenfalls der Unterstützung durch die Armenbehörde sowie durch private Wohltätigkeit (Pflegegeld für Waisen, Unterstützung für Invalide, einmalige Geldleistungen, Armensuppen) und rechnete dies mit den Ausgaben der Armen für Miete, Nahrung, Feuerung gegen. Grunholzer konnte dabei deutlich machen, dass Arbeit und etwaige Unterstützung durch Armenbehörde und Privatinitiative in aller Regel nicht ausreichten, um Tag für Tag satt zu werden, nicht zu frieren, hinlänglich gekleidet zu sein und vor allem die Miete aufbringen zu können, und das, obwohl die Armen arbeiteten bzw. sich um Arbeit bemühten. Aber sie waren damit konfrontiert, dass Arbeit immer knapper wurde: Als Fabrikarbeiterin, Schuster, Weber oder Tagelöhner sein Auskommen zu finden, war immer schwieriger geworden. Die Verarmungsprozesse, die immer mit dem Umzug von ‚der Stadt' in die wohlfeileren Familienhäuser im Vogtland angefangen hatten und üblicherweise durch längere Krankheiten oder Arbeitslosigkeit beschleunigt worden waren, wären, wie Grunholzer für einzelne Familien detailliert aufzeigen konnte, durch eine effektivere Armenunterstützung aufzuhalten gewesen, mit der sich Verkauf oder Verpfändung von Arbeits- bzw. Hausgeräten hätten umgehen lassen (vgl. z. B. GW 3, 339–342).

Aber indem er für einzelne Bewohner deutlich machte, dass sie mit großer Energie, und das hieß neben dem Bemühen um Arbeit vordringlich dem Sparen, genauer: am Essen sparen, also Hungern, sich gegen den weiteren sozialen Abstieg wehrten, den ein Verkauf von Hausgeräten bedeutet hätte (vgl. z. B. GW 3, 346–347), zeigte Grunholzer Arme nicht nur als Opfer, sondern auch als Handelnde, wenn auch mit extrem begrenzten Handlungsoptionen, so doch aber mit eigenen Wertvorstellungen. Hierher gehörte auch der bewusste Verzicht auf private Wohltätigkeit, wenn sie an persönlich inakzeptable Bedingungen wie etwa den Besuch von Betstunden geknüpft war (vgl. ebd., 348). Darüber hinaus interessierten die Armen ihn auch in dem, was nicht unmittelbar mit ihrer Armut zu tun hatte, sei es das Politisieren eines Schusters, sei es die Freude eines bitterarmen Ehepaares an ihren Kindern oder die musikalische Begabung eines Jungen, der ausgezeichnet Zither spielte, aber, wie Grunholzer bedauernd festhielt, mit keinerlei Förderung rechnen konnte (vgl. ebd., 334, 332 u. 351). Bei den Lebensgeschichten, die sie ihm erzählten, bei den darüber hinaus gehenden Gesprächen oder beim äußeren Zustand der Stuben achtete er auf das, was seinen Informanten und Informantinnen wichtig war, und war dabei, das ist das Besondere an Grunholzers Protokollen, offen für ihre eigenen Sinndeutungen, offen dafür, wie sie ihrem Leben in der Armut und jenseits von ihr einen Sinn gaben.

5. Literatur

Zitierte Ausgabe: GW 3, S. 9–368, hier S. 329–368.

Engels, Friedrich: *Die Lage der arbeitenden Klasse in England. Nach eigener Anschauung und authentischen Quellen.* Leipzig 1845.

Geist, Johann Friedrich, und Klaus Kürvers: *Das Berliner Mietshaus. Bd. 1: 1740–1862. Eine dokumentarische Geschichte der „von Wülcknitzschen Familienhäuser" vor dem Hamburger Tor, der Proletarisierung des Berliner Nordens und der Stadt im Übergang von der Residenz zur Metropole.* München 1980.

Härtl, Heinz: „Zur zeitgenössischen publizistischen Rezeption des ‚Königsbuches'. Mit einem bibliographischen Anhang". In: Walter Schmitz u. Sibylle von Steinsdorff (Hg.): *„Der Geist muß Freiheit genießen ...!" Studien zu Werk und Bildungsprogramm Bettina von Arnims.* Berlin 1992, S. 208–235.

Jantke, Carl, und Dietrich Hilger (Hg.): *Die Eigentumslosen. Der deutsche Pauperismus und die Emanzipationskrise in Darstellungen und Deutungen der zeitgenössischen Literatur.* Freiburg i.Br., München 1965.

Tristan, Flora: *Promenades dans Londres, ou l'aristocratie et les prolétaires anglais.* Paris 1840.

Wehler, Ulrich: *Deutsche Gesellschaftsgeschichte. Bd. 2: 1815–1845/49.* München 1987.

Wichern, Johann Hinrich: „Notizen über gemachte Besuche, besonders in Beziehung auf die Sonntagsschule (1832/33)". In: J. H. Wichern: *Sämtliche Werke.* Hg. v. Peter Meinhold. Bd. 4.1: *Schriften zur Sozialpädagogik.* Berlin 1958a, S. 19–31.

Wichern, Johann Hinrich: „Hamburgs wahres und geheimes Volksleben (1832/33)". In: J. H. Wichern: *Sämtliche Werke.* Hg. v. Peter Meinhold. Bd. 4.1: *Schriften zur Sozialpädagogik.* Berlin 1958b, S. 32–46.

Wichern, Johann Hinrich: „Ansprache auf der Gründungsversammlung des Rauhen Hauses vom 12. September 1833 in Hamburg (1833)". In: J. H. Wichern: *Sämtliche Werke.* Hg. v. Peter Meinhold. Bd. 4.1: *Schriften zur Sozialpädagogik.* Berlin 1958c, S. 97–116.

1.4. *Clemens Brentano's Frühlingskranz aus Jugendbriefen ihm geflochten, wie er selbst schriftlich verlangte* (1844)
Barbara Becker-Cantarino

1. Entstehung und Druckgeschichte 417
2. Zum poetischen Verfahren 418
3. Titel, Motto, Widmung als Programm 420
4. Inhalt, Aufbau, Figuren 421
5. Genderdiskurs und Liebe 423
6. Die Gachet und die Französische Revolution 424
7. Zur Rezeption und Forschung 427
8. Literatur 429

„Verliere keinen meiner Briefe, halte sie heilig", soll Clemens Brentano 1808 seine Schwester ermahnt haben, „halte sie heilig [...] und wenn ich tot bin so flechte sie mir in einen Kranz" (GW 1, 9). Über 30 Jahre später kam Bettina von Arnim dieser Aufforderung nach und benutzte die im 18. Jahrhundert besonders populäre Form des Briefromans für ihr Briefbuch *Clemens Brentano's Frühlingskranz aus Jugendbriefen ihm geflochten, wie er selbst schriftlich verlangte.* Es sei vortrefflich und selten, „Briefe zu schreiben, die bloß die Geschichte des Herzens zum Gegenstand haben", schrieb Clemens Brentano einmal an Bettina und fragte sie zugleich etwas besorgt: „Deine Briefe sind doch keine Kunstarbeit?" (ebd., 103–104) Mit dem Bewusstsein einer kreativen Dichterin gestaltete Bettina in den 1840er Jahren dann das Brief-Material und im Grunde auch die literarische Form des Briefromans neu und machte genau diese Geschichte und Sprache des Herzens zu einem Kunstwerk. Der Kunstcharakter des Textes geht dabei Hand in Hand mit (Auto-)Biographischem und Erinnertem an ihre Jugend als eine romantisierte Kindheit.

1. Entstehung und Druckgeschichte

Textgrundlage des 1844 veröffentlichten *Frühlingskranzes* ist der Jugendbriefwechsel von Bettina Brentano mit ihrem sieben Jahre älteren Bruder und jugendlichem literarischen Mentor Clemens Brentano (1778–1842), datiert auf die Zeit von etwa 1800 bis 1803. Die Handschriften zum *Frühlingskranz* und das Satzmanuskript für den Druck, das der Forschung und der Öffentlichkeit nicht bekannt war, wurden 1929 bei der großen Auktion des Wiepersdorfer Nachlasses zusammen mit 99 eigenhändigen Briefen von Clemens an Bettina und 110 Schreiben von Bettina an Clemens versteigert. Diese Dokumente sind seit dem Zweiten Weltkrieg verschollen, wahrscheinlich verbrannten sie in der Wohnung des Privatsammlers bei einem Bombenangriff auf Berlin (vgl. Bäumer/Schultz 1995, 13). Dabei ging auch der umfangreiche originale Briefwechsel zwischen den Geschwistern (von etwa 1798 bis 1832) verloren, so dass die historisch-kritische Frankfurter Brentano-Ausgabe einen ganzen Band Bettinas *Frühlingskranz* widmete (vgl. FBA 30), um wenigstens in dieser Redaktion die Briefe Clemens' an Bettina zwischen 1800 und 1803 zugänglich machen zu können. Die überlieferten Quellen zu Bettinas *Frühlingskranz*, die originalen Briefe, die Gedichte von Clemens und weitere Texte hat Heinz Härtl übersichtlich zusammengestellt (vgl. GW [Härtl] 2, 952–972). So ist ein Blick auf die Entstehungsgeschichte dieses Briefbuches aufschlussreich.

Clemens war am 28. Juli 1842 im Haus seines Bruders Christian in Aschaffenburg verstorben – und schon bald darauf nahm das Vorhaben, ihrem Bruder ‚einen Kranz zu flechten', konkrete Formen an. Bettina erstritt die Rückgabe ihrer Briefe an den Bruder von Christian, den Clemens zum Universalerben eingesetzt hatte, und bestand gegen alle Bedenken der Frankfurter Familie auf einer Veröffentlichung. Noch im Februar 1844, wenige Monate vor Erscheinen des Buches, wurde sie von ihrem Bruder Franz, Familienoberhaupt und Frankfurter Senator, „mit Tränen in den Augen und im Namen sämtlicher Geschwister" gebeten, „die Asche und das Andenken Deines frommen Bruders" zu verschonen (zit. nach GW [Härtl] 2, 922; siehe II.1.3.

Clemens und die Geschwister). Bettina indes zeigte sich unbeeindruckt von den familiären Tränen. Sie handelte nach eigenem Ermessen und Urteil und verewigte das Andenken an ihren Bruder in einem Bild aus ihrer Jugendzeit und damit einem Bild aus einer Zeit vor dessen Hinwendung zur Religiosität. Es ging ihr auch und vor allem darum, *ihre* Sicht auf Leben und Werk des Dichters Clemens Brentano darzulegen und so dem Editionsmonopol des Universalerben Christian entgegenzutreten.

Seit Ende 1843 arbeitete sie intensiv an der Druckfassung, schon im Mai 1844 lag der Briefwechsel in der von ihr modulierten Form als *Clemens Brentano's Frühlingskranz aus Jugendbriefen ihm geflochten, wie er selbst schriftlich verlangte. Erster Band* vor. Dass das – nach dem *Goethebuch* (1835) und der *Günderode* (1840) – dritte Briefbuch Bettina von Arnims im ‚verdächtigen' Charlottenburger Verlag von Egbert Bauer erschien, war dabei neben der Gestaltung des Titelblattes und der Widmung einer der Gründe, weshalb es von der Zensur zunächst vorübergehend beschlagnahmt und erst im Juni 1844 zum Verkauf freigegeben wurde (siehe III.2.5. *Kampf gegen die Zensur*). Das Buch wurde zu dem von Bettina festgesetzten, vergleichsweise hohen Preis von 2 Talern und 20 Groschen verkauft. Die Auflagenhöhe ist unbekannt, überliefert ist hingegen, dass dem Buch trotz der in die Öffentlichkeit getragenen Zensurquerelen kein finanzieller Erfolg beschieden war; in einem Brief an ihre Tochter Armgart klagte Bettina 1845 über „zum wenigsten 1500 T[aler] Schulden für Druck und den Papierhändler" (zit. nach GW [Härtl] 2, 943).

Die schon 1844 geplante Fortsetzung auch mit Achim von Arnims Briefen kam nicht mehr zustande, auch nicht in den 1850er Jahren, als ihre Schwägerin Emilie Brentano (1810–1881), die Witwe des 1851 verstorbenen Bruders Christian, im Rahmen der de facto von ihr veranstalteten Ausgabe von *Clemens Brentano's gesammelten Schriften* (9 Bde., 1852–1855) als Einleitung zu einem der Bände eine Biographie über Clemens verfasste, die nach Bettinas Dafürhalten vor ‚Unwahrheiten' und ‚Fehlgriffen' nur so wimmelte. Bettina verweigerte Emilie daher auch nicht nur den Nachdruck des *Frühlingskranzes*, sondern plante überdies, selbst eine Fortsetzung des Buches auf den Weg zu bringen, und sah hierfür zwischen 1854 und 1856 nochmals alte Briefschaften von Clemens und Achim durch. Letztlich aber, so Heinz Härtl, „mangelte ihr doch die Kraft zur Durcharbeitung" der Dokumente (Kommentar in: GW [Härtl] 2, 928).

2. Zum poetischen Verfahren

Zur Arbeitsweise Bettina von Arnims in ihren Briefbüchern, einer „Kunst der Retusche" (Bunzel 2012), gehörte die Stilisierung und Aktualisierung der Vergangenheit sowie die Konstruktion ihrer eigenen Originalität und das Spiel mit dem Schein der Authentizität. Dafür nahm sie Textfragmente und sogar längere Passagen aus Briefen auf, durchsetzte diese mit eigenen Texten und interpolierte sie mit früheren Briefen und Texten anderer Personen (u.a. aus

1.4. Clemens Brentano's Frühlingskranz (1844)

dem Briefwechsel von Clemens mit seiner Frau Sophie Mereau). Der befreundete Karl August Varnhagen von Ense berichtete im April 1844 über seine Lektüre des *Frühlingskranzes*: „Dieser Briefwechsel [...] reizt [...] mich ungemein durch die Eindrücke einer Jugendzeit, die auch die meinige war [...]. Bettine fand die Briefe ungeordnet, und ließ sie ungeordnet, bald ist der Leser im Jahre 1801, bald im Jahre 1804 [...]; um die Verwirrung zu vollenden, schaltete Bettine beim Abschreiben mancherlei ein [...]. Sie sagte mir selbst, daß sie jetzt beim Abschreiben manches hinzufüge, ausbilde, näher bestimme" (Eintrag vom 28. April 1844, in: Varnhagen 2, Bd. 2, 291).

Editoren des *Frühlingskranzes* seit Waldemar Oehlke haben sich immer wieder bemüht, Bettinas Eingriffe in die Briefhandschriften exakt nachzuweisen oder zu erklären, was selbst dann schwierig wäre, wenn sich die Originalbriefe erhalten hätten, und letztlich auch nur sehr begrenzt zum Verständnis des Briefbuches beitragen würde (siehe oben zu den ‚Quellen' in: GW [Härtl] 2, 952–972, sowie GW 1, 1014–1022). Dennoch kann der Text als „teilfingierte Quellenedition" (Bunzel 2001, 59) bezeichnet werden. Nicht unterschlagen werden sollte ferner, dass die Erstveröffentlichung von ca. 20 Brentano-Gedichten im *Frühlingskranz* nachhaltig mit dazu beitrug, dass Clemens auch als Lyriker wahrgenommen und wertgeschätzt wurde (mitgeteilte Dichtungen von Clemens in: GW 1, 1019–1022). Aus den neun ganz oder teilweise erhaltenen Originalbriefen kann mit Blick auf Bettinas Arbeitsweise immerhin geschlossen werden, dass sie das Lob Clemens' für Achim im *Frühlingskranz* verstärkte, Clemens' Verehrung anderer Frauen auf die Bettine-Figur lenkte und die Leitmetapher ‚Frühlingskranz' einfügte. Ihre leichten sprachlichen Änderungen „insbesondere laxer, paradoxer und religiöse Neigungen andeutender Formulierungen" sind dabei, so Härtl, „nicht unerheblich" (Kommentar in: GW [Härtl] 2, 957).

Charakteristisch für Bettinas romantisches Poesieverständnis und ihr poetisches Verfahren ist vor allem die Verschmelzung von Ortsbezug, Personen und Zeitebenen. Vor diesem Hintergrund kann die Art und Weise, wie die Autorin den Familienort der Bettine-Figur Frankfurt am Main oder das Haus ihrer Großmutter La Roche in Offenbach modelliert, als Versuch einer Verabschiedung der klassischen topologischen Muster verstanden werden. Die Autorin arbeitet mit subjektiven, fiktionalisierten und emotionalisierten topologischen Codes von Haus und Garten, mit autobiographisch inszenierten und beglaubigten ‚Denkmalen'. Das Ergebnis sind mit Gefühl, Aura und Bedeutung aufgeladene Erinnerungsräume der Kindheit und Jugend (vgl. Becker-Cantarino 2009). Bettina von Arnim greift nicht auf topologische Ordnungen, auf historisch, kulturell und institutionell geprägte Topographien aus der literarischen Tradition zurück, vielmehr schafft sie mit Hilfe ihrer Technik des Kompilierens, Variierens, Konstruierens von Briefen Erinnerungsräume mit symbolischer Qualität und emotionaler Codierung. Das Briefbuch *Clemens Brentano's Frühlingskranz* ermöglicht so eine Tradierung der Erinnerung an die Jugendzeit, an die Geschwisterbeziehung, an den Dichter Brentano und an die Epoche der Romantik.

Dieses nachschöpferische Verfahren der Autorin wird zu einer Art Geschichtsschreibung der Romantik, die das „Objektivitätsideal der Historischen Schule" herausforderte (Kommentar in: GW 1, 887); nur zu gut kannte sie deren Vertreter Leopold von Ranke (1795–1886) und nicht zuletzt Friedrich Carl von Savigny, ihren Schwager, gegen den sie seit den 1830er Jahren politisch, intellektuell und persönlich opponierte. Auffällig ist vor allem, dass Bettina von Arnim alle Ebenen der erzählten Zeiten miteinander vermischte und in einer scheinbar kontinuierlichen, immer präsenten Gegenwart zusammenführte. Insbesondere dieses ständige Verschmelzen der Zeitebenen samt der Erinnerungen der in ihrer Jugendzeit lokalisierten Personen und ihrer eigenen, fast 40 Jahre späteren Befindlichkeiten forderte die lineare Chronologie der akademischen Historiographie heraus, wobei ihr poetisches Verfahren auch der „Darstellung und Verwirklichung ihrer selbst" diente (Kommentar in: GW 1, 885). Denn über die neue Zusammenstellung des Briefwechsels mit authentischen und fingierten, früheren und späteren Textpassagen gestaltete die Autorin schließlich auch eine sich befreiende und entwickelnde Bettine-Figur. Sie erneuerte, wie Härtl feststellt, „mit dem kombinatorischen Poesieverständnis Arnims das Kunst und Leben, Dichtung und Wahrheit Entgrenzende der Heidelberger Romantik" (Härtl 2016, 180). Die Wirkung der Erinnerungsräume im *Frühlingskranz* beruht auf deren Poetisierung und Romantisierung, der Entgrenzung und der organischen Verbindung mit der imaginierten Bettine-Figur – ein genuin romantisches Projekt.

3. Titel, Motto, Widmung als Programm

Der ‚Frühlingskranz' ist das leitbildgebende Motto des Briefbuches. Bereits der Beginn des Briefwechsels – nach Clemens' erstem Abschied „im Schneegestöber" – signalisiert die immer wieder referierte Jahreszeit, die für die „überquellende Lebenslust" der Jugend und das Wachsende und Werdende der Dichtung steht: „*Clemens* der Frühling ist nicht mehr zu leugnen die Reben weinen. Es ist ja auch in wenig Zeit schon Mai" (GW 1, 14–17). Das stets aufs Neue aufgenommene Motiv geht auf einen der wenigen überlieferten Originaltexte aus dem Juli 1802 zurück, in dem Clemens schrieb: „Der Frühling war so schön, der Rhein trug mich so gastfrei" (zit. nach GW 1, 775; vgl. auch ebd., 162). Den traditionellen Lorbeerkranz des Dichters hat die Autorin entsprechend zum Frühlingskranz stilisiert, dem sie Jugend und Lebensbeginn ebenso eingeschrieben hat wie den Tod als das Ende des Lebens, denn das Briefbuch ist eben auch ein Erinnerungsbuch an einen Verstorbenen.

Die zwei als Motto dem Buch vorangestellten Brieffragmente Clemens' beteuern, seine Briefe enthielten „das Frömmste, Liebevollste", was er in seinem Leben geschrieben habe, und bitten, wie eingangs erwähnt, um eine poetische Publikation – „flechte sie mir in einen Kranz" (GW 1, 9). Diese (nicht überlieferten) und vermutlich frei bearbeiteten Brieffragmente des Verstorbenen sollten die Herausgeberin Bettina von Arnim als befugte Instanz gegenüber den Einwänden der Familie autorisieren, auch gegenüber den im Briefwechsel erwähnten Zeitgenossen und der Leserschaft. Sie begründen den Anspruch auf Authentizität und einen hohen ethischen und poetischen Wert der Briefe.

In der Vorrede widmete Bettina das Buch dem preußischen Prinzen Waldemar, einem Cousin von König Friedrich Wilhelm IV., der mit ihrer Tochter Maxe befreundet war und überdies in Bettinas Berliner Wohnung verkehrte. In der Widmung betonte die Autorin dem Prinzen gegenüber ihre Aufrichtigkeit, ein „*Gefühl der Verehrung und Liebe*", das sie bewogen habe, ihm dies „Frühlingsduftende Buch" wie einen schlichten, aber naturverbundenem „Feldblumenkranz" darzubieten (GW 1, 11). Die Autorin inszeniert sich so als Vertreterin des Volkes, des „*vaterländisch Edle[n]*", als Vertreterin von „*Wahrheit*" und „*Volkseigentümlichkeit*", mit einem „*Glaube[n] an göttliche Dinge*", und betont so ihr ethisches Programm, das sie zugleich mit einer religiösen Aura versieht (GW 1, 12).

4. Inhalt, Aufbau, Figuren

Die poetisch rekonstruierte Korrespondenz besteht aus 48 Briefen von Clemens und 35 Briefen Bettinas. Diese dialogisch angelegte Zweipersonenkorrespondenz ist zwar wie die eines Liebespaares angelegt, wird durch die formübergreifende Schreibweise jedoch weit komplizierter. Die mit Gefühlen und Gedanken angereicherten Briefe enthalten Gedichte, Episoden, märchenhafte und burleske Erzählungen, Anekdoten, kleine Dialoge, monologische Partien, Diskussionen über Kunst, Musik, Natur, Bildung und Geschlechterbeziehungen, die eingebettet sind in alltägliche Erlebnisse und Begegnungen mit Familienangehörigen, Freunden und Fremden – dies alles wird präsentiert in bunter Mischung, die sich als durchaus planvolles, assoziatives Ineinandergreifen der Motive und Themen erweist (vgl. Liebertz-Grün 1989).

Die Beziehung der Geschwister – mit deutlicher Gewichtung auf der sich entwickelnden Kunstfigur Bettine, die vom Bruder oft als ‚liebes Kind' angeredet wird – steht als das alles verbindende Thema im Mittelpunkt und bildet ein schleppendes, loses Handlungsgerüst. Bettinas Briefe erscheinen dem Bruder dabei im weiteren Verlauf als „die erste schöne reflektierende Bewegung Deines Erwachens in der lieben Welt, und Dein Gefühl, Deine Rührung und Dein Gott sind eins und dasselbe darin" (GW 1, 101). Dieses ‚Erwachen' der Bettine-Figur ist denn auch als „Emanzipationsgeschichte" bezeichnet worden, die eine Etappe des Sozialisationsprozesses der Schwester in der Ablösung von der Leitbildfunktion des Bruders nachzeichne (Bunzel 2004, 67). Der Versuch, den historisch besetzten Begriff der ‚Emanzipation' – verstanden als ‚bürgerliche Verbesserung' – an den *Frühlingskranz* heranzutragen, überzeugt gleichwohl nur halbwegs, denn die Bettine-Figur erstrebt und erlangt keine *politische* oder *juristische* Gleichstellung, sondern befreit sich *individuell-menschlich* aus der Vormundschaft des Bruders *und* aus der erotischen Bindung an ihn. Die Kunstfigur Bettine besteht darauf „eigen [zu] werden", sich nicht „dem Willen eines

Andern [zu] unterwerfen": „Selbstsein ist Held sein; das will ich sein. Wer Selbst ist der muß die Welt bewegen, das will ich" (GW 1, 114).

Am Ende berichtet die Bettine-Figur begeistert und ausführlich von der Vorführung einer „Flugmaschine", die zu organisieren sie geholfen hat – eine Symbolisierung ihrer Ablösung vom Bruder in die Eigenständigkeit. Dass sich schlussendlich die Briefsendungen der beiden verfehlen, markiert dabei das „radikale Scheitern von Clemens' Bildungsprojekt" (Isselstein 1992, 218). Die Clemens-Figur – unterdessen frisch verheiratet mit „*Sophie*, [der] ganz menschliche[n] Freundin meiner Seele" (GW 1, 292) – fühlt dennoch „Einsamkeit" und bettelt um einen Brief der Schwester: „Du hast ja auf der Welt nichts zu tun, schreibe mir doch oder ich glaube daß Du mich nicht mehr liebst" (ebd., 294). Dem symbolischen Höhenflug der Schwester steht der verlassene Bruder gegenüber, der sich trotz gerade erfolgter Verheiratung ‚einsam' fühlt. Eine Ironisierung der Ehe?

Ähnlich sieht Ulrike Landfester Bettinas Widerstand gegen die Geschlechtsrollennorm: Bettinas ‚Selbstsorge' zerfalle in zwei Stränge, einmal in ihre Abgrenzung gegen Clemens und dann in die Verklärung der Poesie. Die Autorin inszeniere „einen ähnlich radikalen Rachefeldzug gegen den Bruder wie einst gegen Goethe"; der *Frühlingskranz* wäre demnach als eine Art „Abrechnung" mit Clemens' „Versuchen, sie zur Frau zu erziehen", zu lesen (Landfester 2000, 219; vgl. auch ebd., 228).

Die Entwicklung der Bettine-Figur, genauer: der Prozess des Sichbefreiens, ist von der Autorin ebenso facettenreich wie paradox gestaltet, sie frischt romantische Kunst- und Lebensprinzipien wieder auf für die Gegenwart der 1840er Jahre, ohne jedoch einen festen identifikatorischen Standort der Autorin Bettina von Arnim selbst erkennen zu lassen. Der Diskurs des ‚Ich' ist auf verschiedene Adressaten verteilt, die aufeinander bezogen sind in einer mehrschichtigen Anlage, einer „variablen Verbindung von sinnsetzenden und sinnzersetzenden Textbezügen". Wie Johanna Bossinade betont, könne das ‚Ich' so „zwischen verschieden Personen und Positionen" hin und her springen (Bossinade 1995, 102).

Thematisch breitet das Buch, so Ursula Liebertz-Grün, vor allem „Gedanken-Figuren" aus: Figuren vom „Ideal einer harmonischen Bildung", von der „Utopie der Herzensfreiheit", vom „Gesetz der Freiheit als Lebensprinzip eines jeden und einer jeden und der Gesellschaft"; als Kontrapunkte fungieren „Bildung, Wissenschaft, Kunst, die imaginierte Weiblichkeit, die Moral der Pflicht" (Liebertz-Grün 1989, 95). Dies alles und weitere Themen fächert Liebertz-Grün im Rahmen ihrer Studie *Ordnung im Chaos* in vier Teilen mit neun darin enthaltenen Variationen auf (vgl. ebd., 95–134). Die Autorin Bettina von Arnim zeige demzufolge, „wie sich die Kunstfigur Bettine Brentano [...] ihrer ‚Eigenmacht' und ihres Künstlertums bewußt wird, das die Maximen der romantischen Poetik erfüllt, indem es den Bewußtseinshorizont der Romantiker überschreitet"; in der Kunstfigur des Clemens Brentano habe die Autorin letztlich „Glanz und Elend" einer Romantik dargestellt, die sich nicht von einer hierarchisch gegliederten Ordnung trennen könne (ebd., 134).

5. Genderdiskurs und Liebe

Zweifelsohne gendersensibel werden im *Frühlingskranz* von der Autorin alle zeitgenössischen Variationen der Geschlechterbeziehungen, Geschlechtsrollen und Genderkonzepte durchgespielt – freilich vor der Folie der von der Gesellschaft vorgegebenen dichotomischen Ordnung von Mann und Frau (vgl. Goodman 1995, 119–133). Im Lichte der emotionalen Beziehung der Bettine-Figur zu Clemens und in verhaltener Distanz zu anderen Männern und Frauen werden die Kunstfiguren Bettine und Clemens ausgesponnen. Die Autorin zeigt dabei eine Bettine-Figur, die wach ist für ihre Rolle *vis-à-vis* anderen, sehr verschiedenen Männern, in neugieriger Erkundung (und mit Wertungen aus der Perspektive der 1840er Jahre): So verabscheut die Bettine-Figur den lesenden Philister *Leonhardi* in der Postkutsche, sie nähert sich spielerisch mit heimlicher Bewunderung dem *Magnetiseur*, sie beschenkt (in einem nicht erwiderten Annäherungsversuch) den jungen Physiker *Ritter* mit einer Samtmütze, sie wendet sich immer wieder emotional dem *Gärtner* als tröstenden Vermittler der gepflegten Natur zu, sie setzt für den *Invaliden* aus Interesse (und um ihr Organisationstalent zu demonstrieren) die Vorführung seiner Flugmaschine durch, sie grenzt *Savigny* als „Studiermaschine" (GW 1, 135) aus dem Kreis der Künstler aus, in dem sie sich als Muse inszeniert. Die Autorin gestaltet diese Beziehungen zu Männern – anders als in ihrem *Goethebuch* – ohne die Schilderung expliziter erotischer Verwicklungen oder Liebesbekundungen der Bettine-Figur und lässt auch (ihren späteren Ehemann) *Arnim* nur gespiegelt als Clemens' Freund und nur mit diesem auftreten. (Die Briefe Achim von Arnims, dessen Werke sie in den 1840er Jahren herauszugeben begann, hat Bettina vermutlich auch aus Rücksicht auf die Einwände ihrer inzwischen erwachsenen Kinder ausgelassen, wohl aber für eine eventuelle spätere Fortsetzung vorgesehen.)

An eigenen Beziehungen zu anderen Frauenfiguren, die in der Regel ohnehin nur schemenhaft als Geliebte des Bruders konzipiert sind, ist die Bettine-Figur nicht interessiert, ausgenommen hiervon ist die warme emotionale Beziehung zur Großmutter-Figur (vgl. Becker-Cantarino 2009), das neugierig abweisende Verhalten gegenüber der Französin Gachet und die pflichtbewusste, aber distanzierte Wahrnehmung der neuen Ehefrau von Clemens als ihre Schwägerin. Über die Präsentation einer Serie von „Liebeskapriolen" (GW 1, 163) des Bruders und Anspielungen auf literarische Frauenfiguren und Weiblichkeitskonzeptionen gelingt es der Autorin, eine Reihe von Geschlechterkonstellationen vorzuführen. So fragt die Bettine-Figur mit einer dem weiblichen Bereich entstammenden Redensart an, ob Clemens „glücklich in Wochen gekommen [sei] mit einer neuen Liebschaft", wobei mit dem Bild einer Gebärenden (‚in die Wochen kommen') eine Feminisierung und damit Herabsetzung des Bruders einhergeht: „Das erstemal *Walpurgis*, das zweitemal die *Gachet*, und nun *Benediktchen*, hinter all dem steckt nun noch *Mienchen*, da steckt die *Günderode*, da steck ich auch, dahinter steckt auch die Eitelkeit" (GW 1, 163). Genannt werden hier: eine ‚Walpurgis' genannte Wirtstochter, die

Französin Louise de Gachet, Benediktchen, eine Freundin aus Kindertagen, Mienchen, die kränkelnde Schwester der Karoline von Günderrode, die Günderrode selbst, Bettine *und* die ‚Selbstliebe' des Bruders. Die Bettine-Figur, die eben auch ein Liebes-Objekt des Bruders ist, ironisiert dessen Beziehungen zu Frauen als ‚Liebeskapriolen' und wertet so zugleich auch die Frauen ab, die als bloße ‚Objekte' schemenhaft bleiben.

Die langsame Verselbständigung der Bettine-Figur und ihre Ablösung vom Bruder geht Hand in Hand mit dessen Kontrollverlust über die Schwester und wird endgültig – wie im Leben – mit Clemens' Heirat der Sophie Mereau vollzogen (siehe II.1.5. *Sophie Mereau*). Freilich mit ihm selbst im Zentrum hatte Clemens Brentano in seinen Briefen 1803 ein Melodrama um die Schwester Bettina und die Geliebte Sophie inszeniert, eine von einem Jenaer Professor geschiedene Frau mit Kind, die in die Heirat 1804 einwilligt, als sie schwanger ist. Dagegen gestaltet – knapp 40 Jahre später – die Autorin Bettina von Arnim diese Dreiecksbeziehung verhalten, ohne Eifersuchtsszenen und eher distanziert; die Mereau-Figur bleibt im *Frühlingskranz* blass, die Bettine-Figur verzichtet: „Übertrage meine Liebe zu Dir auf die gute *Sophie*!" (GW 1, 252) – Dass die historische Sophie Mereau (1770–1806) auch Schriftstellerin war und durchaus in das Kunstprogramm und die Gedankenwelt der Brentanos und der Romantik gehörte, wird im *Frühlingskranz* völlig ausgespart.

Die Bettine-Figur distanziert sich immer stärker vom Bruder, erst recht, nachdem dieser ihr schreibt, er würde sich wünschen, sie als „Gattin eines einfachen vortrefflichen Mannes" zu sehen, einen Mann, der auch Clemens liebt – und „wir alle viere leben in inniger Verbindung" (GW 1, 253). Diese parodistische Anspielung auf Goethes *Wahlverwandschaften* – sie gehört im *Frühlingskranz* zu den vielen Referenzen auf Geschlechterszenarien in der Literatur – konterkariert die Bettine-Figur unter Berufung auf ihre „innere Stimme" mit ihrem Anspruch auf Liebe und Selbständigkeit: „[I]ch bedarf, daß ich meine Freiheit behalte. [...] Die Liebe mein *Clemente*, die werde ich einfangen, wie den Duft einer Blume, alles wird dem Geist zuströmen [...]; denn im Allerinnersten ist es Tag bei mir" (GW 1, 213).

Der *Frühlingskranz* präsentiert mehrfach gleichzeitige, erinnerte, erträumte oder angedeutete, teils erotisierte, teils karikierte Liebesbeziehungen des Bruders. Aus dem Liebesbeziehungsgeflecht des Bruders versucht die Bettine-Figur, die psychologischen und sozialen Aspekte der Genderbeziehungen und Rollen zu verstehen. Bettina von Arnim entwickelte so in „Identifikationsspielen" (Landfester 2000, 220) ihr Programm einer romantischen Innerlichkeit, Selbstheit und Selbstliebe.

6. Die Gachet und die Französische Revolution

Die Bettine-Figur drängt sich nicht zuletzt auch in die erste wichtige und interessanteste Liebesbeziehung des Bruders hinein – „Ich [die Bettine-Figur] hab sie [die Gachet] so recht lieb jetzt" –, um diese dann in deren alltägliche Welt herab- und damit in ihre eigene Sphäre hineinzuziehen: „So mitten in ihrer

1.4. Clemens Brentano's Frühlingskranz (1844)

Haus- und Feldwirtschaft", habe sie, die ‚Gutsbesitzerin' Gachet, „weit mehr anzügliches für mich [Bettine], als wenn sie geistreiche Sachen erzählt" (GW 1 165). – Die ‚reale' Louise de Gachet (1762–1825) war eine legendenumrankte Emigrantin, die sich als unehelich geborene Bourbonenprinzessin ausgab und sich in Begleitung wechselnder Frauen und mit einem Ehemann von etwa 1799 bis 1805 in Deutschland aufhielt (Dokumente bei Gobert 1998/2001, 12–25, 128–131). Im November 1801 besuchte sie mit dem im Kreis der Frühromantiker beliebten jungen Physiker Johann Wilhelm Ritter (1776–1810) Frankfurt und Offenbach, wo die „chemisierende Französin" (Ritter) auch Sophie von La Roche, Bettina und Clemens Brentano traf (vgl. die fünf Briefe Gachets an Clemens bei Gobert 1998/2001, 15, 118–123). Gachet gab sich in Deutschland als Stéphanie-Louise de Bourbon-Conti aus, deren aus ‚unbekannter Feder' stammenden *Mémoires historiques de Stéphanie-Louise de Bourbon-Conti, fille majeure légitimée, citoyenne francaise* (1798; dt. 1801) in reißerischer Weise unter anderem die aktive Teilnahme von Frauen an den Vendée-Kriegen darstellten. Die Memoiren wurden von Literaten in Deutschland stark rezipiert, sie dienten unter anderem als Vorlage zu Goethes Trauerspiel *Die natürliche Tochter* (1803) über eine um ihre adelige Anerkennung kämpfende Aristokratin und, ganz anders akzentuiert, zu Caroline de la Motte Fouqués Roman *Das Heldenmädchen aus der Vendée* (1816). Die Erscheinung der Louise de Gachet stärkte die in der Romantik beliebte Figurenkonzeption einer dämonischen, verführerischen Amazone, besonders im Leben und Werk Brentanos. In seinen Briefen an den befreundeten Friedrich Carl von Savigny betonte Clemens etwa die außergewöhnliche Bildung, erotische Attraktivität und dominierende Präsenz der Gachet und stilisierte sie zur Dichtermuse. In seinem ‚verwilderten' Roman *Godwi* (1800/01) modellierte er die Figur der Gräfin von G. als „sexuell reife[ ], unabhängige[ ] Frau" als dämonische Amazone (Gobert 1998/2001, 96–102, hier 94).

Im *Frühlingskranz* griff die Autorin Bettina von Arnim fast ein halbes Jahrhundert später auf die Brief-Erinnerungen und literarisierten Amazonenfiguren der Romantik (u.a. die ‚schöne Amazone' aus Goethes *Wilhelm Meister*) zurück und komponierte die Gachet-Figur in völlig neuer Anordnung des Briefmaterials aus der Perspektive der 1840er Jahre. Die Clemens-Figur schreibt hier zunächst begeistert von der „Französin aus der Vendée", von der er wahre „Wunderdinge" gehört habe: Sie reite das „wildeste Pferd", habe „mit den größten Gelehrten eine Zeit lang zugebracht" und soll schön sein und „wohlgebildet wie ein Weib aus den Nibelungen" (GW 1, 54). Mit dieser Melange aus Gerücht, literarischen und zeitgenössischen Anspielungen lässt die Autorin die Clemens-Figur mit ambivalenter Faszination eine Amazone zeichnen, die sich „mit großen Helden" in der Vendée getroffen, deren Familie „die *Guillotine* gefressen" habe und „die allein Deine [Bettines] Ideen über Revolution und Volksglück aufklären" könne (GW 1, 56–57). Die Clemens-Figur bewundert an Gachet ihre „elektrische Wirkung auf die Menschen" (GW 1, 65), sie habe ihr Geschick „kühn und lebenskräftig in die grausamen überwältigenden Weltgeschicke" mit eingewebt, „Bauern Hilfe geleistet" und nun

„die Wissenschaft zu ihrem Freundesstab" erhoben (GW 1, 66). In solchen und anderen Formulierungen könnten selbstredend Spuren von Bettina von Arnims eigenem politischen Engagement der 1840er Jahre enthalten sein (vgl. Landfester 2000, 222). Ist die Gachet-Figur aber eine „Allegorie der neugewonnenen Freiheit" der Französischen Revolution, wie Marie-Claire Hoock-Demarle (1989, 84) meint?

Im Zuge der Überarbeitung des Briefwechsels 1842/43 erinnerte die Autorin Bettina von Arnim über die Thematisierung der Mirabeau-Lektüre der Bettine-Figur und der Großmutter an den Diskurs über die Französische Revolution: Die Frauen lesen, vermitteln, erinnern, die Politik jedoch wird von Männern gemacht – was durchaus dem damaligen Geschlechterrollenverständnis entsprach. Mit der positiven Wertung des Aufklärers, Schriftstellers und Präsidenten des Jakobinerclubs Marquis de Mirabeau, der 1791 plötzlich verstarb (weshalb ein Giftmord vermutet wurde), hat die Autorin dabei auf der einen Seite eine „Brücke poetischer Erinnerung" zur Französischen Revolution geschlagen (Härtl 1990, 137); dagegen gehört Bettinas Gachet-Porträt auf der anderen Seite eher in den Bereich der dämonisierenden Darstellung von an der Französischen Revolution beteiligten Frauen als Amazonen.

Im *Frühlingskranz* übernimmt die Bettine-Figur zunächst die Faszination für die freiheitsliebende und *persönliche* Freiheit demonstrierende Gachet-Figur, während der Bruder sein erotisches Interesse bald verliert und die Schwester vor der Gachet warnt. Die Bettine-Figur erlebt ihre Begegnung mit dieser Frau „in einem fortwährenden Schauerriesel" (GW 1, 68). So gerät sie angesichts der reitenden Gachet (Reiten war lange ein Privileg adeliger Frauen) ins Schwärmen: „Freiheit fühlt sie [Gachet] in allen Gliedern auf dem Pferd, das sie zu lenken versteht" (GW 1, 69). Doch auch die Bettine-Figur distanziert sich allmählich von der Gachet: „[A]ber ich werde mich doch auch selbst fühlen gegenüber der Frau, die ein Pferd regiert wie ein Mann", schreibt sie, und schließlich: „[I]ch will keine Freundschaft mit ihr" (GW 1, 71–72). Ein galvanisches Experiment, das die Gachet im Wohnzimmer der Großmutter durchführt, gelingt nur halbwegs und endet in einer burlesken Apfelschlacht der vornehmen französischen Gesellschaft im Garten der Großmutter – eine Parodie auf Aristokraten und die französischen Migranten? Bei einem weiteren Besuch der Gachet wehrt die Bettine-Figur einen erotischen Annäherungsversuch der Frau ab: „[S]o war ich ein Weilchen allein mit ihr. [...] Sie hielt mich fest in ihren Armen, ich hätte des Teufels werden mögen; ich schämte mich" (GW 1, 74). Eine Einladung der Gachet, mit ihr und Clemens nach Spanien zu reisen, lehnt die Bettine-Figur ab, ihr kommt die Frau plötzlich „wie ein Seeräuber, oder sonst eine edle Spitzbubengattung" vor (GW 1, 85). Lesbische Neigungen – der historischen Gachet wurden Frauenbeziehungen nachgesagt – waren freilich in den 1840er Jahren noch derart moralisch verpönt, dass eine literarische Darstellung nicht in das Programm des *Frühlingskranzes* gepasst hätte. Geht es hier um „die Frage der Legitimation weiblicher Sprachwerdung an sich", wie Landfester (2000, 223) betont? Das bleibt unklar, denn nach dem „Skandalon der erotisch aufgeladenen Annäherung der Gachet an Bettine" rechnet ein Brief des Bruders Clemens „philiströs" mit der Schwester ab, indem er auf die Einhaltung der Geschlechterordnung pocht (ebd., 223–224).

Über die Begegnung mit der kämpfenden Frau wandelt sich die Bettine-Figur selbst zu einer Kämpferin, zu einer Amazone (vgl. Krimmer 2000, 156). Allerdings bleibt die von der Autorin sorgfältig orchestrierte Begegnung mit der Amazone Gachet ambivalent und, was die Geschlechterrollen anbetrifft, konventionell. Die Gachet ist im *Frühlingskranz* in ihren Transgressionen als Abenteurerin und Vagantin konzipiert, die die Genderkonventionen zu ihrem Vorteil ausnutzen kann, aber *nicht* zum Modell für das großbürgerliche Brentano-Mädchen taugt, das geschützt und zugleich (auf-)gefangen in familiären Banden zwischen Bruder, Großmutter und Geschwistern lebt und von Freiheit und Liebe träumt. Die Gachet erscheint wie ein Katalysator, der der Bettine-Figur hilft, die zeitgenössischen Genderrollen und Geschlechterbeziehungen aus der Perspektive der Frau zu verstehen und sich darin selbstbewusst zu bewegen und diese zu manipulieren, wie auch die anderen Kunstfiguren im *Frühlingskranz* auf diese Perspektive hin angelegt sind.

7. Zur Rezeption und Forschung

Einer der ersten Leser des *Frühlingskranzes*, Varnhagen von Ense, notierte zum 28. April 1844 in sein Tagebuch: „Dieser Briefwechsel enthält Vortreffliches und Geringes durcheinander" (Varnhagen 2, Bd. 2, 291). Andere Zeitgenossen interessierten sich vor allem für das Erbe der Romantik im Bild der Geschwister. Guido Görres (1805–1852), Sohn des prominenten katholischen Publizisten Joseph Görres und ein Freund von Clemens, vertrat beispielsweise in einer 1845 publizierten Rezension die katholische Perspektive des gealterten, in den Schoß der Kirche zurückgekehrten Clemens und sah in dessen Briefen im *Frühlingskranz*, die er für weitgehend authentisch hielt, einen exemplarischen männlichen Charakter. Die Autorin betrachtete er dagegen als „müd gejagte Seele", die nur nach „sich selbst genügende[r] Freiheit" lechze, „tief unter sich, gleich den Nebeln der Erde, sieht sie [Bettina von Arnim] Sitte und Gesetz" (zit. nach GW [Härtl] 2, 950–951) Der romantische Zeitgenosse und Dichter Joseph von Eichendorff (1788–1857) wiederum nannte Clemens in seiner vielbeachteten Würdigung von 1847 einen „altklugen Hofmeister" und sah im *Frühlingskranz* einen „Veitstanz des freiheitstrunkenen Subjekts", den er „kurzweg das Dämonische" nennen wolle: „Bettina jubelt noch bis heute eigensinnig fort" (zit. nach ebd., 951).

Aus Bettinas Freundeskreis kamen verhalten positive Stimmen, die besonders die ästhetische Leistung anerkannten und das Literarische des *Frühlingskranzes* hervorhoben. Adolf Stahr etwa würdigte das Werk als „das reinste, *einfach*-schönste und lieblichste von allen, was sie geschaffen hat", das „die Sprache des Herzens laut werden" lasse (an Varnhagen, 14. August 1844, zit. nach GW [Härtl] 2, 948). Moriz Carriere artikulierte hingegen die leise Enttäuschung vieler Zeitgenossen darüber, dass die Autorin nicht mehr die Tendenz der Zeit repräsentiere, ihr die innere Begeisterung für die Zeit der

Französischen Revolution und auch für die Einheit von Kunst und Politik fehle, die die jungdeutschen Autoren an Bettina von Arnim bewundert hatten (vgl. Kommentar in: GW 1, 1039).

Diese Spannung zwischen Historisch-(Auto-)Biographischem und Ästhetisch-Literarischem hat auch die spätere Rezeption des *Frühlingskranzes* begleitet. Wie keine andere Publikation der Autorin hat das Buch, oft ohne Angabe oder gar Kritik der Quellen, ‚Fakten' für Biographien geliefert und zur unhinterfragten Anekdotenübernahme und Legendenbildung auch in der Bettina-von-Arnim-Forschung beigetragen, beispielsweise mit Blick auf das Bild von der strengen, die unschuldige Korrespondenz von Bruder und Schwester zensierenden, repressiven Großmutter La Roche. Neben La Roche hatte die Autorin Bettina von Arnim eine ganze Reihe von ‚realen', in den 1840er Jahren bereits verstorbenen, aber auch noch lebenden Figuren im *Frühlingskranz* auftreten lassen und in bedeutungsvollen Klein-Porträts als Denkmal für die Nachwelt modelliert. Es sei hier nur an das nachhaltige Image der ‚Studiermaschine' Savigny erinnert, der als eher verständnisloser, kontrollierender Pedant in dem jugendlichen Romantikerkreis gezeichnet wird.

Die neuere Forschung richtet ihr Interesse nicht zuletzt auf die Genderfrage. *Der Frühlingskranz* wird dabei zusammen mit *Die Günderode* als Entwurf „weiblicher Selbstsorge zwischen Sprachmaske und Widerstand" (Landfester 2000, 201) und als weibliches „Bildungsprojekt" (Isselstein 1992) gelesen. Das Buch interessiert besonders als zwar letzter herausgebrachter, hinsichtlich der chronologischen aber dann doch ‚erster' autobiographischer ‚Briefroman' einer Trilogie, dem *Die Günderode* ‚folgt' und die vom *Goethebuch* ‚abgeschlossen' wird. Der *Frühlingskranz* wird „als Denkmal autobiographischen Schreibens" verstanden (Ametsbichler/Arens 1993, 74; Growe 2003, 76–79), in dem die „Ich-Suche" (Rothkoegel 2013) im Mittelpunkt stehe. Gegen die Vorwürfe der fehlenden Strukturierung von Bettinas Briefbüchern hat Liebertz-Grün differenziert eine „Ordnung im Chaos" herausgearbeitet, indem sie den *Frühlingskranz* als „raffinierte Parodie" auf Ludwig Tiecks *Runenberg* (1804) liest und anspruchsvolle, artifizielle Anspielungen zu Bild- und Gedankenmotiven der Literatur beleuchtet (Liebertz-Grün 1989, 99; vgl. auch Bossinade 1995). Miriam Seidler zeigt am *Frühlingskranz*, dass Bettina von Arnim „neue Sprachstrategien, die im Hinblick auf den Avantgardebegriff als subversiver Akt gelesen werden können", entwickelte; diese unterlaufen die Entpolitisierung der Kunst und inszenieren „durch den Umgang mit historischem Material ein Spiel mit verschiedenen Textsorten [...], das als Verschleierungstechnik der eigenen Schreibabsicht angelegt, doch auf die Entschleierung durch den Leser angewiesen ist, um sein Ziel zu erreichen" (Seidler 2013, 134).

Neben den ästhetischen, unpolitischen Lesarten interessiert aber auch der Diskurs zur Bedeutung der Französischen Revolution, den die Autorin in den 1840er Jahren in den Geschwisterbriefwechsel im *Frühlingskranz* erst nachträglich kunst- und absichtsvoll hineingelegt hat, besonders deutlich in der Kunstfigur Gachet (vgl. Krimmer 2000) und den Gesprächen über Mirabeaus Schriften und dessen Auffassung von einer konstitutionellen Monarchie mit individueller und persönlicher Freiheit, *dem* Lieblingsgedanken Bettina von Arnims. Dabei arbeitete sie ohne Zweifel an ihrer autobiographischen Stilisierung zur bedeutenden historischen Persönlichkeit und Zeitzeugin der Französischen Revolution, die sie als vier- bis achtjähriges Kind deutlich wahrgenommen haben wollte (vgl. Härtl 1990, 137). Die zeitgenössische Bedeutung des *Frühlingskranzes* lag in den 1840er Jahren vor allem in der „Verknüpfung der beiden historischen Begebenheiten: der geistig revolutionierenden Romantik einerseits und der romantisierend dargestellten Revolution andererseits, die [...] den philosophischen Zentralbegriff der Freiheit [...] an die sozialen Phänomene von Romantik und Revolution koppelt" (Bäumer/Schultz 1995, 17). Das hob den *Frühlingskranz* aus dem Bereich des Privaten heraus, dem Bereich von Bildung und Kunst, und rief den Leserinnen und Lesern das Freiheitsideal in Erinnerung, womit das Briefbuch *seinen* Beitrag zu einer damals hochaktuellen Vormärz-Diskussion beisteuerte.

8. Literatur

Zitierte Ausgabe: GW 1, S. 9–294; Kommentar: S. 989–1092.

Ametsbichler, Elizabeth G., und Hiltrud Arens: „Erzählstrategie und Geschlechtskomponente in Bettina von Arnims *Die Günderode* und *Clemens Brentano's Frühlingskranz*". In: Jb BvA 5 (1993), S. 73–89.
Bäumer, Konstanze, und Hartwig Schultz: *Bettina von Arnim*. Stuttgart, Weimar 1995.
Becker-Cantarino, Barbara: „'Großmutter Laroche'. Erinnerungs-Räume der Jugendzeit in Bettina von Arnims ‚Die Günderode' und ‚Clemens Brentanos Frühlingskranz'". In: Walter Pape (Hg.): *Raumkonfigurationen in der Romantik*. Tübingen 2009, S. 15–24.
Bossinade, Johanna: „Bettina von Arnim: Identifikationen des Ich. Entwurf für eine Lesart". In: Gerhard Neumann (Hg.): *Romantisches Erzählen*. Würzburg 1995, S. 85–106.
Bunzel, Wolfgang: „Ver-Öffentlichung des Privaten. Typen und Funktionen epistolaren Schreibens bei Bettine von Arnim". In: Bernd Füllner (Hg.): *Briefkultur im Vormärz. Vorträge der Tagung des Forum Vormärz Forschung und der Heinrich-Heine-Gesellschaft am 23. Oktober 1999 in Düsseldorf*. Bielefeld 2001, S. 41–96.
Bunzel, Wolfgang: „‚Von Herz zu Herz?' Zum textologischen Status und sozialhistorischen Kontext der Familienbriefe Bettine von Arnims". In: Ulrike Landfester u. Hartwig Schultz (Hg.): *Dies Buch gehört den Kindern. Achim und Bettine von Arnim und ihre Nachfahren*. Berlin 2004, S. 37–81.
Bunzel, Wolfgang: „Die Kunst der Retusche. Ein Originalbrief von Goethe an Bettine Brentano und seine Überarbeitung in Bettine von Arnims teilfingierter Quellenedition *Goethe's Briefwechsel mit einem Kinde* (1835)". In: Jörg Schuster u. Jochen Strobel (Hg.): *Briefkultur. Texte und Interpretationen – von Martin Luther bis Thomas Bernhard*. Berlin, Boston 2012, S. 169–182.
Gobert, Catherine: *Die dämonische Amazone. Louise de Gachet und die Genese eines literarischen Frauentypus in der deutschen Romantik*. Regensburg 1998; online publiziert 2001. https://epub.uni-regensburg.de/9869/1/RSL3a.pdf [30. Mai 2019].
Goodman, Katherine R.: „Through a Different Lens. Bettina Brentano-von Arnim's Views on Gender". In: Elke P. Frederiksen u. K. R. Goodman (Hg.): *Bettina Brentano-von Arnim. Gender and Politics*. Detroit 1995, S. 115–144.

Growe, Ulrike: *Das Briefleben Bettine von Arnims. Vom Musenanruf zur Selbstreflexion. Studie zu „Goethe's Briefwechsel mit einem Kinde", „Die Günderode" und „Clemens Brentano's Frühlingskranz"*. Würzburg 2003.
Härtl, Heinz: „Mirabeau im ‚Frühlingskranz'". In: *Acta Universitatis Wratislaviensis*, Nr. 1115 (1990), S. 137–148.
Härtl, Heinz: *„Drei Briefe von Beethoven". Genese und Frührezeption einer Briefkomposition Bettina von Arnims*. Bielefeld 2016.
Hoock-Demarle, Marie-Claire: „Bettina als ‚Zeugin' der Französischen Revolution". In: Jb BvA 3 (1989), S. 81–92.
Isselstein, Ursula: „Briefwechsel als Bildungsprojekt. Dialogische Konstellationen im *Frühlingskranz* Bettine von Arnims". In: Konrad Feilchenfeldt u. Luciano Zagari (Hg.): *Die Brentano. Eine europäische Familie*. Tübingen 1992, S. 208–218.
Krimmer, Elisabeth: „Bettina and Louise: Gender Constructions in Bettina Brentano-von Arnim's *Clemens Brentanos Frühlingskranz*". In: Hilary Collier Sy-Quia (Hg.): *Conquering Women. Women and War in the German Cultural Imagination*. Berkeley 2000, S. 156–176.
Landfester, Ulrike: *Selbstsorge als Staatskunst. Bettine von Arnims politisches Werk*. Würzburg 2000.
Liebertz-Grün, Ursula: *Ordnung im Chaos. Studien zur Poetik der Bettine Brentano-von Arnim*. Heidelberg 1989.
Oehlke, Waldemar: *Bettina von Arnims Briefromane*. Berlin 1905.
Rothkoegel, Christine: „Bettine von Arnim – Die ‚Ich-Suche' im *Frühlingskranz*". In: In: Miriam Seidler u. Mara Stuhlfauth (Hg.): *Ich will keinem Mann nachtreten. Sophie von La Roche und Bettine von Arnim*. Frankfurt a.M. 2013, S. 95–107.
Schultz, Hartwig: „Nachwort". In: Bettine von Arnim: *Clemens Brentanos Frühlingskranz*. Mit einem Nachwort v. Hartwig Schultz. Frankfurt a.M. 1985, S. 344–358.
Schultz, Hartwig: „Bettine-Blüthen. Ein Fund zu *Clemens Brentano's Frühlingskranz*". In: *Wirkendes Wort* 39 (1989), S. 323–326.
Seidler, Miriam: „‚,Deine Briefe sind ja doch keine Kunstarbeit?' – Bettine von Arnims Schreiben im Zeichen der Avantgarde". In: *Kodikas/Code – Ars Semeiotica* 36.1–2 (2013), S. 133–146.

1.5. Das *Armenbuch*-Projekt (1844/45)
Barbara Becker-Cantarino

1. Zur Genese des *Armenbuch*-Projektes 431
2. Vordtriedes *Armenbuch*-Edition von 1969 433
3. Die *Armenbuch*-Edition von 1995 436
4. Bettina und das Verständnis von Armut im 19. Jahrhundert . . . 437
5. Literatur 438

Nicht nur in *Dies Buch gehört dem König* (1843) und dessen Fortsetzung *Gespräche mit Daemonen* (1852) sprach Bettina von Arnim zentrale sozialpolitische Fragen des Vormärz an. Geradezu brisant war ihr zeitlich zwischen den beiden Veröffentlichungen gelegenes Projekt, die Armut in Preußen zu dokumentieren – so brisant, dass sie das sogenannte *Armenbuch*, von der Zensur und anderen Umständen bedrängt, im Juni 1844 während des Druck

1.5. Das *Armenbuch*-Projekt (1844/45)

der ersten Armenlisten abbrach. Bettinas später entstandene politische Schriften wie die ‚Polenbroschüre' *An die aufgelös'te preußische National-Versammlung*, Anfang 1849 als vermeintliche Übersetzung aus dem Französischen – wenn auch mit einer auffälligen Widmung an sich selbst – publiziert, konnten aufgrund der Zensur und aus anderen Rücksichten heraus nur noch anonym erscheinen. Staatspolitische Debatten oder politische Traktate waren in den 1840er Jahren eine gewagte Angelegenheit, besonders für eine Frau. Das hatten nicht zuletzt die teilweise beleidigenden und denunziatorischen Reaktionen auf ihr *Königsbuch* gezeigt, in denen Bettina unter anderem als „Rattenkönig religiösen Denkens" oder als „schauderhafte Alte" angegangen worden war (zit. nach Härtl 1992, 211). Gleichwohl traf Bettinas Engagement für die Armen einen Nerv der Zeit und wurde von Autoren des damaligen sozialen Romans gewürdigt, etwa in Theodor Mundts Roman *Carmela oder die Wiedertaufe* (1844; mit einem ‚Besuch der Familienhäuser im Berliner Vogtland'), in der Darstellung „Die Familienhäuser" in *Ein Roman in Berlin* (1846) von Mundts Ehefrau Luise Mühlbach oder in Ernst Dronkes *Berlin* (1846).

1. Zur Genese des *Armenbuch*-Projektes

Heinrich Grunholzer, der mit den *Erfahrungen eines jungen Schweizers im Vogtlande* den Anhang zum *Königsbuch* geliefert hatte (siehe IV.1.3.b *Erfahrungen eines jungen Schweizers im Vogtlande*), schrieb im November 1843 nach seiner Rückkehr in die Schweiz einen sehr langen Brief an Bettina, in dem er ausführlich und als außerhalb Preußens stehender Betrachter auf das Armenproblem einging. Sein Bericht in den *Erfahrungen* habe, so Grunholzer an Bettina, allenfalls einen ganz geringen Teil der „blutarmen Familien in Berlin" und keineswegs das Schlimmste umfasst, was sich über die Armen in Preußen sagen ließe, der Anhang des *Königsbuchs* sei mithin „nur dazu gut, das große Werk einer *gründlichen Untersuchung* des Armenwesens anzudeuten". In Vorbereitung jenes ‚großen Werkes' schlug Grunholzer eine „vernünftige Prüfung" des Armenwesens vor, für das ‚ein Mann auf mehrere Jahre' (womöglich dachte er da an sich selbst) in Verbindung mit den Armen und unter dem Schutz des Königs das Material sammeln solle, um entsprechende Reformvorschläge unterbreiten zu können; die Sache solle „frisch u. warm angegriffen werden von Leuten, die alle die alten Vorurtheile über verschuldete u. unverschuldete Armut, über Almosen u. Gnadengelder etc abzustreifen wüssten"; letztlich dürfe man den Demagogen mit Blick auf den Zustand des preußischen Armenwesens nicht das Feld überlassen, denn keine Revolution liege offener auf der Hand als die der Armen (Grunholzer an Bettina, 21. November 1843, in: GW 3, 1050–1061).

Soweit bekannt zeitigten Grunholzers Vorschläge zur systematischen Erfassung und sozialen Analyse des Armenwesens, die ja weit über eine rein journalistisch-literarische Berichterstattung hinausreichen sollten, bei Bettina keine unmittelbare Wirkung. Stattdessen machte sie sich daran, der seit

Anfang der 1840er Jahre stark ansteigenden Zahl der Flugschriftenliteratur zum Pauperismus einen weiteren Titel hinzuzufügen. Ihr Interesse wurde dabei offenbar auch befeuert durch die Anfang 1844 erschienenen Zeitungsberichte über das Massenelend der Weber und Spinner in Schlesien, wovon einige ihr zugeschickt wurden. So schickte ihr im März der demokratisch eingestellte Fabrikant Friedrich Wilhelm Schlöffel (1800–1870) eine im schlesischen Eichberg angelegte Liste, die Angaben über 92 Arme enthielt. Im Mai 1844 trat Bettina schließlich selbst in Sachen *Armenbuch* an die Öffentlichkeit und lancierte hierfür einen Aufruf in der *Magdeburger Zeitung*, in dem es hieß: „Bekanntlich hat die geniale Frau Bettina v. Arnim den schönen und rühmlichen Entschluß gefaßt, dem Armenwesen in Deutschland ihre besondere Aufmerksamkeit und Thätigkeit zu widmen. Die Ergebnisse dieser ehrenvollen Thätigkeit in dieser Beziehung will Frau Bettina von Arnim zusammenfassen und in einem besondern ausführlichen Werke der Oeffentlichkeit übergeben. Zur Förderung dieses Werkes der Menschenliebe sind wir nun ermächtigt, in diesen Blättern einen Aufruf an Alle, welche über den Zustand des Armenwesens [...] des gesammten Deutschen Vaterlandes genaue Auskunft zu geben vermögen, hiermit zu erlassen und dieselben zu ersuchen der Frau Bettina von Arnim getreue Berichte darüber zukommen zu lassen" (zit. nach GW 3, 1073–1074).

Der auch von anderen Blättern wie der *Allgemeinen Zeitung* teilweise oder ganz nachgedruckte Aufruf präsentierte Bettina als ‚Wohltäterin' der Armen und machte sie als solche öffentlich weithin bekannt. Aus den Reaktionen auf diesen Aufruf, aus Briefen und weiteren Zeitungsberichten stellte Bettina im Anschluss die Texte für ihr *Armenbuch* zusammen und begann mit der Drucklegung. Teile der Armenlisten waren denn auch bereits im Druck, als im Juni 1844 der Weberaufstand in Schlesien ausbrach und Bettina das Schicksal anderer Schriftsteller und Journalisten teilte – und von höchsten Stellen unmissverständlich der Aufrührerei verdächtigt wurde: „Der Minister Graf von Arnim beschuldigt Bettinen von Arnim, sie sei Ursache des Aufstandes, sie habe die Leute gehetzt, ihnen Hoffnungen erweckt, durch ihre Reden und Briefe, und schon durch ihr Königsbuch!", notierte Varnhagen dazu am 19. Juni 1844 in sein Tagebuch (Varnhagen 2, Bd. 2, 314). Nachdem sie von mehreren Seiten gewarnt worden war, ließ Bettina, die sich bis zu diesem Zeitpunkt zusätzlich ohnedies noch eine Auseinandersetzung um die Freigabe von *Clemens Brentano's Frühlingskranz* geliefert hatte, den Druck des *Armenbuchs* im Juni 1844 stoppen – vorerst, wie sie meinte. Ersatzweise versuchte sie nun, das gesammelte Material über Humboldt zusammen mit einem ausführlichen Brief erst einmal König Friedrich Wilhelm IV. zukommen zu lassen; die Reaktion des Königs soll laut Varnhagen nur spöttische Missbilligung gewesen sein (vgl. den Eintrag zum 24. Juni 1844, in: Varnhagen 2, Bd. 2, 315). Humboldt hatte Bettina indes schon zuvor im Vertrauen geraten, das Buch außerhalb Preußens in Druck zu geben (vgl. ebd.), was sie zumindest auch versuchte. So bot sie Anfang 1845 das – immer noch in Arbeit befindliche – Werk einem Frankfurter Buchhändler zur Publikation an, allerdings ohne Erfolg.

1.5. Das *Armenbuch*-Projekt (1844/45)

Was von dem *Armenbuch*-Material überliefert ist, ist eine Sammlung heterogener Texte von 1844/45: Berichte, Armenlisten, Traktate und Texte von Bettina, die unterschiedlich mit Druckvermerken von ihrer Hand versehen sind. Die 17 bereits gedruckten Bögen sind verschollen. Der erhaltene Textkorpus wurde 1929 von dem Berliner Auktionator Karl Ernst Henrici als „Materialien zu dem von Bettine geplanten Armenbuch" angeboten (Henrici 1929, 36), von dem wesentliche Teile vom Freien Deutschen Hochstift in Frankfurt am Main erworben wurden. Bettina hat nicht nur ein unvollständiges, abgebrochenes ‚Werk' hinterlassen, sie hat sich auch nicht zusammenhängend über die Struktur, Inhalt und Zusammensetzung geäußert. War das *Armenbuch* ein literarisches Werk? Welche endgültige Form wollte Bettina dem Werk geben? Klar ist, dass eine – noch dazu vielleicht historisch-kritische – Edition und Rekonstruktion ein schwieriges, ja nachgerade problematisches Unterfangen darstellt (vgl. Schultz 1987).

2. Vordtriedes *Armenbuch*-Edition von 1969

Der Literaturwissenschaftler, Übersetzer, Herausgeber und Schriftsteller Werner Vordtriede (1915–1985), der 1961 aus der Emigration in die USA nach München zurückgekehrt war, veröffentlichte 1969 *Bettina von Arnims Armenbuch*, eine Textsammlung aus dem *Armenbuch*-Konvolut des Freien Deutschen Hochstifts, das das fragmentarisch überlieferte Werk nachhaltig popularisiert und die Rezeption seit den 1960er Jahren geprägt hat. Für diese Beschreibung und Edition verbindende Darstellung, die bis heute als Leseausgabe dient, hatte Vordtriede, der 1961 auch den Briefwechsel von Achim von Arnim und Bettina Brentano herausgegeben hatte, akribische, wissenschaftliche Vorarbeiten geleistet, wobei er schon Anfang der 1960er Jahre Materialien aus dem Umfeld von Bettinas *Armenbuch*-Projekt zugänglich gemacht hatte (vgl. Vordtriede 1962). Hartwig Schultz hat die Schwierigkeiten einer Edition dieses Werkes erläutert (vgl. Schultz 1985).

Vordtriedes 1969 erschienene und 1981 erweiterte *Armenbuch*-Ausgabe (im Folgenden zit. als Armenbuch 1981) konzentrierte sich inhaltlich auf sechs Themenkomplexe, die sich möglichst nah an Bettinas Vorarbeiten orientieren sollten. Der erste Komplex „Bettina und Friedrich Wilhelm Schlöffel" enthält eine Auswahl aus Schlöffels Armenliste mit statistischen Angaben nebst einer Denkschrift, die der Fabrikant an Bettina von Arnim geschickt hatte, ergänzt um Hinweise Bettinas zum Vorgehen der preußischen Behörden gegen Schlöffel im Jahr 1845. Dieser war im März 1845 aufgrund einer Denunziation verhaftet, des Hochverrats und kommunistischer Umtriebe angeklagt und nach Berlin in die Hausvogtei gebracht worden und wurde erst Ende des Jahres aus völligem Mangel an Beweisen freigesprochen. Freilich nicht in Preußen, sondern im fernen Heidelberg veröffentlichte Schlöffel 1846 die Denkschrift *Mein Prozeß wegen Anklage auf Hochverrath*, 1848/49 war er Abgeordneter des linken Flügels der Frankfurter Nationalversammlung, nahm am Badischen Aufstand teil und emigrierte letztlich in die USA. Vordtriedes *Armenbuch*-

Ausgabe nun enthält hierzu im ersten Abschnitt einen klug stilisierten, diplomatischen Brief Bettinas an Friedrich Wilhelm IV. aus dem Juli 1845, in dem sie Schlöffels Unschuld betonte und an den Regenten appellierte, er solle „der Liebe und des Vertrauens seines Volkes" gewiss sein und diesem „in seinen gerechten Ansprüchen" entgegenkommen. Um Schlöffels, aber auch ihre eigene Unschuld bei beider Bemühen für die Armen zu unterstreichen, wies Bettina in diesem Brief auch ausdrücklich auf ihre „eigene Lebenserfahrung" hin, konkret: auf gegen sie gerichtete Unterstellungen. So habe „man in dieser letzten Zeit in einer Reihe öffentlicher Blätter einen Briefwechsel über Kommunismus und Sozialismus zwischen mir und der George Sand besprochen, dieser Briefwechsel hat nie existiert" (Armenbuch 1981, 32).

Nun dürfte Bettinas Brief an den König wohl kaum dazu beigetragen haben, die Verdächtigungen gegen all jene aus dem Wege zu räumen, die sich mit dem Armenwesen beschäftigten. Interessant in diesem Zusammenhang ist jedoch der von Bettina erwähnte Briefwechsel mit der französischen Schriftstellerin George Sand (1804–1876), die für ihre unkonventionelle Lebensweise und ihre religions- und sozialkritischen Ideen bekannt war. Denn es existiert zwar *ein* an Bettina gerichteter Brief Sands vom März 1845, der in Vordtriedes *Armenbuch*-Ausgabe auch abgedruckt ist (Armenbuch 1981, 12–14). Allerdings handelt es sich hierbei um den *einzigen* Brief Sands, den Bettina auch nicht beantwortet hat, da er – ob von der französischen oder von der preußischen Zensur – aufgebrochen gewesen sei und sie Angst vor Repressalien bekommen habe. Ein „Briefwechsel" zwischen Bettina und George Sand hat also tatsächlich „nie existiert". (Bettina reichte den Brief übrigens an Varnhagen weiter; ob er oder Bettina selbst in der Folge den Brief publizistisch nutzten, um die Briefkontrolleure zu provozieren, ist unklar.) Der ganze Vorgang zeigt dabei, wie misstrauisch die Behörden gegenüber der öffentlichen politischen Armenproblem-Diskussion waren, aber auch wie hilflos alle dem Elend der Verarmung begegneten oder es für ihre politischen Zwecke publizistisch zu instrumentalisieren suchten.

Vordtriedes *Armenbuch*-Ausgabe nun bringt im zweiten Kapitel „Bettinas Auszüge aus Svederus ‚Arbeit'" diverse Zeugnisse, die Bettinas Beschäftigung mit der Schrift *Ueber Industrialismus und Armuth* des schwedischen Gelehrten Georg Svederus (1796–1888) belegen, die 1844 im Charlottenburger Verlag von Egbert Bauer erschienen war. Bettinas Textpassagen und Notate zeigen gleichwohl, dass sie sich kaum für staatspolitische Ideen interessierte und nur in geringem Maß ein Verständnis für volkswirtschaftliche Zusammenhänge besaß. Vielmehr nutzte sie Svederus' Arbeit, um ihre Ansichten zu einem noch einzurichtenden Armenministerium poetisch auszuformulieren und den Ministern und dem König mit satirischer Kritik an den herrschenden Zuständen ins Gewissen zu reden.

Daran anschließend werden im dritten Abschnitt „Bettina und der König von Preußen" Textabschnitte wiedergegeben, die fast alle Bettinas Handschrift tragen und wohl als Vorarbeiten für das geplante Schlusswort anzusehen sind, darunter ein Text mit Gedanken zur Gefängnisreform aus der

1.5. Das *Armenbuch*-Projekt (1844/45)

Breslauer Zeitung von November 1843. Wie nicht zuletzt in diesem Abschnitt deutlich wird, hinterließ Bettina ihre Gedanken zu ‚Volk und Armut' und ‚Volk und Herrscher bzw. Regierung' lediglich in fragmentarischer Form und ohne systematische Verknüpfung, so dass hier der Eindruck entsteht, sie setze ‚die Armen' mit ‚dem Volk' gleich und plädiere folgerichtig für eine adäquate Repräsentation der ärmsten Teile der Bevölkerung: „Da die Armen ein 4ter und zwar der größte Stand sind, warum werden sie nicht durch Deputierte vertreten? [...] Wir sind nicht im Stande, anders als mit dem Volk und durch das Volk frei zu werden (Dir [dem König] zu helfen)" (Armenbuch 1981, 71 u. 72). Es sind Gedankensplitter, die der Herausgeber Vordtriede hier auch mit Blick auf Bettinas Briefwechsel mit Friedrich Wilhelm IV. (siehe IV.4.6. *Briefwechsel mit Friedrich Wilhelm IV.*) zusammengestellt hat. Vordtriede merkt hierzu an: „So hat denn Bettinas Leben zwei deutliche Phasen: die Goethephase und die Königsphase" (Armenbuch 1981, 73), womit er zwar einerseits die Brisanz von Bettinas Gedanken etwas verharmlost, andererseits aber auch deren diffuse Richtung – Bettinas Volkskönigskonzept, dessen Adressat der König selbst war – zutreffend interpretiert.

Wie hier enthalten auch die folgenden drei Sektionen „Bettinas Bergpredigt über die Armut", „Das große Nachwort zum Armenbuch. Der Text [vierte Fassung]" und „Die Erzählung vom Heckebeutel. Der Text [zweite Fassung]" leserfreundlich zusammengestellte Textfragmente, die Vordtriede mit erklärenden Überleitungen verständnisvoll kommentiert. Bemerkenswert ist hier insbesondere die schriftliche Wiedergabe von mündlichen Äußerungen Bettinas (ihre Beredsamkeit und Mitteilungsfreude wird von allen Besuchern in den 1840er Jahren mit Staunen erwähnt) in einem Brief des Jurastudenten Julius Döring (1837–1893). Bei Döring, einem Vertrauten Bettinas, avancieren ihre Gedanken über das Armenwesen zu nichts Geringerem als der „Bergpredigt", wobei die in eindringlichem Überzeugungston vorgetragene Poetisierung in ihrer Forderung nach der Einrichtung eines Armenministeriums gipfeln. Von den vier Versionen von Bettinas geplantem Nachwort nahm Vordtriede nur den Text des letzten Entwurfes in seine Edition auf. Alle vier Fassungen waren zuvor schon im *Jahrbuch des Freien Deutschen Hochstifts* parallel abgedruckt worden, wodurch sich auf anschauliche Weise auch Bettinas „wuchernde Arbeits- und Dichtungsweise" (Vordtriede 1962, 426) und ihre besondere Art der Texterweiterung demonstrieren ließ.

Das abschließende Kapitel von Vordtriedes *Armenbuch*-Edition enthält mit Bettinas *Erzählung vom Heckebeutel* eine volkstümlich-märchenhaft ausgeschmückte Version der Geschichte vom Glückssäckel, das ständigen Reichtum beschert (ein Erzählmotiv aus dem Anfang des 16. Jahrhunderts erschienenen Volksbuch *Fortunatus*). Erst 1845 und damit weit nach dem Druckstopp des *Armenbuchs* entstanden, liegen zwei Fassungen des Märchens sowie eine von anderer Hand geschriebene Schlussvariante vor. Diese als ‚Märchen' gestaltete „Synthese aus politischer Programmatik und Poesie" (Landfester 1997, 294) schließt ohne Frage gut an die Armenthematik an. Im *Heckebeutel* berichtet die Ich-Erzählerin, wie sie die zwei Friedrich d'or, die zwei „Arnimskinder" vom Prinzen von Preußen erhalten hatten und die sich im Heckebeutel auf wundersame Weise immer wieder erneuert fanden, immer wieder ausgegeben habe: Sie habe einer armen 90-jährigen Frau, Mutter von preußischen, im Kriege gefallenen Grenadieren, die trotz rastloser Tätigkeit, Arbeit und Anstrengung immer wieder verarmte, stets aufs Neue mit den nie versiegenden zwei Friedrich d'or aus dem Heckebeutel zu helfen versucht. Aber diese Almosen, so die Moral der Geschichte, waren letztlich umsonst; sie konnten die alte Frau nicht aus der Armut befreien, sondern ließen sie ständig weiter verarmen: „Diese kleine Armengeschichte" beleuchte damit auch „den Rauch der Hoffnungen dieser alten Sibylle, wenn nicht seine Königliche Hoheit es anders bestimmen" (Armenbuch 1981, 124–136, hier 135). Spätestens hier war klar benannt, an wen sich die *Erzählung vom Heckebeutel* richtete. Mit dem ‚Prinzen von Preußen' war dabei wahrscheinlich Prinz Waldemar von Preußen (1817–1849) adressiert, der tatsächlich mit zwei ‚Arnimskindern' (den Töchtern Maximiliane und Armgart) befreundet war. Hinsichtlich des preußischen Armenwesens entlarvt die Geschichte indes nicht nur die „Aura der Zauberbörse als selbstgefällige Fiktion" (Landfester 1997, 295). Sie thematisiert auch, wie das ständige Bemühen um Arbeit und Selbsthilfe der Armen immer wieder scheitert und den Betroffenen nicht aus ihrer Armut heraushilft. Besonders der (in der Forschung auch schon mehrfach angestellte) Vergleich dieser Erzählung mit Clemens Brentanos weitaus bekannterer *Geschichte vom braven Kasperl und dem schönen Annerl* (1817) zeigt, wie Clemens' Figur der romantisch-volkstümlichen Alten, Kasperls Großmutter, bei Bettina 30 Jahre später zur Verkörperung der arbeitsamen, erfinderischen, beredten, aktiven Alten geworden ist. Armut war noch in der Romantik kein eigentliches Thema in der Literatur und wurde, wenn sie nicht überhaupt komplett ausgeblendet wurde, dort auch eher idyllisch als unabänderliches Schicksal behandelt, bis in den 1840er Jahren die soziale Novelle und der soziale Roman das Armutsthema kritisch und modern darzustellen begannen (vgl. Edler 1977). Dass in Bettinas Geschichte eine alte Frau die Armut repräsentiert, entsprach zugleich den historischen Realitäten, da alte Frauen von Armut in besonderem Maße betroffen waren.

3. Die *Armenbuch*-Edition von 1995

Zwar wurde das *Armenbuch* durch die kommentierende Ausgabe von Vordtriede bleibend als *literarisches* Werk Bettinas popularisiert. Allerdings hatte nach Erscheinen der erweiterten Neuausgabe Anfang der 1980er Jahre schon Wolfgang Frühwald (1985) bedauert, dass Vordtriedes Edition des *Armenbuches* letztlich dann doch nur wenige Seiten der Armenlisten enthält, die der Fabrikant Schlöffel Bettina geschickt hatte; Hartwig Schultz (1987) hatte darüber hinaus grundsätzliche Probleme einer kritischen Edition des überlieferten Materials diskutiert. Detaillierte Vorschläge für eine neue Edition dieses singulären, für die Sozialgeschichte alles andere als unbedeutenden Werkkomplexes unterbreitete schließlich Heinz Härtl (1989). Dass es zu Härtls Edition

1.5. Das *Armenbuch*-Projekt (1844/45)

im Rahmen eines geplanten Bandes der von ihm verantworteten Bettina-von-Arnim-Werkausgabe des (ostdeutschen) Aufbau Verlags nicht mehr kommen sollte, ist den Umständen der Zeit geschuldet, da das Gesamtprojekt nach der Wende eingestellt werden musste. Stattdessen fand das *Armenbuch* 1995 neu ediert Eingang in den von Wolfgang Bunzel, Ulrike Landfester, Walter Schmitz und Sibylle von Steinsdorff herausgegebenen dritten Band *Politische Schriften* der vierbändigen (Konkurrenz-)Werkausgabe des (westdeutschen) Deutschen Klassiker Verlags (GW 3, 369–556). Diese Ausgabe wiederum präsentiert alle von Bettina verfassten Materialien und die Texte, die sie für den Druck bestimmt hatte, die Armenlisten sowie Notizen und Entwürfe aus dem Umfeld des *Armenbuches*, dazu zwei Entwürfe zum geplanten Nachwort, dies alles ergänzt durch eine ausführliche Beschreibung der Entstehungsgeschichte, einen erklärenden Teil zu den Armenlisten und einen Stellenkommentar. Unter Hinzuziehung der Archivmaterialien des Freien Deutschen Hochstifts, des Weimarer Goethe- und Schiller-Archivs und der Sammlung Varnhagen der Biblioteka Jagiellońska in Kraków ist die in die Werkausgabe 1995 aufgenommene ‚Materialsammlung' daher auch nach wie vor die verlässlichste Quelle für Forscherinnen und Forscher, die sich wissenschaftlich weiter mit der Genese und dem Material des *Armenbuch*-Projektes beschäftigen möchten.

4. Bettina und das Verständnis von Armut im 19. Jahrhundert

Bettina von Arnims großes persönliches Engagement für Arme ist bekannt, vor allem ihre vielen persönlichen Hilfsaktionen für *einzelne* Personen und Familien wurden von den Zeitgenossen bewundert und geachtet, später auch mythisiert. Anders als in späteren biographischen Darstellungen vielfach kolportiert, hat sie jedoch beispielsweise niemals persönlich das Berliner Armenviertel Vogtland aufgesucht (wie es der junge Grunholzer als Ausländer tun konnte – wenn auch zumeist mit einem oberservierenden Polizisten im Gefolge). Denn mit Sicherheit würden in diesem Fall entsprechende Polizeiberichte über die Frau Baronin von Arnim existieren (vgl. Geist/Kürvers 1980, 215–216). Bettinas Kritik am Armen*wesen*, an der Unfähigkeit der Behörden, an den Reichen, ihr Einfordern von Abhilfe bei Friedrich Wilhelm IV. und seinen Ministern: Das alles war brisant und äußerst kontrovers und möglicherweise suchte sie auch mit diesem Projekt „den konstruktiven Dialog mit der preußischen Regierungsmaschine" (Landfester 2000, 323).

So wie sich das Verständnis für ‚Armut' im 19. Jahrhundert wandelte, so änderte sich auch generell und grundlegend der Blick auf die Armen und das Armenwesen. Bettinas Beitrag zu dieser Thematik ist insofern von Bedeutung, als ihm ein modernes Verständnis von Armut als sozialer Frage zugrunde lag, schließlich bezog sie klar Stellung „gegen die gängige zeitgenössische Position, Arme seien selbst schuld an ihrer Lage" (Schmid 2010, 107). Es ging ihr dabei nicht darum, mit logischen Argumenten zu überzeugen. Vielmehr wollte sie ihre Adressaten mit rhetorisch brillanten, narrativen Darstellungen von Einzelschicksalen, aber auch Texten wie der *Erzählung vom Heckebeutel* und all den anderen narrativ miteinander verwobenen Beispielen, Geschichten, Ansichten und impliziten Wertungen belehren und für ihr Anliegen gewinnen. Ihr Vertrauen in den Erfolg der Belehrversuche und der Provokation der regierenden Aristokraten war bewundernswert, ihre Einsichten in soziologische und politische Faktoren blieben gleichwohl eklektisch – und in ihrer Wirkung insgesamt begrenzt. Erst dem Realismus und besonders dem Naturalismus der folgenden Jahrzehnte, etwa Gerhart Hauptmanns *Die Weber* (1892) über den schlesischen Weberaufstand von 1844, deren Ausgang auch Bettinas *Armenbuch*-Projekt tangiert hatte, sollte es mit Blick auf die Darstellung der Armut als soziales Problem gelingen, auch mit *literarischen* Mitteln große Wirkung zu erzielen.

5. Literatur

Zitierte Ausgabe: Bettina von Arnim: *Armenbuch*. Frankfurt a.M. 1969; erweiterte Taschenbuchausgabe als *Bettina von Arnims Armenbuch*. Frankfurt a.M. 1981 [= Armenbuch 1981]; GW 3, S. 369–556, Kommentar S. 1047–1150.

Ebert, Birgit: „Bettina Brentano-von Arnim's ‚Tale of the Lucky Purse' and Clemens Brentano's ‚Story of Good Kasperl and Beautiful Annerl'". In: Elke P. Frederiksen and Katherine R. Goodman (Hg.): *Bettina Brentano-von Arnim. Gender and Politics*. Detroit 1995, S. 185–212.

Edler, Erich: *Die Anfänge des sozialen Romans und der sozialen Novelle in Deutschland*. Frankfurt a.M. 1977.

French, Lorely, und Irina Hundt: „‚Die Günderode an Bettina' (1844). Ein unveröffentlichtes Manuskript Helmina von Chézys zur Wirkungsgeschichte der ‚Günderode', des ‚Königsbuchs' und des ‚Armenbuch-Projekts'". In: Jb BvA 6/7 (1994/95), S. 15–50.

Frühwald, Wolfgang: „Die Not der schlesischen Weber. Zu Bettine von Arnims *Armenbuch* 1844". In: Bettine-Katalog, 1985, S. 269–280.

Geist, Johann Friedrich, und Klaus Kürvers: *Das Berliner Mietshaus*. Bd. 1: *1740–1862. Eine dokumentarische Geschichte der „von Wülcknitzschen Familienhäuser" vor dem Hamburger Tor, der Proletarisierung des Berliner Nordens und der Stadt im Übergang von der Residenz zur Metropole*. München 1980.

Härtl, Heinz: „Bettinas Armenbuch. Das überlieferte Material und seine Edition". In: Jb BvA 3 (1989), S. 127–136.

Härtl, Heinz: „Zur zeitgenössischen publizistischen Rezeption des ‚Königsbuches'. Mit einem bibliographischen Anhang". In: Walter Schmitz u. Sibylle von Steinsdorff (Hg.): *„Der Geist muß Freiheit genießen ...!" Studien zu Werk und Bildungsprogramm Bettina von Arnims*. Berlin 1992, S. 208–235.

Henrici, Karl Ernst: *Versteigerung 148. Bettine von Arnim. Literarisches und Politisches aus ihrem handschriftlichen Nachlass darunter Goethes Briefwechsel mit einem Kinde*. Auktionskatalog. Berlin 1929.

Jantke, Carl, und Dietrich Hilger (Hg.): *Die Eigentumslosen. Der deutsche Pauperismus und die Emanzipationskrise in Darstellungen und Deutungen der zeitgenössischen Literatur*. Freiburg i.Br., München 1965.

Koller, Traugott: *Heinrich Grunholzer. Lebensbild eines Republikaners im Rahmen der Zeitgeschichte*. Zürich 1876.

Landfester, Ulrike: „Jenseits der Schicklichkeit: Bettine von Arnims Armenbuch-Projekt im zeitgenössischen Salongespräch". In: Hartwig Schultz (Hg.): *Salons der Romantik. Beiträge eines Wiepersdorfer Kolloquiums zu Theorie und Geschichte des Salons*. Berlin, New York 1997, S. 271–296.
Landfester, Ulrike: *Selbstsorge als Staatskunst. Bettine von Arnims politisches Werk*. Würzburg 2000.
Meier, Albert: „Der Heckebeutel" [Kommentar]. In: A. Meier [u.a.] (Hg.): *Meistererzählungen der deutschen Romantik*. München 1985, S. 443–448.
Schäfer, Gerhard K.: „Geschichte der Armut im abendländischen Kulturkreis". In: Ernst-Ulrich Huster, Jürgen Boeckh u. Hildegard Mogge-Grotjahn (Hg.): *Handbuch Armut und soziale Ausgrenzung*. 2. Aufl. Wiesbaden 2012, S. 257–278.
Schmid, Pia: „Bettine von Arnim und die soziale Frage". In: Wolfgang Bunzel, Kerstin Frei u. Mechtild M. Jansen (Hg.): *„Mit List und ... Kühnheit ... Widerstand leisten": Bettine von Arnims sozialpolitisches Handeln zwischen Privatheit und Öffentlichkeit*. Berlin 2010, S. 91–108.
Schultz, Hartwig: „Bettine von Arnims ‚Armenbuch'". In: Bettine Katalog, 1985, S. 135–142.
Schultz, Hartwig: „Bettine von Arnims ‚Armenbuch'. Probleme einer kritischen Edition". In: *editio* 1 (1987), S. 224–233.
Tráser-Vas, Laura: „‚Wie Brentanosch diese Erzählung doch ist': Ein Vergleich zwischen Clemens Brentanos ‚Geschichte vom braven Kasperl und schönen Annerl'(1817) und Bettina Brentano-von Arnims ‚Der Heckebeutel' (1845)". In: *Studia Germanica Universitatis Vesprimiensis* 10.1 (2006), S. 71–88.
Vordtriede, Werner: „Bettina von Arnims Armenbuch". In: Jb FDH 1962, S. 379–518.

1.6. *Ilius Pamphilius und die Ambrosia* (1847/48)

Hedwig Pompe

1. Auch eine Literaturgeschichte der Romantik 439
2. Eine romantische Erziehung: Die Veröffentlichung des Privaten . 440
3. Literatur: Ein Medium für Begegnungen 441
4. *Ilius Pamphilius und die Ambrosia*: Dramaturgie eines Scheiterns, Kontrafakturen des Gelingens 443
5. Literatur 450

1. Auch eine Literaturgeschichte der Romantik

Bettina von Arnim ist durch und durch eine Romantikerin gewesen. Die ästhetisch-figurativen Selbstentwürfe als ‚Bettine' oder auch ‚Ambrosia', die mit Brief und Briefroman umfänglich verschriftete eigene Person, weisen die zentralen Epochensignaturen der Romantik auf. Es sind dies unter anderem die auf Individualität und Authentizität zielenden Darstellungsmittel und die ‚poetisch-progressive' Verzahnung von Literatur und Leben. Die Bücher Bettina von Arnims erstellen als Werk nicht nur das persönliche Archiv dieses Lebens, sondern sind zugleich Beiträge zum allgemeinen Gedächtnis der (literarischen) Romantik (vgl. Bunzel 2010/11). Was die Schriften der Bettina von Arnim aufbewahren, ist der Aufgabe verpflichtet, das romantische Weltverhältnis mittels Darstellung zu pflegen und seine Ideen an Nachfolgende zu vermitteln. Es geht dabei um die Erfüllung eines Generationenvertrags, den schon das ‚Kind Bettine' selbstverständlich annimmt und an dessen Fortführung die alt gewordene Frau von Arnim festhält. Mit poetischer Weltaneignung, unter Verwendung einer diversifizierten Rollenprosa (Hock 2001), soll Romantik ihr bestes Allgemeines offenbaren: eine intensive, immer wieder ins Großartige gesteigerte, Liebe versprechende Erzeugung von Welt-Sinn.

Um dies zu leben und zu schreiben, bedarf es unterschiedlicher Kommunikationspartner. Erst im Zusammenspiel von *ego* und *alter*, so ein Kernsatz romantischer Ideenlehre, gelingen progressiver Selbstentwurf und Selbstwerden (vgl. Luhmann 1982, 172). In Gespräch und Brief wird das dialogische Zusammenspiel von Identitäts- und Differenzerleben möglich und erfahrbar. Im Text entfalten sich die Chiffren romantischer Kommunikation, in ihnen wird ‚wahrer' Sinn für Leser und Leserinnen geborgen. Die Werk gewordenen Briefwechsel ermöglichen dabei ästhetische ‚Konjekturen' am vergangenen Selbst. In diesem Sinne sind die für die Veröffentlichung bearbeiteten Briefwechsel der Bettina von Arnim ‚Briefromane' einer Autorin. In ihnen sorgen wechselnde Adressaten, von ‚Goethe' bis ‚Ilius Pamphilius', von den ‚Armen' bis zum ‚preußischen König', für die variantenreiche Erzeugung von Sinn im Leben der ‚Bettine'. Unbeirrbar der Erfüllung der eigenen Ideale entgegenstrebend, unerschrocken gegenüber dem Misslingen, riskiert auch die Rollenprosa von ‚Ambrosia' im Briefroman *Ilius* die eigene Person. Diese auf die „Selbstsorge" (Landfester 2000) zentrierte Darstellung hat zur Aura der Autorin Bettina von Arnim beigetragen. Seit dem *Goethebuch* von 1835 führt sie den Zeitgenossen vor, auf welch eigenwillige Weise sie Leben in Kunst zu verwandeln versteht und zur Konjunktur romantischer Denkhaltung und Weltaneignung beizutragen gewillt ist.

2. Eine romantische Erziehung: Die Veröffentlichung des Privaten

Mit der Werk-Schrift gewordenen Selbstsorge verschreibt Bettina von Arnim das Romantische nicht nur poetisch dem Allgemeinen. Mit ihren Publikationen reagiert die Autorin auch positiv auf die neuen Kommunikationsverhältnisse im frühen 19. Jahrhundert (vgl. Pompe 2005). Die gesteigerte publizistische Durchdringung idealistischer Theoreme und Bildungsvorstellungen verspricht, die ästhetische Erziehung des Publikums durch Literatur voranzubringen. In diesem Kontext geht es bei den publizistischen Aktivitäten Bettina von Arnims um die „prinzipielle Durchlässigkeit" ihrer „Privatkorrespondenz auf eine potentielle Öffentlichkeit hin" (Bunzel 2001, 84). Ein stilsicherer Inszenierungscharakter ist schon an ihren ‚privat' abgesteckten Korrespondenzen zu erkennen; er scheint eine spätere Veröffentlichung zu antizipieren. Die „Veröffentlichung des Privaten" (Bunzel 2001, 41), ob in den umfänglichen Briefromanen oder in anderen Publikationen, überschreitet dabei die Grenzen der idealistischen Kunstdoktrin, die den Anspruch von Kunst in ihrem autonomen

Status begründet hatte (vgl. Landfester 2000; Bunzel 2001; Püschel 2005). Der romantischen Publizistin Bettina von Arnim geht es nicht um die Demonstration notwendigerweise weltabgewandter Innerlichkeit. Stattdessen bekunden ihre exzentrische Poesie des Eigenen und ihre gezielten publizistischen Interventionen (vgl. Härtl 1997) das grundsätzliche Interesse der Autorin an den Geschicken der Welt. Damit treffen Eigenes und Fremdes, Privates und Öffentliches in ihrem Werk in je und je neuen Konstellationen aufeinander und arbeiten sich aneinander ab.

Das Briefgespräch mit diversen Schreibpartnern und -partnerinnen kennt dabei euphorische wie zutiefst melancholische Phasen. Die romantische Utopie des vollkommenen Verstehens ist die Leitlinie der Selbst- und Weltsorge; die Arbeit daran dient nicht zuletzt der Rettung vor den philiströsen Zumutungen der Unverständigen. Wie Heinrich Heine, wenn auch mit anderen Formen, protestiert auch Bettina von Arnim poetisch gegen die Zeitläufte, die dem romantisch-progressiven Weltverstehen allmählich das Wasser abgraben. Ihre ästhetisch-weltanschauliche Denk- und Schreibhaltung richtet sich deshalb auf die nachkommende ‚Jugend'; dafür wird die Autorin von der nächsten Generation geschätzt (vgl. Kommentar in: GW 3, 679–701; Landfester 2011). Andererseits sind es gerade die Jüngeren wie die sogenannten Jungdeutschen, die das romantische Schreibprojekt als ein unzeitgemäßes aufkündigen wollen. Gefürchtet werden die ‚unendlich jungen' – und das heißt immer auch unangepassten – publizistischen Stellungnahmen der Autorin von ängstlicheren Zeitgenossen. Dies können auch Freunde und Freundinnen oder Verwandte sein, die von Bettinas Veröffentlichungen menschlicher Unzulänglichkeiten pikiert sind. Mit ihrem öffentlich angegriffenen Mut zur Welt leistet die Autorin nicht nur ihren persönlichen Schwur auf die Romantik, vielmehr tritt ihr Werk für die fortdauernde allgemeine Berechtigung des Romantischen ein. So sind poetische Selbstsorge, Publizistik und öffentliche Erziehung miteinander verschränkt.

3. Literatur: Ein Medium für Begegnungen

Die in Bettina von Arnims erstem Briefroman *Goethe's Briefwechsel mit einem Kinde* (1835) vermittelten Handlungsspielräume mutiger Interventionen aus dem Geist der Romantik üben offensichtlich eine starke Anziehungskraft auf junge Leser aus. Studenten wie Philipp Engelhard Nathusius (1815–1872) sind begeistert von dem Buch und suchen die persönliche Bekanntschaft der mit dem *Goethebuch* schlagartig bekannt gewordenen Autorin (vgl. Kommentar in: GW 2, 908–970). Diesem durch Lektüre gerade auch ihres Buchs ausgelöstem Begehren kommt Bettina von Arnim gern entgegen, möchte sie sich doch durch Salongespräche und Briefe auch mit der nächsten Generation verbinden (vgl. Kommentar in: GW 3, 679–701). So widmet sie etwa ihren dem *Goethebuch* folgenden Briefroman, *Die Günderode* (1840), der politisch engagierten ‚Jugend' (vgl. Pompe 1999; Landfester 2000, 140). Die netzwerkförmige Verschränkung von Person, Salon, Brief und Buch (vgl. Landfester 2011, 37), die private und öffentliche Selbstvervielfachung führt auch den Leser Philipp Engelhard Nathusius zur Autorin. Er besucht Bettina von Arnim im Herbst 1835 zum ersten Mal in ihrem Berliner ‚Demagogen'-Salon; Ende 1836 bis Anfang 1837 verbringt Nathusius einige Monate in Berlin, um „seinen schöngeistigen Interessen nachzugehen" (Landfester 2000, 142). Nathusius ist nun kein politisch inspirierter Zögling der neuen Zeit, sondern ein junger Unternehmer mit bildungsbürgerlichen Ambitionen (vgl. Landfester 2000, 142). Er stammt aus einer wohlhabenden Kaufmannsfamilie, die in Althaldensleben bei Magdeburg ansässig ist (vgl. Kommentar in: GW 3, 1155). Zu dem Zeitpunkt, als er die Autorin besucht, hat er – sein Vater war nur wenige Monate zuvor verstorben – bereits die Leitung der Familienfirma übernommen. Er ist ein zeittypischer Bildungs- und Handelsbürger (vgl. Kocka 1995), aufgewachsen mit Leseerfahrungen in klassischer und romantischer Literatur. Diese vermittelt ihm, im Kontrast zu seinem Arbeitsleben, das Schöne, verführt ihn, wie das *Goethebuch* Bettina von Arnims, zur Idee eines ‚höheren' Lebens. Schon im März 1835, unmittelbar nach der Auslieferung der ersten beiden Bände, schreibt Nathusius der Autorin: „Ich schwärme für dich, aber wahrhaftig nicht, was die Menschen schwärmen nennen. Ich will nichts als Wahrheit, und die muß ich bei dir ja auf jeden Fall finden" (zit. nach GW 3, 1157). Bei seinem längeren Berliner Aufenthalt, 1836/37, gehört er zum Kreis der jugendlichen Verehrer um Bettina von Arnim; nach dieser Zeit begann er, von Bettina „ermutigt", „den Briefwechsel mit ihr" (Kommentar in: GW 3, 1158; vgl. Landfester 2000, 142). Auf dem Briefwechsel, den sie bis 1839 führen, beruht der 1848, also rund ein Jahrzehnt später, in zwei Teilen erschienene Briefroman *Ilius Pamphilius und die Ambrosia*.

Was Nathusius über Salongespräch und Briefwechsel mit der Autorin nun selbst zu verwirklichen sucht, hat die Generation, der Bettina von Arnim angehört, vorgelebt und literarisch ausgearbeitet. Längst liegt die romantische Lebenskunst der Älteren, in idealistischen Leitsätzen kondensiert, den Jüngeren zur Nachahmung vor. Dazu gehören Ansichten wie die folgenden, die auch für Nathusius' Streben nach Selbstbildung zu veranschlagen wären: Der individuelle Lebenstext sei ästhetisch verwandelbar in Literatur und allein Literatur gewordenes Leben könne starken Sinn aussprechen und das Wahre erzeugen. Nathusius kennt sich aus in der Sozialisationsinstanz Literatur und eignet sich deren Emphase an: „‚Kein Werther. Dichtung und Wahrheit seyen eins', überschrieb Nathusius, wohl im Jahr 1833, eine Art Tagebuch" (Kommentar in: GW 3, 1156). Das Kind ‚Bettine', wie es den jungen Erwachsenen im *Goethebuch* 1835 entgegentritt, stellt bereits dar, wie ein Transfer zwischen den Generationen gelingen könnte. Die Autorin erzählt darin, wie die frühromantische Bildungstextur in den 1830er Jahren, insbesondere über Briefe, weiterzuschreiben sei. Wie das *Goethebuch* bezeugen auch wenig später *Die Günderode* und *Clemens Brentano's Frühlingskranz* das klassisch-romantische Narrativ über die Literatur. Sie ist das privilegierte Medium der Weltaneignung und gemeinsamen Welterzeugung. Zudem scheint es ganz ‚einfach' zu sein, mit und in der Literatur sich den großen Dichterpersönlichkeiten der

Zeit anzunähern. Das ist das Modell, in das der Kaufmann und Bildungsbürger Nathusius einzusteigen gedenkt. Er macht, wie es das Buch *Ilius* sehr viel später offenlegt, der Autorin nicht nur als bewundernder Leser im Salon die Aufwartung, sondern bespielt mit Brief und eigener Lyrik die wichtigen Formen romantischer Lebens- und Kommunikationskulturen.

Über einen Besuch im Jahr 1836 in Bettina von Arnims Salon schreibt Nathusius in sein Tagebuch: „Ich ließ mich anmelden. ‚Ach das ist der Philipp Nathusius', hörte ich sie in ihrem Wohnzimmer rufen, ‚er soll nur hereinkommen.' [...] Die Freiheit, die sie ihrer ganzen Umgebung schenkt, kam über mich wie Morgenluft. Ich bin ganz frei vor ihr, aber so dumm wie ein Kind und weiß kein Wort zu sagen" (Reuß 1896, 63, zit. nach GW 3, 687).

In dieser Selbstcharakteristik scheint das modellbildende Psychogramm des Kindes ‚Bettine' durch, das sich in Briefen ganz unbefangen dem größten Dichter seiner Zeit angenähert hat. So imitiert auch der erste Brief von Nathusius im *Ilius*, unter dem Rollennamen ‚Pamphilius', stilistisch den ersten Brief ‚Bettines' an ‚Goethe' (vgl. Bäumer 1989, 263). Nathusius' Tagebuchnotiz aus der Zeit besitzt eine eigene Note seiner ‚kindlich-dummen' Annäherung an die berühmte Autorin: die Selbstzuschreibung des eingeschränkten eigenen Könnens, das bis zum Verstummen führen kann. Dies ist bereits eine symbolische Verbeugung vor der in ihrer poetisch erstrittenen Freiheit so viel Größeren. In den Briefen, die im *Ilius* gewechselt werden, ist dies zu einem starken Motiv ausgebaut, das den Diskurs zwischen ‚Pamphilius' und ‚der Ambrosia' bestimmt.

4. *Ilius Pamphilius und die Ambrosia*: Dramaturgie eines Scheiterns, Kontrafakturen des Gelingens

Der *Ilius* ist durchaus als ein Briefroman anzusprechen. Zwar sind die darin zu findenden Briefe wohl weniger als sonst bei Bettina von Arnim üblich von ihr bearbeitet worden (vgl. Kommentar in: GW 3, 1151–1152; Landfester 2000, 141). Doch ist auch *Ilius* im Sinne einer publizistischen Werkstrategie ein ausgewähltes Arrangement aus einigen gewechselten Briefen. Die Zeit- und Ortsangaben der Briefe sind stark zurückgenommen, der Lesefluss soll durch solch äußeren Zäsuren nicht gestört werden. Der allegorische Name ‚Ambrosia', „der die Gaben" von Bettina von Arnim „mit der antiken Götternahrung gleichsetzt", scheint Mitte der 1830er Jahre im Kontext ihres Salons „in Gebrauch gekommen zu sein" (Kommentar in: GW 3, 1159). Die Poetik der Figur ‚Ambrosia' im *Ilius* konvergiert mit den historischen Lebensumständen Frau von Arnims in der zweiten Hälfte der 1830er Jahre. In dieser Lebensphase hat ein Rollenwechsel stattgefunden: Zeitgleich mit dem Kind ‚Bettine', das Mitte der 1830er Jahre seinen öffentlichen Auftritt hat, gewinnt die darüber berühmt gewordene Autorin einen neuen poetischen Namen für ihre gewandelte Rolle – sie ist nun die Förderin der Jugend (vgl. Bäumer 1989; 1992). An sie wendet sich ein zu der Zeit noch völlig unbekannter junger Mann, der auch Lyrik verfasst. In Verbindung mit dem Ceres/Demeter-Mythos (vgl. Kommentar in: GW 2, 871 u. 999; Bunzel 2009, 50–51) spielt Bettina von Arnim ihre Rolle gegenüber (männlichen) Jüngeren, die ihrerseits versuchen, im Rollenspiel komplementär gegenzuhalten: „Die Personenbezeichnung selbst muß als sprechender Name angesehen werden, wird als ‚Ambrosia' (αμβροσία, griech. Unsterblichkeit) doch zunächst die Speise und Salbe griechischer Götter verstanden. […] Die Bezeichnung ‚Pamphilius' wiederum greift auf den Namen eines frühchristlichen Presbyters in Caesarea zurück, der ein Schüler von Origenes war. Bettine von Arnim führt mit dieser Namengebung also eine paradigmatische Lehrerinnen/Schüler-Konstellation vor, welche die Vormärzzeit mit der Antike überblendet und das Alter im geschlechterübergreifenden Dialog mit der Jugend zeigt" (Bunzel 2009, 43).

Ambrosia tritt in *Ilius* als rückhaltlos Gebende auf, auf der Suche nach Korrespondierenden, die dem Programm der wechselseitigen Steigerung durch Verschwendung zu folgen gewillt sind (vgl. Pompe 1998). Pamphilius (auch ‚Pamphil') strengt sich an, diesem Anspruch zu genügen. Doch glaubt er dafür weder genug an sein eigenes poetisches Können, noch lässt er sich von Ambrosia davon überzeugen, dass auch bei ihm Wollen und Poesie auf Dauer deckungsgleich werden könnten. Seinem brieflichen Tun, ‚als ob' die Annäherung an Ambrosia auf Augenhöhe gelingen und mit ihr zusammen seine poetische Selbstwerdung sich ereignen könne, hält Pamphilius immer wieder das Realitätsprinzip seines hinter dieses Streben zurückfallenden Lebens entgegen. Es ist diese Seite an ihm, gegen die Ambrosia noch und noch anschreibt. Auf der Binnenseite des Briefromans *Ilius* steht die Rollenprosa von Pamphilius, trotz vieler Partien in stilistischer Mimesis an romantische Schreibverfahren, von Beginn an auf einer ‚anderen' Seite als Ambrosia. Sie führt, eigentlich zunächst für ihn, auf Dauer aber gegen ihn, das souveräne Projekt des romantischen Selbstentwurfs ins Feld.

Der Roman *Ilius* erzählt aber auch davon, dass der junge Pamphilius sich nicht umsonst an eine Mentorin wie Ambrosia gewandt hat, die ihn an ihren Möglichkeiten teilhaben lässt. So hilft sie ihm mit ihren zahlreichen Verbindungen im literarischen Feld, um seine lyrischen Gehversuche bekannt werden zu lassen. Auf seine Bitten vermittelt sie ihm Rezensionen und verschafft ihm literarische Aufträge. Als erste Kritikerin seiner Briefe und seiner Gedichte fungiert Ambrosia in ihren Briefen. Schreibt Pamphil (wie er von ihr zumeist genannt wird) im hohen Ton des Begeisterten und im Werden begriffenen Dichters, gefällt dies Ambrosia; schreibt er dagegen kleinlaut über das eigene Versagen oder gar kurze Briefe ohne poetische Ambitionen über das Alltagsleben und dessen kleine Sorgen, antwortet sie spöttisch und satirisch, geht mit seiner Ängstlichkeit und seinen Bedenklichkeiten ins Gericht und verurteilt seine mangelhafte Prosa. Eher wohlwollend beurteilt Ambrosia Pamphilius' Gedichte, erkennt hier poetisches Talent und Entwicklungsfähigkeit.

Die Rolle, die Nathusius in diesem Briefwechsel zufällt, ist die des Schülers, der sich leider nicht in dem Maße belehren und zur Poesie bekehren lässt, wie seine Briefpartnerin es sich wünscht (vgl. Landfester 2000, 143). Ambrosia muss in diesem Sinne ihren Pamphil wiederholt an die Verpflichtungen erinnern, die aus dem poetischen Umgang mit dem Geist erwachsen. Das Programm ästhetischer Selbstsorge ist weltanschaulich ausgerichtet. So wächst Pamphil allmählich die Erkenntnis zu, dass es in ihrem privaten Diskurs nicht nur um ihn selbst, sondern um einen in Ambrosias brieflicher Selbstsorge bestrittenen ‚Egoismus' höherer Art geht. Denn ihr Zusammenspiel eignet sich für etwas über sie beide Hinausgehendes, das geistige Ideal der Poesie (vgl. Kommentar in: GW 3, 688). Diese Kränkung der eigenen Person, die Individualität dem Dienst an einem höheren Allgemeinen zu unterstellen, erspart Ambrosia ihrem Pamphilius nicht, folgt sie doch selbst diesem Gesetz. In diesem Sinne ist es *ihre* romantische Deutungsmacht, die den Sinn ihres Briefgesprächs festlegt und dessen Gelingen beurteilt, aber zugunsten eines Allgemeinen. Mit der Veröffentlichung des Briefwechsels zwischen Nathusius und Bettina von Arnim über das Buch *Ilius* geschieht Analoges: Zwar ist es ihr Briefroman, der geistige Ertrag soll aber der Allgemeinheit zugutekommen.

Die Briefe des zögerlichen Philipp Engelhard Nathusius sollten ursprünglich nicht das einzige Material für den Briefroman abgeben. Einbezogen werden sollten auch der Briefwechsel zwischen Bettina von Arnim und Philipp Hössli (1800–1854) aus den 1820er Jahren sowie ihr späterer Briefwechsel mit dem Studenten Julius Döring (1817–1893) (vgl. Landfester 2000, 127 u. 141). Dies plant die Autorin noch 1840 (vgl. Kommentar in: GW 3, 1174–1175). Der Jurastudent Döring lernte Bettina von Arnim 1839 kennen. Er gehört wie Nathusius zum Kreis der jugendlichen Anhänger, die sich in der zweiten Hälfte der 1830er Jahre in ihrem Berliner Salon einfinden (vgl. Kommentar in: GW 3, 685; Bäumer 1992). Ihre Briefe gedachte die Autorin zunächst unter dem Titel *Meine letzten Liebschaften* herauszugeben, zugunsten der 1837 von der Universität Göttingen entlassenen Brüder Jacob und Wilhelm Grimm (vgl. Kommentar in: GW 3, 1175). Von solchen Unterstützungsprojekten ist auch im *Ilius* die Rede, etwa von einer Sammlung für die Brüder Grimm (vgl. GW [Konrad] 2, 534; die Passage ist nicht in GW 3 enthalten). 1846 überlegt die Autorin, die sich mittlerweile mit den Grimms überworfen hat, den „Doppelbriefwechsel mit Nathusius und Döring" (Kommentar in: GW 3, 1175) Hoffmann von Fallersleben zu widmen und so den preußischen König Friedrich Wilhelm IV. auf die prekäre Lage des Dichters aufmerksam zu machen. In diesem Zusammenhang schreibt Bettina von Arnim an Karl August Varnhagen von Ense, der neue Titel solle „Briefwechsel mit zwei Demagogen" lauten (2. Dezember 1846, in: Varnhagen 1, 397). Schon kurz darauf lässt sie diese Idee wieder fallen und zieht schließlich „Ilius, Pamphilius und die Ambrosia" in Erwägung (an Varnhagen, 8. Dezember 1846, in: Varnhagen 1, 397). ‚Ilius' wäre demnach der Deckname für Julius Döring gewesen, allerdings hatte dieser seine und ihre Briefe für das geplante Buch schon 1840 nicht freigegeben (vgl. Kommentar in: GW 3, 1175; Landfester 2000, 141). Gleichwohl hält Bettina von Arnim 1847 an diesem Titel nun fest; das Komma zwischen den fiktiven Namen wird dabei getilgt. Die Drucklegung der beiden Teile des *Ilius* zieht sich eine Weile hin, wobei die gerichtlichen Auseinandersetzungen der Autorin mit dem Berliner Magistrat um die Konzession und Steuerpflicht ihres von Arnim'schen Verlags, die erst kurz vor Weihnachten 1847 entschieden werden, eine nicht unwesentliche Rolle gespielt haben dürften (vgl. Meyer-Hepner 1960; siehe III.2.6. *Rechtsstreitigkeiten*). Der erste Band wird im November 1847 kurz vor dem Erscheinen konfisziert und erst nach dem Prozessende Anfang 1848 freigegeben, der zweite Band folgt – offenbar konfliktfrei – im Juni 1848.

Mit ihrem Briefpartner Pamphilius stellt sich unter der Deutungsmacht von Ambrosia kein Erfolg der ästhetisch progressiven Erziehungskur, die sie veranstalten will, ein. Stattdessen umkreist der *Ilius*-Briefroman in den wechselseitigen Beobachtungen von *ego* und *alter* eine uneinholbare Fremdheit zwischen Schreiber und Schreiberin. So ist diesem Briefgespräch, trotz emphatischer Kontaktaufnahme durch Pamphil und entsprechender Bereitschaft von Ambrosia, seine Endlichkeit mit auf den Weg gegeben. Da es Pamphilius nicht gelingt, in der Transzendierung durch poetische Umschrift und idealischen Umgang mit Ambrosia die Beschränkungen seines Alltagslebens auf Dauer zu überwinden, strebt auch ihr Briefwechsel absehbar einem prosaischen Ende entgegen. Ambrosia erkennt schnell die Begrenztheit ihres Briefpartners und bezichtigt ihn mehr und mehr eines Versagens. So erlebt auch Ambrosia, unter der Sinngebung, die sie vorschreibt, ihre persönlichen Kränkungen, etwa wenn Pamphil nicht erkennt, was er durch eine Mitarbeit bei der Neuherausgabe der Schriften Achim von Arnims hätte gewinnen können (vgl. GW 3, 583). Deutlich wird ihre Enttäuschung in einer umfänglichen Partie des Buchs, wo es um einen Besuch von Ambrosia bei Pamphilius und seiner Familie geht. In mehreren Briefen kommt sie darauf zurück, dass er durch sein ‚kühles' Verhalten ihr gegenüber, im Kontext seiner familiären Kommunikationen, ihrer beider brieflich erzeugte Vertrautheit verleugnet habe. Solche Kränkungen können sich bis in eine unverhohlene Eifersucht Ambrosias steigern, was beispielsweise der Fall ist, wenn Pamphilius es vorzieht, dem Ratschlag eines anderen Erziehers zu folgen, der ihm Italien für eine Bildungsreise vorschlägt, wohl wissend, dass er deshalb Ambrosia bei ihren literarischen Projekten nicht unterstützen kann (vgl. GW [Konrad] 2, 498–505; Passage fehlt in GW 3). Eifersucht schimmert auch durch, als Pamphilius ihr davon erzählt, dass sich für ihn ein vertrauliches Verhältnis zu einer jungen Frau anbahnt (vgl. GW 3, 609–613). Dabei handelt es sich um Marie Scheele, die Nathusius Ende 1839 kennenlernt und die später seine Frau wird (vgl. Kommentar in: GW 3, 1166). Proben der Treue und des Vertrauens, auf die Pamphil von Ambrosia gestellt wird, treiben so das – wie sie es sieht – Philisterwesen bei ihm hervor, anstatt es ihm in der idealischen Erziehungskur auszutreiben.

Die Forschung hat die Strukturen der komplex verzahnten Geschichten und Kommunikationsprozesse im Briefroman *Ilius* erst in Ansätzen analysiert (vgl. Bäumer 1989; Pompe 1998). So ist zu sehen, dass der um ideale Existenz und lyrisches Ausdrucksvermögen bemühte Kaufmann Pamphilius, neben der Verehrung von Ambrosia, mit den anderen Seiten seiner Person sich auf einen Lebensraum ‚jenseits' von Ambrosia bezieht. Dahin zieht er sich zurück, wenn Ambrosias Ansprüche zu groß und zu anstrengend werden, wenn die völlige

1.6. Ilius Pamphilius und die Ambrosia (1847/48)

Vereinnahmung durch sie zu drohen scheint. Zwar reicht ihre Deutungsmacht in diese Sphäre mittels ästhetischer Urteilskraft hinein, erstellt sie ihm doch die Diagnose, dass er sich in diesem Rückzug von ihr und den Idealen nur selbst aufgäbe. Doch ist es eine, in ihrem Sinne unheroisch-philiströse, von ihm aus gesehen aber auch gerechtfertigte Sorge um das eigene Selbst, mit der Pamphilius Lebenssinn auf seine Weise entdeckt. Diese Sinnzuschreibung geschieht im Widerstreit mit Ambrosia, die hierzu keinen Zugang finden will und kann. Schließlich führt auch Ambrosia ein Rückzugsgefecht. Gegen den für sie zu schwachen Pamphilius stellt sie die Vertrauten ihrer Jugend wie die verstorbene Dichterin und Freundin Karoline von Günderrode, aber auch den ebenfalls bereits verstorbenen Friedrich Schleiermacher (vgl. Schormann 1993; Richter 1998) oder die Brüder Jacob und Wilhelm Grimm, die ihr alle jene notwendige geistige Unterstützung im wechselseitigen Vertrauen entgegengebracht hätten. So weisen zum Ende der im *Ilius* vorgeführten Zeit die Koordinaten beider Lebenswege wieder auseinander. Man trennt sich ‚einfach', sogar relativ einvernehmlich darüber, dass es Sinn macht, das Briefgespräch zu beenden. Es ist nicht der Tod wie im *Günderodebuch*, der das Ende mit einer hohen Zäsur versieht, sondern die innere Fremdheit zwischen beiden. Diese spiegelt sich auf eher banale Weise in den äußeren Bedürfnissen von Pamphilius' Lebenszusammenhängen wider. So stellt sich Pamphilius für Ambrosia wieder als das heraus, was er von Anfang an war: ein zwischen Alltag und Kunst befangener Bürger, wenn auch mit Bildungsabsichten und dichterischen Ambitionen.

Dessen historische Vorlage, Philipp Engelhard Nathusius, hat zum Zeitpunkt der Veröffentlichung des *Illius* den hochfliegenden Jugendideen längst abgeschworen; 1847 und 1848 erlebt er als preußischer Guts- und Fabrikbesitzer mit konservativ-religiöser Grundüberzeugung in seiner Heimat Althaldensleben die revolutionären Unruhen und begegnet den Versuchen, eine politische Neuordnung herbeizuführen, mit Skepsis (vgl. Reuß 1900, 83–119). In dieser Zeit arbeitet Bettina von Arnim an der Veröffentlichung ihrer letzten politischen Schriften, darunter der sogenannten *Polenbroschüre* (vgl. Püschel 2005).

Allerdings bringen die hochgesteckten beiderseitigen Erwartungen am Anfang und die Desillusionierung am Schluss in die Geschichte zwischen Pamphilius und Ambrosia eine Dramaturgie hinein, in der die Begrenztheit dieses Briefpartners ästhetisch Sinn macht. Denn diese liefert dem romantischen Überschwang von Ambrosia, in einem steten Auf und Ab, zahlreiche Vorlagen für ihr intervenierendes Gegenspiel. Dies kann sie als strenge Erzieherin, enttäuschte Freundin, lächelnde Mentorin oder milde Kritikerin des Jüngeren in Szene setzen. Dem Schauspiel des persönlichen, wechselseitigen Scheiterns am Projekt einer idealischen Beziehung stellt sich so das ästhetische Gelingen des Briefromans kontrafaktisch entgegen. Auch der Schreibpartner ‚Pamphilius' ist ein Probierstein für die in der Maske der ‚Ambrosia' auftretende Autorin Bettina von Arnim, ebenso wie es für ‚Bettine' ‚Goethe', ‚Günderode' oder ‚Clemens' gewesen sind. Zwar kann man sagen, dass der Briefroman *Ilius* vom Scheitern des romantisch-progressiven Einvernehmens und der beglückenden kommunikativen Steigerung in der Wechselseitigkeit erzählt (vgl. Landfester 2000, 146). Aber lohnte diese Publikation für die Autorin, wenn sie nicht auch hier sinnhaft an dem Auftrag einer Weitergabe des romantischen Welt- und Poesieverständnisses an Jüngere festhielte? „[A]usgerechnet im Revolutionsjahr 1848" publiziert (Richter 2001/02, 115), handelt es sich auch bei *Ilius* um einen Briefroman idealistischer Prägung, aus der Hand einer Autorin, die die Jugend nun durch ein warnendes Beispiel vor dem Verrat am Wesentlichen bewahren will. Als öffentliches Werk wartet dieser Roman, im Unterschied zum historisch gewordenen Briefpartner Pamphilius, auf geeignetere Rezipienten, die die romantische Erbschaft noch einmal anzunehmen verstehen. Berufene Leitbilder für das verständige Wesen bleiben, neben Ambrosia selbst, die überhistorisch ‚im Geiste jung Gebliebenen' der eigenen Generation wie die Brüder Grimm, Verstorbene wie Schleiermacher oder Achim von Arnim, manch Jüngere auch, auf die Ambrosias Briefe gelegentlich ohne Namensnennung anspielen. Zu ihnen fühlt sich Ambrosia auf altbewährte Weise mit ihren Idealen ganz hingezogen, für politisch Unbotmäßige dieser Art setzt sie sich ein. Der von der Autorin angedeutete, von den ‚alten' Idealen getragenen Kommunikationsverbund gibt die Kontrastfolie für den letztlich kläglich erscheinenden Pamphilius ab. Ambrosias Briefrede bleibt davon unberührt und kommuniziert noch in ihren Kränkungen durch den Unzulänglichen die übergreifende Wahrheit der romantischen Poesie. Bettina von Arnim bestreitet ihre in den 1830er Jahren erfolgte ‚Wendung zum Politischen' (vgl. Kommentar in: GW 3, 679–819) noch in den späten 1840er Jahren mit den poetischen Mitteln der Kunstperiode (vgl. Richter 2001/02). Ulrike Landfester zeigt in ihrer Analyse des *Ilius*, dass die Idee romantischer Progression als Form einer gegen die Zeit aufbegehrenden weiblichen Schreibstrategie zu verstehen ist, verfolge die Autorin wie in ihren anderen Büchern auch hier die ‚Selbstsorge' als ein politisches Projekt (vgl. Landfester 2000, 142–146). In diesem Sinne führt der Briefroman *Ilius* die Signaturen politischer Romantik mit sich und ist deshalb nicht nur aus chronologischen Gründen (in Auszügen) in der von Walter Schmitz und Sibylle von Steinsdorff veranstalteten Werkausgabe unter den *Politischen Schriften* Bettina von Arnims zu finden.

Ob dies allerdings die vorherrschende Lesart sein konnte, wäre über genauere Untersuchungen zur Rezeption des Briefromans weiter zu verfolgen. Die Forschung geht von einer geringen Resonanz des Briefromans aus (vgl. Kommentar in: GW 3, 1181). Zeugnisse wie die folgenden belegen, dass es eine neue Tendenz gab, das ästhetisch-progressive Projekt der Autorin mit dem Deutungsangebot ‚Charakter' zu lesen. Es ist die Konstellation der unterschiedlichen Charaktere ‚Ambrosia' und ‚Pamphilius', die zu einer ethischen Lektüre einlädt. So schreibt Fanny Lewald in einer Rezension in den *Blättern für literarische Unterhaltung* im Juli 1849: „Hier nun tritt ein tragischer Moment in das Leben Bettina's ein: Pamphilius ist kein Genie, kein Genius, sondern ein Zwitterwesen, voll Wollen und nicht Können. […] Getheilt zwischen Liebe und Zorn, zwischen Glauben und Zweifel, behandelt sie den Pamphilius wie die italienischen Schiffer ihren heiligen Schutzpatron wenn er im Sturme sich

1.6. *Ilius Pamphilius und die Ambrosia* (1847/48)

unwirksam beweist. Bald knien sie vor seinem Bilde, [...] bald reißen sie ihn herab" (zit. nach GW 3, 1181). Das Misslingen der (romantischen) Kommunikation betrifft nach Lewald beide Figuren. So ist für Lewald die „Bettina" der früheren Briefromane das erfolgreichere Alter Ego der Autorin. In Lewalds Lesart des „tragische[n] Moment[s]" des Briefwechsels deutet die Rezensentin an, dass die Autorin hinter „der Ambrosia" mit ihrem jüngsten Schreibprojekt nun zu scheitern droht (zit. nach ebd.).

Auch Moriz Carriere (selbst einst Schützling der Autorin) liest noch Jahrzehnte später aus dem alt-neuen Schreibverfahren der Autorin eine Grenzerfahrung heraus: „[S]ie liebt in ihm die aufblühende dichterisch begabte reine Natur, sie sucht das Ideal in ihm wachzurufen; aber da sie ihn mehr nach ihrem Sinne formen möchte, als sie seine Eigentümlichkeit in ihrer Berechtigung versteht, so löst sich das Verhältnis mit seiner Verheiratung, wie umgekehrt die Ehe mit Arnim der Grenzstein ihrer Liebe zu Goethe war" (zit. nach GW 3, 1181). Carrieres Auslegung der Konstellation Ambrosia – Pamphilius setzt noch einmal an der von der Romantik beworbenen Ineinssetzung von historischer und poetischer Individualität an. Diese Lektion wurde von den Jüngeren nachhaltig gelernt, auch anhand von Bettina von Arnims ‚authentischen Fiktionen'. Aber Carriere wiederholt gleichsam Pamphilius' historisch gewordenen ‚Fehler'. Er sieht zwar, dass ‚Goethe' und ‚Arnim' ausgetauscht worden sind, versteht aber genauso wenig wie Nathusius-Pamphilius jene Matrix der Romantik, über die die individuellen Beziehungen im Horizont des größeren Allgemeinen ihre wahre Bedeutung gewinnen sollten. Alle, mit denen Bettina von Arnim als ‚Bettine-Ambrosia' ihr Leben eingerichtet hatte, sind letztlich austauschbar gewesen, und Lücken konnten bei ihr jederzeit durch neue Bundesgenossen und -genossinnen gefüllt werden. Zeitgenössische Deutungen wie diejenige von Lewald oder spätere Kommentare wie ein solcher von Carriere schreiben sich dagegen in neue Rollenangebote ein, die Pamphilius in seiner Ausrichtung an den bürgerlichen Verhältnissen in der Konstellation mit Ambrosia bereits repräsentiert: Verständlich ist den Jüngeren der vielleicht auch von ihnen selbst empfundene Mangel an eigenem ‚Genie', nachvollziehbar ist ihnen der Wunsch, in einer Ehe Erfüllung zu finden, berechtigt erscheint ihnen eine Selbstsorge im Rahmen bürgerlicher Lebensnöte in der Mitte des 19. Jahrhunderts.

Geht man, wie vorgeschlagen, von der ästhetischen Einheit der im *Ilius* veranstalteten, weiterhin romantisch gestalteten, Polyphonie aus, so wäre die Komplementarität der einander nicht Verstehenden poetologisch zu lesen: Der Briefroman *Ilius* erzählte dann von der Einheit einer nicht überbrückbaren Differenz zwischen ‚ewig junger' Romantik und historischer Gegenmacht des Philistertums, um dieses einmal mehr zu überbieten. Der zum Zeitpunkt der Veröffentlichung lang schon ersetzte Jüngere hat die ältere Stichwortgeberin vielleicht sehr enttäuscht, jetzt aber ist seine literarisierte Figur dienlich, um mit frischem Mut die Zeit wiederum vor dem Falschen zu warnen.

So spiegeln sich in den Briefen des *Ilius* historische Zeitumstände wider, die das autobiographische Umfeld beider Briefpartner in der zweiten Hälfte der

1830er Jahre berührten. Literarhistorisch ist zu sehen, wie Bettina von Arnim sich in diesem Briefroman erneut mit ‚Mitteln der Romantik' an die nächste Generation wendet. Poetisch dokumentiert die Publikation *Ilius* 1847/48, dass sich für die Autorin nichts an dem Programm geändert hat, das Brief-Leben für das eigene Werk nutzen, im Werk das Leben zu spiegeln. Der damit verbundene politische Widerstand romantischer Ästhetik führt so seine komplexen Botschaften für das ‚immer junge' 19. Jahrhundert mit sich.

5. Literatur

Zitierte Ausgaben: GW 3, 557–619 [in Auszügen]; GW [Konrad] 2, 409–708.

Bäumer, Konstanze: „‚Ilius Pamphilius und die Ambrosia'. Bettine von Arnim als Mentorin". In: Jb BvA 3 (1989), S. 263–282.

Bäumer, Konstanze: „Interdependenzen zwischen mündlicher und schriftlicher Expressivität: Bettina von Arnims Berliner Salon". In: Walter Schmitz u. Sibylle von Steinsdorff (Hg.): *„Der Geist muß Freiheit genießen ...!" Studien zu Werk und Bildungsprogramm Bettine von Arnims*. Berlin 1992, S. 154–173.

Bunzel, Wolfgang: „Ver-Öffentlichung des Privaten. Typen und Funktionen epistolaren Schreibens bei Bettine von Arnim". In: Bernd Füllner (Hg.): *Briefkultur im Vormärz. Vorträge der Tagung des Forum Vormärz Forschung und der Heinrich-Heine-Gesellschaft am 23. Oktober 1999 in Düsseldorf*. Bielefeld 2001, S. 41–96.

Bunzel, Wolfgang: „*Die Welt umwälzen". Bettine von Arnim geb. Brentano (1785–1859)*. Katalog. Frankfurt a. M. 2009.

Bunzel, Wolfgang: „Literarische Denkmalpflege. Bettine von Arnims Brief- und Gesprächsbücher als Arbeit am kulturellen Gedächtnis". In: Jb BvA 22/23 (2010/11), S. 21–43.

Härtl, Heinz: „Publizistische Beiträge Bettina von Arnims 1844–1848". In: Wolfgang Bunzel [u. a.] (Hg.): *Schnittpunkt Romantik. Text- und Quellenstudien zur Literatur des 19. Jahrhunderts*. Festschrift für Sibylle von Steinsdorff. Tübingen 1997, S. 237–256.

Hock, Lisabeth M.: *Replicas of a Female Prometheus. The Textual Personae of Bettina von Arnim*. New York [u. a.] 2001.

Kocka, Jürgen (Hg.): *Bürgertum im 19. Jahrhundert*. Bd. 2: *Wirtschaftsbürger und Bildungsbürger*. Göttingen 1995.

Landfester, Ulrike: *Selbstsorge als Staatskunst. Bettine von Arnims politisches Werk*. Würzburg 2000.

Landfester, Ulrike: „Jugend-Bewegung. Bettine von Arnims Netzwerk-Pädagogik". In: Anne Frechen u. Olivia Franke (Hg.): *Dialog und Bewegung. Bettina von Arnim als Kommunikationsexpertin. Dokumentation eines öffentlichen Symposions im Künstlerhaus Schloss Wiepersdorf*. Berlin 2011, S. 35–45.

Luhmann, Niklas: *Liebe als Passion. Zur Codierung von Intimität*. Frankfurt a. M. 1982.

Meyer-Hepner, Gertrud: *Der Magistratsprozeß der Bettina von Arnim*. Weimar 1960.

Pompe, Hedwig: „Die Wiederholung der Gabe. Überlegungen zu Bettine von Arnims Briefbuch ‚Ilius Pamphilius und die Ambrosia'". In: Jb BvA 10 (1998), S. 97–113.

Pompe, Hedwig: *Der Wille zum Glück. Bettine von Arnims Poetik der Naivität im Briefroman „Die Günderode"*. Bielefeld 1999.

Pompe, Hedwig: „Kommunikative Romantik". In: *Der Deutschunterricht* 57.3 (2005), S. 34–42.

Püschel, Ursula: *Bettina von Arnim – politisch. Erkundungen, Entdeckungen, Erkenntnisse.* Bielefeld 2005.
Reuß, Eleonore Fürstin von: *Philipp Nathusius' Jugendjahre. Nach Briefen und Tagebüchern.* Berlin 1896.
Reuß, Eleonore Fürstin von: *Philipp von Nathusius – Das Leben und Wirken des Volksblattschreibers.* Nienstedt am Harz 1900.
Richter, Thomas: „Zwei Gestaltungen von ‚Schleiermachers Tod': Prinzipien der Literarisierung bei Bettina von Arnim im Vergleich mit dem Bericht Henriette Schleiermachers". In: Jb BvA 10 (1998), S. 73–95.
Richter, Thomas: „Kein Ende der Kunstperiode. ‚Durch den Schwung der Dichtung in ein höheres Element': Bettina von Arnims ‚Ilius Pamphilius und die Ambrosia' (1847/48)". In: Jb BvA 13/14 (2001/02), S. 115–127.
Schormann, Sabine: *Bettine von Arnim. Die Bedeutung Schleiermachers für ihr Leben und Werk.* Tübingen 1993.

1.7. *Gespräche mit Daemonen* (1852)
Gudrun Loster-Schneider

1. Einleitung 451
2. Zur Forschungslage 454
3. Zur Narration 456
4. Zum faktualen Substrat der politischen Bedeutungsebene 458
5. Zum ‚Dämon' 459
6. Literatur 461

1. Einleitung

Bettina von Arnims letztes publiziertes Werk *Gespräche mit Daemonen. Des Königsbuchs zweiter Band* erschien 1852 im von Arnim'schen Verlag in Berlin und gehört zu ihren vier, im engeren Sinn ‚politischen' Werken. Indem der Titel auf Arnims berühmtes, poetisch dichtes *Königsbuch* von 1843 referiert, beharrt die Verfasserin auch nach der sozial- und kulturpolitischen Zäsur von 1848/49 auf ihrem elitären Sendungsbewusstsein und auf ihrem mit dem *Königsbuch* erstmals beanspruchten „Platz im diskursiven Geflecht politischer Meinungsbildung" (Landfester 2000, 268).

Briefdokumente belegen erste Entwürfe schon im zeitlichen Umfeld des *Königsbuchs* (vgl. Bäumer/Schultz 1995, 127), genauso wie auch Material aus dem *Armenbuch*-Projekt Eingang in die *Daemonengespräche* gefunden hat. Aus anderen Quellen, darunter den Aufzeichnungen Karl August Varnhagens, aber auch aus verschiedenen Korrespondenzen Arnims (etwa mit dem Orientalisten Theodor Goldstücker und dem jungen Journalisten Wilhelm Hemsen), lässt sich die Entstehung jedoch vornehmlich auf die Zeit zwischen Winter 1849/50 und Mitte 1852 datieren (vgl. Püschel 2010/11, 230–232), als die Autorin ihr praktisches politisches Engagement, beispielsweise die Fürsprache für Inhaftierte und Verurteilte wie Ludwik Mierosławski oder Gottfried Kinkel, in der Fürsorge für ungarische Revolutionsflüchtlinge fortsetzte. Die Arbeit an der Publikation geschah, so Ursula Püschel (ebd.), teils parallel zum Druck und in einem – der Kohärenz mutmaßlich abträglichen – diskontinuierlichen und krisenanfälligen Prozess. So berichten Tagebucheinträge Varnhagens vom Mai 1850, dass die Freundin „gestand, sie sei dem Stoffe nicht gewachsen, eigentlich politische Gedanken könne sie nicht verfolgen oder verarbeiten" (10. Mai 1850, in: Varnhagen 2, Bd. 7, 170).

Solche Skrupel Arnims – wären sie denn authentisch – passen freilich wenig zu ihrer andernorts verkündeten Überzeugung aus demselben Jahr 1850, dass „dieses Buch Großes und Gewaltiges enthält, was kein anderer schreiben kann" (zit. nach Püschel 2010/11, 231). Sie kontrastieren auch auffällig mit Arnims ästhetischer und sozialer ‚Relevanzbehauptung' (Sloterdijk 1978, pass.), die ihre öffentlichen und privaten Selbstkommentare stetig durchzieht. Dies gilt gerade auch in philosophischen oder politischen Kontexten, wo – Arnim angesichts der Lebens- und Schreibproblematiken ihrer Großmutter La Roche oder ihrer Jugendfreundin Karoline von Günderrode gut vertraut – seit der Sattelzeit weibliches ‚Subjektbegehren' und entsprechende Partizipationsansprüche mit genderspezifischen Restriktionen hart konfligieren (vgl. Loster-Schneider 1995, pass.; Landfester 2000, 156 u. 171–183). Dessen ungeachtet ist sich Arnim noch im Mai 1848 einer ihr vom preußischen König Friedrich Wilhelm IV. vermeintlich zugeschriebenen Mitverantwortung an der Revolution (und somit der Anerkennung ihrer Macht) gewiss (vgl. Arnim/Steinhäuser 1903, 104), und ihr Anspruch auf politisches Handeln, Mitsprache und Wirkung, sei es direkt oder indirekt, als „imaginäre Usurpation des Thrones durch die Dichterin" (Landfester 2000, 147), ist ein langläufiges Autonarrativ der Autorin: Schon die jugendliche ‚Bettine' widerredet im *Günderodebuch* der genderaffinen Herrschaftslehre ihrer fiktionalisierten „Großmama" mit dem eigenen Berufen-Sein, die Welt zu leiten (GW 1, 514), sowie mit der Phantasie, „[w]är ich auf dem Thron", „die Welt mit lachendem Mund umwälzen" zu wollen (ebd., 348), um als ‚Bettina' dem kritisierten Schwager Savigny während der zeitgleichen Grimm-Affäre Ende 1839 programmatisch vorzuhalten: „Ich würde dem König das Licht anzünden eines idealischen Staats, weil dies der einzige wahre ist, ich würde bei dieser Erleuchtung ihm dienen mit allen Kräften" (Bw Grimm, 256). Diesen aufklärerischen Dienst trägt sie als ‚Mittlerin zum Volk' in der brieflichen Annonce des ‚ersten Bandes', des *Königsbuchs*, vom Februar 1843 dem adressierten Friedrich Wilhelm IV. auch direkt an: Sie habe schließlich „den Begriff vom Rechten, und auch den Muth, den Schlüssel" zum „Paradies Deutschlands" (Bw Friedrich Wilhelm IV., 81–82) – eine Diskurslegitimation, die sie für *Des Königsbuchs zweiten Band*, das *Daemonenbuch*, später wiederholt: Die Bande jetzt abreißen zu wollen, die sie abhalten, Großes zu tun, äußert sie im zeitlichen Umfeld des Projektes (vgl. Landfester 2000, 339); auch Varnhagen weiß 1851, dass Arnim noch immer auf den König wirken wolle (vgl. Varnhagen 2, Bd. 8, 157).

Gleichviel nun, ob angesichts ihrer, wie Barbara Becker-Cantarino, Ulrike Landfester, Ursula Püschel und andere gezeigt haben, faktisch inzwischen

1.7. Gespräche mit Daemonen (1852)

schwer beschädigten Beziehung zum, wie Bettina von Arnim ihn nannte, „Haderlumpen" (zit. nach Landfester 2000, 308) und „Madensack" (zit. nach Püschel 1997, 301) Friedrich Wilhelm IV. ihr Beharrungsvermögen im kulturpolitischen Feld von Vor- und Nachmärzzeit als eitle Selbstüberschätzung und „illusionistisch" oder ‚tapfer illusionslos' (Püschel 1997, 301) gelten darf: Zum einen trägt es das zentrale Anliegen (auch) ihres letzten politischen Buchs und schreibt dieses so in einen großen Werk- und Verweisungszusammenhang ein; zum anderen performiert Arnims Selbstdarstellungsrhetorik in gendersemantisierten Begriffen wie ‚Tat', ‚Mut', ‚Größe' und Ähnlichem einen ‚aktiven', ‚männlichen', dem Feld des Heldischen, der Macht und Herrschaft, des Öffentlichen und (Welt-)Geschichtlichen zugehörigen Habitus – der freilich Rezeption und ‚Karriere' gerade auch des *Daemonenbuchs* entscheidend mitgeprägt und in Mitleidenschaft gezogen hat.

So groß der Erfolg des *Königsbuches* nämlich war, so groß war der Misserfolg des postrevolutionären Nachfolgeprojektes: Einer viel zitierten Bilanz Varnhagens zufolge war 1856, vier Jahre nach Erscheinen, noch kein einziges Exemplar verkauft (vgl. Varnhagen 2, Bd. 13, 197). Triggerten in der politisierten Vormärzatmosphäre die vielen kontroversen Rezensionen zum ‚ersten Band' aus den Federn eines Ludwig Börne, Karl Gutzkow, Heinrich Merz, Eduard Meyen, Adolf Stahr oder einer Fanny Lewald noch die Aufmerksamkeit für dessen politisches Anliegen (vgl. Landfester 2000, 268–280), überwiegen beim nachmärzlichen ‚zweiten Band' Ablehnung und Polemik: Wurde, neben freilich auch schon vorhandenen Verrissen des ‚ermüdenden', „wilde[n] Durcheinander[s] wunderlicher Gedanken und Paradoxen" (so eine anonym erschienene Rezension von 1843, zit. nach Landfester 2000, 273), Arnims ‚bettinische' Schreibweise 1843 gelegentlich noch als geschickte Camouflage zensursensibler, ‚freiheitlicher' Inhalte oder als ‚rhetorische Brillanz jenseits logischer Ordnung' gewürdigt (vgl. Heinrich Bernhard Oppenheim in der *Mannheimer Abendzeitung* vom 3. August 1843, zit. nach. Landfester 2000, 270), wird sie nun zum „Brausegeschwätz", zur „pantheistischen Salbaderei", zum „nächtlichen Spuk", „ohne Ziel, ohne Nutzen und ohne Absicht" (zit. nach Schmitz 1989, 137), misslungen selbst in den Augen von Vertrauten wie Varnhagen oder Moriz Carriere.

Anders als Ingeborg Drewitz (1969), welche diese negativierte Wahrnehmung vornehmlich dem nachromantischen Generationswechsel zuschreibt, erklären neuere Forschungen sie intersektional aus dem diskursiven ‚Synergieeffekt', der sich um 1850 aus der Etablierung des ‚Realidealismus' im politischen und ästhetischen Feld sowie der (restaurativen) Durchsetzung des bürgerlichen Geschlechtermodells ergab und der sich beispielsweise in Programmschriften des ‚poetischen Realismus' oder in Joseph von Eichendorffs literaturkritischen (sexistischen) Bestandsaufnahmen der Gegenwartsliteratur zeigte (vgl. Eichendorff 1990a [1847]; 1990b [1847]). Gerade der ‚zweite Band' des *Königsbuchs*, eben die *Gespräche mit Daemonen*, erschien so als „Nachtrag zur Unzeit" (Schmitz 1989, 138). Das umfängliche Quellenmaterial zur Langzeitrezeption des *Daemonenbuchs* von Heinrich von Treitschke über Minna Cauer und Helene Stöcker bis zu Anna Blos macht deutlich, wie sehr dieses letzte Werk für die Nicht-Kanonisierung der ‚politischen Dichterin Arnim' mit-auslösend und von der Exklusion mit-betroffen ist – mit Folgen bis in heutige Editions- und Forschungsdefizite hinein.

So folgten der Originalausgabe von 1852 und der Aufnahme als elftem Band in die *Sämmtlichen Schriften* (Ausgabe letzter Hand) von 1853 (2. Aufl. 1857) weitere Editionen erst nach mehr als sechs Dezennien. Die erste, von Curt Moreck (d. i. Konrad Haemmerling) 1919 herausgegeben, betont zwar den politischen Charakter des Werkes, belastet eine unvoreingenommene Rezeption aber durch den polarisierenden Fremd-Untertitel *Aufruf zur Revolution und zum Völkerbunde*. Die andere, von Waldemar Oehlke im Rahmen der Gesamtausgabe des Propyläen Verlags verantwortet, entpolitisiert 1922 hingegen die *Daemonengespräche*, indem sie sie vom *Königsbuch* im sechsten Band von 1921 trennt und im siebten und letzten Band mit Märchen, Gedichten und Briefen zusammenstellt. Da das Werk weder in der noch in der DDR von Heinz Härtl besorgten, unvollständig gebliebenen Werkausgabe des Aufbau Verlags noch in der historisch-kritischen, von Walter Schmitz, Sibylle von Steinsdorff u. a. besorgten Münchner Werkausgabe des Deutschen Klassiker Verlags enthalten ist und die jüngste, von Rüdiger Görner verantwortete Einzelausgabe von 2010 selbst editorischen Mindestansprüchen nicht genügt, bleibt die Rezeption (sieht man von digitalen Versionen der Originalausgaben ab) auch noch aktuell auf Gustav Konrads fünfbändige Gesamtausgabe angewiesen (dort enthalten in Bd. 3 von 1963). Dieser wiederum ermangelt es zwar an einem erläuternden Anmerkungsapparat – immerhin sind hier die *Gespräche mit Daemonen* aber richtig platziert, nämlich im Anschluss an das *Königsbuch*.

2. Zur Forschungslage

Die Negativeffekte dieser schlechten Editionssituation lassen sich bis heute an der Forschungslage ablesen: Unabhängig von den Konjunkturen zum Œuvre Arnims insgesamt sind speziell die *Daemonengespräche* stark unterforscht, so dass ältere pejorative Wertungsstereotype von der Forschung lange adaptiert und fortgeschrieben wurden. Umso auffälliger ist, dass forcierte Einsprüche gegen Urteile vom Schlag ‚kunstlosen Wahnwitzes' (Hopfe 1953, 257) oder ‚krankhaften, makabren Phantasierausches' (Zimmermann 1958, 63) oft von Autoren/innen rühren, die dank ihrer (Mit-)Arbeit an Editionsprojekten die ästhetische und inhaltliche Komplexität gerade auch dieses letzten Arnim'schen Textes kompetent zu beurteilen im Stande sind. Härtl, Konrad, Landfester, Püschel, Schmitz oder auch Görner halten die *Daemonengespräche* für verkannt oder gar für „Bettines Opus Magnum" (Püschel 1997, 316). Begleitet von kleineren werkspezifischen Untersuchungen innerhalb anderer Arnim-Forschungen (etwa Becker-Cantarino 2000 u. 2009; Liebertz-Grün 1989a u. 1989b; Hoock-Demarle 1989; Lauer 1997), liegen von den Genannten seit Ende der 1980er Jahre (einige wenige) Beiträge vor, die das *Daemonenbuch*, teils im Rahmen großer Monographien, teils in Aufsatzform, zu erschließen versuchen: Landfester (2000) liest das Werk dabei als letztmalige, dem philosophisch-pädagogischen Konzept der Selbstsorge verpflichtete Beschwörung einer utopischen, in Standes-, Geschlechter- und Nationalschranken entgrenzten Gesellschaft. Landfester (1999/2000) und Püschel (1989) verdanken sich darüber hinaus aufschlussreiche quellenbasierte Einordnungen in das revolutionäre Zeitgeschehen und in verschiedene Beziehungskontexte (Familie, Freunde, Intellektuelle, Friedrich Wilhelm IV.). Fokussiert auf den politischen Diskurs, reflektieren sie ästhetische Fragen aber mit (vgl. Püschel 1997). Desgleichen Schmitz (1992), der in einer breit angelegten rollentheoretisch basierten Studie zu Arnim auch für die titelmarkierte Dämonenfigur und die dialogische Erzählfiktion der *Daemonengespräche* wichtige Anregungen gegeben hat. Deren politisches Anliegen als Vision einer neuen Idealpolitik bewertet Schmitz andernorts ambivalent: „Es geht um die dialogische Prüfung einer kulturell inspirierten Politik – und zuletzt doch um ihre Apotheose" (Schmitz 1989, 138).

Die Apotheose der *Daemonengespräche* selbst, so wäre angesichts dieser schwierigen Editions- und Forschungslage zu bilanzieren, ist seit Längerem zwar ausgerufen – stattgefunden hat sie bislang indessen nicht. Erforderlich hierfür wären, neben einer historisch-kritischen Edition, zum einen thematische Untersuchungen in zusätzlichen historisch-politischen Kontexten, zum anderen literaturwissenschaftliche Studien, welche sich der fraglos hohen Poetizität (auch) dieses Arnim'schen Werkes ernsthaft stellten und seinen Doppelcharakter in den Blick nähmen: Dank seiner poetischen Techniken und intratextuellen Bezüge ist es ein autonomes, systemisches Ganzes; dank seiner unzähligen extra- und intertextuellen (auch intermedialen) Bezüge zu Arnims (Lebens-)Werk und zum (romantisch) entgrenzten Textuniversum ist es zugleich Teil von diesen und mit ihnen sinnkonstitutiv verbunden. Wie schon die berühmte, titelmarkierte ‚Zensur'-Frage des *Königsbuchs* („Dies Buch gehört dem König"), auf die das *Daemonenbuch* in fiktionsinternen ‚Selbstzensuren' referiert, verschwistert gerade diese poetische Überstrukturiertheit (vgl. Link 1976) die beiden ‚Bände'. Literarhistorisch versteht sich diese Dichte als das Insistieren auf der romantischen, mit Arnims Autorimage fest verbundenen universalpoetischen Ästhetik. Als solche aber ist sie analytisch beschreibbar: Zu den wichtigsten, Œuvre und *Königsbuch* alludierenden Merkmalen der *Daemonengespräche* gehört dabei ihr „unbestimmte[s]" Genre (Becker-Cantarino 2009, 74). Nach Püschel (1997, 297) ist auch die Negativrezeption des Textes nicht zuletzt dieser Gattungshybridität geschuldet. Dank ihr ist (auch) dieses Werk als ästhetisches Analogon Arnim'scher „Mischphilosophie" (Heukenkamp 1991, 46) lesbar, zumal sie umfassender ist als die von Landfester (2000, 281) unter dem Interpretament der Selbstsorge postulierte Vermischung politischer und poetischer Rede. Als „poetisch-philosophisches Capriccio" (Liebertz-Grün 1989a, 77) schreibt das *Daemonenbuch* (wie noch differenziert zu erforschen wäre) vielmehr inhaltliche und formale Elemente verschiedenster ‚öffentlicher' und ‚privater' Genres synkretistisch ineinander: faktualer wie fiktionaler und metafiktionaler, (hoch-)literarischer und alltagskommunikativer, alter und neuer, narrativer, lyrischer, theatraler wie diskursiver Genres der Weltliteratur. Genauer: Zumindest ‚angespielt' sind einerseits platonischer Dialog, Fürstenspiegel, Staatsutopie, Geschichtserzählung, Prophezeiung – andererseits Bildungsroman, (Brief-)Autobiographie oder das von Christoph Martin Wieland über Friedrich Schlegel und Goethe bis zu Karoline von Günderrode literarisch gepflegte Traumgespräch, um nur die makrostrukturell wichtigsten Genres zu nennen. Hinzu kommen viele inkorporierte Kleinformen, darunter Märchen, Anekdote, Hymne, Gleichnis, Gebet. Durch diese Synkretisierung des Gattungsspektrums werden zum einen Einzelbezüge modifiziert – aus dem pädagogisch-didaktischen Genre-Repertoire der großmütterlichen *praeceptra Germaniae filiarum* wird das einer *praeceptra Germaniae principorum* für die Enkelin. Zum anderen leistet der Text so nicht weniger als die poetische Reintegration des zeitgenössisch zunehmend ausdifferenzierten und systematisierten Gattungskosmos. Effekt ist, wegen der je anderen genrespezifischen Sinnperspektiven, die Polysemierung des Textes insgesamt, dessen „Form" seine Verfasserin „virtuos[ ]" zu treffen wusste (Liebertz-Grün 1989a, 77). Auch Schmitz spricht daher nicht von ungefähr von einem „bewußt konzipierte[n] Alterswerk" (Schmitz 1989, 140).

3. Zur Narration

Diese Einschätzung wird zunächst vom klaren dreigliedrigen Aufbau des Textes gestützt: Einem knappen titellosen ‚Vorwort' mit dem ‚Entstehungsmythos' des Textes (GW [Konrad] 3, 259–260) als erstem Teil, folgt ein kurzer, auf den 4. April 1808 (Bettina von Arnims 23. Geburtstag) datierter zweiter Teil des Bandes. In der Tradition von antiker Inspirationslehre, Musentopik und klassisch-romantischer Genieästhetik und adressiert an die göttliche Natur beschwört er mit dem eigenen ‚Lied' den eigenen Enthusiasmus, um sich zum Geist Goethes erheben zu können: „Ich will der große Geist werden, der alles umfaßt! Ist das Gebet? – So steige auf, mein Gebet, zum wolkendurchflockten Himmel [...]. Heute ist mein Geburtstag, Goethe, da hab ich mit der Natur geredet von dir, sie soll mich heben zu dir hinauf, die ich geboren bin so tief unter dir" (GW [Konrad] 3, 261–262). Eingelöst wird diese expositionelle Selbstbeschwörung schöpferischen Genies im dritten Teil (GW [Konrad] 3, 263–407). Umfang, gesonderte Datierung auf den 28. August 1808 (Goethes Geburtstag), gesonderter Titel („Die Klosterbeere. Zum Andenken an die Frankfurter Judengasse") und der (meist) hymnisch-hohe Ton markieren den dritten Teil als das ‚eigentliche' Werk.

Die in dieser dreigliedrigen Form transportierten Inhalte variieren das sympoetische Profil der Gattungsebene auf allen anderen Feldern textueller Bedeutungsproduktion – stofflichen, bildlichen, stilistisch-rhetorischen und textkommunikativen. So wandeln sich im Textganzen mit den Handlungszusammenhängen auch die Kommunikationsniveaus und ihre jeweiligen Redeinstanzen: Die wechselnd adressierten Brief-Erzählreden des autofiktionalen Ichs, mit eingelassenen Selbstgesprächen und den Gesprächen mit der Primas-

Figur, gehen in das (hauptanteilige) dialogische „Duodram" (Schmitz 1989, 140) zwischen dem Ich (jetzt in der Rolle eines Dämons) und dem schlafenden, träumenden König über, um diese beiden Protagonisten, mitsamt ihren bisweilen prägnanten, bisweilen abundanten, oft redundanten politisch-philosophischen Kontrast-, Konsens- und Kipp-Positionen, schließlich eingehen zu lassen in die Schlussszenerie einer eschatologischen zweiten Himmelsschau mit einem vielstimmigen ‚Wolkentheater' (dessen intermediale Bezüge gleichfalls erst noch zu erforschen wären).

Bezeichnenderweise für die ‚bewusste Konzeption' (Schmitz) wird diese Konstruktion von einem Rahmen gefasst, der seine ordnende Funktion zugleich erfüllt und verfehlt: Der eingangs auf der äußersten Kommunikationsebene platzierte Widmungsadressat, der „Geist des Islam, vertreten durch den großmüthigen Abdul-Medschid-Khan, Kaiser der Osmanen" (GW [Konrad] 3, [257]), hat auch ein vorläufiges Schlusswort, das aber auf die innerste Fiktionsebene des Wolkenplans am Ende des Traumgesprächs hin ver-rückt ist. Mehr noch: Das endgültige Schlusswort gehört dem gleichfalls auf die Wolkenszene gerufenen Primas und seinem namenlosen Widerpart (möglicherweise dem autofiktionalen Ich), welche beide aber die Fiktionsebene des Traumdialogs lange zuvor überhaupt erst geschaffen haben. Dank solch komödienhafter Metalepsen fällt im Finale auch auf der Ebene der Fiktions- und Kommunikationsniveaus jegliche ‚ordentliche' Trennung romantisch in eins.

Wie bisher verdeutlicht, nutzt der Text poetische Strategien zur Erzeugung von Kontingenz wie auch von Kohärenz. In diesem Sinn verfügt die Narration auch über ein Plot-Gefüge. Dieses gruppiert sich um zwei Handlungsstränge, einen poetologischen und einen politischen: Erzählen die zwei ersten kurzen Teile nämlich autofiktional von Anlass und Entstehung des Werkprojektes und dem (hierfür unabdingbaren) Genie und Enthusiasmus des Textsubjektes, performiert der dritte Teil die Verwirklichung dieses Projektes – angefangen bei seiner jetzt innerfiktionalen Entstehungs-, Legitimations- und Planungsgeschichte zwischen Primas und jugendlichem Ich, über die Wahl von dessen fiktiver Sprecherrolle (Dämon) und der Aushandlung des genauen ‚Spielplans' der Traumszenerie, bis hin zu den endlosen rhetorischen Prozeduren, derer es (letztlich erfolglos) bedarf, um den schlafenden – durchaus kleinmütigen, zaudernden, schwankenden – König diskussionsweise und schließlich, als Zuschauer im Wolkentheater, in ‚spektakulärer' Weise ‚revolutionär zu machen', heißt: ihm den eigenen idealistischen Enthusiasmus zu vermitteln und ihn für die eigene politische Zukunftsvision zu begeistern.

Tatsächlich generiert sich der Eindruck der Kontingenz nicht zum wenigsten auf dieser Bedeutungsebene: Hier mischen sich logische mit traumlogisch-assoziativen Anschlüssen, ‚monologische' mit hoch ‚dialoghaften' Dialogsequenzen und mit abrupten semantischen Richtungswechseln, hier kippen die mühsam, mit der ganzen Klaviatur persuasiver Rhetorik des Argumentierens, Ermutigens, Beschämens, Befehlens, Bittens, Lobens, Spaßens, Spottens, Scheltens, Klagens und (apokalyptischen) Drohens erarbeiteten Lernfortschritte immer wieder in längst überwunden geglaubte Einwände des Schläfers um, münden zyklisch in neuen Dissens und neue Anläufe, um am Ende mit der Warnung abzubrechen, doch zur Einsicht zu kommen und zu handeln, „solange es Zeit ist", denn „[e]s wird eine Zeit kommen" (GW [Konrad] 3, 407), in der es zu spät sein werde.

4. Zum faktualen Substrat der politischen Bedeutungsebene

Diesen textdiskursiven Metamorphosen der Erzählverhältnisse entspricht auf der Ebene des Geschehens und der raum-zeitlichen Ordnung die Transformation von Zeitstufen, Räumen und Bewusstseinsformen; objektiv Reales (Vergangenes, Gegenwärtiges, Allgemeines und Persönliches) erscheint als subjektiv Imaginiertes, im Modus von erinnernd Vergegenwärtigtem, Vorgestelltem, Gedachtem, Geträumtem, im visionären Licht phantasierter Zukunftsentwürfe – und überdies zigfach an dialogischen Partnern gespiegelt, menschlichen (Goethes, Primas, König) wie textuellen. So verwandelt beispielsweise die Rückdatierung der autofiktionalen Sprechsituation auf 1808 die Ereignisse der zeitgeschichtlichen Gegenwart metaleptisch in phantastisch-prophetische Vorgriffe auf Künftiges.

Solche lebens- und zeitgeschichtlichen Realitätspartikel bilden, fragmentiert und in verschiedene Vermittlungskontexte eingeschachtelt, das faktuale Substrat der politischen Bedeutungsebene des Textes. Erstere beispielsweise schließen, als Briefe auf die Geburtstage des autofiktionalen Ichs und Goethes 1808 rückdatiert, autobiographisch an Arnims frühere Erinnerungsbücher an, mit Motiven aus der Lebens- und Entwicklungsphase im Klosterinternat, aus der Frankfurter Zeit, aus ‚Judengasse' und Treibhaus, mit den Beziehungen zu Goethe und zum Primas. Mit dieser fiktiven Wiederkehr des Rheinbund-Fürstprimas Carl Theodor von Dalberg (seit der Abdankung des letzten Kaisers und dem Ende des Heiligen Römischen Reiches Deutscher Nation 1803 sowie der Gründung der Rheinbundstaaten 1806 eine Schlüsselperson der Zeitgeschichte), mit Details auch aus dessen emanzipatorischer Judenpolitik oder mit dem „Handgemeng" auf dem Markt- und Domplatz (GW [Konrad] 3, 278), hat der Text, über alle Fiktionsebenen hinweg, zugleich eine zweite, historisch-politische Narrationsachse. Sie beginnt paratextuell, mit der Widmung an den ‚aufgeklärten' „Kaiser der Osmanen", Abdülmecid I., und läuft im ‚Vorwort' weiter, wo das (biographisch identifizierbare) Ich in mythisierender Rede den Verlust direkter Einflussnahme auf seinen König beklagt und den folgenden Text als von ‚höheren Instanzen' (zweier guter Dämonen und des „Geist[es] des Islam[s]") ‚eingegebenes' ‚Protokoll' eines ‚Dämonengesprächs' mit einem schlafenden König annonciert. Während für dieses in Widmung, ‚Entstehungsmythos' sowie Kloster- und Frankfurt-Erinnerungen zentrale thematische und kommunikative Vorgaben installiert werden – angefangen bei der *renovatio imperii*, bei Königtum und Verfassungsfrage, über ‚Volkstumult', (Juden-)Emanzipation und Toleranz bis hin zur poetologisch ebenso elitären wie zensurtechnisch und genderpolitisch geschickten Inszenierung der Sprecherfunktion als ‚Medium' –, verhandelt das dämonische ‚Gesprächsprotokoll' des dritten Teils diese in breiter Weise: diskutierend, reflektierend, fabulierend und die Fiktion mit zahlreichen ‚Realia' in der zeitgeschichtlichen Gegenwart verankernd. Zentriert auf die deutsche Revolution von 1848/49 im europäischen Kontext und auf die Rolle Friedrich Wilhelms IV. im Kreise seiner kritisch attackierten Administration, reihen sich so Personen, Ereignisse, Zusammenhänge und Hotspots des (inter-)nationalen politischen Diskurses in bunter Folge aneinander: Napoleon steht neben ungarischen und polnischen Freiheitskämpfern und Nationalhelden wie Lajos Kossuth, Tadeusz Kościusko oder dem ‚Retter von Wien' vor den Türken 1683, Jan Sobieski; Reminiszenzen rund um des preußischen Königs hoffnungsgetragenen Regierungsantritt 1840, etwa auf das nationale Identifikationsobjekt des Kölner Doms, erscheinen neben der enttäuschenden Ablehnung der Kaiserkrone und dem blutigen 18. März 1848 in Berlin; immer wieder das Leid der Revolutionskriege und des Exils, die Absage an Hass, Rache, Verfolgung und Strafe neben glühenden Plädoyers für Gnade, Vertrauen, stände- und länderübergreifende Versöhnung und Völkerverständigung, für ein friedliches Europa im Gleichgewicht, für Gedanken- und Meinungsfreiheit. Und immer wieder auch die Beschwörung eines neuen Idealstaates und soziopolitischen Gefüges, mit einer neu legitimierten Monarchie und einem ‚Volkskönig' als (trans-)nationaler Integrationsfigur und Schirmherrn des ‚ganzen Volkes' (vgl. Becker-Cantarino 2009) und aller Völker. In dieser Rolle ist er künftig derselben Humanität verpflichtet wie die Autorin selbst und das Arnim'sche Textsubjekt, das anfangs als (Für-)Sprecherin für die Frankfurter Juden erscheint, später in der Protektor-Rolle des Dämons für Volk, Völker und ihre nationalen Protagonisten und Werte.

5. Zum ‚Dämon'

Diesem Inhaltliches wie Formales umfassenden sympoetischen Zugleich von Kontingenz und Kohärenz, Dissemination und semantischer (Re-)Integration folgt nicht zuletzt auch die nachgerade ‚unendliche' Bildlichkeit des Textes. In ihrer Vielfalt und Kombinatorik, mit ihren semantisch überschüssigen Bildfeldern und -ketten, Katachresen und Katachresenmäandern (vgl. Link 1988) kommt ihr bei der Verwebung von Text und Intertext, Mythos und Realität, Einzelnem, Textganzem und Werkganzem eine – freilich (auch) erst noch zu erforschende – Schlüsselrolle zu.

Exemplarisch steht hierfür der ‚Dämon'. In ihm bündeln sich kollektivsymbolisch diverse Bedeutungen und Diskurse und machen ihn zur autor- wie textindividuellen Chiffre ‚bettinischer' Schreibweise. Mitnichten nur der Tradition des Logos und des sokratischen Dialogs zuordenbar, ruft seine begriffliche ‚Beschwörung' auch den Mythos in seiner zeitlichen wie räumlichen Universalität auf den Plan, wie er schon dem lexikalisierten zeitgenössischen Populärwissen verfügbar war: Sind Dämonen doch, so etwa Carl Herloßsohns *Damen Conversations Lexikon* von 1835, nicht nur geflügelte „Mittelwesen" zwischen Menschen und gebietenden Gottheiten, sie sind auch Verkünder und „Vollstrecker" von deren Willen. Sie „beglücken" überdies „die Menschen, oder sind auch bestimmt, sie zu züchtigen, zu quälen und zu peinigen. Sie leiten der Sterblichen Schicksale" (Herloßsohn 1835, 64). „Das Vaterland der Dämonenlehre" ist zwar „der Orient" (Pierer's Universal-Lexikon 1858, 668); gerade mit ihrer gut/bösen Doppelgesichtigkeit sind die Dämonen aber in der mythologischen und poetischen Phantasie „aller Zonen der Erde" beheimatet – bei alten und neuen Orientalen, „Chinesen und Hindus wie beim Amerikaner, bei [...] Hottentotten und den Bewohnern der Südsee-Inseln", ja „selbst in den geoffenbarten Religionen" (Herloßsohn 1835, 64), unter Juden, Christen und „[s]elbst unter Muhammedanern" (Pierer's Universal-Lexikon 1858, 669). Bündeln sich in der Dämonen-Rolle des Textsubjektes beziehungsweise des autofiktionalen Ichs so nicht nur die ‚weltliterarischen' und synkretistischen Interessen ihrer Autorin an antiker, altnordischer, orientalischer (auch indischer) oder jüdischer, christlicher (auch angiologischer) und islamischer Mythologie generell, werden durch dieses erweiterte – zeitgenössisch populäre – Dämonen-Verständnis auch weitere Schichten poetischer Kohärenzstiftung sichtbar. Zum einen nämlich werden solcherart, über den politischen Kontext hinaus, auch alle Textreferenzen auf Orientalisches (Sultan, Osmanisches Reich/Hohe Pforte, Islam) poetisch integriert (was in seiner politischen Bedeutung ebenfalls erst noch zu erforschen wäre). Zum anderen nutzt der Text zentrale Mytheme der populären Dämonologie für Handlungsaufbau, Figurenkonzeption und Verknüpfung separater Bildbereiche: Aus der anfangs erzählten Traumvision des jugendlichen Ichs – „Und am Himmelsplan sah ich dem Flurentanz der Musen zu, und wie aus Wolkenzelten Heroen hervorsprengten, begleitet von Dämonen, kampfbegeistert auf bäumenden Rossen mit weithinflatternder Mähne. [...] Da hatte ich Weltgeschichte genug" (GW [Konrad] 3, 264–265) – entwickelt sich im Gespräch mit dem Primas ein konkreter ‚Aktions-Plan': Es gilt, den königlichen, bislang falsch beratenen und ‚verhinderten Helden' als „guter Dämon" selbst zu begleiten und zu leiten – „O wär ich ein Geist! unsichtbar – und könnte meine Flügel schwingen [...], auf seines Thrones Fußschemel mich niederlassen und ihm verdünken die reifenden Zwecke [...]. ‚Du wagst nicht Held zu sein unter Helden?' würde ich ihm ins Ohr flüstern" (GW [Konrad] 3, 287) –, um ihn schlussendlich in die Geisterwelt einer neuerlichen weltgeschichtlichen und jetzt: weltgerichtlichen Wolkenschau einzubinden.

Ungeachtet seiner ‚guten' Selbstpositionierung spielt das Rollen-Ich im Dienste seiner idealischen Ziele dabei strategisch das ganze, widersprüchliche, wert- und gefühlsambigue Merkmalsinventar des populären ‚Dämonischen' aus: unangreifbar, da als ‚Mittler' höchstinstanzlich beauftragt, ausgestattet mit magischen Fähigkeiten, um „in Lichtgeweben" der „Phantasie der Zukunft Dämmerungen" aufzufangen und für diese mit transgressiver „geißel[nder]" „Beredsamkeit" zu werben (GW [Konrad] 3, 381). „Tolle Reden führt dein Mund und schießt mit regelloser Weise den Faden durchs Gewebe, das eben noch wie zum Plan des Schach ein geordnet Gebild war" (GW [Konrad] 3, 340), stöhnt der adressierte Schläfer.

Lässt sich so das vermeintlich ‚Wirre', ‚Un-/sinnige' des Textes als narratologisch ‚logischer' und kohärenzbildender Effekt eines ‚dämonologischen'

Figurenkonzepts verstehen, liefert dieses auch die Blaupause für die – amüsant-parodistische und poetisch assonante! – Verkörperung dieses ‚Geistes‘: Ist der Textdämon doch lediglich ein banales summendes „Mückchen" am Ohr eines schlummernden Königs (GW [Konrad] 3, 287; vgl. auch ebd., 354 u. ö.), dessen ‚Flugfähigkeit‘ es mit anderen, auch ‚großen‘, ‚erhabenen‘ Bild- und Themenbereichen des Textes fest verbindet. Sein fliegendes Wesen assoziiert es mit Adler, Pegasus, Pindar, Aufschwung, Sonne, Erhebung und der Tradition des Enthusiasmus; sein Wesen als Insekt verbindet es mit Raupe, Puppe und Schmetterling und so wiederum mit der autobiographischen Metamorphose der Klosterzeit, mit christologischen (Christus als Seelenschmetterling) und schließlich mit politischen Motiven: „Geflügelte Freiheit! – Schmetterling, der Puppe entschlüpft, ins Luftmeer dir nach, schlägt mir das Herz aus diesem Chaos heraus" (GW [Konrad] 3, 385).

Mehr noch und abschließend: Ob dieses letzte Assoziationsspiel Arnims über den Text selbst hinaus auch als Assoziation eigenen ‚Mythos‘ lesbar wäre, wie ihn so manche Rezensenten benutzten? „Sie ist nicht immer die Besessene, aus der die Genien und Dämonen dieser Zeit unter einander rücksichtslos heraussprechen [...]. Sie ist keineswegs immer der gaukelnde Schmetterling, der seinen Rüssel ohne weiteres in alle Geistesblüthen steckt [...]. Wer wollte mit einem so quecksilbernen weiblichen Geiste darum rechten daß er zu all dem Heiligen und Unheiligen, dem er übermüthig in Scherz und Ernst Hohn spricht, geradezu auch Sanct Logik wirft? [...] Diese Bücher sehen aus wie Anstalten zu einem großen schönen Mosaik, das von vorne herein nie fertig werden soll" (Merz 1843, 2621).

Zuzutrauen wäre es Bettina von Arnim allemal, dass sie – vielleicht imagebewusst, vielleicht kampfeslustig, vielleicht ja auch parodistisch – Heinrich Merz' Provokation in der *Allgemeinen Zeitung* anlässlich ihres ‚phantasmagorischen‘ *Königsbuchs* als Einladung zu einer allerletzten mutig/mutwilligen Replik verstanden hat.

6. Literatur

Zitierte Ausgabe: GW [Konrad] 3, S. [255]–407.
Weitere erwähnte Ausgaben: Gespräche mit Daemonen. Des Königsbuchs zweiter Band. Berlin 1852; GW [Oehlke] 7, S. 11–298; Gespräche mit Dämonen. Bettina von Arnims Aufruf zur Revolution und zum Völkerbunde. Hg. v. Curt Moreck. München 1919; Gespräche mit Dämonen. Des Königsbuches Zweiter Band. Hg. u. komm. v. Rüdiger Görner. Berlin 2010.

Arnim, Bettina von, und Pauline Steinhäuser: „Bettina von Arnim und ihr Briefwechsel mit Pauline Steinhäuser". Hg. v. Karl Obser. In: *Neue Heidelberger Jahrbücher* 12 (1903), S. 85–137.
Bäumer, Konstanze, und Hartwig Schultz: *Bettina von Arnim*. Stuttgart, Weimar 1995.
Becker-Cantarino, Barbara: *Schriftstellerinnen der Romantik. Epoche – Werke – Wirkung*. München 2000.
Becker-Cantarino, Barbara: „Die Idee vom Volkskönig. Zu Bettina von Arnims Transformation romantischer Konzepte in *Dies Buch gehört dem König*". In: Bernd

Auerochs u. Dirk von Petersdorff (Hg.): *Einheit der Romantik? Zur Transformation frühromantischer Konzepte im 19. Jahrhundert.* Paderborn [u.a.] 2009, S. 67–80.
Conter, Claude D.: *Jenseits der Nation – Das vergessene Europa des 19. Jahrhunderts. Die Geschichte der Inszenierungen und Visionen Europas in Literatur, Geschichte und Politik.* Bielefeld 2004.
Drewitz, Ingeborg: *Bettine von Arnim. Romantik, Revolution, Utopie.* Düsseldorf, Köln 1969.
Eichendorff, Joseph von: „Über die ethische und religiöse Bedeutung der neueren romantischen Poesie in Deutschland" [1847]. In: J. v. Eichendorff: *Geschichte der Poesie. Schriften zur Literaturgeschichte.* Hg. v. Hartwig Schulz. Frankfurt a.M. 1990a, S. 61–280 (= Eichendorff: Werke in sechs Bänden, Bd. 6).
Eichendorff, Joseph von: „Über die deutsche Salon-Poesie der Frauen" [1847]. In: J. v. Eichendorff: *Geschichte der Poesie. Schriften zur Literaturgeschichte.* Hg. v. Hartwig Schulz. Frankfurt a.M. 1990b, S. 291–308 (= Eichendorff: Werke in sechs Bänden, Bd. 6).
Hock, Lisabeth M.: „,Sonderbare', ,heißhungrige' und ,edle' Gestalten. Konstrukte von Juden und Judentum bei Bettina von Arnim". In: Hartwig Schultz (Hg.): *Salons der Romantik. Beiträge eines Wiepersdorfer Kolloquiums zu Theorie und Geschichte des Salons.* Berlin, New York 1997, S. 317–342.
Hoock-Demarle, Marie-Claire: „Bettina als ,Zeugin' der Französischen Revolution". In: Jb BvA 3 (1989), S. 81–92.
Hopfe, Anneliese: *Formen und Bereiche schöpferischen Verstehens bei Bettina von Arnim.* Diss. München 1953.
Herloßsohn, Carl (Hg.): *Damen Conversations Lexikon.* Bd. 3: *Cordilleras – Esel.* Leipzig 1835.
Heukenkamp, Marianne: *Den „Willen zum Ideal" ins Leben selbst verwandeln. Bettina von Arnims „Die Günderode" im Spannungsfeld von Leben, Philosophie und Poesie.* Egelsbach 1991.
Landfester, Ulrike: *Selbstsorge als Staatskunst. Bettine von Arnims politisches Werk.* Würzburg 2000.
Landfester, Ulrike: „Das Schweigen der Sibylle. Bettine von Arnims Briefe über die Revolution von 1848". In: Jb BvA 11/12 (1999/2000), S. 121–143.
Lauer, Gerhard: „Der ,rothe Sattel der Armuth': Talmudische Gelehrsamkeit oder die Grenzen der poetischen Technik bei Bettine von Arnim". In: Wolfgang Bunzel, Konrad Feilchenfeldt u. Walter Schmitz (Hg.): *Schnittpunkt Romantik. Text- und Quellenstudien zur Literatur des 19. Jahrhunderts.* Festschrift für Sibylle von Steinsdorff. Tübingen 1997, S. 289–319.
Liebertz-Grün, Ursula: *Ordnung im Chaos. Studien zur Poetik der Bettine Brentano-von Arnim.* Heidelberg 1989a.
Liebertz-Grün, Ursula: „Bettine Brentano-von Arnim: Dies Buch gehört dem König". In: Jb BvA 3 (1989b), S. 59–80.
Link, Jürgen: „Das lyrische Gedicht als Paradigma des überstrukturierten Textes". In: Helmut Brackert u. Eberhard Lämmert (Hg.): *Funkkolleg Literatur.* Studienbegleitbrief 4. Wiesbaden, Basel 1976, S. 36–68.
Link, Jürgen: „Literaturanalyse als Interdiskursanalyse. Am Beispiel des Ursprungs literarischer Symbolik in der Kollektivsymbolik". In: Jürgen Fohrmann u. Harro Müller (Hg.): *Diskurstheorien und Literaturwissenschaft.* Frankfurt a.M. 1988, S. 284–307.
Loster-Schneider, Gudrun: *Sophie La Roche. Paradoxien weiblichen Schreibens im 18. Jahrhundert.* Tübingen 1995.
Loster-Schneider, Gudrun: „Generation, Gender und ,Goethezeit'-Rezeption bei Ingeborg Drewitz (1923–1986)". In: Matthias Eitelmann u. Nadyne Stritzke (Hg.): *Ex*

Praeteritis Praesentia. Sprach-, literatur- und kulturwissenschaftliche Studien zu Wort- und Stoffgeschichten. Festschrift zum 70. Geburtstag von Theo Stemmler. Heidelberg 2006, S. 305–323.

Merz, Heinrich: „Bettina". In: *Allgemeine Zeitung* (Beilage), Jg. 1843, Nr. 333 v. 29. November 1843, S. 2615–2616, Nr. 334 vom 30. November 1843, S. 2621–2622.

Pierer's Universal-Lexikon der Vergangenheit und Gegenwart oder neues encyclopädisches Wörterbuch der Wissenschaften, Künste und Gewerbe. Bd. 4: China – Deutsch-Krone. 4., umgearb. u. stark verm. Aufl. Altenburg 1858.

Püschel, Ursula: „Bettina von Arnim und Friedrich Wilhelm IV." In: Jb BvA 3 (1989), S. 93–125.

Püschel, Ursula: „,Charakter hat nur der, dem das Land der Ideale keine Chimäre ist'. Zum Dämonenbuch Bettina von Arnims". In: Hartwig Schultz (Hg.): *Salons der Romantik. Beiträge eines Wiepersdorfer Kolloquiums zu Theorie und Geschichte des Salons.* Berlin, New York 1997, S. 297–316.

Püschel, Ursula: „,Edler und gütiger Bramane': Bettina von Arnim und Theodor Goldstücker". In: Jb BvA 22/23 (2010/11), S. 219–235.

Schmitz, Walter: „,… die freie Kunst eines idealischen Sinnes'. Bettine von Arnims Alterswerk ‚Gespräche mit Dämonen'". In: Jb BvA 3 (1989), S. 137–152.

Schmitz, Walter: „Bettine von Arnims Lebensrollen. Zur Sozialgeschichte einer Schriftstellerin in der Biedermeierzeit". In: W. Schmitz u. Sibylle von Steinsdorff (Hg.): *„Der Geist muß Freiheit genießen …!" Studien zu Werk und Bildungsprogramm Bettine von Arnims.* Berlin 1992, S. 1–25.

Schultz, Hartwig: „,Euer Unglaube an die Naturstimme erzeugt den Aberglauben an eine falsche Politik': Fiktive Salongespräche in Bettines *Königsbuch*". In: H. Schultz (Hg.): *Salons der Romantik. Beiträge eines Wiepersdorfer Kolloquiums zu Theorie und Geschichte des Salons.* Berlin, New York 1997, S. 251–270.

Sloterdijk, Peter: *Literatur und Lebenserfahrung. Autobiographien der Zwanziger Jahre.* München 1978.

Zimmermann, Maria Johanna: *Bettina von Arnim als Dichterin.* Diss. Basel 1958.

1.8. Dichtung und kleine Prosa
Barbara Becker-Cantarino

1. Lieder, Verse, Gelegenheits- und Widmungsgedichte 463
2. *Petöfi dem Sonnengott* 466
3. Kleine Prosa, publizistische Beiträge und Kleinkunstbriefwerke. . 466
4. Literatur 469

1. Lieder, Verse, Gelegenheits- und Widmungsgedichte

Den Anfang von Bettina von Arnims literarischem Schaffen markiert ihre Zuarbeit für die Projekte der Heidelberger Romantik, die Liedersammlung *Des Knaben Wunderhorn* (1806 [recte 1805] u. 1808) und die *Zeitung für Einsiedler* (1808), für die sie, von ihrem Bruder Clemens und Achim von Arnim ermuntert, einige Texte sammelte, diese wohl auch bearbeitete und selbst verfasste. In einem Brief an Clemens aus dem Mai/Juli 1805 schickte Bettina Brentano mehrere „Lieder", die sie über eine „große Correspondence [...] durch ganz Hessen [...] mit Pfarrern, Advocaten und Schulmeistern" gesammelt habe (GW 4, 21–34), darunter das Volkslied *Der Wächter auf dem Türmlein saß*. Clemens erkannte Bettinas „grose Leichtigkeit zu dichten" durchaus an, sie habe ihm versprochen, „dann und wann Lieder zu senden" (an Sophie Mereau, 18. August 1805, in: GW 4, 764). Und tatsächlich verwendeten er und Achim dann – freilich ganz nach ihren Vorstellungen – einige Texte Bettinas für die Erstausgabe von *Des Knaben Wunderhorn*.

Als Bettina von Arnim fast 40 Jahre später eine Neuherausgabe von *Des Knaben Wunderhorn* im Rahmen der *Sämmtlichen Werke* Achim von Arnims anging, beauftragte sie ihren damaligen Gehilfen, den Studenten Rudolf Baier, mit der Einarbeitung vieler Quellen, insbesondere der von ihr gesammelten Volkslieder und Texte, die sie in Arnims Nachlass und unter ihren eigenen Schriften gefunden hatte. 1844 notierte Baier über die von Bettina in den 1810er Jahren gesammelten oder auch von ihr selbst gedichteten oder modifizierten Dichtungen: „[U]nter den aufzunehmenden Liedern sind einige von ihr aus früheren Jahren; das eine wunderlieblich [...]; wie tief poetisch und das Ganze neckisch und doch so innig; es ist in ihren Liedern eine Fülle von Ideen neben Formlosigkeit, die erstaunen macht und eben darin das Ganze im schönsten Einklang" (B. v. Arnim/Baier 1937, 19). Baier betreute letztlich nur die 1845/46 bei Egbert Bauer bzw. dann schon im Selbstverlag herausgekommenen ersten beiden Bände der Neuausgabe des *Wunderhorns* (die teilweise erheblich redigierte Texte enthielten), bevor es im Februar 1846 zum endgültigen Bruch mit Bettina kam; für den dritten Band (1846) und einen weiteren Zusatzband „[n]ach A. v. Arnim's handschriftlichen Nachlaß" (1857) griff sie dann auf die Hilfe von Ludwig Erk zurück.

Neben den Texten, die später in die Neuausgabe des *Wunderhorns* aufgenommen wurden, hatte Bettina Brentano in den Jahren um 1810 weitere Gedichte im Stil romantischer Volklieder und Balladen verfasst, darunter etwa *Das Seelied*, das Arnim leicht überarbeitet in seiner *Zeitung für Einsiedler* veröffentlichte (H. 12 vom 11. Mai 1808, Sp. 96). Der naiv-volkstümlichen Art des *Seeliedes* – „Es schien der Mond gar helle / Die Sterne blinkten klar" – folgten auch das strophische Gedicht „Die Sonne stand wohl auf" und die Ballade „Es lag ein junger König" (alle Gedichte in: GW [Konrad] 4, 117–133). Einige Gedichte aus Bettinas Feder fanden dabei Eingang in ihre Briefbücher, so zum Beispiel „Das Abendrot am Strand hinzieht" im siebten Brief von *Clemens Brentano's Frühlingskranz* (GW 1, 28) und „Eilt die Sonne nieder zu dem Abend" in *Die Günderode* (GW 1, 652–653). Diese sind weitaus mehr stilisiert und entsprechen eher der Diktion Goethes als der der Romantik. In beiden Briefbüchern stehen Bettinas Gedichte jedoch letztlich nur im Schatten der zahlreichen und ästhetisch ansprechenden Verse von Clemens Brentano und Karoline von Günderrode, die Bettina als Redaktorin der Originaltexte mit leichten Modifikationen in ihre Briefbücher aufgenommen, überliefert

1.8. Dichtung und kleine Prosa

und damit – vor allem mit Blick auf Karoline von Günderrode – weithin bekannt gemacht hat.

Ohnehin ist der Umfang von Bettinas lyrischer Produktion insgesamt sehr schmal, einige Gedichte sind später zufällig aufgetaucht (vgl. GW [Konrad] 4, 161–164), darunter die 1806 abgefassten, elegant verschlüsselten Verse *Charade* (ebd., 117 u. 161–162; Geiger 1904) und mehrere Gelegenheitsgedichte wie die anspielungsreiche Stammbuchstrophe für den jugendlichen Freund Moriz Carriere vom 19. März 1839. Diese epigrammartige Strophe ist mit „Savigny-Faktum-Hegel Recht" (ebd., 163) überschrieben, wobei die Verse selbst auf den juristischen Grundsatzstreit zwischen dem Philosophen und Juristen Eduard Gans (1797–1839) und Bettinas Schwager Savigny Bezug nehmen. Bettinas clevere Verse waren eine Spitze gegen Savigny, ein weiterer Vorwurf gegen den Vormund ihrer Kinder in Sachen Brüder Grimm (siehe III.2.2. *Die Brüder Grimm*). Bettina begleitete den Stammbucheintrag mit den Sätzen: „[D]as habe ich den lieben Grimm gegenüber geschrieben [...]. Ich hab die Grimm so lieb! – lieber wie alle Menschen; weihen Sie [Carriere] doch auch Ihre Liebe, dann will ich Ihnen und allen, die aus freiem Willen auf dies Blatt sich unterzeichnen, gern die Schuhriemen auflösen" (Carriere 1914, 147–148). Die Widmung und die Verse stehen unzweifelhaft im Kontext von Bettinas intensiver Werbung für eine Anstellung der Grimms in Berlin und werfen ein bezeichnendes Licht auf die Art und Weise der (halb-)öffentlichen Sticheleien gegen ihren prominenten Schwager Savigny.

Nun gehörten Gedichte als Briefbeilagen (ob nun im Original oder als Abschrift) sowie epigrammartige Verse zu bestimmten Anlässen zu den geselligen Umgangsformen der Zeit. Das gilt für Bettinas *Verlegenheitsgedicht*, das sie Varnhagen bei der Rückgabe eines geliehenen Buches auf einen Tintenklecks geklebt hatte (GW [Konrad] 5, 163), ebenso wie für das Widmungsgedicht für den jungen Violinkünstler und Komponisten Joseph Joachim (1831–1907), das sie 1852 in Wiepersdorf niederschrieb (FDH Hs-15690). Und obwohl sich Bettina von Arnim der Lyrik im Grunde kaum intensiver widmete, war ihr gesamtes Leben von Versen begleitet, zumeist in Form von Liedern, die sie auswählte und vertonte (siehe V.2. *Bettina von Arnim und die Musik*) und dann insbesondere in den 1840er Jahren auch gemeinsam mit ihren Töchtern sang. Für die 1850er Jahre finden sich zudem Hinweise in ihren Briefen, dass sie ihre eigenen und Abschriften oder Umdichtungen fremder Gedichte „zum Besten des Goethe-Monumentes" gesondert herausgeben wollte; entsprechende Gedichtmanuskripte befanden sich in ihrem 1928 versteigerten Nachlass (Mallon 1931, 454–455). Bettina experimentierte darüber hinaus durchaus auch mit Gedichten, die sie besonders beeindruckt hatten. So ist etwa ihr Sonett „Wer sich der Einsamkeit ergibt" eine Antwort auf die Anfangsverse des Harfners aus Goethes *Wilhelm Meister* – eine Apotheose des inspirierten, lebensbejahenden Dichters: „Es blühet hell in seiner Brust / Der Lebensflamme Schein. / Im Himmlischen ist ihm bewußt / Das reine irdsche Sein" (Bach 1926, 332; GW [Konrad] 5, 125).

2. Petöfi dem Sonnengott

Auch im Zuge ihrer Bekanntschaft mit dem österreichisch-ungarischen Schriftsteller Karl Maria Benkert (1824–1882) – der sich ab 1847 Kertbeny nannte und die Gedichte des 1849 im ungarischen Freiheitskampf gefallenen Dichters Sándor Petöfi ins Deutsche übersetzt hatte – wandte sich Bettina von Arnim der Lyrik zu (siehe IV.4.7. *Briefwechsel mit Karl Maria Benkert alias Kertbeny*). Im Dezember 1849 schickte sie die in diesem Kontext entstandene Ode *Petöfi dem Sonnengott* in Abschriften an Kertbeny (GW 3, 1269) und bald darauf an Moriz Carriere, der diese dann im Rahmen seines Mitte 1851 in Robert Prutz' *Deutschem Museum* veröffentlichten Aufsatz „Ungarische Dichtungen" als thematische Hinführung erstpublizierte (Carriere 1851, 208–209; zur Entstehung und den Quellen vgl. Kommentar in: GW 3, 1265–1275). Die freirhythmische Hymne mit variablen und reimlosen Strophen zu Ehren Petöfis ist ein „Rollentext, eine Petöfy in die Feder gelegte Anrufung des Sonnengottes" (Landfester 2000, 357), und überdies eine Huldigung Goethes. In der hymnischen Anrede und Feier des Sonnengottes wird das lyrische Ich – Petöfi (der Dichter, die Autorin) – selbst zum Gott. Die Ode mit „ihrer hochartifiziellen Diktion, ihrem antikisierenden Figureninventar – Apollon, Eos, Narziß, Zeus, Io und den Musen" (ebd.) – inszeniert vor der antiken Landschaftskulisse des Helikon ein „süß" schlafendes „ich – im Träumen schüchtern deiner Saiten Spiel rührend" (GW 3, 676), den von einer großartigen Natur inspirierten Dichter. Mit der Imitation von Friedrich Hölderlins hymnischem Pathos, Erhabenheit und Sprachmustern wie der Komplexität des Satzbaus und klanglicher Fülle feiert die Autorin die schöpferische Kreativität des Dichters. Bettina von Arnim gedenkt mit diesen Versen somit auch Hölderlin, der, 1843 verstorben, um 1848 nur noch als romantischer Melancholiker und Nachahmer Schillers galt und daher mehr und mehr in Vergessenheit zu geraten drohte, ja, genau genommen, antizipierte sie sogar die Hölderlin-Renaissance der Generation von Wilhelm Dilthey (1833–1911), dem geistigen Erben ihres Freundes Schleiermacher. Die mythischen Bilder im Schlusstableau erinnern dabei nicht zuletzt auch an Bettinas Darstellung des Olympiers Goethe in ihrem Entwurf für ein Goethe-Denkmal. Das hohe Pathos und die abstrakt-antikisierende Bildlichkeit ersticken gleichwohl etwaige politische Visionen und blenden zeitgenössische Aspekte wie die Realität der Revolutionen von 1848/49 und eben auch des Ungarnaufstands aus. Der Petöfi-Übersetzer Kertbeny brachte Bettina von Arnims Ode nach gegenseitigen Verstimmungen denn auch erst viel später und auch nur im Anhang zu dem von ihm „mit eigenen und fremden Uebersetzungen" herausgegebenen Band *Dichtungen von Alexander Petöfi* (Petöfi 1858, 581–584).

3. Kleine Prosa, publizistische Beiträge und Kleinkunstbriefwerke

Bereits in jungen Jahren hatte Bettina Brentano indes nicht nur mit Liedern und Gedichten experimentiert, sondern auch mit kurzen Prosatexten. So

1.8. Dichtung und kleine Prosa

gelang es ihr schon damals, humorvoll kleine Szenen auszumalen, etwa die Skizze von 1803 zu „Gernings Werbung um Bettine, ein Gerücht des Hofrats Krause", worüber sie „dem Franz [ihrem Halbbruder und Vormund; B.B.-C.] die bittersten Vorwürfe" gemacht habe, ihr „so einen Esel als Mann anzutragen" (GW [Konrad] 5, 131). In den Bereich der frühen Prosa gehörte auch ihre *Julius Bernhard Engelmann und die Mädchenerziehung* betitelte Replik auf die Werbeschrift eines Frankfurter Lehrers aus dem Jahr 1808 (siehe II.1.8. *Erziehung, Kinder, Nachfahren*). Hinzu kamen Entwürfe zu Märchen. Einer dieser Texte, die *Erzählung vom Einsiedler* oder genauer: der Beginn dieses Märchens, wurde – von Arnim umgestaltet und in seinen Beitrag *Scherzendes Gemisch von der Nachahmung des Heiligen* mit Erzählungen aus der Jugend Jesu integriert – immerhin in der *Zeitung für Einsiedler* veröffentlicht (H. 7 vom 23. April 1808, Sp. 49–51; siehe IV.3. *Märchen und Märchenentwürfe Bettina von Arnims und ihrer Töchter*).

Neben diesen kleinen Prosastücken veröffentlichte Bettina von Arnim über die Jahre auch immer wieder Rezensionen, Aufsätze und offene Briefe. 1818 zum Beispiel erschien in den *Heidelberger Jahrbüchern* eine mit der Chiffre ß γ gezeichnete Besprechung vom ersten Teil von Achim von Arnims Roman *Die Kronenwächter* (GW [Konrad] 5, 137–143). Der Rezension lag eine Vorlage von Bettina (= ß) zugrunde (Originaltext bei Steig 1899, 169–176), die dann von Wilhelm Grimm (= γ) überarbeitet und in Druck gegeben wurde. Reinhold Steig zufolge hatte Bettina zur Gemeinschaftsproduktion „die ästhetische erschließung der dichtung" und Wilhelm Grimm „die literarische, historische und persönliche kritik" beigesteuert (Steig 1899, 177). Wie hier vermied Bettina es auch bei anderen publizistischen Beiträgen, diese mit ihrem Namen zu unterzeichnen. So erschien ihr Anfang der 1830er Jahre verfasster Aufsatz *Über ein Kunstwerk unserer Zeit* auf ihren ausdrücklichen Wunsch hin mit dem Autorenvermerk „von einem geistreichen Verfasser" (Text und Kommentar in: GW 2, 810–818 u. 1163–1169). In dem Beitrag beschäftigte sich Bettina mit Schinkels Entwürfen für die Fresken in der Vorhalle des Berliner Alten Museums und plädierte dabei mit ästhetischen Argumenten für die Ausführung der umstrittenen Pläne des mit ihr befreundeten Architekten. Über den Autorenvermerk geschickt einen männlichen Verfasser suggerierend, konnte sie den Aufsatz – quasi mit vermeintlicher Autorität versehen – in Pücklers Erfolgsbuch *Andeutungen über Landschaftsgärtnerei, verbunden mit der Beschreibung ihrer praktischen Anwendung in Muskau* (1834) unterbringen (vgl. Bw Pückler, Briefe 45, 48 u. 54; siehe III.1.3. *Hermann von Pückler-Muskau*).

In den späten 1830er und den 1840er Jahren hatte Bettina von Arnim derlei nicht mehr zwingend nötig. Mittlerweile war sie eine „Berühmtheit unter ihren Zeitgenossen", selbst ihre mündlichen Äußerungen galten bereits als berichtenswert oder waren es wert, als Gerücht kolportiert zu werden, hatten sie doch zu nicht eben geringen Teilen auch einen „hohen Unterhaltungswert"; Bettina „war ein Pressestar quer durch die journalistischen Lager des Vormärz", und sie nutzte ihren hohen Bekanntheitsgrad, um wahlweise ihre Meinung oder ihre Unterstützungsbemühungen für Benachteiligte in offenen Briefen oder auch anonymen Aufrufen in der Presse zu lancieren (Härtl 1995, 192). So veröffentlichte der von dem Jungdeutschen Karl Gutzkow in Hamburg begründete *Telegraph für Deutschland* 1839 in einer Ausgabe denn auch ihren offenen Brief *Bettina an W. Grimm* auf der Titelseite, eine für die Zeitung leicht redigierte Version eines Original-Briefes an Grimm, dessen Publikation sie als Zeichen ihrer Freundschaft und Wertschätzung für die von König Ernst August von Hannover entlassenen ‚Göttinger Sieben' und hier eben insbesondere die Brüder Grimm verstanden wissen wollte (vgl. ebd., 196–197). Und nicht nur in diesem Fall adaptierte Bettina ihre jeweiligen Brieftexte und ließ sie als öffentlichkeitswirksame Pressenachricht kursieren. Ob es im Einzelnen um die Unterstützung einzelner Schriftsteller (Philipp Nathusius, Hoffmann von Fallersleben) oder Musiker (Gaspare Spontini) ging, um ästhetische oder eigentlich politische Fragen: Stets transportierte sie dabei auch ihre liberalen Ideen (vgl. Härtl 2016, 102–120). Die jeweiligen Texte waren rhetorisch geschickt formuliert, reich an poetischen Anspielungen und in das Gewand emotionaler und moralisierender Bittbriefe gehüllt, um als politisch harmlos die Zensur passieren zu können. Als Vermittler dienten ihr Varnhagen, Adolf Stahr und publizistisch versierte Literaten in ihrem Netzwerk (vgl. Härtl 1997), wobei sie mit ihren publizistischen Stellungnahmen freilich nicht nur ihre persönlich-politischen Anliegen, sondern immer auch die Bekanntheit und den Verkauf ihrer eigenen Werke zu befördern wusste.

Literarisch interessanter sind letztlich daher auch Bettina von Arnims „raffiniert verschnörkelte, beziehungsreiche Kleinkunstbriefwerke" (Härtl 2016, 68), etwa die von Heinz Härtl umfassend untersuchten *Drei Briefe von Beethoven*. In seiner 2016 veröffentlichten Studie *„Drei Briefe von Beethoven". Genese und Frührezeption einer Briefkomposition Bettina von Arnims* räumt Härtl in philologischer Detektivarbeit zunächst einmal gründlich auf mit den Legenden aus dem 19. Jahrhundert um Beethovens Briefe an Bettina sowie der noch immer grassierenden Spekulation, Bettina sei Beethovens mysteriöse ‚Unsterbliche Geliebte' gewesen. Härtl analysiert die Genese und Publikationsgeschichte von Bettina von Arnims *Drei Briefen von Beethoven*, die im Januar 1839 in der von Julius Merz in Nürnberg herausgegebenen Zeitschrift *Athenæum für Wissenschaft, Kunst und Leben* erschienen waren und bis dato – auch in der Bettina-Forschung – kaum bekannt waren (Text bei Härtl 2016, 184–188). Härtl kommt zu dem Ergebnis, dass lediglich der zweite Brief authentisch ist. Nach diesem Brief vom 10. Februar 1811 – den einzigen, den Beethoven überhaupt jemals an Bettina geschrieben hatte – konstruierte sie hernach auch sprachlich die beiden anderen Briefe. Darin erscheint Beethoven nicht nur als Initiator des Briefwechsels, Bettina suggerierte hierüber auch generell ein „Verhältnis wechselseitiger Zuneigung und Ebenbürtigkeit" (ebd., 85). Bemerkenswert ist in dieser Hinsicht der dritte Brief, in dem sie Beethovens Künstlerstolz betonte und diesen mit Goethes servilem Verhalten gegenüber Aristokraten kontrastierte. Der vorgebliche Brief von Beethoven – angeblich im August 1812 in Teplitz verfasst – schildert, wie Goethe und er während eines gemeinsamen Heimwegs „der ganzen kaiserlichen Familie" begegnet seien, wobei Goethe devot zur Seite getreten sei und „tief gebückt" den Hut gezogen habe, während er, Beethoven, „mitten durch den dicksten Haufen" der vornehmen österreichischen „Herrschaften" gegangen sei. Damit nicht genug, habe Beethoven, der hier zum wahren Künstler und Menschen stilisiert wird, bei dieser Gelegenheit Goethe dann auch „all seine Sünden vorgeworfen, am meisten gegen Sie liebste Freundin, wir hatten gerade von Ihnen gesprochen" (Härtl 2016, 187). Die Anekdote ist frei erfunden, der Beweggrund für ihr Schreiben sei, wie Härtl betont, das Ringen der Autorin um eine transzendierte, höhere Wahrheit. Härtls profunde Analyse beleuchtet letztlich eindrücklich Bettina von Arnims Arbeitsweise und Publikationsstrategien insgesamt. Komprimiert auf wenigen Seiten gibt dieses raffinierte Kleinkunstbriefwerk in all seinen Verquickungen von Authentischem und Fingiertem, von Dichtung und Wahrheit den Blick frei auf die Verflechtungen, die auch Bettina von Arnims Briefbücher auszeichnen.

4. Literatur

Zitierte Ausgaben: Gedichte: GW [Konrad] 4, S. 117–128; GW [Konrad] 5, S. 161–164; *Petöfi dem Sonnengott*: GW 3, S. 669–676; Kommentar: S. 1265–1267; *Kronenwächter*-Rezension: GW [Konrad] 5, S. 137–143; *Über ein Kunstwerk unserer Zeit*: GW 2, S. 810–818; Kommentar: S. 1163–1169; *Drei Briefe an Beethoven*: Härtl 2016, S. 184–188 [siehe unten].

Arnim, Achim von, und Clemens Brentano: *Des Knaben Wunderhorn. Alte deutsche Lieder. Vollständige Ausgabe.* Hg. v. Heinz Rölleke. Frankfurt a.M. 2003.
Arnim, Bettina von, und Rudolf Baier: *Unveröffentlichte Briefe und Tagebuchaufzeichnungen.* Hg. v. Kurt Gassen. Greifswald 1937.
Bach, Adolf: „Neues aus dem Kreise La Roche-Brentano". In: *Euphorion* 27 (1926), S. 327–332.
Carriere, Moriz: „Ungarische Dichtungen". In: *Deutsches Museum* 1 (1851), Bd. 2 (Juli–September), S. 208–216.
Carriere, Moriz: *Lebenserinnerungen.* Hg. v. Wilhelm Diehl. Darmstadt 1914.
Geiger, Ludwig: „Ein unbekanntes Gedicht der Bettine". In: *Euphorion* 11 (1904), S. 120–122.
Härtl, Heinz: „Publizistische Beiträge Bettina von Arnims 1839–1840". In: Jb FDH 1995, S. 192–206.
Härtl, Heinz: „Publizistische Beiträge Bettina von Arnims 1844–1848". In: Wolfgang Bunzel Konrad Feilchenfeldt u. Walter Schmitz (Hg.): *Schnittpunkt Romantik. Text- und Quellenstudien zur Literatur des 19. Jahrhunderts.* Festschrift für Sibylle von Steinsdorff. Tübingen 1997, S. 237–256.
Härtl, Heinz: *„Drei Briefe von Beethoven". Genese und Frührezeption einer Briefkomposition Bettina von Arnims.* Bielefeld 2016.
Kreuzer, Johann (Hg.): *Hölderlin-Handbuch. Leben – Werk – Wirkung.* Stuttgart, Weimar 2002
Landfester, Ulrike: *Selbstsorge als Staatskunst. Bettine von Arnims politisches Werk.* Würzburg 2000.
Mallon, Otto: „Bibliographische Bemerkungen zu Bettina von Arnims Sämtlichen Werken". In: *Zeitschrift für deutsche Philologie* 36 (1931), S. 446–465.

Petöfi, Sándor: *Dichtungen von Alexander Petöfi*. Hg. u. übers. v. Karl Maria Kertbeny. Leipzig 1858.
Rölleke, Heinz: „Bettines Märchen". In: Bettine-Katalog, 1985, S. 225–232.
Steig, Reinhold: „Zu den Kleineren Schriften der Brüder Grimm". In: *Zeitschrift für deutsche Philologie* 31 (1899), S. 165–177.
Steig, Reinhold: „Zur Einsiedlerzeitung". In: *Euphorion* 19 (1912), S. 229–241.
Zeitung für Einsiedler (1808). Digitalisat: http://digi.ub.uni-heidelberg.de/diglit/einsiedler [30. Mai 2019].

2. Die ‚Polenbroschüre' (1849)

Mirosława Czarnecka

1. Der historische Hintergrund und Bettina von Arnims Engagement für Polen 470
2. Entstehungsgeschichte 477
3. Inhalt und Adressat des Textes 479
4. Rezeption 481
5. Literatur 482

1. Der historische Hintergrund und Bettina von Arnims Engagement für Polen

Die Zeitspanne von 1846 bis 1848 bildet den historischen Hintergrund der ‚Polenbroschüre' genannten Schrift *An die aufgelös'te preußische National-Versammlung. Stimmen aus Paris,* in der Bettina von Arnim die aktuellen Ereignisse kommentiert und ihre historische Relevanz für Deutschland, Polen und Europa reflektiert. Zwei Themenkomplexe dominieren den Inhalt dieser im Januar 1849 anonym veröffentlichten Broschüre: (1.) der deutsche Polendiskurs und die preußische Polenpolitik und (2.) die deutsche Staatsräson und die Position des preußischen Königs Friedrich Wilhelm IV. nach der Märzrevolution 1848. Diese beiden Hauptthemen wurden durch Bettina von Arnim aus einer Perspektive behandelt, in der die in der Märzrevolution programmatisch geforderte Demokratisierung als europäische Herausforderung erschien.

Der deutsche Polendiskurs war im 19. Jahrhundert bis in die späten 1840er Jahre hinein durch eine emphatische Begeisterung für die polnischen Freiheitskämpfer des Novemberaufstands 1830/31 geprägt. Auf ihrem Weg ins französische Exil wurden die Kämpfer in Deutschland enthusiastisch als Helden und Befreier Europas begrüßt. Die damals verfassten ‚Polenlieder' und die polenfreundliche Publizistik jener Zeit sind Zeugnis dieses begeisterten Polendiskurses (vgl. Koziełek 1986). Im Zuge der Märzrevolution mutierte die Polenbegeisterung zu einem Rechtfertigungsdiskurs, in dem das Theorem von der „Weltgeschichte als Weltgericht" eine antipolnische, konservative Position legitimierte. Laut hörbar war dieser Rechtfertigungsdiskurs in der Verfassungsdebatte in der Frankfurter Paulskirche am 24. Juli 1848: Die polnische Teilung

2. Die ‚Polenbroschüre' (1849)

wurde hier als „das gerechte Gericht über ein verrottetes Volkstum" (Rudolf Haym) bezeichnet (zit. nach Orłowski 2003, 136). Hubert Orłowski verweist zu Recht auf den in den 1840er Jahren „langsam ansteigenden liberalen Nationalismus" und spricht von „einer politisch-strategischen Umorientierung der deutschen Liberalen während der ‚Doppelrevolution' 1846–48/49, die auf eine Kollidierung mit den Vorstellungen polnischer Demokraten von der Wiedergeburt eines Nationalstaates hinauslaufen musste" (ebd., 124). In der Zeit der Entstehung der ‚Polenbroschüre' musste sich Bettina von Arnim mit diesen beiden Polendiskursen auseinandersetzen.

Historisch gesehen wurde der Untergang der Polnischen Adelsrepublik durch die Beschränkung der königlichen Macht und zunehmende anarchische Willkür des Adels verursacht. Der durch innere Spannungen und das *liberum veto* (das Einspruchsrecht eines jeden Abgeordneten im Parlament, welches gleichsam alle Entscheidungen einstimmig fällen musste) sowie durch die herrschende Leibeigenschaft der Bauern geschwächte Staat wurde zum Gegenstand und Opfer rücksichtsloser Raub- und Zerreißpolitik der großen Nachbarn. 1772 wurde Polen zum ersten Mal durch die drei Feudalmächte Russland, Preußen und Österreich in drei Teile geteilt. Der Ersten Teilung folgten noch zwei weitere: 1793 zwischen Russland und Preußen, 1795 wiederum durch alle drei Mächte. Mit den Schlussakten des Wiener Kongresses von 1815 wurde die Teilung Polens noch einmal bestätigt. Polen als souveräner Staat verschwand von den Karten Europas. Erst am 11. November 1918 erlangte Polen wieder seine nationale Souveränität. Alle Erhebungen der polnischen Nation nach den Teilungen scheiterten: der Novemberaufstand 1830/31, der Aufstand im Großherzogtum Posen und in Krakau 1846 sowie der Januaraufstand 1863. Nie jedoch, trotz schrecklicher Folgen, wie den Zwangsdeportationen nach Sibirien, der Verfolgung und den Morden am polnischen Adel und der Intelligenz, haben die Polen aufgehört, für ihre Freiheit zu kämpfen. In Paris, dem Zentrum ihres politischen Exils, gründeten die polnischen Freiheitskämpfer bereits im März 1832 ihre größte Organisation – die Polnische Demokratische Gesellschaft, die in ihrem Manifest eine künftige Erhebung zur Wiederherstellung Polens mit sozialen und demokratischen Veränderungen zu verbinden deklarierte. Um den nationalen Aufstand in allen drei Teilgebieten zu organisieren, wurden dorthin Emissäre geschickt, die wie in Posen, Krakau und Warschau konspirative Komitees gründeten und die Vorbereitungen koordinieren sollten. In Posen entstand darüber hinaus 1842 der Bund der Plebejer, eine politische Organisation von Handwerkern, Gesellen und der Schuljugend, für die der Kampf um die nationale Befreiung mit dem Kampf um die Beseitigung feudaler Strukturen einherging. 1844 wurde in der Polnischen Demokratischen Gesellschaft in Paris eine Gruppe unter der Führung von Ludwik Mierosławski (1814–1887) ins Leben gerufen, die einen zügigen Beginn der Erhebung organisieren sollte. Mierosławski, der als 16-Jähriger bereits am Novemberaufstand teilgenommen hatte, war Schriftsteller und Historiker und wurde bald wegen seiner militärischen Kompetenzen berühmt. Die konspirative Vorbereitung der nationalen Erhebung führte ihn nach Krakau und

Posen, wo die sogenannte Posener Zentrale als Koordinierungszentrum dieser Vorbereitungen gebildet wurde. Mit dem Bund der Plebejer wurde dabei eine Übereinkunft hinsichtlich eines gemeinsamen Vorgehens geschlossen und das Datum des Aufstandsausbruchs auf den 21. Februar 1846 festgelegt. Da die konspirativen Vorbereitungen von einem daran Beteiligten verraten wurden, mussten sie schließlich abgebrochen werden, in der Folge setzten Massenverhaftungen ein. Mierosławski wurde am 12. Februar 1846 als Holzhändler Szatkowski verhaftet; er benutzte diesen Decknamen, bis er am 20. Mai 1846 ein Geständnis ablegte und seine wahre Identität preisgab. Während der Ausbruch des Aufstands im Großherzogtum Posen durch Verhaftungen der Freiheitskämpfer verhindert wurde, brach die Erhebung in Krakau im Februar 1846 los, um jedoch bald, am 3. März 1846, niedergeschlagen zu werden. Einen wichtigen Einfluss auf dieses Scheitern hatte der beispiellose Angriff der galizischen Bauern auf die Landadelsfamilien: Angestiftet durch die österreichische Propaganda haben sie Hunderte von polnischen Adeligen als ihre Unterdrücker und Despoten umgebracht. Dieser Vorfall in dem durch Österreich annektierten Gebiet wurde von der preußischen Polenpolitik zur Legitimierung der Teilung Polens genutzt. Für kurze Zeit jedoch erneuerten die Ereignisse im Großherzogtum Posen „den Enthusiasmus für die Polen und lenkten das Interesse unmittelbar auf die polnischen Gefangenen und ihr Schicksal vor den preußischen Gerichten" (Kommentar in: GW 3, 1202).

Auch Bettina von Arnim verfolgte die Informationen aus Polen mit wachsendem Interesse. Varnhagen notierte am 7. März 1846: „Zu Bettinen von Arnim gefahren, die in großer Aufregung ist wegen der unglücklichen Polen, sie möchte für sie wirken, möchte den König für sie stimmen helfen" (Varnhagen 2, Bd. 3, 314). So verwundert es nicht, dass sie auf die Bitte der französischen Schriftstellerin Hortense Cornu, der Übersetzerin ihres *Goethe's Briefwechsel mit einem Kinde*, sofort antwortete, nachdem diese sie in einem Brief vom 30. März 1846 im Namen der Polnischen Demokratischen Gesellschaft in Paris um Hilfe ersucht hatte, um Mierosławski vor der gefürchteten Auslieferung nach Russland zu retten, die seinen Tod bedeutet hätte (vgl. GW 3, 1229). Bereits am 16. April schrieb Bettina in dieser Sache an Friedrich Wilhelm IV. Der König reagierte rasch und in ihrem Sinne, wie Alexander von Humboldt sie über Varnhagen wissen ließ: „Der König sagte mir gestern Abend beim Schlafengehen: ‚Lassen Sie doch der Bettina wissen, daß Sie wegen der Hauptperson [Mierosławski] sich sehr beruhigen kann. Es ist nie daran gedacht worden, ihn den Russen auszuliefern'" (Humboldt an Varnhagen, 22. April 1846, zit. nach GW 3, 1203).

Mierosławski wurde wie über 250 weitere polnische Aufständische im Dezember 1846 nach Moabit ins Zellengefängnis Lehrter Straße gebracht, das speziell für den anstehenden ‚Polenprozess' umgebaut wurde. Es sollte in der Geschichte der deutschen Justiz der erste öffentliche politische Prozess in Anwesenheit der Angeklagten werden. In Deutschland und im Ausland regten sich Stimmen für die Freilassung der polnischen Freiheitskämpfer. Am

2. Die ‚Polenbroschüre' (1849)

11. April 1847 appellierte selbst der Vereinigte Landtag an Friedrich Wilhelm IV., er möge eine Amnestie für die gefangenen Polen aussprechen. Dennoch begann der ‚Polenprozess' am 2. August 1847 – unter großer Anteilnahme der deutschen Öffentlichkeit. Er wurde in der Presse kommentiert und durch die Herausgabe einer Dokumentation (Julius 1848) zu einem politischen, aber auch rechtsgeschichtlichen Ereignis (vgl. Fuchs 2003). Die Staatsanwaltschaft klagte die polnischen Gefangenen der Vorbereitung einer Erhebung zur Wiedergeburt Polens in den Grenzen vor der Ersten Teilung 1772 sowie des Hochverrats an, da sie versucht hätten, die bestehende Ordnung zu stürzen (vgl. ebd., 118). Bereits am 3. August trat Mierosławski mit einer großen Rede vor das Gericht. Er wies die Anklageschrift dabei mit logischen, profund begründeten Argumenten und mit überlegt dosiertem Pathos auf beeindruckende Weise zurück. Die Rede Mierosławskis wurde in der deutschen Presse intensiv kommentiert und brachte ihm und den anderen Angeklagten in der Öffentlichkeit noch mehr Sympathie und Solidarität ein. Mierosławski klagte in seiner Rede die drei Mächte, Preußen, Russland und Österreich des schwersten Vergehens an, das sie gegenüber Polen und dem polnischen Volk hätten verüben können: der Auflösung ihres Staates und der Vernichtung ihrer Nationalität. Die vorbereitete Erhebung stellte er als Konsequenz dieses Vergehens dar und entkräftete somit geschickt das Hauptargument der Anwaltschaft: „[W]enn das Hochverrat ist", so Mierosławski in seiner Verteidigungsrede, „sich durch alle Fähigkeit, die Gott selbst den niedrigsten Geschöpfen zugeteilt hat, von dem unerträglichen Druck der uns zerschmetternden Kongresse, die unsere Selbstvernichtung in Wut und Verzweiflung beabsichtigen, zu befreien; [...] dann allerdings sind wir nicht allein, dann ist es ganz Polen, das sich verschwört. Führt also ganz Polen vor die Schranken dieses Gerichtes" (Beilage zu einem Brief Bettinas an Friedrich Wilhelm IV. vom 31. Dezember 1847, in: Bw Friedrich Wilhelm IV., 204). Am 2. Dezember 1847 wurde dennoch ein hartes Urteil verkündet: Mierosławski und sieben weitere Angeklagten wurden zur Todesstrafe durch das Beil verurteilt, über 109 Gefangene wurden unterschiedlich lange Haftstrafen verhängt, 134 weitere wurden freigesprochen. Das Urteil, von den polnischen Aufständischen gelassen und ruhig entgegengenommen, wurde generell als sehr hart aufgefasst und erregte eine große Protestwelle in Berlin.

In dieser bewegten Zeit wurde Bettina von Arnim mehrmals mit Briefen aus Paris um Hilfe angefragt. In einem Brief vom 24. November 1847 bat beispielsweise Hortense Cornu Bettina um Unterstützung von Mierosławskis Schwester Xaviere Mazurkiewicz bei deren Bemühungen, ihren zum Tode verurteilten Bruder in Moabit ein letztes Mal wiederzusehen (vgl. Bw Friedrich Wilhelm IV., 569–570). Auch Mazurkiewicz selbst schrieb Bettina von Arnim aus Berlin an und beschwor sie als ihre „letzte Zuflucht", beim König gegen die Hinhaltetaktik und die Schikanen der Behörden zu intervenieren (Mazurkiewicz an Bettina, 4. Dezember 1847, in: Bw Friedrich Wilhelm IV., 178). Die Reaktion des Herrschers auf Bettina von Arnims Bitt- und Klagebrief vom 26. Dezember 1847, dem sie auch das Schreiben von Xaviere Mazurkiewicz beilegte, war überaus abweisend, was Bettina betroffen machte, markierte sie doch das Ende einer bislang vertraulichen Korrespondenz mit dem König. Schroff wurde Bettina von Arnim von Friedrich Wilhelm IV. zurechtgewiesen, dass sie nicht nur Feinde unterstütze, sondern als Frau in Fragen der Politik und Öffentlichkeit auch inkompetent sei: „Dies Blatt und ein Anderes beweisen mir, daß Sie, wie es dem Weibe wohlansteht, sich fern von der Tragödie des großen Prozesses gehalten haben, ja von demselben gar nichts wissen und, daß nur der edle Drang Leiden zu mildern, Sie in Bewegung setzt" (27. Dezember 1847, in: Bw Friedrich Wilhelm IV., 183).

Dieser Brief bestärkte Bettina zugleich in ihrer Mission, den König über die Verleumdungen, Anmaßung, Willkür und Freveltaten seiner Minister, Polizei und selbst kleinerer Beamten aufzuklären. Zu diesem Zweck legte sie ihrem Antwortbrief vom 31. Dezember 1847, in dem sie den „innere[n] Doppelgänger von Euer Majestät" (Bw Friedrich Wilhelm IV., 189), den ideellen Herrscher also, beschwört, die Verteidigungsrede Mierosławskis vor dem Gericht bei. Eine Reaktion des Königs blieb aus.

Die Lage Mierosławskis änderte sich grundlegend, nachdem es in der von wachsenden Unruhen und zunehmender revolutionärer Stimmung beherrschten Stadt am 18. März 1848 zum blutigen Eingreifen des Militärs gekommen war und die Revolution begann. Bedrängt von Menschenmassen, die sich am 20. März vor dem königlichen Schloss zusammengefunden hatten, unterzeichnete Friedrich Wilhelm IV. die Amnestieurkunde für die polnischen Gefangenen. Sie wurden freigelassen und als Helden in einer Art Siegeszug unter wehenden deutschen und polnischen Fahnen durch Berlin gefahren. Vom Balkon der Universität wendete sich Mierosławski an die Berliner: „Nicht du, edles deutsches Volk, hast meinem unglücklichen Vaterlande Fesseln geschmiedet, deine Fürsten haben es getan, sie haben mit der Teilung Polens ewige Schmach auf sich geladen" (so die 1848 verbreitete Flugschrift *Die Öffnung des Polen-Kerkers*, zit. nach Fuchs 2003, 123). Die Worte Mierosławskis, der die polnischen Freiheitskämpfer zu Beschützern des deutschen Volkes, ja Europas vor Russland erhob und die Verbrüderung zwischen den beiden Nationen deklarierte, wurden von den Massen euphorisch begrüßt. Der Glaube an diese Mission war mit der festen Hoffnung der Polen auf ihre nationale Befreiung verbunden. So begab sich Mierosławski umgehend nach Posen zurück, wo er den Befreiungskampf erneut aufnahm und zugleich polnische Freiheitskämpfer auf den bevorstehenden Krieg mit Russland vorbereiten wollte.

Friedrich Wilhelm IV. befand sich in einer schwierigen Lage, da sowohl Russland als auch Frankreich, das Polens Interessen vertrat, Druck ausübten. Er selbst wollte die Provinz Posen in den Grenzen Preußens behalten. Am 18. März 1848 dekretierte die Preußische Nationalversammlung unter dem Druck der konservativen Kräfte die Einverleibung Posens in den Deutschen Bund. Um dagegen zu protestieren, entsandte das in Posen gegründete Polnische Nationalkomitee seine Vertreter nach Berlin. In der Kabinettorder vom 24. März 1848 versprach der König unter dem Druck der Revolution zwar eine nationale Reorganisation des Großherzogtums Posen durch eine Kommis-

2. Die ‚Polenbroschüre' (1849)

sion aus beiden Nationalitäten, allerdings weigerte er sich, einen Verzicht auf die preußische Oberhoheit anzudeuten (vgl. Kommentar in: GW 3, 1211).

Als Ziviler Königlicher Kommissar, der diese Reorganisation durchführen sollte, wurde der polenfreundlich eingestellte General Karl Wilhelm von Willisen nach Posen entsandt. Die Versprechen des Königs wurden jedoch nicht realisiert, denn gleichzeitig befahl er dem in Posen kommandierenden General Friedrich von Colomb, die Ruhe in Posen notfalls mit Gewalt wiederherstellen. Zu diesem Zweck wurden „unter dem Vorwand der Vorbereitungen zum Krieg gegen Rußland die preußischen Streitkräfte in der Provinz Posen verstärkt, so daß sich die polnischen Truppen, etwa 7.000 Mann, sich Anfang April einer Übermacht von 30.000 preußischen Soldaten gegenübersahen" (Kommentar in: GW 3, 1213).

Als es zu ersten Ausschreitungen kam, erließ Friedrich Wilhelm IV. am 8. April 1848, ohne Willisen davon in Kenntnis zu setzen, denn auch eine Kabinettorder, die General Colomb ermächtigte, militärisch gegen die Unruhen in Posen durchzugreifen. Am 11. April wurde in Jarosławiec eine Konvention unterzeichnet, in der Willisen erneut einer Reorganisation der Provinz zusagte, wobei die polnischen Freiheitskämpfer die Waffen niederlegen sollten. Dennoch verfügte Friedrich Wilhelm IV. nur drei Tage später „die Teilung Posens in einen polnischen [...] und einen deutschen Teil. Diese Kabinettsorder, die Willisens Zusagen de facto Lügen strafte, löste die spontane Bewegung unter der polnischen Bevölkerung aus" (Kommentar in: GW 3, 1213). Willisen wurde abberufen und durch General Ernst von Pfuel ersetzt, der am 29. April unter dem von der Kamarilla in Berlin verbreiteten Vorwand, die Polen hätten die Konvention von Jarosławiec gebrochen, die Insurrektion blutig niederschlug. Mierosławski wurde abermals gefangen genommen und in der Posener Zitadelle eingesperrt. Von dort aus schrieb er Bettina von Arnim auch jenen Brief vom 16. Mai 1848, in dem er sie „Mutter" nennt und der für ihre ‚Polenbroschüre' besonders wichtig war. Der Brief enthält eine detaillierte Darstellung der dramatischen Situation im Großherzogtum Posen:

> Anstelle jener zuversichtlichen und siegessicheren Vorhut der europäischen Freiheit, die ich der Berliner Bevölkerung vom Balkon der Universität herab versprochen hatte, fand ich nackte, halbverhungerte, mit Forken und spitzen Stöcken bewaffnete Haufen vor, die von den preußischen Bajonetten bereits zurückgeworfen wurden, und nun in den Wäldern und Sümpfen eingekesselt waren wie Vieh, das man billiger töten als durchfüttern kann. Schlimmer noch als die Pommersche Landwehr drangen schon von allen Seiten Mord, Brand, Beschimpfung und Verleumdung auf uns ein, um uns zu vernichten, ehe noch Europa erführe, worum es sich hier handelt. [...] Wider Treu und Glauben der Verträge und unter Bruch des Völkerrechts an den letzten Fluchtpunkten angegriffen, die uns die Konventionen von Jarosławiec und Witaszyce zugesichert hatten, haben wir unser Leben verteidigt wie wir konnten. [...]. Die Provinz Posen bietet jetzt ein Bild aus den schlimmsten Zeiten der Tyrannei. Die Zitadelle, wo ich gegen den Wortlaut der Verträge festgehalten werde, speit aus allen ihren Pforten die Opfer [...]. (Bw Friedrich Wilhelm IV., 601 u. 603).

Der Brief, dessen Inhalt auch in Gesprächen im Salon Varnhagens bestätigt wurde, erschütterte Bettina zutiefst. Im Mai 1848 schrieb sie an Pauline Steinhäuser über

> den scheußlichen politischen Verrath, der an den Polen verübt wird! Niemals sind in den barbarischen Kämpfen des Mittelalters solche Grausamkeiten geschehen, wie dort, von den Preußen an Polen; ein Blutbad über das andere! Ja, das hat die Regierung schrecklich ergrimmt, als sie durch das Volk gezwungen ward, die gefangenen Polen frei zu geben, ihnen die Wiederherstellung ihres Reichs zu gewähren. Nun läßt man diese Polen, die man früher gezwungen losgeben mußte, durch heimliche Späher banditenmäßig überfallen und morden. (zit. nach GW 3, 1215)

Genau diese Argumentation wird Bettina von Arnim dann in ihrer ‚Polenbroschüre' wiederholen.

Mierosławski selbst wurde nach einer Intervention Frankreichs immerhin bald wieder freigelassen und ging nach Paris. Sein Ruhm als kämpfender Demokrat, revolutionärer Stratege und Militärexperte wuchs nun europaweit. Im April 1849 beteiligte er sich an der revolutionären Bewegung in Sizilien, dann befehligte er die Aufständischen in Baden. Bettina von Arnim blieb in Kontakt mit Mierosławski und erfuhr auch über Hortense Cornu von seiner weiteren revolutionären Tätigkeit in Italien und in Deutschland. 1860 wurde er vom Führer des italienischen Unabhängigkeitskampfes Giuseppe Garibaldi mit dem Oberbefehl über die Internationale Legion in Neapel betraut. Mierosławski war zudem Mitbegründer der Polnischen Militärschule in Genua, auf der künftige Kämpfer für polnische Aufstände ausgebildet wurden. Jungen Polen galt Mierosławski als kompromissloser Patriot, genialer Führer und Freiheitskämpfer. 1863 wurde er der erste Anführer des Januaraufstands in Polen. Nach mehreren Niederlagen ging er jedoch nach Paris zurück, wo er bis zu seinem Tod 1887 lebte, ohne sich weiter politisch zu engagieren. In der polnischen Geschichtsschreibung wird Mierosławski durchaus kritisch beurteilt und im Zusammenhang mit dem Scheitern des Januaraufstands auch als ‚General der verlorenen Sache' bezeichnet (vgl. Limanowski 1913; Zdrada 1987; Szwarc u. a. 2007; Najder u. a. 2014).

In Preußen wurde die ‚Polenfrage' im Herbst 1848 erneut Gegenstand der parlamentarischen Debatte, als die Preußische Nationalversammlung vom 19. bis 23. Oktober 1848 zusammentrat, um über den Artikel 1 der neuen Verfassung zu diskutieren, der das preußische Staatsgebiet bestimmen sollte. Untersucht wurden unter anderem die Ausschreitungen des preußischen Militärs gegen die polnische Bevölkerung im Großherzogtum Posen. Die offiziellen Stimmen waren eindeutig antipolnisch, wobei den polnischen Abgeordneten das Wort verweigert wurde, damit sie nicht protestieren konnten. Nachdem die gesamtdeutsche Frankfurter Nationalversammlung bereits im Juli 1848 die Eingliederung von Teilen Posens in den Deutschen Bund beschlossen hatte (was Bettina von Arnim sehr erzürnte), stimmte nun nach einer stürmischen Debatte die Preußische Nationalversammlung mit großer Mehrheit für die verfassungsrechtliche Aufnahme des gesamten Großherzogtums Posen in das preußische Staatsgebiet.

Die Diskussion der Verfassungsfrage führte dabei zugleich zu einem wachsenden Konflikt zwischen der Preußischen Nationalversammlung und der Regierung Friedrich Wilhelms. Der König verlegte zuerst den Ort der Nationalversammlung von Berlin nach Brandenburg an der Havel und vertagte die nächste Sitzung auf den 27. November. Am 5. Dezember oktroyierte er schließlich eigenmächtig eine Verfassung und ließ die Nationalversammlung militärisch auflösen. Diese Entwicklung hatte gravierenden Einfluss auf die endgültige Fassung der ‚Polenbroschüre', mussten Titel und Inhalt doch dementsprechend modifiziert werden (vgl. Bunzel 1999/2000, 152). Der neue Titel lautete nun: *An die aufgelös'te preußische National-Versammlung. Stimmen aus Paris.*

2. Entstehungsgeschichte

An der im Januar 1849 schließlich in Berlin erschienenen ‚Polenbroschüre' hatte Bettina von Arnim zwischen November 1848 und Januar 1949 gearbeitet (vgl. Püschel 1954, 59–61). In dieser Zeit entstanden mehrere Vorentwürfe und Textfragmente, die entweder ganz, teilweise oder auch gar nicht in die endgültige Fassung aufgenommen wurden. Nach der Auflösung des Parlaments waren in Berlin der Belagerungszustand ausgerufen und die Zensurvorschriften wieder einmal radikal verschärft worden. Der Druck eines politischen Textes, der gegen die Regierung gerichtet war, war kaum möglich, so dass die Autorin konkrete Dissimulationsstrategien anwenden musste, um die Zensur in die Irre zu führen. Während in den Vorentwürfen von den Polen noch in der dritten Person gesprochen wurde, veränderte Bettina von Arnim die Druckfassung so, dass sich die Polen als sprechendes Subjekt selbst präsentierten: Aus „Gebt Ihr Polen Zeugnis von deutscher Gerechtigkeit?" wird „Geben wir Polen Zeugnis von deutscher Gerechtigkeit?" (Püschel 1954, 62). Als Verlagsort wurde strategisch neben Berlin auch Paris angegeben. Eine weitere Strategie war die Benutzung des Pseudonyms „St. Albin". Die Widmung – „Der Frau Bettina von Arnim gewidmet" – gab das einzige sichtbare Signal ihrer Dissimulationsstrategie. Das gewählte Pseudonym ist eine leicht variierte Version des Pseudonyms ihrer französischer Übersetzerin Henriette Cornu, die mit ‚Seb. Albin' unterschrieb. Erst nachträglich klärte sie Hortense Cornu über die Angelegenheit auf und bat in einem Brief vom 23. Januar 1849 um Verständnis für ihr Verhalten:

> Liebe Freundin,
> ich hoffe auf Vergebung dafür, daß ich Vertrauen in Sie setzte, ohne um Erlaubnis gefragt zu haben! Sie waren es, die zuerst mein Interesse für die Polen geweckt hat; seit jener Zeit habe ich mich mit ihnen beschäftigt. Während die kleine Broschüre gedruckt wurde, die Monsieur Arago Ihnen überbringen wird, hat die Regierung die Presse preisgegeben, indem sie die völlig ruhige Stadt Berlin in den Belagerungszustand versetzte. – Um sie zu veröffentlichen habe ich mich des Namens bedient, unter

dem Sie mir den Vorzug verschafft haben, in Ihrem Vaterland bekannt zu werden, ich zähle auf Ihr Wohlwollen für die Polen und für mich, daß Sie mir verzeihen und mich nicht Lügen strafen, wenn ich noch zwei andere Broschüren erscheinen lasse, die den gleichen Zweck haben, vielmehr ein wenig dazu beitragen, daß sie bei Ihnen Boden gewinnen. (Bw Friedrich Wilhelm IV., 573)

Sowohl anhand von Briefen an und von Bettina von Arnim, die sie mit ihren Söhnen und anderen Personen, darunter Mierosławski, Cornu und Steinhäuser, wechselte, als auch anhand der Tagebuchnotizen Varnhagens und der Briefe von Georg und Emma Herwegh sowie dank profunder Recherchen in den Archivbeständen in Weimar wurde das Quellenmaterial der ‚Polenbroschüre' weitgehend identifiziert und beschrieben. Wichtig ist in diesem Zusammenhang die Verteidigungsrede Mierosławskis vor dem Berliner Gericht, deren Argumente Bettina von Arnim vielerorts übernimmt, etwa wenn sie über die Ursachen der Teilung Polens und über die Ereignisse in Posen und in Krakau von 1846 schreibt. Auch benutzte Bettina von Arnim die Informationen über die Verbrechen der preußischen Armee an der polnischen Bevölkerung und über den Bruch der Verträge in der Provinz Posen, die Mierosławski als Augenzeuge in seinem Brief aus der Posener Zitadelle geliefert hatte. Darüber hinaus griff sie auf Zeitungsartikel über Polen zurück, auch um auf diese polemisch zu reagieren, wie im Fall des im Tenor negativ-antipolnischen Beitrags „Das polnische Fatum" aus der *Beilage* zur *Allgemeinen Zeitung* vom 19. Juni 1848, in dem Polen als nicht „politisch lebensfähig" bezeichnet wurde ([Anon.] 1848, 2731). Nachgewiesen ist auch ihre Lektüre einer anderen früheren ‚Polenbroschüre', Ludwig Königks 1848 in Frankfurt am Main veröffentlichte Schrift *Gerechtigkeit für Polen. Sendschreiben an E.M. Arndt, als Entgegnung auf ein fliegendes Blatt: „Polenlärm und Polenbegeisterung"* (vgl. Polsakiewicz 1989, 173 u. 181). Mit dem polnischen Germanisten Roman Polsakiewicz kann man annehmen, dass „den stärksten Impuls für die Abfassung eines Appells zugunsten der unterdrückten und betrogenen Polen jedoch die Bekanntschaft mit der patriotisch gesinnten polnischen Schriftstellerin und kämpfenden Demokratin Julia Molińska-Woykowska verliehen haben dürfte" (ebd., 174). Julia Molińska-Woykowska hielt sich im Sommer 1848 in Berlin auf, um die Freilassung des polnischen Freiheitskämpfers Jakub Krauthofer-Krotowski, eines engen Mitarbeiters von Mierosławski, zu bewirken. Sie lernte Bettina von Arnim wahrscheinlich durch Ferdinand Freiligrath und Hoffmann von Fallersleben kennen. Während ihres Berlin-Aufenthalts war sie mit ihrem Mann Antoni Woykowski fast täglich zu Gast in Bettinas Wohnung im Haus In den Zelten Nr. 5 (vgl. ebd.). In einem Brief vom 28. August 1848 an ihre Posener Freunde schreibt Molińska-Woykowska über Bettina von Arnim: „Sie ist eine Verehrerin der Polen" (zit. nach ebd.). Eine ähnliche demokratische Gesinnung und der Wille, die deutsche Öffentlichkeit über die Vorgänge im Großherzogtum Posen aufzuklären, führten sogar zu Plänen für ein gemeinsames Projekt in Form eines als Briefdialog zwischen den beiden Autorinnen konzipierten Buches, das dann aber nie ausgeführt wurde. Interessant und bis heute nicht gänzlich geklärt bleibt die Information aus einem Brief Molińska-Woykowskas an einen Freund in Posen vom 5. September 1848 über Bettinas „Buch über die Polen", das demnach zu diesem Zeitpunkt bereits fast fertig gewesen sein müsste: „Ihr ganzes Buch über die Polen wird Bettina nach meinen Hinweisen umarbeiten. Ich habe ihr versprochen, in einigen Briefen alles zu schildern – sie wird zu diesen Briefen Antworten verfassen und es wird ein Buch daraus werden" (zit. nach ebd., 176).

Molińska-Woykowska stellte Bettina von Arnim im Oktober 1848 überdies Fragmente ihrer ins Deutsche übersetzten Memoiren für die Arbeit an der ‚Polenbroschüre' zur Verfügung und versprach, weiteres Material, darunter auch Aktenstücke, nachzuliefern. Der zweite Teil von Woykowskas Memoiren-Fragmenten ging am 16. Oktober 1848 aus Posen nach Berlin ab. Im Begleitbrief dazu schilderte die polnische Schriftstellerin, dem Wunsch Bettinas entsprechend, den „Nationalcharakter der Polen" (zit. nach Polsakiewicz 1989, 178 u. 182). Nicht nur diese Schilderung, auch die in dem Brief ebenfalls enthaltene geschichtsphilosophische Erklärung Molińska-Woykowskas, bei der Religion und Recht zusammenfallen, benutzte Bettina in ihrer Broschüre. Polsakiewicz argumentiert einleuchtend, dass die Anfangssätze der ‚Polenbroschüre' sinngemäß Molińska-Woykowskas Gedanken wiedergeben: „Gott erkennen ist die Erkenntnis des Rechts, dem der Begriff huldigt! Die erkennen nicht Gott, die das Unrecht geschehen lassen!" (GW 3, 624; vgl. Polsakiewicz 1989, 178)

3. Inhalt und Adressat des Textes

Die ‚Polenbroschüre' ist ein politischer Text von hohem ethischen Wert, ein doppelter Appell, mit dem die Autorin zum ersten Mal in ihrem Schaffen eine Institution direkt anspricht: Sie verweist auf die tragische Lage der polnischen Nation infolge der Teilung, stellt Polen als Opfer der „trügerischen Doppelpolitik" (Kommentar in: GW 3, 1212) der preußischen Regierung dar und appelliert im Namen der unterdrückten Polen zum einen an die Abgeordneten des preußischen Parlaments als Vertreter des deutschen Volkes für ihre Befreiung: „Legt diese große Geschichtsfrage, diese Polenfrage dem Volke vor. Denn es ist eine Volksfrage! Denn es ist die Schule des Volkes, ein Unrecht, an dem die Fürsten ihre Ehre und ihre Völker aufgerieben haben, ein Unrecht durch das sie das Recht im Herzen der Völker untergraben, eine Aufgabe der Verzweiflung am Recht wieder gut zu machen!" (GW 3, 660). Das sprechende kollektive Ich des Textes, zu verstehen als Stimme des polnischen Volkes, wendet sich an den kollektiven Adressaten, das deutsche Volk. Bettina von Arnim macht das Volk zum Souverän, dem die gerechte Lösung der ‚Polensache' zusteht. So schafft sie eine Kommunikation von Volk zu Volk (vgl. Bunzel 1999/2000, 155), was ihr in der Zeit revolutionärer Umwälzungen besonders erfolgversprechend zu sein schien. Die Idee der deutsch-polnischen Verbrüderung und Versöhnung aktualisierte nicht nur die Stimmung von 1847, sie wurde auch als wichtige Zukunftsaufgabe der Nachbarländer in Europa hervorgehoben.

Der zweite Adressat ihres Appells ist der preußische König. Die ‚Polenbroschüre' artikuliert zwar Kritik seiner realpolitischen Beschlüsse (vgl. Bunzel 1999/2000, 148), formuliert vor allem aber einen ideellen Entwurf der deutschen Staatsräson nach der Revolution. In ihrem politischen Programm, das neben naiv-romantischen auch interessante pragmatische und zukunftsorientierte Elemente aufweist, hält Bettina von Arnim an der konstitutiven Monarchie fest und verleiht dem König dabei ein demokratisches Antlitz. Dieser ideale, demokratische Monarch würde sich denn auch mit dem Volk versöhnen: „keine erfrorene Einsamkeit des Thrones mehr" (GW 3, 638). Er würde es als souveräne Macht anerkennen und seinem Gerechtigkeitssinn folgen. Er würde sich schließlich als großer König zeigen, wenn er den polnischen Nationalstaat wieder auferstehen lasse und die unterdrückten Polen, Opfer der Freveltaten der preußischen Regierung, befreien würde. Mit großem Pathos zeichnet Bettina das Porträt eines solchen Königs:

> Aber *der* König, der sich nicht abwendet von einem verwaisten Volk, der, wenn die Orkane verstummt sind mit abgelegtem Stolz sich niederbeugt zu dem zerrütteten Land, und ihm wieder Leben und reine Gestalt gibt, dem wird ein begeistert Echo des Herrlichen ertönen aus der Zeit die ihm gehört, weil sie sein Werk, in dem neuerstandenen Geschlecht wieder hervorblüht!
> Polen wieder erstehen lassen! – wie königlich! – wie heldenreich! – Einen Stamm, der mächtig erblühe, reicher und trefflicher als vorher! – sollen die Reiche immer nur vererben? – soll nicht ein Erzeuger sein können, der den Völkern, die zerstreut waren als Sklaven, die Hoffnung wiedergebe? – Zur Freiheit sie zusammenscharen, *das* ist eines Königs; – nicht sie teilen und zermalmen, nicht als Zerstörer kommen über eine ganze Nation, sie den wilden Tieren gleich achten, die man vertilgt, ihre Häuser und Tempel aussterben lassen […]. Dieser ist ein König, ein demokratischer König! (GW 3, 634–635)

Geradezu peitschende Kritik übt Bettina von Arnim an der preußischen Regierung, die mit ihren Urteilen den König und das deutsche Volk manipuliere, indem sie Halbwahrheiten über die Vorkommnisse im Großherzogtum Posen veröffentlicht habe, die Polen dabei verleumde und so zu der antipolnischen Stimmung im Lande beigetragen habe: „Epilepsie des Teufels sind die giftigen Verleumdungen über die Polen, die man dem Volke einimpft, das seiner Sinne nicht mächtig, um sich schlägt" (GW 3, 624). Dem Volk sei es daher auch „zu verzeihen", dass es „Polens Verleumdern Glauben geschenkt" habe (GW 3, 627). Insbesondere den Abgeordneten der Frankfurter Paulkirche aber wirft sie schonungslos Feigheit bei der Abstimmung über die ‚Polenfrage' vor und schreibt: „Das Frankfurter Parlament hat Polen verraten!" (GW 3, 663) Sie hebt vor allem die kurzsichtige Strategie jener Politiker hervor, die an der absolutistischen Machtausübung und der Entfremdung der Fürsten vom Volke weiter festhalten: „Aber ein Staatsinteresse, von dem das Wohl und Wehe Deutschlands abhängt, was die neuerwachten Regungen der Menschlichkeit befeuert, öffentlich in der Nationalversammlung unterdrücken wollen, zeigt [sic!] von gänzlichem Mangel an politischem Instinkt" (GW 3, 627).

2. Die ‚Polenbroschüre' (1849)

Einerseits muss man Konstanze Bäumer und Hartwig Schultz recht geben, wenn sie konkludieren: „Bettinas Vorstellungen entsprechen insofern der heutigen Geschichtsschreibung, als es zweifellos der fatale Einfluß einer mächtigen Kamarilla auf den schwachen, zögerlichen König war, der eine innere Erneuerung des restaurativen Preußen verhinderte. Trotz einiger ‚romantischer' Ideen hatte sie mit ihrer Analyse der politischen Situation und der sozialen Mißstände nur allzu recht; politische Lösungsmöglichkeiten, die im Preußen der vierziger und fünfziger Jahre ‚konsensfähig' waren, [...] konnte sie jedoch nicht entwickeln, und so sank ihr Einfluß immer mehr" (Bäumer/Schultz 1995, 125). Andererseits aber verdient die Haltung Bettina von Arnims in ihrer Modernität hervorgehoben zu werden: Denn obwohl ihr Appell mit der Auflösung des Parlaments seinen intakten Adressaten verloren hatte, drückt die Broschüre *An die aufgelös'te preußische National-Versammlung. Stimmen aus Paris* Bettinas unerschütterliche demokratische Gesinnung aus, die im zukunftsorientierten Glauben an das Parlament als Vertreter und Vollstrecker des Volkes und seiner Interessen besteht: „[H]eute prophezeien wir Euch: *Was Ihr erschaffen habt wirkt nach!* Das Vergangene ersteht wieder um Euch zu bestätigen vor dem Volk! Dann erst, prophezeien wir Euch Gelingen, dann erst glauben wir an sie Aufrechthaltung der Menschenrechte, dann erst werden Gesetze und Priester, Staatsleute, Helden und Propheten unter Euch auferstehen" (GW 3, 654).

4. Rezeption

Konsens der Bettina-von-Arnim-Forschung ist, dass die ‚Polenbroschüre' zwar ihr „am offensten politischer Text ist", es sich aber „zugleich um dasjenige ihrer Werke [handelt], dem die wohl geringste Wirkung beschieden war" (Bunzel 1999/2000, 145). Die geringe Resonanz auf den Text ist vor allem auf die historische Situation in Deutschland im Allgemeinen und in Preußen nach der gescheiterten Märzrevolution im Besonderen sowie auf die vorherrschende Stimmung der Enttäuschung unter den Liberalen zurückzuführen, eine Situation mithin, in der die ‚Polensache' nicht mehr aktualisiert werden konnte. Aber auch auf polnischer Seite ist wenig über die Wirkung dieses Textes zu ermitteln. Bekannt ist lediglich eine einzige – und negative – polnische Besprechung der Broschüre, die im September 1849 von der Monatsschrift *Przegląd Poznański* (dt. *Posener Rundschau*) veröffentlicht wurde (vgl. dazu Polsakiewicz 1992, 236–240).

Bemerkenswert ist auch die distanzierte Reaktion von Molińska-Woykowska. In einem Brief an Bettina von Arnim vom 4. April 1849 betont sie, dass die ‚Polenbroschüre' dort, wo sie über das deutsche Volk und die Zustände in Deutschland, über den König und seine Beziehung zum Volk reflektiert, die ‚Polensache' verfremdet. Sie erklärt ihre – und die generell polnische – Zurückhaltung zudem mit Bettinas irritierendem Glauben an das „Alterthum" genannte Königtum und an einen König, der in Wahrheit ein Tyrann ist, der die Polen unterjocht:

Ich habe nur gesagt, Sie hätten eine Verehrung für ihn [Friedrich Wilhelm IV.; M.Cz.] an den Tag gelegt, die einer von meinen Brüdern nicht mit seinem Namen untersiegeln dürfte. Diese Verehrung, sie mag für Sie ganz natürlich sein – vor der allgemeinen Gemeinheit wollen Sie sich retten und suchen ein Ideal – und finden wenngleich nur Bruchstücke des Ideals im Königtum. Und es sind Ihnen die Bruchstücke heilig – und sie wollen lieber die Scherben des geschlagenen Alterthums als die gewöhnlichen Lehmtöpfe die alltäglich zu tausenden aus dem Ofen des Töpfers kommen. [...] Für uns ist dieses Altherthum ein Gefäß, in dem das heilige Blut unserer Väter gesammelt, – der Väter die unterlegen einer physischen, nicht moralischen Macht – mehr wie dies! unsere Schande! unsere Erniedrigung! Unterjochung! Sclaverei! (zit. nach Polsakiewicz 1989, 179).

5. Literatur

Zitierte Ausgabe: GW 3, S. 623–667; Kommentar: S. 1198–1252.

[Anon.]: „Das polnische Fatum". In: In: *Allgemeine Zeitung* (Beilage), Jg. 1848, Nr. 171 v. 19. Juni 1848, S. 2730–2733.
Bäumer, Konstanze, und Hartwig Schultz: *Bettina von Arnim*. Stuttgart, Weimar 1995.
Bunzel, Wolfgang: „Empfänger unbekannt? Adressatenbezug und Wirkungsstrategie der ‚Polenbroschüre' Bettine von Arnims". In: Jb BvA 11/12 (1999/2000), S. 145–159.
Fuchs, Daniela: „Der große Polenprozeß von 1847 in Berlin und Bettina von Arnims Engagement für den angeklagten Mierosławski und seine Mitstreiter". In: Jb BvA 15 (2003), S. 111–123.
Gospodarek, Tadeusz: *Julia Molińska-Woykowska (1816–1851)*. Wrocław 1962.
Gospodarek, Tadeusz: „Sprawa autorstwa tak zwanej ‚Polenbroschüre'". In: *Germanica Wratislaviensia* 7 (1962), S. 3–17.
Julius, Gustav (Hg.): *Der Polenprozeß. Prozeß der von dem Staatsanwalte bei dem Königlichen Kammergerichte als Betheiligte bei dem Unternehmen zur Wiederherstellung eines polnischen Staates in den Grenzen vor 1772 wegen Hochverraths angeklagten 254 Polen (in erster Instanz) verhandelt im Gebäude des Staatsgefängnisses bei Berlin*. Berlin 1848.
Koziełek, Gerhart: „Powstanie Krakowskie i Wiosna Ludów we współczesnej niemieckiej prozie dokumentarnej". In: *Germanica Wratislaviensia* 50 (1986), S. 147–183.
Limanowski, Bolesław: *Ludwik Mierosławski naczelnik powstania poznańskiego w 1846 i bohater z pod Litosławia i Wrześni*. Bydgoszcz 1913.
Najder, Zdzisław [u.a.] (Hg.): *Węzły pamięci niepodległej Polski*. Warszawa 2014.
Orłowski, Hubert: „Deutsche Liberale und polnische Demokraten: eine gescheiterte ‚Interessengemeinschaft' des 19. Jahrhunderts? Zum kulturhistorischen Kontext von Bettine von Arnims ‚Polenbroschüre'". In: Jb BvA 15 (2003), S. 125–137.
Polsakiewicz, Roman: „Bettina von Arnim und Julia Molińska-Woykowska. Ein Beitrag zur Entstehungsgeschichte der ‚Polenbroschüre'". In: Jb BvA 3 (1989), S. 173–183.
Polsakiewicz, Roman: „Eine polnische Besprechung von Bettina von Arnims ‚Polenbroschüre' aus dem Jahre 1849". In: Walter Schmitz u. Sibylle von Steinsdorff (Hg.): *„Der Geist muß Freiheit genießen ...!" Studien zu Werk und Bildungsprogramm Bettine von Arnims*. Berlin 1992, S. 236–240.
Püschel, Ursula (Hg.): *Bettina von Arnims Polenbroschüre*. Berlin 1954.
Szwarc, Andrzej, Marek Urbański und Paweł Wieczorkiewicz: *Kto rządził Polską?* Warszawa 2007.
Zdrada, Jerzy: *Wielka Emigracja po Powstaniu Listopadowym*. Warszawa 1987.

3. Märchen und Märchenentwürfe Bettina von Arnims und ihrer Töchter
Claudia Bamberg

1. Die erste Phase 1808 484
2. Die zweite Phase um 1845 490
3. Literatur 492

Bettina von Arnims Märchen und Märchenentwürfe haben bislang nur selten das Interesse der Forschung geweckt. Das mag daran liegen, dass das Märchenschaffen Bettinas nicht besonders umfangreich ist und nur wenige Texte abgeschlossen wurden. Es lassen sich zwei Phasen ausmachen. Die erste liegt im Jahr 1808 und ist in den weiteren Kontext des Märchensammelns einzuordnen, das die Brüder Grimm für ihre *Kinder- und Hausmärchen* (1. Aufl., Bd. 1, 1812; Bd. 2, 1815) unternahmen. Zwar haben die Grimms selbst die 23-jährige Bettina nicht nach ihr bekannten Märchenerzählungen gefragt, obwohl sie ihr die ersten Auflagen ihres Erfolgsbuches ausdrücklich widmeten. Jedoch wurde sie von Achim von Arnim gebeten, sich von Marie Lehnhardt, der Amme der Savignys in Frankfurt am Main Märchen erzählen zu lassen und aufzuschreiben, nachdem Jacob Grimm sich deshalb an Arnim gewandt hatte. Auf diese Anfrage hin skizzierte Bettina in ihren Briefen an Arnim eine Handvoll Märchen: die *Erzählung vom Einsiedler*, das *Märchen vom Tierkönig* – im Erstdruck 1912 unter dem Titel *Der Königssohn* publiziert –, die Skizze vom *Hans ohne Bart* sowie die *Legende von der blinden Königstochter*. Die letztgenannte Aufzeichnung entstammt allerdings einer anderen Quelle: Bettina hat sie von dem Straßburger Juristen Johann Georg Daniel Arnold (1780–1829), der „mir Sagen aus dem Vogesischen Gebürg versprochen [hat], worunter sehr schöne seyn sollen", wie sie an Arnim am 27. oder 28. April 1808 schrieb (Bw Arnim 3, Bd. 1, 194; vgl. Rölleke 1985, 228–229). Wenige Tage später zeichnete sie Arnim die Legende „von einem König der eine sehr schöne aber blinde Tochter hat", auf (um den 5. Mai 1808, in: Bw Arnim 3, Bd. 1, 198).

Von diesen Skizzen verarbeitete Arnim indes im Rahmen seiner *Zeitung für Einsiedler* lediglich eine, die zuerst genannte *Erzählung vom Einsiedler*. Drei weitere dieser brieflichen Aufzeichnungen wurden erst über hundert Jahre später, im Dezember 1912, von Reinhold Steig in *Westermanns Monatsheften* (Bd. 113.2, 554–558) veröffentlicht, in leicht bearbeiteter Form und nun betitelt mit *Der Königssohn*, *Hans ohne Bart* und *Die blinde Königstochter*. Arnim hatte Bettinas Aufzeichnungen letztlich auch überhaupt nicht an die Grimms weitergegeben, sondern wollte sie offenbar für eigene Publikationen nutzen. Was das einzige von Bettina abgeschlossene Märchen, das *Märchen vom Königssohn* betrifft, so ist anzunehmen, dass Arnim es für nicht geeignet für eine Veröffentlichung hielt. Denn hierbei handelt es sich um eine freie Erfindung Bettinas und nicht um eine mündlich überlieferte Erzählung, womit es „die Normen des Märchenmodells unterlief" (Burwick 2010, 136; zum

Entstehungszusammenhang der einzelnen Texte vgl. detailliert Rölleke 1985, 225–231).

Die zweite Phase folgt erst über 20 Jahre später und steht in einem ganz anderen Kontext. Nun ist Bettinas Berührung mit der Gattung Märchen vor dem Hintergrund der Salonkultur im Berlin der 1830er und 1840er Jahre mit ihrer künstlerisch sehr produktiven Geselligkeitspraxis zu sehen. Bettina und ihre Töchter Maximiliane (1818–1894), Armgart (1821–1880) und Gisela (1827–1889) sowie deren Freundinnen und Freunde aus der Berliner Gesellschaft hatten daran einen wesentlichen Anteil. Während die frühen Entwürfe überwiegend knapp gehalten sind – was dem Umstand geschuldet ist, dass Bettina die mündlichen Berichte der Savigny-Amme vorwiegend brieflich skizzierte und nacherzählte, um sie ihrem Freund zum weiteren Gebrauch zu überlassen –, weitet sich das späte, in der ersten Hälfte der 1840er Jahre entstandene Märchen *Das Leben der Hochgräfin Gritta von Rattenzuhausbeiuns* zu einem ganzen Roman aus. Allerdings liegt hier die Autorschaft im Wesentlichen bei Bettinas Tochter Gisela. Auch dieses Märchen wurde erst 1926 veröffentlicht (in einer unvollständigen Fassung), obwohl bereits 1845 eine Druckvorlage existierte (vgl. Jarvis 1986).

Bis auf eine Ausnahme, die Bearbeitung und Erweiterung der Skizze zum Einsiedler durch Achim von Arnim, wurde also keines der Märchen zu Bettinas Lebzeiten publiziert – sie selbst hatte offenbar keinerlei Interesse daran. Nahezu alle Texte lassen sich darüber hinaus im engeren oder weiteren Sinne als Gemeinschaftsproduktionen bezeichnen – sei es, dass die Frankfurter Amme Lehnhardt und Arnold mit ihren mündlichen Erzählungen die stoffliche Grundlage lieferten und den Anlass boten, überhaupt etwas aufschreiben zu können, sei es, dass Arnim Bettinas Text umdichtete und in einen eigenen Text einwebte, oder sei es schließlich, dass Bettinas jüngste Tochter Gisela sie zu ihrer Märchenproduktion hinzuzog. Nur ein Märchen – neben dem *Leben der Hochgräfin Gritta von Rattenzuhausbeiuns* das reizvollste – ist von Bettina allein verfasst worden: das bereits erwähnte und frei erfundene Märchen vom Königssohn, zu dem sich ein handschriftlicher Entwurf von zehn Seiten erhalten hat. Dessen Abschrift findet sich in zwei Briefen Bettinas an Arnim, die um den 25. April 1808 abgesandt wurden (vgl. dazu Bettine-Katalog, 71–72).

1. Die erste Phase 1808

Als Achim von Arnim im Frühjahr 1808 von Jacob Grimm gebeten wurde, die Frankfurter Amme der Savignys nach Märchen zu befragen, wandte er sich umgehend an seine Freundin Bettina, die daraufhin „die Fr. Lenhart" in Frankfurt zum Interview bat (an Achim von Arnim, 2. April 1808, in: Bw Arnim 3, Bd. 1, 167). Die ersten Entwürfe, die sie Arnim im Anschluss mittels Briefen ankündigte, sind ein „Märchen vom Hans ohne Bart" (an Achim von Arnim, 10. April 1808, in: Bw Arnim 3, Bd. 1, 172) und der Beginn eines Märchens vom Einsiedler (vgl. an Achim von Arnim, 6. April 1808, in: Bw Arnim 3, Bd. 1, 167–168). Während der erste Märchenentwurf ungenutzt blieb, fügte

3. Märchen und Märchenentwürfe Bettina von Arnims und ihrer Töchter

Arnim den zweiten – in seiner Bearbeitung – in den Text *Scherzendes Gemisch von der Nachahmung des Heiligen* ein, den er in seiner *Zeitung für Einsiedler* (Nr. 7 vom 23. April 1808, Sp. 49–51) veröffentlichte (A. v. Arnim 2014, Bd. 1, 75–77, Bd. 2, 849–853; vgl. auch Moering 1997, 51–57; der Text wurde von Arnim in den Nummern 10, 27 und 34 bis 37 der *Zeitung für Einsiedler* fortgesetzt). Allerdings handelt es sich bei dem von Arnim komponierten Text nicht um ein Märchen, sondern eher um eine satirisch anmutende Arabeske, wie schon der Titel – ‚scherzendes Gemisch' – andeutet (vgl. Moering 1997; sowie Rölleke 1985, 227, der auch Bettinas Skizze die Eigenschaften eines Märchens abspricht). Der von Bettina als Märchen konzipierte Anfang einer Erzählung, der märchentypisch mit „Es war einmal" (A. v. Arnim 2014, Bd. 2, 851) einsetzt, wird also von Arnim bei seiner Ausführung in eine neue Textgattung transformiert. Die Fortsetzung von Bettinas Entwurf durch Arnim ist in der ersten Fassung der Handschrift mit „Juliana Morella & Comp" unterschrieben, womit Arnim einen Hinweis auf Bettinas Co-Autorschaft gibt (vgl. Rölleke 1985, 227). Bettina reagierte Ende April 1808 auf Arnims Publikation in der *Zeitung für Einsiedler* gelassen bis wenig interessiert: „Die Zeitung [für Einsiedler], hab ich wegen Mangel an Zeit noch nicht ganz gelesen, ist aber das wo der Einsiedel vorkömt recht schön" (zit. nach A. v. Arnim 2014, Bd. 2, 851).

Das Märchenfragment *Hans ohne Bart* findet sich in dem Brief an Arnim vom 27. oder 28. April 1808 (Bw Arnim 3, Bd. 1, 192–194) und handelt von einem Jüngling, den seine Mutter 21 Jahre lang mit ihrer Brust ernährt und der dadurch eine übermenschliche physische Stärke entwickelt, die bei seinem Auszug in die Welt in Gewalttätigkeit ausartet. Als er von einer verschreckten Müllerin „in eine Höle" geschickt wird, „wo sie wuste daß der Teufel war", bricht die Skizze ab, mit der Begründung: „[N]un weiß es die Frau Lehnhart nicht weiter" (27. oder 28. April 1808, in: Bw Arnim 3, Bd. 1, 194). Bettina scheint sich demnach in ihrer Wiedergabe getreu an die Erzählung der Frankfurter Amme gehalten zu haben. Ein Prätext der Märchenskizze ist vermutlich Friedrich Gottlob Wetzels Dichtung *Vom starken Hans*, die im selben Jahr in der Wiener Zeitschrift *Prometheus* erschienen ist und die sowohl Bettina als auch Arnim bekannt war (vgl. Rölleke 1985, 228, der hier auch auf weitere intertextuelle Bezüge verweist). Heinz Rölleke bemerkt zudem, dass Bettina in dieser Erzählung „– vier Jahre vor Grimm! – den Volksmärchenton erstaunlich gut" treffe (Rölleke 1985, 228).

Unter den frühen Märchenaufzeichnungen, die auf Arnims Anfrage im Frühjahr 1808 hin entstanden sind, ist zweifellos das Märchen vom Königssohn, das später unter dem Titel *Der Tierkönig* publiziert wurde, das interessanteste. Es handelt sich hierbei um eine freie Erfindung Bettinas, zu der sich auch der handschriftliche Entwurf erhalten hat. Dieser Entwurf gehört möglicherweise zu den ersten Märchenaufzeichnungen Bettinas, könnte er doch schon Anfang März 1808, als Arnim seine Freundin zur Mitarbeit an seiner *Zeitung für Einsiedler* ermunterte, entstanden sein, und nicht erst einen Monat später (vgl. Burwick 2010, 137). Dann allerdings wäre der Entstehungszusammenhang zunächst ein anderer als jener des Märchensammelns in Frankfurt im

April 1808, ginge die Niederschrift so doch auf einen Vorschlag ihres Bruders Clemens zurück, der angeregt hatte, sie solle Briefe einer Einsiedlerin verfassen, die in Arnims *Zeitung für Einsiedler* abgedruckt werden könnten. „Ich verstehe unter Briefen einer Einsiedlerin", schreibt Arnim daraufhin an Bettina am 2. März 1808,

> alles das etwas geordnet und gekürzt, was Du gern von Deinen Anschauungen, wenn Du in bewegter Stimmung hie und da, in Marburg auf deinem Thurme, in Cassel bey Deiner Gräfin Bohlen, im goldnen Kopfe bey Tische gewesen, anderen erzählst, was Dir merkwürdig ist, daß Du es gefühlt hast und wie Du es gefühlt, dahin gehören auch Deine Fabeln; das schreib auf, wie es dir einfällt, Du brauchst kein besondres begeisterndes Feuer zu erwarten, denn das ist es, daß es einfällt und daß Du es erlebt hast […]. (Bw Arnim 3, Bd. 1, 137; vgl. auch Burwick 2010, 133)

Bettina erklärt sich einverstanden und antwortet Arnim, dass sie in ihrer Marburger Zeit (1805–1806) „oft Fablen" erdacht habe, „die mir jezt noch so fest im Gedächtniß sind, als wie die Kindermärgen, das will ich all aufschreiben" (3. März 1808, in: Bw Arnim 3, Bd. 1, 141). Demzufolge ist es durchaus möglich, dass Bettina bereits daraufhin ihr Märchen vom Königssohn aufgeschrieben und Arnim dann erst einige Wochen später, als es um das Sammeln von Märchen im Auftrag der Grimms ging, in Form eines ‚Fortsetzungsmärchens' in zwei aufeinanderfolgenden Briefen zugesandt hat.

Wie der Fall auch liegt – die Briefe, in denen das Märchen von Bettina erzählt wird, sind in mehrfacher Hinsicht aufschlussreich, fingiert sie hier doch die spontane Entstehung des Textes: Anstelle von „tausend Schmeicheleien und Liebkosungen", in die sie sich „ergießen" würde, „[l]äsest Du meinen Brief nicht", „erzehl [ich] Dir besser ein Märchen" (an Arnim, 25. April 1808, in: Bw Arnim 3, Bd. 1, 186). Darauf folgt der erste Teil des Märchens vom Königssohn, während sie den zweiten und letzten am gleichen oder darauffolgenden Tag in einem weiteren Brief niederschreibt (25. oder 26. April 1808, in: Bw Arnim 3, Bd. 1, 188–190).

Bemerkenswert ist, dass Bettina die spontane Entstehung des Märchens in ihrem Brief nur vorgibt – „ich hab Dir das Märgen so hingekrizelt", heißt es am Ende des zweiten Briefes (25. April 1808, in: Bw Arnim 3, Bd. 1, 190) –, da sich ja ein früherer Entwurf erhalten hat. Sie stellt also eine geradezu ‚klassische' Erzählsituation, einen Rahmen her, in den sie ihre Märchenerzählung einbettet. Mit dieser Inszenierung ist offensichtlich intendiert, wieder einen Bezug zum mündlichen Erzählen von Märchen herzustellen sowie, darüber hinaus, Arnim einen Eindruck von ihrer eigenen, großen Spontaneität zu geben (vgl. auch Burwick 2010, 137–138). Zugleich steckt in dieser fingierten Situation auch ein ganz persönliches Anliegen: „Du antwortest mir nie auf mein liebendes Benehmen, das beschämt mich" (25. April 1808, in: Bw Arnim 3, Bd. 1, 186). Dies führt tatsächlich zu der gewünschten Stellungnahme Arnims in seinem Antwortschreiben, in dem er aber schnell wieder zu dem ihm übersandten Märchen überleitet und wissen möchte, ob sie dieses „unverändert so von der Fr Lehnhardt" habe, „ich meine im Wesentlichen, nicht die Worte"

3. Märchen und Märchenentwürfe Bettina von Arnims und ihrer Töchter

(26. April 1808, in: Bw Arnim 3, Bd. 1, 191). Bettina klärt ihn daraufhin auf: „Das Märchen ist von mir" (27. oder 28. April 1808, in: Bw Arnim 3, Bd. 1, 192). Damit reklamiert sie die Autorschaft in diesem Fall explizit für sich. Ebenso bestimmt sie einen Adressaten für ihr Märchen: Achim von Arnim.

Der Text erzählt von einer Königin, die sieben Jahre sieben Kinder austrägt und von denen der Erstgeborene gleich nach seiner Geburt von einer Bärin in die Gärten und Wälder des Königreichs entführt wird. Obwohl die Königin „noch 6 Kindlein zur Welt brachte, von welchen eins immer fröhlicher und stärker schien als das andere", und obwohl König und Volk „daher nicht viel um den verlohrnen Sohn" trauerten (an Arnim, 25. April 1808, in: Bw Arnim 3, Bd. 1, 187), kann die Mutter ihren Erstgeborenen nicht vergessen:

> [W]enn es Abend wurd, daß sie sie zur Ruhe gelegt hatte, da ging sie hinter die Burg auf den Fleck wo sie gesessen, und die Baerin ihr das Kind geholt sie lief am Wasser hin, ob sie ihren Sohn wohl mögt aus den Gebüschen locken, sie bekümmert sich auch im Herzen ganz wenig, um die andern Kinder, denn allein um diesen, und konnte nicht glauben, daß er sey umgekommen: also wie ein Schäfer sich mehr bekümmert um das eine Lamm, welches verlohren, denn um die ganze Herde, und glaubt, daß dieses Lamm das beste und einzige war. (an Arnim, 25. oder 26. April 1808, in: Bw Arnim 3, Bd. 1, 188)

Erst als die sechs Kinder viele Jahre später auf einem großen Fest zu den Königen des Landes gekrönt werden – da ihre Begabung jeweils gleich groß ist, konnte der König sich nicht für einen entscheiden –, kommen die Tiere zurück und bringen der Mutter ihren Erstgeborenen zurück:

> [S]ie legt sich an seine Brust, und sie spürt wie einen Felsstein sich von ihrem Herzen wälzen, die Thiere kennen die Frau an ihrem Ansehn und thun ihr nichts zu leid, der Jüngling hat aber keine menschliche Sprach. er konnte nur seinen willen durch zeichen kund thun, daher nimt er die Krohn und dreht sie 7fach um sein Haupt, auch riß er mit seiner starken Hand einen Oelbaum aus dem Erdboden, und gab den 6 Brüdern, einem jeden einen Zweig, sich selbst behielt er den Stamm welches heißen soll: Ich bin der Herr! aber Ihr sollt in Frieden mit mir Leben, Und er ward ein König über Thiere und Menschen, im Geist; sonder Sprache. (an Arnim, 25. oder 26. April 1808, in: Bw Arnim 3, Bd. 1, 190)

Roswitha Burwick hat zu Recht darauf hingewiesen, dass im Zentrum der Erzählung – anders als es der Titel suggeriert – nicht der Königssohn, sondern seine Mutter steht (vgl. Burwick 2010, 140–143). Tatsächlich verrät die personale Erzählhaltung, die vor allem die Leiden der Königin über den Verlust ihres ersten Kindes sichtbar macht, dass es vor allem diese Figur ist, die das Interesse der Autorin geweckt hat.

Bemerkenswert ist aber auch noch etwas anderes. Neben der biblischen Motivik – die Geschichte vom verlorenen Sohn ist deutlich als Prätext herauszulesen – lässt die Bildersprache des Märchens schon leise an ein Erzählen denken, wie es für das Fin de Siècle kennzeichnend ist. Besonders deutlich wird dies gleich zu Beginn, als das „herrliche[ ] Land" des Königs beschrieben wird:

> Es war einmal ein König, der hatte ein herrliches Land, und seine Burg stand auf einem hohen Berg, von wo aus er weit sehen konnte, hinter der Burg waren schöne Gärten zu seiner Lust erbaut die waren mit herrlichen Flüssen umgeben, und mit dichten Wäldern die ganz mit wilden Thieren erfüllt waren, Loewen Tieger hatten ihre Wohnung da wilde Kazen saßen auf den Bäumen, Füchse und Wölfe sprangen im Dickicht um her Weise Baeren, und auch mit Goldnen Fell, schwamen oft paar weiß über die Flüße und kamen in des Königs Garten [...]. (an Arnim, 25. April 1808, in: Bw Arnim 3, Bd. 1, 186)

Die Lustgärten des Königs sind prächtig und überladen ausgestattet; und neben den natürlichen wilden Tieren finden sich darin auch künstliche, so die Bären „mit Goldnen Fell". Damit weckt die Darstellung schon leise Assoziationen an die künstlichen Gärten, wie sie die Literatur um 1900 im Kontext von Décadence und Ästhetizismus inszeniert: Auch deren wesentliches Kennzeichen ist eine solche artifizielle Überformung.

Noch deutlicher wird diese Verbindung in einer anderen Skizze Bettinas. Die Aufzeichnung findet sich in einem Brief an Arnim vom Juli 1809 und handelt von einem Kind, das sich durch einen Sturz in den Brunnen in einer preziösen Kunstwelt wiederfindet (Anfang Juli 1809, in: Bw Arnim 3, Bd. 1, 367). Heinz Rölleke hat erstmals auf diese kleine Briefskizze im Kontext von Bettinas Märchen hingewiesen (Rölleke 1985, 229). Sie fällt aus dem Zusammenhang des Märchensammelns heraus, da sie nicht ein später Nachfolger der Aufzeichnungen aus dem Frühjahr 1808 ist, sondern zum Zweck der Veranschaulichung einer Gefühlslage von Bettina erzählt wird. Bemerkenswert an dieser kleinen Skizze, die für Bettina nur die Funktion einer erweiterten Metapher hat, ist nun die geradezu ästhetizistische Motivik:

> Du kennst doch das Mährgen, vom Kinde daß in den Bronnen gefallen war, und nach dem es lange herumgeirrt hatte in duncklen Hohlwegen, endlich durch einen Lichtstrahl in schöne Pommeranzengärten mit Cristalnen Springbronnen mit Schmaragdnen Diamantnen Häusern kommt, da hält es sich mit gröster Wonne eine Zeitlang auf, endlich und endlich fängt es an, sehr melancholisch zu werden weil es keine Menschen und Freunde um sich hat, es sucht alle mögliche Auswege die Angst wird immer stärcker, die Pracht seiner Wohnung drängt sich mit schreiendem Flimmer in seine Augen, plözlich wachts auf, die Sonne bescheint es, und es war nur ein Traum eine Vorspieglung von Rübezal. (an Arnim, Anfang Juli 1809, in: Bw Arnim 3, Bd. 1, 367)

Die traumartige Szenerie, in der das Kind nur auf schöne Dinge, aber nicht auf Menschen trifft, erinnert schon sehr an die glitzernde, sterile Kunstwelt und die hermetische Isolation des Ästheten, wie sie die Autoren des Fin de Siècle entwerfen werden; erwähnt sei hier nur Hugo von Hofmannsthals *Märchen der 672. Nacht* (1895). Betrachtet man die beiden Texte zusammen, wird ersichtlich, dass sich bei Bettinas eigener Gestaltung von märchenhaften Szenerien eine gewisse Freude am Preziösen erkennen lässt.

Die Aufzeichnung von der blinden Königstochter schließlich, die auf eine mündliche Erzählung Arnolds zurückgeht, handelt von einer Wunderheilung:

3. Märchen und Märchenentwürfe Bettina von Arnims und ihrer Töchter 489

Ein König – „er hatte sein Schloß in den Vogesischen Gebiergen, die Ruine steht noch, aber den Namen des Königs wie den der Tochter hab ich vergessen" (an Arnim, um den 5. Mai 1808, in Bw Arnim 3, Bd. 1, 198) – führt seine blinde Tochter zu einem Einsiedler, damit dieser sie von ihrer Blindheit heile. Tatsächlich gelingt dem Einsiedler die Wunderheilung, und die Tochter erkennt daraufhin ihren Geliebten wieder, der aus einem Feldzug heimkehrt. Diesen jedoch erschrickt „die Freude" über das unerwartete Wiedersehen und ihre Heilung „so gewaltig daß er Tod vom Pferd sinkt, sie ward eine Klosterfrau oder Einsiedlerin" (ebd.). Obwohl Bettina noch weitere Erzählungen Arnolds ankündigt, bleibt es bei dieser einen Skizze. Sie meldet Arnim aber im Anschluss an die Erzählung von der Königstochter, dass alle vogesischen Märchen aus dem Munde Arnolds ähnlich enden:

Die Geschichte [von der Königstochter] muß sehr lieblich sein, besonders gefällt mir die stille Einsamkeit des Wald bruders, der bei dem Lerm seine Glocke läutet und betet, im Monden schein wo von ferne schon der prachtvolle Zug des Königs kömmt mit vielen Fakkeln, mit der blinden Tochter das Herz voll Hoffnung und Zutraun zu dem Bruder es deutet auf die damalige Zeit wo wenn man eine Zeit lang sich umsieht nach dem Glück des Lebens und alles versucht hat, man endlich beschließt mit der Ergebung des ganzen Gemüths in Gott so endigen beinah alle Geschichten von denen mir Arnold erzählt hat, heut hab ich keine Zeit mehr grüß den Clemens. (an Arnim, um den 5. Mai 1808, in: Bw Arnim 3, Bd. 1, 199)

Es ist nicht ganz unwichtig, dass alle Märchen, die Bettina für Arnim 1808 notierte, ausschließlich oder auch im Medium des Briefes überliefert sind, weshalb Roswitha Burwick von „Briefmärchen" (Burwick 2010, 143) spricht. Dadurch haben sie ausnahmslos einen (biographischen) Rahmen und besitzen den Status einer Binnenerzählung. Sie erscheinen also alle in einer spezifischen Weise vermittelt und haben einen explizit dialogischen Charakter, womit sie die Nähe zur oralen Erzähltradition vorgeben.

Zugleich ist für das Verständnis dieser brieflichen Aufzeichnungen nicht unerheblich, dass Bettina sich auch für ihre späteren Publikationen fast ausschließlich „der in der Alltagspraxis verankerten Ausdrucksmittel Brief und Gespräch" bediente (Bunzel 2009, 105). Brief und Gespräch sind also die Formen, die sie nicht bloß zur privaten Kommunikation nutzte, sondern in denen sie sich auch bei ihrer späteren literarischen Produktion vorwiegend bewegte. Sie sollten die Glaubwürdigkeit und Authentizität ihrer Selbstinszenierung als spontanes, phantasiereiches Wesen unterstreichen. Jene alltäglichen „Ausdrucksmittel" kamen ihr dabei zu Hilfe, da Bettina sie ganz ungezwungen mit phantastischen Bildern und Assoziationen anreichern konnte. Damit bewirkte sie zugleich eine Poetisierung des Alltäglichen. Um dies zu erreichen, unterschied sie zwischen Faktischem und Phantastischem, Alltäglichem und Wunderbaren nicht immer so genau. Bereits ihre Briefmärchen von 1808 müssen in diesem Zusammenhang gesehen werden.

So gesehen liegt eine Erklärung dafür, dass die Grimms Bettina im Frühjahr 1808 nicht direkt nach ihr bekannten Märchen fragten, vielleicht darin, dass jene – anders als Achim von Arnim und Clemens Brentano – keine eigenen (Um-)Dichtungen für ihre *Kinder- und Hausmärchen*, sondern möglichst getreue, authentische Erzählungen wünschten (vgl. Rölleke 1985, 225). Das eigenwillige, phantasiereiche „Naturell" Bettinas, von dem Joseph Görres 1830 sagte, dass es zwar ein „unverfälschte[s]", zugleich aber „mit allerlei kuriosen Circumflexen umwachsen" und letztlich „künstlich zusammengeflochten" sei (zit. nach Bw Arnim 2, 905), war ihnen aber nur allzu bekannt – sie mögen geahnt haben, dass sie von Bettina keine getreuen Erzählungen erwarten konnten. Genau dieses ihnen bekannte Wesen, das Quellen gern umschrieb und ihnen die eigene, subjektive Zutat und frei Erfundenes beimischte, war nun aber vermutlich der Anlass, gerade Bettina (und ihrem Erstgeborenen Freimund) die ersten Auflagen der *Kinder- und Hausmärchen* zu widmen. Noch 1843 schreibt Wilhelm Grimm im Vorwort der *Kinder- und Hausmärchen*: „Ihre Kinder sind groß geworden, und bedürfen der Märchen nicht mehr: Sie selbst haben schwerlich Veranlassung sie wieder zu lesen, aber die unversiegbare Jugend Ihres Herzens nimmt doch das Geschenk treuer Freundschaft und Liebe gerne von uns an" (Grimm 1843, VI–VII). Und schließlich: „[W]arum aber sollte ich Ihnen diese unschuldigen Blüthen, die immer wieder frisch aus der Erde dringen, nicht nochmals darreichen? Habe ich doch selbst gesehen daß Sie vor einer einfachen Blume still standen und mit der Lust der ersten Jugend in ihren Kelch schauten" (Grimm 1843, IX–X).

2. Die zweite Phase um 1845

Erst über zwei Jahrzehnte später kommt Bettina wieder direkt mit dem Schreiben von Märchen in Berührung. Nun aber ist der Kontext ein ganz anderer, denn für diese Zeit sind es insbesondere ihre Töchter Maximiliane, Armgart und Gisela, die mit der Erfindung und Gestaltung von Märchen in Verbindung zu bringen sind. So wimmelt es in ihrem Schaffen geradezu von Märchenmotiven, wobei vor allem auch die zeichnerischen Skizzen hervorzuheben sind. Die Vorliebe für das Märchenhafte macht vor den einzelnen Medien keinen Halt; vielmehr ist es gerade die produktive Ineinanderblendung von Text und Bild – die oftmals mit Hilfe von arabesken Stilmitteln gelingt –, die das Schaffen von Bettinas Töchtern so reizvoll macht (vgl. Maisak 2003; Bamberg 2013; Zimmermann 2013).

Dabei spielt der Entstehungskontext dieser Werke und Fragmente eine wichtige Rolle: die gesellige Berliner Salonkultur der 1830er und 1840er Jahre. So führten die drei Mädchen ihren eigenen Salon, dessen gesellschaftliche Höhepunkte die Sitzungen des sogenannten Kaffeters im Jahr 1843 waren, eines künstlerischen Vereins von und für Jungfrauen der Berliner Gesellschaft (bald durften auch Männer beitreten), in dem die Werke der Teilnehmerinnen und Teilnehmer vorgestellt und kritisch zur Diskussion gestellt wurden. Hier waren der Phantasie keine Grenzen gesetzt, und da alle drei Töchter Bettinas für die damalige Zeit relativ lange unverheiratet blieben, konnten sie ihre künst-

3. Märchen und Märchenentwürfe Bettina von Arnims und ihrer Töchter

lerischen Talente und Vorlieben über viele Jahre ausleben, erproben und verfeinern.

In diesem ungezwungenen Umfeld entstanden zahlreiche kleine und größere Gesamt- und Gemeinschaftswerke, fein ausgearbeitete Albumblätter, Märchen und Bildergeschichten ebenso wie Skizzen und flüchtig Hingeworfenes. Oft kam es zu Gemeinschaftsproduktionen; nicht nur die Albumblätter wurden gemeinschaftlich gestaltet, sondern oftmals auch die Texte.

So überrascht es nicht, dass sich unter den erzählerischen Werken auch Märchen befinden. Hier muss vor allem Bettinas jüngste Tochter Gisela genannt werden, die neben dem *Leben der Hochgräfin Gritta von Rattenzuhausbeiuns* weitere Texte verfasste, etwa das 1844 im Verlag von Egbert Bauer veröffentlichte „Märchen für eine Abendstunde" *Mondkönigs Tochter*. Aber auch Armgart trat als Verfasserin von Märchen hervor: Aus ihrer Feder stammt das „Dämmermärchen" *Das Heimelchen*, das ebenfalls im Umkreis der Kaffeter-Sitzungen entstanden ist und 1849 (zusammen mit einem Wiederabdruck von Giselas *Mondkönigs Tochter* sowie einem weiteren Märchen Giselas, *Aus den Papieren eines Spatzen*) im von Arnim'schen Verlag erschien. Es muss dabei kaum darauf hingewiesen werden, dass den Schwestern die Märchenproduktion ihrer Zeit bekannt war: Das gilt sowohl für die Märchen der Grimms und Hans Christian Andersens wie auch für die romantischen Kunstmärchen ihres Onkels Clemens Brentano.

Inwieweit Bettina am *Leben der Hochgräfin Gritta von Rattenzuhausbeiuns* mitwirkte, ist nicht eindeutig zu klären (vgl. dazu ausführlich Jarvis 1986). Da seit Shawn C. Jarvis überzeugender Autopsie der Quellen, wie er sie in seinem Nachwort der Insel-Ausgabe darlegt, anzunehmen ist, dass Bettinas Anteil wohl eher der „einer Sekretärin und Redakteurin" denn der einer Co-Autorin war, wie man zunächst glaubte (Jarvis 1986, 212), soll hier nicht allzu ausführlich auf diesen 1845 nur unvollständig bei Bauer gedruckten und seinerzeit nicht erschienenen Text eingegangen werden. So heißt es bei Jarvis: „Nur wenige Fahnen wiesen, neben Verbesserungen technischer Art von fremder Hand, Korrekturen von ihr [Bettina] auf, und allein zehn beidseitig beschriebene Manuskriptblätter aus einer Gesamtlänge von über 200 Druckseiten waren von ihrer Hand geschrieben." Ein „wichtiges und entscheidendes Indiz gegen Bettines Hauptverfasserschaft" findet sich Jarvis zufolge in dem Umstand, dass ihre „Tinte-Korrekturen zu fast 95 Prozent direkt auf wegradierten Bleistift-Korrekturen von Giselas Hand geschrieben worden waren. Um ihr zuweilen fast unleserliches Manuskript les- und setzbar zu machen, hätte Gisela einer Reinschrift bedurft [...], die die Mutter mit ihrer gut leserlichen Schrift leisten konnte und hier auch geleistet hat" (Jarvis 1986, 211–212).

Zudem hat Jarvis im literarischen Nachlass Gisela von Arnims im Hessischen Staatsarchiv Marburg eine erste Fassung des Märchens entdeckt, die eindeutig von Gisela stammt (Jarvis 1986, 215–216). Zudem spricht für Gisela als Hauptautorin, dass die Druckvorlage, die ebenfalls in Marburg liegt, „Marilla Fitchersvogel", ihren Kaffeter-Namen, unter dem sie auch weitere ihrer Märchen veröffentlichte, als Verfasserin angibt. Bettina ist also wohl lediglich eine leichte Überarbeitung zuzuschreiben und nicht eine gleichrangige Co-Autorschaft (vgl. auch schon den Hinweis im Bettine-Katalog, 94).

Diese Entstehungsgeschichte zeigt aber, wie schwer es ist, bei den Werken der Arnim-Frauen eine eindeutige, einzige Autorschaft zu ermitteln. Vielmehr sind die Texte nur dann zu verstehen, wenn man ihren geselligen und familiären Kontext hinzuzieht. Denn es ist davon auszugehen, dass die gegenseitige Ermutigung und Kritik immer in die endgültige Gestalt einfloss. Die Lust am gemeinsamen Experimentieren und am freien, sich gegenseitig anspornenden Spiel der Phantasie ist ein konstituierendes Merkmal aller Werke und Skizzen, die im Rahmen der geselligen Zusammenkünfte in der Arnim-Familie in den 1830er und 1840er Jahren entstanden sind.

Das Märchen *Das Leben der Hochgräfin Gritta von Rattenzuhausbeiuns* erzählt von den Abenteuern der lebensklugen und mutigen Titelheldin, die bei einem schrulligen Vater aufwächst und zum Teil von den im Schloss wohnenden Ratten aufgezogen wird. Nach zahlreichen waghalsigen Abenteuern, die sie in ein Kloster mit bösen Nonnen führen und mit ihren Freundinnen auf eine Robinsonade schicken, steht Gritta am Ende als „Muster aller Bräute" und „Muster aller Königinnen" (G. v. Arnim/B. v. Arnim 1986, 201) einem Reich vor, das paradiesähnliche Züge trägt. Die Bausteine ihrer phantastisch-märchenhaften Welt passen ganz zu der originellen Motivik, wie sie in den anderen Wort-Bild-Projekten der Arnim-Schwestern zu finden ist – auch dies ein Hinweis darauf, dass das Werk von Gisela und nicht von ihrer Mutter verfasst worden ist. Vergleichbar mit dem Schaffen Bettinas ist indessen die Konzentration auf die weiblichen Figuren und die phantasievolle Ausgestaltung ihrer Handlungsspielräume, die stets mit einer märchenhaften Poetisierung des Alltäglichen einhergeht.

Es ist ein Desiderat, dass Bettinas Märchen und Märchenaufzeichnungen bislang nicht gesammelt in einer kritischen Edition vorliegen. Heinz Rölleke hat diesbezüglich schon 1985 bemerkt: „Als epochenspezifische Dokumente von einigem Wert, als gattungskonstituierende Versuche von eigenartiger Facettierung und vor allem als Zeugnisse für Genie und Erzähltalent Bettines verdienten diese Texte längst eine kritische und kommentierte Neuausgabe" (Rölleke 1985, 231).

3. Literatur

Arnim, Achim von: *Zeitung für Einsiedler. Fiktive Briefe für die Zeitung für Einsiedler*. Hg. v. Renate Moering. Berlin, Boston 2014 (= Arnim: Werke und Briefwechsel. Historisch-kritische Ausgabe, Bd. 6).

[Arnim, Bettina von]: „Drei Märchen von Bettina Brentano". Hg. v. Reinhold Steig. In: *Westermanns Monatshefte*, Nr. 113.2 (1912/13), S. 554–558.

Arnim, Gisela von, und Bettina von Arnim: *Das Leben der Hochgräfin Gritta von Rattenzuhausbeiuns. Mit Zeichnungen von Gisela von Arnim und Herman Grimm*. Hg. u. mit einem Nachwort v. Shawn C. Jarvis. Frankfurt a. M. 1986.

Bamberg, Claudia: „Schweben – Flechten – Phantasieren. Das Strukturprinzip der Arabeske bei Sophie von La Roche, Bettine von Arnim und ihren Töchtern Maximiliane,

Armgart und Gisela". In: Werner Busch u. Petra Maisak (Hg.) unter Mitwirkung v. Sabine Weisheit: *Verwandlung der Welt. Die romantische Arabeske.* Katalog. Petersberg 2013, S. 372–379.
Bunzel, Wolfgang: *„Die Welt umwälzen". Bettine von Arnim geb. Brentano (1785–1859).* Frankfurt a. M. 2009.
Burwick, Roswitha: „,Und er ward ein König über Thiere und Menschen, im *Geist*; sonder *Sprache*': Bettine von Arnims Märchen ‚Der Königssohn'". In: Steffen Dietzsch u. Ariane Ludwig (Hg.): *Achim von Arnim und sein Kreis.* Berlin, New York 2010, S. 129–143.
Grimm, Wilhelm: „An die Frau Bettina von Arnim". In: *Kinder und Hausmärchen, gesammelt durch die Brüder Grimm.* Große Ausgabe. 5. Aufl. Göttingen 1843, Bd. 1, S. III–X.
Jarvis, Shawn C.: „Nachwort". In: Gisela und Bettina von Arnim: *Das Leben der Hochgräfin Gritta von Rattenzuhausbeiuns. Mit Zeichnungen von Gisela von Arnim und Herman Grimm.* Hg. u. mit einem Nachwort v. Shawn C. Jarvis. Frankfurt a. M. 1986, S. 203–223.
Lemm, Uwe: „Stand die Thronrettungsmaschine in Kassel? Eine These zur Entstehung einiger Motive aus dem ‚Leben der Hochgräfin Gritta von Rattenzuhausbeiuns'". In: Jb BvA 5 (1993), S. 90–103.
Maisak, Petra: „Dies Bild gehört dem König. Bettine von Arnim und ihre Töchter zwischen Salon, Kunst und preußischem Hof". In: Hans Dickel u. Christoph Martin Vogtherr (Hg.): *Preußen. Die Kunst und das Individuum.* Festschrift für Helmut Börsch-Supan. Berlin 2003, S. 261–281.
Moering, Renate: „Arabeske vom Einsiedler. Eine Mischhandschrift von Bettine Brentano und Achim von Arnim". In: Wolfgang Bunzel, Konrad Feilchenfeldt u. Walter Schmitz (Hg.): *Schnittpunkt Romantik. Text- und Quellenstudien zur Literatur des 19. Jahrhunderts.* Festschrift für Sibylle von Steinsdorff. Tübingen 1997, S. 51–57.
Neubauer-Petzoldt, Ruth: „Desillusionierte Sehnsucht und soziale Utopie. Der Umgang mit Dämonen, Märchen und Mythen bei Heinrich Heine, Georg Büchner und Bettina von Arnim". In: Jb BvA 19 (2007), S. 57–81.
Rölleke, Heinz: „Bettines Märchen". In: Bettine-Katalog, 1985, S. 225–232.
Urang, John Griffith: „The ‚Old Wheelwork' and Its Revolution. Precarious Authority in Gisela and Bettine von Arnim's *Das Leben der Hochgräfin Gritta von Rattenzuhausbeiuns*". In: *The Germanic Review* 88.2 (2013), S. 165–184.
Zimmermann, Bettina: „,Oberon und Titanias Feenhuldigung': Eine Arabeske der Berliner Geselligkeits- und Festkultur um 1840". In: Werner Busch u. Petra Maisak (Hg.) unter Mitwirkung v. Sabine Weisheit: *Verwandlung der Welt. Die romantische Arabeske.* Katalog. Petersberg 2013, S. 381–388.

Dr. Renate Moering danke ich herzlich für die Erlaubnis zur Nutzung ihrer Transkriptionen der Briefe aus dem Briefwechsel zwischen Bettina und Achim von Arnim, die bis Frühjahr 2019 noch nicht erschienen waren.

4. Die Briefwechsel
Wolfgang Bunzel

1. Briefwechsel mit Achim von Arnim 497
2. Briefwechsel mit Max Prokop von Freyberg 502
3. Briefwechsel mit Hermann von Pückler-Muskau 507
4. Briefwechsel mit Philipp Nathusius und Julius Döring 512
5. Briefwechsel mit Jacob und Wilhelm Grimm 518
6. Briefwechsel mit Friedrich Wilhelm IV. 523
7. Briefwechsel mit Karl Maria Benkert alias Kertbeny 531
8. Briefwechsel mit den Söhnen Freimund, Siegmund und Friedmund von Arnim 538
9. Literatur 546

Bettina von Arnim war zweifellos eine fleißige Briefschreiberin, die im Lauf ihrer gut 60-jährigen Korrespondenztätigkeit – das zeitlich früheste Schreiben, das bekannt ist (an die Schwester Gunda), datiert aus dem Jahr 1796, das mutmaßlich letzte (an den Sohn Siegmund) stammt von 1856 – mit einer nicht geringen Anzahl von Personen in brieflichem Austausch stand. Ihre Enkelin Irene Forbes-Mosse, geb. von Flemming, die eine recht genaue Kenntnis des Nachlasses hatte, berichtete später, dass „eine unermeßliche Korrespondenz von Personen aller Art mit meiner Großmutter Bettina" (Forbes-Mosse 1928) auf dem familieneigenen Landgut Wiepersdorf aufbewahrt worden sei. Nach jüngeren Schätzungen „umfaßt das Briefwerk [...] etwa zweieinhalbtausend Briefe, von denen bisher wenig mehr als die Hälfte publiziert sein dürfte" (Kommentar in: GW 4, 747). Die vergleichsweise große Anzahl an Dokumenten darf jedoch nicht darüber hinwegtäuschen, dass der Kreis der Briefpartner Bettina von Arnims alles in allem relativ überschaubar blieb; er dürfte die Größenordnung von rund 200 Personen nicht wesentlich überschritten haben, wobei hier auch diejenigen mitgerechnet sind, von denen sie zwar angeschrieben wurde, denen sie aber nicht antwortete. Von einer „mengenmäßig" wirklich „umfangreichen Korrespondenz", die unter anderem dazu diente, „viele Freundschaften zu pflegen" (Mallachow/Meyer-Hepner 1958, 50), kann deshalb kaum die Rede sein.

Anders gesagt: Den Großteil ihrer Briefe wechselte Bettina von Arnim mit vergleichsweise wenigen Personen. Auch wenn es aufgrund der Überlieferungslage schwierig ist, exakte Zahlen zu nennen, und auch wenn die Menge der Schreiben nicht zwangsläufig mit dem Grad der Bedeutung korreliert, kann man doch eine ungefähre Rangfolge der Korrespondenzpartner aufstellen. Die bei weitem meisten Briefe hat Bettina demnach mit Achim von Arnim gewechselt (ca. 872, davon stammen 399 von ihr und 473 sind an sie gerichtet). Es folgen die Söhne – Freimund, Siegmund und Friedmund – mit insgesamt mindestens (ein Teil ist verloren gegangen) 427 Schreiben, von denen auf Siegmund 212, auf Friedmund 160 und auf Freimund 55 entfallen. Sehr hoch ist auch die Anzahl der Briefe, die zwischen Bettina und der Schwester Gunda

4. Die Briefwechsel

sowie ihrem Ehemann Friedrich Carl von Savigny hin- und hergingen. Von den mit dem Lieblingsbruder Clemens gewechselten Schreiben existierten 1929 noch etwas mehr als 110 eigenhändige Briefe von Bettina an Clemens und 99 von Clemens an Bettina (vgl. Henrici 2, 54). Der quantitativ größte Teil ihrer Korrespondenz besteht also – was durchaus nicht unüblich für die Zeit ist – aus Familienbriefen (vgl. hierzu Bunzel 2004).

Die Bedeutungshierarchie der Briefpartner außerhalb des Familienverbandes führt Hermann Fürst von Pückler-Muskau an (145 Briefe und Gegenbriefe). Doch schon die unverheiratete Bettina Brentano korrespondierte intensiv. So beläuft sich die Anzahl der mit Achim von Arnim vor der Ehe geschlossenen Schreiben auf nicht weniger als 121. Zu den größeren Briefwechseln zählen des Weiteren der mit Philipp Nathusius (geringfügig bearbeitet überliefert in *Ilius Pamphilius*), mit Julius Döring (gut 100, davon 55 von Döring), mit Karl Maria Benkert alias Kertbeny (mindestens 103, dabei 42 von Bettina, 61 von Benkert; auch hier fehlen etliche Schreiben), mit Max Prokop von Freyberg (nur 28 von Bettina, 50 von Prokop), mit Goethe (66 von Bettina), mit Friedrich Wilhelm IV. von Preußen. (62 von Bettina) sowie mit Jacob und Wilhelm Grimm (51 von Bettina). Erstaunlicherweise befindet sich unter den Korrespondenten keine einzige Frau. Barbara Becker-Cantarino hat zu Recht darauf hingewiesen, dass „Bettina von Arnim auffallend isoliert von anderen Frauen" war: „Es gibt nur wenige kaum bedeutende Briefe, keine eigentlichen Briefwechsel mit Frauen im Vergleich zu den bislang veröffentlichten Männerbriefwechseln" (Becker-Cantarino 1999, 235).

Die wichtigsten der hier erwähnten Korrespondenzbeziehungen werden im Folgenden vorgestellt. Anhand dieses Materials ist es nicht nur möglich, die Charakterstruktur und das intellektuelle Profil Bettina von Arnims genauer zu bestimmen, es lassen sich damit auch prägnante Register ihrer Selbstdarstellung und ihres Rollenrepertoires untersuchen. Im Grunde finden sich nahezu alle Formen von Stilisierung und Adressatenlenkung, die in den teilfingierten Quelleneditionen der Schriftstellerin festzustellen sind, bereits in den tatsächlich gewechselten Briefen (vgl. Bunzel 2001). Dies kann eigentlich nicht verwundern, ist doch der lebensweltliche Privatbrief seit dem späten 18. Jahrhundert gekennzeichnet durch das Ausprobieren subjektiver Selbstentwürfe und den Aufbau epistolar generierter Leser- und Schreiberidentitäten: „Keine andere ,Gattung' bietet dem Verfasser in dem Maße die Gelegenheit zum Spiel, zur Lüge und Verstellung" (Anton 1995, 133–134). Auch und gerade Bettina von Arnim war sich immer darüber im Klaren, dass epistolar artikulierte Aufrichtigkeit eine gespielte ist. Im Vergleich zu ihren Zeitgenossen gab sie sich in ihren Briefen zwar deutlich offener, zeigte sich unbekümmert um Konventionen und thematisierte Gegenstände, die tabuisiert waren, doch darf diese Kühnheit nicht mit wirklicher Intimität verwechselt werden. Bettina von Arnim verhehlte zwar ihre politischen und religiösen Überzeugungen nicht und gab zum Teil äußerst provokante Urteile über ihre Verwandten und Figuren des öffentlichen Lebens ab, wirklich Persönliches dagegen findet man in ihrer Korrespondenz aber eher selten. Auch dienten ihr vertrauliche Mitteilungen häufig dazu, ihre Korrespondenzpartner zu einem Handeln in ihrem Sinn zu bewegen.

Als Autorin nimmt sie vor allem deshalb eine Sonderstellung ein, weil die von ihr gezielt praktizierte „Durchlässigkeit zwischen privaten Korrespondenzen und veröffentlichten Schriften" (Landfester 1999, 36) eine klare Trennung von Leben und Werk unmöglich macht. Zum einen ist Bettina von Arnims Œuvre überwiegend briefförmig strukturiert – d. h. es greift auf die gängigen Darstellungsmuster und sprachlichen Ausdrucksmodi der Textsorte Brief zurück –, zum anderen fungieren ihre Briefe potentiell immer schon als Material zum Werk, das sich ohne die vorausgegangene Korrespondenz gar nicht denken lässt. Damit nicht genug: Parallel zu den Rollenentwürfen, die in den realen Briefen (und dann später in den Briefbüchern) eingenommen werden, lässt sich bei Bettina von Arnim eine lebensweltliche Stilisierung der Existenz beobachten. Das bedeutet: Der epistolare Spielraum wird durch Lebensperformanz legitimierend begleitet. Walter Schmitz spricht in diesem Zusammenhang von „Lebensrollen" (Schmitz 1992), die den schriftlichen Ausdruck legitimieren, der wiederum das lebensweltliche Verhalten beglaubigt. Kurz: Leben und Werk verweisen zirkulär aufeinander.

Blickt man aus schreibpsychologischer Perspektive auf das Brief-Werk, so zeigt sich, dass Bettina von Arnim lebenslang einen Adressaten bzw. die Fiktion eines Gegenübers benötigte, um ihre Rede entfalten zu können. Nicht zufällig bat sie ihren ehemaligen Vertrauten Hermann Fürst von Pückler-Muskau, der bei der Entstehung ihres Erstlingswerks eine entscheidende Rolle spielte, im Sommer 1833 – kurz nachdem beide sich entzweit hatten – darum, weiter an ihn schreiben zu dürfen, und führte dafür als Begründung an: „Es hat [...] auf meinen Geist einen sehr niederschlagenden Einfluß gehabt mein Dencken nicht mehr an Sie richten zu können"; die Folge – gesteht sie ihm – sei sogar gewesen, dass sie „mit Goethes Correspondence hab[e] [...] aussetzen müssen" (Bw Pückler, 247). Nicht selten hat das Gegenüber dabei aber eine eher instrumentelle Funktion. Nach Erscheinen von *Goethe's Briefwechsel mit einem Kinde* etwa äußerte Bettina von Arnim einmal zu Karl Hartwig Gregor von Meusebach: „[S]o außerordentlich war ich gar nicht in Goethe verliebt; ich mußte nur jemand haben, an dem ich meine Gedanken usw. auslassen konnte" (Meusebach an Moritz Haupt, 3. April 1836, zit. nach GW [Härtl] 2, 670).

Die raffinierte Mehrfachfunktionalisierung von Briefen als Vehikel lebensweltlicher Informationsübermittlung, als publizistische Waffe im Meinungskampf und als Bestandteil einer die Trennung von Leben und Werk überspielenden Kunst zeigt, wie umfassend angelegt Bettina von Arnims „Ästhetik der Kommunikation" (Kommentar in: GW 4, 717) letztlich war. Mit ihren Briefen erzeugte sie ein „protoliterarisches Kommunikationsnetz", das an den Rändern „zeitgenössischer Diskurskonventionen" angesiedelt war (Kommentar in: GW 4, 720). Rückblickend erweist sie sich so als überaus vielseitige Briefkünstlerin und herausragende epistolare Strategin des 19. Jahrhunderts, die die Gestaltungs- und Wirkmöglichkeiten dieser Textsorte in einer Virtuosität zu nutzen verstand wie kaum jemand sonst.

1. Briefwechsel mit Achim von Arnim

Bettina Brentano traf mit Achim von Arnim (1781–1831), dem besten Freund ihres Lieblingsbruders Clemens, erstmals Anfang Juni 1802 zusammen, als dieser sich vor Antritt seiner fast dreijährigen Kavalierstour durch Europa eine Woche in Frankfurt am Main und Offenbach aufhielt. Clemens Brentano erwartete sich von diesem Zusammentreffen viel und tat einiges dafür, um die beiden für ihn wichtigsten Personen in seinem Leben füreinander zu interessieren. Allerdings blieben seine Bemühungen vorerst ohne Erfolg, so dass Achim von Arnims Aufbruch von Frankfurt keine Briefbeziehung zwischen ihm und Bettina entstehen ließ. Zu einem Wiedersehen der beiden kam es erst im Sommer 1805, als Arnim sich abermals längere Zeit in Frankfurt aufhielt, von wo aus er den Druck des ersten Bandes der Liedersammlung *Des Knaben Wunderhorn* überwachte, bei deren Zustandekommen auch Bettina Brentano mitgeholfen hatte. Allmählich näherten sie sich nun einander an. Doch dauerte es ein weiteres Vierteljahr, bis Arnim mit der Schwester seines Freundes zu korrespondieren begann. Sein erstes ‚richtiges' Schreiben an sie stammt vom 26. Januar 1806 – dem Tag, an dem er 25 Jahre alt wurde und damit den Status der Volljährigkeit erreichte. Die Wahl dieses symbolischen Schreibdatums darf als Indiz dafür genommen werden, dass Arnim sich nun vollends als erwachsene Person verstand, die ihre Entscheidungen selbst trifft und weder im Auftrag des besten Freundes handelt noch die Wünsche oder Erwartungen Dritter erfüllt. Sein Brief wurde „der Auslöser einer Korrespondenz, die von nun an nicht mehr abreißen sollte" (Gersdorff 1997, 25).

Es ist kein Zufall, dass die Briefpartner einander anfangs im Zeichen der Musik begegneten. Arnim kannte Bettina Brentanos lebhaftes Interesse am gesungenen Wort und wusste auch von ihren frühen Versuchen, selbst zu komponieren. Zudem war das Werkprojekt *Des Knaben Wunderhorn* eine gemeinsame Brücke zwischen beiden. Arnim schickte ihr deshalb zunächst einige seiner Gedichte und begleitende Kompositionen dazu. Doch damit nicht genug: Er bezog Bettina Brentano auch in das Werkprojekt „Lieder der Liederbrüder" mit ein, das Gedichte von Clemens und ihm in einer gemeinsamen Veröffentlichung zusammenfassen sollte (vgl. Schwinn 2012/13). Ihre Aufgabe sollte es dabei sein, zu den Texten Melodien zu komponieren. Ja, er scheute sich nicht einmal, ihr in diesem Zusammenhang die Funktion einer „Muse" (18. März 1806, in: Bw Arnim 3, Bd. 1, 33) zuzuschreiben. Auch wenn das sicher anerkennend gemeint war, witterte Bettina Brentano darin doch sofort einen Versuch der Indienstnahme und wehrte sich gegen die ihr zugeschriebene Rolle. Arnim registrierte ihre Abwehr und zog sich seinerseits wieder ein Stück weit zurück.

Letztlich verhielten sich beide Korrespondenzpartner in der Frühphase des Briefwechsels nachgerade übervorsichtig. Die Kommunikation wirkt deshalb in hohem Maß unsicher und tastend, ist von verbalen Abgrenzungsgesten durchzogen und lässt hier wie dort eine Vielzahl von Empfindlichkeiten erkennen. Trotz aller Enttäuschungen hielten beide aber an dem einmal begonnenen

Austausch fest und erarbeiteten sich so mit der Zeit eine Basis, auf der sie zunehmend vertraulicher und offener miteinander umgehen konnten. Nach rund sieben Monaten eher unverbindlicher Korrespondenz berichtete Bettina Brentano im August 1806 erstmals von einem für sie existentiellen Ereignis, dem Freitod Karoline von Günderrodes, und deutete an, dass diese Erfahrung ihr Verhältnis zu ihrer Umwelt verändern werde:

> [I]ch werde den Schmerz in meinem Leben mit mir führen, und er wird in viele Dinge mit einwirken [...] ich habe Muth dabey gewonnen und Wahrheit vieles zu tragen und vieles zu erkennen es ist mir auch vieles dabey zu Grund gegangen, ich werd mich nicht so leicht mehr an den einzelnen fesseln, ich wird mich wohl an nichts mehr fesseln [...]. (Bw Arnim 3, Bd. 1, 59)

Mit Blick auf seine lebhafte Reisetätigkeit teilte sie Arnim ihr eigenes Bedürfnis nach Freiheit mit, ließ ihn zugleich aber auch wissen, dass sie gerne in seiner Nähe wäre: „[I]n diesem Augenblick mögt ich da seyn wo Sie sind, ich scheue mich nicht es zu sagen – ich konnte nie fort" (ebd.).

Der Aufbau einer Vertrauensbasis dauerte deshalb ungewöhnlich lange. Zusätzlich erschwert wurde er noch durch den Umstand, dass aufgrund der Kriegsereignisse viele Briefe geraume Zeit brauchten, bis sie den Empfänger erreichten (sein Schreiben aus Königsberg vom 27. März 1807 beispielsweise gab Arnim einem Freund mit, der mit dem Schiff nach Kopenhagen reiste). Diese starken Verzögerungen des Postverkehrs vergrößerten natürlich die Ungewissheit, welche Bedeutung der Korrespondenzpartner dem Briefwechsel eigentlich beimisst. „Sie lassen nichts von sich hören" (Arnim an Bettina, 11. Mai 1806, in: Bw Arnim 3, Bd. 1, 42), ist ein häufig wiederkehrender Vorwurf in dieser Phase der Korrespondenz. Zuweilen rätseln die Briefpartner auch darüber, wo genau sich das Gegenüber denn nun eigentlich aufhält. Am 18. März 1806 etwa beklagt sich Arnim – briefrhetorisch im Übrigen höchst elegant – darüber, dass Bettina Brentano ihn über ihre gegenwärtige Lebenssituation im Unklaren lässt: „Sie Wortkarge, Silbensparende, Papierabschneidende, Tintenichtvergiessende, Schönsiegelnde Barbarin, was beschäftigt Sie so unendlich? [...] Ich habe den Brief schon umgekehrt, [...] aber kein Wort, wie Sie leben" (Bw Arnim 3, Bd. 1, 32).

Gründe für die wechselseitige Zögerlichkeit gegenüber einer Intensivierung des Verhältnisses waren einerseits Charakter- und Temperamentunterschiede, andererseits aber auch unterschiedliche genderspezifische Erwartungen. Für Arnim etwa war das konfrontativ-selbstbewusste und insofern gezielt ‚unweiblich' erscheinende Auftreten der Schwester seines besten Freundes lange Zeit überaus gewöhnungsbedürftig. Bettina Brentano wiederum behandelte ihn lange Zeit mit ironischer Distanz und inszenierte sich ihm gegenüber ebenso hemmungslos wie gegenüber fast allen Menschen in ihrem Umfeld. Vor allem diese inszenatorische Uneigentlichkeit war es, die Arnim lange Zeit auf Abstand hielt. Noch rund zwei Jahre nach dem Beginn der Korrespondenz klagt er über die sprunghaft wirkende Spontaneität und den „scheinbaren

Leichtsinn" (12. Februar 1808, in: Bw Arnim 3, Bd. 1, 115) seines Gegenübers, die ihn zurückhaltend reagieren ließen:

> Ach du liebes Kind sag mir wo kauf ich das Vertrauen, Wehe! da kommts mir vor, als drehtest Du Dich eben auf einem Absatz herum und sagtest: Es ist doch all nichts! Oder Du hättest zur Erhabenheit einen Trieb und fändest es schöner einen Brief nicht zu lesen, worin man etwas Liebes erwartet, weil man es sich besser denken könne. Oder zum Muthwillen und Du machtest daraus eine Papierknalle. Siehe, wie kommt das [...]. (28. Januar 1808, in: Bw Arnim 3, Bd. 1, 103)

Erst 1807 begann ein vorsichtiges, aber beharrliches Umeinanderwerben. Arnim offenbarte seiner Briefpartnerin zu dieser Zeit sehr persönliche Angelegenheiten, wie etwa seine Liebe für Auguste Schwinck. Auch wenn diese zuweilen geständnishaften Selbstaussprachen für das jeweilige Gegenüber fraglos schmerzhaft waren, sind sie doch ein eindeutiges Indiz für die zunehmende Vertrautheit beider. Die im brieflichen Austausch erreichte Nähe konnte schließlich auch in den persönlichen Umgang überführt werden. Anfang November 1807 trafen Arnim und Bettina Brentano in Weimar wieder zusammen, wo sich auch Clemens, die Savignys und der Komponist Johann Friedrich Reichardt aufhielten. Anschließend begab sich die Gruppe nach Kassel, und kurz vor Weihnachten reisten beide nach Frankfurt: In den gemeinsam erlebten Wochen vertiefte sich die Freundschaft zwischen Arnim und Bettine, sie kamen sich innerlich näher und fanden zum ‚Du' in der Anrede. Ab Januar 1808 dann wurden die Schreiben, die beide wechselten, Liebesbriefe: „[I]ch habe Dich lieb, mich hat niemand lieb wie Du" (Bw Arnim 3, Bd. 1, 103), resümiert Arnim am 28. Januar, und Bettina Brentano bekräftigt in ihrem Antwortbrief: „Du bist mein Leben!" (3./4. Februar 1808, in: Bw Arnim 3, Bd. 1, 109)

Gleichwohl war – zumindest von Arnims Seite her – auch jetzt noch eine deutliche Skepsis zu spüren, ob aus zwei so unterschiedlichen Persönlichkeiten tatsächlich auf Dauer ein Paar werden könne: „[A]ber wer kann aus seiner Haut, wir müssen erst viel miteinander tanzen um mit einander in Tackt zu kommen, bis endlich Muthwille und Ernst sich verstehen" (28. Januar 1808, in: Bw Arnim 3, Bd. 1, 103), schreibt er ihr nachdenklich. In gewisser Weise ist der voreheliche Briefwechsel zwischen beiden ein solcher Tanz mit Worten, der fortwährende Versuch eines Sich-auf-einander-Einlassens über die räumliche Entfernung hinweg, eine geduldige Einübung in Verständnis und Nähe trotz aller individuellen Charakterunterschiede. Immer wieder geht dabei das Bemühen, das Interesse des Gegenübers aufrechtzuerhalten, mit Selbstdarstellungsanstrengungen einher, so dass die Korrespondenz zwischen beiden streckenweise wie Rollenprosa erscheint. Dennoch gilt für den Briefwechsel der Jahre 1808 bis 1810: „Es ist bereits jetzt eine Art von Kommunikation, wie sie eigentlich nur ein sehr lebendiges, gebildetes, erotisch gebundenes Ehepaar zustande bringt. Bettine wird immer mehr zu Arnims häufigster Briefadressatin. An keine andere Frau hat er jemals in ähnlicher Haltung geschrieben" (Baumgart 1999, 270).

Zu den Besonderheiten der Beziehung gehört auch, dass beide ihre Liebe einander nicht von Angesicht zu Angesicht, sondern im Medium der Schrift gestanden: Am 10. Juli 1810 hielt Achim von Arnim brieflich um die Hand der langjährigen Freundin an. Der Grund dafür war vorderhand ein denkbar pragmatischer: Arnims Großmutter Caroline von Labes, die kurz zuvor gestorben war, hatte nämlich in ihrem letzten Willen die Einrichtung eines sogenannten Fideikommisses verfügt, der festlegte, dass das vorhandene Geldvermögen von ihren beiden Enkeln Achim und Carl Otto nicht angetastet werden dürfe, sondern für deren eheliche Kinder treuhänderisch verwaltet werden müsse, bis diese volljährig sind. Auch die Ländereien im Fläming und in der Uckermark, die sich im Besitz der Familie befanden, durften nur bewirtschaftet, nicht aber veräußert werden. Um an sein Erbe zu gelangen, war Arnim demnach gezwungen, möglichst rasch Nachkommen zu zeugen. Er ließ Bettina Brentano darüber auch nicht im Unklaren, machte aber zugleich deutlich, dass der Zeitpunkt seiner Werbung ihm zwar durch die äußeren Umstände aufgenötigt worden sei, die Entscheidung für sie gleichwohl eine Wahl des Herzens darstelle:

> Da ich aber alle Beengungen meines Lebens stets zu Erweiterungen meiner Natur ausgebildet habe, so war mein Entschluß nach der Eröffnung des Testamentes bald gefasst, das Meinige zu thun, um rechtmässige Kinder zu haben; da brauchte es nicht langer Zweifel, ich wuste niemand auf der Welt von der ich so gern ein Ebenbild besessen hätte, [...] und auch keine, mit der ich [...] so gern mich erfreut, gestritten, gewacht und geschlafen hätte, als Dich [...]. (Bw Arnim 3, Bd. 2, 477–478)

Gut vier Monate nachdem Bettina Brentano seinen Antrag angenommen hatte, verlobten sich beide, am Weihnachtsabend 1810 wurden offiziell die Ringe getauscht. Die Eheschließung erfolgte schließlich am 11. März 1811 – heimlich und unter Ausschluss der Öffentlichkeit.

Anders als bei den meisten Paarkorrespondenzen endet der Briefwechsel beider aber nicht mit der Heirat. Dies lag vor allem daran, dass die Arnims in den Folgejahren abwechselnd in Berlin und auf dem Landgut Wiepersdorf im Niederen Fläming lebten, hatte freilich auch mit häufigen Reisen Achims zu tun. Das wiederholte Getrenntsein der Ehepartner über einen längeren Zeitraum machte jedenfalls eine briefliche Verständigung unumgänglich. Nach der Geburt des vierten Sohnes Kühnemund blieb Bettina dann phasenweise ganz in Berlin und kam nur noch gelegentlich nach Wiepersdorf. Alltagsprobleme wie Haushaltsführung, Gutsverwaltung und Kindererziehung sowie gesundheitliche Belange dominierten nun die Korrespondenz. Über manche Fragen kam es auch bald zu Streitigkeiten. Vor allem im Hinblick auf die schulische Erziehung der Kinder traten mehrfach massive Differenzen auf: „Während Bettina eine ‚freie' Erziehung vertrat, die sich an Rousseaus Ideen orientierte, ging es Achim mehr um die Setzung von Autorität und die Einordnung in die gesellschaftlichen Normen" (Bäumer/Schultz 1995, 55). Die liberalen Erziehungsgrundsätze seiner Frau im Hinblick auf die gemeinsamen Kinder kommentierte er nicht ohne Bitterkeit: „deine Schwäche, die sogar ihre Läuse nicht einmal mit tüchtigen Mitteln anzugreifen wagt [...] weiß auch jede ihrer Nachlässigkeiten mit Scherzen zu beschönigen" (13. Februar 1822, in: Bw Arnim 3, Bd. 2, 291). Bettina wiederum wies solche Vorwürfe zurück und verteidigte ihren Glauben an die Selbstbestimmung des Individuums:

> [M]agst Du wohl andrer Meinung seyn wie ich, indessen kann ich Dir nur dieß sagen: ich kann nicht zwingen, ich kann mit Gewalt keinen Gehorsam verlangen, ich kann den Kindern wohl vorstellen was ich heilsam großartig wichtig finde, aber ich muß ihre Freiheit respecktieren folgen sie nicht so werde ichs nicht müde werden ihnen dasselbe vorzustellen wenn aber nothwendig wäre daß ich mit einer höher stehenden Personalität oder mit sonstigen durchgreifenden Maßregeln auf die Kinder wirken sollte, so hat man sich in mir verrechnet je mehr ich diese Naturen beschaue, je mehr bin ich überzeugt daß nur ein geschärfter Instinckt, keines wegs aber ein studierter Plan auf Kinder einwirken kann [...]. (16. November 1823, in: Bw Arnim 3, Bd. 2, 375)

So sehr sie den Kindern Freiheiten und Entwicklungsspielräume zubilligte, so sehr war sie allerdings auch um einen kontinuierlichen Unterricht bemüht. Achims Ansicht, die Söhne könnten doch auf dem Lande aufwachsen und dort etwas lernen, widersprach sie rundheraus: „[M]it meinem Guten Willen werden sie nicht geschieden ich halte es für Leichtsinn, und wenn das Lernen auch zu ersetzen wäre was sie auf dem Lande versäumen so ist das häufige Abreißen und Zerstücken [...] bei Kindern [...] ein unersetzlicher Verlust" (22. Mai 1821, in: Bw Arnim 3, Bd. 2, 244). Zwar setzte sich Bettina nicht einfach über die Ansichten ihres Mannes hinweg, aber sie folgte doch hartnäckig ihren eigenen Überzeugungen. Am 14. Mai 1821 schreibt sie ihm kurzerhand: „Du bist nicht dazu gemacht Dich um die Erziehung der Kinder zu bekümmern" (Bw Arnim 3, Bd. 2, 238).

Nicht zuletzt bedingt durch die häufige räumliche Trennung entwickelten sich in den Folgejahren die Existenzsphären der beiden stark auseinander. Bettina nahm wieder regelmäßig am kulturellen Leben in Berlin teil und verfolgte ihre musischen und künstlerischen Interessen, Achim dagegen ging in seiner Tätigkeit als Landwirt auf und verwendete immer weniger Zeit auf die Schriftstellerei. Immer dringlicher wurden Bettinas Appelle an ihn, er möge seiner wahren Berufung folgen, die doch die Literatur sei. Während viele Briefbeziehungen im Lauf der Zeit ausdünnen, blieb der Austausch zwischen beiden bis zuletzt unvermindert intensiv. Diesem nicht nachlassenden Bemühen um epistolare Verständigung ist es denn auch zu verdanken, dass die Korrespondenz zwischen Bettina und Achim von Arnim der umfangreichste Ehebriefwechsel der deutschen Literaturgeschichte wurde. Gleichwohl lässt sich nicht übersehen, dass die Kommunikation an Intimität einbüßte und zunehmend pragmatische Züge annahm. Besonders aufschlussreich ist, was die Korrespondenz nicht enthält. So nahm Bettina 1823 in einem Schreiben an ihre Schwester Gunda von Savigny eine vollkommen desillusionierte Einschätzung ihrer persönlichen Situation vor: „Ich habe die 12 Jahre meines Ehestands leiblich und geistigerweise auf der Marterbank zugebracht und meine Ansprüche auf Rücksicht werden nicht befriedigt" (um Neujahr 1823, in: Schellberg/Fuchs

1942, 233). Ein ähnlich schonungsloses Bekenntnis sucht man im Briefwechsel mit Achim vergeblich. Auch wenn das Paar bis zum Ende in einem regen brieflichen Kontakt blieb, hatten sich beide doch seit langem auseinandergelebt. Selbst beim frühen Tod Achim von Arnims im Januar 1831 verschwand diese Differenz nicht. Ungeschönt und in aller Nüchternheit berichtet Bettina später dem Theologen Friedrich Schleiermacher, ihrem Vertrauten: Arnims „Augen haben sich geschlossen und haben von mir nicht Abschied genommen und haben sich nicht mit mir versöhnt" (Schormann 1993, Anhang Nr. 63c).

2. Briefwechsel mit Max Prokop von Freyberg

Bettina Brentanos (bzw. ab 1811 Bettina von Arnims) Briefwechsel mit dem aus altem süddeutschen Adel stammenden Max Prokop von Freyberg (1789–1851) aus den Jahren 1810 bis 1812 ist Fortsetzung und Höhepunkt des geselligen Umgangs, den sie davor rund sechs Monate lang mit Studenten in Landshut gepflegt hatte. Ihr Schwager Friedrich Carl von Savigny lehrte seit Herbst 1808 als Professor für Jurisprudenz an der bayerischen Landesuniversität und versammelte im Lauf der Zeit einen Kreis von Schülern um sich, der sich wiederholt in dessen – unweit der Hörsaalgebäude gelegenen – Privatwohnung traf. Im Zuge des Austauschs mit dem akademischen Lehrer entstanden nach und nach auch Kontakte zu dessen Schwägerin Bettina, die als Schwester der Gattin Gunda mit im Haushalt lebte. Über die Art, wie diese Begegnungen zustande kamen, unterrichtet Freybergs Tagebucheintrag vom 7. Dezember 1809:

> Heute war ich mit [dem Kommilitonen Karl von] Gumppenberg bei Savigny. Da er zuerst zu thun hatte so führte uns die Bettine unterdessen in ihr Zimmer. Mir hat das viel Vergnügen gemacht. Sie hat uns schöne Gemälde gezeigt und richtig über Kunst gesprochen. Auch hat sie etwas ganz eignes Alterthümliches heiliges in ihrem Äußern. (Bw Freyberg, 27)

Dadurch, dass Savigny Mitte Januar 1810 beschloss, Landshut nach Ende des Wintersemesters zu verlassen und einen Ruf an die in Gründung befindliche Berliner Universität anzunehmen, stand die salonartige Geselligkeit im Hause Savigny schon bald unter dem Zeichen des bevorstehenden Abschieds. Diese gewissermaßen elegische Struktur der Zusammenkünfte erhöhte die Bereitschaft der studentischen Teilnehmer, die gemeinsamen Begegnungen vor dem Hintergrund ihres nahenden Endes mit besonderer Bedeutung aufzuladen.

Die Situation des Abschieds selbst gestaltete sich dann zu einem besonderen Höhepunkt. Einige Mitglieder des Savigny-Kreises, die schon beim Einpacken des Hausrats geholfen hatten, begleiteten die Abreisenden, deren Route über Wien und das böhmische Gut Bukowan nach Berlin gehen sollte, noch bis ins österreichische Salzburg. Dort angekommen bestieg die Reisegruppe – darunter die Studenten Johann Nepomuk Ringseis, Eduard von Schenk, Antonio Salvotti, Karl von Gumppenberg und Max Prokop von Freyberg sowie der angehende, von der Familie Brentano finanziell unterstützte Maler Ludwig

Emil Grimm – am 4. Mai 1810 gemeinsam den nahe gelegenen Gaisberg, der zum Ort einer kultischen Handlung wurde: Auf dem Gipfel brach Bettina Brentano den Granatschmuck, den sie trug, auseinander, verteilte die einzelnen Stücke an die anwesenden studentischen Verehrer und erklärte sie kurzerhand zu Rittern des „Granatorden[s]" (GW 2, 343). Zugleich erwählte sich jeder männliche Teilnehmer den Namen eines umliegenden Berges und gelobte ewige Verbundenheit mit der Stifterin. Durch diesen symbolischen Akt sollte ein tendenziell unauflöslicher Bund zwischen den einzelnen Mitgliedern geschaffen werden – ausgerichtet auf die einzige Frau als dessen eigentlichem Mittelpunkt. Um den Kontakt zu den Ordensrittern aufrechtzuerhalten, gab Bettina Brentano ihren männlichen Verehrern im Anschluss an die Besteigung des Gaisbergs die Erlaubnis, ihr zu schreiben. Von dieser Lizenz machten mehrere der Landshuter Studenten Gebrauch, doch nur zwischen Max Prokop von Freyberg und ihr entspann sich über rund zwei Jahre hinweg eine intensive Briefkommunikation.

Indem er am 12. Mai 1810 einen ersten umfangreichen Brief an die „liebe Freundin" (Bw Freyberg, 53) richtete, löste Freyberg jenes Versprechen ein, das er der von ihm bewunderten Schwägerin seines akademischen Lehrers während der Abschiedszeremonie gegeben hatte. Es ist kein Zufall, dass er dabei ausdrücklich auf „das Affektlose unsers heitern Einverständnisses" (Bw Freyberg, 55) hinweist. Noch vor der Trennung scheinen nämlich beide vereinbart zu haben, dass der briefliche Austausch mit dem Gegenüber konsequent von der Alltagskommunikation abgerückt werden soll. Die zwei Personen, die hier miteinander korrespondieren, schlüpfen dazu in vordefinierte Rollen, die während des geselligen Umgangs in Landshut bereits ansatzweise erprobt worden waren. Durch seine Zusicherung, den von Bettina Brentano entworfenen Rahmen der Kommunikation einzuhalten – der offensichtlich unter anderem in der Vereinbarung bestand, dass man unter weitgehender Nichtachtung gesellschaftlicher Konventionen allerpersönlichste Gedanken- und Gefühlsregungen ungehindert austauschen wolle, dabei aber sexuelle Leidenschaft bewusst ausklammern –, schloss Freyberg mit seiner Briefpartnerin einen regelrechten Stilisierungspakt. Von „unseren Verträgen" (24. Juni 1810, in: Bw Freyberg, 83) spricht diese denn auch an einer Stelle im Hinblick auf jene stillschweigenden Übereinkünfte, die den beiderseitigen Umgang regelten.

Mit dem Phantasiekonstrukt der Ordensritter hatte Bettina Brentano eine Konstellation geschaffen, die auf das mittelalterliche Minnekonzept zurückgriff. Sie selbst nahm dabei die Rolle des entrückten, überlegen und tendenziell eher passiven Gegenübers ein, was einen hochgradig projektiven, der Realität enthobenen Gedanken- und Gefühlsaustausch begünstigte. Diese Rahmenkonstellation verdeutlicht, dass hier ein raffiniertes Rollenspiel vorliegt: Nicht die realen, in das Regelwerk sozialer Zwänge eingebundenen Personen verkehren miteinander, sondern projizierte Ich-Entwürfe, die im virtuellen Raum schriftlicher Kommunikation in Bezug zueinander treten. In ihrem Antwortbrief honorierte Bettina Brentano Freybergs Anstrengungen: „Das lezte was Wir miteinander ausmachten war, daß Wir nicht getrennt würden durch die Entfernung; Sie haben wahrhaftig Wort gehalten [...] lieber Freund; und halten mich fest im Herzen" (19. Mai 1810, in: Bw Freyberg, 57). Damit waren die Voraussetzungen für eine stilisiert persönliche Kommunikation gegeben, Bettina Brentano wechselte in ihrem nächsten Schreiben deshalb zur vertraulichen Anrede ‚Du'. Freyberg schlug daraufhin seinerseits ein Verfahren vor, den Umgang noch stärker zu intimisieren: „Vernichte meinen Namen in meinem ersten Briefe unten, du weißt doch von wem er ist und setze auch deinen nie unter deine Briefe; ich kenne deine liebe Hand schon" (25. Mai 1810, in: Bw Freyberg, 65). Seine Korrespondenzpartnerin ging auf dieses Angebot ein: „[S]chreib auch meinen Nahmen *nicht in deine Briefe* ich nenne dich auch nicht" (13. Juni 1810, in: Bw Freyberg, 77), fordert sie ihr Gegenüber am 14. Juni 1810 auf. Indem sie darüber hinaus anregte, Freyberg möge seine Briefe künftig nummerieren, installierte sie unter dem Vorwand, die Übersichtlichkeit der Korrespondenz zu erhöhen, sogar ein Strukturierungsmittel, das bereits die Möglichkeit einer späteren Edition des Materials aufscheinen lässt.

Jenseits des bloßen Aufrechterhaltens der Erinnerung an die gemeinsame Geselligkeit in Landshut bestand das eigentliche Telos der Ordensgründung in einer Selbstverpflichtung der jungen Männer, ihren Idealen treu zu bleiben und die eigene Persönlichkeit in umfassender Weise zu entfalten. Der bei dieser Gelegenheit abgelegte Schwur diente dabei als verpflichtendes Bekenntnis zu den Idealen des Savigny-Kreises, der das Pathos einer Gruppe junger, ebenfalls an der Universität Landshut studierender Autoren (darunter Karl Aman, Karl Loe, Joseph Löw, Johann Nepomuk und Sebastian Ringseis, Karl Rottmanner, Friedrich Schafberger, Joseph Schiestl, Joseph Teng und Joseph Venino) übernahm, die schon zuvor in Gedichten und einer geplanten Zeitschrift *Jugendblätter* ihre Hoffnung auf ein aus der Juvenilität sich entwickelndes „gewaltiges Reich voll Heldenthum" (zit. nach Bunzel 1992, 35) artikuliert hatten. Karl von Gumppenberg beispielsweise versicherte Bettina Brentano am 12. Juli 1810 mit markigen Worten: „Fest, u. gesichert gegen jeden feindlichen Sturm besteht der Ordensbund; mit Liebe und Anhänglichkeit für seine Stifterin bewaffnet, die, auch abwesend, auf ihn wirkt. [...] Ihr Ritter bis in den Tod, Gumppenberg: Watzmann min. [Kleiner Watzmann; W.B.]" (zit. nach Bunzel 1992, 41). Die Ritter gelobten nicht nur, „ohne Eigennuz" (Bettina an Freyberg, 14. Juli 1810, in: Bw Freyberg, 111) zu handeln, sondern auch das eigene Tun selbstlos in den Dienst „höherer Ziele" zu stellen. Dementsprechend beschwört Bettina Brentano am 14. Juli ihren Briefpartner Max Prokop von Freyberg voller Zuversicht: „[E]s kann nicht anders seyn als daß Du noch viel, viel Gutes wirckest. sey Herr deiner selbst, [...] dein Glück beruhe auf dem Adel deiner Handlungen" (Bw Freyberg, 111–112).

In seinem Kern erweist sich der Briefwechsel zwischen beiden als eine Art epistolares Erziehungsprojekt. Freyberg als der rund vier Jahre Jüngere und dementsprechend weniger Erfahrene sollte in diesem Rollenspiel der Heranwachsende und Lernende sein, der sich von seinem weiblichen Gegenüber die Richtung vorzeichnen lässt, das ihm wie ein „Leuchtthurm dem Seefahrer im Sturm" (Bettina an Freyberg, 19. Mai 1810, in: Bw Freyberg, 57) sichere Orientierung zu bieten verspricht. „O! bleib wie du bist, ein Kind" (Bw Freyberg, 81), appelliert Bettina Brentano am 16. Juni 1810 eindrücklich an ihn. Man könnte die Freyberg-Korrespondenz daher mit Blick auf den späteren Titel des *Goethebuchs* auch als *Bettines Briefwechsel mit einem Kinde* bezeichnen, wobei natürlich die Zuschreibung des Kindesstatus von einer 25-Jährigen an einen fast Gleichaltrigen bereits Teil der initiierten Rollenkommunikation ist. Invers zum zeitlich parallel verlaufenden Briefwechsel mit Goethe fungiert nun Freyberg als ‚Kind', das der Leitung durch eine reifere und weiter blickende Bezugsperson bedarf. Trotz seiner damaligen Unmündigkeit wird er aber von vornherein als „Heldenkind" (14. Juli 1810, in: Bw Freyberg, 111) betrachtet, also als Heranwachsender, dessen Anlagen ihn zu großen Taten prädestinieren. Auch Freyberg stellt sich wiederholt vor, wie ihm die Geschichte „die Fahne bringt, daß ich sie schwingen soll über beglückte Völker" (19. November 1810, in: Bw Freyberg, 193). Bettina Brentano erscheint in diesem Zusammenhang als Mentorin, die ihren Schützling auf dem Weg zur späteren Eigenständigkeit begleitet und ihn auf seine Bestimmung vorzubereiten sucht. Es ist eine Funktion, die 25 Jahre später dann im Zentrum ihres Rollenrepertoires als Schriftstellerin stehen wird (vgl. Bunzel 2015).

Als die neu gegründete Berliner Universität im Oktober 1810 ihren Betrieb aufnahm, ermunterte Bettina Brentano ihren Briefpartner mehrfach dazu, dem „mächtigen Ruf von Norden" (Karl von Gumppenberg an Bettina, 17. Mai 1810, zit. nach Bunzel 1992, 41) zu folgen und das Studium hier fortzusetzen:

> [E]in Wort von der Universität; es wird Dich doch auch interessieren zu erfahren daß sie so Grandios und Liberal in Bezug auf Geistige Einrichtung und gegenseitiges Verhältniß der Studenten und Professoren eingerichtet seyn wird, wie man es in keinem Staat der Welt, in diesem Jahrhundert erwarten konnte. lieber Freund komm her, sey gewiß daß auf dich unendlich viel schönes wartet […]. (17. Oktober 1810, in: Bw Freyberg, 187)

Freyberg blieb allerdings in Landshut. Bettina Brentano/von Arnims Enttäuschung darüber klingt noch in einem späten Brief von Mitte Juli 1812 an: „Gott wie oft habe ich mich Deiner Ankunft gefreut und wie oft ist nichts daraus geworden" (Bw Freyberg, 224–225). Nachdem Freyberg 1810 sein Studium an der Universität Landshut beendet hatte, unternahm er zunächst eine mehrwöchige Reise durch die Schweiz und Norditalien und trat anschließend in den bayerischen Staatsdienst ein. Im Juni 1812 absolvierte er das letzte juristische Prüfungsverfahren und übernahm eine Stelle beim Stadt- und Kreisgericht München. Überdeutlich wurde nun die Diskrepanz zwischen dem immer wieder beschworenen „HeldenWillen" (Freyberg an Bettina, 5. August 1810, in: Bw Freyberg, 166) und der Alltagsrealität sichtbar.

Aber auch Bettina Brentanos Lebenssituation begann sich in der zweiten Hälfte des Jahres 1810 zu verändern. Achim von Arnim artikulierte seine „Hoffnung" auf ihre „Liebe" (Bettina an Freyberg, 3. August 1810, in: Bw Freyberg, 158), und auch die Familie drängte die mittlerweile 25-Jährige zu einer Eheschließung. Bettina Brentano stand auf einmal vor einer lebensbestimmenden Richtungsentscheidung, und es war Freyberg, dem sie in dieser Situation ihre Zweifel anvertraute. So gesteht sie ihm am 7. August 1810: *„[I]ch wollte frey bleiben, von allem Verhältniß um einst Dir nach zu gehen; aber Gott [...] will mir einen andern Weg zeigen"* (Bw Freyberg, 163). Ausdrücklich bittet sie ihn bei dieser Gelegenheit um die Zusicherung seines Einverständnisses zu einer Heirat mit Arnim: „[S]ag mir daß es dich nicht stört wenn ich sein Weib werde" (Bw Freyberg, 163). Und Freyberg versichert ihr: „Thue was dein Herz verlangt; Gott gab das edelste Begehren in deine Seele; Sein Segen ruhe auf deiner Wahl. Daß du seyn Weib werdest wird mein Verlangen nicht stören; was du ihm geben wirst, kannst du mir nicht entziehen" (14. August 1810, in: Bw Freyberg, 169).

Auch wenn damit grundsätzlich die Voraussetzungen für eine Fortführung der Korrespondenz gegeben waren, wurde es doch zunehmend schwieriger, die zu Beginn vereinbarte Rollenkonstellation aufrechtzuerhalten. Schon am 9. November 1810 bilanziert Bettina Brentano nüchtern die veränderte Situation, allerdings nicht ohne der Hoffnung Ausdruck zu geben, dass es eine Fortführung des Briefkontaktes geben möge: „Da geht ein jeder seine eignen Wege; so ganz verschieden, und begegnen sich am End die Freunde dennoch" (Bw Freyberg, 192). Tatsächlich gelang es beiden, ihre rollenspielartige Korrespondenz zumindest einige Monate über das Datum der Eheschließung mit Achim von Arnim am 11. März 1811 hinaus mit annähernd gleicher Intensität weiterzuführen. Nachdem Bettina von Arnim aber die ersten Anzeichen einer Schwangerschaft spürte (der älteste Sohn Freimund wurde am 5. Juni 1812 geboren), hörte sie damit auf, weiter an Freyberg zu schreiben. Dieser freilich weigerte sich, die veränderten Gegebenheiten anzuerkennen und verklärte sein Gegenüber weiterhin als „die Königliche Jungfrau von jenem Berge" (17. November 1813, in: Bw Freyberg, 228). „So bleibt Freyberg [...] in einem eigentümlich juvenilen Zwiespalt befangen. Es gelingt ihm nicht, seine Fixierung auf ein unerreichbares Ideal zu überwinden" (Einleitung in: Bw Freyberg, 50).

Die seltsame Mischung aus Vergangenheitsfixierung einerseits und Unfähigkeit bzw. Unwille, die persönliche Beziehung aufzufrischen, andererseits erregte bald den Unmut seiner Briefpartnerin. Eine Mitteilung vom Mai 1812, in der Freyberg gesteht, dass er sich in eine junge Frau – Josepha von Langer – verliebt habe, und „Rath" sucht, ob er dieser „entsagen oder eine Freundschaft aufrichten" (Bw Freyberg, 223) soll, beantwortete sie mit den lakonischen Worten: „Thu was du nicht lassen kanst; bleib ehrlich und lasse die Menschen die Du liebst, in der Laage worin du sie lieben gelernt" (Mitte Juli 1812, in: Bw Freyberg, 224). In einem weiteren undatierten Schreiben, das wohl von Ende 1812 oder aus dem Jahr 1813 stammt, vergleicht Bettina von Arnim ihren Briefpartner dann explizit mit einem „Blinden", der die Realität nicht sehen wolle. Mit den Worten „Leb tausend mal wohl" (Bw Freyberg, 227) beendet sie die Korrespondenz. Doch Freyberg ignorierte selbst dieses Signal und schrieb – obschon in zeitlich größeren Abständen – weiterhin an die von ihm verehrte Frau, die nunmehr nicht nur Ehegattin und Mutter war, sondern in Berlin und Wiepersdorf auch längst einen neuen Abschnitt ihrer Existenz begonnen hatte.

Diese selbst war es irgendwann leid, ihrem Gegenüber willfährig als Projektionsfläche zu dienen, und teilte ihm in einem um die Jahreswende 1814/15 geschriebenen – nicht erhaltenen – Schreiben umstandslos mit, dass sie keinen Kontakt mehr mit ihm wünsche. Er solle seine Fixierung auf sie aufgeben und ein *„neues* Leben mit andern Freunden beginnen" (Bw Freyberg, 238). Freyberg reagierte darauf ebenso erschrocken wie bestürzt, wollte die Auflösung der Beziehung aber nicht akzeptieren und schickte Bettina von Arnim in der Folgezeit noch sechs weitere Briefe, die allesamt unbeantwortet blieben.

Der überaus intensive Briefkontakt zwischen beiden endete also mit beidseitiger Enttäuschung. Gleichwohl kommt ihm in der Geschichte von Bettina von Arnims epistolarem Schreiben eine hochbedeutsame Rolle zu, handelt es sich hier doch um die erste Korrespondenz, die den imaginativen Charakter brieflicher Kommunikation konsequent ausschöpft. Verglichen mit früheren Schreiben Bettina Brentanos stellt der Briefwechsel mit Freyberg etwas grundlegend Neues dar: Enthielten die Briefe aus der Zeit vor 1810 zwar durchaus bereits gewisse inszenatorische Elemente, so verblieben sie gleichwohl immer im Rahmen lebensweltlichen Informationsaustausches. Erst die Korrespondenz mit Freyberg machte sich von den Imperativen geselliger Mitteilung frei und gab den Briefpartnern die Möglichkeit, spielerische Selbstentwürfe zu generieren und in einer imaginativ geschaffenen, für andere nicht zugänglichen Welt miteinander zu kommunizieren. Er stellt daher das lebensgeschichtlich früheste Beispiel eines epistolaren Stilisierungspakts dar und kann insofern als eine Art Fingerübung für die späteren stilisierten Korrespondenzen Bettina von Arnims angesehen werden. Wie Sibylle von Steinsdorffs 1972 vorgelegte Edition der Quellen zeigt, ist der Briefwechsel thematisch so kohärent und in seiner Entwicklung folgerichtig, dass er zu einem späteren Zeitpunkt mit wenigen Retuschen hätte publiziert werden können. Bruchlos hätte er sich in die Reihe der Briefbücher eingefügt. Dass Bettina von Arnim eine Veröffentlichung aber offenbar nie in Erwägung gezogen hat, hängt wohl mit der von dieser Korrespondenz abgedeckten Zeitspanne zusammen. Nach Achim von Arnims Tod war sie stets bestrebt, die Ehe mit ihm als erfüllte und beglückende Phase ihres Lebens zu deuten und sich selbst als loyale Witwe zu präsentieren, die das Andenken an den geliebten wie bewunderten Dichter aufrechterhält, beispielsweise durch die Ausgabe seiner *Sämmtlichen Werke*. Ein Briefwechsel, der sie selbst vor ihrer Eheschließung als zögerlich und unentschlossen zeigt und das Verlobungsversprechen gegenüber Arnim als dem „Schicksal" (Bettina an Freyberg, 5. August 1810, in: Bw Freyberg, 162) gebrachtes Opfer erscheinen lässt, hätte dieses Idealbild unweigerlich zerstört und wurde deshalb in der Sphäre des Privaten belassen.

3. Briefwechsel mit Hermann von Pückler-Muskau

Den Auftakt jener stilisierten Korrespondenzen, die nach 1831 im neu gewonnenen Freiraum von Bettina von Arnims Witwenschaft entstanden, bildet ihr Briefwechsel mit Fürst Hermann von Pückler-Muskau (1785–1871) (vgl.

hierzu Gajek 1989 u. 2010). Im Januar 1832 trafen sich die späteren Briefpartner erstmals im Berliner Salon von Rahel und Karl August Varnhagen von Ense und schlossen in kürzester Zeit „eine Art Seelenbund, halb im frivolen Scherz, halb im tiefern Ernste" (Pückler an Bettina, 25. November 1833, in: Bw Pückler, 249). Sie vereinbarten dabei in einer Art von „Vertrag" (Pückler an Bettina, 26. Dezember 1833, in: Bw Pückler, 260), dass sie einander abseits der gesellschaftlich vorgegebenen Rollenmuster begegnen wollten. Am leichtesten war dies im Medium des Briefes möglich, der schließlich für beide zum bevorzugten Kommunikationsinstrument wurde. Funktionieren konnte das intendierte Rollenspiel indes nur durch eine imaginative Aufspaltung des jeweiligen Gegenübers: Die reale Person musste von jenem Rollen-Ich, das die Schreiber freiwillig annahmen, abgetrennt werden. Mit den Erfordernissen epistolarer Spielkonstellationen bereits durch den Briefwechsel mit Max Prokop von Freyberg vertraut, erläutert Bettina von Arnim zu Beginn des Briefwechsels ihrem Korrespondenzpartner die Bedingungen und Folgeerscheinungen des gemeinsam verabredeten Paktes:

> Ich weiß wohl, daß ich mit Ihnen Fürst Pückler, nichts zu thun habe kommen Sie mir nicht in den Weg, und bitte Scheiden Sie sich gänzlich von meinem Freund, ich will ihn allein und ganz allein; ja, ich weiß daß ich ihn allein haben muß und daß er mir gehört, denn kein andrer weiß von ihm kennt ihn, versteht seine Sprache als nur ich; und mit mir kann er nur verkehren [...]. ([evtl. 27.] Februar 1832, in: Bw Pückler, 20)

In den ersten Schreiben, die Bettina von Arnim und Hermann Fürst von Pückler-Muskau miteinander wechselten, spielten beide – zunächst noch tastend – verschiedene Probekonstruktionen durch. Die Briefpartner handelten aus, welche Rollenentwürfe sie im epistolaren Austausch für möglich, geeignet und reizvoll erachteten. Bettina von Arnim schlug für die verabredete Spiel-Kommunikation im Medium Brief folgende Basiskonstellation vor: „Du sollst Selbständig, sollst Herrscher seyn, ich aber bin Dir unterworfen, und bin nur seelig, Dir zu dienen" (Ende Januar/Anfang Februar 1832, in: Bw Pückler, 14). Auf diese Weise versetzte sie ihr Gegenüber in den Rang einer „Orientierungsfigur" (Penzold 2010, 81). Pückler ging auf dieses Angebot bereitwillig ein, akzentuierte es aber neu, indem er die bestehende Geschlechterordnung umkehrte. Schon in seinem zweiten Brief dekretiert er ebenso bestimmt wie kokett:

> Ich habe keinen schaffenden Geist, sondern nur einen empfänglichen. Sie sind das männliche Prinzip in unserem Verhältniß, ich das weibliche. [...] Ich mache mir es bequem, denn ich habe als Weib mehr Verstand als Sie, wenngleich weniger Geist, ich darf Launen haben und inconsequent sein, Sie vernachlässigen, wieder zu Ihnen zurückkommen, ganz wie es mir beliebt – Sie aber haben den Beruf etwas aus mir zu machen, und mögen sehen, wie Sie es zu Wege bringen. (April 1832, in: Bw Pückler, 87–88)

4. Die Briefwechsel

Entsprechend redet Pückler seine Briefpartnerin in den Folgebriefen wiederholt mit „guter Mann" (Bw Pückler, 88) bzw. „lieber Mann" an und bezeichnet sich umgekehrt als „schwaches Weib" (Bw Pückler, 89). Das daran angelehnte Rollenmuster des launischen „Sultans" (Bw Pückler, 18, 89 u. ö.) und seiner ergebenen „Sclavin" (Bw Pückler, 176) wurde schließlich zum inszenatorischen Kernelement der Korrespondenz. Die Rollenverteilung von eher passivem ‚Sultan' und höchst aktiver ‚Sclavin' ist bezeichnenderweise eine Konstellation, in der von Anfang an das Verhältnis von Wilhelm Meister und seiner Pflegetochter Mignon zumindest durchscheint. Damit aber knüpft Bettina von Arnim an ihre bevorzugte „Lebensrolle" (Schmitz 1992; vgl. auch Bunzel 2009, 40–54) an und stellt so Kontinuität in ihrer werkbegleitenden lebensweltlichen Performanz her. Nicht zufällig tituliert Pückler seine Briefpartnerin an einer Stelle als „Bettina Mignon" (März 1832, in: Bw Pückler, 33).

Pückler umgekehrt wurde nun zum Ersatz für den – seit dem im September 1811 erfolgten Zerwürfnis – nicht mehr als epistolarer Resonanzboden zur Verfügung stehenden Goethe. Schon kurz nachdem Bettina von Arnim von Goethes Tod erfahren hatte, teilte sie Pückler mit, sie habe den „Vorsaz" gefasst, „alle meine Heilige und Liebliche und tiefe Liebesanecktoden in einem Cyklus solcher Briefe" an den Weimarer Dichter zusammenzufassen und so eine „heilige Geschichte" ihres „Herzens" zu schreiben (25./26. März 1832, in: Bw Pückler, 47). An Pückler richtete sie fortan ihre Briefe, die der Weimarer Dichter seit Jahren nicht mehr beantwortete und dann auch nicht mehr empfangen konnte, weil er schon bald nach Einsetzen der Pückler-Korrespondenz starb. Diese literarische Mentorrolle schmeichelte Pückler, der seit der Veröffentlichung der *Briefe eines Verstorbenen* (4 Bde., 1830/31), deren erster Band sogar noch von Goethe selbst rezensiert wurde, ja ein weithin bekannter Schriftsteller war. Er erkannte sofort, welches Potential in Bettina von Arnims Lebenserinnerungen steckt. Deshalb kündigte er schon im April 1832 in einem Brief an, er würde einige der von ihr geschilderten Episoden gerne „drucken" (Bw Pückler, 82) lassen. Damit wird der Kontakt zu Pückler zum Katalysator der Autorwerdung Bettina von Arnims und die Korrespondenz mit ihm zum Auslöser für die Niederschrift von *Goethe's Briefwechsel mit einem Kinde* (1835).

Allerdings verlief der epistolare Austausch zwischen beiden durchaus nicht störungsfrei. Immer wieder unternahm Bettina von Arnim Anläufe, ihr Gegenüber zu erziehen, und suchte nach Wegen, es „zu fassen zu bereichern zu entwicklen zum heiligen Ziel zu führen" (Anfang April 1832, in: Bw Pückler, 78). So wie schon 1810 und 1811 im Briefwechsel mit Max Prokop von Freyberg und in den Jahren 1822 und 1823 im Briefwechsel mit Philipp Hössli schlüpfte sie auch in der Korrespondenz mit Pückler zumindest streckenweise in die Rolle der Mentorin, was dieser ursprünglich ja auch selbst angeregt hatte. Als sie aber versuchte, „etwas aus" ihrem Gegenüber „zu machen" und es dazu aufforderte, an der Überwindung seiner Charakterschwächen zu arbeiten und seine Persönlichkeit breiter als bisher zu entfalten, rief dies bei ihm heftigen Widerstand hervor. „Ich liebe solche Cuirassier Schreiben nicht, wie Dein letztes. Willst Du mich etwa beherrschen?", wies Pückler seine Briefpartnerin am 20. Juli 1833 schroff zurecht (Bw Pückler, 205). Schon zuvor hatte er ihr vorgehalten: „*Du* scheinst mir aber noch ein sehr herrischer Sclave zu seyn" (April 1832, in: Bw Pückler, 82), und sie darauf hingewiesen, dass eine solche Haltung gegen die vereinbarten Kommunikationsregeln verstoße. Dementsprechend ermahnt er sie am 22. August 1832: „Wir dürfen beyde nicht aus der Rolle fallen" (Bw Pückler, 181). Bettina von Arnim lenkte darauf immer wieder ein, um den Kontakt zu ihrem Briefpartner nicht zu beeinträchtigen und um ihr Buchprojekt nicht zu gefährden.

Auch wenn Pückler mit solchen Zurechtweisungen immer wieder den gemeinsam geschaffenen Inszenierungsrahmen verließ und das Rollenspiel mit der nüchternen Realität konfrontierte, zeigen seine Kommentare doch, dass er nicht nur den Charakter dieser in der Gesamtheit seiner Korrespondenz einzigartigen Briefkommunikation genau erfasste, sondern sich auch über seine eigene Rolle im mit Bettina von Arnim geschlossenen epistolaren Pakt im Klaren war. So schreibt er seiner Korrespondenzpartnerin am 20. März 1832:

> Ob ich glaube, daß Du eine Leidenschaft für mich hegst? O, nein, es ist nur viel Leidenschaft in Dir und für Dich da, comme de raison. Die letztere braucht, wie die Somnambüle, ein Nebelbild, dem sie Gestalt und Leben leiht, um sich ihre eigenen Gedanken dadurch hervorzurufen, und wie eine prophetische Stimme zu vernehmen. Als solches Nebelbild diene ich Dir aber jetzt, wesentlich schauspielerische Bettina, wobei meine Kälte Dich anzieht, wie Eisen den Magnet. (Bw Pückler, 112)

Trotz seiner Vorliebe für Unkonventionelles war Hermann Fürst von Pückler-Muskau letztlich stets darum bemüht, dass der rollenspielartige Umgang bei aller rhetorischen Ekstase „die heilige Construction einer liebenden Fantasie" (Bw Pückler, 135) – also „Einbildung" (Bw Pückler, 79) – blieb. Bettina von Arnim freilich war nicht bereit, ihren „selbst erzeugten Enthusiasmus" (Bw Pückler, 76) zu dämpfen und den „Seelenbund" (Bw Pückler, 249) mit dem Korrespondenzpartner zu einer bloßen „Phantasmagorie" (Bw Pückler, 78) herabzustufen, glaubte sie doch fest an die wirklichkeitsverändernde Kraft ihrer Idealisierungen.

Um die Ernsthaftigkeit des Spiels unter Beweis zu stellen, reiste sie im September 1833 unangekündigt nach Muskau und nahm sich in Gegenwart von Pücklers Frau Lucie und des mit dem Ehepaar befreundeten Schriftstellers Leopold Schefer Freiheiten im persönlichen Umgang heraus, die von den Anwesenden als ungehörig empfunden wurden. Die *„Battaille von Muskau"* (Bettina an Pückler, zwischen 8. und 18. April 1834, in: Bw Pückler, 337) endete damit, dass Pückler seinen unliebsamen Gast nicht nur zur Abreise nötigte, sondern auch den epistolaren Pakt zwischen beiden erst infrage stellte und schließlich ganz aufkündigte. Ende September schrieb er seiner Korrespondenzpartnerin, ihr Verhalten gleiche der „dithyrambische[n] Raserei einer achtzehnjährigen Bachantin, mit bloßer Gehirnsinnlichkeit, die noch obendrein nur künstlich heraufgeschraubt ist" (23. oder 24. September 1833, in: Bw Pückler, 238). Die so Geschmähte kehrte daraufhin wieder zur distanzierten Anrede ‚Sie' zurück. Die weitere Korrespondenz ist durch eine Asymmetrie von Vertraulichkeits- und Distanzsignalen gekennzeichnet. Obwohl Pückler sich zunächst erfreut über die Mäßigung im Ton zeigte – „Deine Briefe, die mir früher oft so vague, verwirrt und unverständlich zu schwärmen schienen, werden immer goldner", schreibt er am 9. Januar 1834 (Bw Pückler, 275) –, blieb der Briefwechsel nun merkwürdig pädagogisch temperiert. Da Bettina von Arnim – gespielte – Leidenschaft in – gespielte – Treue umwandelte, büßte er fortan seine verbalerotische Komponente ein.

Doch Pückler verlor nach dem Vorfall in Muskau, den er als kompromittierend empfand, nach und nach die Lust darauf, die Rollenspielkorrespondenz mit Bettina von Arnim weiter fortzusetzen. Was er zuvor toleriert, ja sogar geschätzt hatte – das Absehen von der eigenen Person –, erschien ihm jetzt kränkend. Und so kündigte er den epistolaren Pakt mit seiner Briefpartnerin am 25. November 1833 endgültig auf, indem er dessen projektive Komponente als Zeichen egoistischen Verhaltens umdeutete:

> Erst in Deinem letzten, eben durchlesnen Briefe finde ich mir heilsame Wahrheit, alle früheren, obgleich *mich* zum scheinbaren Gegenstande habend, und mit Schmeicheleyen, ja Idolatrieen [...] niederdrückend, sind doch nur zu Befriedigung eignen Dranges geschrieben, eigentlich mit fast eben so wenig Rücksicht auf mich, als der leidenschaftliche Schütze, in Ermangelung des Wildes sein Pulver auf den gemalten Hirsch verschießt.
> Diesem Spiel konnte ich nun nicht entsprechen. (Bw Pückler, 250)

Bettina von Arnim verzichtete ihrerseits darauf, die zerbrochene Übereinkunft erneuern zu wollen und das einstmals prickelnde Rollenspiel, das die kommunikativen Fähigkeiten angeregt hatte, mittlerweile aber schal geworden war, noch einmal aufleben zu lassen:

> Sie bieten mir an meine Correspondenz mit Ihrem Doppelgänger Ihrem hölzernen representanten dem gemalten Hirsch fortzuführen wenn es nöthig seyn sollte um mein Werck über Göthe zu vollenden; nein es ist nicht nötig, ich hab meine Niedergeschlagenheit überwunden [...]. (15. Dezember 1833, in: Bw Pückler, 254)

Um mit diesem Abschnitt ihres Lebens abzuschließen, nahm Bettina von Arnim die Zeugnisse des gemeinsamen epistolaren Austauschs noch einmal in die Hand, aber nur, um sich davon zu verabschieden. An Pückler schreibt sie aus diesem Anlass: „Vor einigen Tagen hab ich Ihre Briefe zusammen gepackt und weggeschlossen, nicht ohne Nachgefühl hab ich mehrere noch durchlesen, ich emfand tief was ich verloren geben muß; ich wollt es wär nicht so" (Bw Pückler, 247). Für sie stand ab jetzt die Arbeit an *Goethe's Briefwechsel mit einem Kinde* im Mittelpunkt ihrer Anstrengungen. Das schmälert allerdings nicht die Bedeutung der Korrespondenz mit Pückler. Am 21. November 1833 lässt sie ihn wissen: „diese Kinderbriefe [die Schreiben an Goethe; W.B.] voll inniger Zuversicht und meine Briefe an Sie [...] sind mir gleich wichtig" (Bw Pückler, 247).

Als weithin sichtbares Zeichen ihrer Wertschätzung für Pückler widmete sie ihm schließlich das *Goethebuch* – eine Geste, die bei vielen Zeitgenossen auf Unverständnis stieß, weil diese von der besonderen Beziehung beider nichts ahnten. Bettina von Arnim setzte so ihrem Korrespondenzpartner ein Denkmal und präsentierte ihn als würdigen Adressaten ihrer nach Goethes Tod geschriebenen Briefe. „Die Widmung kann also mit Recht als letzter Dankesbrief an Pückler-Muskau verstanden werden" (Penzold 2010, 80, Anm. 260). Und indem sie ihn in *Goethe's Briefwechsel mit einem Kinde* stets als „Freund" anredet, dessen Namen aber unerwähnt lässt, lässt sie sogar die Aufspaltung des Gegenübers in eine reale Person und ein imaginäres Vorstellungsbild wieder aufleben und dokumentiert so diskret, aber unübersehbar das Kernelement des beidseitigen epistolaren Paktes.

4. Briefwechsel mit Philipp Nathusius und Julius Döring

Mit dem Erscheinen von *Goethe's Briefwechsel mit einem Kinde* veränderte sich Bettina von Arnims Status in der Öffentlichkeit grundlegend: Aus der geistreichen, karitativ tätigen Schwester Clemens Brentanos und Witwe Achim von Arnims, deren kompositorische und bildkünstlerische Talente nur wenige kannten (immerhin hatte sie bereits 1824 den eigenständigen Entwurf für ein Goethe-Denkmal geliefert), wurde mit einem Schlag eine erst deutschland- und schließlich europaweit bekannte Schriftstellerin, von der man nun allgemein wusste, dass sie intensiv mit Goethe korrespondiert und daneben mit zahlreichen Geistesgrößen ihrer Zeit Umgang gepflegt hat. Diese Publizität führte dazu, dass die Autorin von vielen jüngeren Leuten – meist Studenten oder jungen Akademikern – aufgesucht wurde. Besonders für einige an der Universität Berlin Studierende wurde ihre Wohnung zu einem zentralen Anlaufpunkt.

Die Begegnungen selbst verliefen jeweils nach einem vorgeprägten Muster: Ein von der Lektüre des *Goethebuchs* begeisterter, idealisierungsbereiter männlicher Akademiker suchte Bettina von Arnim mit oder ohne Fremdempfehlung auf, wurde entweder sofort oder nach einigen Anläufen empfangen und erlebte ihre Beredsamkeit im vertrauten persönlichen Gespräch. Darauf folgten für gewöhnlich weitere Besuche. Wenn dann die vorlesungsfreie Zeit begann oder der Studienaufenthalt in Berlin endete, wurde die mündliche Face-to-Face-Kommunikation in schriftlicher Form fortgesetzt und es kam zu einem Briefwechsel, der sich von den typischen Lehrer/Schüler-Korrespondenzen vor allem in dreierlei Hinsicht unterschied: Erstens war die Mentorin weiblich, so dass zweitens trotz des Altersunterschieds zwischen Mentorin und Zögling stets auch eine erotische Komponente Teil der Beziehung war, die aber von Anfang an sublimiert werden musste, weil Bettina von Arnim als – signalhaft meist schwarze Kleider tragende – Witwe mit insgesamt sieben Kindern unerreichbar blieb; und drittens bildete mit *Goethe's Briefwechsel mit einem Kinde* ein Text das Skript des epistolaren Austausches.

Einer dieser Studenten war der aus Althaldensleben stammende, reiche Fabrikantensohn Philipp Nathusius. Er hatte Bettina von Arnim bereits am

21. Oktober 1835 während eines Besuchs in der preußischen Hauptstadt aufgesucht und ihr im Anschluss daran auch geschrieben. Schon in diesem Brief an die von ihm verehrte Schriftstellerin betonte er, welch tiefgreifenden Eindruck *Goethe's Briefwechsel mit einem Kinde* auf ihn gemacht habe. Indem er sich der Verfasserin als begeisterter Leser näherte – „Ich habe Sie mir angeeignet aus Ihrem Buche", bekennt er am 10. März 1837 (GW [Konrad] 2, 438) –, deutete er an, dass er bereit sei, dem im Buch skizzierten Rollenangebot zu folgen und nun an Bettina von Arnim zu wachsen, so wie diese sich als ‚Kind' einst an Goethe orientiert hatte. Deshalb ist die Korrespondenz mit Nathusius in gewisser Weise eine direkte Fortsetzung des *Goethebuchs*. Umgekehrt bekennt Bettina von Arnim offenherzig, dass genau dies ihre Absicht gewesen sei: „[D]as hab ich auch mit diesem Titel gewollt: listig das Jünglingsalter locken, ein rascheres Tempo dem Hymnus der Jugend in ihren Herzen wecken […], und es ist mir gelungen, Sie schreiben mir's" (GW [Konrad] 2, 416).

In nähere Verbindung zu ihr kam Nathusius allerdings erst im Wintersemester 1836/37 während seines Studienaufenthalts in Berlin. Der bereits bestehende Kontakt intensivierte sich nun rasch, und der reiche Erbe, der selbst schriftstellerische Ambitionen hatte – im Spätherbst 1836 erwähnt er erstmals seine Gedichte und berichtet von seinem Wunsch, sie drucken zu lassen –, wurde zu einem ihrer regelmäßigen Gäste. Trotz des vertrauten Umgangs in salonähnlicher Atmosphäre (da es keinen regelmäßigen *Jour fixe* gab, der Kreis der Gäste eher klein blieb und die Genderkonstellation verschoben war, war die gesellige Konstellation allenfalls analog) blieb der Umgang aber merkwürdig temperiert. Erst spät wechselt die Anrede zum ‚Du', und auch dann noch sieht Bettina von Arnim die Notwendigkeit, ihren Schritt zu rechtfertigen: „[W]enn ich Du sage so ist dies, um meine Gedanken vertraulicher nahzurücken, nicht aber um mich der verschlossnen Neigung des Jünglings aufzudrängen" (GW [Konrad] 2, 496).

Um nach Nathusius' Weggang von Berlin den Kontakt mit dem oftmals verzagt wirkenden, gleichwohl aber immer wieder selbstbestimmt Entscheidungen treffenden jungen Mann zu intensivieren, der erkennbar daran litt, dass er den väterlichen Betrieb übernehmen musste, obwohl sein eigentliches Interesse der Literatur und Philosophie galt, dachte sich Bettina von Arnim eine besondere Aufgabe für ihn aus: Ihr Schützling sollte nämlich „unter der Aufsicht" der Brüder Grimm „den Nachlaß" Achim von Arnims „ordnen", und indem er für dessen Dichtungen gewissermaßen „als Herold" fungiert, sollte er in der literarischen „Welt" bekannt werden und sich einen Ruf als Philologe und Schriftsteller erwerben (GW [Konrad] 2, 497). Dieser Plan war durchaus nicht so uneigennützig, wie Bettina von Arnim glauben machen wollte, hielt sie doch schon seit längerem Ausschau nach Helfern, die den vollauf beschäftigten Grimms zumindest einen Teil der Arbeit abnehmen könnten. Ihre Offerte erreichte Nathusius jedoch just zu einem Zeitpunkt, zu dem er bereits beschlossen hatte, eine länger andauernde Bildungsreise nach Italien und Griechenland zu unternehmen. Ihre Konsterniertheit ob dieser Entscheidung war groß, hatte sie ihr Angebot doch als ehrenvolle Auszeichnung verstanden, die das Gegenüber dauerhaft an sie binden sollte.

Als ihr jugendlicher Verehrer einfach ablehnte, stimmte das den Ton der Korrespondenz merklich herunter. Gleichwohl gab Bettina von Arnim Nathusius aber Empfehlungsbriefe an Verwandte und Bekannte mit und ließ die Verbindung nicht abreißen – wohl auch, weil sie hoffte, dessen finanzielle Mittel einmal für ihr erstrebenswert scheinende Zwecke nutzen zu können. Tatsächlich teilte er ihr nach der Rückkehr von seinem über anderthalbjährigen Auslandsaufenthalt im Januar 1839 mit, dass er eine Auswahl seiner Gedichte drucken lassen wolle, deren Erlös die Finanzierung des von ihr entworfenen Goethe-Denkmal unterstützen soll. Bettina von Arnim schlug ihm darauf allerdings vor, er möge das Bändchen stattdessen zu einer Benefizpublikation für die ihrer Ämter enthobenen Brüder Grimm machen und die Einnahmen dem Unterstützungskomitee in Leipzig zufließen lassen. Indem er diesem Vorschlag folgte, zeigte er sich wieder zugänglich für ihre Lenkungsversuche. Zugleich bewies er aber erneut seine Fähigkeit zu eigenständigen Entscheidungen, denn er ließ die Texte, die er seiner Korrespondenzpartnerin mit der Bitte um Weitergabe an einen Verleger geschickt hatte, dann doch auf eigene Kosten drucken. Umgekehrt lehnte Bettina von Arnim seinen Wunsch ab, ein Geleitwort für diese Sammlung zu liefern. Beider Erwartungen hatten sich nicht erfüllt. Mit erkennbarer Ernüchterung bekennt Bettina von Arnim in einem Brief vom 31. Januar 1839, sie habe die Zeit von Nathusius' „Abwesenheit ausgefüllt mit thätigem Leben", wodurch aber die erhofften „Offenbarungen" ausgeblieben seien,

> die ich sicherlich gehabt hätte, wärst Du eingegangen mit Deinem Verlangen in mein Bedürfnis mich mitzuteilen; so verstummten diese Tief- und Weitsichten der Geisternatur in mir. Schade und auch nicht; vielleicht steigt es höher und heller auf eine andre Weise empor, was damals aus mir hervor ans Licht wollte und sich in Dich ergießen weil Du mich wie ein rein Gefäß dazu anlocktest. (GW [Konrad] 2, 533)

Genau in die Zeit dieses Geständnisses fällt der Beginn des Kontaktes zu einem weiteren jugendlichen Verehrer: dem aus Wolmirstedt stammenden Jurastudenten Julius Döring (1817–1893), einem Landsmann und „Nachbarn" (Bw Döring, 191) von Philipp Nathusius, der mit ihm auch persönlich bekannt war. Anders als dieser scheute Döring anfangs die persönliche Begegnung und verlegte die Kommunikation fast gänzlich auf das Medium Brief. Nachdem Bettina von Arnim auf dessen ersten, im Januar geschriebenen Brief geantwortet hatte, entspann sich in kürzester Frist eine sehr intensive Korrespondenz, die sehr viel emotionaler war als die mit Nathusius und auch erotischer Töne nicht entbehrte. Anziehen musste sie besonders Dörings Bereitschaft, idealisierte Wunschidentitäten aufzubauen; bereits sein erstes Schreiben unterzeichnete er mit dem Phantasienamen „Ingurd" (Ende Januar 1839, in: Bw Döring, 15), einem partiellen, an die nordische Mythologie angelehnten Anagramm. Deshalb bekannte sich Bettina von Arnim von Anfang an mit forschem Selbstbewusstsein zu ihrer Rolle als Mentorin; Ziel sei es, der Jugend ein Vorbild zu sein und ihr die eigenen Überzeugungen zu vermitteln, damit „ich einst sagen kann, *der ist mein! – Das reizt mich*" (23. Februar 1839, in: Bw Döring, 49).

Ein engerer persönlicher Kontakt zu Döring konnte sich schon deshalb nicht entwickeln, weil dieser mit dem Ende des Wintersemesters 1838/39 sein Studium beendete und zurück nach Wolmirstedt gehen musste, um dort als Gerichtsreferendar tätig zu sein. Die vorerst letzte Begegnung zwischen der berühmten Schriftstellerin und ihrem scheuen Verehrer fand am 20. März 1839 statt, am Tag darauf verließ Döring die preußische Hauptstadt. Trotz aller Verzweiflung über die erzwungene Trennung aber war er gewillt, den unerwartet möglich gewordenen Austausch mit der bewunderten älteren Frau unbedingt fortzusetzen. In seinem Brief vom 20. März versichert er ihr: „Die Liebe zwischen uns kann und darf nie vollkommen und fertig sein. das, was Andre abschreckt, reizt mich, da es mir Bürge ihrer Dauer ist" (20. März 1839, in: Bw Döring, 58). Bettina von Arnim konnte so nach dem Weggang von Berlin für ihn zum Orientierungspol in der Ferne werden.

Da Döring wiederholt über seine stupide und nicht ausfüllende Arbeit bei Gericht klagte, bot Bettina von Arnim auch ihm eine Mitarbeit an der Edition der *Sämmtlichen Werke* ihres verstorbenen Mannes an, deren erste Bände in Kürze erscheinen sollten. Ihr besonderes Augenmerk lag dabei auf einer ergänzten Neuausgabe der gemeinsam mit Clemens Brentano zusammengestellten Liedersammlung *Des Knaben Wunderhorn* (1806 [recte 1805] u. 1808). Bettina von Arnim hatte bereits den Bruder über ihre Pläne unterrichtet, und dieser, der selbst mit dem Vorhaben einer Ausgabe seiner eigenen Texte beschäftigt war, stand einem solchen Unternehmen aufgeschlossen gegenüber, wie er sie brieflich wissen ließ. Um die Ernsthaftigkeit ihres Anerbietens zu unterstreichen, schickte sie Döring deshalb Mitte Mai 1839 das entsprechende Schreiben Clemens Brentanos und erläuterte die Rahmenbedingungen des Projekts:

> Die Aufgabe [...] ist diese: – Erst die Schriften von Arnim mir ordnen zu helfen täglich eine Zeit von mehr oder weniger Stunden, dies liesse sich sehr gut vereinnen mit Arbeiten eines jungen angehenden juristisch angestellten, der hier in Berlin arbeitete die Kosten des theuereren Aufenthaltes würden gedeckt sein, es braucht nur zugeschossen zu werden von mir was es mehr kostet hier anständig und bequem zu leben, als in einer kleinen Stadt. [...] Durch Grimm unterstützt würden Die Liederquellen die seitdem noch aufgefunden untersucht gestimmt und zusammen mit Clemens in München ins rechte Gleis gebracht; dazu eine Urlaubsreise benützt. pp. – Die Lebenanregende Quellen die hier zuströmen brauche ich nicht zu erweisen, es ergiebt sich von selbst. (Bw Döring, 111 u. 113)

Zugleich ließ sie ihren Briefpartner aber auch wissen, dass es noch einen weiteren Interessenten gebe, der bereit sei, ihr zu „dienen" und für sie zu „arbeiten" (Bw Döring, 111). Döring, der – ähnlich wie Nathusius – selbst zu dichten begonnen hatte und seinen Schreiben an Bettina von Arnim mehrfach Verse beigab, zeigte sich natürlich geschmeichelt von diesem Vertrauen, erklärte aber unumwunden, dass er erst sein juristisches Referendariat abschließen müsse. Dennoch gelang es ihr, ihn zu überreden, sie auf einer Reise zu den Grimms zu begleiten. Am 19. September brach sie nach Magdeburg auf, blieb dort zwei Nächte, fuhr weiter nach Wolmirstedt, wo sie Döring abholte und mit nach Kassel nahm. Auf der Rückfahrt besuchte sie allein schließlich auch noch Philipp Nathusius im von Wolmirstedt nur rund 20 Kilometer entfernt liegenden Althaldensleben. Als sie dort von Nathusius' Mutter „kalt, beinah verletzend" behandelt wurde, trübte sich auch das Verhältnis zu deren Sohn weiter ein. Schon im März hatte Bettina von Arnim ihm enttäuscht geschrieben: „[D]ie Harmonie der Offenherzigkeit wird uns nicht gegenseitig durchströmen, was hab ich also für ein Verhältniß zu Dir? – keins, das mich ergreifen könnte" (GW [Konrad] 2, 547). Im November 1839 beklagte sie sich dann bei Döring über Nathusius' unangemessenes Verhalten: Dieser habe ihr nie „Liebe [...] geschenckt, nur von mir" gefordert, „ich solle mich um dies und jenes bekümmern, was ihn angehe", und dies mache er „schon 4 Jahre so mit mir" (Bw Döring, 204).

Als Zeichen ihres „Vertrauens" (Bw Döring, 191) zu ihm schickte sie Döring eine Abschrift der umfangreichen brieflichen Abrechnung mit ihrem Schwager Friedrich Carl von Savigny, in der sie diesem vorwirft, dass er seine ehemaligen Schüler Jacob und Wilhelm Grimm verraten habe und damit seiner wichtigsten Aufgabe als Hochschullehrer – nämlich der Erziehung und Unterstützung Jüngerer – nicht nachgekommen sei. Im Gegenzug dazu präsentierte sie sich selbst als unerschrockene Fürsprecherin des „junge[n] Deutschland" (4. November 1839, in: GW 4, 397). Überzeugt davon, „daß alle Geistesgewalt sich elecktrisch fortbewege" – auch über Generationengrenzen hinweg –, sah Bettina von Arnim ihre Aufgabe darin, die heranwachsende Jugend zu leiten; dementsprechend schreibt sie am 14. Oktober 1839 an ihren Verehrer Julius Döring: „[A]uch meine [Geistesgewalt] soll sich einst fortbewegen im Philipp und in Dir, dafür will ich sorgen. – [...] mein Geist steht in Flammen gedenck ich Euer" (Bw Döring, 181).

Die epistolare Inspirationskraft für die beiden Schützlinge hatte indes zu diesem Zeitpunkt bereits erheblich nachgelassen. Sowohl die Korrespondenz mit Nathusius als auch die mit Döring lebte nur noch von der Erinnerung an die beglückende Anfangszeit des Kontaktes mit der verehrten Schriftstellerin und erinnerte die Adressaten an Lebenshoffnungen und Ambitionen, die sie mittlerweile als nicht realisierbar einstuften. Dass Bettina von Arnim den brieflichen Austausch mit Nathusius gleichwohl bis zu seiner Verlobung mit der Magdeburger Pfarrerstochter Marie Scheele im Jahr 1840 aufrechterhielt und den mit Döring (mit großen zeitlichen Lücken) sogar bis 1844 fortsetzte, hängt auch damit zusammen, dass sie ihr Vorhaben der Jünglingserziehung nicht vorzeitig aufgeben wollte. Erst als ihre Briefpartner resignierten, erklärte sie das Projekt für gescheitert. In ihrem vorletzten Schreiben an Nathusius gesteht sie unverblümt ein, dass sie ihr Gegenüber falsch eingeschätzt habe, benennt in diesem Zusammenhang aber auch dessen Versäumnisse mit schonungsloser Offenheit:

4. Die Briefwechsel

> Du hast mich Deinen Genius genannt, bekennend, daß unwillkürlich die Wahrheit von mir über Dich ausgehe, und daß unversehens Du oft, im dichten Gedränge und weit entfernt Dich vor mir glaubend und allem Einfluß entnommen, plötzlich meine Stimme Gewalt über Dich habe und Dich zurechtweise. Was wirst Du nun meiner spotten, daß ich so Dein Inneres verfehlt habe? – [...] Aber auch ich wäre in solche Irrtumssünde nicht verfallen, hättest Du mir mein Recht nicht versagt und nicht Dich vor dem in mir gefürchtet, was Du Geist nennst; vor meiner Liebe gefürchtet. Du bist furchtsam, Du bist kein Held [...]. (17. September 1840, in: GW [Konrad] 2, 695)

Anders als die gleichfalls stark projektiven, auf Stilisierungspakten beruhenden Korrespondenzen mit Max Prokop von Freyberg und Hermann Fürst von Pückler-Muskau aber blieben Bettina von Arnims briefliche Erziehungsversuche mit Vertretern der jungen Generation aus der zweiten Hälfte der 1830er Jahre nicht im Privaten. Als die von Regierungsvertretern in Preußen in Aussicht gestellte Berufung der Brüder Grimm nach Berlin ausblieb, beschloss sie, gezielt auf diese Briefwechsel zurückzugreifen, die ja nicht nur ihr pädagogisches Engagement, sondern auch ihren anhaltenden Einsatz für die Freunde dokumentierten. Sie wollte dazu die Korrespondenzen mit ihren jugendlichen Verehrern Philipp Hössli (einem Schweizer Juristen, mit dem sie bereits Anfang der 1820er Jahre Briefe gewechselt hatte), Philipp Nathusius, Julius Döring und weiteren als Benefizpublikation für den „Leipziger Verein" drucken lassen – allerdings nur dann, „wenn [...] der König die Grimm nicht anstellt" (24. Oktober 1840, in: Bw Döring, 267). Wie aus einem Brief an Philipp Nathusius hervorgeht, zielte dieses publizistische Ultimatum darauf, den frisch gekürten König zu raschem Handeln zu animieren:

> In kurzem werden zwei sich um die G. [Grimms] streiten, davon ist einer *ich!* es kommt darauf an, wer sie erobern wird, ist es *jener!* [d.h. Friedrich Wilhelm IV.; W.B.] so gereicht es mir zum Ruhm, bin ich's, so gereicht mir's doppelt zum Ruhm, aber auch zur Sorge, der ich gewachsen bin. [...] Korrespondenzen sind mir übergeben, um das der Welt zugehörige daraus auszuziehen und zu vervollständigen. [...] Ja, es hängt mit dem Geschick der beiden Brüder zusammen, daß ich diesen Gedanken durchführe, so wie der König sich nicht entschließt, sie öffentlich und ehrenvoll herbeizurufen, so gehören sie mein; und ich gebe das Buch zu ihrem Besten. (17. September 1840, in: GW [Konrad] 2, 696)

Da die Grimms kurz darauf tatsächlich nach Berlin berufen wurden, konnte die Publikation schließlich unterbleiben. Einige Jahre später griff Bettina von Arnim aber noch einmal auf dieses Verfahren zurück, als es um den Ankauf der Bibliothek von August Heinrich Hoffmann von Fallersleben ging. Dem bibliophilen Sprach- und Literaturwissenschaftler war wegen politischer Unliebsamkeit 1842 vom preußischen Staatsministerium die Professur entzogen worden. Da er aufgrund der Zensurbestimmungen seinen Lebensunterhalt auch nicht durch die Publikation literarischer Texte bestreiten durfte, sah er sich dazu gezwungen, Teile seiner umfangreichen Bücher- und Handschriftensammlung zu verkaufen. Der preußische König fand sich allerdings nicht dazu bereit, den durch Hoffmann von Fallersleben festgesetzten, durchaus mäßig gehaltenen Preis von 1.700 Reichstalern zu akzeptieren, und bot ihm lediglich die Summe von 1.000 Reichstalern an, was dieser für nicht akzeptabel hielt. Er ließ darauf einen Bücherkatalog drucken und bot einen Teil seiner Bibliothek öffentlich zum Kauf an. Nun wandte sich Philipp Nathusius, der mit Hoffmann von Fallersleben gut bekannt war und ihm sogar Asyl gewährte, an Bettina von Arnim mit der Frage, wie man ihm helfen könne. Sie beschloss darauf, die Briefe, die sie seinerzeit „mit Studenten gewechselt" (an Varnhagen, 2. Dezember 1846, in: Varnhagen 1, 397) hatte, drucken zu lassen. Den Titel sollten die Phantasienamen der Korrespondenten bilden: „Ilius, Pamphilius u. die Ambrosia" (13. Dezember 1846, in: Bw Döring, 322).

Bettina von Arnims eigenes Pseudonym stammt dabei aus der Frühphase der Bekanntschaft mit Philipp Nathusius, der sich seinerzeit ein Heft angelegt hatte, das er überschrieb: „Brosamen von Ambrosia. Aus Gesprächen mit Bettine" (Reuß 1896, 64). Der idealisierende Deckname, „der die Gaben ihres Geistes mit der antiken Götternahrung gleichsetzt", scheint „damals in Gebrauch gekommen zu sein" (Kommentar in: GW 4, 1159). Es handelt sich hier um eine Benennung, die mit einer konkreten Vorstellung verbunden ist, nämlich der einer mythisierten Gestalt, die einem bereitwilligen und ergebenen Zögling durch ihren befruchtenden Umgang Unsterblichkeit zu sichern vermag. Bettina von Arnim schlüpfte in diesem Zusammenhang bereitwillig in die Rolle der griechischen Göttin Demeter.

Die Anfrage, ob Döring mit der Veröffentlichung der von ihm stammenden Schreiben einverstanden sei, ließ Bettina von Arnim durch Nathusius bestellen. Während Letzterer sich dazu bereit erklärte, lehnte Ersterer mit dem Verweis auf seine Position als „O[ber]L[andes]G[erichts]. Assessor" (13. Dezember 1846, in: Bw Döring, 322) ab. Die Publikation seiner Briefe unterblieb deshalb. Gleichwohl behielt Bettina von Arnim die ursprüngliche Formulierung bei und ließ lediglich das Komma im Titel wegfallen. Auf diese Weise ist Döring im Buch zumindest indirekt in Erwähnungen innerhalb der Korrespondenz mit Nathusius vertreten. 1963 wurde der Großteil der Briefe Bettina von Arnims an Döring ediert (siehe Vordtriede 1963), aber erst 2019 erfolgte die Veröffentlichung des vollständigen Briefwechsels.

5. Briefwechsel mit Jacob und Wilhelm Grimm

Mit Jacob (1785–1863) und Wilhelm Grimm (1786–1859) bekannt geworden war Bettina Brentano bereits als unverheiratete junge Frau, als sie im Sommer 1807 bei ihrer Schwester Ludovica, genannt Lulu, und ihrem Schwager Carl Jordis in Kassel lebte. Der Kontakt zu den zwei Nachwuchsphilologen kam zunächst durch den Bruder Clemens zustande, für den Jacob und Wilhelm Grimm erst Lied- und dann Märchentexte zusammentrugen. Im Zuge der Beteiligung an Projekten Brentanos und Arnims intensivierte sich allerdings nur der Kontakt mit Achim von Arnim, während der Umgang mit Clemens Brentano durch die allmählich einsetzende Konkurrenz beim Sammeln und

4. Die Briefwechsel

Publizieren von Märchen rasch distanzierter wurde. Nachdem Achim von Arnim den Brüdern einen Verleger für die *Kinder- und Hausmärchen* vermittelt hatte, bedankten sich diese, indem sie ihre Sammlung mit der Widmung versahen: „An die Frau Elisabeth von Arnim für den kleinen Johannes Freimund" (Grimm 1812, III). Trotz dieser Dedikation bestand das eigentliche Freundschaftsverhältnis aber zwischen Achim von Arnim und den Brüdern, so dass auch die Korrespondenz sich nur unter den drei Männern abspielte; Bettina von Arnim war die – durchaus hochgeschätzte – Gattin, die aber nicht selbst am Briefaustausch beteiligt war.

Dies änderte sich erst, als Achim von Arnim im Januar 1831 starb. In dem Brief, mit dem sie den „lieben Freunden" (GW 4, 282) ihres Ehemannes schriftlich seinen Tod mitteilte, resümiert Bettina von Arnim noch einmal das Verhältnis, das bisher zwischen ihr und den Brüdern bestanden hat: „[O]bschon wir selten im Leben zusammen waren so hat doch euere Treue sich aus der Ferne sich magnetisch an uns bewährt wenn wir Euch nanten etwas von Euch hörten so emfanden wir dieß immer als innerhalb des Kreises der die eigne Haabe von der Fremden absonderte" (1. Februar 1831, in: GW 4, 283). Sie belässt es aber nicht einfach bei der Erinnerung an die jahrelange gemeinsame Verbundenheit über räumliche Distanz hinweg (Bettina von Arnim lebte in Berlin bzw. dem Landgut Bärwalde, die Grimms in Kassel), sondern entwirft zugleich eine Perspektive für die Zukunft im Angedenken an den Verstorbenen:

> [D]em Wilhelm ist zugedacht daß er seinen Nachlaß ordne [...] es wird für ihn gewiß der reichhaltigste Lohn daraus erwachsen ich sage euch tausendfältiges neue und was Ihr nicht in ihm geahndet das werdet ihr entdecken, Arnim war so bescheiden ja so keusch mit seinen Poesien daß es Pflicht ist diese [...] nur dem reinsten kindlichen Herzen anzuvertrauen und [dazu seid] ihr mir ausersehen [...]. (GW 4, 283)

Indem sie die Brüder so zu einer pietätvollen Aufgabe für den ehemaligen Freund verpflichtete, band Bettina von Arnim sie auch stärker an sich, da sie selbst ja als Nachlassverwalterin fungierte. Bereits im Spätsommer 1832 besuchte sie die Grimms in Göttingen und führte dort erste Vorgespräche.

In den Folgejahren blieb das Vorhaben einer Nachlass-Ausgabe der Schriften Achim von Arnims zunächst unausgeführt, da die Witwe mit der Vorbereitung und Abfassung ihres Buches *Goethe's Briefwechsel mit einem Kinde* (1835) beschäftigt war. Der große Erfolg des Werks machte sie so bekannt, dass sich auch die Absatzchancen für eine Edition der Texte ihres Mannes erhöhten. Nachdem Bettina von Arnim ihr *Goethebuch* ins Englische übersetzt hatte und der Vertrieb im Vereinigten Königreich vorbereitet wurde, kündigte sie am 16. August 1837 ihrem ältesten Sohn Freimund, der sich gerade in Großbritannien aufhielt, ihre diesbezüglichen Pläne an: „Vaters Wercke: ich reise in 6 Wochen nach Göttingen bleibe Dort zwei Monate" (Bw Freimund, 18). Der Antritt der Reise verzögerte sich allerdings. Schließlich wurde er ganz vereitelt durch ein Ereignis, das eine eigenständige Korrespondenz mit den Grimms überhaupt erst motivierte und aufrechterhielt.

Jacob und Wilhelm Grimm protestierten am 18. November 1837 zusammen mit fünf anderen Professoren der Universität Göttingen in einem Schreiben gegen die Aufhebung der bisherigen Landesverfassung, die der neue König Ernst August I. von Hannover unmittelbar nach seiner Thronbesteigung verfügt hatte. Daraufhin wurden die sogenannten Göttinger Sieben am 12. Dezember ihrer Ämter enthoben, Jacob Grimm, Friedrich Christoph Dahlmann und Georg Gottfried Gervinus – als Initiatoren der Aktion – darüber hinaus des Landes verwiesen. Der geplante Besuch Bettina von Arnims in Göttingen konnte dadurch nicht realisiert werden. Bestürzt über die unvorhergesehenen Ereignisse schreibt sie Anfang Januar 1838 an Wilhelm Grimm: „Ich wollte diesen Winter bei Euch sein aber wo werdet Ihr Eure Heimat aufschlagen; lassen Sie michs wissen, vielleicht in Kassel dann geh ich mit meinen Kindern auch hin, wir leben dann recht nah beisammen und Sie geben mir guten Rat wegen Arnims Nachlaß" (Bw Grimm, 23). Dieser antwortete, er und sein Bruder beabsichtigten, sich in Leipzig niederzulassen, und verband seine prinzipielle Zusage, an dem Unternehmen mitzuwirken, mit Zweifeln, ob es auch Käufer finden werde: „Wenn ich in Ruhe in Leipzig bin, dann wollen wir Arnims Nachlaß neu zu einer Ausgabe ordnen. Ob es dazu kommen kann, ist mir zweifelhaft Was will die Welt jetzt? Spaßhafte Unterhaltung" (25. April 1838, in: Bw Grimm, 34).

In der Folgezeit begann sich Bettina von Arnim immer stärker mit den Grimms zu solidarisieren. Am 23. April 1838 ließ sie sie wissen, dass sie ein „Gefühl der innigsten Befreundung und Verschwisterung" (Bw Grimm, 38) empfinde, im Folgeschreiben betonte sie sogar, sie nehme „schwesterlichsten Anteil [...] an allem, was" die beiden „belangt" (16. Juli 1838, in: Bw Grimm, 41). Der Plan, die Brüder als Bearbeiter für den Nachlass ihres verstorbenen Mannes zu gewinnen, war schon bald nicht mehr das Hauptziel ihrer Bestrebungen, sondern nur noch ein Mittel, um Verbundenheit mit ihnen zu demonstrieren und sie nach Möglichkeit auch finanziell zu unterstützen. Im selben Maß, wie sich Bettina von Arnims Engagement auf die öffentliche Rehabilitierung der Grimms verlagerte, wurde der Briefwechsel zum Dokument und Diskussionsort dieses Einsatzes. Mitte Juli 1838 suchte sie den preußischen Kultusminister Karl Freiherr von Stein zum Altenstein auf, drängte ihn zu einer Geste zugunsten der Brüder und lancierte die (Falsch-)Information, diese könnten ins Ausland gehen. Vom Ergebnis dieser Unterredung berichtet sie am 16. Juli in einem Brief an Jacob und Wilhelm Grimm:

> [V]orgestern bin ich hinaus nach Schöneberg zu Minister Altenstein gefahren, traf ihn ganz allein. Im Lauf des Gesprächs bedauerte ich daß Deutschland wahrscheinlich die Gebrüder Grimm verlieren werde. Dies wollte der Minister nicht haben und beauftragte mich ausdrücklich, beide Grimm aufzufordern noch sechs Wochen sich ruhig zu verhalten und keinen Ruf außerhalb anzunehmen während sechs Wochen nur. Ich fragte mehrmals: Also im Namen von Euer Exzellenz kann ich den beiden Grimm diese Aufforderung machen. Ja sagte er *In meinem Namen!* (Bw Grimm, 40)

4. Die Briefwechsel

Die Brüder selbst freilich waren über Bettina von Arnims unangekündigte Initiative wenig erfreut, weil sie befürchteten, eigenmächtige Interventionen könnten nachteilige Folgen haben. In diesem Sinn schrieb Jacob Grimm am 19. August unverblümt an Dahlmann:

> Bettine will nächste Woche uns besuchen, wovor mir bangt. Sie betreibt, wie alle Frauen [...] die Angelegenheiten zu hitzig und unablässig, und jagt einen Plan mit dem andern. Ich habe ihr geschrieben, sie solle doch unsertwegen den Altenstein in Ruhe lassen; wenn der Mann von ihr geplagt wird, verspricht er ihr, um sie los zu werden, was er hernach nicht erfüllen kann. (Grimm u. a. 1885/86, Bd. 1, 220)

Die Korrespondenz zwischen Bettina von Arnim und den Grimms der Jahre 1838 bis 1840 ist daher durch eine doppelte Asymmetrie gekennzeichnet: Während die mittlerweile berühmte Schriftstellerin mit ihren Briefen Zeugnis ablegen wollte von ihrer aufrechten politischen Gesinnung, nahmen die Brüder dieses beherzte Engagement zwar mit einer gewissen Freude und Genugtuung zur Kenntnis, wünschten sich insgeheim aber eine diskretere und weniger taktische Form der Einflussnahme. Weil sie dies ihrer Briefpartnerin gegenüber aber nicht direkt zum Ausdruck bringen konnten, mangelt es der Korrespondenz – vor allem von Seiten der Grimms – an jener rückhaltlosen Offenheit, welche alle Beteiligten eigentlich für sich in Anspruch nahmen, und es entsteht zuweilen der Eindruck einer, fraglos wohlmeinenden, Scheinaufrichtigkeit, die dadurch noch verstärkt wird, dass den Brüdern die Rolle des zur Dankbarkeit verpflichteten Opfers politischer Willkür widerstrebt, in die sie ungewollt durch Bettina von Arnims entschlossenes Handeln gedrängt werden. Auch in der Bewertung der Situation differieren beide Seiten: Bettina von Arnim begreift die Amtsenthebung der ‚Göttinger Sieben' als königlichen Willkürakt, der einem Verrat am Volk gleichkommt, die Grimms dagegen spielen die Bedeutung der Ereignisse bewusst herunter und wollen in ihrer Entlassung nur eine „unpolitische Ungerechtigkeit" (11. August 1838, in: Bw Grimm, 42) sehen.

Auf einer ausgedehnten Besuchstour, die sie im Herbst 1838 zu ihren Verwandten nach Frankfurt am Main führte, machte Bettina von Arnim sowohl auf der Hinreise (21./22. Oktober) als auch auf der Rückreise (24. bis 29. November) bei den Brüdern in Kassel Station. Zugleich hielt sie sich aber auch eine Zeit lang in Weimar auf, wo sie ihre Vermittlungsarbeit für die Grimms fortsetzte. Sie berichtet ihnen davon in einem Brief vom 5. Februar 1839:

> [M]it dem Erbgroßherzog hab ich gesprochen [...] – ich [...] legte ihm Euer ganzes Verfahren dar [...], und ich sagte dem Erbgroßherzog solche Menschen wie Ihr müßte ein Fürst zu Freunden haben dann könne er groß wirken auch selbst im kleinen Land. [...] Denn Euer Verfahren sei aus Treue hervorgegangen und aus unverfälschter Festigkeit für Eueren Eid usw. Der junge Fürst gab mir auf meine bestimmte Frage, ob Ihr diesem nach Recht gehandelt habet, die bestimmte Antwort „*Ja*, denn ein Mann müsse für seinen Eid stehen." [...] Habt Ihr immer noch Lust nach Weimar zu ziehen? – [...] Ich habe nämlich einen Brief aufgesetzt an die junge Prinzeß Wilhelm, Schwester des Erbgroßherzogs von Weimar [...]. Habt Ihr also

noch die Neigung so lasse ich mich hier bei der Prinzeß melden um ihr das Schreiben zu überreichen in welchem ich auch geltend gemacht habe, daß ich denn wahrscheinlich auch nach Weimar ziehen würde. (Bw Grimm, 57)

Außerdem begann Bettina von Arnim damit, privat gewechselte Briefe an die Presse zu lancieren. So erschien das Schreiben, das sie Anfang Januar 1838 – also kurz nach der Entlassung der ‚Göttinger Sieben' – an Wilhelm Grimm geschickt hatte, in dem sie der Unerschrockenheit der Brüder Anerkennung zollte, die Aussichten auf eine mögliche Anstellung der Brüder in Berlin aber sehr negativ bewertete, im Frühjahr 1839 zunächst in der *Zeitung für die elegante Welt*; rund zehn Monate später übernahmen auch der *Telegraph für Deutschland* und die *Leipziger Allgemeine Zeitung* diese Stellungnahme (vgl. Härtl 1995, 194–198). Gegenüber den Grimms legitimierte Bettina von Arnim ihre Vorgehensweise mit der für ihre Briefpoetik zentralen Aussage: „[W]as einer privatim schreibt soll er auch öffentlich eingestehen" (5. Februar 1839, in: Bw Grimm, 57–58). Parallel dazu bereitete sie den Druck der ersten beiden Bände der *Sämmtlichen Werke* ihres Mannes vor und warb für das ‚Leipziger Comité', eine Hilfsorganisation, die sich zusammengeschlossen hatte, um die Verfemten materiell zu unterstützen, und zu Spenden für diese aufrief.

Ende der 1830er Jahre standen also unstreitig die Grimms im Mittelpunkt der kommunikativen und publizistischen Aktivitäten Bettina von Arnims. Der in verschiedenen Wirkungsfeldern unternommene Einsatz für sie ließ sie vollends zur politischen Schriftstellerin reifen. Dementsprechend bekennt sie im Februar oder März des Jahres 1839 in einem Brief an Wilhelm Grimm: „In mir hat Euer Tun Gedanken ausgebrütet, die scharfsinnig sind, und seitdem weiß ich wie ich einen Staat zu regieren habe; und wie ich alle Kraft aus den Herzen der Menschen als Fürst an mich ziehen kann und wie ich mit dieser […] auf sie rückwirken kann" (Bw Grimm, 68). Es verwundert daher nicht, dass sie ihre zweite Buchpublikation *Die Günderode*, an der sie zu dieser Zeit arbeitete, ursprünglich „dem Großherzog von Weimar" widmen wollte, „weil er […] damals sagte, die Grimm haben recht gehandelt" (Bw Grimm, 70). Sogar ein Porträt von sich in Bekennerpose – „die rechte Hand zum Schwur gehoben und die linke Hand einen Dornenbüschel *fest* haltend" (Bw Grimm, 77) – wollte Sie herstellen lassen, das zugunsten der Göttinger „Sieben" (Bw Grimm, 76) verkauft werden sollte.

Noch einen Schritt weiter ging Bettina von Arnim, als sie nach der Rückkehr von einer Reise zu den Grimms in Kassel, bei der sie von ihrem jugendlichen Verehrer Julius Döring begleitet wurde, am 4. November 1839 einen umfangreichen Brief an ihren Schwager Friedrich Carl von Savigny schrieb, in dem sie den ehemaligen akademischen Lehrer und Förderer der Brüder beschuldigte, sich ihnen gegenüber feige und halbherzig zu verhalten. Dessen Tragweite geht weit über die Bedeutung einer nur persönlichen Abrechnung hinaus, weil die Verfasserin Abschriften herstellte, die sie an ausgewählte Freunde und Vertrauenspersonen (Julius Döring, Philipp Nathusius, Jacob und Wilhelm Grimm) weiterleitete. Etwa zur gleichen Zeit überschickte sie dem preußischen Kronprinzen Belegexemplare der ersten beiden Bände von Achim von Arnims *Sämmtlichen Werken*, auf deren Titelblatt jeweils Wilhelm Grimm als Herausgeber genannt war – eine abermalige Solidaritätsbekundung mit den Brüdern. Nachdem sich Friedrich Wilhelm für die Gabe bedankt hatte, erhielt auch er – gemeinsam mit dem mittlerweile erschienenen dritten Band der Ausgabe – eine Abschrift der Epistel an Savigny.

Bettina von Arnim konzentrierte ihre Bemühungen nun auf den Kronprinzen, der schon bald den Thron bestieg und nun tatsächlich die Macht besaß, die Grimms öffentlich zu rehabilitieren. Mit dem Umzug der Brüder in die preußische Hauptstadt, der Mitte März 1841 erfolgte, endete auch die dreijährige intensive Korrespondenz mit Bettina von Arnim. Aufgrund der nun bestehenden räumlichen Nähe bestand keine Notwendigkeit mehr für eine Verständigung im Distanzmedium Brief. Zugleich hatte der thematisch um die Rehabilitierung der Grimms und die damit in Zusammenhang stehende Herausgabe der *Sämmtlichen Werke* Achim von Arnims kreisende epistolare Austausch sein Ziel erreicht, was zur Folge hatte, dass der persönliche Kontakt wieder zum Standardmodus allgemein freundschaftlichen Umgangs zurückkehrte.

6. Briefwechsel mit Friedrich Wilhelm IV.

Die Prominenz, die ihr nach der Publikation von *Goethe's Briefwechsel mit einem Kinde* zugewachsen war, und ihr allgemeiner Bekanntheitsgrad in der preußischen Hauptstadt Berlin ermöglichten es Bettina von Arnim, auch zu solchen Personen Kontakte anzuknüpfen, denen sie noch nie vorher begegnet bzw. vorgestellt worden war. Allein auf ihren klangvollen Namen vertrauend, ließ sie beispielsweise im Herbst 1839 – zusammen mit einem (heute nicht mehr erhaltenen) Begleitbrief – die ersten beiden Bände der von ihr veranstalteten Ausgabe *Sämmtlicher Werke* ihres verstorbenen Mannes Achim von Arnim dem Kronprinzen Friedrich Wilhelm von Preußen (1795–1861) überreichen. Was auf den ersten Blick als Akt der Ehrerbietung oder auch der Schmeichelei erscheinen mag, erweist sich bei näherem Hinsehen als raffiniert eingefädeltes Manöver, um die Aufmerksamkeit des Gegenübers zu gewinnen und auf ein höchst brisantes Thema zu lenken. Denn als Herausgeber der *Sämmtlichen Werke* fungierte Wilhelm Grimm. Indem Bettina von Arnim aber ihn mit der Edition betraute, gab sie ein öffentliches Solidaritätsvotum zugunsten der ‚Göttinger Sieben' ab. Die Übermittlung der ersten zwei Bände an den preußischen Kronprinzen war mithin ein geschickt kaschierter politischer Akt, der die Notwendigkeit staatlichen Handelns unterstrich und dem insofern Appellcharakter zukam.

Mit dem vom 4. Dezember 1839 datierenden (vermutlich von Friedrich Carl von Savigny überbrachten) Dankesschreiben des Kronprinzen bestand die formelle Voraussetzung und indirekte Legitimation für eine Fortsetzung des begonnenen Briefkontaktes. Gleichwohl ließ Bettina von Arnim einige Zeit verstreichen, bevor sie sich erneut an diesen wandte. Der Grund dafür liegt auf der Hand: Sie wollte erst das Erscheinen eines weiteren Bandes der Werkausgabe Achim von Arnims abwarten, damit sie mit dem erneuten Buchgeschenk abermals den Bezug zu den Grimms herstellen konnte. Ihr zweites Schreiben vom 12. April 1840 geht dann auch inhaltlich auf deren aktuelle Situation ein. Dies freilich war nur durch einen besonderen epistolaren Kunstgriff zu bewerkstelligen. Bettina von Arnim nutzte dazu den Umstand, dass ihr Gegenüber und sie einander noch nicht persönlich kannten. Anstatt die reale Unvertrautheit als Hindernis zu beklagen, deutete sie diese kurzerhand zu einem Vorteil um und teilte Friedrich Wilhelm folgendes mit:

> Schon früher war der Wunsch in mir rege geworden, mich dem Kronprinzen vorzustellen, und ich habe diesem Verlangen heimlich gefröhnt, indem ich in Gedanken oft Gespräche mit dem Kronprinzen führte, wie Menschen sich besprechen, die der Wahrheit allen Schein opfern.
> So hat ein Vertrauen in mir sich begründet zu meinem gnädigsten Herrn, der wie die Göttlichen das Knechtische nicht liebt und auf den auch ich gesehen habe, wie man auf Göttliches sieht, in dem ich vor Ihm innerlich alles aussprach, was mir die Seele bewegte. Aber da jezt eine Zeit kam, wo jener frühere Wunsch wieder in Anregung kam, da merckte ich erst, wie groß die Kluft sei zwischen diesem inneren rükhaltlosen Vertrauen und jener fremden Annäherung, die mir erlaubt sein würde in der Wirklichkeit, und da ich das erstere, aus dem so manches Begeisternde mir hervorgegangen war, nicht aufopfern wollte, so hab ich mir versagt, aus dem Kreis meiner innern Welt zu treten. (Bw Friedrich Wilhelm IV., 26)

Wohl wissend, dass man „mit einem Prinzen [...] nie von der Leber weg sprechen" kann (an Wilhelm Grimm, 11. November 1839, in: Bw Grimm, 116), ersann Bettina von Arnim eine listige Begründung für ihre epistolare Offenherzigkeit. Sie gab nämlich vor, sie befinde sich schon seit geraumer Zeit mit einem inneren Vorstellungsbild ihres Gegenübers im Gespräch. Und da der Adressat in ihrer Einbildung sich wohlwollend verhalte, betrachte sie ihn mittlerweile als eine Art von „innerem Freund" (Bw Friedrich Wilhelm IV., 26), dem sie alles anvertrauen könne. Wie schon in den Briefwechseln mit Max Prokop von Freyberg und Hermann Fürst von Pückler-Muskau spaltete Bettina von Arnim auch hier ihr Gegenüber in zwei Instanzen auf: diesmal den hochgestellten Würdenträger, dem man Respekt und Gehorsam schuldet („Fürst"), und die Privatperson, mit der ein vertraulicher Meinungsaustausch einzig möglich scheint („Freund"). Um die Funktionsweise ihrer Vertraulichkeitsfiktion zu verdeutlichen, benennt sie gegen Ende des Briefes noch einmal in aller Deutlichkeit, an wen sich ihre Mitteilungen eigentlich richten: „Ich wende mich [...] nicht an den Kronprinzen der Welt, ich wende mich an den herablassenden Freund jener inneren Mittheilungen der mir erlaubt, ohne Rückhalt [...] die Wahrheit" zu sagen (Bw Friedrich Wilhelm IV., 27).

Sie wusste, welch besonderes Fingerspitzengefühl der schriftliche Verkehr mit einem künftigen Regenten erforderte, der zudem kein unerfahrener junger Mann mehr war (Friedrich Wilhelm sollte 1840 bereits das Alter von 45 Jahren erreichen). Und so konzipierte Bettina von Arnim ihr Schreiben als verkapptes Phantasiegespräch. Es sollte der Fiktion nach kein lebensweltlicher Brief, sondern lediglich ein eingebildeter Spieldialog sein, den der tatsächliche Adressat dann gewissermaßen unabsichtlich belauscht. Um ihr ebenso ungewöhnliches wie riskantes Vorgehen abzufedern, verzichtete die Absenderin darauf, ihren Namen zu nennen, und ließ auch die Unterschrift weg. Stattdessen setzte sie an das Ende ihrer Mitteilungen den Hinweis: „Ich unterzeichne nicht. Sollten diese Zeilen dem Kronprinzen misfallen, so hab ich sie nicht geschrieben" (Bw Friedrich Wilhelm IV., 27). Diese Rücknahmeerklärung nun eröffnete dem Gegenüber die Möglichkeit, entweder das Schreiben zu ignorieren und damit den gerade erst begonnenen brieflichen Austausch frühzeitig zu beenden oder auf das damit verbundene Kommunikationsangebot einzugehen, das für eine sonst dem Reglement höfischen Zeremoniells unterworfene Standesperson natürlich etwas sehr Verlockendes haben konnte. War er zu Letzterem bereit, musste er freilich auch die brieflich vorgezeichnete Handlungs-„Rolle" des imaginären „Freundes" (Bw Friedrich Wilhelm IV., 27) einnehmen, der bereitwillig zuhört, was Bettina von Arnim ihm zu sagen hat. Worum es ihr konkret ging, das umreißt sie andeutungsweise, aber unmissverständlich bereits in ihrem Schreiben:

> Ich habe zwei Freunde deren reines Gewissen ihnen alles vergütet was sie ihm opferten, die an die Welt nur dies eine Begehr haben, daß die Reinheit ihrer Gesinnung [...] anerkannt werde; denen habe ich gelobt ihre Lauterkeit vor den Augen des Kronprinzen darzulegen. (Bw Friedrich Wilhelm IV., 26)

Auch hier unterließ sie es, die Identität ihrer „Freunde" offenzulegen, um diese nicht zu kompromittieren und um nicht als parteiische Lobbyistin zu wirken. Zugleich suchte sie die potentielle Aufdringlichkeit ihrer Fürsprache dadurch abzumildern, dass sie Friedrich Wilhelm darum bat, ihr nur „dies einemal" (Bw Friedrich Wilhelm IV., 27) Gehör zu schenken.

Dieser reagierte umgehend. In seinem Antwortschreiben wies er zwar darauf hin, dass Bettina von Arnims Brief „manches Räthselhafte" enthalte, versicherte der Verfasserin aber auch, wie sehr ihn das damit verbundene „Enthieroglypheln" gereizt habe:

> Mit forschendem Grimme, wie's meine Art ist nahm ich die Entzifferung vor und denken Sie sich mein Erstaunen: wie ich in den Wald gerufen, rief es 2 male zurück; anders gesagt: die Frucht meines forschenden Grimmes war – zwey forschende Grimme!! (20. April 1840, in: Bw Friedrich Wilhelm IV., 28)

Im folgenden beteuerte Friedrich Wilhelm nicht nur, dass er sich „gern mit jenen Grimmen beschäftige, manche Lanze für sie gebrochen und Manches vergeblich zu ihrem Besten anzuregen gesucht habe", sondern erklärte sich auch dazu bereit, weiterhin seinen Einfluss zu ihren Gunsten geltend zu machen, und ermunterte Bettina von Arnim, ihm diesbezüglich „Rath [...] zu geben" (Bw Friedrich Wilhelm IV., 28). Damit akzeptierte er das von ihr generierte Fiktionsspiel und gestand ihr den Status einer Vertrauensperson zu. Um ihr noch einmal in aller Deutlichkeit zu verstehen zu geben, dass er auch weiterhin willens war, sich auf das damit verbundene Rollenmuster einzulassen, schloss er sein Schreiben mit der Formel: „Ihr ergebner Diener und quasi Phantasie:Gebilde F[riedrich] W[ilhelm] K[önig von] P[reußen]" (Bw Friedrich Wilhelm IV., 28).

Mit einer solchen Lizenz ausgestattet, begann Bettina von Arnim nun damit, den Kronprinzen mit Dokumenten zu beliefern, die ihre Bewertungen untermauern und dem Gegenüber eine vorurteilsfreie Einschätzung der Lage ermöglichen sollten. Zu diesem Zweck übersandte sie ihm am 22. April 1840 einen Brief, den Wilhelm Grimm am 11. Juni 1839 an sie geschrieben hatte, und die Abschrift ihres sehr umfangreichen eigenen Briefes an Friedrich Carl von Savigny vom 4. November 1839, in dem sie dem Schwager in scharfen Worten Verrat an seinen ehemaligen akademischen Schülern vorwirft. Im rahmenden Anschreiben selbst sowie einer begleitenden Notiz („Anmerkung zum Ganzen") benennt sie noch einmal die Motive ihres Handelns:

> Ich weiß daß man den Fürsten die Wahrheit nie offen darlegt, und daher ist auch nicht zu erwarten daß ein sicherer Blick in ihnen sich ausbildet, der eine auf Wahrheit gründende Entscheidung fordert. Das ewige Weißmachen, Verheimlichen, Lügen verhindert die harmonische Anregung und Einwirkung zwischen Volk und Fürsten in jedem Ereigniß. Wie soll da ein Fürst groß werden? (Bw Friedrich Wilhelm IV., 31)

Zugleich ruft sie unter Bezugnahme auf die ihr gegebene Erlaubnis, dem Gegenüber „*Rath*" (Bw Friedrich Wilhelm IV., 30) geben zu dürfen, die Rahmenbedingungen dieser besonderen Art von Briefkommunikation ins Gedächtnis. Voraussetzung dafür sei, dass sie „*allein* dem Freund, *nicht* dem Kronprinzen" (Bw Friedrich Wilhelm IV., 30) gelte. Das mit „Bettine Arnim" namentlich unterzeichnete Anschreiben endet deshalb mit der Bemerkung: „Ich erinnere an die Rolle die der Kronprinz gnädigst zu übernehmen geruht" (Bw Friedrich Wilhelm IV., 30), und die beigegebene Erläuterung bekräftigt den geschlossenen Pakt noch einmal durch die Aufforderung: „Der Freund der dies liest verheimliche doch auch diesmal dem Fürsten meine allzukeke Bemerkung" (Bw Friedrich Wilhelm IV., 31). Solche Vergewisserungen waren nötig angesichts der fehlenden persönlichen Vertrauensbasis zwischen den Korrespondenzpartnern und des mit dieser Art von konspirativer Kommunikation für beide Seiten verbundenen Risikos, schließlich konnte keiner der Beteiligten jemals gewiss sein, ob er nicht vielleicht zu weit geht und dann unter Umständen sogar eine öffentliche Bloßstellung erfährt. Friedrich Wilhelm drängte denn auch in seinem Folgeschreiben vehement auf Diskretion:

> Nun aber, gnädigste Frau versprechen Sie mir, diese Zeilen so zu bewahren daß Niemand davon erfahre. Machen Sie Papillotten daraus für's Haar Ihrer holden Töchter, die ich schön grüße; oder noch besser: *verbrennen Sie sie*. Glauben Sie mir's; wenn sich davon etwas herumspricht (im In- oder Auslande) *so scheitre ich gewiß*. (15. Mai 1840, in: Bw Friedrich Wilhelm IV., 62–63)

Diese Befürchtungen waren durchaus begründet, schließlich hatte Bettina von Arnim schon von dem Brief, den sie ihm am 12. April gesendet hatte, am selben Tag eine „Abschrift" (Bw Grimm, 148) an Wilhelm Grimm in Kassel gehen lassen. Und die Tatsache, dass sie sowohl Wilhelm Grimms an sie gerichteten Brief vom 11. Juni 1839 als auch eine Kopie ihres Schreibens an Savigny vom 4. November 1839 an den preußischen Kronprinzen weiterleitete, zeigte zur Genüge, wie unbekümmert sie mit vertraulichen Informationen umging.

Die Korrespondenz mit Friedrich Wilhelm unterscheidet sich von den strukturell ähnlich gearteten rollenspielartigen Briefwechseln mit Max Prokop von Freyberg, Hermann Fürst von Pückler-Muskau, Philipp Nathusius und Julius Döring letztlich in zweierlei Hinsicht. Zum einen gestalteten sich das Zustandekommen und die Einhaltung eines Fiktionsvertrags deutlich schwieriger, weil zum Aufbau einer epistolaren Rollenidentität der vorherige persönliche Kontakt der Schreiber fehlte. Außerdem war durch die herausgehobene gesellschaftliche Stellung des männlichen Briefpartners die Vertraulichkeit der Kommunikation stets gefährdet, da auf dem Postweg beförderte Mitteilungen von Angehörigen der Hofbürokratie geöffnet und vorab gelesen wurden, was zur Folge hatte, dass es jeweils diskreter Mittelsmänner bedurfte, um Briefe sicher an den Adressaten gelangen zu lassen. (Im Falle des preußischen Regenten war das vor allem Alexander von Humboldt, aber auch Otto Rühle von Lilienstern.) Zum anderen war Bettina von Arnim selbst gar nicht mehr primär an einer intellektuell anregenden Fiktionsinszenierung interessiert, sondern korrespondierte nur deshalb mit ihrem Gegenüber (erst mit dem Kronprinzen, dann mit dem König), weil sie mit dessen Hilfe politische Ziele durchsetzen wollte. Aus Spiel war also Ernst geworden. Und genau der damit untrennbar verbundene Realitätsbezug nahm der epistolaren Rollenfiktion ihre Unbefangenheit und verwandelte den spielerisch eingefädelten Briefaustausch in eine Form strategischer Kommunikation.

Bettina von Arnim verstand sich dabei von Anfang an als Sprachrohr des Volkswillens, der sich aufgrund der durch Zensurmaßnahmen und Beschneidungen der Redefreiheit im vormärzlichen Preußen eingeschränkten Öffentlichkeit nur unzureichend artikulieren könne. Wie sie sich diese Vermittlungstätigkeit vorstellte, geht aus ihrem Schreiben an den König von Ende Februar 1843 hervor, in welchem sie dem Wunsch eines privilegierten Zugangs zu Friedrich Wilhelm IV. mit den Worten Ausdruck gab: „Könnte ich doch einen unterirdischen Weg mir bahnen bis zu des Königs Füssen um meine Begriffe und Ahndungen vor ihm unbefangen zu ergießen, und dem Impuls des Volkes die anklingende Stimme seines Mitgefühls zu wecken" (Bw Friedrich Wilhelm IV., 77). Letztlich war der private, in eine Rollenspielfiktion eingebettete Briefwechsel genau dieser „unterirdische[ ] Weg" zum König, den sie sich erhoffte.

Freilich blieb die Kommunikation zwischen beiden nicht lange privat. Das hängt auch damit zusammen, dass Bettina von Arnim Friedrich Wilhelm IV. schon kurz nach seinem Regierungsantritt nicht (mehr) als souverän handelnden Herrscher betrachtete, sondern ihn durch die preußische Ministerialbürokratie unheilvoll beeinflusst sah. Ihr Vertrauter Karl August Varnhagen von

Ense notiert am 7. Dezember 1840 in seinem Tagebuch über ein Gespräch mit ihr: „Sie ist außer sich über die Wirthschaft, die hier beginnt, sie mißbilligt alle Vertrauten und Lieblinge des Königs, sie will Konstitution, Preßfreiheit, Vernunft und Licht. [...] Sie will dem Könige die Wahrheit sagen, sie habe den Muth und das Geschick dazu" (Varnhagen 2, Bd. 1, 242–243). Aus dieser illusionslosen Einschätzung der politischen Lage erwuchs der Plan für eine neue Buchpublikation. Bettina von Arnims jugendlicher Verehrer Moriz Carriere berichtet darüber Folgendes:

> Als ich im Spätherbst 1840 wieder nach Berlin kam, sagte sie mir bei dem ersten Besuch: „Wir müssen den König retten!" Sie sah die guten Absichten desselben im Widerspruch mit dem Geiste der Zeit, welche nicht nach ständischer Gliederung, sondern nach gleichem Bürgerthum, nicht nach lutherischer oder katholischer Rechtgläubigkeit, sondern nach christlicher Gesinnung und Ueberzeugungstreue, nach freiem Denken und Forschen, nach freier Presse, nach Volksvertretung verlange; der König werde durch seine Umgebung auf das Vergangene, Veraltete hingewiesen; der geistreiche sei vom geistarmen Frömmlern und Feudalgesinnten nur umgarnt, umringt. Es entstand in ihr der Gedanke, öffentlich ein offenes Wort an ihn zu richten. (Carriere [1887], 30)

Im Frühjahr des Folgejahres holte Bettina von Arnim dann die Zustimmung Friedrich Wilhelms IV. ein, ihm ein Buch widmen zu dürfen – ein Plan, der rasch publik wurde. Vermutlich durch gezielte Indiskretion einer ihrer publizistisch versierten Kontaktpersonen war am 12. Juni 1841 in der *Beilage zur Allgemeinen Zeitung* die Nachricht zu lesen: „Von Bettina kommt so eben ein neues Buch unter die Presse; der König hat bereits gestattet, daß ihm dasselbe gewidmet wird" ([Anon.] 1841, 1302). Als sie sich gut ein halbes Jahr später auch noch „Zensurfreiheit" (Eintrag vom 30. Januar 1842, in: Varnhagen 2, Bd. 2, 17) für ihr in Vorbereitung befindliches Werk erbat, stand auch dessen Titel fest: *Dies Buch gehört dem König* (1843). Ab diesem Zeitpunkt wurde die private Korrespondenz flankiert von Publikationen, deren eigentlicher Adressat ebenfalls Friedrich Wilhelm IV. war: Außer dem sogenannten *Königsbuch* wären hier zu nennen das *Armenbuch*-Projekt (1844/45), die ‚Polenbroschüre' genannte Anklageschrift *An die aufgelös'te preußische National-Versammlung* (1849) und das Spätwerk *Gespräche mit Daemonen* (1852).

Dass *Dies Buch gehört dem König* als eine Art offener Brief an den preußischen Regenten konzipiert ist, verdeutlichen die Überlappungen zwischen Privatkorrespondenz und Buchveröffentlichung. Namentlich aus einem Schreiben an Friedrich Christoph Dahlmann vom 30. Juli 1840 (das einer Sendung an Friedrich Wilhelm IV. vom 8. September 1840 in Abschrift beilag), aus einem am oder nach dem 26. Februar 1843 geschriebenen und einem weiteren, auf den 13. April 1843 datierten Brief (mit einem Begleittext vom 10./11. April) an den König übernahm Bettina von Arnim einzelne Begriffe sowie kleinere Textpassagen in ihr Werk. Diese Selbstzitate mussten den Zeitgenossen natürlich verborgen bleiben; sie zielten allein auf Friedrich Wilhelm IV. als Adressaten und belegen, dass auch die gedruckten Schriften Bettina von Arnim stets

Interferenzen mit der Privatkorrespondenz aufweisen. Ähnlich verhält es sich später bei der sogenannten Polenbroschüre, in der sich eine Wendung aus einem Schreiben des Königs an sie vom 26. Dezember 1847 findet.

Während Friedrich Wilhelm IV. sich anfangs geschmeichelt und erfreut über das Erscheinen des *Königsbuchs* zeigte, änderte sich seine Reaktion im Verlauf der Lektüre. Am 13. November 1843 weiß der stets gut unterrichtete Karl August Varnhagen von Ense zu berichten: „Nachdem der König weitergelesen und über das Gelesene gesprochen hat, ist seine Stimmung wahrer Unwille geworden" (Varnhagen 2, Bd. 2, 225). Demnach „erlitt die Korrespondenz mit Erscheinen des ‚Königsbuchs' 1843 auf seiten des [...] Königs [...] einen ersten Vertrauenseinbruch" (Kommentar in: GW 4, 730) – ablesbar auch an der elfmonatigen Pause, die nun eintrat. Überhaupt stammen aus dem Folgejahr 1844 nur insgesamt drei kurze Schreiben. Zu einer neuen Mitteilungsoffensive setzte Bettina von Arnim erst im Frühjahr 1845 an. Als ihrem Sohn Siegmund, der – sich auf eine Karriere als Diplomat vorbereitend – zu dieser Zeit als Legationssekretär in Stockholm tätig war, von den Behörden untersagt wurde, den Freiherrentitel zu tragen und offizielle Dokumente mit der Namensform ‚von Arnim' zu unterzeichnen, erbat sie zunächst eine persönliche Audienz beim König – das Treffen, das am 27. April 1845 im Schlösschen Monbijou stattfand, war die erste persönliche Begegnung der beiden überhaupt! – und ließ dieser zwei lange Schreiben mit umfangreichem Begleitmaterial folgen. Wie in verschiedenen anderen Situationen auch, wandte Bettina von Arnim hier die „Taktik an, mehrere Angelegenheiten [...] mit einander zu verknüpfen" (Bw Friedrich Wilhelm IV., 338, Anm.), um das Gegenüber zur Zustimmung zum Gesamtanliegen zu bewegen. Im vorliegenden Fall setzte sie sich unter anderem dafür ein, dass der homöopathische Arzt Jean David Pantillon, den sie protegierte, nicht vorschnell aus Preußen ausgewiesen wird und seine laufenden Patienten – darunter viele Arme – noch zu Ende pflegen kann, was der König auch gewährte (vgl. Püschel 2004), während er sich in Sachen Siegmund von Arnims abwartend verhielt.

Die Mutter reagierte darauf mit kaum verhohlener Enttäuschung: „Euer Majestät Schreiben hat aus der beglückenden Betrachtung jener Augenblicke mich geweckt, die mir in Gegenwart Euerer Majestät gegönnt waren, [...] Euer Majestät Schreiben hat mich auf einen harten Boden versetzt" (16. Mai 1845, in: Bw Friedrich Wilhelm IV., 120). Im Entwurf zu diesem Brief heißt es sogar noch deutlicher: „Euer Majestät [...] Schreiben weckt mich aus einer süßen Betäubung! [...] Ich soll den harten Boden betreten der Wirklichkeit, wo *keine* Blüthen sprießen die süße Früchte erhoffen lassen" (Bw Friedrich Wilhelm IV., 344–345). Unter Bezugnahme auf die Rhetorik der frühen Briefe, die sie mit dem preußischen König gewechselt hat, konstatiert Bettina von Arnim hier das Verschwinden der Spielebene in der beidseitigen Korrespondenz. Zu deutlich ist längst die Realität in die epistolare Fiktion eingedrungen. Die Briefpartner erinnern sich noch an die reizvolle Inszenierung von einst, erkennen aber, dass sie keinen Bestand haben kann, wenn ganz konkrete Anliegen vorgebracht werden. Bettina von Arnim ist längst zur Anrede „Allergnädigster König" übergegangen und adressiert ihre Schreiben nicht länger an den „Freund" und „Traumgenossen", und für Friedrich Wilhelm IV. ist sein Gegenüber nicht mehr die „RebenGeländerEntsprossene, SonnenstrahlenGetaufte" (14. Juli 1843, in: Bw Friedrich Wilhelm IV., 97), die er überschwänglich verehrt hatte.

Genau betrachtet besteht der Briefwechsel mit dem Regenten aus einer langen Reihe von Bitten und Forderungen. In den 14 Jahren, in denen sie mit dem preußischen Regenten korrespondierte, trat Bettina von Arnim – außer für die Berufung der Brüder Grimm nach Berlin, für eine Wiederanstellung Friedrich Christoph Dahlmanns, für den Verbleib Pantillons in Berlin und für ihren Sohn Siegmund – besonders für die Freilassung des schlesischen Fabrikanten Friedrich Wilhelm Schlöffel, den Ankauf der Bibliothek Karl Hartwig Gregor von Meusebachs, die Begnadigung des polnischen Aufständischen Ludwik Mierosławski, die Berufung Theodor von Schöns und die Begnadigung und Freilassung des Schriftstellers und Politikers Gottfried Kinkel ein. Auch wenn längst nicht alle ihre Appelle Gehör fanden, hatte sie doch in nicht wenigen Fällen Erfolg mit ihren Interventionen, die eindrucksvolle Belege ihrer Entschlossenheit und Unerschrockenheit sind. Und so oszilliert denn auch der Briefwechsel mit Friedrich Wilhelm IV. zwischen hochgespannten Erwartungen und Enttäuschungen. Besonders der Kronprinz, aber auch der König erwies sich anfangs als galanter Korrespondenzpartner, dem die anhaltende Aufmerksamkeit durch die berühmte Autorin schmeichelte, dem aber die ständigen Bitten und Handlungsappelle zunehmend lästig wurden. Seine Briefpartnerin wiederum arbeitete sich verzweifelt an dem Widerspruch ab, ihre Forderungen an ein Gegenüber zu adressieren, das sie schon früh als entscheidungsschwach und wankelmütig wahrnahm. Gleichsam wider besseres Wissen richtete sie ihre unerschütterliche Idealisierungsbereitschaft aber ein ums andere Mal auf Friedrich Wilhelm IV., auch wenn sie selbst zunehmend an seiner Einsicht und seinem politischen Veränderungswillen zweifelte.

Bei aller Bereitschaft zum Rollenspiel vertrat der preußische König schon früh das Realitätsprinzip in dieser spannungsreichen Briefbeziehung. Vor allem seine nach der Märzrevolution 1848 verfassten Schreiben zeigen ihn als durchaus hellsichtigen Korrespondenten, der nicht nur die Verfahrensweise seiner Briefpartnerin durchschaut, sondern auch die besondere Struktur der beidseitigen Kommunikation klar erfasst. So schreibt er ihr am 9. Juli 1849 mit einer gewissen, auch aus Enttäuschung resultierenden Bitterkeit:

> Wenn es gilt Gutes zu thun, Thränen zu trocknen, ein Leben vom Verderben zu retten so ist Ihnen, meine Gnädige Frau, nichts zu schlecht, nichts unrein, nicht einmal das Anrufen der Gnade eines Fürsten, den Sie verachten. Das haben Sie mit den todesmuthigen Bekennern der Urkirche gemein […]. (Bw Friedrich Wilhelm IV., 229)

Genau diese Aufrichtigkeit sei es aber auch, die den „erschütterten Glauben" an sein Gegenüber zwischenzeitlich immer „wieder befestigt" (Bw Friedrich Wilhelm IV., 229) habe. Dementsprechend schwankt die Kommunikation in der letzten Phase der Korrespondenz zwischen Resignation und wehmütiger

4. Die Briefwechsel

Erinnerung an frühere Zeiten. Als der König im Herbst 1850 seinen Obermundschenk Carl Otto Ludwig von Arnim danach fragte, wie es dessen Schwägerin gehe, antwortete dieser, er habe sie seit geraumer Zeit „nicht gesehen, auch [...] nicht [...] sehen mögen". Darauf habe der Regent erwidert: „Mir hat sie schon lange gekündigt" (so Varnhagen in seinem Tagebuch, Eintrag vom 23. November 1850, in: Varnhagen 2, Bd. 7, 430). Dass dem tatsächlich so sei, dementiert Bettina von Arnim in einem Brief vom 23. Dezember 1850 vehement und ergreift die Gelegenheit, unter Rückgriff auf die anfangs vorgenommene Aufspaltung des Gegenübers noch einmal ihr besonderes Verhältnis zu Friedrich Wilhelm IV. zu umreißen:

> [M]ein Herz [...] hat [...] Kraft festzuhalten an dem was nach Eigenheit seiner Natur es ergreifen mußte. So ist mirs geworden daß es an einen König sich geklammert hat [...]
> „Ich liebe Dich [...]; ich habe mir kein geschnitztes Bild, aber einen erhabnen Geist aus dir hervorgezaubert der die von Gott in dich gedachte Idee bezeichnet, weil sie die Geschichte deiner Tage glorreich erfüllt."
> [...]
> Dies Geheimniß tiefster Verborgenheit – [...] es weiß ja keiner davon der König selbst nicht! –
> Aber sagen Euer Majestät nicht daß wir einander aufgeben, ich sage ja auch niemand daß wir einander lieben. (Bw Friedrich Wilhelm IV., 263–264)

Der preußische König indes hatte bereits Bettina von Arnims Schreiben vom 31. Dezember 1847, das als Beilage Mierosławskis Verteidigungsrede enthielt, als „AbsageBrief" (18. Februar 1852, in: Bw Friedrich Wilhelm IV., 266) aufgefasst. Als sie ihm im Februar 1852 anbot, das nach ihrer Vorlage von Carl Steinhäuser angefertigte Goethe-Denkmal auf Schloss Bellevue zu besichtigen, und andeutete, er könne ihr „dort begegnen", antwortet er, dass er das nicht für ratsam halte, und erklärt die Motivation, die ihn den Briefkontakt aufrechterhalten ließ, kurzerhand für erloschen: „Als Sie eine Macht waren, *vor 1848* war ich, durch das Interesse welches Sie mir weihten geschmeichelt. [...] Ein rendez Vous bin ich [derzeit] [...] völligst außer Stande zu arangiren" (Bw Friedrich Wilhelm IV., 266). Treffend bemerkt Ursula Püschel über das damit einhergehende unschöne Ende der Korrespondenz: Der König „hat ein Schlußwort gesprochen, [...] während Bettina ein Ende nicht hinnehmen wollte" (Einleitung in: Bw Friedrich Wilhelm IV., 16). Und so ließ sie noch zwei weitere Briefe folgen – der letzte stammt vom 6. Dezember 1853 –, auf die sie aber keine Antwort mehr erhielt.

7. Briefwechsel mit Karl Maria Benkert alias Kertbeny

Ähnlich wie der Briefwechsel mit dem preußischen König setzte auch die letzte umfangreichere Korrespondenz, die Bettina von Arnim führte, ein, ohne dass die Briefpartner vorher in persönlichem Kontakt standen. Ihre Rollenstruktur gleicht freilich eher der Kommunikation mit Philipp Nathusius und Julius Döring. Denn auch der in Wien geborene und in Ungarn aufgewachsene Karl

Maria Benkert (1824–1882) – der sich ab 1847 Kertbeny nannte – war ein von der Poesie begeisterter junger Mann, der Bettina von Arnim als Schriftstellerin verehrte. Die erste und einzige Begegnung mit ihr verlief indes reichlich enttäuschend; er berichtet darüber später in einem autobiographischen Rückblick:

> Kaum im Herbst 1847 in Berlin angekommen, schrieb ich sogleich an Frau von *Arnim*, schickte ihr ein Paket Bücher ein, welches man mir in London für diese Dame mitgegeben, legte auch aus eigenem Antrieb die Uebersetzung der Gedichte Petöfi's von Adolf Dux (Wien, 1846) und die Uebersetzung der *Ungrischen Volkslieder* von Achazius Greguß (Leipzig 1846) bei. Zugleich bat ich, mir gütigst anzuzeigen, wann ich persönlich vorsprechen dürfte? Ich erhielt wochenlang keine Antwort, hatte daher diese Anfrage beinahe schon vergessen. Da kam eines Tages ein altes Weib, und sagte, die Frau Baronin wolle mich nach Tische sprechen, ich möge zur Theestunde kommen. (Benkert 1861, 93–94; im Folgenden zit. als Bw Benkert 1)

Als Benkert sich in einer Buchhandlung nach der Wohnadresse der Schriftstellerin erkundigte, bekam er versehentlich die falsche genannt und konnte der Einladung daher erst am nächsten Tag Folge leisten. Erbost über seine Unzuverlässigkeit, weigerte sich Bettina von Arnim, ihn zu empfangen, und fertigte ihn an der Wohnungstür ab, so dass er einige Zeit später Berlin verließ, ohne ihr seine Aufwartung gemacht zu haben. Immerhin konnte er Kontakt zu ihrem Vertrauten Karl August Varnhagen von Ense knüpfen, der sich lebhaft für die ungarische Kultur und die aktuelle politische Lage in Südosteuropa interessierte.

Bekannt wurde Benkert vor allem durch seine Übersetzungen von Werken Sándor Petöfis (1823–1849, eigtl. Alexander Petrovics). Der Ende Juli 1849 in der Schlacht bei Segesvár (Sighișoara) gefallene Dichter war eine der Leitfiguren der ungarischen Revolution 1848/49, die sich schon bald zu einer Unabhängigkeitsbewegung gegen die Vorherrschaft der österreichischen Habsburger entwickelte. Aufstände im Königreich Ungarn hatten im Frühjahr 1848 dazu geführt, dass die ungarischen Reformkräfte eine neue Regierung ausriefen, die umfassende politische Veränderungen einleitete mit dem Ziel, einen eigenen, demokratisch verfassten Staat zu schaffen. Als sich Österreich diesen Bestrebungen widersetzte und die Auflösung des ungarischen Parlaments befahl, kam es im Herbst zum Krieg zwischen beiden Nationen. Nach anfänglichen Siegen wurde am 13. April 1849 die vollständige Unabhängigkeit Ungarns vom Habsburger-Reich proklamiert. Darauf ersuchte Kaiser Franz Joseph den russischen Zar Nikolaus I. um militärische Unterstützung, der gemeinsam mit den Österreichern das Land zurückeroberte. Obgleich die Ungarn ihrerseits die übrigen europäischen Mächte um Unterstützung bei ihrem Bestreben um Unabhängigkeit baten, mussten sie Mitte August 1849 angesichts der gegnerischen Übermacht kapitulieren. Der im Kampf gefallene Petöfi erschien daher als heroisches Opfer im Kampf um nationale Souveränität und wurde schon bald als Volksheld und Nationaldichter verehrt.

Da die Übersetzung seiner *Gedichte* in deutscher Sprache nahezu zeitgleich erschien, sicherte sie nicht nur Petöfi selbst, sondern auch seinem Übersetzer

Benkert besondere Aufmerksamkeit in ungarnfreundlichen Kreisen. „Vermutlich" war es „Varnhagen, der Bettinas Aufmerksamkeit auf Kertbeny und dessen Petöfi-Übersetzungen lenkte" (Turóczi-Trostler 1961, 62; im Folgenden zit. als Bw Benkert 2). Sie war von den Texten so angetan, dass sie unmittelbar nach der Lektüre des Bandes einen begeisterten Brief „An den Uebersetzer Petöfi's" (Bw Benkert 1, 99) schrieb, den sie in Unkenntnis von dessen aktuellem Aufenthaltsort kurzerhand an dessen Frankfurter Verleger schickte. Der leitete ihn weiter nach Bad Homburg, wo sich Benkert seit einigen Monaten aufhielt. Es dauerte eine Weile, bis dieser herausfand, von wem das Schreiben, das ohne Absender und nicht mit Klarnamen unterzeichnet war, eigentlich stammte; irgendwann aber kam er zu dem Schluss: „Es war *Bettina*" (Bw Benkert 1, 99). Ihr selbst scheint dagegen nicht bewusst gewesen zu sein, dass der seit 1847 unter dem Namen ‚Kertbeny' auftretende Petöfi-Übersetzer mit dem jungen Mann identisch war, der sie zwei Jahre zuvor besuchen wollte. Die Wendung „wenn wir uns je sehen" (Bw Benkert 1, 120), die sie in ihrem Brief vom 26. Oktober 1850 gebrauchte, bestätigt diese Annahme. Und Benkert seinerseits weist in seinen Memoiren darauf hin: „[S]ie erwähnte jenes Vorfalles nie, ich natürlich um so weniger" (Bw Benkert 1, 100).

Als Bezugstext für die briefliche Kontaktaufnahme mit einem Unbekannten wählte Bettina von Arnim ihr 1847/48 erschienenes Buch *Ilius Pamphilius und die Ambrosia*, das ja auf der in der zweiten Hälfte der 1830er Jahre geführten Korrespondenz mit Philipp Nathusius beruht. Benkert berichtete später, dass seine Briefpartnerin ihn von Anfang an umstandslos geduzt habe und ihm „als *Ambrosia*" (Bw Benkert 1, 99) gegenübergetreten sei – offenbar in der Annahme, dass ihm dieser Tarnname bekannt war. Tatsächlich machte er sich aber erst drei Monate nach Einsetzen des brieflichen Austausches mit dem Werk vertraut. In seinem Schreiben vom 11. Januar 1850 zitiert er immerhin daraus, doch erst am 16. Januar vermerkt er: „Ilius Pamphilius lese ich jetzt" (Bw Benkert 2, 143). Interessanterweise übernahm Benkert das ihm angetragene Rollenangebot jedoch nicht oder allenfalls teilweise. Obwohl er – ermuntert durch die ihm entgegengebrachte Vertraulichkeit – mit dem dritten Schreiben zur Anrede ‚Du' überging, titulierte er seine Briefpartnerin nur ein einziges Mal als „Ambrosia" (Bw Benkert 2, 101) und sprach sie sonst stets mit dem Namen ‚Bettina' an. Benkert wehrte sich also erfolgreich gegen die Übernahme eines bereits existierenden Kommunikationsmusters und bewies so seine Eigenständigkeit. Gleichwohl akzeptierte er im Umgang mit der bekannten Schriftstellerin jene Grundstruktur des brieflichen Austausches, die auch *Ilius Pamphilius und die Ambrosia* prägt: Bettina von Arnim begegnet in der Rolle der reifen Mentorin, ja der seelischen „Mutter" (Bw Benkert 2, 108), die ihrem Zögling Rat und Unterstützung zuteilwerden lässt.

Ähnlich wie Freyberg, Nathusius und Döring sieht sie auch Benkert vor „großen Aufgaben" stehen, nur ihm traut sie freilich zu, diese auch wirklich „lösen zu können" (16. Juni 1850, in: Bw Benkert 1, 112). Während die übrigen Korrespondenzen dadurch gekennzeichnet sind, dass die studentischen Verehrer erst zu entschlossenem Handeln aufgefordert werden müssen und letztlich an ihrer eigenen Zaghaftigkeit scheitern, hat sie in die Ambitionen ihres „noch namenlosen Collegen" (Bw Benkert 2, 126) größtes Vertrauen, weil er durch seine Herkunft und seinen bisherigen Werdegang Entschlossenheit und Durchsetzungskraft bewiesen hat. Zudem befindet sich Benkert in einer vergleichbaren Situation wie sie selbst: So wie sie sich als leidenschaftliche Fürsprecherin Goethes verstand, die sein – in Ihrem Sinn geformtes – Andenken der Nachwelt überliefert, so erschien Benkert als ehemals mit ihm befreundeter „*Vermittler*" (Bw Benkert 2, 100) Petöfis. Überzeugt von seiner Mission schreibt sie ihm Anfang November 1849: „Du [...] bist wirklich des Dioskuren Bruder, der seine Unsterblichkeit in reiner Schale sammelt, und Gewährung erhält, mit ihm zu theilen" (Bw Benkert 1, 106). Was Benkert dabei für sie einzigartig machte, war der Umstand, dass er sich als „Dollmetscher Ungarns gegenüber dem Auslande" (Bw Benkert 2, 99) verstand.

Bettina von Arnim hegte für die Freiheitsbestrebungen der Ungarn von Anfang an große Sympathie. Ihrem Sohn Friedmund beispielsweise schreibt sie Mitte April 1849 voll Freude über die dort errungenen Erfolge: „Unterdessen marschieren die Ungarn durch Dick und Dünn [...] – und zeigen's den Völkern wie es durchaus gehen muß!" (Bw Friedmund, 147) Entsprechend groß war ihre Empörung über die brutale Niederschlagung des Aufstandes und die anschließende systematische Demütigung der ungarischen Bevölkerung. Der Entschluss, dem Übersetzer der Gedichte Sándor Petöfis zu schreiben, muss daher auch als Solidaritätsbezeigung für die Angehörigen der ungarischen Nation verstanden werden. Dies verlieh der Korrespondenz mit Benkert eine starke politische Dimension – und löste obendrein das Problem (das für Bettina von Arnim zunahm, je älter sie wurde), an welche Instanz sie ihre Kritik an den politischen Zuständen eigentlich adressieren sollte. Schon bei *Dies Buch gehört dem König*, das durch lebensweltliche Briefe an Friedrich Wilhelm IV. gezielt vorbereitet und flankiert wurde, war ja das Problem aufgetaucht, dass der eigentliche Adressat die Botschaft, die für ihn gedacht war, nicht hören wollte. In den *Gesprächen mit Daemonen*, dem zweiten Teil des *Königsbuchs*, diente diese Aporie dann sogar als Strukturmodell des Textes, redet hier doch der als Widerpart auftretende Dämon auf einen ‚schlafenden König' ein und führt so die praktische Folgenlosigkeit seiner Intervention performativ vor. Auch die ‚Polenbroschüre' belegt überdeutlich, wie zunehmend schwierig es für Bettina von Arnim war, ihre politische Einschätzung so zu artikulieren, dass auch die Aussicht bestand, gehört zu werden. Gerichtet ist die Gesamtabrechnung mit der Außenpolitik des eigenen Landes nämlich „An die aufgelös'te preußische National-Versammlung" – mithin eine Institution, die zum Zeitpunkt, zu dem die Schrift veröffentlicht wurde, gar nicht mehr existierte und insofern als Adressat faktisch ausfiel (vgl. Bunzel 1999/2000).

Ähnliche Schwierigkeiten bestanden bei allen Stellungnahmen zur Ungarn-Frage: Um Kritik an der habsburgischen Politik artikulieren bzw. Solidaritätsbekundungen für die besiegten Ungarn abgeben zu können, bedurfte Bettina von Arnim eines persönlichen Gegenübers. Sie gewann sich ein solches, indem sie Benkerts im Vorwort seiner Übertragung von Petöfis Gedichten artikulierten Anspruch akzeptierte, „im Namen der ungarischen Nation" (Petöfy 1849, V) aufzutreten. Dadurch dass sich der Petöfi-Übersetzer zum Fürsprecher seiner Landsleute machte, bekam nicht nur das anonyme Kollektiv eine eigene Stimme, mit einem Mal gab es auch einen Repräsentanten des ungarischen Volkes, der Bettina von Arnim Gehör schenkte. Mit seiner Hilfe konnte sie fortan sogar in einen Dialog mit dem toten Dichter eintreten, erschien ihr der Landsmann doch als sein Sprachrohr und brüderlicher Erbeverwalter: „Ihr beide spiegelt Euch in einander" (Bw Benkert 1, 105), schreibt sie ihrem neugewonnenen Briefpartner dementsprechend Anfang November 1850.

Bettina von Arnim selbst wurde durch die Korrespondenz mit Benkert vielfach zu neuer Produktivität angeregt. So berichtet sie ihm am 19. September 1850: „ich habe Lieder componirt" (Bw Benkert 1, 119), darunter einen „Magyarenmarsch" (Bw Benkert 2, 124). Auch bildkünstlerische Arbeiten entstanden. Eine davon, „Des Magyaren Schäferstunde" (Bw Benkert 2, 79), sollte die Rahmenkomposition des von ihr ständig weiterentwickelten Goethe-Denkmals ergänzen. Wichtigste Frucht der Begegnung mit Sándor Petöfis Gedichten aber ist zweifellos die freirhythmische Hymne, die sie ihm zu Ehren dichtete; sie erschien unter dem Titel *Petöfi dem Sonnengott* im Rahmen von Moriz Carrieres Mitte 1851 in Robert Prutz' *Deutschem Museum* veröffentlichtem Aufsatz „Ungarische Dichtungen" (vgl. Carriere 1851, 208–209). Darüber hinaus wirkte sich der briefliche Gedankenaustausch mit Benkert auf die Entstehung der *Gespräche mit Daemonen* aus. Da er für sie „als unerschöpfliche Stoff- und Informationsquelle" (Bw Benkert 2, 80) fungierte, dachte sie zwischenzeitlich sogar daran, ihm ihr Alterswerk zu „widme[n]" (14. August 1850, in: Bw Benkert 1, 117). Genauere Untersuchungen zu den Wechselbeziehungen zwischen den Briefen und dem 1852 erschienenen *Daemonenbuch* liegen bislang allerdings noch nicht vor. Umgekehrt beeinflusste Bettina von Arnim auch Benkerts Übersetzungs- und Herausgebertätigkeit. Das Manuskript seiner Übertragung von Petöfis „Bauernmärchen" *Der Held Janos* (1850) wurde von ihr überarbeitet. Sogar die Vorlage für eine Illustration lieferte sie; allerdings wurde die dafür vorgesehene Zeichnung „Der Magyar mit seinem Schätzchen, der Freiheit" (Bw Benkert 2, 79) dann doch nicht im gedruckten Band reproduziert. Immerhin widmete Benkert seiner Briefpartnerin die von ihm zusammengestellten und ins Deutsche übertragenen *Ausgewählten Ungarischen Volkslieder* (1851).

Der epistolare Gedankenaustausch zwischen der berühmten Schriftstellerin und dem jungen Übersetzer ragt aus der langen Reihe der Korrespondenzen deutlich heraus. Trotz des großen Altersunterschiedes von 39 Jahren gelang hier eine Verständigung über Nationen- und Generationengrenzen hinweg. Beide begriffen die Korrespondenz als Akt wechselseitiger Anregung und Vervollkommnung. Über die zentrale Bedeutung des Anderen für das eigene Ich äußert Bettina von Arnim einmal: „Der Spiegel bist Du, in dem ich gewahr werde, wo der Geist mir herum wogt" (14. August 1850, in: Bw Benkert 1, 116). Zugleich ermuntert sie ihr Gegenüber: „Lasse uns Beide wahrhaft groß denken und fühlen, dann wirkt die Nähe des Einen auf den Andern, zum selbstthätigen, muthigen Gefühl sich emporzutragen" (16. Juni 1850, in: Bw Benkert 1, 111–112). Benkert wurde ihr zum „Freund" (Bw Benkert 1, 113), dem sie auf Augenhöhe begegnete und mit dem sie tatsächlich „kameradlich" (Bw Benkert 1, 115) umging. Zwar formulierte sie auch ihm gegenüber mehrfach Einsichten und Merksätze, anders als bei ihren früheren jugendlichen Verehrern relativierte sie diese „Weisheitslehren" aber gleich wieder, weil sie „Ehrfurcht vor Menschen" empfinde, „die ein Schicksal durchzuschreiten haben" (Bw Benkert 1, 114). Diesem besonderen Vertrauensverhältnis ist es im Übrigen zuzuschreiben, dass sich in Bettina von Arnims Briefen an Benkert zahlreiche Rückblicke auf die eigene Lebensgeschichte finden, während Berichte aus der aktuellen Schreibgegenwart zurücktreten. So begegnen Aussagen zum Charakter („Ich war nie vertraut mit Menschen"; Bw Benkert 1, 104) und den Prägefaktoren der eigenen Lebensgeschichte („[v]on meinem Deutschthum"; Bw Benkert 1, 105), Reminiszenzen an einzelne Personen (Mitglieder der Familie Brentano, Karoline von Günderrode, Goethe), aber auch Lektüreeindrücke (Schiller, Heine, George Sand, Daumer). Allerdings sind derartige Rückblenden – anders etwa als im Briefwechsel mit Pückler – kurz und momenthaft und werden weder zu vollständigen Episoden ausgestaltet noch leitmotivisch verwendet.

Die Korrespondenz mit Benkert bestätigt noch einmal eindrucksvoll, dass für Bettina von Arnim der briefliche Austausch grundsätzlich nicht auf vorherige oder begleitende persönliche Begegnungen mit der betreffenden Person angewiesen war. Der dadurch bedingte stark imaginative Charakter ihrer Briefkommunikation nähert diese der dichterischen Fiktion an. Hier wie dort spricht ein fingiertes Rollen-Ich, das den Rahmen epistolarer Alltagskommunikation sprengt. Der von Teilen der Forschung unternommene Versuch, eine saubere Scheidung zwischen den lebensweltlichen Briefen und den komponierten Kunstepisteln ihrer Briefbücher vorzunehmen und zu diesem Zweck „die reale Person und Autorin *Bettina* von der von ihr geschaffenen Kunstfigur ‚Bettine' zu trennen, die in den autobiographischen Werken der Autorin als literarische Doppelgängerin auftritt" (Bäumer/Schultz 1995, VIII), ist daher zum Scheitern verurteilt. Stattdessen muss vielmehr die strukturelle Multifunktionalität, die der Textsorte Brief zu eigen ist, reflektiert werden, die einerseits dazu führen kann, dass ein lebensweltliches Schreiben zu einem späteren Zeitpunkt im Wortlaut unverändert in einen fingierten Kontext eingepasst wird (wodurch sich natürlich sein Verstehensrahmen komplett verändert), und andererseits mit sich bringt, dass bereits lebensweltliche Briefe in einem Ausmaß projektiv aufgeladen werden, das sie von literarischen Fiktionen ununterscheidbar macht. Wie radikal Bettina von Arnim im Rahmen ihrer Briefschreibepraxis die herkömmlich geltenden Beschränkungen epistolarer Kommunikation negierte und zu transzendieren versuchte, belegt eindrucksvoll das Schreiben an Benkert vom 16. Dezember 1850, in dem sie ihr Gegenüber auffordert:

4. Die Briefwechsel

> Ja, hab' Geduld, und auch mit mir, wenn's manchmal anders lautet, als es wirklich ist. Ich schreibe Dir vielleicht einmal Monate, ja Jahre nicht, aber glaube nie, daß Du für mich, daß ich für Dich gestorben sei; wir sterben einander gar nie, auch wenn wir schon Beide begraben sind; der Geist wird aus seinem Kern immer wieder in den anderen hineindenken; wo der auch weilen oder sich verflüchten mag, sie finden sich schon; vielleicht ohne daß wir Beide es deutlich wissen mögen. (Bw Benkert 1, 121)

Der Briefwechsel mit Karl Maria Benkert verdeutlicht aber auch in besonderem Maß, mit welchen Schwierigkeiten die Forschung beim Umgang mit Bettina von Arnims epistolarem Werk konfrontiert ist. Wie die meisten Korrespondenzen, welche die Autorin geführt hat, ist auch diese lediglich bruchstückhaft überliefert. Benkert selbst fasste nach eigener Aussage am 20. Januar des Jahres 1859 – dem Todestag seines Bruders, an dem Bettina von Arnim starb –, den Beschluss, die Briefe, die er von der berühmten deutschen Schriftstellerin erhalten hatte, „zu verbrennen": „Ich zündete Stück für Stück an der Kerze an" (Bw Benkert 1, 101). Immerhin hatte sich Benkert zu einem früheren Zeitpunkt Passagen aus 15 der insgesamt „61" Briefe, die er „vom 4. Oktober 1849 bis Ende Dezember 1850" erhalten hatte, „herausgeschrieben" (Bw Benkert 1, 100 u. 102). Diese Exzerpte veröffentlichte er 1861 unter dem Titel „Auszüge aus Bettina's Briefen" (Bw Benkert 1, 103–122) in seinem Erinnerungsband *Silhouetten und Reliquien*, der damit zur ersten posthumen Briefedition wurde. Benkerts Briefe ebenso wie „Briefkonzepte" (Bw Benkert 2, 81) Bettina von Arnims blieben zunächst im Arnim'schen Familiennachlass erhalten, wurden dann aber 1929 von den Nachkommen veräußert. Im entsprechenden Katalogheft des Auktionshauses Karl Ernst Henrici heißt es hierüber: „[Von] *Bettine*. Etwa 13 eigh. Entwürfe zu Briefen an den ungarischen Dichter und Schriftsteller *Kertbeny* aus den Jahren 1849–1850. 50 Seiten. 4°. – [Von] *Kertbeny* [...] 42 eigh. Briefe. Bad Homburg, Frankfurt a.M. 1849–1850. Etwa 134 Seiten. 4° und 8°. – An *Bettine*" (Henrici 1, 32–33). Der unvollständige Briefwechsel, so Gertrud Meyer-Hepner,

> wurde ersteigert, aber sein Standort ist heute leider nicht festzustellen. Doch befindet sich im Gragger-Archiv des finnisch-ugrischen Instituts der Humboldt-Universität eine handschriftliche Abschrift des Originalbriefwechsels [soweit dieser in Wiepersdorf vorhanden war; W.B.]. Der [...] erste Professor der ungarischen Sprache in Berlin, Dr. [Robert] Gragger, ließ im Jahre 1922 im Wiepersdorfer Hausarchiv eine Abschrift dieses Briefwechsels anfertigen. (Meyer-Hepner 1954, 606)

Diese Abschrift wiederum, die wie die übrigen Dokumente aus dem sogenannten Hausarchiv zuerst an die Deutsche Akademie der Künste in Ost-Berlin und 1954 dann ins Goethe- und Schiller-Archiv nach Weimar kam (vgl. Meyer-Hepner 1954), wurde abermals kopiert, und zwar offenbar im Auftrag des am Finnisch-Ugrischen Institut der Humboldt-Universität lehrenden „Prof. Dr. Béla Szentiványi" (eigentlich: Szent-Iványi), welcher sie seinem Budapester Kollegen József Turóczi-Trostler „zur Verfügung gestellt hat" (Bw Benkert 2,

93), der die unkollationierten Texte schließlich 1961 „gekürzt" (Bw Benkert 2, 93) im Rahmen eines Beitrags über „Petöfis Eintritt in die Weltliteratur" abdrucken ließ.

8. Briefwechsel mit den Söhnen Freimund, Siegmund und Friedmund von Arnim

Auch die Briefe, die Bettina von Arnim mit ihren Söhnen gewechselt hat, sind nicht zur Gänze überliefert. So sind vom vergleichsweise schmalen Briefwechsel mit dem ältesten Sohn Freimund (1812–1863) nur etwa zwei Drittel der Originalkorrespondenz bekannt. Weniger groß sind die Überlieferungslücken bei der sehr ausladenden Korrespondenz mit Siegmund (1813–1890), dem Zweitgeborenen: Gleichwohl lassen sich aus dem vorliegenden Material mindestens 15 verlorene Briefe Bettinas an Siegmund und mindestens 18 verlorene Briefe Siegmunds an Bettina erschließen. Vermutlich existieren rund 40, möglicherweise aber auch bis zu 50 Schreiben nicht mehr, was ungefähr einem Fünftel der Gesamtkorrespondenz entspricht. Demgegenüber ist die ebenfalls umfangreiche Korrespondenz mit dem dritten Sohn Friedmund (1815–1883) weitgehend vollständig erhalten, doch selbst hier fehlen rund 15 Briefe.

Fraglos hat die lange zeitliche Dauer der Sohneskorrespondenzen – die sich über einen Zeitraum von jeweils 20 bis 26 Jahren hin erstreckt – Verluste begünstigt. Einige Briefe dürften auf beiden Seiten durch Nachlässigkeit bereits während des brieflichen Austauschs selbst verloren gegangen sein. Besonders Bettina von Arnim war in der Aufbewahrung von Schriftstücken oft nicht sehr gewissenhaft. Offenbar hat sie Briefschaften, die für sie unter dem Aspekt späterer Verwertung von Bedeutung waren, generell gewissenhafter aufgehoben als andere. Weitere Verluste sind vermutlich durch die preußische Postzensur entstanden, die insbesondere Auslandskorrespondenzen scharf beobachtete. In einem Brief vom 5. Juni 1833 aus Paris äußerte Siegmund von Arnim denn auch die Befürchtung, mehrere Briefe von ihm – darunter einer an seine Mutter – seien „von der Post zurückgehalten worden" (Bw Siegmund, 34). Zu bedenken ist auch, dass Bettina von Arnim spätestens ab dem Erscheinen von *Dies Buch gehört dem König* zu einer in Preußen politisch notorischen, wenn nicht sogar verdächtigen Person geworden war, so dass sie kaum übertrieben haben mag, als sie Siegmund im November/Dezember 1843 berichtet, ein Brief von ihm an die Schwester Armgart sei von der Zensur „[...] künstlich aus dem Couvert genommen und dabei [...] zerrissen worden. So wird jeder Brief an mich eröffnet, und ohne Zweifel auch die meinigen an Dich. vielleicht ist es sogar möglich daß man manche gar nicht fortgeschickt hat" (Bw Siegmund, 103). Ebenfalls nicht auszuschließen ist, dass Siegmund, der nach dem Tod seiner Mutter die Papiere der Eltern an sich nahm und persönlich überwachte, einige Briefe aus der Korrespondenz entfernte. Bettina von Arnims epistolarer Nachlass war also von mehreren Seiten Gefährdungen ausgesetzt.

Die Briefwechsel mit ihren Söhnen sind unter anderem deshalb besonders interessant, weil hier der Stilisierungsgrad am geringsten ist. Dies hängt damit

4. Die Briefwechsel

zusammen, dass der Austausch im sozialen Nahraum der Familie zu einem großen Teil zweckgerichtete Kommunikation erforderte. Da sich die Briefpartner genauestens kannten, war der Aufbau einer epistolaren Spielidentität überflüssig und lag zudem außerhalb des Interesses der Beteiligten. In der Familienkorrespondenz lässt sich Bettina von Arnim daher am ehesten ‚unverstellt' fassen, obwohl natürlich auch hier die einzelnen Briefe auf das Gegenüber zugeschnitten sind, was dazu führt, dass die jeweiligen Korrespondenzen einen je eigenen ‚Ton' aufweisen. Trotz dieser durch die unterschiedliche Charakterstruktur der Söhne bedingten individuellen Färbung besitzen die Briefwechsel mit Freimund, Siegmund und Friedmund aber starke Gemeinsamkeiten, die aus der sozialen Rolle der Korrespondenten resultieren: Gegenüber ihren Söhnen trat Bettina von Arnim nun einmal als Mutter auf; sie wurde mit dieser Funktionsbezeichnung nicht nur angeredet, sondern unterzeichnete auch selbst damit. Jeder dieser Briefwechsel verfügt demnach nicht nur über ein unverwechselbar individuelles Profil, sondern auch über eine Vielzahl an Querverweisen auf die jeweils anderen beiden Korrespondenzen auf. Deshalb lassen sich die Sohneskorrespondenzen in Summe als zusammenhängendes epistolares Geflecht begreifen, zumal Informationen häufig über den jeweiligen Einzelbriefwechsel hinaus weitergegeben wurden und die Söhne ihrerseits im Austausch miteinander standen.

Die Korrespondenzen mit den Söhnen setzen – einzelne frühere Schreiben einmal beiseite gelassen – nach dem Tod Achim von Arnims ein. Da die Witwe ab diesem Zeitpunkt zum alleinigen Mittelpunkt der Familie aufrückte, verstärkte sich zwangsläufig der Kontakt zu den insgesamt sieben Kindern. Und da sich die drei ältesten Söhne Freimund, Siegmund und Friedmund allmählich dem Erwachsenenalter näherten und wegen ihrer Berufsausbildung bzw. ihres Militärdienstes nicht mehr ständig in Berlin wohnten, kam es nach und nach zu neuen Briefwechseln, die zu den quantitativ umfangreichsten und am längsten andauernden in Bettina von Arnims Leben gehören. Frequenz und Intensität des brieflichen Austauschs mit den Söhnen übersteigen dabei den mit den Töchtern ganz erheblich. Das liegt zu einem wesentlichen Teil natürlich daran, dass die Töchter Maximiliane, Armgart und Gisela weiterhin im Haushalt der Mutter lebten. Doch auch während des Aufenthalts von Maximiliane und Armgart bei ihrem Onkel Georg in Frankfurt am Main und Rödelheim zwischen Herbst 1829 und Herbst 1833 entspann sich keine nennenswerte Korrespondenz mit ihnen. Der regelmäßige Schriftverkehr mit den Söhnen Freimund und Friedmund hatte schon allein deshalb Priorität, weil diese sich um die Bewirtschaftung der Landgüter in Bärwalde bzw. Wiepersdorf und in Blankensee zu kümmern hatten und insofern die materielle Existenz der Familie sichern halfen.

Der älteste Sohn Freimund rückte nach dem Tod des Vaters schon bald zum Ersatzfamilienoberhaupt auf und wurde zum Hauptansprechpartner der Geschwister. Schon Ende der 1820er Jahre, als er noch die Schule absolvierte und Achim von Arnim noch lebte, äußerte die Mutter über ihn: „Freimund hat großen Fleiß zugleich hat er ungemein viel Consequenz und ich fühle mir in ihm eine wahrhafte Stüzze" (8. Mai 1828, in: Bw Arnim 3, Bd. 3, 137). 28 Jahre später, im letzten Brief an ihn vom 5. Mai 1856 umreißt sie die Bedeutung, die der Erstgeborene für sie hat bzw. hatte, mit den Worten: „[D]u bist mir Vater und Bruder und Sohn" (Bw Freimund, 86). Wie sehr sich die mit sieben noch nicht volljährigen Kindern zurückgebliebene Bettina von Arnim auf ihren Ältesten verlassen konnte und wie pflichtbewusst dieser eigene Wünsche hintanstellte und sich selbstlos für die Familie aufopferte, zeigt sich vor allem bei der Übernahme des ‚Ländchens Bärwalde', das er ab Herbst 1837 bewirtschaftete.

An den zu dieser Zeit gewechselten Briefen wird aber auch überdeutlich, wie groß die Unterschiede in Charakter und Temperament zwischen Bettina von Arnim und ihrem Erstgeborenen letztlich waren. Freimund von Arnim war praktisch veranlagt und fand – wie sein Vater – Freude und Erfüllung bei der körperlich anstrengenden Tätigkeit als Landwirtschaft betreibender Gutsherr. Im Gegensatz zu diesem fehlte ihm aber das dichterische Talent. Er führte eine typische Gutsbesitzerexistenz und schätzte das Landleben sehr, während er sich in der Stadt zeitlebens nicht recht wohlfühlte. Bettina von Arnim dagegen waren die kulturellen Anregungen Berlins ein starkes Bedürfnis; die Aufenthalte in Bärwalde und später in Wiepersdorf dienten im Wesentlichen der sommerlichen Erholung der Töchter und einer kostengünstigen Haushaltsführung. Auch für die literarischen Ambitionen seiner Mutter brachte Freimund kaum Verständnis auf. Überdies verstand er sich gut mit den Savignys, der Familie von Bettinas Schwester Gunda. Während Bettina von Arnim ab Ende der 1830er Jahre den Umgang mit ihrem Schwager auf das Notwendigste reduzierte, pflegte Freimund als gleichsam inoffizielles Familienoberhaupt engen Kontakt zu seinem Onkel, der ja lange Zeit Vormund der Arnim-Kinder war.

Nicht zufällig ist der Briefwechsel mit Freimund die mit Abstand schmalste der drei Sohneskorrespondenzen. (Da der vierte und jüngste Sohn Kühnemund im Alter von 18 Jahren bei einem Badeunfall starb, konnte keine weitere entstehen.) Dabei ist freilich zu bedenken, dass die häufigen gegenseitigen Besuche und die längerfristigen Aufenthalte der Mutter in Bärwalde und später Wiepersdorf die briefliche Kommunikation zeitweise immer wieder überflüssig machten. Charakteristisch für die Korrespondenz beider ist in jedem Fall das schmale Themenspektrum. Der Austausch ist mit wenigen Ausnahmen auf Sachliches fokussiert: Die Renovierung und Einrichtung des Wiepersdorfer Anwesens, die Versorgung des Berliner Haushalts und die Frage, wie die Begleitung der Töchter auf ihren Reisen von und nach Frankfurt organisiert werden kann, nehmen breiten Raum ein. Nur selten kommt die Sprache auf Politisches, noch seltener auf Literarisches – beide Briefpartner waren offensichtlich darum bemüht, in ihrer Korrespondenz keine grundlegenden weltanschaulichen Differenzen aufbrechen zu lassen. Entsprechend gibt es zwischen Bettina und Freimund keinen lebhaften Informations- und Meinungsaustausch über die Märzrevolution 1848, wie ihn Bettina mit den beiden anderen Söhnen und Freimund selbst mit seinem Bruder Siegmund pflegte; es ist eine private

4. Die Briefwechsel

Ausnahmesituation, die Niederkunft seiner Frau, die ihn die einzige dezidiert politische Stellungnahme des gesamten Briefwechsels schreiben lässt.

In späterer Zeit allerdings erwog Freimund von Arnim mehrfach, sich aktiv politisch zu engagieren, beispielsweise als Abgeordneter der Nationalversammlung. In der Bereitschaft, die Zukunft Preußens mitzugestalten, traf sich sein sozialer Gestaltungswille mit dem seiner Mutter. Ideologisch standen beide einander allerdings schroff gegenüber: Bettina von Arnim schwebte das Modell einer konstitutionellen Monarchie vor, in der ein bürgernaher König ausführendes Organ der Volkssouveränität sein sollte; Freimund vertrat demgegenüber einen orthodoxen royalistischen Konservativismus, las die reaktionäre *Kreuzzeitung* und lehnte Liberalisierungen aus patriarchalischem Landadelsstolz heraus generell ab. Gleichwohl sorgte eine tiefgehende und von beiden Seiten zu keiner Zeit je infrage gestellte Familienloyalität dafür, dass die bestehenden Differenzen nie zu einem Zerwürfnis führten. Dennoch erlebte die (Brief-)Beziehung der beiden einige dramatische Tiefpunkte. Scharfe Konflikte brachen vor allem bei der medizinischen Versorgung der erkrankten und dann bald verstorbenen Schwiegertochter Anna, geb. von Baumbach, und bei der Pflege des Enkels Achim auf (vgl. Landfester 1997). Nicht zuletzt diese heikle familiäre Situation trug entscheidend dazu bei, dass die Bindung Freimund von Arnims an die stets in seine Angelegenheiten sich einmischende Mutter immer lockerer wurde. Gefühle der Unzufriedenheit und des Misstrauens führten dazu, dass beide sich Ende der 1840er Jahre regelrecht voneinander entfremdeten. In einem Brief an Claudine Firnhaber vom 17. Dezember 1846 spricht Bettina von Arnim sogar von „Freimunds gänzlichem Mangel des Vertrauens in mich" (GSA, Sign. 03/793). Bei aller inneren Distanz und trotz der starken Differenzen aber gab der Erstgeborene seine familiäre Grundloyalität nie auf und stand seiner Mutter in schwierigen Situationen stets bei. So verfasste er mehrfach Briefkonzepte für sie und unterstützte sie 1847 während ihrer Auseinandersetzung mit dem Berliner Magistrat.

Von noch weit größeren Spannungen war die Beziehung Bettina von Arnims zu ihrem zweiten Sohn Siegmund durchzogen. Dieser war ganz auf seinen Vater fixiert und litt daher von allen Familienmitgliedern am stärksten unter dessen frühem Tod. Auch konnte er es zeitlebens nicht verwinden, dass er väterlicherseits zwar adeliger Herkunft war, die dieser Abstammung – zumindest in seinen Augen – gemäße Existenzform aber nicht führen konnte, da die Familie eben nicht über jenen Wohlstand verfügte, der Voraussetzung dafür war. Dazu kommt, dass er als Zweitgeborener auch nicht die Güter seines Vaters erben würde. Siegmund von Arnim entwickelte deshalb enormen Ehrgeiz, auf andere Weise soziale Akzeptanz zu erlangen. Neben der Bewirtschaftung von Grundbesitz und einer Laufbahn beim Militär gab es für einen Adeligen im Grunde nur ein einziges akzeptiertes Berufsbild, nämlich eine politisch-administrative Tätigkeit im Staatsdienst. Siegmund beschloss daher, die diplomatische Laufbahn einzuschlagen, die freilich lebenslang zu einer Quelle der Unzufriedenheit und Frustration für ihn werden sollte. Sowohl von seiner Mutter als auch von seinen Brüdern setzte er sich schon frühzeitig ab, indem er sich um eine ausgesuchte Garderobe und um sozial angepasste Verhaltensweisen bemühte. Achim von Arnim etwa betont am 25. Juli 1830 in einem Brief an die Töchter Maximiliane und Armgart, dass ein bewusstes „Streben nach Eleganz" (Bw Arnim 2, LIX) Siegmunds äußeren Habitus durchgängig präge. Die Schwester Maximiliane bestätigt diese Einschätzung und berichtet, dass der Bruder sich bereits in jungen Jahren „zum Elegant" (M. v. Arnim/Werner 1937, 20) entwickelt und immer „vornehm" (M. v. Arnim/Werner 1937, 52) gewirkt habe.

Besonders schmerzlich war es für ihn zu erleben, dass nach dem Tod des Vaters das Ansehen der Familie im Wesentlichen von der Mutter abhing, die – anders als er – soziale Reglementierungen gering achtete und immer wieder nachgerade genussvoll gegen sie verstieß. Gerade durch ihr betont unkonventionelles Verhalten aber sah Siegmund seine angestrebte soziale Position permanent gefährdet. So entwickelte er eine regelrechte Frontstellung gegenüber seiner Mutter, die letztlich Ausdruck seines verzweifelten Kampfes um gesellschaftliche Anerkennung war. Die Korrespondenz mit ihr ist deshalb von Abgrenzungsmanövern, Vorwürfen und Klagen geprägt. Besonders die schriftstellerische Betätigung Bettina von Arnims lehnte er mit Vehemenz ab. Aus Münster schreibt er ihr am 22. Januar 1837 aufgebracht über die dortigen Reaktionen des Publikums auf *Goethe's Briefwechsel mit einem Kinde*: „Ich habe hier so infam viel Verehrer von dir in der Beamtenklaße gefunden, und besonders haben mich die Damen mit deinem Lobe so mißhandelt, daß ich das Buch mehr wie je zu allen Teufeln gewünscht habe" (Bw Siegmund, 44). Ihren Höhepunkt erreicht seine Erbitterung einen Monat später, als er mit einem Spitznamen bedacht wird, der den Namen des Vaters tilgt und ihn zum Abkömmling der Mutter macht: „Dencke dir das verfluchte Volk hier hat mich betinno getauft" (23. Februar 1837, in: Bw Siegmund, 47) – eine Bezeichnung, die er bis ins Alter nicht mehr loswerden sollte. Darauf teilt ihr Siegmund mit verletzender Grobheit mit: „[I]ch seh[e] mit Sehnsucht der Zeit ent[gegen] wo ich tausende von Exempla[ren] kreuzweise benutzen werde" (Bw Siegmund, 47).

Solche Ausfälligkeiten, die auf eine Herabsetzung des Gegenübers abzielen und auch vor Verbalinjurien oder Fäkalsprache nicht zurückscheuen, zeigen nicht nur, wie aufbrausend und beleidigend der zweite Arnim-Sohn sein konnte, sondern sind auch ein Indiz dafür, wie leicht sein Ich zu erschüttern war. Diese besondere Fragilität muss der Mutter bewusst gewesen sein, sonst wäre der Briefwechsel mit Siegmund nicht die ausführlichste Korrespondenz geworden, die sie mit einem ihrer Söhne geführt hat. Im Grunde war der Zweitgeborene von seinem Temperament Bettina von Arnim recht ähnlich. Wie sie ergriff er zeit seines Lebens leidenschaftlich Partei für Überzeugungen, die er für sich als richtig und rechtmäßig erkannte, und wie sie war auch er, sobald er sich einmal auf eine bestimmte Haltung festgelegt hatte, davon weder durch Gegenargumente noch durch äußeren Druck wieder abzubringen. Hieraus erklärt sich auch die extreme Ambivalenz, mit der Siegmund seiner Mutter lebenslang, vor allem aber seit Antritt seiner Ausbildung für den diplomatischen Dienst begegnete. Mit seinen Geschwistern teilte er den Grundkonsens einer unanfechtbaren Familienloyalität, welche die Mutter selbstverständlich mit einbegriff, weshalb es auch nie zu einem völligen Zerwürfnis zwischen beiden kam, obwohl es mehrfach mehrmonatige Unterbrechungen der Korrespondenz gab. Zugleich sprach er ihr rundheraus sowohl die Fähigkeit als auch das Recht ab, eine eigene Meinung zu gesellschaftlichen und sozialen Fragen zu haben. Seine Briefe enthalten scharfe Angriffe auf ihr politisches Handeln, auf die Bettina von Arnim dann in langen, detaillierten Gegenbriefen mit erstaunlicher Geduld und beständiger Erklärungsbereitschaft antwortete.

Ihre Hilfsbereitschaft und ihr Verständigungsbemühen erschöpften sich aber beileibe nicht in redseliger Eloquenz, wiederholt setzte sie ihren Einfluss für Belange des Sohnes ein. Als beispielsweise sein Antrag auf Zulassung zum diplomatischen Dienst mehrfach abschlägig beschieden wurde, wandte sie sich „schriftlich an den" zuständigen „Minister" (B. v. Arnim 1988, 695) und erreichte nach „wiederhohlten vergeblichen Bitten" (Siegmund an Gunda von Savigny, Anfang Mai 1842 [Entwurf]; GSA, Sign. 03/946) endlich, dass der König diesen anwies, dem Gesuch stattzugeben. Erfolglos blieb sie allerdings, als es zum Streit kam, ob Siegmund bei offiziellen Schriftstücken seinen Namen mit dem Freiherrentitel versehen dürfe. Als die preußischen Behörden und Gerichte trotz wiederholter Eingaben die Zustimmung dazu verweigerten, scheute sie sich nicht, Friedrich Wilhelm IV. in dieser Angelegenheit um Vermittlung anzugehen. Nachdem auch die schriftliche Intervention zu nichts führte, durchbrach Bettina von Arnim sogar ihren bis dahin strikt eingehaltenen Vorsatz, den König nicht persönlich zu sehen, um das mit ihm begonnene briefliche Rollenspiel nicht zu gefährden, und bat ihn um eine persönliche Unterredung. Dieser erklärte sich auch dazu bereit, allerdings hatte das Treffen nicht das erwünschte Ergebnis, weil der Regent auf den vorgeschriebenen Dienstweg verwies. Wohl wissend, wie ihr Sohn darauf reagieren würde, wich sie der Frage nach dem Verlauf der Begegnung zunächst aus, bis sie ihm schließlich doch gestand, dass ihre Bemühungen erfolglos geblieben seien. Seine maßlose Enttäuschung darüber münzte Siegmund umgehend in Anschuldigungen gegen die Mutter um und warf ihr vor, nicht genug für ihn getan zu haben. Verbittert schreibt er ihr am 29. Mai 1845:

> Alle der Aerger und Verdruß den ich seit den letzten 6 Jahren gehabt habe, ist Nichts gegen die Empfindung die mir dein letzter Brief gemacht hat; trotz der Kälte ist mir das Wasser immer den Rücken heruntergelaufen und ich bin beinahe toll vor Schmerz geworden. Seit fünf Jahren betreibe ich diese Angelegenheit und alles war mir gelungen, denn ich hatte alles genau vorberechnet, nur den einen Punckt hatte ich leider vergessen, nemlich, daß du so an mir handeln könntest, in dem Augenblick wo das ganze vollendet werden sollte, und wo ein Mißlingen nunmehr unmöglich war. – [...] Mein Vertrauen zu dir ist [...] so erschüttert, daß ich dir nicht einmal zumuthen kann wieder gut zu machen, was du [m]ir verdorben [...]. (Bw Siegmund, 159)

Nach dieser Erklärung, die sie schwer getroffen haben muss, verhielt sich Bettina von Arnim deutlich vorsichtiger als bisher. Nicht ohne Beklemmung gesteht sie ihrem Sohn am 24. Juli 1845: „Ich fürchte immer dir zu schreiben was Dich wieder ärgern Konnte!" (Bw Siegmund, 175) Am 5. Oktober desselben Jahres erkennt sie, dass ihr Vertrauen in die Fähigkeit, über intensive briefliche Kommunikation eine Verständigung mit dem Gegenüber erzielen zu können, erschüttert worden ist. Ratlos klagt sie darüber, dass „nachdem ich dich auf die Welt gesezt habe mir dennoch das Talent versagt ist irgend etwas zu deinem Genügen oder Vortheil oder in deiner Gesinnung ausrichten zu können" (Bw Siegmund, 191). In einem späteren Schreiben an den Sohn Friedmund ist sogar die Rede davon, dass sie sich letzthin „vor Siegmund gefürchtet habe" (27. August 1847, in: Bw Friedmund, 109).

Das teilweise zerrüttete Verhältnis zwischen beiden verbesserte sich erst wieder Anfang der 1850er Jahre, als Bettina von Arnims Gesundheitszustand durch Krankheiten und Schlaganfälle schlechter wurde. Mit einem Mal begriff Siegmund von Arnim, wie bedingungslos seine Mutter zeitlebens zu ihm gehalten hatte. Der Ton der Korrespondenz begann sich zu ändern, und der Sohn fand nun auch Worte der Anerkennung und der Sorge. Es entbehrt nicht der Tragik, dass der wohl späteste Brief, den sie geschrieben hat, an Siegmund gerichtet ist und Schreiben von ihm an sie zu den letzten gehören, die sie empfangen hat und noch selbst lesen konnte. Wie tief den Sohn ihr Tod tatsächlich traf, bezeugt seine vom 1. Februar 1859 datierende Antwort auf ein Kondolenzschreiben seines Cousins Carl von Savigny: „Ich habe unberechenbar viel verloren mit der Mutter. Sie war der einzige Mensch, welcher mich liebte, nicht trotz meiner Fehler, sondern mit allen meinen Fehlern, wie ich einmal war" (GStA PK, Sign. I. HA, Rep. 92, Savigny, Nr. 57).

Bettina von Arnims Korrespondenz mit ihrem dritten Sohn Friedmund schließlich bildet das Gegenstück zu dem von – nicht selten aggressiv artikulierten – Meinungsverschiedenheiten durchzogenen Briefwechsel mit Siegmund. Friedmund war neben seiner Schwester Gisela das Kind, mit dem sich die Mutter am besten verstand. Er bejahte nicht nur ihre literarische Produktion, sondern teilte auch weitgehend ihre politischen Anschauungen. Frühzeitig erkannte sie, dass die Stärken des Heranwachsenden eher auf praktischem Gebiet lagen, und sorgte gegen den Widerstand ihres Mannes dafür, dass er vom Gymnasium auf die Gewerbeschule wechselte. Diese Vorbildung kam ihm dann zugute, als er Ende der 1830er Jahre die Königlich Württembergische Lehranstalt für Land- und Forstwirtschaft in Hohenheim besuchte, um sich auf eine Tätigkeit als Gutsherr und Landesverwalter vorzubereiten. Die Gelegenheit, sich in dieser Rolle zu bewähren, bot sich, als Friedmund 1844 die Bewirtschaftung der Arnim'schen Ländereien um Blankensee übernahm. Mit großer Entschlossenheit und eisernem Durchhaltevermögen verbesserte er dort die Anbaubedingungen, vergrößerte die Erträge und modernisierte das vormals vernachlässigte Anwesen, so dass er in den 1850er Jahren nicht nur Mutter und Schwestern in Berlin reichlich mit Naturalien versorgen, sondern ihnen darüber hinaus auch finanzielle Unterstützung zukommen lassen konnte.

Ähnlich wie sein Vater Achim fühlte Friedmund von Arnim sich in ländlicher Abgeschiedenheit am wohlsten und konnte dem Leben in der Stadt wenig abgewinnen. Bereits in einem Brief vom 24. Juli 1837 beklagt er sich über das „infame[ ] Berlin" (Bw Friedmund, 27), das für seine Mutter ein lebenswichtiger Sozial- und Wirkungsraum war. Doch auch wenn er gelegentlich bedauerte, dass seine Mutter „das landwirthschaftliche Glück nicht" mit ihm zu teilen vermochte (17./18. August 1845, in: Bw Friedmund, 64), gab es genügend andere Gebiete, die für beide gleichermaßen wichtig waren. Was ihn sowohl mit dem Vater, vor allem aber auch mit der Mutter verband, war das Interesse an wissenschaftlichen, philosophischen und staatstheoretischen Fragestellungen. Als Bettina von Arnim Anfang der 1840er Jahre sozialphilosophische und theologiekritische Schriften in breiterem Umfang rezipierte, regte sie damit auch ihren Sohn an, sich mit frühsozialistischem und junghegelianischem Gedankengut vertraut zu machen. Über sie kam er beispielsweise in Kontakt mit Bruno Bauer und dessen Bruder, dem Verleger Egbert Bauer. In dieser Zeit publizierte er diverse Schriften aus der Perspektive eines „communistischen Royalismus" (Heinrich Bernhard Oppenheim an Bettina von Arnim, 2. März 1849, in: B. v. Arnim/Oppenheim 1990, 223), darunter *Die gute Sache der Seele, ihre eigenen Angelegenheiten und die aus dem Menschen und der Vergangenheit entwickelte Geschichtszukunft* (1843), *Was ist Eigenthum?* (1843) und *Die Rechte jedes Menschen* (1844). Mit Friedmund konnte sich Bettina von Arnim daher intensiv über die Einschätzung der politischen Lage und ihre eigenen Werkprojekte austauschen.

Beiden gemeinsam war – obgleich in unterschiedlicher Rigorosität – im Übrigen das Ideal der Bedürfnislosigkeit, das in der Ablehnung von Luxus, einer konsequenten (nicht anders als protestantisch zu nennenden) Arbeitsethik und einer Strenge gegenüber eigenen Bedürfnissen zum Ausdruck kam. Heinz Rölleke hat zu Recht darauf hingewiesen, dass „ein handfest verstandener und praktizierter Rousseauismus eine stets wesentliche Konstante seines Lebens und seiner Werke bildete" (Rölleke 1986, 8). Schon früh vertraute Friedmund von Arnim auf die therapeutische Wirkung von physischer Anstrengung. Und auch in seinen späteren Lebensjahren suchte er Krankheiten und Unpässlichkeiten vor allem durch harte körperliche Arbeit und rigorose Diät zu begegnen. Dass sein lebensreformerischer Eifer bis hin zur Askese gehen konnte, belegt eine Erinnerung seiner Schwester Maxe, in der „die Rücksichtslosigkeit" gegen „sich selbst" drastisch zum Ausdruck kommt: „Sein Bett bestand aus dem blanken Fußboden, auf dem eine Wolldecke lag und darauf ein Leinentuch, in das er sich einwickelt, dazu ein Buch als Kopfkissen" (M. v. Arnim/Werner 1937, 166). Von seiner Mutter übernahm er auch das Vertrauen in die Wirksamkeit der Homöopathie. In den 1860er Jahren verfasste er sogar mehrere medizinische Schriften und entwickelte eigene Arzneimittel.

Die geistige Verwandtschaft beider und die Innigkeit des Umgangs waren so eng, dass man Mühe hat, in dieser Zeit vergleichbare Konstellationen zu finden. Wie exzeptionell das Verhältnis der beiden letztlich war, zeigt vielleicht der Anfang jenes Briefes am besten, den Friedmund von Arnim am 4. Januar 1847 an Bettina schrieb: „~~Liebe Mutter~~ (eine alberne Anrede)", heißt es dort (Bw Friedmund, 101). Indem der Sohn die herkömmliche Anrede ausstrich und ihr mit dem anschließenden, begründenden Kommentar die Dignität absprach, die tatsächliche Bedeutung des so adressierten Gegenübers auszudrücken, machte er nachdrücklich deutlich, wie sehr sich der Kontakt zur Mutter außerhalb der Bahnen konventioneller Eltern/Kind-Beziehungen bewegte.

9. Literatur

Zitierte Ausgaben [aus dem Siglenverzeichnis]: Bw Arnim 1; Bw Arnim 2; Bw Arnim 3; Bw Döring; Bw Freimund; Bw Freyberg; Bw Friedmund; Bw Friedrich Wilhelm IV.; Bw Grimm; Bw Pückler; Bw Siegmund; GW 4; GW [Härtl] 2; GW [Konrad] 2, S. 409–708; Varnhagen 1; Varnhagen 2.

[Anon.]: „Neue Schrift von Bettina / Erinnerung an Gaye". In: *Allgemeine Zeitung* (Beilage), Jg. 1841, Nr. 163 vom 12. Juni 1841, S. 1302.

Anton, Annette C.: *Authentizität als Fiktion. Briefkultur im 18. und 19. Jahrhundert.* Stuttgart, Weimar 1995.

Arnim, Bettina von: „Briefe und Konzepte 1837 bis 1846". Hg. v. Heinz Härtl. In: *Sinn und Form* 40.4 (1988), S. 694–710.

Arnim, Bettina von, und Heinrich Bernhard Oppenheim: *... und mehr als einmal nachts im Thiergarten. Briefe 1841–1849.* Hg., eingeleitet u. kommentiert v. Ursula Püschel. Berlin 1990.

Arnim, Maximiliane von, und Johannes Werner: *Maxe von Arnim. Tochter Bettinas, Gräfin von Oriola, 1818–1894. Ein Lebens- und Zeitbild aus alten Quellen geschöpft.* Leipzig 1937.

Bäumer, Konstanze: *Bettine, Psyche, Mignon. Bettina von Arnim und Goethe.* Stuttgart 1986.

Bäumer, Konstanze: „‚Ilius Pamphilius und die Ambrosia'. Bettine von Arnim als Mentorin". In: Jb BvA 3 (1989), S. 263–282.

Bäumer, Konstanze, und Hartwig Schultz: *Bettina von Arnim.* Stuttgart, Weimar 1995.

Baumgart, Hildegard: *Bettine Brentano und Achim von Arnim. Lehrjahre einer Liebe.* Berlin 1999.

Becker-Cantarino, Barbara: „Zur politischen Romantik: Bettina von Arnim, die ‚Frauenfrage' und der ‚Feminismus'". In: Hartwig Schultz (Hg.): *„Die echte Politik muß Erfinderin sein." Beiträge eines Wiepersdorfer Kolloquiums zu Bettina von Arnim.* Berlin 1999, S. 217–248.

Bunzel, Wolfgang: „Patriotismus und Geselligkeit. Bettine Brentanos Umgang und Briefwechsel mit Studenten der Universität Landshut". In: Walter Schmitz u. Sibylle von Steinsdorff (Hg.): *„Der Geist muß Freiheit genießen …!" Studien zu Werk und Bildungsprogramm Bettine von Arnims.* Berlin 1992, S. 26–47.

Bunzel, Wolfgang: „Empfänger unbekannt? Adressatenbezug und Wirkungsstrategie der ‚Polenbroschüre' Bettine von Arnims". In: Jb BvA 11/12 (1999/2000), S. 145–159.

Bunzel, Wolfgang: „Ver-Öffentlichung des Privaten. Typen und Funktionen epistolaren Schreibens bei Bettine von Arnim". In: Bernd Füllner (Hg.): *Briefkultur im Vormärz. Vorträge der Tagung des Forum Vormärz Forschung und der Heinrich-Heine-Gesellschaft am 23. Oktober 1999 in Düsseldorf.* Bielefeld 2001, S. 41–96.

Bunzel, Wolfgang: „‚Von Herz zu Herz'? Zum textologischen Status und sozialhistorischen Kontext der Familienbriefe Bettine von Arnims". In: Ulrike Landfester u. Hartwig Schultz (Hg.): *Dies Buch gehört den Kindern. Achim und Bettine von Arnim und ihre Nachfahren. Beiträge eines Wiepersdorfer Kolloquiums zur Familiengeschichte.* Berlin 2004, S. 37–81.

Bunzel, Wolfgang: *„Die Welt umwälzen"*. *Bettine von Arnim geb. Brentano (1785–1859)*. Frankfurt a.M. 2009.
Bunzel, Wolfgang: „Brief-Erziehung. Bettine von Arnim als epistolare Mentorin". In: Selma Jahnke u. Sylvie Le Moël (Hg.): *Briefe um 1800. Zur Medialität von Generation*. Berlin 2015, S. 137–158.
Carriere, Moriz: „Ungarische Dichtungen". In: *Deutsches Museum* 1 (1851), Bd. 2 (Juli – September), S. 208–216.
Carriere, Moriz: *Bettina von Arnim*. Breslau o.J. [1887].
Forbes-Mosse, Irene: „Johanna Kinkel, Bettina und ihr König. Aus alten Arnimschen Familienpapieren". In: *Das Unterhaltungsblatt der Vossischen Zeitung*, Nr. 305, vom 30. Dezember 1928.
Gajek, Enid: „,Das gefährliche Spiel meiner Sinne'. Gedanken zu Bettine und Pückler". In: Jb BvA 3 (1989), S. 249–261.
Gajek, Enid: „,Frivoler Scherz' und ,tiefrer Ernst'. Das Verhältnis Bettine von Arnims zu Pückler". In: Christian Friedrich u. Ulf Jacob (Hg.): *„... ein Kind meiner Zeit, ein ächtes, bin ich ..."*: *Stand und Perspektiven der Forschung zu Fürst Pückler*. Berlin 2010, S. 253–262.
Gersdorff, Dagmar von: *Bettina und Achim von Arnim: Eine fast romantische Ehe*. Berlin 1997.
Grimm, Jacob, und Wilhelm Grimm: *Kinder- und Haus-Märchen. Gesammelt durch die Brüder Grimm*. Berlin 1812 [Bd. 1].
Grimm, Jacob [u.a.]: *Briefwechsel zwischen Jacob und Wilhelm Grimm, Dahlmann und Gervinus*. 2 Bde. Hg. v. Eduard Ippel. Berlin 1885/86.
Härtl, Heinz: „Publizistische Beiträge Bettina von Arnims 1839–1840". In: Jb FDH 1995, S. 192–206.
Henrici, Karl Ernst: *Versteigerung 148. Bettine von Arnim. Literarisches und Politisches aus ihrem handschriftlichen Nachlass, darunter Goethes Briefwechsel mit einem Kinde*. Auktionskatalog. Berlin 1929. [= Henrici 1]
Henrici, Karl Ernst: *Versteigerung 149. Arnim und Brentano. Des Knaben Wunderhorn. Handschriftliches aus dem Nachlaß der Bettine v. Arnim*. Auktionskatalog. Berlin 1929. [= Henrici 2]
Kertbeny, K.M.: *Silhouetten und Reliquien. Erinnerungen*. Bd. 1. Wien, Prag 1861. [= Bw Benkert 1]
Landfester, Ulrike: „,Heute soll hier die Revolution losgehen ...': Anna von Arnims Briefe aus Berlin an ihren Mann Freimund vom Sommer 1848". In: Wolfgang Bunzel, Konrad Feilchenfeldt u. Walter Schmitz (Hg.): *Schnittpunkt Romantik. Text- und Quellenstudien zur Literatur des 19. Jahrhunderts*. Festschrift für Sibylle von Steinsdorff. Tübingen 1997, S. 257–288.
Landfester, Ulrike: „,Die echte Politik muß Erfinderin sein': Überlegungen zum Umgang mit Bettine von Arnims politischem Werk". In: Hartwig Schultz (Hg.): *„Die echte Politik muß Erfinderin sein". Beiträge eines Wiepersdorfer Kolloquiums zu Bettina von Arnim*. Berlin 1999, S. 1–37.
Mallachow, Lore, und Gertrud Meyer-Hepner: *Bettina. Ein Lesebuch für unsere Zeit*. 4. Aufl. Weimar 1958.
Meyer-Hepner, Gertrud: „Das Bettina von Arnim-Archiv". In: *Sinn und Form* 6 (1954), S. 594–611.
Penzold, Michael: *Begründungen weiblichen Schreibens im 19. Jahrhundert. Produktive Aneignungen des biblischen Buches Rut bei Bettine von Arnim und Thomasine Gyllembourg*. Würzburg 2010.
Petőfy, Alexander: *Gedichte. Nebst einem Anhang Lieder anderer ungarischer Dichter*. Aus dem Ungarischen übertragen durch Kertbeny. Frankfurt a.M. 1849.

Püschel, Ursula: „Ein Fall im Namensregister. Bettina von Arnim, Pantillon und die Camarilla". In: Jb BvA 16 (2004), S. 103–116.
Reuß, Eleonore Fürstin von: *Philipp Nathusius' Jugendjahre. Nach Briefen und Tagebüchern.* Berlin 1896.
Rölleke, Heinz: „Einleitung". In: Friedmund von Arnim: *Hundert neue Mährchen im Gebirge gesammelt.* Auf der Grundlage der Erstausgabe von 1844 neu hg. v. H. Rölleke. Köln 1986, S. 7–37.
Schellberg, Wilhelm, und Friedrich Fuchs (Hg.): *Die Andacht zum Menschenbild. Unbekannte Briefe von Bettine Brentano.* Jena 1942.
Schmitz, Walter: „Bettine von Arnims Lebensrollen. Zur Sozialgeschichte einer Schriftstellerin in der Biedermeierzeit". In: W. Schmitz u. Sibylle von Steinsdorff (Hg.): „*Der Geist muß Freiheit genießen ...!" Studien zu Werk und Bildungsprogramm Bettine von Arnims.* Berlin 1992, S. 1–25.
Schormann, Sabine: *Bettine von Arnim. Die Bedeutung Schleiermachers für ihr Leben und Werk.* Tübingen 1993.
Schwinn, Holger: „Zwischen Freundschaftsbund und Produktionsgemeinschaft. Die ‚Liederbrüder' Clemens Brentano und Ludwig Achim von Arnim". In: Jb BvA 24/25 (2012/13), S. 63–84.
Turóczi-Trostler, József: „Petöfis Eintritt in die Weltliteratur II: Karl Maria Kertbeny – ein Petöfi-Apostel. – Bettina von Arnim, Ungarn und Petöfi". In: *Acta Litteraria Academiae Scientiarum Hungaricae* 4 (1961), S. 23–182. [= Bw Benkert 2]
Vordtriede, Werner (Hg.): „Bettina von Arnims Briefe an Julius Döring". In: Jb FDH 1963, S. 341–488.

V. Das bildkünstlerische und musikalische Werk

1. Bettina von Arnim als bildende Künstlerin
Petra Maisak

1. Schöpferischer Prozess und zeichnerische Praxis 549
2. Entwicklung, Vorbilder und Anregungen 552
   Die frühen Jahre // Berlin und Wiepersdorf // Schinkel
3. Zeichnen als performativer und kommunikativer Akt 557
   Widmungsblätter und Salonarabesken // Gemeinschaft stiftendes
   Zeichnen mit Philipp Hössli // Zeichnen im erotischen Dialog mit
   Fürst Pückler
4. Das *Octoberfest* für König Ludwig I. von Bayern 562
   Idee und Genese // Rekonstruktion des Konzepts //
   Der Dichterkönig
5. Das Goethe-Denkmal 566
   Das Frankfurter Denkmalsprojekt // Bettina von Arnims
   oppositionelles Modell // Wirkung und Werbestrategien /
   Das Denkmal als Lebenstraum
6. Literatur 575

1. Schöpferischer Prozess und zeichnerische Praxis

Alle Kunst sei „ein Buchstabieren des göttlichen *Es werde*", schreibt Bettina von Arnim in ihrem *Goethebuch* und bekennt sich zu einer genuinen schöpferischen Kraft, die sie mit allen Sinnen zu fassen sucht (GW 2, 405). Vielseitig begabt führt sie schon früh bildkünstlerische Arbeiten aus, um ihrer Vorstellungswelt sichtbare Gestalt zu verleihen. Bettina macht sich das frühromantische Postulat einer Grenzauflösung zwischen den Künsten, zwischen Kunst und Leben zu eigen und entwickelt auf dieser oszillierenden Basis ihre persönliche Bildsprache. Die Affinität zum Strukturprinzip der Arabeske, die Friedrich Schlegel „die älteste und ursprüngliche Form der menschlichen Fantasie" nennt (Schlegel 1967, 319), ist unverkennbar. Bettina verschränkt subjektive Inventionen mit ikonologischen Mustern und konzipiert Darstellungen, die eine sinnreiche, originelle und anmutige Wirkung entfalten sollen. Formal orientiert sie sich an der klassischen Tradition; die Rückbindung an ein romantisiertes Mittelalter liegt ihr fern. Wenn Joseph von Görres (freilich mit geschlechtsspezifischer Tendenz) Bettinas Schaffen charakterisiert, trifft er auch ihre Zeichenweise: „Das ist freilich mit allerlei kuriosen Circumflexen umwachsen, [...] alles indessen so künstlich zusammengeflochten und mit allerlei Arabesken eingebogen, daß man es als ihren Garten betrachten muß [...]. Der Irrgarten ist so gut komponiert und so künstlich ineinandergeschlungen wie ihre Zeichnung zum Oktoberfest [...]. [E]s kann auch überhaupt keinem Mann gelingen, so viel Zierlichkeit zusammenzufangen und in den paar Strichen festzuhalten. Antik ists nicht, romantisch auch nicht, aber Bettinisch, eine eigene anmutige Mittelgattung" (an Achim von Arnim, [September 1830], in: Bw Arnim 2, 905).

Zu Bettinas Selbstverständnis gehört es, kein professionelles Künstlertum anzustreben, sondern sich als inspirierte Autodidaktin auszugeben, als Dilettantin im positiven Sinn des Wortes, um sich ihren Freiraum angesichts der Normen und Zwänge des Kunstbetriebs zu bewahren. Dabei gibt sie sich den Anschein des unverbildeten kindlichen Genies, für das die Kunst gleichermaßen Ernst und Spiel ist. Ihr Kunstverständnis gründet auf subjektiven Kriterien und wird von Emotionen bestimmt; Enthusiasmus und schöpferischer Eros sind die Schlüsselbegriffe.

Bettina hat gezeichnet, modelliert und auch die Ölmalerei ausprobiert (vgl. Bettina an Arnim, 13. Juli 1807, in: Bw Arnim 3, Bd. 1, 84–85); gesicherte Gemälde sind allerdings nicht bekannt. Das ihr zugeschriebene Bild des *Petrihäuschens* im Rödelheimer Park (Privatbesitz; Böhm 2018, Bd. 2, Nr. Q) ist mit Skepsis zu betrachten. Achim von Arnim gab ihr hellsichtig zu bedenken: „Ich riet Dir nicht zu viel zu malen, weil ich voraussah, daß es Dir bald zum Ekel sein würde [...]. Schwer halte ich es nun freilich als Mutter von 6 Kindern die Ölmalerei anzufangen und einen Erfolg zu haben, es fordert schon in Nebendingen eine große Anstalt und Anordnung, eine vollkommene Herrschaft über Zeit und Laune. [...] [V]ersuche Dein Heil, aber es sollte mir leid tun, wenn Dir das Zeichnen dadurch verleidet würde, das ohne große Anstalten einen Genuß gewährt" (9. Mai 1822, in: Bw Arnim 2, 364–365; vgl. auch ebd., 374). Tatsächlich bevorzugt Bettina das Zeichnen als das Medium, das bei geringstem technischen Aufwand die unmittelbarste Umsetzung der künstlerischen Idee erlaubt. In Ton modelliert hat sie vor allem im Kontext ihres Goethe-Denkmals.

Zahlreiche Selbstaussagen und Zeugnisse von Zeitgenossen geben Aufschluss über Bettinas bildkünstlerisches Schaffen. Einen konkreten Einblick in ihre Zeichentätigkeit erlauben die Blätter, die großenteils aus dem Nachlass der Töchter Maximiliane von Oriola und Armgart von Flemming in die Kunstsammlungen des Freien Deutschen Hochstifts gelangt sind. Zeichnungen aus dem Nachlass von Gisela und Herman Grimm finden sich in der Verwaltung der Staatlichen Schlösser und Gärten Hessen in Bad Homburg. Weitere Arbeiten Bettinas lagern in den Graphischen Sammlungen der Klassik Stiftung Weimar und im Kupferstichkabinett der Staatlichen Museen zu Berlin. Zahlreiche aus schriftlichen Quellen bekannte Blätter sind indes nicht mehr nachweisbar. Einen Überblick über das Material und die Forschung bietet die grundlegende Studie, die Dajana Böhm samt kommentiertem Werkverzeichnis mit ganzseitigen Abbildungen in zwei Bänden 2018 vorgelegt hat (im Folgenden zit. als Böhm 1 und 2).

Bettinas Zeichenpraxis lässt sich – kurz gefasst – als fließender, nie ganz abgeschlossener Prozess beschreiben, bei dem es primär auf das Konzept,

1. Bettina von Arnim als bildende Künstlerin

auf die poetische Idee ankommt; die technische Ausführung bleibt dagegen sekundär. Sie bevorzugt das reversible Skizzieren auf einer Schiefertafel, das ihr erlaubt, Linienführung und Komposition ständig zu verändern. Symptomatisch ist ihr Bericht an Arnim vom 9. September 1824 aus Schlangenbad: „eine meiner besten Unterhaltungen ist die daß ich eine Schiefertafel mit ins Bad nehme und die Sophie nackend darauf zeichne, bald von hinten bald von vorne, unten und oben, nachher zeichne ich sie ab in ein Büchlein und am andern Tag zeichne ich neue" (Bw Arnim 3, Bd. 2, 417). Adolf Stahr erzählt sie am 2. November 1840, welch großes Vergnügen es ihr bereite, „mit einem Griffel auf eine große Schiefertafel zu zeichnen [...], was mich zwar von allem, was ich vornehme, am meisten anstrengt, aber auch mich am leidenschaftlichsten einnimmt" (zit. nach GW [Oehlke] 1, XXXVIII). Wie die Nichte Sophie Brentano entstammen die Modelle für Bettinas figurative Kompositionen oft dem persönlichen Umkreis, insbesondere sind es die eigenen Kinder. Aus dem Fundus dieser Skizzen gewinnt sie die Motive für ihre bildmäßig ausgearbeiteten Zeichnungen. Dabei entwickelt sie eine nahezu serielle Produktion, indem sie einzelne Motive auf dünnem, transparentem Papier durchpaust und mit leichten Variationen wiederholt oder in einen neuen Kontext einbindet. Die Zeichnungen werden meist mit einem weichen Graphitstift schemenhaft angelegt. Der Duktus wirkt zaghaft und unentschieden, ein Eindruck, den zahlreiche durch Wischtechnik verschleierte Pentimenti noch unterstreichen. Deshalb fallen die klaren, prägnanten Konturen mit Feder oder hartem spitzem Bleistift, die manche Zeichnungen strukturierend überformen, besonders auf; hier scheinen professionelle Helfer ins Spiel zu kommen, die Bettinas Zeichnungen den ‚letzten Schliff' geben.

Bettina verwendet vorzugsweise die abstrahierende Linienzeichnung, die John Flaxman (1755–1826) mit seinen Illustrationen zur *Ilias* und *Odyssee* sowohl bei Klassizisten als auch bei Romantikern in Mode gebracht hatte. Bei diesem Konturenstil wird der Umriss betont und die Binnenstruktur der Motive nur chiffrenhaft angedeutet. Die Figuren erscheinen oft in antikischer Nacktheit, die Bettina mit Ursprünglichkeit und Wahrheit konnotiert. Analog zu Flaxman legt sie ihre Darstellungen meist parataktisch in der Art eines Reliefs an und verzichtet auf Tiefenräumlichkeit. Auch wenn sie gewohnt ist, nach dem lebenden Modell zu zeichnen, liegt ihr jeglicher Naturalismus fern; Anatomie und Perspektive spielen keine Rolle. Die Augen der Figuren bleiben wie die Gipsabgüsse antiker Plastik blicklos. Varnhagen von Ense weist zu Recht auf Bettinas Affinität zur Bildhauerei hin, „namentlich zum Basrelief, von Schatten und Helldunkel will sie nichts hören, alles ist hell und licht bei ihr" (Eintrag vom 27. Juli 1854, in: Varnhagen 2, Bd. 11, 159–160, Zit. 160).

Für Bettina steht die Inventio, die künstlerische Idee im Mittelpunkt, so dass die Frage nach der Qualität der technischen Ausführung oder nach dem Original obsolet erscheint. Die Serienproduktion mit Versatzstücken und Kopien bedeutet in ihren Augen keinen Qualitätsverlust, sondern eine Steigerung der künstlerischen Möglichkeiten. Als Hermann von Pückler-Muskau eine ihrer Zeichnungen als bloße Kopie achtlos weglegt, insistiert Bettina, diese sei ihr

„besser gelungen als das Original" (an Pückler, 2. August 1832, in: Bw Pückler, 174; vgl. auch ebd., Briefe Nr. 52, 53, 54). Dieses replizierende Zeichnen führt zu einem Repertoire an Bildzeichen, die mit einem bestimmten Sinn unterlegt werden und wie Buchstaben aus einem Alphabet in unterschiedlichem Kontext verwendet und dementsprechend ‚gelesen' werden können. Wie schon Görres anmerkte, lässt sich die Zeichnerin Bettina nicht wertend in das künstlerische Spektrum ihrer Zeit einordnen. Sie folgt ihren eigenen Kriterien und überzeugt letztlich nicht durch das abgeschlossene, in sich vollendete Kunstwerk, sondern durch die bildkünstlerischen Konzepte, die sie als komplementären Strang innerhalb ihres kreativen Schaffens entwickelt.

2. Entwicklung, Vorbilder und Anregungen

Die frühen Jahre

Auch wenn Bettina von Arnim darauf beharrte, Autodidaktin zu sein, lassen sich zumindest die Grundzüge einer zeichnerischen Ausbildung erkennen. Seit der Aufklärung gehörte eine gewisse Fertigkeit in den schönen Künsten zum Bildungsideal des gehobenen Bürgertums und war auch Teil der weiblichen Erziehung. So wird sie im Mädchenpensionat des Ursulinenklosters in Fritzlar neben feinen Handarbeiten auch die Anfangsgründe des Zeichnens erlernt haben. Aus dem *Frühlingskranz* geht hervor, dass Bettina spätestens zwischen 1800 und 1802 während ihres Offenbacher Aufenthalts bei der Großmutter Sophie von La Roche ein wenig gezeichnet haben dürfte, mahnt Clemens Brentano, der selbst als Zeichner dilettiert, die Schwester hier doch gleich im ersten Brief: „Sei fleißig in der Musik und Zeichnung, es sind die unschuldigsten Organe der Güte und Schönheit" (GW [Oehlke] 1, 19–20). Er hält sie schulmeisterlich zu weiterem Üben an: „Spiele brav Klavier, singe, zeichne und lerne wo Du kannst, nur damit kannst Du Dir Deinen Lebenskreis erweitern" (ebd., 22). Bettina stöhnt indessen: „O Zeichenkunst, werde ich je weiter kommen?" (ebd., 169) Angeblich schickt Brentano der Schwester 1801 eine Ausgabe von Karl Philipp Moritz' *Götterlehre* (1791), um ihr Interesse an der antiken Mythologie als einer inspirierenden ‚Sprache der Phantasie' zu wecken (vgl. ebd., 48). Motive aus diesem Kompendium sind tatsächlich in ihren Zeichnungen nachzuweisen. Die häufigen Ortswechsel der folgenden Zeit – Frankfurt am Main, Gut Trages, Marburg, Kassel, Winkel – lassen an geregelte Zeichenübungen nicht denken. In Frankfurt hat Bettina immerhin ihr eigenes „kleines Kabinettchen" (ebd., 169), in dem sie arbeiten kann.

Im September 1806 lernte Bettina in Frankfurt den Kunsthistoriker, Schriftsteller, Zeichner, Maler und Kunstsammler Carl Friedrich von Rumohr (1785–1843) kennen, einen kapriziösen Sonderling, der eben mit Ludwig Tieck von einer Italienreise zurückgekehrt war. Aus der Begegnung entwickelte sich eine lange freundschaftliche Beziehung, die sich in der zeichnerischen Praxis niederschlug. So fügte Bettina in einen Brief an Rumohr vom 20. August 1807 die eigenhändige kleine Skizze eines Trommlers und eines Tambours ein (siehe

1. Bettina von Arnim als bildende Künstlerin

GW 4, Brief Nr. 18, Abb. 6). In der Folge fertigte Rumohr für sie kleine Federzeichnungen an, die Bettina gern als Vignetten für ihre eigenen Briefe nutzte. Rumohrs Ansicht des Kölner Uferpanoramas schmückt etwa ihren Brief vom 9. September 1809 an Goethe (GW 2, 649, Abb. 6), dem sie am 8. März 1832 schreiben wird: „Alte Zeiten kehren wieder, du siehsts an der Vignette, sie ist auch von Rumohrs Hand an meinem Schreibtisch gemacht, wie die vor zwanzig Jahren" (ebd., 746).

Während ihres Aufenthalts in Kassel bei der Schwester Lulu Jordis machte Bettina 1807 die Bekanntschaft von Ludwig Emil Grimm (1790–1863), dem jüngeren Bruder von Wilhelm und Jacob Grimm. Der angehende Zeichner, Maler und Kupferstecher erhielt Privatunterricht bei dem Kasseler Akademieprofessor und Galerieinspektor Ernst Friedrich Ferdinand Robert (1763–1843), einem Schüler von Johann Heinrich Tischbein d.Ä. (vgl. Grimm 1911, 86). Bettina nahm ebenfalls Kunstunterricht beim „alten Maler Robert aus Kassel", klagte aber: „bei dem ich nichts gelernt habe" (an Goethe, 29. Februar 1810, in: GW [Oehlke] 3, 425).

Von größerer Tragweite war dagegen der Umgang mit Grimm, der nicht nur die treffendsten Porträts von Bettina anfertigte, sondern auch ihre Zeichentätigkeit förderte. Eine herzliche Freundschaft entstand, als Bettina zwischen 1808 und 1810 im Umfeld der Familie Savigny in München und Landshut lebte. Grimm kam Ende 1808 nach Landshut und nahm im Frühjahr 1809 ein Studium an der Münchener Akademie auf. Bettina war fast täglich mit ihm zusammen, wobei sie sicher Einblick in seine Zeichenstudien erhielt, die mit Umrisskopien nach Raffael begannen, im Antikensaal und im Aktsaal fortgesetzt wurden, aber auch im Freien nach der Natur erfolgten (vgl. Grimm 1911, 94–114).

In München studierte Grimm bei dem Zeichner und Kupferstecher Carl Ernst Christoph Heß (1755–1828), mit dem Bettina gleichfalls Umgang pflegte. Schon damals könnte sie die *Vier Zeiten* von Philipp Otto Runge (1777–1810) kennengelernt haben, arabeske Kupferstiche im Konturenstil, die, in zwei Auflagen 1805 und 1807 erschienen, von Brentano, Arnim und Görres mit Begeisterung aufgenommen und von Goethe hoch geschätzt wurden. Die Erstauflage des Zyklus mit den paradiesischen Kindern und Genien gelangte zu einem unbekannten Zeitpunkt in Bettinas Besitz (FDH; vgl. Busch/Maisak 2013, 119–124). Ein Echo wird sich später auch in ihren Zeichnungen finden, insbesondere in der Komposition *Amor und Psyche über einer Weinlaube mit Genien* (1824; Durchzeichnung im FDH; Böhm 2, Nr. 5). Sie entspricht der Darstellung *Der Traum aus Faust*, die von Bettina und ihrem Freundeskreis häufig erwähnt wird.

Zur gleichen Zeit wie Bettina hielt sich auch Rumohr in München auf; er begleitete sie auf Ausflügen in die Umgebung (vgl. GW [Oehlke] 3, 354–357) und zeichnete Vignetten für sie. Rumohrs kräftiger Duktus mit den engen parallelen Schraffuren und der flächigen Lavierung ist unverkennbar; seine Landschaften werden mit Licht und Schatten plastisch modelliert und perspektivisch gegliedert. Damals entstanden wahrscheinlich Rumohrs Federzeichnungen mit Gebirgsmotiven, die Bettina später für ihre Briefe an Fürst Pückler verwenden wird (FDH; Böhm 2, Nr. E–I) und die ihr früher selbst zugeschrieben wurden. Bei einem Vergleich mit Bettinas eigenhändiger Federskizze in einem Brief an Arnim vom Juni 1809 aus München ist der Unterschied allerdings nicht zu übersehen, auch wenn sie versucht hat, die gratige Schraffiertechnik Rumohrs nachzuahmen (FDH, Bw Arnim 3, Bd. 1, 362, mit Abb.). Bettina entwirft eine Gebirgslandschaft mit Tempelchen und zwei Kreuzen; oben knäuelt sich eine dunkle Gewitterwolke, aus der ein Blitz herabfährt. Darauf bezieht sich auch die Nachschrift: „Laß dich die herabhängende Gewitterwolke nicht stören, die über den Kreuzgen hängt" (ebd.). Handschrift und Skizze gehen unmittelbar ineinander über, während Rumohrs Vignetten linear vom Text abgegrenzt sind.

Der Kontakt mit Rumohr blieb auch nach Bettinas Übersiedlung nach Berlin im Jahr 1810 bestehen. Am 25. Mai 1829 erzählt sie Arnim von einem Besuch Rumohrs, der ihre Zeichnungen auf der Schiefertafel überschwänglich gelobt haben soll: „auf dieser Tafel ist mehr Genie als man in diesem Jahrhundert auftreiben kann" (Bw Arnim 3, Bd. 3, 193).

Berlin und Wiepersdorf

Für die Zeichnerin Bettina begann in Berlin eine neue Ära. Nach ihrer Heirat mit Achim von Arnim müssen die Schwangerschaften, die häufigen Wohnungswechsel und die Aufenthalte in Wiepersdorf ihr bildkünstlerisches Schaffen zwar erschwert haben, doch es bot ihr des ungeachtet einen kreativen Ausgleich zu den oft kaum zu bewältigenden Lasten des Alltags. Es half ihr auch, die Kinder zu bändigen, die sie als Modelle einspannte. Freimund zum Beispiel berichtet dem Vater am 8. November 1823: „Die Mutter vertreibt sich die Zeit mit Zeichnen, wobei sie uns immer braucht, heute hat sie mein Ohr abgezeichnet" (Bw Arnim 2, 416). In Wiepersdorf hatte Bettina ein eigenes „Zeichnungscabinet" (Tagebucheintrag Philipp Hösslis vom 23. September 1823, in: Bw Hössli, 165), ein Refugium, in das sie sich zurückziehen konnte. In ihrer letzten Berliner Wohnung In den Zelten verfügte sie sogar über ein großes Atelier (vgl. Maisak 2015, 307).

In Berlin fand Bettina neue Künstlerfreunde und wurde durch die Akademie-Ausstellungen mit der zeitgenössischen Kunstszene vertraut. So stellte Peter Cornelius (1783–1867) im März 1820 die ersten Kartons seiner Fresken für die Münchner Glyptothek aus (vgl. Krempel/Schuster 2004), deren klassisch-poetische Interpretation der antiken Götterwelt in Bettinas Zeichnungen nachzuwirken scheint. Die Bildhauer Christian Friedrich Tieck (1776–1851) und Christian Daniel Rauch (1777–1857) traten in ihren Gesichtskreis, mit deren Werken sie sich lebhaft auseinandersetzte. Zu ihren Bekannten zählten auch die Bildhauer Karl Friedrich Wichmann (1775–1836) und Ludwig Wilhelm Wichmann (1788–1859), zwei Brüder, die seit 1821 ein gemeinsames Atelier in Berlin betrieben, sowie Friedrich Wilhelm von Schadow (1788–1862) und der Porträtist Wilhelm Hensel (1794–1861). „Ich kann es nicht lassen, immer bei den Künstlern herumzufahren", schrieb sie 1820 an Ludwig Emil Grimm, „aber ich habe mehr Ärger als Freude dabei" (zit. nach Grimm 1911, 372–373).

Bettina nahm sogar Kontakt mit dem prominenten Klassizisten Bertel Thorvaldsen (1770–1844) auf, der 1820 in Berlin unter anderem den *Amor mit der Lyra* aus der Graziengruppe von 1818 ausstellte (vgl. Börsch-Supan 1971, Kat. 1820, 68, Bild Nr. 484). Im März 1822 schrieb Thorvaldsen aus Rom an die „schönäugige Bettine", die „geistvolle Frau"; er schickte ihr Bleistifte und Tusche und lobte nicht ohne feinsinnigen Spott ihre eigenwilligen Bilder, die sie ihm gezeigt oder geschickt haben muss. Er bedauerte, seine Werkstatt nicht „mit lebendigen Modellen bevölkern zu können, wie es Ihnen gelungen, daher ich mich nicht wundern darf, daß Ihnen die Genien so wohl gelingen, da Sie [...] immer ein halbes Dutzend [gemeint sind die Kinder; P.M.] zu Gebote haben" (GW [Oehlke] 7, 497).

Bettina scheute sich in ihrem Enthusiasmus nicht, sich mit all diesen Künstlern, die ihr wohlwollend begegneten, zu messen und ihrem eigenen Ingenium den Vorrang zu geben. Sie setzte sich aber auch äußerst großzügig für weniger arrivierte Künstler ein, denen sie zum Beispiel Empfehlungen an Goethe ausstellte, wie Grimm oder Julius Hübner (vgl. GW 2, 738–739). Mit besonderem Engagement versuchte Bettina 1838, dem kranken Carl Blechen (1798–1840) zu helfen, der im Jahr zuvor in eine Nervenheilanstalt eingewiesen worden war. Sie erkannte seine außerordentliche Begabung, erwarb zwei Bilder von ihm und wollte ihm mit Unterstützung von Moritz August von Bethmann-Hollweg eine Italienreise ermöglichen, die indes nicht zustande kam (vgl. den Brief Bettinas an Bethmann-Hollweg vom 11. Juli 1838, in: GW 4, 323–331).

Trotz ihrer beharrlichen Versicherungen, ganz eigenständig zu arbeiten, bediente Bettina sich gern professioneller Hilfe, um ihre Zeichnungen zu verbessern. Zu diesen Helfern gehörte der mit Savigny befreundete Maler Karl Wilhelm Wach (1787–1845), seit 1820 Professor und Mitglied der Berliner Akademie der Künste, der durch das Deckengemälde der neun Musen im Königlichen Schauspielhaus im Stil eines gefälligen Klassizismus bekannt wurde (vgl. GW 4, 231). Auch der Berliner Maler Carl Wilhelm Kolbe (1781–1853) half Bettina: „Meine Zeichnung [*Luna und Endymion*; P.M.] hat eine abermalige Correcktur erlebt Kolbe war so gut, eine halbe Stunde zu corrigieren, Du kanst dencken wie gewischt wurde Die Dir höchst fatalen Beine des Endymion sind mit wenig aber sehr wesentlichen Strichen ins Geschick gebracht" (an Arnim, 29. Januar 1825, in: Bw Arnim 3, Bd. 2, 440–441).

Schinkel

Keinem anderen Künstler stand Bettina in Berlin indes so nahe wie dem Maler und Architekten Karl Friedrich Schinkel (1781–1841), der auch mit Brentano und Arnim befreundet war (vgl. Schultz 2008). 1815 übernahm er sogar die Patenschaft für Friedmund von Arnim. „Als Schinkel noch in der Großen Friedrichsstraße Nr. 99 (von 1814–1821) wohnte, pflegte sich oft [...] eine höchst interessante, geistvolle, fröhliche Gesellschaft Abends bei ihm zusammenzufinden [...]. Es gehörten dazu Clemens Brentano, Bettina v. Arnim" (Carl Gropius in: Schinkel 1862/63, Bd. 2, 340 [Anm. 1]). Bei einer solchen Gelegenheit entstand 1820 Schinkels Gemälde *Schloß am Strom* nach den Vorgaben Brentanos. Die Zeichnerin Bettina begegnete dem Künstler mit respektvoller Selbstironie – „erzähle dem Schinckel von meiner großen Kunstanlage und wie ich mirs sauer werden lasse", verlangte sie von Arnim ([7. Januar 1823], in: Bw Arnim 3, Bd. 2, 340). Zu jener Zeit arbeitete sie an ihrem Goethe-Denkmal und ließ den Künstler wissen, sie habe „13 Tage ununterbrochen von Morgens bis Mitternacht gezeichnet. [...] Glauben Sie nicht daß ich einen zu großen Werth auf diese Spielerei lege" (zit. nach Schultz 2008, 47).

Schinkels Werk, das den Bogen zwischen Klassizismus und Romantik schlägt und die griechische Antike ebenso suggestiv inszeniert wie das gotische Mittelalter, übte eine starke Wirkung auf Bettina aus. Das nur noch in der Kopie von Wilhelm Ahlborn erhaltene Gemälde *Die Blüte Griechenlands* (1825; vgl. Börsch-Supan 2007, 455–461), ein Hauptwerk Schinkels, schilderte sie ausführlich im Ehebriefwechsel (23. Mai 1825, in: Bw Arnim 3, Bd. 2, 462) und in der Korrespondenz mit Goethe (6. Juni 1825, in: GW 2, 737–738); dort rühmte sie die „grazienhaften Gestalten und Liniamente[ ]" (ebd., 737), die mit ihrem eigenen zeichnerischen Ideal korrelieren.

Mit größtem Interesse verfolgte sie Schinkels Planung und Bau des Museums am Lustgarten (1823–1830), das die königliche Kunstsammlung aufnehmen sollte. Der Bau, der mit seinen klassizistischen Formen und seiner Kolonnade aus 18 ionischen Säulen an das Vorbild der Antike anknüpft, fand Bettinas Gefallen – „für mich ist das ganze zauberisch schön" (an Arnim, 5. September 1828, in: Bw Arnim 3, Bd. 3, 162). Dem Museumsbau lag das kunstpolitische Programm einer ästhetischen und moralischen Erziehung des Menschen zugrunde, das insbesondere durch allegorische Fresken in der Vorhalle vermittelt werden sollte. Schinkels Entwürfe, die Gouachen zum *Zyklus aus der Bildungsgeschichte des Menschengeschlechts* (1828–1834), sind das malerische Hauptwerk seiner späten Jahre. Unter dem Eindruck der *Götterlehre* von Karl Philipp Moritz entwickelte er eine arabesk verschlungene Darstellung der Kunst und der Kultur im Kontext von Kosmos und Leben, wobei er die antike Mythologie poetisch zu transformieren suchte (vgl. Trempler 2001; Börsch-Supan 2007, 480–495). Die fließende Komposition mit ihrem überquellenden Reichtum an anmutig bewegten Figuren inspirierte Bettina namentlich bei ihrer gleichzeitigen Arbeit am *Octoberfest*. Am 7. Mai 1828 berichtete sie Arnim, dass Schinkel bei ihr war und ihr „ein Stück seiner Composition für das Museum" gezeigt habe; das habe sie angeregt, „eine Gruppe Thaunymfen zu componieren" (Bw Arnim 3, Bd. 3, 137). In seinen Notizen zum Bildprogramm der Museumsfresken erwähnte Schinkel zahlreiche Motive (Börsch-Supan 2007, 639–645), die mit Bettinas Bildwelt korrelieren.

Schinkels komplexes, anspruchsvolles Bildprogramm und die Nacktheit der Gestalten stießen bei König Friedrich Wilhelm III. auf Widerstand, die Ausführung verzögerte sich und konnte erst 1841 nach dem Regierungsantritt seines Sohnes Friedrich Wilhelm IV. durch Cornelius und andere in Angriff genommen werden (im Zweiten Weltkrieg zerstört). Zusammen mit Fürst Pückler setzte sich Bettina vehement für Schinkels Entwürfe ein. Als ihre erste Publikation veröffentlichte sie 1834 in Pücklers *Andeutungen über Landschaftsgärtnerei* eine Streitschrift für die Museumsfresken (GW 2, 810–818), die, so Bettina, das kulturelle Leben beflügeln und sogar den „Keim einer Kunstschule in Berlin" bilden könnten (ebd., 817). Analog zu ihrem eigenen Kunstideal rühmt sie hier Schinkels Vermögen, „eine nicht gekannte unendliche Kette von Eingebungen an bekannte Begriffe und Erfahrungen anzuknüpfen, das Eigentümliche selbst dem Gewöhnlichen einzuflößen" (ebd., 811). In Bettinas Augen ist Schinkels „Art der Darstellung [...] so kindlich und naiv wie ihr Inhalt" (ebd., 812). Der Künstler selbst teilte dieses Ideal und formulierte möglicherweise unter Bettinas Einfluss: „Die schöne Kunst macht uns zu Kindern; wir spielen mit ihr, und je unschuldiger und unbefangener wir dies tun, je mehr werden wir wieder Kinder" (Schinkel 1992, 178). Beide teilen das Primat der Phantasie und lehnen naturalistische bzw. illusionistische Tendenzen ab, denn, so Schinkel, „gemeine Täuschung der Sinne ist ein der Kunst unwürdiges Bestreben" (ebd., 183).

Bettina korrespondierte mit Schinkel über ihre Zeichnungen (Briefwechsel in der Bibliotheka Jagiellońska, Kraków), ihm ist manche Korrektur und Ergänzung zu danken. Sie überließ dem Künstler auch eigene Arbeiten. Die Blätter Bettinas, die sich in Schinkels Nachlass gefunden haben, sind stark von seinem Duktus beeinflusst (vgl. Börsch-Supan 2007, 632–633). Dazu gehört die früher Schinkel selbst zugeschriebene Bleistiftzeichnung *Knabe mit Eule in einer Felslandschaft* (Staatliche Museen zu Berlin, Kupferstichkabinett; Böhm 2, Nr. 29a; vgl. auch ebd., Nr. 29). Für „die vortreffliche Eule mit Buben umher und schönster Landschaft" bedankt sich der Künstler am 29. September 1837 (zit. nach Schultz 2008, 47). Die verwickelte Symbolik dieses Blattes wird Bettina Jahre später ausführlich im *Ilius Pamphilius* (1847/48) beschreiben, wobei sie hier den „Knaben in der einsamen Felsnische", der eine Krone in der Hand hält, als den Dichter bezeichnet, „aus dessen Gedicht die Zeichnung entlehnt ist" (GW 3, 575–576 u. 1186).

3. Zeichnen als performativer und kommunikativer Akt

Widmungsblätter und Salonarabesken

Das Zeichnen diente Bettina nicht nur zur Selbstfindung und zum kreativen Ausgleich, sondern bezog nach Möglichkeit auch ein Publikum oder zumindest einen Adressaten mit ein. So verschenkte sie Widmungsblätter mit persönlichem Bezug, zum Beispiel die um 1828 entstandene *Südliche Phantasielandschaft*, eine feine, eigenhändig beschriftete Bleistiftzeichnung: „diese kleine Zeichnung machte ihrem Neffen Leberecht [dem Sohn ihrer Schwester Meline; P.M.] zu lieb seine ihn herzlich liebende Tante Bettine Arnim" (FDH; Böhm 2, Nr. 9). In den Kontext der Widmungsblätter gehört auch die launige Huldigungszeichnung für Franz Liszt mit Genien zwischen Notenlinien, die wohl 1842 während seines Konzertgastspiels in Berlin unter Mitwirkung von Bettinas Töchtern angefertigt wurde (Liszt-Haus Weimar; Böhm 2, Nr. 33).

Dem preußischen König Friedrich Wilhelm IV. ließ Bettina am Neujahrstag 1844 durch Varnhagen von Ense und Alexander von Humboldt eine, wie Varnhagen notiert, „zarte, wunderschöne Zeichnung" überbringen, „ein nacktes Mädchen und einen nackten Jüngling an einem Baume stehend, in dessen Krone eine Nachtigall singt" (zit. nach Maisak 2003, 274; Durchzeichnung im FDH; Böhm 2, Nr. 34). Im Jahr zuvor hatten Armgart und Maximiliane von Arnim dem König ihre geistreich verspielte *Huldigungsarabeske* präsentiert. Bettinas allegorische Figuration im Konturenstil, die an Adam und Eva unter dem Paradiesbaum erinnert, steht dazu in bewusstem Kontrast. Eine sorgfältig ausgeführte Bleistiftzeichnung des Motivs mit landschaftlichem Hintergrund und der Bezeichnung „Nachtigall ich hör dich singen / Das Herz im Leib möcht mir zerspringen" erhielt auch Schinkel (Staatliche Museen zu Berlin, Kupferstichkabinett; Böhm 2, Nr. 34a).

Im Rahmen der Berliner Salonkultur wurde das Zeichnen als eine Form der geselligen Unterhaltung gepflegt, an der auch Bettina, vor allem aber ihre Töchter großen Gefallen fanden. Zahlreiche Bildergeschichten und Alben zeugen von solch oft recht witzigen Gemeinschaftsarbeiten (Beispiele aus dem Nachlass der Töchter finden sich im FDH). Das scherzhafte Zeichnen in Gesellschaft thematisierte Bettina am 2. November 1840 in dem bereits erwähnten Brief an Adolf Stahr, dem sie erzählt, mit den Kindern in den Zwischenakten eines Liebhaberkonzerts Bilder skizziert zu haben, „wo die Figur des zweiten immer der des ersten einen Streich spielte und ihre tragische Repräsentation ins Lächerliche zog" (zit. nach GW [Oehlke] 1, XXXVI).

Das eigentliche Ziel Bettinas war nicht das Kunstwerk als Selbstzweck, sondern seine vielfach reflektierte und kommentierte Zurschaustellung. Sie präsentierte ihre bildnerischen Arbeiten im geselligen Kreis, verschickte sie und machte sie zum Gegenstand ihrer Korrespondenz. Immer wieder brach hier auch die Gier nach Bewunderung durch; kaum zu zählen sind Bettinas Berichte über Lobeshymnen von Freunden und Kunstkennern, die sich angeblich vor Begeisterung über ihre bildkünstlerischen Arbeiten kaum zu fassen wussten. Eine besondere Bedeutung erlangte das Zeichnen für Bettina als Medium einer nonverbalen Verständigung mit geliebten und bewunderten Männern. Auf konkrete Weise ist das in ihrer Beziehung zu Philipp Hössli zu fassen, auf einer fiktionalen Ebene in der Korrespondenz mit Hermann Fürst von Pückler-Muskau. Unter diesem Aspekt erfolgte auch ihre Arbeit am Goethe-Denkmal.

Gemeinschaft stiftendes Zeichnen mit Philipp Hössli

Das Tagebuch von Philipp Hössli (Bw Hössli, 115–202), mit dem Bettina zwischen 1822 und 1824 in enger Verbindung stand, enthält eine aufschlussreiche Dokumentation ihrer Zeichentätigkeit. Die Zeit war von einer schweren Ehekrise mit Arnim überschattet, die Bettina bei Hössli Zuflucht suchen ließ, wobei das gemeinsame vertraute Zeichnen eine wichtige Rolle spielte.

1. Bettina von Arnim als bildende Künstlerin

In Berlin besuchte Hössli „Frau von Arnim", begab sich, wie er im Tagebuch vermerkt, mit ihr „ans Zeichnen" und war „sehr lange und angestrengt damit beschäftigt" (14. Juni 1822, in: ebd., 135). Zwei Tage später zeigte sie ihm eine „Allegorie auf das Künstlerleben, ganz eigenthümlich und genialisch" (ebd., 136; wie die folgenden Zeichnungen nicht nachweisbar). Im September besuchte Hössli die Arnims schließlich in Wiepersdorf. „Mit Bettina ins Zeichenzimmer", notiert er. „Die angefangene Figur fertig nachgezeichnet, Madonna mit 2 stehenden Engelchen. Dann angefangen zwei liebende Engel unter Früchten und Blumen" (24. September 1822, in: ebd., 167–168). Oder er vermerkt: „Miteinander abwechselnd gezeichnet" (ebd., 168). Zum Abschied schenkte Bettina Hössli eine Zeichnung (30. September 1822, in: ebd., 179).

Beim erneuten, etwas ernüchterten Zusammentreffen in Berlin im April/Mai 1824 ließ Bettina Hössli an ihrem Goethe-Projekt teilhaben (vgl. den Tagebucheintrag vom 24. April 1824, in: Bw Hössli, 183–184) und zog ihn zu ihren Zeichenstudien heran. „Miteinander gezeichnet an ihren Erfindungen", notiert Hössli am 6. Mai 1824, und: „Muß mit meinem Arm ihr sizen, um einen in ihren Zeichnungen von mir bemerkten Fehler zu verbessern" (ebd., 196). Am nächsten Tag schließlich: „zu Bettina. Ist wieder am Zeichnen, ihr geholfen, zum Arm gesessen. Nachher kommt die Gundel [Savigny; P.M.]. Über die Zeichnungen gesprochen, wovon Gundel vielerlei tadelt" (7. Mai 1824, in: ebd., 197).

Zeichnen im erotischen Dialog mit Fürst Pückler

Geht es Bettina bei Hössli um die intime Situation des Miteinander-Zeichnens, so inszeniert sie anhand der Zeichnungen, die sie Fürst Pückler 1832/33 schickt, ein erotisch aufgeladenes Rollenspiel als bildliches Äquivalent zu ihrer Korrespondenz (vgl. Bw Pückler). Im Mittelpunkt steht die Darstellung *Trunkene Bacchantin*, die Bettina in mehreren Fassungen anfertigte (u.a. FDH; Böhm 2, Nr. 11; siehe Abb. 1). Vor einer Felsgrotte, an der sich ein Weinstock emporrankt, liegt eine weibliche Aktfigur aufreizend über einem Felsen; eine Raubkatze leckt die Brust der Schlafenden, deren Hand eine Fackel entglitten ist. Die Motive verweisen auf die orgiastische Sphäre des Thiasos. Dem entspricht Bettinas Vermerk auf einer Durchzeichnung des Motivs aus dem Nachlass von Ottilie von Goethe: „Eine vom Duft des Weines betäubte Bachantin nach der Natur gezeichnet und erfunden Bettine v. Arnim" (Klassik Stiftung Weimar; Böhm 2, Nr. 11a).

Freilich lassen sich auch anregende Vorbilder ausmachen, von Johann Heinrich Danneckers berühmter *Ariadne auf dem Panther* (1816) im Besitz des Bankiers Simon Moritz von Bethmann bis zu Schinkels Tonrelief des *Sterbenden Genius der Baukunst* (1831/32) an der Berliner Bauakademie. Die *Trunkene Bacchantin* mit der Raubkatze findet sich als Teil einer größeren Figuration auch in Bettinas Zeichnung *Bacchus rettet Psyche aus dem dionysischen Taumel*, die sie im Kontext ihres Goethe-Denkmals entwarf (Böhm 2, Nr. 31).

Abb.1: Bettina von Arnim, *Trunkene Bacchantin*, 1832, Bleistiftzeichnung, 28,5 x 38,5 cm (FDH)

Die Mänade gehörte wie Psyche zu den fiktiven „Rollenentwürfen und Inszenierungsmustern" (Bunzel 2009, 40), die Bettina in Wort und Bild für sich in Anspruch nahm. Pückler ging auf das Spiel ein: „Sie haben einen höheren Geist als ich, und hundertmal schönere Körper im Kopfe, wie Ihre himmlischen Zeichnungen darthun. Tausend Dank für die letzte, eine Ariadne, nicht wahr? So reizend, daß selbst der Leopard ihr wollüstig die Brüste küßt, und so lieblichen, stillen Ausdruckes im Gesicht, daß man nicht weiß ob sie wirklich todt ist, oder nur schläft. Wie gern erweckte ich sie, und nähme sie, ohngeachtet meiner migraine, zu mir ins Bett, denn auf mich Erdensohn wirkt die Kunst meist nur sinnlich" (26. Februar 1832, in: Bw Pückler, 17). Auf die frivole Anspielung fand Bettina eine pathetische Antwort: „Nein eine Ariadne ist meine von der Gährung und dem Duft des Weines betäubte trunckne Bachantin nicht, aber Sieh: der Tieger ahndet den Gott der Ihr die Besinnung raubte, und das göttliche ihrer Trunckenheit macht ihn besonnen daß er liebend mit heiliger Scheu ihr liebkoßt daß er sie duldend trägt, und daß seine Zunge nicht bößlich an ihr handelt wie sie auch immer Preiß gegeben ist" (27.[?] Februar 1832, in: ebd., 22). Pückler ging im folgenden Brief auf das Spiel ein (vgl. ebd., 26) und Bettina setzte es durch eine weitere Zeichnung fort. Inmitten ihres Schreibens vom 15. August 1833 – also über ein Jahr später – skizzierte sie *Katze, Bacchantin, Tiger und Mond* (FDH; Böhm 2, Nr. 25) und erklärte: „[D]a oben im Bildchen ist Dir eine Mystische Dar-

1. Bettina von Arnim als bildende Künstlerin

Abb. 2: Bettina von Arnim, *Doppelgruppe von Venus und Amor unter einem Laubbaum mit Vögeln und Nestern*, um 1830, Radierung, 24,5 x 39,6 cm (FDH)

stellung gegeben von dem was Dich über mich belehren könnte. [...] [D]ies Bild ist der Spiegel Deiner Sehnsucht, die den Tiger zum Heulen bringt, eine bachantische [Mänade] verbirgt und schüzt ihn mit ihrem Mantel vor der boshaften Katze [...]." Und selbstironisch fügte sie an: „In diesem Bild zeigt sich freilich nicht, daß die Erfinderin ein vernünftiges Wesen ist" (Bw Pückler, 216–217).

Bettina schickte Pückler auch die Radierung der *Doppelgruppe von Venus und Amor* unter einem Laubbaum mit Vögeln und Nestern (um 1830; Abzüge: FDH und Klassik Stiftung Weimar; Böhm 2, Nr. 12 und 12a; siehe Abb. 2). Der geläufige Titel *Amor und Psyche* (vgl. die Briefe Nr. 5, 6, 41, 51 u. 52 in: Bw Pückler) ist bei der spiegelbildlich aufeinander bezogenen Doppelgruppe irreführend, da es sich bei den weiblichen Akten mit den Amoretten nicht um die kindliche Psyche mit den Schmetterlingsflügeln, sondern um sinnliche Frauengestalten handelt. Vielleicht geht es um Nymphen, eher aber noch um Venus, dann wären die Vögel als die ihr zugeordneten Tauben zu deuten. Die technische Ausführung der Radierung stammt sicher nicht von Bettina selbst, sondern von einem erfahrenen Stecher, was mithin nichts Ungewöhnliches bei ihr war: Sowohl bei der Reproduktion des Goethe-Denkmals als auch bei den geplanten Radierungen nach dem *Octoberfest* ging der Auftrag an professionelle Stecher (vgl. Bettinas Brief an den Sohn Siegmund, 16. Februar 1833, in: GW 4, 292).

4. Das *Octoberfest* für König Ludwig I. von Bayern

Idee und Genese

Nach dem Goethe-Denkmal ist die zwischen 1827 und 1830 entstandene Umrisszeichnung *Octoberfest* das größte und ambitionierteste bildkünstlerische Projekt Bettina von Arnims (vgl. Maisak 1990; Böhm 1, 135–171 sowie Böhm 2, Nr. 14–24). Die Reinzeichnung, die sie König Ludwig I. von Bayern Mitte August 1830 in Brückenau präsentierte, ist verschollen, ein Konvolut von Entwürfen befindet sich jedoch im Freien Deutschen Hochstift. Das Vorhaben, das konzeptionell und ideell eng mit den Entwürfen zum Goethe-Denkmal verflochten ist, findet in Bettinas Korrespondenz häufig Erwähnung. Ausgangspunkt war ihre vehemente Kritik an Rauchs Modell zu einem Denkmal für den bayerischen König Maximilian I. Joseph, das Bettina 1826 auf der Berliner Akademie-Ausstellung gesehen hatte und als geistlosen „Klumpen Erz", als „Kasten auf dem der Kobolt sitzt" bezeichnete (an Goethe, 26. Oktober 1826, in: GW 2, 741). Nichts hielt sie jedoch davon ab, Anregungen aus diesem „Bestialische[n] Werck" (ebd.) zu übernehmen, als sie daran ging, ein idealisiertes Gegenmodell zu entwickeln, das Ausdruck ihres Enthusiasmus sein sollte.

Im März 1827 zeigte Bettina Graf Gneisenau die „Umrisse" ihres „Entwurfs zu einem Basrelief für das Monument zum Andenken des verstorbenen Königs von Bayern" (Bw Arnim 2, 649). Während des Entstehungsprozesses änderte sie dann jedoch ihre Intention und richtete den Fokus auf den regierenden König Ludwig I., der ihr schon als Kronprinz begegnet war. Am 9. Mai 1828 berichtete sie Goethe von ihrem Plan: „Die flüchtigen Augenblicke die mir bei tausend Sorgen übrig bleiben habe ich schon seit geraumer Zeit zu einer Composition in der bildenden Kunst verwendet, die ziemlich umfangend sie stellt das Octoberfest des Königs von Baiern dar zu samt dem Pferderennen im Basreliefstyl, es ist mir gelungen ohne Combination, unter vorwaltender Naivetät, eine Composition von Hunderten Figuren zu bilden deren Gruppen sich durch Eigenthümlichkeit auszeichnen [...]. Rumohr sah es und stellte es als Norm aller Composition auf" (GW 2, 744).

Die allegorische Komposition bezieht sich auf das reale Oktoberfest in München, das, 1810 begründet, zum beliebtesten Nationalfest Bayerns wurde. Ein Pferderennen gehörte ebenso dazu wie Viehprämierungen, landwirtschaftliche Ausstellungen und allerlei Vergnügungen; Höhepunkt war ein Festzug, der ein Miniaturporträt des Landes in lebenden Bildern abgeben sollte. 1829 besuchte Achim von Arnim das Fest; nicht zuletzt von seinen Briefen und seiner Schilderung in den *Erinnerungen eines Reisenden* im 9. Band der *Berlinischen Blätter für Deutsche Frauen* konnte Bettina sich inspirieren lassen (vgl. Arnim an Bettina, 6. Oktober 1829, in: Arnim 3, Bd. 3, 226).

Im August 1830 vollendete Bettina ihr Werk, „eine Mächtige große Zeichnung [...] die über 3 Bogen Papier hinausreicht" (an ihre Schwester Meline, [10. Oktober 1827], in: GW 4, 274), und dedizierte sie beim Treffen in Brückenau dem bayerischen Königspaar. Hedwig von Olfers beschreibt die Komposition: „Eine Fülle von Gestalten, von Motiven, eine Grazie in jeder Stellung [...]. Es stellt das Oktoberfest vor in Bayern, wie die Ernte, die Jagd, der Fischfang usw. dem Könige huldigen. Die Figuren sind meist nackt, wenigstens verhüllen sie die Gewänder fast gar nicht" (an Auguste Wißmann, 4. August 1830, in: ebd., 865). Ludwig I. zeigte sich begeistert, und Königin Therese bat um eine Durchzeichnung des „Brouillon von den Badenden Nymfen" (an Arnim, 21. August 1830, in: ebd., 278). Damit korrespondiert eine Bleistiftskizze mit zahlreichen weiblichen Akten um ein Wasserbecken, zu dem Stufen hinabführen (FDH; Böhm 2, Nr. 10). Eine Durchzeichnung schickte Bettina an Goethe (vgl. GW 2, 745), eine weitere oder eine ähnliche Skizze mit Badenden an Fürst Pückler (vgl. Bw Pückler, 192). Im Spätherbst 1830 erhielt Goethe „beikommende Blätter *zur Ansicht*" und erfuhr: „Die Blätter sind dem König von Bayern bestimmt um sie deutlicher zu machen will ich ihnen den Nahmen: der Gute König, oder das Octoberfest beilegen" (GW 2, 746).

Rekonstruktion des Konzepts

Die Entwürfe zum *Octoberfest* – auf Pappe montierte Graphitzeichnungen auf transparentem Papier – lassen die Konzeption deutlich erkennen, auch wenn der Duktus nicht homogen und der Erhaltungszustand prekär ist. Nach Bettinas Gewohnheit wurden die einzelnen Motive mehrfach durchgezeichnet, modifiziert und neu zusammengesetzt; zahlreiche Überzeichnungen weisen auf Korrekturen von fremder Hand hin. Kombiniert man die Skizzen, ergibt sich eine dreiteilige Bildfolge in der Art eines antikisch stilisierten Basreliefs.

Die Blätter des *Octoberfests* durchzieht als Koordinate eine Säulenstellung mit dorischen Kapitellen und einem dreistufigen Unterbau. Auf diesen Stufen erscheinen die Figurengruppen in rhythmischer Reihung, ohne in ein tektonisch gegliedertes Raumkontinuum eingebunden zu werden. Die nackten Gestalten wirken jugendlich und grazil, bleiben in ihren gekünstelten Posen und Bewegungsabläufen aber seltsam schematisch. Hinter den Säulen bewegt sich ein Reiterzug mit flatternden Fahnen, der neben weiteren Motiven an den durch Abgüsse und Stiche bekannten Parthenon-Fries mit Gruppen der Panathenäen-Feier denken lässt. Die gesamte Komposition ist auf den König im Zentrum ausgerichtet, der wie ein majestätischer Jupiter auf einem mit einer Draperie geschmückten Herrschersitz thront und eine Schriftrolle in der Rechten hält (siehe Abb. 3). Im Vergleich zu den zierlichen Kindern wirkt er geradezu monumental. Auf den Stufen des Throns umringen ihn drei geflügelte Genien mit Leiern, deren mittlerer Thorvaldsens *Amor mit der Lyra* paraphrasiert. An den König schmiegt sich links ein Knabe, der eine Krone als Herrscherzeichen präsentiert; rechts weist ein tänzerisch bewegter Knabe einen großen Blütenkranz vor, um Ludwig I. als Dichter und Förderer der Künste zu feiern.

Auf beiden Seiten des Throns schließen sich allegorische Figurationen an; so verweisen Paare mit Spinnrocken und Ährengarbe auf Gewerbefleiß und Ackerbau. Links überragt Bavaria als markante Personifikation des Landes in

Abb. 3: Bettina von Arnim, Entwurf zum *Octoberfest*, zentrale Gruppe mit dem Thronenden König, um 1830, Bleistiftzeichnung (FDH)

Begleitung des bayerischen Löwen eine bewaffnete Gruppe, die Verteidigungsbereitschaft signalisiert. Derartige Motive finden sich auch auf dem Sockel von Rauchs Denkmal für König Maximilian, dem das Motto „Das Glück Bayerns unter dem väterlichen, friedliebenden König" zugrunde liegt. Bettina überträgt das Programm, dem König als *pater patriae* eine Huldigung seines Landes mittels aller durch ihn florierenden Lebensbereiche darzubringen, nun auf seinen Nachfolger Ludwig.

Wilde Tiere, ein Reh, Reiher und ein erlegten Hirsch verweisen dabei auf die Jagd. Als Pendant zeichnete Bettina eine Gruppe von Haustieren. Einem großen Stier folgen Jünglinge, die ein mit Hopfenranken versehenes Fass tragen, das wohl das bayerische Nationalgetränk enthält. Nymphen mit Amphoren und Schwäne sowie eine Frau mit Käscher, in dem ein Fisch zappelt, deuten auf die großen Flüsse des Landes hin. In einem Netz hat sich eine Nixe mit einer Leier verfangen, ein Phantasiegebilde, das zu einer Allegorie der schönen Künste überleitet: Einem Nachen entsteigen vier Jünglinge, deren Attribute sie kennzeichnen. Leier und Lorbeer deuten auf den Sänger und Dichter, ein Zirkel auf den Architekten, Palette und Pinsel auf den Maler, Hammer und Meißel auf den Bildhauer. Dahinter öffnet sich eine rundbogige Grotte mit drei anmutigen Grazien oder Musen, die Amor, auf seinen Bogen gestützt, betrachtet. Über der Grotte wird schließlich mit dem Naturklang des Wassers, das sich aus einer Amphore ergießt, und dem kunstvollen Klang von Leiern die Musik ins Bild gesetzt, die für Bettina die höchste Form der Kunst war.

Der Einfluss von Schinkels Plänen für das Museum am Lustgarten auf Bettinas Bildprogramm ist kaum zu überschätzen. Dabei verschränkt sie das Motiv der Säulenkolonnade als Gliederungselement mit Figurationen aus Schinkels Fresken-Entwürfen. Die Adaption beginnt bei der Gestalt des Dichterkönigs, der dem nur mit einem Überwurf bekleideten Göttervater aus *Jupiter und die neue Götterwelt* nachempfunden ist, und setzt sich in zahlreichen Einzelmotiven fort, die insbesondere dem Entwurf *Entwicklung des Lebens auf der Erde vom Morgen bis zum Abend* folgen (vgl. Börsch-Supan 2007, 491–494, Abb. 296.2 u. 296.3). Das *Octoberfest* weist aber auch eine große Affinität zu Schinkels Umrisszeichnung *Heimkehr des Königs aus dem Krieg* auf, die zu den um 1827 entstandenen Entwürfen für einen Zyklus idealer Darstellungen aus der Geschichte der Befreiungskriege gehört (vgl. Börsch-Supan 2007, 478–479). Als Vorbild kommen zudem die drei antikisierenden Reliefs und ihre Entwurfszeichnungen infrage, die der Bildhauer Christian Friedrich Tieck 1802 für das Treppenhaus des Weimarer Schlosses konzipiert hat und in denen die Szenen einer Huldigung für Herzog Carl August von Sachsen-Weimar als Landesvater und Förderer der Wissenschaft und Künste dargestellt werden.

Der Dichterkönig

In ihrem *Octoberfest* entwirft Bettina ein Kulturstaatsideal, das auf das ludovizianische Bayern ausgerichtet ist: Unter dem Schutz eines guten Königs gedeiht das Land in Frieden, die Produktivität führt zu allgemeinem Wohlergehen, das seinen Ausdruck im Fest erhält; auf diesem Nährboden und unter dem Schutz der Verfassung kann sich eine kulturelle Blüte entfalten, die dem Leben Glanz und Sinn verleiht. Die Schriftrolle in der Hand des Königs lässt sich sowohl auf die 1818 erlassene Verfassung als auch auf die Gedichte Ludwigs beziehen. Diese Ambivalenz setzt sich in den beiden Knaben am Thron mit der Königskrone und dem Dichterkranz fort. Damit greift Bettina den Topos von der doppelten Herrscher- und der Sängerkrone auf, die Ludwig I. von den Zeitgenossen zugesprochen wurde. In diesem Sinn beantwortete sie auch die Frage des Königs, wie ihr dieses Werk gelingen konnte: „Oh, Majestät, ich habe ihre Gedichte gelesen und dann gezeichnet" (an Arnim, [21. August 1830], in: Bw Arnim 3, Bd. 3, 261). Tatsächlich waren 1829 die *Gedichte des Königs Ludwig von Bayern* erschienen, darin die Verse *An die Künstler*, deren Verherrlichung von Kunst und Phantasie sich eng mit Bettinas Gedankenwelt berührte.

Welch hohen Rang Bettine ihrer Komposition einräumte, zeigt ihre Absicht, das *Octoberfest* als Radierung reproduzieren und vertreiben zu lassen, wobei der Erlös der Finanzierung ihres Goethe-Denkmals dienen sollte. Dies geht aus der Korrespondenz mit ihrem Sohn Siegmund in Paris hervor, den sie 1832/33 mehrfach bat, ihr bei dem Vorhaben behilflich zu sein (vgl. Schormann 1992). Ihre Erwartung war hochgespannt, es sollte – „in Rom unter Thorwaldsens Leitung" angefertigt – ein „wahres Prachtwerck" werden (zit. nach ebd., 63). Als Probleme mit den Stechern die Fertigstellung verzögerten und Siegmund grundlegende Kritik an dem Werk äußerte, geriet Bettinas Selbsteinschätzung ins Wanken. Im Frühjahr 1833 entschloss sie sich schließlich, ihren Entwurf vollständig zu überarbeiten: „[A]m Octoberfest arbeite ich täglich angestrengt es muß entweder ganz gut werden oder gar nicht zum Vorschein kommen" (an Siegmund von Arnim, [27. Mai 1833], zit. nach Schormann 1992, 66). Der ursprünglichen Euphorie folgte die Ernüchterung, der Plan zerschlug sich. Die zahlreichen Arbeitsproben der Stecher dokumentiert nur noch der *Genius mit der Leier* vom Thron des Dichterkönigs, eine kleine Radierung, die Clemens Brentano 1835 seiner Freundin Emilie Linder zum Geburtstag schenken wird, versehen mit der Unterschrift: „Aus dem Octoberfeste von Bettine v. Arnim" (FDH; Böhm 2, Nr. 27).

5. Das Goethe-Denkmal

Das Frankfurter Denkmalsprojekt

Kein anderes bildkünstlerisches Projekt verfolgte Bettina von Arnim so ausdauernd und energisch wie ihr Goethe-Denkmal, an dem sie in selbstbewusster Konkurrenz zu den arriviertesten Bildhauern ihrer Zeit bis ins hohe Alter arbeitete (vgl. dazu ausführlich, unter Berücksichtigung aller einschlägigen Quellen, Böhm 1, 171–371). Programmatisch nannte sie es ein „stolz erhabenes, verklärtes Erzeugniß meiner Liebe; eine Apotheose meiner Begeistrung und seines Ruhmes" (an Pückler, Ende März 1832, in: Bw Pückler, 58; so auch im *Goethebuch*, vgl. GW 2, 568).

Den Anstoß gab die Diskussion um ein Goethe-Denkmal in Frankfurt am Main, die Bettina während ihres Aufenthalts im Herbst 1821 verfolgen konnte. In der Stadt hatte am 28. August 1819 eine Feier zu Goethes 70. Geburtstag stattgefunden, an der auch Bertel Thorvaldsen teilnahm. Bei den Anwesenden fand die Idee von Sulpiz Boisserée, dem Dichter ein Monument in seiner Vaterstadt zu errichten, großen Anklang (vgl. Boisserée 1978–1995, Bd. 1, 568). Obwohl das Projekt in Frankfurt umstritten war, weil die Stadt sich durch Goethes Aufgabe des Bürgerrechts Ende 1817 düpiert fühlte, kam es zur Bildung eines Denkmalkomitees. Ihm gehörte unter anderem der Senator Franz Brentano an, Bettina von Arnims Halbbruder; treibende Kraft war der Bankier und Diplomat Simon Moritz von Bethmann.

Man dachte zunächst an einen Rundtempel auf der ehemaligen Mühlschanze, dessen Inneres ein Fries zu Goethes *Hermann und Dorothea* von Thorvaldsen, eine Goethe-Büste von Johann Heinrich Dannecker sowie Fresken mit Genien von Peter Cornelius zieren sollten. Als Dannecker absagte, trat auf Goethes Vorschlag Christian Daniel Rauch an seine Stelle. Auch Christian Friedrich Tieck entwickelte Ambitionen mit Blick auf das Frankfurter Denkmal und modellierte zeitgleich mit Rauch 1820 eine A-tempo-Büste Goethes, der aber Rauchs imposanterer Version den Vorzug gab. Die Kosten für das ehrgeizige Projekt wurden auf 50.000 Gulden geschätzt. 1821 erfolgte ein überregionaler Spendenaufruf, der allerdings zum Desaster wurde. Bethmann gab jedoch nicht auf und war willens, die Kosten allein zu tragen. Statt der aufwendigen

Anlage sollte Rauch nun eine einzelne Goethe-Statue schaffen. Der Bildhauer sah zunächst ein *all'antica* drapiertes Standbild mit Lorbeerkranz vor, das wenig Anklang fand. 1823/24 folgten drei Bozzetti des sitzenden Goethe im Habitus eines antiken Philosophen mit Schreibtafel und Griffel (vgl. Simson 1996, 206–210).

Als Bethmann Ende 1826 starb, endete die erste Phase des Frankfurter Denkmalprojekts ohne Ergebnis. Die zweite Phase setzte erst 1837 ein, nachdem der italienische Bildhauer Pompeo Marchesi von privater Seite den Auftrag erhalten hatte, eine lebensgroße Statue des sitzenden Goethe in carrarischem Marmor zu schaffen, die 1840 dann tatsächlich enthüllt wurde, wenn auch nicht im öffentlichen Straßenraum, so doch wenigstens in der Frankfurter Stadtbibliothek am Obermaintor (Kriegsverlust). 1841 beauftragte überdies das neu gegründete Frankfurter Denkmalkomitee, das zunächst mit Thorvaldsen verhandelt hatte, den Münchner Bildhauer Ludwig Schwanthaler mit einem Standbild des Dichters im Biedermeierrock auf reliefgeschmücktem Sockel, das 1844 schließlich auf dem heutigen Goetheplatz aufgestellt wurde.

Bettina von Arnims oppositionelles Modell

Vor diesem Hintergrund ist Bettina von Arnims Arbeit an ihrem Goethe-Denkmal zu sehen. Die ursprünglich vorgesehene fast sakrale Pracht des Frankfurter Monuments beflügelte ihre Imagination und wirkte noch in ihren späten Entwürfen nach; daran gemessen mussten schlichtere Planungen sie enttäuschen. Im Herbst 1823 sah sie in Berlin Rauchs Modell des sitzenden Goethe mit Toga, den sie despektierlich einen „alten Kerl im Schlafrock" nannte (an Bethmann, 3. Februar 1824, in: GW 4, 232). Sie konterte mit einem Gegenmodell des thronenden Dichters in der Pose eines Jupiters mit Lorbeerkranz und Leier, an dessen Knie sich eine kindliche Psyche mit Schmetterlingsflügeln schmiegt. Der Konzeption lagen frühere Skizzen zugrunde; im Januar 1823 arbeitete sie zum Beispiel schon an einer Psyche (vgl. Bettina an Arnim, 7. Januar 1823, in: Bw Arnim 3, Bd. 2, 340). Psyche, die liebende Seele, war als Motiv in Literatur und Kunst der Zeit weitverbreitet und gehörte – insbesondere in Bezug auf Goethe – zu Bettinas bevorzugten Rollenbildern (vgl. Bäumer 1986; Bunzel 2009, 46–49). Am Denkmal nun wird Psyche, die auf Goethes Fuß tritt und in die Leier greift, zum Sinnbild der Museninspiration und divinatorischen Kraft.

Bettinas Denkmalsentwurf nahm bereits Mitte November 1823 konkrete Gestalt an. Arnim berichtet sie, dass Karl Wilhelm Wach sie dabei tatkräftig unterstützt habe: „Den Göthe hab ich gezeichnet als Statue Wach lässt ihn durchzeichnen [...]. Wach war sogar so gut Abends spät noch zu mir zu kommen und daran zu korrigieren, und ich kann nicht läugnen daß es durch seinen Rath unendlich gewonnen" (16. November 1823, in: GW 4, 231). Dieses korrigierte Stadium dokumentiert eine Zeichnung des Denkmals mit weichem Graphitstift, deren Konturen mit hartem Bleistift in einem sicheren, prägnanten Duktus überformt wurden (Verwaltung der Staatlichen Schlösser und Gärten Hessen; Böhm 2, Nr. 3).

Rauchs Bozzetto des sitzenden Goethe, der sein menschliches Antlitz behält, stellte Bettina den thronenden Dichter gegenüber, den sie im Rückgriff auf einschlägige Würdeformeln wie ein Kultbild ins zeitlos Erhabene zu steigern suchte. Als Paradigma kam für sie nur der Göttervater selbst in Betracht; Flaxmans Konturenstich des thronenden Jupiters aus der *Ilias* konnte hier als adäquates Vorbild dienen. Unter diesen Auspizien musste sich die Darstellung von sämtlichen Goethe-Porträts mit wirklichkeitsnahen Zügen abheben. Akzeptanz fand lediglich die antikisierende Büste von Alexander Trippel, der 1787/88 in Rom Goethe zum Dichtergott stilisiert hatte. Außerdem konnte Bettina sich an Friedrich Burys theatralisch inszeniertem Bildnis von 1800 orientieren, das Goethe mit einer Schriftrolle in strenger Frontalansicht auf einem thronartigen, mit Löwenköpfen und Masken geschmückten Sessel darstellt, die Alltagstracht von einer Toga überdeckt. Dieses lebensgroße Porträt, das als Dichterbildnis im „höhern Styl" (Schulte-Strathaus 1910, 43) galt, gelangte in Rumohrs Besitz, der es Bettina gegenüber erwähnte (vgl. ebd., 44); sie muss es also gekannt haben.

Bettina zeigte ihren Denkmalsentwurf, der in Durchzeichnungen kursierte, Freunden und Künstlern, bevor sie ihn Anfang 1824 Bethmann nach Frankfurt und Goethe nach Weimar sandte. Für Goethe verfasste sie, datiert auf den 1. Januar 1824, eine emphatische Interpretation, der sie die Versicherung vorausschickt, sie „habe nie gezeichnet oder gemalt", sondern sei in Opposition zum akademischen Kunstbetrieb lediglich ihrer Inspiration gefolgt (GW 2, 732–735; hiernach auch das Folgende; leicht verändert im *Goethebuch*, vgl. ebd., 422–426). Da Goethe damals auch das Modell Rauchs erwartete, pries Bettina ihre Zeichnung als genialen, von Begeisterung getragenen Wurf, der die „bedächtige vorsichtige Logick eines Bildhauers" außer Kraft setze und eine transitorische Dimension eröffne: „Der erfundne Göthe konnte nur so dargestellt werden daß er zugleich einen Adam einen Abraham einen Rechtsgelehrten oder auch einen Dichter bezeichnet, keine Individualität". Sie betonte die unkonventionelle dynamische Konzeption der frontalen Gestalt, die sich unmerklich nach der Seite neigt, „wo die im Augenblick der Begeistrung vernachlässigte Lorbeerkrone in der losen Hand ruht" – „während die kindliche Psyche das Geheimniß seiner Seele durch die Leyer ausspricht. [...] Der Geist steigt im Flammenhaar über dem Haupt hervor", umgeben von der griechischen Inschrift: „Dieses Fleisch ist Geist geworden" (Joh 1,14; GW 2, 570). Im Medium der Zeichnung konnte dieses Streben nach Transzendenz seinen Imaginationsraum finden, war aber, wie Kenner kritisch vermerkten, kaum auf eine statuarische Bildhauerarbeit zu übertragen.

Bettina sparte bei ihrem Entwurf nicht mit narrativem Beiwerk, das sich auf Goethe bezieht, wie sie dem Dichter in ihrem Schreiben weiter mitteilte: „Die kleinen Genien in den Nischen am Rande des Sessels", die einen Fries bilden, „haben ein jeder ein Geschäft für Dich [...]: sie keltern Dir den Wein, sie zünden Dir Feuer an und bereiten das Opfer, sie gießen Oel auf die Lampe". Zusätzlich zur Psyche erscheinen an den Kanten der Rücklehne zwei weitere Rollenbilder Bettinas, die aus *Wilhelm Meister* bzw. aus den *Venezianischen*

1. Bettina von Arnim als bildende Künstlerin 569

Epigrammen stammen: „Mignon an Deiner rechten Seite im Augenblick, wo sie entsagt", und zur Linken – „meiner Liebe zur Apotheose" – die Tänzerin Bettina: „[I]ch hab sie noch einmal gezeichnet, wo sie auf dem Köpfchen steht" (in einem Brief an Pückler wird Bettina nach Goethes Tod Ende März 1832 eine noch bildhaftere Beschreibung des Ganzen geben; vgl. Bw Pückler, 58–60).

Auch das Postament ihres Denkmalsentwurfs versah Bettina mit einem programmatischen Schmuck: „Unten am Sockel hab *ich, ein Frankfurther Kind wie Du*, meiner guten Stadt Frankfurth Ehre erzeugt", schrieb sie Goethe an jenem Neujahrstag 1824 und stellte an der Vorderseite zwischen „erhabnem Lorbeergesträuch" den „Frankfurther Adler" dar. Das Motiv ist freilich doppelsinnig gewählt, denn der Adler findet sich üblicherweise auch als Attribut Jupiters an dessen Thron. In diesem Kontext kann Bettina den Adler gleich zweimal in Goethes Haus am Frauenplan gesehen haben: Über dem Eingang zum Gelben Saal hängt als Supraporte der *Thron des Jupiter*, ein Gipsabguss von Martin Gottlieb Klauer nach einem Relief aus dem Palazzo Ducale in Mantua, und im Brückenzimmer befindet sich ein Abguss des *Thronenden Zeus* mit Adler, ein Fragment aus einem griechischen Marmorrelief mit der *Apotheose Homers*.

Wirkung und Werbestrategien

Goethes Begeisterung hielt sich in Grenzen: „Die Skizze der Frau v. Arnim ist das wunderlichste Ding von der Welt; man kann ihr eine Art Beyfall nicht versagen, [...] und wenn man das kleine nette Schoßkind des alten impassiblen Götzen aus seinem Naturzustande mit einigen Läppchen in den schicklichen befördern wollte, und die starre trockne Figur vielleicht mit einiger Anmuth des zierlichen Geschöpfs sich erfreuen ließe, so könnte der Einfall zu einem kleinen hübschen Modell recht neckischen Anlaß geben" (an Christoph Ludwig Friedrich Schultz, 3. Juli 1824, in: Goethe WA IV/38, 179–180). Als würdiges Denkmal im öffentlichen Raum kam Bettinas Entwurf für Goethe nicht infrage, da erhielt Rauch den Vorzug.

Auch Bethmann, der Vorsitzende des Frankfurter Denkmalkomitees, dem Bettina am 3. Februar 1824 ihre Zeichnung geschickt hatte (vgl. GW 4, 231–233), favorisierte Rauch. In ihrer Euphorie hatte Bettina angenommen, Rauch, der sich anfangs lavierend verhielt, sei von ihrem Entwurf so entzückt, dass er ihn zur Grundlage seiner weiteren Arbeit am Denkmal mache. Der Bildhauer lehnte jedoch Bettinas „idyllische Darstellung Goethes [...] als eigentliche ikonische Statue, welche die charakteristische Persönlichkeit des Darzustellenden verewigen soll", als „durchaus nicht ausführbar" ab (an Karl Ritter, 10. Februar 1825, zit. nach GW [Härtl] 1, 653).

In ihrer Hoffnung getäuscht, suchte Bettina nun Bethmann für ihren Goethe auf dem „florentinischen Sessel" einzunehmen: Der Entwurf sei „Imposant" und spreche „sehr deutlich den Apotheosierten Dichter" aus. Bettina beschwor Bethmann, mit der Entscheidung über die Auftragsvergabe für das Denkmal zu warten, bis sie ihm zur besseren Anschauung ein Gipsmodell schicken könne, das sie „unter der Aufsicht eines sehr geschickten Künstlers" anfertigen wolle (3. Februar 1824, in: GW 4, 232). Dass es sich bei dem Helfer um den Berliner Bildhauer Karl Friedrich Wichmann handelt, bestätigt ein Tagebucheintrag von Philipp Hössli. Am 24. April 1824 sah Hössli bei Bettina das „schöne Modell von Goethe, das sie selbst in Thon gearbeitet", und in Wichmanns Atelier das Gipsmodell „von Bettinas Denkmal für Goethe" (Bw Hössli, 183–184).

Am 25. Juni 1824 vollendete Rauch seinen Entwurf in Weimar unter Goethes Augen und besprach mit ihm auch schon die technische Ausführung (vgl. Goethe WA III/9, 231–235). Einen Monat später kam Bettina nach Weimar, um Goethe einen Gipsabguss ihres Denkmalmodells zu präsentieren, allerdings waren beim Transport „die Leier und Psyche zerbrochen", wie sie Arnim mitteilt, gefolgt von einem hymnischen Bericht über ihre Aufnahme bei Goethe ([5. August 1824], in: Bw Arnim 3, Bd. 2, 403). In dessen Tagebuch heißt es dagegen lakonisch: „Frau von Arnim Zeichnungen vorweisend" (26. Juli 1824, in: Goethe WA III/9, 248–249). Falls es sich nicht um ein zweites Exemplar handelt, wurde das Gipsmodell erst später ausgepackt, denn Goethe notiert am 29. September 1824: „Die Arnimsche Gruppe ausgepackt und durch Feuchtigkeit des Mooses gesprengt gefunden" (ebd., 275; Gipsmodell in der Klassik Stiftung Weimar, 50 × 28 × 45 cm).

Im September 1824 konnte Bettina einen weiteren Gipsabguss ihres Modells im Städelschen Kunstinstitut in Frankfurt ausstellen, der allgemein positiv beurteilt wurde. Zu ihrer großen Freude erschien am 16. Januar 1825 in der Zeitschrift *Iris. Frankfurter Unterhaltungsblatt für Freunde des Schönen und Nützlichen* Johann Friedrich Böhmers lobender Aufsatz „Modell zu einer Bildsäule Göthe's": Dieses sei „großartiger und edler gedacht, als das Meiste, was in unsern Tagen entstand" ([Böhmer] 1825, 46; vgl. Bw Arnim 2, 508–509; Bunzel 2009, 69–70). Beigegeben war eine „Scizze" des Denkmals, eine Federlithographie von unbekannter Hand nach Wichmanns Modell. Trotz dieser ehrenvollen Aufnahme entschieden sich Bethmann und das Frankfurter Denkmalkomitee für Rauch.

Nach Bethmanns Tod 1826 stagnierte das Projekt, doch Bettina hielt an ihrem Vorhaben fest, obwohl auch eine mögliche Zusammenarbeit mit Christian Friedrich Tieck nicht zustande kam (vgl. Bw Arnim 2, 720). Inzwischen konzentrierte sie ihre Zeichentätigkeit allerdings auf das *Octoberfest*, in das Motive ihres Goethe-Denkmals einflossen, die sie später wiederum für den Stufenunterbau des Monuments nutzbar machte. Die Finanzierung wollte Bettina selbst aus dem Erlös ihres 1835 veröffentlichten *Goethebuchs* bestreiten, das, wie aus dem Untertitel hervorgeht, „Seinem Denkmal" zu Gute kommen sollte. Das Frontispiz zeigt Carl Funkes Konturstich „Nach der Originalzeichnung", der die Unregelmäßigkeiten von Bettinas Entwurfszeichnung etwas ausgleicht (siehe Abb. 4).

Das Goethe-Denkmal wurde zum Signum Bettina von Arnims. Als Ludwig Emil Grimm sie am 29. November 1838 in Kassel „ad viv[um]" porträtierte, fügte er in den Hintergrund der als Radierung verbreiteten Zeichnung das Monument ein; als Vorlage diente Funkes Konturstich im *Goethebuch*

1. Bettina von Arnim als bildende Künstlerin 571

Abb. 4: Carl Funke, *Goethedenkmal*, Konturstich nach Bettinas
Entwurfszeichnung, Frontispiz zum 1835 veröffentlichten
Goethebuch (FDH)

(vgl. Koszinowski/Leuschner 1990, Bd. 1, 167–168). Grimm integrierte das
Denkmal dabei so geschickt in seine Komposition, dass Psyche sich an Bettinas
Arm zu schmiegen scheint, Kunst und Leben also verschränkt werden.

Das Denkmal als Lebenstraum

Der Erfolg des *Goethebuchs* spornte Bettina an, die Ausführung ihres Denkmals in Marmor zu konkretisieren. Clemens Brentano teilte sie in einem ausführlichen Brief am 26. Mai 1837 mit, die Kostenschätzung bewege sich „zwischen 6000 und 6500 rth [Reichsthaler; P.M.] nebst Basrelief am Fuß, von einer Höhe von ungefähr 12 bis 14 Fuß in Marmor" (GW 4, 312–317;

hiernach auch das Folgende). Ihren Ehrgeiz beflügelten die neuen Frankfurter Pläne, wo es zusätzlich zu Marchesis geplanter Goethe-Statue in der Stadtbibliothek nun doch noch ein würdiges Denkmal des Dichters im öffentlichen Raum geben sollte. Zum Ärger Bettinas blieb ihr Entwurf weiterhin unberücksichtigt, obwohl sie wegen ihres Monuments „während 10 Jahren an den Frankfurtern gebohrt" hatte. Gleichwohl machte ihr die Arbeit am Goethe-Denkmal, wie sie Clemens schrieb, „unendlich viel Freude" und veranlasste sie zu „eiserner Ausdauer" an der englischen Übersetzung ihres *Goethebuchs*, um ihren Wunschtraum doch noch in eigener Regie verwirklichen zu können.

In Carl Steinhäuser (1813–1879), dem Mann ihrer langjährigen Freundin Pauline Steinhäuser, geb. Francke, fand Bettina schließlich einen vielseitigen Bildhauer, der zur Zusammenarbeit bereit war. Nach seiner Ausbildung bei Rauch in Berlin ging Steinhäuser 1835 nach Rom zu Thorvaldsen; als jener 1844 starb, übernahm Steinhäuser große Teile des Atelierbetriebs. Da die Enthüllung von Schwanthalers Goethe-Denkmal 1844 Bettinas Wunsch endgültig zunichte gemacht hatte, ihr Monument in Frankfurt zu verwirklichen, wollte sie nun mit Unterstützung von König Friedrich Wilhelm IV. die Aufstellung in Berlin ermöglichen. Zunächst favorisierte sie das „Bassin im Lustgarten", dann den „Garten vor Grolls Local auf dem Exerzierplatz" (an Pauline Steinhäuser, 24. März–20. Mai 1848, in: GW 4, 641). In einer Zeit der Nationaldenkmalsbestrebungen erhob Bettina ihr Projekt nun zum nationalen Anliegen (vgl. Bw Friedrich Wilhelm IV., 268), ein Gedanke, den die 1842 erfolgte Eröffnung der ludovizianischen Ruhmeshalle Walhalla bei Regensburg bestärkt haben mochte.

In Bettinas Imagination nahm das Denkmal immer aufwendigere Formen an. Sie plante, es durch einen Stufenunterbau mit Reliefs und einen Monumentalbrunnen zu erweitern. Die Nische hinter der Goethestatue sollte „von einem großartigen Basrelief" umkleidet werden, das die „Gottheit der Sonne" zeigt: „ein Jünglingsweib" mit „flammendem Haupt und gehobnen Flügeln", das den Tierkreis mit goldenen Zeichen emporhält; seitlich steigen „zwei riesige Aloe" empor (an Varnhagen, 12. Dezember 1846, in: Varnhagen 1, 401; Skizzen im FDH; Böhm 2, Nr. 36 u. 36a). Den Würfel, der die Nische trägt, sollte ein Relief „nach antikem Styl" mit einem Lorbeerbaum, Vögeln und Nestern zieren. Dieses prunkvolle Gebilde in Gold und weißem Marmor sollte sich über Stufen erheben, auf denen „Lorbeer und Orangerie [...] zu stehen komme[n]" (Varnhagen 1, 401–402). Über Bettinas Aktivitäten zur Umgestaltung und Finanzierung ihres Denkmals, an dem sie unermüdlich „verändert, gediftelt und geflickt" hat, berichtete Varnhagen auch später noch ausführlich in seinen Tagebüchern, nicht ohne maliziös anzumerken: „Käme es zur Ausführung, die Verwirrung würde grenzenlos sein" (Einträge vom 23. Oktober und vom 25. November 1856, in: Varnhagen 2, Bd. 13, 197 u. 235).

In Rom hatte Steinhäuser im Herbst 1847 wohl im Vertrauen auf die Hilfe des preußischen Königs die Marmorausführung des Goethe-Denkmals vorbereitet, was sich finanziell als ziemliches Wagnis erweisen sollte (vgl. GW 4, 1094). 1851 hielt er sich bei Bettina in Berlin auf, um „das Monument von Goethe in einer kleinen Dachkammer" nach ihren Zeichnungen zu skizzieren,

d. h. einen Bozzetto anzufertigen (ebd., 695). Friedrich Wilhelm IV. ließ das Gipsmodell im Frühjahr 1852 zur Ansicht nach Schloss Bellevue bringen und fand auch Gefallen daran, nahm jedoch nach der Einholung eines Kostenvoranschlags Abstand von dem Projekt (vgl. ebd., 1140). Bettina, die des Königs Gunst mittlerweile verloren hatte, versuchte vergeblich, ihn zum Einlenken zu bewegen (vgl. Bw Friedrich Wilhelm IV., 267–268). Vergeblich war auch ihr Versuch, durch eine Subskription 60.000 Taler zusammenzubringen, obwohl sie Förderer fand; Liszt bot sogar an, Benefizkonzerte zu geben (vgl. GW 2, 700; GW 4, 695).

Als neue Möglichkeit kam nun Weimar ins Spiel, um Bettinas Goethe-Statue „an den wahren Ort ihrer Bestimmung" zu bringen (Pauline Steinhäuser an Bettina, 10. November 1852, zit. nach GW 2, 1139). Erbgroßherzog Carl Alexander von Sachsen-Weimar-Eisenach besuchte Steinhäuser in seinem römischen Atelier und bewilligte immerhin 6.000 Taler, um die Figuration von Goethe und Psyche in kolossaler Größe, aber unter Verzicht auf das schmückende Beiwerk fertigzustellen. Am 16. Dezember 1853 wurde die beinahe zweieinhalb Meter hohe Marmorgruppe im Tempelherrenhaus im Weimarer Park aufgestellt (vgl. Härtl 1994/95, 244). Als Bettina dort ihr auf den Kern reduziertes und zu Stein erstarrtes Denkmal sah, reagierte sie zutiefst enttäuscht und zugleich – traut man der Erinnerung der Schriftstellerin Adelheid von Schorn, die damals freilich noch ein Kind war – über alle Maßen erzürnt: „[D]ie kleine Frau sprang wie besessen umher und rief: ‚Das soll *mein* Goethe sein? – das *meine* Psyche [...]? Solch ein Monstrum und solch einen Knirps soll *ich* erdacht haben?!'" (Schorn 1912, 26). Seinen dauerhaften Platz fand das Denkmal im Treppenaufgang des 1869 eröffneten Landesmuseums in einer rundbogigen Nische, die der Gruppe eine sakrale Anmutung verleiht. Nach einem Bombenschaden 1945 lange unzugänglich, wurde der Bau als Neues Museum 1999 mit Steinhäusers Figurengruppe an ihrem angestammten Platz wieder eröffnet.

Nach der Weimarer Enttäuschung stellte Bettina ihre Arbeit am Denkmal keineswegs ein, sondern verlieh ihm immer prachtvollere Gestalt; davon zeugen ihre ständig modifizierten Entwürfe ebenso wie die Schilderungen der Zeitgenossen. Ihre Schaffenskraft lähmten erst die Schlaganfälle, die sie 1854 und 1856 erlitt. Carl Johann Arnolds (1829–1916) Aquarell *Quartettabend bei Bettine* (um 1854/56; FDH) und sein posthum danach gestaltetes großes Altersbildnis von Bettina (1859; FDH) zeigen, dass das Gipsmodell des Monuments wie ein Altar im Salon der Wohnung In den Zelten aufgebaut war. Noch deutlicher tritt das Modell in Moritz Hoffmanns (1823–1896) Gouache des Arnim'schen Salons (1859; FDH) hervor: Ein mit Reliefs, Pinienzapfen und Kränzen reich geschmückter Unterbau trägt einen ebenfalls reliefierten Sockel, zu dem mehrere Stufen emporführen; oben erhebt sich der von Aloestauden umrankte Thron mit dem Dichtergott, auf dessen Fuß die zierliche Psyche tritt.

Nach ihrem Tod wurde Bettina neben dem Modell ihres Goethe-Denkmals aufgebahrt. Das Modell ist verschollen; überliefert ist nur ein allegorisches Gipsrelief, das der Rauch-Schüler Albert Wolff (1815–1892) nach zwei Blei-

Abb. 5: Bettina von Arnim, Verherrlichung der Dichtkunst, Entwurf für die Rückseite des *Goethedenkmals*, Bleistiftzeichnung, 35,4 x 24,1 cm (FDH)

stiftskizzen Bettinas als Teilentwurf für die Rückseite des Denkmals ausführte (FDH; Böhm 2, Nr. 39 u. 39a; Maisak 2015, 349–351; siehe Abb. 5 u. 6). Es zeigt eine Figuration *all'antica*, eine Königstochter mit blütenförmiger Krone, die in die Arme eines Hirtenjünglings herabsteigt. Dieser kniet über einem der *Medusa Rondanini* nachempfundenen Medusenhaupt, wie Bettina es als Wasserspeier für den Brunnen vorsah. Es entspricht sicher Bettinas Intention, wenn Herman Grimm die poetische Bildfindung 1861 im Katalog der Berliner Goethe-Ausstellung als eine „Verherrlichung der Dichtkunst" interpretiert, „deren Gewalt allen Unterschied zwischen dem höchsten und niedrigsten aufhebt" (zit. nach Böhm 2, 396). Die Idee der Dichtkunst als einer Liebesmacht, die alle Gegensätze verbindet, enthält die Essenz von Bettinas unermüdlicher Denkmalsplanung, die nichts besser kennzeichnet als ihr eigenes Wort: „Nun Wohl diese Chimäre Goethes Monument ist das Räthsel meines Daseins" (an Varnhagen, 27. Oktober 1838, in: GW 4, 337).

1. Bettina von Arnim als bildende Künstlerin

Abb. 6: Albert Wolff, Verherrlichung der Dichtkunst, Gipsrelief nach Bettinas Entwurfszeichnung für die Rückseite des *Goethedenkmals* (FDH)

6. Literatur

Arnim, Bettina von, und Pauline Steinhäuser: „Bettina von Arnim und ihr Briefwechsel mit Pauline Steinhäuser". Hg. v. Karl Obser. In: *Neue Heidelberger Jahrbücher* 12 (1903), S. 85–137.

Bäumer, Konstanze: *Bettine, Psyche, Mignon. Bettina von Arnim und Goethe.* Stuttgart 1986.

Bergemann, Fritz (Hg.): *Bettinas Leben und Briefwechsel mit Goethe.* Leipzig 1927.

Böhm, Dajana: *Bettina von Arnim und ihr künstlerisches Werk.* 2 Bde. Göttingen 2018. [= Böhm 1–2]

[Böhmer, Johann Friedrich]: „Modell zu einer Bildsäule Göthe's". In: *Iris. Unterhaltungsblatt für Freunde des Schönen und Nützlichen*, Jg. 1825, Nr. 12 v. 16. Januar 1825, S. 45–46.

Boisserée, Sulpiz: *Tagebücher 1808–1854.* 5 Bde. Hg. v. Hans-J. Weitz. Darmstadt 1978–1995.

Börsch-Supan, Helmut (Bearb.): *Die Kataloge der Berliner Akademie-Ausstellungen 1786–1850*. Berlin 1971.
Börsch-Supan, Helmut: *Karl Friedrich Schinkel. Bild-Erfindungen*. München, Berlin 2007 (= Karl Friedrich Schinkel. Lebenswerk, Bd. 20).
Bott, Gerhard, und Heinz Spielmann (Hg.): *Künstlerleben in Rom. Bertel Thorvaldsen (1770–1844). Der dänische Bildhauer und seine Freunde*. Ausst.-Kat. Nürnberg 1991, hier S. 625–626 u. S. 691–695.
Bunzel, Wolfgang: „*Die Welt umwälzen*". *Bettine von Arnim geb. Brentano (1785–1859)*. Ausst.-Kat. Frankfurt a. M. 2009.
Bunzel, Wolfgang: „Lippen auf Marmor. Bettine von Arnims epistolare Erinnerungspolitik". In: Detlev Schöttker (Hg.): *Adressat Nachwelt. Briefkultur und Ruhmbildung*. München 2008, S. 161–180.
Busch, Werner, und Petra Maisak (Hg.): *Verwandlung der Welt. Die romantische Arabeske*. Ausst.-Kat. Petersberg 2013.
Döry, Ludwig Baron: „Der lange Weg zum Goethedenkmal". In: *100 Jahre Historisches Museum Frankfurt am Main 1878–1978*. Frankfurt a. M. 1978, S. 289–302.
Goethe, Johann Wolfgang: *Goethe's Werke*. Hg. im Auftrage der Großherzogin Sophie von Sachsen. 4 Abt., 133 Bde. (in 143). Sachsen, Weimar 1887–1919; Reprint München 1987. [= WA]
Grimm, Ludwig Emil: *Erinnerungen aus meinem Leben*. Hg. u. erg. v. Adolf Stoll. Leipzig 1911.
Härtl, Ursula: „Vorübergehend enthüllt. Das Bettinasche Goethedenkmal im Weimarer Landesmuseum". In: Jb BvA 6/7 (1994/95), S. 244–247.
Koszinowski, Ingrid, und Vera Leuschner: *Ludwig Emil Grimm. Zeichnungen und Gemälde, Werkverzeichnis*. 2 Bde. Marburg 1990.
Krempel, Leon, und Peter-Klaus Schuster (Hg.): *Die Götter Griechenlands. Peter Cornelius (1783–1867): Die Kartons für die Fresken der Glyptothek in München aus der Nationalgalerie Berlin*. Berlin, Köln 2004.
Maisak, Petra: „Alltag und Apotheose. Bettines Umgang mit der bildenden Kunst". In: Bettine-Katalog, 1985, S. 202–224.
Maisak, Petra: „Bettine von Arnims ‚Octoberfest'. Idee, Genese und Rekonstruktion". In: Jb FDH 1990, S. 184–217.
Maisak, Petra: „Das ‚Oktoberfest' Bettine von Arnims". In: Walter Schmitz u. Sibylle von Steinsdorff (Hg.): „*Der Geist muß Freiheit genießen …!" Studien zu Werk und Bildungsprogramm Bettine von Arnims*. Berlin 1992, S. 48–60.
Maisak, Petra: „Dies Bild gehört dem König. Bettine von Arnim und ihre Töchter zwischen Salon, Kunst und preußischem Hof". In: Hans Dickel u. Christoph Martin Vogtherr (Hg.): *Preußen. Die Kunst und das Individuum*. Festschrift für Helmut Börsch-Supan. Berlin 2003, S. 261–282.
Maisak, Petra: „Bettina von Arnim als Zeichnerin oder der Versuch, alte Bilder in eine neue Mythologie zu verwandeln". In: Steffen Dietzsch u. Ariane Ludwig (Hg.): *Achim von Arnim und sein Kreis*. Berlin, New York 2010, S. 145–182.
Maisak, Petra: „Klassisch-romantische Phantasien. Ambivalenz und Transformation in Bettine von Arnims bildkünstlerischem Schaffen". In: Jb FDH 2015, S. 289–351.
Schinkel, Karl Friedrich: *Aus Schinkels Nachlaß. Reisetagebücher, Briefe und Aphorismen*. 3 Bde. Hg. v. Alfred von Wolzogen. Berlin 1862/63; Reprint Mittenwald 1981.
Schinkel, Karl Friedrich: „Gedanken und Bemerkungen über Kunst im Allgemeinen". In: Friedmar Apel (Hg.): *Romantische Kunstlehre. Poesie und Poetik des Blicks in der deutschen Romantik*. Frankfurt a. M. 1992, S. 175–202.
Schlegel, Friedrich: *Kritische Ausgabe seiner Werke* [= KFSA]. Hg. v. Ernst Behler [u. a.]. Abt. I., Bd. 2. Hg. v. Hans Eichner. München [u. a.] 1967.

Schormann, Sabine: „Anhang zum ‚Oktoberfest'". In: Walter Schmitz u. Sibylle von Steinsdorff (Hg.): *„Der Geist muß Freiheit genießen ...!" Studien zu Werk und Bildungsprogramm Bettine von Arnims.* Berlin 1992, S. 61–66.
Schorn, Adelheid von: *Das nachklassische Weimar.* Bd. 2. Weimar 1912.
Schulte-Strathaus, Ernst (Hg.): *Die Bildnisse Goethes.* München 1910.
Schultz, Hartwig: *Die Frankfurter Brentanos.* Stuttgart, München 2001.
Schultz, Hartwig: „Karl Friedrich Schinkel und die Brentano-Geschwister". In: Birgit Verwiebe (Hg.): *Karl Friedrich Schinkel und Clemens Brentano. Wettstreit der Künste.* Ausst.-Kat. Berlin 2008, S. 29–50.
Selbmann, Rolf: *Dichterdenkmäler in Deutschland. Literaturgeschichte in Erz und Stein.* Stuttgart 1988.
Simson, Jutta von: *Christian Daniel Rauch. Oeuvre-Katalog.* Berlin 1996.
Stahl, Patricia (Hg.): *„Franckfurt bleibt das Nest". Johann Wolfgang Goethe und seine Vaterstadt.* Ausst.-Kat. Frankfurt a. M. 1999.
Trempler, Jörg: *Das Wandbildprogramm von Karl Friedrich Schinkel. Altes Museum Berlin.* Berlin 2001.

2. Bettina von Arnim und die Musik
Renate Moering

1. Bettinas Gesang. 578
2. Bettinas Kompositionsunterricht 580
3. Bettinas Liedvertonungen. 581
   Achim von Arnim: *Ariel's Offenbarungen* (1804) // Achim von Arnim und Clemens Brentano: *Des Knaben Wunderhorn* (1805) // Weitere Vertonungen früher Gedichte Arnims // Erste Vertonungen von Goethe-Dichtungen // Achim von Arnim: *Der Wintergarten* (1809) // Noch einmal Goethes *Faust:* „O schaudre nicht" // Weitere Vertonungen von Texten Achim von Arnims // Goethe: *An Luna* // Juan de la Cruz: *Die dunkle Nacht* – „Entflammt von Liebesqualen ..." // Amalie von Helvig: *Weihe an Hellas* // Hölderlin: *Thränen* und *Hälfte des Lebens* // Weitere Kompositionsskizzen // Bearbeitungen
4. Bettinas Liedersammlung für Gaspare Spontini. 591
5. Bettinas Freundschaften mit Komponisten 592
   Ludwig van Beethoven (1770–1827) // Johanna Mathieux-Kinkel (1810–1858) // Franz Liszt (1811–1886) // Robert Schumann (1810–1856) und Clara Schumann (1819–1896) // Johannes Brahms (1833–1897) // Joseph Joachim (1831–1907) // Hector Berlioz (1803–1869)
6. Literatur 603
   Notendrucke Bettina von Arnims (chronologisch) // Zitierte Literatur sowie Notendrucke anderer Komponisten

Bettinas dialogisches Genie zeigt sich uns besonders auf dem Gebiet der Musik, und zwar in dreierlei Hinsicht: als Sängerin, als Liedkomponistin und als

Gegenüber von Komponisten. Sie wurde durch Dichter, Musiker und Zuhörer inspiriert und wirkte ihrerseits inspirierend.

1. Bettinas Gesang

Der Klang ihrer Stimme ist verklungen, doch glaubt man sie noch zu hören, aus ihren eigenen Beschreibungen und dem Staunen ihrer Zuhörer. Den ersten Musikunterricht erhielt sie schon im Mädchenpensionat des Ursulinenklosters in Fritzlar, wovon Aufzeichnungen religiöser Gesänge zeugen. Am 3. Juni 1806 schrieb sie an Arnim von Savignys Gut Trages: „[I]ch gehe nach Frankfurt, wo ich recht ernst nur allein der Musick leben werde" (Bw Arnim 3, Bd. 1, 45; FDH Hs-7390). Bald darauf klagte Meline Brentano gegenüber Savigny: „Bettine hat seit zwei Tagen einen Singmeister, den Schauspieler Haßloch, angenommen und schreit mir die Ohren voll" (21. August 1806, in: Schellberg/Fuchs 1942, 53). Karl Theodor Haßloch (1769–1829) bewältigte sowohl Tenor- als auch Bassp artien. Auch Clemens Brentano missbilligte diese Ausbildung, die Bettinas Gesang seiner Ansicht nach von der Natürlichkeit ihrer Stimme entfernte. Das zeigt sein Bericht an Arnim von Ende September/Anfang Oktober 1806 über einen Besuch in Frankfurt am Main, wo Bettina für Ludwig Tieck gesungen hatte: „[M]it Betinen ist er du und du gekommen, sie hat so wunderbar schön vor ihm gesungen, ihren wilden Seelenschlag, keine *Aria brillante*, so wie sie früher sang" (A. v. Arnim 2011, 341). Seine Sorge war jedoch unbegründet, denn sie wünschte sich, so zu singen „wie ein Frühlingsschauer" (an Arnim, 3. März 1808, in: Bw Arnim 3, Bd. 1, 141; FDH Hs-7407). 1808, vermutlich am Karfreitag, sang sie „in der Fürstlichen Capell" – also vor Fürstprimas Carl Theodor von Dalberg – Pergolesis *Stabat mater* (an Arnim, vermutlich 10. April 1808, in: Bw Arnim 3, Bd. 1, 172; FDH Hs-7419). Am Karsamstag berichtete sie ihm: „[D]a waren mir alle Leute sehr Freundlich, und lobten meinen Gesang" (16. April 1808, in: Bw Arnim 3, Bd. 1, 179; FDH Hs-7421). Bettinas Bruder Clemens erinnerte sich am 9. Januar 1824 in einem Brief an Arnim: „Mit einer wunderbaren aber schauerlichen Rührung denke ich noch oft an die wunderbaren Gesänge deiner Frau, welche vielleicht nie Jemand so gerührt haben, als mich" (Brentano 2012 [= FBA], Bd. 35, 18).

Bei Peter von Winter (1754–1825) in München gewann ihre Altstimme, der ein Zeitgenosse „Männerkraft" attestierte ([Anon.] 1812, 57), an Umfang, sie erweiterte sich „so wohl in die Höhe wie in die Tiefe" (an Gunda von Savigny, 9. Februar 1809, in: Schellberg/Fuchs 1942, 104). Winter ließ sie die sängerisch anspruchsvollen Kompositionen von Benedetto Marcello (1686–1739), Francesco Durante (1684–1755) und Johann Adolph Hasse (1699–1783) singen und wollte ihr Opernarien anvertrauen, die er selbst für die Koloratur-Mezzosopranistin Giuseppina Grassini (1773–1850) geschrieben hatte. Die Sagosuppe, die sie sich damals kochte, sollte sie vor Erkältung schützen.

In Landshut sang Bettina schließlich vor Savignys Studenten. Einer von ihnen, Alois Bihler (1788–1857), erinnerte sich später:

2. Bettina von Arnim und die Musik

> Bettina hatte [...] die kühne Idee, eine Ouverture zu Faust componiren zu wollen, und bestand darauf, hierbei der Trommel eine überwiegende Rolle anzuweisen, was ich begreiflicherweise nicht zugeben konnte, und so scheiterte das gewagte Project schon im Beginnen. Unwiderstehlich dagegen herrschte Bettina auf dem Gebiete des Gesanges. Hier entfaltete sie völlig ihre wunderbare Eigenthümlichkeit. Selten wählte sie geschriebene Lieder – singend dichtete sie und dichtend sang sie mit prachtvoller Stimme eine Art Improvisation. So zum Beispiel wußte sie in die einfach getragene Scala ebensowohl als in die ihr momentan entquellenden Solfeggien eine Fülle der Empfindung und des Geistes zu legen, daß ich hingerissen ihrem schöpferischen Genius lauschte. [...] Gewöhnlich saß Bettina während des Musicirens auf einem Schreibtische und sang von oben herab wie ein Cherub aus den Wolken. ([Bihler] 1870, 314–315)

An Goethe berichtete sie im Oktober 1809, dass sie mit Studenten, einer „Kapelle von sechs bis acht Sängern", in Savignys Haus musizierte, unter der Leitung eines „alten geistlichen Herrn, Eixdorfer" (GW 2, 304 u. 658); das war der Organist Georg Joseph Eigendorfer (vgl. U. Härtl 2016, 138).

In Berlin nahm Bettina den Gesangsunterricht wieder auf, zunächst bei Vincenzo Righini (1756–1812), was Arnim im Nachhinein als „störend" bezeichnete (9. Mai 1822, in: Bw Arnim 3, Bd. 2, 318; FDH Hs-11998,2). Dennoch hatte er ihre Begabung auch in der Ehe unterstützen wollen, wie sein unkonventioneller Heiratsantrag vom 29. Juli 1810 zeigt: „[I]ch meine wir heirathen uns wann und wo es sey, nur bald, an Mobilien brauchst Du so nicht viel, wenn Du ein Fortepiano hast, ich hab mein Schreibpult" (Bw Arnim 3, Bd. 1, 488; FDH Hs-7326). Die erste Wohnung der Arnims in Berlin im Garten des Gräflich Vossischen Palais umfasste ein separat gelegenes Musikzimmer für Bettina, wie aus dem Grundriss in einem Brief Arnims an die Brüder Grimm vom 12. April 1811 zu ersehen ist (vgl. Steig 1904, 113; Bw Arnim 3, Bd. 1, 511). Auch der Sing-Akademie, dem berühmten Berliner Chor, gehörte Bettina kurz an, doch lag ihr eher das solistische, besonders das improvisierende Singen. Eine berufliche Gesangskarriere war ihr aus gesellschaftlichen Gründen verschlossen. Über Goethes Freund Carl Friedrich Zelter (1758–1832) und die anderen Berliner Komponisten schrieb sie am 4. November 1810 an jenen:

> Zelter läutet und bummelt mir Deine Lieder vor, wie eine Glocke die von einem faulen Küster angeläutet wird; es geht immer Bim, und zu späth wieder: Bam. sie fallen alle über einander her und zanken sich auß Zelter den Rigini, dieser den Reichardt, dieser den [Friedrich Heinrich] Himmel, und dieser wieder den Zelter, es könnte sich ein jeder selbst ausprügeln, so hätte er immer den andern einen größern Gefallen gethan, als wenn er ihn zum Conzert eingeladen hätte [...]. (GW 2, 696)

So wurde Bettina musikalisch auf sich selbst zurückgewiesen. Stets überraschte ihre ungewöhnliche Stimme. Helene Marie von Kügelgen (1774–1842) etwa schrieb an Volkmanns, nach dem 12. Oktober 1812:

> Du weißt den Abend am 14. September sangen sie doch alle – nun sollte auch sie singen, und ich hörte zu meinem Erstaunen eine tiefe Tenorstimme erschallen, die uns allen aus diesem Munde Baß erschien. Die Kinder und Mägde liefen herbei – so sang sie beinah den ganzen Abend und nur Musik im Kirchenstil. Denkt Euch nun mein Erstaunen, da sie plötzlich etwas anders anhub und den schönsten Diskant sang. (Kügelgen 1900, 177; zit. nach GW 2, 1085)

Der pietistische Ludwig von Gerlach (1795–1877) notierte am 29. September 1816 in sein Tagebuch: „Bettina. [...] Über Musik: ‚Meine Lieder sind mir die liebste Musik und die Lieder von Durante.' Seelenvoller, leidenschaftlicher Vortrag. Ich glaube, sie hat nicht den frommen und erregten Sinn für Musik, sondern nur eine poetisch-leidenschaftliche Anregung dabei" (zit. nach Schoeps 1963, 291–292). Noch 1826 berichtete die schwedische Schriftstellerin Malla Montgomery-Silfverstolpe (1782–1861): „Dann bei Arnims. Bettina sang uns vor, akkompagniert von Demoiselle Betty Pistor, Reichardts Enkelin [...]. Es war schön, und ich hatte viel Freude an dieser Musik" (Eintrag zum 2. März 1826 in: Montgomery-Silfverstolpe 1912, 210; vgl. auch Bw Arnim 3, Bd. 3, 30).

Die Begeisterung fürs Singen und das Können übertrug Bettina auch auf ihre Töchter Maximiliane und Armgart, deren Duette in Berlin in Gesellschaft und bei Hof höchst gefragt waren; Maximiliane hatte eine Alt-, Armgart eine Sopranstimme mit staunenswertem Umfang, wie Johanna Mathieux (s. u.) berichtete. Bettinas improvisierender Gesang entsprang letztlich der Freude über Liedertexte, besonders frisch gedichtete der Freunde. So schrieb sie Arnim aus Kassel: „[D]en Abend mache ich Musick, da laß ich Ihre Lieder und meine Melodien in schwesterlicher Vereinigung aus meinem Munde hervorgehen" (um den 24. März 1807, in: Bw Arnim 3, Bd. 1, 76; FDH Hs-7395).

2. Bettinas Kompositionsunterricht

Bettina nahm in Offenbach, Frankfurt, Marburg und Landshut jahrelang Unterricht in Klavier und Komposition, zunächst bei dem Pianisten Philipp Carl Hoffmann (1769–1842), der bei dem Verleger Johann Anton André neben eigenen Werken Kadenzen zu Mozarts Klavierkonzerten und Variationen über dessen Opern drucken ließ. Bettina bewunderte seine Improvisation. So schrieb sie am 2. April 1808 an Arnim:

> Gestern haben wir Musik gehabt, von Hofmann, er spielte schöner wie je, ich sah ihn während seinem Spiel an, und er kam mir mit seiner mißlichen Gestaldt, vor wie eine alte rostige leiter, welche aber an einen prächtigen Palast angelehnt ist, worauf man in die herrlichsten Gemächer klettert, zu Jungfrauen wie Elfenbeinthürme, wie leichte Federn, wie schöne Palmbäume deren Zweige man ergreifen muß, und liebkosen. (Bw Arnim 3, Bd. 1, 167; FDH Hs-7417)

In Marburg war dann Rudolf August Friedemann Koch (um 1752–1811), Kantor an der Pfarrkirche und Dozent an der Philipps-Universität, ihr Lehrer. Allerdings blieb Bettina auch nach mehreren Jahren Unterricht noch unsicher.

2. Bettina von Arnim und die Musik

Auf Arnims Bitte um ein Lied für seine *Zeitung für Einsiedler* entgegnete sie ihm am 25. oder 26. Februar 1808:

> [I]ch glaube nicht daß ich mit der Zeit noch Lieder mache die besser sind wie diese ersten, [...] aber daß ich sie mit der Zeit allein mache, und sie daher mit mehr Recht Dir schenken kann; denn jezt könnte zum Beispiel Hoffmann sagen: wer hat Ihnen erlaubt, mein Accompagnement stechen zu lassen? indessen will ich doch gewiß, so gut als möglich alles auf schreiben was mir einfällt [...]. (Bw Arnim 3, Bd. 1, 131; FDH Hs-7405)

Die Handschriften zeigen, dass Bettina auch in späteren Jahren die Grundlagen der Komposition nie wirklich lernte und weiter auf Hilfe bei Harmonisierung und Niederschrift angewiesen war. Nur deutet sie ihr Unvermögen dann als Freiheit; so sagt sie im *Frühlingskranz*: „Am Generalbaß hab ich auch meinen Ärger. Ich möchte diese Gevatterschaft von Tonarten in die Luft sprengen, die ihren Vorrang untereinander behaupten, und jeden, der den Fluß der Harmonien beschifft, um den Zoll anhalten" (FBA 30, 127).

Bettina wurde als Mädchen in der musikalischen Ausbildung von allen Seiten gefördert. Mehr noch als ihr Bruder Clemens ermutigte sie Achim von Arnim, als er sie 1805 – im ersten *Wunderhorn*-Sommer – wiedersah; er beschwor sie stets, ihre ‚Melodien', wie er es nannte, aufzuschreiben. ‚Melodie' war nach dem Ideal der Zweiten Berliner Liederschule gleichbedeutend mit ‚Lied'. Man suchte die Melodie zu einem Gedicht und legte erst dann eine Begleitung unter. So bemühte sich auch Bettina zu arbeiten. Auf ihr frühes Improvisieren von Melodien, die sie offenbar niemals aufschrieb, kommt Arnim in einem Brief vom 18. März 1806 aus Neustrelitz zu sprechen; er berichtet ihr von dem „Plan mit Clemens eine Sammlung unsrer Lieder mit Melodieen herauszugeben; schreiben *Sie* wohl einmal die älteren auf" (A. v. Arnim 2011, 172; Bw Arnim 3, Bd. 1, 32). Er wünschte sich neben Goethes *Fischer* zwei Gedichte Clemens Brentanos: *Und der Morgen wird ein Küssen* aus der Erzählung *Der Sänger* sowie *Die lustigen Musikanten*. Die Sammlung, betitelt *Lieder der Liederbrüder*, kam ebenso wenig zustande wie Bettinas Aufzeichnung dieser Melodien. Die ersten Niederschriften machte Bettina für Arnim im Spätsommer 1805.

3. Bettinas Liedvertonungen

Achim von Arnim: Ariel's Offenbarungen (1804)

Aus dieser Zeit stammen die Melodien zu Gedichten aus Arnims Frühwerk *Ariel's Offenbarungen* (1804). Clemens Brentano berichtete er am 1. September 1805 aus Frankfurt: „Bettine hat mir zwey gesunde Kinder, zwey recht reine liebe Liederchen gebracht, sie zeigen recht schön ihre Natur. Ich gebe mir alle mögliche Mühe und Anstand, ihr zu beweisen, wie viel Schönes in ihr untergegangen durch das Herummusiciren im Musiciren, daß reines Leben nur in der beharrligen Flüchtigkeit sich zeigt, Sie verspricht mir alle Tage Melodieen aufzuschreiben, aber – da kommt die ganze Welt zwischen" (A. v. Arnim 2011, 69).

Abendstille: Das Gedicht teilte Arnim zuerst Clemens Brentano in einem Brief vom 14. September 1802 mit, dann erschien es in *Ariel's Offenbarungen* (vgl. Ricklefs 1980, Nr. 3). In Bettinas Notenheft (Pierpont Morgan Library, NY, Dannie and Hettie Heineman Collection, MS 9B) findet sich ein Entwurf für tiefe Stimme, zu dem Arnim eine neue zweite Strophe zwischen die Zeilen schrieb (Abb.: Moering 1997, 353). 1842 erschien die Komposition als Duett für Alt und Tenor in *Dedié à Spontini* (B. v. Arnim 1842, 10–11).

Vom Nachen getragen: Auch der Text dieses Duetts wurde *Ariel's Offenbarungen* entnommen. Im Stück besteht es aus fünf vierzeiligen Strophen (vgl. Ricklefs 1980, Nr. 1497). Bettina hat das Lied also durchkomponiert. Hiervon haben sich zwei Handschriften erhalten, die – dem unterschiedlichen Schriftduktus nach – wohl verschiedenen Zeiten entstammen. Eine Soloversion steht auf einem losen Blatt (Pierpont Morgan Library, Dannie and Hettie Heineman Collection, MS 30; Abb.: Willison 1995, 324–325). Diese Handschrift dürfte aus dem Jahr 1805 stammen, als Arnim am 6. oder 7. September an Brentano schrieb: „Bettine hat ein Lied aus dem Ariel recht schön musicirt" (A. v. Arnim 2011, 73; der Brief ist von Arnim versehentlich auf „1. Oktober" datiert). Die zweite Handschrift (ab „Sterne sie schießen" bis zum Schluss) ist ein Eintrag im Notenheft (Pierpont Morgan Library, Dannie and Hettie Heineman Collection, MS 9B). Auch hier war zunächst nur eine Singstimme notiert, später wurde – mit anderem Schreibmaterial und möglicherweise von anderer Hand – eine zweite Stimme hinzugefügt. Als Duett erschien das Lied ebenfalls in *Dedié à Spontini* (B. v. Arnim 1842, 12–14).

Gedanken sind Gestalten: In diesem Lied aus *Ariel's Offenbarungen* klagt der „Grieche Iliades", dass er sich in der Fremde nicht mitteilen kann: „Ich möchte gerne klagen …" (Ricklefs 1980, Nr. 810). Von Bettina, welche die dritte Strophe vertonte, gibt es zwei fast identische Aufzeichnungen im Notenheft (Pierpont Morgan Library, Dannie and Hettie Heineman Collection, MS 9B). Während die Niederschrift auf Seite 3 nur eine Strophe in Bettinas Handschrift enthält (Abb.: Willison 1989, 192), zeigt die Fassung auf Seite 5 Korrekturen und eine zusätzliche Strophe von Arnim: „Die Farben mir im Herzen / so heftig wild gerieben. / Die Farb in zarten Scherzen / durch Liebchens Wang getrieben" (Abb. und Druck: B. v. Arnim 1996, 23). Angeregt durch Bettinas Musik gestaltete er das Gedicht also in ein Liebeslied um.

Zu dir, mein Herzenssehnen: Auch dieses Lied entstammt *Ariel's Offenbarungen*, es handelt sich um die Strophen 17, 14 und 16 des Liedes „Ade, Ade, Frau Muhme …", einer romantischen Ballade von 77 Strophen (vgl. Ricklefs 1980, Nr. 34). Bettina wählte den Text also sehr subjektiv aus und notierte die Vertonung in ihr Notenheft (Pierpont Morgan Library, Dannie and Hettie Heineman Collection, MS 9B; Abb.: Willison 1989, 196; Moering 1996, Druck 24).

2. Bettina von Arnim und die Musik

Achim von Arnim und Clemens Brentano:
Des Knaben Wunderhorn (1805)

Zur Herbstmesse 1805 erschien bei Mohr und Zimmer in Heidelberg der erste Band von *Des Knaben Wunderhorn. Alte deutsche Lieder* (mit gedruckter Jahreszahl „1806"; vgl. Brentano 1978 [= FBA], Bd. 9.3, 797–798), von Brentano und Arnim – mit Hilfe von über 60 Sammlern, darunter Bettina – zusammengestellt und bearbeitet. Anders als ursprünglich mit Johann Friedrich Reichardt (1752–1814) geplant, wurden keine Melodien beigefügt. Dadurch konnten sich Leser zum Vertonen angeregt fühlen. Reichardts Tochter Louise (1779–1826) schrieb mehrere Kompositionen, auch Bettina zeichnete in späteren Jahren ein Lied auf.

Aus Opitz: Notiert ist – in Überarbeitung – die erste Strophe einer Ode von Martin Opitz (1597–1639), die er 1624 in seinem *Buch von der Deutschen Poeterey* als Beispiel für „Die Lyrica oder getichte die man zur Music sonderlich gebrauchen kan" einfügte. Im *Wunderhorn* ist das Gedicht abgedruckt unter dem Titel *Ueberdruß der Gelahrtheit* (Brentano 1978 [= FBA], Bd. 9.1, 143). Anders als dort beginnt Bettinas Lied: „Es befällt mich fast ein Grauen / daß ich Plato über dir / bin gesessen für und für". Die Komposition wurde von ihr um 1840 in das Album eines Musikliebhabers eingetragen, aus dem das Blatt jedoch später herausgetrennt wurde. Bettina unterschrieb rechts unten: „Composée dans mon enfance, copié / dans ce beau livre contre mon gré. Bettine Arnim" (das Autograph befindet sich in der Handschriftenabteilung der Zentralbibliothek Zürich, Sign. Autogr. Bebler D 17.2; Abb.: Moering/ Steinsdorff 2001/02, 17). Der Beschenkte war vermutlich der französische Jurist Charles Guenoux, ein Kollege und Freund Friedrich Carl von Savignys.

Ich hört' ein Sichlein rauschen: Dieses Volkslied, 1808 im zweiten Band des *Wunderhorns* mit *Laß rauschen Lieb, laß rauschen* übertitelt (Brentano 1976 [=FBA], Bd. 7, 50), erscheint in Bettinas Notenheft mit einer Melodie über Gitarrenbegleitung (Pierpont Morgan Library, Dannie and Hettie Heineman Collection, MS 9B; Abb.: Willison 1989, 195). Publiziert wurde die Melodie 1833 jedoch unter dem Namen Clemens Brentanos, der ebenfalls zur Gitarre improvisierte (vgl. „Klage und Trost" in: Kugler/Reinick 1833, 201–202). So ist von Brentano die eigenhändige Niederschrift des *Wunderhorn*-Liedes „Joseph, lieber Joseph was hast du gedacht ..." samt Melodie bekannt (vgl. Brentano 1977 [=FBA], Bd. 9.2, 329; UB Heidelberg, Sign. Heid. Hs 2110,36, Bl. 4; Abb.: Reichert 1985, Nr. 90, 284); außerdem schrieb er Melodien zu seinem Drama *Viktoria* und zum *Mosel-Eisgangs-Lied*. Es ist daher letztlich nicht zu entscheiden, von wem die Melodie zu *Ich hört ein Sichlein rauschen* stammt (vgl. B. v. Arnim 1996, 60).

Weitere Vertonungen früher Gedichte Arnims

Der Himmel ist oft hell: Arnims Lied ist angeregt durch ein Gedicht des Barockautors Philipp von Zesen (1619–1689): „Der Himmel ist oft hell und gibt auch Regen ..." (Ricklefs 1980, Nr. 282). Johann Friedrich Reichardt vertonte Arnims Fassung und publizierte das Lied 1805 in seiner Sammlung *Le Troubadour italien, français et allemand*. Arnim sandte Bettina am 26. Januar 1806, seinem Geburtstag, die Reichardt-Vertonungen seiner Gedichte – und eröffnete damit auch ihre Korrespondenz: „Schicken Sie mir ein Paar Ihrer schönen Augenblicke, da mir die Stunden nicht werden, ich schicke Ihnen ein Paar Lieder von mir und viel Melodieen von Reichardt; meine Lieblinge habe ich mit dem Sternbilde des Wagens bezeichnet, lernen Sie nur eins davon ganz, daß ich mir sicher werde, daß es nicht wie bey mir in Gedanken blos klingt, wie ich auf alle Tische fingre, sondern wird und gedeiht" (Bw Arnim 3, Bd. 1, 26; FDH Hs-7219). Bettina schickte Arnim daraufhin ein – verschollenes – Notenblatt und fügte einen Zettel bei: „Uber dem Notenschreiben ist die Zeit vergangen lieber Arnim, welche ich dazu benutzen wollte Ihnen für ihre Freundlichkeit (mir ihre Lieblingslieder zu senden) zu danken, wie auch dieses mein schlechtes Produckt mit gehöriger Bescheidenheit einzuführen. Ich erwarte alles von Ihrer Nachsicht" (Bw Arnim 3, Bd. 1, 28; FDH Hs-12923). Mitte März 1806 meinte sie: „Ich habe die Kühnheit gehabt (welche zwar im vertrauen auf Ihre Nachsicht zum Vertrauen gemildert ward) ein Lied welches von Reichard, *Ihrem Freund*, Ihnen zur *Genüge* und *Wohlgefallen* componiert ward, auch auf meine Weise zu singen, ja wirklich dieß war Kühnheit von mir" (Bw Arnim 3, Bd. 1, 30; FDH Hs-7387). Arnim jedoch war bei seinem Onkel in Mecklenburg zu Besuch, konnte die Noten nicht lesen und fand keinen Sänger dafür. Aus seinem Brief vom 19. April 1806 lässt sich das Lied jedoch erschließen, denn er schreibt, er würde gern wie „ein Vogel" singen: „Der Himmel ist oft hell" (Bw Arnim 3, Bd. 1, 39; FDH Hs-7223). Das Lied steht im Notenbuch in zwei fragmentarischen Versionen, jeweils nach der Komposition „Gedanken sind Gestalten ..." auf demselben Blatt (Abb.: Willison 1989, 192–193; Druck: B. v. Arnim 1996, 28–29).

Herzchen im Turme, schlagende Uhr: Die Vertonung von Arnims Silvester-Gedicht der Jahreswende 1805/06 *Herzchen im Turme, schlagende Uhr* (vgl. Ricklefs 1980, Nr. 744) hat eine Tanzmelodie im 3/4-Takt, eine Art Schnaderhüpfel. Die Begleitung der linken Hand bringt meist nur den Grundton in Achteln in Oktaven; die rechte Hand unterstützt die Singstimme. Es könnte sich ursprünglich auch um eine Gitarrenbegleitung handeln, die als Klavierbegleitung im Bassschlüssel notiert ist. Dass Bettina auch zur Gitarre sang, ist bezeugt. Der Schluss der Begleitung fehlt im Manuskript (Abb.: Willison 1989, 194; B. v. Arnim 1996, 27; Moering 1997, 353). Noch ein anderer Schluss des Liedes steht mit einer ausgeführten Begleitung in ihrem Notenheft (Pierpont Morgan Library, Dannie and Hettie Heineman Collection, MS 9B), allerdings erscheint es hier als Duett, und vor allem: nicht Bettina, sondern eine unbekannte Hand schrieb diese Fassung. Melodie und Text stehen auch im Notenbüchlein von Philipp Hössli (1800–1854), einem Jurastudenten aus der Schweiz, mit dem Bettina in Berlin und Wiepersdorf musizierte (Abb. zu Hösslis Notenbüchlein: Willison Lemke, 1998a, 105)

2. Bettina von Arnim und die Musik

Erste Vertonungen von Goethe-Dichtungen

Herbstgefühl: „Fetter grüne, du Laub ...": Bettina begann um 1800, Dichtungen Goethes zu lesen, bei der Großmutter Sophie von La Roche, in der Ausgabe der *Schriften*. Dort erschien auch *Herbstgefühl* (Bd. 8, Leipzig 1789, 146). Die leichten Textveränderungen in der Vertonung gehen auf Bettina zurück. Es gibt von ihr dazu Notenskizzen in verwischtem Bleistift. Wann sie an dieser Vertonung arbeitete, lässt sich nur vermuten. Sie zitiert das Gedicht in der *Günderode* in einem Brief aus Marburg (wo sie Ende 1805 war) im Rückblick auf Offenbach (wo sie bis 1802 lebte) (GW [Härtl] 2, 396). Allerdings ist nicht sicher, ob die Passage zu dem authentischen Brief gehörte oder spätere Zutat zum Briefbuch ist. Aber selbst wenn die handschriftlichen Skizzen aus früher Zeit stammen, so ist doch eher anzunehmen, dass die in *Dedié à Spontini* (B. v. Arnim 1842, 8–9) gedruckte, ziemlich anspruchsvolle Vertonung in späteren Jahren entstand, wobei man die Hilfe von Johanna Mathieux annehmen kann.

Faust: „Ach neige, du Schmerzenreiche ...": Der erste Teil des *Faust* erschien vollständig zwar erst zur Ostermesse 1808, doch hatte Goethe schon in seinen *Schriften* 1790 *Faust. Ein Fragment* publiziert. Darin finden sich sämtliche Texte des Dramas, mit denen sich Bettina komponierend beschäftigte, auch die Szene „Zwinger" mit Gretchens Gebet an die Muttergottes: „Ach neige, du Schmerzenreiche, dein Antlitz gnädig meiner Not". Bettina teilte Goethe sofort ihren musikalischen Einfall mit; sie schrieb aus Frankfurt, nach Mitte Januar 1808: „Ich bin in Compositionen von Faust versunken gestern schrieb ich das Lied ‚Ach neige du schmerzenreiche' – ich meine es müßte gut sein denn es hat mich innig gerührt – wenn es fertig ist will ich Dir schicken" (GW 2, 587). Goethe antwortete auf diese Ankündigung nicht, wie er sich auch später nie für Bettinas Musik erwärmen konnte. Ein Echo erhielt sie aber aus Heidelberg, wohin Achim von Arnim Mitte Januar abgereist war. Er hatte in Frankfurt Bettinas Kompositionsversuche miterlebt und meinte: „Wenn Du jezt beym Faust sitzest und singst, ich möchte Dich hören" (28. Januar 1808, in: Bw Arnim 3, Bd. 1, 102; FDH Hs-7240). Um den 7./8. Februar teilte sie ihm schließlich mit: „Mein Lied aus dem Faust ist jezt fertig mit Accompagnement es hat mich viel Mühe gekoßtet" (Bw Arnim 3, Bd. 1, 114; FDH Hs-7402,1). Arnim erbat sich darauf die Komposition für seine *Zeitung für Einsiedler* (Bw Arnim 3, Bd. 1, 122; FDH Hs-7244), der dann jedoch keine Notendrucke beigefügt werden konnten. Die Komposition für Sopran hat opernhaft dramatischen Charakter. Bettinas Autograph blieb fast 200 Jahre lang unbeachtet in Goethes Notensammlung im Goethe- und Schiller-Archiv in Weimar liegen. Auf der Rückseite der Handschrift steht ein Kompositionsfragment zu Fausts Worten „Was ist die Himmelsfreud in ihren Armen ...", das Bettina in einem Brief vom 3. März 1808 an Arnim erwähnt (Bw Arnim 3, Bd. 1, 141–142; FDH Hs-7407; Abb.: Moering 1998, 18–21). Zwei nicht näher bezeichnete „glückliche Melodien zum Faust" fielen ihr wenige Tage später ein, wie sie Arnim um den 7. März mitteilte (Bw Arnim 3, Bd. 1, 145; FDH Hs-7408).

In München nahm Bettina außer dem Gesangsunterricht bei Winter Klavierstunden bei dem königlich-bayerischen Kammermusikus Sebastian Bopp (1762–1839). An Liedvertonungen wagte sie sich wieder 1809 in Landshut heran, wo sie von Georg Joseph Eigendorfer in Komposition unterrichtet wurde. Außerdem war Alois Bihler, einer von Savignys Studenten, ihr beim Ausarbeiten ihrer musikalischen Einfälle behilflich.

Achim von Arnim: Der Wintergarten (1809)

Den trägen Tag verfolgt der Mond: In die Rahmenhandlung von Achim von Arnims 1809 erschienenem Werk *Der Wintergarten* sind zahlreiche Erzählungen und Gedichte eingeflochten, meist Bearbeitungen älterer Texte, etwa die mit der Überschrift *Albert und Concordia*, welcher der Barockroman *Wunderliche Fata einiger See-Fahrer* – bekannt als *Insel Felsenburg* – von Johann Gottfried Schnabel (1692–1751/1758) zugrunde liegt. Im Laufe der Handlung offenbart der Held Albert seine Liebe in dem Lied „Ach hätt' ich nur kein Schiff erblickt ..." (A. v. Arnim 1990, 148; vgl. Ricklefs 1980, Nr. 14; Abb.: B. v. Arnim 1996, 11). Auch dieser Text geht auf Schnabel zurück, jedoch sind zwei Natur-Strophen ganz Arnims Erfindung. Bettina beginnt ihre Vertonung mit der vierten Strophe: „Den trägen Tag verfolgt der Mond ..." Wann diese Komposition entstand, ist unbekannt; auch gibt es keine Handschriften mehr. Das Lied steht in tiefer Altlage (Abb.: Bettine-Katalog, 194). Gedruckt erschien es in *Dedié à Spontini* (B. v. Arnim 1842, 5).

Deine Ruh ist in den Schlachten: Bettina probierte Melodien singend aus und notierte sie anschließend nach Vermögen. Dafür ist ihre Notation zu Arnims Gedicht auf Admiral Nelson aus dem *Wintergarten* (A. v. Arnim 1990, 251) ein typisches Beispiel (Pierpont Morgan Library, Dannie and Hettie Heineman Collection, MS 9B; Abb.: Moering 1992, 71). Sicher ist eigentlich nur die Tonhöhe, aus der die Grundtonart G-Dur erschlossen werden kann. Takt und Notenwerte sind nicht angegeben. Erkennen lässt sich an ihrer Melodienotation eine gewisse Originalität in der Tonführung; darin finden wir eine Antwort auf die Frage, warum so viele Zeitgenossen ihr bereitwillig beim Aufschreiben halfen oder nach ihren Melodienansätzen weiterkomponierten.

Noch einmal Goethes Faust: „O schaudre nicht"

Bettina berichtete Arnim Mitte Februar 1810, sie „componire jezt eifrig an der Ouvertüre für Faust wobei mir jemand aufschreiben hilft (denn damit kann ich nicht recht fort, meine besten Gedancken gehen mir drüber zu Grund,) es macht mir ungemein viel Spaß" (Bw Arnim 3, Bd. 1, 455; FDH Hs-7506). Dieser Versuch, der auch von Bihler erwähnt wird (vgl. ([Bihler] 1870, 315), ist aber nicht erhalten, ebenso wenig wie „eine Melodie auf den König in Thule gesezt so wie Gretgen ihn singen soll, diese kann doch wohl nur im ganzen Stück eindruck machen, und nicht als romanze, denn sie ist gar einfach und der Poesie nicht gemäß sondern mehr der Stimmung Gretgens in ihrem einsamen Kämerlein" (Bw Arnim 3, Bd. 1, 456; FDH Hs-7506). Jedoch ist die kurze dramatische Vertonung von Fausts Liebeserklärung an Gretchen in der Garten-Szene als Abschrift und im Druck überliefert. Bihler fragte danach in seinem Brief vom 5. September 1810 nach ihrer Abreise: „Wie steht es aber mit Ihrer composition, was macht Faust; thun Sie noch etwas darinn oder nicht. O! thun Sie ersteres, gewiß, ich bin überzeugt, daß Sie in der composition originell werden würden, wenn Sie sich nur noch einige Zeit mit den Positionen derselben bekannt machen wollten. [...] Ihre Fantasie wünsche ich zu besitzen [...]. Ihr Fragment: ‚o schaud're nicht' – singe ich hundert mal mit vieler Begeisterung, es gefällt mir je länger desto besser; ein Beweis daß es wirklich klassisch ist" (Bettine-Katalog, 38).

Bihler kannte das Lied so gut, weil er ihr bei der Niederschrift behilflich gewesen war; in seiner Erinnerung schrieb er: „Da ich das Glück hatte, fast immer ihre musikalischen Gedanken zu verstehen und zu errathen, somit ihr auf dem Instrumente mit den richtigen Accorden entgegenkam und sie nach ihrem Sinne weiter begleitete, erwarb ich mir bald ihre Zufriedenheit, endlich ihr freundschaftliches Wohlwollen, und sie erfreute mich später noch mit einigen Briefen, deren Thema, ähnlich wie im mündlichen Verkehr, fast ausschließlich die Tonkunst bildete" ([Bihler] 1870, 315).

Auch diese Vertonung nahm sie in ihre Sammlung *Dedié à Spontini* auf (B. v. Arnim 1842, 4); es existiert ferner eine einfache Niederschrift durch Maximiliane Brentano, der Tochter von Bettinas Halbbruder Franz, in deren Notenbuch von 1824 (Privatbesitz) sowie eine späte Bearbeitung von Joseph Joachim (Abb.: Moering 1997, 350 u. 358–359; Busch-Salmen/Moering/Salmen 2003, 76)

Weitere Vertonungen von Texten Achim von Arnims

Romanze: „Der Kaiser flieht vertrieben": Der Text stammt aus Arnims 1810 erschienenem Roman *Armuth Reichthum Schuld und Buße der Gräfin Dolores* (Ricklefs 1980, Nr. 293). Bettinas Komposition, die auf Bitten Arnims entstand, wurde in die Musikbeilage aufgenommen. Er hatte ihr am 14. Februar 1810 von Berlin nach Landshut acht Gedichte zur Vertonung mitgeteilt; sie wählte diese patriotische Romanze aus. Sie hoffte in ihrer Antwort von Ende Februar 1810, ihr „Marsch" könne „recht leicht zu einem Preusischen werden", und erwähnte an dieser Stelle eine zweite Vertonung eines vorgeschlagenen Liedes: „Stille wird in meinem Herzen ..." (Bw Arnim 3, Bd. 1, 458; FDH Hs-7507). Letztere ist aber nicht überliefert. Anfang März schickte sie die Noten nach Berlin. Bettinas Autograph hat sich erhalten (Pierpont Morgan Library, Dannie and Hettie Heineman Collection, MS 30; Abb.: Moering 1978, 258; Bettine-Katalog, 184). Für den Druck wurde das Lied von unbekannter Hand noch einmal abgeschrieben, mit der Angabe „Adagio" (GSA, Sign. 03/1146,3; Druckvorlage der von Johann Friedrich Reichardt betreuten Musikbeilage; Abb.: Moering 1997, 348) Möglicherweise stammt die Reinschrift von Bihler, der ihr auch bei diesem Lied half. Arnim selbst änderte auf

diesem Blatt die Worte dann noch einmal und schrieb über die Noten „II B",
d.h. zweiter Band der *Gräfin Dolores*, und „B.B". Im Druck erschien das
Lied unter dem Pseudonym „Beans Beor", d.h. beglückend werde ich beglückt
(Abb.: Moering 1978, 237). Ein Siegel mit diesen Worten hatte ihr der Theologe Johann Michael Sailer Weihnachten 1809 geschenkt (Abb.: Bettine-Katalog, 185).

Ein Stern der Lieb am Himmelslauf: Zu Neujahr 1811 bekam Arnim von
Bettina eine Rose geschenkt, wofür er sich mit einem Gedicht bedankte, das
in drei handschriftlichen Fassungen überliefert ist und 1817 in erneuter Bearbeitung in den ersten Band des Roman *Die Kronenwächter* aufgenommen
wurde (vgl. Ricklefs 1980, Nr. 495). Bettina vertonte Arnims dritte Handschrift, bezeichnet: „1 Januar 1811. Neue Ausgabe vom 3 Januar" (Bw Arnim
3, Bd. 1, 500–501; FDH G 42), doch ihr Lied weist weitere Varianten auf. Es
sind keine Kompositionshandschriften erhalten; der Druck findet sich in *Dedié
à Spontini* (B. v. Arnim 1842, 6–7). Friedrich Rochlitz bemäkelte in seiner *Allgemeinen musikalischen Zeitung* die kühne Modulation des Schlusses: „Die
Grundtonart G moll wird so weit verlassen, dass man die plötzliche Rückkehr
in dieselbe nicht erwartet" ([Rochlitz] 1843, Sp. 103).

Lied des Schülers – „Die freie Nacht ist aufgegangen": Bettinas nächste
Publikation war die Vertonung von *Lied des Schülers* aus Arnims Erzählung
Isabella von Ägypten, die seiner Novellensammlung von 1812 als Musikbeilage eingefügt wurde (neben S. 145, ebenfalls mit dem Pseudonym „Beans
Beor"; vgl. Ricklefs 1980, Nr. 350; Abb. der Druckfahne: Bw Arnim 3, Bd. 1,
527; FDH 12768). Eine dem Druck fast völlig entsprechende Notation der
Melodie – allerdings ohne den Schluss – steht in Bettinas Notenheft (Pierpont
Morgan Library, Dannie and Hettie Heineman Collection, MS 9B). – Der
Liedanfang inspirierte Clemens Brentano zu dem Gedicht *Magdalena geht zum
Grab*: „Die stille Nacht ist aufgegangen ..." (Brentano 2002 [=FBA], Bd. 3.3,
101–103). In der Mitte seines Gedichts steht eine Strophe mit kürzeren Zeilen,
beginnend: „Laß los von der Welt ...", ebenfalls einem Arnim-Gedicht entnommen. Beide Gedichte Arnims waren Brentano wahrscheinlich in Bettinas
Vertonung bekannt. Da ihre zweite Komposition damals noch unpubliziert
war, dürfte er sie im August 1824 in Winkel gehört haben, als Maximiliane
Brentano sie aufzeichnete und die beiden Frauen miteinander musizierten. –
Das Lied erlebte nach Bettinas Tod sogar eine musikalische Rezeption, als der
Geiger und Komponist Joseph Joachim die Melodie für den ersten Satz seines
3. Violinkonzertes in G-Dur verwendete.

Laß los von der Welt: Der Text entstammt Arnims Drama *Der Auerhahn*
aus seiner *Schaubühne* von 1813 (vgl. A. v. Arnim 2010, 75; Ricklefs 1980,
Nr. 1003). Bettina hat nur die Melodie skizziert (Pierpont Morgan Library,
Dannie and Hettie Heineman Collection, MS 9B). Maximiliane Brentano
schrieb in ihr Notenbuch 1824 eine – fragmentarische – Fassung mit Begleitung. (Abb.: B. v. Arnim 1996, 78). Melodie und Text stehen auch in Hösslis
Notenbüchlein. Auf einen Druck verzichtete Bettina (Erstdrucke: B. v. Arnim
1996, 30; Willison Lemke 1998a, 102–103).

Das Frühlingsfest: 1822 beschäftigte sich Bettina mit Arnims Spiel *Die Frühlingsfeier*, ebenfalls 1813 in seiner *Schaubühne* erschienen; sie schrieb ihm darüber Anfang Juni 1822 aus Berlin: „[I]n der lezten Zeit war ich reich an Melodieen ich habe manche große Stücke aus Deinem Frühlingsfest am Abend gesungen die mir sehr ans Herz sprachen" ([4.] Juni 1822, in: Bw Arnim 3, Bd. 2, 330; FDH Hs-12097,2). Erhalten sind nur Skizzen in ihrem Notenbuch, sogar für ein Terzett (Abb.: Willison 1989, 198; Willison Lemke 1998a, 100).

Mondenschein schläfert ein: Das Gedicht entnahm Bettina Arnims 1819 gedrucktem Schauspiel *Die Gleichen* (vgl. Ricklefs 1980, Nr. 1118). Das Lied mit zwei vierzeiligen Strophen ist durchkomponiert, der Text dabei leicht verändert. Da keine Handschriften erhalten sind, lässt sich nicht feststellen, ob die Varianten von Arnim oder Bettina stammen. Der Druck steht in der Sammlung *Dedié à Spontini* (B. v. Arnim 1842, 3).

Goethe: An Luna

Die Vertonung von Goethes Gedicht *An Luna* wurde – vermutlich im Juni 1822 – von Philipp Hössli aufgezeichnet. Er notierte sich das Lied in sein Liederbuch (Staatsarchiv Graubünden, Chur, Sign. DV 4f 8; Drucke: Willison Lemke 1998a, 115–116; B. v. Arnim 1999, 6 u. 24). Goethes Gedicht war in der Fassung, die Bettina vertonte, 1815 in seinen *Werken* erschienen (Goethe 1815–1819, Bd. 1, 49).

Juan de la Cruz: Die dunkle Nacht – „Entflammt von Liebesqualen …"

Das Gedicht stammt von dem spanischen Mystiker Juan de la Cruz (1542–1591). Er schrieb ein geistliches Liebeslied, in dem die Seele von ihrer Liebe zu Gott spricht. Maximiliane Brentano zeichnete die Vertonung in ihrem Notenbuch auf und versah sie mit der Überschrift: *Die dunkle Nacht aus dem Spanischen des Heiligen Johannes vom Kreuz*; oben rechts in der Ecke vermerkte sie: „B v. A.", wodurch die Komposition als Bettinas Eigentum ausgewiesen ist (Abb.: Moering 1997, 351; Druck: B. v. Arnim 1996, 31). Die beiden Frauen musizierten gemeinsam, als Bettina vom 13. September bis Anfang Oktober 1824 im Rheingau zu Besuch war. Sie dürften den Inhalt weltlich verstanden haben. Einen ähnlichen musikalischen Charakter hat Maximiliane Brentanos Vertonung von Clemens Brentanos *Lied eines Müllers am Rhein*: „Nun gute Nacht mein Leben …", welche unterschrieben ist mit: „Winkel am Rhein, zur Erinnerung an mich. – 9ten Octob. 1824" (Pierpont Morgan Library, Dannie and Hettie Heineman Collection, Einzelblatt; Abb.: Bettine-Katalog, 191; vgl. B. v. Arnim 1996, 61). Brentano war damals ebenfalls in Winkel zu Besuch und gab seiner Nichte das bis dahin ungedruckte Lied aus den *Mährchen vom Rhein*; diese schenkte ihre Vertonung Bettina zum Abschied. – Melodie und Text von *Die dunkle Nacht* stehen auch in Hösslis Notenbüchlein (Abb.: Willison Lemke 1998a, 141). Auch existiert eine späte Niederschrift Joseph Joachims.

Amalie von Helvig: Weihe an Hellas

Bettina vertonte mit diesem Lied ein Gedicht von Amalie von Helvig, geb. von Imhoff (1776–1831), aus deren Sammlung *Gedichte zum Besten der unglücklichen Greise, Wittwen und Waisen in Griechenland* (1826). Malla Montgomery-Silfverstolpe hörte bei Helvig Bettina zu „Amaliens *Griechischen Liedern*" improvisieren (Eintrag zum 16. Juni 1826, in: Montgomery-Silfverstolpe 1912, 278). Die Reinschrift der Komposition ist verschollen. Das Lied wurde aus dem Nachlass Amalie von Helvigs veröffentlicht (vgl. Bissing 1889, 446–447). Im Notenheft Bettinas stehen zwei Skizzen: einmal der Anfang des Liedes, harmonisch ausgeführt, und an anderer Stelle die Melodienotation des zweiten Teils (Pierpont Morgan Library, Dannie and Hettie Heineman Collection, MS 9B; Abb.: Willison 1995, 336–337). Die gedruckte Fassung ist ähnlich, so dass Herausgebereingriffe gering sein dürften.

Hölderlin: Thränen und Hälfte des Lebens

Mit *Thränen* und *Hälfte des Lebens* wagte Bettina sich auch an Gedichte Friedrich Hölderlins (1770–1843); bekannt sind jedoch nur Skizzen (Abb.: Schuhmacher 1967, 421–425; Willison Lemke 1998a, 134). Sie selbst erwähnt diese Vertonungen im Zusammenhang mit einem geplanten zweiten Liederheft, zuerst in einem Schreiben vom 16. Juni 1842 an den preußischen König Friedrich Wilhelm IV. wegen einer möglichen Widmung an ihn (GW 4, 986) sowie erneut am 2. November 1849 in einem Brief an Karl Maria Benkert (alias Kertbeny): „6 Lieder habe ich auch componirt ich will sie stechen lassen den Magyaren zueignen!" Dann zitiert sie aus *Hälfte des Lebens* (GW 4, 687 u. 1126–1127).

Weitere Kompositionsskizzen

Ann Willison Lemke führt einige, in Bettinas Briefbüchern und echten Briefen erwähnte – aber nicht überlieferte – Lieder auf. Karl August Varnhagens Tagebuchnotizen zufolge dachte sie noch 1858 – „in einem kläglichen Zustand, geisterhaft blaß, der Blick starr" – über „Liederkomposition" nach (21. April 1858, in: Varnhagen 2, Bd. 14, 256).

Von der Akzeptanz dieser Musik zeugt Ludwig Emil Grimms Radierung *Das Lied v Bettine Arnim* (bezeichnet „1819 Cassel d 10ᵗ März"), auf welchem seine Gitarre spielende Schwester Lotte Grimm zu sehen ist. (Abb.: Bettine-Katalog, 189)

Bearbeitungen

Die Bearbeitungen des Musikwissenschaftlers Max Friedlaender, die 1920 in Band 4 der Werkausgabe von Waldemar Oehlke gedruckt wurden, sind in spätromantischem Stil gehalten. *Romanze* und *Lied des Schülers* sind stark überarbeitet. Die zugrunde liegenden Handschriften erhielt Friedlaender aus dem Nachlass Joseph Joachims (s. u.); die zu den folgenden Liedern sind leider verloren: *Wandrers Nachtlied* von Goethe, *Suleika* von Goethe bzw. eigentlich von Mariane von Willemer und *Hafis*, übersetzt von Georg Friedrich Daumer (1800–1875).

Bettina gehörte zur Generation der Romantik auf literarischem Gebiet, auf musikalischem jedoch – durch die Phasenverschiebung zu Anfang des 19. Jahrhunderts – zu der der Vorromantik. Beim Improvisieren über Gedichttexten wünschte sie sich, den Regeln zu entfliehen, die sie im Unterricht erhalten hatte. Die aufgezeichneten und publizierten Lieder unterscheiden sich stark, je nachdem, wessen Hilfe sie dabei in Anspruch genommen hatte. Viele Melodien sind in ihren skizzenhaften Aufzeichnungen kaum erahnbar.

4. Bettinas Liedersammlung für Gaspare Spontini

Der italienische Opernkomponist Gaspare Spontini (1774–1851) wurde 1819 von Friedrich Wilhelm III. als Erster Kapellmeister und Generalmusikdirektor aus Paris für Berlin angeworben. Nach anfänglichen Erfolgen kam es zu Auseinandersetzungen. Denn der dem italienisch-französischen Opernstil verpflichtete Spontini entsprach nicht dem biedermeierlichen Zeitgeschmack, weswegen ihn besonders der Kritiker Ludwig Rellstab angriff. Außerdem gab es Kompetenzstreitigkeiten mit dem Schauspielintendanten Friedrich Wilhelm Graf von Redern. Durch irreführende Pressemitteilungen ließ sich Spontini zu einem Brief hinreißen, der – in fehlerhafter Übersetzung des französischen Originals – in der *Allgemeinen Leipziger Zeitung* (Nr. 29, 29. Januar 1841, 393) abgedruckt wurde; dieser ungehörige Brief wurde als Majestätsbeleidigung des Königs Friedrich Wilhelm IV. aufgefasst und der Komponist verurteilt. Der König erließ ihm zwar die Strafe einer neunmonatigen Festungshaft, auch behielt Spontini Titel und Bezüge, dennoch verließ er im Juli 1842 Berlin.

In Bettinas Augen war die Anklage Spontinis nur „absurd und kleinlich" ([B. v. Arnim] 1841, 173), und so setzte sie am 15. Mai 1841 einen Brief an einen unbekannten Adressaten auf, welcher ihn wunschgemäß dem König zukommen ließ. Dieser Brief erschien außerdem, gegen ihren Willen, gekürzt in mehreren Zeitungen wie der in Augsburg erscheinenden *Allgemeinen Zeitung* (Beilage, Nr. 139, 19. Mai 1841, 1108) und den in Karlsruhe herausgegebenen *Jahrbüchern des deutschen National-Vereins für Musik und ihre Wissenschaft* (Nr. 22, 3. Juni 1841, 173–174). Bettina verteidigte hierin Spontini als Künstler und „Ausländer", dem „[u]ngeziemende Ausdrücke […] nicht zur Last gelegt werden" könnten ([B. v. Arnim] 1841, 173). Urteile Bettinas über die Musik Spontinis, die sie sonst oft langweilig gefunden hatte, enthält ihr Brief nicht.

Mit einer Widmung publizierte sie schließlich im Sommer 1842 sieben Lieder, um für den Musiker einzutreten: *Dedié à SPONTINI Directeur général de la Musique et premier maître de chapelle de S. M. le Roi de Prusse. etc.*

etc. PAR BETTINE ARNIM. Die Druckvorlagen verdanken sich vermutlich der Hilfe von Johanna Mathieux. Am 29. Juni 1842 sandte sie die Lieder an Varnhagen von Ense und meinte dazu:

> Ich wollte nach der kränkenden Geschichte Spontini meine Achtung bezeigen, ich wußte nicht wie ich das anfangen sollte, da ich ihn nicht kannte, ich nahm den Vorwand ihm Lieder zuzueignen. Dies deckte auf eine feine Art die Veranlassung zu meiner Annäherung und bewies ihm zugleich meine Hochachtung. (Varnhagen 1, 351–352)

Auch gegenüber Franz Liszt hatte Bettina ihre Sammlung angekündigt. Am 20. Juni 1842 schrieb sie ihm:

> Was nun die musikalischen Wendungen, klippenvollen Fehltrittswege dieses Produkts betrifft, so konnte ich mich nicht entschließen, auch nur, um der närrischen Perücken willen, die Gesetze machen über eine Kunst, welche viel zu gewaltig ist für pedantische Ohren, eine einzige falsche Quinte aufzuheben. Wie hab ich als Kind mit klopfendem Herzen auf dem Instrument herumgesucht, um dem tief in mich geprägten Rhythmus zu genügen. Wie viel tausendmal wiederholte ich mit Entzükken diese mir allein wohlgefälligen Töne, an deren Stelle ich nie irgendandre gerecht fand, als nur diese allein, wenn man mir auch noch so schöne Harmoniengänge vorspielte! (zit. nach La Mara 1919, 131; auch in: GW 4, 465)

1843 nahm der Verlag Breitkopf und Härtel (Leipzig) das Heft in Kommission. In der *Allgemeinen musikalischen Zeitung* erschien am 8. Februar 1843 eine Rezension.

5. Bettinas Freundschaften mit Komponisten

Ludwig van Beethoven (1770–1827)

Als Bettina vom 8. Mai bis 3. Juni 1810 in Wien zu Besuch war, drängte sie ihre Schwägerin, die Wienerin Antonia Brentano, geb. von Birkenstock, Beethoven kennenzulernen, wahrscheinlich führte Antonia sie zu ihm, vermutlich Ende Mai (vgl. Kopitz/Cadenbach 2009, Bd. 1, 18, 20 u. 95). Bettina beschreibt ihn in zwei Briefen an Landshuter Freunde, zunächst am 8. Juni in einem in Prag verfassten Schreiben an Max Prokop von Freyberg:

> [D]a ich bei ihm eintrat ging er auf mich loß sah mich starr an, drückte mir die Hand, spielte auf mein Verlangen was er seit Jahren nicht gethan hatte ging mit, und blieb bis Abends 10 Uhr bei dem Abschied drückte er mich wie jemand den man lange lieb hat ans Herz, noch 2 Abende kam er, es waren die lezten die ich in Wien war; – er bat mich um Gottes willen ihm zu schreiben, es sey ihm der einzige Trost, für Tausendfaches Unglück [...]. (Bw Freyberg, 69)

Gut einen Monat später berichtet sie auch Alois Bihler von dem Zusammentreffen – und legt in ihrem Brief vom 9. Juli 1810 aus Bukowan einen stärkeren

2. Bettina von Arnim und die Musik

Akzent auf die Musik. An Beethovens Improvisieren im Hause Birkenstock-Brentano erinnert sie sich:

> Er [...] setzte sich neben das Clavier auf die Ecke eines Stuhls und spielte leise mit einer Hand, als wollte er suchen, den Widerwillen zu überwinden, sich hören zu lassen. Plötzlich hatte er alle Umgebung vergessen, und seine Seele war ausgedehnt in einem Weltmeere von Harmonie. [...] Er kam diese letzten Tage, die ich noch in Wien zubrachte, alle Abend zu mir, gab mir Lieder von Goethe, die er componirt hatte [...]. ([Bihler] 1870, 315)

Am 28. Juli 1810 schrieb Bettina auch an Goethe über Beethoven (vgl. GW 2, 688, fragmentarisch).

Von den Liedern, die Beethoven Bettina in Wien schenkte, ist ihr eine Handschrift gewidmet, die Goethe-Vertonung *Neue Liebe, neues Leben*: „Herz, mein Herz, was soll das geben ..." Das Autograph von Schreiberhand mit der eigenhändigen Widmung „Für Bettine von Brentano" am Rand und der Signatur „In Musik gesezt von Beethoven" auf den Notenlinien ist teils im Besitz des Beethoven-Hauses in Bonn (erstes Blatt des äußeren Doppelblatts), teils in der Heineman Collection in der Pierpont Morgan Library in New York (inneres Doppelblatt); der wegen der Widmung abgetrennte Schluss ist verloren. Das Lied erschien im Oktober 1810 in Opus 75 als Nr. 2. Als Bettina die Handschrift erhielt, war es – zumindest in dieser, allein von Beethoven autorisierten Fassung – also noch unpubliziert. Er hatte zwar auch andere Handschriften verschenkt, doch wusste das Bettina sicher nicht, sie konnte also annehmen, dass das Lied eigens ihr zugedacht war. Hermann von Pückler-Muskau berichtete sie im Mai 1832 überdies, dass sie die Beethoven-Vertonung von Goethes *Wonne der Wehmut* besitze (vgl. Bw Pückler, 31). Möglicherweise erhielt sie von Beethoven auch die Vertonung von *Kennst du das Land ...* (vgl. Lühning 2012, 152).

Im August 1810 traf sie in Teplitz mit Goethe zusammen. Dass sie in diesen Tagen auch über Beethoven sprach, ist anzunehmen. Bettina schrieb zwei Briefe an Beethoven, bis sie eine Antwort bekam. Der Anlass war eine Bitte Clemens Brentanos an den Komponisten, die er ihm mit dem Brief vom 10. Januar 1811 über seine Schwägerin Antonia zukommen ließ. Er hatte auf den Tod der Königin Luise von Preußen eine Trauerkantate gedichtet und hoffte auf eine Vertonung durch Beethoven. In dem Brief teilte er auch mit, dass sich Bettina mit Achim von Arnim verlobt hatte. Dass Bettina von Beethoven einen Brief bekam, hatte sie ebenfalls der Vermittlung Antonias zu verdanken, wie aus deren Antwort auf Bettinas Bitte hervorgeht: „[...] da ich deinen darin enthaltnen Wunsch von *Beethoven* Brief zu erhalten erfüllt [...]" (11. März 1811, zit. nach Kopitz/Cadenbach 2009, Bd. 1, 99). So schrieb Beethoven nicht an Clemens Brentano, sondern an Bettina am 10. Februar 1811, mit wehmütigen Worten:

Liebe, liebe Bettine!
Ich habe schon zwei Briefe von ihnen und sehe aus ihrem Briefe an die Tonie, daß sie sich immer meiner und zwar viel zu vortheilhaft erinnern – ihren ersten Brief habe ich den gantzen Sommer mit mir herumgetragen, und er hat mich oft seelig gemacht, wenn ich ihnen auch nicht so oft schreibe, und sie gar nichts von mir sehen, so schreibe ich ihnen doch 1000 mal tausend Briefe in Gedanken – Wie sie sich in Berlin in Ansehunst des Weltgeschmeißs finden, könnte ich mir denken, wenn ich's nicht von ihnen gelesen hätte, reden, schwätzen über Kunst, ohne Thaten!!!!! Die Beste Zeichnung hierüber findet sich in Schillers Gedicht „die Flüsse" wo die Spree spricht – sie heirathen liebe Bettine, oder es ist schon geschehen, und ich habe sie nicht einmal zuvor noch sehn können, so ströme den alles Glük auf sie ihnen und ihrem Gatten zu, womit die Ehe die ehelichen segnet – was soll ich ihnen von mir sagen, „Bedaure mein Geschick" rufe ich mit der Johanna aus, rette ich nur noch einige Lebensjahre, so will auch dafür wie für alles übrige Wohl und Wehe dem alles in sich fassenden Dem Höchsten Danken –
An Göthe wenn sie ihm von mir schreiben, suchen sie alle die Worte aus, die ihm meine innigste Verehrung und Bewunderung aus drücken, ich bin eben im Begrif ihm selbst zu schreiben wegen <u>Egmont</u>, wozu ich die Musick gesetzt, und zwar bloß aus Liebe zu seinen Dichtungen, die mich glücklich machen, wer kann aber auch einem großen Dichter genug danken, dem Kostbarsten Kleinod einer Nation? – Nun Nichts Mehr liebe gute B., ich komme diesen Morgen um 4 Uhr erst von einem Bachanal, wo ich sogar viel lachen muste, um heute beynahe eben so viel zu weinen, rauschende Freude treibt mich oft gewalthätig Wieder in mich selbst zurück – Wegen Clemens vielen Dank für sein entgegenkommen, was die Kantate, so ist der Gegenstand für unß hier nicht wichtig genug, ein anderes ist's in Berlin, was die Zuneigung, so hat die Schwester davon eine so große portion, daß dem Bruder nicht viel übrig bleiben wird, ist ihm damit auch gedient? – nun Lebwohl liebe liebe B, ich küsse dich [...] auf deine Stirne, und drücke damit, wie mit einem Siegel, alle meine Gedanken für dich auf. – schreiben sie Bald, bald, oft ihrem Freunde Beethoven.
(Handschrift in japanischem Privatbesitz; Transkription hier nach dem Faksimile in: Marx 1901, Bd. 2, Anhang, unpag., Exemplar der Hochschul- und Landesbibliothek RheinMain)

Im folgenden Sommer trafen Beethoven und Goethe in Teplitz und Karlsbad zusammen. Auch Achim und Bettina von Arnim trafen am 24. Juli 1812 in Teplitz ein. Nach dem Zerwürfnis im Herbst 1811 mied Goethe die Gegenwart der Arnims.

Nach Achim von Arnims Tod im Januar 1831 begann für Bettina ein neuer Lebensabschnitt, in welchem sie nun – nachdem sie zuvor immer ihren Gatten als Dichter unterstützt hatte – selbst in die Rolle einer Schriftstellerin hineinwuchs. Die Anregung zum Schreiben in Briefen, die zunehmend poetischer wurden, erhielt sie von Fürst Pückler-Muskau. Er begann im Januar 1832 eine geistreiche Korrespondenz mit ihr und ermutigte sie besonders, „Geschichten" zu erzählen (Bw Pückler, 33). Bettina schrieb ihm etwa Mitte März 1832 ihre Erinnerung an Beethoven auf, und zwar sowohl an die erste Begegnung in Wien im Jahr 1810 als auch an das Wiedersehen in Teplitz; sie meint irrtümlicherweise, es war im „folgenden Jahr" (Bw Pückler, 31). In Ermangelung eigener und fremder Briefe mit gesicherten Fakten gestaltete Bettina ihre Erlebnisse dichterisch aus. Die Schilderung über Wien weicht in charakteristischen

Punkten von ihren früheren ab: Beethoven gab ihr angeblich nicht nur Lieder, sondern komponierte sie auch für sie und sang selbst – und das sogar zum Fenster hinaus! Auch lässt sie den Komponisten ausufernde Reden ihr gegenüber halten.

Als Goethe am 22. März 1832 gestorben war, ließ sie sich ihre Briefe an ihn zurückgeben und begann nun mit der literarischen Ausarbeitung des Briefwechsels, der – teils mit authentischen, teils mit collageartig montierten und umdatierten Texten, aber auch in Ausschmückungen – schließlich 1835 als *Goethe's Briefwechsel mit einem Kinde* erschien. Der Erfolg, besonders bei der jungen Generation, war beispiellos. Bettina wurde mit Briefen überschüttet und ihrerseits angedichtet. *Goethe's Briefwechsel mit einem Kinde* enthält auch einige Passagen über Beethoven, die schon in der zeitlichen Anordnung den historischen Tatsachen widersprechen.

Im Januar 1839 erschien in Nürnberg in der Monatsschrift *Athenæum für Wissenschaft, Kunst und Leben* ein Beitrag unter der Überschrift „Drei Briefe von Beethoven. (Mit Erlaubniß des Eigenthümers abgedruckt)". Neben dem handschriftlich überlieferten Brief an Bettina standen hier zwei weitere: einer vom 11. August 1810 aus Wien und einer von August 1812 aus Teplitz. Der Verleger Julius Merz verteidigte den Abdruck mit dem Hinweis auf Handschriften, die er erhalten habe; aber er war natürlich kein Kenner von Beethovens Hand (vgl. Thayer 1879, 461). Nach einem geringfügig veränderten Abdruck im Berliner *Athenäum* vom Januar 1841 wurden die Briefe 1847/48 ein weiteres Mal gedruckt in Bettinas Briefbuch nach ihrer Korrespondenz mit Philipp Nathusius; der originale Briefwechsel hat sich erhalten (das Manuskript ist heute Eigentum des Goethe Museums Düsseldorf – Anton-und-Katharina-Kippenberg-Stiftung).

Schon Ende November 1838 berichtete Bettina Nathusius von drei Briefen Beethovens. Bei einem nächsten Besuch in Berlin hatte Nathusius einen Brief gesehen und erbat ihn sich am 26. Oktober 1839 als Geschenk; es ist der einzige als Autograph überlieferte Brief Beethovens an Bettina. Die Abschrift, die Bettina von Beethovens Brief nahm, ist dem Manuskript beigefügt. Außerdem liegen in ihrer Handschrift die beiden anderen Briefe bei, die 1839 im *Athenæum* zuerst erschienen waren. Sie gingen in das gedruckte Werk mit ein, wobei die Unstimmigkeit entstand, dass Bettina (in der Figur der Ambrosia) Nathusius (in der Figur des Ilius Pamphilius) gegenüber immer von nur einem einzigen Beethoven-Brief spricht. Bettinas Schriftduktus des mittleren Briefs unterscheidet sich deutlich von dem der beiden anderen Briefe, ebenso auch das Papier. Bemerkenswert ist vor allem, dass der erste und der dritte Brief Varianten enthalten, die eine Textschicht erkennen lassen, welche der Publikation von 1839 vorausgeht. Bettina machte diese Korrekturen also nicht erst für den Druck in *Ilius Pamphilius und die Ambrosia*, sondern fügte diesem Manuskript ihre handschriftlichen Entwürfe ein, deren Reinschriften sie vermutlich an den Buchhändler Merz geschickt hatte. Sie zeigen einen Zustand, wie er für Bettinas schriftstellerische Arbeiten typisch ist: Einige verworfene Textteile sind in einer für sie charakteristischen Weise nahezu unkenntlich gemacht, nämlich durch Durchstreichen, aber auch durch darübergeschriebene Kringel. Die lesbaren Varianten sind höchst aufschlussreich; sie lassen erkennen, dass hier dichterische Texte vorliegen, die den erfundenen des *Goethebuchs* in ihrer Machart entsprechen. Hierfür ein paar Beispiele: Im angeblich ersten Brief – datiert auf den 11. August 1810 – wird eine Formulierung verbessert von „Ich kann schon solche Intervalle benützen" über „solche Intervalle muß ich haben um die Pausen auszufüllen" hin zu „solche Intervalle muß ich haben um meinem Herzen Luft zu machen" (zit. nach Moering 2003, 271). Das bezieht sich nicht etwa auf Musik, sondern darauf, dass Beethoven Bettina im Satz davor „Engel" genannt habe. Der angebliche dritte Brief Beethovens ist in Bettinas Handschrift datiert: „Teplitz, 15. August 1812". Er enthält die weidlich bekannte Szene, die sie schon Pückler geschildert hatte – dort als Gesprächserzählung Beethovens bezeichnet (vgl. Bw Pückler, 32–33) – und die von der Beethoven-Forschung – aus zeitlichen Gründen und weil „der Herzog Rudolph" sich zu diesem Zeitpunkt woanders aufhielt – als unmöglich erkannt wurde:

> Wir begegneten gestern auf dem Heimweg der ganzen kaiserlichen Familie wir sahen sie von Weitem kommen, und der Goethe machte sich von meinem Arm loß, um sich an die Seite zu stellen, ich mochte sagen was ich wollte ich konnt ihn keinen Schritt weiter bringen; ich drückte meinen Hut auf den Kopf und knöpfte meinen Überrock zu und ging mit untergeschlagnen Armen mitten durch den dicksten Haufen. – Fürsten und Schranzen haben Spalier gemacht, der Herzog Rudolph hat mir den Hut abgezogen, die Frau Kaiserin hat gegrüßt zu erst. – Die Herrschaften *kennen* mich. – ich sah nun zu meinem wahren Spaß die ganze Prozession am Goethe vorbeidefiliren. Er stand mit abgezognem Hut tiefgebückt an der Seite. (zit. nach Moering 2003, 273)

Auch diese Passage enthält kleinere Korrekturen.

Zwei weitere Stellen dieses dritten Briefes sind hier noch erwähnenswert: Den Satz „Ihr Beifall wird mir am liebsten sein in der ganzen Welt" veränderte Bettina zu „Ihr Beifall ist mir am liebsten in der ganzen Welt" (zit. nach Moering 2003, 273) und „Man muß in der Welt sein wenn man ihr erscheinen will" wird zu *„Man muß was sein wenn man was scheinen will"*, was ihr so gut gefiel, dass sie es unterstrich (zit. nach Moering 2003, 275). Edward Walden, der die beiden Briefe für korrekte Abschriften hält – und zwar mit sämtlichen Varianten (vgl. Walden 2011, 41) –, aber doch zur Umdeutung erwähnter Fakten greifen muss – mit „Herzog Rudolph" sei demnach nicht der österreichische Erzherzog, sondern ein Herzog von Sachsen gemeint (vgl. z. B. Walden 2003, 59–60) –, datiert den dritten Brief um auf den 24. Juli 1812, den Tag der Ankunft der Arnims in Teplitz, also drei Wochen vor dem von Bettina angegebenen Datum. Im *Ilius*-Druck erscheint im (eigentlich echten) Brief Beethovens erstmals ein Zusatz, mit dem eine unleserliche Stelle ergänzt wird: „[I]ch küsse Dich so mit Schmerzen auf Deine Stirne". Für die drei Worte „so mit Schmerzen" wäre allerdings in der Handschrift gar nicht ausreichend Platz; dennoch wurde die Ergänzung bei den Bettina-Verehrern ungemein beliebt und von Walden ins Englische übersetzt. Dieser hält überdies die Handschrift des angeblichen Beethoven-Sonetts eines unbekannten Verehrers *An Bettin* (so – und nicht ‚Bettine' – ist der Name korrekt auf dem Faksimile zu lesen) für ein Autograph des Komponisten (vgl. Walden 2011, Abb. 12 u. 63–66), was für ihn ein Grund ist, sie als ‚Unsterbliche Geliebte' zu identifizieren. Von der Beethoven-Forschung seit 100 Jahren widerlegte Behauptungen werden somit wiederbelebt.

Bettinas Wunsch im Alter war vermutlich, das intensive geistige Erleben ihrer Begegnung mit dem Komponisten in die dauerhafte Literatur hineinzuretten. Dass ihre lebhaften Schilderungen in den Briefen an Freyberg und Bihler jemals bekannt würden, davon konnte sie nicht ausgehen. Ihre Erzählungen von damals waren als Wort verklungen. Das, was sie bei den Treffen empfunden hatte, was Beethovens Musik ihr sagte und wie sie seine Persönlichkeit sah, das formulierte sie nun – als Schriftstellerin. Der angeblich dritte Brief Beethovens ist überdies als ein brillanter Text des Vormärz zu betrachten, in welchem Bettina die besonderen Rechte des Künstlers verteidigt (zuletzt hat Heinz Härtl Bettinas Beethoven-Erlebnis und die Ausformung der Briefe dargestellt und luzide den damit von ihr geschaffenen „Mythos" untersucht; H. Härtl 2016, 177).

Johanna Mathieux-Kinkel (1810–1858)

Bettina erfuhr in Berlin nach der Veröffentlichung von *Goethe's Briefwechsel mit einem Kinde* noch einmal eine musikalische Bereicherung durch die Bonner Komponistin Johanna Mathieux, die spätere Ehefrau Gottfried Kinkels. Durch Empfehlung von Georg Brentano in Frankfurt kam diese im Herbst 1836 zu Bettina. Sie war die Tochter des Gesangslehrers Peter Joseph Mockel und Schülerin von Beethovens Lehrer Franz Anton Ries. Ihre unglückliche Ehe mit einem Buch- und Musikalienhändler wurde später geschieden. Bettina nahm sie bald in ihr Haus auf, wo sie bis zum Sommer 1839 lebte und die Gastfreundschaft mit Hilfsarbeiten, besonders auf musikalischem Gebiet, ausglich. Ihre Memoiren geben ein präzises Bild davon, wie die junge Musikerin Bettina half, ihre Vertonungen zu Papier zu bringen. Sie referiert hier zunächst Bettinas Opponieren gegen Musiktheorie: „In ihren Augen war Theorie der Musik das Verderben jedes Künstlers, und sie lebte in dem seltsamen Irrthum, der *Beethoven habe nichts nach Generalbaß gefragt*" (Kinkel 1996/97, 251). Schließlich beschreibt sie, wie sie Bettinas Skizzen entzifferte und zu Liedern formte:

> Ich betrachtete diese Stücke und fand, daß sie wirklich ein großes Talent zur Musik verriethen; aber sie waren wild und zusammenhanglos. Hier fing ein Stück mit einem A-moll-Akkord an und endete in Es-Dur. Dort hatte *ein* Takt fünf Viertel und ein anderer drei Achtel. Sie hatte die Vorzeichnungen verwechselt und spielte ganz andere Noten, als sie geschrieben hatte. Sie erzählte mir, sie sei schon einige Mal darangegangen, diese Kompositionen zur Herausgabe fertig zu machen, aber sie sei nicht im Stande, die Akkorde so aufzuschreiben, wie sie sie gemeint habe. Wenn ein Anderer ihre Stücke spiele, so klängen sie ganz verkehrt. [...] [D]ie Manuskripte

waren unleserlich geschrieben. Der Anfang des einen Stückes stand in der Mitte eines anderen, von dem wieder der Schluß fehlte. Einige Blätter waren verloren gegangen, und Bettina versuchte sie aus dem Gedächtnis zu ergänzen, indem sie einmal diese, dann wieder eine andere Melodie dazu probirte. Den schwersten Stand hatte ich gegenüber ihrem Verbot, etwas zu ändern, und vergebens suchte ich ihr die Unmöglichkeit zu beweisen, dasselbe mit ihrem Verlangen, eine richtige Abschrift zu erhalten, in Einklang zu bringen. „Sie sind auch nicht besser, als die anderen Musikanten", sagte sie dann. Ich hatte ihr vorher für eine unverdorbene Naturkünstlerin gegolten […]. […] [I]ch ließ den Generalbaß aus dem Spiel, fügte mich ihren Vorschriften, plagte mich, um die Handschrift, die sie selbst kaum noch lesen konnte, zu enträthseln, spielte ihr verschiedene Entzifferungen derselben vor und ließ sie mit freier Wahl bestimmen, was für eine Harmonie sie ursprünglich beabsichtigt hätte. Diesmal war sie mit mir und dem geleisteten Werk *zufrieden*. Ich rückte ihr ihre Lieder in diejenigen Tonarten, in welchen sie sie am Bequemsten singen konnte, und akkompagnirte sie. Ihre *Stimme* hatte noch große Kraft, und gern glaubte ich ihr, daß sie als junges Mädchen wundervoll gesungen hätte. (Kinkel 1996/97, 252–253)

Leider nennt Johanna Kinkel die Lieder nicht, welche sie einrichtete. Mit großer Wahrscheinlichkeit sind es die sieben, die Bettina 1842 in ihrem Heft *Dedié à Spontini* publizieren wird, denn es ist bislang kein anderer Musiker bekannt, der sich in den folgenden Jahren mit den Skizzen diese Mühe gab. – In Berlin studierte Johanna Mathieux Komposition bei Karl Böhmer und Klavier bei Wilhelm Taubert und verkehrte auch im Hause Mendelssohn. 1839 kehrte sie nach Bonn zurück. 1843 heiratete sie den Schriftsteller Gottfried Kinkel, der 1849 als Revolutionär verurteilt wurde; Bettina setzte sich bei König Friedrich Wilhelm IV. für ihn ein. 1850 konnte er mit Hilfe seines Freundes Carl Schurz aus dem Gefängnis in Spandau fliehen. Seine Frau folgte ihm mit den vier Kindern nach London.

Johanna Mathieux-Kinkel verfasste Essays über Musik sowie Erzählungen und trat nicht zuletzt mit bemerkenswerten Kompositionen hervor. Eine davon, ihr Opus 7, widmete sie Bettina: *Sechs Lieder für eine Singstimme mit Begleitung des Pianoforte in Musik gesetzt und der Frau Baronin Bettina v. Arnim geb. Brentano in tiefster Verehrung gewidmet* (1838).

Franz Liszt (1811–1886)

Bettina lernte Franz Liszt Anfang Januar 1842 in Berlin kennen, wo er konzertierte und sie aufsuchte. Die Freundschaft lässt sich aus dem Briefwechsel recht gut erschließen: Von Bettina sind fünf Briefe an Liszt bekannt, die 1919 von Marie Lipsius veröffentlicht wurden (La Mara 1919, 125–143); Friedrich Schnapp publizierte 1925 fünf Briefe des Komponisten an Bettina, aus dem Varnhagen-Nachlass der preußischen Staatsbibliothek (Schnapp 1925); die acht Briefe und Billette des Freien Deutschen Hochstifts sind nur in wenigen Auszügen gedruckt (vgl. Bettina-Katalog, 199–201). Die an Bettina gerichteten, teils französisch geschriebenen Briefe bezeugen Liszts Verehrung für die Schriftstellerin und Musikkennerin. Auf Deutsch redet Liszt Bettina per Du an, aber auch die französischen Briefe sind – trotz des konventionellen

2. Bettina von Arnim und die Musik

‚vous' – sehr vertraulich. Die ersten in Berlin im Februar 1842 gewechselten gegenseitigen Briefe sind undatiert; Bettina freut sich auf die Gespräche mit dem gefeierten Pianisten (vgl. La Mara 1919, 126–129); Liszt hatte für Armgarts Stimme *Mignon's Lied* – „Kennst du das Land" – vertont (vgl. Schnapp 1925, 719–720). Anfang März 1842 schrieb Bettina dem nach Sankt Petersburg abgereisten Liszt einen langen, sehr persönlichen Brief, von dem der erste Bogen kürzlich im Autographenhandel auftauchte (vgl. Kotte Autographs [2015], 10–11 [Nr. 20]; erworben vom GSA, Sign. NZ 19/15; freundliche Mitteilung von Evelyn Liepsch). Bettina meint in diesem Brief: „Ihre körperliche und geistige Anlage ist der meinen entgegen gesetzt. Sinnlichkeit strömt augenblicklich bei mir in den Geist über. – Die erste Bedingung meines Genies ist Unabhängigkeit ja Überwindung aller körperlichen Leiden, ich kann und will mit der freien Kraft des Geistes alle Beschwerde über winden." Liszt erhielt den Brief in Tilsit; er antwortete am 15. März 1842 überschwänglich: „Je ne puis te dire à quel point ta lettre m'a émerveillé et ému", und bekräftigt „[l]a force magnétique de nos deux natures" (zit. nach Schnapp 1925, 720). In Sankt Petersburg schreibt er schon wieder (15./27. April 1842), bittet sie um Briefe und lässt ihr auch die „Broschüre von Schober – F. Liszt in Ungarn" von 1840 zukommen (zit. nach Schnapp 1925, 721). Einen langen Brief vom 20. Juni 1842 aus Ems beginnt Bettina mit den Worten: „Lieber Freundlicher! dem ich nicht auf die liebsten Zeilen geantwortet, die Bezauberung enthalten" (zit. nach La Mara 1919, 130; GW 4, 463); sie meint, dass sie während seiner Petersburger Huldigungen nicht mit ihrem „Laternchen herumfackeln" wollte (GW 4, 464). Im September hofft sie – immer noch in Ems –, dass Liszt bei ihr vorbeireisen könne (vgl. La Mara 1919, 133); doch sie verfehlen sich. Am 2. November 1842 berichtet ihr Liszt aus Coburg: Er hatte in Köln großen Erfolg und bedauert, dass sie nicht, wie sie es im Juni angekündigt hatte, dort war. Auch hatte er gehofft, sie auf der Durchreise in Frankfurt anzutreffen, erst von General Wilhelm von Rahden habe er erfahren, dass sie in Ems sei. Außerdem fragt er, wann sie „Dieses Buch gehört dem König" veröffentlichen wird. Er habe ‚eine Masse Lieder' geschrieben, die er mitbringen und Armgart zu Füßen legen will, in der Hoffnung, dass sie sie singt. „Während meines Aufenthalts in Weymar, bin ich definitivement in Groß herzoglich Weimarschen Dienst getreten als *Maitre de Chapelle en service extraordinaire*; welcher Dienst mich 3 Monathe des Jahres verpflichtet." Er plant mit ihr, in Berlin *Don Giovanni* anzusehen und eine der ‚immensen Symphonien' von Berlioz anzuhören (FDH Hs-14534; Teildruck in: Bettine-Katalog, 199–200). Schließlich kommt es aber im November 1842 doch noch in Frankfurt zu einem Treffen und gemeinsamen Musizieren, wovon ein Billett zeugt (FDH Hs-14538). Ein von Liszt in Berlin geschriebenes Briefchen an Bettina nach Frankfurt trägt das Datum „4 Januar 1842", eine Verschreibung, gemeint ist 1843: „Komm doch! Ich warte auf Dich bis 29ten Januar. Grüsse Deine Kinder und bleib mir gut wie Du mir lieb bist. F. Liszt." Oben quer notiert er die Verse: „Es pflegt in's Nachtigallen–Nest / Der Kukuk einzunisten; / So findet Bettina meinen Gruß: / Das heiß ich überlisten" (FDH Hs-14533).

Von Liszts Kompositionen für Armgarts Stimme ist die Heine-Vertonung *Du bist wie eine Blume* im Arnim-Nachlass in einer Frühfassung überliefert (Abb. des Autographs: Bettine-Katalog, 200–201). Am 13. Januar 1844 übersandte der Komponist seine „ersten Duzend Lieder für *Armgart*" im Druck von Weimar nach Berlin und lud Bettina erneut nach Weimar ein (FDH Hs-14535). Bereits im Oktober 1843 waren sie sich in München begegnet.

Liszt war ein eigenwilliger Freund. So meinte er in einem – undatierten – Billett, nach plötzlicher Abreise unterwegs geschrieben: „Liebe Beste – entschuldige mich nicht aber bleib mir gut" (FDH Hs-14537). Auch Verstimmungen blieben nicht aus. Im August 1850 erlebte Bettina in Weimar etwa Liszts Aufführung von Wagners *Lohengrin* mit – Musik, die sie ablehnte. Nach offenbar heftigen Dissonanzen schrieb Liszt erst am 25. März 1851 wieder – überaus höflich – an Bettina, welche den Brief am 30. März in Bückeburg erhielt, wie der Stempel ausweist. Er schickte ihr seine „brochure" über die *Fondation Goethe à Weymar* zu, die zur Förderung aller Künste gedacht war (FDH Hs-14536). Erst am 9. August 1852 – also über ein Jahr später – antwortete Bettina darauf, zustimmend, wenn auch per Sie (vgl. La Mara 1919, 135–136; GW 4, 694–695), und schickte ihm als „Gegengabe" ihre *Gespräche mit Daemonen*.

Von Herbst 1852 bis Anfang 1853 war Bettina dann ein weiteres Mal zu Besuch in Weimar, wo sie auch Werke von Berlioz hörte. Liszt sandte ihr im Februar 1853 die eben von Richard Wagner erhaltene *Nibelungen*-Textdichtung mit der Bitte, sie an die Brüder Grimm weiterzureichen, was Bettina jedoch unterließ, da sie Wagners „Musikalische Überschwemmung" nicht ertrug, wie sie Liszt am 19. März 1853 schrieb. Dieser Brief ist nun wieder im vertrauten Du gehalten (GW 4, 698–701). Darin bezeichnete sie Musik als „Zukunftselement", was an Wagners Begriff der ‚Zukunftsmusik' denken lässt, und teilte Liszt mit, sie plane, eine „Sammlung falscher Quinten in Liedern zum Besten vom Goethemonument Dir zugeeignet" als ein weiteres eigenes Liederheft drucken zu lassen (GW 4, 700). Zugleich ausführlich aus Weimar berichtend, dankte Liszt postwendend am 3. April 1853 „für die LiederDedication": [I]ch verspreche Dir die Lieder auswendig vorzusingen wenn wir uns wieder sehen" (zit. nach Schnapp 1925, 721).

Nachdem Liszt – zusammen mit Joseph Joachim – im September 1853 aus Karlsruhe eine Einladung zum „Carlsruher Musik- und Volksfest" geschickt (Schnapp 1925, 723) und Bettina ihn im November 1853 noch einmal in Weimar besucht hatte, kühlte sich die Beziehung deutlich ab. 1854 entzweite sie sich endgültig mit ihm, da sie ihm seine Schiller-Verehrung verübelte.

Das Weimarer Liszt-Haus zeigt ihr großformatiges Aquarell mit dem Huldigungsruf „El – jen – Franz Liszt" unter einer Musikzeile: Genien bilden aus Blumen einen Violinschlüssel und spielen mit den Noten c cdc – a c. Über dem letzten Ton steht eine Fermate, also über dem Nachnamen „Liszt" (Abb.: GW 4, Nr. 11).

2. Bettina von Arnim und die Musik

Robert Schumann (1810–1856) und Clara Schumann (1819–1896)

Wie andere Zeitgenossen wurde auch Robert Schumann durch *Goethe's Briefwechsel mit einem Kinde* auf Bettina aufmerksam. Im Februar 1837 besuchte Clara Wieck Bettina erstmals in Berlin und notierte in ihr Tagebuch: „Höchst geistreiche, feurige Frau – – was Musik betrifft lauter falsche Urtheile. Sie strömt über von Humor." Zu der über drei Jahrzehnte Jüngeren soll Bettina demnach gesagt haben: „Es ist eine Schande, daß ein 17jähriges Mädchen schon so viel kann." (zit. nach Litzmann 1925, Bd. 1, 106–107). Im Februar 1838 teilte Schumann Clara mit, die „nächste Beilage" seiner *Neuen Zeitschrift für Musik* bringe „auch ein Paar Compositionen von der Bettina", und erwähnt, dass er noch an „Fr. v. Goethe", das ist Goethes Schwiegertochter Ottilie (1796–1872), schreiben müsse ([7.] Februar 1838, in: Schumann/Schumann 1984–1987, Bd. 1, 93). Als Clara abermals Berlin besuchte, bat Schumann sie: „Hast Du die Bettina noch nicht gesehen? Frau von Goethe schrieb mir sie habe ihr wegen einer Composition für die Beilagen geschrieben und diese sich nur Bedenkzeit aus gebeten. Vielleicht ist sie nun fertig. Doch nur wenn Du gern gehst, geh zu ihr – hörst Du?" (14. November 1839, in: Schumann/Schumann 1984–1987, Bd. 2, 788) Auf die Lieder hatte Schumann bereits im August 1838 in einer Rezension zu „Compositionen von Leopold Schefer" in einer Fußnote hingewiesen: „Von *Bettina* sind mir einige sehr innige Melodieen zu Goethe'schen Texten zu Augen gekommen" (Schumann 1838, 64). In Goethes Notensammlung im Goethe- und Schiller-Archiv konnte, diesem Hinweis folgend, Gretchens Gebet „Ach neige, du Schmerzenreiche ..." gefunden werden (vgl. Moering 1998; B. v. Arnim 1999, 5).

Von Bonn aus, wo ihre Tochter Maximiliane nach ihrer Hochzeit hingezogen war, besuchte Bettina das Ehepaar Schumann am 28. und 29. Oktober 1853 in Düsseldorf. Der Komponist widmete ihr daraufhin seine *Gesänge der Frühe. Fünf Stücke für das Pianoforte der hohen Dichterin Bettina zugeeignet* (Opus 133, Druck 1855; vgl. Appel/Hermstrüver 1991, 190–191). Im April 1855 besuchte Bettina den kranken Schumann in der Nervenheilanstalt Endenich und schrieb darüber am 15. Mai an Clara Schumann; da ihr die Diagnose Syphilis wohl unbekannt war, meinte sie, „daß sein überraschendes Übel nur ein nerveuser Anfall war der sich schneller hätte Wenden lassen hätte man ihn besser verstanden, oder auch nur geehrt was sein Inneres berührt" (GW 4, 712). Schumann freute sich offenbar über diesen Besuch und redete ausführlich über Brahms und Joachim sowie über frühere Reisen. Dann dankte er ihr im Mai 1855 für ihren Besuch und einen folgenden Brief: Er erinnerte sich an sein Zusammentreffen mit Dichtern in Wien – Adalbert Stifter, Eichendorff, Franz Grillparzer – und erläutert seine Anthologie *Dichtergarten für Musik*, die er damals herauszugeben plante (im Druck erst 2007 erschienen); auch Auszüge aus ihrem *Goethebuch* finden sich darin sowie die drei ‚Beethoven-Briefe'. Er schließt: „Erfreuen würde es mich, wenn Sie, Hochverehrte, die Gesänge der Frühe von meiner Klara hörten. Sie wird Ihnen auch die Gesänge zusenden. Wollten Sie Ihr Wohlwollen noch lange mir gönnen, – wieder und wieder für die Frühlingsboten und den gütigen Brief dankend Ihr ergebener Robert Schumann" (zit. nach Schnapp 1924, 11). Im Juli 1856 starb Schumann in Endenich.

Johannes Brahms (1833–1897)

Johannes Brahms lernte Bettina persönlich kennen, als sie 1853 Schumann besuchte. Er widmete ihr seine *Sechs Gesänge* (Opus 3, 1853). Dazu teilte er dem Geiger Joseph Joachim am 20. November 1853 seine Überlegungen mit: „Ich habe mich entschlossen, doch meine ersten Sachen zu verwidmen; schreib mir doch Deine Herzensmeinung, ob es auch besser ist es zu lassen. [...] Ich dachte [...], op. 3 Lieder Bettina, der freien Frau, zuzueignen. Es sieht doch eigentlich nicht schön aus, den Erstlingswerken solche Namen vorzusetzen. Ich werde es doch wahrscheinlich lassen" (Brahms/Joachim 1974 [1921], 18). Bettina ließ daraufhin Brahms ihre eigene Liederedition zukommen; das geht aus Joachims Brief an Brahms vom 25. Dezember 1853 hervor: „Nicht versagen [...] kann ich mir's, Dir durch das inliegende Bild zu zeigen, wie man auch anderwärts mit Liebe Deiner gedenkt, wo Dich's freuen kann. Es ist der versprochene Novalis, den Frau von Arnim für Dich geschickt hat, auch ein Heft Lieder von ihr, gedruckt (das Spontini gewidmete), das ich Dir aber nicht schicke, weil ich hoffe, Du findest es bald einmal hier" (Brahms/Joachim 1974 [1921], 27).

Joseph Joachim (1831–1907)

Liszt war es, der Bettina im Herbst 1852 in Weimar mit dem jungen Geiger Joseph Joachim bekannt machte und dadurch eine dauernde Freundschaft stiftete. Am 11. Dezember 1852 schrieb Bettina aus Weimar an Claudine und Maximiliane von Arnim nach Wiepersdorf: „Der Geiger, ein Bub von 20 Jahren der erste Held, und Diomedes unter den Geigern; eine kerngesunde aufrauschende Begeistrung strömt aus ihm hervor und erfrischt und ruft neue Lebensgeister hervor [...]. Dieser Eine heißt *Joachim* ist ein *Ungar* thut Wunder auf der Violine, ist ein Götterknabe von Einfachheit und angebetet von allen die Ohren haben zu hören" (GW 4, 697–698). Joachim verliebte sich in Gisela, Bettinas jüngste Tochter, die sich jedoch für Herman Grimm entschied, den sie denn auch nach Bettinas Tod heiraten sollte. Bettina hatte Joachim so ins Herz geschlossen, dass sie ihm – gleichsam als ihrem jüngsten Kind – den Spitznamen ‚Benjamin' gab. Er spielte mit Freunden in Bettinas Wohnung öfters Streichquartett, wovon Carl Johann Arnolds (1829–1916) Mitte der 1850er Jahre entstandenes Aquarell *Quartettabend bei Bettina von Arnim* zeugt (Goethe-Museum, Frankfurt a. M.). Nach Gisela Grimms Tod 1889 publizierte Joachim sein 1864 entstandenes Violin-Konzert in G-Dur mit einer Widmung an diese. Das Thema des ersten Satzes variiert die Melodie von Bettinas *Lied des Schülers*. 1890 bearbeitete er auf Bitten von Herman Grimm

Bettinas Lieder *Entflammt von Liebesqualen, O schaudre nicht* und *Ein Stern der Lieb* (Autograph: FDH Hs-15711; vgl. B. v. Arnim 1996, 79–80).

Hector Berlioz (1803–1869)

1853 lud Joachim Bettina ein, in Hannover ein Konzert zu hören, in dem Hector Berlioz am 8. November Szenen aus dessen Oper *La damnation de Faust / Fausts Verdammnis* aufführte. Bettina besuchte Berlioz daraufhin am 13. November; seinem Freund Humbert Ferrand berichtete er: „Ce matin, j'ai reçu la visite de madame d'Arnim, la Bettina de Goethe, qui venait non pas *me voir*, disait-elle, mais *me regarder*. Elle a soixante-douze ans et bien de l'esprit" (Berlioz 1882, 204).

Die meisten Komponisten interessierten sich für das geistreiche Mädchen – später die geistreiche Frau – Bettina, die an ihren Kompositionen Anteil nahm. Einzig Schumann wurde, noch bevor er sie kennenlernte, auf ihre „sehr innigen Melodieen" aufmerksam (Schumann 1838, 64) und wünschte sogar, sie zu publizieren.

6. Literatur

Notendrucke Bettina von Arnims (chronologisch)

Romanze. In: Ludwig Achim von Arnim: *Armuth Reichthum Schuld und Buße der Gräfin Dolores. Eine wahre Geschichte zur lehrreichen Unterhaltung armer Fräulein*. 2 Bände *mit Melodien*. Berlin 1810, Bd. 2, Musikbeilage.
Lied des Schülers. In: Ludwig Achim von Arnim: *Isabella von Aegypten* [u.a.]. Berlin 1812, Musikbeilage.
Arnim, Bettina von: *Dedié à Spontini. Directeur général de la Musique et premier maître de chapelle de S. M. le Roi de Prusse etc. etc.* Privatdruck 1842. [In Kommission von Breitkopf und Härtel, Leipzig 1843.]
Weihe an Hellas. In: Henriette von Bissing: *Das Leben der Dichterin Amalie von Helvig geb. Freiin von Imhoff*. Berlin 1889, S. 446–447.
Aus Faust. O schaudre nicht. In: Max Friedlaender (Hg.): *Gedichte von Goethe in Compositionen seiner Zeitgenossen*. Weimar 1896 (= Schriften der Goethe-Gesellschaft, Bd. 11), S. 36 [Nr. 28], Anm. S. 138 [Bearbeitung v. Joseph Joachim].
GW [Oehlke] 4, S. 253–306 [„Bettina von Arnims Kompositionen. Hg. v. Max Friedlaender"].
Arnim, Bettina von: *Five Lieder*. Hg. v. Shoshana Shay. Bryn Mawr/PA 1994.
Arnim, Bettina von: *Lieder und Duette für Singstimme und Klavier. Handschriften, Drucke, Bearbeitungen*. Hg. v. Renate Moering. Kassel 1996.
Arnim, Bettina von: *„Ach neige, du Schmerzenreiche". Goethe-Vertonungen für Singstimme und Klavier*. Hg. u. kommentiert v. Renate Moering u. Reinhard Schmiedel. Kassel 1999.

Zitierte Literatur sowie Notendrucke anderer Komponisten

[Anon.]: *Briefe eines reisenden Nordländers. Geschrieben in den Jahren 1807 bis 1809.* Hg. v. Johann Friedrich Reichardt. Köln 1812.

Appel, Bernhard R., und Inge Hermstrüwer (Bearb.): *Robert Schumann und die Dichter. Ein Musiker als Leser.* Ausst.-Kat. Düsseldorf 1991.

Arnim, Achim von: *Sämtliche Erzählungen 1802–1817.* Hg. v. Renate Moering. Frankfurt a. M. 1990 (= Arnim: Werke in sechs Bänden, Bd. 3).

Arnim, Achim von: *Schaubühne I.* Hg. v. Yvonne Pietsch, Berlin, New York 2010 (= Arnim: Werke und Briefwechsel. Historisch-kritische Ausgabe, Bd. 13).

Arnim, Achim von: *Briefwechsel 1805–1806. Teil 1: Text.* Hg. v. Heinz Härtl. Berlin, Boston 2011 (= Arnim: Werke und Briefwechsel. Historisch-kritische Ausgabe, Bd. 32).

[Arnim, Bettina von]: „Abschrift von einem Briefe Bettina's über die Spontini-Angelegenheit". In: *Jahrbücher des deutschen National-Vereins für Musik und ihre Wissenschaft* 3, Nr. 22, 3. Juni 1841, S. 173–174.

Beethoven, Ludwig van: *Beethovens Sämtliche Briefe.* Kritische Ausg. mit Erläuterungen v. Alfred Chr. Kalischer. Bd. 1. Berlin, Leipzig 1909.

Beethoven, Ludwig van: *Briefe 1808–1813.* München 1996 (= Beethoven: Briefwechsel. Gesamtausgabe. Im Auftrag des Beethoven-Hauses Bonn. Hg. v. Sieghard Brandenburg, Bd. 2).

Beethoven, Ludwig van: *Lieder und Gesänge mit Klavierbegleitung.* Hg. v. Helga Lühning. München 1990 (= Beethoven: Werke. Gesamtausgabe, Abt. XII, Bd. 1).

Berlioz, Hector: *Lettres intimes.* Paris 1882.

[Bihler, Alois]: „Beethoven und ‚das Kind'. In: *Die Gartenlaube. Illustrirtes Familienblatt*, Jg. 1870, Nr. 20, S. 314–315.

Borchard, Beatrix: „Singend dichten und dichtend singen. Zwischen Mündlichkeit und Schriftlichkeit: Bettine von Arnim und Amalie Joachim". In: Antje Tumat (Hg.): *Von Volkston und Romantik. Des Knaben Wunderhorn in der Musik.* Heidelberg 2008, S. 43–59.

Brahms, Johannes, und Joseph Joachim: *Johannes Brahms im Briefwechsel mit Joseph Joachim.* Hg. v. Andreas Moser. 3. Aufl. [1921]. Bd. 1. Reprint Tutzing 1974.

Brentano, Clemens: *Sämtliche Werke und Briefe* (= Frankfurter Brentano-Ausgabe). Hg. v. Jürgen Behrens, Wolfgang Frühwald, Detlev Lüders [u.a.]. Stuttgart [u.a.] 1975 ff.

[Brockhaus, Eduard]: „Aus Beethoven's Leben". In: *Unterhaltungen am häuslichen Herd.* Neue Folge, hg. v. Karl Gutzkow, Bd. 4 (1859), Nr. 7, S. 111–112.

Busch-Salmen, Gabriele, Renate Moering und Walter Salmen: *„Nur nicht lesen! immer singen ..." Musik und Musiker im Umfeld Goethes.* Ausst.-Kat. Frankfurt a. M. 2003.

Daumer, Georg Friedrich: *Hafis. Eine Sammlung persischer Gedichte.* Hamburg 1846.

Deiters, Hermann: „Die Briefe Beethoven's an Bettina von Arnim". in: *Allgemeine musikalische Zeitung*, Jg. 1882, Nr. 49 vom 6. Dezember 1882, Sp. 769–775, Nr. 50 vom 13. Dezember 1882, Sp. 789–795, Nr. 51 vom 20. Dezember 1882, Sp. 809–816.

Fambach, Oscar: „Eine Brieffälschung der Bettina von Arnim als Nachklang des Beethoven-Jahres". In: *Deutsche Vierteljahrsschrift für Literaturwissenschaft und Geistesgeschichte* 45 (1971), S. 773–778.

Feilchenfeldt, Konrad: „Bettine von Arnim und die Zeitschrift ‚Nach der Arbeit'. Nachträge zu einer Rezension über Gisela von Arnims ‚Märchenbriefe an Achim'". In: Jb BvA 8/9 (1996/97), S. 229–231.

Goethe, Johann Wolfgang von: *Schriften*. Bd. 8: *Gedichte*. Wien, Leipzig 1790.
Goethe, Johann Wolfgang von: *Werke*. 20 Bde. Stuttgart, Tübingen, 1815–1819.
Golz, Jochen, und Michael Ladenburger (Hg.): *„meine Harmonie mit der Ihrigen verbunden". Beethoven und Goethe*. Ausst.-Kat. Bonn, Weimar 1999.
Härtl, Heinz: *„Drei Briefe von Beethoven". Genese und Frührezeption einer Briefkomposition Bettina von Arnims*. Bielefeld 2016.
Härtl, Ursula: „Bettinas musikalischer Alltag in München und Landshut 1808/09". In: Walter Pape (Hg.): *Die alltägliche Romantik. Gewöhnliches und Phantastisches, Lebenswelt und Kunst*. Berlin, Boston 2016, S. 131–142.
Hirschberg, Leopold: „Bettina und die Musik". In: *Die Musik* 4 (1904/05), H. 23, S. 317–327.
Kinkel, Johanna: „Aus Johanna Kinkel's Memoiren. Herausgegeben von ihrem Sohne Dr. Gottfried Kinkel – Zürich". In: Jb BvA 8/9 (1996/97), S. 239–271.
Kopitz, Klaus Martin, und Rainer Cadenbach (Hg.), unter Mitarbeit von Oliver Korte und Nancy Tanneberger: *Beethoven aus der Sicht seiner Zeitgenossen in Tagebüchern, Briefen, Gedichten und Erinnerungen*. 2 Bde. München 2009.
Kotte Autographs (Hg.): *A Selection of Books, Manuscripts and Autographs. Catalogue 52*. Roßhaupten o.D. [2015]. https://www.kotte-autographs.com/TOOLS/content/wp-content/uploads/download/52.pdf [30. Mai 2019].
Kügelgen, Helene Marie von: *Marie Helene* [sic!] *von Kügelgen geb. von Zöge von Manteuffel. Ein Lebensbild in Briefen*. Leipzig 1900.
Kugler, Franz, und Robert Reinick (Hg.): *Liederbuch für deutsche Künstler*. Berlin 1833.
La Mara [d.i. Marie Lipsius]: *Liszt und die Frauen*. 2. Aufl. Leipzig 1919.
Litzmann, Berthold: *Clara Schumann. Ein Künstlerleben. Nach Tagebüchern und Briefen*. 2 Bde. Leipzig 1925.
Lühning, Helga: „‚… an diesem geht die ganze Welt auf und nieder': Bettine Brentano zwischen Beethoven und Goethe". In: Walter Hettche u. Rolf Selbmann (Hg.): *Goethe und die Musik*. Würzburg 2012, S. 145–165.
MacArdle, Donald: „The Brentano Family in Its Relations with Beethoven". In: *The Music Review* 19.1 (Februar 1958), S. 6–19.
Marx, Adolph Bernhard: *Ludwig van Beethoven. Leben und Schaffen*. 5. Aufl. Mit Berücksichtigung der neuesten Forschungen durchgesehen u. vermehrt v. Gustav Behncke. Berlin 1901.
Mathieux, Johanna: *Sechs Lieder für eine Singstimme mit Begleitung des Pianoforte in Musik gesetzt und der Frau Baronin Bettina v. Arnim geb. Brentano in tiefster Verehrung gewidmet* [1838]. Hg. v. Suzanne Summerville. Fairbanks/AK 1995.
Moering, Renate: *Die offene Romanform von Arnims „Gräfin Dolores". Mit einem Kapitel über Vertonungen Reichardts u.a.* Heidelberg 1978.
Moering, Renate: „Bettines Liedvertonungen". In: Walter Schmitz u. Sibylle von Steinsdorff (Hg.): *„Der Geist muß Freiheit genießen …!" Studien zu Werk und Bildungsprogramm Bettine von Arnims*. Berlin 1992, S. 67–75.
Moering, Renate: „Bettine von Arnims Musizieren". In: Clara Mayer (Hg.): *Annäherung VII – an sieben Komponistinnen*. Kassel 1996, S. 84–96.
Moering, Renate: „Bettines Melodien als Inspirationsquelle". In: Hartwig Schultz (Hg.): *Salons der Romantik. Beiträge eines Wiepersdorfer Kolloquiums zu Theorie und Geschichte des Salons*. Berlin, New York 1997, S. 343–366.
Moering, Renate: „Bettine Brentanos Vertonung von Goethes ‚Ach neige, du Schmerzenreiche …' Ein unbekanntes Autograph im Goethe- und Schiller-Archiv". In: Jb BvA 10 (1998), S. 11–21 [mit Abb. von Bettina Brentanos Autograph].
Moering, Renate: „Goethes ‚Ach neige, du Schmerzenreiche …' in Bettine Brentanos Vertonung. Ein unbekanntes Autograph im Goethe- und Schillerarchiv". In: *Viva-*

Voce, Nr. 50 (Juli 1999), S. 7–10 [mit Abb. des Schlusses in Philipp Carl Hoffmanns Hand].

Moering, Renate: „Bettine von Arnims literarische Umsetzung ihres Beethoven-Erlebnisses". In: Cornelia Bartsch, Beatrix Borchard und Rainer Cadenbach (Hg.): *Der „männliche" und der „weibliche" Beethoven*. Bonn 2003, S. 251–277.

Moering, Renate, und Sibylle von Steinsdorff: „Bettine von Arnims Vertonung eines ‚Wunderhorn'-Liedes von Martin Opitz". In: Jb BvA 13/14 (2001/02), S. 13–21.

Montgomery-Silfverstolpe, Malla: *Das romantische Deutschland. Reisejournal einer Schwedin (1825–1826)*. Hg. v. Ellen Key. Leipzig 1912.

Mungen, Arno: „‚Zum Teufel mit dem Fremden, dem Italiener!' Bettine von Arnims Eintreten für Gaspare Spontini". In: Jb BvA 8/9 (1996/97), S. 141–161.

Pierpont Morgan Library: *The Dannie and Hettie Heineman Collection*. New York 1978.

Reichert, Ursula: „Musik in Heidelberg: Die Zeit der Romantik". In: Susanne Himmelheber u. Barbara Böckmann (Bearb.): *Musik in Heidelberg 1777–1885*. Ausst.-Kat. Heidelberg 1985, S. 43–120, Exponate S. 273–338.

Ricklefs, Ulfert: *Arnims lyrisches Werk. Register der Handschriften und Drucke*. Tübingen 1980.

[Rochlitz, Friedrich]: [Rez. zu *Dedié à Spontini*]. In: *Allgemeine musikalische Zeitung*, Jg. 1843, Nr. 6 vom 8. Februar 1843, Sp. 103–104.

Schellberg, Wilhelm, und Friedrich Fuchs (Hg.): *Die Andacht zum Menschenbild. Unbekannte Briefe von Bettine Brentano*. Jena 1942.

Schnapp, Friedrich: „Robert Schumanns letzter Brief". In: *Bimini*, H. 5 (1924), S. 10–11.

Schnapp, Friedrich: „Unbekannte Briefe Franz Liszts". In: *Die Musik* 18 (1925), S. 717–732.

Schoeps, Hans Joachim: *Aus den Jahren preußischer Not und Erneuerung*. Berlin 1963.

Schuhmacher, Gerhard: *Geschichte und Möglichkeiten der Vertonung von Dichtungen Friedrich Hölderlins*. Regensburg 1967.

Schumann, Clara, und Robert Schumann: *Briefwechsel. Kritische Gesamtausgabe*. 2 Bde. Hg. v. Eva Weissweiler. Frankfurt a. M. 1984–1987.

Schumann, Robert: „Compositionen von Leopold Schefer". In: *Neue Zeitschrift für Musik*, Bd. 9, Nr. 16 vom 24. August 1838, S. 64.

Schumann, Robert: *Dichtergarten für Musik. Eine Anthologie für Freunde der Literatur und Musik*. Hg. v. Gerd Nauhaus und Ingrid Bodsch. Textübertragung und Kommentar v. Leander Hotaki unter Mitarbeit v. Kristin R. M. Krahe. Frankfurt a. M., Bonn 2007.

Steig, Reinhold (Hg.): *Achim von Arnim und die ihm nahe standen*. Bd. 3: *Achim von Arnim und Jacob und Wilhelm Grimm*. Stuttgart, Berlin 1904.

Thayer, Alexander Wheelock: *Ludwig van Beethoven's Leben*. Übers. v. H. Deiters. Bd. 3. Berlin 1879.

Unger, Max: „‚Neue Liebe, neues Leben'. Die Urschrift und die Geschichte eines Goethe-Beethoven-Liedes". In: *Zeitschrift für Musik* 103.9 (September 1936), S. 1049–1075.

Walden, C. Edward: „The Authenticity of the 1812 Beethoven Letter to Bettina von Arnim". In: *The Beethoven Journal* 14.1/2 (1999), S. 9–15.

Walden, Edward: „Beethoven's ‚Immortal Beloved': Arguments in Support of the Candidacy of Bettina Brentano". In: *The Beethoven Journal* 17.2 (2002), S. 54–68.

Walden, Edward: „Die Briefe Beethovens an Bettina von Arnim (übersetzt aus dem Englischen, ergänzt und redigiert von Peter-Anton von Arnim)". In: Jb BvA 15 (2003), S. 47–66.

Walden, Edward: *Beethoven's Immortal Beloved. Solving the Mystery.* Lanham [u.a.] 2011.
Waldmüller, Robert [d.i. Edouard Duboc]: *Wander-Studien. Italien, Griechenland und daheim.* Bd. 2. Leipzig 1861 [bei S. 232 eingeklebt das Sonett *An Bettin*].
Weisbecker, Walter: „Stefan Zweig entdeckte den gefälschten Brief". In: *Frankfurter Allgemeine Zeitung*, 26. Januar 1984, S. 27.
Willison, Ann: *The Interrelationship of Music and Literature in the Work of Bettine von Arnim.* Thesis Univ. of Georgia, Athens 1987.
Willison, Ann: „Bettines Kompositionen. Zu einem Notenheft der Sammlung Heineman". In: Jb BvA 3 (1989), S. 183–208.
Willison, Ann: „Bettina Brentano-von Arnim: The Unknown Musician". In: Elke P. Frederiksen und Katherine R. Goodman (Hg.): *Bettina Brentano-von Arnim: Gender and Politics.* Detroit 1995, S. 304–345.
Willison Lemke, Ann: *Bettine's Song. The Musical Voice of Bettine von Arnim, née Brentano.* Diss. Indiana Univ. Bloomington; Druck: Ann Arbor/MI 1998a.
Willison Lemke, Ann: „Bettine von Arnim". In: Sylvia Glickman u. Martha Furman Schleifer (Hg.): *Women Composers. Music Through the Ages.* Bd. 4: *Composers Born 1700 to 1799.* New York [u.a.] 1998b, S. 382–395.
Willison Lemke, Ann: „Briefe einer Bettina-Verehrerin. Ein Beitrag zur frühen Rezeption von ‚Goethe's Briefwechsel mit einem Kinde'". In: Jb BvA 10 (1998c), S. 23–46.
Willison Lemke, Ann: „Bettines Beethoven: Wahrheit und Dichtung". In: Bettina Brand u. Martina Helmig (Hg.): *Maßstab Beethoven? Komponistinnen im Schatten des Geniekults.* München 2001, S. 145–158.

VI. Rezeption und Forschung

1. Zur Rezeption ‚Bettinas' in England und in Neuengland
Barbara Becker-Cantarino

1. England 609
2. Die ‚Transzendentalisten' in Neuengland, der deutsche Idealismus und Goethe. 612
3. Zur Rezeption des *Goethebuches* und *Die Günderode* bei Leserinnen, insbesondere bei Margaret Fuller 614
4. Ralph Waldo Emersons Rezension von *Dies Buch gehört dem König* (1843). 617
5. Literatur 620

1. England

Bettina von Arnim erlangte mit der Veröffentlichung ihres ersten Buches *Goethe's Briefwechsel mit einem Kinde* (1835) auch unter angloamerikanischen Literaten Berühmtheit. Das Buch wurde in England und in Nordamerika zunächst als authentischer Beitrag zur Biographie des erst 1832 verstorbenen großen deutschen Dichters Goethe gelesen, die ungewöhnliche Form von Bettinas *Goethebuch* zwischen Biographischem und frei Gestaltetem wurde dabei wenig beachtet. Noch vor Erscheinen ihres *Goethebuches* hatte Bettina sich bei der Schriftstellerin Sarah Austin (1793–1867) um eine Übersetzung ins Englische bemüht. Austins Übertragung von Pücklers Bestseller *Briefe eines Verstorbenen* als *Tour of a German Prince* (4 Bde., London 1832 [recte 1831]) hatte durch das Lob des Deutschland-Kenners und Schiller-Übersetzers Thomas Carlyle (1795–1881) dem Fürsten auch in England zu einem literarischen Erfolg verholfen (siehe III.1.3. *Hermann von Pückler-Muskau*). Bettina dürfte von Pücklers Erfolg zu ihrem „Wagnis" (Vordtriede 1957) angeregt worden sein, für ihr Werk und für Goethe auch in England zu werben.

Bereits im Mai 1834 – der Druck des *Goethebuches* ging laut Bettina „rasch vorwärts" und sie hoffte, „in 6 Wochen damit zu Rande zu seyn" – schickte sie ein „Packett", indem sie „manches überflüssige gestrichen hatte", für eine „reine Abschrift" aber keine Zeit mehr gehabt habe, an ihren Vermittler „Herrn Doktor Julius" nach London, der für sie dort ein „günstiges Geschäft" einfädeln sollte (10. Mai 1834, zit. nach Pitollet 1911, 561). Wenig später wies Bettina Julius an, er könne Teile des Manuskripts „zwar in London meinem Buchhändler mittheilen aber noch nicht zur Übersetzung hergeben denn ich werde es noch einmal durchgehen und manches was vielleicht zu gedehnt ist aus *meinen* Briefen ausmerzen" (27. Mai 1834, zit. nach ebd., 562). Bettina hatte den Arzt Nikolaus Heinrich Julius (1783–1862), der das preußische Gefängniswesen reformiert und medizinische Werke publiziert hatte, in der ‚guten Gesellschaft' Berlins – bei Varnhagen oder Savigny – kennengelernt; 1834 machte Julius im Rahmen einer Studienreise auf seinem Weg in die USA in London Station, besuchte Bekannte wie Thomas Carlyle und den Verleger John Murray, der Pücklers Buch und andere Übersetzungen deutscher Autoren (Jean Paul, Tieck, Fouqué, E.T.A. Hoffmann) publiziert hatte. Auch Bettina hatte eigentlich bereits an Murray geschrieben, ohne jedoch eine Antwort erhalten zu haben.

Julius gelang es schließlich, die versierte Übersetzerin Austin für Bettinas Projekt zu interessieren; die profunde Kennerin deutscher Literatur schickte Bettina Anfang Juli 1834 ihr eigenes Goethe-Buch *Characteristics of Goethe* (3 Bde., London 1833) zu, ein erster umfassender Versuch, Goethes Leben und Werke in einer Gesamtschau darzustellen, und signalisierte somit ihre Unterstützung für das Goethe-Projekt der deutschen Pückler-Bekannten. Bald drängte Bettina ihren Vermittler Julius, die Übersetzung möge zeitgleich mit der deutschen Ausgabe erscheinen, versuchte ihm dabei aber deutlich zu machen, dass es keine Zeit zu verlieren gelte, denn die deutsche Ausgabe sei bereits für den Herbst 1834 angekündigt, „die Herausgabe bis auf Weihnachten zu verzögern würde in Deutschland Schaden bringen"; auch sie selbst arbeite ja mit Hochdruck an der Herstellung der Druckvorlagen, gebe Bildmaterial in Auftrag, feile ständig an ihrem Manuskript: „Der andere Punkt aber ist mir noch wichtiger bester Doktor Julius das ist nehmlich dass Mrs Austin glaubt Mehreres auslassen zu müssen; bitten Sie in meinem Namen dass alles übersetzt werde es gehört zusammen und nichts kann ausgelassen werden ohne dem ganzen Schaden zu tun […], so wie das ganze jetzt ist bildet es ein episches Gedicht, es darf nicht zerstückt werden", wobei sie es nicht verabsäumt, Julius das Überbringen eines Kompliments aufzutragen: Er solle Austin sagen, „wie tief" Bettina von ihrer „Zuvorkommenheit durchdrungen" sei, ja, dass sie „volles Zutrauen in ihren Geist und Herz habe" (21. Juli 1834, zit. nach Pitollet 1911, 566–567). Als Reaktion wies Austin auf die nicht zu realisierenden Terminvorstellungen der Autorin hin und schlug eine Teilübersetzung vor, was Bettina als ‚Verstümmelung' vehement ablehnte. Nachdem im Herbst 1834 die als Übersetzungsvorlagen dienenden Briefe Bettinas und die Aushängebögen der deutschen Ausgabe ausgeblieben waren, bekam Austin Schwierigkeiten mit dem Verleger und zog sich aus Bettinas Goethe-Projekt zurück. Anfang Februar 1835 berichtete Varnhagen seinem Bekannten Pückler, dass sich Austin in einem „großen Klagebrief" ihm gegenüber über Bettinas Arroganz beschwert habe und ihm geschrieben habe, „wie verkehrt, willkürlich und ungebärdig Frau von Arnim sich in dieser Sache gegen sie [Austin] benommen habe" (zit. nach GW 2, 952). Austin war unzweifelhaft verärgert über Bettinas ständige Verzögerungen, ihre Änderungen, ihre Kritik an der Übersetzung und ihr Pochen auf „ganz unenglischen Worten und Fügungen" wie „voluptiousnness-holyghost" (Vordtriede 1957, 276–277). Werner Vordtriede vermutet, dass Austin einen Teil ihrer schon übersetzten Passagen des

1. Zur Rezeption ‚Bettinas' in England und in Neuengland

Goethebuches noch im selben Jahr im Rahmen einer, wie damals üblich, anonymen, aber übrigens sehr positiven Besprechung in der einflussreichen englischen Zeitschrift *The Athenæum. Journal of Literature, Science, and the Fine Arts* (Nr. 415, 10. Oktober 1835, 754–757) veröffentlichte, darunter die in England interessierenden Passagen über die Tiroler Freiheitskämpfe, Bettinas Begegnung mit Beethoven und die Schilderung von Günderrodes Tod (vgl. Vordtriede 1957, 277–279). Später urteilte Austin über Bettinas selbst verfasste englische Übersetzung des *Goethebuches*, diese sei nicht „very well suited to the English palate", sie, Austin, glaube nicht, „that Frau von Arnim can handle our language with sufficient skill to do justice to her mastery over her own" (zit. nach ebd., 279). Während einer Deutschlandreise Austins 1842/43 besuchte Bettina, die nie nachtragend war, die Übersetzerin in Berlin; über ihr zweistündiges Gespräch, notierte Austin in ihrem Tagebuch: „Bettina von Arnim called [...]. Her conversation is that of a clever woman, with some originality, great conceit, and vast unconscious ignorance. Her sentiments have a bold and noble character. [...] Gleams of truth and sense, clouds of nonsense – all tumbled out with equally undoubting confidence" (Eintrag zum 18. Januar 1843, zit. nach Ross 1888, Bd. 1, 176). Sarah Austins Ansichten über Bettina und ihr *Goethebuch* dürften charakteristisch für die Rezeption Bettinas in England gewesen sein.

Nachdem die ersten beiden Bände der deutschen Ausgabe des *Goethebuches* schließlich im Februar 1835 und der dritte Band, das *Tagebuch*, kurz darauf erschienen waren, begann Bettina eine englische Übersetzung in eigener Regie zu veranstalten. Sie bediente sich dabei eines Wörterbuches, einer Grammatik und ihres eigenen Sprachgefühls und nahm die Hilfe von Berliner Studenten wie Marcus Niebuhr (siehe III.1.7. *Bettina von Arnims junge Protegés*) sowie die von englischen Muttersprachlern in Anspruch. Letzteres überzeugte sie wenig, hätten die „Kembridschmember" und „Ochsfordmember" doch nur „Windmühlengeklapper" mit der Sprache gemacht, wie sie an Philipp Nathusius schrieb (zit. nach GW 2, 955). Bettina arbeitete unermüdlich, sie übersetzte „im Finstern tappend, an's Licht" bringend, „wie Wetterleuchten" in der ihr „*ganz* unbekannten Sprache" und „in ahnender Dämmerung mit häufig durchziehendem Nebel [...], Schwanken und Wanken und Taumeln mit schwärmenden, lärmenden Unmöglichkeiten" (an Varnhagen, 10. November 1837, in: Varnhagen 1, 388; auch in: Vordtriede 1957, 284). Sie betrachtete die Übersetzung als *ihr Kunstwerk*.

Bettina ließ die Übersetzung mit dem Titel *Goethe's Correspondence With a Child. For His Monument* (1837/38) schließlich in Berlin in 7.000 Exemplaren drucken, nach London schicken und dort bei dem Verleger Thomas Norton Longman in Kommission geben. Das Unternehmen sollte sich als ein empfindlicher finanzieller Fehlschlag erweisen; insgesamt belief sich der Verlust für Bettina auf etwa 10.000 Taler. Da hatte es auch nichts geholfen, dass sie ihren Sohn Freimund nach London zu Verhandlungen mit dem Verleger geschickt hatte. Noch 1842 berichtete Varnhagen: „Frau von Arnim hat große Not und Verdrießlichkeit wegen ihres Buches in England [...] und der Buchhändler

Longman rät zum Verkauf des Buches als – Makulatur!" (zit. nach GW [Härtl] 1, 682–683; siehe III.2.4. *Bettina von Arnim und ihre Verleger*)

Bettinas von Berlin aus geplante und dirigierte Publikation war auf dem anspruchsvollen Londoner Buchmarkt nicht konkurrenzfähig, wobei der finanzielle Misserfolg des *Goethebuchs* in England auch zurückzuführen war auf die vernichtenden Kritiken auf der Insel (vgl. Vordtriede 1957, 289–292), die zumeist Bettinas eigenwillige, idiomatisch und grammatisch fremdartig klingende Übersetzung hervorhoben und diese teilweise sogar verspotteten. Auch war das Buch für den englischen Lesergeschmack zu sentimental, mystisch deutsch und abgehoben, ein typischer Vorbehalt englischer Leser gegenüber der deutschen Literatur, wie ein Rezensent im Frühjahr 1839 meinte: „Goethe appears to have excited her [Bettina] into a state of *transcendentalism* from which she has never recovered" (zit. nach GW 2, 959). Bettinas Kind-Figur als Verehrerin Goethes erregte in der Regel Unverständnis. Ein Kritiker der *Monthly Review* etwa empfand dies alles schon im November 1837 als reichlich unnatürlich und seltsam: „[I]n England no such phenomenon could ever take place, nor indeed, in any other country but in Germany" ([Anon.] 1837, 387). Bettinas Goethe-Darstellung schien nicht zuletzt auch deshalb etwas aus der Zeit gefallen zu sein, weil das englische Interesse an Goethe längst in Skepsis und Ablehnung umgeschlagen war, wozu – neben anderen – Wolfgang Menzels (1798–1873) an der jungen deutschen Dichtergeneration orientierte Darstellung *Die deutsche Literatur* (1828, erweitert 1836) ihren Teil beigetragen hat.

Was der Aufnahme von Bettinas *Goethebuch* in England aber wohl am meisten schadete, war ihre publik gewordene Idee, das *Tagebuch*, das sie 1838 als *Diary of A Child* als dritten Band der englischen Übersetzung drucken ließ, der jungen Queen Victoria zu widmen. Das persönliche, erotisch gefärbte Buch entsprach am wenigsten dem puritanischen Lesegeschmack und erschien für eine Frau besonders anstößig. Bettinas Versuch, über aristokratische Bekannte und eine deutsche Hofdame an die im Juni 1837 gekrönte Victoria brieflich heranzukommen, scheiterte denn auch ebenso wie ihre Bemühungen einige Jahre später, den frisch angetrauten Prinzgemahl der Queen, Albert von Sachsen-Coburg und Gotha, als Schutzherrn der englischen Ausgabe zu gewinnen, wovon ein umständlich rechtfertigender Brief Bettinas an Prinz Albert vom 17. November 1841 zeugt (vgl. GW 4, 453–456). Die für Bettina außerordentlich peinliche Ablehnung des englischen Hofes, laut Bettina ausgelöst durch Intrigen einer Hofdame und eines deutschen Diplomaten, wurde bekannt und sorgte in der ‚guten Gesellschaft' für Klatsch und Tratsch.

2. Die ‚Transzendentalisten' in Neuengland, der deutsche Idealismus und Goethe

In den Vereinigten Staaten – genauer: in Neuengland – stießen sowohl Bettinas *Goethebuch* als auch *Die Günderode* bei einem bestimmten Kreis von Intellektuellen auf ein durchaus größeres Interesse: den ‚Transzendentalisten' (vgl. Becker-Cantarino 2018). Bei den Transzendentalisten – die so zunächst vor allem von Außenstehenden genannt wurden – handelte es sich um Teilnehmer einer Gesprächsrunde in Boston und näherer Umgebung, die eine für ihre Zeit unkonventionelle Kulturphilosophie entwickelten, eine eklektische Mischung aus deutschem Idealismus (Kant, Fichte, Schleiermacher, Schelling, Herder) und deutscher Romantik, mit Einflüssen der englischen Romantik und mystischen Vorstellungen aus orientalisch-indischer Philosophie. Es war eine lose, durch gemeinsame intellektuell-literarische Interessen verbundene Gruppe von Akademikern, zumeist Geistlichen, Lehrern und Literaten, die allesamt im frühen 19. Jahrhundert geboren und fast alle als Studenten, Lehrer oder durch einen Verwandten mit der 1816 gegründeten Divinity School des nahe gelegenen Harvard College verbunden waren, dem Zentrum der calvinistisch-puritanischen Lehr- und Forschungstradition. Die Transzendentalisten waren in der Regel humanistisch geprägte Unitarier und gehörten somit einer aus der radikalen Reformation stammenden Christengemeinschaft an, die die Trinitätslehre und Göttlichkeit Jesu ablehnte und sich gegen theologischen Dogmatismus wendete. Die Transzendentalisten entwickelten sich zu einer kulturkritischen Bewegung, die sich ebenso gegen die tonangebenden Theologen in Harvard positionierte wie generell gegen die kulturelle Führungsschicht Bostons, die ‚Boston Brahmins', die mit nostalgischem Blick die große Tradition der Pilgrim Fathers beschworen – der Gründungsväter Neuenglands, von denen sie ihre Abstammung herleiteten – und an die Revolution gegen die Kolonialmacht England im 18. Jahrhundert erinnerten (vgl. Adam/Mettele 2009, 1–11).

Der einflussreichste Transzendentalist mit Blick auf Deutschland war Ralph Waldo Emerson (1803–1882). Der an der Harvard Divinity School ausgebildete Unitarier Emerson hatte 1832 seine Stelle als Prediger in Boston aufgegeben und widmete sich danach der Kulturphilosophie. Auf seiner Europareise 1832–1833 besuchte er die englischen Romantiker William Wordsworth und Samuel Taylor Coleridge und freundete sich insbesondere mit Thomas Carlyle an, dem Vermittler deutscher Literatur in England. Emerson lernte daraufhin Deutsch. Er soll alle 55 Bände der Goethe-Ausgabe gelesen haben – jedenfalls brachte er die Goethe-Ausgabe und, wie andere Deutschland-Reisende seiner Generation auch, das Interesse für die deutsche Literatur und Philosophie mit nach Boston (vgl. Buell 2003, 7–59). 1833 hatte Massachusetts als einer der letzten US-Bundesstaaten die Trennung von Kirche und Staat vollzogen, so dass Emerson 1836 seine programmatische Essaysammlung *Nature* publizieren konnte, allerdings anonym. Vorangestellt war dem Werk das transzendentale Motto (nach Plotin): „Nature is but an image or imitation of wisdom, the last thing of the soul; nature being a thing which doth only do, but not know" ([Emerson] 1836, 1).

Mit der Herausgabe einer eigenen Zeitschrift der Transzendentalisten beauftragte Emerson die Schriftstellerin und Journalistin Margaret Fuller (1810–1850), die wohl wichtigste Vermittlerin deutscher Literatur in Neuengland. In den von ihr herausgegebenen Nummern von *The Dial* (1840–1842) betonte Fuller dabei sowohl die Bedeutung der deutschen Romantiker als auch die des Autors Johann Wolfgang von Goethe. Fuller hatte nach dem frühen Tod ihres Vaters als Lehrerin gearbeitet, sich autodidaktisch mit Literatur gebildet und zudem sehr gut Deutsch gelernt. 1836 veröffentlichte sie in der kurzlebigen Zeitschrift *The American Monthly Magazine* unter dem Titel „The Present State of German Literature" ihren ersten Essay über zeitgenössische deutsche Literatur, die auch eine Besprechung von Heinrich Heines *Die romantische Schule* enthielt (vgl. Maas 2006, 45); 1839 publizierte sie mit Emersons Hilfe ihre englische Übersetzung *Goethe's Conversations with Eckermann* (vgl. Richardson 1996, 325). Fuller widmete sich der deutschen Romantik, weil diese das Gefühl, die Intuition und das innere Leben betone und ein Gegengewicht zum Nützlichkeitsdenken in der amerikanischen und englischen Kultur darstelle.

Anders als in England löste Bettinas *Goethebuch* in den USA eine neue Welle des Interesses für deutsche Literatur aus. Man wollte mehr über und von der Autorin wissen. So ermunterte Emerson Margaret Fuller, an Bettina von Arnim zu schreiben, was Fuller im November 1840 auch tat. Sie schickte der Autorin im fernen Preußen Texte der Transzendentalisten, unter anderen Emersons programmatischen Essay „Nature" aus dem gleichnamigen Band, und betonte ihre Nähe: „You have become so familiar in our thoughts. I write to you in the name of many men and many women of my country for whom you have wrought wonders"; Fuller wollte denn auch mehr über die Person Bettinas wissen: „We do not wish to hear street gossip about thee […]. Speak to us thyself" (2. November 1840, zit. nach Bäumer 1990, 61–62). Eine Antwort Bettinas auf Fullers Brief ist nicht bekannt, wohl aber ein späterer Brief ihrer jüngsten Tochter Gisela (1827–1889) an Emerson (9. Dezember 1859, in: Richardson 1996, 627) als Dank für dessen warme Kondolenzworte zum Tod Bettinas. Emerson hatte 1859 geschrieben: „I mourned that I could not have earlier established my alliance with your circle, that I might have told how much I and my friends owed her. Who had such motherwit? such sallies? such portraits? Such suppression of commonplace?" (zit. nach Bauschinger 1998, 60) Gisela von Arnims Ehemann, Herman Grimm (1828–1901), der Sohn von Wilhelm Grimm, hatte 1857 ein Essay Emersons über Goethe und Shakespeare ins Deutsche übersetzt, widmete Emerson seine erste eigene Sammlung *Essays* (1859) und machte den amerikanischen Kulturphilosophen spätestens mit seinem Essay „Ralph Waldo Emerson" (1861) in Deutschland bekannt (vgl. Richardson 1996, 627; Luedtke/Schleiner 1977).

3. Zur Rezeption des *Goethebuches* und *Die Günderode* bei Leserinnen, insbesondere bei Margaret Fuller

Die amerikanische Rezeption des Arnim'schen *Goethebuches* war eng verbunden mit der Rezeption Goethes als Person und dem moralisch betrachteten Inhalt seiner dort bekanntesten Werke, *Wahlverwandtschaften* und *Faust*. Wohl der erste amerikanische Leser von Bettinas *Goethebuch* war der

Harvard-Professor und Transzendentalist George Ticknor (1791–1871), der während eines zweijährigen Studiums in Göttingen 1815–1817 ausgezeichnete Deutschkenntnisse erworben hatte (vgl. Adam/Mettele 2009); auf einer späteren Deutschlandreise hörte er 1835 in Dresden von dem Buch und besorgte sich ein Exemplar. Ticknor, der Bettina im Mai 1836 in Berlin im Haus der Savignys sogar persönlich kennengelernt hatte, konnte das Buch zwar nicht zu Ende lesen, lehnte es aber als „sentimental and indecent nonsense" ab; in seinem Tagebuch notierte er, es sei „nauseous galimatias" und „disgusting" (zit. nach Bäumer 1990, 48).

Trotz solcher ersten kritischen Distanzierungen setzte in den USA alsbald eine rege Rezeption des *Goethebuches* ein, die detailliert aufgearbeitet und wiederholt dargestellt worden ist (vgl. erschöpfend Collins/Shelley 1962), was jedoch wohl eher dem Interesse der US-Germanistik an Goethe als an Bettina von Arnim geschuldet ist. Im Frühjahr 1838 zirkulierte jedenfalls zunächst die deutsche Fassung des *Goethebuches* unter den Transzendentalisten in Boston und wurde im brieflichen Austausch von Emerson, Theodore Parker, Margaret Fuller, John Sullivan Dwight, Elizabeth Peabody und Amor Bronson Alcott erwähnt. Emerson hatte zwar noch 1834 über *Faust I* geurteilt: „The Puritan in me accepts no apology for bad morals such as his [Goethe's]" (zit. nach Bauschinger 1998, 17). Gleichwohl besorgte er sich die englischsprachige ‚bettinische' Ausgabe des *Goethebuches* und veranlasste 1841 einen amerikanischen Nachdruck bei Bixby in Lowell, Massachusetts, der sich überraschend gut verkaufte.

Emerson urteilte über Bettina im August 1842 in einem Brief: „She is a finer genius than George Sand or Mme. De Staël, more real than either, more witty, as profound & greatly more readable. And where shall we find another woman to compare her with" (zit. nach Elbert 2015, 66). Emerson verglich Bettina als Frau nicht nur mit den zwei bekanntesten Schriftstellerinnen seiner Zeit, ihre unterschwellige Rebellion gegen religiöse und soziale Zwänge und ihre Naturliebe begeisterten ihn geradezu. Margaret Fuller wiederum lobte 1842 in einem Beitrag für *The Dial* Bettinas bestechende Naivität und das überschwängliche, wilde, jugendliche Spiel ihrer Phantasie, das Mut zum Leben gebe: „[H]ere was one whose only impulse was to *live*, – to unfold and realize her nature, [...] what she did by her position in society"; das *Goethebuch* werde begrüßt, „from those long fettered by custom, and crusted over by artificial tastes, with what joy was it greeted by those of free intellect and youthful eager heart" ([Fuller] 1842, 313). Fuller sprach hier für die Transzendentalisten, die sich von Tradition, Sitte und Religion eingeengt fühlten und eine freiheitliche, selbstverantwortliche und der Natur zugewandte Lebensführung anstrebten. Bettinas emotionale, enthüllende Selbstdarstellung als Kind-Figur in der Spiegelung des großen Dichters faszinierte die intellektuellen progressiven Republikaner, irritierte aber auch die religiösen Gefühle der Literaten.

Mit ihrem zweiten Briefbuch *Die Günderode* (1840) inspiriert Bettina von Arnim vor allem die Leserinnen und literarisch tätigen Frauen in Boston. Im

Sommer 1841 hatte Margaret Fuller ein Exemplar des Buches erhalten, woraufhin sie im Januar 1842 den eben bereits zitierten Aufsatz „Bettine Brentano and Her Friend Günderode" in *The Dial* publizierte. Hier verglich Fuller das *Goethebuch* mit dem Freundschafts-Buch *Die Günderode*, das sie viel höher schätzte. Am *Goethebuch* kritisierte Fuller Bettinas Selbstdarstellung als ‚Kind', was nicht zu der Würde einer erwachsenen Frau passe, sie vermisse hier „some conscious dignity of her as a woman"; die Beziehung zu Goethe sei schlichtweg zu ungleich: „[T]here is an air as of an elderly guardian flirting cautiously with a giddy, inexperienced ward, or a Father confessor, who [...] uses it to gratify his curiosity" ([Fuller] 1842, 316). Dagegen begeisterte sich Fuller für Bettinas Beziehung zu Karoline von Günderrode. In dieser sah sie zugleich das Ideal und in Bettina die Natur verkörpert: „The action of these two beings upon one another [...] is thus of the highest poetical significance" (ebd., 319). Denn, wie Fuller an anderer Stelle mit Blick auf das *Goethebuch* und *Die Günderode* betont: „The two girls are equal natures, and both in earnest. Goethe made a puppet show, for his private entertainment of Bettine's life, and we wonder she did not feel he was not worthy of her homage. [...] Bettine lives and follows out every freakish fancy, till the enchanting child degenerates into an eccentric and undignified old woman" (Fuller 1852, Bd. 2, 58).

Fuller übersetzte den ersten Teil des *Günderodebuches*, der dann 1842 von der Schriftstellerin und Erzieherin Elizabeth Palmer Peabody (1804–1894) in Boston publiziert wurde; für eine Fortsetzung der Übersetzung fand sich dennoch kein Verleger; 1850 kam Fuller auf dem Rückweg von einer Europa-Reise bei einem Schiffbruch vor Fire Island an der amerikanischen Ostküste ums Leben. Eine vollständige Übersetzung erscheint erst 1861, zu Ende gebracht von Minna Wesselhoeft (1838–1889), der Tochter eines aus Weimar stammenden Homöopathen, die von Peabody zu dem Projekt ermuntert worden war (so die Darstellung in einem Brief Wesselhoefts an den Biographen Fullers, Thomas Wentworth Higginson, aus dem Jahr 1884; vgl. Bäumer 1990, 62–63).

Margaret Fuller war fasziniert von Bettinas Darstellung der Frauenfreundschaft, die nicht wie die männliche ‚heroisch' sei, sondern „essentially poetic" ([Fuller] 1842, 319). Fuller war eine ebenso kritische wie anempfindende Leserin, die sich selbst – ihre eigene Person, ihre eigene Stellung als Literatin, Frau und politisch-philosophisch interessierte Zeitgenossin – besonders in der Günderode-Figur wiederfand: Poesie, Kunst, Seelen-Freundschaft, literarische Geselligkeit, Schreiben, Kommunikation in Briefen, aber auch die Beschränkungen als Frau im Allgemeinen und die Beschränkungen als Frau in ihren literarischen Interessen im Besonderen. Fullers epochale Schrift *Woman in the Nineteenth Century* (1845) greift denn auch gerade diese Themen auf.

Die Empathie der Leserinnen mit ‚Bettina' wird auch und nicht zuletzt in einem im Juli 1841 in *The Dial* veröffentlichten Gedicht einer anderen Transzendentalistin angesprochen, in *Bettina!* von Caroline Sturgis Tappan (1819–1888), einer Freundin Fullers und Vertrauten Emersons, mit dem sie sich auch über Bettinas *Goethebuch* austauschte; bei Tappan heißt es:

Bettina!

> Like an eagle proud and free,
> Here I sit high in the tree,
> Which rocks and swings with me.
> The wind through autumn leaves is rattling;
> The waves with the pebbly shore are battling;
> Spirits of ocean,
> Spirits of air,
> All are in motion
> Everywhere.
> You on the tame ground,
> Ever walking round and round,
> Little know what joy 't is to be
> Rocked in the air by a mighty tree.
>
> A little brown bird sate on the stone,
> The sun shone thereon, but he was alone,
> Oh, pretty bird! Do you not weary
> Of this gay summer so long and dreary?
> The little bird opened his bright black eyes,
> And looked at me with great surprise;
> Then his joyous song burst forth to say –
> Weary! of what? – I can sing all day.
>
> C S T
>
> ([Tappan] 1841, 82)

4. Ralph Waldo Emersons Rezension von *Dies Buch gehört dem König*

Stand zunächst die in den Briefbüchern zu Goethe und Karoline von Günderrode dargestellte Gefühls- und Gedankenwelt im Vordergrund der Rezeption, so faszinierten danach in den USA zunehmend Bettinas politisch-soziale Ansichten, ihre Rebellion gegen religiöse und soziale Zwänge und ihre Preußenkritik. Bereits im Oktober 1843, wenige Monate nach der Publikation von *Dies Buch gehört dem König* in Deutschland, veröffentlichte Emerson einen Essay über das Buch in *The Dial*. Als aufmerksamer und kritischer Leser stellte Emerson die wichtigsten Aspekte des Buches vor, charakterisierte treffend die literarische Form des *Königsbuches* – das er als sehr originelles Werk lobte – und machte vorab der Autorin mit feiner Ironie ein Kompliment: „Her genius shines so unmistakeably out of every line, partly because this work refers so directly to her earlier writings, and appears only as an enlargement of them [...]. Bettina, or we should say Frau von Arnim, exhibits her eccentric wisdom under the person of Goethe's Mother, [...] she solely [...] propounds *her* views" ([Emerson] 1843, 267–268). Emerson wies alsdann auf Bettinas neueste ‚philosophische Spekulationen' hin, die mit poetischem Gewand und humorigem Frankfurter Dialekt gewürzt seien, um sie ‚schmackhaft' zu machen. Er sah das Schlüsselkonzept in einem ungezähmten Drang nach Freiheit und übersetzte paraphrasierend: „‚It is freedom which constitutes the truest being of man. Man should be free from all traditions, from all prejudices [...]. The God's impulse to truth is the only right belief [...].' By Sin she understands that which derogates from the soul, since every hindrance and constraint interrupts the Becoming of the soul. In general, art and science have only the destination to make free what is bound. But the human spirit can rule all, and in that sense ‚man is God, only we are not arrived so far as to describe the true pure Man in us'. If, in the department of religion, this principle leads to the overthrow of the whole historical Christendom, so, in the political world, it leads to the ruin of all our actual governments" (ebd., 268). Im Politischen verlange Bettina, so Emerson, einen starken Reformer, leider sei der von ihr als Befreier genannte Napoleon zum Unterdrücker geworden.

Emersons Zuspitzung der religiösen Ideen Bettinas grenzte letztlich an Parodie, in seinen Augen und denen der als Unitarier ausgebildeten Transzendentalisten erwiesen sie sich als theologisch unhaltbar, sogar blasphemisch: „[M]an is God". Emerson erwähnte zustimmend Bettinas Kritik an den Bürokraten im Staate, an der Verfolgung der ‚Demagogen', an der Behandlung von Gefangenen, am Elend in der Armenkolonie und an der Armenfürsorge. Über die *Erfahrungen eines jungen Schweizers im Vogtlande*, den kurzen Anhang des *Königsbuches* mit Materialien über die erschreckende Armut im Berliner Unterschichtenviertel Vogtland, berichtete Emerson sachlich und mit Bedauern: „But in order also to show practically the truth of her assertions, that the present state does not fulfil its duties especially to the poorest class [...]. The hard reproaches, which were made against the Overseers of the Poor, appear unhappily only too well founded" ([Emerson] 1843, 269–270).

Emerson war zwar voller Anerkennung für Bettinas sozialkritische Haltung, auch betonte er, dass der (preußische) Staat seinen Verpflichtungen gegenüber den Armen nicht nachkomme. Für die generellen politischen Ideen Bettina von Arnims hatte er gleichwohl nur wenig Verständnis und lehnte sie als grenzenlosen Idealismus, als weltfremd und unrealisierbar ab. Für ihn war derlei „eccentric wisdom" ([Emerson] 1843, 267), die Autorin verliere sich in philosophischen Spekulationen: „In our opinion an energetic thorough experiment for the realization of her ideas would plunge us in a deeper misery than we at present have to deplore" (ebd., 270). Emerson distanzierte sich von den romantischen ‚Träumereien', insbesondere der Vorstellung vom Regenten aus dem Genius des Volkes, und konnte sich auch für ihre Poetisierungsbemühungen nicht erwärmen. Seine wohlwollende, aber auch ironische Rezension zeugte durchaus von Interesse an Bettina von Arnims *Königsbuch* und ihren Ideen – eine intellektuelle Replik war sein Aufsatz indes nicht. Vielleicht war der Ruf Bettinas als exzentrische Persönlichkeit und ihr Status als Frau ohne Amt nicht dazu geeignet, ihre unsystematisch vorgebrachten politischen Ideen ernst zu nehmen. Gut möglich also, dass die Autorin für Emerson deshalb eher als Aristokratin und Berühmtheit unter den Berliner Intellektuellen interessant war. Das Konzept eines Volks-

1. Zur Rezeption ‚Bettinas' in England und in Neuengland

königs war für die republikanisch gesinnten Transzendentalisten jedenfalls indiskutabel.

Dennoch war und blieb Bettina als prominente Persönlichkeit eine Attraktion, der progressive amerikanische Deutschland-Reisende gern einen Besuch in Berlin abstatteten. Dazu gehörte der utopische Sozialist und Autor von *Social Destiny of Man* (1840) Albert Brisbane (1809–1890) ebenso wie der liberale Prediger und Abolitionist Theodore Parker (1810–1860). Parker war ebenfalls auf der Harvard Divinity School ausgebildet worden und interessierte sich für deutsche Theologie. Als er im Mai 1844 Berlin besuchte, kündigte er sich auch bei Bettina an. Sein Bericht über das folgende Gespräch mit Bettina zeigt ein ähnlich reserviert-ironisches Interesse an der Autorin, wie es auch in Emersons *Dial*-Beitrag von 1843 durchscheint. Parker notierte über die Visite in sein Tagebuch: „A little woman, about sixty. She must once have been handsome; her face full of expression, her smile beautiful. Hand quite long, only the nails were long and dirty; her attire shabby, the room a little disarranged" (zit. nach Sanborn 1909, 551). Der amerikanische Theologe Parker beurteilte Bettina also zunächst als Frau, bevor er berichtete, dass sie ihm Briefe und Kritiken gezeigt habe, die sie erhalten bzw. gesammelt hatte, dann über ihr gerade erschienenes Briefbuch *Clemens Brentano's Frühlingskranz* gesprochen und ein weiteres angekündigt habe: „She spoke with great freedom about the King. [...] She thinks him a tyrant; spoke of the affairs of Silesia: said that 70.000 men were there suffering for want, almost in a state of famishing. Still there was bread enough in the land" (ebd., 552). Parker enthielt sich eines direkten Kommentars, seinem Bericht nach war Bettina die beständig Redende, die dann vier, fünf Seiten aus ihrem nächsten Buch „about Silesia" vorlas (bei dem es sich wahrscheinlich um das *Armenbuch*-Projekt handelte) und insgesamt etwas durcheinander redete, vom biblischen Paradies und der preußischen Regierung, Menschen und Schlangen, Müttern und Brut: „Then she tells how the serpent has come in [to the Paradise]; the *Schlangenmutter* (namely, the Government), and the *Schlangenbrud* (namely, the officials); that the *Menschenmutter* has eaten the apple, and hence the *Menschenbrud* are in sad condtion" (ebd.). Parker scheint von dieser phantasievollen Vermengung von Bibel und sozialer Realität unbeeindruckt gewesen zu sein, am Ende kommentierte er trocken und leicht sarkastisch: „How the Government will welcome such a book it is not difficult to see" (ebd.).

Nordamerikanische Besucher der 1840er Jahre wie Parker bewunderten und wunderten sich über Bettinas Phantasie, ihren Mut, ihre Beredsamkeit; die deutsche Autorin wirkte interessant und anregend, aber ihre unsystematische, eklektische Poetisierung und ihre romantische Idee vom Volkskönig eigneten sich nicht für eine intellektuelle Auseinandersetzung, so wenigstens muss man die Einlassungen der Transzendentalisten verstehen. Bettina sprach als Literatin aus der intellektuellen Oberschicht Berlins, ihr ästhetisch-romantisches Rollenspiel als Vertreterin des Volkes fand folglich auch keine genuinen Adressaten unter den Transzendentalisten. Ihre Idealisierung des Volkes und insbesondere die Poetisierung eines Volkskönigtums waren ja schon in

Deutschland kaum noch zeitgemäß. Dennoch und auch wenn sie eigentlich keine Ideengeberin war: Ihr Anregungspotential bei den Intellektuellen in Boston war beträchtlich.

5. Literatur

[Anon.]: [Rez. zu *Goethe's Correspondence with a Child*]. In: *The Monthly Review*, November 1837, S. 386–392.

Adam, Thomas, und Gisela Mettele (Hg.): *Two Boston Brahmins in Goethe's Germany. The Travel Journals of Anna and George Ticknor*. Lanham/MD [u.a.] 2009.

[Arnim, Bettina von]: *Goethe's Correspondence with a Child*. Übers.v. B. v. Arnim. 3 Bde. London 1839.

[Arnim, Bettina von]: *Goethe's Correspondence with a Child*. Übers.v. B. v. Arnim. First American, from the London Edition. 2 Bde. Lowell/MA 1841.

[Arnim, Bettina von]: *Günderode*. Übers.v. Margaret Fuller. Boston 1842.

[Arnim, Bettina von]: *Correspondence of Fräulein Günderode and Bettine von Arnim*. Übers.v. Minna Wesselhoeft. Boston 1861.

Aubert, Annette G.: *The German Roots of Nineteenth-Century American Theology*. Oxford, New York 2013.

Bäumer, Konstanze: „Margaret Fuller (1810–1850) and Bettina von Arnim. An Encounter between American Transcendentalism and German Romanticism". In: Jb BvA 4 (1990), S. 47–69.

Bauschinger, Sigrid: *The Trumpet of Reform. German Literature in Nineteenth-Century New England*. Übers.v. Thomas Hansen. Rochester/NY 1998.

Becker-Cantarino, Barbara: „Politische Romantik und soziale Frage. Zum Interesse der Transzendentalisten in Boston an Bettina von Arnim (1785–1859)". In: *Neue Zeitung für Einsiedler. Mitteilungen der Internationalen Arnim-Gesellschaft* 14 (2018), S. 15–30.

Buell, Lawrence: *Emerson*. Boston 2003.

Collins, Hildegard Platzer, und Philip Allison Shelley: „The Reception in England and America of Bettina von Arnim's ‚Goethe's Correspondence With A Child'". In: P.A. Shelley u.a.O. Lewis (Hg.): *Anglo-German and American-German Cross-Currents*. Bd. 2. Chapel Hill/NC 1962, S. 97–174.

Elbert, Monica M.: „Transcendentalist Triangulations. The American Goethe and his Female Disciples". In: David LaRocca u. Ricardo Miguel-Alfonso (Hg.): *A Power to Translate the World. New Essays on Emerson and International Culture*. Lebanon/NH 2015, S. 61–82.

[Emerson, Ralph Waldo]: *Nature*. Boston 1836. – Dt. u.d.T. *Die Natur. Ein Essay*. Übers.v. Adolph Holtermann. Hannover 1868.

[Emerson, Ralph Waldo]: „A Letter". In: *The Dial* 4.1 (Juli 1843), S. 262–271.

[Fuller, Margaret]: „Bettine Brentano and Her Friend Günderode". In: *The Dial* 2.2 (Januar 1842), S. 313–357.

Fuller, Margaret: *Memoirs of Margaret Fuller-Ossoli*. 2 Bde. Boston 1852.

Luedtke, Luther S., und Winfried Schleiner: „New Letters from the Grimm-Emerson Correspondence". In: *Harvard Library Bulletin* 25.4 (Oktober 1977), S. 399–465.

Maas, Christel-Maria: *Margaret Fullers transnationales Projekt. Selbstbildung, feminine Kultur und amerikanische Nationalliteratur nach deutschem Vorbild*. Göttingen 2006.

Pitollet, Camille: „Bettine von Arnim. Lettres inédites touchant la ‚Correspondance de Goethe avec une enfant'". In: *Revue Germanique* 7 (1911), S. 558–568.

Richardson, Robert: *Emerson. The Mind on Fire*. Berkeley/CA 1996.
Ross, Janet: *Three Generations of English Women. Memoirs and Correspondence of Mrs. John Taylor, Mrs. Sarah Austin, and Lady Duff Gordon*. 2 Bde. London 1888.
Sanborn, Franklin Benjamin: *Recollections of Seventy Years*. Bd. 2. Boston 1909.
[Tappan, Caroline Sturgis]: „Bettina!" In: *The Dial* 2.2 (Juli 1842), S. 82.
Vordtriede, Werner: „Bettinas englisches Wagnis". In: *Euphorion* 51 (1957), S. 271–294.

2. Rezeption im Deutschland des 19. und frühen 20. Jahrhunderts
Barbara Becker-Cantarino

1. Mythisierung 621
2. Marginalisierung der ‚politischen Bettina', Auratisierung der Persona 622
3. Projektionsfläche und Bezugsfeld literarisch interessierter Frauen . 624
4. Literatur 627

1. Mythisierung

Mit der Romantik und den Jungdeutschen begann die Mythisierung einzelner zeitgenössischer Autorinnen in der Literatur. Karl Gutzkow etwa hatte 1835 in einem „Rahel, Bettina, Charlotte Stieglitz" übertitelten Aufsatz Rahel Varnhagen, Bettina von Arnim und eben Charlotte Stieglitz als die „drei Parzen" bezeichnet, „die den Faden der neuern deutschen Literatur [...] anlegten, spannen, abschnitten" (Gutzkow o.J., 215). Ganz im Sinne seiner Generation – der Generation der liberalen Dichter des Vormärz – mythisierte Gutzkow Rahel und Bettina in ihrer Rolle als Goethe-Verehrerinnen und dazu die (heute weitgehend unbekannte) Charlotte Stieglitz, die sich 1834 das Leben genommen hatte, um mit ihrem Selbstopfer ihren Mann, einen wenig produktiven Literaten, zu neuer Schaffenskraft zu inspirieren (vgl. Wülfing 2005, 164–166). Gutzkow nannte Bettina eine „märchenhafte[ ] Erscheinung", er sah in ihr „etwas Dämonisches", eine „gaukelnde Sylphide" (Gutzkow o.J., 229, 230 u. 232). Als Frauen wurden ‚Rahel' und ‚Bettina' dabei zu Ikonen der Freiheit und „Projektionsfigur[en]" der „emanzipatorischen Grundsätze" der Jungdeutschen – als eigenständige Literatinnen wurden sie nicht gewürdigt, sie blieben lediglich „mythische Figuren" (Kommentar in: GW 1, 929). Neben Rahel, schrieb etwa Theodor Mundt in seiner *Geschichte der Literatur der Gegenwart*, „drängt sich uns *Bettina* auf, die geniale, romantische, mystische, prophetische, wundersam herumirlichtelirende Bettina, die Sibylle der romantischen Literaturperiode" (Mundt 1842, 317).

Diese Art der Mythisierung war keine Emanzipation im modernen Sinn. Mit der Erhöhung der Frau zum Liebesobjekt (mit den wesenhaften Eigenschaften von Gefühl, Tugend, Religiosität, Anmut, Schönheit, Passivität, Hingebung, Aufopferung) fand in der Romantik im Grunde nur eine Idealisierung statt, die mit einer Dichotomisierung der Geschlechter einherging – der, so Joseph von Eichendorff 1847 in seinem Essay *Die deutsche Salon-Poesie der Frauen*, „Grundverschiedenheit beider Geschlechter" (zit. nach Schultz 1989, 301) – und die Frau an Moral und Familie band. Der Mann wurde als Ernährer, Kulturschaffender und politisch Handelnder weiterhin privilegiert und bevollmächtigt, über die Frau zu bestimmen und sie aus den ‚männlich' konnotierten Berufen und Bereichen (Staat, Kirche, Nationalökonomie, Universität, Militär) auszugrenzen. Mythisierung und Idealisierung festigten das Konstrukt der ‚Weiblichkeit', etwa in dem Konzept des ‚Ewig-Weiblichen' (Goethe), und verstellten lange Zeit den Blick auf ‚reale' Frauen als Autorinnen und auf deren Werke. Veröffentlichungen von Schriftsteller*innen* wurden etwa in dem einflussreichen *Literatur-Blatt* (der Beilage zu Cottas *Morgenblatt für gebildete Stände*) in einer abschätzig „Damen-Literatur" genannten Rubrik von dem Herausgeber rezensiert, so auch 1835 Bettina von Arnims *Goethe's Briefwechsel mit einem Kinde* (vgl. Kommentar in: GW [Härtl] 1, 710). Der Romantiker Eichendorff sprach 1847 von der „dichtenden Frau", die „allerdings schon an den äußersten Grenzen ihres natürlichen Berufes" angekommen sei, und urteilte über Bettina: „[W]o sie in ernsten, und namentlich in religiösen oder politischen Dingen den Männern in's Handwerk pfuscht, ist sie durchaus ungenügend, weil unklar und phantastisch. Die Wurzel auch ihrer Poesie ist doch wieder nur das Gefühl [...]. Ja, das Anomale und Pikante ihrer Poesie besteht eben darin, daß sie gegen die natürliche weibliche Bestimmung und Beschränkung beständig rebelliert, und doch nimmermehr heraus kann" (zit. nach Schultz 1989, 301). Die Erfüllung geschlechtsspezifischer Rollenerwartungen war notwendig für die Anerkennung der Autorin im Literaturbetrieb. Die Rezeption Bettinas stand unter dem Paradigma der Geschlechterdifferenz – und folgte dem politisch-gesellschaftlichen Wertekanon der Rezipienten.

2. Marginalisierung der ‚politischen Bettina', Auratisierung der Persona

Nach 1848 und besonders nach ihrem Tod 1859 wurde es still um ihre politischen Aktivitäten wie auch um die Autorin Bettina von Arnim. Die sich etablierende Literaturgeschichte des 19. Jahrhunderts beschränkte Bettina auf ‚das Weibliche' und grenzte sie so aus (vgl. die Überblicke bei Goozé 1995, 365–368; Landfester 2000, 20–23). Eine Rolle spielte hierbei gewiss, dass sich die ‚politische Bettina' nicht an den sich seit den 1840er Jahren formierenden frauenpolitischen Aktivitäten und *bürgerliche* Rechte für Frauen einfordernden Gruppen beteiligt und sich auch nicht zur gesellschaftlichen Stellung speziell der Frauen geäußert hatte (vgl. Becker-Cantarino 1999). Erstmals wurden in dieser Zeit deutschsprachige Texte publiziert, die ernsthaft auf eine Verbesserung der realen Lebensverhältnisse von Frauen auf der Grundlage ökonomischer Unabhängigkeit abzielten, darunter Louise Astons 1846 in Brüssel veröffentlichte Schrift *Meine Emancipation, Verweisung und Rechtfertigung.* Louise Aston (1814–1871), eine extravagant lebende, auch provozierende Vorkämpferin für die demokratische Revolution und die Frauenbewegung, war im selben Jahr aus Berlin ausgewiesen worden (eine Verbindung zu Bettina ist nicht bekannt); unter ‚Emanzipation' verstand Aston dabei die Befreiung der Frau aus der wirtschaftlichen Abhängigkeit und rechtlichen Vormundschaft des Mannes. Sie kritisierte in ihrer Schrift nicht zuletzt die aus dem französischen Saint-Simonismus stammende Parole von der ‚Emanzipation des Fleisches'; sie forderte ‚soziale Freiheit' auch für die Frauen sowie gleiche Rechte für Frau und Mann.

Die *menschliche* ‚Aufwertung' der Frau zur ‚Ehefrau' war spätestens mit der Aufklärung vollzogen worden (von Lessing bis Fichte), die *erotische* ‚Aufwertung' zur ‚Geliebten' folgte dann spätestens in der Romantik (wie in Schlegels *Lucinde*), was auch Bettina goutierte und zu nutzen verstand. Als Ehefrau, Mutter oder auch Geliebte war die Frau jedoch dem Mann (Vater, Ehemann, Bruder) unterstellt und (ohne Beruf und eigenes Einkommen) finanziell von ihm abhängig. Schon im Vormärz forderten Autorinnen wie Aston oder Louise Otto-Peters, dass die Veränderung der bestehenden gesellschaftlichen Zustände nach demokratischen und sozialen Ideen auch die Frauen einzuschließen habe. In Anlehnung an die ‚soziale Frage' war bald die Rede von der ‚Frauenfrage'. Den Protagonistinnen dieser ersten Welle der Frauenbewegung und des Feminismus ging es um die über die individuelle geistige Befreiung hinausgehenden Rechte der Frau als Bürgerin im Staat und im Privatleben (vgl. Gerhard 2009). An diesen Debatten der eine Generation jüngeren Literaten nahm Bettina jedoch nicht teil, was sich aus ihrem an (bedeutenden) Männern orientierten Liebes- und Geschlechterkonzept erklärt.

Denn fast zeitgleich mit der Publikation von Bettinas Briefbüchern und politischen Schriften war eine weitaus jüngere, neue Generation von Autoren und auch Autorinnen herangewachsen, die sozialkritisch das Leben an sich in den Blick nahm, zum Teil auch das der nicht-bürgerlichen Stände. Bettina, deren Schriften sich vornehmlich an das Bildungsbürgertum und die Aristokratie wandten, zeigte zwar großes Mitleid mit den Armen, hatte darüber hinaus aber nur oberflächliche Kenntnisse jener sozialen Strukturen, die die Literaten des Vormärz mit ihren liberal-demokratischen Ideen und Positionen anvisierten. Das mündete in einer paradoxen Situation: Einerseits wurde Bettina von den Jungdeutschen in der von ihnen initiierten Debatte um die Emanzipation der Frau, um die Befreiung des Geistes und der Sinnlichkeit von den Fesseln der Religion zur mythischen Figur stilisiert, andererseits aber hatte Bettina selbst überhaupt kein Interesse an der von weiblicher Seite aus verfochtenen Emanzipation aus männlicher Vormundschaft und auch nicht an der von vielen Liberalen vertretenen Forderung nach einer republikanischen Neuregelung des Staates inklusive abzuschaffender Vorherrschaft von Aristokratie und König.

In der sich konstituierenden deutschen Nationalliteratur wurde der kanonische Rahmen von der akademischen Germanistik abgesteckt. In Bezug auf Bettina dominierten deshalb im positivistischen Literaturverständnis des

19. Jahrhunderts ihr *Goethebuch* und der langjährige Streit um die Echtheit der Goethe-Briefe. Die literaturwissenschaftliche Rezeption sprach von ‚Bettina' als Kind- und Mignon-Figur, kaum jedoch von Bettina von Arnim als Autorin. Zu dieser persönlichen Bagatellisierung kamen weitverbreitete misogyne Vorbehalte gegen schreibende Frauen in der Literaturgeschichtsschreibung. Robert Prutz beispielsweise konstatierte 1859 in seiner zweibändigen Abhandlung *Die deutsche Literatur der Gegenwart*, unter den „heutigen Frauen" seien deshalb so viele Schriftstellerinnen, „weil wir so viele unglückliche Frauen haben, in der Literatur suchen sie die Befriedigung, welche die Häuslichkeit, dieser nächste und natürlichste Boden des Weibes, ihnen nicht gewährt, sie flüchten in die Poesie, weil das Leben sie zurückstößt" (Prutz 1859, Bd. 2, 253).

Aufgrund politischer Vorbehalte gegenüber Bettinas liberalen und preußenkritischen Meinungsäußerungen tendierte man dazu, ihre späten Briefbücher und vor allem auch ihre politische Schriften auszublenden, wie etwa die endgültig erst in den 1920er Jahren durch Otto Mallon geklärte Frage um die Autorschaft der ‚Polenbroschüre' gezeigt hat (siehe Kap. VI.3. *Bettina von Arnims Nachlass- und Editionsgeschichte*). Die Auratisierung Bettinas durch Personen aus dem Familienkreis wie Herman Grimm, der nach ihrem Tod ihre Tochter Gisela heiraten wird, und Freunde wie Moriz Carriere förderte das Bild von Bettina als genialer Romantikerin und liebender Frau (vgl. Grimm 1880; Carriere 1998 [1887]). Hierbei dominierten schließlich nationalbewusste, konservative Werte und die Familieninteressen der Arnims (siehe II.1.8. *Erziehung, Kinder, Nachfahren*). Aus der allgemeinen Neugier auf biographische Details (ihrer Liebe zu Goethe), auf Aspekte ihrer Prominenz (als Schwester eines Romantikers und Ehefrau eines weiteren Romantikers aus aristokratischen Kreisen) und Anteilnahme an ihrer Rolle als Frau und Mutter erwuchs zugleich eine breite, populäre Rezeption. ‚Bettina' wurde als inspirierender Mythos von prominenten Autoren in deren Werk mit aufgenommen, von Balzac (*Modeste Mignon*, 1844, dt. 1846) ebenso wie später von Rilke (*Die Aufzeichnungen des Malte Laurids Brigge*, 1910). Und nicht nur hier: In zahllosen Erwähnungen, Würdigungen, Aneignungen und Nachdichtungen feierten, gedachten oder knüpften Schriftstellerinnen und Schriftsteller an Bettina an – wahlweise als prominente Frau, Individualistin, Romantikerin oder Künstlerin (vgl. Maierhofer 1990).

3. Projektionsfläche und Bezugsfeld literarisch interessierter Frauen

Schon zu Beginn der Wirkungsgeschichte Bettina von Arnims zeigte sich gerade auch bei Rezensent*innen* und Schriftsteller*innen* wie Fanny Lewald („Der Cultus des Genius. Ein Brief an Bettina von Arnim", 1849) oder Helmina von Chézy (das Projekt „Bettinen gehört das Buch. Die Günderode an Bettina", 1842; vgl. French/Hundt 1994/95), dass diese „das Geschlecht der Autorin von Anfang an mit der ästhetischen Bewertung ihrer Texte in Beziehung" setzten (Landfester 1996/97, 202). Sie schrieben unter ähnlich

2. Rezeption im Deutschland des 19. und frühen 20. Jahrhunderts

eingeschränkten gesellschaftlichen Bedingungen wie Bettina, die ihnen deshalb zum einen zur Projektionsfläche wurde, um die eigene Gegenwart abzubilden. Zum anderen avancierten Bettinas Leben und ihre Briefbücher zum Bezugsfeld für die eigene Situation im Rahmen einer Identitätsfindung als Autorin. Typisch für Leser*innen* war etwa Malwida von Meysenbugs Reaktion, die seit 1852 im Londoner Exil lebte und in ihren *Memoiren einer Idealistin* (3 Bde., 1869, 1875 u. 1876) schrieb: „Die Schriften zweier Frauen übten damals einen großen Einfluß auf mich aus, die Bücher Bettina's von Arnim und Rahel's. Der ernste, philosophische, keusche und großartige Geist Rahel's war mir sympathischer und bewegte mich tief. Aber die poetischen, zauberischen Phantasien Bettina's versetzten mich in ‚Sommernachtsträume'" (Meysenbug 1876 [1869], 73). Die romantische, poetische und ästhetisierte Frauengestalt wurde zum inspirierenden Vorbild, Bettinas Wirkung war eine *individuelle* und *subjektive*. Leserinnen und Leser entdeckten sie wieder für sich, fanden in ihren Schriften und ihrer Biographie gemeinsame Aspekte; so begann die *persönliche* Aneignung.

Die ‚erste Frauenbewegung' hatte auch dazu angeregt, sich mit der kulturellen und historischen Rolle der Frau zu beschäftigen, die Biographien einzelner Frauen zu schreiben, wie etwa die Publikationen der Varnhagen-Nichte und -Nachlassverwalterin Ludmilla Assing zu *Gräfin Elisa von Ahlefeldt, die Gattin Adolphs von Lützows, die Freundin Karl Immermann's* (1857) und zu Bettinas Großmutter *Sophie von La Roche, die Freundin Wieland's* (1859) zeigen – beide Biographien stellen ihre Heldin unter die Ägide eines bedeutenden männlichen Literaten. Die ersten philologischen und literarhistorischen Arbeiten zu Bettinas Werk, die über die Fixierung auf die Goethe-Verehrerin hinausgehen – Ludwig Geigers *Dichter und Frauen* (1896) und Waldemar Oehlkes *Bettina von Arnims Briefromane* (1905) – sind diesem neuen Interesse an schreibenden Frauen geschuldet. Dabei blieben Bettinas politische Aktivitäten nach wie vor weitgehend unterbelichtet, weil die Arnim-Nachfahren den Nachlass und Zugang zu ihren Papieren lange unter Verschluss hielten (siehe VI.3. *Bettina von Arnims Nachlass- und Editionsgeschichte*).

Auch die erste Generation der Frauen, die studieren durfte, beschäftigte sich häufig mit Frauen. Ricarda Huch (1864–1947), die bekanntlich in der Schweiz studierte, da Frauen in Deutschland zu dem Zeitpunkt noch nicht zum Studium zugelassen waren, behandelte in ihrem viel beachteten Werk *Die Romantik* (2 Bde., 1899 u. 1902) auch Bettina, wobei ihre Darstellung der *jungen* ‚Bettine' einerseits zwar zu dem in der Literaturgeschichte dominanten Bild von der kobold- und elfenartigen Bettina von Arnim beitrug und so der gängigen Germanistenvorstellung von ‚Frauenliteratur' entgegenkam. Andererseits erwähnte Huch aber auch ausdrücklich Bettinas politisches Bestreben: „Vollends ein Beispiel demokratischer und feurig nach außen gekehrter Romantik haben wir nun aber in Bettine [...]. Zur Zeit der Tiroler Freiheitskämpfe erhob sie sich bewußt gegen das thatenscheue, vornehme Sichinsichselbstzurückziehen [...]. Anders Bettine: Das Mitleid für die Nothleidenden [...] bildete in ihr socialpolitische Ideen aus, in denen sie sich weit mehr mit den Freunden der Revolution als mit der romantischen Reaktion begegnete. [...] [S]ie stellte sich allemal auf die Seite der Unterdrückten und Elenden und forderte Verbesserung vorhandener Schäden unbedingt" (Huch 1902, 330 u. 331–332).

Exemplarisch sei auch Helene Stöcker (1869–1943) erwähnt. Auch Stöcker musste für ihren Studienabschluss in die Schweiz gehen. Eigentlich hatte sie über Bettina von Arnim promovieren wollen, wurde dann jedoch auf *Die Kunstanschauung des 18. Jahrhunderts. Von Winckelmann bis Wackenroder* (Diss. Bern 1901) verwiesen. Als ältestes von acht Kindern eines streng calvinistischen Elternhauses hatte Stöcker ihr Studium erst nach einer schwer erkämpften Lehrerinnenausbildung in Berlin durchsetzen und finanzieren können. Später hielt sie Vorträge an der organisatorisch mit einer Volkshochschule vergleichbaren Lessing-Hochschule zu Berlin und kämpfte publizistisch für die ‚neue Ethik' (Sexualreform) und die Bewegung für Mutterschutz (Gleichstellung der unehelichen Kinder, Einführung einer staatlichen Mutterschaftsversicherung, Sexualaufklärung, Empfängnisverhütung, Anerkennung nichtehelicher Lebensgemeinschaften), unter anderem mit ihrer provokativen Schrift *Die Liebe und die Frauen* (1906). Gegen die Ideen der vor allem unter Akademikern und konservativen Intellektuellen als Bürgerschreck verrufenen Helene Stöcker schrieb nicht zuletzt der prominente Romantik-Forscher Oskar Walzel an: Walzel lobte in diesem Zusammenhang Ricarda Huchs romantisch-konservative Ideen und orientierte sich dabei an Friedrich Schlegels Liebeskonzept (vgl. Becker-Cantarino 1999, 241–246). Die Autorin Bettina von Arnim geriet über diese Fehden vollkommen in Vergessenheit, besonders auch Huchs Hinweis auf Bettinas „demokratisch[ ] und feurig nach außen gekehrte[ ] Romantik". Walzel steht letztlich symptomatisch für die Akademiker des 19. und frühen 20. Jahrhunderts, denen die politisch und publizistisch aktive Frau ein Horror war. Dagegen publizierte Helene Stöcker, die 1933 als über 60-Jährige emigrieren musste und 1943 in New York starb, zwei Aufsätze zu Bettina, in denen sie die politisch-publizistische Betätigung von Frauen einforderte (Stöcker, 1929).

Erst im frühen 20. Jahrhundert wurden überhaupt Werke von Schriftstellerinnen als Untersuchungsobjekt akademischer Beschäftigung zugelassen. Auch die ‚politische Bettina' fand nun Beachtung, wie die Dissertationen von Wilhelm Frels (*Bettina von Arnims Königsbuch*, 1912) und Irmgard Tanneberger (*Die Frauen der Romantik und das soziale Problem*, 1928) verdeutlichen. Tanneberger würdigte ausführlich Bettina von Arnims soziale Ideen und politische Aktivitäten, um sich dann zu wundern: „Angesichts der Fülle politischer und sozialer Ideen, die sich in Bettinas Schaffen spiegelt, scheint es merkwürdig, daß sie für Stellung und Bedeutung der Frau fast keine Worte hatte [...]. Nie aber unternahm sie es, die eigenen Erfahrungen zu verallgemeinern und auch für ihre Geschlechtsgenossinnen die herrschenden Grundsätze zu verneinen. Betrachtete sie sich doch selbst als Sonderwesen von Kind auf, als eine Persönlichkeit, für die alle den übrigen Menschen geltenden Gesetze nicht in Anwendung zu bringen seyen" (Tanneberger 1928, 79). Tanneberger sah Bettinas soziales Denken in ihrem Mitleid für alles Unglück wie auch in ihrer Mutterschaft wurzeln. Aber sie erkannte auch die besondere Bedeutung von Bettinas Schaffen für die Entwicklung der Frauenbewegung. Bettinas „Geißelung sozialer Mißstände widerlegte den Glauben, daß die Interessen des weiblichen Geschlechts seiner Natur nach durch die Anforderungen von Haus und Familie erschöpft seien, und bewies durch die Tat, daß der Frau sehr wohl der Blick für das öffentliche Leben eigne [...]. Dadurch gab sie ihren Geschlechtsgenossinnen Mut und Beispiel" (ebd., 82). Für diese Frauen wurden Bettina und andere Autorinnen wie Rahel Varnhagen zu Vorbildern im Zuge ihrer persönlichen und politischen Selbstermächtigung. Sie machten historische Gestalten wie Bettina zu Zeuginnen des eigenen Lebens, indem sie sich mit Bettinas Leben als Frau und Autorin identifizierten und dabei mit eher kritischem Abstand auf die sozialen und politischen Probleme der eigenen Zeit blickten.

4. Literatur

Becker-Cantarino, Barbara: „Zur politischen Romantik: Bettina von Arnim, die ‚Frauenfrage' und der ‚Feminismus'". In: Hartwig Schultz (Hg.): *„Die echte Politik muß Erfinderin sein". Beiträge eines Wiepersdorfer Kolloquiums zu Bettina von Arnim.* Berlin 1999, S. 217–248.
Becker-Cantarino, Barbara: „Zur Rezeption der Schriftstellerinnen der Romantik". In: B. Becker-Cantarino: *Schriftstellerinnen der Romantik. Epoche – Werk – Wirkung.* München 2000, S. 259–278.
Carriere, Moriz: „Bettina von Arnim" [1887]. In: Jb BvA 10 (1998), S. 129–160.
French, Lorely, und Irina Hundt: „,Die Günderode an Bettina' (1844). Ein unveröffentlichtes Manuskript Helmina von Chézys zur Wirkungsgeschichte der ‚Günderode', des ‚Königsbuchs' und des ‚Armenbuch-Projekts'". In: Jb BvA 6/7 (1994/95), S. 15–50.
Frels, Wilhelm: *Bettina von Arnims Königsbuch.* Schwerin 1912.
Geiger, Ludwig: *Dichter und Frauen. Vorträge und Abhandlungen.* Berlin 1896.
Gerhard, Ute: *Frauenbewegung und Feminismus. Eine Geschichte seit 1789.* München 2009.
Goozé, Marjanne: „The Reception of Bettina Brentano-von Arnim as Author and Historical Figure". In: Elke P. Frederiksen u. Katherine R. Goodman (Hg.): *Bettina Brentano-von Arnim. Gender and Politics.* Detroit 1995, S. 349–420.
Grimm, Herman: „Bettina von Arnim". In: *Goethe-Jahrbuch* 1 (1880), S. 1–16.
Gutzkow, Karl: *Gesammelte Werke.* Zweite Ausgabe. Erste Serie. Bd. 9: *Oeffentliche Charaktere.* 3. Aufl. Jena o.J., hierin insbes. s. 215–232 („Rahel, Bettina, Charlotte Stieglitz" [1835] sowie „Ein Besuch bei Bettinen" [1837]).
Härtl, Heinz: „Zur zeitgenössischen publizistischen Rezeption des ‚Königsbuches'. Mit einem bibliographischen Anhang". In: Walter Schmitz u. Sibylle von Steinsdorff (Hg.): *„Der Geist muß Freiheit genießen ...!" Studien zu Werk und Bildungsprogramm Bettina von Arnims.* Berlin 1992, S. 208–235.
Huch, Ricarda: *Ausbreitung und Verfall der Romantik.* Leipzig 1902.
Landfester, Ulrike: *Selbstsorge als Staatskunst. Bettine von Arnims politisches Werk.* Würzburg 2000.
Landfester, Ulrike: „Von Frau zu Frau? Einige Bemerkungen über historische und ahistorische Weiblichkeitsdiskurse in der Rezeption Bettine von Arnims". In: Jb BvA 8/9 (1996/97), S. 201–222.

Maierhofer, Waltraud: „Einfühlen, Einvernahme und Mißverstehen. Rilke und Bettina von Arnim". In: Jb BvA 4 (1990), S. 125–150.
Mallon, Otto: „Bibliographische Bemerkungen zu Bettina von Arnims Sämtlichen Werken". In: *Zeitschrift für deutsche Philologie* 36 (1931), S. 446–465.
Meysenbug, Malwida von: *Memoiren einer Idealistin*. Bd. 1. Stuttgart 1876.
Mundt, Theodor: *Geschichte der Literatur der Gegenwart. Vorlesungen*. Berlin 1842.
Oehlke, Waldemar: *Bettina von Arnims Briefromane*. Berlin 1905.
Prutz, Robert: *Die deutsche Literatur der Gegenwart. 1848–1858*. 2 Bde. Leipzig 1859.
Schultz, Hartwig: „‚Ich bin nicht zahm und knien mag ich nicht'. Das Bettine-Verständnis von Joseph von Eichendorff und Annette von Droste-Hülshoff". In: Jb BvA 3 (1989), S. 291–307.
Stöcker, Helene: „Bettina von Arnim". In: *Die neue Generation. Zeitschrift für Mutterschutz und Sexualreform* 25 (1929), S. 99–105.
Susman, Margarete: *Frauen der Romantik*. Jena 1929.
Tanneberger, Irmgard: *Die Frauen der Romantik und das soziale Problem*. Oldenburg 1928.
Wülfing, Wulf: „Zum Mythos von der ‚deutschen Frau': Rahelbettinacharlotte vs. Luise von Preußen". In: Klaudia Knabel, Dietmar Rieger u. Stephanie Wodianka (Hg.): *Nationale Mythen – kollektive Symbole. Funktionen, Konstruktionen und Medien der Erinnerung*. Göttingen 2005, S. 145–174.

3. Bettina von Arnims Nachlass- und Editionsgeschichte
Barbara Becker-Cantarino

1. Der Varnhagen-Nachlass und Ludmilla Assing 628
2. Der Bettina-Nachlass im 19. und frühen 20. Jahrhundert 630
3. Die Versteigerung 1928/29 und die Folgen des Zweiten Weltkrieges 634
4. Literatur 636

1. Der Varnhagen-Nachlass und Ludmilla Assing

Seit den 1840er Jahren standen Bettina von Arnims politische und literarische Interessen in krassem Gegensatz zu denen ihrer konservativen Familie, den Brentanos in Frankfurt am Main und den Arnims in Berlin. Auch deshalb bemühte sie sich noch zu Lebzeiten um die Tradierung ihrer eigenen Texte. Es ging ihr darum, die Überlieferung ihrer Manuskripte und Briefe sowie der von Achim von Arnim und dem, was sie von ihrem Bruder Clemens besaß, sicherzustellen – eine Aufgabe, für die sie Karl August Varnhagen von Ense hinzuzog. Die anfänglich problematische Beziehung Bettinas zu Varnhagen war spätestens seit Achims Tod einer gegenseitigen Achtung der politischen Interessen und einem freundschaftlichen Austausch in literarischen Dingen gewichen (siehe III.1.4.b *Karl August Varnhagen von Ense*). Waren Bettina und Varnhagen in den 1840er Jahren an privater Nachrichtenverbreitung und der Lancierung politischer Meinungen in der Öffentlichkeit interessiert –

3. Bettina von Arnims Nachlass- und Editionsgeschichte

wobei sie die staatlichen Regulierungen und die Zensur nach Möglichkeit zu umgehen suchten –, so trat in den 1850er Jahren der Gedanke an ihr literarisches Erbe und den Erhalt ihres Nachlasses in den Vordergrund. 1854 konnte Bettina Varnhagen für die Ordnung des Briefwechsels zwischen Achim von Arnim und Clemens Brentano gewinnen, übergab ihm viele Dokumente und schenkte ihm „an tausend handschriftliche Blätter" (Varnhagen an Humboldt, 13. September 1856, in: Humboldt/Varnhagen 1860, 319), auch aus Angst vor einer späteren Vernichtung ihrer Papiere durch die Familie oder der Verstreuung in alle Winde. Varnhagen notierte im Oktober 1856, wenige Monate vor Bettinas schwerem Schlaganfall: „Sie will mir noch immer Pakete schicken; wenn sie erst todt sei, sagt sie, werden ihre Papiere ganz verwahrlost, zerstört, verschleudert, mißachtet werden. Darin mag sie Recht haben" (Eintrag zum 3. Oktober 1856, in: Varnhagen 2, Bd. 13, 174–175).

Kurz vor Bettinas Ableben hatten sich ihre Kinder um die Kontrolle auch der bei Varnhagen befindlichen Briefe bemüht. So bat Tochter Armgart in einem Schreiben vom Juli 1858 – wohlgemerkt in Bettinas Namen – Varnhagen um die Rückgabe der Papiere mit der Aufforderung: „Da Sie so sehr mißtrauisch sind, so hat hier die Mutter 3 Kreuzchen gemacht um zu beglaubigen daß Sie [sic!] Sie bittet die Ihnen von ihr anvertrauten Papiere nun meiner Obhut zu übergeben" (zit. nach GW 4, 741). Varnhagen schickte wohl tatsächlich einiges zurück, Bettina konnte jedoch, durch mehrere Schlaganfälle eingeschränkt, die Situation nicht mehr überblicken. Wenige Monate später starb sie. Ihre vorherige Umsicht rettete der Nachwelt letztlich viele ihrer Briefschaften.

Bettina schätzte nicht nur Varnhagens Archivierungspraxis, sie wusste auch um dessen Vorsorge für seine immense literarische Sammlung, die eigenen Tagebücher und Schriftstücke. Varnhagen hatte in dieser Hinsicht nicht zuletzt auch seine seit Mitte der 1840er Jahre bei ihm lebende, literarisch versierte und politisch ebenfalls liberal gesinnte Nichte Ludmilla Assing (1821–1880) eingearbeitet. Assing, von Varnhagen testamentarisch als seine Erbin und Nachlassverwalterin mit voller Verfügungsfreiheit eingesetzt, „folgte Wünschen ihres Onkels" (Gatter 1996, 305). Schon bald nach Varnhagens Tod im Oktober 1859 veröffentlichte Assing die ersten Briefzeugnisse aus dem Nachlass ihres Onkels: Die bei Brockhaus in Leipzig 1860 erschienenen *Briefe von Alexander von Humboldt an Varnhagen von Ense* galten binnen kurzer Zeit als literarische Sensation und lösten nebenbei durch die darin enthaltenen Ansichten und Mitteilungen über hochrangige prominente Personen einen Literaturskandal aus. Der Polizeipräsident von Berlin ließ Assings Edition am 29. Februar 1860 zunächst verbieten, da sich allerdings der Regent, der spätere Wilhelm I., ausdrücklich für das Buch aussprach, musste das Verbot und die Konfiskation nur einen Tag später wieder aufgehoben werden. Ein Run auf die gedruckten Exemplare setzte ein, so dass die Edition mit Humboldts Briefen fünf Auflagen in acht Wochen erlebte, dazu eine sofortige Übersetzung ins Englische, Dänische und Französische sowie Raubdrucke in den USA. Gleichzeitig setzte eine sich über Jahrzehnte hinziehende Debatte über die Zulässigkeit der Veröffentlichung von privaten Briefen und Tagebüchern ein, die mit

Assings Herausgabe der Tagebücher Varnhagens ab 1861 noch weiter befeuert wurde, vor allem mit Blick auf die darin enthaltenen Notizen Varnhagens zu den Vorgängen von 1848/49. Ludmilla Assing wurde wegen Majestätsbeleidigung zu einer mehrmonatigen Haftstrafe verurteilt und steckbrieflich verfolgt, da sie – samt Varnhagens Nachlass – inzwischen nach Florenz übergesiedelt war. Von dort aus publizierte sie weiter, mehr als 50 Bände Briefe und Tagebücher, zum einen *Aus dem Nachlaß Varnhagen's von Ense*, zum anderen nach dem Tod Hermann von Pückler-Muskau 1871 *Aus dem Nachlaß des Fürsten Pückler-Muskau*. – 1866 war Assing amnestiert worden und kehrte für einige Monate nach Berlin zurück. Bereits im Sommer 1872 vermachte sie die Sammlung Varnhagen und ihre eigenen Papiere testamentarisch als Schenkung der Königlichen Bibliothek in Berlin, verbunden jedoch mit der Auflage, dass der Gesamtkorpus zusammengehalten und in einem Zimmer aufgestellt werde sowie „der allgemeinen Nutzung möglichst zu überlassen" sei, wobei zugleich „nur bekannten und zuverlässigen Personen" Einblick gewährt werden sollte (Gatter 1996, 231). Die Nachlasspolemik überschattete letztlich Ludmilla Assings Leben. Ihre editorische Tätigkeit wurde nicht nur kritisiert, als Frau wurde ihr die Kompetenz für diese Tätigkeit von den Zeitgenossen auch nicht zugetraut und das Geleistete wenig anerkannt.

Assings Veröffentlichungen enthielten – für die Bettina-von-Arnim-Forschung interessant – auch Briefe und zahlreiche als indiskret empfundene Erwähnungen Bettinas und ihrer Familie. Die Mainzer Zeitschrift *Der Katholik* echauffierte sich mit Blick auf Ludmilla Assings *Fürst Hermann von Pückler-Muskau. Eine Biographie* (1873/74) dann auch über den Umstand, dass hier eine „emancipirte Dame" wie Bettina von Arnim einem „lasciven Schriftsteller" wie Pückler-Muskau ihre „Complimente" vortrage: „Die Familie Arnim-Brentano sollte alles aufbieten, um die noch in Aussicht gestellten ferneren Publicationen dieser Art zu verhindern. Wer gibt Ludmilla Assing das Recht, die Briefe Bettina's abzudrucken?" ([Anon.] 1873, 41 u. 49) Tatsächlich enthält Assings Biographie viele pikante Briefzitate Pücklers und Bettinas, auch wird hier kolportiert, Bettina habe Pückler einen Heiratsantrag gemacht und unter anderem über Schleiermacher geschrieben: „Immer mehr verwandelte sich Alles in ihm in Liebe und Genuß. [...] [E]r liebte, er küßte mich, er bat ihm zu versprechen, daß ich ihn lieben wolle" (ebd., 49). Die Familien Brentano und Arnim waren über derlei Indiskretionen nicht erfreut.

2. Der Bettina-Nachlass im 19. und frühen 20. Jahrhundert

Bettinas umfangreiche handschriftliche Nachlassdokumente, darunter die Briefe Friedrich Wilhelms IV., wurden unter der Ägide ihres zweitältesten Sohnes Siegmund im Familienbesitz auf dem Gut Wiepersdorf gehütet und bis zu dessen Tod 1890 niemandem zugänglich gemacht. Selbst der Schriftsteller und Kunsthistoriker Herman Grimm (1828–1901), Sohn von Wilhelm Grimm und seit 1859 Ehemann der jüngsten Bettina-Tochter Gisela (siehe II.1.8. *Erziehung, Kinder, Nachfahren*), erhielt erst 1892 Einsicht in den Wiepersdorfer Nachlass. Ihm zur Seite stand der Berliner Literaturhistoriker Reinhold Steig (1857–1918), den Grimm zum Sachverwalter des gesamten Arnim-Nachlasses bestimmt hatte. In der Folge gab Steig aus dem Familienarchiv den dreibändigen Arnim-Briefwechsel *Achim von Arnim und die ihm nahe standen* heraus, mit einem Band zu *Achim von Arnim und Clemens Brentano* (1894), einem weiteren zu *Achim von Arnim und Jacob und Wilhelm Grimm* (1904) und einem dritten Band mit dem vorehelichen Briefwechsel *Achim von Arnim und Bettina Brentano. Mit zwei Porträts und einem Musikblatte* (1913). Der gesamte überlieferte Briefwechsel zwischen Bettina und Achim, aus dem Steig zumindest die Jugendbriefe schon 1913 ediert hatte, befindet sich seit 1957 im Freien Deutschen Hochstift, Frankfurt am Main. 1961 konnte daraus Werner Vordtriede den Ehebriefwechsel *Achim und Bettina in ihren Briefen* herausgeben (Bw Arnim 2); 1986 erschienen zudem die Jugendbriefe, *Bettine und Arnim. Briefe der Freundschaft und Liebe*, herausgegeben von Otto Betz und Veronika Straub (Bw Arnim 1); 2019 hat nun Renate Moering mit *Achim von Arnim – Bettine Brentano verh. von Arnim. Briefwechsel* den Briefwechsel in seiner Gesamtheit nach den Handschriften herausgegeben; Moerings Einleitung berichtet dabei über die wechselvolle Wanderung und Überlieferung der Briefe (Bw Arnim 3, 16–19).

Nachdem die Sammlung Varnhagen 1881 nach Assings Tod in den Besitz der Königlichen Bibliothek zu Berlin übergegangen war, setzte 1891 ein Neffe Bettinas, der Sozialreformer und Nationalökonom Lujo Brentano (1844–1931), Sohn des von Clemens als Universalerben eingesetzten Christian Brentano, durch, dass die die Familien Brentano und Arnim betreffenden Briefe der Sammlung nur für ihn selbst, für Herman Grimm und Reinhold Steig reserviert werden sollten. 1911 erwirkte Lujo Brentano zusammen mit den drei Söhnen von Friedmund von Arnim zudem, dass man als Austausch für Clemens Brentanos ungedrucktes Drama *Aloys und Imelde* etwa 240 Briefe aus der Sammlung Varnhagen wieder aussortierte. Diese gingen nun in den Familienbesitz über, wurden von Lujos Tochter Sophie (gen. Sissi, 1875–1956) aufbewahrt und sind heute „ohne Vernichtung wesentlicher Briefe" im Freien Deutschen Hochstift zugänglich (Gatter 1996, 94–95).

Die vorgesehene Reservierung der Arnim-Brentano-Papiere des Varnhagen-Nachlasses für Herman Grimm, Lujo Brentano und Reinhold Steig wurde unterdessen von der Bibliothek zunehmend gelockert, und wichtige Bettina-Briefe wurden, auch aus anderen Quellen, veröffentlicht. Über den Zugang zu den Papieren bzw. die Sekretierung von Texten, die der Familie nicht genehm waren, gerieten Steig (und Grimm) überdies bald mit dem profilierten Goethe-Forscher und ebenfalls in Berlin lehrenden Germanisten Ludwig Geiger (1848–1919) aneinander. Geiger war Mitbegründer und langjähriger Herausgeber des renommierten *Goethe-Jahrbuchs*, bis 1913 mit dem Tod des einflussreichen Literaturhistorikers Erich Schmidt eine jüngere Generation von Goethe-Forschern umdisponierte und die positivistische Forschung verdrängte, für die Schmidt und Geiger standen. Geigers Quellenforschung, ob zur deutsch-jüdischen Literatur oder zur Literatur von Frauen, ist dabei bis heute wertvoll. So gab Geiger 1902 den Band *Bettine von Arnim und Friedrich Wilhelm IV. Ungedruckte Briefe und Aktenstücke* heraus, versehen mit aufschlussreichen Erläuterungen, die Bettinas politische Tätigkeit, ihre preußenkritischen Ansichten zur ‚Polenfrage', zum Komplex 1848/49 oder zu Gottfried Kinkel dokumentieren (jetzt in Bw Friedrich Wilhelm IV., hg. von Ursula Püschel). Geiger hatte zunächst von der Familie von Arnim, aber „freilich nur durch einen Mittelsmann, unhöfliche Abweisung" mit antisemitischen Tönen erfahren, erhielt später „eine ausweichende Antwort und erfuhr dann, daß die Herren von Arnim Versuche unternahmen, um eine ihnen unbequeme Veröffentlichung zu hindern"; er argumentierte dagegen, dass Bettina selbst ihre Briefe „nicht als Privatsache, sondern als Eigenthum der Nation" betrachtet habe (Geiger 1902, X). Ihm war bei alldem auch daran gelegen, Materialien der Öffentlichkeit zugänglich zu machen, die die „muthige Frau als Freiheitsfreundin, als Vertheidigerin der Unterdrückten" zeigen (ebd., XIV). Geiger, der zuvor schon die sachliche Edition *Karoline von Günderode und ihre Freunde* (1895) zusammengestellt hatte, publizierte bald darauf Bettinas Briefe an Adolf Stahr in *Aus Adolf Stahrs Nachlaß* (1903) und weitere Briefe Bettinas in Zeitschriften.

Nun begann auch die erwähnte Publikation von Briefen von und an Bettina aus anderen Quellen. Zeitgleich mit *Aus Adolf Stahrs Nachlaß* erschien beispielsweise 1903 Bettinas Briefwechsel mit der Malerin Pauline Steinhäuser (1809–1866), der ebenfalls Bettinas Haltung zur 1848er Revolution beleuchtet. Dazu kamen im selben Jahr Bettinas Briefe an den Mediziner und Politiker Johann Nepomuk Ringseis (1785–1880), einen Vertrauten des bayerischen Kronprinzen Ludwig, den Bettina in Landshut als Studenten Savignys kennengelernt hatte und mit dem sie trotz politischer Meinungsverschiedenheiten – Ringseis war später Wortführer einer konservativ-katholischen Gruppe – zeitlebens in Kontakt blieb. 1905 folgte die Veröffentlichung von Bettinas Briefen an den späteren preußischen Regierungsrat Marcus Niebuhr (1817–1860) und 1907 die von Briefen des Schriftstellers Adolf Stahr an Bettina und Varnhagen. So wurde bereits zu Anfang des 20. Jahrhunderts die Aufmerksamkeit auf den in der Bettina-von-Arnim-Forschung heute wohl am stärksten fokussierten Aspekt gelenkt: ihr politisch-journalistisches Schaffen und ihr liberales Denken. Die Veröffentlichungen waren damit zweifelsohne ihrer Zeit voraus. Denn die *akademische* Germanistik um 1900 interessierte sich hierfür noch wenig.

Als Autorin, Verlegerin, Publizistin und Briefschreiberin war Bettina von Arnim schon zu Lebzeiten und insbesondere in den 1840er Jahren eine ebenso prominente wie kontrovers beurteilte Berliner Persönlichkeit gewesen. Ihre liberale preußenkritische Gesinnung war einem Teil ihrer Familie und vielen Zeitgenossen ein Dorn im Auge, verstießen doch ihre politischen Äußerungen gegen die zeitgenössische Auffassung, dass Frauen in Journalismus und Politik nichts zu sagen und schon gar nicht die Demokraten oder ‚Demagogen' zu unterstützen hätten. Daran sollte sich auch nach ihrem Tod und bis ins frühe 20. Jahrhundert kaum etwas ändern. Bettina sei ein eher abschreckendes Bei-

3. Bettina von Arnims Nachlass- und Editionsgeschichte

spiel für begabte Frauen gewesen, meinte etwa der Herausgeber von Bettinas Briefen an Johann Nepomuk Ringseis, der Jesuitenpater Otto Pfülf: „keine wohltuende Erscheinung für ernsteren Sinn"; zugleich bestätigte Pfülf aber auch, dass die Autorin „mit einer wunderbaren Phantasie begabt" gewesen sei und „reich an Geist und mannigfaltiger künstlerischer Anlage" (Pfülf 1903, 437). Diese (Vor-)Urteile gegenüber Bettina von Arnim als Zeitzeugin und die literarische Geringschätzung der Werke von Frauen generell beeinflussten auch das Schicksal ihres Nachlasses im 19. Jahrhundert.

Seit Bettinas Tod 1859 trafen in der Überlieferungsgeschichte ihres Nachlasses drei unterschiedliche Ansprüche aufeinander: Da waren zum einen die familiären Rücksichtnahmen und hier insbesondere die Empfindlichkeiten der Brentano- und der Arnim-Familie, zum zweiten die politisch gegensätzlichen Interessen der Liberalen und Deutschnationalen und zum dritten in zunehmendem Maße die Ansprüche der Wissenschaft auf Einsicht in die Originalpapiere mit dem Ziel, diese zu publizieren – und zu interpretieren. Anscheinend waren die Familien Arnim und Brentano – d.h. die Kinder von Bettina einerseits, ihre Neffen und Nichten andererseits – zunächst ohnehin mehr noch am Erbe und guten Ruf von Clemens Brentano als *Dichter* als an Bettinas *literarischem Werk* interessiert. Dieses schien anfangs allenfalls in der biographischen Nähe Bettinas zu Goethe relevant. So veröffentlichte auch Gustav von Loeper 1879 die Sammlung *Briefe Goethe's an Sophie von La Roche und Bettina Brentano nebst dichterischen Beilagen* „zur genaueren Erkenntniß des Dichters" Goethe (Loeper 1879, XXXV). Besonders ihren politischen Briefen und Schriften wollte man in der wilhelminischen Ära, den Jahrzehnten des Kulturkampfes, keine Aufmerksamkeit zukommen lassen. So blieb auch Bettinas Autorschaft an der 1849 anonym veröffentlichten ‚Polenbroschüre' unbeachtet. Loeper erwähnte en passant Bettinas Vermittlung (Loeper 1875, 582); Steig vermutete ihre französische Übersetzerin Hortense Cornu als Autorin, Bettina, so Steig, sei lediglich an der Drucklegung beteiligt gewesen (vgl. Steig 1898, 86). Erst die Veröffentlichung von Bettinas Briefwechsel mit Cornu im Jahr 1926 durch Otto Mallon klärte letztlich nicht nur endgültig die Frage nach der Autorschaft, sie schuf in der Bettina-von-Arnim-Forschung überhaupt erstmals Aufmerksamkeit für die Broschüre, die Ursula Püschel dann 1965 als Dissertationsprojekt bearbeitete und herausgab.

Um 1900, zu Zeiten Steigs und Geigers, war die politische Brisanz der fast 60 Jahre zurückliegenden Ereignisse um 1848 zwar verblasst, nicht aber die politisch-ideologischen Gegensätze zwischen den sozialliberal und den deutschnational (und das hieß: pro-preußisch) gesinnten Nachkommen und Literaturwissenschaftlern. Familienansprüche und Rücksichten gerieten zunehmend in Konflikt mit den wissenschaftlichen Interessen der sich institutionalisierenden Germanistik, als die Romantik neben der Klassik rehabilitiert wurde, die ‚Goethezeit' zum bevorzugten Forschungsgebiet avancierte und die literarischen Zeugnisse der Romantik eifrig von wetteifernden Germanisten aufgearbeitet wurden, auch befördert durch die Konkurrenz unter einzelnen Gelehrten und ihren Schülern. Wobei auch in dieser Hinsicht Frauen mal wieder außen vor zu bleiben hatten. So wurde Vertreter*innen* der ersten Studierendengeneration wie der später prominenten Frauenrechtlerin Alice Salomon (1872–1948), die in Berlin eigentlich über Bettina hatte promovieren wollen, der Zugang zu den Papieren der Autorin schlichtweg verweigert (vgl. Arnim 2003, 84); Salomon promovierte 1906 schließlich über *Die Ursachen der ungleichen Entlohnung von Männer- und Frauenarbeit.*

Der Streit um die Besitz- und Veröffentlichungsrechte hinsichtlich der Briefe und nachgelassenen Papiere Bettina von Arnims im 19. Jahrhundert gibt letztlich aber nicht nur den Blick frei auf die unterschiedlichen Akteure im Literaturbetrieb und deren Zugehörigkeit zu verschiedenen politischen Strömungen, sondern auch auf die seinerzeit diffuse Rechtslage. Als reiner Besitz fielen die Papiere unter das Eigentumsrecht, das testamentarisch geregelt wurde. Um 1860 war es dabei üblich, dass Nachlässe für 50 Jahre unter Verschluss zu bleiben hatten (vgl. Gatter 1996, 303), auch um noch lebende Personen zu schützen; außer Kraft setzen ließ sich dies freilich durch testamentarische Bestimmungen (wie die Varnhagens). Als geistiges Eigentum fielen Briefe überdies unter das sich seit dem ausgehenden 18. Jahrhundert etablierende Urheberrechtsgesetz. Strittig blieb im 19. Jahrhundert bei Briefen, ob sie sich auch als literarische Werke mit geistigem Wert betrachten lassen (d.h. unter die Autorrechte fallen) und wem sie mit Blick auf die Eigentumsverhältnisse gehörten: dem Absender, dem Empfänger oder dem, der den Brief besitzt. In der publizistisch-literarischen Praxis wurde hier höchst unterschiedlich verfahren: Man lavierte zwischen den Empfindlichkeiten der Familie, der Neugier des Publikums, der eventuell noch zensurierenden Obrigkeit, dem kaufmännischen Interesse der Verleger, bald auch mehr und mehr zwischen den Ansprüchen von Sammlern, Archivaren und Bibliothekaren und nicht zuletzt den konkurrierenden Literaturwissenschaftlern und Biographen, die sich mit dem Verweis auf wissenschaftliche Texttreue gegen den Vorwurf der Pietätlosigkeit zu verteidigen suchten.

3. Die Versteigerung 1928/29 und die Folgen des Zweiten Weltkrieges

Der in Wiepersdorf lagernde Nachlass von Achim und Bettina von Arnim wurde 1928 von den Arnim'schen Enkeln dem renommierten Auktionshaus von Karl Ernst Henrici in Berlin „aus wirtschaftlichen Gründen" zur Versteigerung übergeben, weil ihnen der „Bankrott ins Haus stand", was sich letztlich „als finanzieller Fehlschlag erwies, denn im Verlauf derselben ging das Auktionshaus Henrici selbst bankrott" (Arnim 2003, 303). Anders als von Bettina vorgesehen, wurde der Nachlass auseinander gerissen und ging nun in viele unterschiedliche Hände über, auch weil sich zu Zeiten der Weltwirtschaftskrise vieles nur schwer gewinnbringend verkaufen ließ. Bettinas originaler Briefwechsel mit Goethe und ein Notenheft mit Bettinas Kompositionen wurden dabei etwa von dem bibliophilen US-Amerikaner Dannie Heineman erworben, der aus einer deutsch-jüdischen Familie aus Hannover stammte, als Ingenieur und Manager für General Electric in Deutschland und Belgien tätig war und den Ehrendoktor seiner Alma Mater, der TU Hannover, erhalten hatte. Er vermachte die Goethe-Manuskripte (zusammen mit wertvollen Partituren) 1977 im Rahmen der Dannie und Hettie Heinemann Collection als Legat der Pierpont Morgan Library (New York). Der Originalbriefwechsel Bettinas mit Clemens, ihr handschriftliches Manuskript zum *Frühlingskranz* sowie das Manuskript von Achims *Kronenwächtern* gingen wiederum an den Diplomaten und Privatsammler Richard von Kühlmann, wobei all diese Dokumente 1943 bei einem Bombenangriff auf Berlin in dessen Privatarchiv verbrannte.

Einen großen Teil der Arnim-Papiere konnte 1929 überdies Ernst Beutler (1885–1960), der damalige Direktor des Freien Deutschen Hochstifts (und des Goethehauses), erwerben und während des Zweiten Weltkriegs durch Einlagerung in brandsichere Tresore vor den Bombenangriffen retten, die 1944 das Goethehaus in Frankfurt zerstörten. Sie sind heute in der Bibliothek des Freien Deutschen Hochstifts archiviert und zugänglich.

Der 1929 nicht verkäufliche, indes durchaus beträchtliche Restbestand aus der Versteigerung ging nach Wiepersdorf zurück; die Generation der Urenkel Bettinas, Friedmund von Arnim (1897–1946), seine Schwester Bettina Encke von Arnim und sein Vetter Oskar von Arnim konnten als Erben von Zernikow und Wiepersdorf den verbleibenden Arnim-Nachlass in Wiepersdorf durch die Kriegsjahre und die folgende sowjetische Besatzung bis zur Enteignung in der DDR retten (siehe II.1.8. *Erziehung, Kinder, Nachfahren*). In den 1950er Jahren wurden diese Papiere von der Schriftstellerin Gertrud Meyer-Hepner sortiert und in das Goethe- und Schiller-Archiv nach Weimar überführt (vgl. Meyer-Hepner 1954). Unter den Papieren befanden sich auch einige Texte zu Bettinas *Armenbuch*-Projekt sowie jene Dokumente zum Magistratsprozess, die Meyer-Hepner 1960 auch edierte (siehe III.2.6. *Rechtsstreitigkeiten*).

Wie die Bestände in Wiepersdorf und Frankfurt am Main überstanden auch die Autographenschätze der Sammlung Varnhagen den Zweiten Weltkrieg. Die Sammlung, von der der Bibliothekar Ludwig Stern 1911 einen vorbildlichen Katalog publiziert hatte, war 1942 zusammen mit anderen Autographen-Schätzen, Rara-Büchern und Sondersammlungen der Staatsbibliothek zu Berlin nach Schlesien ausgelagert worden (vgl. Schochow 2008) und überlebte den Krieg zuletzt auf einer Empore des 1940 vom NS-Regime beschlagnahmten Kloster Grüssau in der Nähe des niederschlesischen Landeshut (heute Kamienna Góra). Nach der Unterstellung der deutschen Gebiete östlich der Oder-Neiße-Linie unter polnische Hoheit wurden die gesamten Berliner Bestände (‚Berlinka') und damit auch die Autographen der Sammlung Varnhagen im Winter 1945/46 von polnischen Militärlastwagen abgeholt – und galten fortan für mehr als drei Jahrzehnte als verschollen. Erst 1981 wurde bekannt, dass die Bestände in der Bibliothek der Jagiellonen-Universität in Krakau lagern (vgl. Hertz 1981). Während viele andere ins heutige Polen ausgelagerte Bücher und Kunstwerke nach dem Ende des Kalten Krieges wieder nach Deutschland zurückgeführt wurden, scheiterten bislang alle diesbezüglichen Verhandlungen um die ‚Berlinka' und also auch die Autographen des Varnhagen-Nachlasses. Heute können die ‚Berlinka' in Krakau von wissenschaftlich ausgewiesenen Benutzern eingesehen werden; auch können Kopien in Auftrag gegeben werden.

Insgesamt ist der Bettina-von-Arnim-Nachlass heute trotz bedauernswerter Verluste reich an Handschriftenbeständen, die archivalisch erschlossen (aber nicht digitalisiert) sind und von der neuesten Forschung intensiv genutzt werden. Die wichtigsten Sammlungen befinden sich im Freien Deutschen Hochstift in Frankfurt am Main, im Goethe- und Schiller-Archiv in Weimar, in der Staatsbibliothek zu Berlin, dem Geheimen Staatsarchiv – Preußischer Kulturbesitz, dem Goethe-Museum in Düsseldorf und eben in der Biblioteka Jagiellońska in Krakau.

4. Literatur

[Anon.]: „Fürst Pückler-Muskau, Bettina Brentano und Schleiermacher". In: *Der Katholik. Zeitschrift für katholische Wissenschaft und kirchliches Leben* 53.1/N.F. 29 (1873), S. 40–49.

Arnim, Peter-Anton von: „Das Schicksal des Nachlasses von Achim und Bettina von Arnim in den Händen ihrer Nachkommen". In: Carl-Erich Vollgraf (Hg): *Nachlass-Edition. Probleme der Überlieferung persönlicher Nachlässe des 19. Jahrhunderts und ihrer wissenschaftlichen Editionen*. Berlin, Hamburg 2003, S. 83–95.

Assing, Ludmilla: *Fürst Hermann von Pückler-Muskau. Eine Biographie*. 2 Bde. Hamburg 1873 (Bd. 1) u. 1874 (Bd. 2).

Becker-Cantarino, Barbara: „Bettina von Arnims Rechtsstreitigkeiten und ihr Nachlass". In: Antje Arnold u. Walter Pape (Hg.): *Romantik und Recht. Recht und Sprache, Rechtsfälle und Gerechtigkeit*. Berlin, Boston 2018, S. 111–120.

Bunzel, Wolfgang: „Bettine von Arnim und Karl August Varnhagen von Ense. Ein Abriß ihrer politisch-literarischen Zusammenarbeit". In: Jb BvA 3 (1989), S. 223–247.

Gaedertz, Karl Theodor: „Bettina von Arnim und Markus Niebuhr". In: K. T. Gaedertz: *Was ich am Wege fand. Blätter und Bilder aus Literatur, Kunst und Leben*. Bd. 2. Leipzig 1905, S. 11–126.

Gatter, Nikolaus: „*Gift, geradezu Gift für das unwissende Publikum". Der literarische Nachlaß von Karl August Varnhagen von Ense und die Polemik gegen Ludmilla Assings Editionen (1860–1880)*. Bielefeld 1996.

Geiger, Ludwig: „Einführung". In: L. Geiger (Hg.): *Bettine von Arnim und Friedrich Wilhelm IV.: Ungedruckte Briefe und Aktenstücke*. Frankfurt a.M. 1902, S. IX–XIV.

Henrici, Karl Ernst: *Versteigerung 148. Bettine von Arnim. Literarisches und Politisches aus ihrem handschriftlichen Nachlass, darunter Goethes Briefwechsel mit einem Kinde*. Auktionskatalog. Berlin 1929.

Henrici, Karl Ernst: *Versteigerung 149. Arnim und Brentano. Des Knaben Wunderhorn. Handschriftliches aus dem Nachlaß der Bettine v. Arnim*. Auktionskatalog. Berlin 1929.

Hertz, Deborah: „The Varnhagen Collection Is in Krakow". In: *The American Archivist* 44.3 (1981), S. 223–228.

Humboldt, Alexander von, und Karl August Varnhagen von Ense: *Briefe von Alexander von Humboldt an Varnhagen von Ense aus den Jahren 1827 bis 1858. Nebst Auszügen aus Varnhagen's Tagebüchern, und Briefen von Varnhagen und Andern an Humboldt*. Hg. v. Ludmilla Assing. Leipzig 1860.

Kohut, Adolph (Hg.): „Briefe Adolf Stahrs an Varnhagen von Ense und Bettine von Arnim". In: *Nord und Süd* 120 (1907), S. 406–416.

3. Bettina von Arnims Nachlass- und Editionsgeschichte

Loeper, Gustav von: „Arnim, Bettina von". In: *Allgemeine Deutsche Biographie*. Bd. 2. Leipzig 1875, S. 578–583.

Loeper, Gustav von: „Einleitung". In: G. v. Loeper (Hg.): *Briefe Goethe's an Sophie von La Roche und Bettina Brentano nebst dichterischen Beilagen*. Berlin 1879, S. III–LI.

Mallon, Otto (Hg.): „Bettina von Arnims Briefwechsel mit Hortense Cornu". In: *Euphorion* 27 (1926), S. 398–408.

Mallon, Otto: „Bibliographische Bemerkungen zu Bettina von Arnims Sämtlichen Werken". In: *Zeitschrift für deutsche Philologie* 36 (1931), S. 446–465.

Meyer-Hepner, Gertrud: „Das Bettina von Arnim-Archiv". In: *Sinn und Form* 6 (1954), S. 594–611.

Meyer-Hepner, Gertrud: *Der Magistratsprozeß der Bettina von Arnim*. Weimar 1960.

Obser, Karl (Hg.): „Bettina von Arnim und ihr Briefwechsel mit Pauline Steinhäuser". In: *Neue Heidelberger Jahrbücher* 12 (1903), S. 85–137.

Pfülf, Otto, S.J. (Hg.): „Aus Bettinas Briefwechsel". In: *Stimmen aus Maria Laach* 64 (1903), S. 437–454 u. S. 564–573; 65 (1904), S. 74–88.

Pietsch, Yvonne: „Edierende Dichterin, dichtende Editorin: Bettina von Arnim als Herausgeberin der ‚Sämmtlichen Werke' Ludwig Achim von Arnims". In: Steffen Dietzsch u. Ariane Ludwig (Hg.): *Achim von Arnim und sein Kreis*. Berlin, New York 2010, S. 113–128.

Püschel, Ursula (Hg.): *Bettina von Arnims Polenbroschüre*. Berlin 1954.

Schad, Brigitte: „Christian Brentano (1784–1851). Vater der Aschaffenburger Brentanos". In: Bernd Heidenreich (Hg.): *Geist und Macht. Die Brentanos*. Wiesbaden 2000, S. 93–116.

Schochow, Werner: *Bücherschicksale. Die Verlagerungsgeschichte der Preußischen Staatsbibliothek. Auslagerung, Zerstörung, Entfremdung, Rückführung. Dargestellt aus den Quellen*. Berlin 2008.

Steig, Reinhold (Hg.): *Achim von Arnim und die ihm nahe standen*. 3 Bde. Stuttgart 1894–1913.

Steig, Reinhard: „§ 286. Clemens Brentano. Achim Brentano". In: Karl Goedeke: *Grundriß zur Geschichte der deutschen Dichtung aus den Quellen*. 2., neu bearb. Aufl. von Edmund Goetze. Bd. 6: *Zeit des Weltkrieges*. Leipzig, Dresden, Berlin 1898, S. 52–89.

Stern, Ludwig: *Die Varnhagen von Ensesche Sammlung in der Königlichen Bibliothek zu Berlin*. Berlin 1911.

Stockmann, Alois, S.J.: *Die jüngere Romantik (Brentano, Arnim, Bettina, Görres)*. München 1923.

4. Rezeption und Forschung in der DDR
Hannelore Scholz-Lübbering

1. Zum Bettina-Bild in der frühen DDR 638
2. Romantik-Rezeption in der Literatur und Literaturwissenschaft
   der DDR 641
3. Bettina-Rezeption bei Christa Wolf 644
4. Literatur 648

1. Zum Bettina-Bild in der frühen DDR

Bereits 1949 im Gründungsjahr der DDR erschien das kleine Bändchen *Bettina von Arnim und die Polen* mit Jürgen Kuczynskis umfangreicher Einführung „Eine Tradition der deutschen Polenfreundschaft. Bemerkungen zu den deutsch-polnischen Beziehungen in der ersten Hälfte des 19. Jahrhunderts" und Ruth Krenns Nachwort. Nach dem Zweiten Weltkrieg war es ideologisch wichtig geworden, ein verändertes politisches Bewusstsein zwischen den Deutschen in der Sowjetischen Besatzungszone und den slawischen Völkern zu etablieren. Kuczynski reagierte darauf und führte zwei Gründe an, warum eine Beschäftigung mit der deutsch-polnischen Vergangenheit von großer Relevanz sei. Zunächst verweist er auf die großen Leistungen des polnischen Volkes, die von Deutschland seit Bismarck abgewertet wurden. Den zweiten Grund sieht er darin, dass von 1800 bis 1850 die deutsch-polnischen Beziehungen von Solidarität mit dem polnischen Volk, das um seine Freiheit kämpfte, geprägt waren und dass hier anzuknüpfen sei. Nicht nur Bettina von Arnim unterstützte damals tatkräftig diesen Kampf.

Auch Krenn verweist in ihrem Nachwort auf die Politikerin Bettina, die entscheidende Positionen zu Fragen einnahm, die für Krenn von „brennender Aktualität" (Krenn 1949, 57) waren. Bei der Durchsicht der hinterlassenen Schriften Bettinas auf dem ehemaligen Gut der Familie von Arnim in Wiepersdorf stieß sie auf Manuskripte, die sich mit der politischen Lage in den preußisch-polnischen Gebieten zur Zeit der Revolution 1848/49 befassen. Sie waren bis zu diesem Zeitpunkt nicht unter Bettinas Namen publiziert. In dem Bändchen und im Nachwort werden erstmalig Auszüge aus dem Manuskript abgedruckt. Bettina von Arnim hatte diese auch unberücksichtigt gelassen, als sie *Bettina's sämmtliche Schriften* (1. Aufl. 1853, 2. Aufl. 1857) herausgab.

Als sie 1859 starb, zählte sie zwar zu den berühmten Autorinnen im Geistesleben ihrer Zeit und wurde in die *Allgemeine Deutsche Biographie* aufgenommen (siehe Loeper 1875), aber ihre politischen Schriften blieben nahezu unbekannt. Die Anerkennung ihrer Leistungen erreichte erst 1920–1922 mit der Herausgabe ihrer Werke in sieben Bänden durch Waldemar Oehlke eine neue Stufe. Aber auch Oehlke knüpfte an die gängigen Klischees über Bettina an und würdigte sie als den „Kobold der Romantik", „das naive, exaltierte Kind", das zu Goethes und seiner Mutter Füßen saß und ihrer Phantasie in vollen Zügen freien Lauf ließ.

4. Rezeption und Forschung in der DDR

Dabei waren ihre politischen Positionen spätestens, seit der Goethe-Forscher Ludwig Geiger Anfang des Jahrhunderts ungedruckte Briefe Bettinas von und an Friedrich Wilhelm IV. herausgegeben hatte (siehe Geiger 1902), bekannt. Letztlich gab es aber weder eine umfassende wissenschaftliche Biographie noch eine historisch-chronologische Auflistung von allen ihren Werken. Diese Situation änderte sich erst nach dem Ende des Zweiten Weltkrieges. Mit der Durchführung der Bodenreform in der Sowjetischen Besatzungszone wurde das Familienarchiv der Gutsbesitzerfamilie von Arnim zu Wiepersdorf Volkseigentum und als ‚Bettina von Arnim-Archiv' neu gegründet. In späteren Jahren wurde es dem Goethe- und Schiller-Archiv der Nationalen Forschungs- und Gedenkstätten der klassischen deutschen Literatur in Weimar angeschlossen. Erst jetzt konnten die 1840er Jahre von Bettinas Wirken genauer rekonstruiert werden. Gertrud Meyer-Hepner nutzte als erste Wissenschaftlerin dieses Archivmaterial für ihre 1960 publizierte Arbeit *Der Magistratsprozeß der Bettina von Arnim*. Ein Jahr später veröffentlichte der Budapester Literaturwissenschaftler József Turóczi-Trostler seine umfassende Studie zum Briefwechsel von Bettina von Arnim mit dem Petöfi-Anhänger Karl Maria Kertbeny.

Aus den bisher unbekannten Texten hatte Ursula Püschel 1954 zudem erstmals die sogenannte Polenbroschüre *An die aufgelös'te preußische National-Versammlung* edieren können. Die Ursachen für die vorherige Nichtbeachtung dieser Broschüre liegen letztlich darin begründet, dass Bettina ihre Autorschaft an der Schrift wegen der Zensur tarnen musste. Als Verfasserinnenname griff sie auf das Pseudonym ihrer Pariser Freundin Hortense Cornu, St. Albin (eigentlich Seb. Albin), zurück. Die Irreführung wurde in diesem Fall sogar noch weitergetrieben, da die Broschüre „Der Frau Bettina von Arnim gewidmet" war (siehe IV.2. *Die ‚Polenbroschüre'*). Das Versteckspiel mit der Autorschaft gelang. Selbst der Schwiegersohn Herman Grimm hielt die Arbeit für die der Französin. Der politische Erfolg des Bändchens blieb allerdings damals aus.

Das frühe Bettina-Bild in der DDR war vorrangig auf das Politische fokussiert. Entsprechend wurden ihre frühromantischen Anfänge und ihre Briefromane zunächst vernachlässigt. Diese lückenhafte, verengte Rezeption verhinderte in der ersten Phase der sozialistischen Kulturrevolution in der DDR aber keinesfalls die Veröffentlichung von Auszügen aus ihren Werken. 1953 erschien in der von Walther Viktor herausgegebenen Reihe *Lesebücher für unsere Zeit* auch der Band *Bettina*. Die repräsentative Auswahl in Massenauflage trug wesentlich zu Bettinas Bekanntschaft in der DDR bei. Auch der Verlag der Nation brachte 1952 eine einführende, für breite Leserkreise bestimmte Auswahl von Gisela Kähler mit dem Titel *Bettine* heraus. Keine andere schreibende Frau aus der Epoche der Klassik/Romantik war so präsent im kulturellen Leben der frühen DDR.

Diese Besonderheit ist nur vor dem Hintergrund der Romantik-Rezeption insgesamt in der DDR verständlich. Die Romantik stand im 19. Jahrhundert in keinem hohen Ansehen. Sie wurde am Ende des Jahrhunderts neu entdeckt, und erst seit Rudolf Hayms *Die romantische Schule* (1870) und den geistesgeschichtlichen Arbeiten von Wilhelm Dilthey wie „Ueber die Einbildungskraft der Dichter" (1878) können wir überhaupt von einer Romantik-Forschung sprechen. Im Zusammenhang mit dem Nationalsozialismus wurde die Romantik instrumentalisiert und rückte in den Folgejahren in das Zentrum irrationaler Ideologien von Volk und Vaterland und schließlich von Blut und Boden. Diese Traditionslinie führte nach dem Zweiten Weltkrieg in der DDR irrtümlich dazu, dass die Romantik für die Herausbildung des Faschismus mitverantwortlich gemacht wurde.

Anna Seghers hatte dagegen schon 1935 auf dem Ersten Internationalen Schriftstellerkongress in Paris die Romantiker und Romantikerinnen zu den „Besten" gezählt, die ihr Vaterland liebten und Hymnen auf ihr Land geschrieben hätten, „an dessen gesellschaftlicher Mauer sie ihre Stirnen wundrieben" (Seghers 1980, 37). Seghers stellte in diesem Zusammenhang auch Hölderlin, Büchner, Günderrode, Kleist, Lenz und Bürger in eine progressive Linie. Durch die reaktionären gesellschaftlichen Verhältnisse gebrandmarkt, wurden sie, so Seghers, Außenseiter, Opfer und einige in den Wahnsinn oder Selbstmord getrieben. Mit dieser Positionierung stellte sie sich gegen die Auffassungen von Georg Lukács, der beispielsweise für Kleists Selbstmord zwar die „Miserabilität Deutschlands" verantwortlich machte, in ihm aber dennoch einen reaktionären Junker und damit einen Vordenker des Faschismus sah (Lukács 1964, 231). Zum progressiven, humanistischen Gegenmodell avancierte Goethe. Am 28. Juni 1938 schrieb Seghers, die im französischen Exil war, Lukács, der im sowjetischen Exil lebte, einen Brief. Sie verteidigte vehement die Romantikerinnen und Romantiker und machte Goethe den Vorwurf, dass er sein Alterswerk durch die Anpassung an die bestehende Gesellschaft erkauft habe (vgl. Seghers 1974, 174).

Ihre Verteidigung blieb wirkungslos. Die grundsätzliche Verurteilung der Romantik, Lukács' an Goethe ausgerichtete Wertung, das Klassische sei das Gesunde, das Romantische das Kranke, prägte die Romantik-Auffassung in der DDR bis Anfang der 1970er Jahre. Nicht nur das Plädoyer von Anna Seghers, auch die ebenfalls im Exil geführte sogenannte Expressionismusdebatte zwischen Brecht und Lukács konnte seine absolute Autorität nicht erschüttern. Dieses Rezeptionsmuster unterstreicht, wie ideologisch belastet die Romantik nach 1945 in der DDR war; ihre Rezeption verbot sich aus politischen Gründen.

Folgerichtig hat die Literaturwissenschaft im Fall von Bettina von Arnim zunächst das Augenmerk auf ihre politischen Schriften gelegt. 1965 verteidigte Ursula Püschel an der Humboldt-Universität zu Berlin ihre Dissertation zu *Bettina von Arnims politischen Schriften*. Püschel begründete später ihre Themenwahl mit den „Prioritäten, die aus dem geschichtlichen Umfeld vorgegeben waren [...]. Geschichte als Geschichte von Klassenkämpfen, das bestimmte unsere literaturhistorischen Interessen" (Püschel 1980, 50). Bettina war für diese Strategie ein Präzedenzfall: Schwester von Clemens Brentano, Enkelin von Sophie La Roche, verschwägert mit Friedrich Carl von Savigny, verheiratet mit Achim von Arnim, befreundet mit Karoline von Günderrode und Goethe, interessierte sie sich auch für die Berliner Armenviertel hinter dem Hamburger Tor, das sogenannte Vogtland, und hatte Umgang mit Juden. Die sozialen Verhältnisse in Preußen waren für Bettina von großem Interesse. In ihrem Werk *Dies Buch gehört dem König* (1843) hatte sie Materialien über das Arbeiterelend vor den Toren Berlins veröffentlicht, außerdem gab sie Nachrichten über die Not in Schlesien in Auftrag, die sie als *Armenbuch* publizieren wollte, und schrieb 1848 die oben erwähnte ‚Polenbroschüre'. Diese Aspekte ihres Schaffens verrieten ihre Absicht, politisch in die Kämpfe ihrer Zeit eingreifen zu wollen.

Es ist ganz offensichtlich, dass es die Nahtstelle von Geschichte und Dichtung ist, die die frühe Bettina-Rezeption in der DDR begünstigte. Nicht die Briefromane waren zunächst von Belang, da diese der verdrängten und abgewerteten Romantik zuzuordnen waren, sondern ihre politischen Positionen und Aktivitäten in den sozialen Kämpfen ihrer Zeit. Bis in die 1970er Jahre wurde durch das Pauschalurteil, die Romantik sei reaktionär und literarisch schädlich, der Zugang zu einer Gesamtwürdigung Bettinas erschwert.

2. Romantik-Rezeption in der Literatur und Literaturwissenschaft der DDR

Christa Wolf verwies 1976 in einem Gespräch mit Adam Krzemiński auf die Rezeptionsvorgaben zur Romantik in den Anfangsjahren der DDR mit Bezug auf Lukács: „Als ich Anfang der fünfziger Jahre Germanistik studiert habe, war für uns Lukács ein Heiligtum, und auf diese Weise interpretierten wir den Streit zwischen Anna Seghers und Lukács: mit Respekt vor der Schriftstellerin, aber mit Ehrerbietung für Lukács [...]. Erst später entstand meine Sympathie für Anna Seghers, weil sie undogmatisch die Generation jener Schriftsteller verteidigte, denen sich die widerspruchsvolle Wirklichkeit nicht zum olympischen Bild zusammensetzte; Schriftsteller wie Lenz oder Kleist" (C. Wolf 1999–2001, Bd. 8, 79–80).

Diese Sichtweise wurde erst 20 Jahre später differenzierter. So hatte Claus Träger 1975 in seiner Studie „Ursprünge und Stellung der Romantik" eine veränderte Position eingenommen. Er interpretierte das Wirken der Romantiker als konsequent und „prinzipiell antikapitalistisch", eine Literatur, die sich aus der abgrundtiefen Enttäuschung angesichts unerfüllter Ideale speise und zum ersten Mal „die Vereinzelung und Deformation der Individuen" im frühen Stadium des Kapitalismus thematisiere (Träger 1980, 315–316). Seit diesem Zeitpunkt ist von einer Wiederentdeckung der Romantik in der DDR zu sprechen. Es waren vor allem Schriftstellerinnen und Schriftsteller, die in der DDR neue Sichtweisen auf die Epoche der Romantik in der deutschen Literatur entwickelten. Im Mittelpunkt des Interesses stand das traditionsreiche Motiv der Künstlerproblematik. Damit verbunden war die Frage nach der eigenen Stellung und den Wirkungsmöglichkeiten in der DDR. Literarische Beispiele sind Johannes Bobrowskis Erzählband *Boehlendorff und Mäusefest* (1964), Stephan Hermlins Hörspiel *Scardanelli* (1970), Gerhard Wolfs *Der arme Hölderlin* (1972), Anna Seghers' Erzählungsband *Sonderbare Begeg-*

nungen (1973) und Günter de Bruyns Biographie *Das Leben des Jean Paul Friedrich Richter* (1975). Auch die Lyrikerin Sarah Kirsch beschäftigte sich in den 1970er Jahren mit Bettina. Sie war Stipendiatin im Künstlerhaus Schloss Wiepersdorf und schrieb unter dem Sammeltitel *Wiepersdorf* elf Gedichte, die sie 1976 publizierte. Bei einigen handelt es sich um Naturgedichte, zwei haben einen direkten Bezug zu Bettina. Das neunte Gedicht stellt unmissverständlich eine Zeitbezogenheit zwischen Sarah Kirsch und Bettina her:

> Dieser Abend, Bettina, es ist
> Alles beim alten. Immer
> Sind wir allein, wenn wir den Königen schreiben
> Denen des Herzens und jenen
> Des Staats. Und noch
> Erschrickt unser Herz
> Wenn auf der anderen Seite des Hauses
> Ein Wagen zu hören ist.
> (Kirsch 1976, 31)

Die gesellschaftlichen Verhältnisse zur Zeit der Romantik und in der DDR waren geprägt von Erstarrung und Desillusionierung.

Ein weiteres Beispiel für die inzwischen eingesetzte Korrektur des Romantik-Verständnisses und die Differenzierung des Bettina-Bildes ist die von Heinz Härtl 1974 bei Reclam in Leipzig besorgte und mit einem Nachwort und einem Anhang versehene Neuauflage von Bettina von Arnims *Frühlingskranz*. Damit war erstmals ein Briefroman von Bettina den Leserinnen und Lesern in der DDR zugänglich. In den 1980er Jahren stellte Härtl Daten und Zitate zu Leben und Werk von Bettina in einer *Chronik* zusammen (für die überarbeitete Fassung siehe I. *Bettina-Chronik*). Sie ermöglichte einen umfangreichen Einblick in ihr Wirken und stellte vielfache Bezüge zu Persönlichkeiten und Zeitumständen dar. Die Traditionsaufnahme setzte sich mit Erik Neutschs *Forster in Paris* (1981), Brigitte Struzyks *Caroline unterm Freiheitsbaum* (1988) oder Volker Ebersbachs Roman *Caroline* (1987) fort. Gerhard Wolf publizierte in der Reihe *Märkischer Dichtergarten* den Band *Bettina von Arnim: Die Sehnsucht hat allemal Recht. Gedichte – Prosa – Briefe* (1984). Er erschloss mit dieser Veröffentlichung ein neues Bild von Bettina als Verfechterin der freien Entwicklung aller Menschen – ein Paradigmenwechsel, den Christa Wolf mit ihren Arbeiten eingeleitet hatte.

Auffällig ist, dass bei der Rezeption von Autoren und Autorinnen aus der ersten Hälfte des 19. Jahrhunderts in der DDR solche dominierten, die entweder nicht präzise der Romantik zuzuordnen sind oder als politisch progressiv interpretiert werden konnten. Die Besonderheiten der Romantik-Rezeption in der DDR gegenüber der BRD sieht Sonja Hilzinger darin, dass es um die „gegenseitige Durchdringung von Gesellschafts- und Realismuskritik und die Suche nach Alternativen zur unproduktiv gewordenen und lebensfremden ideologischen Doktrin in beiden Bereichen" ging (Nachwort in: C. Wolf 1999–2001, Bd. 6, 242). Unter dem Titel *Ins Ungebundene gehet eine Sehn-*

sucht erschien 1985 (erweitert 2008) eine Textsammlung von Christa und Gerhard Wolf zum Thema ‚Projektionsraum Romantik'. Der Titel ist einem Vers von Hölderlins dritter Fassung des Gedichtes *Mnemosyne* (das Gedächtnis) entnommen. Hölderlin, Kleist, Heine, Günderrode, Bettina und Achim von Arnim sind Schriftstellerinnen und Schriftsteller, deren Werke und Lebensumstände den Wolfs gewissermaßen als Reibungsfläche, als Schreibanstoß dienten, um ihren inneren Biographien nachzuspüren. Gerhard Wolf betont, dass mit dem Begriff ‚Romantik' nur einige präzise charakterisiert sind: „Überhaupt kann man die Dichter im Schatten der klassischen Kunstperiode, wie wir sie – ˋfasziniert durch Verwandtschaft und Nähe, wenn auch der Zeiten und Ereignisse eingedenk, die zwischen uns und denen liegen' – hier nennen, nicht unter den Begriff Romantik fassen, sondern als Autoren unter dem Stigma der Revolution von 1789 im Vorfeld der Erhebungen von 1848. Romantisch, wirklichkeitsgebunden und utopisch schien uns ihr Aufbegehren gegen staatliche Herrschaft und Gewalt, wie sie Hölderlin im *Hyperion* geißelte" (G. Wolf 2008, 457).

Er nennt ein wichtiges Kriterium, das ihn und Christa Wolf an dieser Epoche interessierte: Es sind die Außenseiter, die umso mehr auf Individualitätskonzeptionen und humane Gesellschaftsentwürfe setzten, ohne einen Platz in der deutschen Gesellschaft finden zu können. In Bettina sieht er eine Ausnahme. „Nur Bettine von Arnim, die mit Karoline von Günderrode Hölderlins Schicksal in seiner *Leidenssprache* hellsichtig erkannte, [...] mischte sich nach dem Tod ihres Mannes mit ihren Schriften streitbar in die Politik ein und suchte selbst ihren preußischen König zu wecken, *Beschützer der Unterdrückten zu sein*" (G. Wolf 2008, 456–457). Gerhard Wolf betont, wie auch Christa Wolf, nachdrücklich, dass ihnen nicht bewusst war, welche Reaktionen sie im öffentlichen kulturpolitischen und ästhetischen Diskurs durch die Rezeption und Adaption der Romantik auslösten. Ähnlich wie Sarah Kirsch sahen sie aber gleichnishafte gesellschaftliche Verhältnisse, Analogien zu ihrer eigenen schriftstellerischen Arbeit in der DDR, die sich, so Gerhard Wolf rückblickend, gegen „diktatorischen Sozialismus und imperiale Machtausübung" gerichtet hatte (ebd., 457).

Das Analogiemodell Romantik – DDR hatte sich auf besondere Weise bewährt. In der doppelten Zeitbezogenheit entdeckten die Wolfs das Romantische als Versuch einer Gruppe von Autorinnen und Autoren, die in ihrer Zeit einen schmerzhaften Desillusionierungsprozess verarbeiteten, und beobachteten Parallelen zu ihren eigenen Entwürfen, die auf Humanisierung und Demokratisierung des sozialistischen Gesellschaftsmodells abzielten. Die frühromantische Kunst und Literatur war eine Kunst im Aufbruch, im Ringen um Erneuerung in der Auseinandersetzung mit den sozioökonomischen Gesellschaftsprozessen um 1800. Die Folge war eine Hinwendung zu neuen Ausdrucksformen und Stilmitteln in Abkehr von und Tradition zur Aufklärung. Diese Einheit von Widersprüchen, das Nebeneinander der verschiedenen Kunstformen und -anschauungen als Äußerungen einer Zeit des Übergangs von feudaler zu frühbürgerlicher Ordnung, provozierte eine Stellungnahme des Künstlers in seiner Zeit, und das galt analog auch für Zwischenzeiten von Gesellschaftsformationen in der DDR. Im Unterschied zu den Schriftstellerkolleginnen und -kollegen verband Christa Wolf ihre Perspektive auf die Ausgrenzungsszenarien von Intellektuellen um 1800 aber mit der von Frauen: „Das ‚weibliche Element' ist in den Industriegesellschaften sowenig vorhanden wie das ‚geistige Element': auf die lebenswichtigen Prozesse haben weder Frauen noch Intellektuelle Einfluß. Dieses ins Extrem getriebene Zum-Außenseitergemacht-Werden, das, was ich an mir selbst existentiell erfuhr: das wollte ich befragen, natürlich auch, um mich davon distanzieren zu können. Wo hat es angefangen? Wann?" (C. Wolf 1999–2001, Bd. 8, 238).

Die Bezugsebene zur Gegenwart in der DDR betonte sie auch in ihrer Preisrede auf Günter de Bruyns Jean-Paul-Buch: „Das ist ja kein zahmes Buch, es arbeitet mit Anzüglichkeiten, Spitzen, allen möglichen Arten von Verweisen auf unsere Zeit und unsere Zustände. Sein doppelter Zeitbezug macht es lebendig, sein Autor hat einen ganzen Apparat in Bewegung gesetzt" (C. Wolf 1999–2001, Bd. 8, 218). Für Christa Wolf hatte die Jean-Paul-Biographie von de Bruyn gleichnishaften Charakter. Sie sah als verbindenden Faden die Moral, die alle Figuren de Bruyns strukturieren. Hier schließt sich auch der Kreis zu ihrem eigenen Konzept der moralischen Instanz eines Autors oder einer Autorin in Bezug auf Fragen der Kunst und Kunstausübung, die wichtiges politisch-gesellschaftliches Anliegen sein sollte.

3. Bettina-Rezeption bei Christa Wolf

Die Bettina-Rezeption und die Romantik-Rezeption insgesamt sind bei Christa Wolf von einem Interesse geleitet, die blinden Flecken der Vergangenheit zu erkunden, den Vergessenen nachzuspüren. Von verschiedenen Perspektiven aus und in unterschiedlichen Textarten erprobte sie Möglichkeiten der Annäherung an und Berührung mit der Tradition der Romantik. Es handelt sich um *Kein Ort. Nirgends*, die Essays „Der Schatten eines Traumes. Karoline von Günderrode – ein Entwurf" und „Nun ja! Das nächste Leben geht aber heute an. Ein Brief über die Bettine" (C. Wolf 1999–2001, Bd. 6, 7–105, 109–175, 179–221). Die Entstehungszeit der drei Texte fällt in die 1970er Jahre und ist durch eine politische Zäsur geprägt. Die Biermann-Ausbürgerung 1976 und die verhängnisvollen Folgen markierten nicht nur einen nachhaltigen kulturpolitischen Einschnitt, sie führten auch zu einer Polarisierung unter den Kulturschaffenden der DDR (vgl. Lübbe 1984). Bei Christa Wolf ist gleichzeitig eine Zäsur im Schreibkonzept zu beobachten. Während sie bisher die Stoffe ihrer Prosawerke aus der aktuellen Realität wählte, erschien nun Wirklichkeit als verfremdete Präsenz vergangener Zeit. Indem sie die aktuellen Konflikte der DDR in historischem Gewand spiegelte, umging sie die verschärfte Zensur. Das Zurückgeworfensein auf rein literarische Tätigkeiten stürzte sie in eine existentielle Krise. Aus dieser zugespitzten Lebenslage heraus, richtete sie ihr Augenmerk auf Bettina und Günderrode. Dabei interessierte sie Bettina nicht vordergründig aus literaturwissenschaftlichem Interesse, sondern sie beschäftigte vielmehr das Spannungsverhältnis von Individuum und Gesellschaft. Das romantische gesellschaftliche Experiment als Wiedererkennen eines verwandten Zeit- und Lebensgefühls wurde zum Ausgangspunkt ihrer Beschäftigung mit den Romantikerinnen.

In *Kein Ort. Nirgends*, 1979 zeitgleich im Aufbau Verlag der DDR und bei Luchterhand in Westdeutschland erschienen, verarbeitete Christa Wolf authentisches literarisches, biographisches und historisches Material aus dem Zeitraum zwischen 1800 und 1810. *Kein Ort. Nirgends* ist wie ein szenisches, episches Theaterstück angelegt. Im Hause des Kaufmannes Mertens wird ein Zusammentreffen einer Teegesellschaft im Juni 1804 in Winkel am Rhein beschrieben. Es ist der Begegnungsort von unterschiedlichen Figuren aus dem Umkreis der Romantik. Im Mittelpunkt stehen Kleist und Günderrode. Über die Schwierigkeiten, einen Anfang für dieses schmale Bändchen zu finden, hat sich Christa Wolf in verschiedenen Zusammenhängen geäußert. Anhand ihrer Tagebucheintragungen und ihres Nachlasses in der Akademie der Künste in Berlin kann die Entstehungszeit und die Problemlage Wolfs rekonstruiert werden. Sie legte Hefte mit handschriftlichen Notizen an, fertigte Exzerpte aus Briefen und Werken von Kleist, Günderrode, Goethe, Hölderlin, Clemens Brentano, Bettina Brentano und anderen an. Der Arbeitstitel lautete zunächst „Erz. Kleist –Günderrode", dann „Gespr. Kleist – Günderrode". Die Änderungen verweisen auf die Bedeutung des Sprechens, des Dialoges. Kleist und Günderrode sind als Identifikationsfiguren aufgebaut. Der Text hat eine stark lyrisch geprägte, intertextuell mit vielen Zitationen versehene Komposition. Es sind reflexive Erinnerungsräume der Figuren und der Autorin, die durchschritten werden. Die zündende Idee fand Christa Wolf in Eduard von Bülows Biographie *Heinrich von Kleist's Leben und Briefe* (1848), der eine legendäre Begegnung von Günderrode und Kleist in Mainz überliefert hatte. Wissenschaftlich belegt ist das Zusammentreffen nicht. Christa Wolf wusste darum und befand, dass das für ihr Anliegen auch nicht relevant sei.

In diesem stark reflexiven Text fungiert ‚Bettine' als Gegenbild zur Günderrode. Bereits in diesem Fall, wie später auch in den Essays, stellt Wolf die Beziehung zwischen der jungen Bettina und der älteren Günderrode als eine vertraute, auf Austausch und Ergänzung gerichtete dar. Die Lebenshaltung der Bettine-Figur wird aus der Perspektive der Günderrode kommentiert. Im Unterschied zu den meisten Figuren im Text unterwirft Bettine sich keinem Gesetz. Ihre Maskeraden und Exaltiertheiten dienen als Selbstschutz und Abwehr von Disziplinierungsversuchen im Rahmen philisterhafter Erziehungsmethoden. Bettine kann der Günderrode etwas geben, was aus dem unterschiedlichen Lebenszusammenhang beider erwächst. In diesem auf Liebe als Form der Erkenntnis gegründeten vertrauten Verhältnis beider Frauen ist Bettine eine wichtige, auf Augenhöhe angelegte Freundin. Beschrieben wird eine innere Berührung (vgl. C. Wolf 1999–2001, Bd. 8, 115–129), charakterisiert durch Sinnlichkeit, Glückssehnsucht und rückhaltlose Subjektivität. Es geht auch um ‚Schwesterlichkeit', diese schließt Herrschaft, Unterordnung, Eifersucht und Besitz aus. Bettine kennt keine Selbstzweifel, lebt ganz ihre ‚Natürlichkeit' aus, bleibt bei aller Exaltiertheit authentisch. Der auf Dialogizität beruhende Austausch wird zum ästhetischen Gegenentwurf zur aggressiven Männerkultur. Der engen einseitigen auf Ratio ausgerichteten Denkart, dem seelenlosen philisterhaften Mechanismus der Aufklärung und der in diesen Zusammenhängen entwickelten Philosophie bieten die beiden Frauenfiguren mit ihrer ‚Schwebereligion' eine weibliche Alternative. Am konsequentesten aus diesem Kreis kann sich Bettine den Zwängen der gesellschaftlichen Konventionen entziehen, dadurch entgeht sie den mörderischen Zerrissenheiten eines Kleist und einer Günderrode. Nur in der Berührung mit der anderen, basierend auf einer selbstlosen Liebe, kann sich Bettine selbst finden und weiterentwickeln.

Der Essay „Der Schatten eines Traumes" war als Vorwort zu dem gleichnamigen Band mit Gedichten, Prosa, Briefen und Zeugnissen von Zeitzeugen Karoline von Günderrodes geplant, den Christa Wolf 1979 ebenfalls sowohl in der DDR als auch in der BRD herausgab. Es existieren zwei Fassungen des Essays, die 1978 entstanden. Auch in diesem Fall geben die Archivmaterialien Auskunft über die Auseinandersetzung mit dem Stoff. Die Günderrode war eine Vergessene in der Literaturlandschaft der DDR und deshalb war es nur verständlich, dass sich Christa Wolf nach dem poetischen Text *Kein Ort. Nirgends* auch dem Werk der Günderrode zuwandte. In „Der Schatten eines Traumes" durchbricht Christa Wolf auch das von Vorurteilen belastete Bettina-Bild. Die Offenheit in der Begegnung führt dazu, dass sowohl bei Bettina als auch bei der Günderrode eine Perspektivenerweiterung stattfindet und sie sich als Persönlichkeiten komplexer entfalten können. So erkennt Bettina die Ursachen, die das Unglück der Günderrode herbeiführten. Diese wiederum erkennt im Dialog mit Bettina die Bedeutung der Freundin für die eigene Selbsterkenntnis: „Diese jungen Frauen haben einander etwas zu geben, was ein Mann ihnen nicht geben könnte, eine andere Art Verbundenheit, eine andere Art von Liebe. Als könnten sie, allein miteinander, mehr sie selbst sein; sich ungestörter finden, freier ihr Leben entwerfen – Entwürfe, die denen der Männer nicht gleichen werden" (C. Wolf 1999–2001, Bd. 6, 141). Die schreibenden Frauen um 1800, aber auch Kleist, Hölderlin und andere Intellektuelle sind eine „Avantgarde ohne Hinterland", so das Fazit Christa Wolfs im Günderrode-Essay (ebd., 112).

Der Essay „Nun ja! Das nächste Leben geht aber heute an. Ein Brief über die Bettine" liegt ebenfalls in zwei Fassungen im Christa-Wolf-Nachlass im Archiv der Akademie der Künste in Berlin vor. Beide sind Ende 1979 entstanden. Der Essay war eine Auftragsarbeit. Er sollte als Vorwort für die Neuausgabe von Bettina von Arnims Buch *Die Günderode* (1840) dienen. Christa Wolf experimentierte mit verschiedenen Zugängen bis sie sich für die Briefform entschied. Frau D., an die der „Brief über die Bettine" gerichtet ist, fungiert als Dialogpartnerin, als Vergewisserung gleicher Erfahrungen unter DDR-Verhältnissen. Das häufige Wir als Kollektivgedächtnis setzt auf die Einbeziehung der Rezipienten und verstärkt das Gefühl von Nähe zu den Vorgängerinnen. Hatte sie die Nähe und Verwandtschaft zur Günderrode mehr in der Unbedingtheit der Lebenseinstellung und der Außenseitererfahrung gesehen, ist es bei Bettina umgekehrt. Ästhetisch-analytische Äußerungen über die Schreibweise von Bettina lassen sich wie Erörterungen zur eigenen Schreibweise von Christa Wolf lesen. Es ist die Entdeckung einer „Mischform" (Firsching 1996, 143–144). Wolf schreibt: „Die Mischform, die sich ihr [Bettina; H.S.-L.] aufdrängt, ist am ehesten imstande, Bewegungen mitzumachen, wie die beiden Frauen sie aneinander und miteinander erleben, und die Person ganz, inkommensurabel und widersprüchlich zu zeigen, wo die geschlossene Romanform hätte reduzieren, einteilen, richten müssen" (C. Wolf 1999–2001, Bd. 6, 211). Aber nicht nur in der Schreibweise fühlt Christa Wolf die Verwandtschaft zu Bettina. Es ist auch eine ähnliche Schreibsituation. Die Freundschaft beider Frauen konstituiert im Wesentlichen das Bild der Bettina.

In beiden Essays geht Wolf dem Leben und Schreiben zweier Frauen nach, erklärt deren Konflikte und Positionen konsequent aus den sozial-historischen, politisch-ideologischen Bedingtheiten und zieht immer wieder Parallelen zur eigenen Gegenwart. Bettinas *Günderodebuch* interpretierte Wolf dabei als ‚weibliche Gegenkultur': „Das Buch wurde nicht als das verstanden, was es sein sollte, als Entwurf einer weiblichen Gegenkultur (natürlich auch von den Männern, den Studenten nicht, mit ihrer Sehnsucht nach den Burschenschaften nicht" (Christa-Wolf-Archiv, Sign. 1509). Nicht nur dieser Ansatz wurde an ihrem Nachwort kritisiert. Hatte die DDR-Rezeption vor allem auf Bettinas sogenanntes drittes Leben als Politikerin gesetzt, favorisierte Christa Wolf nun das erste und zweite Leben der Bettina, ohne die politischen Texte zu diskreditieren. Wolf lieferte eine Begründung für die Zusammenhänge: „[D]ann denke ich an sie [Bettina; H.S.-L.] und ihre ungestillte Geschichtsgier ebenso wie an ihre verzweifelten Versuche, mit einer entfesselten Sprache die Schichten von Entfremdung zu durchstoßen" (Christa-Wolf-Archiv, Sign. 1509).

Bettina setzte ihrer Freundin mit *Die Günderode* ein Denkmal und kritisierte die zeitgenössische gesellschaftliche Verfasstheit. Wolf entdeckte trotz der editorischen Eingriffe der Bettina die Authentizität im Sinne einer poetischen Wahrheit. Sie unterstreicht die Bedeutung der Struktur des Buches als „Weigerung nämlich, sich einem ästhetischen Kanon zu unterstellen" (C. Wolf 1999–2001, Bd. 6, 210), der männlich dominiert war. In diesen Begründungszusammenhängen ist die Neuauflage des Textes für Wolf mehr als nur Erbepflege. Sie ist vielmehr ein Dokument zweier schreibender Frauen, ihrer Lebens- und Schreibsituationen, die zu einer weiblichen Ästhetik führten. Für die Rezeptionsgeschichte in der DDR bedeutete das eine deutliche Korrektur des Bettina-Bildes und hatte eine enorme Ausstrahlung auch im Ausland. Sie erklärt sich nicht zuletzt dadurch, dass Wolf immer wieder die Parallelen zur DDR betonte. Das hatte Folgen. Aus der Korrespondenz von Wolf mit dem Leiter der Leipziger Verlagsgruppe Kiepenheuer Roland Links aus jenen Jahren wird die Kritik deutlich. Links vermisste den kritischen Blick auf die Exaltiertheiten von Bettina und ihm fehlte die erweiterte Perspektive auf die ältere Bettina. Insbesondere aber kritisierte er die Gegenüberstellung von Männer- und Frauenwelten, die Aufspaltung in ‚Abhängige' und ‚Freie' sowie Christa Wolfs Darstellung eigener Befindlichkeiten (vgl. das Nachwort in: Wolf 1999–2001, Bd. 6, 250). Obwohl er mit Wolfs Perspektive auf Bettina nicht einverstanden war, musste Links bekennen: „Ernsthaft kann jetzt niemand mehr am alten Bild festhalten wollen" (zit. nach ebd.). Letztendlich wurde Wolfs Essay ohne Änderungen gedruckt.

Christa Wolfs Themen seit *Nachdenken über Christa T.* (1968) waren die Entfaltungsmöglichkeiten des Menschen. In Bettina sah sie deshalb auch eine Vorgängerin, die immer wieder auf Utopie aus war, deren Entwürfe auf Selbstfindung und Subjektwerdung setzten. Für Christa Wolf sollte Literatur in gesellschaftliche Prozesse eingreifen, sie sollte den Leser und die Leserin in eine produktive Sehnsucht bringen. „Sie [die Literatur; H.S.-L.] drückt die Spannungen zwischen den Ansprüchen, Bedürfnissen, Hoffnungen und Sehnsüchten des einzelnen und seiner Gesellschaft aus" (C. Wolf 1999–2001, Bd. 8, 138).

Bettinas Ansprüche und ihr eingreifendes Schreiben für die Entwicklung des Menschen zu einer ganzheitlichen Persönlichkeit im Sinne romantischer Philosophie wurden auch für Christa Wolf richtungsweisend. Literatur wird zu einem Ort, Utopien zu formulieren, um dem DDR-Sozialismus menschlichere Züge zu verleihen. In diesem Sinne war die Beschäftigung mit der Romantikerin Bettina von Arnim ein Medium zur Selbstbesinnung und Selbstbestimmung der Autorin Christa Wolf.

4. Literatur

Bettine. Eine Auswahl aus den Schriften und Briefen der Bettina von Arnim-Brentano. Ausgew. v. Gisela Kähler. Berlin 1952.

Bettina. Ein Lesebuch für unsere Zeit. Ausgew. v. Lore Mallachow u. Gertrud Meyer-Hepner. Weimar 1953.

Arnim, Bettina von: *Clemens Brentanos Frühlingskranz, aus Jugendschriften ihm geflochten, wie er selbst schriftlich verlangte.* Hg. v. Heinz Härtl. Leipzig 1974.

Arnim, Bettina von: *Die Sehnsucht hat allemal Recht. Gedichte – Prosa – Briefe.* Hg. v. Gerhard Wolf. Berlin 1984.

Böttger, Fritz: *Bettina von Arnim. Ein Leben zwischen Tag und Traum.* Berlin 1986.

Firsching, Annette: *Kontinuität und Wandel im Werk von Christa Wolf.* Würzburg 1996.

Geiger, Ludwig (Hg.): *Bettine von Arnim und Friedrich Wilhelm IV. Ungedruckte Briefe und Aktenstücke.* Frankfurt a.M. 1902.

Härtl, Heinz: *Bettina von Arnim 1785–1859. Eine Chronik.* Wiepersdorf o.J. [1985].

Hölderlin, Friedrich: „Mnemosyne. Dritte Fassung". In: F. Hölderlin: *Sämtliche Werke.* 6 Bde. Hg. v. Friedrich Beißner. Bd. 2: *Gedichte nach 1800.* Stuttgart 1953, S. 205–207.

Kirsch, Sarah: *Rückenwind. Gedichte.* Berlin, Weimar 1976.

Krenn, Ruth: „Nachwort". In: *Bettina von Arnim und die Polen.* Berlin 1949, S. 57–70.

Kuczynski, Jürgen: „Eine Tradition der deutschen Polenfreundschaft. Bemerkungen zu den deutsch-polnischen Beziehungen in der ersten Hälfte des 19. Jahrhunderts". In: *Bettina von Arnim und die Polen.* Berlin 1949, S. 7–31.

Loeper, Gustav von: „Arnim, Bettina von". In: *Allgemeine Deutsche Biographie.* Bd. 2. Leipzig 1875, S. 578–583.

Lübbe, Peter (Hg.): *Dokumente zur Kunst-, Literatur- und Kulturpolitik der SED 1975–1980.* Stuttgart 1984.

Lukács, Georg: „Die Tragödie Heinrich von Kleists" [1936]. In: G. Lukács: *Werke*. Bd. 7: *Deutsche Literatur in zwei Jahrhunderten*. Neuwied 1964, S. 201–231.
Lukács, Georg: „Ein Briefwechsel zwischen Georg Lukács und Anna Seghers" [1938/39]. In: G. Lukács: *Werke*. Bd. 4: *Probleme des Realismus 1. Essays über Realismus*. Neuwied, Berlin 1971, S. 345–376.
Mallachow, Lore: *Bettina*. Berlin 1952.
Meyer-Hepner, Gertrud: *Der Magistratsprozeß der Bettina von Arnim*. Weimar 1960.
Püschel, Ursula (Hg.): *Bettina von Arnims Polenbroschüre*. Berlin 1954.
Püschel, Ursula: „Weibliches und Unweibliches der Bettina von Arnim". In: U. Püschel: *Mit allen Sinnen. Frauen in der Literatur. Essays*. Halle, Leipzig 1980, S. 48–82.
Püschel, Ursula: *Bettina von Arnims politische Schriften*. Berlin 1965.
Seghers, Anna: *Sonderbare Begegnungen*. Berlin, Weimar 1973.
Seghers, Anna: „Zwei Briefe an Georg Lukàcs". In: *Glauben an Irdisches*. Leipzig 1974, S. 172–189.
Seghers, Anna: „Vaterlandsliebe" [1935]. In: A. Seghers: *Gesammelte Werke in Einzelausgaben*. Bd. 13: *Aufsätze, Ansprachen, Essays 1927–1953*. Berlin, Weimar 1980, S. 33–37.
Träger, Claus: „Ursprünge und Stellung der Romantik" [1975]. In: Klaus Peter (Hg.): *Romantikforschung seit 1945*. Königstein i.Ts. 1980, S. 304–334.
Turóczi-Trostler, József: „Petöfis Eintritt in die Weltliteratur II: Karl Maria Kertbeny – ein Petöfi-Apostel. – Bettina von Arnim, Ungarn und Petöfi". In: *Acta Litteraria Academiae Scientiarum Hungaricae* 4 (1961), S. 23–182.
Wolf, Christa: *Werke*. 12 Bde. Hg. v. Sonja Hilzinger. München 1999–2001.
Wolf, Christa, und Gerhard Wolf: *Ins Ungebundene gehet eine Sehnsucht. Projektionsraum Romantik. Prosa und Essays*. Berlin, Weimar 1985.
Wolf, Gerhard: „Aktuelle Reminiszenzen". In: Christa Wolf u. Gerhard Wolf: *Ins Ungebundene gehet eine Sehnsucht. Projektionsraum Romantik*. Frankfurt a.M., Leipzig 2008, S. 454–459.

Ungedruckte Quellen: Christa-Wolf-Archiv in der Stiftung Akademie der Künste Berlin-Brandenburg. Sign. 1509, 1506, 338–341, 345–347, 513–519, 524, 536.

5. Rezeption und Forschung in der BRD
Barbara Becker-Cantarino

1. Überblick 649
2. Ingeborg Drewitz' *Bettine von Arnim* (1969) 652
3. Der Feminismus und Bettina von Arnim 654
4. Sozialgeschichte und feministische Re-Lektüre 656
5. Weiblichkeit und Gender 658
6. Literatur 660

1. Überblick

Die Teilung Deutschlands und die Staatengründung der Bundesrepublik Deutschland und der Deutschen Demokratischen Republik im Jahr 1949 erschwerte nicht nur die germanistische Forschung insgesamt, da Bibliotheken und Archive im jeweils anderen Deutschland während des Kalten Krieges nur schwer und nach dem Mauerbau 1961 kaum noch zu erreichen waren. Die Teilung sorgte auch für zum Teil unterschiedliche Schwerpunktsetzungen in den zwei grundverschiedenen politischen und also auch akademischen Systemen mit je eigenen Spielregeln.

In den ersten Nachkriegsjahren hatte sich die universitäre Germanistik Westdeutschlands gegen eine kritiklose Fortsetzung der Romantik-Forschung des Dritten Reiches gewandt und sah teilweise, wie unter anderem Werner Kohlschmidt in „Nihilismus der Romantik" (1953/54), in der romantischen Dichtung eine der geistesgeschichtlichen Voraussetzungen für die Herausbildung des Nationalsozialismus (vgl. Klausnitzer 1999). In der Germanistik der Adenauer-Zeit dominierte dabei die ‚werkimmanente Interpretation' (Wolfgang Kayser, *Das sprachliche Kunstwerk*, 1948), um den bleibenden, ästhetischen und philosophischen ‚Gehalt' der ‚Höhenkammliteratur' in einer maßgeblichen Interpretation darzustellen. Noch 1971 verteidigte der einflussreiche, aber aufgrund seines Opportunismus in der NS-Zeit umstrittene ‚Großgermanist' Benno von Wiese (1903–1987), als Schüler Friedrich Gundolfs ein Repräsentant des Kulturidealismus, seine Publikation *Deutsche Dichter der Romantik* gegen die „an der Romantik sich entzündende[ ] Ideologiekritik" und wies auf „das Bleibende ihrer dichterischen Leistung" hin (Wiese 1983 [1971], 9). Wieses Band enthielt bezeichnenderweise dann jedoch einen kenntnisreichen Beitrag von Gustav Konrad, dem Herausgeber der ersten westdeutschen Bettina-Werkausgabe, der ihre „Wirkung auf die Mitwelt [...] einzig in ihrer Persönlichkeit" begründet sah, „nicht in ihren Büchern, so sehr man sich auch bemühte, aus ihrem Leben und Werk einen Geist oder eine Theorie der Romantik zu konstruieren" (Konrad 1983 [1971], 378–379), was die damals allgemein übliche Unterschätzung Bettina von Arnims in der Germanistik gut wiedergab.

Die Forschung zu Bettina von Arnim – während der NS-Zeit praktisch irrelevant (vgl. Landfester 2000, 28–29) – ging in Westdeutschland nach 1945 zunächst auf akademische Außenseiter zurück. Das gilt auch für Gustav Konrad (1911–1998), den Herausgeber der ersten westdeutschen Bettina-von-Arnim-Werkausgabe, der bis zu seiner Pensionierung als Studiendirektor an einem Wuppertaler Gymnasium unterrichtete. Auch die von ihm besorgte Ausgabe *Bettina von Arnim. Werke und Briefe* (5 Bde., 1959–1963) erschien außerhalb des akademischen Betriebs – im kleinen Bartmann-Verlag in Frechen bei Köln. Der fünfte Band mit Briefen wurde dabei von Joachim Müller (1906–1986) herausgegeben, seinerzeit Leiter des Germanistischen Instituts in Jena, wobei Müller für die Briefe unter anderem auf diverse ältere Briefabschriften aus dem Archiv des Verlegers zurückgriff (vgl. GW [Konrad] 5, Nachwort). Quellenangaben und Brieftexte sind daher teilweise ungenau; auch fehlt dem Band ein Zeilen-Kommentar. Die Abschriften selbst stammten zum Teil noch von Waldemar Oehlke (1879–1949), dem Herausgeber der Bettina-Werkausgabe 1920–1922, zum Teil waren sie von dem Literaturwissenschaftler Werner Milch (1903–1950) nach dessen Entlassung aus dem Universitätsdienst in

Breslau 1933 in seinem Unterschlupf in Wiepersdorf und in den späten 1940er Jahren bei Bettina-Nachfahren in der Schweiz angefertigt worden (vgl. Beutler 1950, 133–136).

Milch, der 1939 in die Schweiz und dann nach Großbritannien emigrieren konnte, wurde nach Kriegsende nach seiner Rückkehr nach Deutschland zwar 1949 auf eine Professur an der Universität Marburg berufen, starb allerdings nur ein Jahr später; von seiner lange geplanten großen Bettina-Biographie konnte er nur noch einen Teil realisieren, der überdies erst mit großer Verzögerung veröffentlicht wurde (*Die junge Bettine 1785–1811. Ein biographischer Versuch*, 1968, hg. von Rolf Küpper). Auch der Bettina-Forscher Werner Vordtriede (1915–1980) war nach dem Krieg aus dem Exil in den USA zurückgekehrt und benutzte die Brentano-Sammlung im Freien Deutschen Hochstift in Frankfurt am Main für seine wichtige Publikation des Ehebriefwechsels *Achim und Bettina in ihren Briefen. Briefwechsel von Achim von Arnim und Bettina Brentano* (2 Bde., 1961). Vordtriede veröffentlichte zudem bis dahin im Freien Deutschen Hochstift nicht ausgewertetes Material zum *Armenbuch*-Projekt aus der Nachlass-Versteigerung von 1928/29 als *Bettina von Arnims Armenbuch* (1969, erweitert 1981; vgl. Vordtriede 1962; siehe IV.1.5. *Das Armenbuch-Projekt*).

Generell kann konstatiert werden, dass sich die akademische Forschung Westdeutschlands bis in die 1980er Jahre hinein kaum für Frauen als Autorinnen oder gar als Wissenschaftlerinnen interessierte. Die wenigen westdeutschen Student*innen*, die ein Dissertationsthema zu Bettina von Arnim erhielten, bekamen Schwerpunkte zugeteilt, die wohl vermeintlich frauenspezifische Interessen wie Natur, Lebensgefühl und Soziales ansprechen sollten (in der Regel ‚vergab' damals noch der ‚Ordinarius' das ihm genehme Thema an ‚seinen' Studenten). So promovierte Hilde Beck in Frankfurt zum Thema *Die Bedeutung der Natur in dem Lebensgefühl der Bettina von Arnim* (1950), Helga Nyssen in Heidelberg mit der Arbeit *Zur Soziologie der Romantik und des vormarxistischen Sozialismus in Deutschland. Bettina von Arnims soziale Ideen* (1950) und Anneliese Hopfe in München zu *Formen und Bereiche schöpferischen Verstehens bei Bettina von Arnim* (1953).

Einen wirklichen Meilenstein in der universitären Lehre und Forschung markierte erst die Arbeit der Münchner Romantik-Forscherin Sibylle von Steinsdorff (1934–2016). Steinsdorff gab Anfang der 1970er Jahre nicht nur die vorbildlich recherchierte und edierte Ausgabe *Der Briefwechsel zwischen Bettine Brentano und Max Prokop von Freyberg* (1971) heraus, als Dozentin inspirierte sie in der Folge unter anderem auch die Münchner Germanisten Walter Schmitz, Konrad Feilchenfeldt, Hartwig Schultz, Wolfgang Bunzel und Ulrike Landfester zu weiteren Forschungen und Editionen zu Bettina von Arnim. Zusammen mit Walter Schmitz gab Steinsdorff 1986 schließlich auch den ersten Band der – bis heute gültigen – Werkausgabe *Bettine von Arnim. Werke und Briefe* in der Reihe *Bibliothek Deutscher Klassiker* des Deutschen Klassiker Verlags heraus, dem bis 2004 drei weitere Bände folgten, an denen wiederum zusätzlich Wolfgang Bunzel (Bd. 3) und Ulrike Landfester (Bd. 3

und 4) sowie – nach der Wende als einziger ‚Nicht-Münchner' – Heinz Härtl (Bd. 4) beteiligt waren.

Der renommierte Arnim-Experte Härtl hatte noch in der DDR und ebenfalls 1986 mit der Herausgabe einer eigenen kommentierten Werkausgabe begonnen. Dass diese Edition des ostdeutschen Aufbau Verlags 1989 mit dem zweiten Band abgebrochen werden musste, ist letztlich den Umständen der Zeit geschuldet, da das Gesamtprojekt nach der Wende eingestellt wurde. Überhaupt hinterließ die deutsche Teilung auch in der Bettina-von-Arnim-Forschung nicht nur mit Blick auf die Benutzung von Archivmaterial des jeweils anderen Landes ihre Spuren. So waren in der DDR veröffentlichte Studien wie die von Gertrud Meyer-Hepner oder Ursula Püschel, wie Heinz Härtls 1985 in Wiepersdorf publizierte *Bettina-Chronik* (die in überarbeiteter Form diesem Band vorangestellt ist, siehe I. *Bettina-Chronik*) oder Fritz Böttgers *Bettina von Arnim. Ein Leben zwischen Tag und Traum* (1986) im Westen selbst nur schwer erhältlich.

Dass – im Osten wie im Westen – die Bettina-von-Arnim-Forschung ausgerechnet Mitte der 1980er Jahre einen vorläufigen Höhepunkt erlebte, war kein Zufall. Schon die Wiederentdeckung des Varnhagen-Nachlasses in Krakau 1981 hatte die wissenschaftliche Beschäftigung mit Bettina von Arnim befördert (siehe VI.3. *Bettina von Arnims Nachlass- und Editionsgeschichte*). Ein noch einmal deutlich gesteigertes Interesse an Leben und Werk der Autorin gab es indes vor allem 1985, anlässlich ihres 200. Geburtstags: In West-Berlin gründete sich in jenem Jahr die Bettina-von-Arnim-Gesellschaft, die seit 1987 das *Internationale Jahrbuch der Bettina-von-Arnim-Gesellschaft* herausgibt; in Frankfurt am Main veranstaltete das Freie Deutsche Hochstift eine Bettina-Ausstellung und lieferte dazu mit dem Katalog „*Herzhaft in die Dornen der Zeit greifen ...": Bettine von Arnim 1785–1859* eine bis heute relevante Dokumentation; hinzu kamen zahlreiche Würdigungen, biographische Darstellungen und Interpretationen im zeitlichen Umfeld des Geburtstags – von Helmut Hirschs *Bettine von Arnim mit Selbstzeugnissen und Bilddokumenten* (1987) in der Reihe *Rowohlts Monographien* bis zu Aufsätzen zu einzelnen Aspekten wie Wolfgang Frühwalds „Mephisto in weiblicher Verkleidung" (1985) oder Sabine Schormannns „Bettine von Arnims Rezeption der frühromantischen Philosophie" (1989) – sowie eine Anzahl fundierter Arbeiten (zumeist Dissertationen) aus der damals neuen feministischen Perspektive (siehe unten).

2. Ingeborg Drewitz' *Bettine von Arnim* (1969)

Ein wichtiger Impuls für einen damals neuen Blick auf Bettina von Arnim war in der Bundesrepublik (und darüber hinaus) zuvor vor allem der 1969 veröffentlichten Biographie *Bettine von Arnim. Romantik, Revolution, Utopie* der Schriftstellerin Ingeborg Drewitz (1923–1986) zu verdanken, die die politische und soziale Rolle Bettina von Arnims prägnant und erstmals umfassend dargestellt hat dar. Drewitz' Biographie der ‚politischen Bettina', der die kenntnisreiche, kulturgeschichtlich fundierte Darstellung *Berliner Salons* (1965) vorausgegangen war, erlebte allein bis 1989 acht Taschenbuchauflagen in verschiedenen Publikumsverlagen. Die promovierte Germanistin, Romanautorin und Menschenrechtlerin Drewitz (vgl. Becker-Cantarino/ Stephan 2005) hatte für ihr Buch intensive Quellenstudien in West-Berlin und am Freien Deutschen Hochstift in Frankfurt unternommen, in der DDR, in Weimar und Potsdam, war es ihr als West-Berlinerin hingegen nicht erlaubt, selbst zu recherchieren.

Die Bettina-Biographie von Drewitz war letztlich auch mehr als nur eine literarhistorische Arbeit. Es war eine Neuentdeckung. „Wenn auch die Bettine-Renaissance in beiden Deutschland durch die Erschließung des Familienarchivs ausgelöst wurde", schrieb Drewitz im Vorwort, „so ist doch die Entdeckung, fast kann man sagen Neuentdeckung ihrer Persönlichkeit zugleich aus der Rückbesinnung auf die von den Geschichtsbüchern verschwiegenen Sozial- und Parteigeschichte des 19. Jahrhunderts zu verstehen [...]. Sich der so berühmten, aber auch unbekannten Bettine zu nähern, ihre Spiegelung im Bewußtsein der Zeitgenossen einzufangen und ihr Engagement, sei es in Sachen der Göttinger Sieben oder der schlesischen Weber, sei es in Fragen der Verfassung zu deuten, ihre Freundschaft mit den polnischen Revolutionären, ihr Bemühen für die Opfer des ungarischen Freiheitskampfes, ihre Verbindung mit den Männern der Opposition in Preußen vor und nach 1848, ihren Einsatz für Gottfried Kinkel im Zusammenhang ihrer Biographie und der Werke zu sehen, war die lockende Aufgabe" (Drewitz 1969, 7).

In ihrer Annäherung und Aneignung der Romantikerin löste Drewitz sich von dem Bild des „koboldhaft[en], halb genialisch[en] halb exzentrische[n] Kind[es]" und von der „Interpretation der Dichter wie Rilke, Hermann Hesse, Romain Roland und Rudolf Alexander Schröder", die sie als „eine der großen Liebenden der deutschen Literatur" dargestellt hatten (Drewitz 1969, 5). Während die westdeutsche Romantik-Forschung in Bettina bis dahin vor allem die Goethe-Verehrerin oder eben auch das koboldhafte Kind gesehen hatte, ließ Drewitz das gängige Bild von der romantischen Frau hinter sich und arbeitete „Das Ich Bettine" (ebd., Kap. 3) heraus, die sozial und politisch aktive Frau, aber auch die Dichterin und nicht zuletzt die Denkanstöße liefernde ‚kühne Vorrednerin', wie der jungdeutsche Schriftsteller Karl Gutzkow sie genannt hatte. Bettinas Weltbild, so resümierte Drewitz, „ist [...] eine visionär-utopische Transformation derzeit bestehender Ordnungsvorstellungen [...], der utopische Gehalt [ist] seine Kraft" (ebd., 286).

Mit diesem ‚utopischen Gehalt' hat Ingeborg Drewitz zugleich ihre eigene Zeit zu erfassen versucht. Denn Drewitz schrieb im Kontext der politisch bewegten späten 1960er Jahre der Bundesrepublik, der Studentenbewegung und der sich formierenden Zweiten Frauenbewegung – und brachte Bettina von Arnims politische Positionen und Aktivitäten auch genau damit in Verbindung. Drewitz, die selbst aktiver Teil der alternativen Szene West-Berlins war, artikulierte in ihrer Bettina-Biographie den Optimismus und Aktivismus der 1960er Jahre gleichwohl differenziert und kritisch. Ihr Zugang war ein bewusst in seinem Zeitbezug gedeutetes, anderes Leben, das Leben der Bettina, das in seiner utopischen Perspektive Hoffnung und Leitbild für die eigene Zeit sein sollte (vgl. Becker-Cantarino 2000, 269–272).

3. Der Feminismus und Bettina von Arnim

In den späten 1960er Jahren war mit der Studentenrevolte der Achtundsechziger eine neue Generation von LeserInnen in die Universitäten eingezogen, Studierende, die kritisch auf die NS-Zeit und den Zweiten Weltkrieg zurückblickten, ‚unter den Talaren den Muff von tausend Jahren' sahen und dazu aufriefen, eben diesen Muff in der universitären Kultur zu bekämpfen. Hier etablierte sich auch der Feminismus, der im Rahmen der (nordamerikanischen) Bürgerrechts-, Antikriegs- und Studentenbewegung der 1960er Jahre entstanden war und in den 1970er Jahre als ‚Zweite Frauenbewegung' in der Bundesrepublik Deutschland wirksam wurde. Der Feminismus als soziale und politische Bewegung entstammte den Ideen der Menschenrechte, der Utopie einer humaneren Gesellschaft (ähnlich wie der Sozialismus). Er erneuerte die Forderungen nach der rechtlichen und sozialen Gleichstellung der Frau sowie die diesbezüglichen Strategien besonders auf den Gebieten Beruf, Erziehung, Familie und Sexualität und bezog auch das Private, den weiblichen Lebenszusammenhang, mit ein. *Auch das Private ist politisch*: Das war die – auch gegenüber den feministischen Forderungen aus der Zeit um die Jahrhundertwende – neue Position. Diese Grenze zwischen dem männlich besetzten Öffentlich-Politischem und dem weiblichen Lebensbereich des Familiär-Privaten galt es zu überwinden. Nun rückten verstärkt einzelne Frauen ins Blickfeld auch der literaturwissenschaftlichen Forschung und Rezeption, historische Frauenleben und die „Geschichte der weiblichen Geschichtslosigkeit" (Bovenschen 1979, 265) – und damit auch die Persona ‚Bettina' und die Schriftstellerin Bettina von Arnim und ihr Werk in seiner gesamten Breite.

Die Frauen der Zweiten Frauenbewegung knüpften dabei an die Beispielhaftigkeit Bettinas wieder an. So griffen Autorinnen wie Ingeborg Drewitz in Westdeutschland, aber auch Christa Wolf in der DDR auf die Romantik als Umbruchszeit zurück. Sie zeigten, wie festgefahrene soziale Rollen wie die Geschlechterbeziehungen neu gedacht und neu gelebt werden könnten, und begeisterten damit viele LeserInnen. Denn was in der Vergangenheit und in der Identifikation mit einer Gestalt der Vergangenheit, einer Frau der Romantik, vergleichsweise problemlos und tröstlich in einem Text gestaltet werden kann, erscheint in einer realistischen Darstellung der Gegenwart oft irreal und unmöglich. Und gerade deshalb brauchten LeserInnen die literarische Utopie, auch wenn sie offen bleibt und sich einer vergangenen oder einer fernen Gestalt bedienen muss. Wie bei allen Werken der literarischen Geschichtsschreibung haben sich auch Drewitz und Wolf in ihre Geschichte eingebracht, sich ‚der Anderen' angeeignet, die Ebenen von Fiktion und historischem Fakt, von Literatur und Leben, von Verantwortung der Autorin und utopischer Dimension vermischt und verwischt.

5. Rezeption und Forschung in der BRD

Bei dieser Bettina-Wiederentdeckung half auch Gisela Dischners *Bettina von Arnim: Eine weibliche Sozialbiographie aus dem 19. Jahrhundert* (1977); der feministische Enthusiasmus machte die schmale Kompilation aus Bettina-Texten zu einem Kultbuch unter Studentinnen, denn Dischner betonte Bettinas Emanzipation und sah in ihrem sozialen Engagement eine „antizipierende Kapitalismuskritik" (Dischner 1977, 19). Weitaus wirksamer war gleichwohl die eher kritische Auseinandersetzung mit der deutschen Romantik, etwa Hannah Arendts *Rahel Varnhagen. Lebensgeschichte einer deutschen Jüdin aus der Zeit der Romantik* (dt. 1959), deren Emanzipations- und Antisemitismusproblematik in den 1970er Jahren von den LeserInnen aufgegriffen wurde. Auch inspirierten Christa Wolfs Essay „Nun ja! Das nächste Leben geht aber heute an. Ein Brief über die Bettine" von 1980 und ihre Erzählung *Kein Ort. Nirgends* von 1979; beide Werke erschienen zeitgleich in der DDR und bei Luchterhand in Westdeutschland (siehe VI.4. *Rezeption und Forschung in der DDR*).

Ob Arendt, Drewitz oder Wolf: Die literarische Rezeption romantischer Autorinnen war bestimmt von einer Strategie der Annäherung. Hannah Arendt und Ingeborg Drewitz wählten bewusst die Form der literarischen Biographie und strebten Faktentreue an, bei aller Selektion und Akzentuierung des Materials. Christa Wolf verfremdete, ästhetisierte und gestaltete eine Wiederbelebung der Figuren aus dem Geiste der eigenen Welt und der eigenen Wünsche und benutzte sie als Projektionsraum für die auktoriale Phantasie (vgl. Albert 1991). Beide Zugangsweisen interessierten eine breite Leserschaft und besonders auch die Studentinnen, deren Nachfrage die akademische Beschäftigung mit Bettina von Arnim stimulierte und deren Lesepräferenzen dafür sorgten, dass zahlreiche neue (Taschenbuch-)Ausgaben mit Texten von Bettina auf den Markt kamen. Wenn auch indirekt, so bereiteten sie doch den Weg für weitere wissenschaftliche Studien und die Grundlagenforschung der folgenden Jahrzehnte (siehe VI.6. *Aspekte der aktuellen Forschung*).

Letztlich fungierte die „populärwissenschaftliche Biographik" (Landfester 2000, 32) für eine Reihe von ForscherInnen (und LeserInnen) als Anregung, sich mit Bettina von Arnims Leben *und* Werk zu beschäftigen, und das durchaus auch in kritischer Form wie bei Gertrud Mander, die in ihrer Dissertation *Bettina von Arnim* (1982) ein „phantastisch übersteigertes Anbetungsbedürfnis" Bettinas und „eine Fixierung auf idealisierte Objekte" konstatierte (Mander 1982, 139). Ähnlich hatte auch Christa Wolf gefragt, ob die „sachbezogen[e]" Leserin „von heute" „diese dithyrambische Sprache, diesen oft schwärmerischen Ton, diese Ausschweifungen überhaupt ertragen" könne (Wolf 1980, 309). Die Antwort der Literaturverlage (mit Verspätung auch die des für den Literaturkanon einflussreichen Reclam Verlags) fiel denkbar einfach aus: Sie kalkulierten Angebot und Nachfrage, erkannten die hier bestehende Marktlücke und forcierten in speziellen Reihen mit ‚Frauenliteratur' besonders die Veröffentlichung von Werken von Elite-Autorinnen der Romantik, darunter auch Bettina. Es folgten Nachdrucke einzelner Werke, Aufsatzsammlungen, Monographien und Spezialstudien zu bis dahin weniger beachteten Autorinnen des 19. Jahrhunderts wie Therese Huber, Sophie Mereau, Adele Schopenhauer, Helmina von Chézy oder Caroline de la Motte Fouqué. Dass die Hochschulgermanistik aus der Perspektive ihres etablierten Kanons der ‚Höhenkammliteratur' Kritik am ästhetischen Wert dieser Texte anmeldete, steht auf einem anderen Blatt.

4. Sozialgeschichte und feministische Re-Lektüre

Erst im Gefolge der Zweiten Frauenbewegung wurde seit den 1970er Jahren auch die Sozialgeschichte der Frau erforscht, wurden Autorinnen in ihrem sozialen Umfeld neu betrachtet (vgl. Becker-Cantarino 1987, 1–18). Die ‚schreibenden Frauen' wurden nun *als Autorinnen* anerkannt, ihre Werke *als Literatur* gewürdigt. Was wie bei Ingeborg Drewitz und Christa Wolf zunächst im Zuge der eigenen Spuren- und Traditionssuche und im Legitimationsprozess eigener Schriftstellerei begonnen hatte, mündete in eine Neu(be)wertung der Autorinnen und eine Aufwertung der Werke. Der Einfluss des neuen Feminismus trat spätestens seit den 1980er Jahren deutlich hervor: Emanzipatorische Aspekte, frauenspezifische Perspektiven und Fragen nach den Schreib- und Publikationsbedingungen erfuhren auch in literaturwissenschaftlichen Untersuchungen immer stärkere Beachtung und wurden, da zweifelsohne längst überfällig, für den Gesamtdiskurs immens wichtig. Darstellungen mit abwertenden Hinweisen auf das weibliche Geschlecht in Literaturgeschichten und Literaturlexika wurden als sexistisch kritisiert, und die Ausblendung der Schriftstellerinnen oder ihre Idealisierung zu Musen bedeutender ‚großer' Männer wurde hinterfragt. Zugleich suchte die Forschung nach Anfängen einer weiblich geprägten literarischen Tradition und Genealogie und besetzte diese positiv mit Werten wie Originalität, Individualität, Selbstbewusstsein, Selbständigkeit, Widerständigkeit, Emanzipation (vgl. Osinski 1998).

Mit Blick auf Bettina von Arnim betonte Renate Möhrmann schon 1977 in ihrer Studie *Die andere Frau. Emanzipationsansätze deutscher Schriftstellerinnen im Vorfeld der Achtundvierziger Revolution*, dass Bettina die „ihr zugestandene Domäne der Herzensangelegenheiten" überschritten habe und mit „politischen Anliegen an die Öffentlichkeit trat" (Möhrmann 1977, 35). Weibliches Selbstbewusstsein wurde seither immer wieder am Beispiel Bettinas thematisiert. Auch die ‚politische Bettina' wurde vielfach gewürdigt, zum Teil auch in weniger historisch fundierten, eher plakativen Publikationen wie *Zur Freiheit, oh, zur einzig wahren. Schreibende Frauen kämpfen um ihre Rechte* (1979) von Ursula Linnhoff oder *Frauen, die die Welt veränderten* (1982) von Norgard Kohlhagen, Veröffentlichungen mithin, die zwar mit diversen Ungenauigkeiten aufwarteten (vgl. Landfester 1996/97, 218), letztlich jedoch die Beschäftigung mit Bettina von Arnim ebenfalls stimulierten, ja geradezu herausforderten.

Die feministisch inspirierte akademische Forschung beschäftigte sich seit den 1980er Jahren mit einer genauen Re-Lektüre der Texte; sie wandte sich hier insbesondere Fragen der Autorschaft und der Textinterpretation zu und setzte neue Akzente, indem sie literarische Aspekte unter dem Paradigma der Geschlechterdifferenz beleuchtete. Differenziert diskutiert wurde zudem die Unterscheidung zwischen der Kunstfigur ‚Bettine' und der Autorin ‚Bettina von Arnim', auch um die traditionelle Verwischung von Biographie und (späterer) Selbst-Inszenierung Bettinas sowie die Mythisierung in der Biographik einzudämmen (mit Blick auf Grenzüberschreitungen und -verwischungen in *Die Günderode* und den *Frühlingskranz* vgl. Burwick 1986; Hoock-Demarle 1998; Krimmer 2000). Eine strikte Unterscheidung von historischer Bettina und literarischer Bettine-Figur hat sich gleichwohl nicht durchgesetzt. Selbstverständlich wurde jedoch die sprachliche Regulierung, respektvoll auch den vollen Namen von Autorinnen zu nennen und sie nicht wie in der älteren Literaturgeschichte *nur* auf den Vornamen zu reduzieren; Bezeichnungen wie ‚Kind' oder ‚Kobold' sollten nur historisch-kritisch verstanden, nicht pejorativ angewendet werden.

Die Achtung vor dem literarischen Werk von schreibenden Frauen, der einzelnen Autorin selbst und eine detaillierte literarische Analyse der Texte zeichneten dabei nicht nur im deutschsprachigen Raum eine Reihe von Untersuchungen zu Bettina von Arnim aus. Als Beispiele für frühe Arbeiten aus dem englischsprachigen Raum mit diesem Ansatz sind etwa zu nennen Marjanne Goozés Studie *Bettine von Arnim, the Writer* (1984), die sich mit dem Grenzgängertum zwischen Leben und Werk, der Intertextualität zwischen Briefen und Briefbüchern beschäftigt, Lorely Frenchs Arbeit *Bettine von Arnim. Toward a Women's Epistolary Aesthetics* (1986), in der auf die narrativen weiblichen Strategien in den politischen Briefen Bettinas eingegangen wird, oder Edith Waldsteins *Bettine von Arnim and the Politics of Romantic Conversation* (1988), in der die Beziehung zur romantischen Salonkultur untersucht wird. Auch Katherine Goodman hat sich im Rahmen ihrer Studie *Dis/Closures. Women's Autobiography in Germany Between 1790 and 1914* (1986) mit Bettina von Arnim auseinandergesetzt und hier vor allem die fragmentarische Briefstruktur in den Blick genommen, die sie als widerständiges autobiographisches Schreiben der Autorin Bettina von Arnim gegen die etablierte, teleologisch angelegte Autobiographie liest.

Auch westdeutsche ForscherInnen richteten ihr Augenmerk immer wieder vor allem auf die Briefe, so die Rahel-Varnhagen-Forscherin Barbara Hahn, die in der Dialogstruktur der Briefe das zentrale Element der literarischen Strategien Bettina von Arnims erkannte (vgl. Hahn 1988), oder Karin Zimmermann, die in exemplarischer Analyse eine Hybridisierung von Dialog und Hermeneutik herausarbeitete (vgl. Zimmermann 1992).

Letztlich berühren aber auch diese Aspekte – mal direkter, mal weniger direkt – stets die Frage nach dem Geschlechterdiskurs, die Frage, wie Bettina von Arnim sich als Frau bewusst in den Briefbüchern darstellte und im literarischen Diskurs präsentierte. Birgit Weißenborn (1987) ging in diesem Zusammenhang beispielsweise dem schon fast ‚klassisch' zu bezeichnenden Thema der Beziehung Bettina von Arnims zu Goethe nach, indes aus der Sicht Bettinas. Die Neubewertung dieser Beziehung als „Beispiel weiblicher Emanzipation" zu Beginn des 19. Jahrhunderts kommt dabei schon im Untertitel der Studie zum Ausdruck. Eine neue, differenzierte Lesart speziell des *Goethebuches* ist jedoch vor allem Konstanze Bäumers bahnbrechender Arbeit *Bettine, Psyche, Mignon. Bettina von Arnim und Goethe* (1986) zu verdanken. Bäumer zeigt den Selbstdarstellungsprozess der Autorin in den Figuren Bettine, Psyche und Mignon. Bettinas Selbststilisierung zur romantischen Kind-Figur ging, wie Bäumer deutlich macht, weit über „eine ‚fraulich-liebende' Verehrungshaltung zu Goethe" hinaus; vielmehr handelte es sich um eine Umschrift der Mignon-Figur als weibliche Rebellion einer gleichwertigen Partnerin des Dichters, Mignon war dann nicht mehr nur Naturkind, sondern eine gestaltete Kunstfigur und gestaltende Künstlerin (Bäumer 1986, 129; vgl. ebd., 137–144).

5. Weiblichkeit und Gender

Die Gendertheorien einer *écriture féminine*, der Geschlechterdifferenz und des Poststrukturalismus der 1980er Jahre lieferten zwar interpretatorische Anregungen (vgl. den Überblick bei Braun/Stephan 2005), aber keine radikal neuen Lesarten auf der Suche nach diffuser ‚Weiblichkeit' (wie z.B. noch Svandrlik, 2010). In assoziativen Beobachtungen zu Bettinas Selbststilisierung als ‚Kindsbraut' wurden etwa ihr poetisches Verfahren und dessen Nähe zu selektiven modernen Autoren beschrieben (z.B. Wetzel 1995). Der Einfluss des Poststrukturalismus gewann mit den Jahren insbesondere in den interpretatorischen Arbeiten zur Poetologie Bettinas immer stärkere Relevanz. So geht Ursula Liebertz-Grün in ihrer Studie *Ordnung im Chaos. Studien zur Poetik Bettine Brentanos-von Arnim* (1989) von der Dekonstruktion eines „mehrhundertjährigen poetischen Diskurs[es]" in *Goethe's Briefwechsel mit einem Kinde* aus, der „Tragikomödie der deutschen Innerlichkeit" in *Die Günderode* sowie der „Gesellschaft als imaginäre[r] Institution" in *Dies Buch gehört dem König* nach und konstatiert „Glanz und Elend der Romantik" im *Frühlingskranz* (Liebertz-Grün 1989, Kap. 1, 2 u. 4).

Aus einer eklektischen Mischung von feministischen Paradigmen, französischer psychoanalytischer Theorie und Dekonstruktionsansätzen setzte sich in den 1990er Jahren schließlich eine Genderforschung durch, die, interdisziplinär angelegt, nach der Bedeutung von Geschlecht/Gender im literarischen Feld fragte, die damals neue Methodenvielfalt zuließ und ideologiefrei eine gendersensible Forschung anstrebte (vgl. Braun/Stephan 2000). Ulrike Landfester benannte in ihrer im Jahr 2000 veröffentlichten wichtigen Arbeit *Selbstsorge als Staatskunst. Bettine von Arnims politisches Werk* unter den „drei koexistierenden Schwerpunkten" denn auch als einen hiervon das „Paradigma der Geschlechterdifferenz" (Landfester 2000, 15). Dass – wie bei Landfester – ein solcher Schwerpunkt schließlich detailliert verfolgt wird, wäre in früheren Jahrzehnten eine noch undenkbare Fokussetzung für eine Habilitationsarbeit gewesen (mehr hierzu in VI.6. *Aspekte der aktuellen Forschung*).

Während Studien der 1920er Jahre zu *Frauen der Romantik* (Tanneberger 1928, Susman, 1929; siehe VI.2. *Rezeption im Deutschland des 19. und frühen 20. Jahrhunderts*) in Bettina eher eine Identifikationsfigur zu konstruieren versuchten, strebten die feministisch inspirierten Arbeiten seit den 1980er Jahren weitaus selbstbewusster danach, die historische Autorin Bettina von Arnim und ihre Texte im sozialgeschichtlichen und gesellschaftlichen Kontext zu rekonstruieren, zu befragen und neu, d. h. gegen den Strich der tradierten literarischen Forschung, mit ihren nunmehr relevanten eigenen Fragen nach der Auswirkung und Wechselwirkung ihres Geschlechtes als Frau zu lesen. Dabei ging es um die Vielschichtigkeit der Autorin und der Texte, es ging gegen die Homogenisierung vorhandener Forschungsansätze wie die starre Fokussierung auf historisch-kritische Werkausgaben und den Hegemonieanspruch der männlichen Forschungstradition, die Literatur von Frauen vielfach gar nicht beachtete oder, wenn doch, abwertete. Die historische Autorin wurde hierbei zugleich nicht in einen ihr nicht eigenen Bezugshorizont der feministischen Genderforschung verfrachtet. Vielmehr ging – und geht – es darum, mit gendersensiblen Fragestellungen die komplexen ‚intersektionalen' Zusammenhänge zwischen dem Werk der Autorin und dem jeweiligen zeitgenössischen gesellschaftlichen Kontext zu rekonstruieren, so auch bei Bettina von Arnim.

Mit dem Etikett ‚Weiblichkeit' operierende biographische Skizzen zu, Würdigungen auf und Nachdichtungen von Bettina von Arnim brachten seit den 1980er Jahren teilweise aber auch unhistorische und spekulative Aussagen in distanzloser Vereinnahmung der Autorin hervor (vgl. Landfester 1996/97, 218). Denn Bettina von Arnim war und ist noch immer eine Projektionsfläche, auf der AutorInnen ihre eigene Gegenwart, ihre eigenen Empfindungen, ihre eigenen Gedanken abzubilden suchen – ungeachtet des zeitlichen Abstands zur historischen Persönlichkeit und zu ihrer Zeit. ‚Bettina' als Phänomen eignete sich dafür, zum Projektionsraum auktorialer Phantasie zu werden, etwa bei Dieter Kühn, der in *Bettines letzte Liebschaften* (1986) die historische Gestalt für das eigene literarische Werk instrumentalisiert.

Zwar sind solche Aneignungen der akademischen Forschung zu Bettina von Arnim nicht erst seit heute generell suspekt. Sie könnten aber auch positiv als „Umwertungsprozeß" im Zuge einer „neuere[n] Bettina von Arnim-Forschung" gewertet werden (Bäumer 1986, 23–36). Schließlich war es gerade die Popularisierung Bettinas als moderner Mythos, die die Relevanz der Autorin (wieder) ins Blickfeld kommen ließ und auf diesem (Um-)Weg auch die wissenschaftliche Beschäftigung mit ihr unterstützte und förderte. Denn die Resonanz eines Autors oder Autorin beim Publikum (und bei den VerlegerInnnen) ist auch für Forschung und Lehre wichtig, war immer auch *einer* der Motoren für die universitäre Lehre, das Feuilleton und die Literaturforschung. Bettina von Arnim ist hierfür das beste Beispiel. Umso frappierender ist der Umstand, dass zu ihr eine umfassende Rezeptionsstudie, wie sie Marina Rauchenbacher mit ihrer Studie **Karoline von Günderrode** (2014) zur Günderrode vorgelegt hat, bislang fehlt – fraglos ein Desiderat.

6. Literatur

Albert, Claudia: „Eine verunglückte Bettine. Romantikrezeption in der Nachfolge Christa Wolfs". In: Erika Tunner (Hg.): *Romantik – eine lebenskräftige Krankheit. Ihre literarischen Nachwirkungen in der Moderne.* Amsterdam, Atlanta 1991, S. 121–133.

Arendt, Hannah: *Rahel Varnhagen. Lebensgeschichte einer deutschen Jüdin aus der Romantik.* München 1959.

Bäumer, Konstanze: *Bettine, Psyche, Mignon. Bettina von Arnim und Goethe.* Stuttgart 1986.

Baumgart, Hildegard: „Bettine und ihre ‚Herren'. Die Geburt einer Autorin im Windschatten männlicher Macht". In: Jb BvA 18 (2006), S. 55–84.

Becker-Cantarino, Barbara: *Der lange Weg zur Mündigkeit: Frau und Literatur (1500–1800).* Stuttgart 1987.

Becker-Cantarino, Barbara: *Schriftstellerinnen der Romantik. Epoche – Werke – Wirkung.* München 2000.

Becker-Cantarino, Barbara, und Inge Stephan (Hg.): *„Von der Unzerstörbarkeit des Menschen". Ingeborg Drewitz im literarischen und politischen Feld der 50er bis 80er Jahre.* Bern [u.a.] 2005.

Beutler, Ernst: „Nachruf auf Werner Milch". In: *Jahrbuch der Akademie der Wissenschaften und der Literatur* 1950, S. 133–135.

Bovenschen, Silvia: *Die imaginierte Weiblichkeit. Exemplarische Untersuchungen zu kulturgeschichtlichen und literarischen Präsentationsformen des Weiblichen.* Frankfurt a.M. 1979.

Braun, Christina von, und Inge Stephan: *Gender-Studien. Eine Einführung.* Stuttgart 2000.

Braun, Christina von, und Inge Stephan (Hg.): *Gender@Wissen. Ein Handbuch der Gender-Theorien.* Köln, Weimar, Wien 2005.

Burwick, Roswitha: „Bettina von Arnims ‚Die Günderode'. Zum Selbstverständnis der Frau in der Romantik". In: Inge Stephan u. Carl Pietzcker (Hg.): *Frauensprache – Frauenliteratur? Für und wider einer Psychoanalyse literarischer Werke. Akten des VII. Internationalen Germanistenkongresses Göttingen 1985.* Tübingen 1986 (= Kontroversen, alte und neue, Bd. 6), S. 62–67.

Dampc-Jarosz, Renata: „Frauen werden zum Subjekt. Die Selbstfindung der Frauen in der Romantik am Beispiel von Caroline Schlegel-Schelling und Bettina von Arnim". In: Grażyna Szewczyk (Hg.): *Erfolge und Niederlagen der Frauenfiguren in der deutschen und polnischen Literatur.* Katowice 2000, S. 25–40.

Dischner, Gisela (Hg.): *Bettina von Arnim. Eine weibliche Sozialbiographie aus dem 19. Jahrhundert.* Komment. u. zusammengest. aus Briefromanen und Dokumenten v. Gisela Dischner. Berlin 1977.

Drewitz, Ingeborg: *Bettine von Arnim. Romantik, Revolution, Utopie.* Düsseldorf, Köln 1969.

Frederiksen, Elke: „Die Frau als Autorin zur Zeit der Romantik: Anfänge einer weiblichen literarischen Tradition". In: Marianne Burkhard (Hg.): *Gestaltet und gestaltend. Frauen in der deutschen Literatur.* Amsterdam 1980, S. 83–108.

French, Lorely: *Bettine von Arnim. Toward a Women's Epistolary Aesthetics.* Diss. Univ. of California, Berkeley 1986.

Frühwald, Wolfgang: „‚Mephisto in weiblicher Verkleidung'. Das Werk Bettine von Arnims im Spannungsfeld von Romantik und sozialer Reform". In: Jb FDH 1985, S. 202–220.

Goodman, Katherine: *Dis/Closures: Women's Autobiography in Germany Between 1790 and 1914.* New York [u.a.] 1986, insbes. s. 73–120.

Goozé, Marjanne: *Bettine von Arnim, the Writer*. Diss. Univ. of California, Berkeley 1984.
Goozé, Marjanne: „The Reception of Bettina Brentano-von Arnim as Author and Historical Figure". In: Elke P. Frederiksen u. Katherine R. Goodman (Hg.): *Bettina Brentano-von Arnim. Gender and Politics*. Detroit 1995, S. 349–420.
Hahn, Barbara: „Rahel Levin Varnhagen und Bettine von Arnim: Briefe, Bücher, Biographien". In: Annegret Pelz (Hg.): *Frauen – Literatur – Politik*. Hamburg 1988, S. 115–131.
Heydebrand, Renate von, und Simone Winko: „Arbeit am Kanon. Geschlechterdifferenz in Rezeption und Wertung von Literatur". In: Hadumod Bußmann u. Renate Hof (Hg.): *Genus. Zur Geschlechterdifferenz in den Kulturwissenschaften*. Stuttgart 1995, S. 206–261.
Hoock-Demarle, Marie-Claire: „Zwischen Wirklichkeit und Fiktion. Karoline von Günderrode und Bettina von Arnim – eine weibliche Freundschaft um 1800 und ihre literarische Verarbeitung". In: *Querelles. Jahrbuch für Frauenforschung* 3 (1998), S. 169–183.
Klausnitzer, Ralf: *Blaue Blume unterm Hakenkreuz. Die Rezeption der deutschen literarischen Romantik im Dritten Reich*. Paderborn [u.a.] 1999.
Kohlschmidt, Werner: „Nihilismus der Romantik". In: *Neue Schweizer Rundschau* 21 (1953/54), S. 466–482.
Konrad, Gustav: „Bettina von Arnim". In: Benno von Wiese (Hg.): *Deutsche Dichter der Romantik: Ihr Leben und Werk*. Berlin 1971; 2., überarb. und verm. Aufl. Berlin 1983, S. 377–407.
Krimmer, Elisabeth: „Bettina and Louise. Gender Constructions in Bettina Brentano-von Arnim's *Clemens Brentanos Frühlingskranz*". In: Hilary Sy-Quia u. Susanne Baackmann (Hg.): *Conquering Women. Women and War in the German Cultural Imagination*. Berkeley 2000, S. 156–176.
Landfester, Ulrike: „Von Frau zu Frau? Einige Bemerkungen über historische und ahistorische Weiblichkeitsdiskurse in der Rezeption Bettine von Arnims". In: Jb BvA 8/9 (1996/97), S. 201–222.
Landfester, Ulrike: *Selbstsorge als Staatskunst. Bettine von Arnims politisches Werk*. Würzburg 2000.
Mander, Gertrud: *Bettina von Arnim*. Berlin 1982.
Möhrmann, Renate: *Die andere Frau. Emanzipationsansätze deutscher Schriftstellerinnen im Vorfeld der Achtundvierziger-Revolution*. Stuttgart 1977.
Osinski, Jutta: *Einführung in die feministische Literaturwissenschaft*. Berlin 1998.
Schormann, Sabine: „Bettine von Arnims Rezeption der frühromantischen Philosophie". In: Jb BvA 3 (1989), S. 31–46.
Susman, Margarete: *Frauen der Romantik*. Jena 1929.
Svandrlik, Rita: „Weibliche Gründungen / Grenzverwischungen: Bettine von Arnim und einige Nachfahrinnen". In: Anja Ernst u. Paul Geyer (Hg.): *Die Romantik. Ein Gründungsmythos der europäischen Moderne*. Göttingen 2010, S. 569–586.
Tanneberger, Irmgard: *Die Frauen der Romantik und das soziale Problem*. Oldenburg 1928.
Vordtriede, Werner: „Bettina von Arnims Armenbuch". In: Jb FDH 1962, S. 379–518.
Waldstein, Edith: *Bettine von Arnim and the Politics of Romantic Conversation*. Columbia/SC 1988.
Wallenborn, Markus: *Frauen. Dichten. Goethe. Die produktive Goethe-Rezeption bei Charlotte von Stein, Marianne von Willemer und Bettina von Arnim*. Tübingen 2006.

Weißenborn, Birgit: *Bettina von Arnim und Goethe. Topographie einer Beziehung als Beispiel weiblicher Emanzipation zu Beginn des 19. Jahrhunderts.* Frankfurt a M. [u. a.] 1987.

Wetzel, Michael: „Private Dancer. Korrespondenzen zwischen Bettine Brentano, Goethe und anderen". In: *Athenäum. Jahrbuch für Romantikforschung 5* (1995), S. 71–99.

Wiese, Benno von: „Vorwort des Herausgebers". In: B. v. Wiese (Hg.): *Deutsche Dichter der Romantik: Ihr Leben und Werk.* Berlin 1971; 2., überarb. und verm. Aufl. Berlin 1983, S. 7–12.

Wolf, Christa: „Ein Brief über die Bettine". In: C. Wolf: *Lesen und Schreiben. Neue Sammlung. Essays, Aufsätze, Reden.* Darmstadt, Neuwied 1980, S. 284–318.

Zimmermann, Karin: *Die polyfunktionale Bedeutung dialogischer Sprechformen um 1800. Exemplarische Analysen: Rahel Varnhagen, Bettine von Arnim, Karoline von Günderrode.* Frankfurt a.M. [u.a.] 1992.

6. Aspekte der aktuellen Forschung
Barbara Becker-Cantarino

1. Überblick 662
2. Erschließung und Grundlagenforschung: Bibliographisches 663
3. Werkausgaben 664
4. Stand der Erschließung der Briefe und Briefwechsel 665
5. Positionen der Forschung: Die ‚politische Bettina' 666
6. Theologische und sozialpolitische Aspekte 668
7. Narrative Selbstentwürfe und Poetologie 670
8. Ausblick: Epistolarisches Schreiben, Kommunikationsstrategie und Selbstinszenierung 672
9. Literatur 674

1. Überblick

In der Forschung war Bettina von Arnim als Frau aus einer prominenten Familie mit enger Beziehung zu großen Dichtern, bekannten Intellektuellen und Literaten ihrer Zeit, besonders Goethe, immer von Interesse; detaillierte Forschungsberichte darüber bis in die späten 1990er Jahre finden sich bei Marjanne Goozé (1995) und Ulrike Landfester (2000a, 17–43). Landfester konstatiert in diesem Rahmen – zu Recht – die „Zählebigkeit der Klischees, mit denen Literaturgeschichte, Biographik und analytische Forschung bezüglich Bettines operieren" (ebd., 43). Denn auch in der Germanistik und Literaturgeschichtsschreibung hat die in der Romantik (und Klassik) propagierte ‚Geschlechterdifferenz' nachhaltig gewirkt: Bis weit ins 20. Jahrhundert hinein wurde an dem romantischen Konzept einer ‚natürlichen Weiblichkeit' festgehalten, nach dem Frauen auch als Schriftstellerinnen ihr Leben und vielfach ebenso ihr Schreiben als Freundin, Geliebte und Muse dienend einem ‚großen' Dichter und also einem Mann zu unterstellen haben. So wurde Bettina von Arnims eigenständiges *literarisches* Werk im Rahmen der Erforschung und

Interpretation der Romantik und des 19. Jahrhunderts erst relativ spät beachtet, wobei schon die Epochenzuordnung Schwierigkeiten zu bereiten schien. Ihr Werk, befand die Forschung zunächst in dieser Hinsicht, könne der eigentlichen ‚romantischen Schule‘ schwerlich zugerechnet werden (Heines großer Essay war nahezu zeitgleich mit ihrem literarischen Debüt *Goethe's Briefwechsel mit einem Kinde* erschienen), vielmehr gehöre es zur ‚Spätromantik‘ (vgl. Loeper 1875). Erst später ging man dazu über, sie in eine Reihe mit den ‚radikal-demokratischen‘ Schriftstellern des Vormärz zu stellen (z.B. Beutin [u.a.] 1992, 247). Sofern ihre Briefbücher vor der ab den 1950er Jahren zu verzeichnenden ‚Bettine-Renaissance‘ (Ingeborg Drewitz) überhaupt ins Blickfeld der Literaturgeschichte gerieten, wurden sie zwar durchaus kontrovers diskutiert, allzu häufig jedoch waren sie kaum mehr als eine Fußnote zu Goethe oder Clemens Brentano.

Erst mit der Befreiung des Literaturbegriffs aus der Enge des Kanons und der Fixierung auf die ‚Höhenkammliteratur‘ sowie der Erforschung von fiktionalen und nichtfiktionalen Texten aller Art wurden auch Bettina von Arnims Briefbücher, Briefe und politischen Texte eingehend in Untersuchungen einbezogen. Nach Positivismus, Geistes- und Formgeschichte erfuhr Bettina von Arnim als politische Autorin im Zuge der neuen Methodenvielfalt seit den 1970er Jahren – und hier vor allem die Fragestellungen und Methoden der feministischen Sozialgeschichte und der Genderstudien – schließlich eine adäquate Wertschätzung (siehe VI.5. *Rezeption und Forschung in der BRD*). Ein großer Gewinn für die Bettina-von-Arnim-Forschung sind jedoch nicht zuletzt die seit den 1990er Jahren publizierten philologisch-historisch fundierten, kommentierten Ausgaben, Einzeluntersuchungen und Briefwechsel (u.a. von Heinz Härtl, Hartwig Schultz, Wolfgang Bunzel, Ulrike Landfester, Sibylle von Steinsdorff und Ursula Püschel; die Artikel zu einzelnen Texten Bettinas innerhalb dieses Handbuchs enthalten Informationen über die jeweilige relevante Forschung).

2. Erschließung und Grundlagenforschung: Bibliographisches

Die bio-bibliographische Erfassung des Werks von Bettina von Arnim setzte im Grunde erst 1875 ein, mit dem in der *Allgemeinen Deutschen Biographie* publizierten Artikel zu „Bettina: Anna Elisabeth von Arnim, geborene Brentano, Schriftstellerin der neuromantischen Schule", verfasst von dem Goethe-Forscher Gustav von Loeper (1822–1891), einem jüngeren Zeitgenossen Bettinas, der seit 1854 als Jurist im preußischen Hausministerium tätig war. Reinhold Steig erweiterte diese Bibliographie zum Ende des 19. Jahrhunderts in einem Unterkapitel zu Clemens Brentano und Achim von Arnim im *Goedeke* (Steig 1898, 81–86). Dass ‚Bettina‘ hier wie auch andernorts lediglich im Windschatten ihres Bruders Clemens und ihres Ehemanns Achim, vor allem aber als Nische der prestigeträchtigen Goethe-Forschung von Interesse war, zeigt gleichwohl nur die eine Seite der Medaille. Auf der anderen Seite bewirkte die viel geschmähte ‚Faktenhuberei‘ des Positivismus für Bettina von

Arnim die Aufnahme in die Riege der Geistesgrößen Deutschlands, lieferte damit das Material für Generationen von Wörterbüchern, Enzyklopädien, Literaturgeschichten und fiktionalen Aneignungen und half der Bewahrung und (selektiven) Tradierung ihrer Texte und Lebenszeugnisse. Die eigentliche Forschungsgrundlage hierfür bildete ab 1933 für mehrere Jahrzehnte die gründlich erweiterte Bibliographie des Romantik-Forschers Otto Mallon. Noch Gustav Konrad bezog sich 1971 in seinem umsichtigen Aufsatz zu Bettina von Arnim in Benno von Wieses *Deutsche Dichter der Romantik* – damals ein Standardwerk vieler Germanisten – auf Mallons Bibliographie (zu Wiese siehe VI.5. *Rezeption und Forschung in der BRD*). Einen kenntnisreichen und umfassenden Überblick über die bis zum Ende des 20. Jahrhunderts publizierten Untersuchungen bietet seit Mitte der 1990er Jahre zudem der von den hervorragenden Brentano-Kennern Konstanze Bäumer und Hartwig Schultz verfasste und in der Metzler-Reihe *Realien zur Literatur* erschienene Band *Bettina von Arnim* (1995). – Seit 1990/91 wird mit jedem Band des *Internationalen Jahrbuchs der Bettina-von-Arnim-Gesellschaft* (Jb BvA) überdies eine fortlaufende Bettina-von-Arnim-Bibliographie publiziert.

3. Werkausgaben

Noch zu Lebzeiten hatte Bettina eine Werkausgabe im Selbstverlag veranstaltet: In diesen *Sämmtlichen Schriften* (1. Aufl. 1853, 2. Aufl. 1857) veröffentlichte sie in zusammen elf Bänden ihre Briefbücher in einer Art autobiographischen, nicht chronologischen Abfolge, angefangen also mit *Clemens Brentano's Frühlingskranz* (Bd. 1), gefolgt von *Die Günderode* (Bd. 2–3), dem *Goethebuch* (Bd. 4–6) und *Ilius Pamphilius* (Bd. 7–8), bis zu *Dies Buch gehört dem König* (Bd. 9–10) und *Gespräche mit Daemonen* (Bd. 11). Diese Sammlung wurde erst über 60 Jahre später von Waldemar Oehlke, der 1904 in Berlin über *Bettina von Arnims Briefromane* (1905) promoviert hatte, im Rahmen seiner 1920–1922 im Propyläen Verlag in sieben Bänden herausgegebenen Werkausgabe erweitert. Zum 100. Todestag von Bettina von Arnim erschienen schließlich die ersten der insgesamt fünf Bände von Gustav Konrads Ausgabe *Werke und Briefe* (1959–1963), deren vierter Band – neben informativen Nachworten zu allen Werken – auch die Märchen, Gedichte und kleine Prosa enthielt, dazu ein Band mit dem originalen Briefwechsel Bettinas mit Goethes Mutter und mit Goethe sowie weitere Briefe (an Achim, Clemens, Pückler-Muskau, Savigny und Gunda, Friedrich Wilhelm IV. und andere Freunde und Bekannte).

Das gestiegene Forschungsinteresse an der Romantik seit den 1970er Jahren, die vor allem unter Leserinnen rege Populärrezeption Bettina von Arnims als Frau und Autorin und die Publikationsflut über ‚Bettina' ermunterte Germanisten in beiden Teilen Deutschlands, neue *wissenschaftliche* Editionen vorzubereiten. In der DDR konnte Heinz Härtl im Auftrag der Nationalen Forschungs- und Gedenkstätten der klassischen deutschen Literatur besonders die Weimarer Bestände für seine auf fünf Bände angelegte, textlich zuverlässige und ausführlich kommentierte Ausgabe neu erschließen und nutzen, von der jedoch nur Band 1 (*Goethe's Briefwechsel mit einem Kinde*, 1986) und Band 2 (*Die Günderode, Frühlingskranz*, 1989) veröffentlicht werden konnten (die drei weiteren geplanten Bände mussten nach der Wende aufgegeben werden). Härtls Edition zeichnen dabei nicht zuletzt die reichhaltigen, akribisch recherchierten Anmerkungen und Kommentare zum biographischen, zeitgeschichtlichen Umfeld, zur Entstehungsgeschichte, zu den Quellen – den Originalbriefwechseln Bettinas – und zur zeitgenössischen Rezeption und Wirkung aus. Seine Expertise und seine Vorarbeiten zu den weiteren Bänden kamen denn auch nach der Wiedervereinigung dem (westdeutschen) Konkurrenzunternehmen einer wissenschaftlichen Edition der Werke Bettinas zugute.

Die kommentierte Studienausgabe *Bettine von Arnim. Werke und Briefe* – eben jenes Konkurrenzunternehmen – erschien von 1986 bis 2004 unter der Gesamtherausgeberschaft von Walter Schmitz und Sibylle von Steinsdorff in vier umfangreichen Bänden in der Reihe *Bibliothek Deutscher Klassiker* des 1981 gegründeten Deutschen Klassiker Verlags, einer Tochter von Suhrkamp und Insel. Der Anspruch des Verlags, eine mustergültige Ausgabe für Wissenschaftler, Lehrende, Studierende und Bibliotheken und das kulturell interessierte Publikum zu liefern, ist hier voll eingelöst worden (und hat Bettina endlich unter die Klassiker eingereiht). Wichtig für die Forschung ist vor allem der Umstand, dass mit dieser Ausgabe erstmals die *Politischen Schriften* (Bd. 3, 1995, hg. von Wolfgang Bunzel, Ulrike Landfester, Walter Schmitz und Sibylle von Steinsdorff) und die *Briefe* (Bd. 4, 2004, hg. von Heinz Härtl, Ulrike Landfester und Sibylle von Steinsdorff, in Zusammenarbeit mit Ursula Härtl, Bettina Kranzbühler und Walter Schmitz) in zuverlässiger Textgestalt umfassend kommentiert vorliegen. Ergänzt wird der vierte und letzte Band durch einen umfassenden Index, der alle vier Bände umfasst. Die *Werke und Briefe* des Deutschen Klassiker Verlags dürften auch in Zukunft *die* Standardausgabe bleiben, die für jede wissenschaftliche Beschäftigung mit dem Werk und der Person Bettina von Arnims heranzuziehen ist. Ein ‚Schönheitsfehler' der Ausgabe, der einer weiten Verbreitung eher hinderlich war, war lediglich der über lange Zeit sehr hohe Ladenpreis der Bände.

Erste Überlegungen zu einer digitalen Edition wurden bereits um die Jahrtausendwende angestellt (vgl. Landfester 2000b). Mittlerweile finden sich mehrere Volltextversionen gemeinfreier, älterer Ausgaben – auch eingescannte Erstausgaben – im Netz (Google Books, Projekt Gutenberg, Zeno.org, Internet Archive), überdies gibt es zahlreiche Paperback-Ausgaben einzelner Werke auf dem Markt.

4. Stand der Erschließung der Briefe und Briefwechsel

Besonders ergiebig in den letzten Jahrzehnten war die Arbeit an der philologisch-textkritischen Erschließung einzelner Briefwechsel (siehe IV.4. *Die Briefwechsel*). Der 2004 veröffentlichte, 1.295 Seiten umfassende Band 4 der oben genannten Standardausgabe des Deutschen Klassiker Verlags enthält eine große, repräsentative Auswahl an jeweils ungekürzten Bettina-Briefen mit detailliertem Stellenkommentar, Archiv- bzw. Druckangaben, dazu den Überblick „Bettine und ihre Briefe" (GW 4, 717–753). Die Ausgabe zeigt das breite Adressatenspektrum der Briefe Bettina von Arnims in chronologischer Anordnung (leider ohne Gegenbriefe) und in diplomatischem Abdruck und erläutert die Genese der Dokumente *en détail*, wenn – wie häufig bei Bettina – mehrere Fassungen oder Konzepte vorliegen. Inzwischen ist auch die 1999 begonnene dreibändige Ausgabe von Bettinas Korrespondenz mit ihren Söhnen Freimund (Bd. 1, 1999), Siegmund (Bd. 2, 2013) und Friedmund (Bd. 3, 2001) abgeschlossen, die neben vielen privaten Details ebenfalls Einblicke in Bettinas literarische und politische Aktivitäten gewährt. – Eine neue, von Heinz und Ursula Härtl vorbereitete kritische Gesamtausgabe der frühen Briefe mit dem Titel *Die junge Bettina. Briefwechsel 1796–1811*, die auch die schwer darzustellende Vernetzung Bettinas mit anvisiert, erscheint 2020 bei De Gruyter (Stand: Mai 2019). Renate Moering hat überdies unlängst den gesamten Briefwechsel Bettinas mit Achim an den Briefmanuskripten geprüft und neu kommentiert herausgegeben (*Achim von Arnim – Bettine Brentano verh. von Arnim. Briefwechsel*, 3 Bde., 2019) und damit auch die bislang verkürzten oder ausgelassenen Briefe zugänglich gemacht. Ebenfalls jüngst erschienen ist zudem die vollständige Neuedition des Briefwechsels Bettina von Arnims mit Julius Döring, *Letzte Liebe. Das unbekannte Briefbuch* (2019), herausgegeben und kommentiert von Wolfgang Bunzel.

5. Positionen der Forschung: Die ‚politische Bettina'

Im Laufe der 1990er Jahre rückte zunächst das politisch-journalistische Werk Bettinas in den Mittelpunkt der Forschung – eine Entwicklung, die Ulrike Landfester erstmals auf dem Dritten Wiepersdorfer Kolloquium „*Die echte Politik muß Erfinderin sein*" (Schultz 1999) im Überblick vorstellte und konzise zusammenfasste. Die Kolloquiumsbeiträge selbst beleuchteten in diesem Zusammenhang verschiedenste Aspekte, von „Bettine politisch – Beispiel Polen" (Ursula Püschel) über „Bettines Frankfurter Mitgift" (Hartwig Schultz), bis zu „Bettina von Arnim, die ‚Frauenfrage' und der ‚Feminismus'" (Barbara Becker-Cantarino), und lieferten neue Einblicke zum Komplex ‚Bettina und die Revolution von 1848' (Berthold Petzinna, Christine Becker, Hartwig Schultz) sowie zur Romantik-Forschung im 20. Jahrhundert (Karl Robert Mandelkow). Gut zehn Jahre darauf widmete sich anlässlich Bettinas 150. Todestag zudem nicht nur das *Internationale Jahrbuch der Bettina-von-Arnim-Gesellschaft* – ein für die Bettina-von-Arnim-Forschung ungemein wichtiges Forum – dem Politischen bei Bettina und ihrer Behandlung der ‚sozialen Frage' (Jb BvA 22/23 [2010/11]), auch die von Wolfgang Bunzel im Gedenkjahr 2009 für das Freie Deutsche Hochstift im Frankfurter Goethe-Museum organisierte Bettina-Ausstellung stand unter dem Thema: „*Die Welt umwälzen*". Das Motto der Ausstellung, deren Katalog das erstaunlich breite Spektrum von Bettinas Aktivitäten und Interessen prägnant veranschaulicht,

6. Aspekte der aktuellen Forschung

greift zugleich den Titel der 2001 von Ursula Püschel herausgegebenen kommentierten Edition „*Die Welt umwälzen – denn darauf läufts hinaus*" auf, eine wertvolle Ausgabe des auffindbaren Briefwechsels zwischen Bettina von Arnim und Friedrich Wilhelm IV. mit einem umfangreichen Anhang politisch relevanter Bettina-Briefe und einem umfassenden Kommentar. Wie Püschel hier betont, war es ihre Intention, „das politische Engagement und die politische Kompetenz der Bettina von Arnim darzulegen und Quellen dafür bereitstellen" (Bw Friedrich Wilhelm IV., 14). Ursula Püschel (1930–2018), die neben ihrer wissenschaftlichen Arbeit auch als Journalistin und Literaturkritikerin tätig war, verdankt die Forschung darüber hinaus eine ganze Reihe von Aufsätzen, Sammelbänden und Editionen zur ‚politischen Bettina' – zu Bettinas Briefen ebenso wie zu ihrer ‚Polenbroschüre' und anderen politischen Schriften (das Thema ihrer Dissertation von 1965), zum *Daemonenbuch* ebenso wie zur Volksbildung oder ihren Briefwechseln mit Heinrich Bernhard Oppenheim und mit Theodor Goldstücker und ihrer Preußenkritik generell (vgl. u. a. Püschel 1996; 2005).

All diese Themen bestimmen auch Ulrike Landfesters im Jahr 2000 veröffentlichte Studie *Selbstsorge als Staatskunst. Bettine von Arnims politisches Werk*. Landfester, die hiermit das Gesamtwerk als politisches Werk neu erschlossen hat, greift in ihren Überlegungen „zur Klassifizierung des ‚Bettinischen'" (Landfester 2000a, 57) auf den Begriff der ‚Selbstsorge' (Foucault) zurück. Ihre Kernthese: „Mit ihrer produktiven Rezeption [der Idee einer schöpferischen Selbstsorge; B.B.-C.] [...] nutzt Bettine den Spielraum, den die Spätaufklärung mit der Verzeitlichung des Subjektbegriffes öffnet, dazu, eine Utopie politischer Kommunikation zu entwerfen, die die Technologien der zur überindividuellen Verbindlichkeit drängenden bürgerlichen Gesellschaftsmacht durch das Prinzip eigenverantwortlich auszubildender ethischer Individualität abzulösen vorschlägt" (ebd., 69–70). Landfester verbindet den Begriff ‚Selbstsorge' dabei mit Aspekten von ‚Weiblichkeit' und ‚Dialogizität', um Fragestellungen zur Analyse von Bettinas politischem Werk und Wertungskriterien zur Erfassung des ‚Bettinischen' als politischer Ästhetik zu erarbeiten: „Das Zusammenspiel der verschiedenen Dialogebenen in Bettines Werk ist die Basis, auf der die Autorin ihre politische Wirksamkeit zu begründen sucht" (ebd., 89). Mit ‚Selbstsorge' bezeichnet Landfester letztlich ein Verfahren steter Bewusstseinslenkung, mit dem das Individuum die eigene Existenz ästhetisiere. Die schöpferische Selbstsorge als Strategie konkreter Gegenwartsbewältigung trete aus dem Raum des ästhetischen Spieles, in den Schiller sie noch verwies, heraus und könne, so Landfester, in Auseinandersetzung mit den historischen Machttechniken der Moderne politisch bedeutsam werden. Die Verschmelzung von Poesie und Kritik und die Auflösung der Grenze von Kunst und Leben in der Frühromantik habe die ästhetische Depotenzierung der Vernunft als produktive Neubestimmung von Mündigkeit eingeleitet; in dieser Ideologie wurzele nicht zuletzt die Ideologie der Jungdeutschen in den 1830er Jahren, die die Politisierung aller Literatur forderten und schon Bettinas *Goethebuch* als politisches Werk rezipierten. Zuvor bereits von der feministischen

Forschung herausgearbeitet, betont auch Landfester, dass Bettinas politische Praxis als dialogische Praxis zugleich eine emanzipatorische Grenzüberschreitung gewesen sei, und hebt insbesondere die intertextuelle Dialogvernetzung in der Makrostruktur der Texte hervor, den „von Bettine als dialogischen betriebenen Gesamtprozeß" (ebd., 88).

Landfester zeichnet in dieser Hinsicht Bettinas pädagogisches Wirken auf junge Männer nach, angefangen mit den Münchner Jahren bis hin zu ihrem Projekt eines Volkskönigtums, ihren Versuchen der Fürstenerziehung an Kronprinz Karl von Württemberg oder Erbgroßherzog Carl Alexander von Sachsen-Weimar-Eisenach und ihrem Briefbuch *Ilius Pamphilius und die Ambrosia*, geradezu ein Lehrtext der politischen Selbstsorge und Politisierung des romantischen Konzeptes ‚Jugend'. Und nicht nur in diesem Briefbuch habe Bettina, wie Landfester schreibt, „‚Weiblichkeit' als eine im performativen Widerstand gegen die Geschlechterdifferenz erworbene Authentizität des Selbstausdrucks propagiert" (Landfester 2000a, 246). Wie die Briefbücher liest Landfester zudem auch die Märchen als politische Zeitdiagnostik und resümiert, dass das Märchen eine Synthese aus Wirklichkeitsbezug und poetischer Wahrheitsbildung herstellen könne, die das *Königsbuch* mit seiner Trennung in poetische und bürokratische Rede verfehlt habe.

Bettina trat bekanntlich erst mit dem Erscheinen des *Königsbuches* aktiv in das publizistische-politische Geschehen ein. In diesem Kontext geht Landfester noch einmal die politische Rezeption Bettinas zu ihren Lebzeiten durch und zeigt, wie Bettinas poetische Strategien von einer Literaturkritik beurteilt werden, „deren ästhetische Kriterien durch einen ideologischen Rationalismus gesteuert" wurden (Landfester 2000a, 282), wobei sie auch die Problematik des Publikumbezugs in den Blick nimmt, vom *Königsbuch* über die ‚Polenbroschüre' bis zu den *Gesprächen mit Daemonen*, dem literarischen Monument des letztlich gescheiterten Projektes ihrer „politischen Kommunikationsutopie" (ebd., 361), den preußischen König Friedrich Wilhelm IV. zur schöpferischen Selbstsorge anzuhalten. Unter das *telos* eben jener „gemeinsamen schöpferischen Selbstsorge der menschlichen Gesellschaft" stellt Landfester denn auch Bettinas politisches Werk insgesamt und liest es als Entwurf einer „politischen Ästhetik der Existenz" (ebd., 364). Das Bild von Bettina als ‚Kobold' dürfte spätestens mit dieser profunden Studie obsolet geworden sein.

6. Theologische und sozialpolitische Aspekte

Aus einer ganz anderen, einer theologischer Perspektive hat sich 2010 Michael Penzold dem Werk Bettina von Arnims genähert. In seiner Studie *Begründungen weiblichen Schreibens im 19. Jahrhundert. Produktive Aneignungen des biblischen Buches Rut bei Bettine von Arnim und Thomasine Gyllembourg* schließt Penzold an ein feministisches Paradigma des *affidamento*, des Beziehungsgefüges zwischen Frauen und des Aushandelns von Beziehungen, an und liest *Goethe's Briefwechsel mit einem Kinde* als Variation über das biblische Buch Rut. Penzold zufolge sei Bettinas Beziehung zu Goethes Mutter dabei entscheidend für ihre Verfasserschaft gewesen; die Fremdheit gegenüber der Welt des Schreibens habe sie erst im Medium des Briefes, im Briefwechsel mit Goethes Mutter überwinden können, zugleich habe ihr der Briefwechsel eine Annäherung an die Welt des Weimarer Dichterfürsten, des ‚Lösers‘, ermöglicht. Ausgehend von der Begegnung mit Goethe falle Bettina nun die Rolle der Erzählerin zu, mehr noch, mit dem *Goethebuch* schreibe sie eine über Goethes Tod hinaus bestehende Geschichte der Erinnerung – überall, meint Penzold, ließen sich so Parallelen zum Buch Rut zeigen. Abgesehen von der (dann doch weit hergeholten) Buch-Rut-Affinität erinnert letztlich vieles in Penzolds Argumentation an die Theorien über ‚weibliches Schreiben‘ der 1980er Jahre.

Nun haben sich in den letzten Jahrzehnten zahlreiche Bettina-Aufsätze deren spezifisch weiblicher Biographie gewidmet und sich mit der Differenz weiblicher Lebensentwürfe auseinandergesetzt. Eine detaillierte, quellenbezogene Interpretation von Bettinas Leben entwickeln in dieser Hinsicht insbesondere die psychologisch orientierten Doppelbiographien von Hildegard Baumgart, *Bettine Brentano und Achim von Arnim. Lehrjahre einer Liebe* (1999) und *Bettine und Achim von Arnim. Die Geschichte einer ungewöhnlichen Ehe* (2016). Beide Bände basieren auf gründlicher Kenntnis der Bettina-Texte und -Forschung und interpretieren das Leben von Bettina und Arnim auf einfühlsame Weise – und sind leserfreundlich. In ihrer Geschichte dieser (nicht zum ersten Mal dargestellten) ungewöhnlichen Ehe zeichnet Baumgart das Aufeinandertreffen zweier gegensätzlicher Gefühlsmenschen nach, die im Zwiespalt zwischen idealistischen Höhenflügen und profanen Sachzwängen lebten.

Nicht unerwähnt bleiben sollte auch Hildegund Keuls Studie *Menschwerden durch Berührung. Bettina Brentano-Arnim als Wegbereiterin für eine feministische Theologie* (1993), in der das Werk Bettinas für die Fundamentaltheologie reklamiert und ein weiteres Mal dessen sozialpolitische Bedeutung hervorgehoben wird. Denn wie Keul zuletzt 2010 in dem Sammelband *„Mit List und … Kühnheit … Widerstand leisten": Bettine von Arnims sozialpolitisches Handeln zwischen Privatheit und Öffentlichkeit* betont, sei es theologisch und gesellschaftlich weiterführend, sich mit Bettina von Arnims Werk zu beschäftigen, weil dieses nicht zuletzt die Themen Völkerfreundschaft, Religionskritik und Religionsdialog souverän angesprochen und sich gegen ‚Armut‘ engagiert habe (vgl. Keul 2010, 87–89).

Der von Wolfgang Bunzel, Kerstin Frei und Mechtild M. Jansen herausgegebene Band *„Mit List und … Kühnheit … Widerstand leisten"* beleuchtet insgesamt nochmals das „weitgespannte sozialpolitische Engagement Bettinas" und ergänzt die „vergleichsweise enge literaturwissenschaftliche Sichtweise auf Person und Texte" (Frühwald 2010, 8). So liest Hille Haker die Schriften Bettina von Arnims aus sozialethischer Perspektive und fragt nach der Bedeutung einer „Ethik der Sorge versus Ethik der Gerechtigkeit" in Verbindung mit Bettinas Konzept der ‚Schwebe-Religion‘ (Haker 2010, 133); Pia Schmid erörtert die ‚soziale Frage‘ im Kontext der 1840er Jahre (siehe auch IV.1.5. *Das Armenbuch-Projekt*); Ulrike Landfester beschäftigt sich mit Bettinas ausdifferenzierter, poetischer Konzeptionalisierung des Begriffs ‚Arbeit‘;

und Angela Thamm erläutert Bettinas Schreibstrategie in ihren Briefen an den König und Savigny, eine „Briefpolitik mit Herz und Verstand", wie Thamm schreibt, denn: „Beim Abschreiben [der jeweiligen Briefe] agierte sie adressatenbezogen und bewies Empathiefähigkeit und strategisches Geschick, um ihre politischen Handlungsziele zu erreichen" (Thamm 2010, 154).

7. Narrative Selbstentwürfe und Poetologie

In den letzten zwei Jahrzehnten sind selbstredend auch die Briefbücher weiterhin als Untersuchungsgegenstand in Qualifikationsarbeiten herangezogen worden, um die narrativen Selbstentwürfe der Autorin sowie ihr ‚Schreiben' eingehend zu exemplifizieren. Schreiben als Zentrum der Existenz: Dieser Gedanke steht beispielsweise im Zentrum von Angela Thamms Arbeit *Romantische Inszenierungen in Briefen. Der Lebenstext der Bettine von Arnim geb. Brentano* (2000). Schreiben nämlich, so Thamm in ihrer psychologisch orientierten Interpretation, sei ‚heilsam' für Bettina gewesen, ein Ausdruck ihrer Freiheitssuche, einer eben auch lebenslangen Suche nach *ihrer* Sprache für *ihre* Welt. In Bettinas Provokationen und ihrer für ihr Umfeld bisweilen irritierenden (Auf-)Dringlichkeit erkennt Thamm denn auch vor allem einen weiblichen ‚Gegenentwurf' im Medium der Körpersprache, in ihren Inszenierungen (z.B. als auf der ‚Schawelle' bei Goethes Mutter Sitzende oder als Kind-Biographin) romantische Schreibspiele in weiblicher Regie. Auch Thamms teilweise an Ludwig Wittgenstein und den Psychoanalytiker Alfred Lorenzer anknüpfende Lesart hinsichtlich Bettinas ‚Schreibwerkstatt' vermag somit interessante Einblicke in Empathie, Strategie und das politische Handeln der Autorin zu vermitteln.

Einen doch sehr anderen Ansatz wählt Ulrike Growe in ihrer 2003 veröffentlichten Studie *Das Briefleben Bettine von Arnims. Vom Musenanruf zur Selbstreflexion*. Growe, die sich in ihrer Untersuchung auf *Goethe's Briefwechsel mit einem Kinde*, *Die Günderode* und *Clemens Brentano's Frühlingskranz* konzentriert, versteht diese drei Briefbücher als „gestaltete Lebensgeschichte" (Growe 2003, 153) der Spätromantik und sieht in ihnen den Versuch, das Leben nachträglich im Schreiben zu strukturieren. Bettinas biographische Entwicklung von Clemens über Günderrode zu Goethe erfolgte demnach im Gestus der dreimaligen Selbstbefragung. Die eigene Entwicklung im konzentrierten Austausch mit jeweils einer Person darzustellen, sei der Kunstgriff, mit dem sie ihr Lebensbild entworfen habe (vgl. ebd., 240). Bettinas Schreiben sei bruchlose Bewegung und Gegenbewegung lebensweltlicher Erfahrung und autobiographischen Schreibens gewesen, ihre Autorschaft bestehe in der spezifischen Verortung und Genese als Vernetzung sozialer, zeitlicher wie auch ästhetischer Bezüge, eine Geschichte, in der eine Abfolge von Bildern und Begebenheiten mit der Konzentration auf ihr Ich gestaltet werde. Goethes Tod markiere dabei den Scheitelpunkt der Lebensgeschichte Bettinas (vgl. ebd., 239) – hier vermisst man jedoch den Hinweis auf Achims Tod. Methodisch knüpft Growes *close reading* bei alldem an die Tradition der werkimmanenten

Interpretationen an und damit an eine Herangehensweise, die der neueren strukturalistischen, kommunikationsbezogenen Forschung tendenziell zu schwammig ist.

Auch Gabriele Sellners 2007 erschienene Untersuchung „*Die Sterne haben mirs gesagt für Dich*": *Vereinigung von Poesie und Philosophie in Bettina von Arnims „Die Günderode*" ist dem *close reading* verpflichtet. Sellner folgt in ihrer Interpretation dem sympraktischen Ansatz der Erzähltheorie nach dem Romanisten Rolf Kloepfer, mit der das Spektrum der ‚zeichengelenkten Gemütsregungen' – Emotionen – erschlossen werden soll. Ihre umfassende Lesart, die die textuellen Mittel der Leserbeeinflussung anvisiert, bietet zweifelsohne interessante Einblicke in die Textkonstruktion und Poetologie Bettina von Arnims.

Dies gilt auch für Hedwig Pompes Studie *Der Wille zum Glück. Bettine von Arnims Poetik der Naivität im Briefroman „Die Günderode*" von 1999. In einem breiten begriffsgeschichtlichen Kontext mit Fokus auf Schillers Geschichts- und Transzendentalphilosophie stellt Pompe für *Die Günderode* die Diskursfelder Bettine – Natur – Brief und Günderode – Kunst – Werk gegenüber und analysiert die dialektische Vermittlung als komplementär angelegten Dialog zwischen den tradierten narrativen Mustern des ‚Naiven' und des ‚Sentimentalischen'. Der Briefwechsel einer ‚naiven Bettine' und einer ‚sentimentalischen Günderode' ist Pompe zufolge als programmatisches Spiel zu begreifen, aufgeführt vor einer philiströsen Mitwelt, deren Dominanzanspruch durch romantische Kunst zu überwinden sei (siehe IV.1.2. *Die Günderode*).

Eine differenzierte Arbeit zu Bettinas Mythos- und Religionsvorstellung in *Die Günderode* hat 2007 zudem Monserrat Bascoy Lamelas mit *FreundIN, MeisterIN, DichterIN – Bettina von Arnim und die Konstruktion des Günderode-Mythos in ihrem Roman „Die Günderode*" *(1840)* vorgelegt, wobei insbesondere ihre Ausführungen zur „Schwebe-Religion und Neue[n] Mythologie" (Bascoy Lamelas 2007, 143–262) Beachtung verdienen. Bettina habe, so Bascoy Lamelas' Resümee, „die Übermacht der Vernunft durch Rückgewinnung auf mythisches Denken zu bekämpfen versucht" (ebd., 395). Auf der fiktiven Ebene des *Günderodebuchs* plädiere Bettina für den Schöpfer-Gott und könne mit der Natur sprechen. Bascoy Lamelas' Ausführungen zur textlichen Verwandtschaft zur Neuen Mythologie (besonders zu Friedrich Schlegel und Friedrich Wilhelm Joseph Schelling) und zu den Naturbildern und -allegorien lenken den Blick auf bislang weniger beachtete Aspekte in Bettinas Texten.

Eine Einbettung in die Paradigmen der Germanistik hat schließlich Markus Wallenborn in seiner Studie *Frauen. Dichten. Goethe. Die produktive Goethe-Rezeption bei Charlotte von Stein, Marianne von Willemer und Bettina von Arnim* (2005) vorgenommen, die nochmals Bettina als Bezugsperson im Leben Goethes und intertextuelle Verbindungen aufzeigt. Anders als der Untertitel der Arbeit verspricht, kann Wallenborn zum eigentlichen Thema, der produktiven Goethe-Rezeption, jedoch nur wenig Neues beitragen, da seit Konstanze Bäumers bahnbrechender Veröffentlichung *Bettine, Psyche, Mignon. Bettina von Arnim und Goethe* (1986) die positive Umdeutung der Mignon-Figur durch Bettina allseits anerkannt und die Rezeption Goethes im *Goethebuch* und in Bettina von Arnims anderen Schriften mehrfach differenziert betrachtet worden ist. Wallenborns Arbeit verdeutlich jedoch den inzwischen grundlegend gewandelten Stellenwert von Bettinas Werk für die Goethe-Forschung, nämlich die Anerkennung Bettinas als Künstlerin, die sich eben ‚produktiv' und „auf der Basis eigener ästhetischer Vorstellungen" mit Goethe auseinandersetzte (Wallenborn 2005, 299).

8. Ausblick: Epistolarisches Schreiben, Kommunikationsstrategie und Selbstinszenierung

Nachdem lange Zeit Fragen nach der Authentizität der Briefe Bettina von Arnims sowie deren Dialogistik im Mittelpunkt standen, hat Wolfgang Bunzel in einer Reihe von informativen Aufsätzen das Schreiben Bettinas auch aus kommunikationstheoretischer Perspektive betrachtet. Da Brief und Gespräch die wichtigsten Ausdrucksformen im Werk Bettinas sind, lohnt es sich in der Tat, die Darstellungsmodi „vor dem Hintergrund der Entwicklung fiktionaler Texte" zu betrachten (Bunzel 2001, 43), da sie angesichts der Dominanz der Fiktion als Kunst und der Autonomieästhetik als Verweigerung gesehen werden können, denn fraglos unterlief die Autorin „die literarischen Diskursregeln ihrer Zeit" und rebellierte gegen die „Abdrängung der Literatur in den Bereich des Fiktionalen" (ebd., 48). Bunzels umfassender, grundsätzlicher Aufsatz „Ver-Öffentlichung des Privaten" von 2001 erklärt fundiert die textuellen Verfahrensweisen in Bettinas Werk, mit denen dieses ‚in das Leben zurückgeholt' werden sollte, und bindet ihr epistolarisches Schreiben an den Vormärz, der den zeitgeschichtlichen Entstehungskontext für ihre Veröffentlichungen bildete. Wichtig und neu für die Bettina-von-Arnim-Forschung ist vor allem die Positionierung der Briefe in einen konkreten Kommunikationszusammenhang, den Austausch mit den Adressaten, und die Benennung kommunikationstheoretischer Spezifika. Bettina bediente sich der Briefe nicht zuletzt als Vehikel, um öffentlich zu wirken, und überschritt damit die Grenzen zwischen Privatheit und Öffentlichkeit, wobei sie bewusst Sprach- und Strukturmuster lebensweltlicher Kommunikation nachahmte. Bunzel zeigt hier differenziert ihre Korrespondenztypen (vgl. ebd., 56–74) und Verfahrensweisen im Umgang mit Einzelbriefen und kommt zu dem Fazit, dass Bettinas operativer Umgang mit lebensweltlichen Dokumenten eben auch ein politisches Verfahren – ähnlich dem der Jungdeutschen – gewesen sei. Bettina habe, so Bunzel, den editorischen Deckmantel genutzt, um „ihr Gestaltungsprojekt der produktiven Lebensumschrift – verstanden als Verwandlung von Biographie in Text [...], als nachträgliche Umdeutung gelebter Zeitgeschichte und als utopische Verwandlung von Leben qua Text – in die Tat umzusetzen" (ebd., 95–96).

Zahlreiche der hier bereits angesprochenen Aspekte zu Bettina von Arnim hat Wolfgang Bunzel in einer ganzen Reihe weiterer wichtiger Aufsätzen detailliert ausgeführt: zu Text und sozialhistorischem Kontext der Privatbriefe

6. Aspekte der aktuellen Forschung

(2004) ebenso wie zu Gespräch und Dialogizität (2011), zur „Kunst der Retusche" am Beispiel eines Goethe-Briefes (2012) ebenso wie zum ‚narrativen Selbstentwurf' und zur ‚konstruierten Familiengeschichte' (2013), zum ‚epistolaren Pakt' (2015a) ebenso wie zur Wirkung auf die Nachwelt als „Post für die Zukunft" (2015b) und zu Bettina als Mentorin im Rahmen ihrer „Brief-Erziehung" (2015c). Für die Bettina-von-Arnim-Forschung ist der kommunikationstheoretische Ansatz, mit dem Bunzel das gesamte schriftliche Werk der Autorin erschließen kann, auch und vor allem deshalb ein großer Zugewinn, weil er die ausufernde und vielfach diffuse Interpretationsflut zu ‚Schreiben', Ästhetik und (Auto-)Biographischem zu ordnen und konkretisieren vermag.

In diesem Zusammenhang ist auch Heinz Härtl mit *„Drei Briefe von Beethoven". Genese und Frührezeption einer Briefkomposition Bettina von Arnims* (2016) eine interessante Kombination aus Edition und Interpretation gelungen. Mit philologischer Akribie geht Härtl hier dem Rätselraten um die Echtheit von drei Briefen Beethovens an Bettina aus dem Jahr 1812 nach. Diese ‚Briefe', die 1839 in der Zeitschrift *Athenæum für Wissenschaft, Kunst und Leben* erschienen waren, hatten nicht nur die Beethoven-Forschung des 19. Jahrhunderts in Atem gehalten, einzelne Forscher wie Edward Walden (zuletzt 2011) halten sogar bis heute an der – längst widerlegten – Behauptung fest, alle drei Briefe seien authentisch und Bettina sei Beethovens ‚Unsterbliche Geliebte' gewesen (siehe V.2. *Bettina von Arnim und die Musik*). Härtl freilich belässt es nicht dabei, nur mit dieser aufgewärmten Mär aufzuräumen. So verfolgt er unter anderem auch die Spur einer anderen Legende, der wohl bekanntesten der Kulturgeschichte über die Begegnung von Goethe und Beethoven in Teplitz 1812. Bei einem gemeinsamen Spaziergang seien, so will es die Legende, der Dichter und der Komponist der kaiserlichen Familie Österreichs begegnet – und es passierte Unglaubliches: Goethe weicht zur Seite und verneigt sich vor den vorbeipromenierenden Herrschaften, Beethoven dagegen schreitet, sich seines künstlerischen Ranges bewusst, grußlos und unhöflich mitten durch die Gruppe. Natürlich ist die Geschichte zu schön und pittoresk, um wahr zu sein, sie ist ein Produkt der kreativen Erfindungsgabe Bettinas, die die Anekdote mit einer antiaristokratischen Pointe und einer Kritik an Goethe auszuschmücken verstand. Differenziert zeigt Härtl die fiktionale Gestaltung, die Bettina den ‚Beethoven-Briefen' angedeihen ließ, und ihre Intention, ein dichterisches Kleinkunstwerk zu schaffen, und macht so einen wesentlichen Aspekt ihres literarischen Schaffens in allen Briefdichtungen deutlich: „Als sie sich in ihrem dritten Leben darauf spezialisierte, authentische und fingierte, frühere und spätere Briefteile von sich und anderen ineinander zu verweben, bewahrte und erneuerte sie mit dem kombinatorischen Poesieverständnis Arnims das Kunst und Leben, Dichtung und Wahrheit entgrenzende der Heidelberger Romantik" (Härtl 2016, 180).

9. Literatur

Bascoy Lamelas, Montserrat: *FreundIN, MeisterIN, DichterIN – Bettina von Arnim und die Konstruktion des Günderrode-Mythos in ihrem Roman „Die Günderode" (1840)*. Diss. Santiago de Compostela 2007.
Bäumer, Konstanze: *Bettine, Psyche, Mignon. Bettina von Arnim und Goethe.* Stuttgart 1986.
Bäumer, Konstanze, und Hartwig Schultz: *Bettina von Arnim.* Stuttgart, Weimar 1995.
Baumgart, Hildegard: *Bettine Brentano und Achim von Arnim. Lehrjahre einer Liebe.* Berlin 1999.
Baumgart, Hildegard: „Bettine und ihre ‚Herren'. Die Geburt einer Autorin im Windschatten männlicher Macht". In: Jb BvA 18 (2006), S. 55–84.
Baumgart, Hildegard: *Bettine und Achim von Arnim. Die Geschichte einer ungewöhnlichen Ehe.* Berlin 2016.
Beutin, Wolfgang [u.a.]: *Deutsche Literaturgeschichte. Von den Anfängen bis zur Gegenwart.* 4., überarb. Aufl. Stuttgart 1992.
Bunzel, Wolfgang: „Ver-Öffentlichung des Privaten. Typen und Funktionen epistolaren Schreibens bei Bettine von Arnim". In: Bernd Füllner (Hg.): *Briefkultur im Vormärz.* Bielefeld 2001, S. 41–96.
Bunzel, Wolfgang: „‚Von Herz zu Herz'? Zum textologischen Status und sozialhistorischen Kontext der Familienbriefe Bettine von Arnims". In: Ulrike Landfester u. Hartwig Schultz (Hg.): *Dies Buch gehört den Kindern. Achim und Bettine von Arnim und ihre Nachfahren.* Berlin 2004, S. 37–81.
Bunzel, Wolfgang: „Im Gespräch: Dialogizität bei Bettine von Arnim". In: Anne Frechen u. Olivia Franke (Hg.): *Dialog und Bewegung. Bettina von Arnim als Kommunikationsexpertin.* Berlin 2011, S. 19–34.
Bunzel, Wolfgang: „Die Kunst der Retusche. Ein Originalbrief von Goethe an Bettine Brentano und seine Überarbeitung in Bettine von Arnims teilfingierter Quellenedition *Goethe's Briefwechsel mit einem Kinde* (1835)". In: Jörg Schuster u. Jochen Strobel (Hg.): *Briefkultur. Texte und Interpretationen – von Martin Luther bis Thomas Bernhard.* Berlin, Boston 2012, S. 169–182.
Bunzel, Wolfgang: „Narrativer Selbstentwurf und konstruierte Familiengeschichte. Figurationen Sophie von La Roches bei Bettine von Arnim". In: Miriam Seidler u. Mara Stuhlfauth (Hg.): *„Ich will keinem Mann nachtreten". Sophie von La Roche und Bettine von Arnim.* Bern, Frankfurt a.M., New York 2013, S. 141–161.
Bunzel, Wolfgang: „Der epistolare Pakt. Zum Briefwechsel zwischen Bettine von Arnim und Hermann Fürst von Pückler-Muskau". In: Jana Kittelmann (Hg.): *Briefnetzwerke um Hermann von Pückler-Muskau.* Dresden 2015a, S. 15–26.
Bunzel, Wolfgang: „Post für die Zukunft: Bettine von Arnims ‚letzte Briefe'". In: Arnd Beise u. Jochen Strobel (Hg.) in Zusammenarbeit mit Ute Pott: *Letzte Briefe. Neue Perspektiven auf das Ende von Kommunikation.* St. Ingbert 2015b, S. 135–150.
Bunzel, Wolfgang: „Brief-Erziehung. Bettine von Arnim als epistolare Mentorin". In: Selma Jahnke u. Sylvie Le Moël (Hg.): *Briefe um 1800. Zur Medialität von Generation.* Berlin 2015c, S. 137–158.
Bunzel, Wolfgang, Kerstin Frei und Mechtild M. Jansen (Hg.): *„Mit List und ... Kühnheit ... Widerstand leisten": Bettine von Arnims sozialpolitisches Handeln zwischen Privatheit und Öffentlichkeit.* Berlin 2010.
Frühwald, Wolfgang: „Zum Geleit". In: Wolfgang Bunzel, Kerstin Frei u. Mechtild M. Jansen (Hg.): *„Mit List und ... Kühnheit ... Widerstand leisten": Bettine von Arnims sozialpolitisches Handeln zwischen Privatheit und Öffentlichkeit.* Berlin 2010, S. 11–18.

Goozé, Marjanne: "The Reception of Bettina Brentano-von Arnim as Author and Historical Figure". In: Elke P. Frederiksen u. Katherine R. Goodman (Hg.): *Bettina Brentano-von Arnim. Gender and Politics.* Detroit 1995, S. 349–420.

Growe, Ulrike: *Das Briefleben Bettine von Arnims. Vom Musenanruf zur Selbstreflexion. Studie zu „Goethe's Briefwechsel mit einem Kinde", „Die Günderode" und „Clemens Brentano's Frühlingskranz".* Würzburg 2003.

Haker, Hille: "Zur Bedeutung der Schriften Bettine von Arnims. Ein Kommentar aus sozialethischer Sicht". In: Wolfgang Bunzel, Kerstin Frei u. Mechtild M. Jansen (Hg.): *„Mit List und ... Kühnheit ... Widerstand leisten": Bettine von Arnims sozialpolitisches Handeln zwischen Privatheit und Öffentlichkeit.* Berlin 2010, S. 125–138.

Härtl, Heinz: *„Drei Briefe von Beethoven". Genese und Frührezeption einer Briefkomposition Bettina von Arnims.* Bielefeld 2016.

Härtl, Heinz (Hg.): *Die junge Bettina. Briefwechsel 1796–1811.* Berlin, Boston 2020 [in Vorbereitung].

Keul, Hildegund: "Brot teilen nach Recht und Gerechtigkeit: Bettine von Arnims ‚Schwebe-Religion' und ihre sozial-politische Bedeutung". In: Wolfgang Bunzel, Kerstin Frei u. Mechtild M. Jansen (Hg.): *„Mit List und ... Kühnheit ... Widerstand leisten": Bettine von Arnims sozialpolitisches Handeln zwischen Privatheit und Öffentlichkeit.* Berlin 2010, S. 77–89.

Keul, Hildegund: *Menschwerden durch Berührung. Bettina Brentano-Arnim als Wegbereiterin für eine feministische Theologie.* Frankfurt a.M. [u.a.] 1993.

Konrad, Gustav: "Bettina von Arnim". In: Benno von Wiese (Hg.): *Deutsche Dichter der Romantik: Ihr Leben und Werk.* Berlin 1971; 2., überarb. und verm. Aufl. Berlin 1983, S. 377–407.

Landfester, Ulrike: *Selbstsorge als Staatskunst. Bettina von Arnims politisches Werk.* Würzburg 2000a.

Landfester, Ulrike: "Faselei online. Vorüberlegungen zu einer Internet-Publikation von Bettine von Arnims Werk". In: *Jahrbuch für Computerphilologie* 2 (2000b), S. 121–145. http://computerphilologie.uni-muenchen.de/jg00/landfest/landfest.html [30. Mai 2019].

Landfester, Ulrike: "‚Arbeit! –': Staatsökonomische Begriffs- als poetische Konzeptions-,Arbeit' in Bettine von Arnims politischem Werk". In: Wolfgang Bunzel, Kerstin Frei u. Mechtild M. Jansen (Hg.): *„Mit List und ... Kühnheit ... Widerstand leisten": Bettine von Arnims sozialpolitisches Handeln zwischen Privatheit und Öffentlichkeit.* Berlin 2010, S. 109–124.

Loeper, Gustav von: "Arnim, Bettina von". In: *Allgemeine Deutsche Biographie.* Bd. 2. Leipzig 1875, S. 578–583.

Mallon, Otto: "Bettina-Bibliographie". In: *Imprimatur* 4 (1933), S. 141–156.

Penzold, Michael: *Begründungen weiblichen Schreibens im 19. Jahrhundert. Produktive Aneignungen des biblischen Buches Rut bei Bettine von Arnim und Thomasine Gyllembourg.* Würzburg 2010.

Pompe, Hedwig: *Der Wille zum Glück. Bettine von Arnims Poetik der Naivität im Briefroman „Die Günderode".* Bielefeld 1999.

Püschel, Ursula: *„... wider die Philister und die bleierne Zeit". Untersuchungen, Essays, Aufsätze über Bettina von Arnim.* Berlin 1996.

Püschel, Ursula: *Bettina von Arnim – politisch. Erkundungen, Entdeckungen, Erkenntnisse.* Bielefeld 2005.

Schmid, Pia: "Bettina von Arnim und die soziale Frage". In: Wolfgang Bunzel, Kerstin Frei u. Mechtild M. Jansen (Hg.): *„Mit List und ... Kühnheit ... Widerstand leisten": Bettine von Arnims sozialpolitisches Handeln zwischen Privatheit und Öffentlichkeit.* Berlin 2010, S. 91–108.

Schultz, Hartwig (Hg.): „Die echte Politik muß Erfinderin sein". Beiträge eines Wiepersdorfer Kolloquiums zu Bettina von Arnim. Berlin 1999.

Sellner, Gabriele: „Die Sterne haben mirs gesagt für Dich": Vereinigung von Poesie und Philosophie in Bettina von Arnims „Die Günderode". Berlin 2007.

Steig, Reinhard: „§ 286. Clemens Brentano. Achim Brentano". In: Karl Goedeke: Grundriß zur Geschichte der deutschen Dichtung aus den Quellen. 2., neu bearb. Aufl. von Edmund Goetze. Bd. 6: Zeit des Weltkrieges. Leipzig, Dresden, Berlin 1898, S. 52–89.

Thamm Angela: Romantische Inszenierungen in Briefen. Der Lebenstext der Bettine von Arnim geb. Brentano. Berlin 2000.

Thamm, Angela: „Heilsames Schreiben: Empathie, Strategie und politisches Handeln bei Bettine von Arnim geb. Brentano". In: Wolfgang Bunzel, Kerstin Frei u. Mechtild M. Jansen (Hg.): „Mit List und … Kühnheit … Widerstand leisten": Bettine von Arnims sozialpolitisches Handeln zwischen Privatheit und Öffentlichkeit. Berlin 2010, S. 139–154.

Walden, Edward: Beethoven's Immortal Beloved. Solving the Mystery. Lanham/MD [u.a.] 2011.

Wallenborn, Markus: Frauen. Dichten. Goethe. Die produktive Goethe-Rezeption bei Charlotte von Stein, Marianne von Willemer und Bettina von Arnim. Tübingen 2006.

VII. Anhang

1. Literaturverzeichnis

1.1. Bibliographien

Mallon, Otto: „Bettina-Bibliographie". In: *Imprimatur* 4 (1933), S. 141–156.
Bäumer, Konstanze, und Hartwig Schultz: „XI. Bibliographie". In: K. Bäumer u. H. Schultz: *Bettina von Arnim*. Stuttgart, Weimar 1995 (= Sammlung Metzler, Bd. 255), S. 173–196.
Bunzel, Wolfgang: „Bettine-von-Arnim Bibliographie: 1996". In: Jb BvA 10 (1998), S. 178–181. – Danach fortlaufend mit jedem Jahrbuch; ab Jb BvA 15 (2003) von Bettina Kranzbühler [u.a.].

1.2. Werkausgaben

[Arnim, Bettina von]: *Bettina's sämmtliche Schriften*. 11 Bde. Berlin: Expedition des von Arnim'schen Verlags, 1853; 2. Aufl. 1857.
  Von der Autorin selbst redigierte und autorisierte Ausgabe ‚letzter Hand'; sie nahm *nicht* auf: Das *Armenbuch*, frühe Gedichte, kleinere Schriften, Märchen, den mit Tochter Gisela gemeinsam verfassten Märchenroman *Das Leben der Hochgräfin Gritta von Rattenzuhausbeiuns*, politische Schriften, anonym verfasste Zeitungsartikel, musikalische Kompositionen.
Oehlke, Waldemar (Hg.): *Bettina von Arnim: Sämtliche Werke*. 7 Bde. Berlin: Propyläen Verlag, 1920–1922.
  Die Ausgabe enthält eine Auswahl aus bis dahin nicht publizierten Texten, Musikkompositionen; erstmals auch die erhaltenen Briefe aus Bettinas Briefwechsel mit Goethe und dessen Mutter, unbekannte Briefe von Achim von Arnim; dazu knappe Einführungen. – Im Handbuch zit. als GW [Oehlke].
Konrad, Gustav (Hg.): *Bettina von Arnim: Werke und Briefe*. 5 Bde. Bd. 5 hg. von Joachim Müller. Frechen, Köln: Bartmann Verlag, 1958–1963.
  Bd. 5 enthält viele Briefdokumente, teilweise unzuverlässige Edition; gute Überblicke, aber keine Einzelerläuterungen. – Im Handbuch zit. als GW [Konrad].
Härtl, Heinz (Hg.): *Bettina von Arnim: Werke*. 2 Bde. Berlin, Weimar: Aufbau, 1986, 1989.
  Die Ausgabe enthält ausführliche, ausgezeichnete Nachworte und Einzelerläuterungen; Bd. 1: *Goethe's Briefwechsel*; Bd. 2: *Die Günderode, Frühlingskranz*; drei weitere geplante Bände wurden aufgegeben. – Im Handbuch zit. als GW [Härtl].
Schmitz, Walter, und Sibylle von Steinsdorff [u.a.] (Hg.): *Bettine von Arnim: Werke und Briefe*. 4 Bde. Frankfurt a.M.: Deutscher Klassiker-Verlag, 1986–2004.
  Die nach wie vor gültige Standardausgabe enthält ausführliche Nachworte, Einzelkommentare und Materialien; Bd. 1: *Frühlingskranz, Die Günderode*; Bd. 2: *Goethe's Briefwechsel*; Bd. 3: *Dies Buch gehört dem König, Armenbuch, Ilius Pamphilius, Polenbroschüre, Petöfy dem Sonnengott*; Bd. 4: Briefe. –Im Handbuch zit. als GW 1, GW 2, GW 3 und GW 4.

1.3. Einzelausgaben (Auswahl der Einzeldrucke bis 1990 in chronologischer Ordnung)

[Arnim, Bettina von]: *Goethe's Briefwechsel mit einem Kinde. Seinem Denkmal.* 3 Tle. Berlin: Ferdinand Dümmler, 1835.
Erstdruck.

[Arnim, Bettina von]: *Goethe's Correspondence With a Child. For His Monument.* 2 Bde. Übers. v. B. v. Arnim. London: Longman, Orme, Brown, Green, and Longmans, 1837 [Berlin: Veit & Comp., 1839]. Bd. 3: *The Diary of a Child.* London 1839 [Berlin 1838].

[Arnim, Bettina von]: *Die Günderode.* 2 Tle. Grünberg, Leipzig: Levysohn, 1840.
Erstdruck.

Arnim, Bettina von: *Dedié à Spontini. Directeur général de la Musique et premier maître de chapelle de S.M. le Roi de Prusse etc. etc.* Privatdruck 1842; in Kommission von Breitkopf & Härtel, Leipzig 1843.

[Arnim, Bettina von]: *Dies Buch gehört dem König.* 2 Tle. in 1 Bd. Berlin: E.H. Schroeder, 1843.
Erstdruck.

[Arnim, Bettina von]: *Clemens Brentano's Frühlingskranz aus Jugendbriefen ihm geflochten, wie er selbst schriftlich verlangte. Erster Band.* Charlottenburg: Egbert Bauer, 1844.
Erstdruck.

Arnim, Bettina: *Ilius Pamphilius und die Ambrosia.* Bd. 1: Berlin: Expedition des von Arnim'schen Verlags, 1847; Bd. 2: Leipzig: Friedrich Volckmar (Expedition des von Arnim'schen Verlags), 1848.
Erstdruck.

St. Albin [d.i. Bettina von Arnim]: *An die aufgelös'te preußische National-Versammlung. Stimmen aus Paris.* Paris: Massue et Cie, Quai Voltaire; Berlin: Reuter und Stargardt, 1848 [recte Berlin 1849].

Arnim, Bettina: *Gespräche mit Daemonen. Des Königsbuchs zweiter Band.* Berlin: Arnim's Verlag, 1852.
Erstdruck.

Arnim, Bettina von: *Gespräche mit Dämonen. Bettina von Arnims Aufruf zur Revolution und zum Völkerbunde.* Hg. von Curt Moreck. München: Schmidt, 1919.

Arnim, Bettina von, und Gisela von Arnim: *Das Leben der Hochgräfin Gritta von Rattenzuhausbeiuns.* Hg. von Otto Mallon. Berlin: S.M. Fraenkel, 1926.

Arnim, Bettina von: *Goethes Briefwechsel mit einem Kinde. Seinem Denkmal.* Hg. von Otto Heuschele. Stuttgart: Günther, 1947.

Bettina von Arnims Polenbroschüre. Hg. von Ursula Püschel. Berlin: Henschel, 1954.

Bettina von Arnims Armenbuch. Hg. von Werner Vordtriede. Frankfurt a.M.: Insel, 1969.
Erweitert Frankfurt a.M.: Insel, 1981. – Erstdruck relevanter Texte aus dem *Armenbuch*-Projekt.

Arnim, Bettina von: *Clemens Brentanos Frühlingskranz. Mit 16 Bildbeigaben.* Hg. von Heinz Härtl. Leipzig: Reclam, 1974.

Arnim, Bettine von: *Die Günderode. Mit einem Essay von Christa Wolf.* Leipzig: Insel, 1980.
Lizenzausgabe: Frankfurt a.M.: Insel, 1983 u.ö.

Arnim, Bettine von: *Dies Buch gehört dem König.* Hg. von Ilse Staff. Frankfurt a.M.: Insel, 1982.

1. Literaturverzeichnis

Arnim, Bettina von: *Die Günderode.* Hg. von Elisabeth Bronfen. München: Matthes & Seitz, 1982.

Arnim, Bettine von: *Clemens Brentanos Frühlingskranz.* Hg. von Hartwig Schultz. Frankfurt a.M.: Insel, 1985.

Arnim, Gisela von, und Bettine von Arnim: *Das Leben der Hochgräfin Gritta von Rattenzuhausbeiuns.* Mit Zeichnungen von Gisela von Arnim und Herman Grimm. Hg. von Shawn C. Jarvis. Frankfurt a.M.: Insel 1986.

Brentono, Clemens: *Sämtliche Werke und Briefe. Historisch-kritische Ausgabe* (= Frankfurter Brentano-Ausgabe). Bd. 30: *Briefe II. „Clemens Brentano's Frühlingskranz" und handschriftlich überlieferte Briefe Brentanos an Bettine, 1800–1803.* Hg. von Lieselotte Kinskofer. Stuttgart: Kohlhammer, 1990.
Im Handbuch zit. als FBA 30.

Arnim, Bettine von: *Goethe's Briefwechsel mit einem Kinde.* Nach dem Text der Erstausgabe. Hg. von Wolfgang Bunzel. München: dtv, 2008.

Arnim, Bettine von: *Dies Buch gehört dem König.* Nach dem Text der Erstausgabe. Hg. von Wolfgang Bunzel. München: dtv, 2008.

Arnim, Bettina von: *Gespräche mit Dämonen. Des Königsbuches zweiter Band.* Hg. von Rüdiger Görner. Berlin: Berlin Univ. Press, 2010.

Arnim, Bettina von: *Goethes Briefwechsel mit einem Kinde. Seinem Denkmal.* Vollständige Neuausgabe mit einer Biographie der Autorin. Hg. von Karl Maria Guth. Berlin: Contumax – Hofenberg, 2015.

1.4. Briefe

1.4.1. Briefwechsel von Bettina von Arnim

Mit Achim von Arnim

Steig, Reinhold, und Herman Grimm (Hg.): *Achim von Arnim und die ihm nahe standen.* Bd. 2: *Achim von Arnim und Bettina Brentano.* Bearb. von Reinhold Steig. Stuttgart, Berlin 1913.

Vordtriede, Werner (Hg.): *Achim und Bettina in ihren Briefen. Briefwechsel von Achim von Arnim und Bettina Brentano.* 2 Bde. Mit einer Einleitung von Rudolf Alexander Schröder. Frankfurt a.M. 1961.
Taschenbuchausgabe: Frankfurt a.M. 1988. – Im Handbuch zit. als Bw Arnim 2.

Betz, Otto, und Veronika Straub (Hg.): *Bettine und Arnim. Briefe der Freundschaft und Liebe.* 2 Bde. Eingeführt und kommentiert von O. Betz und V. Straub. Frankfurt a.M. 1986, 1987.
Im Handbuch zit. als Bw Arnim 1.

Moering, Renate (Hg.): *Achim von Arnim – Bettine Brentano verh. von Arnim: Briefwechsel.* 3 Bde. Vollständig nach den Autographen. Wiesbaden 2019.
Im Handbuch zit. als Bw Arnim 3.

Mit Friedrich Wilhelm IV.

Geiger, Ludwig (Hg.): *Bettine von Arnim und Friedrich Wilhelm IV: Ungedruckte Briefe und Aktenstücke.* Frankfurt a.M. 1902.
Püschel, Ursula (Hg.): „*Die Welt umwälzen – denn darauf läufts hinaus*". *Der Briefwechsel zwischen Bettina von Arnim und Friedrich Wilhelm IV.* 2 Bde. Kommentiert von Ursula Püschel, unter Mitarbeit von Leonore Krenzlin. Bielefeld 2001.
Im Handbuch zit. als Bw Friedrich Wilhelm IV.

Mit Julius Döring

Vordtriede, Werner (Hg.): „Bettina von Arnims Briefe an Julius Döring". In: Jb FDH 1963, S. 341–488.
Bunzel, Wolfgang (Hg.): *Bettine von Arnim: Letzte Liebe. Das unbekannte Briefbuch.* Berlin 2019.
Im Handbuch zit. als Bw Döring.

Mit Max Prokop von Freyberg

Steinsdorff, Sibylle von (Hg.): *Der Briefwechsel zwischen Bettine Brentano und Max Prokop von Freyberg.* Berlin. New York 1972 (= Quellen und Forschungen zur Sprach- und Kulturgeschichte der germanischen Völker, N.F., Bd. 48).
Im Handbuch zit. als Bw Freyberg.

Mit Johann Wolfgang von Goethe

Steig, Reinhold (Hg.): *Bettinas Briefwechsel mit Goethe. Auf Grund ihres handschriftlichen Nachlasses nebst zeitgenössischen Dokumenten über ihr persönliches Verhältnis zu Goethe.* Leipzig 1922.
Bergemann, Fritz (Hg.): *Bettinas Leben und Briefwechsel mit Goethe. Auf Grund des von Reinhold Steig bearbeiteten handschriftlichen Nachlasses neu herausgegeben.* Leipzig 1927.
Schmitz, Walter, und Sibylle von Steinsdorff (Hg.): „Der originale Briefwechsel". In: *Bettine von Arnim: Goethe's Briefwechsel mit einem Kinde.* Hg. von W. Schmitz und S. von Steinsdorff. Frankfurt a.M. 1992, S. 573–753, Überlieferung und Kommentar S. 1107–1154 (= B. v. Arnim: Werke und Briefe, Bd. 2).

Mit Jacob und Wilhelm Grimm

Schultz, Hartwig (Hg.): *Der Briefwechsel Bettine von Arnims mit den Brüdern Grimm 1838–1841.* Frankfurt a.M. 1985.
Im Handbuch zit. als Bw Grimm.

Mit Philipp Hössli

Wanner, Kurt (Hg.): *Bettina von Arnim: Ist Dir bange vor meiner Liebe? Briefe an Philipp Hössli, nebst dessen Gegenbriefen und Tagebuchnotizen.* Frankfurt a.M., Leipzig 1996.
Im Handbuch zit. als Bw Hössli.

Mit Karl von Württemberg

Landfester, Ulrike, und Friederike Loos (Hg.): *Lieber Kronprinz! Liebe Freundin! Briefwechsel zwischen Bettine von Arnim und Karl von Württemberg. Mit einem Anhang: Briefwechsel zwischen Bettine von Arnim und Julius von Hardegg.* Heidelberg 1998.

Mit Heinrich Bernhard Oppenheim

Püschel, Ursula (Hg.): *... und mehr als einmal nachts im Thiergarten. Bettina von Arnim und Heinrich Bernhard Oppenheim. Briefe 1841–1849.* Eingeleitet und kommentiert von Ursula Püschel. Berlin 1990 (= Bettina-von-Arnim-Studien, Bd. 1).

Mit Hermann von Pückler-Muskau

Conrad, Heinrich (Hg.): *Frauenbriefe von und an Hermann Fürsten Pückler-Muskau.* München, Leipzig 1912 [zu Pückler und Bettina von Arnim: S. 1–218].
Gajek, Enid, und Bernhard Gajek (Hg.): *Bettine von Arnim – Hermann von Pückler-Muskau: „Die Leidenschaft ist der Schlüssel zur Welt". Briefwechsel 1832–1844.* Erläutert von E. und B. Gajek. Stuttgart 2001.
Im Handbuch zit. als Bw Pückler.

Mit ihren Söhnen Freimund von Arnim, Friedmund von Arnim und Siegmund von Arnim

Bunzel, Wolfgang, und Ulrike Landfester (Hg.): *Du bist mir Vater und Bruder und Sohn. Bettine von Arnims Briefwechsel mit ihrem Sohn Freimund.* Göttingen 1999 (= Bettine von Arnims Briefwechsel mit ihren Söhnen, Bd. 1).
Im Handbuch zit. als Bw Freimund.
Bunzel, Wolfgang, und Ulrike Landfester (Hg.): *In allem einverstanden mit Dir. Bettine von Arnims Briefwechsel mit ihrem Sohn Friedmund.* Göttingen 2001 (= Bettine von Arnims Briefwechsel mit ihren Söhnen, Bd. 3).
Im Handbuch zit. als Bw Friedmund.
Bunzel, Wolfgang, und Ulrike Landfester (Hg.): *Da wir uns nun einmal nicht vertragen. Bettine von Arnims Briefwechsel mit ihrem Sohn Siegmund.* Göttingen 2012 (= Bettine von Arnims Briefwechsel mit ihren Söhnen, Bd. 2).
Im Handbuch zit. als Bw Siegmund.

1.4.2. Briefe von Bettina von Arnim (Auswahl wichtiger Ausgaben in chronologischer Ordnung)

Assing, Ludmilla (Hg.): *Aus dem Nachlaß Varnhagen's von Ense. Briefe von Stägemann, Metternich, Heine und Bettina von Arnim.* Leipzig 1865.
Im Handbuch zit. als Varnhagen 1.
Geiger, Ludwig (Hg.): *Aus Adolf Stahrs Nachlaß. Briefe an Stahr nebst Briefen an ihn von Bettine von Arnim.* Oldenburg 1903.
Obser, Karl (Hg.): „Bettina von Arnim und ihr Briefwechsel mit Pauline Steinhäuser". In: *Neue Heidelberger Jahrbücher* 12 (1903), S. 85–137.

Pfülf, Otto, S.J. (Hg.): „Aus Bettinas Briefwechsel". In: *Stimmen aus Maria Laach* 64 (1903), S. 437–454 und S. 564–573; 65 (1904), S. 74–88.
Mallon, Otto (Hg.): „Bettina von Arnims Briefwechsel mit Hortense Cornu". In: *Euphorion* 27 (1926), S. 398–408.
Gassen, Kurt (Hg.): *Bettina von Arnim und Rudolf Baier: Unveröffentlichte Briefe und Tagebuchaufzeichnungen*. Greifswald 1937 (= Aus den Schätzen der Universitätsbibliothek zu Greifswald, Bd. 11).
[Bodmer, Martin, und Herbert Steiner, Hg.]: „Bettina von Arnim an Clemens Brentano. Unveröffentlichte Briefe". In: *Corona* 7.1 (1937), S. 36–59.
Milch, Werner (Hg.): „Julius Bernhard Engelmann und die Mädchenerziehung. Ein unbekannter Brief Bettina Brentanos". In: *Neue Zürcher Zeitung* vom 6./7. Februar 1940.
Schellberg, Wilhelm, und Friedrich Fuchs (Hg.): *Die Andacht zum Menschenbilde. Unbekannte Briefe von Bettine Brentano*. Jena 1942.
Reprint Bern 1970.
Meyer-Hepner, Gertrud (Hg.): „Bettina von Arnim. Briefe und Konzepte aus den Jahren 1809–1846". In: *Sinn und Form* 5.1 (1953), S. 38–64; 5.3/4 (1953), S. 27–58.
Müller, Joachim (Hg.): *Bettina von Arnim: Werke und Briefe*. Hg. von Gustav Konrad. Bd. 5. Frechen/Köln 1961.
Im Handbuch zit. als GW [Konrad] 5.
Vordtriede, Werner (Hg.): „Bettina von Arnims Briefe an Julius Döring". In: Jb FDH 1963, S. 341–488.
Härtl, Heinz (Hg.): „Briefe Friedrich Carl von Savignys an Bettina Brentano". In: *Wissenschaftliche Zeitschrift der Universität Halle* 28 (1979), S. 105–128.
Härtl, Heinz (Hg.): *Arnims Briefe an Savigny 1803–1831. Mit weiteren Quellen als Anhang*. Kommentiert von H. Härtl. Weimar 1982.
Härtl, Heinz (Hg.): „Bettina von Arnim. Briefe und Konzepte 1837 bis 1846". In: *Sinn und Form* 40.4 (1988), S. 694–710.
Härtl, Heinz (Hg.): „Zwei Briefe Bettina von Arnims an Hermann Karl von Leonhardi". In: *Wissenschaftliche Zeitschrift der Universität Halle-Wittenberg – Geisteswissenschaftliche Reihe* 41.1 (1992), S. 9–14.
Becker, Christine (Hg.): „Bettine von Arnim und die Revolution von 1848: Sieben bisher unveröffentlichte Briefe an ihre Söhne". In: Hartwig Schultz (Hg.): *„Die echte Politik muß Erfinderin sein". Beiträge eines Wiepersdorfer Kolloquiums zu Bettina von Arnim*. Berlin 1999 (= Schriftenreihe des Freundeskreises Schloß Wiepersdorf – Erinnerungsstätte Achim und Bettina von Arnim e.V., Bd. 3), S. 309–360.
Schlaffer, Hannelore (Hg.): *Bettine Brentano: „Wer ein schön Gesicht hat ..." Originale und erdichtete Briefe*. Ausgewählt und kommentiert von H. Schlaffer. München, Wien 1999.
Härtl, Heinz (Hg.): *Ludwig Achim von Arnim: Briefwechsel 1802–1804*. Tübingen 2004 (= A. v. Arnim: Werke und Briefwechsel. Historisch-kritische Ausgabe, Bd. 31).
Härtl, Heinz, Ulrike Landfester und Sibylle von Steinsdorff (Hg.): *Bettine von Arnim: Briefe*. Frankfurt a.M. 2004 (= B. von Arnim: Werke und Briefe, Bd. 4).
Im Handbuch zit. als GW 4.
Schlaffer, Hannelore (Hg.): *Bettine Brentano: Ich habe mein Herz hineingeschrieben. Ein Doppelleben in Briefen*. Ausgewählt und kommentiert von H. Schlaffer. München 2004.
Moering, Renate (Hg.): „‚... nur ein liebend geliebtes Weib zu umarmen ...': Ein unbekannter Brief Achim von Arnims an seine Frau Bettine". In: Jb FdH 2007, S. 199–214.

Sieberg, Herward (Hg.): „,Vorwürfe kannst du mir nicht machen denn ich habe ganz strenge nach deinem Begehren gehandelt'. Zwei unbekannte und vier weitere Briefe von Achim und Bettine von Arnim im Schweizer Teilnachlass der Irene Forbes-Mosse". In: Jb FDH 2008, S. 231–245

Schultz, Hartwig (Hg.): „Kunst und Homöopathie. Unbekannte Briefzeugnisse aus Bettine von Arnims Korrespondenz mit Karl Friedrich und Susanne Schinkel". In: Jb BvA 20/21 (2008/09), S. 37–56.

Härtl, Heinz (Hg.): *Die junge Bettina. Briefwechsel 1796–1811. Kritische Gesamtausgabe.* Berlin, Boston 2020 [in Vorbereitung].

1.5. Forschungsliteratur

Ametsbichler, Elizabeth G., und Hiltrud Arens: „Erzählstrategie und Geschlechtskomponente in Bettina von Arnims *Die Günderode* und *Clemens Brentano's Frühlingskranz*". In: Jb BvA 5 (1993), S. 73–89.

Anton, Annette C.: *Authentizität als Fiktion. Briefkultur im 18. und 19. Jahrhundert.* Stuttgart, Weimar 1995.

Arnim, Maximiliane von, und Johannes Werner: *Maxe von Arnim. Tochter Bettinas, Gräfin von Oriola, 1818–1894. Ein Lebens- und Zeitbild aus alten Quellen geschöpft.* Leipzig 1937.

Arnim, Peter-Anton von: „Bettina und der Berliner Magistrat". In: Heinz Härtl und Hartwig Schultz (Hg.): *„Die Erfahrung anderer Länder".* Beiträge eines Wiepersdorfer Kolloquiums zu Achim und Bettina von Arnim. Berlin, New York 1994, S. 287–311.

Arnim, Peter-Anton von: „,Der eigentliche Held in dieser Zeit, die einzige wahrhaft freie und starke Stimme': Die jüdischen Aspekte in Leben und Werk Bettina von Arnims als Herausforderung". In: Hartwig Schultz (Hg.): *„Die echte Politik muß Erfinderin sein".* Beiträge eines Wiepersdorfer Kolloquiums zu Bettina von Arnim. Berlin 1999 (= Schriftenreihe des Freundeskreises Schloß Wiepersdorf – Erinnerungsstätte Achim und Bettina von Arnim e.V., Bd. 3), S. 163–215.

Arnim, Peter-Anton von: „Bettina Brentano (1785–1859), verh. von Arnim". In: Jürgen Eichenauer und Clemens Greve (Hg.): *Goethe und die Frauen.* Ausst.-Kat. Frankfurt a.M. 1999, S. 112–121.

Arnim, Peter-Anton von: „Das Schicksal des Nachlasses von Achim und Bettina von Arnim in den Händen ihrer Nachkommen". In: Carl-Erich Vollgraf (Hg): *Nachlass-Edition. Probleme der Überlieferung persönlicher Nachlässe des 19. Jahrhunderts und ihrer wissenschaftlichen Editionen.* Berlin, Hamburg 2003, S. 83–95. Zuvor u.d.T. „Zur Geschichte des Nachlasses von Achim und Bettina von Arnim". In: *Neue Zeitung für Einsiedler* 2.1/2 (2002), S. 40–47.

Baldwin, Claire: „Questioning the ,Jewish Question': Poetic Philosophy and Politics in *Conversations with Demons*". In: Elke P. Frederiksen und Katherine R. Goodman (Hg.). *Bettina Brentano-von Arnim: Gender and Politics.* Detroit 1995, S. 213–243.

Baltl, Hermann: „,Ich schenk dir's Tyroler' – Bettina von Arnim". In: *Der Schlern* 77.4 (2003), S. 36–37.

Bamberg, Claudia: „Schweben – Flechten – Phantasieren. Das Strukturprinzip der Arabeske bei Sophie von La Roche, Bettine von Arnim und ihren Töchtern Maximiliane, Armgart und Gisela". In: Werner Busch und Petra Maisak (Hg.) unter Mitwirkung von Sabine Weisheit: *Verwandlung der Welt. Die romantische Arabeske.* Ausst.-Kat. FDH, Frankfurt a.M. Petersberg 2013, S. 372–379.

Bär, Jochen A.: „Das Judenkonzept bei Achim von Arnim, Bettina von Arnim und Clemens Brentano". In: *Zeitschrift für germanistische Sprach- und Literaturwissenschaft* 4 (2008), S. 7–23.

Bascoy Lamelas, Montserrat: *FreundIN, MeisterIN, DichterIN – Bettina von Arnim und die Konstruktion des Günderrode-Mythos in ihrem Roman „Die Günderode" (1840)*. Diss. Santiago de Compostela 2007.

Baugatz, Christian-Ulrich: *Fühlendes Denken, denkendes Fühlen. Vier Essays über den Geist der Romantik*. Berlin 2014 [insbes. Kap. 5: „Bettina von Arnim, Prophetin des freien Geistes", S. 175–256].

Bäumer, Konstanze: *Bettine, Psyche, Mignon. Bettina von Arnim und Goethe*. Stuttgart 1986 (= Stuttgarter Arbeiten zur Germanistik 136).

Bäumer, Konstanze: „Die Rezeption Bettina von Arnims in der Berliner Kultur- und Literaturgeschichte". In: Jb BvA 1 (1987), S. 39–52.

Bäumer, Konstanze: „‚Ilius Pamphilius und die Ambrosia'. Bettine von Arnim als Mentorin". In: Jb BvA 3 (1989), S. 263–282.

Bäumer, Konstanze: „Margaret Fuller (1810–1850) and Bettina von Arnim. An Encounter between American Transcendentalism and German Romanticism". In: Jb BvA 4 (1990), S. 47–69.

Bäumer, Konstanze: „Interdependenzen zwischen mündlicher und schriftlicher Expressivität: Bettina von Arnims Berliner Salon". In: Walter Schmitz und Sibylle von Steinsdorff (Hg.): *„Der Geist muß Freiheit genießen …!" Studien zu Werk und Bildungsprogramm Bettine von Arnims. Bettine-Kolloquium vom 6. bis 9. Juli 1989 in München*. Berlin 1992 (= Bettina-von-Arnim-Studien, Bd. 2), S. 154–173.

Bäumer, Konstanze, und Hartwig Schultz: *Bettina von Arnim*. Stuttgart, Weimar 1995 (= Sammlung Metzler, Bd. 255).

Baumgart, Hildegard: „Bettine Brentano und Achim von Arnim. Eine Liebesgeschichte in Träumen". In: Jb FDH 1997, S. 114–186.

Baumgart, Hildegard: *Bettine Brentano und Achim von Arnim. Lehrjahre einer Liebe*. Berlin 1999.

Baumgart, Hildegard: „Bettine und ihre ‚Herren'. Die Geburt einer Autorin im Windschatten männlicher Macht". In: Jb BvA 18 (2006), S. 55–84.

Baumgart, Hildegard: *Bettine und Achim von Arnim. Die Geschichte einer ungewöhnlichen Ehe*. Berlin 2016.

Becker-Cantarino, Barbara: „Zur politischen Romantik: Bettina von Arnim, die ‚Frauenfrage' und der ‚Feminismus'". In: Hartwig Schultz (Hg.): *„Die echte Politik muß Erfinderin sein". Beiträge eines Wiepersdorfer Kolloquiums zu Bettina von Arnim*. Berlin 1999 (= Schriftenreihe des Freundeskreises Schloß Wiepersdorf – Erinnerungsstätte Achim und Bettina von Arnim e.V., Bd. 3), S. 217–248.

Becker-Cantarino, Barbara: *Schriftstellerinnen der Romantik. Epoche – Werk – Wirkung*. München 2000 [zu Bettina von Arnim: S. 222–257].

Becker-Cantarino, Barbara: „Erotisierte Freundschaft in der Konstruktion romantischer Identität am Beispiel Bettina von Arnims". In: Sheila Dickson (Hg.): *Romantische Identitätskonstruktionen. Nation, Geschichte und (Auto-)Biographie*. Tübingen 2003 (= Schriften der Internationalen Arnim-Gesellschaft, Bd. 3), S. 229–245.

Becker-Cantarino, Barbara: „‚Über die Günderode ist mir am Rhein unmöglich zu schreiben': Der Rhein in Bettina von Arnims ‚Goethes Briefwechsel mit einem Kinde'". In: Walter Pape (Hg.): *Romantische Metaphorik des Fließens: Körper, Seele, Poesie*. Tübingen 2007 (= Schriften der Internationalen Arnim-Gesellschaft, Bd. 6), S. 17–25.

Becker-Cantarino, Barbara: „Bettina von Arnim (1785–1859) und Heinrich Heine (1797–1856) als Zeitgenossen". In: Dietmar Goltschnigg (Hg.): *Harry … Hein-*

rich ... Henri ... Heine: Deutscher, Jude, Europäer. Grazer Humboldt-Kolleg, 6.–11. Juni 2006. Berlin 2008, S. 271–279.

Becker-Cantarino, Barbara: „‚Großmutter Laroche'. Erinnerungs-Räume der Jugendzeit in Bettina von Arnims ‚Die Günderode' und ‚Clemens Brentanos Frühlingskranz'". In: Walter Pape (Hg.): *Raumkonfigurationen in der Romantik. Eisenacher Kolloquium der Internationalen Arnim-Gesellschaft.* Tübingen 2009 (= Schriften der Internationalen Arnim-Gesellschaft, Bd. 7), S. 15–24.

Becker-Cantarino, Barbara: „Die Idee vom Volkskönig. Zu Bettina von Arnims Transformation romantischer Konzepte in ‚Dies Buch gehört dem König'". In: Bernd Auerochs und Dirk von Petersdorff (Hg.): *Einheit der Romantik? Zur Transformation frühromantischer Konzepte im 19. Jahrhundert.* Paderborn [u.a.] 2009, S. 67–80.

Becker-Cantarino, Barbara: „Die La Roche-Brentanos: Aufstieg einer bürgerlichen Familie im 18. Jahrhundert". In: Miriam Seidler und Mara Stuhlfauth (Hg.): *Ich will keinem Mann nachtreten. Sophie von La Roche und Bettine von Arnim.* Bern, Frankfurt a.M., New York 2013 (= Ästhetische Signaturen, Bd. 2), S. 27–36.

Becker-Cantarino, Barbara: „Phantastisches und Alltägliches. Zum poetischen Verfahren Bettine von Arnims". In: Walter Pape (Hg.): *Die alltägliche Romantik. Gewöhnliches und Phantastisches, Lebenswelt und Kunst.* Berlin, Boston 2016 (= Schriften der Internationalen Arnim-Gesellschaft, Bd. 11), S. 123–130.

Becker-Cantarino, Barbara: „Bettina von Arnims Rechtsstreitigkeiten und ihr Nachlass". In: Antje Arnold und Walter Pape (Hg.): *Romantik und Recht. Recht und Sprache, Rechtsfälle und Gerechtigkeit.* Berlin, Boston 2018 (= Schriften der Internationalen Arnim-Gesellschaft, Bd. 12), S. 111–120.

Becker-Cantarino, Barbara: „Zur Geselligkeit Bettina von Arnims und die ‚Salongespräche'". In: Walter Pape und Norbert Wichard (Hg.): *Einsamkeit und Geselligkeit in der Romantik.* Berlin, Boston 2019 (=Schriften der Internationalen Arnim-Gesellschaft, Bd. 13) [im Druck].

Becker-Cantarino, Barbara: „Politische Romantik und soziale Frage. Zum Interesse der Transzendentalisten in Boston an Bettina von Arnim (1785–1859)". In: *Neue Zeitung für Einsiedler. Mitteilungen der Internationalen Arnim-Gesellschaft* 14 (2018), S. 15–30.

Becker-Cantarino, Barbara: „‚Der Cultus des Genius'. Bettina von Arnims Geniekonzept vor dem Hintergrund der zeitgenössischen Genie-Diskussion". In: Barbara Ventarola (Hg.): *Weibliche Genieentwürfe. Eine alternative Geschichte des schöpferischen Subjekts.* Würzburg 2019 [im Druck].

Beller, Manfred: „Die Familie Brentano: Vom Comer See zum Rhein. Migration, Assimilation und die Folgen". In: M. Beller: *Eingebildete Nationalcharaktere. Vorträge und Aufsätze zur literarischen Imagologie.* Hg. von Elena Agazzi. Göttingen 2006, S. 139–148.

Bergh van Eysinga, Gustaaf Adolf van den: *Bettina von Arnim en Bruno Bauer.* Haarlem 1951.

Betz, Otto: „Bettine in Bayern". In: *Literatur in Bayern* 24 (2008), Nr. 94, S. 20–23.

Betz, Otto: „Freundschaftsbund auf dem Gaisberg". In: *Literatur in Bayern* 27 (2011), Nr. 104, S. 70–73.

Boëtius, Henning: „Die Geschwister Brentano". In: Hans Sarkowicz und Ulrich Sonnenschein (Hg.): *Die großen Hessen.* Frankfurt a.M. 1996, S. 156–166.

Böhm, Dajana: *Bettina von Arnim und ihr künstlerisches Werk.* 2 Bde. Göttingen 2018.

Bölts, Stephanie: „‚Vergiss nicht die roten Rüben einzumachen ... Erkälte dich nicht, sei streng gegen die Kinder': Krankheit zwischen Alltag und Dichteramt im Briefwechsel von Achim und Bettina von Arnim". In: Walter Pape (Hg.): *Die alltägliche Roman-*

tik. Gewöhnliches und Phantastisches, Lebenswelt und Kunst. Berlin, Boston 2016 (= Schriften der Internationalen Arnim-Gesellschaft, Bd. 11), S. 229–240.

Borchard, Beatrix: „Singend dichten und dichtend singen. Zwischen Mündlichkeit und Schriftlichkeit: Bettine von Arnim und Amalie Joachim". In: Antje Tumat (Hg.): *Von Volkston und Romantik. Des Knaben Wunderhorn in der Musik*. Heidelberg 2008, S. 43–59.

Bossinade, Johanna: „Bettina von Arnim: Identifikationen des Ich. Entwurf für eine Lesart". In: Gerhard Neumann (Hg.): *Romantisches Erzählen*. Würzburg 1995 (= Stiftung für Romantikforschung, Bd. 1), S. 85–106.

Böttger, Fritz: *Bettina von Arnim. Ein Leben zwischen Tag und Traum*. Berlin 1986. Wieder u.d.T. *Bettina von Arnim. Zwischen Romantik und Revolution*. München 1994.

Brandstetter, Gabriele: „‚Die Welt mit lachendem Mund umwälzen' – Frauen im Umkreis der Heidelberger Romantik". In: Friedrich Strack (Hg.): *Heidelberg im säkularen Umbruch. Traditionsbewußtsein und Kulturpolitik um 1800*. Stuttgart 1987, S. 282–300.

Brandstetter, Gabriele: „Konfigurationen romantischer Schöpfungsästhetik I. Virtuosen und Dilettanten. Verflechtungen von Künstlerszenen in der Romantik". In: G. Brandstetter und Gerhard Neumann (Hg.): *Genie – Virtuose – Dilettant: Konfigurationen romantischer Schöpfungsästhetik*. Würzburg 2011 (= Stiftung für Romantikforschung, Bd. 53), S. 13–25.

Brentano, Lujo: „Der jugendliche und der gealterte Clemens Brentano über Bettine und Goethe". In: Jb FDH 1929, S. 325–352.

Bunzel, Wolfgang: „‚Phantasie ist die freie Kunst der Wahrheit'. Bettine von Arnims poetisches Verfahren in ‚Goethes Briefwechsel mit einem Kinde'". In: Jb BvA 1 (1987), S. 7–28.

Bunzel, Wolfgang: „Bettine von Arnim und Karl August Varnhagen von Ense. Ein Abriß ihrer politisch-literarischen Zusammenarbeit". In: Jb BvA 3 (1989), S. 223–247.

Bunzel, Wolfgang: „Patriotismus und Geselligkeit. Bettine Brentanos Umgang und Briefwechsel mit Studenten der Universität Landshut". In: Walter Schmitz und Sibylle von Steinsdorff (Hg.): *„Der Geist muß Freiheit genießen …!" Studien zu Werk und Bildungsprogramm Bettine von Arnims. Bettine-Kolloquium vom 6. bis 9. Juli 1989 in München*. Berlin 1992 (= Bettina-von-Arnim-Studien, Bd. 2), S. 26–47.

Bunzel, Wolfgang: „‚… nicht werth negirt zu werden …'? Die Stellung der Junghegelianer zu Bettine von Arnim". In: Lars Lambrecht (Hg.): *Philosophie, Literatur und Politik vor den Revolutionen von 1848. Zur Herausbildung der demokratischen Bewegungen in Europa*. Frankfurt a.M., Bern, New York 1996, S. 105–134.

Bunzel, Wolfgang: „Empfänger unbekannt? Adressatenbezug und Wirkungsstrategie der ‚Polenbroschüre' Bettine von Arnims". In: Jb BvA 11/12 (1999/2000), S. 145–159.

Bunzel, Wolfgang: „Ver-Öffentlichung des Privaten. Typen und Funktionen epistolaren Schreibens bei Bettine von Arnim". In: Bernd Füllner (Hg.): *Briefkultur im Vormärz. Vorträge der Tagung des Forum Vormärz Forschung und der Heinrich-Heine-Gesellschaft am 23. Oktober 1999 in Düsseldorf*. Bielefeld 2001 (= Vormärz-Studien, Bd. 9), S. 41–96.

Bunzel, Wolfgang: „‚Eine der bedeutendsten politischen Erscheinungen unsrer Zeit': Karl August Varnhagen von Ense als Rezensent der ‚Polenbroschüre' Bettine von Arnims". In: Claudia Christophersen und Ursula Hudson-Wiedemann (Hg.): *Romantik und Exil. Festschrift für Konrad Feilchenfeldt*. Würzburg 2004, S. 194–208.

Bunzel, Wolfgang: „‚Von Herz zu Herz'? Zum textologischen Status und sozialhistorischen Kontext der Familienbriefe Bettine von Arnims". In: Ulrike Landfester und Hartwig Schultz (Hg.): *Dies Buch gehört den Kindern. Achim und Bettine von Arnim und ihre Nachfahren.* Berlin 2004 (= Schriftenreihe des Freundeskreises Schloß Wiepersdorf – Erinnerungsstätte Achim und Bettina von Arnim e.V., Bd. 4), S. 37–81.

Bunzel, Wolfgang: „Lippen auf Marmor. Bettine von Arnims epistolare Erinnerungspolitik". In: Detlev Schöttker (Hg.): *Adressat: Nachwelt. Briefkultur und Ruhmbildung.* München 2008, S. 161–180.

Bunzel, Wolfgang: *„Die Welt umwälzen". Bettine von Arnim geb. Brentano (1785–1859).* Katalog, Ausstellung Freies Deutschen Hochstift Frankfurter Goethe-Museum, 20. Januar 2009 bis 5. April 2009. Frankfurt a.M. 2009.

Bunzel, Wolfgang: „Autorin ohne Werk, Publizistin undercover, Dokumentaristin avant la lettre. Zum 150. Todestag der Schriftstellerin Bettine von Arnim". In: *Forschung Frankfurt* 27.3 (2009), S. 18–22.

Bunzel, Wolfgang: „Literarische Denkmalpflege. Bettine von Arnims Brief- und Gesprächsbücher als Arbeit am kulturellen Gedächtnis". In: W. Bunzel, Kerstin Frei und Mechtild M. Jansen (Hg.): *„Mit List und ... Kühnheit ... Widerstand leisten": Bettine von Arnims sozialpolitisches Handeln zwischen Privatheit und Öffentlichkeit.* Berlin 2010, S. 19–30.
Erweiterte Fassung in: Jb BvA 22/23 (2010/11), S. 21–43.

Bunzel, Wolfgang: „Im Gespräch: Dialogizität bei Bettine von Arnim". In: Anne Frechen und Olivia Franke (Hg.): *Dialog und Bewegung. Bettina von Arnim als Kommunikationsexpertin. Dokumentation eines öffentlichen Symposions im Künstlerhaus Schloss Wiepersdorf.* Berlin 2011, S. 19–34.

Bunzel, Wolfgang: „Die Kunst der Retusche. Ein Originalbrief von Goethe an Bettine Brentano und seine Überarbeitung in Bettine von Arnims teilfingierter Quellenedition *Goethe's Briefwechsel mit einem Kinde* (1835)". In: Jörg Schuster und Jochen Strobel (Hg.): *Briefkultur. Texte und Interpretationen – von Martin Luther bis Thomas Bernhard.* Berlin, Boston 2012, S. 169–182.

Bunzel, Wolfgang: „Narrativer Selbstentwurf und konstruierte Familiengeschichte. Figurationen Sophie von La Roches bei Bettine von Arnim". In: Miriam Seidler und Mara Stuhlfauth (Hg.): *Ich will keinem Mann nachtreten. Sophie von La Roche und Bettine von Arnim.* Bern, Frankfurt a.M., New York 2013 (= Ästhetische Signaturen, Bd. 2), S. 141–161.

Bunzel, Wolfgang: „Brief-Erziehung. Bettine von Arnim als epistolare Mentorin". In: Selma Jahnke und Sylvie Le Moël (Hg.): *Briefe um 1800. Zur Medialität von Generation.* Berlin 2015 (= Berliner Intellektuelle um 1800, Bd. 4), S. 137–158.

Bunzel, Wolfgang: „Der epistolare Pakt. Zum Briefwechsel zwischen Bettine von Arnim und Hermann Fürst von Pückler-Muskau". In: Jana Kittelmann (Hg.): *Briefnetzwerke um Hermann von Pückler-Muskau.* Dresden 2015, S. 15–26.

Bunzel, Wolfgang: „Post für die Zukunft: Bettine von Arnims ‚letzte Briefe'". In: Arnd Beise und Jochen Strobel (Hg.) in Zusammenarbeit mit Ute Pott: *Letzte Briefe. Neue Perspektiven auf das Ende von Kommunikation.* St. Ingbert 2015, S. 135–150.

Bunzel, Wolfgang: „Bettine Brentano/von Arnim (1785–1859). Selbstinszenierung als Wirkungsstrategie". In: Bernd Heidenreich, Evelyn Brockhoff, Anne Bohnenkamp-Renken und Wolfgang Bunzel (Hg.): *Die Brentanos. Eine romantische Familie?* Frankfurt a.M. 2016, S. 171–190.

Burgdorf, Katrin: „Bettine Brentanos Briefe als Medium der Öffentlichkeit: Ein Schritt zur Umwertung der Geschlechterrollen?" In: Miriam Seidler und Mara Stuhlfauth (Hg.): *Ich will keinem Mann nachtreten. Sophie von La Roche und Bettine von*

Arnim. Bern, Frankfurt a.M., New York 2013 (= Ästhetische Signaturen, Bd. 2), S. 47–64.

Bürger, Christa: „Bettina/Bettine – Die Grenzgängerin". In: C. Bürger: *Leben Schreiben. Die Klassik, die Romantik und der Ort der Frauen.* Stuttgart 1990, S. 133–157.

Bürger, Christa: „Ganz verstanden zu sein – die einzige Himmelfahrt. Bettine, das Kind und die Günderode". In: C. Bürger: *„Diese Hoffnung, eines Tages nicht mehr allein zu denken": Lebensentwürfe von Frauen aus vier Jahrhunderten.* Stuttgart, Weimar 1996, S. 116–130.

Burwick, Roswitha: „Bettina von Arnims ‚Die Günderode'. Zum Selbstverständnis der Frau in der Romantik". In: Inge Stephan und Carl Pietzcker (Hg.): *Frauensprache – Frauenliteratur? Für und wider einer Psychoanalyse literarischer Werke. Akten des VII. Internationalen Germanistenkongresses Göttingen 1985.* Tübingen 1986 (= Kontroversen, alte und neue, Bd. 6), S. 62–67.

Burwick, Roswitha: „‚„Und er ward ein König über Thiere und Menschen, im *Geist*; sonder *Sprache*': Bettine von Arnims Märchen ‚Der Königssohn'". In: Steffen Dietzsch und Ariane Ludwig (Hg.): *Achim von Arnim und sein Kreis.* Berlin, New York 2010 (= Schriften der Internationalen Arnim-Gesellschaft, Bd. 8), S. 129–143.

Carriere, Moriz: *Bettina von Arnim.* Breslau o.J. [1887].
  Wieder in: Jb BvA 10 (1998), S. 129–160.

Cattaneo, Mario A.: „Juristische Aspekte im Werk Bettine Brentanos". In: *Internationales Archiv für Sozialgeschichte der deutschen Literatur* 31.2 (2006), S. 218–227.

Collins, Hildegard Platzer, und Philip Allison Shelley: „The Reception in England and America of Bettina von Arnim's ‚Goethe's Correspondence With A Child'". In: P. A. Shelley und A. O. Lewis (Hg.): *Anglo-German and American-German Cross-Currents.* Bd. 2. Chapel Hill/NC 1962, S. 97–174.

Corkhill, Alan: „Female Language Theory in the Age of Goethe: Three Case Studies". In: *The Modern Language Review* 94/4 (Oktober 1999), S. 1041–1053.

Daley, Margaretmary: *Women of Letters. A Study of Self and Genre in the Personal Writing of Caroline Schlegel-Schelling, Rahel Levin Varnhagen, and Bettina von Arnim.* Columbia/SC 1998.

Dampc-Jarosz, Renata: „Frauen werden zum Subjekt. Die Selbstfindung der Frauen in der Romantik am Beispiel von Caroline Schlegel-Schelling und Bettina von Arnim". In: Grażyna Szewczyk (Hg.): *Erfolge und Niederlagen der Frauenfiguren in der deutschen und polnischen Literatur.* Katowice 2000, S. 25–40.

Dickson, Sheila: „Eine unbekannte Übersetzung aus Bettina von Arnims ‚Goethe's Briefwechsel mit einem Kinde'". In: Steffen Dietzsch und Ariane Ludwig (Hg.): *Achim von Arnim und sein Kreis.* Berlin, New York 2010 (= Schriften der Internationalen Arnim-Gesellschaft, Bd. 8), S. 183–203.

Diers, Michaela: *Bettine von Arnim.* München 2001.
  Neuaufl. München 2010.

Dinges, Martin: „Bettine von Arnim (1785–1859), eine für die Homöopathie engagierte Patientin. Handlungsräume in Familie, Landgut und öffentlichem Raum/Politik". In: *Orvostörténeti Közlemények – Communicationes de historia artis medicinae* 186/187 (2004), S. 105–122.

Dischner, Gisela (Hg.): *Bettina von Arnim. Eine weibliche Sozialbiographie aus dem 19. Jahrhundert.* Kommentiert und zusammengestellt aus Briefromanen und Dokumenten. Berlin 1977 (= Wagenbachs Taschenbücherei, Bd. 30).

Drewitz, Ingeborg: *Bettine von Arnim. Romantik, Revolution, Utopie.* Düsseldorf, Köln 1969.

Neuaufl. München 1991, 1992; Düsseldorf 1992; Hildesheim 1992; u.d.T. *Bettine von Arnim: „... darum muß man nichts als leben ..."* München 1999; Berlin 2002.

Duval, Maud: *L'influence de la soeur chez Goethe, Kleist, Brentano et Nietzsche*. Paris 2009.

Ebert, Birgit: „Bettina Brentano-von Arnim's ‚Tale of the Lucky Purse' and Clemens Brentano's ‚Story of Good Kasperl and Beautiful Annerl'". In: Elke P. Frederiksen and Katherine R. Goodman (Hg.): *Bettina Brentano-von Arnim: Gender and Politics*. Detroit 1995, S. 185–212.

Eckhardt, Wilhelm A.: „Bettines Bericht über ihren letzten Besuch bei Goethe: Ein Brief an die Frankfurter Brentanos". In: Hartwig Schultz (Hg.): *„Die echte Politik muß Erfinderin sein". Beiträge eines Wiepersdorfer Kolloquiums zu Bettina von Arnim*. Berlin 1999 (= Schriftenreihe des Freundeskreises Schloß Wiepersdorf – Erinnerungsstätte Achim und Bettina von Arnim e.V., Bd. 3), S. 387–404.

Ehrhardt, Holger: „‚... unter den Linden hielt Bettine die vorbei kam, den Jacob fest'. Das Verhältnis zwischen Bettine von Arnim und den Brüdern Grimm nach der Hoffmann-von-Fallersleben-Affäre". In: Jb BvA 13/14 (2001/02), S. 99–113.

Ehrhardt, Holger: „Zur Fiktionalisierung Arnimscher Familienverhältnisse in den Novellen Herman Grimms". In: Ulrike Landfester und Hartwig Schultz (Hg.): *Dies Buch gehört den Kindern. Achim und Bettine von Arnim und ihre Nachfahren*. Berlin 2004 (= Schriftenreihe des Freundeskreises Schloß Wiepersdorf – Erinnerungsstätte Achim und Bettina von Arnim e.V., Bd. 4), S. 449–481.

Feilchenfeldt, Konrad: „Bettine, Rahel und Varnhagen". In: Christoph Perels (Hg.): *„Herzhaft in die Dornen der Zeit greifen ...": Bettine von Arnim 1785–1859*. Ausst.-Kat. Frankfurt a.M. 1985, S. 233–243.

Feilchenfeldt, Konrad: „Bettine von Arnim und Clemens Brentano: Neu erschlossene Briefquellen. Ein archivalisches Nachspiel zu Michael Hinzes ‚Suche nach verschollenen Handschriften aus dem Nachlaß von Clemens Brentano und Bettina und Achim von Arnim'". In: K. Feilchenfeldt und Luciano Sagari (Hg.): *Die Brentano. Eine europäische Familie*. Tübingen 1992 (= Reihe der Villa Vigoni, Bd. 6), S. 313–316.

Feilchenfeldt, Konrad: „Bettine von Arnim und die Zeitschrift ‚Nach der Arbeit'. Nachträge zu einer Rezension über Gisela von Arnims ‚Märchenbriefe an Achim'". In: Jb BvA 8/9 (1996/97), S. 229–231.

Feilchenfeldt, Konrad: „Der Nachlaß Maximiliane von Arnims". In: Ulrike Landfester und Hartwig Schultz (Hg.): *Dies Buch gehört den Kindern. Achim und Bettine von Arnim und ihre Nachfahren*. Berlin 2004 (= Schriftenreihe des Freundeskreises Schloß Wiepersdorf – Erinnerungsstätte Achim und Bettina von Arnim e.V., Bd. 4), S. 233–250.

Feilchenfeldt, Konrad, und Luciano Zagari (Hg.): *Die Brentano. Eine europäische Familie*. Tübingen 1992 (= Reihe der Villa Vigoni, Bd. 6).

Ferber, Matthias: „Ein ‚Hauptpfeiler Weiblicher ... Abnormitäten'? August Notnagels Bettine-Porträt in seinen ‚Poetischen Frauenbildern'". In: Wolfgang Bunzel, Konrad Feilchenfeldt und Walter Schmitz (Hg.): *Schnittpunkt Romantik. Text- und Quellenstudien zur Literatur des 19. Jahrhunderts*. Festschrift für Sibylle von Steinsdorff. Tübingen 1997, S. 205–221.

Fischer, Angelika, und Bernd Erhard Fischer: *Wiepersdorf. Bettina und Achim von Arnims Schloß und Park. Eine Spurensuche*. Berlin 1991.

Frechen, Anne, und Olivia Franke (Hg.): *Dialog und Bewegung. Bettina von Arnim als Kommunikationsexpertin. Dokumentation eines öffentlichen Symposions im Künstlerhaus Schloss Wiepersdorf*. Berlin 2011.

Frederiksen, Elke P., und Katherine R. Goodman (Hg.): *Bettina Brentano-von Arnim: Gender and Politics*. Detroit 1995.

Frederiksen, Elke, und Monika Shafi: „,Sich im Unbekannten suchen gehen': Bettina von Arnims ‚Die Günderode' als weibliche Utopie". In: Inge Stephan und Carl Pietzcker (Hg.): *Frauensprache – Frauenliteratur? Für und wider einer Psychoanalyse literarischer Werke. Akten des VII. Internationalen Germanistenkongresses Göttingen 1985*. Tübingen 1986 (= Kontroversen, alte und neue, Bd. 6), S. 54–61.

Frels, Wilhelm: *Bettina von Arnims Königsbuch. Ein Beitrag zur Geschichte ihres Lebens und ihrer Zeit*. Schwerin 1912.

French, Lorely: *Bettine von Arnim. Toward a Women's Epistolary Aesthetics*. Diss. Univ. of California, Berkeley 1986.

French, Lorely: „Strategies of Female Persuasion: The Political Letters of Bettina Brentano-von Arnim". In: Elke P. Frederiksen und Katherine R. Goodman (Hg.): *Bettina Brentano-von Arnim: Gender and Politics*. Detroit 1995, S. 71–94.

French, Lorely, und Irina Hundt: „,Die Günderode an Bettina' (1844). Ein unveröffentlichtes Manuskript Helmina von Chézys zur Wirkungsgeschichte der ‚Günderode', des ‚Königsbuchs' und des ‚Armenbuch-Projekts'". In: Jb BvA 6/7 (1994/95), S. 15–50.

Fröschle, Hartmut: *Goethes Verhältnis zur Romantik*. Würzburg 2002 [zu Bettina Brentano: S. 351–382].

Frühwald, Wolfgang: „,Mephisto in weiblicher Verkleidung'. Das Werk Bettine von Arnims im Spannungsfeld von Romantik und sozialer Reform". In: Jb FDH 1985, S. 202–220.

Fry, Ingrid E.: „Elective Androgyny: Bettine Brentano-von Arnim and Margaret Fuller's Reception of Goethe". In: *Goethe Yearbook* 10 (2001), S. 246–262.

Fry, Ingrid E.: „Authorizing the Proto-feminist Bettine von Arnim: Gender Dichotomies and Feminine Authority in Goethe's ‚Beautiful Amazon' and La Roche's Sternheim". In: *Lessing Yearbook* 34 (2002), S. 125–144.

Fuchs, Daniela: „Der große Polenprozeß von 1847 in Berlin und Bettina von Arnims Engagement für den angeklagten Mieroslawski und seine Mitstreiter". In: Jb BvA 15 (2003), S. 111–123.

Gaedertz, Karl Theodor: „Bettina von Arnim und Markus Niebuhr". In: K. T. Gaedertz: *Was ich am Wege fand. Blätter und Bilder aus Literatur, Kunst und Leben*. Neue Folge. Leipzig 1905, S. 111–126.

Gajek, Bernhard: „Bettine von Arnim und die bayerische Erweckungsbewegung". In: Heinz Härtl und Hartwig Schultz (Hg.): *„Die Erfahrung anderer Länder". Beiträge eines Wiepersdorfer Kolloquiums zu Achim und Bettina von Arnim*. Berlin, New York 1994, S. 247–270.

Gajek, Enid: „,Das gefährliche Spiel meiner Sinne'. Gedanken zu Bettine und Pückler". In: Jb BvA 3 (1989), S. 249–261.

Gajek, Enid: „Eros und Psyche in Bettines Apotheose". In: Walter Schmitz und Sibylle von Steinsdorff (Hg.): *„Der Geist muß Freiheit genießen ...!" Studien zu Werk und Bildungsprogramm Bettine von Arnims. Bettine-Kolloquium vom 6. bis 9. Juli 1989 in München*. Berlin 1992 (= Bettina-von-Arnim-Studien, Bd. 2), S. 127–140.

Gajek, Enid: „Bettines Ehe mit Arnim". In: Heinz Härtl und Hartwig Schultz (Hg.): *„Die Erfahrung anderer Länder". Beiträge eines Wiepersdorfer Kolloquiums zu Achim und Bettina von Arnim*. Berlin, New York 1994, S. 231–246.

Gajek, Enid: „,Frivoler Scherz' und ‚tiefrer Ernst'. Das Verhältnis Bettine von Arnims zu Pückler". In: Christian Friedrich und Ulf Jacob (Hg.): *„... ein Kind meiner Zeit, ein ächtes, bin ich ...": Stand und Perspektiven der Forschung zu Fürst Pückler. Dokumentation einer interdisziplinären Tagung der Stiftung Fürst-Pückler-Museum –*

Park und Schloß Branitz, Cottbus/Branitz, Gutsökonomie, 6./7. November 2009. Berlin 2010 (= Edition Branitz, Bd. 6), S. 253–262.

Geiger, Ludwig: „Bettina von Arnim und Moritz Veit". In: L. Geiger: *Dichter und Frauen. Vorträge und Abhandlungen.* Berlin 1896, S. 228–245.

Gersdorff, Dagmar von: *Bettina und Achim von Arnim: Eine fast romantische Ehe.* Berlin 1997.

Gille, Klaus F.: „,Der anmutige Scheinknabe'. Bettina von Arnim und Goethes Mignon". In: Heinz Härtl und Hartwig Schultz (Hg.): *„Die Erfahrung anderer Länder". Beiträge eines Wiepersdorfer Kolloquiums zu Achim und Bettina von Arnim.* Berlin, New York 1994, S. 271–285.

Wieder in: K. F. Gille: *Zwischen Kulturrevolution und Nationalliteratur. Gesammelte Aufsätze zu Goethe und seiner Zeit.* Hg. von Hannelore Scholz. Berlin 1998, S. 91–110.

Goodman, Katherine: *Dis/Closures: Women's Autobiography in Germany Between 1790 and 1914.* New York [u.a.] 1986.

Goodman, Katherine R.: „Through a Different Lens: Bettina Brentano-von Arnim's Views on Gender". In: Elke P. Frederiksen und K. R. Goodman (Hg.): *Bettina Brentano-von Arnim: Gender and Politics.* Detroit 1995, S. 115–144.

Goozé, Marjanne E.: *Bettine von Arnim, the Writer.* Diss. Univ. of California, Berkeley 1984.

Goozé, Marjanne E.: „The Reception of Bettina Brentano-von Arnim as Author and Historical Figure". In: Elke P. Frederiksen und Katherine R. Goodman (Hg.): *Bettina Brentano-von Arnim. Gender and Politics.* Detroit 1995, S. 349–420.

Goozé, Marjanne E.: „A Language of Her Own. Bettina Brentano-von Arnim's Translation Theory and Her English Translation Project". In: Elke P. Frederiksen und Katherine R. Goodman (Hg.): *Bettina Brentano-von Arnim. Gender and Politics.* Detroit 1995, S. 278–303.

Greiling, Werner: „Ein ,alter Freund' Bettines. Zur Revolutionsrezeption und publizistischen Praxis bei Karl August Varnhagen von Ense". In: Walter Schmitz und Sibylle von Steinsdorff (Hg.): *„Der Geist muß Freiheit genießen ...!" Studien zu Werk und Bildungsprogramm Bettine von Arnims. Bettine-Kolloquium vom 6. bis 9. Juli 1989 in München.* Berlin 1992 (= Bettina-von-Arnim-Studien, Bd. 2), S. 141–153.

Greiner, Bernhard: „Echo-Rede und ,Lesen' Ruths. Die Begründung von Autorschaft in Bettina von Arnims Roman ,Goethes Briefwechsel mit einem Kinde'". In: *Deutsche Vierteljahrsschrift für Literaturwissenschaft und Geistesgeschichte* 70 (1996), S. 48–66.

Grimm, Catherine: „,Wie ist Natur so hold und gut, die mich am Busen hält'. Nature Philosophy and Feminine Subjectivity in the Epistolary Memoirs of Bettine von Arnim". In: Caroline Bland und Elisa Müller-Adams (Hg.): *Schwellenüberschreitungen. Politik in der Literatur von deutschsprachigen Frauen 1780–1918.* Bielefeld 2007, S. 151–168.

Grimm, Herman: „Bettina von Arnim". In: *Goethe-Jahrbuch* 1 (1880), S. 1–16.

Growe, Ulrike: *Das Briefleben Bettine von Arnims. Vom Musenanruf zur Selbstreflexion. Studie zu „Goethe's Briefwechsel mit einem Kinde", „Die Günderode" und „Clemens Brentano's Frühlingskranz".* Würzburg 2003. Zugl. Diss. Univ. Gießen 2002.

Grzywka, Katarzyna: „Die Warschauer Zunft der Dummköpfe und der Berliner Kaffeter. Versuch eines Vergleichs". In: Ulrike Landfester und Hartwig Schultz (Hg.): *Dies Buch gehört den Kindern. Achim und Bettine von Arnim und ihre Nachfahren.* Berlin 2004 (= Schriftenreihe des Freundeskreises Schloß Wiepersdorf – Erinnerungsstätte Achim und Bettina von Arnim e.V., Bd. 4), S. 145–164.

Hahn, Barbara: „Rahel Levin Varnhagen und Bettine von Arnim: Briefe, Bücher, Biographien". In: Annegret Pelz (Hg.): *Frauen – Literatur – Politik*. Hamburg 1988, S. 115–131.
Hahn, Karl-Heinz: *Bettina von Arnim in ihrem Verhältnis zu Staat und Politik*. Weimar 1959.
Haker, Hille: „Zur Bedeutung der Schriften Bettine von Arnims. Ein Kommentar aus sozialethischer Sicht". In: Wolfgang Bunzel, Kerstin Frei und Mechtild M. Jansen (Hg.): *„Mit List und ... Kühnheit ... Widerstand leisten": Bettine von Arnims sozialpolitisches Handeln zwischen Privatheit und Öffentlichkeit*. Berlin 2010, S. 125–138. Erweiterte Fassung in: Jb BvA 22/23 (2010/11), S. 145–158.
Hallihan, Kathleen M.: „Following Bonaparte: Images of Napoleon in the Works of Bettina von Arnim". In: *Colloquia Germanica* 36 (2003), S. 97–117.
Hallihan, Kathleen M.: *Envisioning an Ideal State: The Literary Politics of Bettina von Arnim from 1830 to 1852*. Diss. Ohio State University 2005. https://etd.ohiolink.edu/!etd.send_file?accession=osu1116600876&disposition=inline [30. Mai 2019].
[Härtl, Heinz]: *Bettina von Arnim 1785–1859. Eine Chronik. Daten und Zitate zu Leben und Werk*. Wiepersdorf o.J. [1985].
Härtl, Heinz: „Bettine von Arnim. Romantikerin und Demokratin. Eine Annäherung". In: Hartwig Schultz, H. Härtl und Marie-Claire Hoock-Demarle: *Bettine von Arnim. Romantik und Sozialismus (1831–1859)*. Trier 1987 (= Schriften aus dem Karl-Marx-Haus, Trier, Bd. 35), S. 27–40.
Härtl, Heinz: „Bettinas Armenbuch. Das überlieferte Material und seine Edition". In: Jb BvA 3 (1989), S. 127–136.
Härtl, Heinz: „Mirabeau im ‚Frühlingskranz'". In: *Acta Universitatis Wratislaviensis: Germanica Wratislaviensis* 80 (1990), S. 137–148.
Härtl, Heinz: „Bettina Brentano-von Arnim's Relations to the Young Hegelians". In: Elke P. Frederiksen und Katherine R. Goodman (Hg.): *Bettina Brentano-von Arnim: Gender and Politics*. Detroit 1995, S. 145–184.
Härtl, Heinz: „‚Dies Völkchen mit der vorkämpfenden Alten'. Bettina von Arnim und die Junghegelianer". In: Jb FDH 1992, S. 213–254.
Härtl, Heinz: „Zur zeitgenössischen publizistischen Rezeption des ‚Königsbuches'. Mit einem bibliographischen Anhang". In: Walter Schmitz und Sibylle von Steinsdorff (Hg.): *„Der Geist muß Freiheit genießen ...!" Studien zu Werk und Bildungsprogramm Bettine von Arnims. Bettine-Kolloquium vom 6. bis 9. Juli 1989 in München*. Berlin 1992 (= Bettina-von-Arnim-Studien, Bd. 2), S. 208–235.
Härtl, Heinz: „Übereuropäisches bei Arnim und Bettina". In: H. Härtl und Hartwig Schultz (Hg.): *„Die Erfahrung anderer Länder". Beiträge eines Wiepersdorfer Kolloquiums zu Achim und Bettina von Arnim*. Berlin, New York 1994, S. 215–230.
Härtl, Heinz: „Publizistische Beiträge Bettina von Arnims 1839–1840". In: Jb FDH 1995, S. 192–206.
Härtl, Heinz: „Bettinas Salon der ‚edlen' Weltverbesserer". In: Jb BvA 8/9 (1996/97), S. 163–176.
Härtl, Heinz: „Publizistische Beiträge Bettina von Arnims 1844–1848". In: Wolfgang Bunzel, Konrad Feilchenfeldt und Walter Schmitz (Hg.): *Schnittpunkt Romantik. Text- und Quellenstudien zur Literatur des 19. Jahrhunderts*. Festschrift für Sibylle von Steinsdorff. Tübingen 1997, S. 237–256.
Härtl, Heinz: „Nachwort". In: Achim von Arnim, Bettina von Arnim und Clemens Brentano: *Anekdoten, die wir erlebten und hörten*. Hg. von H. Härtl. Göttingen 2003, S. 83–108.
Härtl, Heinz: *„Drei Briefe von Beethoven". Genese und Frührezeption einer Briefkomposition Bettina von Arnims*. Bielefeld 2016.

Härtl, Heinz, und Hartwig Schultz (Hg.): „*Die Erfahrung anderer Länder*". *Beiträge eines Wiepersdorfer Kolloquiums zu Achim und Bettina von Arnim*. Berlin, New York 1994.

Härtl, Ursula: „Bettinas musikalischer Alltag in München und Landshut 1808/09". In: Walter Pape (Hg.): *Die alltägliche Romantik. Gewöhnliches und Phantastisches, Lebenswelt und Kunst*. Berlin, Boston 2016 (= Schriften der Internationalen Arnim-Gesellschaft, Bd. 11), S. 131–142.

Härtl, Ursula: „Vorübergehend enthüllt. Das Bettinasche Goethedenkmal im Weimarer Landesmuseum". In: Jb BvA 6/7 (1994/95), S. 244–247.

Heidenreich, Bernd (Hg.): *Geist und Macht. Die Brentanos*. Wiesbaden 2000.

Heidenreich, Bernd, Evelyn Brockhoff, Anne Bohnenkamp-Renken und Wolfgang Bunzel (Hg.): *Die Brentanos. Eine romantische Familie?* Frankfurt a.M. 2016.

Heukenkamp, Marianne: *Den „Willen zum Ideal" ins Leben selbst verwandeln. Bettina von Arnims „Die Günderode" im Spannungsfeld von Leben, Philosophie und Poesie. Untersuchungen zu ideellem Gehalt, Textaufbau und Wirkung des Briefromans*. Egelsbach 1991.
Zugl. Diss. Univ. Halle 1989.

Hilmes, Carola: „‚Lieber Widerhall'. Bettine von Arnim: *Die Günderode* – Eine dialogische Autobiographie". In: *Germanisch-Romanische Monatsschrift* 46 (1996), S. 424–438.

Hirsch, Helmut: *Bettine von Arnim*. Reinbek bei Hamburg 1987 (= Rowohlts Monographien, Bd. 369).

Hock, Lisabeth M.: „‚Sonderbare', ‚heißhungrige' und ‚edle' Gestalten. Konstrukte von Juden und Judentum bei Bettina von Arnim". In: Hartwig Schultz (Hg.): *Salons der Romantik. Beiträge eines Wiepersdorfer Kolloquiums zu Theorie und Geschichte des Salons*. Berlin, New York 1997, S. 317–342.

Hock, Lisabeth M.: *Replicas of a Female Prometheus. The Textual Personae of Bettina von Arnim*. New York [u.a.] 2001.

Holm, Christiane: „Papierne Paare. Zum Verhältnis von Kunst und Geschlecht in Achim von Arnim und Bettine von Arnims literarischem Dialog". In: Jb BvA 13/14 (2001/02), S. 65–88.

Hoock-Demarle, Marie-Claire: „Frau und Stadt. Erlebnis und Erfahrungen der Bettina Brentano-von Arnim". In: Hartwig Schultz, Heinz Härtl und M.-C. Hoock-Demarle: *Bettine von Arnim. Romantik und Sozialismus (1831–1859)*. Trier 1987 (= Schriften aus dem Karl-Marx-Haus, Trier, Bd. 35), S. 41–57.

Hoock-Demarle, Marie-Claire: „Bettina als ‚Zeugin' der Französischen Revolution". In: Jb BvA 3 (1989), S. 81–92.

Hoock-Demarle, Marie-Claire: „Zwischen Wirklichkeit und Fiktion. Karoline von Günderrode und Bettina von Arnim – eine weibliche Freundschaft um 1800 und ihre literarische Verarbeitung". In: *Querelles. Jahrbuch für Frauenforschung* 3 (1998), S. 169–183.

Horn, Eva: *Trauer schreiben. Die Toten im Text der Goethezeit*. München 1998 [zu Bettina von Arnim: S. 165–200].

Horn, Eva: „Stumme Freunde. Die Autorschaft der Trauer bei Goethe und Bettine von Arnim". In: Gisela Ecker (Hg.): *Trauer schreiben – Trauer zeigen. Inszenierungen der Geschlechter*. München 1999, S. 123–133.

Hübener, Andrea: „‚Ich bin das Blatt auf das die Erinnerung alle Seeligkeit geäzt'. Der Liebesbrief als pseudonymes Medium (Bettine von Arnim und Hermann von Pückler-Muskau)". In: Renate Stauf und Jörg Paulus (Hg.): *SchreibLust. Der Liebesbrief im 18. und 19. Jahrhundert*. Berlin, Boston 2013, S. 239–269.

Hübener, Andrea: „‚Mit- und Nachwelt ... doppelt ... verpflichtet': Genese, Generationalität und Generativität von Briefen um 1830 (Bettine von Arnim, Hermann und Lucie von Pückler-Muskau)". In: Selma Jahnke und Sylvie Le Moël (Hg.): *Briefe um 1800. Zur Medialität von Generation*. Berlin 2015 (= Berliner Intellektuelle um 1800, Bd. 4), S. 217–250.

Hudson-Wiedenmann, Ursula: „Bettine von Arnim". In: Hilary Brown (Hg.): *Landmarks in German Women's Writing*. Oxford [u.a.] 2007 (= Britische und Irische Studien zur deutschen Sprache und Literatur, Bd. 39), S. 59–75.

Hundt, Irina: „‚Sich mit warmem Herzen an der Zeit und ihren Interessen betheiligen': Bettina von Arnim, der Fall Schlöffel und der Roman ‚Schloß und Fabrik' von Louise Otto". In: *Louise-Otto-Peters-Jahrbuch* 1 (2004), S. 163–170.

Isselstein, Ursula: „Rahel und Brentano. Analyse einer mißglückten Freundschaft, unter Benutzung dreier unveröffentlichter Briefe Brentanos". In: Jb FDH 1985, S. 151–201.

Isselstein, Ursula: „Briefwechsel als Bildungsprojekt. Dialogische Konstellationen im ‚Frühlingskranz' Bettine von Arnims". In: Konrad Feilchenfeldt und Luciano Sagari (Hg.): *Die Brentano. Eine europäische Familie*. Tübingen 1992 (= Reihe der Villa Vigoni, Bd. 6), S. 208–218.

Janssen, Carmen Viktoria: *Textile in Texturen. Lesestrategien und Intertextualität bei Goethe und Bettina Brentano-von Arnim*. Würzburg 2000.
Zugl. Diss. Univ. of Maryland, College Park 1997.

Jarvis, Shawn C.: „Nachwort". In: Gisela und Bettine von Arnim: *Das Leben der Hochgräfin Gritta von Rattenzuhausbeiuns*. Mit Zeichnungen von Gisela von Arnim und Herman Grimm. Hg. von Shawn C. Jarvis. Frankfurt a.M. 1986, S. 203–223.

Jarvis, Shawn C.: „Spare the Rod and Spoil the Child? Bettine's ‚Das Leben der Hochgräfin Gritta von Rattenzuhausbeiuns'". In: *Women in German Yearbook* 3 (1987), S. 77–89.

Keul, Hildegund: *Menschwerden durch Berührung. Bettina Brentano-Arnim als Wegbereiterin für eine feministische Theologie*. Frankfurt a.M. [u.a.] 1993 (= Würzburger Studien zur Fundamentaltheologie, Bd. 16).

Keul, Hildegund: „Brot teilen nach Recht und Gerechtigkeit: Bettine von Arnims ‚Schwebe-Religion' und ihre sozial-politische Bedeutung". In: Wolfgang Bunzel, Kerstin Frei und Mechtild M. Jansen (Hg.): *„Mit List und ... Kühnheit ... Widerstand leisten": Bettine von Arnims sozialpolitisches Handeln zwischen Privatheit und Öffentlichkeit*. Berlin 2010, S. 77–89.
Auch in: Jb BvA 22/23 (2010/11), S. 97–111.

Kirchhof, Tobias: „Karoline Fischer und Bettina von Arnim". In: T. Kirchhof: *Der Tod Schleiermachers. Prozess und Motive, Nachfolge und Gedächtnis*. Leipzig, Berlin 2006, S. 39–45.

Kittler, Friedrich A.: „In den Wind schreibend, Bettina". In: F. A. Kittler: *Dichter – Mutter – Kind. Deutsche Literatur im Familiensystem 1760–1820*. München 1991, S. 219–256.

Kober, Daniela: „‚Sie müssen meine neue englische Sprache studieren': Bettina von Arnims ‚Goethe's Briefwechsel mit einem Kinde'". In: Nadja Grbić und Michaela Wolf (Hg.): *Grenzgängerinnen. Zur Geschlechterdifferenz in der Übersetzung*. Graz 2002 (= Graz Translation Studies, Bd. 4), S. 47–65.

Koch, Rainer: „Peter Anton Brentano (1735–1797): Italienischer Kaufmann und Bürger der Freien Reichsstadt Frankfurt". In: Bernd Heidenreich (Hg.): *Geist und Macht: Die Brentanos*. Wiesbaden 2000, S. 19–43.

Konrad, Gustav: „Bettina von Arnim". In: Benno von Wiese (Hg.): *Deutsche Dichter der Romantik: Ihr Leben und Werk*. 2., überarb. und verm. Aufl. Berlin 1983, S. 377–407.
Krehl, Birgit: „Bettina von Arnim in Milan Kunderas Roman ‚Die Unsterblichkeit'". In: Jb BvA 10 (1998), S. 115–126.
Krimmer, Elisabeth: „Bettina and Louise. Gender Constructions in Bettina Brentano-von Arnim's *Clemens Brentanos Frühlingskranz*". In: Hilary Sy-Quia und Susanne Baackmann (Hg.): *Conquering Women. Women and War in the German Cultural Imagination*. Berkeley 2000, S. 156–176.
Küpper, Thomas: „The Muse Learns to Print. Inspiration und Oralität in Bettina von Arnims ‚Die Günderode'". In: Harald Hillgärtner und T. Küpper (Hg.): *Medien und Ästhetik. Festschrift für Burkhardt Lindner*. Bielefeld 2003, S. 186–196.

Landfester, Ulrike: „‚Da, wo ich duldend mich unterwerfen sollte, da werde ich mich rächen'. Mignon auf dem Weg zur Revolte. Stationen einer Rezeptionsgeschichte". In: Jb BvA 4 (1990), S. 71–97.
Landfester, Ulrike: „Von Frau zu Frau? Einige Bemerkungen über historische und ahistorische Weiblichkeitsdiskurse in der Rezeption Bettine von Arnims". In: Jb BvA 8/9 (1996/97), S. 201–222.
Landfester, Ulrike: „‚Heute soll hier die Revolution losgehen …': Anna von Arnims Briefe aus Berlin an ihren Mann Freimund vom Sommer 1848". In: Wolfgang Bunzel, Konrad Feilchenfeldt und Walter Schmitz (Hg.): *Schnittpunkt Romantik. Text- und Quellenstudien zur Literatur des 19. Jahrhunderts. Festschrift für Sibylle von Steinsdorff*. Tübingen 1997, S. 257–288.
Landfester, Ulrike: „Jenseits der Schicklichkeit: Bettine von Arnims Armenbuch-Projekt im zeitgenössischen Salongespräch". In: Hartwig Schultz (Hg.): *Salons der Romantik. Beiträge eines Wiepersdorfer Kolloquiums zu Theorie und Geschichte des Salons*. Berlin, New York 1997, S. 271–296.
Landfester, Ulrike: „‚Die echte Politik muß Erfinderin sein': Überlegungen zum Umgang mit Bettine von Arnims politischem Werk". In: Hartwig Schultz (Hg.): *„Die echte Politik muß Erfinderin sein". Beiträge eines Wiepersdorfer Kolloquiums zu Bettina von Arnim*. Berlin 1999 (= Schriftenreihe des Freundeskreises Schloß Wiepersdorf – Erinnerungsstätte Achim und Bettina von Arnim e.V., Bd. 3), S. 1–37.
Landfester, Ulrike: „Echo schreibt Narziß. Bettine von Arnims Mythopoetik des schöpferischen Dialogs und ‚Goethe's Briefwechsel mit einem Kinde' (1835)". In: *Athenäum* 9 (1999), S. 161–191.
Landfester, Ulrike: „Das Schweigen der Sibylle. Bettine von Arnims Briefe über die Revolution von 1848". In: Jb BvA 11/12 (1999/2000), S. 121–143.
Landfester, Ulrike: *Selbstsorge als Staatskunst. Bettine von Arnims politisches Werk*. Würzburg 2000 (= Stiftung für Romantikforschung, Bd. 8).
Landfester, Ulrike: „Faselei online. Vorüberlegungen zu einer Internet-Publikation von Bettine von Arnims Werk". In: *Jahrbuch für Computerphilologie* 2 (2000), S. 121–145. http://computerphilologie.uni-muenchen.de/jg00/landfest/landfest.html [30. Mai 2019].
Landfester, Ulrike: „Bettine Brentano-von Arnim (1785–1859) als politische Schriftstellerin: ‚*Selbstdenken* ist der höchste Mut'". In: Bernd Heidenreich (Hg.): *Geist und Macht: Die Brentanos*. Wiesbaden 2000, S. 71–91.
Landfester, Ulrike: „Die Kronenwächterin: Ludwig Achim von Arnim und Bettine von Arnims politisches Werk". In: Walter Pape (Hg.): *Arnim und die Berliner Romantik: Kunst, Literatur und Politik. Berliner Kolloquium der Internationalen Arnim-*

Gesellschaft. Tübingen 2001 (= Schriften der Internationalen Arnim-Gesellschaft, Bd. 3), S. 53–70.

Landfester, Ulrike: „‚Die echte Politik muß Erfinderin sein'– Das politische Vermächtnis Achim und Bettine von Arnims. Festvortrag zur Eröffnungsveranstaltung der ‚Romantischen Tage' in der Akademie der Künste Berlin am 6. Mai 2004". In: Jb BvA 16 (2004), S. 15–24.

Landfester, Ulrike: „Spiel-Raum Familie. Bettine von Arnim und ihre Kinder in der Theatralitätsgeschichte des Biedermeier". In: U. Landfester und Hartwig Schultz (Hg.): *Dies Buch gehört den Kindern. Achim und Bettine von Arnim und ihre Nachfahren.* Berlin 2004 (= Schriftenreihe des Freundeskreises Schloß Wiepersdorf – Erinnerungsstätte Achim und Bettina von Arnim e.V., Bd. 4), S. 1–36.

Landfester, Ulrike: „‚Es ist doch wohl keine Eifersucht?' Bettine von Arnim und Germaine de Staël". In: Gerhard R. Kaiser und Olaf Müller (Hg.): *Germaine de Staël und ihr erstes deutsches Publikum. Literaturpolitik und Kulturtransfer um 1800.* Heidelberg 2008, S. 305–315.

Landfester, Ulrike: „‚Arbeit! –': Staatsökonomische Begriffs- als poetische Konzeptions- ‚Arbeit' in Bettine von Arnims politischem Werk". In: Wolfgang Bunzel, Kerstin Frei und Mechtild M. Jansen (Hg.): *„Mit List und … Kühnheit … Widerstand leisten": Bettine von Arnims sozialpolitisches Handeln zwischen Privatheit und Öffentlichkeit.* Berlin 2010, S. 109–124.
Erweiterte Fassung in: Jb BvA 22/23 (2010/11), S. 129–143.

Landfester, Ulrike: „Jugend-Bewegung. Bettine von Arnims Netzwerk-Pädagogik". In: Anne Frechen und Olivia Franke (Hg.): *Dialog und Bewegung. Bettina von Arnim als Kommunikationsexpertin. Dokumentation eines öffentlichen Symposions im Künstlerhaus Schloss Wiepersdorf.* Berlin 2011, S. 35–45.

Landfester, Ulrike, und Hartwig Schultz (Hg.): *Dies Buch gehört den Kindern. Achim und Bettine von Arnim und ihre Nachfahren.* Berlin 2004 (= Schriftenreihe des Freundeskreises Schloß Wiepersdorf – Erinnerungsstätte Achim und Bettina von Arnim e.V., Bd. 4).

Langer, Daniela: „‚die Antwort aber, die ich mir in Ihrem Namen gebe': Sich-Lesen und Sich-als-Gelesene-Schreiben in Bettine von Arnims ‚Goethe's Briefwechsel mit einem Kinde'". In: Davide Giuriato, Martin Stingelin und Sandro Zaretti (Hg.): *„Schreiben heißt: sich selber lesen". Schreibszenen als Selbstlektüren.* München 2008, S. 133–159.

Lauer, Gerhard: „Der ‚rothe Sattel der Armuth': Talmudische Gelehrsamkeit oder die Grenzen der poetischen Technik bei Bettine von Arnim". In: Wolfgang Bunzel, Konrad Feilchenfeldt und Walter Schmitz (Hg.): *Schnittpunkt Romantik. Text- und Quellenstudien zur Literatur des 19. Jahrhunderts.* Festschrift für Sibylle von Steinsdorff. Tübingen 1997, S. 289–319.

Ledanff, Susanne: „‚Rahel, Bettina, die Stieglitz': Drei Parzen der jungdeutschen Emanzipationsdiskurse – zur Problematik einer Theatralik des Unbewußten in weiblichen Textdenkmälern". In: Gustav Frank und Detlev Kopp (Red.): *„Emancipation des Fleisches". Erotik und Sexualität im Vormärz.* Bielefeld 1999 (= Jahrbuch Forum Vormärz Forschung, Bd. 5), S. 261–293.

Leitner, Ingrid: „‚… vom tausendfarbigen Morgenlicht umwebt …': Die Lichtdramaturgie in Bettine von Arnims ‚Goethes Briefwechsel mit einem Kinde'". In: Wolfgang Bunzel, Konrad Feilchenfeldt und Walter Schmitz (Hg.): *Schnittpunkt Romantik. Text- und Quellenstudien zur Literatur des 19. Jahrhunderts.* Festschrift für Sibylle von Steinsdorff. Tübingen 1997, S. 131–142.

Leitner, Ingrid: „Liebe und Erkenntnis. Kommunikationsstrukturen bei Bettine von Arnim. Ein Vergleich fiktiven Sprechens mit Gesprächen im Salon". In: Hartwig Schultz (Hg.): *Salons der Romantik. Beiträge eines Wiepersdorfer Kolloquiums zu Theorie und Geschichte des Salons*. Berlin, New York 1997, S. 235–250.

Leitner, Ingrid, und Sibylle von Steinsdorff: „‚… wunderliche Bilder … Gedanken in tönenden Strömen …‘: Überlegungen zu Bettine von Arnims romantischem Stil anhand der russischen und der französischen Übersetzung von ‚Goethe's Briefwechsel mit einem Kinde'". In: Walter Schmitz und S. von Steinsdorff (Hg.): *„Der Geist muß Freiheit genießen …!" Studien zu Werk und Bildungsprogramm Bettine von Arnims. Bettine-Kolloquium vom 6. bis 9. Juli 1989 in München*. Berlin 1992 (= Bettina-von-Arnim-Studien, Bd. 2), S. 174–207.

Leitner, Ingrid, und Sibylle von Steinsdorff: „Die vollkommenste Grammatik der Liebe, die jemals komponiert wurde. Thesen zum poetischen Verfahren Bettine von Arnims in ‚Goethe's Briefwechsel mit einem Kinde'". In: Jb BvA 6/7 (1994/95), S. 143–157.

Lemm, Uwe: „Stand die Thronrettungsmaschine in Kassel? Eine These zur Entstehung einiger Motive aus dem ‚Leben der Hochgräfin Gritta von Rattenzuhausbeiuns'". In: Jb BvA 5 (1993), S. 90–103.

Lemm, Uwe: „Die Wohnorte Bettina und Achim von Arnims in Berlin". In: Jb BvA 5 (1993), S. 104–118.

Lemm, Uwe: „Bettina von Arnim (1785–1859): Kritische Stimme in Preußen und Augenzeugin der Revolution von 1848/49". In: Helmut Bleiber, Walter Schmidt und Sabine Schötz (Hg.): *Akteure eines Umbruchs. Männer und Frauen der Revolution von 1848/49*. Bd. 1. Berlin 2003, S. 11–36.

Lemm, Uwe: „‚… ich begreife nicht wie Sie dazu kommen …‘: Bettina von Arnims Umgang mit einem ihrer Helfer". In: Jb BvA 19 (2007), S. 11–23.

Lenckos, Elisabeth: „‚Stimulus and cheer': Margaret Fuller's ‚Translations', from *Eckermann's Conversations with Goethe* to Bettina von Arnim's *Guenderode*". In: Gillian E. Dow (Hg.): *Translators, Interpreters, Mediators. Women Writers 1700–1900*. Oxford [u. a.] 2007, S. 191–207.

Liebertz-Grün, Ursula: „‚Antik ist's nicht, romantisch auch nicht, aber Bettinisch' – Reflexionen zur ‚Poetik' der Autorin Bettine Brentano-von Arnim". In: Norbert Oellers (Hg.): *Germanistik und Deutschunterricht im Zeitalter der Technologie. Vorträge des Germanistentages Berlin 1987*. Bd. 3: *Literatur und Literaturunterricht in der Moderne*. Tübingen 1988, S. 191–203.

Liebertz-Grün, Ursula: *Ordnung im Chaos. Studien zur Poetik der Bettine Brentano-von Arnim*. Heidelberg 1989.

Liebertz-Grün, Ursula: „Bettine Brentano-von Arnim: ‚Dies Buch gehört dem König'". In: Jb BvA 3 (1989), S. 59–80.

Lokke, Kari E.: „‚Beyond Impossibility: Bettine von Arnim's *Die Günderode*, an ‚ideal relation realized'". In: K. E. Lokke: *Tracing Women's Romanticism: Gender, History, and Transcendence*. London, New York 2004, S. 84–116.

Lokke, Kari: „Learning from Excess: Emily Dickinson and Bettine von Arnim's *Die Günderode*". In: Jeffrey Cass und Larry Peer (Hg.): *Romantic Border Crossings*. Aldershot [u. a.] 2008, S. 159–167.

Lüders, Detlev (Hg.): *Achim von Arnim. 1781–1831*. Ausst.-Kat. FDH. Bearb. von Renate Moering und Hartwig Schultz. Frankfurt a.M. 1981.

Lühe, Irmela von der: „Kind, Kobold und Rebell: Biographisch-literarische Inszenierungen Bettina von Arnims". In: *Der Deutschunterricht* 64.2 (2012), S. 28–36.

Lühning, Helga: „‚… an diesem geht die ganze Welt auf und nieder': Bettine Brentano zwischen Beethoven und Goethe". In: Walter Hettche und Rolf Selbmann (Hg.): *Goethe und die Musik*. Würzburg 2012, S. 145–165.

Lützeler, Paul Michael: „Genieästhetik und Reformideen: Bettina und Achim von Arnim". In: P. M. Lützeler: *Klio oder Kalliope? Literatur und Geschichte: Sondierung, Analyse, Interpretation.* Berlin 1997 (= Philologische Studien und Quellen, Bd. 145), S. 51–60.

Maierhofer, Waltraud: „Einfühlen, Einvernahme und Mißverstehen. Rilke und Bettina von Arnim". In: Jb BvA 4 (1990), S. 125–150.

Maisak, Petra: „Bettine von Arnims ‚Octoberfest'. Idee, Genese und Rekonstruktion". In: Jb FDH 1990, S. 184–217.

Maisak, Petra: „Das ‚Oktoberfest' Bettine von Arnims". In: Walter Schmitz und Sibylle von Steinsdorff (Hg.): *„Der Geist muß Freiheit genießen …!" Studien zu Werk und Bildungsprogramm Bettine von Arnims. Bettine-Kolloquium vom 6. bis 9. Juli 1989 in München.* Berlin 1992 (= Bettina-von-Arnim-Studien, Bd. 2), S. 48–66.

Maisak, Petra: „Dies Bild gehört dem König. Bettine von Arnim und ihre Töchter zwischen Salon, Kunst und preußischem Hof". In: Hans Dickel und Christoph Martin Vogtherr (Hg.): *Preußen. Die Kunst und das Individuum.* Festschrift für Helmut Börsch-Supan. Berlin 2003, S. 261–281.

Maisak, Petra: „Bettina von Arnim als Zeichnerin oder der Versuch, alte Bilder in eine neue Mythologie zu verwandeln". In: Steffen Dietzsch und Ariane Ludwig (Hg.): *Achim von Arnim und sein Kreis.* Berlin, New York 2010 (= Schriften der Internationalen Arnim-Gesellschaft, Bd. 8), S. 145–182.

Maisak, Petra: „Klassisch-romantische Phantasien. Ambivalenz und Transformation in Bettine von Arnims bildkünstlerischem Schaffen". In: Jb FDH 2015, S. 289–351.

Mallachow, Lore, und Gertrud Meyer-Hepner: *Bettina. Ein Lesebuch für unsere Zeit.* 4. Aufl. Weimar 1958 (= Lesebücher für unsere Zeit).

Mallon, Otto: „Bibliographische Bemerkungen zu Bettina von Arnims Sämtlichen Werken". In: *Zeitschrift für deutsche Philologie* 36 (1931), S. 446–465.

Mander, Gertrud: *Bettina von Arnim.* Berlin 1982.

McAlpin, Mary: „Goethe's Number-One Fan: A Neo-Feminist Reading of Bettina Brentano-von Arnim". In: *Comparative Literature* 57.4 (2005), S. 294–311.

McCulloh, Mark R., und T. H. Pickett: „*Bettina's englisches Wagnis* in Light of the Correspondence of Sarah Austin and Bettina von Arnim". In: *Euphorion* 84 (1990), S. 397–407.

Mettele, Gisela: „‚Herzhaft in die Dornen der Zeit greifen'. Die politische Romantikerin Bettina von Arnim". In: Michael Dreyer und Klaus Ries (Hg.): *Romantik und Freiheit. Wechselspiele zwischen Ästhetik und Politik.* Heideberg 2014 (= Ereignis Weimar–Jena, Bd. 32), S. 115–136.

Metz-Becker, Marita: „Bettina Brentanos Marburger Jahre 1802–1805". In: Gerhard Hauptmeier (Hg.): *Marburger Literatur Almanach 1994.* Marburg 1994, S. 9–12.

Meyer-Hepner, Gertrud: „Das Bettina von Arnim-Archiv". In: *Sinn und Form* 6 (1954), S. 594–611.

Meyer-Hepner, Gertrud: *Der Magistratsprozeß der Bettina von Arnim.* Weimar 1960.

Milch, Werner: *Bettine und Marianne.* Zürich 1947 (= Goethe-Schriften im Artemis-Verlag Zürich, H. 2).

Milch, Werner: *Die junge Bettine 1785–1811. Ein biographischer Versuch.* Im Manuskript überarbeitet, eingeleitet und herausgegeben von Peter Küpper. Heidelberg 1968.

[Milner, Elisabeth]: „Ein Besuch bei Bettina von Arnim: aus dem Tagebuch meiner Mutter". Mitgeteilt von Käthe Cajetan-Milner. In: Jb BvA 16 (2004), S. 155–161.

Minder, Robert: *Geist und Macht oder Einiges über die Familie Brentano.* Mainz 1972.

Moering, Renate: „Bettines Liedvertonungen". In: Walter Schmitz und Sibylle von Steinsdorff (Hg.): *„Der Geist muß Freiheit genießen ...!" Studien zu Werk und Bildungsprogramm Bettine von Arnims. Bettine-Kolloquium vom 6. bis 9. Juli 1989 in München.* Berlin 1992 (= Bettina-von-Arnim-Studien, Bd. 2), S. 67–75.

Moering, Renate (Hg.): *Bettine von Arnim: Lieder und Duette für mittlere Singstimme und Klavier.* Kassel 1995.

Moering, Renate: „Bettine von Arnims Musizieren". In: Clara Mayer (Hg.): *Annäherung VII – an sieben Komponistinnen.* Kassel 1996, S. 84–96.

Moering, Renate: „Arabeske vom Einsiedler: Eine Mischhandschrift von Bettine Brentano und Achim von Arnim". In: Wolfgang Bunzel, Konrad Feilchenfeldt und Walter Schmitz (Hg.): *Schnittpunkt Romantik. Text- und Quellenstudien zur Literatur des 19. Jahrhunderts. Festschrift für Sibylle von Steinsdorff.* Tübingen 1997, S. 51–57.

Moering, Renate: „Bettines Melodien als Inspirationsquelle". In: Hartwig Schultz (Hg.): *Salons der Romantik. Beiträge eines Wiepersdorfer Kolloquiums zu Theorie und Geschichte des Salons.* Berlin, New York 1997, S. 343–366.

Moering, Renate: „Bettine Brentanos Vertonung von Goethes ‚Ach neige, du Schmerzenreiche ...' Ein unbekanntes Autograph im Goethe- und Schiller-Archiv". In: Jb BvA 10 (1998), S. 11–21.

Moering, Renate: „Bettine von Arnims literarische Umsetzung ihres Beethoven-Erlebnisses". In: Cornelia Bartsch, Beatrix Borchard und Rainer Cadenbach (Hg.): *Der „männliche" und der „weibliche" Beethoven. Bericht über den Internationalen musikwissenschaftlichen Kongress vom 31. Oktober bis 4. November an der Universität der Künste Berlin.* Bonn 2003, S. 251–277.

Moering, Renate: „Stadt versus Land: Lebensräume in Wunsch und Realität. Mit unpublizierten Texten aus dem Ehebriefwechsel zwischen Achim und Bettine von Arnim". In: Walter Pape (Hg.): *Die alltägliche Romantik. Gewöhnliches und Phantastisches, Lebenswelt und Kunst.* Berlin, Boston 2016 (= Schriften der Internationalen Arnim-Gesellschaft, Bd. 11), S. 93–106.

Moering, Renate, und Sibylle von Steinsdorff: „Bettine von Arnims Vertonung eines ‚Wunderhorn'-Liedes von Martin Opitz". In: Jb BvA 13/14 (2001/02), S. 13–21.

Moltmann-Wendel, Elisabeth: „Bettina von Arnim und Schleiermacher". In: *Evangelische Theologie* 31 (1971), S. 395–414.

Mungen, Arno: „‚Zum Teufel mit dem Fremden, dem Italiener!' Bettine von Arnims Eintreten für Gaspare Spontini". In: Jb BvA 8/9 (1996/97), S. 141–161.

Munzar, Jiří: „Bettina von Arnim, Johann Wolfgang von Goethe und Bad Teplitz". In: *Aussiger Beiträge* 1 (2007), S. 109–116.

Nahrebecky, Roman: *Wackenroder, Tieck, E. T. A. Hoffmann, Bettina von Arnim: Ihre Beziehung zur Musik und zum musikalischen Erlebnis.* Bonn 1979.

Neubauer-Petzoldt, Ruth: „Desillusionierte Sehnsucht und soziale Utopie. Der Umgang mit Dämonen, Märchen und Mythen bei Heinrich Heine, Georg Büchner und Bettina von Arnim". In: Jb BvA 19 (2007), S. 57–81.

Neuhaus-Koch, Ariane: „Bettine von Arnim im Dialog mit Rahel Varnhagen, Amalie von Helvig, Fanny Tarnow und Fanny Lewald". In: Gertrude Cepl-Kaufmann, Winfried Hartkopf und Hildegard Neuhaus-Koch (Hg.): *„Stets wird die Wahrheit hadern mit dem Schönen". Festschrift für Manfred Windfuhr zum 60. Geburtstag.* Köln, Wien 1990, S. 103–118.

Nolte, Verena, und Doris Sossenheimer (Hg.): *Schloß Wiepersdorf: Künstlerhaus in der Mark Brandenburg.* Göttingen 1997.

Nordmann, Ingeborg: „Begegnungen – Verfehlungen: Bettine von Arnim und Rahel Levin Varnhagen". In: Wolfgang Bunzel, Kerstin Frei und Mechtild M. Jansen (Hg.): *„Mit List und ... Kühnheit ... Widerstand leisten": Bettine von Arnims sozialpolitisches Handeln zwischen Privatheit und Öffentlichkeit.* Berlin 2010, S. 31–44.
Auch in: Jb BvA 22/23 (2010/11), S. 45–58.

Ockenfuß, Solveig: *Bettine von Arnims Briefromane. Literarische Erinnerungsarbeit zwischen Anspruch und Wirklichkeit.* Opladen 1992.

Oehlke, Waldemar: *Bettina von Arnims Briefromane.* Berlin 1905.

Orłowski, Hubert: „Deutsche Liberale und polnische Demokraten: eine gescheiterte ‚Interessengemeinschaft' des 19. Jahrhunderts? Zum kulturhistorischen Kontext von Bettine von Arnims ‚Polenbroschüre'". In: Jb BvA 15 (2003), S. 125–137.

Pausch, Alfons: *Steuerromantik. Rund um Bettina von Arnims Hundesteuerprozeß.* Köln 1978.

Penzold, Michael: *Begründungen weiblichen Schreibens im 19. Jahrhundert. Produktive Aneignungen des biblischen Buches Rut bei Bettine von Arnim und Thomasine Gyllembourg.* Würzburg 2010 (= Epistemata – Reihe Literaturwissenschaft, Bd. 713).

Penzold, Michael: „Das ‚Prophetische' als heuristische Kategorie. Zum Verständnis von Bettine von Arnims ‚Gesprächen mit Dämonen'". In: Jb BvA 22/23 (2010/11), S. 237–260.

Penzold, Michael: „Von der Europäisierung eines schlafenden Königs: Bettina von Arnims poetisch-politische Einmischungen in den ‚Gesprächen mit Dämonen'". In: Jb BvA 24/25 (2012/13), S. 135–156.

Perels, Christoph (Hg.): *„Herzhaft in die Dornen der Zeit greifen ...": Bettine von Arnim 1785–1859.* Katalog, Ausstellung Freies Deutsches Hochstift – Frankfurter Goethe-Museum, Frankfurt a. M., 4. April bis 30. Juni 1985; Goethe-Museum Düsseldorf, 7. Juli bis 15. September 1985. Frankfurt a. M. 1985.
Im Handbuch zit. als Bettine-Katalog.

Pietsch, Yvonne: „Edierende Dichterin, dichtende Editorin. Bettina von Arnim als Herausgeberin der ‚Sämmtlichen Werke' Ludwig Achim von Arnims". In: Steffen Dietzsch und Ariane Ludwig (Hg.): *Achim von Arnim und sein Kreis.* Berlin, New York 2010 (= Schriften der Internationalen Arnim-Gesellschaft, Bd. 8), S. 113–128.

Polsakiewicz, Roman: „Bettina von Arnim und Julia Molińska-Woykowska. Ein Beitrag zur Entstehungsgeschichte der ‚Polenbroschüre'". In: Jb BvA 3 (1989), S. 173–183.

Polsakiewicz, Roman: „Eine polnische Besprechung von Bettina von Arnims ‚Polenbroschüre' aus dem Jahre 1849". In: Walter Schmitz und Sibylle von Steinsdorff (Hg.): *„Der Geist muß Freiheit genießen ...!" Studien zu Werk und Bildungsprogramm Bettine von Arnims.* Berlin 1992, S. 236–240.

Pompe, Hedwig: „‚Sich kreuzende Stimmen': Kommunikation und ihre Ordnungen in Bettine von Arnims Briefroman *Die Günderode* (1840)". In: Helga Brandes und Detlev Kopp (Red.): *Autorinnen des Vormärz.* Bielefeld 1997 (= Jahrbuch Forum Vormärz Forschung, Bd. 2), S. 27–42.

Pompe, Hedwig: *Der Wille zum Glück. Bettine von Arnims Poetik der Naivität im Briefroman „Die Günderode".* Bielefeld 1999.
Zugl. Diss. Univ. Bielefeld 1998.

Pompe, Hedwig: „Die Wiederholung der Gabe. Überlegungen zu Bettine von Arnims Briefbuch ‚Ilius Pamphilius und die Ambrosia'". In: Jb BvA 10 (1998), S. 97–113.

1. Literaturverzeichnis

Prokop, Ulrike: „Die Freundschaft zwischen Katharina Elisabeth Goethe und Bettina Brentano – Aspekte weiblicher Tradition". In: Barbara Becker-Cantarino und Wolfram Mauser (Hg.): *Frauenfreundschaft – Männerfreundschaft. Literarische Diskurse im 18. Jahrhundert.* Tübingen 1991, S. 237–277.

Prokop, Ulrike: „Bettine von Arnim geb. Brentano und Katharina Elisabeth Goethe – Begegnung, Aneignung und Weitergabe über zwei Generationen". In: Wolfgang Bunzel, Kerstin Frei und Mechtild M. Jansen (Hg.): „*Mit List und ... Kühnheit ... Widerstand leisten*": *Bettine von Arnims sozialpolitisches Handeln zwischen Privatheit und Öffentlichkeit.* Berlin 2010, S. 45–64.
Erweitert u.d.T „Inszenierungskünstlerinnen: Bettine von Arnim und Catharina Elisabeth Goethe". In: Jb BvA 22/23 (2010/11), S. 59–83.

Püschel, Ursula: *Bettina von Arnims politische Schriften.* Diss. Humboldt Univ. Berlin 1965.

Püschel, Ursula: „Weibliches und Unweibliches der Bettina von Arnim". In: U. Püschel: *Mit allen Sinnen. Frauen in der Literatur. Essays.* Halle, Leipzig 1980, S. 48–82.

Püschel, Ursula: „Bettina von Arnim und Friedrich Wilhelm IV." In: Jb BvA 3 (1989), S. 93–126.

Püschel, Ursula: „Eine Bittschrift der Bettina von Arnim für die Witwe Otto". In: Jb BvA 3 (1989), S. 327–332.

Püschel, Ursula: „Zur Einleitung". In: Bettina von Arnim und Heinrich Bernhard Oppenheim: *... und mehr als einmal nachts im Thiergarten. Briefe 1841–1849.* Hg., eingel. und kommentiert von U. Püschel. Berlin 1990 (= Bettina-von-Arnim-Studien, Bd. 1), S. 9–58.

Püschel, Ursula: „*... wider die Philister und die bleierne Zeit". Untersuchungen, Essays, Aufsätze über Bettina von Arnim.* Berlin 1996.

Püschel, Ursula: „Gewaltiges hat sich ereignet. Zu einem Brief Bettina von Arnims an ihre Schwester Meline vom 11. Februar 1831". In: U. Püschel: „*... wider die Philister und die bleierne Zeit". Untersuchungen, Essays, Aufsätze über Bettina von Arnim.* Berlin 1996, S. 163–186.

Püschel, Ursula: „‚Charakter hat nur der, dem das Land der Ideale keine Chimäre ist'. Zum Dämonenbuch Bettina von Arnims". In: Hartwig Schultz (Hg.): *Salons der Romantik. Beiträge eines Wiepersdorfer Kolloquiums zu Theorie und Geschichte des Salons.* Berlin, New York 1997, S. 297–316.

Püschel, Ursula: „Bettine, politisch – Beispiel Polen. Mit zwei Briefen Ludwik Mierosławskis". In: Hartwig Schultz (Hg.): „*Die echte Politik muß Erfinderin sein". Beiträge eines Wiepersdorfer Kolloquiums zu Bettina von Arnim.* Berlin 1999 (= Schriftenreihe des Freundeskreises Schloß Wiepersdorf – Erinnerungsstätte Achim und Bettina von Arnim e.V., Bd. 3), S. 39–107.

Püschel, Ursula: „Anfang der Polenbroschüre: Ein Entwurf Bettinas im Weimarer Material". In: Hartwig Schultz (Hg.): „*Die echte Politik muß Erfinderin sein". Beiträge eines Wiepersdorfer Kolloquiums zu Bettina von Arnim.* Berlin 1999 (= Schriftenreihe des Freundeskreises Schloß Wiepersdorf – Erinnerungsstätte Achim und Bettina von Arnim e.V., Bd. 3), S. 373–385.

Püschel, Ursula: „Ein Fall im Namensregister. Bettina von Arnim, Pantillon und die Camarilla". In: Jb BvA 16 (2004), S. 103–116.

Püschel, Ursula: „‚Der Bauer muß ein gebildeter und gefühliger Mann sein'. Bettina von Arnims Kenntnisse und Erkenntnisse zu Kindererziehung und Volksbildung". In: Ulrike Landfester und Hartwig Schultz (Hg.): *Dies Buch gehört den Kindern. Achim und Bettine von Arnim und ihre Nachfahren.* Berlin 2004 (= Schriftenreihe des Freundeskreises Schloß Wiepersdorf – Erinnerungsstätte Achim und Bettina von Arnim e.V., Bd. 4), S. 113–144.

Püschel, Ursula: *Bettina von Arnim – politisch. Erkundungen, Entdeckungen, Erkenntnisse.* Bielefeld 2005.
Püschel, Ursula: „Bettina von Arnims Briefe". In: Jb BvA 18 (2006), S. 153–166.
Püschel, Ursula: „Die Völker und das Volk: Bettina von Arnim und Polen". In: *Germanoslavica* 20.2 (2009), S. 71–80.
Püschel, Ursula: „Über den Briefwechsel der Schriftstellerin Bettina von Arnim mit dem Staatsoberhaupt". In: Margrid Bircken, Marianne Lüdecke und Helmut Peitsch (Hg.): *Brüche und Umbrüche. Frauen, Literatur und soziale Bewegungen.* Potsdam 2010, S. 65–86.
Püschel, Ursula: „‚Edler und gütiger Bramane': Bettina von Arnim und Theodor Goldstücker". In: Jb BvA 22/23 (2010/11), S. 219–235.

Razbojnikova-Frateva, Maja: „‚Sehr weiblich', ‚hysterisch' und ‚hexenhaft': Von der Schwierigkeit, eine ‚Heldin' zu haben – Ingeborg Drewitz' Bettine-Buch". In: Barbara Becker-Cantarino und Inge Stephan (Hg.): *„Von der Unzerstörbarkeit des Menschen". Ingeborg Drewitz im literarischen und politischen Feld der 50er bis 80er Jahre.* Bern [u. a.] 2005 (= Publikationen zur Zeitschrift für Germanistik, Bd. 10), S. 349–356.
Richter, Dörte: „Bettina von Arnim politisch. Eine Fallstudie zu Ursula Püschels Arnim-Rezeption". In: Holger Helbig (Hg.): *Weiterschreiben. Zur DDR-Literatur nach dem Ende der DDR.* Berlin 2007, S. 235–251.
Richter, Thomas: „Zwei Gestaltungen von ‚Schleiermachers Tod': Prinzipien der Literarisierung bei Bettina von Arnim im Vergleich mit dem Bericht Henriette Schleiermachers". In: Jb BvA 10 (1998), S. 73–95.
Richter, Thomas: „Kein Ende der Kunstperiode. ‚Durch den Schwung der Dichtung in ein höheres Element': Bettina von Arnims ‚Ilius Pamphilius und die Ambrosia' (1847/48)". In: Jb BvA 13/14 (2001/02), S. 115–127.
Ricklefs, Ulfert: „Bettine und Arnim: Rezeption und Gespräch. Mit Bemerkungen zur Edition der ‚Sämmtlichen Werke' durch Bettine". In: Walter Schmitz und Sibylle von Steinsdorff (Hg.): *„Der Geist muß Freiheit genießen …!" Studien zu Werk und Bildungsprogramm Bettine von Arnims. Bettine-Kolloquium vom 6. bis 9. Juli 1989 in München.* Berlin 1992 (= Bettine-von-Arnim-Studien, Bd. 2), S. 76–105.
Roetzel, Lisa C.: „Acting Out: Bettine as Performer of Feminine Genius". In: *Women in German Yearbook* 14 (1998), S. 109–125.
Rölleke, Heinz: „Bettines Märchen". In: Christoph Perels (Hg.): *„Herzhaft in die Dornen der Zeit greifen …": Bettine von Arnim 1785–1859.* Ausst.-Kat. Frankfurt a. M. 1985, S. 225–232.
Rösch, Gertrud M.: „‚Ordentliche Dachstuben-Wahrheit': Räume als Symbol sozialer Existenz bei Bettine Brentano und Rahel Varnhagen". In: *Jahrbuch der Rückert-Gesellschaft e.V.* 15 (2003), S. 79–88.
Rothkoegel, Christine: „Bettine von Arnim: Die ‚Ich-Suche' im *Frühlingskranz*". In: Miriam Seidler und Mara Stuhlfauth (Hg.): *Ich will keinem Mann nachtreten. Sophie von La Roche und Bettine von Arnim.* Bern, Frankfurt a.M., New York 2013 (= Ästhetische Signaturen, Bd. 2), S. 95–107.
Rudert, Karin: „Die Breslauer Kasematten. Bettine von Arnim als Rezipientin des schlesischen Frühsozialisten Wilhelm Wolff". In: Jb FDH 1991, S. 139–148.

Sabaté Planes, Dolors: *Bettina von Arnim (1785–1859).* Madrid 2011.
Sabaté Planes, Dolors: „Del amor y la inmortalidad: ‚Goethes Briefwechsel mit einem Kinde'". In: Javier Orduña und Marisa Siguan (Hg.): *Homenatge a Roberto Corcoll.*

1. Literaturverzeichnis

Perspectives hispàniques sobre la llengua i la literatura alemanyes. Barcelona 2011, S. 445–458.

Sahm, Winfried B.: „‚Ei, wie fein ist doch die Großmama': Sophie von La Roche und Offenbach am Main in Bettine von Arnims Briefromanen". In: Jürgen Eichenauer (Hg.): *„Meine Freiheit, nach meinem Charakter zu leben". Sophie von La Roche (1730–1807), Schriftstellerin der Empfindsamkeit.* Weimar 2007, S. 101–113.

Schiffter, Roland: *„... ich habe immer klüger gehandelt ... als die philisterhaften Ärzte ...": Romantische Medizin im Alltag der Bettina von Arnim – und anderswo.* Würzburg 2006.

Schlich, Jutta: „Der ‚Geist der Heilung' – Bettina von Arnims homöopathische Politik in ‚Die Günderode' (1840)". In: Jb BvA 15 (2003), S. 67–87.

Schlich, Jutta: „Der Geist der Heilung: seine Entbindung von Bettina von Arnims ‚Die Günderode' (1840)". In: Henriette Herwig (Hg.): *Zeichenkörper und Körperzeichen im Wandel von Literatur- und Sprachgeschichte.* Freiburg i.Br., Berlin 2005, S. 81–97.

Schmid, Pia: „Bettina von Arnim und die soziale Frage". In: Wolfgang Bunzel, Kerstin Frei und Mechtild M. Jansen (Hg.): *„Mit List und ... Kühnheit ... Widerstand leisten": Bettine von Arnims sozialpolitisches Handeln zwischen Privatheit und Öffentlichkeit.* Berlin 2010, S. 91–108.

Schmidt-Hannisa, Hans-Walter: „‚In mir ist ein Tummelplatz von Gesichten': Traum und Brief bei Bettine von Arnim". In: Peter-André Alt und Christiane Leiteritz (Hg.): *Traum-Diskurse der Romantik.* Berlin, New York 2005 (= Spectrum Literaturwissenschaft, Bd. 4), S. 176–194.

Schmitz, Walter: „‚... die freie Kunst eines idealischen Sinnes': Bettine von Arnims Alterswerk ‚Gespräche mit Dämonen'". In: Jb BvA 3 (1989), S. 137–152.

Schmitz, Walter: „‚Experimentum Medietatis': Lebensmythen bei Clemens und Bettine Brentano". In: Jb BvA 4 (1990), S. 17–44.

Schmitz, Walter: „Bettine in Weimar". In: Jb BvA 6/7 (1994/95), S. 109–142.

Schmitz, Walter: „Bettine von Arnims Lebensrollen. Zur Sozialgeschichte einer Schriftstellerin in der Biedermeierzeit". In: W. Schmitz und Sibylle von Steinsdorff (Hg.): *„Der Geist muß Freiheit genießen ...!" Studien zu Werk und Bildungsprogramm Bettine von Arnims. Bettine-Kolloquium vom 6. bis 9. Juli 1989 in München.* Berlin 1992 (= Bettina-von-Arnim-Studien, Bd. 2), S. 1–25.

Schmitz, Walter, und Sibylle von Steinsdorff (Hg.): *„Der Geist muß Freiheit genießen ...!" Studien zu Werk und Bildungsprogramm Bettine von Arnims. Bettine-Kolloquium vom 6. bis 9. Juli 1989 in München.* Berlin 1992 (= Bettina-von-Arnim-Studien, Bd. 2).

Schoof, Wilhelm: „Bettina von Arnim und die Buchhändler. Zum 100. Todestag von Bettina am 20. Januar 1959. Unter Benutzung des Arnimschen Familienarchivs". In: *Börsenblatt für den deutschen Buchhandel* vom 3. Februar 1959 (Frankfurter Ausgabe), S. 125–129.

Schormann, Sabine: „Bettine von Arnims Rezeption der frühromantischen Philosophie". In: Jb BvA 3 (1989), S. 31–46.

Schormann, Sabine: „Anhang zum ‚Oktoberfest'". In: Walter Schmitz und Sibylle von Steinsdorff (Hg.): *„Der Geist muß Freiheit genießen ...!" Studien zu Werk und Bildungsprogramm Bettine von Arnims. Bettine-Kolloquium vom 6. bis 9. Juli 1989 in München.* Berlin 1992 (= Bettina-von-Arnim-Studien, Bd. 2), S. 61–66.

Schormann, Sabine: *Bettine von Arnim. Die Bedeutung Schleiermachers für ihr Leben und Werk.* Tübingen 1993 (= Untersuchungen zur deutschen Literaturgeschichte, Bd. 66).

Schuller, Marianne: „‚... da wars immer als wär einer hinter mir der mirs einflüstre ...': Schreibszenen in Bettine von Arnims Günderode-Buch". In: Martin Stingelin (Hg.): *„Mir ekelt vor diesem tintenklecksenden Säkulum". Schreibszenen im Zeitalter der Manuskripte.* München 2004, S. 238–244.

Schultz, Hartwig: „‚Zum Kaufmann taugst Du nichts ...': Die Frankfurter Brentano-Familie und ihre Auseinandersetzungen mit Clemens". In: Christoph Jamme und Otto Pöggeler (Hg.): *„Frankfurt aber ist der Nabel dieser Erde". Das Schicksal einer Generation der Goethezeit.* Stuttgart 1983, S. 243–257.

Schultz, Hartwig: „Bettines Auseinandersetzung mit Friedrich Carl von Savigny um die Einstellung der Brüder Grimm in Berlin". In: Christoph Perels (Hg.): *„Herzhaft in die Dornen der Zeit greifen ...": Bettine von Arnim 1785–1859.* Ausst.-Kat. Frankfurt a.M. 1985, S. 261–268.

Schultz, Hartwig: „Bettine von Arnims Weg zur politischen Schriftstellerin: ihr Kampf für die Brüder Grimm". In: H. Schultz, Heinz Härtl und Marie-Claire Hoock-Demarle: *Bettine von Arnim. Romantik und Sozialismus (1831–1859).* Trier 1987 (= Schriften aus dem Karl-Marx-Haus, Trier, Bd. 35), S. 1–26.

Schultz, Hartwig: „Bettine von Arnims ‚Armenbuch'. Probleme einer kritischen Edition". In: *editio* 1 (1987), S. 224–233.

Schultz, Hartwig: „‚Ich bin nicht zahm und knien mag ich nicht'. Das Bettine-Verständnis von Joseph von Eichendorff und Annette von Droste-Hülshoff". In: Jb BvA 3 (1989), S. 291–307.

Schultz, Hartwig: „Der Umgang der Brentano-Geschwister (Clemens und Bettine) mit der frühromantischen Philosophie". In: Walter Jaeschke und Helmut Holzhey (Hg.): *Früher Idealismus und Frühromantik. Der Streit um die Grundlagen der Ästhetik (1795–1805).* Hamburg 1990, S. 241–260.

Schultz, Hartwig: „Berliner und Wiepersdorfer Romantik. Themen und Formen einer erneuerten, kritischen Romantik bei Arnim und Bettina". In: Heinz Härtl und H. Schultz (Hg.): *„Die Erfahrung anderer Länder". Beiträge eines Wiepersdorfer Kolloquiums zu Achim und Bettina von Arnim.* Berlin, New York 1994, S. 1–23.

Schultz, Hartwig: „Die letzten Ritter der Romantik im Vormärz. Ludwig Tieck, Joseph von Eichendorff und Bettine von Arnim". In: Walter Jaeschke (Hg.): *Philosophie und Literatur im Vormärz. Der Streit um die Romantik (1820–1854).* Hamburg 1995, S. 153–172.

Schultz, Hartwig (Hg.): *Salons der Romantik. Beiträge eines Wiepersdorfer Kolloquiums zu Theorie und Geschichte des Salons.* Berlin, New York 1997.

Schultz, Hartwig: „‚Euer Unglaube an die Naturstimme erzeugt den Aberglauben an eine falsche Politik': Fiktive Salongespräche in Bettines Königsbuch". In: H. Schultz (Hg.): *Salons der Romantik. Beiträge eines Wiepersdorfer Kolloquiums zu Theorie und Geschichte des Salons.* Berlin, New York 1997, S. 251–270.

Schultz, Hartwig (Hg.): *„Die echte Politik muß Erfinderin sein". Beiträge eines Wiepersdorfer Kolloquiums zu Bettina von Arnim.* Berlin 1999 (= Schriftenreihe des Freundeskreises Schloß Wiepersdorf – Erinnerungsstätte Achim und Bettina von Arnim e.V., Bd. 3).

Schultz, Hartwig: „‚Das freie Bürgertum, was sich immer mehr veredelt'. Bettines Frankfurter Mitgift". In: H. Schultz (Hg.): *„Die echte Politik muß Erfinderin sein". Beiträge eines Wiepersdorfer Kolloquiums zu Bettina von Arnim.* Berlin 1999 (= Schriftenreihe des Freundeskreises Schloß Wiepersdorf – Erinnerungsstätte Achim und Bettina von Arnim e.V., Bd. 3), S. 109–130.

Schultz, Hartwig: „‚Was alt und faul, beherzt zu unterwühlen': Reaktionen auf die Revolution von 1848 bei Joseph von Eichendorff und Bettine von Arnim". In: Jb BvA 11/12 (1999/2000), S. 161–177.

Schultz, Hartwig: *Die Frankfurter Brentanos*. Stuttgart, München 2001.
Schultz, Hartwig: *„Unsre Lieb aber ist außerkohren"*. *Die Geschichte der Geschwister Clemens und Bettine Brentano*. Frankfurt a.M., Leipzig 2004.
Schultz, Hartwig: „Märchenkönig für Preußen – Märchenprinz für Gisela. Der Text zur Arabeske von Armgart von Arnim". In: Ulrike Landfester und H. Schultz (Hg.): *Dies Buch gehört den Kindern. Achim und Bettine von Arnim und ihre Nachfahren*. Berlin 2004 (= Schriftenreihe des Freundeskreises Schloß Wiepersdorf – Erinnerungsstätte Achim und Bettina von Arnim e.V., Bd. 4), S. 389–407.
Schultz, Hartwig: „Karl Friedrich Schinkel und die Brentano-Geschwister". In: Birgit Verwiebe (Hg.): *Karl Friedrich Schinkel und Clemens Brentano. Wettstreit der Künste*. Ausst.-Kat. Berlin 2008, S. 29–50.
Schultz, Hartwig: „Kunst und Homöopathie: Unbekannte Briefzeugnisse aus Bettine von Arnims Korrespondenz mit Karl Friedrich und Susanne Schinkel". In: Jb BvA 20/21 (2008/09), S. 37–56.
Schultz, Hartwig: „‚Frankfurt [...] das Prädikat des ersten Staats in der Welt zugestehen': Frankfurter, Demagogen und die ‚souveräne Macht' bei Bettine von Arnim". In: Wolfgang Bunzel, Kerstin Frei und Mechtild M. Jansen (Hg.): *„Mit List und ... Kühnheit ... Widerstand leisten": Bettine von Arnims sozialpolitisches Handeln zwischen Privatheit und Öffentlichkeit*. Berlin 2010, S. 65–76.
Wieder in: Jb BvA 22/23 (2010/11), S. 85–96.
Schwaneflugel, Susan C.: *Modes of Performance: Women's Musico-literary Masquerade in Early Nineteenth-Century Germany*. Diss. Univ. of. Pennsylvania 1997.
Seidler, Miriam: „‚Deine Briefe sind ja doch keine Kunstarbeit?' – Bettine von Arnims Schreiben im Zeichen der Avantgarde". In: *Kodikas/Code – Ars Semeiotica* 36.1-2 (2013), S. 133–146.
Seidler, Miriam: „‚Spiel der Imagination die alles herleihen muß was uns das Glück nicht wircklich schenckt': Der Briefwechsel zwischen Bettine von Arnim und Hermann von Pückler-Muskau". In: Jana Kittelmann (Hg.): *Briefnetzwerke um Hermann von Pückler-Muskau*. Dresden 2015, S. 43–58.
Seidler, Miriam: „Dichtung oder Wahrheit? Sophie von La Roches *Dritte Schweizerreise* in Bettine von Arnims Briefbüchern". In: M. Seidler und Mara Stuhlfauth (Hg.): *Ich will keinem Mann nachtreten. Sophie von La Roche und Bettine von Arnim*. Bern, Frankfurt a.M., New York 2013 (= Ästhetische Signaturen, Bd. 2), S. 211–228.
Seidler, Miriam, und Mara Stuhlfaut (Hg.): *Ich will keinem Mann nachtreten. Sophie von La Roche und Bettine von Arnim*. Bern, Frankfurt a.M., New York 2013 (= Ästhetische Signaturen, Bd. 2).
Sellner, Gabriele: *„Die Sterne haben mirs gesagt für Dich"*. *Vereinigung von Poesie und Philosophie in Bettina von Arnims „Die Günderode"*. Berlin 2007.
Shafi, Monika: „The Myth of Psyche as Developmental Paradigm in Bettina Brentano-von Arnim's Epistolary Novels". In: Elke P. Frederiksen und Katherine R. Goodman (Hg.): *Bettina Brentano-von Arnim. Gender and Politics*. Detroit 1995, S. 95–114.
Simonis, Annette: *Kindheit in Romanen um 1800*. Bielefeld 1993 [zu Bettina von Arnims Briefromanen: S. 224–263].
Simonis, Annette: „‚Profezeien Sie uns die Zukunft ...': Allianz und (verborgene) Kontroverse zwischen Bettine von Arnim und den ‚Jungdeutschen'". In: Hartmut Kircher und Maria Kłańska (Hg.): *Literatur und Politik in der Heine-Zeit. Die 48er Revolution in Texten zwischen Vormärz und Nachmärz*. Köln, Weimar, Wien 1998, S. 65–81.
Šlibar, Neva: „‚Lesend erkannte ich Dich, lernte Dich lieben': Der biographische Diskurs in Ingeborg Drewitz' ‚Bettine von Arnim'". In: Barbara Becker-Cantarino und Inge Stephan (Hg.): *„Von der Unzerstörbarkeit des Menschen". Ingeborg*

Drewitz im literarischen und politischen Feld der 50er bis 80er Jahre. Bern [u.a.] 2005 (= Publikationen zur Zeitschrift für Germanistik, Bd. 10), S. 357–378.

Sparre, Sulamith: *„Aber Göttlich und Außerordentlich reimt sich". Bettine von Arnim (1785–1859) – Muse, Schriftstellerin, politische Publizistin.* Lich 2009 (= Widerständige Frauen, Bd. 7).

Steidele, Angela: „‚ich kanns auch gar nicht ändern daß meine Sinne nur blos auf Dich gerichtet sind': Frauenliebe in Bettine von Arnims Briefromanen". In: *Forum Homosexualität und Literatur* 33 (1998), S. 43–72.

Steidele, Angela: *„Als wenn Du mein Geliebter wärest". Liebe und Begehren zwischen Frauen in der deutschsprachigen Literatur 1750 bis 1850.* Stuttgart 2003 [Kap. „Frauenliebe als Utopie. Bettine von Arnim": S. 247–296].

Steinsdorff, Sibylle von: „Einleitung". In: *Der Briefwechsel zwischen Bettine Brentano und Max Prokop von Freyberg.* Hg. und kommentiert von S. von Steinsdorff. Berlin, New York 1972, S. 3–50.

Steinsdorff, Sibylle von: „Bettine und Goethe". In: Christoph Perels (Hg.): *„Herzhaft in die Dornen der Zeit greifen ...": Bettine von Arnim 1785–1859.* Ausst.-Kat. Frankfurt a.M. 1985, S. 244–252.

Steinsdorff, Sibylle von: „‚thöricht und unsittlich' oder ‚die Dummheiten der Bettina': Ludwig Tieck und Bettine von Arnim". In: Walter Schmitz (Hg.): *Ludwig Tieck. Literaturprogramm und Lebensinszenierung im Kontext seiner Zeit.* Tübingen 1997, S. 217–233.

Steinsdorff, Sibylle von: „‚Betina Arnim läßt grüßen ...': Christian Xeller, ein Maler im Umkreis Bettine von Arnims in Berlin. Mit einem unveröffentlichten Brief Xellers an Peter Cornelius vom 23. Mai 1826". In: Claudia Christophersen und Ursula Hudson-Wiedemann (Hg.): *Romantik und Exil.* Festschrift für Konrad Feilchenfeldt. Würzburg 2004, S. 170–180.

Steinsdorff, Sibylle von: „‚... das treffliche Spinnrad des Mechanikus Mayern'. Ein praktischer Vorschlag Bettine von Arnims zur Verbesserung der Einkünfte einheimischer Spinner und Weber. Anmerkungen zum unveröffentlichten Entwurf eines Briefes an ihre Tochter Maximiliane [Herbst 1847]". In: Konrad Feilchenfeldt, Ursula Hudson, York-Gothart Mix und Nicholas Saul (Hg.): *Zwischen Aufklärung und Romantik. Neue Perspektiven der Forschung.* Festschrift für Roger Paulin. Würzburg 2006 (= Publications of the Institute of Germanic Studies, Bd. 89), S. 303–317.

Steinsdorff, Sibylle von, und Hartwig Schultz: „Katalogbeitrag Nr. 54: Bettine. In Töpplitz anno 10". In: Christoph Perels (Hg.): *„Herzhaft in die Dornen der Zeit greifen ...": Bettine von Arnim 1785–1859.* Ausst.-Kat. Frankfurt a.M. 1985, S. 52–53.

Strobel, Jochen: „‚Ich werde noch oft mit leichtem Herzen Scherz und List durchwühlen': Bettine von Arnim (1785–1859) – eine Autorin zwischen Romantik und Revolution". In: Thomas Le Blanc (Hg.): *Romantische Frauen. Die Frau als Autorin und Motiv von der Romantik bis zur romantic fantasy.* Wetzlar 2011 (= Schriftenreihe und Materialien der Phantastischen Bibliothek, Bd. 105), S. 29–48.

Strohmeyr, Armin: *Die Frauen der Brentanos. Porträts aus drei Jahrhunderten.* Berlin 2006 [zu Bettina von Arnim: S. 115–148].

Susman, Margarete: *Frauen der Romantik* [1929]. Mit Nachwort von Barbara Hahn. Frankfurt a.M. 1996.

Svandrlik, Rita: „Weibliche Gründungen / Grenzverwischungen: Bettine von Arnim und einige Nachfahrinnen". In: Anja Ernst und Paul Geyer (Hg.): *Die Romantik. Ein Gründungsmythos der europäischen Moderne.* Göttingen 2010 (= Gründungsmythen Europas in Literatur, Musik und Kunst, Bd. 3), S. 569–586.

1. Literaturverzeichnis

Tanneberger, Irmgard: *Die Frauen der Romantik und das soziale Problem*. Oldenburg 1928.

Thamm Angela: *Romantische Inszenierungen in Briefen. Der Lebenstext der Bettine von Arnim geb. Brentano*. Berlin 2000. Zugl. Diss. Univ. Marburg 2000.

Thamm, Angela: „Bettine von Arnim und ihre Töchter – Weibliche Lebensentwürfe und -konflikte im Textversteck der Schreiberinnen". In: Ulrike Landfester und Hartwig Schultz (Hg.): *Dies Buch gehört den Kindern. Achim und Bettine von Arnim und ihre Nachfahren*. Berlin 2004 (= Schriftenreihe des Freundeskreises Schloß Wiepersdorf – Erinnerungsstätte Achim und Bettina von Arnim e.V., Bd. 4), S. 189–232.

Thamm, Angela: „‚Sie hatte immer zu schreiben': Bettine von Arnims Selbstsorge mit Feder, Tinte und Papier". In: Jb BvA 18 (2006), S. 85–116.

Thamm, Angela: „Heilsames Schreiben: Empathie, Strategie und politisches Handeln bei Bettine von Arnim geb. Brentano". In: Wolfgang Bunzel, Kerstin Frei und Mechtild M. Jansen (Hg.): *„Mit List und ... Kühnheit ... Widerstand leisten": Bettine von Arnims sozialpolitisches Handeln zwischen Privatheit und Öffentlichkeit*. Berlin 2010, S. 139–154.
Wieder in: Jb BvA 22/23 (2010/11), S. 159–174.

Thielenhaus, Vera: „Die ‚Göttinger Sieben' und Bettine von Arnims Eintreten für die Brüder Grimm". In: Jb BvA 5 (1993), S. 54–72.

Trabert, Florian: „Mignons glückliche Schwestern? Zu Bettine von Arnims *Goethe's Briefwechsel mit einem Kinde* und Balzacs *Modeste Mignon*". In: Miriam Seidler und Mara Stuhlfauth (Hg.): *Ich will keinem Mann nachtreten. Sophie von La Roche und Bettine von Arnim*. Bern, Frankfurt a.M., New York 2013 (= Ästhetische Signaturen, Bd. 2), S. 199–210.

Tráser-Vas, Laura: „‚Wie Brentanosch diese Erzählung doch ist': Ein Vergleich zwischen Clemens Brentanos ‚Geschichte vom braven Kasperl und schönen Annerl'(1817) und Bettina Brentano-von Arnims ‚Der Heckebeutel' (1845)". In: *Studia Germanica Universitatis Vesprimiensis* 10.1 (2006), S. 71–88.

Treder, Uta: „Un'amicizia femminile capace di scardinare il mondo: Karoline von Günderrode e Bettina Brentano". In: Anna Fattori und Leonardo Tofi (Hg.): *Fidus Achates. L'amicizia nella cultura europea. Studi in onore di Lia Secci*. Perugia 2009, S. 243–265.

Urang, John Griffith: „The ‚Old Wheelwork' and Its Revolution. Precarious Authority in Gisela and Bettine von Arnim's *Das Leben der Hochgräfin Gritta von Rattenzuhausbeiuns*". In: *The Germanic Review* 88.2 (2013), S. 165–184.

Vilar, M. Loreto: „‚urchristlich kommunistisch, aber immer in himmelstürmenden Wörtern': Bettine von Arnim zwischen den Brüdern Grimm und Günter Grass". In: Marisa Siguan, M. Loreto Vilar und Rosa Pérez Sanchez (Hg.). *WortKulturen, TonWelten. Festschrift für Alfonsina Janés Nadal*. Marburg 2014, S. 59–82.

Vordtriede, Werner: „Bettinas englisches Wagnis". In: *Euphorion* 51 (1957), S. 271–294.

Vordtriede, Werner: „Bettina von Arnims Armenbuch". In: Jb FDH 1962, S. 379–518.

Vordtriede, Werner: „Bettina und Goethe in Teplitz". In: Jb FDH 1964, S. 343–365.

Wagner, Annalisa: „Bettina von Arnim und die preußische Zensur". In: *Jahrbuch für brandenburgische Landesgeschichte* 21 (1970), S. 100–128.

Wagner, Sabine: „,Der Weltumwälzer': Ein „Familienspektakel" zwischen post-barockem Schäferspiel und biedermeierlicher Geselligkeitsdichtung". In: Ulrike Landfester und Hartwig Schultz (Hg.): *Dies Buch gehört den Kindern. Achim und Bettine von Arnim und ihre Nachfahren*. Berlin 2004 (= Schriftenreihe des Freundeskreises Schloß Wiepersdorf – Erinnerungsstätte Achim und Bettina von Arnim e.V., Bd. 4), S. 165–187.

Walde, Karl J.: *„Goethes Briefwechsel mit einem Kinde" und seine Beurteilung in der Literaturgeschichte*. Diss. Univ. Freiburg/Schweiz, Aarau 1942.

Walden, Edward: „Die Briefe Beethovens an Bettina von Arnim (übersetzt aus dem Englischen, ergänzt und redigiert von Peter-Anton von Arnim)". In: Jb BvA 15 (2003), S. 47–66.

Walden, Edward: *Beethoven's Immortal Beloved. Solving the Mystery*. Lanham/MD [u.a.] 2011.

Waldstein, Edith: *Bettine von Arnim and the Politics of Romantic Conversation*. Columbia/SC 1988 (= Studies in German Literature, Linguistics, and Culture, Bd. 33).

Wallenborn, Markus: *Frauen. Dichten. Goethe. Die produktive Goethe-Rezeption bei Charlotte von Stein, Marianne von Willemer und Bettina von Arnim*. Tübingen 2006 (= Untersuchungen zur deutschen Literaturgeschichte, Bd. 129). Zugl. Diss. Univ. Köln 2005.

Watanabe, Hiroko: „Minnas Gestalt, Bettinas Sprache. Über Goethes ‚Sonette'". In: *Goethe-Jahrbuch/Gēte-nenkan* 42 (2000), S. 167–187.

Weißenborn, Birgit: *Bettina von Arnim und Goethe. Topographie einer Beziehung als Beispiel weiblicher Emanzipation zu Beginn des 19. Jahrhunderts*. Frankfurt a M. [u.a.] 1987.

Weißenborn, Birgit: „Beispiele der literarischen Transformation in Bettina von Arnims ‚Goethe-Roman'". In: Jb BvA 3 (1989), S. 47–57.

Wetzel, Michael: „Private Dancer. Korrespondenzen zwischen Bettine Brentano, Goethe und anderen". In: *Athenäum. Jahrbuch für Romantikforschung* 5 (1995), S. 71–99.

Wichard, Norbert: „,Eingerichtete Sehnsucht': Narrativierung des Wohnens in Bettina von Arnims ‚Goethe's Briefwechsel mit einem Kinde'. In: Walter Pape (Hg.): *Raumkonfigurationen in der Romantik. Eisenacher Kolloquium der Internationalen Arnim-Gesellschaft*. Tübingen 2009 (= Schriften der Internationalen Arnim-Gesellschaft, Bd. 7), S. 25–34.

Williams, Briony: „Maker, Mother, Muse: Bettina von Arnim, Goethe and the Boundaries of Creativity". In: Lorraine Byrne (Hg.): *Goethe: Musical Poet, Musical Catalyst. Proceedings of the Conference Hosted by the Department of Music, National University of Ireland, 26 & 27 March 2004*. Dublin 2004, S. 185–202.

Willison, Ann: „Bettines Kompositionen. Zu einem Notenheft der Sammlung Heineman". In: Jb BvA 3 (1989), S. 183–208.

Willison, Ann: „Bettina Brentano-von Arnim: The Unknown Musician". In: Elke P. Frederiksen und Katherine R. Goodman (Hg.): *Bettina Brentano-von Arnim: Gender and Politics*. Detroit 1995, S. 304–345.

Willison Lemke, Ann: *Bettine's Song. The Musical Voice of Bettine von Arnim, née Brentano*. Diss. Indiana Univ. Bloomington 1998.

Willison Lemke, Ann: „Briefe einer Bettina-Verehrerin. Ein Beitrag zur frühen Rezeption von ‚Goethe's Briefwechsel mit einem Kinde'". In: Jb BvA 10 (1998), S. 23–46.

Willison Lemke, Ann: „Bettines Beethoven: Wahrheit und Dichtung". In: Bettina Brand und Martina Helmig (Hg.): *Maßstab Beethoven? Komponistinnen im Schatten des Geniekults*. München 2001, S. 145–158.

1. Literaturverzeichnis

Wülfing, Wulf: „Zur Mythisierung der Frau im Jungen Deutschland". In: *Zeitschrift für deutsche Philologie* 99 (1980), S. 559–581.

Wülfing, Wulf: „Zum Mythos von der ‚deutschen Frau': Rahelbettinacharlotte vs. Luise von Preußen". In: Klaudia Knabel, Dietmar Rieger und Stephanie Wodianka (Hg.): *Nationale Mythen – kollektive Symbole. Funktionen, Konstruktionen und Medien der Erinnerung.* Göttingen 2005, S. 145–174.

Wuthenow, Ralph-Rainer: „Das Hölderlin-Bild im Briefroman ‚Die Günderode'". In: Christoph Jamme und Otto Pöggeler (Hg.): *Homburg vor der Höhe in der deutschen Geistesgeschichte: Studien zum Freundeskreis um Hegel und Hölderlin.* Stuttgart 1981 (= Deutscher Idealismus: Philosophie und Wirkungsgeschichte in Quellen und Studien, Bd. 4), S. 318–330.

Ziegengeist, Gerhard: „Varnhagen über Bettina von Arnim und die Berufung der Brüder Grimm nach Berlin. Auszüge aus seinen Tageblättern und Briefen 1837–1840". In: *Brüder Grimm Gedenken* 11 (1995), S. 55–79.

Zimmermann, Karin: *Die polyfunktionale Bedeutung dialogischer Sprechformen um 1800. Exemplarische Analysen: Rahel Varnhagen, Bettine von Arnim, Karoline von Günderrode.* Frankfurt a.M. [u.a.] 1992 (= Europäische Hochschulschriften, Reihe I, Bd. 1302).

2. Personenregister

Anmerkung: Das Personenregister beschränkt sich im Wesentlichen auf historische Personen aus dem unmittelbaren und erweiterten Lebenskontext Bettina von Arnims, auf ihre Nachfahren sowie auf Personen, die der Bettina-von-Arnim- und der Romantik-Forschung insbesondere bis etwa 1970 wichtige Impulse geliefert haben.

Abdülmecid I., Sultan des Osmanischen Reiches 68, 457–458
Ahlborn, August Wilhelm Julius 556
Alberti, Carl 23, 29
Albert von Sachsen-Coburg und Gotha 612
Albrecht, Wilhelm Eduard 266
Alcott, Amor Bronson 615
Alexander I., Zar von Russland 17
Alexis, Willibald 47
Andersen, Hans Christian 61, 491
André, Johann Anton 580
Anneke, Mathilde Franziska 203, 326
Arago, Emmanuel 65, 323, 351–352, 477
Arendt, Hannah 222, 226, 655
Arndt, Ernst Moritz 210, 270, 478
Arnim, Achim von IX, XI, 5, 7, 9–35, 37–43, 46, 50, 55, 59, 62, 72, 84, 93–94, 100, 104–108, 110, 113, 119, 122, 124–125, 128, 134, 136–139, 141, 147–149, 152–153, 162, 171–173, 176, 179–180, 182, 184, 188, 190–192, 196, 201–203, 205, 210–212, 217, 220, 222, 224, 226, 228–229, 234, 249, 252, 264–265, 268–270, 287, 290–294, 298, 306, 312, 318, 330, 345, 347, 350, 370, 373, 398, 408–409, 418–420, 423, 433, 446, 448–449, 463–464, 467, 483, 485, 487, 550–551, 553–556, 558, 562, 565, 567, 570, 578–589, 593–594, 602, 628–629, 634–635, 640, 643, 663–664, 666, 669–670, 673
Arnim, Achim von (Sohn Freimund von Arnims) 142, 149, 153
Arnim, Amalia Caroline von, geb. von Labes 113
Arnim, Anna von, geb. von Baumbach 64, 141–142, 148, 352

Arnim, Armgart von 35–36, 40, 42, 45, 58, 65, 69, 74, 103, 119, 129, 131, 147, 150, 152, 193, 239, 260, 265, 312, 319, 351, 418, 436, 484, 490–491, 550, 558, 580, 599–600, 629
Arnim, Bettina Encke von (Urenkelin Bettina von Arnims) 153, 635
Arnim, Carl Otto Ludwig von, gen. Pitt 21–22, 30, 50, 113, 192
Arnim, Clara von, geb. von Hagens 153
Arnim, Claudine von, geb. Brentano, verw. Firnhaber 68, 148, 602
Arnim, Freimund von 26–27, 42, 64, 67–68, 73, 108–109, 119, 128, 131, 133, 137, 141–142, 148–150, 153, 192–193, 197, 265, 282, 308–310, 352, 490, 554, 611, 666
Arnim, Friedmund von (Sohn Bettina von Arnims) 30, 55, 65, 70, 106, 119, 129, 131, 133, 138–139, 142, 148–149, 175, 204, 249, 252, 257, 311, 313–314, 324–325, 351, 555, 631, 666
Arnim, Friedmund von (Urenkel Bettina von Arnims) 153, 635
Arnim, Gisela von 40, 42, 58, 62, 65, 69–70, 73, 110, 119, 129, 136–137, 140, 147, 150–152, 181, 192, 204, 272–273, 312, 324, 351, 484, 490–492, 550, 602, 614, 624, 630
Arnim, Joachim Erdmann von 113
Arnim, Kühnemund von 33, 48, 103, 119, 129, 136, 148–149, 193, 350
Arnim, Maximiliane von, gen. Max bzw. Maxe 34, 40, 42, 45, 56, 58, 65, 70, 73, 103, 119, 129, 131, 137, 139–140, 147, 150, 152, 154, 192–193, 260, 272, 313, 323–324, 351–352, 421, 436, 484, 490, 550, 558, 580, 601–602
Arnim, Oskar von 635

2. Personenregister

Arnim, Peter-Anton von 153
Arnim, Siegmund von 28, 44, 65, 71, 108–109, 119, 129, 131–133, 148–149, 150–152, 181, 197, 260, 282, 286, 302, 309, 319, 324–325, 561, 565–566, 630, 666
Arnim-Boitzenburg, Adolf Heinrich Graf von 58, 61, 249, 284, 298, 300–301, 398, 432
Arnold, Carl Johann 573, 602
Arnold, Johann Georg Daniel 483–484, 488–489
Assing, Ludmilla 216, 223, 232–234, 238–239, 286, 610, 611, 625
Aston, Louise 203, 326, 622–623
Augereau, Charles Pierre François 10
Augusta von Sachsen-Weimar-Eisenach, später Königin von Preußen und Deutsche Kaiserin, gen. Prinzeß Wilhelm 521
Austin, Sarah 46, 216, 609–611

Baader, Franz Xaver von 17, 190
Badt, Bertha 222
Baier, Rudolf 59, 62, 249, 292, 312, 464
Bakunin, Michail Alexandrowitsch 50, 53, 65, 323, 351
Balzac, Honoré de 624
Bardeleben, Henriette von, geb. Hübschmann 33
Bardua, Caroline 151
Bardua, Wilhelmine 151
Bargiel, Woldemar 73
Basedow, Johann Bernhard 145
Bauer, Bruno 55–56, 61, 246–250, 257, 291, 299–300, 351
Bauer, Edgar 55, 61, 248–250, 291, 299–300
Bauer, Egbert 60–62, 249, 291, 299–300, 306, 312–313, 418, 434, 464, 491
Baumbach, Anna von siehe Arnim, Anna von
Beck, Jacob Sigismund 113
Beethoven, Ludwig van 22, 24, 27, 40, 51, 54, 56, 73, 122, 191, 250, 301, 362, 389, 468–469, 592–597, 611, 673
Benkert, Karl Maria, gen. Kertbeny 66, 466, 590, 639

Berlioz, Hector 599–600, 603
Bernhardi, Sophie, geb. Tieck 18, 171–172
Bernhardi, Theodor 173
Bethmann, Simon Moritz von 37, 167, 559, 566–570
Bethmann-Hollweg, Johann Jakob von 37
Bethmann-Hollweg, Moritz August von 555
Bethmann-Metzler, Catharina Elisabeth von 1–2, 91
Bethmann-Metzler, Eduard von 5
Beutler, Ernst 168, 635
Bicking, Franz Anton 142
Biermann, Wolf 644
Bihler, Alois 578, 586–587, 592, 597
Birkenstock, Antonia von siehe Brentano, Antonia von
Birkenstock, Johann Melchior von 21
Bismarck, Otto von 258, 638
Bitter, Ferdinand 57
Blechen, Carl 50, 555
Blos, Anna 454
Bluhme, Friedrich 54
Blumenbach, Johann Friedrich 114
Bobrowski, Johannes 641
Boeckh, August 268
Bohlen, Caroline Elisabeth Agnes Sophie Gräfin von, geb. von Walsleben 486
Böhmer, Johann Friedrich 570
Böhmer, Karl 598
Boisserée, Sulpiz 17, 566
Bondeli, Julie 94
Bopp, Sebastian 19, 586
Bordes, Ludovica des, geb. Brentano, gesch. Jordis, gen. Lulu 2, 4–5, 10, 13–14, 58, 73, 90, 93, 100–101, 107–108, 110, 149, 178, 190, 553
BBordes, Meline Rozier des 108
Börne, Ludwig 47, 224, 242, 373, 380, 453
Bostel, Hans Christian von 10, 189
Brahms, Johannes 601–602
Brandenburg, Friedrich Wilhelm Graf von 322
Bratránek, František Tomáš 60
Brecht, Bertolt 640
Brentano, Achim Ariel Tyll 122
Brentano, Anna 3
Brentano, Anton 100

Brentano, Antonia, geb. von Birkenstock, gen. Toni 7–8, 13, 15, 21, 93, 101–102, 104, 592–593
Brentano, Auguste, geb. Bußmann *siehe* Bußmann, Auguste
Brentano, August Franz Peter 5, 28, 98
Brentano, Caroline 2–3
Brentano, Christian 6, 9–10, 16, 22, 55, 59, 67, 101, 103, 106–107, 124, 135, 138, 417–418, 631
Brentano, Claudine *siehe* Arnim, Claudine von
Brentano, Clemens IX, XI, 5–10, 12, 14, 16–20, 22–25, 28–29, 31, 33, 37, 42, 46, 55, 58–60, 83, 86–88, 92–94, 101–103, 108–110, 113–116, 121–123, 127, 132, 135, 146, 156, 158, 160, 162, 171, 173–174, 178–179, 182–183, 187–191, 201–202, 222, 226, 234, 239, 253, 264, 283, 291, 293, 330, 337, 339, 355, 357, 370, 381, 386, 396, 416, 429, 436, 447, 463–464, 486, 489–491, 552–553, 555–556, 566, 571–572, 578, 581–583, 588–589, 593–594, 628–629, 631, 633, 635, 640, 645, 663–664, 670
Brentano, Dominikus 100
Brentano, Emilie, geb. Genger 418
Brentano, Franz 1, 4–5, 7, 16, 59, 61, 83, 88, 93, 100–103, 105, 124, 190, 417, 467, 566, 587
Brentano, Friederike Anna, geb. von Rottenhoff 4, 98
Brentano, Friedrich 4
Brentano, Georg 5, 16, 36, 42, 45, 60, 67–68, 87, 100–103, 105–107, 131, 147, 150, 204, 597
Brentano, Joachime Elisabetha 122
Brentano, Ludovica, gen. Lulu *siehe* Bordes, Ludovica des
Brentano, Lujo 239, 631
Brentano, Magdalena, gen. Meline *siehe* Guaita, Magdalena von
Brentano, Maria 2
Brentano, Marie, geb. Schröder 16, 101
Brentano, Maximiliane, geb. von La Roche 1–2, 4, 11, 17, 83–87, 90–92, 98, 144–145, 164, 178–179, 181, 369
Brentano, Maximiliane (Tochter Franz Brentanos) 587–589

Brentano, Paula (Halbschwester Bettina von Arnims) *siehe* Wasmer, Paula von
Brentano, Paula Maria Josepha Walburga, geb. Brentano-Gnosso (erste Ehefrau Peter Anton Brentanos) 83
Brentano, Peter Anton 1–2, 4, 82, 84–88, 98
Brentano, Peter (Halbbruder Bettina von Arnims) 2
Brentano, Sophie, geb. Schubart, gesch. Mereau (Ehefrau Clemens Brentanos) *siehe* Mereau, Sophie
Brentano, Sophie, gen. Sissi (Tochter Lujo Brentanos) 631
Brentano, Sophie (Schwester Bettina von Arnims) 6, 87, 91–93, 101, 103–104, 179
Brentano, Sophie (Tochter Georg Brentanos) 107, 551
Brentano, Susanna 3
Brentano-Cimaroli, Anton Joseph von 3
Brentano di Riatti, Maria Elisabetha 82
Brinckmann, Karl Gustav von 224, 233, 349
Brisbane, Albert 619
Brockhaus, Heinrich 173
Büchner, Georg 51, 260, 640
Bülow, Eduard von 645
Bülow, Hans von 69
Bülow, Heinrich von 215
Burckhardt, Jacob 350
Bürger, Gottfried August 121, 640
Burgsdorff, Wilhelm Friedrich Theodor von 224, 277
Bury, Friedrich 568
Bußmann, Auguste 14, 17–19, 105, 183
Byron, George Gordon, 6th Baron 216

Campe, Joachim Heinrich 145
Camphausen, Ludolf 65
Carl, Prinz von Preußen 217
Carl Alexander, Großherzog von Sachsen-Weimar-Eisenach 57, 69–72, 409, 573, 668
Carl August, Großherzog von Sachsen-Weimar-Eisenach 25, 39, 180, 217, 565
Carlyle, Thomas 216, 609–610, 613
Carolath-Beuthen, Adelheid Fürstin von 41
Carriere, Agnes, geb. Liebig 254

2. Personenregister

Carriere, Moriz 47, 51, 54, 67, 235, 238, 241, 252–253, 256, 326, 367, 385, 427, 449, 453, 465–466, 624
Cauer, Minna 454
Charlotte von Preußen, später als Alexandra Fjodorowna Zarin von Russland 316
Chézy, Helmina von 336, 624, 656
Cicero 162
Claudius, Matthias 121
Clausewitz, Carl von 33
Clemens Wenzeslaus, Kurfürst von Trier 83
Coleridge, Samuel Taylor 613
Colomb, Friedrich August Peter von 475
Cornelius, Peter (Komponist) 69, 71
Cornelius, Peter von (Maler) 175, 554, 556, 566
Cornelius, Susanne 71
Cornu, Hortense 57, 62, 66, 290, 472–473, 476–478, 633, 639
Corvin-Wiersbitzki, Otto Julius Bernhard von 72
Cotta, Elisabeth von, geb. Freiin von Gemmingen-Guttenberg 41
Cotta, Johann Friedrich von 41
Creuzer, Friedrich 9, 11, 158, 160, 171, 188–189
Creuzer, Leonhard 189
Creuzer, Sophie, geb. Müller, verw. Leske 9, 158
Custine, Adam-Philippe de 3

Dabelow, Christoph Christian 113
Dahlmann, Friedrich Christoph 266, 279
Dalberg, Carl Theodor von 11–13, 68, 458, 578
Dannecker, Johann Heinrich 559, 566
Dante Alighieri 7
d'Aulnoy, Marie-Catherine 348
Daumer, Georg Friedrich 48, 51, 290, 591
de Bruyn, Günter 642, 644
Denant, Johann Franz 4
d'Holbach, Paul Henri Thiry 348
Dieterich, Heinrich 7
Dilthey, Wilhelm 466, 640
Dion 162
Dittmar, Louise 203
Dohna, Alexander Graf von 208

Dohna, Friedrich Alexander Graf von 208
Döring, Julius 50, 52, 196, 206, 435, 445, 666
Dove, Alfred 276
Drewitz, Ingeborg IX, 453, 652–656, 663
Dronke, Ernst 310–311, 431
Dubois, Paul François 277–278
Dumeiz, Damian Friedrich 86
Dümmler, Ferdinand 47, 288–289, 306, 367
Durante, Francesco 24, 578, 580
Dürer, Albrecht 19
d'Urquijo, Raphael 225
Dwight, John Sullivan 615

Eberhard, Johann August 113
Ebersbach, Volker 642
Echtermeyer, Ernst Theodor 329
Eckermann, Johann Peter 44
Egloffstein, Caroline Gräfin von 39, 49
Eichendorff, Joseph von 171, 294, 329, 427, 453, 601, 622
Eichhorn, Friedrich 175, 237, 248, 281, 300
Eigendorfer, Georg Joseph 20, 579, 586
Emerson, Ralph Waldo 613–619
Emmerick, Anna Katharina 37
Engelhard, Philippine 10
Engelmann, Julius Bernhard 15, 146, 467
Engels, Friedrich 53, 413
Epp, Friedrich 19, 117
Erk, Ludwig 286, 292, 464
Ernst August I., König von Hannover 49, 196, 266, 268, 279, 468
Ewald, Heinrich 266

Fechner, Gustav Theodor 57
Ferrand, Humbert 603
Feuchtersleben, Ernst von 47, 235
Feuerbach, Ludwig 329
Fichte, Johann Gottlieb 122, 171, 209, 283, 347, 408, 613, 623
Finckenstein, Karl Graf Finck von 224–225
Firnhaber, Claudine *siehe* Arnim, Claudine von
Fischer, Heinrich Ferdinand 308, 310
Fischer, Karoline 210, 230

Flaxman, Johann 551, 568
Flemming, Albert Graf von 73, 152
Flemming, Armgart Gräfin von, geb. von Arnim *siehe* Arnim, Armgart von
Forbes-Mosse, Irene, geb. von Flemming 153
Fouqué, Caroline de la Motte, geb. von Briest, verw. von Rochow 425, 656
Fouqué, Friedrich de la Motte 227, 317, 610
Franckh, Friedrich Gottlob 215
Frank, Cordula, gen. ‚die alte Cordel' 5, 86
Franz II., Kaiser des Heiligen Römischen Reiches 3, 11, 92
Freiligrath, Ferdinand 478
Frels, Wilhelm 626
Freyberg, Maximilian Prokop Freiherr von, gen. Max 21, 105, 117–118, 336, 592, 597
Friedlaender, Max 590–591
Friedrich II., König von Preußen 59, 224
Friedrich von Baden, später als Friedrich I. Großherzog von Baden 72
Friedrich Wilhelm III., König von Preußen 28, 53, 191, 208, 210, 217–218, 261, 268–269, 316–318, 408, 556, 591
Friedrich Wilhelm IV., König von Preußen 52–54, 57–58, 60, 62, 64, 66, 68, 71–72, 74, 121, 149, 151, 175, 191, 194, 196–197, 204, 210, 237, 245, 247, 249–250, 253, 255–257, 259–261, 268–269, 271–273, 276–286, 291, 294, 297–303, 308–311, 316, 327, 329, 345, 396–399, 412, 421, 431–432, 434–435, 437, 440, 445, 452–453, 455, 458–459, 470, 472–475, 477, 480–482, 556, 558, 572–573, 590–591, 598, 630, 639, 664, 667–668, 670
Fröbel, Julius 65, 323, 351
Fuller, Margaret 613–616
Funke, Carl 570

Gachet, Louise de 423–424, 427–428
Gall, Franz Joseph 11, 138, 173
Gans, Eduard 224, 465
Garibaldi, Giuseppe 476
Gedike, Friedrich 170
Geibel, Emanuel 255

Geiger, Ludwig 310, 625, 631–632, 639
Gellert, Christian Fürchtegott 334, 351
Genger, Emilie *siehe* Brentano, Emilie
Genlis, Stéphanie Félicité de 94
Gentz, Friedrich von 225
Gerlach, Leopold von 105
Gerlach, Ludwig von 105, 580
Gerning, Johann Isaak von 29, 467
Gervinus, Georg Gottfried 266
Gilber, Ludwig Wilhelm 113
Gneisenau, August Wilhelm Graf Neidhardt von 29–30, 33, 115, 134, 204, 562
Goethe, August von 16, 69
Goethe, Catharina Elisabeth 11, 17, 83–84, 123, 156, 160–162, 164, 169, 171, 173, 178, 183, 236, 338–339, 367–368, 370, 372, 374–376, 399, 664, 668–670
Goethe, Christiane von, geb. Vulpius 23, 25, 33, 168, 180–181, 184
Goethe, Johann Caspar 83, 167
Goethe, Johann Wolfgang von 4, 7, 11, 13–15, 17–19, 21, 23–27, 33, 35–39, 41–47, 50–51, 55, 68–69, 71–72, 86–87, 100, 106, 115–116, 118, 121–122, 146–147, 156, 161–168, 172–173, 176, 178, 185, 190, 214, 217–219, 222, 224, 227–228, 234–236, 239, 241, 243, 250, 329, 336–339, 345, 355, 358, 367, 381, 393, 396, 409, 422, 424–425, 440, 447, 449, 456, 458, 464–466, 468–469, 553, 555–556, 562–563, 566–570, 579, 581, 585, 589, 591, 593–596, 601, 603, 609–610, 612–615, 617, 621–622, 624–625, 631, 633–634, 638–641, 645, 653, 657, 662–664, 669–673
Goethe, Ottilie von, geb. Freiin von Pogwisch 48, 69, 235, 559, 601
Goldstücker, Theodor 451, 667
Görres, Guido 427
Görres, Joseph 18, 42, 46–47, 58, 241, 372–373, 427, 490, 549, 552–553
Görres, Katharina, geb. Lassaulx 47
Gotter, Pauline 25
Gräff, Heinrich 91
Grassini, Giuseppina 578
Gren, Friedrich Albert Carl 113
Gries, Johann Diederich 18

2. Personenregister

Grillparzer, Franz 601
Grimm, Charlotte, gen. Lotte 590
Grimm, Gisela, geb. von Arnim *siehe* Arnim, Gisela von
Grimm, Herman 69, 102, 137, 151–152, 181, 233, 272–273, 550, 574, 602, 614, 624, 630–631, 639
Grimm, Jacob 14, 19, 26–27, 31, 43, 46–54, 60, 115, 117, 121, 128, 131, 139, 175, 188, 194–196, 198, 236, 242, 253, 255, 260, 264, 274, 277–281, 292, 294, 318, 336, 372–373, 397, 409, 411, 445, 447–448, 452, 465, 468, 483–486, 489, 491, 553, 579, 600
Grimm, Ludwig Emil 19, 117, 190, 264, 266, 553, 555, 570–571, 590
Grimm, Wilhelm 14, 19, 24–28, 31, 34, 36, 43, 49–54, 60, 115, 117, 119, 121, 128, 131, 139, 151, 175, 188, 194, 196, 236, 241–242, 253, 255, 260, 264, 274, 277–281, 292, 294, 300, 318, 336, 397, 408–409, 411, 445, 447–448, 452, 465, 467–468, 483, 485–486, 489, 491, 553, 579, 600, 614, 630
Groeben, Georg von der 151
Gropius, Carl 556
Grunholzer, Heinrich 57, 400, 411–415, 431, 437
Guaita, Georg Friedrich von 109
Guaita, Leberecht von 557
Guaita, Magdalena von, geb. Brentano, gen. Meline 2, 4–5, 10–14, 16, 90–91, 100–101, 105–110, 130, 178, 190, 557, 562, 578
Gubitz, Friedrich Wilhelm 227
Guenoux, Charles 583
Günderrode, Karoline von 5, 8–12, 18, 102, 107, 156–157, 163, 172, 188–189, 337, 339, 355, 357, 361, 368, 375, 384, 386–394, 396, 424, 447, 452, 456, 464–465, 611, 616–617, 640, 643–646, 659, 670
Günderrode, Wilhelmine von 424
Gundolf, Friedrich 650
Gutzkow, Karl 47–48, 51, 174, 235, 242, 268, 296, 453, 468, 621, 653

Hahnemann, Samuel 140–142
Hahn-Hahn, Ida 203, 330
Hallberger, Ludwig, gen. Louis 57, 215
Haller, Berchtold Friedrich von 29
Hansemann, David 65
Hanuš, Ignác Jan 60
Hardenberg, Carl August Fürst von 214, 225–226, 306
Harsdörffer, Georg Philipp 341
Hartmann, Christian Heinrich Ferdinand 39
Hasse, Johann Adolph 578
Hassenpflug, Charlotte, geb. Grimm *siehe* Grimm, Charlotte
Hassenpflug, Ludwig 267
Haßloch, Karl Theodor 578
Hauptmann, Gerhart 438
Haym, Rudolf 471, 639
Hebbel, Friedrich 70
Hedemann, Adelheid von, geb. von Humboldt 280
Hedemann, August von 280
Hegel, Georg Wilhelm Friedrich 44, 47, 209–210, 244–245, 247–248, 277, 329, 338, 342, 405, 465
Heine, Heinrich 39, 41, 47–48, 61, 224, 242, 260, 296, 329, 349, 441, 600, 614, 643, 663
Heineman, Dannie N. 634
Helvétius, Claude Adrien 348
Helvig, Amalie von, geb. von Imhoff 33, 38, 133–134, 202–203, 350, 590
Hemsen, Wilhelm 451
Hemsterhuis, Frans 361, 387, 389, 394
Hengstenberg, Ernst Wilhelm 248
Henrici, Karl Ernst 280, 310, 433, 634
Hensel, Luise 105
Hensel, Wilhelm 134, 554
Herder, Johann Gottfried 121, 123, 369, 613
Herloßsohn, Carl 459
Hermlin, Stephan 641
Herodot 9, 189
Herwegh, Emma, geb. Siegmund 326, 478
Herwegh, Georg 478
Herz, Henriette, geb. de Lemos 170, 208, 349
Herz, Marcus 208
Herzlieb, Wilhelmine, gen. Minna 15
Heß, Carl Ernst Christoph 18–19, 553

Hesse, Hermann 653
Heyking, Elisabeth von, geb. von Flemming 153
Higginson, Thomas Wentworth 616
Himmel, Friedrich Heinrich 579
Hindenburg, Karl Friedrich 114
Hoffbauer, Johann Christoph 113
Hoffmann, E.T.A. 610
Hoffmann, Moritz 573
Hoffmann, Philipp Carl 9, 580–581
Hoffmann von Fallersleben, August Heinrich 52, 60, 63, 70–72, 260, 270, 272, 286, 300, 445, 468, 478
Hofmannsthal, Hugo von 488
Hölderlin, Friedrich 67, 122, 162, 356, 387, 391–393, 466, 590, 640, 643, 645–646
Homer 359–360
Horkel, Johann 113–114
Hössli, Cäcilie 36
Hössli, Philipp 36, 133, 205, 445, 554, 558–559, 570, 584, 588–589
Huber, Therese, geb. Heyne, verw. Forster 122, 145, 336, 656
Hübner, Julius 555
Huch, Ricarda 625–626
Hügel, Susanne von 37
Humboldt, Alexander von 58, 61, 72, 175, 224, 233–234, 236–237, 269, 276, 286, 298–301, 318–319, 397–398, 405, 432, 472, 558, 629
Humboldt, Caroline von, geb. von Dacheröden 18, 33, 224
Humboldt, Wilhelm von 18, 21, 33, 48, 190–191, 224–226, 286, 390

Jacobi, Carl Gustav Jacob 284
Jacobi, Eduard 283–284
Jacobi, Friedrich Heinrich 17–18, 86, 172, 190
Jacobi, Johann Georg 86
Jacobi, Maximilian 17
Jameson, Anne 48
Jan III. Sobieski, König von Polen 459
Jean Paul 338, 610, 644
Jenatz, P. L. 301, 307, 313, 323
Jérôme Bonaparte, König von Westphalen 14–15, 108, 265
Joachim, Joseph 69, 73, 465, 587–589, 591, 600–603
Johannes de Brenta 1

Jonas, Carl Adolph Hermann 49, 289, 306
Jordis, Carl 10, 13–14, 26, 100, 108, 178, 190
Jordis, Ludovica, geb. Brentano, gen. Lulu siehe Bordes, Ludovica des
Juan de la Cruz, eigtl. Juan de Yepes Álvarez 589
Julius, Nikolaus Heinrich 46, 609–610
Jung, Georg 291

Kalb, Charlotte von 8
Kalb, Edda von 283
Kant, Immanuel 207, 209, 248, 405, 613
Karl von Württemberg, später Karl, König von Württemberg 54, 409, 668
Karl X., König von Frankreich 42
Kayser, Karl Philipp 122
Kayser, Wolfgang 330, 650
Kertbeny, K.M. siehe Benkert, Karl Maria
Kinkel, Gottfried IX, 48, 66, 150, 204, 238, 320, 326, 452, 597–598, 632, 653
Kinkel, Johanna, geb. Mockel, gesch. Mathieux 48, 150, 204, 326, 580, 585, 592, 597–598
Kirsch, Sarah 642–643
Klauer, Martin Gottlieb 569
Klein, Friedrich 314, 397
Kleist, Heinrich von 115, 640–641, 643, 645–646
Klettenberg, Susanna von 167
Klöden, Karl Friedrich von 149
Knorring, Sophie von, geb. Tieck, gesch. Bernhardi siehe Bernhardi, Sophie
Koch, Rudolf August Friedemann 580
Kohlschmidt, Werrner 650
Kolbe, Carl Wilhelm, d.J. 555
Königk, Ludwig 478
Konopak, Christian Gottlieb 113
Konrad, Gustav 454, 650, 664
Köppen, Karl Friedrich 55
Korbach, Benediktchen 424
Kościuszko, Tadeusz 459
Kossuth, Lajos 459
Kotzebue, August von 34
Krausnick, Heinrich Wilhelm 260
Krauthofer-Krotowski, Jakub 478
Krespel, Johann Bernhard 83

2. Personenregister

Kügelgen, Gerhard von 172
Kügelgen, Helene Marie von, geb. Zoege von Manteuffel 25, 579
Kühlmann, Richard von 635
Kühne, Gustav 47, 235
Kunz, Karl Friedrich 48

Labes, Caroline von, geb. Daum 21–23, 27–30, 94, 113, 115, 117
Labes, Hans von *siehe* Schlitz, Hans von
Lachmann, Karl 268
Lange, Samuel Gotthold 162
La Roche, Carl Georg von 18, 23, 91
La Roche, Franz Wilhelm von 90
La Roche, Georg Michael Frank von 1, 5, 17, 83–86, 89–90
La Roche, Maximiliane von *siehe* Brentano, Maximiliane
La Roche, Sophie von, geb. Gutermann 1, 5, 7–8, 11, 13, 17, 29, 83–87, 89, 97, 100, 104, 122, 124, 135, 145–146, 156, 159, 164, 178–179, 217, 329, 334–335, 342, 350, 361–362, 369, 387, 394, 419, 425–428, 452, 552, 585, 625, 640
Laube, Heinrich 48, 242, 296
Lauer-Münchhofen, Friedrich Wilhelm Rudolf Eduard Freiherr von 298
Lavater, Johann Caspar 86
Lehnhardt, Marie 483–486
Lenz, Jakob Michael Reinhold 640–641
Leo, Heinrich 244
Leonhardi, Hermann Karl von 159, 423
Leopold II., Kaiser des Heiligen Römischen Reiches 2
Lessing, Gotthold Ephraim 336, 623
Levin, Markus 223
Levin, Rahel *siehe* Varnhagen von Ense, Rahel
Levy, Sara, geb. Itzig 23
Levysohn, Wilhelm 51, 53, 290–291, 306, 313, 384
Lewald, Fanny 47, 203, 246–247, 262, 448–449, 453, 624
Lewald, Otto 246, 308
Lichnowsky, Felix Fürst von 56
Linder, Emilie 566
Lindpaintner, Peter Joseph von 20
Liszt, Franz 55, 58, 68, 71, 557, 573, 592, 598–600, 602
Loeper, Gustav von 633, 663

Longman, Thomas Norton 49, 290, 611–612
Louis Ferdinand, Prinz von Preußen 224
Louis Philippe, König von Frankreich 42, 321
Lucas, Betty, geb. Bloem 56
Ludwig I., König von Bayern 19, 40–42, 58, 117, 321, 409, 562–565, 632
Ludwig XVI., König von Frankreich 3
Luise von Mecklenburg-Strelitz, Königin von Preußen 316, 399, 593
Lukács, Georg 640–641

Majeau, Olga 153–154
Mallon, Otto 53, 273, 624, 633, 664
Marcello, Benedetto 19, 578
Marchesi, Pompeo 567, 572
Marheineke, Philipp Konrad 248
Maria Ludovika Beatrix d'Este, Kaiserin von Österreich 596
Marianne von Hessen Homburg, Prinzessin von Preußen, gen. Mama Wilhelm bzw. Prinzessin Wilhelm 283
Marianne von Hessen-Homburg, Prinzessin von Preußen, gen. Mama Wilhelm bzw. Prinzessin Wilhelm 284
Maria Pawlowna Romanowa, Großherzogin von Sachsen-Weimar-Eisenach 39, 235, 268
Marr, Wilhelm 59
Marwitz, Alexander von der 225, 228
Marx, Jenny, geb. von Westphalen 56
Marx, Karl 55–57
Mathieux, Johanna, geb. Mockel *siehe* Kinkel, Johanna
Maximilian I. Joseph, König von Bayern 562, 564
Mazurkiewicz, Xaviere 473
Mendelssohn Bartholdy, Felix 175
Mendelssohn, Alexander 285
Mendelssohn, Moses 208
Menzel, Wolfgang 243, 612
Mereau, Hulda 8
Mereau, Sophie, geb. Schubart 5–6, 8–9, 12, 92–93, 104–105, 121, 127, 158, 189, 335, 419, 422–424, 464, 656
Merz, Heinrich 453, 461
Merz, Julius 51, 161, 288–290, 468, 595
Mesmer, Franz Anton 139

Metternich, Clemens Fürst von 242, 295–296, 321
Meusebach, Karl Hartwig Gregor von 7, 33, 46–47, 241, 271, 372
Meyen, Eduard 54–55, 257, 453
Meyerbeer, Giacomo 175
Meyer-Hepner, Gertrud 310, 537, 635, 639, 652
Meysenbug, Malwida von 203, 625
Mierosławski, Ludwik 62, 64, 286, 311, 319, 325, 451, 471–476, 478
Milch, Werner 380, 650–651
Miller, Johann Martin 361
Mirabeau, Honoré Gabriel de Riqueti, Marquis de 426, 428
Mockel, Peter Joseph 597
Möhn, Luise, geb. von La Roche 5, 86, 103, 178
Molińska-Woykowska, Julia 65, 323, 478–479, 481
Molitor, Franz Joseph 15
Moltke, Maximilian Leopold 313
Montgomery-Silfverstolpe, Malla 38, 580, 590
Moreck, Curt 454
Moritz, Karl Philipp 552, 556
Moscheles, Ignaz 54
Moy de Sons, Charles Louis Antoine Chevalier de 17
Moy de Sons, Elisabeth de 17
Mozart, Wolfgang Amadeus 580
Müffling, Karl Freiherr von 268
Mühlbach, Luise, eigtl. Clara Mundt, geb. Müller 203, 330, 431
Müller, Adam 317
Müller, Friedrich von 44, 50, 268, 371
Müller, Joachim 650
Müller, Wolfgang, eigtl. Peter Wilhelm Karl Müller, gen. Müller von Königswinter 384
Mundt, Clara, geb. Müller *siehe* Mühlbach, Luise
Mundt, Theodor 47–48, 174, 235, 242, 249, 296, 431, 621
Murray, John 216, 610

Napoleon I., Kaiser von Frankreich 6, 9–10, 13–14, 17–18, 20, 27–30, 91–92, 108, 148, 214, 305, 316, 321, 373, 379, 405, 407–408, 459, 618
Napoleon III., Kaiser von Frankreich 69

Nathusius, Marie, geb. Scheele *siehe* Scheele, Marie
Nathusius, Philipp Engelhard 48, 52, 158, 206, 246–247, 272, 337, 441–447, 449, 468, 595, 611
Necher, Friedrich Georg 140–141
Necker, Jacques 348
Nelson, Horatio 586
Neutsch, Erik 642
Nicolai, Friedrich 171, 349
Niebuhr, Barthold Georg 192, 254–256
Niebuhr, Carsten 255
Niebuhr, Marcus 252, 254, 256, 611, 632
Nikolaus I., Zar von Russland 43, 317
Novalis 171, 174, 334, 381, 399, 408, 602

Oehlke, Waldemar 331, 345, 356, 369, 419, 454, 590, 625, 638, 650, 664
Olfers, Hedwig von, geb. von Staegemann 563
Olfers, Marie von 151
Opitz, Martin 583
Oppenheim, Heinrich Bernhard 51, 55, 65, 151, 248, 252, 256, 258, 300, 302, 323, 352, 453, 545, 667
Oriola, Eduard Lobo da Silveira Graf von 70, 73, 152
Oriola, Maximiliane Gräfin von, geb. von Arnim *siehe* Arnim, Maximiliane von, gen. Max bzw. Maxe
Otto, Carl 61, 284–285
Otto-Peters, Louise 203, 623

Pachta, Josephine von 224
Pantillon, Jean David 142
Parker, Theodore 615, 619
Peabody, Elizabeth Palmer 615–616
Pergolesi, Giovanni Battista 578
Petőfi, Sándor 66, 466, 639
Petrarca, Francesco 376
Pfuel, Ernst Heinrich Adolf von 475
Pfülf, Otto 633
Piautaz, Claudine 4, 10, 16
Pistor, Betty 580
Pistor, Carl Philipp Heinrich 23, 29
Platon 208, 212, 390, 400, 456
Plutarch 9, 189
Prévost, Louis 54
Prutz, Robert 466, 624

2. Personenregister

Pückler-Muskau, Hermann Fürst von 44–46, 194, 205, 211, 214, 220, 224, 228, 230, 233, 337, 345, 369–371, 467, 551, 554, 557–561, 563, 569, 593–594, 596, 609–610, 630, 664
Pückler-Muskau, Lucie Fürstin von, geb. Gräfin von Hardenberg 214–216, 218, 220, 337
Püschel, Ursula 256, 259, 284, 316, 318, 452–455, 477, 531, 632–633, 639–640, 652, 663, 666–667
Putlitz, Elisabeth von 236
Pyra, Immanuel Jacob 162

Quintilian 362

Raczyński, Athanasius Graf 46, 350
Radziwill, Anton Heinrich Fürst 23, 29, 224
Raffael 553
Rahden, Wilhelm von 599
Rambouillet, Catherine de Vivonne, Marquise de 348
Ranke, Friedrich Heinrich 40
Ranke, Leopold von 40, 134, 228, 268, 338, 420
Ratti, Eduard 71
Rauch, Christian Daniel 33, 37–38, 554, 562, 564, 566–570, 572–573
Raumer, Friedrich von 175
Redern, Friedrich Wilhelm Graf von 591
Reichard, Johann Friedrich 584
Reichardt, Friederike 14
Reichardt, Johann Friedrich 14, 115, 579–580, 583–584, 587
Reichardt, Louise 583
Reimer, Georg Andreas 20, 22, 26–27, 264
Rellstab, Ludwig 591
Riemer, Friedrich Wilhelm 15, 24, 146
Ries, Franz Anton 597
Righini, Vincenzo 579
Rilke, Rainer Maria 624, 653
Ring, Max 51
Ringseis, Johann Nepomuk 19–20, 30, 46, 58, 75, 632–633
Ritschl, Georg Carl Benjamin 28
Ritter, Johann Wilhelm 114, 423, 425
Ritter, Karl 37, 569
Robert, Ernestine, geb. Victor 41
Robert, Ernst Friedrich Ferdinand 553
Robert, Friederike, geb. Braun, gesch. Primavesi 41
Robert, Ludwig, geb. Levin 41, 223
Robert, Moritz, geb. Levin 41, 228
Robinson, Henry Crabb 67
Rochlitz, Friedrich 588
Roland, Romain 653
Rothschild, Mayer Amschel 146
Rousseau, Jean-Jacques 146, 403, 407
Rückert, Friedrich 175
Rudloff, Karl August Johann Georg 313
Rudolph, Erzherzog von Österreich 596
Ruge, Arnold 56, 244–245, 250, 253, 257, 329
Rumohr, Carl Friedrich von 12, 16, 19, 117, 171, 268, 552–554, 562, 568
Runge, Philipp Otto 553

Sailer, Johann Michael 17, 20–21, 190, 588
Salomon, Alice 634
Salzmann, Christian Gotthilf 145
Sand, George 54, 235, 237, 434, 615
Sand, Karl Ludwig 34
Saussure, Horace Bénédict de 115
Savigny, Bettina von 10, 107, 116, 190, 193, 350
Savigny, Carl Friedrich von 197
Savigny, Friedrich Carl von 6, 8–14, 16–24, 26–33, 36, 43, 46, 52, 64, 67, 75, 93, 100, 102–103, 106–107, 109, 116, 118, 123–125, 129–130, 133–136, 138–139, 148, 150–151, 158–161, 167, 171–173, 187, 199, 201–202, 210, 226, 243, 245–246, 252, 254–255, 260, 264, 268–269, 271, 289, 292, 300–301, 303, 305, 308–311, 317–318, 324, 336, 351, 356, 370, 388, 394, 408–409, 420, 423, 425, 428, 452, 465, 553, 555, 578–579, 583, 586, 610, 615, 632, 640, 664, 670
Savigny, Kunigunde von, geb. Brentano, gen. Gunda 8, 10, 14, 16–23, 28–29, 31, 33, 36, 42, 46, 55, 67, 87, 100–101, 103, 107–110, 118, 133–134, 138–139, 148, 150, 158–159, 172, 188–192, 194, 197, 201, 203, 212, 260, 279, 309, 351, 553, 559, 578, 615, 664

Schade, Oskar 70–72
Schadow, Friedrich Wilhelm von 554
Schäfer, Gottfried Heinrich 10
Scharnhorst, Gerhard Johann David von 115
Schauenburg, Karl Hermann 70
Scheele, Marie 446
Schefer, Leopold 601
Scheidler, Karl Hermann 235
Schelling, Caroline, geb. Michaelis, verw. Böhmer, gesch. Schlegel 18, 122
Schelling, Friedrich Wilhelm Joseph 18, 25, 114, 122, 159, 171, 175, 351, 393, 613, 671
Schelling, Pauline, geb. Gotter *siehe* Gotter, Pauline
Schenk, Eduard von 192
Scherer, Alexander Nicolaus 113–114
Schiller, Friedrich 8, 71, 121–122, 162, 181, 216, 241, 336, 390, 466, 594, 600, 609, 667, 671
Schilling, Gustav 54
Schinas, Bettina von, geb. von Savigny *siehe* Savigny, Bettina von
Schinas, Constantin von 193
Schindler, Anton 54
Schinkel, Karl Friedrich 29–30, 33, 46, 134, 217–218, 467, 555, 557–559, 565
Schinkel, Susanne, geb. Berger 33
Schlabrendorff, Karoline Gräfin von, geb. von Kalckreuth 224
Schlegel, August Wilhelm 134, 171, 266, 334
Schlegel, Caroline, geb. Michaelis, verw. Böhmer *siehe* Schelling, Caroline
Schlegel, Dorothea, geb. Brendel Mendelssohn, gesch. Veit 170, 208, 335
Schlegel, Friedrich 121–122, 162, 170–171, 185, 208, 334–335, 342–343, 388, 390, 456, 549, 623, 626, 671
Schleiermacher, Friedrich 33, 43, 46, 121–122, 134, 162, 205, 207, 213, 218–219, 223–224, 228–230, 245, 334, 342, 347, 370–371, 387–388, 447–448, 466, 613, 630
Schleiermacher, Henriette, geb. von Mühlenfels 203, 210–211, 228–229
Schlitz, Hans von, geb. von Labes 115

Schlitz, Louise von 116
Schlöffel, Friedrich Wilhelm 60, 62, 237, 260, 320, 432–434, 436
Schlosser, Cornelia, geb. Goethe 167
Schlosser, Johann Friedrich Heinrich, gen. Fritz 359
Schlosser, Johann Georg 360
Schmidt, Erich 631
Schmidt, Gottlieb Ernst 24, 118
Schmitt, Carl 329
Schnabel, Johann Gottfried 586
Schneider, Ferdinand 312
Schober, Franz von 599
Schöll, Adolf 69
Schön, Theodor von 320
Schopenhauer, Adele 656
Schorn, Adelheid von 72, 573
Schröder, Marie *siehe* Brentano, Marie
Schröder, Rudolf Alexander 653
Schroeder, Eduard Heinrich 57, 291, 298, 306, 312, 397
Schultz, Christoph Ludwig Friedrich 569
Schumann, Clara, geb. Wieck 49, 70, 73, 601
Schumann, Robert 49, 70, 73, 601–603
Schurz, Carl 598
Schwaab, Georg Joseph Anton 15
Schwanthaler, Ludwig Ritter von 567, 572
Schwinck, Auguste *siehe* Wißmann, Auguste
Scudéry, Madeleine de 348
Seghers, Anna 640–641
Servière, Charlotte 101
Seyffertitz, Anton Sigmund von 286
Shakespeare, William 614
Sieveking, Karl 49
Simmel, Georg 163
Sinclair, Isaac von 162, 391
Sismondi, Jean Charles Léonard Simonde de 16
Soemmering, Samuel Thomas 18, 190
Solmar, Henriette 236
Solms-Laubach, Elise zu 85, 90–91
Sophie von Oranien-Nassau, Großherzogin von Sachsen-Weimar-Eisenach 69
Sophokles 61, 175
Spontini, Gaspare 54–55, 237, 261, 286, 468, 591–592, 602

2. Personenregister

Stadion, Anton Heinrich Friedrich Graf von 84, 86
Stadion, Friedrich Lothar Graf von 17, 117
Staegemann, Elisabeth von, geb. Fischer, gesch. Graun 28, 214, 234, 350
Staegemann, Friedrich August von 28, 228
Staël, Germaine de 16, 347–348, 615
Stahr, Adolf 58–59, 61, 141, 246–247, 298–300, 399, 409, 427, 453, 468, 551, 558, 632
Steffens, Henrik 114, 134, 277
Steig, Reinhold 182, 233, 293, 467, 483, 631, 633, 663
Stein, Heinrich Friedrich Karl Freiherr vom und zum 115, 306
Steinhäuser, Carl 68–69, 71–72, 325, 572–573
Steinhäuser, Pauline, geb. Francke 65–66, 198, 303, 324–325, 476, 478, 572–573, 632
Steinsdorff, Sibylle von 110, 117, 173, 336, 369–371, 437, 448, 454, 507, 651, 663, 665
Stein zum Altenstein, Karl Freiherr vom 50, 195, 245, 268
Stern, Carola 222
Stern, Ludwig 635
Stieglitz, Charlotte 621
Stieglitz, Heinrich Wilhelm August 621
Stifter, Adalbert 601
Stöcker, Helene 454, 626
Strauß, David Friedrich 50, 57, 244–246, 316, 345, 396
Strauß, Wilhelm 57
Struzyk, Brigitte 642
Stüler, Gottfried Wilhelm 141–142
Susman, Margarete 222, 658
Svederus, Georg 434

Tanneberger, Irmgard 626, 658
Tappan, Caroline Sturgis 616
Tarnow, Fanny 203, 235
Taubert, Wilhelm 598
Therese von Sachsen-Hildburghausen, Königin von Bayern 563
Thorvaldsen, Bertel 555, 563, 565–567, 572
Thukydides 9, 189

Ticknor, George 615
Tieck, Christian Friedrich 33, 554, 565–566, 570
Tieck, Ludwig 12, 17, 19, 70, 156, 162, 170, 176, 190, 329, 334, 343, 351, 428, 552, 578, 610
Tieck, Sophie *siehe* Bernhardi, Sophie
Tiedemann, Friedrich 20
Tischbein, Johann Heinrich, d.Ä. 553
Tizian 71
Treitschke, Heinrich von 453
Trippel, Alexander 568
Tristan, Flora 413
Tschech, Heinrich Ludwig 320
Turgenjew, Iwan Sergejewitsch 53
Turóczi-Trostler, József 533, 537, 639

Uhden, Alexander 283
Unzelmann, Friederike, geb. Flittner 224

Varnhagen von Ense, Karl August 33, 36, 38–39, 41, 53, 58–59, 61, 68, 71–74, 121, 123, 134, 197, 205, 214–217, 220, 222–230, 232, 239, 246, 253, 257, 276–278, 282–284, 286, 290, 292, 298–302, 309, 311, 319, 337, 349–350, 370, 384, 419, 427, 432, 434, 445, 451–453, 465, 468, 472, 476, 478, 531, 551, 558, 572, 574, 590, 592, 610–611, 625, 628–630, 632, 634
Varnhagen von Ense, Rahel, geb. Levin 23, 33, 39, 41, 45, 48, 121, 134, 138, 170, 202, 205, 212, 214–216, 220, 222, 230, 233–236, 238, 335–337, 349–350, 352, 370, 621, 625, 627, 657
Veit, Moritz 290–291, 306
Victoria, Königin von Großbritannien und Irland 612
Volckmar, Friedrich 307
Volkmann, Friederike 25, 579
Volkmann, Wilhelm 25, 579
Voltaire 235, 362
Vordtriede, Werner 356, 433–436, 610, 631, 651

Wach, Karl Wilhelm 555, 567
Wackenroder, Wilhelm Heinrich 162, 170

Wagner, Richard 600
Waldemar, Prinz von Preußen 60, 151, 283–284, 299, 324, 364, 421, 436
Walzel, Oskar 626
Wasmer, Paula von, geb. Brentano 100
Watzdorf, Christian Bernhard von 72
Weber, Wilhelm Eduard 266
Weiße, Christian Hermann 57, 235
Weiße, Johann Friedrich 385
Wendt, Eduard 73
Wesselhoeft, Minna 616
Westerholt, Alexander Graf von 17
Wetzel, Friedrich Gottlob 485
Wichern, Johann Hinrich 413
Wichmann, Karl Friedrich 554, 570
Wichmann, Ludwig Wilhelm 37, 554
Wieck, Clara *siehe* Schumann, Clara
Wiedemann, Luise, geb. Michaelis 18
Wieland, Christoph Martin 1, 6, 13, 25, 86, 91, 93–94, 101, 179, 334, 336, 341, 456
Wienbarg, Ludolf 47–48, 242, 296
Wiese, Benno von 650, 664
Wiesel, Pauline, geb. César 223–224
Wildermeth, Carl Ludwig August von 36, 205
Wilhelm, Prinz von Preußen, später als Wilhelm I. König von Preußen und Deutscher Kaiser 62, 74, 237, 317, 324, 629
Wilhelm VIII., Landgraf von Hessen-Kassel 10

Willemer, Magdalena, geb. Lange 2
Willemer, Mariane von 377, 591
Willich, Ehrenfried von 43
Willisen, Karl Wilhelm von 41, 475
Wilmans, Friedrich 6–7
Winckelmann, Johann Joachim 9, 189
Windischmann, Karl Joseph Hieronymus 17
Winkelmann, Stephan August 108
Winter, Peter von 19–20, 578, 586
Wißmann, Auguste, geb. Schwinck 14, 115–116, 499, 563
Wolf, Christa 392, 641–644, 648, 654–656
Wolf, Gerhard 392, 641–643
Wolfart, Karl Christian 139–141
Wolff, Albert 573
Wolff, Christian 207
Wolff, Friedrich Benjamin 114
Wolffson, Isaak 51
Wolfgang Ernst II., Fürst zu Isenburg und Büdingen 90
Wolzogen, Caroline von, geb. von Lengefeld 277
Wordsworth, William 613
Woykowski, Antoni 478
Wülcknitz, Heinrich Otto von 413
Wunsdorf, Johann Adam 4

Zarncke, Friedrich 63
Zelter, Carl Friedrich 23, 209, 579
Zesen, Philipp von 583

3. Autorinnen und Autoren

Bamberg, Claudia, Dr. phil., ist Wissenschaftliche Mitarbeiterin am DFG-Projekt „Digitale Edition der Korrespondenz August Wilhelm Schlegels" an der Philipps-Universität Marburg
Becker-Cantarino, Barbara, Ph.D., ist Professor Emerita der Ohio State University, Columbus/OH, USA
Brandes, Helga, Dr. phil. habil., ist emeritierte Professorin am Institut für Germanistik der Carl von Ossietzky Universität Oldenburg
Bunzel, Wolfgang, Dr. phil. habil., ist Leiter der Abteilung Romantik-Forschung am Freien Deutschen Hochstift – Frankfurter Goethe-Museum und apl. Professor am Institut für deutsche Literatur und ihre Didaktik der Goethe-Universität Frankfurt
Burwick, Roswitha, Ph.D., ist Professor Emerita des Scripps College, Claremont/CA, USA
Czarnecka, Mirosława, Dr. phil. habil., ist Professorin am Institut für Germanische Philologie der Uniwersytet Wrocławski, Polen
Dickson, Sheila, Dr. phil., ist Senior Lecturer in German an der University of Glasgow, UK
Gatter, Nikolaus, Dr. phil., ist Schriftsteller, Wissenschaftler und Vorsitzender der Varnhagen-Gesellschaft
Hammerstein, Katharina von, Ph.D., ist Professorin an der University of Connecticut in Storrs/CT, USA
Härtl, Heinz, Dr. phil., ist Literaturwissenschaftler und war Leiter der Arnim-Arbeitsstelle der Klassik Stiftung Weimar
Hilmes, Carola, Dr. phil. habil., ist Professorin am Institut für deutsche Literatur und ihre Didaktik der Goethe-Universität Frankfurt
Liebertz-Grün, Ursula, Dr. phil. habil., ist emeritierte Professorin am Seminar für Deutsche Philologie der Universität Mannheim
Loster-Schneider, Gudrun, Dr. phil. habil., ist Gründungsmitglied und Fellow der GenderConceptGroup der TU Dresden
Maisak, Petra, Dr. phil., ist Kunsthistorikerin und war Museumsleiterin am Freien Deutschen Hochstift – Frankfurter Goethe-Museum
Moering, Renate, Dr. phil., war Leiterin der Handschriften-Abteilung am Freien Deutschen Hochstift – Frankfurter Goethe-Museum
Pietsch, Yvonne, Dr. phil., ist wissenschaftliche Mitarbeiterin am Goethe- und Schiller-Archiv, Weimar
Pompe, Hedwig, Dr. phil. habil., ist Privatdozentin für Neuere deutsche Literatur und allgemeine Literaturwissenschaft an der Rheinischen Friedrich-Wilhelms-Universität Bonn
Prokop, Ulrike, Dr. phil., ist emeritierte Professorin für Erziehungswissenschaften an der Philipps-Universität Marburg
Schmid, Pia, Dr. phil. habil., ist emeritierte Professorin für Historische Erziehungswisssenschaft und Direktorin des Interdisziplinären Zentrums für Pietismusforschung an der Martin-Luther-Universität Halle-Wittenberg
Scholz-Lübbering, Hannelore, Dr. phil. habil., war langjährige Professorin für Neuere deutsche Literatur an der Humboldt-Universität zu Berlin
Schwarz, Ingo, Dr. phil., war Leiter der Alexander-von-Humboldt-Forschungsstelle an der Berlin-Brandenburgischen Akademie der Wissenschaften, Berlin

Schwinn, Holger, Dr. phil., ist wissenschaftlicher Mitarbeiter der Brentano-Abteilung am Freien Deutschen Hochstift – Frankfurter Goethe-Museum

Seidler, Miriam, Dr. phil., ist Literaturwissenschaftlerin und Projektkoordinatorin von *imachination projects*

www.ingramcontent.com/pod-product-compliance
Lightning Source LLC
Chambersburg PA
CBHW031407230426
43668CB00007B/232